2021 中国炼化企业创新发展论坛论文集

本书编委会　编

中国石化出版社

图书在版编目(CIP)数据

2021中国炼化企业创新发展论坛论文集 / 《2021中国炼化企业创新发展论坛论文集》编委会编. —北京:中国石化出版社, 2021.6
ISBN 978-7-5114-6325-8

Ⅰ. ①2… Ⅱ. ①2… Ⅲ. ①石油化工企业-企业发展中国-文集 Ⅳ. ①F426.22-53

中国版本图书馆CIP数据核字(2021)第095788号

中国石化出版社出版发行
地址:北京市东城区安定门外大街58号
邮编:100011 电话:(010)57512500
发行部电话:(010)57512575
http://www.sinopec-press.com
E-mail:press@sinopec.com
北京富泰印刷有限责任公司印刷
全国各地新华书店经销
*
880×1230毫米 16开本 42.5印张 1264千字
2021年12月第1版 2021年12月第1次印刷
定价:380.00元

前　言

石油化工是经济社会发展的支柱产业和实体经济的重要基石。

1954年9月，新中国依靠自己力量设计建设的第一座炼油厂——上海炼油厂建成投产，1976年5月8日，我国第一套30万吨/年乙烯装置在燕山石化建成投产，成为我国石油化工行业发展史上的里程碑。经过几代石油石化从业者几十年的技术创新和不懈努力，我国石油化工行业取得了举世瞩目的成就，可以独立设计和建造千万吨级的炼厂，炼油能力已位居世界第二。

2021年是我国炼化企业实施“十四五”规划各项工作的开局之年，炼化企业正紧密减油增化、提质增效、科技创新三大工程，不断完善创新体制机制，着力突破“卡脖子”技术瓶颈，持续推进新技术、新产品工业化开发和数字化转型，打造绿色、低碳、智能炼化企业。

加强各企业在转型升级、资源环境约束以及智能化发展等方面的交流，分享理论研究新进展、技术进步和成果及成功案例，总结炼化与先进智能化技术的融合经验，是实现我国炼化企业高质量发展的迫切需求。为更好推动我国炼化企业创新发展，推动新技术运用，广东省石油学会、浙江省石油学会、湖南省石油学会、上海市石油学会、北京石油学会、新疆石油学会、天津市石油学会等单位联合，计划于2021年6月在广东省广州市召开“2021中国炼化企业创新发展论坛暨新技术与解决方案交流会”。旨在对炼化企业共同面临的发展挑战与机遇进行深入研讨，尤其在炼化企业普遍面临行业产能过剩、盈利能力不足以及新动能培育乏力的大背景下，共享应对挑战的经验与成果，构建共识，深度围绕炼化转型升级新成果、绿色可持续发展新技术、智能炼厂建设新进展、设备管理新成效以及安全环保管理新动态等炼化企业普遍关注的热点问题展开讨论，加快炼化转型升级和智能炼厂建设，为炼化企业创新发展提供新经验和新思路，助力我国炼化企业高质量发展。

此次会议以“引导行业创新，推进“产-学-研”交流合作，为转型升级和绿色发展注入新动力。”为主题，设立了炼化企业转型升级战略与发展、炼化一体化技术与解决方案、数字化转型和精益智能生产、安全环保与节能技术、重质和劣质原油加氢(加工)技术、设备管理与创新、炼化高效催化剂及新催化材料、炼化产品质量智能检测技术与解决方案等专题以及信息化技术解决方案与新技术、装备应用解决方案推广与展示。

本次大会得到了国家有关部委、中国石油学会、中国石油、中国石化、中国海油和大专院校和科研院所等各单位的大力支持，大会优选高质量论文119篇，公开出版论文集，主要涉及炼化一体化技术、节能以及安全环保技术、设备长周期运行及腐蚀防护、智能化工厂建设等方面，介绍了我国炼化行业最新研究成果以及新技术、新工艺、新设备、新产品等进展，具有较高的学术水平和实用价值。

本书编委会

2021年6月

目　录

数字化转型

炼化技术

安全环保与节能

设备管理

PHD 实时数据库系统在炼化企业的建设及应用

王卫阵　蒋　帆　曹　静　孙永福　邢海燕

（中国石油独山子石化公司）

摘　要　工业领域，国家在制定智能化工厂标准，建设智能化工厂需要的大量基础数据都来自于实时数据库系统，它在业务管理和生产之间起到桥梁作用。介绍了 PHD 实时数据库系统的架构设计、软件结构、建立系统的重要因素以及在炼化企业的应用，它已经成为炼化企业信息化的基础数据平台，实现了生产数据的集成与共享，为企业的生产调度以及生产决策带来了极大的便利。

关键词　PHD，实时数据库，OPC，接口

实时数据库在炼油化工行业中普遍做为企业进行信息化建设中的基础数据，其对关系数据库中的部分功能加以弱化，利用工业中的实时数据算法与历史数据储存形式来满足工业需求。

在炼化企业中，使用 PHD 实时数据库系统为企业的生产管理和调度、数据分析、决策支持及在线浏览提供实时数据服务和多种数据管理功能。实时数据库是数据库系统发展的一个分支，是数据库技术结合实时处理技术产生的，可直接实时采集、获取企业运行过程中的各种数据，并将其转化为对各类业务有效的基础信息，满足企业生产管理、过程监控、经营管理之间对实时信息完整性、一致性、安全共享的需求，可为企业自动化系统与管理信息系统间建立起信息沟通的桥梁。帮助企业的各专业管理部门利用这些关键的实时信息，提高生产销售的营运效率。本文通过 PHD 实时数据库系统在炼化企业的建设及应用情况进行了阐述。

1　系统架构设计

图 1 为某炼化企业 PHD 实时数据库系统架构图。根据企业的建设情况，系统架构的层次分别为：控制网、生产网、办公网。

在控制网内，由各生产装置中的 DCS 控制系统、由组态软件+PLC 建立的控制系统、OPC 服务器等控制系统组成，是整个系统的主要数据源。

在生产网内，主要由网络安全隔离设备、数据采集缓存服务器（以下简称 BUFFER 机）、PHD 实时数据库服务器和 PHD 镜像接口服务器、WEB 服务器、APP 服务器、SQL SERVER

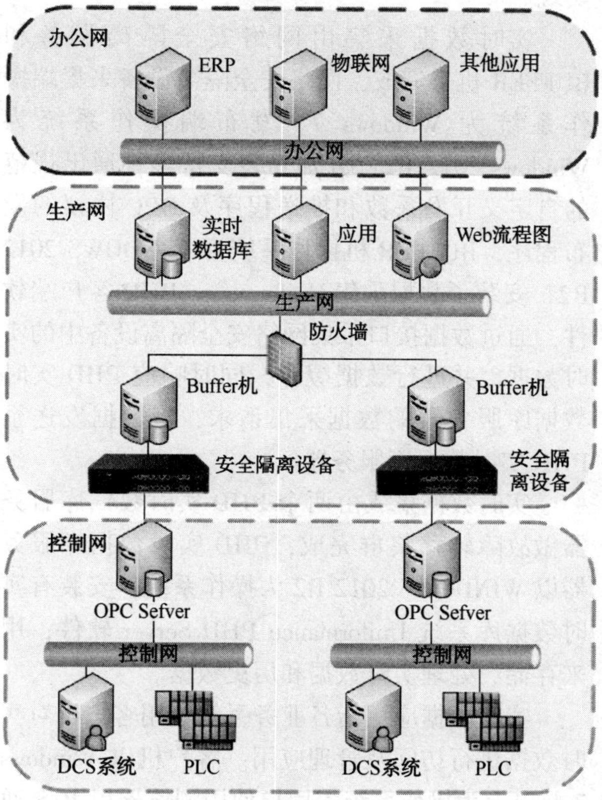

图 1　系统架构图

和 ORACLE 数据库服务器组成系统的核心环节。网络安全隔离设备和 BUFFER 机分布设置在各装置的控制室中，通过 OPC 协议将 OPC 服务器上的实时数据采集上来，并作相应短暂的历史存储。PHD 实时数据库服务器再将缓存服务器中的数据采集上来，形成公司实时数据库，供公司各业务部门的用户使用，同时做长时间的历史存储。同时通过 PHD 镜像接口服务器，为企业内部系统提供实时数据。在实时数据库基础上，再建设工艺流程图、加热炉热效率、装置平稳率和

电子台账等生产相关功能，形成公司实时数据库系统。

在办公网内，主要有ERP、物联网、绩效一体化平台等公司业务应用系统，供公司领导、各业务管理部门和分厂的用户使用。

2　系统软件结构

PHD实时数据库系统软件包括实时数据采集接口、实时数据采集、实时数据集成和实时数据应用。

实时数据采集接口是指DCS、PLC等数据源与数据采集系统之间的数据通讯，主要通过过程控制网络中的OPC服务器提供OPC协议来实现。

实时数据采集由网络安全隔离设备和BUFFER机来完成，网络安全隔离设备采集端操作系统为Windows 7，发布端操作系统为Windows 2012 R2，分别安装支持多种通讯规范的自定义开发采数和推送程序及OPC协议的发布程序，BUFFER机操作系统为WINDOWS 2012 R2，安装了数据采集Uniformance PHD客户端软件，通过数据接口采集网络安全隔离设备中的实时数据，并进行数据缓存，同时响应PHD实时数据库服务器的数据采集请求，将数据发送至PHD实时数据库服务器。

实时数据集成由两个PHD实时数据库服务器做故障转移集群完成，PHD实时数据库服务器以WINDOWS 2012 R2为操作系统，安装有实时数据库系统Uniformance PHD Server软件，用来存储、处理实时数据和历史数据。

实时数据应用指各业务系统利用客户机对实时数据进行访问及管理应用。客户机以Windows 7及以上为操作系统，用户使用浏览器以B/S通过Web服务器或安装Honeywell公司的UPS客户端程序以C/S模式来查询实时数据库中的实时数据及历史数据，并根据实际需要，开发装置平稳率、火炬排放监测、装置加热炉热效率、流程图显示和历史趋势等各种应用功能。

3　建立系统的重要因素

根据多年参与PHD实时数据库系统建设和维护的经验，决定系统是否能实现并发挥应有作用的重要因素有三个：数据采集接口、PHD实时数据库系统和系统的安全性。

3.1　数据采集接口

针对不同行业不同类型的企业，实时数据库的数据来源方式也各不相同。总的来说数据的主要来源有DCS控制系统、由PLC建立的控制系统、数据采集系统(SCADA)、关系数据库系统、直接连接硬件设备和人工录入的数据。根据采集的方式方法分为：支持OPC协议的标准OPC方式、支持DDE协议的标准DDE通讯方式、支持MODBUS协议的标准MODBUS通信方式、通过ODBC协议的ODBC通信方式、通过API编写的专有通信方式、通过编写设备的专有协议驱动方式等等。通常情况下，实时数据库所采集的数据对众多的协议均是支持的，诸如ODBC协议、OPC协议、MODBUS协议以及DDE协议等。

目前，国内企业的DCS数据接口，基本上都是通过安装OPC服务器来实现对外提供数据，OPC服务器支持目前流行的OPC协议标准数据通讯规范，这不仅可以大大降低系统建设成本，也有利于数据采集的稳定性和系统的后期维护及扩容。

PHD实时数据库系统中使用的网络安全隔离设备采集端程序主要采用OPC接口技术来自动取数。

3.2　PHD实时数据库

PHD实时数据库具有数据采集、数据处理储存及数据应用等功能，是整个实时数据库系统的核心。

PHD实时数据库系统主要包括：实时数据接口RDI(Realtime Data Interface)服务，实现与数据源的通讯，通过Buffer-Shadow模式实现数据采集、数据缓存以及与主PHD连接；PHD Server处理储存实时数据：PHD Server是实时数据库核心服务，它存储并处理实时数据及历史数据；数据应用：根据业务需要，使用软件开发工具，实现各种数据应用功能。

为了提高实时数据的有效利用率，在系统建设之初便设计了一台PHD镜像接口服务器。现阶段，物联网、先进控制(APC)、生产绩效一体化、LIMS、ERP、自控率、环保在线等十余个业务系统均从PHD镜像接口服务器取数。较大的取数量对PHD的稳定性造成了很重的负担，容易造成服务器挂死。经过分析论证，在现有架构上又新增一台PHD接口服务器来对外提供数据可以有效地减轻系统压力。新增一台BUFFER

机从主 PHD 实时数据库中采集需要的数据，再搭建一台 PHD 服务器为外部系统提供数据，以便减轻 PHD 镜像接口服务器的负担和稳定性。

PHD 实时数据库系统可以支持 OPC 协议、OLEDB、API 接口。通过 PHD OLEDB 接口与各种关系数据库(如 Oracle)之间进行数据交换，也可以利用 OPC 协议或 API 接口来开发程序，把实时数据库中的数据写入关系数据库供其他管理系统调用，同时也可读取关系数据库中的数据进行应用。

3.3 系统的安全性

PHD 实时数据库系统物理链路横跨了工业控制网和生产网两个网络。两网融合使得病毒、黑客攻击可以从生产网传入工业控制网。而在控制网中 DCS 又可以直接对石油化工生产过程进行控制，所以“两网融合”使得 DCS 直接暴露在病毒和黑客攻击的威胁之下。基于安全考虑，一般在两网之间，使用网络安全防护设备进行两网隔离。

我们通过选择某型号基于单向传输的网络安全隔离设备来实现工业控制网-生产网两网融合环境下 OPC 数据采集的边界防御。其安全原理是在设备内部分为采集端和发布端。采集端通过连接 OPC 并与 OPC 进行通讯，从而获取来自 OPC 的数据；采集端推送采集的数据到发布端；BUFFER 机或生产网其它客户端通过 OPC 接口从发布端取数。采集端和发布端通过数据的单向传输来实现物理层面的边界隔离。

在各分厂 BUFFER 机、网络安全隔离设备与 PHD 实时数据库服务器之间以及 PHD 实时数据库服务器所在的生产网与办公网之间分别增加网络防火墙进行防护。

4　系统在炼化企业的典型应用

对于现代炼化企业，如何能使决策者随时查看生产过程数据，以便快速地做出更为灵活的决策，是企业信息化建设的关键，在企业 MES 所关注的各项资源中，生产过程信息依然是重要的资源。PHD 实时数据库系统对实时数据进行高效的数据压缩和长期的历史存储，同时提供高速的实时、历史数据服务为企业的管理人员能及时、全面的掌握生产、销售情况，提升资源利用率和生产可靠性，从而增强企业的核心竞争力，其典型的应用如下：

4.1 工艺流程图

利用 Workcenter Display Builder 软件开发各装置流程图，按照公司、分厂、装置三个层次分别都在流程图平台呈现了总貌图、在每个装置的总貌图上增加仪表自控率，对装置的生产过程进行监控。环保在线监测数据、火炬监控数据、产耗平衡等专门集中展示的流程图，为服务各类专业技术人员方便查看数据提供了便捷，达到了很好的实用价值。工艺流程图形象地反映出生产现状，使各级业务部门能够方便地了解和分析各生产装置的生产及设备运行情况。图 2 为乙烯装置总貌图，-----虚线处为实时数据，图中没有显示。

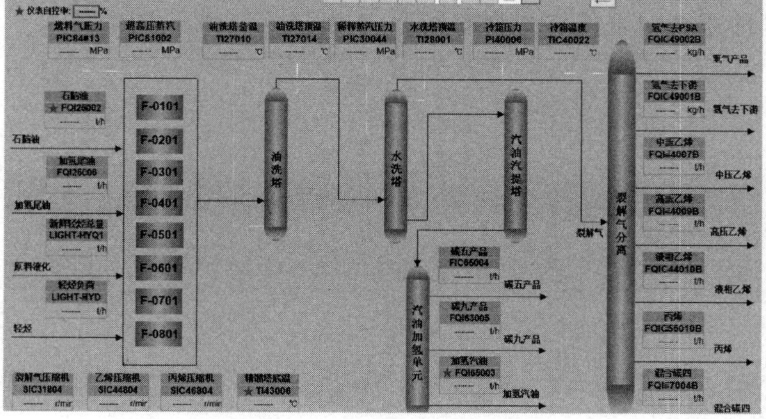

图 2　乙烯装置总貌图

4.2 实时历史数据

企业 MES 核心是实时历史数据库，工厂的历史数据对公司来说是很有价值的，实时数据库的核心就是数据档案管理，它采集并存储与流程相关的上千点的数据，多年应用历史数据库管理的经验告诉我们，现很难知道将来进行分析时哪些数据是必须的。因此，保存所有的数据是防止丢失所需信息的最好方法。此外，要改进产品，必须具备与之相关物料的信息，并了解当前和过去的操作状态。实时数据库采集、存储流程信息，用来指导工艺改进、降低物料、增加产量。

4.3 实时报警功能模块

为使生产工艺技术人员随时掌握生产装置的异常信息，当某个生产参数达到报警条件时，采用短信报警方式推送给生产工艺技术人员，以便及时判断异常原因，及时排查。BUFFER机分布在各分厂各装置现场，BUFFER机承担各装置的实时数据收集器的作用，因此，BUFFER机的正常运行是实时数据收集、转存、推送的关键环节，由于BUFFER机在生产装置现场，环境条件恶劣，对BUFFER的监控非常关键，并能有效预警定位。以短信方式发送给运维人员和生产工艺技术人员，及时处理解决故障。

4.4 装置平稳率/工艺台账

各装置根据操作管理配置的各项工艺技术指标及指标上下限值，对各实时数据的变化情况进行监控，如果发生偏差，则记录偏差时间点，根据偏差时间的长短计算出每个指标位号的平稳率值，车间工艺技术人员根据生产实际，写出偏差原因分析，各装置的平稳率形成台账及各类统计报表。通过实时获得任意时段、班组及装置的平稳率报告，管理人员能够更快速决策、指导生产。

4.5 为各种信息系统提供基础数据

PHD实时数据库系统向上能够为物联网、先进控制（APC）、生产调度优化、流程模拟、ERP等各种信息系统提供基础数据，从而实现生产数据与管理数据进行整合，从而深化了规范化与精细化的深度，对企业实现规范化与精细化生产与管理水平的不断提升，对企业实现安全、环保生产这一伟大的目标进行数据支撑，而且也为企业实现节能降耗有所信息保障，最终实现企业效益的最大化。

5 结束语

PHD实时数据库系统为用户提供了快捷、高效的工厂生产信息，可使公司所有用户同时分析相同的关键信息，并可使用户很容易对工厂级实施管理，诸如工艺改进、质量控制、故障预防维护等。通过实时数据库可集成产品计划、维护管理、化验室信息系统、流程模拟与优化等应用程序，在业务管理和实时生产之间起到桥梁作用，将分散的信息资源集成起来，实现生产控制系统的数据采集、存储和综合应用。

PHD实时数据库系统实现了生产数据信息在经营管理层和生产业务层以及过程控制层之间的数据信息共享，包括日常用的油品查询、各装置生产运行状况、生产过程控制、单物料平衡、库存情况等，对预判下一步变化趋势、指导下一步调整方向、实施生产优化提供了重要依据。

经过多年的应用，在炼化企业相关业务人员和信息技术人员共同努力下，应用不断深入与普及，将越来越成为生产业务人员日常工作中不可或缺的重要工具，对于生产业务的支撑和提升发挥了显著作用，系统应用效果日益凸显。

采用 PROⅡ软件模拟分析硝酸浓缩塔

李　刚　于文涛

（新疆天利高新石化股份公司）

摘　要　采用 PROⅡ流程模拟软件对硝酸浓缩塔工艺流程进行模拟，通过与生产实际数据的对比分析，验证了此模型和计算方法的可靠性。探讨 PROⅡ流程模拟软件对该工艺流程模拟建模过程，建立硝酸浓缩塔的稳态模型，优化硝酸浓缩塔运行参数，分析塔顶凝液含硝酸量高的原因，并提出解决方案。

关键词　流程模拟，稳态，优化

PRO/Ⅱ是一个历史最久的、通用性的化工稳态流程模拟软件，最早起源于 1967 年 SimSci 公司开发的世界上第一个蒸馏模拟器 SP05，1973 年 SimSci 推出基于流程图模拟器，1979 年又推出基于 PC 机的流程模拟软件 Process（即 PRO/Ⅱ的前身），很快成为该领域的国际标准。

PRO/Ⅱ可广泛应用于各种化学的解决方案。PRO/Ⅱ拥有完善的物性数据库、强大的热力学物性计算系统，以及 40 多种单元操作模块。它可以用于流程的稳态模拟、物性计算、设备设计、费用估算、经济评价、环保评测以及其它计算。现已可以模拟整个生产厂从包括管道、阀门到复杂的反应与分离过程在内的所有几乎 PRO/Ⅱ可广泛应用于工厂设计、工艺方案比较、老装置改造、装置标定、开车指导、可行性研究、脱瓶颈分析、工程技术人员和操作人员的培训等领域。可达到优化生产装置、降低生产成本和操作费用、节能降耗等目的，能产生巨大的经济效益。

1　硝酸浓缩塔工艺流程简介

来自工业己二酸增稠器抽出的母液酸、精己二酸增稠器抽出的母液水以及来自 R52009 的母液水、500#回收的硝酸、回收的催化剂溶液、一次蒸发过程产生的硝酸蒸汽汇聚在硝酸浓缩塔，经硝酸浓缩过程送回反应工段循环使用，具体流程如图 1 所示。

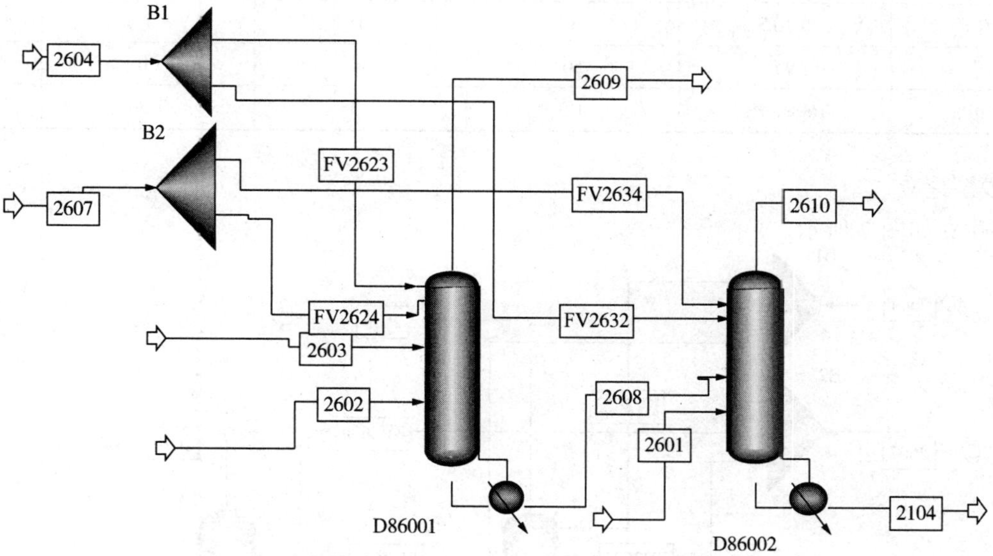

图 1

来自 R86001 的含一定浓度硝酸的母液酸物料，用泵 P86001A/B 经热交换器 E86021 和 E86011 预热后，进入 D86001 第 3（或 5）层塔盘。D86001 底部出料与 D86001 塔进料在 E86011 换热后，由 P86011A/B 送入 D86002 第 6（或 8）层塔盘。回收催化剂由 P87804A/B 送入 D86001 第 9（或 10）层塔盘。P52008A/B 来离心母液水、P54013A/B 来增稠母液水进入 D86001 塔顶第 15

和 19 层塔盘进行喷淋。D86001 塔底再沸器 E86012 采用 LS 加热，D86001 塔底物料经加热产生的蒸汽与塔顶喷淋水逆向接触进行吸收浓缩。

D86002 在真空下操作。D86002 塔底再沸器 E86022 采用 D86001 塔顶汽相作为热源，采用双效蒸发形式进行蒸发浓缩。D86002 塔顶汽相经 E86023 冷却，冷凝液进入 R86003，并由泵 P86003A/B 经 E86004 送往废水处理系统。不凝气排入亚硝气集管。

由塔 D86002 底部出来的浓度约为 47%的硝酸由泵 P86021A/B 经 E86021、E86024 冷却后送到贮罐 R51004。

2　建立模型

己二酸装置硝酸浓缩系统现运行达不到设计要求，D86001/2 塔顶气相凝液硝酸含量设计值 <0.1%。目前塔顶气相凝液硝酸含量为 0.4%～0.6%之间，远超设计值，导致废水处理无法处理这股废水，废水外排超标，已严重影响己二酸装置及废水处理的正常运行。

2.1　热力学方法的选择

热力学是研究能量相互转变同物料系统的状态变化之间关系的学科。

热力学模型的恰当选择和正确使用决定着计算结果的准确性、可靠性和模拟成功与否。

对于硝酸-水体系的汽液平衡热力学方法选择，根据硝酸性质，对含极性物质、电解质系统首选 NRTL 方程，从下文的模拟结果来看，该方法是比较理想的。

2.2　模型建立及计算结果

2.2.1　进料条件

进料条件如表 1 所示。

表 1

组成(%) \ 名称	一次蒸发器进 D86002	FC2621 进料	FC2734 进料	FC2623/FC2632	FC2624/FC2634
水	70.50	56.78	87.01	98.43	98.95
硝酸	29.50	32.26	12.02	0.37	0.04
己二酸		3.59	0.30	0.97	0.98
二元酸		6.98	0.67	0.23	0.03
流量/(kg/h)	7850.34	26217.27	5549.06	单股 4000.00	单股 4000.00
密度/(kg/m^3)	0.25	1200	1110	1000	1000
黏度/CP	0.015	1	1	1	1
温度/℃	90	50	30	30	20
压力/MPa	160mmHg	0.5	0.35	0.35	0.35

2.2.2　模型建立

模型建立如图 2 所示。

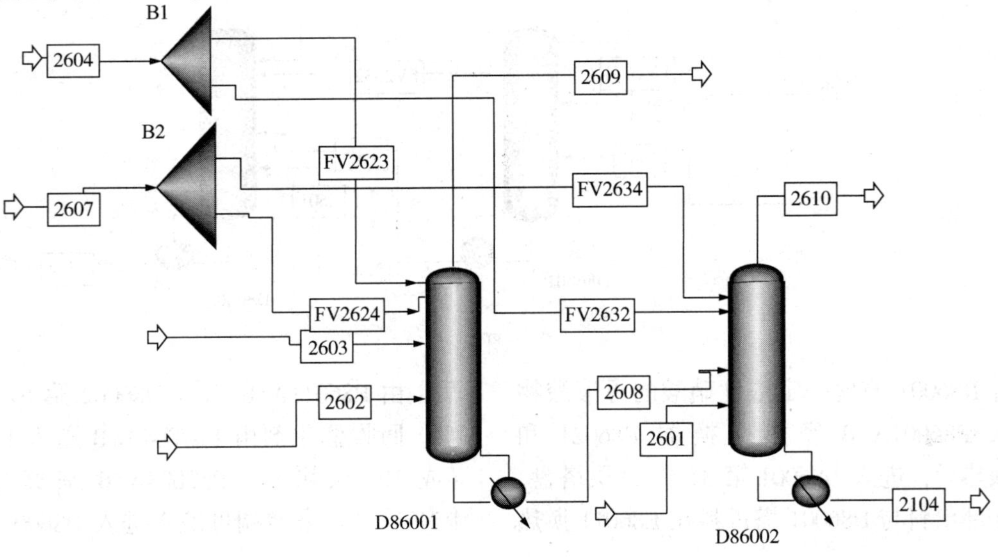

图 2

2.2.3 计算结果

计算结果如表 2 所示。

表 **2**

		86001/2											
Stream ID		2603	2602	FV2624	FV2623	2609	2608	2104	2601	2608	2610	FV2632	FV2634
Temperature	C	30.0	90.0	20.0	30.0	103.2	114.9	72.5	85.2	114.9	47.1	30.0	20.0
Pressure	kPa	350.00	200.00	150.00	200.00	113.00	124.00	17.07	21.33	124.00	10.67	200.00	150.00
Vapor Frac	0.000	0.000	0.000	0.000	1.000	0.000	0.000	1.000	0.000	1.000	0.000	0.000	
Mole Flow	kmol/h	400.731	1377.866	215.781	243.128	988.045	1249.461	724.093	343.963	1249.461	1332.202	245.050	217.821
Mass Flow	kg/h	8065.779	34135.703	4000.000	4500.000	17800.000	32901.482	25325.227	7850.340	32901.482	24000.000	4535.572	4037.834
Enthalpy	MMBtu/h	-108.066	-372.246	-59.117	-66.336	-224.205	-335.669	-196.705	-74.469	-335.669	-304.634	-66.860	-59.676
Mass Flow	kg/h												
ADIPI-01		80.658	1225.472	120.436	96.283	0.096	1522.753	1741.362		1522.753	0.011	97.044	121.575
H_2O		6918.825	21891.226	3870.761	4358.965	17799.899	19239.879	9075.175	5534.490	19239.879	23999.988	4393.422	3907.373
HNO_3		969.507	8533.926	3.601	19.890	0.002	9526.921	11866.452	2315.850	9526.921	0.001	20.047	3.635
GLUTA-01		88.724	2382.672	5.202	18.081	0.003	2494.676	2518.151		2494.676	<0.001	18.224	5.251
SUCCI-01		8.066	102.407		6.781	trace	117.253	124.088		117.253	trace	6.834	
H_3O^+													
NO_3^-													
N_2													
Mass Frac													
ADIPI-01		0.010	0.036	0.030	0.021	5 PPM	0.046	0.069		0.046	449 PPB	0.021	0.030
H_2O		0.858	0.641	0.968	0.969	1.000	0.585	0.358	0.705	0.585	1.000	0.969	0.968
HNO_3		0.120	0.250	900 PPM	0.004	133 PPB	0.290	0.469	0.295	0.290	40 PPB	0.004	900 PPM
GLUTA-01		0.011	0.070	0.001	0.004	159 PPB	0.076	0.099		0.076	8 PPB	0.004	0.001
SUCCI-01		0.001	0.003		0.002	trace	0.004	0.005		0.004	trace	0.002	
H_3O^+													
NO_3^-													
N_2													
Mole Flow	kmol/h												
ADIPI-01		0.552	8.385	0.824	0.659	0.001	10.420	11.915		10.420	<0.001	0.664	0.832
H_2O		384.053	1215.148	214.860	241.959	988.045	1067.976	503.749	307.211	1067.976	1332.202	243.872	216.892
HNO_3		15.386	135.431	0.057	0.316	<0.001	151.190	188.318	36.752	151.190	<0.001	0.318	0.058
GLUTA-01		0.672	18.035	0.039	0.137	<0.001	18.882	19.060		18.882	trace	0.138	0.040
SUCCI-01		0.068	0.867		0.057	trace	0.993	1.051		0.993	trace	0.058	
H_3O^+													
NO_3^-													
N_2													

3 模拟结果与实测值的对比

3.1 D86001 塔流程模拟数据如下：

具体数据见表 3。

表 3

Column T1 Profile Summary

Tray	模拟 Temperature/℃	实际运行温度/℃	模拟 Pressure/Pa	实际运行压力/Pa
1	102.4777969	102.57	110.58	110.41
2	102.5895781		110.844	
3	102.7010151		111.278	
4	102.8125702		111.712	
5	102.9408568		112.146	
6	103.0512123		112.581	
7	103.1612168		113.015	
8	103.2708752	102.87	113.449	
9	103.3803483		113.883	
10	103.4989626		114.317	
11	104.0855248		114.752	
12	104.1939987		115.186	
13	104.3021538	104.05	115.620	
14	104.4100321		116.054	
15	104.519754		116.48	
16	104.7455579		116.923	
17	108.2769751		117.357	
18	108.4101577		117.791	
19	109.0413793	110.41	118.225	
20	114.4965798	112.5	118.66	118.66

结论：模拟结果与实际情况相符；模拟温度与实际温度非常接近，底部温度 TC2620 偏差 2℃，停工检修时联系仪表对 TC2620 进行校对。

3.2 D86002 塔流程模拟数据

具体数据见表 4。

表 4

Column T2 Profile Summary

Tray	模拟 Temperature/℃	实际运行温度/℃	模拟 Pressure/Pa	实际运行压力/Pa
1	48.8126809		8.11	8.38
2	50.2304686	50.72	8.811	
3	52.3546781		9.421	
4	54.7895722		10.045	
5	56.1910134		10.687	
6	54.1825756		11.047	
7	52.3508534		11.638	
8	54.48121534		12.417	
9	56.2512135	62.54	13.068	
10	58.5508767		13.672	
11	60.4803487		14.243	
12	62.3989690	68.28	14.873	
13	64.7855234		15.483	
14	66.5939926		16.055	
15	68.1021538		16.682	
16	69.6100359		16.9433	
17	71.0112325		17.082	
18	72.5453237	72.44	17.568	17.34

结论：模拟结果与实际情况相符；模拟温度与实际温度非常接近。

该稳态模型与硝酸浓缩塔运行实际数据非常吻合，能够对装置进行模拟。

4 参数优化

4.1 调整进料量、喷淋水量

通过流程模拟中的优化器对 P87804A/B 进料量、喷淋水流量进行优化，结果如下：

---- VALUES ----　CYCLE　1

BEST-2

VARY　1　1.0000E + 04　8.1759E + 03（P87804A/B 进料量）

VARY　2　4.0000E + 03　4.0000E + 03（P54013A/B 喷淋水量）

VARY　3　5.0000E + 03　5.0000E + 03（P52008A/B 喷淋水量）

OBJECTIVE　3.2220E − 06　3.2218E − 06（D86001 塔顶凝液硝酸含量）

根据模拟结果，P87804A/B 进料流量为 8175.9kg/h（7.36 m^3/h）；P54013A/B 喷淋水量为 4 m^3/h；P52008A/B 喷淋水量 5 m^3/h 为宜。

4.2 调整进料板位置

调整进料板位置，如表 5 所示。

表 5

项目	进料板位置	进料板位置	进料板位置	进料板位置	结论
P87804A/B 进料	11 层	9 层	9 层	11 层	通过 D86001 塔顶凝液硝酸含量分析，进料板在 11/17 为宜。
P86021A/B 进料	17 层	15 层	17 层	15 层	
D86001 塔顶凝液硝酸含量/（摩尔百分比 mol%）	9.20952×10^{-6}	9.20955×10^{-6}	9.20958×10^{-6}	9.20955×10^{-6}	

5 水力学计算

5.1.1 D86001 水力学数据表

具体数据见表 6。

表 6

D86001 水力学数据表

	理论板数 / 项目	1	2	3	4	5	6	7	8
塔板参数	塔径/mm	2200	2200	2200	2200	2200	2200	2200	2200
	板间距/mm	700	700	700	700	700	700	700	700
	开孔率	12.4	12.4	12.4	12.4	13.2	13.2	13.2	13.2
气相	气相负荷/(m^3/h)	27784.6	27509.2	28135.7	27907.2	29179.7	28919.9	28814.6	30181.6
液相	液相负荷/(m^3/h)	4.60	4.59	9.70	9.69	18.81	18.82	18.87	54.16
塔板流体力学参数	空塔汽速/(m/s)	2.031	2.011	2.057	2.040	2.133	2.114	2.107	2.207
	板孔汽速/(m/s)	16.382	16.220	16.589	16.454	16.162	16.018	15.960	16.717
	板孔动能因子/$Pa^{0.5}$	13.332	13.265	13.633	13.575	13.398	13.339	13.331	14.031
	溢流强度/(m^3/m·h)	3.373	3.372	7.109	7.102	13.380	13.386	13.357	32.541

5.1.2 D86002 水力学数据表

具体数据见表 7。

表 7

D86002 水力学数据表

	理论板数 / 项目	1	2	3	4	5	6	7	8
塔板参数	塔径/mm	3600	3600	3600	3600	3600	3600	3600	3600
	板间距/mm	700	700	700	700	700	700	700	700
	开孔率/%	16.3	16.3	16.3	16.3	16.3	12.72	12.72	12.72
气相	气相负荷/(m^3/h)	312470.9	293136.6	278581.6	282338.4	240205.3	150305.1	144422.3	138718.8
液相	液相负荷/(m^3/h)	4.19	4.18	8.84	9.19	40.66	40.89	42.01	45.51
塔板流体力学参数	空塔汽速/(m/s)	8.532	8.004	7.606	7.709	6.559	4.104	3.943	3.788
	板孔汽速/(m/s)	52.341	49.103	46.665	47.294	40.236	32.263	31.001	29.776
	板孔动能因子/$Pa^{0.5}$	14.554	14.092	13.773	13.964	12.502	10.385	10.536	11.359
	溢流强度/(m^3/m·h)	2.350	2.343	4.948	4.882	15.010	15.117	15.326	16.036

6 现状分析

6.1 D86001 情况分析

D86001 塔 1~4 层板液相负荷很低。液相流量 4.60 ~ 9.69 m^3/h，相对于较大的塔径（2200mm），溢流强度只有 3.4~7.1 m^3/m·h。这八层塔板上液相量很小，会有较明显的偏流，塔板上气相与液相接触不好，导致分离效果降低，塔顶凝液含硝酸量过高。

主要原因：液相负荷小、塔径大、液体偏流、汽液不能充分接触，导致塔顶带硝酸。

6.2 D86002 情况分析

D86002 塔 1～4 层板液相负荷较 D86001 更低。液相流量 4.19～9.19 m^3/h，相对于较大的塔径(3600mm)，溢流强度只有 2.35～4.88 $m^3/(m \cdot h)$，且板孔汽速过高，高达 52m/s。这八层塔板上液相量很小，会有较明显的偏流，而且汽速过高，雾沫夹带严重，塔板上气相与液相接触不好，导致分离效果降低，塔顶凝液含硝酸量过高。

主要原因：液相负荷小、塔径大、液体偏流、而且汽速过高，雾沫夹带严重，汽液不能充分接触，导致塔顶带硝酸，而不是塔板效率不足。

7 结论

采用模拟软件 PROⅡ对 D86001/2 进行模拟计算，从水力学计算可以看出，D86002 汽液不能充分接触情况较 D86001 塔更为严重，这也与装置实际运行情况相符。

主要影响 D86001/2 塔顶凝液硝酸浓度的原因是 D86002 塔板孔汽速过高，雾沫夹带严重，分离效率降低；目前从塔径上进行调整已不可能，可考虑增大塔板开孔率，降低汽速，减少雾沫夹带。

现 D86001 的塔釜液经两级冷却后温度约为 86℃，在进入 D86002 塔后，部分液体会闪蒸(原因：压力突然降低，且温度高于当时压力下的沸点)。

建议：在进 D86002 塔前，设一闪蒸罐，闪蒸罐顶、底物料再分别进入 D86002 塔，否则直接进入 D86002 塔，闪蒸部分的塔盘起不到分离效果。

一次蒸发器气相由 6#塔盘进料，D86001 塔釜液进入 D86002 塔的 9#塔盘后会发生减压闪蒸。

建议：6#塔盘、9#塔盘，要有较其他塔盘更大的开孔率。

独山子石化智能防护，数字运维，科技筑起安心“墙”

刘洪洋　郑国彦　李海军　谢军军

（中国石油独山子石化公司）

摘　要　本文针对石化厂区周界安防技术的实际应用情况进行分析，结合应用特点，对智慧墙技术、微波技术、电子围栏技术等多种周界报警的产品在石化厂区周界防御方面的应用进行了研究。通过对智慧墙技术、微波技术、电子围栏技术的基本原理介绍和独山子石化现场应用效果分析，验证了智慧墙技术在周界应用中的性能，为石油炼化企业解决周界问题提供了一种新方案。

关键词　周界，智慧墙，微波、电子围栏、石化，自适应微波阵列

1　应用背景

智能化工厂具有全面感知、自适应、智能融合等基本特征。炼化行业的智能工厂是一个集成的、知识的(机理驱动为主)、多模型的工厂，通过人机结合提高员工能力和效率，驱动工厂各类业务活动，从而最大程度地保障工厂本质安全、提升工厂管控水平、提高工厂经营效益。

周界安防系统作为保障炼化企业生产安全的重要设施，随着智能工厂的建设，传统的“人防+物防”治安防范模式已经无法满足管理需要和当前安全防范的形势发展。采新型周界入侵探测系统等高科技手段加强区域监测、预警和防范，已得到越来越广泛的应用。

独山子石化公司是中国西部及炼油化工生产为一体的大型炼化公司，具备1000万吨/年炼油、122万吨/年乙烯生产能力。厂区围墙主要采用简易铁栅栏和砖砌墙组成。根据新疆维吾尔自治区下发《自治区石油炼油化工企业反恐怖防范标准(试行)》，为防范暴恐破坏，保障安全生产，公司积极寻求先进的周界建设技术方案，改善安防薄弱环节。

1.1　炼化厂周界安防应用需求

石油炼化厂作为易燃、易爆的高危环境，属于安全重点防范区域，因此在加强视频监控的同时，还需要针对地理环境、使用条件建设周界防范系统，与视频监控配合使用，避免安防死角。炼化厂周界系统的需求主要由以下几方面：

（1）智能化

利用技术防范的新技术，克服复杂场景的影响，实现防盗防入侵的准确探测和预警，并实时提供复核、处置等服务。

（2）兼容性

周界入侵探测系统应具备与视频监控、出入口控制、巡更管理以及处置等系统有效集成的能力，实现整个安防系统的集中统一管理与报警联动。

（3）人性化

新技术新产品的使用首先不能影响生产，只有在保证高可靠性的基础上，减轻工作人员的劳动强度才有意义。

（4）本土化

传统的高端安防市场被美国、以色列等国际的产品垄断，面对当前国际的技术竞争形势，选用本土化的技术和产品才是真正保证安全的选择。

1.2　炼化厂周界安防面临的难点

(1)安装环境差异性大，防范对象复杂

炼化厂建设的地域环境不一而同，厂区围界范围大，受地形地貌、气候、动植物、自然灾害等多方面因素的制约，周界入侵探测系统所需要处理的防范对象十分复杂，因地制宜选择适合的入侵探测系统显得尤为重要

（2）系统缺乏智能化甄别能力，安防风险不降反增

多数炼化厂建设有周界安防系统，一些防范等级高、环境复杂的区域甚至采用了多类型组合

或多技术叠加的周界入侵探测系统，但系统缺乏智能化的甄别能力，由于气候变化(风、雨、雪、雾、雷电等)、环境变化(温度、湿度、电磁辐射等)、地理空间、生物活动(飞鸟、小动物)及绿植覆盖等因素的影响，造成较高的误报率。频繁误报增加了安保人员的工作强度，更会降低值班人员的警觉性，导致真正发生报警时值班人员可能因误判断，延误出警时机，极易导致突发事件得不到及时的处理，酿成严重后果。

(3) 缺乏全生命周期的设计，投入运行后维护难

数十公里的围界频繁维护，需要投入大量的人力；加之类似新疆等地区气候条件较恶劣，冬夏季温差大，夏季炎热，冬季积雪深厚，更大幅增加了维护难度。

1.3 炼化厂常用的周界技术

具体内容见表1。

表1

	微波对射	电子围栏	振动光纤	张力围栏	视频分析	微波阵列
工作原理	探测区域内的活动物体对探测信号产生反射、吸收等作用，引起接收器接收的能量变化，触发报警信号。	利用通电后，电缆线间产生的脉冲电压能有效阻挡周界非法入侵。	光纤受到振动或挤压引起内部传输的信号波形的畸变，触发报警。	通过探测金属缆线上的张力变化，检测到入侵者的攀爬、翻越行为，发出报警信号。	在视频图像内划定周界区域，利用图像分析算法对分析和追踪，识别跨界目标。	利用密集嵌入在电缆内的探测器间微波信号的多发多收，在空间上构成了相互交叠覆盖的微波探测场，感知周围活动物体对探测场的扰动。
防护范围	收发端间纺锤状立体	依附围界的平面状	依附围界的平面状	依附围界的平面状	摄像机可视范围内的立体	沿围界均匀立体
单防区内探测源	单一	单一	单一	单一	单一	多个
地形适应能力	较差	强	强	强	一般	强
植被遮挡	影响大	无影响	无影响	无影响	影响大	无影响

(1) 微波对射式

• 优点：立体、大范围探测，防护范围大；微波肉眼不可见，具有隐蔽性；安装方便。

• 缺点：防区不均匀，存在盲区和死角；地形适应能力差，遇到起伏、植被、转角等需要增加部署设备；需要定期校准、除草等维护，维护工作量较大；防区不能灵活设置和调整。

(2) 脉冲电子围栏

脉冲电子围栏是由带电脉冲的电子缆线组成，脉冲主机通电后发射端产生高压脉冲或低压脉冲传到前端围栏上，前端围栏上形成回路后把脉冲回传到脉冲主机的接收端，电缆线产生的脉冲电压能有效阻挡周界非法入侵。

• 优点：具有阻挡和主动打击的作用；抗干扰能力强，不受植被、地形的影响；。

• 缺点：接触报警，防护范围有限，易被跨越突破；对安装载体有限制，不能安装在金属围界上。

(3) 振动光纤

振动光纤周界探测系统由感应光纤、引导纤及信号处理器构成。振动光纤可随围墙一起敷设，也可浅埋地下，通过感应周围微小的压力变化，主机判断是否存在入侵行为，从而决定是否报警。

• 优点：不受地形限制，可隐蔽安装；全天候工作，不受天气、植被影响；适合于长距离部署。

• 缺点：部署载体要求软硬适中的金属围栏，光缆安装固定松紧要求，其折衷平衡较难掌握；接触式报警，“面”状防护，易翻越和躲避；受外界的影响较大，大风、车辆振动容易引起误报；季节变化引起的线缆热胀冷缩对光信号影响

严重，因此需要经常现场维护、调整。

（4）张力围栏

张力式围栏系统通过探测金属缆线上的张力变化，检测到入侵者的攀爬、翻越行为，发出报警信号。

● 优点：具有安全实体阻碍能力；不受地形、植被的影响；对天气敏感度较低(冷热变化除外)。

● 缺点：受季节气温变化影响大，需要定期维护调整；小动物接触围栏易引起误报；张力围栏系统造价很高。

（5）智能视频分析：

智能视频分析通过将场景中背景和目标分离进而分析并追踪在摄像机场景内出现的目标。用户可以根据视频内容分析功能，通过在不同摄像机的场景中预设不同的报警规则，一旦目标在场景中出现了违反预定义规则的行为，系统会自动发出报警。

● 优点：可以识别特定物体如人、车、小动物等。

● 缺点：受外界干扰较多，移动检测会受光线阴影变化、飞虫的干扰，容易引起误报；夜晚或微光条件下监控效果会产生变化。设备功耗与资源占用比较大，无法形成长期稳定有效的告警应用，需要结合其他周界报警手段复核。

2　独山子石化应用新技术解决周界安防难题

2.1　智慧墙技术

智慧墙采用自适应微波阵列技术。将微型微波收发芯片密集的嵌入至电缆内，制成特种智能探测线缆；通过铺设这样的线缆自动构成联合检测阵列，即可主动感知周围的物体，当有人或物体非法闯入时立即产生报警(图1)。

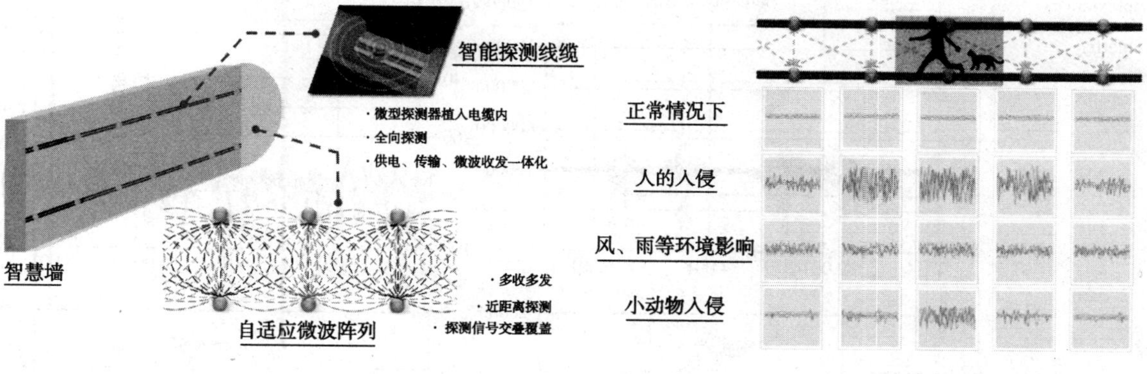

图1　智慧墙微波阵列探测

2.2　智慧墙技术先进性

（1）密集传感，冗余探测

智能探测电缆内的探测器以每3米一个的密度摆列，单探测器的探测信号覆盖范围可达20米；探测器间采用多发多收的模式工作，在空间上构成了相互交叠覆盖的密集探测场，相当于在同一区域部署多对相互独立、探测信号交叉的微波对射装置。这样构成的联合检测阵列，不仅在准确性上相比对射技术(如红外、微波、激光等)有了本质的提升，也提供了故障冗余。

（2）AI分析，深度学习

报警处理采用多向量波形扰动综合分析，门限、拐点、梯度联合计算初判RSS特征值筛选，再通过滤波及特征提取处理后进入分类器，利用基于信号波动特征值的空时信号处理技术与基于神经网络的到端人工智能算法的机器学习技术，对满足判定的特征值向量进行人工智能(AI)判定。

采用AI智能分析，一方面可以强力过滤植被、天气等干扰，另一方面可以安装后免调试投入运行，并具备持续优化能力，并极大降低维护难度和成本。

3　智慧墙入侵探测系统的应用效果

3.1　起伏、转角地形适应效果

智慧墙系统采用缆型部署，可顺延地势起伏及墙体转角，解决对射式围界设备对于地势及墙体转角处需要额外部署对射设备的问题(图2)。

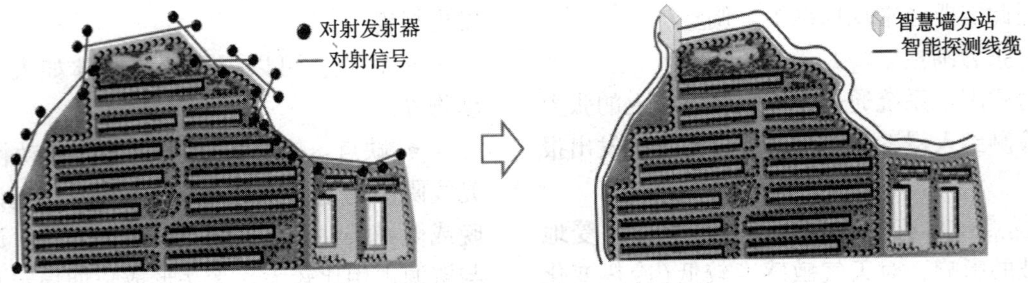

图 2　地形适应性的优化效果示意图

系统提供了软件划分逻辑防区功能，根据现场情况及监控杆位置进行防区大小调整，最小防区粒度 20 米。在后期，新增监控杆时，无需移动周界设备位置，即可灵活配置或调整防区的数量和范围。

3.2　对干扰误报的优化效果

智慧墙系统深度学习的人工智能分析技术，可有效过滤天气环境与植被干扰，准确定位并呈现非法入侵点位。

系统提供了数百万样本规模的基础模型库，并针对项目现场环境设立专门的迭代模型库，在实际现场环境中持续收集自然天气与人员入侵探测波形数据，提取波形数据特征值，归入模型库，不断提高系统样本优化效率与分类器过滤能力(图 3)。

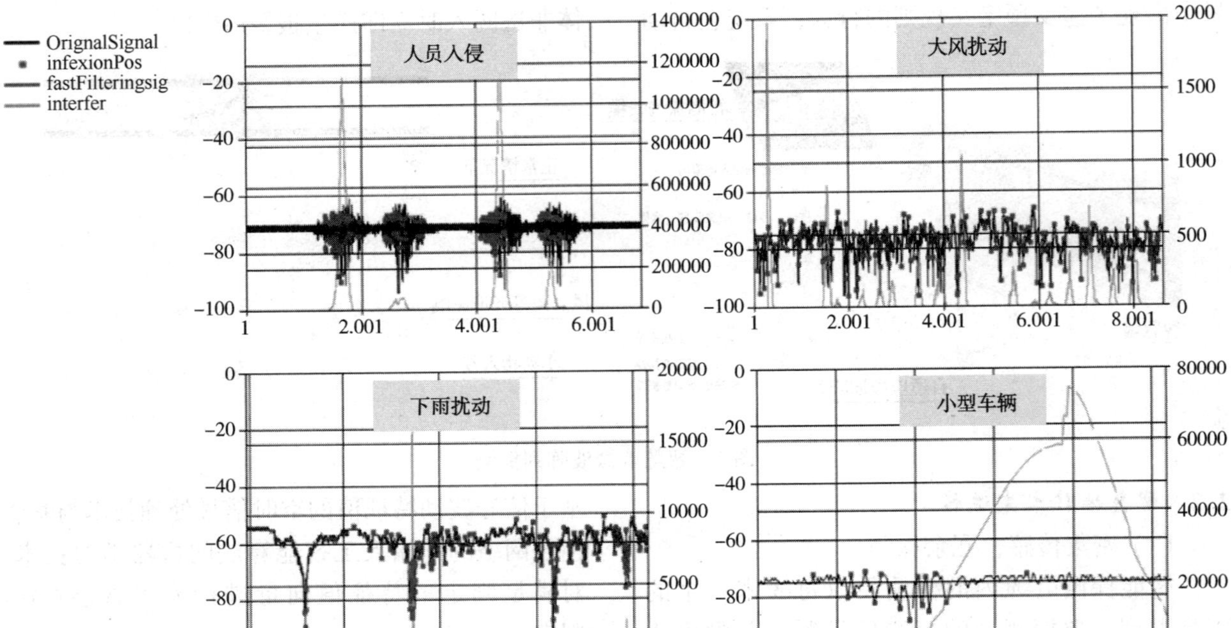

图 3　样本库波形样本示意图

系统针对独山子石化现场环境，对算法进行了优化升级，从有限条件 3A 报警幅值算法(基于门限值的报警)升级到 3H 综合幅值分析报警算法。新算法支持灵活设置检测窗口大小，增加考虑波形拐点幅值与斜率的关系，综合拐点数量与扰动目标值区间分布情况对比，能够区分复杂环境下不同扰动带来的波形变化，对误报过滤以及慢速通过报警进行了优化。

3.3　降低维护工作量的效果

智慧墙系统具备自监控管理功能，设备实时上报的状态，发现异常可主动告警，提示管理员可及时处理故障；通过智能管理平台可远程轻松设置防区布防/撤防模式；在防区不撤防的条件下，维护人员可使用系统配套巡检卡独立检验现场防区任意点的防护能力的有效性，降低了日常维护工作的难度(图 4)。

系统维护方便，无需根据季节、天气变化对已安装设备进行调整，基本免除现场维护；系统具备故障冗余能力，个别探测器故障不会造成系统漏洞，为维修人员现场排障预留充裕的时间，

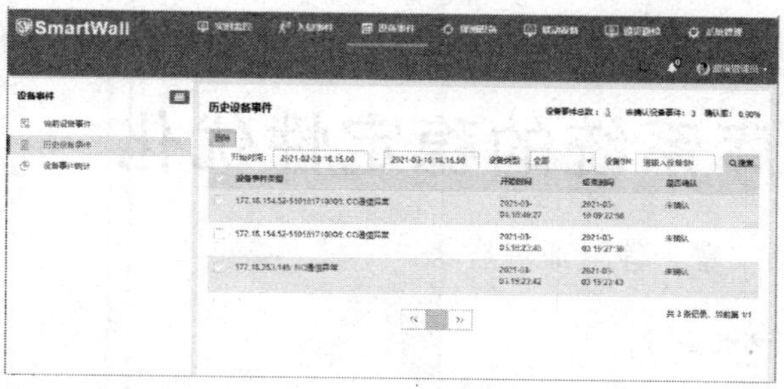

图4　平台设备告警界面

极大降低了维护工作量，避免恶劣天气条件下户外维修。

3.4　与其他系统协同兼容的效果

智慧墙系统具备完善的南北向接口，将厂区原有的微波对射报警、视频监控、告警驱离（声光、音箱、警笛等）设备有机整合，形成整个厂区的系统性、整体性、协同性的安全防范，在利用原有设备的基础上整体提升了技防技术水平。

4　结论

智能工厂的核心是工业化和信息化的高度融合，智慧墙技术通过物联网、大数据与分析平台等新技术于一体，提升了周界入侵探测系统的适用性，达到入侵行为的及时发现、智能识别、快速定位和有效处置的目的。实际使用经验证明，炼化厂采用智慧墙系统建设周界安防系统，显著地提升了防范效果，降低了维护的工作量和难度，提升了安全防范效率和质量。

高负载状态下实时数据库系统的稳定性优化

蒋　帆　王卫阵　孙永福　曹　静　邢海燕

（中国石油独山子石化公司）

摘　要　实时数据库系统作为炼化企业信息系统的重要基础数据来源之一，在炼化企业的信息化建设中起到至关重要的作用。本文通过对炼化企业的发展趋势与实时数据库系统的高负载化运行状态进行分析，提出了基于现行阶段的实时数据库系统稳定性优化方案。通过使用多种方式对实时数据库系统进行稳定性优化，从而提高实时数据库系统的稳定性，降低因为高负载化造成的实时数据库系统异常和实时数采中断的问题出现频次。

关键词　实时数据库系统，高负载，稳定性优化

1　炼化企业的发展趋势与实时数据库系统的现状分析

1.1　炼化企业的发展趋势与实时数据库系统的高负载化

随着现代石油化工产业的发展，炼化企业在基于“工业 4.0”“中国制造 2025 ”的大环境下生产规模不断扩大、信息化程度也越来越高。各种类型的信息系统为炼化企业的生产调度、过程控制、安全管理、数据分析、决策支持等提供全方位的支持与保障。然而各类信息系统的开发应用以及新建装置的投入使用使得 PHD 实时数据库系统的运行压力日渐增大。上层应用系统对实时数据的需求从原先的以工艺流程和设备管理为主，逐渐发展为工艺流程、设备管理、安全环保、生产调度、分析决策等多领域的广泛应用。需求的扩大极大增加了实时数采的数据位号和数据量，使得实时数据库逐渐趋于高负载化。

PHD 实时数据库系统作为各信息系统的重要基础数据来源之一，其稳定性严重的制约了信息系统的稳定性。实时数据库非正常停机、挂死以及实时数采中断都会造成上层应用的服务中断或数据异常，极大降低了上层应用的时效性与准确性。实时数据库系统在炼化企业不断发展的大环境下逐渐高负载化，间接增大了实时数据库非正常停机、实时数采异常中断的概率。如何在 PHD 实时数据库系统高负载状态下提高数据库的稳定性，降低实时数据库非正常挂死、中断的次数成为一个亟待研究解决的问题。

1.2　现阶段实时数据库系统的运行架构

PHD 实时数据库系统由数据采集、数据处理存储和信息展示三部分构成。该系统在工业企业中应用广泛，集成生产过程数据及商业数据并支持相关应用，为全企业管理部门提供一致的生产过程信息及商业信息，管理过程数据的历史归档，对外提供各种标准的数据访问接口，提供虚拟计算和趋势分析功能。

现阶段 PHD 实时数据库系统总共由四个部分组成，包括：实时数据采集接口（RDI 接口）、实时数据采集模块及链路、实时数据集成和实时数据上层应用。在整个系统中，位于各分厂及装置现场的 Buffer 机采集汇聚到 OPC Server 的 DCS/PLC 现场数据，通过汇聚交换机将数据集中到实时数据库中。Buffer 机、DCS、PLC、OPC Server 之间通过微软的标准 OPC 协议来进行数据通讯。从各个生产装置、车间采集的实时数据在实时数据库（PHD）中集中整合，并通过接口为上层各类应用系统包括：ERP、MES、物联网以及其它应用系统提供基础数据支持（图 1）。

1.3　高负载状态下实时数据库系统存在的问题

根据统计分析近一年时间内 PHD 实时数据库系统已发生或潜在发生的异常，总共分为两大类，即：“实时数据库异常”和“BUFFER 机或安全隔离设备异常”（实时数据采集模块及链路异常）。如按照详细成因来划分可以分为：RDI 接口挂死、RDI 接口负载过大造成数据中断、Buffer 机挂死及异常、安全隔离设备挂死及异常、对外提供实时数据的接口异常、采数高峰期的异常中断以及实时数据库系统其他异常（图 2）。

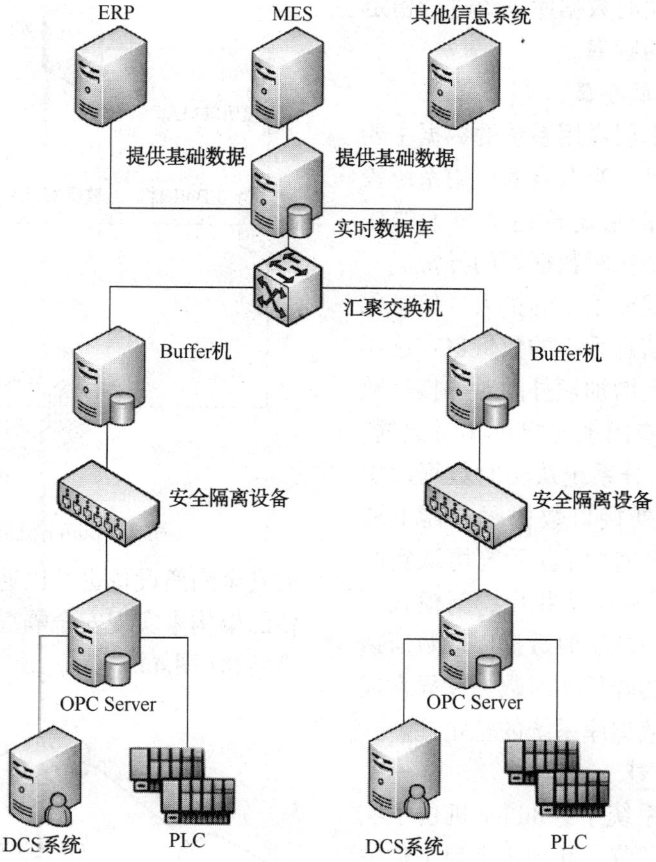

图 1　实时数据库系统架构图

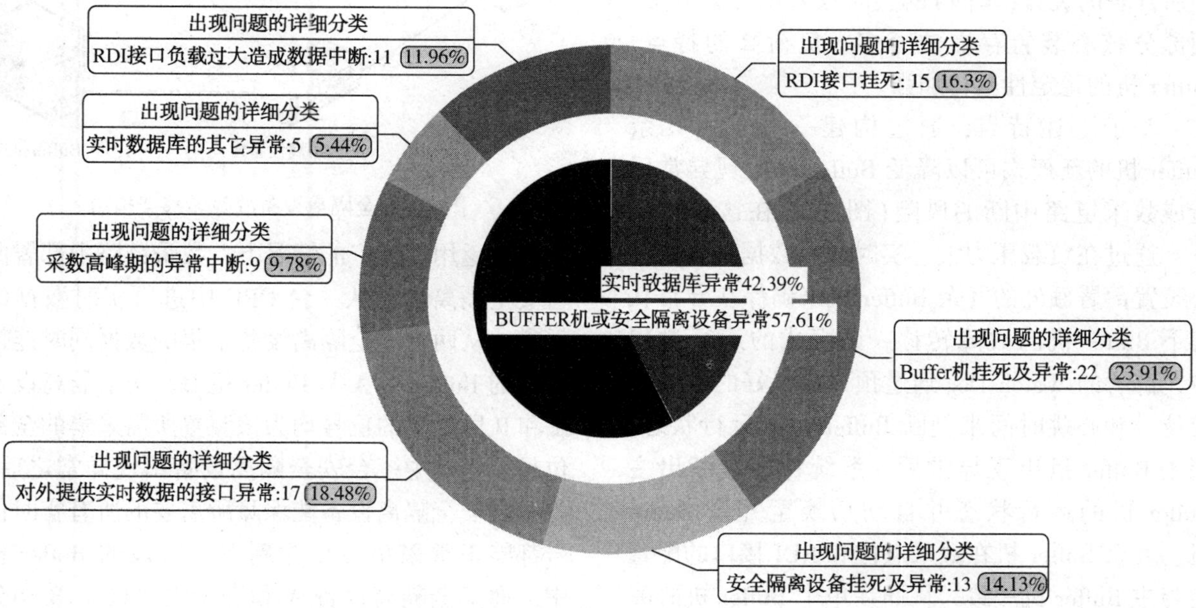

图 2　实时数据库异常状态原因分析

在日常的使用中上述各类型的异常与故障均可造成实时数据的中断，从而影响到上层应用的正常业务开展；极大的影响了实时数据库系统的稳定性。为了降低实时数据库的异常频率需要对实时数据库系统的稳定性进行针对性优化与调整。

2　高负载状态下实时数据库系统的稳定性优化

通过分析可以看出，上述绝大多数故障或潜

在故障可以通过对整个实时数据库系统进行稳定性优化来降低故障出现的频率。

2.1 搭建对外接口数据服务器

在原有的架构中，上层应用系统的数据主要由实时数据库来进行提供。当取数的应用系统较多时，会给实时数据库的稳定性造成较大的压力，从而有可能造成整个实时数据库的异常。

鉴于炼化企业发展规模不断的扩大、信息化水平不断的提高、新建信息系统的数量也在逐年增加，可以在现有架构上增加额外的对外接口数据服务器来为部分上层应用系统提供实时数据。通过这种方式，形成“部分系统从实时数据库中取数---部分系统从对外接口数据服务器上取数”的新模式。对比于之前“所有系统均从实时数据库中直接取数”的原有架构相比，新模式可以避免所有上层应用集中从实时数据库取数所造成的高负载风险，有效的降低实时数据库异常或挂死的概率，提高实时数据库系统的稳定性。

2.2 Buffer 机的故障转移

在整个实时数据库系统中，Buffer 机位于实时数据采集链路的核心环节，起到承上启下的关键作用。日常的运行中，Buffer 机的稳定性取决于所部署的装置(车间)的实时数采位号的数量，而部分核心装置存在位号多、负荷高的特点，Buffer 机的稳定性亟待加强。

基于上述特点，通过构建一种包含冗余 Buffer 机的新模式可以降低 Buffer 机出现异常后造成数采链路中断的风险(图 3)。在这种模式下，通过在负载压力大、实时数采数据量多的核心装置部署额外的冗余 Buffer 机来确保在异常状态下 Buffer 机的故障转移。该模式的运行过程中，部署的 Watch Dog 通过预先设置好的数采监控位号和心跳时间来判断 Buffer 机的运行状态。当主 Buffer 机出现异常后，系统将会判断出主 Buffer 机的运行状态并自动切换至冗余 Buffer 机。冗余 Buffer 机在数采点位和 RDI 接口的配置上与主 Buffer 机一致，从而在单个 Buffer 机故障的情况下实现故障转移，确保实时数采的稳定。

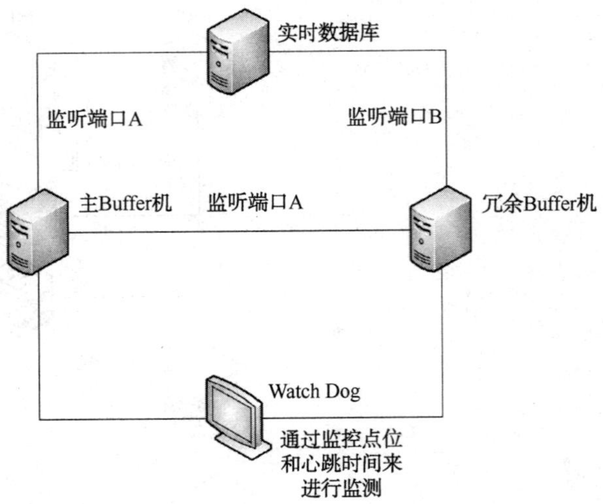

图 3　Buffer 机故障转移架构图

2.3 安全隔离设备的故障转移

在实际情况中，部分安全隔离设备也存在类似 Buffer 机的问题，即：部分核心车间或装置由于实时数据采集位号较多、数据量较大等负载较大的问题，存在故障或数采非正常中断的风险。为了降低数采非正常中断的概率，部分负载较大的安全隔离设备也可以通过搭设冗余安全隔离设备的架构来实现安全隔离设备在特殊情况下的故障转移(图 4)。

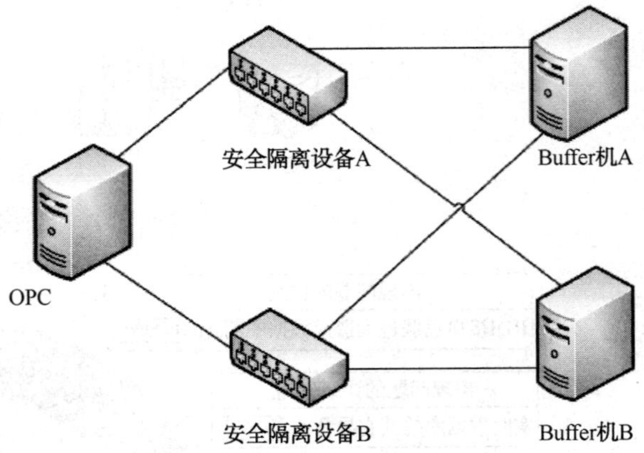

图 4　安全隔离设备故障转移架构图

在泛用性最广的情况下，数采链路中部署两台安全隔离设备从一台 OPC 中进行实时数据的采集，从两台安全隔离设备采集的数据同时连接后端的 Buffer 机 A 和 Buffer 机 B。安全隔离设备 A 和 B 所采集的位号均为该装置所需采集的全部位号。当其中一台安全隔离设备出现异常之后，另一台安全隔离设备能保障所需要的所有实时位号都能正常采集并传输到下一阶段的 Buffer 机中。而安全隔离设备 A 和安全隔离设备 B 均分别连接了 Buffer 机 A 和 Buffer 机 B，从而在实现安全隔离设备故障转移的情况下还能保障 Buffer 机的故障转移。

在介绍了使用最为广泛的架构模式后，还可以根据现场的实际情况对架构进行调整，例如：

(1) 可以通过部署两台 OPC 来实现 OPC 的故障转移。

（2）可以通过将所需采集的实时位号分别分担给两台安全隔离设备（即每台安全隔离设备各取所需位号的一半）的方式来降低每台安全隔离设备的负载，从而降低安全隔离设备因为负载较高而异常的概率。

（3）对某些核心装置而言，两台安全隔离设备无法满足既降低每台设备的负载，又做到故障转移的要求。根据需求，可以部署三台安全隔离设备（两台用于分散取数，一台用作故障转移）来保障数采链路的稳定性。

2.4 RDI 接口的整合 &RDI 接口的负载均衡

实时数据接口（RDI）是实时数据库系统（PHD 系统）采集实时数据的通道，采集到的实时数据通过 RDI 接口进行传输。RDI 提供了两种用途的接口：①Shadow 接口：远程 RDI 可以将远程 PHD（客户端，Buffer 机就是其中的一种）与主 PHD（实时数据库）连接起来，Buffer 机可以视作一个远程 PHD，远程 PHD 从本质上来看是一个完整的 PHD 系统，主 PHD 作为远程 PHD 的 Shadow，它们使用相同的关系数据库，共享相同的标签。远程 PHD 服务器从链路中采集实时数据并存储在自己的 PHD 数据库中，主 PHD 服务器定期接收远程 PHD 的数据并将获取的这些信息提供给用户。主 PHD 相比于远程 PHD 而言就像是影子，因此主 PHD 又称 Shadow PHD。②Buffer 接口：远程 PHD 系统日常的作用是用于数据缓冲，Buffer 接口负责和 Shadow 接口之间通信。如果由于某种原因主 PHD 服务器和远程 PHD 服务器通讯中断，所有收集的实时数据将会保存，当通讯恢复时，主 PHD 服务器会自动从断点开始恢复。

在实际使用过程中，RDI 接口的稳定程度在很大程度上决定了实时数据库系统的稳定性。这个稳定性取决于两个方面：（1）RDI 接口出现异常状态的频次。（2）RDI 接口从异常状态下恢复的速度。理论上从这两个方面入手即可显著提高 RDI 接口的稳定性。

（1）RDI 接口整合

在实时数据库系统中 RDI 接口的理论上限是 256 个，而在实际使用过程中一个完整的 RDI 接口占用两个位置（一个用于 Buffer 机．另一个用于实时数据库）。这种形式使得在用 RDI 接口的数量一直保持在一个较高的水平，进一步加剧了实时数据库的高负载压力。由于实时数据库系统支持的 RDI 接口数量是有限的，可以根据装置现场情况和方便管理的原则对部分 RDI 接口进行整合调整。

在实时数据库系统建设和实施时期，RDI 接口的分配原则按照“车间/装置”进行分配。这种分配方式最大的优点在于方便管理，“一个 RDI 接口对应一个装置（车间）”的模式能够极大的方便运维工程师的运维工作。当 RDI 接口出现异常时，跟据原先的分配模式运维工程师可以快速的判断出异常问题的原因以及处理方式，并在较短的时间内进行处置。当装置和车间的数量较少时，这种模式具有明显的优势。随着装置生产规模的扩大与新增装置的投产，这种方便管理却忽略 RDI 接口实际负荷的模式越来越无法满足实际的需求，需要根据结合 RDI 接口上限和实际情况对 RDI 进行整合。

通过按照属地管理、地理位置等原则，将部分的 RDI 接口进行合并整合。对已停工装置的 RDI 接口进行集中清理。累计共整合 RDI 接口 20 余个，充分提高了 RDI 接口的利用效率，提升了实时数据库系统的稳定性。

（2）均衡 RDI 接口的负载

由于不同装置/车间所需进行实时数据采集的位号数量不相同，各 RDI 接口的负载情况也不相同。根据统计研究，RDI 接口的负载情况与 RDI 接口出现异常的概率直接相关，而现阶段各装置 RDI 接口的负载位号在数十个到五六千个不等。负载情况的不同造成在实际运维过程中 RDI 接口出现异常的概率也不相同。负载位号数量越多，在日常运行中出现异常状态的可能性就越高。

通过分析论证可以得知，如果对 RDI 接口的负载进行均衡调整：即将包含较多负载位号的 RDI 接口与负载位号较少的 RDI 接口进行调整，使其负载较为均衡，避免部分 RDI 接口负载较大、实时数采位号较多现象的产生。调整过后的 RDI 接口由于负载较为均衡，运行稳定性有了很大提升，直接保障了实时数据库系统稳定运行。

2.5 调整取数周期 & 错峰取数

在实际研究中，当实时数据库系统处于取数高峰期或这部分装置数据量较大时会对实时数据库（PHD）的稳定性产生较大的影响。为了降低这部分的不利影响，可以通过将部分实时数采数据量较大的装置的取数频率进行调整，例：将

60s一次的取数频率，调整为53s一次的取数频率。通过调整，将实时数据库单位时间内的数据量进行错峰采集，从而降低实时数据库因为集中取数的高负载压力造成实时数据库异常可能性。

3 结束语

实时数据库系统为用户提供了全面、准确的炼化企业生产信息，并可为大量上层应用提供所需的数据信息。但目前逐渐扩大的炼化企业生产规模、不断增多的实时数据采集点位、以及日渐增多的上层应用系统，给实时数据库系统提出了高负载的严峻挑战。通过对高负载状态下的实时数据库系统进行多层次、宽领域的稳定性优化，能够极大降低实时数据库系统异常状态的发生频次，保障实时数据的连续性和准确性。稳定的实时数据库系统为用户的多元化企业管理提供了保障，并在安全质量环保、设备运行状态监控、生产调度管理、工艺转产等方面效果显著，为炼化企业的长周期运转提供了信息化的支持。

工业大数据平台的探索研究

彭 启

（中国石油哈尔滨石化公司）

摘 要 数据是智能制造所需的最重要的资源，工业大数据分析则是其前提和基础。文章对工业大数据的价值、实际情况予以介绍，归纳其功能，结合数据处理流程，搭建起包括边缘层、平台层和应用层的平台，对大数据驱动智能制造的使用技术予以说明；以智能设计、计划调度、质量优化、设备运维为着手点，阐述工业大数据平台在智能制造领域中的实践情况。

关键词 大数据，智能制造，工业大数据平台，集成应用

和传统数据相比，工业大数据在真实性、实时性、可靠性和完整性方面的要求更高，数据格式的转化在众多的场景中都是不可省略的环节，数据的建模分析难度日益提高，人们对其运行过程的自动化程度提出了更高的要求，所以要有效的进行工业大数据治理，关键是在战略层面上完成工业大数据的统筹规划，从而为智能制造目标的实现提供有力的保障。

1 工业大数据的概念

大数据是众多数据汇合在一起后产生的，它的类型比较多样化、能够容纳大量的数据、支持高效的存取、有着极高的价值。在过去的几年间，大数据演变成为一种信息技术和服务业态，人们利用先进的技术，从不同的来源中采集大量的、格式不一致的数据，经过初步的处理和分析，挖掘出隐藏的知识，使大数据的价值得到体现。大数据包括了多种类型，工业大数据即为其中之一，它诞生于工业方面的智能化生产活动，分散在不同的生产环节中，需要经过格式转化后，利用先进的技术，采集这些信息并将其存储起来，经过进一步的分析处理后，为企业创造更大的价值。

2 工业大数据的价值与发展现状

在工业制造技术和信息技术日益精进的推动下，制造业逐渐从“业务驱动型”过渡到“数据驱动型”上来，而后者的关键在于大数据分析和价值提取。对于工业企业而言，工业大数据中有价值的数据主要是生产数据、原料数据、点击流、用户行为等，这些数据来自不同的环节，比如生产、销售、采购等，有了这些数据作为依据，企业能够更快的作出正确的决策，同时有助于生产效率和产品质量的改善，提高企业的竞争力。具体来说，首先，工业大数据分析能够反映出生产的薄弱之处，提醒人们及时的予以完善，从而实现更高的生产效率；其次，基于大数据进行前瞻性分析，能够提前预判问题的出现，提高企业决策的正确性。除此之外，如果不同企业的生产工艺流程比较相似，采集工业大数据并予以类比分析，在此基础上提炼出经验，让各个企业共享。不过，在现实中这样的企业往往是竞争对手，但这一做法完全可以在企业内部执行。

尽管国内工业发展十分迅速，但由于底子薄、技术水平较低，因此整体来看依旧落后于发达国家，特别是在精密工业、智能化制造等方面。当前，国内制造业在大数据和相关技术方面的实践历史比较短，甚至可以说是刚刚开始这方面的应用。电子商务和互联网企业作为先行者，结合自身的业务情况，在各种技术的支持下，采集并处理各个环节产生的数据和信息，了解企业的实时生产和经营状况，对大数据进行挖掘，得到所需的信息，比如用户需求等，在此基础上提供针对性的产品和服务。这些企业主要利用大数据实现产品和服务质量的提升，为企业的决策提供依据。而在工业制造业所经历的变迁史中，利用大数据可以促进工业制造更有效的运转，包括研发、生产在内的各个环节都将从中受益，缩短产品生产周期，加快企业对市场的响应速度，使企业能够输出更优质的产品和服务。

3 面向智能制造的工业大数据平台设计

在大数据驱动的智能制造工业中，大数据平

台起着至关重要的作用，它把各项工业资源要素聚合在一起，为工业数据管理分析提供了良好的条件，为制造系统自学习、自进化提供有力的支撑，我们可以将其当做智能制造体系的“操作系统”，见图 1。

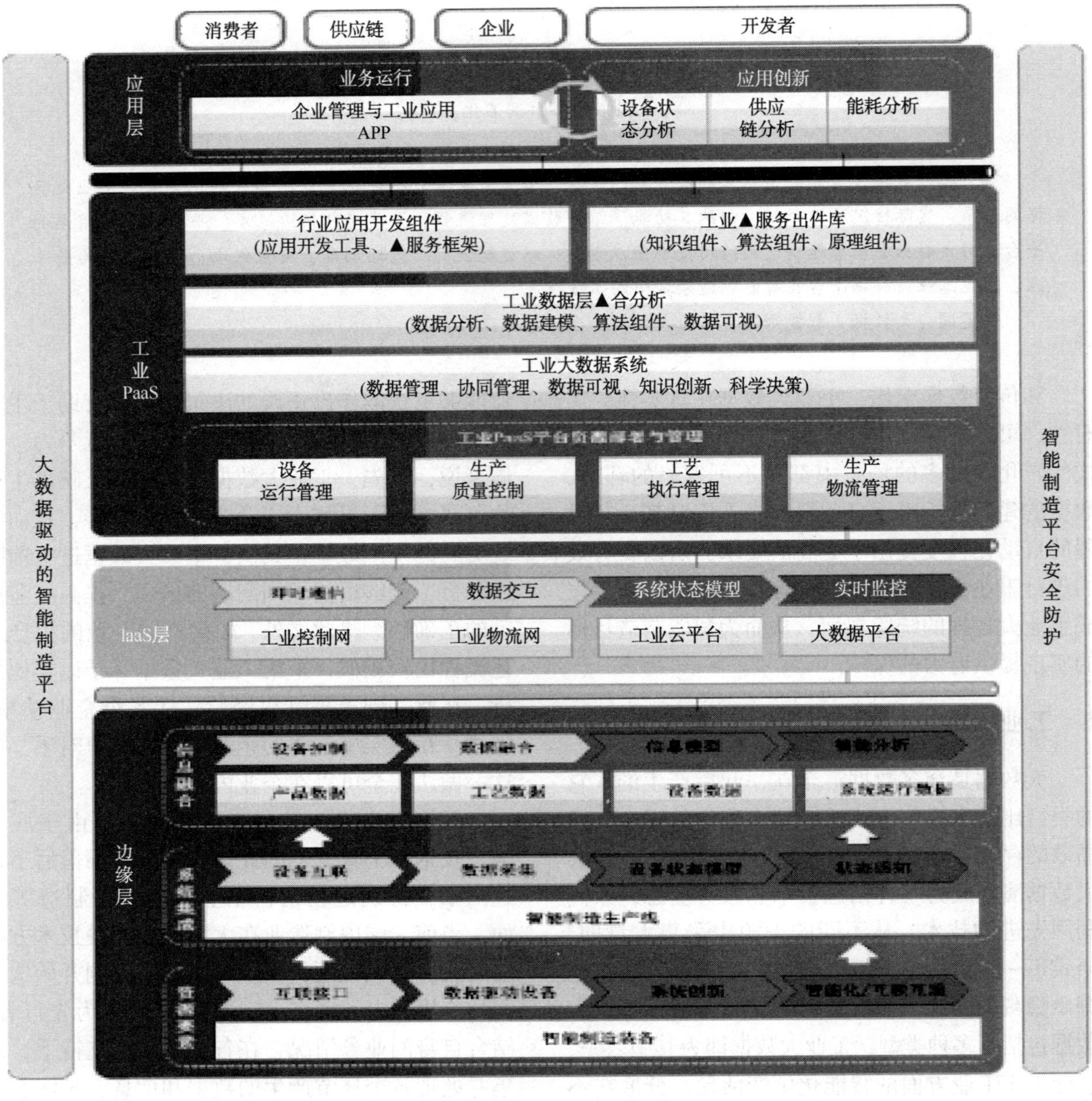

图 1　工业大数据平台架构

3.1　多模式异构的边缘层

这一层由三个部分构成，依次是制造活动所需的各种资源要素、资源要素的集成，以及信息融合。该层主要负责生产、物流、质检等方面硬件和资源的接入、管理和优化。从制造执行层面进行分析，边缘层会提供 RFID 标签、条码，以及各种联网装置，确保资源要素拥有具有排他性的标识，同时利用多种传感器采集各方面的信息，使用户能够了解实时的生产状况，将以太网、蓝牙、OPCUA 等技术集成在一起，实现数据的往来和共享。制造业可以分为不同的类型，边缘层的结构具有离散的特征，这是由产业所决定的。另外，在进行生产活动的过程中，由于需要尽量缩短控制的延迟，因此人们积极的寻求实时应用和处理，边缘计算就是在这样的背景下诞生的。

（1）流程离散混合的边缘层结构。工业产品制造涵盖的内容非常广泛，它包括了材料位移、流体动力学等，在这方面需要加强研究力度，投入更多的精力和资源，获得更多的研究成果，从而为相关的实践活动提供更有力的支持。各个企业的生产模式存在差异，因此其设备、工艺、ERP、MES 等也是不一致的，而很多设备、管理系统的传输协议、接口等没有统一的标准，导致他们之间的兼容性较差。为此，工业大数据平台边缘层凭借其能够支持不同协议的优势，将各种装备连接起来，将控制层、车间生产层、设备层等全部集成为一个整体，再和外部的互联网相连。充分利用协议转换兼容技术，将来自不同源头的异构数据全部融合在一起，由此得到了离散混合的边缘层结构。

（2）基于低时延应用形成的边缘计算应用。企业应该充分的结合市场需求，不断的提高制造效率，从而更快的推出能够迎合用户需求的产品。为了做到这一点，关键在于提高数据计算和分析的实时性，将生产过程纳入到监控范围中来，对产品质量进行动态的检测，从而为决策调控提供有力的依据，但这一切都是建立在实时计算的基础上的。所以，很多企业布置大量的传感器，通过它们采集各方面的信息，然后利用工业以太网进行数据的往来，利用云技术对参数进行调整，然后释放指令给执行机构。但是，这一方案难以满足如今的要求。边缘计算通过边缘节点完成运算任务，在实时性应用方面具备多方面的优势，能够有效的弥补当前云计算体系的缺陷。

3.2 面向全流程的工业 PaaS 层

工业大数据的 PaaS 平台层能够有效的支持边缘层的智能硬件与装备，同时为应用层的工业 APP 提供服务，它是在通用 PaaS 平台基础上，结合企业的特征和需求打造的新平台，实现了工业大数据系统、工业数据建模和分析、工业应用开发等一系列的功能，为企业提供了一套开放式云操作系统。制造行业覆盖的领域十分广泛，有着规模庞大的产业链，要在最大程度上将其优势发挥出来，关键是各个企业彼此间加强合作，产生更大的合力，工业大数据不应该被工厂所限制，而是要努力实现突破，产生行业生态链的数据主线，再在此基础上搭建覆盖不同行业的大数据平台，通过这样的方式，进一步的扩张盈利空间，将行业资源集成在一起，为行业的前行注入更有力的动力。

面向行业生态链的数据主线能够有效的提高制造过程数字化、网络化、智能化水平，它由两个部分构成，分别是企业内部数据主线和行业内部数据主线。其中，前者主要涉及到企业运转时产生的财务、库存、供应链、物料、计划、制造等方面的数据，是纵向元数据的集合。而后者则涉及到从原料生产到最后消费者使用产品这个过程中，覆盖行业上、下游的所有信息，通过它对产业链的横向数据进行合理的表征。在行业生态链数据主线的支持下，制造活动涉及到的全流程数据能够全部关联在一起，使外部资源能够被内部所利用，同时还能对外输出服务，让同一个行业中各个企业都能够发挥自身拥有的资源、技术等优势，从而使生产资源能够得到有效的利用，同时使制造活动能够产生更高的价值。

3.3 互联多样的应用层

这一层主要包括了各种业务应用，从而在具体的场景下，为设计、生产、管理等活动提供有力的支持。工业大数据平台中运行的 APP 包括了四种类型：业务协同类 APP、分析优化类 APP、过程管控类 APP 以及流程执行类 APP。互联多样的应用层充分彰显出制造业不同流程共存、各个经济主体间紧密关联的特征，它和以往 ERP、MES 等 APP 独立运行的模式是完全不同的。工业大数据下的 APP 不但能够在不同企业间实现数据的往来，使其能够更加协调的运行，从根本上解决部门的“信息孤岛”问题，并且在横向方向上能够和其他企业的 APP 进行互联，使知识和信息能够更加快速的在行业内流通，从而提高整体对市场需求的反应效率，及时的作出业务的调整。工业大数据 APP 为制造企业的计划和调度、生产和质量管控等提供了有力的技术支持，帮助企业搭建协同制造框架，提高其产品的质量，为企业带来更为可观的经济收益。

（1）业务协同类 APP，它指的是在相同的体系下，企业的各个部门都能够在设计和生产环节提供意见和信息，并且上下游的企业能够对本企业的生产、库存状况有所了解，从而使其能够更加协同的运转，保证生产经营活动的正常进行。比如，供应商了解本企业的库存状况，据此安排生产计划，确保能够及时的提供产品，避免本企业生产活动因原料不足而中止。

（2）分析优化类 APP，它是指针对产品或车间的各项指标，其中包括了产品质量、生产工期、资源能耗，充分利用大数据技术等，解决实践活动中的各种问题，突破各方面的限制，对生产流程涉及到的各种可控要素，比如工艺参数、生产计划等进行有效的优化和调整，从而使企业的生产活动能够高效、连续的进行。

（3）过程管控类 APP，它是通过各种设备采集生产活动的相关信息，在产品的整个生命周期中，对各种生产要素，包括但不限于产品状态、设备现状、物流情况等予以全面的监控，从而使生产者和管理者能够随时随地的了解车间的实际情况，同时也方便了后续的产品追溯。

（4）流程执行类 APP，它的主要作用，是迅速的执行相关的指令，比如调度、计划调整等，确保各项生产活动能够执行到位，一旦生产车间的状态有所改变或是需要调整生产计划，能够积极的采取动作，将具体情况告知相关的人员，基于精准的数据予以处理，确保整个管理工作能够有序的进行，同时进行更加精准的控制。

4　工业大数据在智能制造的应用实践

4.1　智能生产

在生产的过程中利用各种传感器，采集热能、温度、压力、振动等方面的数据，从而了解设备当前的运行状况，反映出实时的能耗，在发生质量问题甚至是安全事故的情况下，能够根据这些信息找出根源。如此一来，工作人员就能够对整个生产过程进行有效的监控，将采集到的数据传递给大数据平台，经过处理和分析后，及时的对生产作出反馈和调整，优化工业控制以及管理的效果，使资源的价值能够得到最大程度的体现，将资源配置的成本控制在更低范围内，有效的提高生产活动的效率。

4.2　产品故障诊断与预测

设备经过一段时间的运行后，性能难免会有所降低，甚至是存在故障，导致最终生产出的产品达不到质量要求。采集实时数据后，能够及时的发现异常和故障状况，在此基础上进行分析，确定故障的根源并进行定位，方便工作人员及时的维修并排除故障，使设备能够始终保持良好的运行状态。除此之外，基于这些数据和信息还能够对产品的合格率以及潜藏的风险进行预测，提前做好维修保养工作，或者是对硬件进行更换，防止出现严重的故障，对生产活动造成影响。对故障的影响因素予以精准的控制，有利于提高生产的智能化程度。

4.3　生产计划与排程

生产计划和排程是生产管理的重中之重。在大数据技术的支持下，企业能够结合历史数据，对生产的偏差进行预测，兼顾人力资源、物料、工序流程等方面的约束条件，应用先进的智能优化算法，对生产活动进行科学的安排，同时在执行生产计划的过程中，将实际的执行情况和预期进行对比，及时的进行调整，消除二者之间的差异。

4.4　生产设备参数最优化

在生产过程中，还需运用数据挖掘技术，对采集到的数据进行进一步的分析，从中获取更有价值的关于设备、环境和产品的信息和数据。如此一来，工作人员就能够了解设备的运行状态，据此对其参数进行调整，使设备保持最佳运行状态，促进生产效率和产品质量的双重提升。

4.5　实时优化能耗

企业的生产活动，需要消耗各种能量，比如电能、天然气等，在不同的季节需要供冷或供暖，从而营造更好的工作环境，满足一些特殊原料或产品的存储要求。在这一过程中，利用科学的设备和技术，采集实时的能耗数据，和历史能耗情况进行对比，在能耗出现异常的情况下，提醒工作人员进行检查，从而避免无谓的能源浪费，优化能源的利用，将生产过程的能耗控制在更低范围内。

5　结束语

在大数据技术日益普及的过程中，很多企业都加强了这方面的实践活动，尤其是制造业企业，纷纷搭建并利用数据平台。这一平台能否发挥出应有的作用，主要由企业信息化水平所决定，工业大数据的挖掘和利用是非常重要的。在“中国制造 2025”计划实施的过程中，企业对大数据技术的依赖性将不断的提高。本文阐述了工业大数据的体系结构，为企业在这方面的实践活动提供更有力的理论指导。

参　考　文　献

[1] 罗敏明．流程企业智能制造实践与探讨[J]．石油化工建设，2016，38(1)：16-18，69.

[2] 刘强，秦泗钊．过程工业大数据建模研究展望[J]．自动化 学报，2016，42(2)：161-171.

[3] JIN Y，HAMMER B. Computational intelligence in big data[J]．IEEE Computational Intelligence Magazine，2014，9(3)：12-13.

[4] 钟海．大数据在工业制造业的应用与研究[J]．企业技术开发，2015，34(13)：104-106.

[5] 綦云华．基于工业大数据的制造执行系统顶层设计[J]．通信设计 与应用，2018 (8)：89-91.

[6] 张贝贝．面向工业 4.0 的直升机制造大数据平台的应用研究[J]．软件工程，2018，21 (8)：24-27.

哈尔滨石化 ICT 融合的现状与发展

宋　洋

（中国石油哈尔滨石化公司）

摘　要　ICT(Information and Communication Technology)又被称作信息信息和通讯技术是人类社会 20 世纪下半叶，尤其是 20 世纪 90 年代以来，最具影响力的技术。在此期间，不仅 ICT 的开发、制造及服务得到迅猛发展，而且 ICT 的应用越来越广泛。ICT 已经渗透到人类经济和社会生活的各个领域，促进了经济和社会发展以及人们生活水平的提高。同时，经济和社会的发展以及人们生活水平的提高，又对 ICT 产生了更多的需求，从而进一步促进了 ICT 的发展。本文从哈尔滨石化现阶段信息通信的融合案例为切入点，提出了对哈石化无线对讲系统升级改造指引了技术方向，并设想未来公司智能工厂无线专网解决方案的建设方面为公司未来的信息通信技术融合做出一个长远的技术规划。

关键词　ICT 信息通信技术，无线语音对讲，智能工厂，无线专网

信息与通信在中国石油哈尔滨石化公司曾经按照两种不同的业务形式彼此独立的运行着，信息专业技术人员搞编程、维护网络及计算机，通信专业技术人员维护程控交换机、电话线路及对讲机，两个专业彼此独立没有交集，搞信息的技术人员不懂通信业务，搞通信的技术人员不懂信息业务。但随着社会上两个专业领域的发展，以及两个专业的技术人员在公司整合背景下，ICT 技术融合逐渐在公司信息与通信领域开始摩擦出火花。

1　程控交换机接口程序

2012 年公司办公电话改造项目启动，公司自购阿尔卡特 1300 门程控交换机。此次采购的交换机为欧洲标准，不支持话务台功能，只提供技术人员调试交换机的文本菜单界面，但这个界面所展现的是交换机全部的调试功能，对于操作岗位的话务人员来说掌握有一定的困难，而且就算是能够掌握，就这样将一个具有管理员权限界面交给操作人员，也要面临误操作会导致系统故障的风险。这个调试界面是靠计算机与程控交换机进行网络连接调用的，那就一定有办法通过编程的手段来解决这个问题。采用的语言最好是能直接利用操作系统的功能调用来实现。采用 VB-Script 脚本语言是一种最佳选择。VBScript 可以被用来自动地完成重复性的 Windows 操作系统任务。通过调用 vbscript 中的 object. SendKeys 来模拟键盘操作。将话务变更各种操作制作成一系列的键盘模拟代码，然后将这些功能封装到一个批处理文件中，这样话务人员就可以调用批处理文件，以输入数字选项的形式来选择要执行的操作。如此便可将话务员的操作通过小程序隔离于交换机调试界面，既解决了可操作问题又规避了误操作的风险。两种界面对比如图 1 所示。

这个程序是信息中心第一次通过编程的手段来直接控制程控交换机，也是信息技术与通信技术融合的一个典型案例。经过这次的接口开发，也为后来的话费控制程序的布署奠定了技术的基础。

2　轮询式单站集群无线对讲系统

随着手机的普及，无线语音通信一直以便携不受线路束缚倍受用户青睐，而无线对讲机由于其采用 PTT(PUSH-TO-TALK 一键通)方式，其快捷性更是在石油石化行业应急中发挥着不可取代的作用。传统的模拟对讲因信号质量以及频率浪费等原因已被淘汰。我公司于 2012 年到 2015 年用了三年的时间将模拟对讲机全部更换为数字，并部署了 8 对中继频点为各个装置用户提供通信服务。随着公司装置的增加，现有频点数量已远远不能满足公司装置数量的增加，只能依靠数字对讲的分组技术来保证各个装置用户通信不受干扰。由于物理频点数量所限，必然会有同一时段同一频点下，不同分组的用户争用频点问题，从而导致通信的即时性无法得到满足，进而影响生产沟通。向无线电管理部门申请频点很难得到批复，就算批复，也要每年都为频占缴费并

要继续购置中继设备和布署天馈系统。虽然同一时间内某个频点存在争用现象，但大多数频点还处于闲置状态。网络技术的经验告诉我，如果能有个频点池将公司的 8 对频点都放入池中，而终端可以写入一个虚拟的频点，由软件来动态的调用池中闲置的频点。在调研了市场后，找到了解决方案。我公司用的对讲机品牌就有这种解决方案，根据用户对系统容量和功能的要求，可使用摩托罗拉公司推出的单站集群通信系统——DMR 数字集群系统，系统结构如图 2 所示。

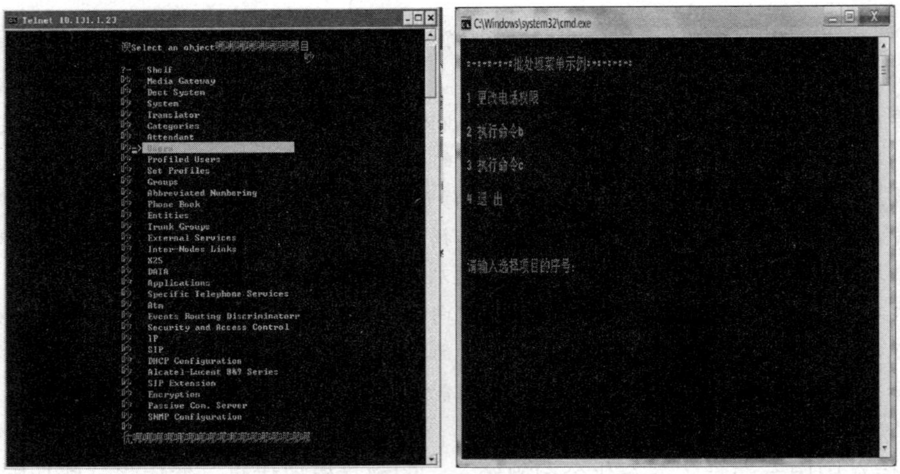

图 1　通过接口程序前后对比

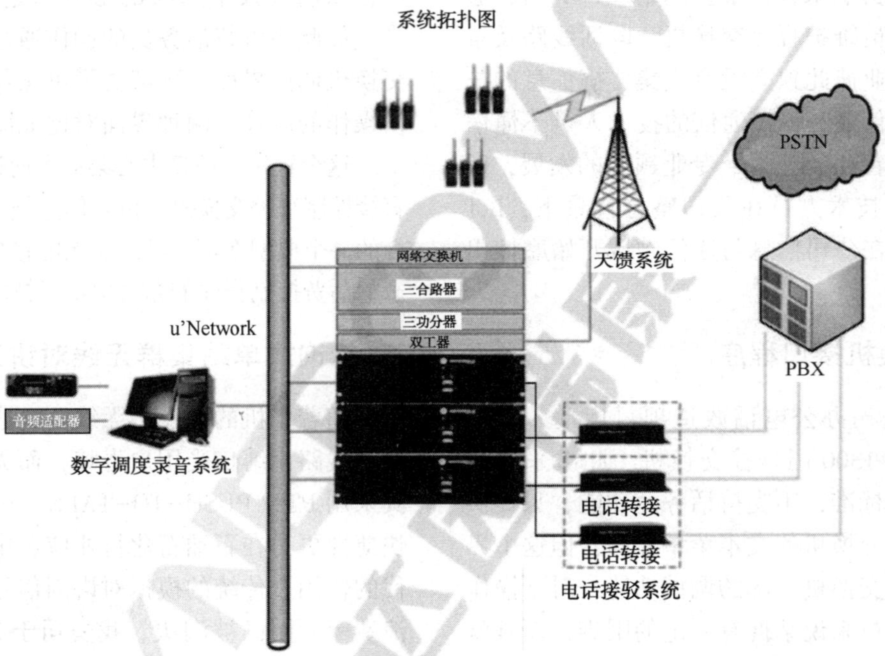

图 2　轮询式单站集群系统

集群系统允许对讲机通话共享有限的无线通话信道，从而以提高信道利用效率。Capacity Plus 系统是摩托罗拉公司推出的基于控制信道轮询制式的单站集群系统。对讲机进入系统后，与基站信道机进行信令交互，自动守候在当前控制信道上。当对讲机用户发起呼叫时，系统会将相关对讲机留在控制信道上，并将控制信道转为话音信道；系统将会在内部选择下一个空闲信道作为新的控制信道，并将不相关的对讲机移至新的控制信道上；当通话结束时，参与通话的对讲机会自动跳到系统当前控制信道，等待新的指令。当系统只剩一个信道时，如有呼叫被发起，当前信道被占用；系统将全部信道用作话音信道，此时系统将在短时间内不存在控制信道，直到有信道空闲。因此，DMR 数字集群系统中，信道资源可以被有效利用，并且所有信道均可用于语音信道，从而最大限度地利用信道资源。数字化技术推动着信息技术的发展，而信息技术也正在引领着通信技术的发展。

3 面向智能工厂的通信网络

3.1 公司通信网络现状

我公司生产厂区的无线覆盖以数字中继对讲系统为主，以用来实现装置内操人员和外操人员的对讲。具有以下局限性：

信息无法全面感知。无线对讲系统仅有语音对讲，不具备数据回传能力。无法作为有线通信的有效补充，以实现对全厂的全面感知。即无法实现智能工厂所要求具备的全面感知能力。未来，还有巡检、车辆、传感器网络等物联网应用需求，都需要考虑采用新的无线技术实现。

生产调度通信手段单一，影响生产协同效率。调度与各车间内操采用有线电话沟通的方式。内操和外操使用无线对讲通信，一个车间对应一个信道频点，通过不同装置分成不同的用户群组。首先，生产调度通信方式单一，只能听，不能看。调度有时无法真实地了解需要解决的现场问题是什么，影响了沟通质量。其次，有问题需要协调解决时，外操到内操及内操到调度，需要逐次沟通。信息传递可能不完整。同时，无线系统和有线系统孤立，无法统一调度，效率低下。另外，随着车间数增多，无线信道频率规划变得复杂，容易导致串音，影响通话。同时对讲系统由于没有权限管理，只要是这个频段的就可以通话，所以安全性存在隐患，同时在紧急时刻，不具备强拆强插功能，导致调度管理效率低下。

应急情况下，通信手段不完善，无法远程看见现场；生产巡检管理水平不高，事故无法回溯生产巡检是及时发现生产安全隐患的一个重要补充手段。同时，对“跑、冒、滴、漏”等问题，巡检人员只能通过对讲机口头描述，有时无法真实、有效地反馈问题，也无法有效得到专家指导；无法移动办公或移动作业，施工或检修中，经常需要在现场查阅电子资料，现有无线通信方式无法支持。另外，如果负责人在厂区移动时，也无法处理邮件或工作流。影响效率。

3.2 无线专网解决方案

智能工厂系统架构从逻辑上主要分为三层：

应用层：负责生产调度、巡检管理、临时点视频监控、应急指挥、人员定位、仓储管理、移动办公等业务实现；

网络层：实现炼化生产中各种业务的宽带承载；保证业务的实时性、可靠性、安全性；

终端层：包括能传高清视频的语音集群终端，能和移动PAD互联的4G USB网卡，能实现人员或车辆定位的定位卡，实现物联网回传的4G网关等等。

如图3所示，智能工厂无线解决方案主要包含以下业务应用：

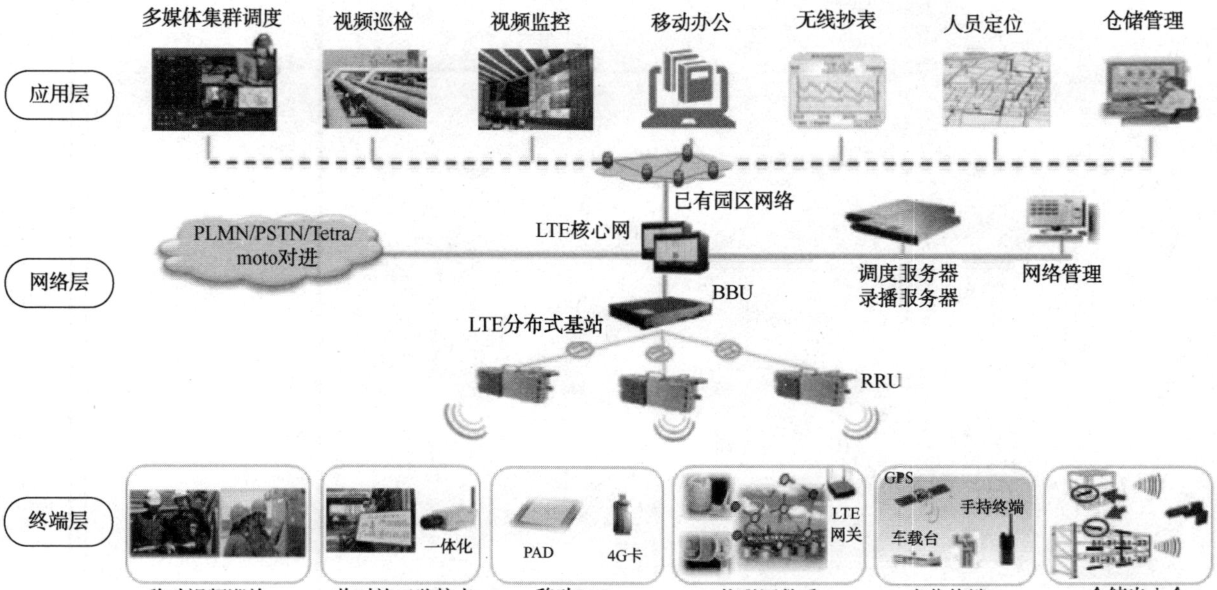

图3 智能工厂4G LTE无线系统示意图

多媒体集群调度：生产控制中心作业人员和站场作业人员能够进行点呼、组呼、广播等方式沟通，及时完成相关紧急情况的处理；同时能实时调度现场实时视频，并分发给其他责任环节，以更高效沟通。

无线巡检：实现巡检人员的实时视频回传，便于巡检管理和回溯。通过 LTE 实时回传外操人员巡检过程中采集的仪表数据，详细记录“跑、冒、滴、漏”的情况，提高巡检效率，保证安全生产。

临时/移动视频监控：对于临时施工点、事故点的监控以及对于不便设置有线接入网络的装置、路口等，如果使用无线视频监控，则更方便、更快捷。对于应急抢险时，使用应急车将周边单兵或车载视频信息通过 LTE 无线传回指挥部，供领导在指挥部进行远程视频指挥。

移动办公：一方面满足在厂区任何位置都能处理工作邮件、工作流审批等工作；同时在施工或检修中，能远程查阅电子资料。

无线抄表：实现炼化厂分散监测点的压力、温度、流量、液位、开关量输入、模拟量输入、开关量输出、腐蚀、阀位、危险气体检测等参数无线回传。

人员定位：通过 GPS 定位入厂人员所处精确位置，对其实现在规定的时间到规定的区域施工等管理。另外，对外操巡检人员，也能通过定位，生成运动路径，并结合终端实现倒地报警等功能，提高外操人员安全保护水平。

仓储管理：手持检测仪读取物料 RFID 标签，通过检测仪内的 4G 模块把物流信息传回到仓储管理服务器。

以上所有业务都经过 4G LTE 宽带无线网络承载。在厂区部署先进的 TD-LTE 网络，构建宽带多媒体集群。提供集群调度、视频监控、人员定位、无线巡检和无线抄表智能化服务。

4　结束语

ICT 融合在我公司现阶段信息化的建设中也是一个演进的过程，随着网络建设的发展，其在 ICT 融合过程中所处的阶段会有所不同，在实施 ICT 融合过程中，需要根据企业的特点选择合适的建设方案，尽量做到在原有的通信基础设施上本着对现有资产保护的原则按符合自身发展利益的进度实施，而不是盲目投资。

基于互联网+移动平台的MES调度报表移动应用

郭科跃

(中国石油化工股份有限公司天津分公司)

摘 要 通过互联网+移动应用技术,充分利用企业现有的MES系统数据资源,开发实施库存预警报表及调度报表移动应用项目,并实现相关资源移动平台展示,使企业管理层能够通过移动设备随时查看产品产量和库存预警情况,并根据报表数据优化生产调度,合理控制产品库存,指导经营决策。

关键词 移动应用,库存预警,取数逻辑,技术实现,优化生产调度

1 调度报表移动应用项目背景

随着企业装置生产能力大幅增强和精细化管理水平的不断提升,MES业务数据尤其是调度报表数据对企业的生产管理和经营决策发挥着越来越重要的作用。公司生产部门需实时了解的生产液体物料多达30余种,液体物料缺少必要的库存预警和移动应用展示,成为制约生产调度指挥的重要难题。亟需应用当前的MES报表系统,实现液体物料当前库存与警报库存的信息比对,并通过当前的互联网+技术对公司的调度报表进行移动应用设备展示,满足管理层随时掌握生产数据、优化生产调度的要求。

2 调度报表移动应用模板设计及取数逻辑分析

2.1 根据液体物料警戒库存预警显示需要,设计了MES端和移动应用端报表展示模板。MES端展示模板包括原油原料、气煤柴等30种公司主要原料和产品,显示数据涉及当日库存量、上限警戒库存(高报、高高报)、下限警戒库存(低报、低低报)、备注(物料的警戒库存和生产调整说明)等内容,移动应用端展示内容根据页面需要有所缩减,并提供了报表各个单元格的取数数据源。同时,拓展设计了公司生产日报展示模板,累计约35张调度报表作为移动应用展示内容。

2.2 根据库存预警报表设计需求,进行报表系统内模板创建、ID分配、页面url地址分配和页面展示菜单配置等基础工作,并进入报表分析及开发设计阶段。经过分析报表模板数据源需求,应用单元格标取数、函数取数(ZBBB(0,0,tpcc3_ ly_ ddph_ 101,L12))、常规取数、条件判断(IF(C19>D19,C19-D19,IF(C19<F19,C19-F19,"")))等4种方式完成了液体物料库存预警报表开发配置及后续的存疑数据调整,并进行授权,使报表对需求用户可见。

2.3 根据不同配置方式,完成报表数据源取数逻辑分析

因公司的调度报表主要采用指标配置、公式配置(函数)和常规配置三种类型,不同配置类型的单元格后台存储位置和存储逻辑也不同。通过对当前调度报表取数逻辑配置和后台存储逻辑进行了全面分析,确认公式配置的MES调度日报数据存储表,并通过报表唯一的ID、日期、行标识、列标识和数据来识别。指标取数配置方式的调度日报单元格数据存储存在多个临时表中,且采用的是表中嵌表、表中嵌列的方式,取数过程较为复杂。常规取数方式数据存储较为简单,与公式配置方式存储逻辑相同。通过综合比对,最终确认了公式配置方式数据源映射逻辑(图1)和指标配置方式数据源映射逻辑(图2)。

公式配置方式映射关系:

公式取数逻辑对应语句:

```
select a.dysj_ data from STAT_ BBDYSJ a
where a.bbzd_ bh='tpcc_ sc_ ddph_ 921'
and a.dysj_ date='20170405'
and a.axis_ hinx=4
and a.axis_ linx=4
```

指标取数方式映射关系(不考虑表中嵌表的

关联查询）：

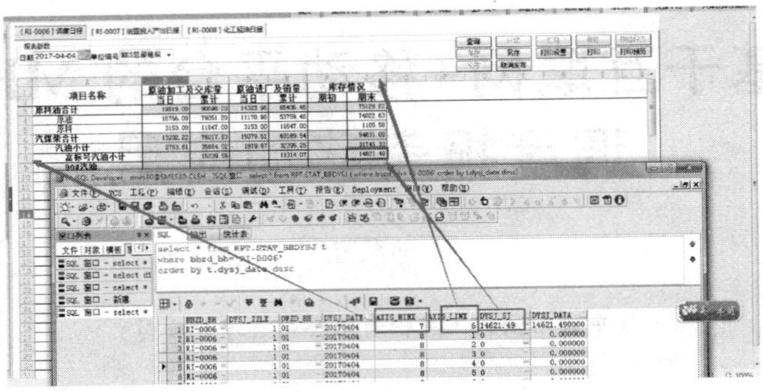

图 1　单元格配置方式取数逻辑

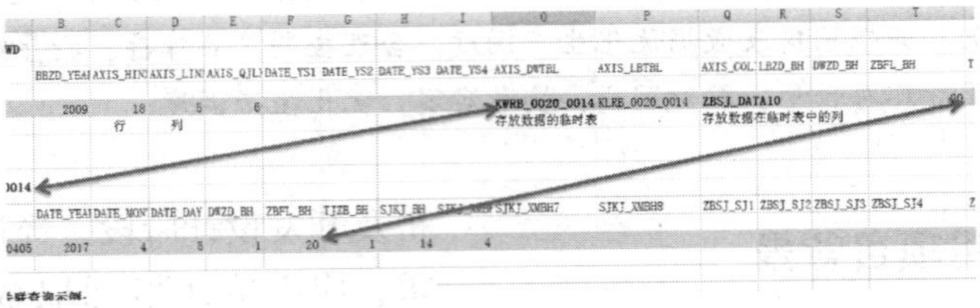

图 2　指标配置方式取数逻辑

指标取数逻辑对应语句：

Select b. ZBSJ_ DATA10 From Stat_ bbdywd a，KWRB_ 0020_ 0014 b

Where a. BBZD_ BH =´tpcc3_ sc_ ddph_ 910´

and b. DATE_ DATE=20170405

and a. AXIS_ HINX=21

and a. AXIS_ LINX=5

and b. SJKJ_ XMBH2=a. KJ_ BH2

and b. SJKJ_ XMBH3=a. KJ_ BH3

and b. SJKJ_ XMBH4=a. KJ_ BH4

and b. SJKJ_ XMBH1=a. KJ_ BH1

and b. ZBFL_ BH=a. ZBFL_ BH

and b. SJKJ_ BH=a. SJKJ_ BH；

3　调度报表移动应用技术实现

3.1　移动应用平台及开发组件确认

移动平台提供了十几种组件，每种组件对应一种类型的应用。因 MES 应用主要是数据展示，而且报表复杂。经过详细评估，移动平台 MES 报表展示使用 vs2017 作为开发工具，用 C#语言开发的一个 Web 应用组件作为移动平台 MES 展示应用。MES 调度报表移动应用数据展示通过 Web 组件的必须接口“list 接口”，完成 MES 调度报表数据展示页面的网址配置。在开发过程中，页面设计上考虑了移动设备的特点，比如：列不能太多，行不能太宽，html、css、js 和移动平台的兼容性等等问题。

3.2　移动应用开发技术实现与数据校核

通过访问 MES 调度日报数据存储表，按照数据源映射逻辑编写 SQL 语句取数代码，并通过报表唯一的编号、日期、行标识、列标识识别数据，编写函数调用，使用相应的开发工具对数据进行处理。

（1）技术实现

通过定义函数 public string[,] DataMaps_ second(List<map_ second> map_ seconds，string rpt_ date，int rows，int cols)，获得对应表内指定报表日期(rpt_ date)、报表行数(rows)、报表列数(cols)的报表数据，返回二维数组，并通过定义类 List<map_ second> map_ seconds，将新表和 MES 数据库表建立对应关系，实现数据对应写入。

（2）存疑数据校核

针对取数过程中的部分数据存疑数据进行校核，对配有混合逻辑的单元格取数方式重新配置取数逻辑，最终完成了 35 张调度报表的展示工作。同时，应用移动平台的管理功能，通过配置用户权限，实现移动应用报表权限管理，限制非法用户的访问。移动应用展示样例如图 3 所示：

3.3　报表移动应用开发完成后，针对 MES 数据库的数据量大，数据库的查询比较慢（大约 1~2 分钟）的问题进行重点分析，并确认优化方案，优化工作主要围绕以下 3 个方面进行：

图 3　移动应用报表展示样例

（1）优化查询逻辑。报表的每一个单元格是对应着数据库的一条数据，如果每一个单元格查询一次，需要多次重复访问数据库，效率低，速度慢。通过整合查询，尽量一次查询多个单元格的数据，数据的整理在程序中完成，减小数据库的压力提高查询速度。

技术实现过程：

定义函数 Left_ sql，生成特定单元格的查询语句，但暂时不执行，待所有语句生成后一次性查询，提升查询效率。

```
public string Left_ sql(string rpt_ id, string rpt_ date, int x1, int y1, int x2, int y2)
{
        var tem_ table =(db. Report_ mains. Where(u => u. BBZD_ BH == rpt_ id && u. AXIS_ HINX == x1 && u. AXIS_ LINX == y1)). ToList();
string left_ sql = " select -1  as value ," + x1 + " as x1," + y1 + " as y1," + x2 +" as x2," + y2+ " as y2 from  dual ";
if (tem_ table. Count ! = 0)
{
        left_ sql = " select  " + tem_ table. First(). AXIS_ COLID + " as value ," + x1 +" as x1," + y1  + " as y1," + x2 + " as x2," + y2 + " from  " + tem_ table. First(). AXIS_ DWTBL + " where  DATE_ DATE = ´" + rpt_ date + "´ and SJKJ_ XMBH1 =´" + tem_ table. First(). KJ_ BH1 + "´ and SJKJ_ XMBH2 =´" + tem_ table. First(). KJ_ BH2 + '´ and SJKJ_ XMBH3 =´" + tem_ table. First(). KJ_ BH3 + '´ and SJKJ_ XMBH4 =´" + tem_ table. First(). KJ_ BH4 + '´ and ZBFL_ BH = ´" + tem_ table. First(). ZBFL_ BH + "´ and SJKJ_ BH = ´" + tem_ table. First(). SJKJ_ BH + "´";
}
return left_ sql;
}
```

（2）优化 SQL 语句。开发过程中，尽量使用索引查询优化策略，优化查询速度，并在 SQL 优化中使用 Toad 等工具来测试或者提供 sql 优化方案。

（3）使用新的开发框架和工具。entity framework 是微软新推出的开发框架，在数据库执行方面进行了大量的优化。Lamda 表达式不仅简化了开发，而且提供了延迟执行等特性，使程序的执行更快。MVC 页面简单数据量小，有利于提高速度和兼容性。MVC 架构比 webForm 更适合移动应用开发。在应用中，使用 entity framework 和 Lamda 技术访问数据库获得数据，数据库的访问和数据处理进行了优化以提高处理速度。

4　库存预警及调度报表移动应用效果

（1）实现公司生产管理部门重点关注液体物料的各级库存预警，公司生产管理部门可随时根据库存的预警情况，协调产品生产和销售，合理控制产品库存，维持正常的生产平衡。

（2）变原来的人工警戒库存比对为线上直接计算，解放了人力、提高了差异计算的准确性。

（3）生产管理层能够通过移动设备随时了解企业的原料、产品、库存、销售等信息，并根据报表数据优化生产调度，指导经营决策。

5　结论

液体物料警戒库存报表是基于现有 MES 报

表系统，通过指标取数、函数取数和常规取数等三种方式，为满足企业实际管理需求而对系统进行的二次开发。库存警戒报表的成功应用，实现了公司重点关注液体物料的库存预警，变人工警戒库存比对为线上直接计算，解放了人力、提高了差异计算的准确性。同时，应用移动互联网+技术，实现 35 张调度报表移动移动设备展示，并采用新技术和相关的优化技术，不仅减少了开发的代码量，而且提高了程序的运行速度，粗略估计代码量减少到原来的 50%，查询时间从 1～2 分钟减少到 0.3 秒。MES 调度报表真正实现由原来的 PC 机端的展示变为移动设备端随时随地展示，使生产管理层能够通过移动设备随时查看产品产量和库存预警情况，并根据报表数据优化生产调度，指导经营决策。

基于信息化手段的聚醚部物料进销存管控与应用

王 荣

（中国石油化工股份有限公司天津分公司）

摘 要 运用先进的信息化手段提升天津分公司聚醚部管理水平，开发建设了聚醚部进销存物料管控系统，取代了原来基础数据完全由手工记录的传统方式，全面梳理并规范了聚醚部各项业务流程，最终实现了从原料的购进、生产，到产品的销售、库存所有环节数据的线上管控，为聚醚部信息化建设的深入展开提供思路。

关键词 信息化建设，计量数据接口，数据库结构，创新点，关键技术

1 项目开发背景

中国石化集团资产经营管理有限公司天津石化分公司聚醚部主要产品为聚醚多元醇和聚合物多元醇，产能 9 万吨/年，产品种类 150 多个。销往国内华东、华南、西南、西北等地，与多家国内外知名企业建立了良好的战略伙伴关系。

目前，聚醚部网络化水平较低，厂内 OA 办公网络，实际使用中经常出现一些问题，信息数据链不完整，系统涉及的方面很少，涉及的相关部门和数据都很欠缺。软件结构不完善，不能很好的管理、运行、及维护，使得系统运行起来很吃力。信息设备陈旧，数据完全是人工手动输入出错概率高。网络设备简陋、网络没有良好的规划，没有管理功能的交换机没有良好的网络环境，经常因各种情况造成网络不能使用、甚至瘫痪，也没有配备防火墙和相关的杀毒软件等等。

聚醚部在销售、采购及库存管理方面仍延用传统的方式，不仅各部门之间的信息传递完全依靠固定电话、和口口相传、手写便签等非常随意的信息交互方式，无法做到信息传递准确及时，手写物料名称、时间等笔误、使追溯责任人变得非常困难；而且每个车间单独制定产品库存流水码，除等级品以外的样品、退货、降级品等产品业务更加难于管理，生产部门无法统筹安排生产，已满足客户的个性化需求更做不到信息共享，在很大程度上限制了聚醚部管理能力和生产力的扩大再生产和业务发展，一个统筹高效更能强大的信息系统建设迫在眉睫。

2 项目建设目标

对聚醚部基础资料进行管理，包括产品、客户、供应商、运输商、仓库的信息，记录详细的基础资料，使用统一规范的编码，使用户能够自主管理基础资料。

对聚醚部所有进出厂计量点、仓储计量点都实现计量数据的自动采集，并实现数据共享；开发符合企业要求的销售、采购、仓库、质检的规范化流程。

原料采购流程主要实现：根据生产部下达的生产计划，确定进货渠道，制定采购合同都在系统中线上完成，合同执行节点以及纷争处理有了仲裁根据，对供应商的信誉提供了客观的评价标准。对采购环节的灰色地带有了可靠的监管。

产品销售流程主要实现：把客户分类管理具体分为有订单用户和无订单用户，并且按照优先级为有订单用户提供个性化的商品，销售价格也按照订单客户的信誉和预存款项进行优惠安排，通过系统基础资料的完善，客户的全方位信息越来越健全，客户目前的需求以及今后的需求可以进行预判，为生产部门制定生产计划提供了前瞻性的参考。

从销售订单编制、产品定价，到产品计量、完成订单，所有工作均由系统完成，确保数据详实准确，加强销售计量管理。

库存管理流程主要实现：（大港仓库、租用中转仓库、半成品库等库存物料的多维度信息管理。产品入库、出库只需根据产品名称及数量就

能确定货位，方便仓库管理人员定位，库存量快速查询方便管理人员了解产品或原材料库存情况。

质检管理流程主要实现：原材料、半成品、成品的质量检测，并对后续的销售、采购、出、入库流程进行控制。

物管控制流程主要实现：企业根据实际情况对主要原材料制定仓库最低阈值，对于低于阈值的产品进行提醒；对于用户预发量超出用户预付款的情况进行提醒。

系统提供个性化定制的报表功能，库存三栏账、销售月报、产品出库、产品入库等报表满足各部门个性化的查询、下载等需要。

系统还与企业数据库系统集成，使物料罐液位实现实时数据的采集；与 LIMS 系统集成做到产品质检分析结果一次输入，避免了重复劳动，规范了化验数据，保证数出一门；与计量系统集成，使液体物料的进、出厂计量直接通过地衡上传到系统中，无需人工操作。

3 解决方案和技术路线

3.1 系统功能结构

计量数据采集系统由数据采集平台、计量管理体系、工作流程控制三部分组成。系统总体功能结构如图 1 所示。

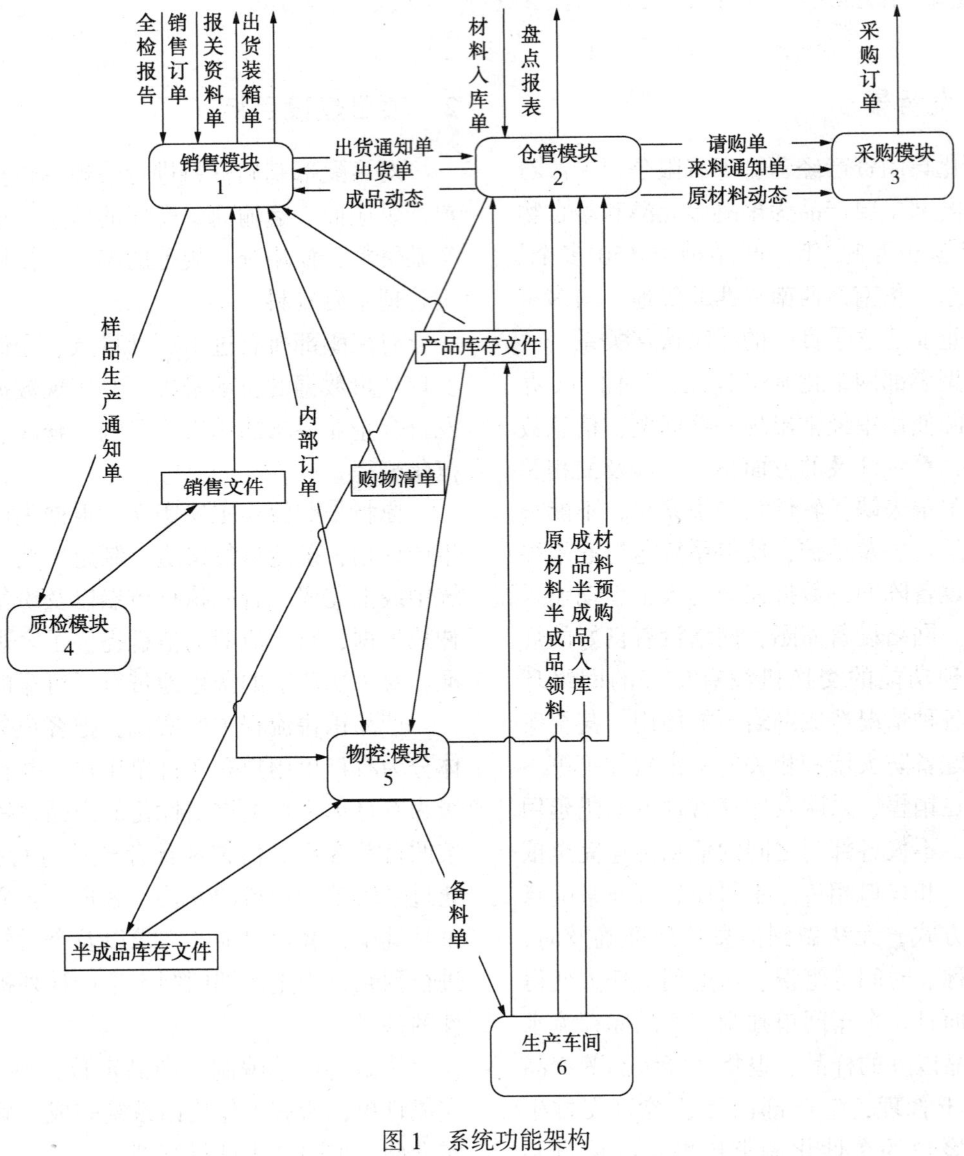

图 1 系统功能架构

3.2 技术路线和关键技术

3.2.1 技术路线

（1）技术选择原则：先进、成熟、稳定、可靠、开放、标准、易于系统进行扩展。

（2）系统部署模式：C/S 模式。

（3）数据库：采用 oracle 数据库。

（4）系统运行平台：Windows Server+win7。

3.2.2 关键技术

（1）Remoting 技术

Remoting，远程处理是一种分布式处理方法，是 DCOM 的升级。通过一个域提供一个对象，并允许它通过一个域与另一个对象进行交互。

两个应用程序域之间的对象通信。通过远程处理，访问通道获取服务器端对象，然后通过代理将其解析为客户端对象，即以服务的方式发布服务器对象。远程对象代码可以在服务器上运行（如服务器激活的对象和客户端激活的对象），然后客户端通过远程处理连接到服务器，获取服务对象并通过序列化在客户端上运行。

在远程处理中，对于要传递的对象，除了知道信道类型和端口号外，不需要了解数据包格式。这不仅保证了客户机和服务器之间的松耦合，而且优化了通信性能。

（2）COM 技术

Com（component object model）是描述如何构建动态可变组件的规范。该规范提供了一些二进制和网络标准，客户和组件应遵循这些标准以确保互操作性。通过这个标准，可以在任何两个组件之间进行通信，不管它们是否在同一个操作环境中，使用的开发语言是否一致，以及它们是否在同一台计算机上运行。

用户通常希望能够定制他们使用的应用程序，而组件技术在本质上是可定制的，因此用户可以用更能满足他们需求的组件替换原来的应用程序。其次，由于组件是应用程序的独立组件，因此可以在不同的程序中使用相同的组件，而不会出现任何问题，从而大大提高了软件的可重用性。第三，随着网络带宽及其重要性的提高，分布式网络应用无疑成为软件市场上越来越重要的购买点。组件体系结构可以简化开发此类应用程序的过程。

3.2.3 主要创新点

本次项目的主要创新为：为了使系统的应用能被更好的挖掘，本系统突破传统进销存系统的应用模式，使调拨计划信息与计量数据直接对应，实现计量数据自动采集与规范化管理流程相结合的方式，实现了计量数据控制与工作流程控制的统一。计量 100 吨衡的操作已经从手动输入计划单全部内容提升为只需要输入计划单号，从系统中调用即可。

考虑到聚醚部未来信息化的需要，系统预留了 MES 和 ERP 的数据接口。为将来系统的更能提升建设提供了基础。

4 系统应用效果

聚醚部物料进销存系统对聚醚部物料进货、销售、储存各环节的线上管理，大大提升了生产全环节的信息化，在系统建设过程中梳理出聚醚部以往管理中的薄弱环节，运用信息化手段进行了提升。供应商、运输商、仓库的信息详细的基础资料，集中统一管理，使用统一规范的编码，由聚醚部系统管理员定期维护更新，避免了低、老、坏的错误发生。

对聚醚部所有进出厂计量点、仓储计量点都实现计量数据的自动采集，并实现数据共享；开发符合企业要求的销售、采购、仓库、质检的规范化流程。

采购流程主要实现：供应商等级划分和历史采购订单价格，可以用来参考，通过采购合同的全过程监管将采购风险前移，为生产原料的持续、稳定供给提供了可靠的手段。

销售流程主要实现：销售客户的信誉等级管理，提供采购商历史销售价格的同比、环比等分析。实现了产品报价、订单（或合同）审核及执行跟踪、发货通知、到款信息等跟踪，从订单编制、产品定价，到产品计量、完成订单，所有工作均由系统完成，确保数据详实准确，加强销售计量管理。

库存管理流程主要实现：原料和产品入库、出库多维属性信息管理，只需根据产品名称及数量就能确定货位，方便仓库管理人员定位，库存量快速查询方便管理人员了解产品或原材料库存情况。

由于系统提供了仓库物料的实时库存数据，岗位人员不用再到现场清点库存，并且取消了手工帐，大大提高了工作效率，岗位人员编制从原来的 4 人减少到 1 人，节约人工成本 21.6 万元/年。

质检管理流程主要实现：原材料、半成品、成品的质量检测，并对后续的销售、采购、出、入库流程进行控制。

由于实现了所有质检信息的上传、存储、共享、可统计、可追溯，所有质检单信息实现了线上可查询，大量节省了质检单打印带来的耗材费用，节约办公耗材费用0.27万元/年。

采用计量数据自动采集的技术，大大降低了操作人员的工作量，同时保障了数据的准确性；直接取消了地衡岗位减员4人，节约人工成本33.6万元/年。

5 结束语

聚醚部进出厂物料资源管理系统将生产、计划、销售、采购、库存、化验等主要业务从线下管理集中提升到线上管理，打通并规范了13个复合流程，实现了汽车衡、DCS系统、计量仪表数据的集成。大大降低了人员的劳动强度，提高了工作效率，彻底改变了原来的传纸条、捎口信、人员跑腿、数据孤立的低效高耗的管理方式，为管理人员快速准确地提供统计数据，随时了解和查询生产管理状况，降低了运营成本，提升了信息化管理水平，为企业决策提供了有力支撑，实现了从粗放管理到精细管理的飞跃。

建设工作流程管理平台实现企业管理创新

谢　末

（中国石油哈尔滨石化公司）

摘　要　流程管理是企业精细化管理的重要手段，利用流程化管理可大幅缩短流程周期，降低成本、改善工作质量、固化企业流程、实现流程自动化、促进团队合作和优化企业流程，最终实现业务统一和集中，完成监督与考核。让企业各级领导人不用担心有令不行、执行不力。各级业务主管不用事事请示、相互推诿，让所有的员工懂得企业的所有事务工作分别由谁做、怎么做以及如何做好的标准。引用信息化手段可以让这些业务流程清楚明了、一目了然，使企业管理标准化和程序化。工作流程管理信息化平台建立后，实现公司制度流程化、流程表单化、表单信息化的信息化创新管理。使公司生产、经营、管理等各项业务管理流程可视化、可控化开展。跟踪流程执行统计分析，发现流程瓶颈，优化关键点监控，提升管理效率，节约人力成本，创造信息资产价值。关键业务流转短信及邮件主动推送信息，实现公司业务流程运行规范、过程可视、异常报警、绩效考核联动的业务流程系统。

关键词　工作流程管理，信息化体系建设，企业管理，梳理业务流程

随着企业规模不断发展壮大，业务管理在企业中扮演着越来越重要的角色，业务管理渗透了企业管理的每一个环节，任何一项业务的实施都肯定有其相应流程。在业务管理中，企业一般比较重视规章制度的建设与修订，而没有较好的手段对业务流程进行管理与监督。这样容易产生规章制度形同虚设、规章制度与企业实际运行脱节、业务流转繁琐和缺乏有效监督考核的手段等问题。

通过系统化与集成化流程规划，能实现组织整体效能的最大化，保证企业战略落地；可以解决各业务体系之间、部门之间存在的系统性接口问题，显著提高组织整体效能。可以保证流程对管理制度的无缝衔接和落实，切实提高企业执行力。

在高度信息化的今天，随着业务管控要求程度越来越精细，必须通过信息资源规划，理清业务管控与信息化的关系，进行信息系统的建设，通过信息化将业务管控细化到岗位、细化到节点、细化到人员，从而加强管控，细化管理。

流程管理是企业精细化管理的重要手段，利用流程化管理可大幅缩短流程周期，降低成本、改善工作质量、固化企业流程、实现流程自动化、促进团队合作和优化企业流程，最终实现业务统一和集中，完成监督与考核。让企业各级领导人不用担心有令不行、执行不力。各级业务主管不用事事请示、相互推诿，让所有的员工懂得企业的所有事务工作分别由谁做、怎么做以及如何做好的标准。引用信息化手段可以让这些业务流程清楚明了、一目了然，使企业管理标准化和程序化。

针对企业发展运行中出现的业务管理问题，哈石化 2017 年提出了建设工作流程管理信息化的目标。建成后实现哈石化制度流程化、流程表单化、表单信息化的信息化创新管理。使哈石化生产、经营、管理等各项业务管理流程可视化、可控化开展。跟踪流程执行统计分析，发现流程瓶颈，优化关键点监控，提升管理效率，节约人力成本，创造信息资产价值。关键业务流转短信及邮件主动推送信息，实现哈石化业务流程运行规范、过程可视、异常报警、绩效考核联动的业务流程管理系统。

1　工作流程信息化建设目标

哈石化开展的工作流程化信息化体系建设，是以战略管理为基础，将各类管理制度和业务工作方法进行整理完善，建立起一套完备的符合实际的制度管理体系，并将管理制度和业务方法表单化、流程化，形成科学规范的管理平台。

制度流程信息化平台体系建设包含三个层面的含义。一是标准化制度体系建设。以规范的管理机制为基础，按照科学的制度分类别和分层级

标准，形成涵盖经营管理各个领域的制度集合，符合国家的法律、法规及集团公司管理制度要求，且具有长期普遍约束力的规范性文件。二是制度流程化建设。通过流程组织的方式将制度标准化，实现管理制度化、制度流程化、流程表单化。三是流程信息化建设。通过信息化手段将制度流程表象、明晰，提高流程的应用价值，形成管理与信息的一体化、数字化、智能化，实现制度管人、流程办事，促进管理效率和执行力提升。

业务流程是业务审批的核心，此次工作流程管理平台可以帮助机构遵循一致的业务流程，并通过管理业务流程中涉及的任务和步骤来提高机构的工作效率和业务效能。这样就使那些执行这些任务的人员能够将精力集中于执行工作任务而非管理工作流。同时应支持如下的流程业务应用能力：

1.1 流程的全过程监管能力

支持显示进行中的每个工作流的状态、每个工作流实例的状态，每个工作流的不同步骤之间的耗时比例等；对已分配的任务具备撤回能力，并且被分配对象不允许再响应此任务；具备任务超时自动完成能力；具备任务“转办”能力，工作流督办人可以将已分配的任务转给其它指定的用户；具备定期任务提醒能力；具备“流程督办、催办”能力，支持对任务分配对象发出催办邮件、手机短信等功能。

1.2 版本管理

任何一个工作流模板都应该包含多个版本的工作流配置，可以根据现有的版本创建新的版本，每个版本应该互相独立，可以单独修改。每个版本可以设置生效方式和生效起止时间，一般必须保证至少一个版本生效，允许多个版本同时有效。通过指定版本的生效时间，可以让系统在时间达到后自动采用指定的新版本和废止旧版本，实现工作流版本的自动切换。

1.3 实例级干预

平台应提供流程跟踪器，可以针对运行中或已结束的任何实例进行跟踪和控制，实例跟踪不应影响其它实例或新启动的实例，实例跟踪可以调整出现异常/疏忽的流程实例，可以进行任意级别的控制。包括：中止实例、重新启动已停止的实例、取消某个执行分支、如果实例只有一个分支在运行，实例应该停止，将执行分支跳转到其它步骤/节点，或重新开始执行同一节点、启动新的分支/线程，如果原来的实例是单线程的，将变成多线程。支持针对特定的流程实例进行“实例级别的流程图/表单/参数”的调整实现特事特办。

1.4 流程仿真

平台应支持流程仿真测试，可在测试模式下实现单个用户模拟所有审批用户审批的效果。

1.5 模板化部署

工作流程管理平台需支持模板化部署，满足从网站集、网站、功能模块和流程均可以模板化导入和导出，可灵活组合应用，快速实现业务需求。

1.6 任务分配机制

平台应支持任务分配模式，任务随机分配、按最空闲分配、支持按条件组合以及按百分比多少或投票模式进行审批，支持自动审批，支持流程节点相连的两个步骤节点是同一人场景下只要一次审批即可，审批任务应支持超时控制，超时自动结束任务。

1.7 绩效分析

平台能够对流程办理效率指标进行绩效统计，支持按照具体流程效率统计，审批节点效率统计，办理人效率统计，超时率、完成率，以及任务转办、委托等情况进行实时统计分析。

1.8 高扩展性的参数

平台应支持配置采用表达式设置，既可以采用设计时确定(采用常量)也可以运行时计算，表达式支持常量、变量、列表栏目值、运算符号和函数，可以直接调用外部接口或代码、智能对象属性。

1.9 统一消息机制

平台集成多种消息模式如手机短信、第三方即时通讯软件入 Skype、邮件消息、站内消息、微信等，可由用户自由定义所需服务，作为消息服务手段，待办、审批等未办事宜可通过消息服务进行提醒。支持同步或异步的通信方式，通过建立高效的连接管理和消息通信机制，提供完备的消息发送、反馈、管理、汇总等服务，支持跨系统、跨平台用户之间的消息沟通和交流。

2 主要做法

2.1 制定顶层架构，梳理业务流程

制度体系建设是企业围绕管理工作的科学

化、规范化、程序化、标准化和系统化等进行的一系列活动的总称，是现代企业科学化管理的重要内容。制度建设既能固化企业已有的成功经验模式和优秀管理方法，为实现真正意义上的规范管理创造条件，又能凝练企业优秀文化，保持企业高度协调的发展动力和应变能力，对企业经营管理具有重要的意义。

2.1.1 建立项目团队，明确工作目标，制定项目实施计划

主管副总经理亲自担任组长，抽调各部门自身管理专家组成项目组，以第三方身份进行全面审视哈石化业务流程。项目组利用两个月时间，采用调查问卷、访谈等形式，对哈石化所有管理业务进行了全面调研，深入了解哈石化的管理运营模式，管理职能及界面，业务流程设置情况，形成调研结论。通过分析研讨形成哈石化项目实施计划。

信息中心抽调骨干技术力量，组成工作流程管理平台项目组，采用集中办公的方式与各业务部门进行详细对接，保证项目能够按进度正常实施。

2.1.2 开展管理要素分析

哈石化以适应现状、全面覆盖、突出主业，演绎归纳、相互独立、密切关联，党政并重、强化监察、管控有力，科学合理、流程高效、层级分明为管理业务分析原则。依据哈石化当前组织架构、职责划分及人力资源配备，力求涵盖哈石化全部生产经营管理业务，突出生产营销、规划建设等主营业务，采用演绎与归纳思维分析方法，利用思维导图工具软件，形成 7 大类 22 个一级要素，再对一级要素进行细分成 85 个二级要素、167 个三级要素，55 个四级要素全面覆盖哈石化管理领域。

2.1.3 关键业务流程再造

首先辨别核心流程。核心流程是对创造用户价值最为重要的部门或者作业环节，诸如生产运行、项目建设、物资采购等流程，它们直接关系哈石化核心业务的运转，直接关系到哈石化运营成果，直接关系到经济效益。此相对应，诸如财务、人力资源管理、信息系统等流程属于辅助流程，对核心流程起支持作用。其次界定业务流程的关键输出物和用户对象。在这一过程中，应尽可能避免将太多的项目和工作成果堆砌为业务对象，以免掩盖主要内容，抓不住工作重点。对于关键用户，并不一定是企业外部用户，对于某一流程来说，其关键用户可能是下一个流程。第三绘制核心流程图。在辨明核心流程的主要活动的基础上，将核心流程的主要活动绘制成流程图，明确流程逻辑关系和时序要求，使整个流程一目了然。第四收集业务数据，满足业务需求。缺乏对业务需求的清晰了解，是无法成功提升企业价值的。即使是内部的辅助部门，也必须清楚了解其内部用户——企业员工的需求状况。用户数据征集关键在于：一是将用户反馈系统视为一个持续进行的活动，看作是长期应优先处理的事情。二是听取不同用户的不同反映，不能以偏概全，由于几个印象特别深刻的特殊案例而形成片面的看法。三是除市场调查、访谈、正式化的投诉系统等常规的用户反馈方法之外，可以尝试积极采用新的用户反馈方法，如用户评分卡、数据库分析、用户审计等。四是掌握用户需求的发展变化趋势。五是对于已经收集到的用户需求信息，要进行深入的总结和分析，并传达给相应的高层管理者。

分析用户各种不同的需求并对其进行排序，将基本需求以及对企业运行有促进效果纳入流程再造。对关键业务流程的再造，重点在于明确各专业部门之间的横向业务接口，理顺与各执行单元的纵向接口，进而优化业务路径，明确责任主体和时间节点，确保核心业务流程接口衔接顺畅，从而彻底解决谁输入条件、何时输入条件、输入和输出条件有什么关系三个问题。因此，项目组开展“规范—优化—再造”的“流程三部曲”，采用“三个导向”即“流程问题导向、绩效导向、战略导向”，使“关键业务”中各流程系统的效率和效果得到提升。

在实际运行过程中，管理活动错综复杂、科目繁多，由此导致管理界面不清、工作职责不明、问责考核不严等问题。在进行研讨分析时，项目组发现，部分业务流程不仅存在输入输出关系，且对该输入输出条件有时间和逻辑关系的要求，存在纵向管理和横向管理相互交叉的情况，因此，工作开始，项目组就按照“顶层设计”的要求，组织集中讨论，以项目建设、生产业务、审批类流程三类流程为主，其它为辅，绘制了哈石化业务价值链流程图，明确各项管理职能在流程中的工作界面和职责。

2.1.4　制度流程化

制度流程化即通过流程组织的方式将制度标准化。随着制度建设的逐步完善，推进并完善制度流程化，实现管理制度化、制度流程化、流程表单化。通过流程化，对各个工作过程进行优化设计，使常规性的工作能够有条不紊，突发性的工作能够未雨绸缪。通过简明好用、程序配套的表单化设计，将日常工作做的更加清晰规范，并能够为信息化和数字化管理打下非常良好的基础。流程化实现后，对于管理、业务流程中的各个管理节点，设定了工作标准，使每一名员工知道该干什么，该怎么干，要达到什么样的质量标准，要提交什么成果。

2.2　将流程信息化并集成应用

通过信息化手段，一方面将制度流程表象和明晰，提高流程的应用价值，形成管理与信息的一体化、数字化、智能化，实现制度管人、流程办事，促进管理效率大幅提升；另一方面，通过信息系统管理方和制度执行方建立联动，确保各项规章制度的落地执行，达成整合资源、协同共享，强化管理、保障安全，提升了执行力。

基于“制度、流程、岗位、内控、标准”一体化的理念，开发了“工作流程管理平台”等功能模块，明确每个岗位需遵守的制度，遵循的办事流程、内控权限、标准依据，实现按制度管人、按流程办事。员工可随时查看与本人的岗位以及业务相关的制度、流程、内控权限、管理标准等，并以此开展工作。管理层能够及时掌控各项业务的进展和工作质量，让管控更精细，决策更及时。

业务管理流程信息化是哈石化 2017 年投资计划建设信息化项目之一，立足哈石化现有组织架构情况，结合哈石化制度流程化、流程表单化的成果，实现表单信息化。使各项管理业务按流程可视化方向开展。对哈石化业务流程开展情况执行统计分析，发现流程瓶颈，强化关键点管控，简化和优化业务流程，提升管理效率。实现哈石化业务流程运行规范、过程可视、异常报警、执行结果考核的业务流程系统。

2017 年 8 月 29 日工作流程管理平台项目实施建设正式启动，正式成立项目委员会、项目经理部。采用成熟可靠的产品平台，解决目前哈石化工作流程信息化覆盖不够全面的情况，建设工作流程平台，实现工作流程信息化全覆盖，消除信息孤岛，实现业务环环相扣，减少人为干扰，为精细化高效管理建设信息化基础。通过组织与用户面对面近 70 次的详细调研分析，自主开发 11 个部门共 55 条业务流程，平台正式系统及测试系统 55 条业务流程全部同时发布上线。

具体实施过程：

（1）采用 SharePoint2010 为架构支撑，以纯浏览器的 B/S 的三层式结构，以关系型数据库为存储介质，结合 SOA 服务型架构及信息安全标准对平台的基础架构进行设计，全面打造哈石化工作流程管理平台，具备内部综合办公应用能力，体现“一站式”办公的协同模式，能够实现对哈石化现有业务系统从数据到业务应用再到流程的集中整合统一管理。

（2）应用集成统一化：通过数据服务集成、业务服务集成、安全服务集成、用户与资源集成、统一资源展现服务 5 大集成方式，将哈石化业务流程需求与现有业务应用与本平台进行有机的整合，以便最大限度的实现系统的融合与保护已有的投资，实现待办提醒、到期提醒、过期干预、事后追踪、统计分析及流程归档服务的一站式管理模式，提升业务处理效率，降低日常业务管理人员的维护工作。

（3）接口管理统一化：利用 Web Service 标准服务方式，为统一工作流程管理平台、已有业务或未来拓展业务提供所需的功能数据服务：即将应用功能进行拆分细化，以对基础元数据进行编码规范，让 IT 管理者以自定义服务的方式将各类应用提交出去，充分有效的避免系统功能应用的重复建设，为管理者提供规范、集中的信息化管理，从而降低各业务系统的冗余数据，有效避免业务信息化的重复建设。

（4）通过与可视化自定义的流程管理模块，实现对平台中的对各项信息审核、信息发布、行政办公、业务审批等服务功能的集中化流程管理，提高了平台内核心应用的可监督、可管理、可追溯性。

（5）通过消息中间件，实现平台中基于站内短消息、邮件、手机短信、即时通讯工具等多种消息提醒、通知服务，并能结合流程管理中间件，未来可以实现基于手机的业务流程移动审批的应用模式。

（6）实施评估。首先确定评估目标，以数据自动取得、自动流转、自动考核为评估目标，对

55 项工作流程进行模拟测试，测试过程中对业务流程实现过程中反映出的问题，重新反馈到流程再造环节，进行必要的优化和调整。

（7）未来的深化应用。建立了灵活、高效的流程管理平台后，将继续导入其它线下流程，发挥平台资源的优势，深化应用，真正做到流程管理的智能化，业务活动的无纸化，提高企业的工作效率。

目前在全哈石化范围内 10 个机关处室、2 个直属机构内已经建设了 55 条管理流程，已经启动业务流程实例千余次。未来将与已建成的员工绩效考核、员工考勤、生产执行系统、生产平稳率系统和生产报警系统进行数据互联，打通各个系统间数据链接，为数字化工厂做好准备。

3　实施效果

3.1　有效提高管理水平和工作效率

基于流程化信息化的制度体系建设，是哈尔滨石化公司管理理念的重要体现和管理工作的自发诠释，是管理要求的沉淀和管理方式的完善提升。有效提升了工作效率和执行力，为打造"安全绿色、智能高效、充满活力"的城市精品炼厂创造了有利条件。

经过几年的建设，哈石化的管理制度化、制度流程化、流程信息化建设已初具规模，形成了标准化制度体系，打造出具有特色的流程体系，基本实现"制度管人、流程办事"。制度流程化、流程信息化建设，使制度具备显性化、可视化属性，澄清了制度的模糊地带，使得业务路径清晰可见，达到工作标准化、明晰化、快速化。

3.2　持续改善制度的知会程度和执行力

通过不断实践摸索，对管理制度和管理流程运用专题会议、案例宣讲、组织培训、员工培训系统自学等多种方式开展宣贯，从广度和深度两个维度广泛传播统一的规则信息，广大员工对规章制度的知会程度持续提高。以此为基础，结合制度的流程化信息化，实现制度与具体操作相匹配，快速提高位员工对制度的理解力，推动了各项工作的执行。

3.3　缩短业务流转时间，节约人工成本

通过制度流程化信息化建设，打造出哈石化生产、安全、管理、绩效等各类业务流程，一方面提高了业务主管人员和参与业务流程相关人员办理业务的速度，减轻了基层员工和业务人员跑手续找签字的负担，让业务迅速开展。另一方面，通过对流程的实时把控，便于各级管理人员掌握工作质量和流转进度，提高了业务流转进度，对关键业务、重点流程在线催办督办，有效支撑各类业务的按时开展。

哈石化自主开发业务信息化流程后，涵盖人事、生产、安全、环保、项目建设、制度修订等诸多领域，实现 55 个工作流程 420 工作流程节点信息化，创造信息化成本约 90 万元。每条流程工作会比传统线下审批流程模式节省约 10.87 万元人工成本。每年每条流程平均线上流转 10 次业务以上，即可节约人力成本近 108 万元。每个工作节点提前一天，哈石化的工作效率整体提升近 33%，人力成本降低 18 万元。提高无纸化办公水平，表单线上流转，电子存档，大幅降低打印机及打印纸等办公耗材成本。提高业务管理时效和哈石化业务信息化覆盖率，为各业务打通信息化建设网络，为企业未来走向数字化、智能化管理建立基础。

参 考 文 献

[1] 杨彦武，景保玉. CIO 修炼之道 用 IT 为企业赋能 信息化[M]. 北京：人民邮电出版社，2018.

[2] 阎晓峰. 中央企业信息化工作 100 问[M]. 北京：中国经济出版社，2015.

炼化企业数字化计量管控平台建设探索

刘胜军

（中国石油化工股份有限公司天津分公司）

摘　要　计量工作在企业的经济建设和发展中扮演着十分重要的角色，可以为企业生产、监控以及试验检测提供全过程有效的指导，确保数据准确、产品质量不断提升。物联网、云计算、大数据等信息技术的发展和应用为企业打造智能化工厂提供了有力支撑。本文在我国两化融合和智能化建设发展的背景下，对炼化企业数字化计量管控平台总体架构，以及计量仪表与衡器智能化、计量检定/校准、测量体系全过程管控等内容进行了探讨，并对相关系统建设应用情况进行了说明，以期对炼化企业计量数字化管控水平提升起到一定的参考和借鉴意义。

关键词　计量，数字化，智能化，测量体系，检定/校准

1　前言

当今世界，互联网、云计算、大数据等信息技术蓬勃发展，推动了制造业数字化、网络化、智能化发展进程。十三五期间，中国石化聚焦打造“智能工厂”核心，突出信息化建设的集中集成和深化应用，初步建成智能工厂应用框架，具备感知、预测、优化、协同的信息化能力，以信息化促进业务管理实效性的增强，实现一体化运营。十四五期间聚焦打造“数字化工业生态”平台，实现全面数字化转型为目标，利用“云、大、物、移、智、链”等先进技术，构建完善的智能化综合管控平台。

炼化企业计量管理作为企业生产经营过程中重要环节，涉及计量器具配备、原料/油进厂、生产加工、节能降耗、产品出厂等各项内容，计量数据的准确与否直接关系企业经济效益，起到“导航仪”、“风向标”作用。为实现计量业务的高效管理，各企业充分应用自动化、信息化技术，建立了计量管理信息系统，实现了计量器具、检定/校准、人员、数据等全面管理，并结合智能工厂建设，创新管理模式，推动衡器计量仪表智能化构建，有效提升了计量管控水平。

2　炼化企业计量管控平台建设现状

近年来，中国石化计量主管部门十分重视信息化与工业化的融合，统筹建设了计量管理信息系统，并颁布下发 Q/SH 0371《炼化企业计量管理信息系统技术规范》，规范系统标准化建设。下属各炼化企业根据自身实际需要，开发投用了多套计量相关信息系统，例如计量仪表数采系统、汽车衡轨道衡称重系统、定量装车系统、器具检定系统等。但是，从实际应用情况以及国外先进企业对比来看，计量管理还停留在信息集成管理层面，距离全面智能化管控还有一定差距，主要突出表现以下三个方面：

（1）未实现计量信息全面数字化自动采集，数采率低、模拟量采集占比高，未全面实现 RS485 等数字化采集，温压补偿运算不正确，对精准计量有一定影响；

（2）各系统集成度不高，仍存在一定程度的数据共享壁垒和信息孤岛，缺乏整体统筹规划；

（3）综合的大数据分析诊断需进一步深化，智能化程度仍需进一步提升。

3　炼化企业计量管控平台建设思路

十三五期间，中国石化按照“集中集成，科学管理，创新驱动，协同智能”的方针，着力推进信息基础、生产运营、经营管理等三大平台建设和深化应用，创建数据资源中心（ODS 企业数据仓库），开展数据价值分析挖掘，打造全面数字智能工厂。炼化企业计量管控平台架构应遵循上述总体架构，与整体信息平台充分融合，同时应满足计量专业化、智能化管控发展目标。在信息基础平台中重点应用先进传感器技术、通讯技术实现全面数字化基础信息采集，不断加强计量仪表、衡器、定量装车、检定/校准等各专业现场智能化技术研发及应用，降低用工成本，提高

自动化水平。在网络层有线网络采集传输的基础上，充分应用无线传感网络、5G、工业云等技术，实现计量数据安全稳定传输。打破数据共享壁垒，通过ODS或计量数据仓库，对数据信息进行综合管控。在利用大数据和智能化技术提高计量数据挖掘和分析能力，实现“数据资产”价值。在生产经营管理层，在现有计量管理信息系统中融合测量管理体系建设，实现资源、计量确认、测量过程、分析和改进等全过程综合管控(图1)。

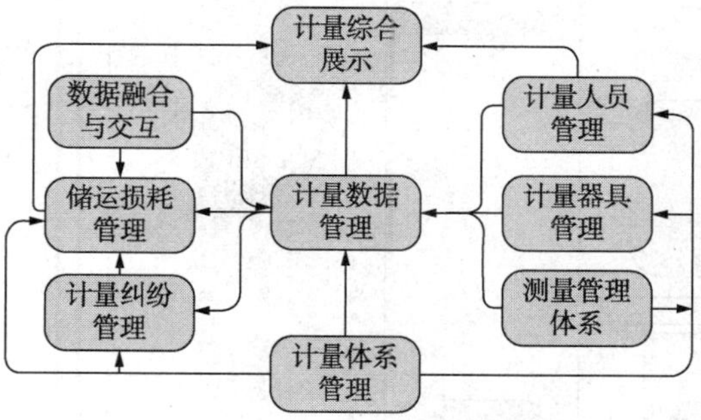

图1　数字化计量管控平台架构

4　计量仪表数字化采集及智能化诊断

4.1　计量仪表数字化采集

目前大部分计量仪表都具备RS485通讯接口，RS485总线技术因具有可靠性高，结构简单，速度快等优点，被广泛应用于工业现场总线通讯。目前天津分公司具有贸易交接及部际互供各种能源物料计量仪表360条回路，介质涵盖原油、天然气、成品油、水、电、汽、风等40种。各种计量仪表都通过应用RS485总线技术实现能源物料计量数据数字化采集监控系统(图2)。

现场采集：该系统下设11个iFix SCADA现场采集站，质量流量计按照菊花链连接方式形成RS485通讯总线，并将Modbus RTU协议转换为标准Modbus TCP协议实现数据采集与监控。

采集站集成：各采集站之间通过单模光纤网络连接，在中控室增设系统服务器，实现现场计量仪表集中采集监测。

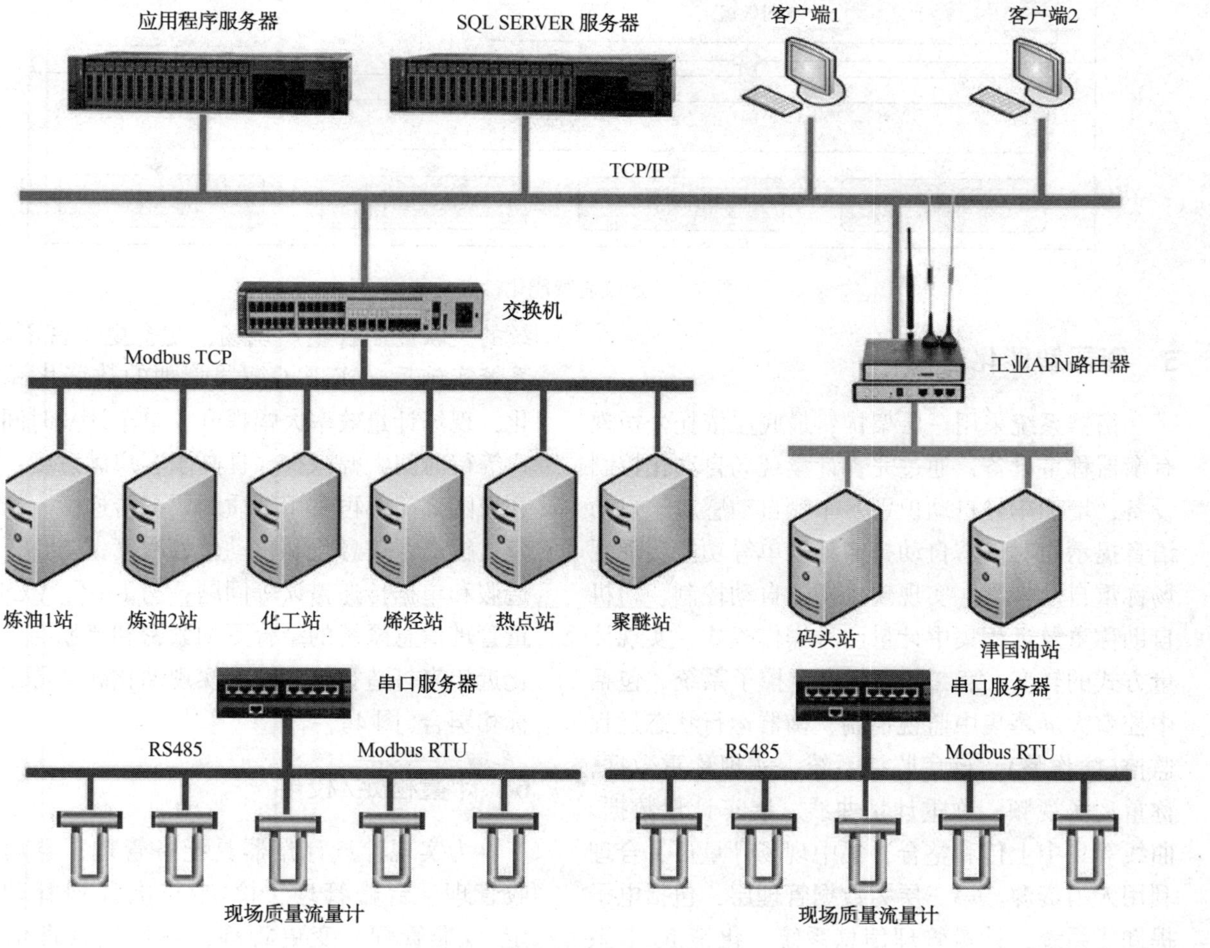

图2　计量仪表数字化采集结构图

4.2　计量仪表智能化诊断

天津石化在进出公司、部际间设置80余台质量流量计用于原油、成品油、液化气、石脑油等管输物料产品交接与监督计量。为解决介质输送过程中零漂、汽化、现场手工核查效率低、现场仪表故障报警不易发现等问题，我们借助信息化、智能化、大数据分析等技术，建立质量流量计远程智能诊断系统。完善质量流量计采集参数，实现所有仪表钢性、驱动增益、线圈电压、活零点等影响计量准确性的 220 个关键参数在线实时智能诊断，系统能够监测到零漂、汽化、报警等关键深层异常信息，建立起质量流量计全生命周期运行监测管理档案，通过深化应用，取得了良好效果，在企业生产经营中充分发挥计量把关作用(图 3)。

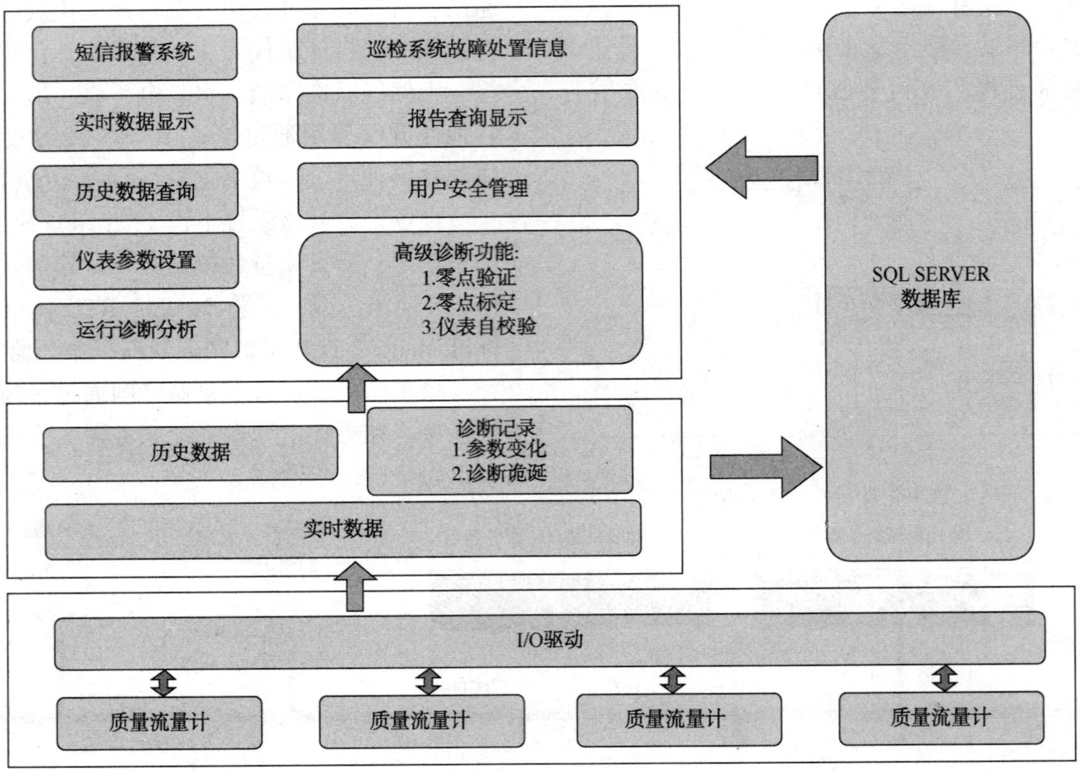

图 3　计量仪表智能化诊断功能图

5　衡器智能化管控

衡器系统采用三层架构，最底层依托公司现有衡器称重设备，通过完善计量现场自动化控制设备，增加车号自动识别、车辆自动感应、自动语音提示与对讲、自动打印计量单等功能实现现场称重自动控制。实现现场衡器自动控制、司机自助称重及远程集中计量两种操作模式，实现计量方式的转变。第二层为集中监控子系统，包括中控室大屏幕集中监视控制、衡器运行状态远程监控(防作弊)、磅房监控系统。实现称重数据，称重现场视频，称重计量曲线，装车计量数据、曲线等集中上传和整合，集中现场计量员，合理利用人力资源。第三层为数据管理层，包括电子提卸货系统，计量管理信息系统、化销 IC 卡系统、MES、ERP 等多系统数据交互与管理功能。实现全部进出厂业务二维码/IC 卡电子化提卸货凭证的传递，计量数据的多系统应用，使各个系统的关联更贴合生产现场，配合更紧密不孤立。系统实施后，实现了衡器管理的数字化和智能化，现场计量效率大幅提升，单车计量时间和客户等待时间大幅减少，提高了客户满意度；销售和采购部门不再采用纸质的票据传递，一卡通的模式提高了信息化和自动化的程度，防止了单据造假和单据传递错误等问题；与 ERP、MES、计量管理信息系统的结合更加紧密和流畅与中国石化近年来打造智能工厂、实现两化融合等工作目标相契合(图 4)。

6　计量检定/校准

为实现计量计量器具配备管理、申购及验收管理、台帐管理、检定/校准计划管理、检定/校准管理、变更管理，在计量管理信息系统中建立了计量器具管理相应模块，并可通过 NFC 等电子标识技术实现计量器具全生命周期管理(图 5)。

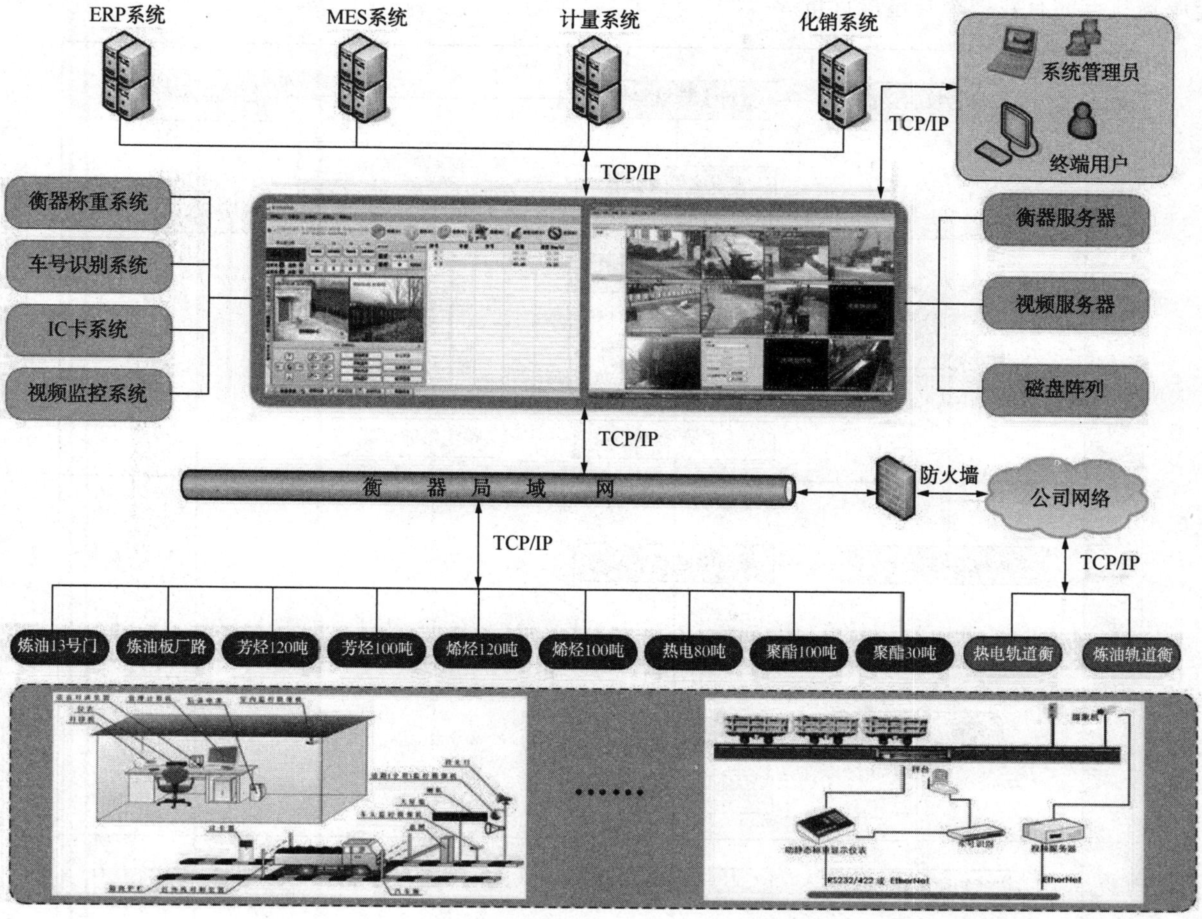

图 4　衡器智能化管控

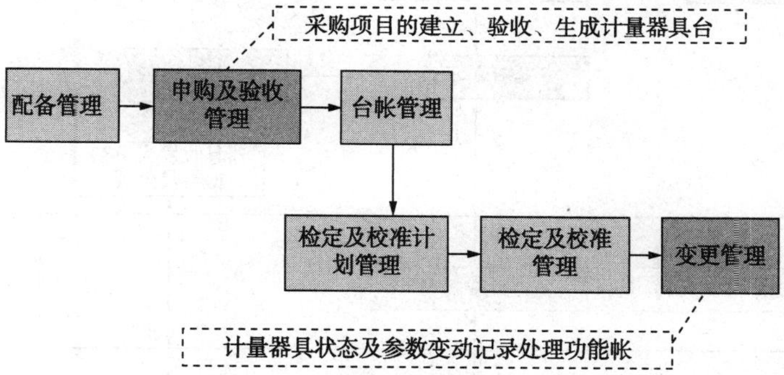

图 5　器具及检定全过程管控

在开展现场检定时，通过优化现场计量器具检定原始记录生成模式，单独设立可以离线操作的客户机。检定人员携带该机器进入现场，检定原始记录直接录入。在回到实验室后，将该机器联网可以自动将原始记录上传至服务器中，通过系统生成证书。这种模式极大的提高了检定效率，降低人工录入错误率。同时在大修期间，我们通过优化系统操作流程，取消系统逐级审批环节以及纸质版证书打印，实行电子证书随时在线查阅。通过深化应用，极大提高了器具检定效率降低了证书打印纸张及耗材费用(图 6)。

7　计量数据智能管控

天津石化化验计量中心现管理的进出公司及部际间交接计量点共 376 套，其中能源 245 个、物料 120 个、汽车衡 9 台、轨道衡 2 台。结合《天津石化贸易交接主辅计量比对管理办法》相关要求，深化原油天然气成品油等计量数据应用，开展主辅数据比对，做到能源物料日监控(超差提示、原因分析、处理结果登记)、旬月汇总(超差点数、类型、分析报告)、年统计(各比对指标综合评判，允差调整)，实现企业关键能源物料点的有效把控与精准计量。

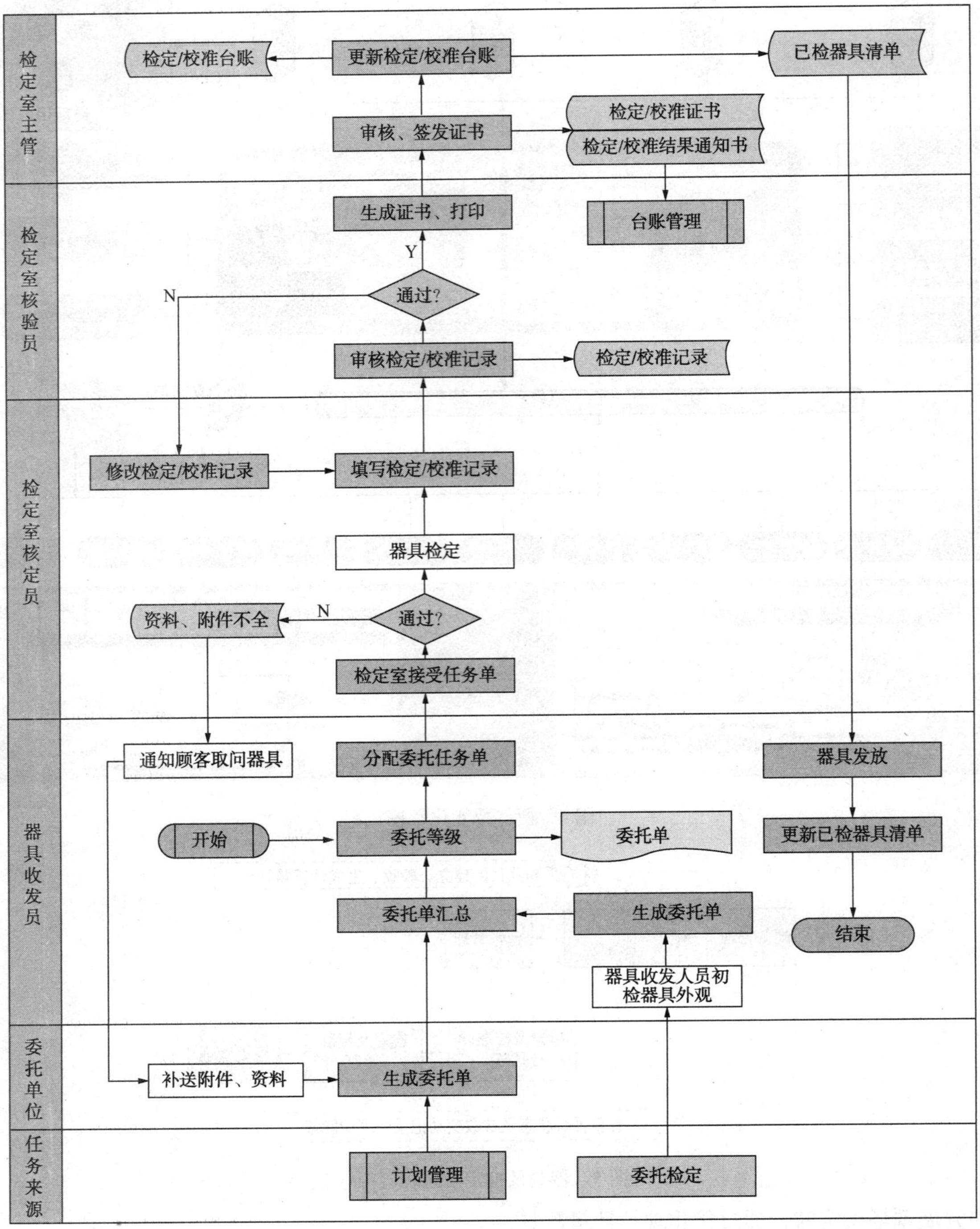

图 6　计量器具检定流程图

7.1　创新进厂原油比对分析应用

天津石化投资建设了中石化首套原油在线计量比对监督装置，用质量流量计与上游刮板流量计进行比对。该装置同时具备密度、含水等参数实时采集与仪表在线校准功能。为此我们通过加强采集参数分析运算，深化原油在线比对监测应用，利用仪表实时状态监测与智能诊断，形成了实时监测、班比对、日统计、月度汇总分析的更加精细化原油管理新模式，在炼化企业具有一定的推广应用价值(图 7)。

(1) 关键参数实时智能诊断监测应用。在原油计量班组数据终端，通过应用“原油数据采集与诊断”功能对流量、总量、密度、水分等关键参数实时监测，同时对质量流量计进行实时智能诊断与报警，有效确保输送全过程精准计量。

(2) 班比对、日统计应用。在计量管理系统中应用“原油监督班比对”功能页面，通过自动采集提取计算监督表数据，自行开发每 8 小时平均值(密度、含水、温度、压力 V20=Vt * Cpi * Cti)积分算法，按班次开展“毛油量、纯油量、体积、密度、含水”等关键参数比对提供基础数据支撑。应用“管输物料进厂”页面开展日纯油量数据比对，在出现超出公司下达 0.3% 比对指标时，及时排查仪表运行状态，同时对上游采样、分析化验情况进行复核，明确原因后记录该批次超差量，联系进行月度找补。

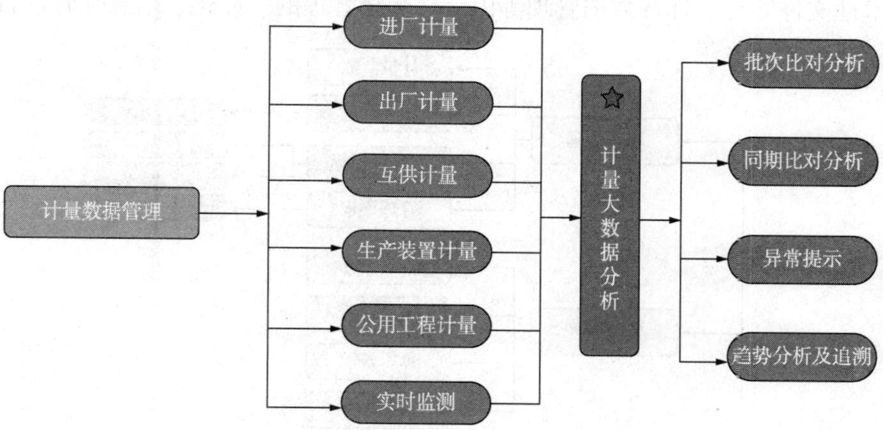

图 7　计量数据全面管理流程图

(3) 月度汇总分析应用。应用原油月度汇总分析功能自动汇总全月原油比对数据，得出当月运行分析结果，明确下个月应重点监督工作。通过开展原油创新比对分析应用，共发现 21 起原油高含水情况，3 次由于自动采样器运行时间不足导致的密度比对超差，9 个班次由于油种切换导致化验结果偏差等情况，确保了进厂原油精准计量的同时，为安全生产提供有利的技术保障。

7.2　深化进出公司主辅物料数据比对应用

为了确保物料计量准确，根据《天津石化贸易交接主辅计量数据比对管理办法》相关要求，系统设置了 50 个进出公司及部际间计量的允差指标。公司每年根据上一年度数据比对开展情况进行指标修订。2020 年新增原油等比对指标 5 项，完善了华北销售柴油等允差指标 8 项，以此不断降低比对差率，达到逐步提高计量准确性的目标。

(1) 进厂天然气、成品油等物料日比对。在计量管理信息系统“管输物料进厂”页面，增设天然气、成品油比对点，系统中维护当年最新下达的允差指标。计量人员每天通过系统自动提取日比对数据，对于超出允差指标的记录，及时联系对方进行现场仪表核查，根据故障原因进行分类(介质、仪表设置、零点漂移、安装、旁路等 14 类)，按不同原因采取相应措施，同时为同类表出现类似故障提供处理依据，根据差量进行相互找补。

(2) 年月数据汇总分析。应用年月数据汇总分析报表功能，全面掌控所有主辅计量比对管线年月运行情况。包括主计量、辅计量、差量、差率，年月累计超差批次，超差原因分析，采取的相应措施。

(3) 能源管网检测率监测应用。能源消耗的指标量化、准确计量是确保企业节能降耗的关键措施。为此我们应用计量系统加强公司能源管网实时检测率(一级管网与二三级管网损耗率)、日平衡检测率、旬月统计分析，根据公司年度下达检测率指标，系统自动计算、生成统计分析报表，在出现检测率超标时，系统自动进行每台表用量分析，列出量变化影响较大仪表，能够为计量及生产人员掌握能源仪表及管网消耗运行情况及现场检查提供依据。

8　测量管理体系信息化建设

国家计量司已将先进测量技术研究等内容纳入国家“十四五”重点研发计划，帮助企业完善测量管理体系，提升国家整体测量能力和水平。同时随着企业精细化管理程度的不断推进，大部分计量企业都相应建立了测量管理体系来明确计量职责、规范计量资源、强化计量确认和测量过程管理。经过实践证明，体系化和信息化在企业建设发展过程中起到了非常关键的作用，为了进一步提高企业管理水平，实施“两化”融合势在必行，因此提出了测量管理体系信息化建设研究。

测量管理体系主要包括管理职责、资源管理

（人力、信息、物资、外部供方）、计量确认和测量过程、测量管理体系分析和改进（审核与监视、不合格控制、纠正预防措施）等内容。其中体系中重要的基础信息包括测量设备管理、计量人员管理、技术性文件管理、计量数据管理等内容已在计量管理信息系统中建设完成。测量管理体系的信息化建设将继续完善管理职责、资源管理（软件、记录、标准物质、环境）、计量确认和测量过程管理、分析和改进等部分内容，实现测量管理的一体化、信息化管理目标（图 8）。

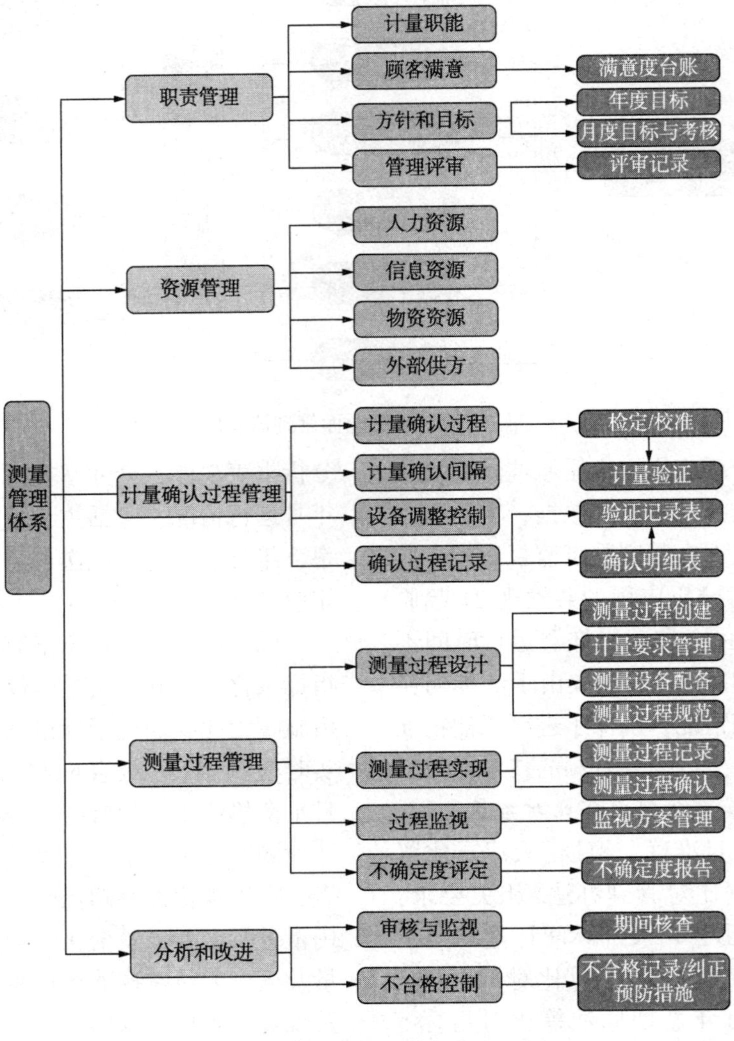

图 8　测量管理体系信息化流程图

9　结语

以上就是天津石化数字化计量管控平台基本内容。通过各系统不断完善提升，深化应用，基本实现了计量资源、计量仪表、衡器、检定/校准，测量过程等全过程数字化管控模式，在服务企业生产经营、精细化管控、避免交接损失等方面发挥了计量专业导航仪、指南针等重要作用。同时按照中国石化十四五期间聚焦打造“数字化工业生态”平台目标要求，继续大力推进计量专业智慧感知、智能管控、大数据分析等建设应用，全面实现数字化智能化管控。

炼化企业中的商业智能与数据可视化

王赫楠

（中国石油哈尔滨石化公司）

摘　要　从商业智能与可视化的概念开始，介绍了相关概念，包括商业智能的组成与作用，数据可视化的特点以及展现方法，并且举例分析了制造业数据的特点。其次，分析了企业中使用报表系统的方式，包括传统报表形式与实现方法和现阶段的报表形式与使用的工具。第三，由于在数据分析的过程中，使用报表工具会产生一些不便利的情况，所以就引出了商务智能的专用工具 FineBI。在介绍了 FineBI 的特点之后，又介绍了商务智能中数据分析的相关方法。最后，介绍了数据可视化方面相关的内容，包括数据可视化的框架、方法和流程，并在结尾附带了一个简单的示例。

关键词　商业智能，数据可视化，制造业，报表，FineBI

商业智能(Business Intelligent，BI)，也称为商业智慧、商务智能。它是由数据仓库、查询报表、数据分析、数据挖掘、数据备份与恢复等部分组成。商业智能是一套支撑管理决策、提升管理水平、提高业务运行效率和改进优化业务的解决方案。它可以为企业提供分析数据的技术和方法，并可以收集、管理和分析数据，将数据转化为有价值的信息，从而让企业决策有了依据，减少了决策的盲目性，理性的进行企业的管理和运营。

数据可视化是商业智能的核心功能之一，可以通过图形化的手段让数据有效地表达出数据的信息。数据包含的可能是文字、数字、字母或者符号，用可视化方式，可以充分展示数据的模式、趋势和相关性，而这些信息通过其他呈现方式难以被发现。按照不同的分类方式可以分为统计图标和图。统计图标一般包括柱形图、饼图、散点图、气泡图、热力图等；图一般包括树状图、思维导图等。通过各种图表，可以更直观、更便捷地表达出数据中信息。

1　制造业数据的特点

随着炼化行业向着自动化、信息化、智能化方向的发展，在生产经营的过程中产生了大量的数据。对这些数据进行有效的处理和深度挖掘可以为决策者提供更有效的生产调度、设备管理、生产经营等策略，从而提高生产质量和效率。

1.1　生产数据

炼化企业所采集的生产数据属于连续数据，并且在生产过程中产生大量的多源异构数据。从数据的来源来说，包括 MES 系统、报警系统、设备平台系统、环保监测系统、安全平台系统、监控系统等。数据主要包括 Oracle 与 SQL Server 数据表，Word 与 Excel 文本文件，图片和图像等结构化与非结构化数据。主要的生产数据产生自 MES 系统，包括原料、中间物料、公用工程消耗、产品等信息。

1.2　经营数据

经营数据不同于一些传感器按流程自动采集的生产数据，它主要依托于各个管理信息系统，包括 ERP，物采系统，财务系统等。这些数据来自信息系统底层的数据库，即为一些结构化数据。

1.3　其他数据

车间台账、各种单据等为个人工作所统计的设备信息、安全信息等内容。

2　报表系统

2.1　传统报表

公司的报表系统主要应用在生产数据中，在 MES1.0 时期是通过 ASP.NET 作为页面显示，VB.NET 作为开发语言创建的。系统开发分为四个部分，包括页面展示，业务逻辑，公共方法和数据访问。

页面展示通过在 ASP.NET 开发界面，如图 1 所示，通过简单的控件拖拽，完成页面模板的创建，在搭建查询页面方面还是比较简单的。

公共方法定义了按钮点击事件需要处理的流程，如图 2 所示，处理的就是一个页面通过查询的方式来展示的内容。

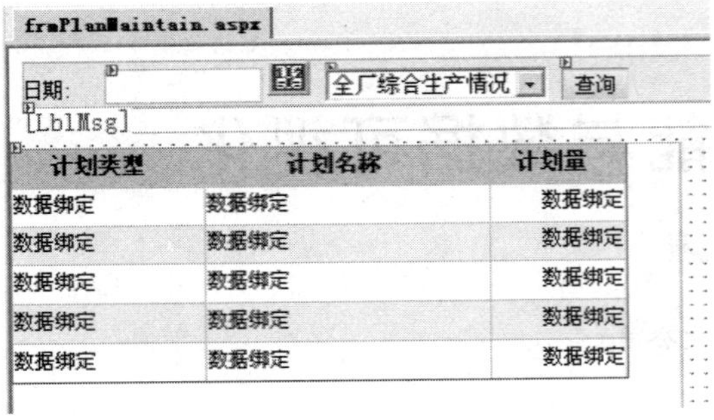

图 1　显示页面

```
Private Sub loadData(ByVal action As CommonFunc.ActionType)
    Dim ds As DataSet
    Dim sParameters(2) As String

    sParameters(0) = Me.ReportDate.Value
    sParameters(1) = Me.plan_type.SelectedValue


    ds = reportControl.ActionControl(AppConst.FORM_PLAN_MAINTAIN_REPORT, CommonFunc.ActionType.Search, sParameters)

    Me.dtgProductPlan.Columns(0).Visible = False
    Me.dtgProductPlan.Columns(1).Visible = True
    Me.dtgProductPlan.Columns(3).Visible = True
    Me.dtgProductPlan.Columns(4).Visible = False

    Me.dtgProductPlan.DataSource = ds
    Me.dtgProductPlan.DataBind()
    Me.Button2.Enabled = True
    Me.Button1.Enabled = False


End Sub
```

图 2　定义公共代码

数据访问采用调用存储过程方式，将预先定义好的参数存入参数对象中，最后将所得到的数据信息通过代码写入到定义好的 Excel 模板中，如图 3 所示。

```
Try
    myCommand = New OleDb.OleDbCommand
    dsTemp = New DataSet
    myCommand.CommandType = CommandType.StoredProcedure
    myCommand.CommandText = "RPT_PRDCT_QUERY_COIL_REPORT"
    myCommand.Parameters.Add("ReportDate", parameterArray(0))
    myCommand.Parameters.Add("flag", "1")
    dsTemp = dataAccessOil.Execute(myCommand, dsTemp, 1)
    dsTemp.Tables(0).TableName = "大庆油[illegible]油[illegible]收表量"
    ds.Tables.Add(dsTemp.Tables(0).Copy)
Catch ex As Exception

End Try
```

图 3　写入模板数据代码

2.2　现阶段报表

在吸取了第一代报表系统开发难、维护麻烦的弊端后，MES2.0 采用了 FineReport 产品作为第二代报表系统。

2.2.1　FineReport 简介

FineReport 是企业级 web 报表工具，以其零编码的理念，易学易用，功能强大，简单拖拽操作便可制作中国式复杂报表，轻松实现报表的多样化展示、交互分析、数据录入、权限管理、定时调度、打印输出、门户管理和移动应用等需求。不同的系统会使用多个数据源，多数据关联、跨资料库、跨资料表取数可以实现数据整合，简单应用多业务系统资料，集中相关业务资料于一张报表，让更多资料应用于经营分析和业务控制。如图 4 所示，设计人员在数据层创建报表数据源；在应用层中，设计人员进行报表设计，管理人员配置用户和权限体系；其他用户在前端执行报表的查询、分析、打印、导出、填报等操作，支持 PC、平板 、移动端、大屏等设备，兼容主流浏览器。

2.2.2　报表实现步骤

（1）创建数据集

数据源分为模板数据集和服务器数据集，两者被引用的范围不一样，服务器数据集可以应用在所有的报表中；模板数据集应用于单张报表。一般情况下，采用模板数据集，便于报表的后期维护。目前报表中常用的数据集有两种：数据库 SQL 语句查询和存储过程，如图 5 所示。数据库查询适用于一般是直接对数据源中的数据库表直接进行操作，FineReport 提供的向导只能定义常用的简单 SQL 查询(不支持分组，子查询等等)；存储过程的向导基本可以满足要求，它能够列出所连接数据库中所有的存储过程，并根据所选择存储过程的名字，自动获得存储过程的参数来产生可以执行的存储过程语句。

（2）设计报表

可以通过报表设计器直接设计报表结构，如图 6 所示，也可以将传统使用 Excel 创建的表单导入到 FineReport 中。在设计好的页面中还可以加入日期控件，查询控件等需要用到的功能控件。

（3）绑定数据列

在数据集和报表结构都设计完成之后，如图 7 所示，就可以通过拖拽的方式将数据集中的列绑定到报表单元格中。

2.3　传统报表的弊端

近年来，随着业务的需求增长及快速变化，许多传统的报表样式固定，修改空间小，IT 支持人员需要经常修改原有报表甚至频繁创建新的报表，工作量也大幅增加。并且在开发的过程中又会有新的业务变化，整个开发过程费时、费力，还不一定完全满足开发需求。因此，IT 部门和业务部门会多次讨论解决方案。然而，如果业务部门能自助式使用商业智能报表，开发效率就会大为提升，并且会解放大部分 IT 部门的人力资源，让 IT 人员更好地把精力集中在系统架构的管理维护上。

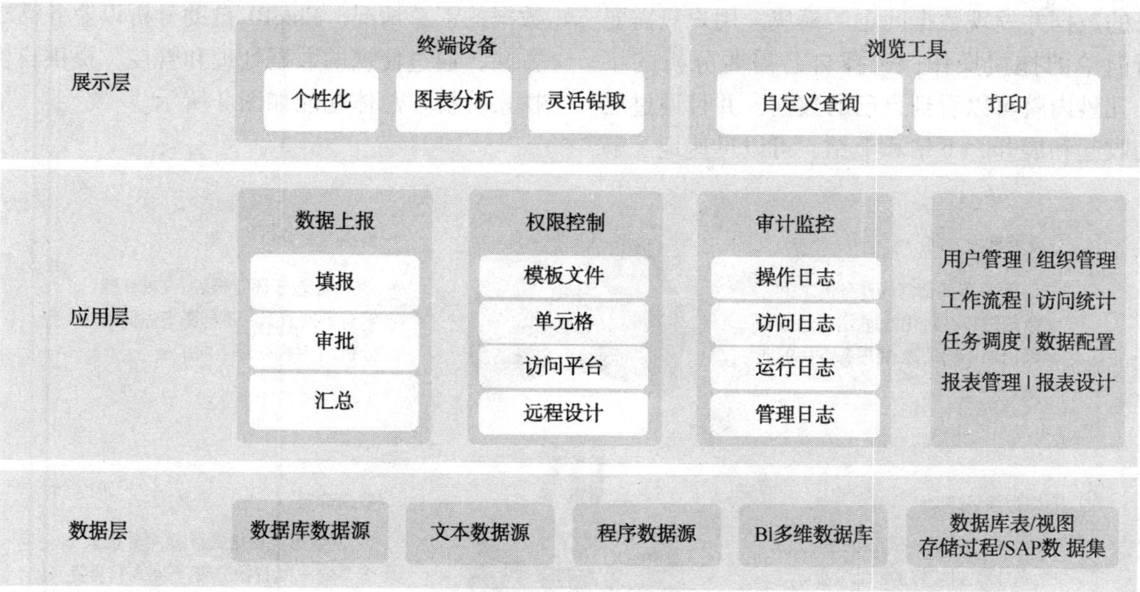

图 4　FineReport 报表层次结构

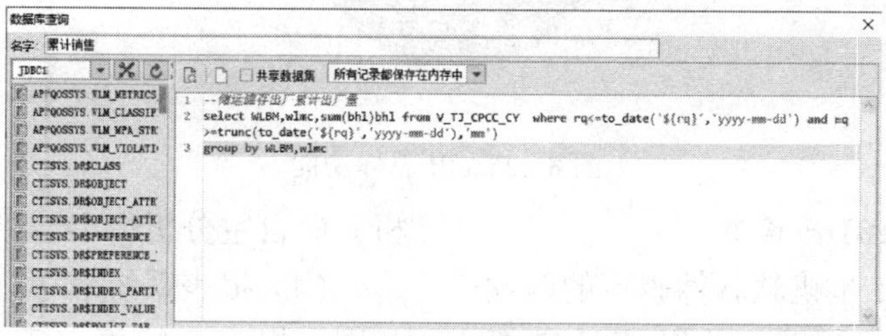

图 5　定义数据集

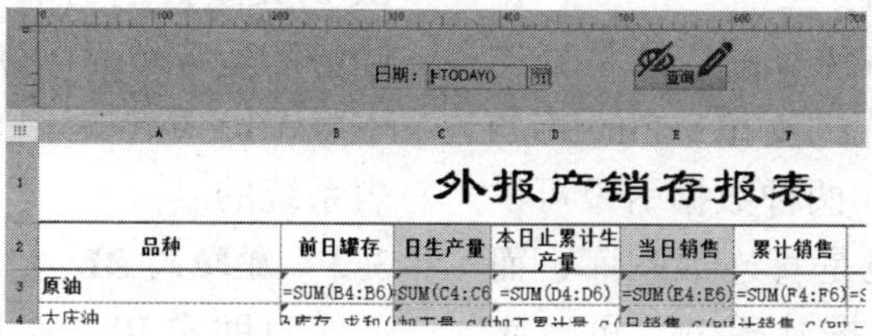

图 6　报表创建界面

图 7　数据集应用

3　商业智能下的数据分析

商业智能是一整套的解决方案，对象往往是企业的经营问题。其利用的是企业在日常经营过程中产生的大量数据，并将它们转化为信息和知识，从而让每个决定、管理细节、战略规划都有数据可参考。商业智能一方面将常规的分析过程固化下来并简化，另一方面让业务的自助分析更为方便快捷。通过这套解决方案，在进行数据分析的过程中入口是数据，出口也是数据或以数据为基础的报表。商业智能工具一般连接 ERP、MES、CRM 等业务系统的数据，并将这些数据有规则地汇总到数据仓库，使用者就可以方便地制作业务主题相关的分析报表，以及对接大数据平台进行可视化的分析展示。

3.1　FineBI 简介

FineBI 是帆软软件有限公司推出的一款商业智能产品，其本质是通过分析企业已有的信息化数据来发现并解决问题，从而辅助决策。FineBI 的定位是让业务人员、数据分析师自主制作仪表板，以便进行探索分析。其中，可视化探索分析是面向分析用户，让其以最直观快速的方式了解自己的数据并发现数据问题的模块。用户只需要进行简单的拖拽操作，选择自己需要分析的字段，几秒内就可以看到自己的数据，并且通过层级的收起和展开、下钻和上钻，可以迅速地了解数据的汇总情况。FineBI 自助分析以业务需求为方向，通过便携的数据处理和管控，提供自由的探索分析。总体功能如图 8 所示。

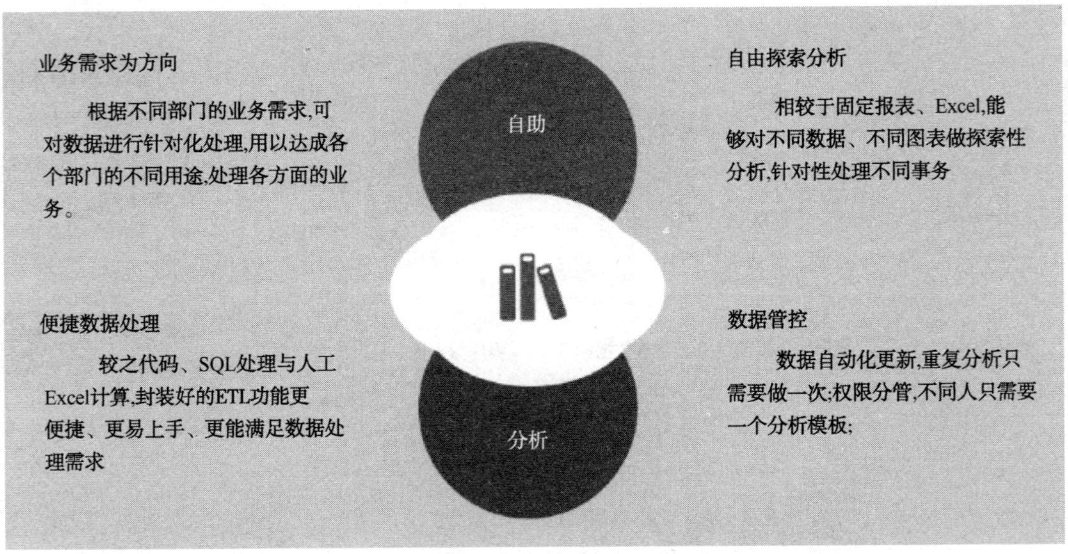

图 8　FineBI 总体功能

3.2　FineReport 与 FineBI 的区别

FineBI 和 FineReport 是帆软软件旗下的两款数据分析工具，有了 FineReport 为什么还需要 FineBI，它们之间有以下区别：

（1）数据引擎方面，FineReport 产品是直连数据库，性能方面需要数据库的支撑；FineBI 产品包含 FineIndex 和 FineDirect 两种数据引擎可供用户使用，其中 FineDirect 也是直连数据库，而 FineIndex 数据引擎是做大数据建模的，可以生成列式存储的多维数据集对传统的关系型数据库进行加速；

（2）FineReport 在设计报表模板时属于 C/S 架构，支持灵活定制各种中国式复杂报表；FineBI 属于 B/S 架构，主要提供自助式的 OLAP 多维数据分析模式；

（3）FineReport 可以用来出固定格式的周报、月报、适合作为正式汇报材料；FineBI 的使用主要面向业务人员可以自己设计报表进行分析，向自主分析得出结果，辅助企业业务决策；

（4）报表系统和 BI 的使用对象和目的都不相同，报表系统更着重于短期的运作支持，而 BI 则关注长期的战略决策，甚至更着重于商业趋势和业务单元的联系而非具体的数据和精确度本身，BI 并不是用来代替着眼于日常运做的报表系统的。

3.3　自助式 BI

自助式 BI，就是自助式商业智能。现代技术的不断进步，已将数据分析的任务从 IT 转移到业务人员、管理人员的自助服务。自助式 BI 应运而生，自助式 BI 的重点就是人人可用，而且时间更快，效率更高。业务人员的分析需求不断增加，如果完全依赖于传统 BI，分析所需的时间和流程越来越长，无法满足需求，自助式 BI 的出现使用户在控制和敏捷之间找到一个新的平衡。区别如图 9 所示。

图 9　自助式 BI 与传统 BI 的区别

借助自助式 BI，用户可以自由浏览他们的数据并自主选取观察数据的角度。自助式 BI 支持数据可视化或图形描述，以帮助人们查看交互式数据可视化，支持向下钻取以探索细节，识别模式和异常值，并更改处理哪些数据，更容易识别新兴趋势。

3.4 商业智能中的数据分析

数据分析要有一定的目的性，在数据收集、数据处理和数据建模的过程中都要围绕数据分析的目的展开。数据分析还要具备一定的的专业知识和技巧，如概率统计、数学建模等。

3.4.1 数据定义

数据分析都应该以业务场景为起始思考点，脱离实际业务的数据分析是没有任何商业价值的，它得到的只是一些孤立的数字。在进行数据分析时，要熟悉业务含义，理解数据分析的背景、前提，以及想要关联的业务结果。需要思考分析思路，并且定制全面和完善的分析计划，如需要哪些数据表，需要分析哪些维度和指标，对业务场景如何拆分，如何进行数据和业务之间的关联推断等。用到的方法主要是分析法和综合法。分析法是从最终的指标出发，拆解指标进行分析；综合法则是从各部分的原因出发，推断结论。大部分时候我们需要对已经出现的结果进行分析，因此，这里推荐使用更符合应用场景的分析法。

3.4.2 数据处理

数据处理技术包括 ETL、数据仓库、元数据管理和大数据技术等，用于管理繁杂的、不断增长的企业数据，为整个 BI 系统提供持续的、强力的、稳定的支撑。

数据仓库是一个面向主题的、集成的、相对稳定的、反映历史变化的数据集合，用于支持管理决策。数据仓库的出现并不是要取代数据库。大部分数据仓库还是用关系数据库管理系统来管理的，数据库、数据仓库相辅相成。

ETL（Extract-Transform-Load）是将数据从来源端经过抽取（Extract）、交互转换（Transform）、加载（Load）至目的端的过程。它是构建数据仓库的关键环节。数据仓库主要为决策分析提供数据，所涉及的操作主要是数据查询，所以 ETL 在很大程度上受企业对源数据的理解程度的影响。现实世界中数据大体上都是不完整，不一致的脏数据，无法直接进行数据分析，或分析结果差强人意。所以，需要通过数据清理，数据集成，数据变换，数据归约等数据预处理方法，把这些影响分析的数据处理好，才能获得更加精确地分析结果。那么我们需要用相应的方法去处理，比如残缺数据，我们是直接去掉这条数据，还是用临近的值去补全，这些都是需要考虑的问题。当然在这里我们还可能会有数据的分组、基本描述统计量的计算、基本统计图形的绘制、数据取值的转换等，能够帮助我们掌握数据的分布特征，是进一步深入分析和建模的基础。

元数据（Metadata）又称中介数据、中继数据，用于描述数据属性，是描述数据的数据，主要用于识别资源，评价资源，追踪资源在使用过程中的变化，实现简单高效的大量网络化数据的管理，实现信息资源的有效发现、查找、一体化组织和对使用资源的有效管理。由于元数据也是数据，因此，可以用类似数据的方法在数据库中进行存储和获取。

3.4.3 模型构建

数据建模的过程中需要了解基本的数据分析方法、数据挖掘算法，了解不同方法适用的场景和适合的问题。分析时应使用正确的统计分析方法。滥用和误用统计分析方法主要是由于对方法能解决哪类问题、方法适用的前提、方法对数据的要求不清等原因造成的。

另外，选择几种统计分析方法对数据进行探索性的反复分析也是很有必要的。每一种统计分析方法都有自己的特点和局限，因此，一般需要选择几种方法反复印证分析，这样才能得到比较科学的结论。

4 数据可视化

数据可视化是为了准确而高效、精简而全面地传递信息和知识。它能将不可见的数据现象转化为可见的图形符号，能将复杂、看起来没有关联的数据，建立起关联，发现规律和特征，获得更有商业价值的数据。并且利用合适的图表清晰直观地表达出来，实现数据自我解释、让数据自己说话。而人类右脑记忆图像的速度比左脑记忆抽象的文字快很多，所以数据可视化能够加深和强化用户对于数据的理解和记忆。图形表现数据比传统的统计分析法更加精确和有启发性，借助可视化的图表可以更好的寻找数据规律、分析推理、预测未来趋势。另外，利用可视化技术可以实时监控业务运行状况，更加清晰透明，及时发现问题，第一时间做出应对。数据可视化能做到简单、充实、高效并且兼具美感。

4.1 数据可视化框架

数据可视化若要完整的展示信息，应该包括数据处理、图形展示、图形映射、辅助信息四部分内容。其中，数据处理模块使用一些数据处理方法对数据进行清洗、加工；图形展示模块可以通过要展示的数据来选择适合的图形种类；图形映射模块则将数据映射成颜色、位置、大小等图形视觉特征；辅助信息模块用来给可视化内容添加一些注释信息来帮助使用者更好的理解可视化内容。

4.2 数据可视化方法

从最终展示方式来说数据可视化方法可以通过各种图标的方式进行展示：

（1）柱形图，又称长条图、柱状统计图，也称为条图、条状图、棒形图，是一种以长方形的长度为变量的统计图表。柱形图用来比较两个或以上的值，只有一个变量，通常用于较小的数据集分析。柱形图也可以横向排列，或用多维方式表达。

（2）折线图，可以将排列在工作表的列或行中的数据绘制到折线图中。折线图可以显示随时间而变化的连续数据，因此非常适用于显示在相等时间间隔下数据的趋势。在折线图中，类别数据沿水平轴均匀分布，所有值数据沿垂直轴均匀分布。

（3）饼图，显示数据表的一个数据系列，及将仅排列在工作表的一列或一行中的数据绘制到饼图中。饼图显示在这个数据系列中的各项大小与各项总和的比例。饼图中的数据点显示为整个饼图的百分比。

（4）雷达图，是以从同一点开始的轴上表示的三个或更多个定量变量的二维图表的形式显示多变量数据的图形方法。轴的相对位置和角度通常是无信息的。雷达图也称为网络图，蜘蛛图，星图，蜘蛛网图，不规则多边形，极坐标图。它相当于平行坐标图，轴径向排列。

（5）漏斗图，适用于业务流程比较规范、周期长、环节多的单流程单向分析，通过漏斗各环节业务数据的比较能够直观地发现和说明问题所在的环节，进而做出决策。漏斗图用梯形面积表示某个环节业务量与上一个环节之间的差异。漏斗图从上到下，有逻辑上的顺序关系，表现了随着业务流程的推进业务目标完成的情况。漏斗图总是开始于一个100%的数量，结束于一个较小的数量。在开始和结束之间由N个流程环节组成。每个环节用一个梯形来表示，梯形的上底宽度表示当前环节的输入情况，梯形的下底宽度表示当前环节的输出情况，上底与下底之间的差值形象的表现了在当前环节业务量的减小量，当前梯形边的斜率表现了当前环节的减小率。通过给不同的环节标以不同的颜色，可以帮助用户更好的区分各个环节之间的差异。

还有散点图，地图，仪表盘等其他图形进行相关功能的展示。

4.3 数据可视化流程

在实际使用操作的过程中，数据可视化是一个反复迭代的过程，使用图形来展示数据需要反复打磨。

（1）明确问题，当着手一项可视化分析任务时，首先需要明确希望通过数据可视化实现怎样的目标。清晰的问题和目标能够避免后续过程出现不相关的操作。

（2）建立初步框架，可以根据需要展现的数据选取基本的图形，并拟定可视化的形式，从而建立一个初步框架。

（3）梳理关键指标，确定最能提供信息的指标。在梳理关键指标时，要充分了解数据库及每个变量的含义，必要时还可以创建一些新指标。

（4）选取合适的图表类型，不同的图形所适用的条件也不同，因此，在选择图形时，应针对目标选取最合适的。这样才有助于用户理解数据中隐含的信息和规律，从而充分发挥数据可视化的价值。

（5）添加引导信息，在展示数据可视化结果时，可以利用颜色、大小、比例、形状、标签、辅助线等元素将用户的注意力引向关键的信息。

4.4 分析示例

通过FineBI在数据准备页面的业务包中添加数据库表，添加的数据库表作为基础表，包含的维度有很多，可以通过创建自助数据集的方式对数据库表进行进一步处理。

在自助数据集中，可以通过过滤建立若干条件来得到想要的数据；通过新增列可以将所需要的结果进行处理来得到新的列。操作界面如图

10 所示。

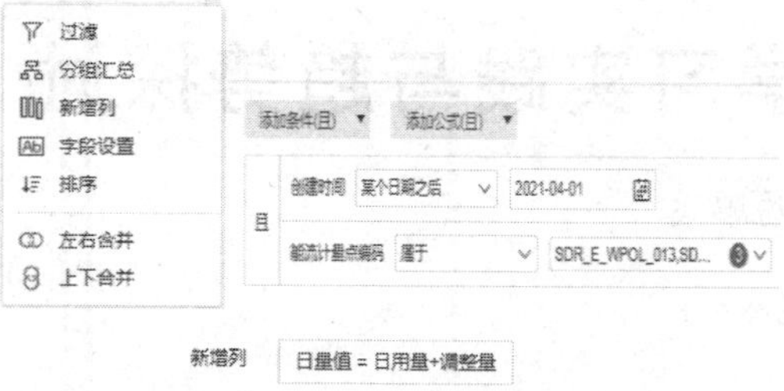

图 10　示例操作界面

在数据准备完毕之后，就可以通过仪表板来展示所需要的数据了。在本示例中，通过表格与图形进行对比可以看出，在四月份的指标中，表格所显示的数据仅仅是一些数字，并不能清晰的反应出每日数据量的差异。对比如图 11 所示，通过柱形图的表现形式可以清楚的发现单日最大处理量的日期，这样可以为更深入的分析创造条件。

创建时间	日量值
2021-04-01	7,965
2021-04-02	7,925
2021-04-03	8,625
2021-04-04	9,263
2021-04-05	8,575
2021-04-06	8,408

图 11　表格与图形的比较

5　展望

随着数据迅速膨胀，各个行业对数据越来越重视，带来了 BI 技术的迅速发展。交互式分析助推 BI 越来越多的用户不再满足于传统的报表和图表展现，基于地图的数据展示正日趋流行。除了这些广泛采用的技术，一些特殊的数据展现，需要特殊的可视化技术，如数据挖掘结果的特殊展现，结合生产工艺图等个性化展现示等。满足各类个性化可视化要求，将是 BI 面临的一大挑战。BI 传统的过滤、上钻、下钻、比较等功能也难于满足一些特殊企业用户管理分析要求。在未来的 BI 平台中，预测、分摊、假设模拟、数据挖掘等交互式技术将成为 BI 系统的方向。

参　考　文　献

[1] 涂娟，邱武，胡曦．面向传统制造业的商业智能系统的设计与应用[J]．江汉大学学报，2020，48(4)：92.
[2] 王佳．商业智能系统(BI)在企业数据集成中的应用研究[J]．信息系统工程，2019，3(20)：95.
[3] 李雅楠．商业智能信息系统项目管理的相关研究[J]．信息与电脑，2018，(24)：104.
[4] 朱朋飞．基于数据可视化的专题应用分析研究[J]．北京邮电大学：10–12.
[5] 周舒．基于商务智能的数据分析平台设计与实现[J]．北京邮电大学，2019：45.

面向炼化企业大数据机器学习实践与趋势探讨

王　晨　曹晓红　陆鹏飞

（中海油惠州石化有限公司）

摘　要　以煤柴油加氢裂化装置为研究对象，基于神经网络构建了高压换热器 E105 结盐模型与装置全流程模型，分别从局部流程与装置全流程两个层面进行数据驱动建模研究。其中基于 Pearson 相关系数-深度神经网络（DNN）算法对 E105 结盐后的壳程压差预测与实际工业值吻合良好，均方根误差（rmse）仅为 0.015Mpa，并定义工业实际值与模型预测值的偏差为等效结盐厚度，挖掘出结盐厚度呈幂指增长、反复结盐致使换热器盐垢难以彻底脱除的结盐规律。应用基于工艺像素矩阵协同卷积神经网络（ppm-CNN）算法开发的 hydroNET 对煤柴油加氢裂化装置进行全流程建模，与传统机器学习算法 DNN、径向基神经网络（RBFNN）相比，在产物收率、性质等 16 项工艺指标预测上展示出显著优势。基于以上机器学习实践，提出了炼化企业以数据基座、算子基座与工程基座为基础的炼化大数据机器学习最佳实践。

关键词　机器学习，炼化企业，实践，趋势探讨

1　前言

近年来随着炼化企业数字化、智能化转型进程不断深入，大量无线传感器、在线分析仪、智能边缘设备在生产一线开始广泛应用，炼化企业生产大数据积累已初具规模，而通过机器学习等人工智能算法促进对工艺过程、机理知识理解，有助于企业技术管理者实现过程建模、参数监控、目标预警、辅助决策等智能化应用。基于数据驱动实施建模优化赋能企业生产决策，帮助炼化企业实现数字资产价值升级已日益引起科研机构与炼化企业的重视。

按照主流学术分类，机器学习主要分为有监督学习、无监督学习、半监督学习和强化学习四大类，当前火热的深度学习作为机器学习的一个子集，在以上四类算法中各有涉及。如图 1 所示，列出了当前主流机器学习算法，各类算法在流程工业建模优化中均有应用研究。Gonzaga 等开发了一种基于人工神经网络的软传感器，用于工业聚合过程的实时过程监控。Lliyas 等开发了一种用于工业排放监测的径向基神经网络推理传感器。Wang 等基于堆叠式自编码器（SAE）开发了一种有监督堆叠式自编码器（SSAE），克服了 SAE 无监督预训练阶段欠缺提取目标变量相关特征的特点，并在加氢裂化装置工艺参数波动检测中验证了其有效性。Majid 等将基于注意力机制的循环神经网络用于液相甲醇生产工艺催化剂活性多步预测中，显示出优于传统机器学习的性能。

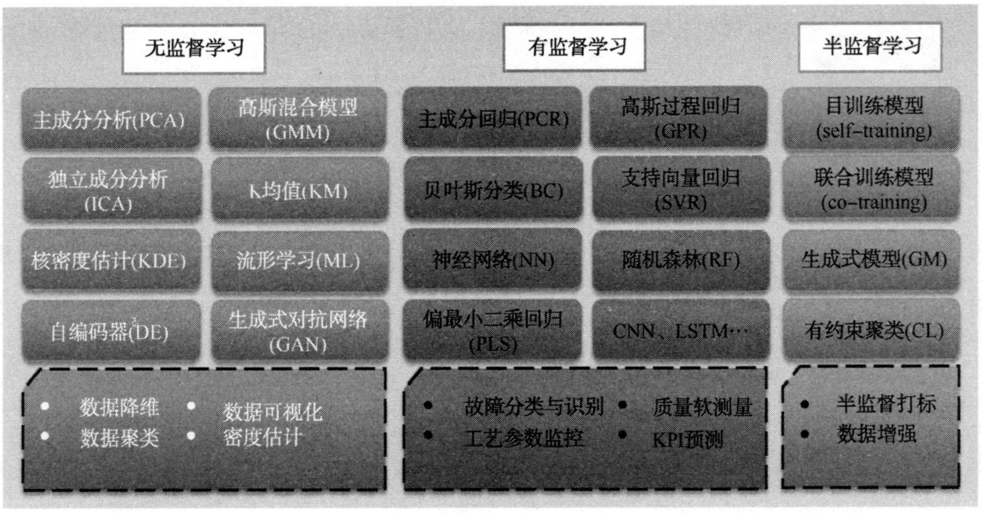

图 1　机器学习分类

本文以下部分首先煤柴油加氢裂化装置大数据机器学习建模为例，通过应用不同神经网络算法提取与预测目标相关的装置参数与工艺特征，分别实现预测高压换热器壳程结盐与装置全流程16项工艺指标，并提出了炼化企业以数据基座、算法基座与工程基座为框架的炼化大数据机器学习最佳实践。

2　机器学习建模案例

神经网络是一系列受生物学神经系统启发而建立的机器学习模型，通过“神经元”作为内在信息连接，基于BP算法迭代更新网络参数并达到网络收敛，最终实现 R^m 至 R^n 空间非线性映射，理论上可近似拟合任意线性/非线性映射属传统机器学习模型。深度神经网络(DNN)结构如图2所示，为多层全连接前向网络，作为主流机器学习算法之一，需手动选取特征变量。

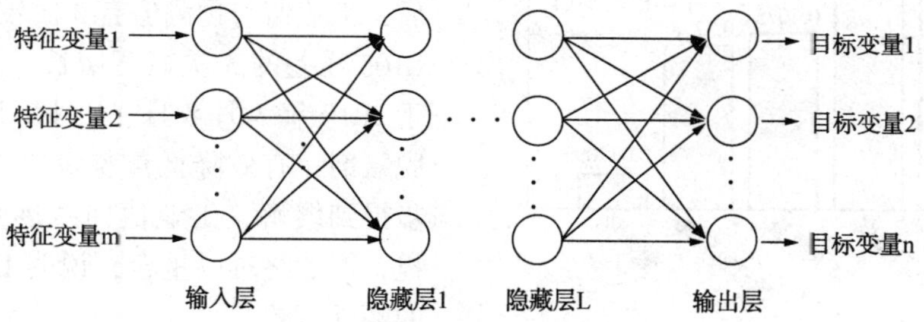

图2　深度神经网络(DNN)示意图

用于预测连续性实值变量(回归任务)的神经网络模型损失函数一般采用均方根误差($RMSE$)，用以量化预测值与真实值的偏差程度，量纲与目标变量相同，定义见式(1)，其中 N 为样本数据容量，$X_{obs,i}$ 为目标变量真实值，$X_{mode,i}$ 为目标变量预测值。神经网络训练中采用梯度下降法获得参数更新方向，作为一种贪心训练算法模型收敛结果易受参数初值设定影响，因此考虑模型训练稳定性问题导致的随机误差，本文每个案例应用adam优化器训练1000次，预测结果以均值表示。

$$RMSE = \sqrt[2]{\frac{1}{N}\sum_{i=1}^{N}(X_{obs,\ i} - X_{model,\ i})2} \quad (1)$$

360万吨/年煤柴油加氢裂化装置以直馏煤柴油和催化柴油的混合油作原料，采用双剂串联一次通过的加氢裂化工艺流程，在中压下生产优质轻重石脑油、航煤、柴油。在装置局部流程建模实践中，基于Pearson相关系数-深度神经网络(DNN)算法对高压换热器E105进行结盐预测，在装置全流程建模实践，基于工艺像素矩阵协同卷积神经网络(ppm-CNN)算法对煤柴油加氢裂化装置进行全流程建模并实现16项工艺指标的预测。

2.1　局部流程建模-E105壳程结盐预测

煤柴油加氢裂化装置以重整氢作为氢气来源，因重整催化剂氯化工艺要求导致重整氢气含有氯离子，需经脱氯剂脱氯后送往煤柴油加氢裂化装置作为补充氢气。实际运行中受脱氯剂失效周期影响，加氢装置循环氢中氯离子含量经常过高，导致热高分气与循环氢换热器E105壳程因严重结盐而压差过大，易引起能耗升高、损坏设备甚至导致装置降量、影响长周期运行。考虑建立E105结盐预测模型，预判重整氢脱氯剂失效并及时换剂(图3)。

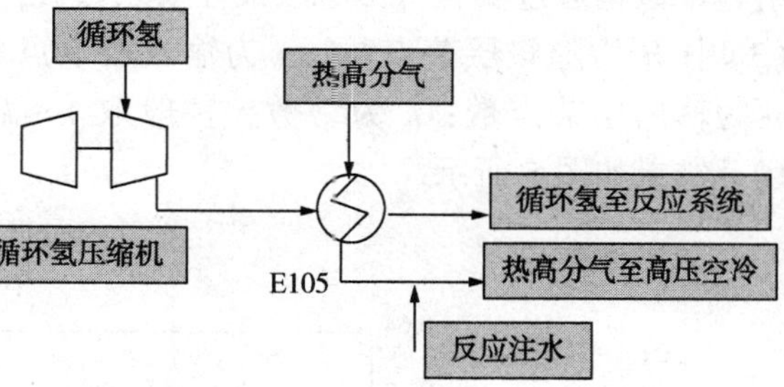

图3　热高分气与循环氢高压换热器流程示意图

2.1.1　特征变量选择

从工艺角度考虑影响E105压差的特征变量有装置进料量、循环氢量、循环氢压缩机转速、重整氢氯含量、反应气相产物分布、反应深度等，基于工艺-数据驱动相结合方法，首先由工艺工程师初步确定以上特征变量范围，然后采用Pearson相关系数法式(2)求解每个特征变量对于目标变量的Pearson相关系数，评估特征与目标间的相关性，结果如图4所示。循环氢量、装置处理量、E105管程入口温度分别与E105压差的 Pearson 系数为 0.8211、0.6895、0.5626，对应极强相关、强相关和中等相关关系，故取以上特征变量构建 DNN 模型。因受限于氢气氯含量定量检测（检测管法）误差波动较大，未考虑循环气氯含量因素。

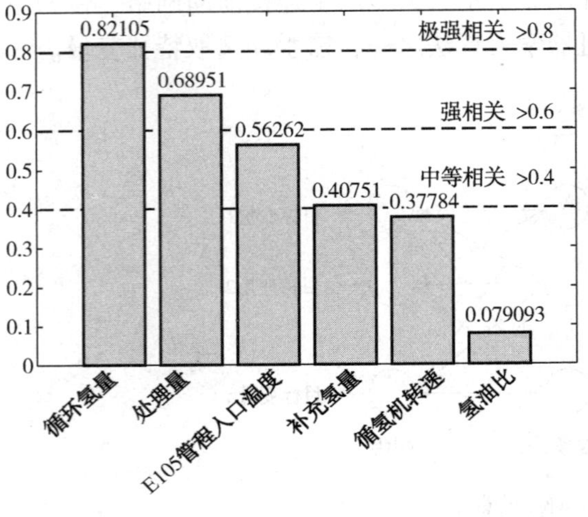

图 4　特征变量与 E105 压差间的 Pearson 相关性考察

$$r_{X,\ Y} = \frac{cov(X,\ Y)}{\sigma_X \sigma_Y} \qquad (2)$$

式(2)中分子为特征 X 与特征 Y 的协方差，分母为特征 X 与特征 Y 标准差之积。

2.1.2　E105 结盐压差预测

本案例以隐层节点数优化为例说明超参数优化过程：隐层节点数考虑经验式(3)，选取 200 组验证数据通过实验得出隐层最佳节点数目，式(3)中 H 为隐藏层节点数；n 为输入层节点数；m 为输出层节点数；k 为常数，一般取 $1 \leqslant k \leqslant 10$。结果如图 5 所示。

$$H = \sqrt{n + m} + k \qquad (3)$$

图 5 表明当隐层节点为 8 时模型预测精度最高，平均 RMSE 只有 0.0093MPa。故最终确定 DNN 模型结构为 3-8-8-1。

2.1.2.1　结盐预测

基于训练收敛 DNN 模型对 11200 组数据进行工业测试，结果如图 6 所示，表明在 2018 年 3 月之前，模型预测值与工业值吻合良好，平均 RMSE 误差只有 0.015MPa，而 2018 年 3 月之后，工业值与预测值有 3 次较大偏离，分别对应 E105 压差的 3 次显著增长，同时重整装置分别于 2018 年 3 月 8 日、6 月 7 日、11 月 3 日更换脱氯剂，有效降低重整氢氯含量，E105 结盐逐步得到缓解，工业值曲线逐步向预测值曲线靠拢，但始终难以重合，说明 E105 仍有结盐导致的额外压差。

2.1.2.2　周期性结盐规律

等效结盐厚度=工业值-实际值　（式 4）

以工业实际值与模型预测值作差，得到由结盐引起的额外压差（式 4），可视为等效结盐厚度，由此分析 E105 周期性结盐规律。如图 7 所示，2018 年 E105 受重整氢带氯影响有 3 次显著结盐现象，其中前两次盐垢厚度呈指数增长，第 3 次结盐通过降低装置处理量和循环氢量有效缓解了结盐速度。同时注意到每次更换脱氯剂后 E105 盐垢均能显著脱除，但盐垢脱除速度逐渐变慢，表明周期性的反复结盐不利于换热器盐垢的脱除。

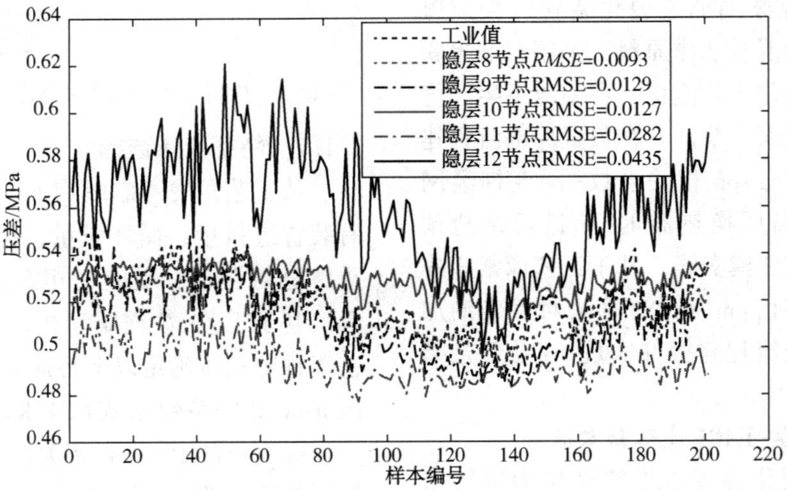

图 5　部分隐层节点模型预测性能验证

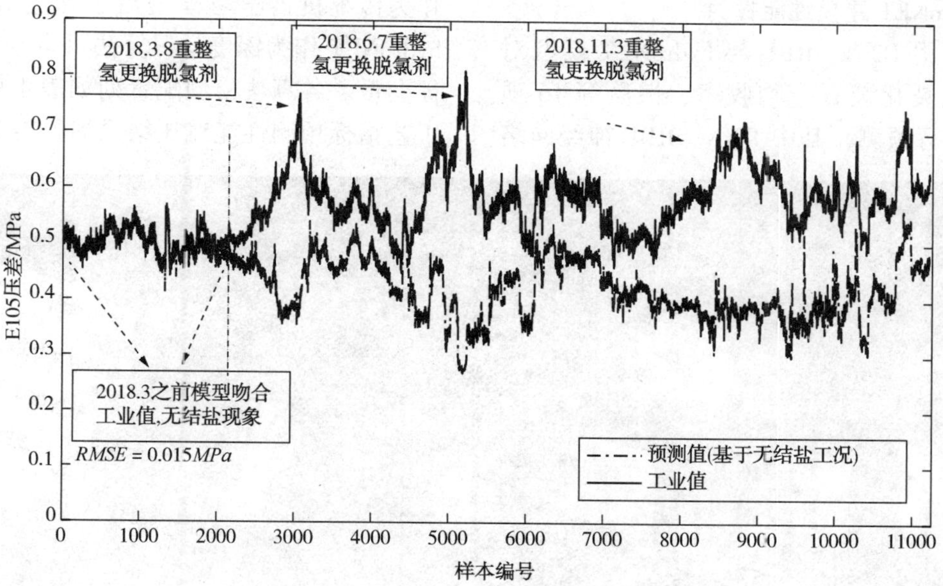

图 6 DNN 模型预测 E105 结盐压差

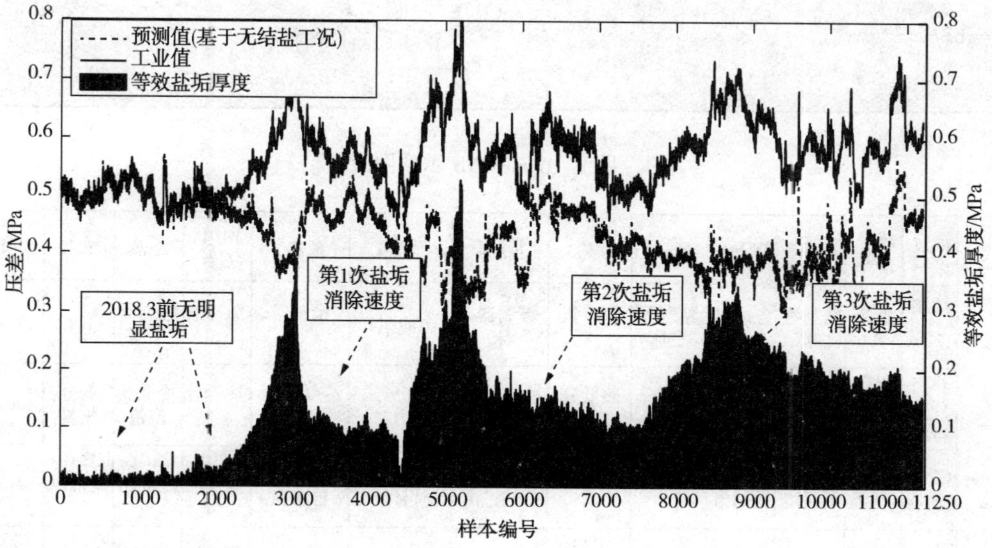

图 7 DNN 模型近似拟合等效结盐厚度

2.2 全流程建模-hydroNET

炼化装置全流程建模是企业实施工艺生产优化的核心任务之一，基于传统炼化机理的流程模拟软件机理知识数据库丰富，但存在一定建模门槛与成本投入，难以实现敏捷建模。本文以 360 万吨/年煤柴油加氢裂化装置为研究对象进行全流程建模，并与深度神经网络(DNN)、径向基神经网络(RBF)在加氢产物收率、性质等 16 项工艺指标预测进行对比。

2.2.1 算法概述

hydroNET 模型基于工艺像素矩阵协同卷积神经网络(ppm-CNN)算法开发，通过将装置全流程看作动态时序图片，应用深度学习 CNN 算法进行自动特征提取，达到多任务通用建模效果。算法流程如图 8 所示，具体建模流程为工艺全流程"像素矩阵化"→CNN 自动提取工艺特征→回归拟合。

图 9 为装置全流程工艺像素矩阵，通过把 DCS 各工艺参数转化为 n×9×14 维多通道矩阵，将全流程时域与空间域数据转化为"图片像素"。图 10 为利用 CNN 算法实现自动提取工艺特征，通过 CNN 卷积核扫描"工艺像素矩阵"，自动过滤与预测目标相关的工艺特征，如进料、反应、分馏各部分工艺特征，最终达到通用建模任务能力。

2.2.2 hydroNET 建模性能探讨

分别应用 DNN、RBF 与 hydroNET 模型对煤柴油加氢裂化装置产物收率、性质等 16 项工艺指标进行预测，其中 DNN、RBF 神经网络作为传统机器学习模型需手动选取特征变量，hydroNET 作为深度学习算法可自动提取工艺特征变量。各算法模型配置列如表 1 所示，16 项工艺指标预测性能对比结果列如表 2 所示。

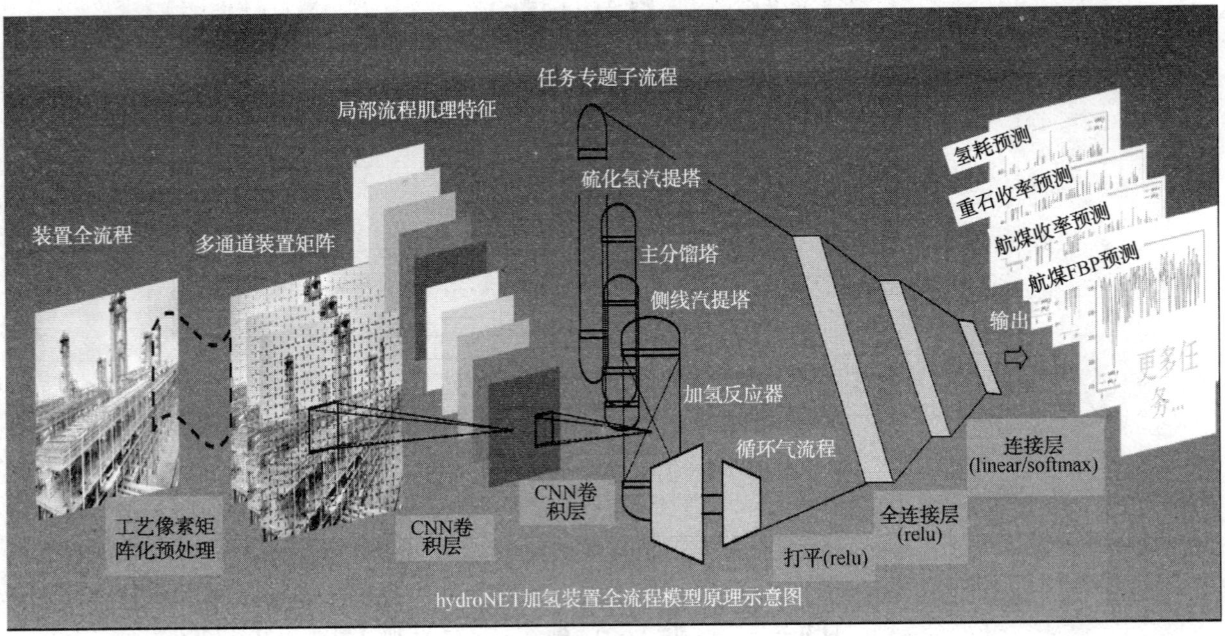

图 8　ppm-CNN 示意图

进料预热→	混合进料	罐区催柴	预热0	预热1	预热2	预热3	预热4	预热5	预热0	F101-Gas	终热	r1c12	r1c13	r1c14
加氢反应→	精制器-床	急冷氢1	精制器二床	急冷氢2	精制器三床	急冷氢3	精制器-床	急冷氢4	精制器二床	急冷氢5	精制器三床	r1c12	r2c13	r2c14
产物分离→	热高分入口温	热高分出口温	E104管程出口温	E105管程入口温	热低分顶温	热低分压力	冷高分温度	冷高分压力	冷低分压力	冷低分温度	冷低油流量	低分气量	r3c13	r3c14
脱硫化氢→	C202-塔压	C202-顶温	C202-顶回流	C202-顶抽出	C201-干气	C201-冷低油进温	C201-惹低油进温	炉201-燃料气	C201-再沸温	C201-底回流量	C201-底抽出量	C201-底抽出温	r4c13	r4c14
主分馏塔→	C202-塔压	C202-顶温	C202-顶回流	C202-顶抽出	C202-进料温	C202-一中抽出温	C202-一中抽出量	C202-二中抽出温	C202-二中抽出量	炉202-燃料气	C202-再沸温	C202-底回流量	C202-底抽出量	C202-底抽出温
测线汽提→	侧线进温	侧线-返塔温	侧线再沸温	侧线-液位	侧线-再沸换后温	裂化器加权温度	冷帝分液位	冷低油流量	吨油耗氢	炉202-燃料气	r6c11	r6c12	r6c13	r6c14
石脑油塔→	C204进料温	C204-顶温	C204-顶压	C204-顶回流	C204-再沸温	C204-底抽出温	C204-塔底再沸换后温	C204-液位	C204-抽出进料换后温	裂化器加权温度	冷低油流量	吨油耗氢	r7c13	r7c14
吸附脱吸→	C205-塔压	C205-顶温	C205-吸收剂量	C205-吸收剂温	C205-一中出温	C205-中出量	C205-中回温	C205-二中出温	C205-二中出量	C205-二中回温	C205-再沸温	C205-底抽出量	C205-底抽出温	r8c14
稳定脱烃→	C206-塔压	C206-顶温	C206-顶回流	C206-进料温	C206-再沸温	C206-底抽出温	C206-液位	C206-塔底再沸换后温	r9c9	r9c10	r9c11	r9c12	r9c13	r9c14

图 9　装置全流程工艺像素矩阵

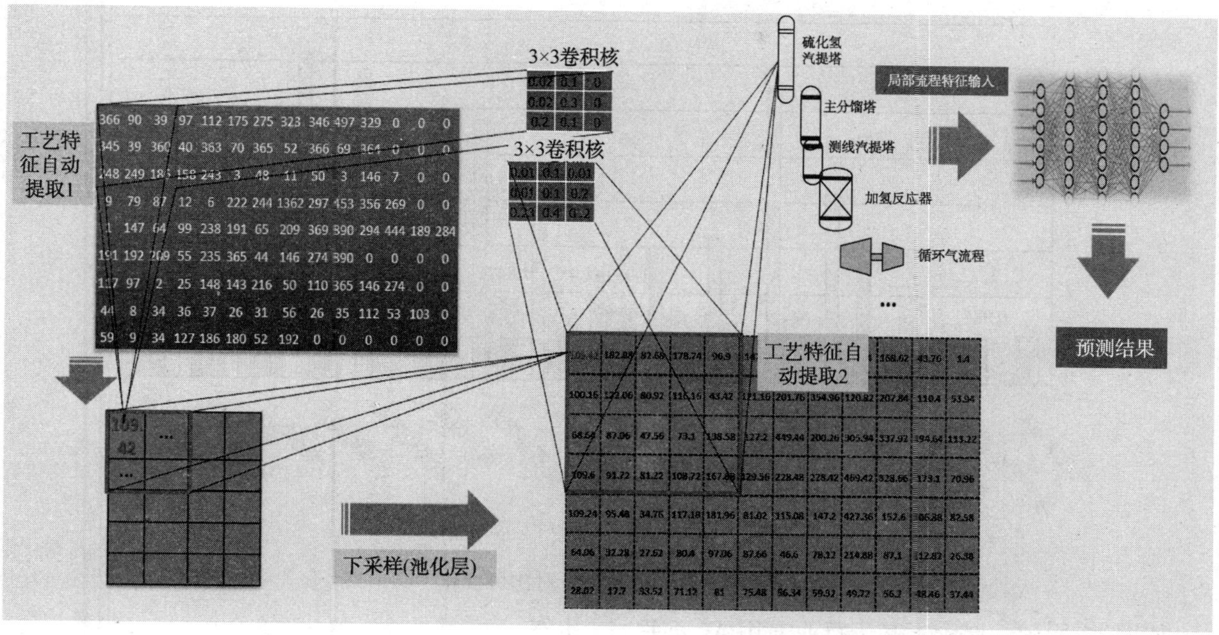

图 10 全流程工艺特征自动提取示意图

表 1 模型结构参数配置

网络结构	DNN	RBF	hydroNET
输入层	工程师手动特征工程	工程师手动特征工程	自动特征提取
第一层	128 节点全连接	64 节点高斯径向基	64×7×7 卷积层
第二层	128 节点全连接	单节点线性层	64×2×2 卷积层
第三层	单节点线性层	—	128 节点全连接
第四层	—	—	64 节点全连接
第五层	—	—	单节点线性层

表 2 16 项预测任务对比

案例序号	任务描述	rmse-hydroNET	rmse-DNN	rmse-RBF
1	干气收率预测	0. 088	1. 121	0. 302
2	液化气收率预测	0. 987	1. 022	1. 365
3	轻石收率预测	0. 742	1. 345	1. 125
4	重石收率预测	2. 567	1. 065	4. 233
5	航煤收率预测	1. 084	1. 124	6. 52
6	新氢耗量	1. 152	1. 342	3. 224
7	轻石初馏点	0. 998	0. 986	2. 981
8	轻石终馏点	1. 951	1. 57	2. 399
9	重石初馏点	1. 489	2. 162	3. 88
10	重石终馏点	1. 842	1. 862	5. 772
11	航煤闪点	0. 975	1. 064	2. 701
12	航煤初馏点	2. 603	3. 2	6. 85
13	航煤终馏点	2. 317	2. 599	7. 221

续表

案例序号	任务描述	rmse-hydroNET	rmse-DNN	rmse-RBF
14	柴油闪点	1. 385	1. 027	2. 2
15	柴油初馏点	1. 304	1. 525	2. 534
16	柴油 95%点	1. 564	1. 627	3. 102

如图 11 所示，表明基于 ppm-CNN 算法的 hydroNET 模型在 16 项工艺指标预测性能表现上显著优于 RBF，与经过工程师手动特征工程的 DNN 性能相当，部分性能更优。需要说明的是 hydroNET 在进行 16 项预测任务训练时的网络结构超参数按照表 1 设定，未针对不同任务进行深度调节，表明 hydroNET 基线模型已具备自动提取加氢过程工艺特征的能力，且无需过多干涉网络结构调整，具有通用敏捷建模的特点。

3 趋势探讨

基于生产大数据结合炼化机理知识进行快速建模赋能生产优化决策是企业实现数字资产升值、智能化众创生态的必经之路，也是炼化工程师面向未来技术管理的必备技能。本文基于机器学习建模的众多实践，提出了以数据、算法与工程实现为基础的低门槛、敏捷化企业级大数据机器学习最佳实践。

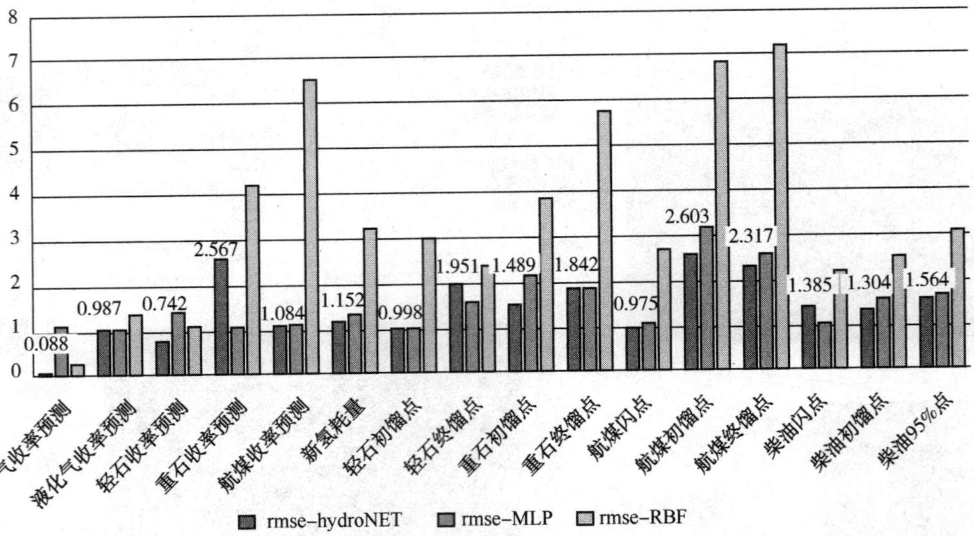

图 11　16 项预测任务对比可视化

如图 12 所示，展示了基于行业通用 AI 云平台构建炼化企业生产大数据机器学习云平台的整体架构。有别于图像识别、自然语言处理等通用 AI 应用，面向炼化流程工业生产优化的 AI 平台需基于通用底层构建炼化领域生产数据基座、炼化知识算子基座，并以此为基础构建如图 13 所示一站式机器学习建模平台，面向炼化工程师提供低门槛、敏捷化机器学习服务与流程优化服务（MLOps），最终实现炼化企业智能化应用众创生态。

数据基座是机器学习模型的基础，实践表明，系统地迭代改进数据集质量比开发新算法所取得收益更大。通过数据基座构建炼化领域专题数据集，拓宽数据驱动建模应用案例，基于机器学习数据管理要求实现数据集的相关预处理支持组件，实现生产数据的标准化管理与快速建模接入，将显著提升数据利用与 ML 迭代效率（图 14）。

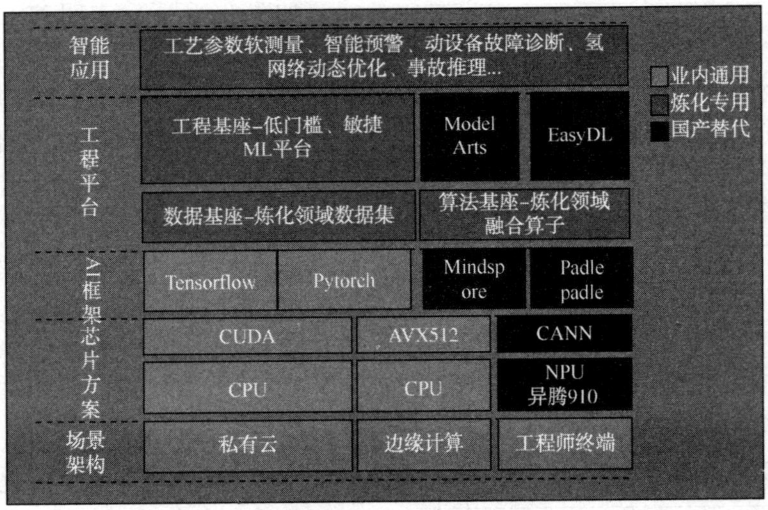

图 12　炼化企业机器学习最佳实践整体框架

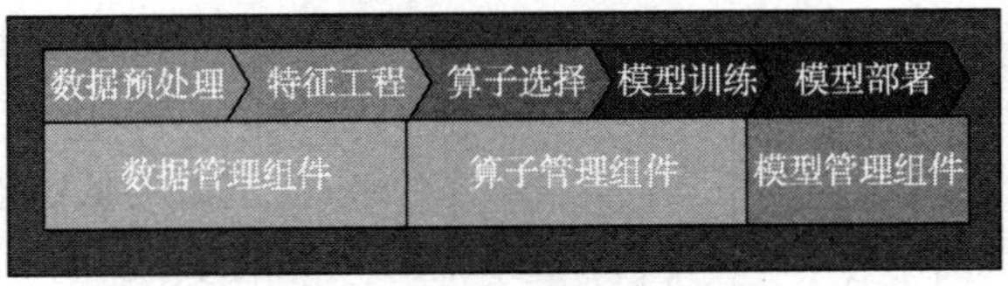

图 13　炼化企业机器学习实践之工程基座框架

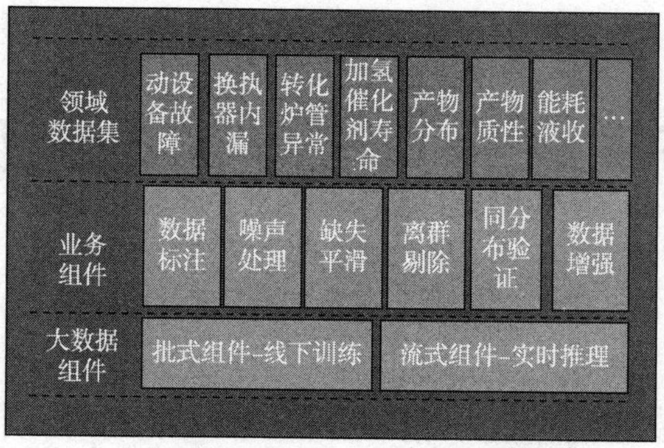

图 14　炼化企业机器学习实践之数据基座框架

算子基座分为通用机器学习算法与炼化机理知识融合大数据算法两部分，对于炼化企业应密切联系生产，应重点开发融合算法与预训练模型，将大数据机器学习算法深入融合到炼化数据资产中去，最终实现基于生产优化任务的驱动建模(图 15)。

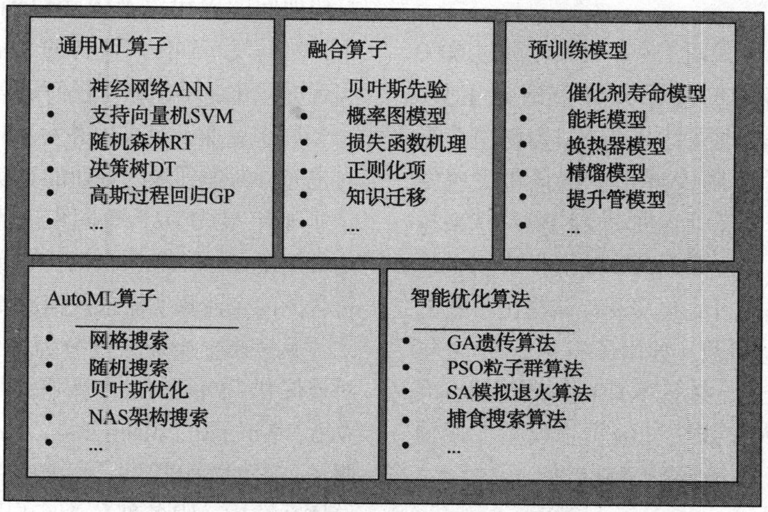

图 15　炼化企业机器学习实践之算子基座框架

参 考 文 献

[1] Z. Ge. Review on data-driven modeling and monitoring for plant-wide industrial processes[J]. Chemometrics and Intelligent Laboratory Systems 2017, doi: 10.1016/j.chemolab.2017.09.021.

[2] Z. Ge et al. Data Mining and Analytics in the Process Industry: The Role of Machine Learning[J]. IEEE Access, 2017, 5: 20590-20616.

[3] J. C. B. Gonzaga, L. A. C. Meleiro, C. Kiang, and R. M. Filho. ANN-based soft-sensor for real-time process monitoring and control of an industrial polymerization process[J]. Comput. Chem. Eng., 2009, 33(1): 43-49.

[4] S. A. Iliyas, M. Elshafei, M. A. Habib, and A. A. Adeniran. RBF neural network inferential sensor for process emission monitoring[J]. Control Eng. Pract., 2013, 21: 962-970.

[5] Yalin Wang, Haibing Yang, Xiaofeng Yuan et al. Deep learning for fault-relevant feature extraction and fault classification with stacked supervised auto-encoder[J]. Journal of Process Control, 2020, 92: 79-89.

[6] Majid Moradi Aliabadi, Hajar Emami, Ming Dong et al. Attention-Based Recurrent Neural Network for Multistep-Ahead Prediction of Process Performance[J]. Computers and Chemical Engineering (2020), doi: https://doi.org/10.1016/j.compchemeng.2020.106931.

[7] C. Bishop. Neural Networks for Pattern Recognition[M]. Oxford, U.K.: Oxford Univ. Press. 1995.

[8] 杨杰. 中压加氢改质催化剂再生及其反应性能评价[J]. 石油炼制与化工, 2017, 48(1): 67-71.

[9] 王庆波，张毓莹，胡志海，等. 煤柴油加氢裂化装置掺炼重凝析油工艺研究[J]. 石油炼制与化工, 2010, 41(12): 1-5.

[10] 贾俊平. 统计学[M]. 北京：中国人民大学出版社, 2018: 133.

独山子石化企业云盘的设计及应用

张 千 高 波 秦德明 苏大伟 杨 帆

（中国石油独山子石化公司）

摘 要 本文以独山子石化企业云盘为对象，重点阐述了该系统在独山子石化的设计思路及主要功能，在独山子石化实际特色应用，以及对日常经营管理办公方式产生的积极影响。

关键词 企业云盘，Docker，协同编辑，外链分享，LDAP，负载均衡

1 引言

独山子石化现有正式职工 1.3 万人，超过 6000 台 PC 机，公司多年来一直采用即时通讯工具、FTP 及邮件等方式来实现文件共享，难以防范病毒攻击，保障文件安全。随着近年来信息化飞速发展，企业产生的生产及经营管理类文档资料越来越多，企业员工之间需要交互或共享的文档资料也越来越多，企业对文档资料的共享及存储提出了新的需求。为了解决以上问题，独山子石化于 2018 年引入联想企业云盘技术，该技术具有高效传输、大文件秒级传输、多人在线协同编辑、视频在线预览、文档存储加密、安全可靠等特点。

2 系统架构设计

2.1 逻辑架构设计

为了解决部署环境复杂性带来的各种问题，联想企业云盘系统的部署基于 Docker 容器技术。Docker 是一个开源的应用容器引擎，让开发者可以打包他们的应用以及依赖包到一个可移植的容器中，然后发布到任何流行的 Linux 机器上，也可以实现虚拟化，不依赖于任何语言、框架或系统。

联想企业云盘采用并发互联网式架构设计，同时也充分考虑到国内企业的真实需求场景，支持与企业现有 AD/LDAP 等同步认证及信息导入，支持与常用的 OA、ERP、NAS 等实现数据统一管理，符合国内企业真实需求及信息化发展方向。

从逻辑上企业云盘分为存储和服务两大部分，对外提供简单易用的接口，最终用户可以使用 Web、Windows、Mac、Ios、Android 客户端来使用服务。存储部分提供了高可用性以及安全的数据存储体系结构，服务部分为客户端提供元数据服务、传输服务、权限管理服务、预览的服务。基于上述系统的体系架构优势，联想云存储系统逻辑上文件个数和容量不存在上限，可以无限扩展。独山子石化企业云盘逻辑架构设计如图 1 所示。

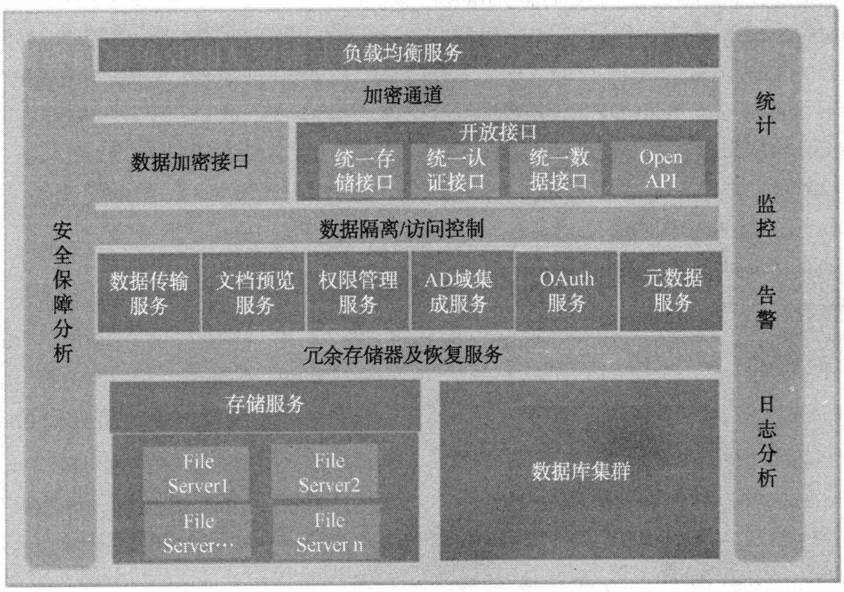

图 1 企业云盘逻辑架构图

2.2 物理架构设计

文件上传与下载速度是企业云盘的基本保障，数据安全是核心，因此企业云盘网络及硬件设计尤为重要，独山子石化企业云盘物理架构如图2所示。

如图2所示，独山子石化企业云盘，采用三节点汇聚层VRRP负载均衡架构设计，保障系统高可用性。系统所有模块均可独立部署，且每个模块均可负责均衡至多节点，实现完全高可用架构，节点可横向无缝扩展，节点数量可根据需求进行动态增减。

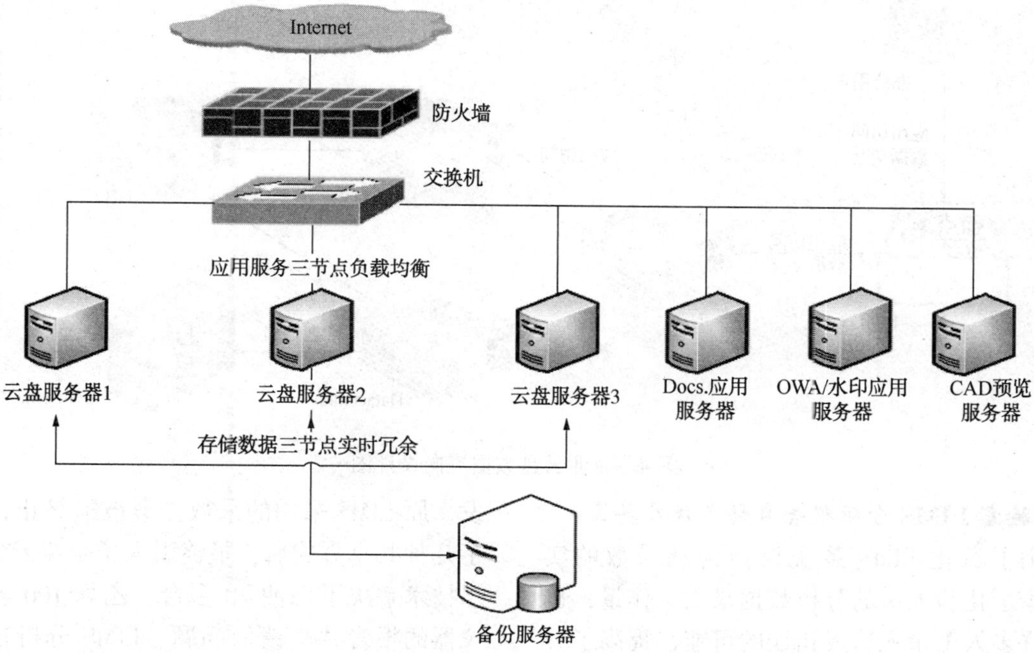

图2　企业云盘物理架构图

2.3 模块部署设计

独山子石化企业云盘，所有功能模块均部署在三台服务器所组建的高可用集群上，为企业云盘提供“访问层—业务层—数据层”整体高可用方案。所有模块均采用负载均衡集群多活架构设计，并提供双副本存储，保证数据可靠性和线上业务连续性，模块部署设计如图3所示。

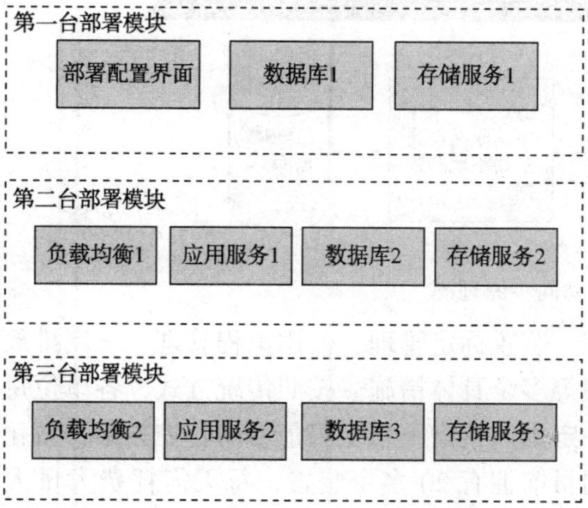

图3　企业云盘模块部署设计图

如图3所示，此集群架构可完全满足高并发量、高存储量、高可用性的用户访问需求。

2.4 数据流向设计

独山子石化云盘各模块之间的数据流向设计如图4所示。

如图4所示，用户对云存储系统进行业务访问及数据交互请求，数据流程及模块间协作关系如下：首先由HA模块进行资源的负载均衡及分发，应用访问请求交至Application模块处理，Application将操作信息读或写至DB数据库；数据交互请求交至Datacenter模块处理，Datacenter将文件切片，按定义好的存储方式将数据块推送至Cellagent模块进行数据存储处理，并将数据索引存入DB数据库中。

3 应用推广

独山子石化企业云盘实施后，文件上传速度能达到8MB/s，下载速度能达到130MB/s，能提供近200T的存储能力；截止到2019年6月，共导入用户11820个，文件总数达到232万个。企业云盘经过不断的优化及功能调整，在独山子石化日常经营管理中得到了很好的应用，目前已经广泛应用于炼油厂及乙烯厂化验室，用于实时共享化验分析报告；除此之外，人事处、财务处、生产运行处、公司办、企业文化处等单位目前已经将企业云盘用于信息督查报告、宣传视频、工程造价文档等工作资料的快速分享；企业云盘协同编辑功能，已应用到各部门日总结、周工作任务清单的汇总上报，极大提升了协同办公效率。企业云盘系统建成后，在独山子石化特色应用包含以下几个方面：

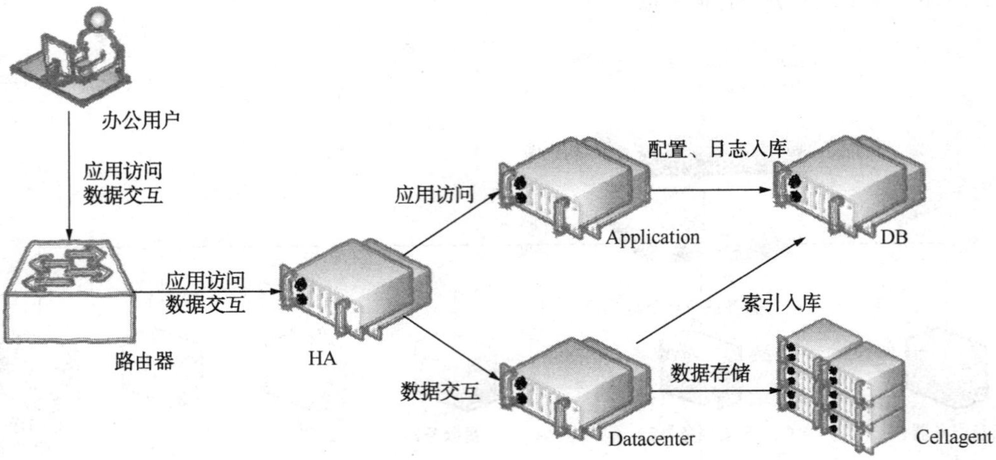

图 4　企业云盘数据流向设计图

3.1　化验室 LIMS 分析报告自动上传及共享

独山子石化 LIMS 系统仪器自动采数的实施，减少了化验人员的分析数据录入工作量，也避免了许多人工录入造成错误的可能，提高了分析数据的准确性。2017 年 5 月由于勒索病毒爆发，原 LIMS 采用的采数方案被迫终止，在尝试了几种共享方式后，最终引入了企业云盘自动同步技术解决了炼油 40 多台、乙烯 100 多台分析仪器的报告共享读取问题。LIMS 分析报告自动同步实现原理如图 5 所示。

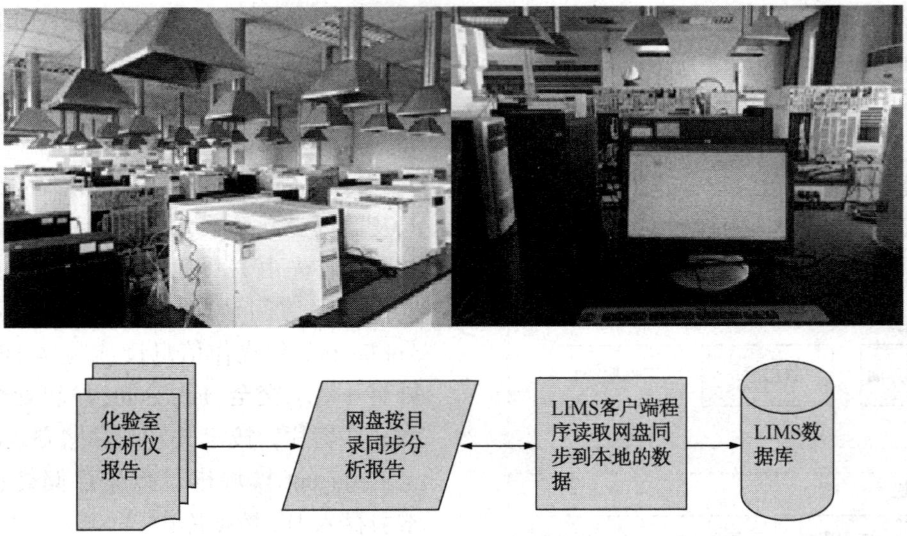

图 5　LIMS 分析报告自动同步原理图

3.2　装置长周期运行管理方案集中管理

独山子石化对于公司各装置提出了装置长周期运行的要求，要求各装置及时上报并更新长周期运行管控方案，包括关键工艺参数管控、反应器管理、催化剂寿命及活性管控、工艺连锁投用情况、循环水管理、防腐管理、HAZOP 分析管理、装置标定管理、公用工程管理、三废排放管理等多个具体措施。按照传统方式，各单位每隔一定周期就需重新上报最新的管控方案，石化公司目前拥有 20 多个装置，每天需耗费大量人力资源去更新汇总这些管控方案，且不便于查看浏览。利用企业云盘外链分享功能，可集中管理这类文档：在WEB页面中制作简单的导航页面，并将各装置长周期管控方案的外链挂载到每个装置超链接下，方便领导集中浏览；同时，使用企业网盘协同编辑功能，实现管控方案的在线及时更新，实现效果如图6所示。

独山子石化公司炼化装置长周期运行管控方案

单位	车间	装置名称
炼油厂	第一联合	1000万吨/年常减压蒸馏
		120万吨/年延迟焦化
	加氢联合	300万吨/年直馏柴油加氢
		200万吨/年加氢裂化
		80万吨/年催焦柴油加氢
		8万方/小时制氢
	催化联合	80万吨/年催化裂化
		20万吨/年气体分馏
	重整加氢	50万吨/年催化裂化
		50万吨/年催化重整
		38万吨/年芳烃抽提
		80万吨/年汽油加氢
		100万吨/年蜡油加氢
	第二联合	硫磺回收、溶剂再生、酸性水汽提
		循环水场
		火炬
		空气压缩机站
	第三联合	第一、二循环水场
		一、二、三火炬
		空气压缩机站

帮助手册　　管控方案管理

图6　装置长周期管控方案集中展示图

3.3　周一生产会集中上报及播放

石化公司每周一召开生产会，各单位汇报本周生产经营情况，领导及时做出要求及点评。独山子石化在企业云盘投用之前，一直采用上传到门户，再进行点击下载汇报的方式进行会议汇报材料的管理；在独山子石化公司门户迁移至中石油总部数据中心之后，大量的文件上传及下载，对传输带宽要求非常高，经常出现传输缓慢的情况。为解决此问题，及时引入了企业云盘，在公司门户做统一链接，各单位只需在开会之前将汇报材料上传到企业云盘系统，随后开会时输入各单位密码，直接点播即可，实现效果如图7所示。

3.4　工作总结在线集中管理

独山子石化在企业云盘实施之前，各部门日总结、周总结均采用传统文档上报汇总的方式进行管理，不仅基层员工需要经常上报总结文档，管理人员收到之后还要耗费大量时间精力进行汇总归纳，也不便于各部门之间互相了解其工作内容。使用企业云盘之后，利用协同编辑功能，仅需制作一个统一模板，基层人员可多人同时在线填写日或周总结(互不影响)，管理人员再也不需要单独汇总，可直接在线浏览、转发、下载归档，大幅降低了日常工作上报归纳时间，提升了办公效率。独山子石化工作总结在线集中管理，效果图如图 8 所示（以信息管理中心日报为例）。

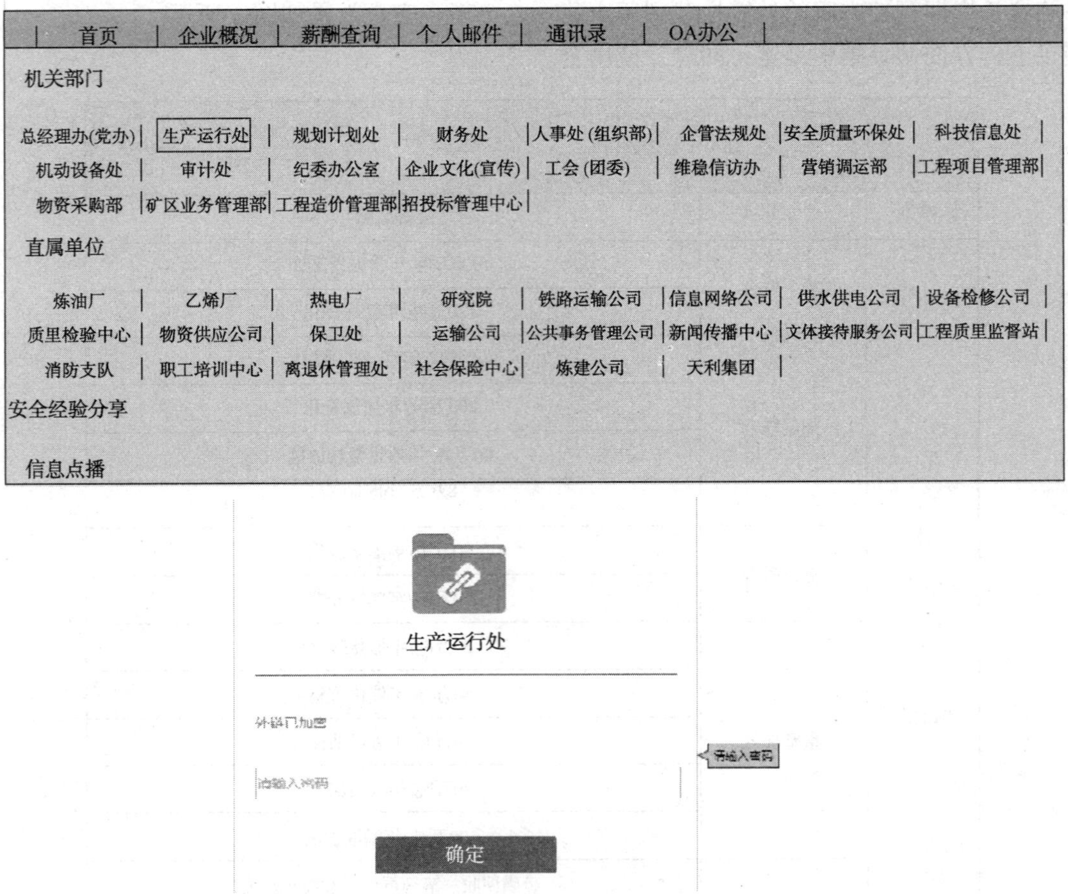

图 7　周一生产会集中上报及播放图

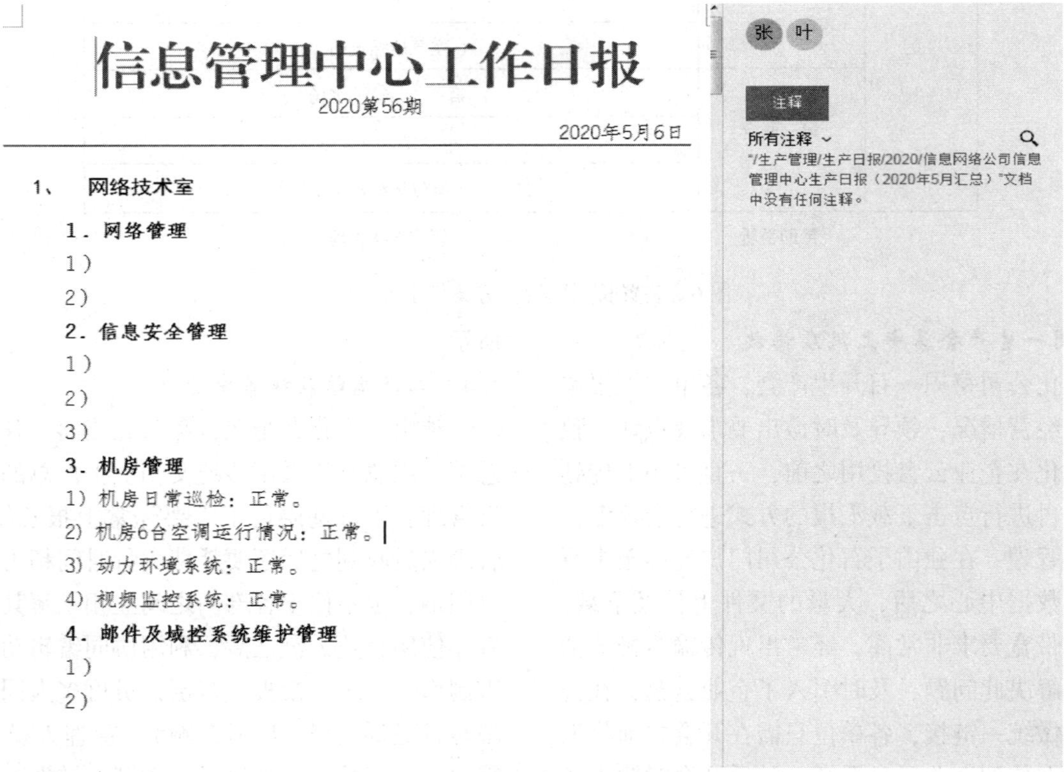

图 8　工作总结集中管理图

4　结束语

独山子石化企业云盘建成后，不仅解决了独山子石化文档传输、存储过程中的安全问题，还为石化公司提供了文档统一管理及协同工作平台，提升了文件交互及存取效率。通过企业云盘的建设，为员工提供了更为便捷地文件共享方式，为各部门会议文件传递、资料共享等方面提供平台支撑。在生产系统服务方面，企业云盘能够有效提升生产类系统归档类数据的实时性、安全性等，保障数据安全，从而保障系统平稳运行，同时可对外提供统一数据接口，大幅降低各系统本地文件存储压力，规范独山子石化非结构化数据管理。企业云盘的成功部署，对独山子石化统一规范石化公司文件资料归档及存储、文件快速分享、提升协同办公效率、降低文档泄密风险有重要促进作用。

参考文献

[1] 范晓玲．基于云存储的高职院校网盘系统涉及与实现[M]．河北软件职业技术学院报，2017. 6.

通过实时数据实现火炬排放的监控

曹　静　高　波　黄金晖　孙永福

（中国石油独山子石化公司）

摘　要　本文以石化行业通过实时监控方法，展示、统计火炬系统排放情况为基础，通过在线展示火炬实时数据的变化、统计不同状态下火炬的排放时间，分析出一段时间各火炬的变化趋势。本文重点阐述了火炬监控自动计算的实现方法，软件设计适应生产业务管理需求，功能明确，已顺利投入运行，为生产运行人员快速监控、分析、调整火炬排放提供了便捷的参考依据。

关键词　火炬监控，排放统计，自动计算

1　软件设计背景

火炬系统作为石化行业生产装置配套的安全与环保设施，用于处理生产装置在开、停车及正常操作、事故或紧急状态下，借助燃烧把可燃、有毒或带腐蚀性的气体转化成危害极小的化合物，以保护设备及人员的安全。随着环保要求的日益提高以及对人身安全防护的日益重视，对火炬的日常合理排放、实时监测并杜绝无组织排放，是一项必要的手段。另外在装置异常、检修开停工过程中，对火炬排放实时监测和从严、精细控制更是节能减排、过程管控的重要工作内容。

2　火炬工作原理

火炬系统是生产装置中非常重要的部分，主要设备及控制系统包括火炬气燃烧、阻火水封、自动点火等部分有机结合组成，火炬气燃烧系统主要是用来燃烧各装置排放的可燃气体。来自罐区或生产装置的可燃气体，经放空总管线首先进入分液罐进行气液分离，分离出凝缩油液滴，成为干火炬气并从分液罐顶部排出，进入水封罐从其顶部排出，沿管线进入火炬筒体，经过点火系统至火炬头顶部直接排空燃烧。工作原理如图 1 所示。

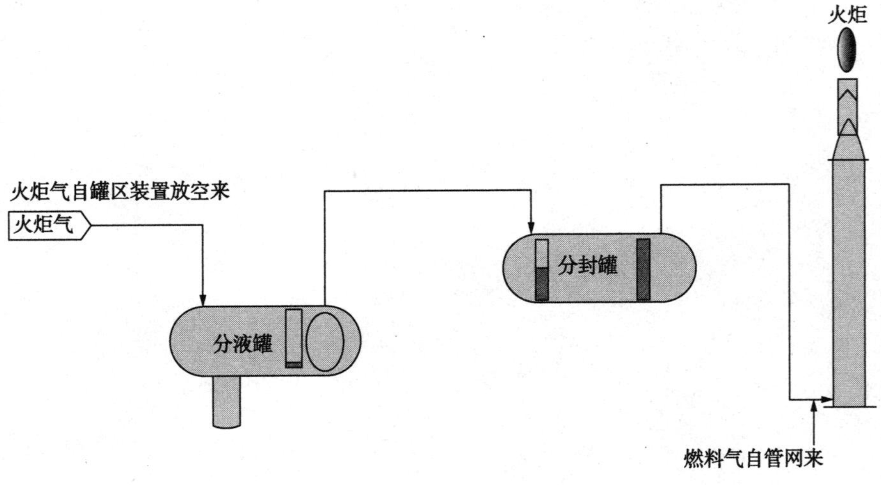

图 1　火炬燃烧工作原理

自动点火系统由触发单元、控制单元、点火单元、执行单元和检测单元构成。触发单元由常明灯点火触发，触发信号由火炬气的压力信号、火炬气流量信号和常明灯温度信号逻辑组态；高空点火枪、燃料气管线上的气自动切断阀和高能点火发生器组成点火执行单元；常明灯热电偶是为火焰检测单元。控制单元根据火炬气的压力信号及流量信号，判断是否有火炬气排放，同时根

据常明灯温度信号决定是否应发出点火信号；若有火炬气排放且常明灯处于熄灭状态，控制单元将发出点火指令打开长明灯燃料气管线上的气自动切断阀和高空气点火装置点燃高空点火枪，高空点火枪的火焰随后引燃常明灯。火炬气燃烧后排放出CO2、水蒸汽等无污染气体。

随着工艺技术的不断提升，对火炬工艺进行了改造，火炬系统的自动化程度与安全设备的精密化程度越来越高，对火炬气的回收利用也是工艺技术改造的有效措施：如通过增加气柜装置将火炬气再利用、增加干气、低分气回收装置提高装置燃料利用率等工艺措施提升生产装置收率，降低生产能耗。

经过不断的摸索和实践，建立了一套火炬实时数据监控系统，增加了对火炬排放情况的监控手段。主要通过实时监控火炬控制阀开度，利用这些实时数据通过流程图、统计报表等方式展示出来，实现数据、图形、趋势分析等功能，为生产工艺技术人员提供简洁、直观、方便的数据平台。

3 火炬监控软件设计

3.1 用户需求与数据库设计

根据生产运行管理人员对火炬管控的需求收集，确定了在流程图上实现各装置、各缓冲罐、压力、火炬蒸汽集成实时显示，通过对各装置火炬排放调节阀监控，实现自动记录阀位开度，统计一段时间内排放数据，取数按照MES系统实时数据采集频次。当前MES系统的上层应用实施架构基础信息数据库是ORACLE数据库，而实时数据可通过MES软件厂商提供的动态链接库实现实时数据采集，直接访问MES实时数据库PHD，将采集到数据的计算结果写入到Oracle数据库表中。

PHDAPINET动态链接库访问方式是软件厂商专门为开发人员提供的数据读写接口，在PHD实时数据库中适用MICROSOFT VISUAL STUDIO FRAMEWORK框架的通用应用程序调用的动态链接库Phdapinet. dll，该动态链接库包含了Uniformance. PHD基类，利用该基类下的子类可以实现对PHD的访问、实时数据的读写以及PHD服务器状态参数信息与RDI(Real-time Data Interface，实时数据库接口)信息的查询，并能实现实时数据点的新建、历史数据的修改和删除等多种类型的操作。

充分利用MES系统上层应用模块的数据库系统，创建账户、角色及表空间，所有与火炬监控统计相关的表、函数、存储过程等都指定到此表空间。方便读取MES系统设备、组织机构等信息，为火炬监控用户赋予相应的角色并授权访问MES系统用户下的相关表信息。

火炬监控统计的设计原则是：充分利用MES系统现有的架构机制，尽可能减少用户的操作，使软件平台自动化、简单化，火炬监控系统的组织机构、装置代码、层级关系及实时采集位号等完全利用MES系统现有的组织机构，采用中石油统一的身份认证方式，登录到MES系统，根据组织机构进行灵活设置，对查看流程图、查询数据，只要授权访问，用户就能看到，对于基础配置信息，如果用户属于公司级火炬监控角色组权限，则可以编辑、修改炼油、化工新老区的相关配置信息。对所修改的信息保留最后的更新记录。

经过详细的调研与方案论证后，设计了火炬监控基础配置数据字典表结构、设计了炼油、化工各联合车间监控火炬流程图、应公司生产管理要求特别列出公司重点监控流程图增加了排放部位、排放物料、火炬管径等相关信息，汇总统计数据按炼油、化工火炬监控数据信息表、公司重点监控汇总统计数据信息表等存放与火炬展示相关的各类数据信息。

3.2 系统功能设计

3.2.1 火炬流程图展示设计

根据业务需求与管理要求，将各火炬排放点(控制阀类)按照装置进行列表展示，分为炼油、化工两个单元，分别按照每个联合车间一个展示画面进行展示。利用软件厂商提供的WorkCenter Display Builder软件工具，能够将实时数据按位号即时直观的显示到WEB页面上。每个位号通过趋势图可以看到一段时间的趋势曲线图。如图2所示。

针对公司要求重点监控的各火炬缓冲罐液位、压力、流量及温度数据集成展示，实时查看历史趋势等信息，方便管理人员查询分析。如图3所示。

装置名称	序号	控制阀位号	位号名称描述	开度%	排放主要组分	管径
120万吨/年焦化装置	1	XV1085	轻蜡油过滤器底部排放阀	2.00	瓦斯	DN50
		XV1086		2.00		
	2	PC3001	焦炭塔压力控制阀	13.00	焦炭塔放空瓦斯	DN350
	3	PC8007	富液闪蒸罐压力控制阀	100.00	瓦斯	DN40
	4	PC8008A	贫胺液缓冲罐压力控制阀	0.00	瓦斯	DN40
新区硫磺	1	10223-PC-1001	溶剂再生富液闪蒸罐V-101顶压力控制	0.00	含烃气	DN80
	2	10222-1-HC-1002	一套酸性水分液罐V-101顶含烃气去火炬控制阀	100.00	含烃气	DN100
	3	10222-1-HC-2002	二套酸性水分液罐V-101顶含烃气去火炬控制阀	100.00	含烃气	DN50
	4	10221-PC-1001	清洁酸性气分液罐顶压力控制阀	0.00	硫化氢	DN350
	5	10221-PC-1002	含氨酸性气分液罐顶压力控制阀	0.00	硫化氢、氨	DN250

图 2　按照各联合车间监控阀位开度、排放部位及管径流程图

火炬名称	仪表位号	MES位号	位号名称描述	实时数据	计量单位
老区1#火炬	F50001	ETU2-F50001-PV	长明线总管(火种气)流量	49.6	Nm^3/h
	F50002	ETU2-F50002-PV	火炬总管(火炬气)流量计	0	kg/h
	T50108	ETU2-F50108-PV	火炬头温度表	54.5	℃
	T50109	ETU2-F50109-PV	火炬头温度表	56	℃
	T50110	ETU2-F50110-PV	火炬头温度表	53.3	℃
	T50111	ETU2-F50111-PV	火炬头温度表	24.4	℃
	T50112	ETU2-F50112-PV	火炬头温度表	27.8	℃
老区辅助火炬	F50003	ETU2-F50003-PV	长明线总管(火种气)流量	41	NM3/H
	F50004	ETU2-F50004-PV	火炬总管(火炬气)流量计	23	kg/h
	T50004A	ETU2-F50004A-PV	火炬头温度表	66.2	℃
	T50004B	ETU2-F50004B-PV	火炬头温度表	110.5	℃
	T50004C	ETU2-F50004C-PV	火炬头温度表	155.5	℃
	F50018	ETU2-F50018-PV	RS去1#、辅助火炬总流量	2.06	t/h

图 3　公司重点监控流量及温度监控统计表

3.2.2　火炬监控数据统计设计

根据业务需求与管理要求，每个火炬控制阀开度、压力、温度及流量采用实时位号提取的数据进行提取，取数频次与 MES 系统采集频次保持一致，这样就保证每个火炬监控点的位号信息完整性，火炬监控位号、位号属性(部分控制阀位号按开度百分数设置、有些控制阀位号按开关量设置、有些控制阀位号按 3 档开关量设置)、DCS 位号、位号逻辑(针对开关控制阀设置的位号有些是 0 表示关、1 表示开，有些是 1 表示关、0 表示开)、排放部位、排放物料、火炬管径、是否是公司重点监控部位等信息都做规范与约束，方便数据信息的收集与归类统计，维护基础信息调整操作简便、直观。

实时数据采用批量提取后，直接将这批数据进行汇总归类统计，将计算结果保存到数据表中。由于各类应用系统都提取 MES 系统实时数据，对服务器造成负荷比较大，根据业务需要设计提取数据统计时间，选取采数量比较少的时间点，为提高数据质量与效率，将时间段设计为每天计算一次，保存到数据表中，减轻频繁取数的压力，用户需要统计多天或一个月的数据时，只需要提取合计结果数据进行展示，不需要再进行实时数据采集、汇总计算这些环节，减轻服务器压力并提高计算效率，页面展示速度快。如图 4 所示。

当点击控制阀位号链接，能查看到当前时间段每个控制阀每天的变化趋势，火炬控制阀开度的范围区间由业务管理人员确定，生产现场每个控制阀的管径不同，开度不同，流量大小也不同，排放物料种类不同，同时，消耗的物料多少还与控制阀压力、温度也相应相关。

4　技术关键实现

4.1　提取实时数据计算效率的测试对比

在设计实现时，用户可以在流程图里查看到当前数据的变化情况，而在统计数据展示中需要查看汇总数据，每位号的数据变化情况可在流程图趋势中查看，因此采用将提取到的实时数据直接参与到统计，并将计算结果写入数据表，这样没有中间过程的转存与读写，计算效率相对比较高。

相同的功能调用不同的函数，产生的效果不同，比如：PHD 提供的函数 FetchRowData 与 FetchData 都是根据位号取实时数据值，而参数类型不同，取数的机制不同，产生的效果也不

同，FetchRowData 函数给出位号列表，取出位号列表的所有数据信息集，而 FetchData 函数针对单个位号，取出位号的时间戳、实时值与可信度的信息，在火炬监控系统提取实时数据选取 FetchRowData 函数编程，批量提取数据，循环判断计算结果的方式实现。

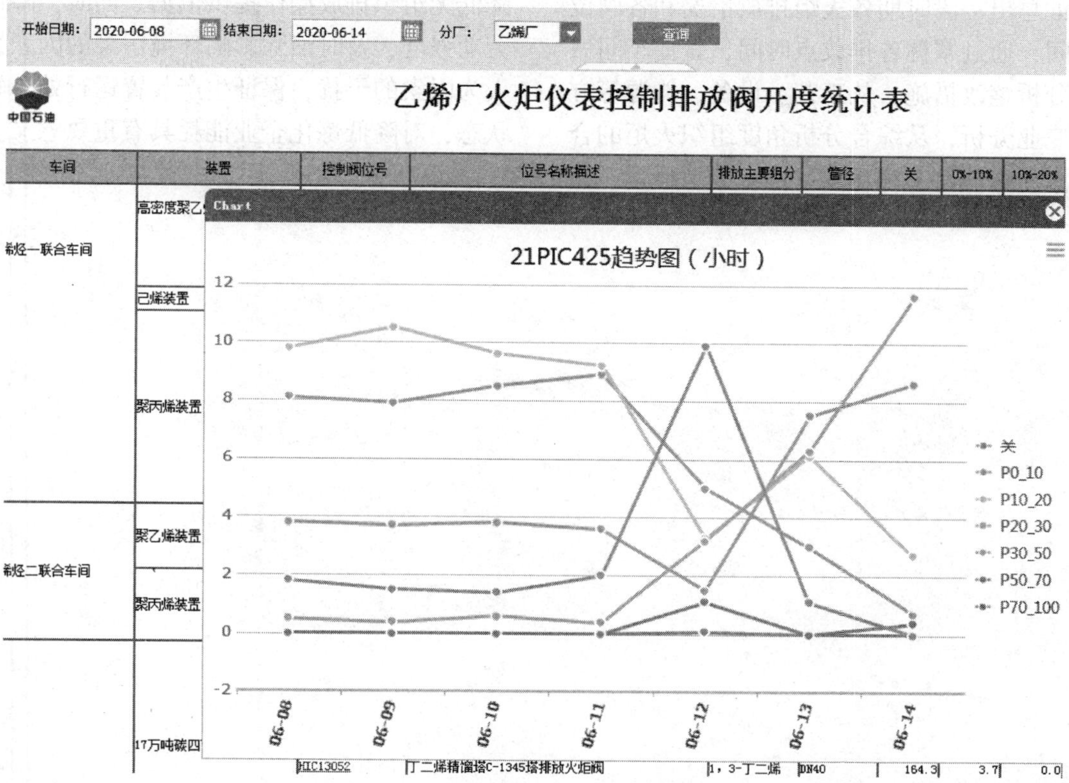

图 4　火炬监控统计信息表

4.2　采集频率的换算实现

在软件测试与数据核对过程中，发现部分装置的数据计算结果异常，经过数据分析与跟踪检查，在 MES 系统中，为了保证来自现场各生产装置的实时数据能够全部收集，并且使每个时间点上的数据不出现波峰，MES 系统管理员将各装置的采数频率调整不一致。为使火炬控制阀在每天收集到的数据与 MES 系统保持一致，需要将采数频率与提取数据频率做一个换算，这样才能精确计算出阀开度范围的正确排放时间。如：某装置在 MES 系统实时数据采集频率是 53 秒，软件开发人员并不知道各装置的采集频率是多少，统一按照采集频率为 60 秒的频率提取数据，这中间提取数据时间差是 7 秒，而每天同一时间点启动计算进程时，如果采集频率是 60 秒的装置，每个位号会取到 1440 个实时数据，而采集频率是 53 秒的装置，每个位号会取到 1631 个实时数据，那么不同开度的排放时间就需要换算一下，才能计算出正确的排放时间。

4.3　异常情况下的数据补充

软件在设计时需要考虑到异常情况下，数据的完整性的补救方案。火炬监控依赖于实时数据的采集，那么以此为基础向下的应用系统服务器、实时数据库服务器、各装置现场 BUFFER 机、网闸、DCS 系统 OPC、现场仪表等等环节出现异常，都会造成上层应用系统的数据展示出现异常，因此，数据的补充采集与计算就是为完善这一环节而做的设计，也方便系统运维，可手工选择需要补充计算的时间、选择部分或全部位号的数据进行补充。

4.4　消耗物料量的计算统计

随着工艺智能化手段提高，在现场安装了智能化仪表，数据引入 DCS 系统，通过 OPC 系统将数据收集到 PHD 实时数据库，实时数据得到广泛应用，使得火炬排放的流量、温度等信息直观地提取到实时量，这部分工作专门由生产运行处节能管理人员提取实时数据，统计消耗情况，火炬消耗量通过排放的烃类有机物量、燃烧烃类物所需要的燃料气量以及为保护火炬装置的蒸汽量很直观地统计展示，为生产管理人员查看、分析和决策提供了有效依据。

5 实现的意义与总结

根据实时数据库火炬系统相关数据，通过报表统计汇总出一段时期各火炬排放情况和各阀位开度时间，通过掌握各排放点时间，督促车间做好原因分析整改措施，从工艺、设备、能源等方面做出专业分析，从综合分析角度组织火炬的合理排放。为炼油化工优化开、停工火炬运行，减少排放和天然气消耗提供了手段。

通过加强火炬实时监控，随时掌握全公司各装置火炬控制阀的变化趋势，为优化生产运行、降低无组织排放操作提供依据。同时，降低员工劳动强度，及时消除影响环境污染的因素，避免人为因素的干扰，保证生产装置运行处于较好的状态，对降低炼化企业能耗具有重要意义。

原油评价数据在炼化生产中的应用研究

顾　涛　管云龙　文　千

（中国石油独山子石化公司）

摘　要　原油评价数据作为原油加工性能的指导依据，为企业生产服务，是智能炼化重要数据来源。本文以原油评价数据应用的局限性为出发点，结合各方面需求，通过系统研究原油评价数据与生产数据产生偏差的原因，采用不同研究手段，如模拟研究软件，利用最小二乘法自行拟合出的适合企业的馏程转化公式等，为规划计划，乙烯原料评价及常减压生产装置提供指导数据，最终实现原油评价数据与生产进行结合，给企业带来了经济效益。

关键词　原油评价，实沸点蒸馏，软件模拟，乙烯裂解，规划计划

1　引言

原油评价工作是在实验室采用规定的分离和分析方法，全面的测定原油的性质及其可能得到的成品或半成品的性质和收率，以对原油的性质有全面系统的了解，为原油的加工路线及产品分布方案，提供指导建议。对于生产装置的设计，像原油常减压蒸馏装置各侧线切割点和收率的确定就是根据原油评价中的实沸点蒸馏数据来确定，以及流程模拟软件，都离不开原油评价数据的指导作用。但原油评价数据在生产应用中存在以下问题：一、评价数据时效性差，不能及时指导生产；二、常减压蒸馏装置与实沸点蒸馏设备结构存在差异，馏分重叠度和分离精度不同，造成实沸点蒸馏馏分的收率与常减压装置侧线产品收率以及相对应性质如密度、馏程、硫含量等存在偏差。为此，原油评价数据目前大部分只能为生产理论参考数据，进行原油加工性能趋势性分析。

新疆独山子作为中亚和中国西部原油资源重要的集散地，独山子石化公司原油评价重点实验室经过长年的评价，为企业积累了大量原油评价数据，经过长期数据应用研究，利用软件模拟及数据处理等手段解决此问题，基本解决了原油评价数据在生产当中应用存在的问题，对生产带来直接经济效益，为企业智能化发展提供基础数据保障。

2　原油评价数据在规划计划工作中的应用

独山子石化公司规划计划处使用的 APS 系统(先进的规划系统)，该系统主要用于提高企业利润，优化企业的资源配置，市场和生产调度的优化分配，实现企业的最大效益，其中它以原油评价数据作为最核心的基础数据，见图 1。

原油数据是 APS 系统需要录入的最基础初始数据，原油性质数据的准确性关系整个系统测算的准确性。对企业生产排产来说需要不定期开展原油任意馏程及掺混比例性质计算，传统原油评价由于时效性差，在规划计划工作中应用有限，为了更好的解决该问题，利用 H/CAMS 软件，其由 Haverly 公司研发，它将原油评价系统和原油数据库有机集成在一起，为用户提供原油评价信息和分析处理能力，主要功能是预测混合原油和一组原油特定馏分的收率和性质，进行原油混炼以及原油性质快速更新(以相似性质原油为参考，通过科学方法快速拟合出新原油相关性质)等。

2.1　利用 H/CAMS 软件开展原油任意馏程切割及掺混计算研究

根据原油分析项目自行设置录入模板，形成 CRU 文件，因为原油实沸点窄馏分收率性质是其它性质的重要影响因素，对后续性质的计算影响较大，所以首先需要对收率进行平滑。实沸点蒸馏 ASTM2892 和 ASTM5236 标准不同，切割油品需要在两套蒸馏设备分别进行，故设备仪器构造，温度及压力等试验因素不同，容易造成 350～395℃ 和 395～425℃ 馏分段存在“脱空”现象，即这两段数据点在收率曲线中上下跳跃，呈现锯齿状，影响收率曲线的整体平滑性，对后续密度等其它关键性质曲线性质也造成一定影响。

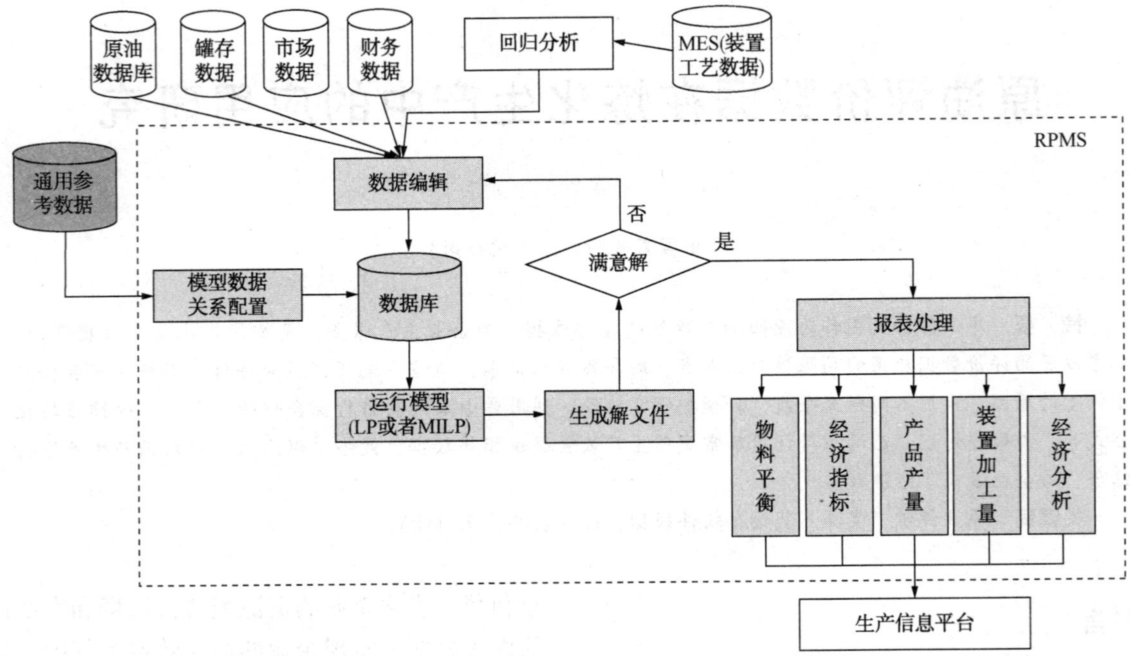

图 1　生产计划优化系统应用逻辑架构

H/CAMS 软件采用均值算法，对收率数据进行第一次拟合，然后系统采用样条拟合技术，对所有数据点进行拟合，形成平滑曲线。在利用软件进行平滑时建议尽量不要随意改变实验室原始数据，比如进行数据点拖动等，这样容易改变数据点的真实性，而且也不准确，可以采取在不改变原始数据的基础上进行删除点的做法，即在曲线上只删除这两点(删除点较多容易改变曲线的弧度，影响实验性质准确性)，然后利用软件自动拟合的功能形成平滑的曲线，这种做法可以较好的还原平滑曲线，再利用软件自动查找数值功能获取该馏分段的收率数据即可，见图 2。同理，对于其它性质处理也类似。

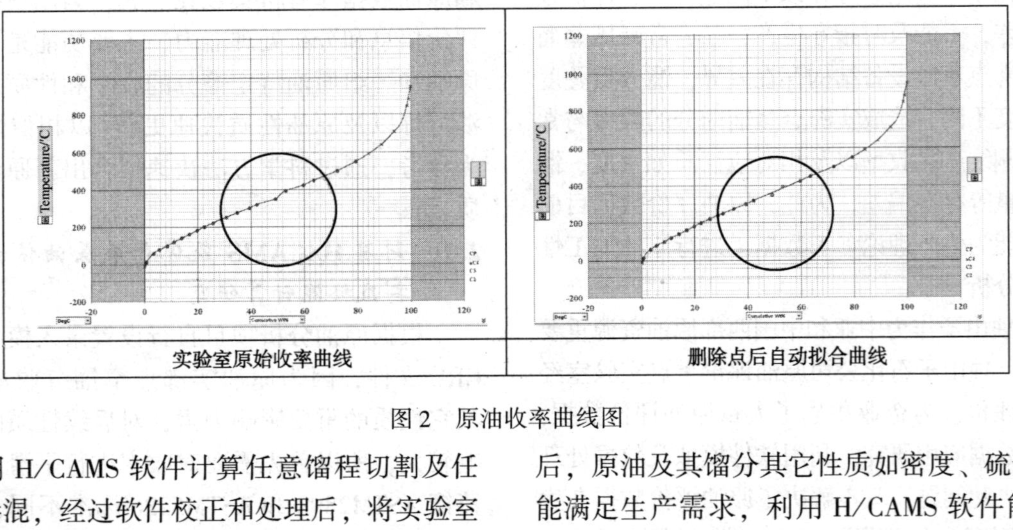

图 2　原油收率曲线图

利用 H/CAMS 软件计算任意馏程切割及任意比例掺混，经过软件校正和处理后，将实验室实测分析数据与软件模拟数据进行对比，见图 3。

从图 3 可以看出，预测与实测曲线重合性较好，原油任意馏程馏分收率计算，实测和预测绝对偏差在 0.2%以下，任意掺炼比例混合原油馏分收率平均绝对差值不大于 0.6%，经过优化后，原油及其馏分其它性质如密度、硫含量也均能满足生产需求，利用 H/CAMS 软件能快速开展相关计算，减少了分析时间，提高评价数据的时效性。

2.2　利用 H/CAMS 软件原油性质快速更新功能模拟新进蒸馏装置混合原油性质数据

独山子石化公司加工原油种类虽然相对较为固定，但同种原油性质变化大。见图 4。

从图4可知原油密度变化幅度较大在30kg/m^{3}以上，为此，根据加工原油情况先收集不同时期单一原油评价数据，形成加工原油数据库，先利用H/CAMS软件快速更新功能用相似原油模拟预测出新原油性质数据，再按照蒸馏装置实际掺混比例进行掺混，最后与对蒸馏装置不同时期实际加工混合原油评价数据进行对比研究，见图5。

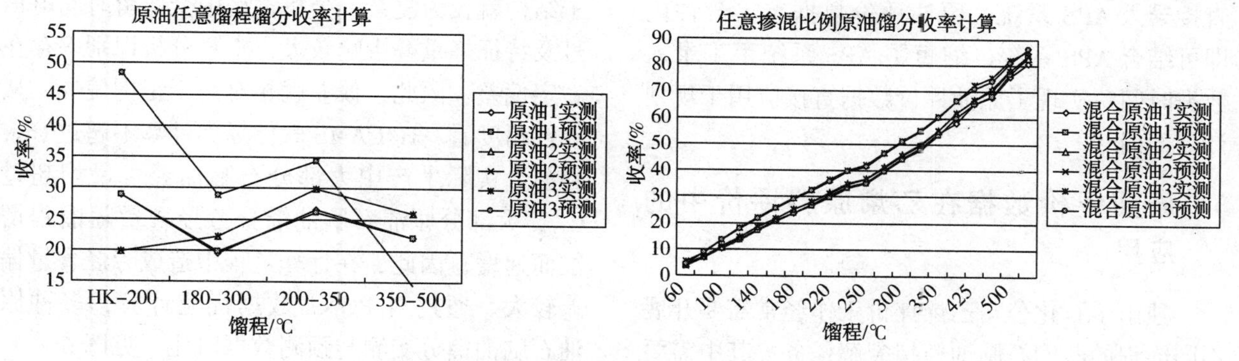

图3　利用H/CAMS软件开展原油及馏分收率计算

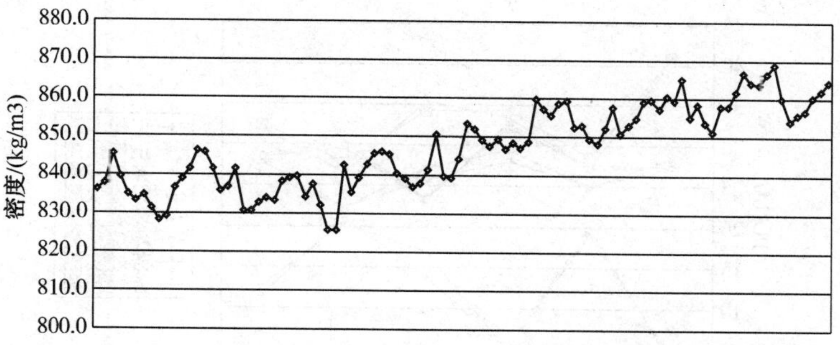

图4　同种原油不同时期密度变化情况

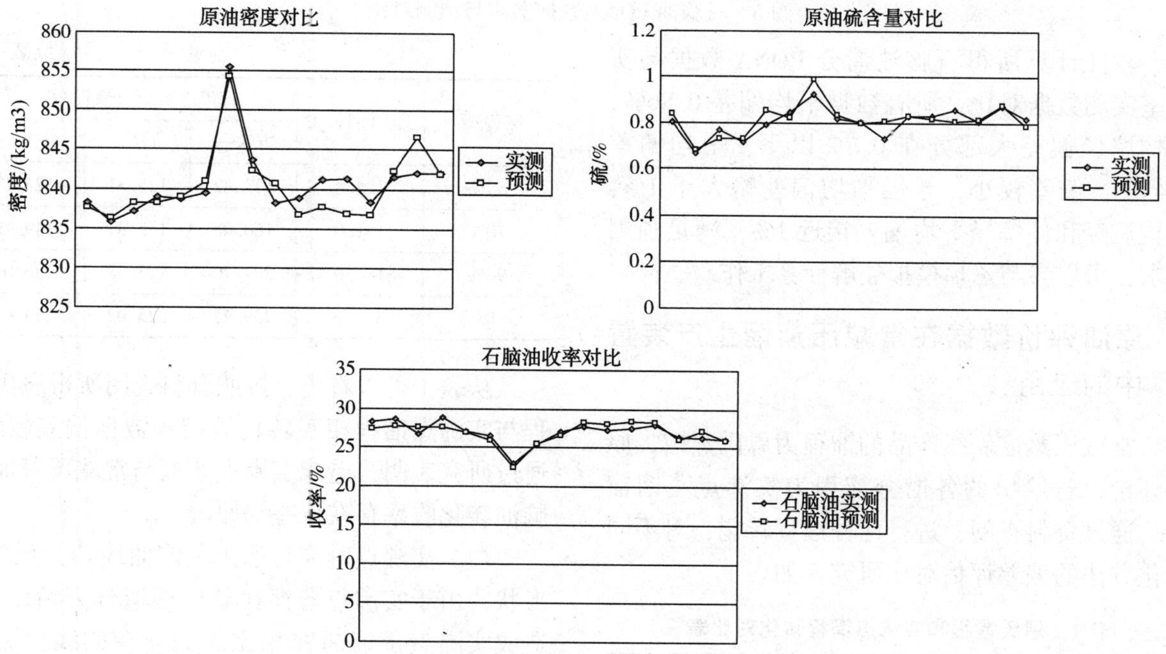

图5　利用H/CAMS软件开展原油性质及石脑油馏分收率计算

经过比对可知，利用H/CAMS软件预测蒸馏装置混合原油性质，其中，密度平均偏差1.7kg/m^3，最大偏差不超过5kg/m^3，硫含量平均偏差0.03%，最大偏差不超过0.1%，石脑油馏分收率平均偏差0.6%，最大偏差不超过1.5%，其它馏分收率平均偏差在1.0%以内，数据偏差满足生产需求。

此外，为了减少将原油评价数据手动输入APS系统的工作量，利用H/CAMS软件自带文件模板，将计算好的数据文件通过配置文件模板直接导入APS系统，原油评价数据在1分钟内即可结合APS系统，缩短了APS系统手工录入数据时间。实现了原油评价数据直接应用于规划计划部门。

3 原油评价数据在乙烯原料评价中的应用

独山子石化公司乙烯评价工作经常需要开展不同馏程的蒸馏石脑油模拟裂解任务，其中需要输入的关键性质就是PONA值。传统分析工作量大，时间长，因此，利用H/CAMS软件尝试解决该问题。从分析角度看，蒸馏石脑油中有200多种烃类物质，相同碳数烃类以及其同分异构体较多，其中，碳八以上异构烷烃和环烷烃分子结构就较为复杂，分析过程中受保留时间电信号及特征峰重叠影响较大，本身分析识别率存在一定偏差，因此，偏差就相对高于正构烷烃。从软件角度看，H/CAMS软件烃类计算不超过C_{12}，目前，实际生产中大部分石脑油烃含量均超过C_{12}，大部分原油石脑油馏分芳烃含量随馏程增加而递增，因此，在计算过程中造成芳烃含量偏差较大。通过对PONA数据优化计算，多种原油石脑油馏分实测与预测数据对比，见图6。

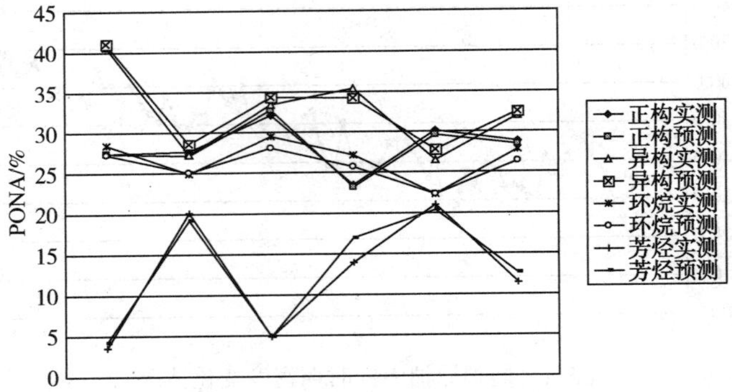

图6 石脑油PONA数据实测与预测对比

软件计算所得石脑油馏分PONA数据与实验室实测数据对比，所有数据平均偏差0.86%，正构烷烃偏差大部分在0.7%以下，平均偏差0.41%，偏差较小，芳烃平均偏差略大于1%，异构烷烃和环烷烃平均偏差接近1%，满足预测要求，可以参与乙烯模拟裂解计算工作。

4 原油评价数据在常减压蒸馏生产装置中的应用

常减压蒸馏侧线产品的馏程为恩氏蒸馏，原油评价报告给出的各馏分馏程为实沸点蒸馏馏程。通过资料查阅，进行两种馏程转化，对不同转化方法的偏差评估对比研究，如表1。

表1 恩氏馏程和实沸点馏程转化对比表

馏程/℃	恩氏馏程/℃	转化实沸点馏程/℃		
		方法一	方法二	方法三
初馏点	40.7	−28.59	17.97	37.61
10%	71.6	29.87	51.39	58.51
30%	99.3	82.80	82.94	91.97
50%	124.4	122.82	125.31	122.17
70%	151.0	160.08	155.81	149.19
90%	184.0	207.70	193.78	186.07
终馏点	215.9	239.77	225.02	213.63

从表1可以看出，按照资料查阅所得恩氏馏程与实沸点馏程相互转化后馏程数据偏差较大。通过研究表明，造成实沸点蒸馏与常减压蒸馏石脑油转化收率存在偏差的原因：

（1）实沸点蒸馏与恩氏蒸馏曲线均为反“S”形状，由于实沸点蒸馏比恩氏蒸馏分离精度高，造成实沸点蒸馏曲线相比恩氏蒸馏曲线更为陡峭，致使其初馏点比恩氏馏程低，终馏点比恩氏馏程高，即“头轻脚重”，随着馏程增加到较重馏分段，“头轻脚重”更为严重，所以终馏点转化数据偏差更大。

（2）常减压蒸馏装置产品主要采用塔板分

离，内部采用渐次汽化和渐次冷凝的内回流，外部采用中段抽出回流及顶回流等手段，侧线产品大部分再次采用蒸汽汽提，而实沸点蒸馏采用填料和顶部控制回流比进行分离，因此，两种蒸馏方式偏差较大。

（3）蒸馏装置控制石脑油的干点经常会发生变化，采集的石脑油的恩氏馏程数据为蒸馏装置加工某个时间点的数据，而实验室实沸点切割点为一个固定的温度；因此，由恩氏馏程转化为实沸点馏程所得石脑油收率与装置生产统计石脑油的收率数据存在偏差。

（4）从经济及安全因素角度考虑，大部分油田都有原油轻端收集设施，进入生产装置原油中基本不存在碳一和碳二组分，只含有少量的碳三和碳四组分，实沸点蒸馏属于间歇性蒸馏，原油温度控制在310℃以下，极少存在裂化现象。蒸馏装置加工原油常压炉和减压炉在规定温度下（超过350℃）连续进料，存在裂化情况，额外增加了轻端组分，造成碳五之前的干气和液化气收率增高。

（5）此外，大部分企业加工国内外多种不同属性的混合原油，混合原油理化性质相对单一原油变化较大，按照文献给出的馏程转化公式进行转化，偏差必然较大，不能满足炼厂需求，因此，要想实现原油评价数据指导常减压装置生产，需要开发适合本企业自己蒸馏转化公式。

通过数据对比分析，将蒸馏装置加工原油的实沸点蒸馏的窄馏分调和成馏程不同的石脑油馏分和柴油馏分，进行恩式馏程分析。分别以实沸点蒸馏的馏分终馏点作为因变量，以相应馏分的恩式馏程终馏点为终变量进行画图，见图7。

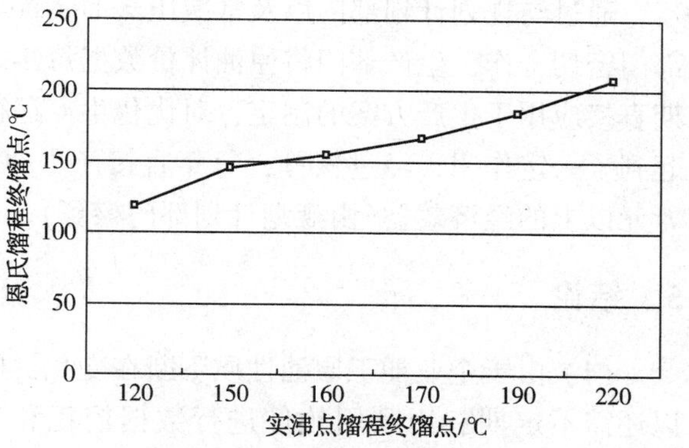

图7　两种蒸馏方法石脑油终馏点的关系曲线

根据上图可知，两种馏程终馏点接近线性关系，经研究利用最小二乘法拟合曲线。根据最小二乘法拟合公式：

$$\sum_{j=0}^{n}(\varphi_k,\ \varphi_j)a_j = d_k\cdots,\ k=0,\ 1,\ \cdots,\ n$$

其中：

$$d_k = Ga\cdots a=(a_0,\ a_1,\ \cdots,\ a_n)^T;$$

$$d=(d_0,\ d,\ \cdots,\ d_n)^T$$

$$G=\begin{bmatrix}(\varphi_0,\ \varphi_0)*(\varphi_0,\ \varphi_1)\cdots(\varphi_0,\ \varphi_n)\\(\varphi_1,\ \varphi_0)*(\varphi_1,\ \varphi_1)\cdots(\varphi_1,\ \varphi_n)\\ \vdots \qquad \vdots \qquad \vdots\\(\varphi_n,\ \varphi_0)*(\varphi_n,\ \varphi_1)\cdots(\varphi_n,\ \varphi_n)\end{bmatrix}$$

最终拟合出线性方程为：$y=0.899x+11.76$，方差 $R^2=0.997$。

按照线性拟合方程，在蒸馏装置生产调整幅度相对较小时，取蒸馏装置加工原油进行实沸点切割，去除液化气之前的组分收率，经过转化后所得石脑油收率与实际蒸馏装置石脑油收率进行对比见图8。

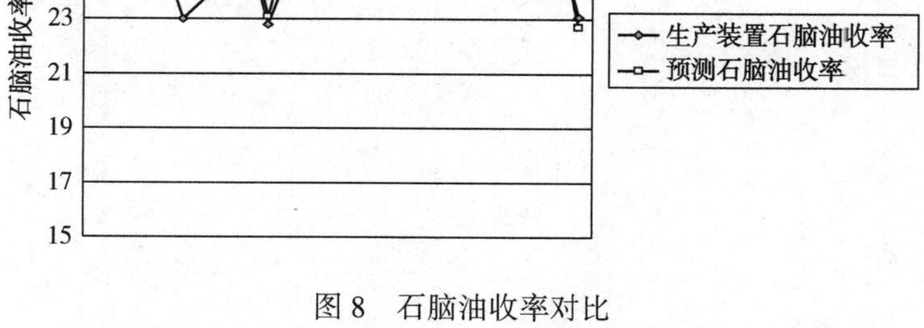

图8　石脑油收率对比

经过换算后所得石脑油收率平均绝对偏差0.6%，除个别点绝对偏差较大，大部分数据均满足指导生产的需求。根据此方法可以拟合其它馏分馏程转化关系。

通过与规划计划部门以及常减压蒸馏装置等部门密切合作，生产部门将原油评价数据每年定期直接应用于生产方案的制定，对优化生产运行起到了一定作用，经过核算，每年直接产生 300 万元以上的经济效益(由规划计划部门核算)。

5　结论

（1）由于企业加工原油性质不断在变化，所以还需不定期利用利用软件进行数据校正和处理，才能保证原油评价数据指导生产的准确性。

（2）结合 H/CAMS 软件，以原油评价数据为基础，通过研究分析并消除计算过程中数据产生偏差，所得评价数据可以直接参与炼化排产，常减压装置优化工作，基本解决了原油评价数据与生产脱节的不利局面，使原油评价工作从真正意义上与生产进行结合，直接服务于规划计划和常减压装置生产，为企业提质增效提供基础保障。此外也进一步增强了原油评价工作的服务能力，为原油评价数据理论指导生产提供一种新思路。

参　考　文　献

[1]梁文杰．石油化学［M］．东营：石油大学出版社，2004：16-18.

[2] 周卫锋，孙太升，向正为，寿德清．由石油馏分油的恩氏蒸馏曲线预测实沸点蒸馏曲线数学模型的初探．[J]．石油炼制，1987，(1)46-51.

[3] 喻朝善．适应加工哈萨克斯坦原油的大型化蒸馏技术方向[J]．新疆化工，2006，(1)：10-12.

[4] 赵黎明，周海鹏，王喆，王华．APS 系统在乙烯原料优化中的应用［J］．计算机与应用化学，2010，27(10)：1446-1448.

[5] 乔曼，汪洪涛，杨磊，等．H/CAMS 软件在混合原油分析中的应用[J]．广州化工，2015，43(17)：，74-176.

[6] 徐春明，杨朝合．石油炼制工程(第四版)[M]．北京：石油工业出版社，2009：185-190.

[7] 李庆扬，王能超，易大义．数值分析(第 5 版)[M]．北京：清华大学出版社，2017：73-75.

创新炼化培训管理　提升员工技能水平

兰　勇　陈家岭　刘　江　任倩茹　梁尚坤

（中国石油青海油田格尔木炼油厂）

摘　要　随着教学信息化水平的不断提高，创新培训模式已成为炼化企业培训体制改革的重要助推力。本文基于创新培训模式管理，以企业员工培训为研究对象，提出“仿真教学”模式，该模式改变了过去以老师为中心的“填鸭式”教学方法，为学员提供一个真实系统相近的环境和动手机会，使岗位员工从被动学习转变为主动学习，激发学习热情，培养自主学习与合作学习的能力，进而进一步提升岗位员工的技术水平。

关键词　创新，仿真教学，自主学习，技术水平，挖潜增效

1　前言

在石油化工生产技术日新月异、市场竞争的今天，提高操作人员的操作技能、一岗多能已成为各大企业降低成本、挖潜增效的重要手段之一。尤其新进员工和转岗人员进入装置初期，只能“看”不能“动”，没有动手实践的机会，以师带徒师傅往往有劲使不上，学员操作技能学习往往仅限于感性认识，实际操作能力短时间内难以提高。

炼化企业传统的培训在历史发展过程中已经形成了重视知识传授、教师讲授、学员接受的基本模式。教师在课堂上讲解知识，学员利用课余时间进行复习、逐步内化、吸收课堂知识。此教学模式的不足在于知识传播以教师为主导、授课方式以灌输为主，从而直接影响学员自主思考能力与批判性思维的充分发挥。另外，学员在课后内化知识时，因为缺少教师的参与，一旦遇到难题就会备受阻碍，导致学习效率大大下降。教师与学员之间缺少互动，使学员的自主学习能力无法得到充分培养。

针对课堂教学时间相对不足、教学效率低下、统一的讲授、统一的内容、单一的讲评都无法满足新的多样化培训需求的现象。为了进一步满足炼化企业对高技能人才的需求，创新炼化培训管理，开启“仿真教学”模式，为学员提供一个真实系统相近的环境和动手机会，有效缓解相关难题，提高学员的学习热情与综合实力。培养创造性、创新性学习，提供岗前和在岗期间的实际动手机会，进而进一步提升岗位员工的技术水平。

2　炼油化工企业装置生产的特点

2.1　炼油化工企业装置生产涉及物料种类繁多，原材料、中间体和产品的性质差异大

大多是高温高压、易燃易爆、有毒和腐蚀性高的物质。涉及各种反应类型，根据反应机理生成不同产品，工艺过程影响因素多而易变，工艺条件要求苛刻。

2.2　炼油化工企业装置具有大型化、自动化、连续化以及智能化的特点

一旦发生危险，其影响、损失和危害是巨大的。现代大型化生产装置的科学、安全和熟练的操作控制，需要操作人员具有现代工艺知识与技能、高度的安全生产意识和责任感，以保证装置的安全运行。

2.3　炼油化工企业装置的系统性和综合性强。

不仅体现在生产内部的原料、中间体、成品纵向上的联系，还体现在机械设备、电器、仪表的维护和保障上，任何系统和部门的运行状况都将影响甚至是制约工艺系统的正常运行与操作，炼油化工生产系统间联系密切、系统性和协作性很强。

炼化企业装置的生产特点就需要仿真培训系统作为操作员工实操的培训基础，运用仿真技术完成生产过程中的设备、工艺等方面的优化。

3　炼化企业传统的培训模式特点

传统的炼化企业培训模式是在企业发展过程中逐渐形成并确立的，从传统模式不同时期的不

同表现可以看出，它主要体现在培养目标、教学内容、教学方法、教学评价、师生关系五个维度上，不同维度穿插在不同的历史时期，有着不同的表现。

3.1 以“教师讲——学生听”为表现形式

传统的企业教学就是一位讲师、一把椅子、一本书、几位学员、一张桌子就构成了集体培训。秉持一种“旁观者”知识观，即学员只需要“旁观”、接受事物已知的规律，而无须探讨未知。就像操练士兵或图书馆的宣读员一样，教学活动主要通过背诵进行，主要任务就是让学员准确无误的掌握现成知识，学员紧跟教师的步伐，教师决定了所要学习的内容、计划了学习的进度，甚至决定了学员该怎么学，而背诵与辩论是完成这一任务的最佳方式。它试图在最短时间内将最系统、最全面的知识输送给学生。它注重的是已知知识的掌握和最终结论的传授，并不重视知识获得的过程和实践性知识的传授，也没有将注意力转向能力培养上去。教学关系就是：我讲，你听；我写，你抄；我问，你答；我收，你交；虽然这样也能让学员迅速接触到大量信息，掌握系统的学科知识，但是这种机械的灌输让教学沉闷、呆板，无法唤起学生的创新精神，从长远来看，不利于学员的独立性、批判性和创新性发展。

3.2 培训技术普及使得PPT放映普遍化

随着科学技术的发展，炼化企业的培训目前还大多采取最为普遍的多媒体设备——PPT教学，教师通过PPT课件中的音频、视频、图片等呈现方式将一些概念、工艺原理、应急预案等更直观、具体地展示出来。但是在实际的教学过程中，很多教师无法投身于大量图片、扩充材料等支撑材料的搜集、整理和制作，无法将更多的精力投身教学，从而导致复制、粘贴和抄袭，只是按照上课时间将PPT读完为标准，教学过程机械化明显。有的教师甚至离开了PPT，或者是当教学设备出现问题时，就没法继续上课了。

然而，PPT教学的普遍化、机械化却让企业研究性学习的理念缺失，将个性鲜明的受训员工视为一个具体的、等待灌输的容器。学员对课堂不感兴趣、缺乏对知识探寻的渴望，导致学员上课玩手机、看小说、聊天、打瞌睡已成为新常态。

创新培训管理已成了上好一堂课的重要评价指标。现代炼化企业培训时期，知识总量不断增加，岗位专业知识的门类越来越多，新兴学科、交叉学科不断涌现，学员已经无法在有限的时间内学习所有的知识。也就是说，创新培训教育技术的广泛运用在成就炼化企业教学的同时，也带来异化企业教学的危机。

4 炼化企业装置仿真培训系统的应用

近年来，随着计算机技术的发展，DCS仿真操作系统在工业过程控制中得到了广泛的应用。由于计算机仿真培训系统能够逼真的模拟真实工厂的开车、停车、正常运行和各种事故状态的现象，而且无需投料、没有任何危险性，操作人员在仿真培训系统上接受培训，可以在数周之内取得现场2~5年的经验，不仅缩短了培训时间，而且节省了培训费用。因此，作为一种培训操作员的科学训练手段，计算机仿真培训系统日益受到人们的广泛重视。

4.1 炼油装置仿真培训系统的产生背景

（1）新建装置操作员工实操培训难。新建装置操作员工实操培训大多采取到国内同类装置实习，由于炼油装置的生产特点，实习人员一般不允许在装置现场和控制室动手操作，即使跟班实习三个月，也只能熟悉现场流程而少有机会动手操作。同时，炼油装置通常生产平稳，不会经常碰到开停车和事故处理，所以新建装置需要学习的开停车和事故处理技能在同类装置实习中很少有机会真正学到。

（2）新进员工的技能培训困难重重。由于新进员工进入装置初期，只能“看”不能“动”，没有动手实践的机会，以师带徒师傅往往有劲使不上，学员操作技能学习往往仅限于感性认识，实际操作能力短时间内难以提高。

（3）在岗操作人员技能培训提升缓慢。炼油装置不允许在运行过程中进行试验性操作，因而技能提高培训通常采取授课形式，然而现场生产流程工序关联强、平衡控制难度大、动态变化复杂，很多操作要领和操作技巧难以用语言表述，员工也难以领会其中的奥妙，技能的提升明显缓慢。

（4）装置长周期运行给培训工作带来新课题。生产装置长周期运行（检修周期通常3年），日常生产过程中很少出现停车，但这种“长”周期和“少”事故的好现象，对操作员工操作技能的提高却不很有利，一旦出现突发事故，由于技能得不到日常操练，经验的淡忘往往危及安全生产。

4.2　炼化装置仿真培训系统的主要特点

炼化装置仿真培训系统是以计算机软硬件技术为基础，通过动态数学摸型，设计出与现实生产操作过程十分相似的环境，实现传统培训与实践中无法实现的各种培训功能，相对传统的培训，它具有以下主要特点：

（1）培训成本低。仿真系统通常是以软件的形式在计算机上运行，其使用的材料、能耗都很低。同时，由于计算机及软件技术的发展，国内的主要开发商已经开发出自己的仿真系统平台，在此基础上开发各类不同炼化装置的仿真系统投资会更小，培训投入的成本底，一次投入，可反复使用。

（2）培训效率高。仿真系统具有记录和追忆功能，使得培训可以在某一个中间过程或局部重复多次进行，有利于解决培训中的重点和难点问题。也可以针对高度危险或制造难度很大的事故进行仿真并用于培训，这在现实中是无法实现的。

（3）培训工种多。仿真软件运行在普通计算机上，一个平台多个装置仿真系统可以同时运行。使不同装置的操作员工可以在一个仿真机房参加培训，每一个参加培训的员工都能亲自动手进行操作，个体培训与集中培训有机结合。

（4）培训和练习不受时间的限制。炼化企业的学员是五班三倒制，上班和休息的时间不统一，学员可以随意利用业余时间登录网站进行学习和实践操作。

（5）培训管理易。仿真培训软件在计算机及其网络上运行使用，有依据操作规程要求的自动评分与自动记录等功能，使得培训的组织与管理更加方便容易。

4.3　炼油化工企业装置仿真培训系统在培训方面的作用

4.3.1　在安全高效的环境下掌握流程操作方法，熟悉 DCS 操作与功能

（1）熟悉工艺流程和现场操作；

（2）培训开工、停工、正常运行操作法及事故处理；

（3）对开、停工进行指导；

（4）熟悉自控方案，为生产控制、优化操作提供参考。

4.3.2　指导操作员工了解工艺机理

（1）为事故预测和诊断提供模拟环境；

（2）加深工艺过程、原理的理解；

（3）强化工人岗前（或转岗）培训。

4.3.3　仿真培训系统的经济效益

（1）提高员工素质和操作技能；

（2）节省员工岗前及转岗培训费用；

（3）为装置安全、平稳、长周期运行奠定基础；

（4）减少事故和非计划停工次数，提高装置经济效益。

4.3.4　现已成熟的炼化企业仿真培训系统的应用

（1）进行新建或改造装置操作技能培训；

（2）在岗人员技能提升培训；

（3）系统操作人员的技能培训；

（4）仪表维护人员的技能培训；

（5）应用于技能鉴定、比赛。

4.4　仿真系统构架

仿真系统由服务器（工程师站）和学员操作站（DCS 操作站和现场站）组成，各站通过易思云网络平台连接（图 1）。

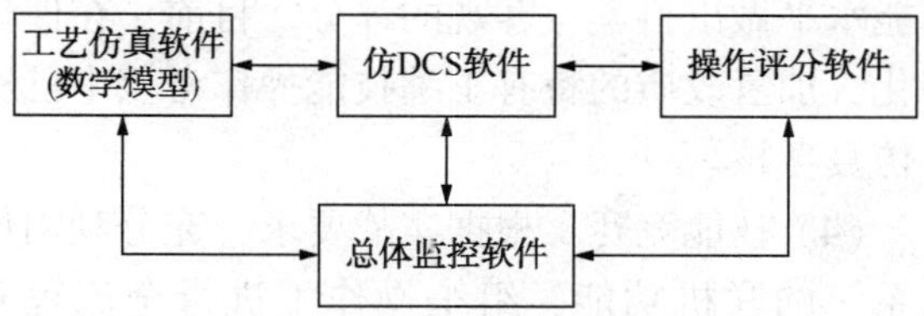

图 1　仿真培训系统软件结构

（1）工程师站用于模型、设置事故、监测学员操作以及考评学员。

（2）学员站包括 DCS 操作站和现场站，学员可在 DCS 操作站上控制、观察生产过程，进行正常的开停车、紧急停车、事故处理等操作。

（3）现场操作站用于主控室无法操作，但装置开停车过程中又必不可少的现场工艺操作。

炼化企业装置仿真培训系统是以计算机软硬件技术为基础，通过动态数学模型设计出与现实炼化生产操作过程十分相似的环境，实现传统培训与实践中无法实现的各种培训功能。

4.5　炼化装置仿真培训系统的应用

目前我国已经建设仿真培训系统的大型炼化企业 200 多家，已经投入使用的仿真培训系统有 1500 多套，仿真系统已经成为炼化企业不可或

缺的职业培训手段。格尔木炼油厂现有 2 套装置仿真培训系统投入使用。

4.5.1 通过仿真培训常态化，不断完善仿真基地建设

从 2019 年 80 万吨/年加氢改质装置和 90 万吨/年催化裂化装置操作员工培训开始，我们与北京东方仿真技术公司合作，开发和应用炼化装置仿真培训管理系统。随后开展了一系列的培训，目前企业培训人数在 600 人次以上，使培训实现了常态化。

4.5.2 以上岗培训为主，不断拓展仿真培训的领域

（1）一岗多能培训。仿真系统将整套装置的运行放置在一台计算机上，为技能操作人员的一岗多能培训提供了有效途径。

（2）转岗和新进员工培训。2019 年，炼厂对新进和转岗人员入厂教育和转岗初期增加为期二至三周的仿真培训，使新进和转岗人员预先熟悉 DCS 操作的方式方法，缩短了炼化操作员工独立顶岗的适应期。

（3）技能鉴定的实际操作考核。仿真已成为炼油化工特有工种实际操作考核的主要手段，使用仿真系统中的操作评分系统为操作员工的操作技能水平做出科学、客观的评分。目前，在催化裂化、加氢改质的特有工种技能操作考核中已实行仿真考核。

（4）技能竞赛。根据实战要求，充分利用仿真系统的联机功能，组织操作工进行全流程开车、停车和事故处理三个项目的各种竞赛，为仿真系统应用进一步融入生产进行了拓展，2020 年的 6 月将举办油田公司级加氢改质装置仿真系统操作技能大赛。

4.5.3 优化仿真系统运行状态设置，提高操作人员精细操作意识

为了提高操作员工精细操作意识和加强质量控制要求，在仿真培训中组织装置技术人员对仿真系统的运行模式进行优化。

（1）调整状态步骤的操作控制值范围和得分，提高压力、温度等重要参数控制精细度，提高产品质量控制步骤的分值。

（2）对控制物料平衡的阀门开度操作在组态的步骤描述中增加显示和“小量多次操作”的评分，对物料控制骤增骤减的“野蛮”操作设置扣分，使操作工养成精细操作的习惯，从而避免实际生产中因物料控制的大幅变化而产生工艺波动和现场设备发生故障的人为因素事故。

（3）通过对仿真过程的动态模拟，分析现场生产中的可能事故状态。装置专业技术人员通过对仿真系统的模拟运行，检验了 80 万吨/年加氢改质装置催化剂预硫化、加氢反应器的飞温、加热炉炉管烧穿等工况，优化了操作规程。

4.6 仿真培训的效果

4.6.1 仿真培训体现了低成本理念

仿真培训系统可以设计成与装置现场一致的流程、工况，逼真的模拟装置现场的开车、停车、正常运行和各种事故过程的现象、判断及处理，而又全部在仿真机房进行，既没有危险，又能反复进行培训，与其他的培训方法相比，既提高了培训效果，又节省了培训费用，缩短了培训时间。

4.6.2 仿真培训实现不同工种、不同班次人员的混合培训

目前，炼厂 2 大联合车间（80 万吨/年加氢改质装置和 90 万吨/年催化裂化装置）的工种专业和岗位不同、个性化很强，并且操作员工作息是五班三倒制，因此用常规方法集中组织技能培训班难度大、效果不理想。仿真系统的特点可以使不同工种、不同班次的人员在同一间教室培训，颠覆了传统培训模式。

4.6.3 仿真培训实现“新冠”肺炎期间人员的非聚集培训

2020 年年初，全国受“新冠”肺炎疫情影响，无法按照传统的培训模式聚集在一起进行集中培训，采用仿真远程网络培训管理系统只需要输入员工号和个人密码便可实现居家集中培训，真正实现“停课不停教、停课不停学”。

4.6.4 仿真培训提高了操作工事故预见性能力

仿真系统使操作工通过定期操练、模拟事故判断练习，在不知道事故案例名称的情况下，根据仿真系统各界面的操作变化信息，分析生产状态，判断事故“真相”，采取处理措施，这样可以大大提高操作工的事故预见性能力。

5 结论

回顾企业传统培训模式的形成及演变，展望仿真培训的未来，通过创新培训管理模式改变传统的“填鸭式”和无法让学员亲自动手操作的培训模式，提高员工的学习积极性和动手能力，以

“创新、实践、效益”为目标，实现装置提质增效和安、稳、长、满、优运行。

（1）在仿真培训模式下，教学形式、教学内容、学习形式等方面与企业实际生产相结合，学员的学习可以不受时间和地点的限制，学习方式更加灵活。

（2）节省了员工岗前及转岗培训费用，减少事故和非计划停工次数，提高了装置经济效益。

（3）实现了单人单工段、单人多工段、多人单工段、多人多工段或全流程操作的目标。

（4）充分利用仿真系统间接接触现场实际的特点，针对正常生产中无法实现的高度危险或制造难度很大的事故进行培训，为装置安全、平稳、长周期运行奠定基础。

（5）可以持续不断地为公司提供操作员工正常培训、事故演练、生产方案预测和优化，提升操作员工技能水平的同时为生产方案优化提供依据。

参考文献

[1] 赵礼峰 李书臣．仿真技术的现状与发展[J]．自动化与仪表，1999，(6)：1-4.

[2] 赵洪文．加强培训实效 提高培训质量[J]．石油教育，2011，(4).

论先进控制技术在芳烃联合装置的应用

黄丽丽

（中国石油乌鲁木齐石化公司）

摘　要　炼油厂芳烃联合装置作为乌石化最重要的生产装置之一，按照公司的要求维持 PX 高负荷生产。在加工期间暴露出复杂的生产过程对象存在较多的操作耦合情况，只单纯依靠 DCS 系统中设计的单变量串级控制模块，不能实现装置整体稳定控制，这导致部分串级系统无法投用。从而影响装置的能耗和目标产品收率。本文对芳烃联合装置通过采用先进控制系统实现装置高效增产和节能降耗的过程进行了阐述。

关键词　先进控制技术，数学模型，软测量

1　前言

炼油厂芳烃联合装置由 100 万吨/年重整装置、70 万吨/年抽提装置、430 万吨/年吸附二甲苯装置和 180 万吨/年歧化异构化装置组成。在生产操作方面存装置负荷低，自动率低的情况。例如重整装置为全厂提供氢气，目前根据其他装置的生产需求，氢气需求量很不稳定，从而重整装置的生产负荷需要经常调整，这导致装置生产操作频繁调节，重整反应器反应条件变化较大，无法保证稳定运行。而其他单元均存在原设计串级回路无法投用情况。因为在串级控制时，相关参数彼此调节存在较强耦合，投用串级后导致参数大幅波动，无法实现稳定控制，现场保持单回路人工操作，给现场生产操作带来很大困难（表 1、表 2）。

表 1　芳烃装置各单元负荷率

序号	单元名称	设计负荷	当前负荷	负荷比例
1	重整装置	119t/h	83t/h	69%左右
2	芳烃抽提装置	86t/h	66t/h	76%左右
3	歧化单元	217t/h	100~120t/h	46%左右
4	异构化单元	440t/h	290t/h~310t/h	65%左右
5	二甲苯精馏单元	585t/h	400t/h	68%左右

表 2　芳烃装置各单元自控率

序号	单元名称	统计回路数量	自控率
1	预处理单元	15	80%
2	重整反应和分馏单元	39	97%
3	再生单元	20	100%
4	芳烃抽提装置	32	84%
5	歧化单元	37	94.6%
6	异构化单元	19	94.8%
7	二甲苯精馏单元	36	100%

通过对现场生产操作的调研了解，对于复杂的生产过程对象，存在较多的操作耦合情况，只依靠 DCS 系统中设计的单变量串级控制模块，不能实现装置整体稳定控制，这导致部分串级系统无法投用。

2　先进控制技术介绍

2.1　定义

先进控制技术是对那些不同于常规控制，并具有比常规 PID 控制更好的控制效果控制策略的统称，而非专指某种计算机控制算法。即在遵照动态性规则的基础上，运用数学模型特有的测算能力，控制各类目标对象的一种技法。和传统控制技术相比较，先进控制技术的典型特征是控制功能实施阶段能实现动态性。其能参照外界客观环境的改变情况，提出多样化的控制策略方法，力图借此方式使受控对象的控制质量得到更大保障。

2.2　数学模型

对现场采集的过程数据进行分析，确定变量的输入输出关系，选择装置的局部单元，进行过程预测试，根据测试数据，建立该单元的动态模型。包括四个部分：预测模型、反馈校正、参考轨迹和滚动优化（图 1）。

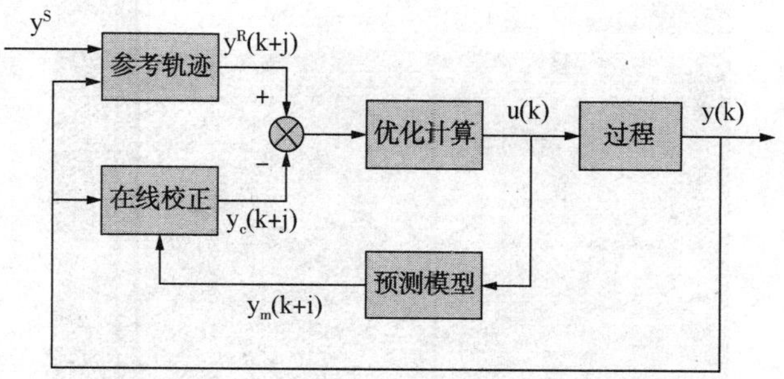

图 1　先进控制技术数字模型结构图

2.3　特点

(1) 符合工艺要求，有合理的控制目标，常用于复杂多变量过程的控制问题。

(2) 对于工况变化有较好的适应性，可以保证生产平稳性，为过程优化奠定基础。

(3) 通常在 DCS 及其上位机上实现，可操作性好和可靠性高，可带来明显的效益。

(4) 基于模型，通过模型进行变量预测。

(5) 用于处理复杂的多变量过程控制问题(大时滞、多变量耦合、多约束等)

(6) 需要足够的计算能力

2.4　效益

(1) 增强抗干扰能力、避免人为因素影响，提高关键工艺参数的平稳性，改善产品质量一致性。

(2) 在产品合格的前提下，卡边操作，降低质量过剩，提高目标产品的收率。

(3) 优化工艺设备操作条件、实现装置处理能力最大化。

(4) 节能降耗，改善设备的使用，延长其寿命。

(5) 适应生产方案、原料性质和处理量变化。

2.5　创新点

平稳操作且质量指标卡边。先进控制的控制质量高，上层优化级就可以将工作点设置到临界约束边界，从而进行卡边生产，在保证安全性的同时使经济效益大大提高。关键变量的标准偏差降低 20%~60%(图 2)。

发达国家经验表明：采用先进控制和过程优化将增加 30% 的投资，但可以提高产品档次和质量，降低能源和原材料消耗，从而增加 85% 的经济效益。

3　实施过程及效果

依据先进控制的系统构架，通过硬件和软件

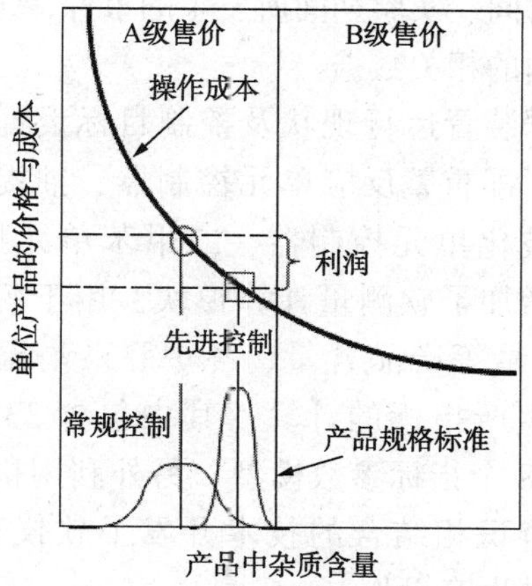

图 2　先进控制技术卡边生产所产生的利润

方面的实施，最终实现系统在芳烃联合装置的应用(图 3)。

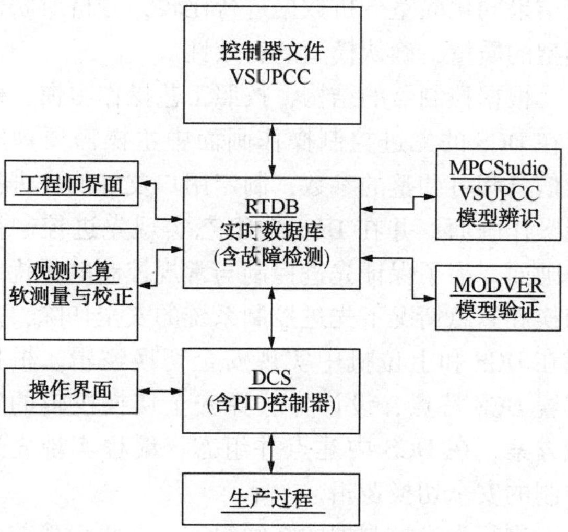

图 3　先进控制系统构架图

3.1　硬件配置

根据芳烃联合装置现场 DCS 系统情况，确定通讯接口方案，了解基础控制回路的投运情况，确定基础回路整改要求及控制器的结构，拟订控制器的初步设计。对 APC 运行服务器、性能监控服务器、DCS OPC 服务器进行在线安装调试，实现 DCS 与 APC 运行服务器之间的双向通讯，建立与 DCS 相对应的位号表，实现数据采集。

3.2　方案确定

根据芳烃联合装置工艺条件和控制要求，合理选择操纵变量(MV)、被控变量(CV)和干扰变量(DV)，确定常规控制、复杂控制和先进控制之间的内容与关系，编写出详细的实验测试方案。工艺技术人员、仪表技术人员共同论证实验测试方案，确定测试时间和配合事宜。实验测试方案确定后，按实验步骤进行过程实验测试，记录实验时间、实验期间所发生的事件，采集实验测试期间的相关数据。

根据装置运行现状及控制目标设计了四个控制器，即重整反应单元控制器、抽提单元控制器、歧化单元控制器、二甲苯单元控制器，此外新增加了软测量计算模块，用于脱丁烷塔顶 C5 含量等产品含量、各炉膛最高温度及溶剂比等生产指标的计算。其中包含 33 个控制回路，38 个指标参数模型。另外利用机理分析与数据辨识相结合的技术开发了软仪表系统，用于指导生产操作。

3.3 软件配置

根据收集的现场过程数据和化验分析数据，结合过程机理分析，建立软测量模型，将模型预测结果同化验室分析数据进行比较，分析所获得模型的质量，确认模型的有效性。

根据控制器的结构，按照工艺操作习惯，确定在 DCS 的先进控制操作画面中主操需要观察的信息和可调整的参数，制定用户友好的先进控制操作画面，并在 DCS 中组态实现先进控制操作画面。为了保证先进控制与常规控制的无扰动切换和紧急情况下先进控制系统的安全切除，需要在 DCS 和上位机中实现安全切换逻辑。根据装置 DCS 特点，设计并选择安全切换逻辑的实现方案，在 DCS 中建点并组态、编程实现先进控制的安全切换逻辑。

进行先进控制器的在线组态，并将模型与控制器文件下装到先进控制器中，进行先进控制操作画面和安全切换逻辑的在线仿真与测试，进行先进控制系统的在线仿真和跟踪测试，有关单位配合共同确认系统的各个方面均符合投运要求(图 4)。

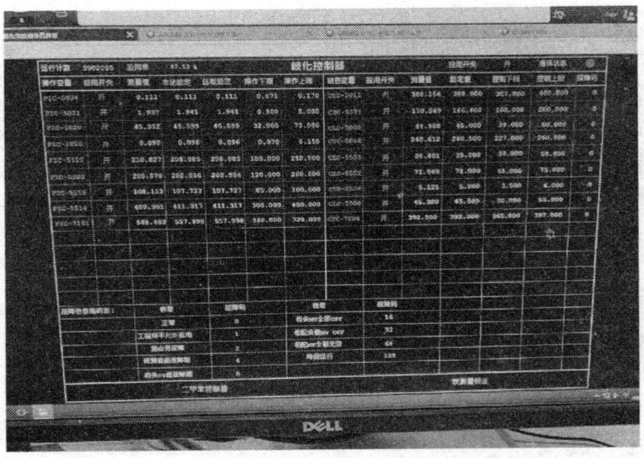

图 4　芳烃装置先进控制在 DCS 上的控制流程图

3.3 实例分析

汽提塔灵敏板温度 TIC-5031，常规控制是 TIC-5031 与回流量 FIC-5020 组成串级控制，回流量 FIC-5020 根据灵敏板温度与设定值的偏差进行调节。先进控制系统会将汽提塔上部作为一个整体统一考虑，认为塔顶温度 TI-5029.PV，26 层塔盘温度 TI-5033.PV 以及回流罐外排量 FIC-5021 都对灵敏板温度有影响，同时由于汽提塔进料量和进料温度对 26 层塔盘温度有影响，相当于间接也会对灵敏板温度产生影响。这样就综合考虑到影响灵敏板温度的所有影响因素，建立上述变量之间的数学模型关系，当其中某一个变量发生突变时，数学模型将预估出未来时刻灵敏板温度的变化，即使当前灵敏板温度在合理范围之内，但如果预估到未来时刻灵敏板温度超过设定的范围，那么先进控制系统将产生调节作用，提前将灵敏板温度的变化趋势给抑制。从此例可以看出，先进控制系统属于多输入多输出控制系统，综合考虑多个变量间的相互影响，利用数学模型来预测变量的未来变化，通过提前调节以实现变量的平稳控制(图 5)。

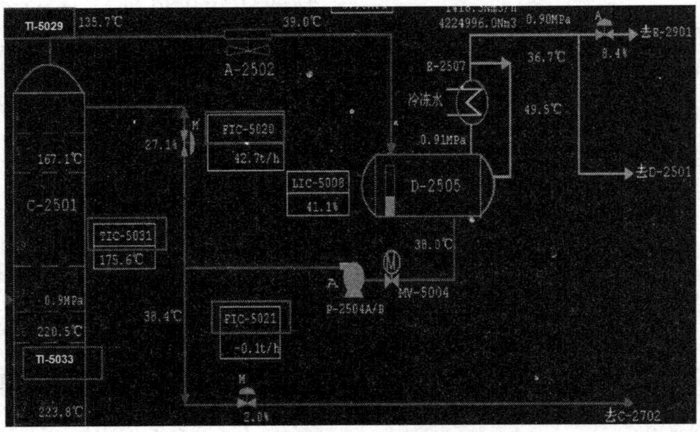

图 5　实例分析流程图

3.4 实施效果

以重整反应单元为例，运行效果如图6、图7所示。

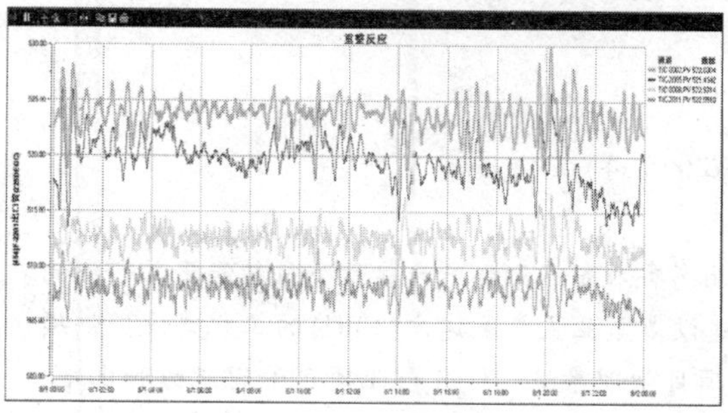

图6 重整反应单元PID控制效果

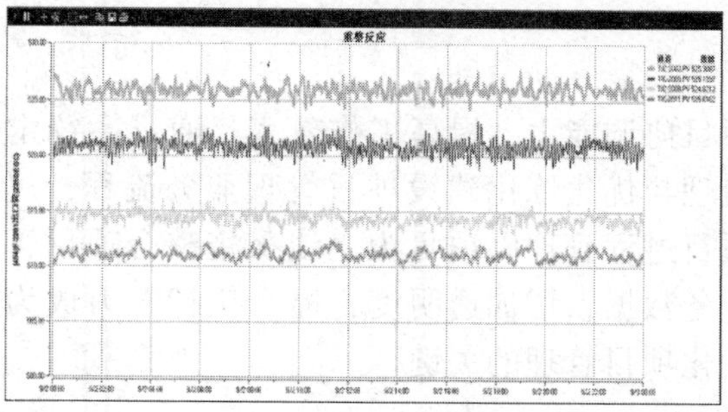

图7 重整反应单元先进控制效果

从两幅图中可明显比较出先进控制系统运行后，装置运行平稳，关键变量波动均方差降低30%以上，降低均方差平均值达到36.8%，提高了装置运行平稳性。

4 经济效益

炼油厂芳烃联合装置先进控制技术的应用，增强了装置运行的抗干扰能力，提高工艺参数的平稳性，延长设备使用寿命，保证生产安全。通过实施先进控制，重要变量的均方差平均降低20%以上。通过软测量技术，实现主要产品质量在线观测，保证产品质量。通过卡边操作与实时优化，降低质量过剩，提高目标产品的收率0.3%~1.5%；优化操作条件，降低循环比和回流比，能耗、物耗降低0.5%~3%；适应生产方案、原料性质和处理量变化，提高装置处理新鲜原料的能力1%~3%。

目前100万吨重整芳烃装置APC控制器投用率100%。装置主要参数标准差降低36.8%。芳烃(苯+对二甲苯)收率提高0.63%。装置能耗降低7.98Kg标油/吨。2020年PX维持高负荷生产期间，炼油厂芳烃车间在先进控制技术的精准辅助下，逐步收窄指标控制范围和控制下限，不仅保证了装置平稳运行，综合能耗也持续走低，实现了装置高效产品增产和节能降耗的目的。其中，加热炉热效率更是跻身集团公司炼化板块的先进行列。

5 总结

近两年，先进控制技术在芳烃联合装置实际生产应用中已取得了预期的效果。据悉，乌石化公司正计划为600万吨/年常减压装置、100万吨/年加氢裂化装置、180万吨/年柴油加氢装置、200万吨/年柴油加氢装置、150万吨/年蜡油加氢装置启用先进控制系统，进一步实现降低成本，提质增效，朝着“精细管理出大效益”的目标迈进。

参考文献

[1] 黄守胜，喻将平，邓霞，等. 新型DCS在岩藻黄素生产中的应用[J]. 自动化与仪表，2020，35(11)：98-102.

乌石化工程项目管理信息系统应用效果

刘德清

（中国石油乌鲁木齐石化公司）

摘　要　工程项目管理系统(EPM)一期项目是中国石油乌鲁木齐石化公司为建设公司智能化工厂中的一部分主要为炼油化工建设、管道建设、油气田地面工程建设覆盖业主与承建方(EPC)的工程建设提供项目管理的系统。建设符合业务需求的、先进的企业级工程项目管理系统，提升企业项目管理能力和水平，加强项目全周期管控能力，推动企业项目精细化管理进程，实现工程建设项目的全过程管理与进度跟踪，为乌石化建设信息化工厂做出贡献。

关键词　工程管理，企业管理，进度跟踪

1　工程项目目标管理的重要意义

工程项目是在特定的资源和环境等约束条件下，具有明确目标的一次性任务。工程项目的目标简言之就是实施项目所要到达的期望结果，它是由项目的成果性目标和约束性目标构成的目标系统，传统的项目管理强调项目的工期、预算和质量这些称为刚性目标。这些刚性目标通常是由专家和管理人员精心设计，研究和估算指定算出来的，最终得以确认，尽管如此，由于项目用户在启动初期中项目创意设计含糊使得需求难以得到满足，施工过程中关键节点把控不准确，最终导致项目目标无法实现，所以通过信息共享及协同工作平台，增强项目协调能力，提高工作效率，通过系统定性梳理与优化炼化建设项目管理业务流程，规范项目过程管理以项目为主线采集整合项目管理业务数据，增加透明度，提升执行能力成为现代化项目管理的关键。

2　目前系统总体业务框架介绍

乌鲁木齐石化公司从 2019 年引进使用，目前主要围绕公司主要红线项目使用，目前 EPM 系统框架大致分为三块，项目前期模块、投资管理模块以及项目评价模块，为与其他使用公司使用差异化乌石化公司根据实际情况拓展三项功能，丰富了展示内容，提高了使用效率(图 1)。

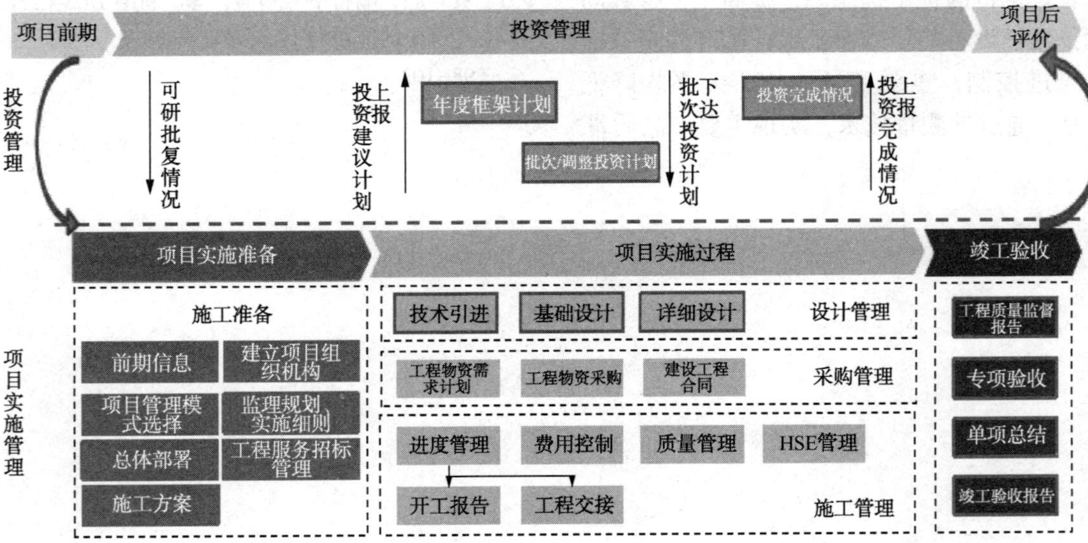

图 1　EPM 系统业务框架

3 EPM功能介绍

3.1 前期管理

前期信息管理主要实现可研批复信息的共享，以及前期文件项目前期项目建议书、项目用地、环境评价、安全评价、职业卫生、节能评估、需国家核准的项目、可行性研究报告等几类前期文件的状态跟踪及批复文件备案。本系统还可与投资项目管理系统(IPM)集成获取可研批复信息，在IPM系统中项目可研批复后，将可研批复信息发送至炼化EPM系统，在炼化EPM系统中项目相关管理人员可查看权限范围内项目的可研批复信息，实现项目信息共享。

3.2 项目实施准备

在项目前期信息录入并审核通过后，确定业主管理模式及工程发包模式，确定项目组织结构；提供招标方案，招标结果、不招标审批流程；准备并审核总体部署，提供监理规划、实施细则的审批，施工组织设计、施工方案的审批。提高工作效率，并实现文件备案。此处可实现项目管理模式、标段划分及工程发包模式、项目组织机构在线维护与在线审批，实现总体部署，监理规划、监理实施细则，施工组织设计、施工方案等的在线提提报与审批。

3.3 项目设计管理

设计管理涉及基础设计到详细设计、设计变更等设计相关工作。加强基础设计的计划管理和状态监控，及时掌握设计工作的进展情况；管理图纸的收发存，提高工作效率；逐项跟踪图纸会审意见的后期处理情况。

3.4 材料设备管理

依据项目工程进度计划安排，从工程建设项目管理角度掌握主要设备/主要材料的采购情况、出库情况；关键设备的监造情况(图2)。

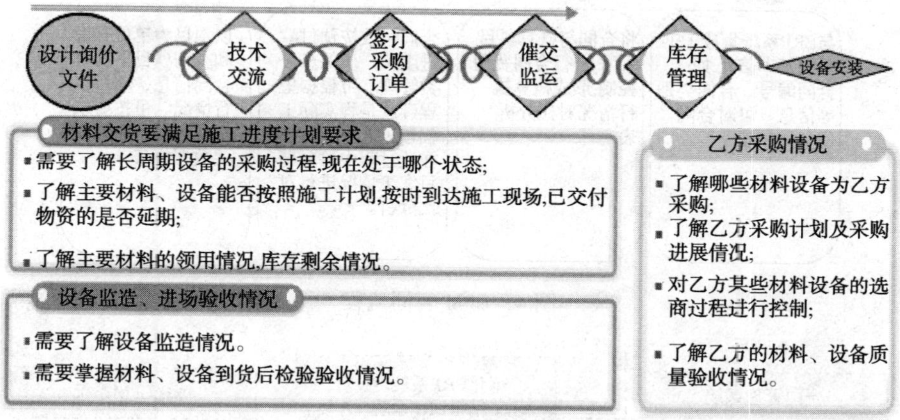

图2 设备管理功能图

关于材料设备管理部分还可通过接口获取ERP中的采购需求单、采购订单、设备出库信息，形成材料设备需求计划跟踪表，方便工程管理人员查看物资采购、到货、库存情况，以便及时提出需求计划，合理安排施工进度，避免因为物资的短缺而影响工程进度。炼化EPM系统与炼化ERP系统集成为了实现从ERP系统中集成物资需求单信息、物资采购订单信息、物资采购入库信息、物资出库信息形成物资收发存表(图3)。

3.5 建设工程合同管理

建设工程合同是工程项目管理的主要线索。基于合同管理可以实现概算的管理和控制，特别是通过对合同付款流程的管理，提高管理水平。此外，还可以帮助项目管理人员按项目掌握合同信息(图4)。

合同管理系统中完成合同签订后，合同信息集成至炼化ERP系统，ERP系统集成至EPM系统，在炼化EPM系统中完成合同信息维护，并跟踪合同执行，工作量申报及确认。

与ERP系统集成获取工程建设合同基本信息以及合同变更信息，同时支持合同管理人员根据合同文本补充完善合同信息，如合同明细项、合同可付款比例、合同约定付款条款等。合同明细项设置关联概算，以便实现费用对比查看(图5)。

3.6 项目费用管理

帮助工程管理人员了解项目概算的情况，加强对概算的管理；了解投资计划的下达情况，合理安排、使用资金；掌握项目投资执行情况。

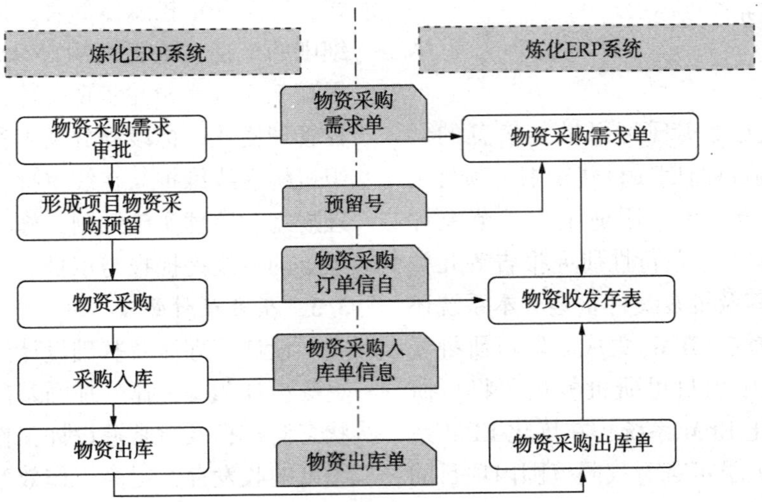

图 3　EPM 与 ERP 系统关联流程图

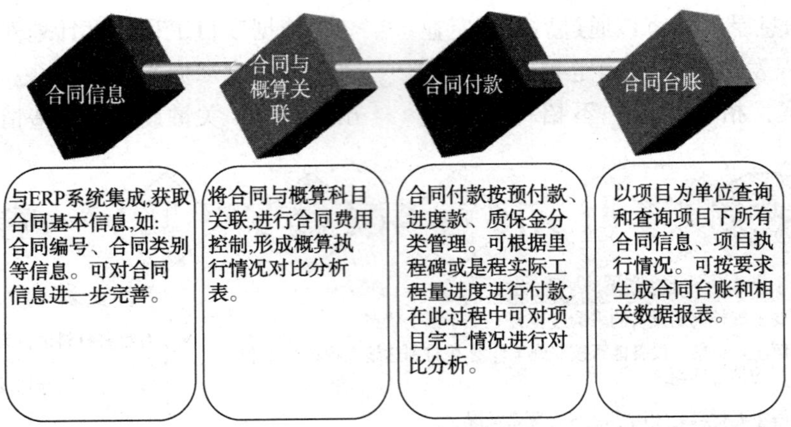

图 4　EPM 合同流程

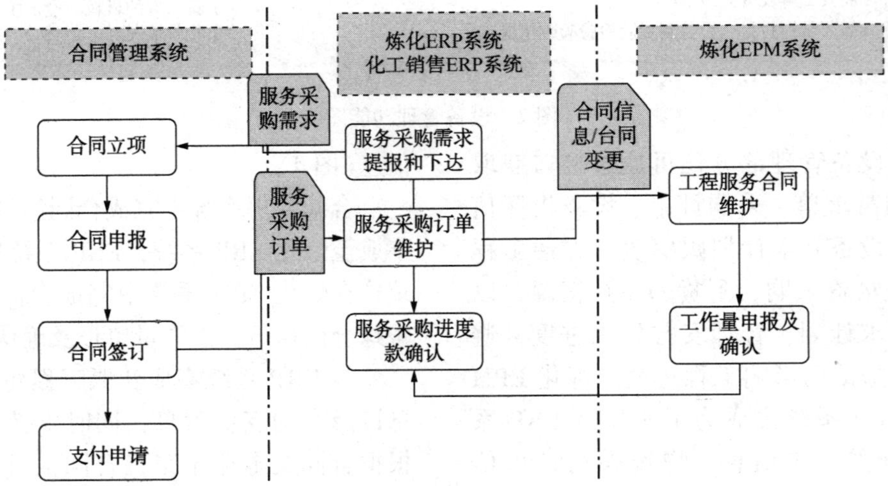

图 5　EPM 系统、合同管理系统和 ERP 系统关联图

3.7　进度管理

炼化 EPM 系统提供了项目进度管理功能，包括了进度计划完成、开工报告、总体控制计划、进度计划完成、项目简报、月报、项目报告、实物工程量、中间交接、工程交接等内容，用户及专业科室可根据所需查看进度内容。

3.8　质量管理

确定建立质量方针、目标、制定质量保证体系(提供质量组织机构、质量管理人员维护及审核功能)、实现相关单位、人员资质证书审查、制定质量管理计划、实现质量检查记录和质量问题整改的跟踪记录管理、监理仪器状态登记、关键工序(如隐蔽工程)质量验收提示功能：提前24小时通知、材料抽检、设备到场验收情况、质量事故处理验收。

3.9 HSE管理

确定项目安全方针和目标后，建立项目HSE体系，监控建设项目"三同时"，审核HSE措施费，组织HSE检查，处理HSE事故，HSE考核。实现建立项目安全方针和目标，建立HSE体系，实现HSE培训及人员考试分数信息记录，提供建设项目"三同时"状态监控，通过接口传给HSE系统，支持隐患整改通知单的在线发出和在线回复，实现隐患整改过程的跟踪管理；依据HSE检查扣分，自动实现对承包商的考核，提供HSE风险评价、HSE应急预案，维护与查询功能提供HSE事件、事故记录功能实时记录HSE绩效考核(图6)。

3.10 竣工管理

通过制定竣工计划，落实专项验收，从而对实施竣工验收的过程监管。收集相应文档材料备案，方便对竣工文件可视化(图7)。

3.11 文档管理

EPM系统还可对文档的模板进行管理、文档的收、发、存过程进行管理，根据已上传内容进行检索，形成文档库此功能支持支持WORD/EXCLE/PDF/TXT格式文件(图8)。

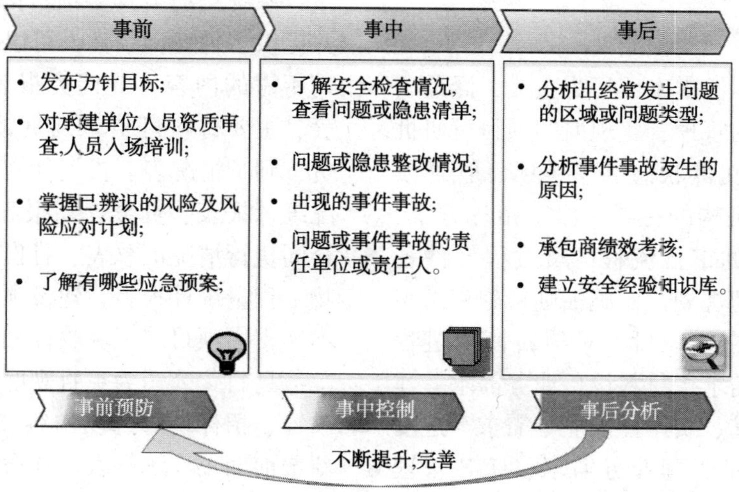

图6　HSE管理功能

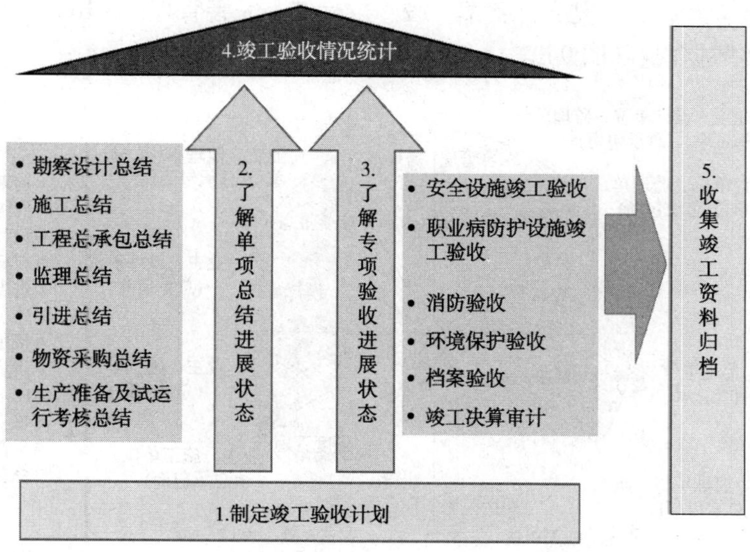

图7　竣工管理功能图

图 8 档管理功能展示

4 数据维护及报表

4.1 数据维护内容

以炼化板块资本性支出项目为主线，涵盖项目实施阶段各业务的管理，实现前期项目可研批复信息及前期批复文件状态共享，项目管理模式、项目管理组织机构的在线审批。招标方案、招标结果、不招标的审批流程，及过程文件备案，总体部署、监理规划、实施细则，施工组织设计、施工方案的在线审批。对项目使用过程中，设计管理业务需求、材料设备业务需求、建设工程合同业务需求、费用控制业务需求、进度管理业务需求、质量管理业务需求、HSE 管理业务需求中数据进行维护与统计。同时可查询当年需要竣工验收的项目及状态，其中包括生产考核总结专项验收进展，及相关批复文件备案。竣工验收相关资料上传数据内容(图 9)。

4.2 综合报表功能

系统自动出具多项目的汇总、统计类报表，并提供多种查询条件，可以按照组合查询条件查询所需的内容。统计类报表有：建设项目概况表、主要材料订货、到货情况表、主要设备订货、到货情况表、投资计划表、工程投资完成情况统计报表、资金计划报表、资金支付统计表、合同执行情况汇总表、月份实施进度计划表、实物工程量统计报表、建设项目三同时进度表、资本性支出项目竣工验收计划表等。

乌石化公司为更直观明了掌握项目前期工作内容、招标统筹进度内容和物资工作统筹内容，新增前期工作统筹表、建设项目施工招标统筹计划表及建设项目物资采购工作统筹计划表，根据计划时间规定要求完成时间，超出计划时间自动标红，完善管理(图 10)。

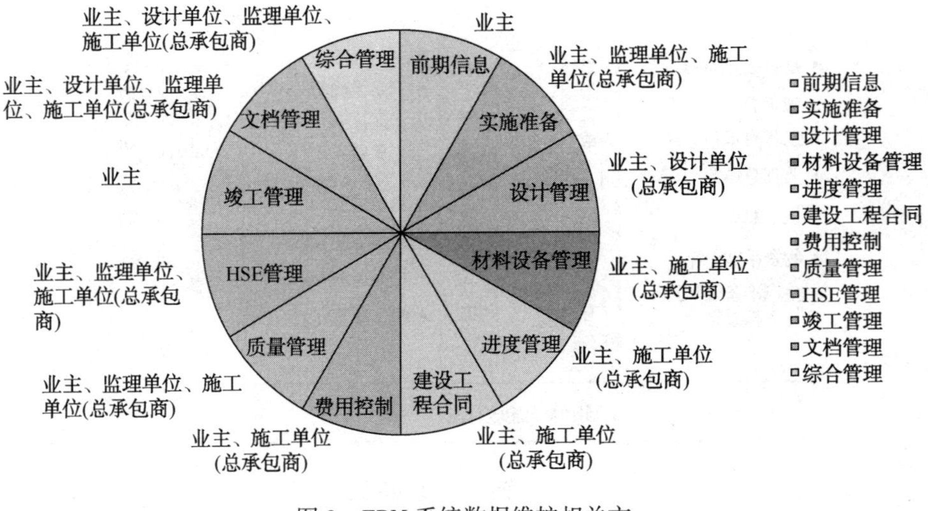

图 9 EPM 系统数据维护相关方

项目前期文件	项目组织	监理规划、监理实施细则	总体部署	施工组织设计	基础设计	详细设计出图计划编制	主要设备过程控制	合同登记	工程进度款支付申报	投资计划查询	投资完成情况	开工报告
0%	0%	0%	0%	0%	0%	0%	0%	0%	0%	100%	0%	100%
0%	0%	0%	0%	50%	0%	0%	0%	0%	0%	100%	0%	50%
0%	0%	0%	0%	50%	0%	0%	0%	0%	0%	100%	0%	50%
66.6%	50%	100%	100%	0%	100%	100%	0%	100%	0%	100%	100%	100%
0%	0%	0%	100%	100%	0%	0%	0%	0%	0%	100%	100%	100%
0%	0%	0%	0%	100%	0%	0%	0%	100%	0%	100%	100%	100%
0%	0%	0%	0%	0%	0%	0%	0%	0%	0%	100%	0%	0%
0%	0%	0%	0%	0%	100%	0%	0%	0%	0%	100%	0%	0%
0%	0%	0%	0%	0%	0%	0%	0%	0%	0%	100%	0%	100%
0%	0%	0%	0%	0%	0%	0%	0%	0%	0%	100%	0%	50%
0%	0%	0%	0%	0%	0%	0%	0%	0%	0%	100%	0%	0%
0%	0%	0%	0%	0%	0%	0%	0%	0%	0%	100%	0%	100%
0%	0%	0%	0%	100%	0%	0%	0%	0%	0%	100%	0%	100%
0%	0%	0%	0%	0%	0%	0%	0%	0%	0%	100%	0%	0%
0%	0%	0%	0%	0%	0%	0%	0%	0%	0%	100%	0%	100%
0%	0%	0%	0%	0%	0%	0%	0%	0%	0%	100%	0%	50%
0%	0%	0%	0%	0%	0%	0%	0%	0%	0%	100%	0%	0%
0%	0%	0%	0%	0%	0%	0%	0%	0%	0%	100%	0%	0%
0%	0%	0%	0%	0%	0%	0%	0%	0%	0%	100%	0%	0%
0%	0%	0%	0%	0%	0%	0%	0%	0%	0%	100%	0%	100%

图 10　建设项目数据录入情况统计功能展示

5　结论

随着紧急全球化发展，企业间的竞争越来越激烈，乌鲁木齐为了可以更好的生存和发展，要求企业要不断提高自身的核心竞争力。解决工程项目管理中存在的一系列问题，完善工程项目管理法律法规体系，这就需要借助发展迅速的信息技术，使用信息系统可以显著提升工程项目的管理水平，通过信息共享及协同工作平台，增强项目协调能力，提高工作效率。如不借助信息化手段，不仅会影响工程施工周期，还会导致管理效率下降，借助信息化平台可以将工程设计的信息数据进行收集、存储和管理，也可为后期工作开展提供便利，建设新时代智能化工厂，乌石化正在路上。

石油炼化设计院的数字化之路

马俊忠

（中石油华东设计院有限公司）

摘　要　目前，数字化已是大势所趋。本文通过描述炼化设计行业的数字化发展历程，阐明了数字化技术发展对炼化设计业务产生的影响，并结合国内外的数字化发展现状，指出了开展数字化工作需要注意的一些具体问题。

关键词　三维模型设计，数字化集成设计，数字化交付

近一时期，似乎人人都在讲“数字化”，在石油炼化设计行业也不例外，数字化集成设计、数字化交付、数字化炼厂、智能炼厂等概念纷纷登台亮相。大家共同认为，“数字化”对于设计院来说已是大势所趋。

其实，任何新生事物都有其产生和发展的必然原因。数字化技术的开发与应用，同样也是随着设计院自身业务的不断发展应运而生的。

1　炼化设计行业的数字化发展历程

1.1　CAD 绘图

20 世纪 90 年代前后，CAD 开始取代手工绘图，形成了数字化设计的雏形，其准确性和可复制的特性，对设计效率和质量的提高发挥了积极的推动作用。

1.2　三维模型设计

到了 20 世纪末期，三维模型设计开始逐渐兴起。在这个三维设计系统中，工程设计对象都是以数据的形式存在于数据库中，工程师们根据自己在项目中的角色和权限，开展参数化的设计工作。相对于二维设计来说，三维模型设计的优越性主要体现在两个方面：一是可以实现快速精准的工程材料汇料统计；二是可以有效避免实体构件在三维空间里发生碰撞。

1.3　数字化集成设计

数字化集成设计的核心，就是通过一个数据共享平台，集成各专业的设计工具，保证各专业使用的设计软件之间能够自动进行数据交互，以解决本专业内部以及各专业间的数据共享问题。其主要特点是数据单点录入、多点共享，从而保证数据的一致性和准确性，进而提升设计的质量和效率。

随着设计院向 EPC 业务的拓展，以及企业对于提高自身决策和管理水平的需求，也赋予了数字化集成设计平台更广泛的功能要求，其集成范围可进一步向采购和施工等业务过程进行延展，还可以进一步同企业运营管理信息系统等进行集成。

上述各阶段数字化应用的不断进化，目的都是为了满足企业对于工作效率和质量的不懈追求，归根到底解决的还是自身传统业务的问题。

1.4　数字化炼厂与数字化交付

当前炼化行业大发展的时期已经过去，炼化企业依靠资源要素投入、规模扩张的粗放发展模式已经难以为继，急需转型升级、提质增效。在新形势下，数字化炼厂、数字化交付的概念就此应运而生。

数字化工厂的概念起源于制造业，在该领域的起步较早，建设方案也比较成熟，应用价值也已经凸显。在石油炼化行业，虽然大家对数字化工厂的认识还不是很清晰，尚处于探索起步阶段，但是大家普遍认为，在当前的环境下，数字化炼厂已经成为炼化企业实现转型升级的必由之路。

在数字化炼厂建设过程中，设计院无疑将扮演非常重要的角色。从本质上说，数字化交付是设计院为满足业主建设数字化炼厂的需求，而为业主提供的增值服务，其目标是要帮助客户创造价值，而对于设计院原来传统的工程建设业务，并没有实际的帮助。而从技术上说，数字化集成设计虽不是形成数字化交付的必经阶段，但是可以显著提高数字化交付的质量和效率。

1.5 智能炼厂

对智能工厂的认识，更是仁者见仁，智者见智。一般认为，智能工厂是在数字化工厂的基础上，综合运用移动互联、物联网、大数据等新兴技术手段，将人和智能设备有机地融合起来，使人从大量的例行工作中解放出来，专注于优化与创新。建设智能炼厂的最终目标，就是要实现炼化企业的卓越运营。

从本质上说，建设智能炼厂的核心是充分发挥人和机器各自的先天优势，实现人机合一，其典型特征是自动感知、人机协同、流程优化和智能预测。

设计院在规划设计、技术创新上的独特优势，注定了其在智能炼厂的建造和运营过程中，可以通过与业主的深度合作，帮助业主实现价值最大化，从而完成从传统的工程建设业务向为客户提供一体化综合服务的转型升级。

2 国内外石油炼化设计行业的数字化发展现状

国外石油炼化工程公司对数字化的认识相对较早，对总体规划比较重视，基础工作也比较扎实，随着数字化技术的发展，应用能力不断提升，应用效果日益显现。截至目前，国外先进工程公司大都已经实现了数字化的集成设计，并且将其拓展到了 EPCO 全业务链；数字化交付成为常态，数字化炼厂建设已经拓展到了设备、生产、安全、培训等多个方面。

国内一些大型炼化工程公司，数字化工作在最近几年也取得了积极进展，有的甚至已经发展到了集成设计和数字化交付阶段，但与国外先进企业相比，技术开发与推广应用显得有些脱节，应用范围和深度都存在较大差距。对内，还不能发挥企业级数据共享、业务协同的整体性优势。对外，数字化交付成果还难以满足工厂运维的实际要求，没能给业主带来真正的实惠。

3 开展数字化工作需要注意的问题

3.1 选择适合自己的道路

任何新技术应用，都应当与企业自身条件和内在需求、以及社会和市场的大环境相匹配，量力而行。由于各家设计院实际情况存在较大差异，虽然我们的大方向是一致的，但是对于道路的选择却应该是因人而异的。

就目前来说，我认为在国内真正形成炼厂全面数字化的大环境尚需时日，大家也没有必要人云亦云、一哄而上，都去搞什么数字化的交付。试想一下，花费大力气搞出的数字化交付成果，如果对炼厂的运营维护起不了什么作用，那还有什么意义？所以说，我们当前的工作重点，主要还是应该先练好内功，即以企业的内在需求为导向，通过数字化技术的开发应用，切实提高企业整体的数据共享和业务协作水平。

对于那些正在走向国际化的工程公司，应当加快数字化进程，使研发成果尽快形成生产力，以应对日趋激烈的国际化竞争。对于那些市场主要面向国内传统炼厂的中小型设计院，则宜小步慢行。

3.2 关于数字化集成设计

集成设计是多专业在不同的系统下协同工作，从而实现数据共享与同步。也就是说，首先需要一个共享的数据平台，所有设计软件都是通过数据接口，向这个平台发布数据，或者是从这个平台接收数据，从而实现数据共享。

在石油炼化设计行业，三维设计软件普遍使用鹰图和 AVEVA 产品，鹰图的 SmartPlant Foundation 和 AVEVA 的 Plant，自然也成了数据共享平台的首选。据了解，大部分设计院在开展集成设计和数字化交付课题研究时，一般会选择软件厂商的推荐方案，并且将数据接口的开发工作交给这些厂商。

在这里我们要特别注意两个问题：一是软件厂商并没有明确告诉你，按照他们所推荐的架构方案，由于专业软件与共享平台之间是刚性的的集成关系，即便我们使用第三方设计软件开展工作，可能也会同时占用平台的一个点位！而众所周知，这些平台软件的价格都是非常昂贵的，一个点位都要几十万元。在科研开发阶段，因为应用规模小，投资问题还不十分明显，而到了应用推广的阶段，庞大的投资将会成为一个很大的问题。二是软件厂商在开发数据接口的时候，一般不会主动将数据的结构与流转过程告诉我们，那么今后任何一个小小的数据变更，都必须依赖于软件厂商。在这个问题上，我们应该向国外的工程公司学习，在架构设计和接口的开发上由我们自己来唱主角。

关于数字化集成设计，还有一个值得关注的问题。由于各个专业需要围绕一个数据共享平台开展工作，在这个平台上发布数据、接收数据，并行工作，从而打破了传统上下游专业之间的设计委托关系，必然也会大大增加上游专业的工作量。所以，集成设计最大的挑战，在于对工程公司现有专业划分和工作界面的重构。从这个意义上来说，集成设计在短期内不会显著提高设计效率，而且实施的难度较大，建议提前做好顶层设计，统筹规划、分步实施。

3.3 关于数字化交付

数字化交付成果最终是要为工厂运营服务的。从理论上讲，工程项目执行期间的所有数据，对于工厂运营都有潜在的利用价值。因此，数字化交付不仅仅是设计成果的交付，而应是EPCC的完整交付，交付内容必须要确保完整性，并与现场情况保持一致。站在工厂运维的角度，数字化交付不仅仅包括模型、图档和数据，还需要基于工厂位号，建立模型对象与相关文档、数据间的关联关系。数字化交付的核心内容是智能PID(满足PID与三维模型智能关联)。

也就是说，真正意义上的数字化交付，还需要在传统设计交付的基础上，增加大量额外的工作。当然，这些额外的工作可以由设计院自行完成，也可以通过与其他专业公司合作来完成。

数字化交付的生命力在于：支持业主典型场景应用(无需做二次加工)，数字化工厂数据更新和维护，与业主现有信息系统集成。从这个意义上来说，数字化交付可以大大增加工程公司与业主关系的黏度。但是在现阶段，数字化交付暂时还不能完全替代传统交付。是否进行数字化交付，交付的具体内容和深度，还需要设计院根据自身条件和业主要求，斟酌而定。

3.4 关于数据治理

毋容置疑，数据是数字化工作的基础，而且随着数字化工作的不断推进，数据的标准化和规范管理会越发重要。而这恰恰是国内大部分设计院的短板。我参加过很多数字化工作会议，大家关注的往往都是应用平台，很少有人谈到数据的治理问题，这种现象让人担忧。在此，建议国内设计院向国际上的先进工程公司学习，自始至终把数据治理放在头等重要的位置，尽快建立企业统一的数据标准和管理规范，包括相应的组织、制度和流程等，在整个企业范围内推行主数据管理。

基于智能 P&ID 设计平台的二三维协同设计的研究

宋磊明　李红艳

（中石油华东设计院有限公司）

摘　要　随着计算机技术提高、应用软件的广泛使用，数字化、智能化在各个领域快速推进并不断发展。在工程设计、建设领域数字化变革进程中，设计阶段的数字化、智能化是工程建设中最基本、最核心的内容，是数字化施工、数字化工程交付、智能化运营的源头和基础。本文着重探讨、研究广东石化炼化一体化项目在智能化设计及数字化交付过程中，如何应用 Intergraph SPPID/ SP3D 系列智能软件进行数字化的二三维设计。

关键词　智能化，数字化，SPPID，SP3D，二三维校验

1　传统 P&ID 绘图与新型智能 P&ID 绘图

传统的工艺管道及仪表流程图（P&ID）应用软件如 CAD 等进行绘制，与配管所进行的三维软件如 PDMS 等进行模型搭建相互独立，二维与三维无任何关联，图纸绘制与三维模型的布局、数据输入、信息传递与更改也完全不相关，工程设计的智能化、数据化落后影响工程领域智能化、数据化的发展与进步。基于此类问题与弊端，广东石化炼化一体化项目尝试进行智能化设计及数字化交付，应用智能 P&ID 绘图软件 Smart Plant P&ID（以下简称 SPPID）进行智能化、数字化设计并传递给三维软件 SmartPlant3D（以下简称 SP3D），实现二三维数据、信息关联。传统设计，CAD 绘图、管道表、仪表条件表、设备数据表等单独作业，分别提供给仪表、配管、材料等专业，过程复杂、专业间文件传递繁琐、更新不便等，智能软件 SPPID 可以一张图包含三维绘图所需要的工艺、材料等各专业所有数据、信息，并可以线上发布传递给 SP3D 供配管三维模型搭建而不需要再进行数据、信息的输入，减少工作量、出错率，智能化、数字化大大提升。如下图 1，一张 SPPID 图包含工艺（设备信息、管径、编号、介质、温度、压力、来去、吹扫、保温、伴热）、材料（材料等级、水压、气密、保温厚度、保温材料、管道级别 GC、PWHT、检查等级）、仪表（类型、编号）等所有数据、信息，各专业在同一平台工作，并且材料、仪表专业所需工艺数据在 SPPID 图上直接读取并直接工作，无需线下文件提供。本文从项目实际运行中所做的工作进行研究与探索。见图 1 一张 SPPID 包含所有数据、信息。

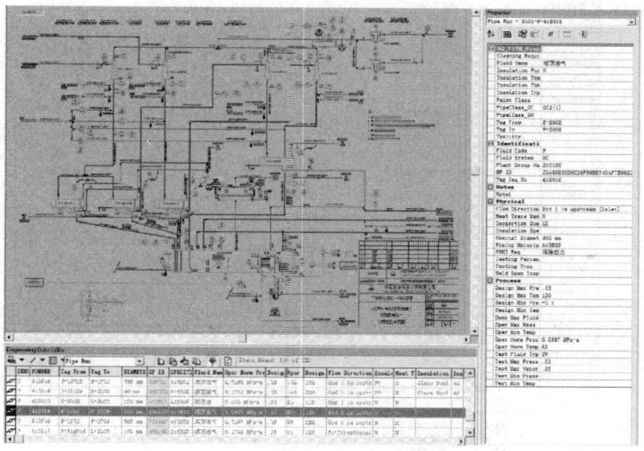

图 1　包含所有数据、信息的 SPPID

2　SPPID 平台

SPPID 是 Intergraph 公司推出的基于数据库及规则驱动的工艺系统绘图软件。软件的特点是所绘制的 P&ID 图不仅仅有图面信息，还有图纸内各部件的属性信息。软件自带的 Drawing Manager 图纸管理可以进行整个项目、各装置、单张图纸的创建，简单易操作，如图 2 所示。

每张 SPPID 的图纸属性都可在 Drawing Manager 图纸管理软件上进行批量导入、更改，包含图纸内角图章内容，如表 1 所示，包含的属性可

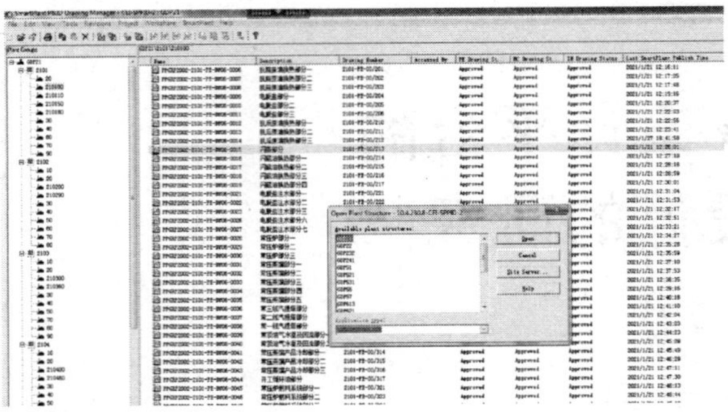

图 2　某装置数据库及图纸管理

以在创建图纸时一次性导入。

表 1　图纸管理中可批量导入的图纸属性

属性	数据要求	用途
Drawing Number	图号	项目图纸编号，显示在角图章、OPC 中
Name	图号缩写	显示在 Drawing manager 中的图纸名
Template	图框	A1、A2、A3、A4

完成后的图纸属性可再进行编辑，见图 3。

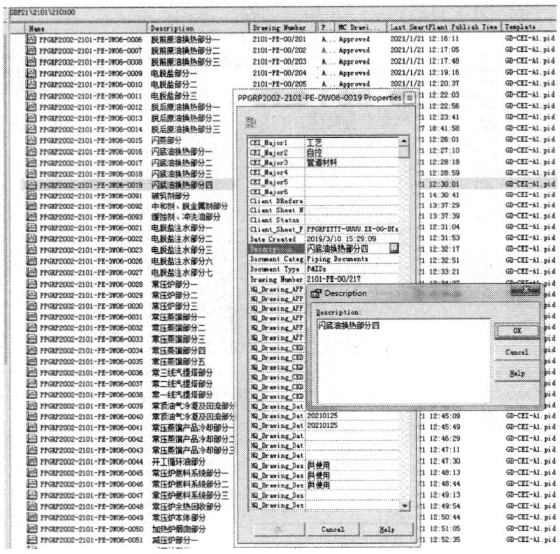

图 3　单张图纸属性一览

3　SPPID 绘图及数字化处理

利用 SPPID 可以生成智能 P&ID、工艺数据表、管道表、设备一览表、仪表条件表等，因此，需要在绘图中将所需数据导入。

3.1　SPPID 绘图简介

3.1.1　图例定制

用 VISO 绘图工具，根据要求尺寸、大小进行设备、阀门、管线、仪表等定制图例，相对于传统的 CAD 等绘图，统一定制的图例更加规范、统一，设备、管件的名称、描述、备注等也都是统一定制、命名，绘图工具简单易操作。如图 4 所示，统一定制的阀门图例。

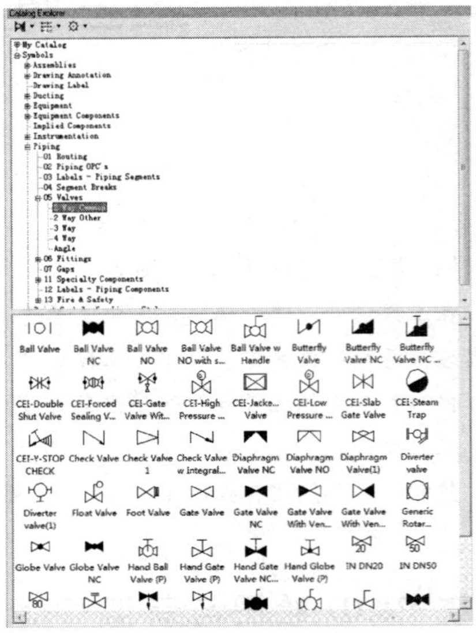

图 4　统一定制的阀门图例

3.1.2　SPPID 绘图

用 SPPID 绘图，除设备、管线、仪表等的图例及编号需在软件上输入，其他数据既可以输入也可以通过软件自动导入。如图 5 所示，绘图界面有命令工具栏、绘图区域、图例符号浏览器、工程数据编辑器、属性输入窗口等部分。相对于 CAD，界面布局明确、功能清晰、信息齐全，缺点是至少工艺、仪表、材料等三个专业在此界面工作，专业分工、使用权限等不同于传统线下委托文件等传递，需重新界定、划分工作范围。

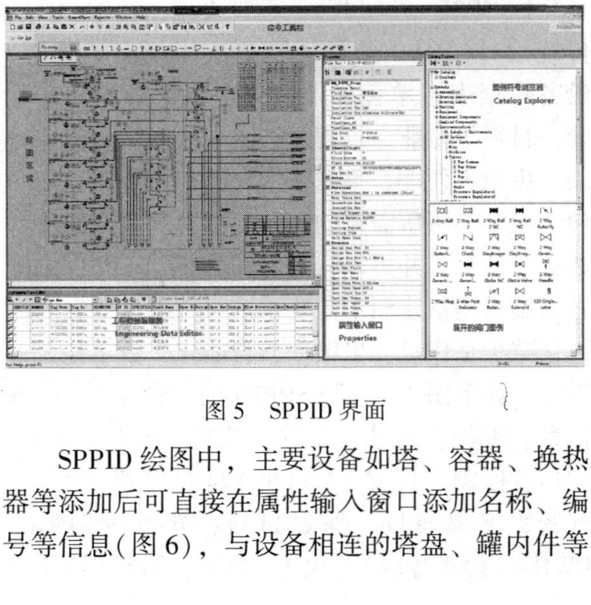

图 5　SPPID 界面

SPPID 绘图中，主要设备如塔、容器、换热器等添加后可直接在属性输入窗口添加名称、编号等信息(图 6)，与设备相连的塔盘、罐内件等图例添加时与设备自动相连，并可通过软件智能化导出工艺设备表等。

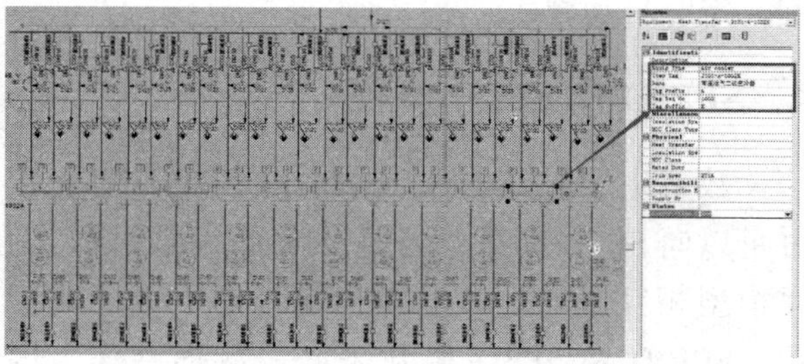

图 6　设备及其属性添加

管线、仪表线可通过管嘴与设备自动捕捉相连，再添加或批量导入工艺、材料等数据即可，其他管件、在线仪表线等图例添加时可自动捕捉连接到管线上(图 7)，并且所有工艺、材料的数据、信息自动关联获取(图 8)，由此可导出管道表、仪表条件表、阀门数据表等图纸上所有图例相关的数据表。两张图之间管线通过 OPC 无缝连接，所有数据可自动传递到下一张图中，实现整套装置所有管线自动智能化连接。

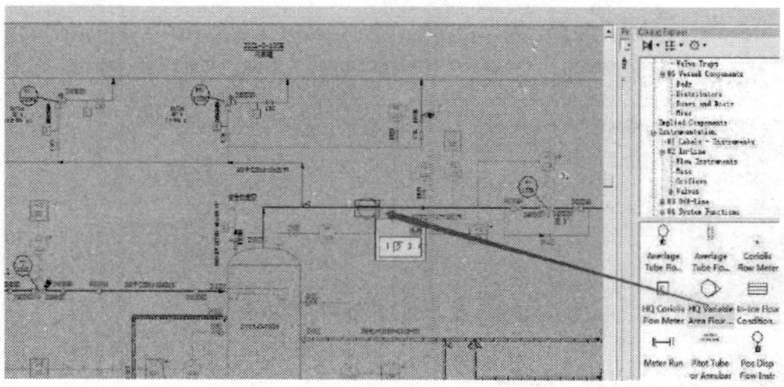

图 7　管件自动捕捉到管线

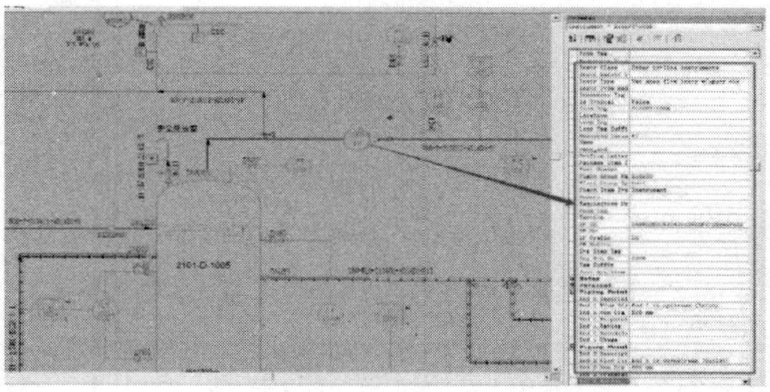

图 8　管线数据自动传递到管件

因相连管线的工艺、材料等数据不同，管线相交位置需添加工艺、材料、保温、伴热等打断符号，相对于 CAD 复杂、繁琐，但区分更加分明，有利于后续管线、管件数据的批量处理与二三维传导。软件本身还需改进、优化，实现与工程设计需求衔接更加吻合。

3.2　SPPID 数据处理

除 SPPID 上图例与数据相互自动传输外，工艺、材料、仪表等数据的批量处理、导入与导出是 SPPID 与 SP3D 二三维间传递、数据共享的重要前提，也是智能化、数字化不可缺少的一环。SPPID 不仅可以单张图进行数字化处理，也可对一套装置数百张图同时进行数据、信息导入导出，可批量处理的设计内容包含工艺(设备信息、管径、编号、介质、温度、压力、来去、吹扫、保温、伴热)、材料(材料等级、水压、气密、保温厚度、保温材料、管道级别 GC、PWHT、检查等级)、仪表(类型、编号)等所有数据、信息，简单、快速，减少手动输入出错率。

3.2.1　单张 SPPID 数据处理

完成一张 SPPID 设备、管线、仪表等图例添加后，在属性位置可进行单独设备、管线、仪表信息的输入；在工程数据编辑器位置设备、管线、仪表等信息自动排序，既可以直接更改，也可在工程数据编辑器位置批量复制、粘贴或导入、导出(图 9)。

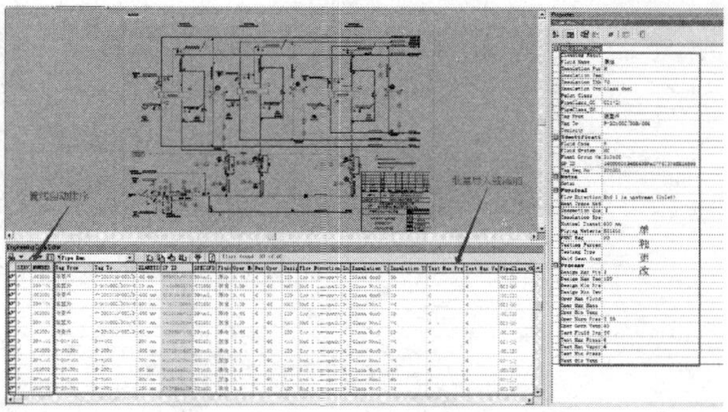

图 9　单张 SPPID 数据批量添加与更改

3.2.2　多张 SPPID 数据处理

对多张 SPPID 图纸甚至一整套装置的数百张图，需要借助一个 Global Report Utility 小程序，将已编辑好名称、编号的设备、管线、仪表，根据软件自动生成的代号顺序生成的 EXCEI，进行数据、信息编辑并批量导出、导入(图 10)。

导出的数据自动生成 EXCEL 表格，在表格中可直接编辑或导入数据，部分数据 SPPID 软件可以通过编写数据接口直接接收 ASPEN、HTRI 这些软件的计算结果(图 11)。

对编辑好的导出 EXCEL，应用 SPPID Loader-PE/MC V2.1 小程序可对 EXCEL 数据再

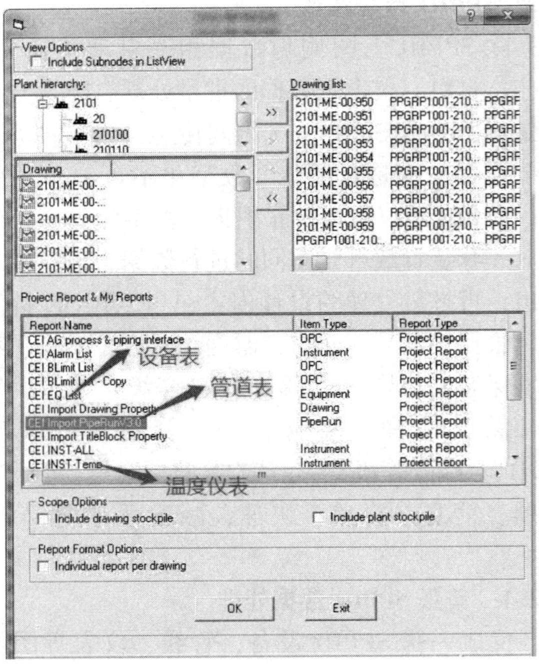

图 10　Global Report Utility 对整套装置 SPPID 图数据批量导出

导入 SPPID，如图 12 所示，只需浏览->选择表格->预约导入即可。因大批量导入数据时间长、工作量大、软件运行慢等，需提前预约到合适时间，定时自动导入。

4　SPPID 向 SP3D 发布

数字化处理完成后，SPPID 使 P&ID 智能化并可以向 SP3D 发布。区别于传统二维绘图、三维模型相互独立、数据各自输入等不智能化现象，SPPID 和 SP3D 相互关联、数据共享。因此，二维、三维关联是智能化、数字化最重要的一环，SPPID 中的智能工艺数据可以传递给 SP3D，SP3D 发现的问题可在模型中高亮显示并反馈给 SPPID，SPF(集成化数据仓库)是衔接两个软件的主要平台。在 Drawing Manager 中选中需要发布的图纸，工具栏->Smart Plant->Publish->选择图纸->选择版次->发布成功(图 13)，简单易操作。

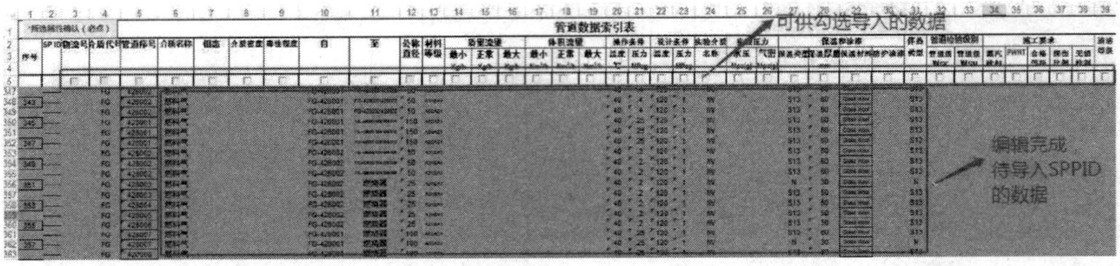

图 11　导出的 EXCEL 管道表进行数据编辑或导入

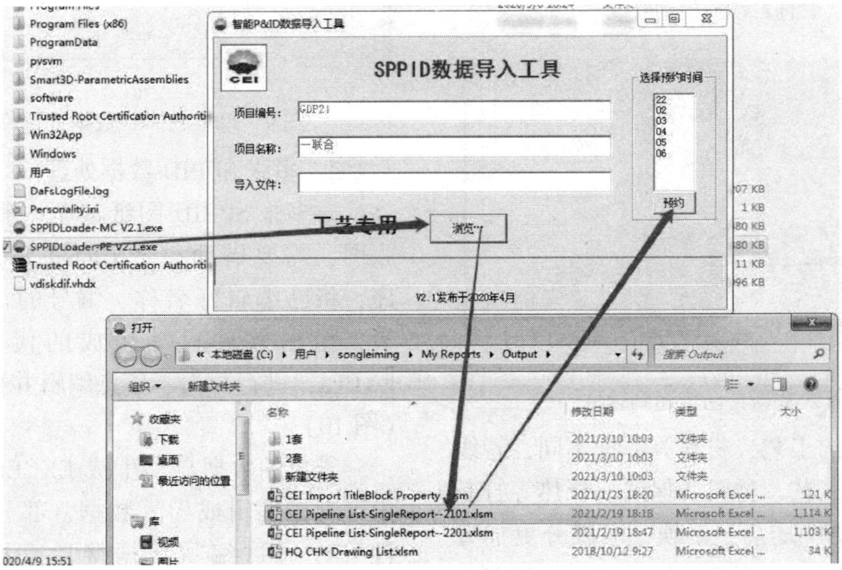

图 12　应用 SPPID Loader 导入 SPPID 数据

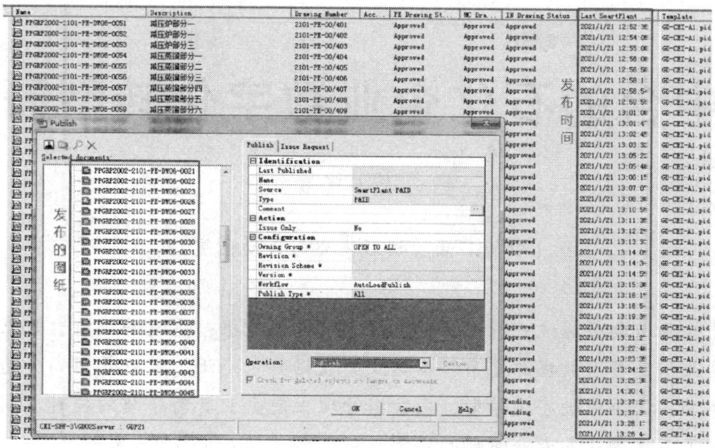

图 13 SPPID 发布界面

5 SP3D 数据接收及二三维数据校验

SPPID 发布成功后，SP3D 即可在 SPF 共享平台上接收相关图纸，且因二三维传递数据多、工作量大、图纸升版等原因，SP3D 自动检查 SPPID 和 SP3D 之间的一致性，SPPID 更新或 SP3D 未接收的设备、管线等图例或数据会高亮显示，区别于已成功接收的未高亮显示部分，并可进行二三维图例、数据校验、反馈等(图 14、图 15)。

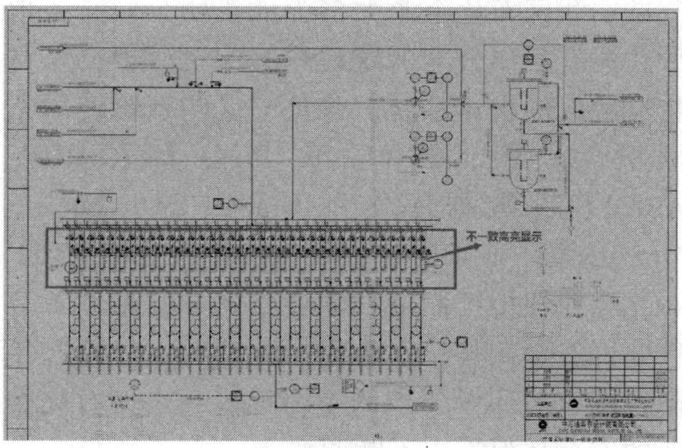

图 14 SP3D 接收的图纸及不一致高亮显示

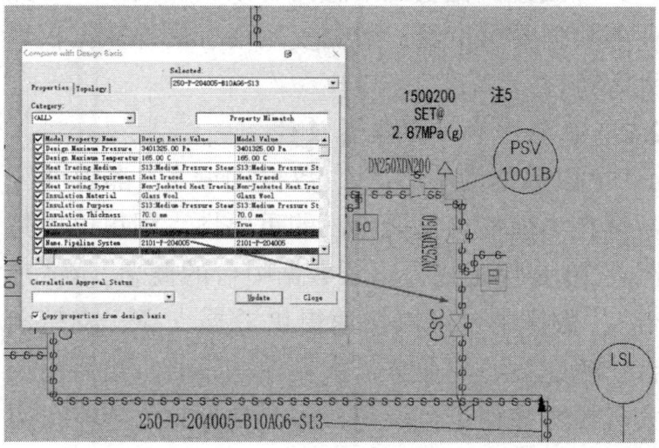

图 15 SP3D 接收的数据及不一致高亮显示

SP3D 三维工程师在接收的如图 14、15 基础上搭建三维模型，设备、管线、仪表的工艺、材料等所有数据、信息都会传递到三维模型中，如图 16 所示。

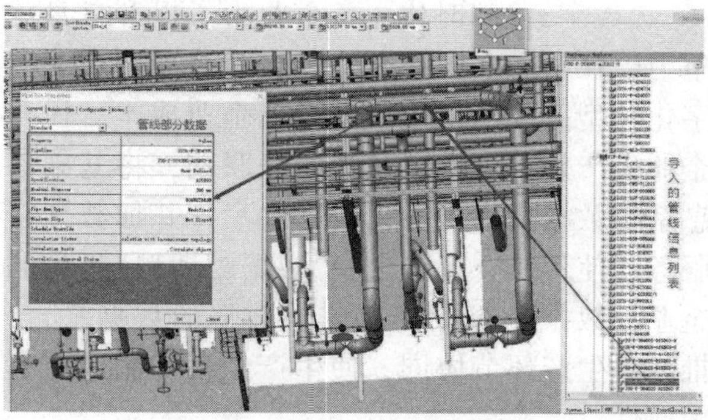

图 16 三维模型数据显示

6 工程设计智能化、数字化的发展方向展望

经过 AVEVA 系列、Intergarph SPPID/SP3D 系列等诸多工程设计软件的使用及更新换代，设计人员已充分体验到智能化、数字化的特性深入到设计工作所带来的便利，工程设计的数字化需要依赖于应用软件的智能化。在保证设计质量、安全、保密的前提下，智能化、数字化是工程设计领域的改进、发展方向。

7 结语

广东石化炼化一体化项目首次提出智能化设计及数字化交付，从软件培训、应用都是在摸索中进行，智能 P&ID 的普及和使用还有很多路要走，软件的本地化改进和功能性优化对软件的推广使用也尤为重要，就如过去 CAD 软件绘图替代手工绘图一样，未来智能 P&ID 替代传统 CAD 绘图会成为发展趋势。

基于数据中台的石化企业数字化转型研究与设计

赵志宏　张巍钟

（中国石油兰州石化公司自动化院）

摘　要　数据中台具有集数据统一管理、数据运算与价值挖掘、快速响应前台需求、数据安全管理为一体的优势。石化企业信息具有数据源复杂、各类业务数据要求广泛、数据复用高、局部数据权重大等特性。基于数据中台推动石化企业数字化转型，从数据管理上使企业具有了质的提升，同时，基于数据中台挖掘数据价值，推动了石化企业各专业管理的变革。

关键词　数据中台，石化企业，数字化转型

1　引言

“数字经济”时代，各企业为了提升自身竞争力，在未来市场抢占先机，纷纷推进企业数字化转型。数字化转型可降低企业成本，提升企业生产效率。特别是基于互联网，将基础信息系统数据集中，强化数据共享，并加载计算服务，使传统企业转化成“数据驱动型”运营的企业。数字化企业具有完整数据的数据平台，推动各生产环节协同，使生产经营与制造更具敏捷性。

石化行业作为我国支柱产业，不仅肩负着经济责任，而且对环境保护负责。石化企业具有生产工艺复杂，生产规模大、连续性强、装置技术密集等特点。石化企业通过数字化转型不仅可以优化供应链，实现生产与进销存的运营协同，而且能够增强安全管理水平，促进企业平稳运行。

数据中台作为将数据独立于业务流程的平台，具有数据统一、独立管理、数据运算与价值挖掘、快速响应前台需求、数据安全管理为一体的优势。构建石化企业的数据中台将有效应对不同业务、不同架构系统的数据集成与管理工作，更提升了自身业务封装能力，适应业务不断变化，推动企业数字化转型。

2　基于数据中台的企业数字化架构设计

数据中台与数据仓库、数据湖不同，它不单单是收集数据，更是连接数据、运算数据的平台。基于现有各业务系统数据，结合数据编织(Data Fabric)理念，经 ETL，构建实时、非实时数据的视图，对数据进行综合挖掘，增强数据洞察力，从而支撑生产、企业管理、安全环保、物流配送等一体化管理的应用。

2.1　石化企业信息特性

石化企业信息有其特性，具体表现为：业务线多，管理信息系统多。除了传统的人事、财务、行政信息系统外，还有采购、库存、生产、销售、安全环保信息系统；信息系统来源复杂。我国石化企业大多为大集团公司，各地区公司有集团公司的统建系统，也有根据自身特点建设的自建系统。并且，这些系统使用不同框架、平台技术，如 .Net、Java、PHP、ABAP 等，数据库使用 Oracle、SQL Server、MySQL 等；业务调整难度大，牵扯系统广泛。石化企业与传统制造性企业不同，其生产工艺伴随着连锁调整；安全环保责任重大。近些年随着国家对环保要求的不断提高，也使石化企业的安全环保需求不断调整。

可见，石化企业信息具有数据源复杂、各类业务数据要求广泛、数据复用高、局部数据权重大等特性。

2.2　数据中台框架模型设计

“以数据为中心”，“数据即服务”都说明了数据在当前信息发展阶段的重要性。阿里巴巴集团在 2018 年正式提出了数据中台的概念。对“前台”，数据中台可以快速提供数据支撑，支持前台快速建设、即业务需大规模调整时、也不需要大规模对数据进行调整，不会耗费太大成本。对“后台”，后台数据是根据业务系统建立起来，通常后台不能随意改动。而数据中台可根据业务需求，利用数据集成的优势，快速建模。

数据中台是将所有数据进行独立管理，不仅包括大数据存储功能，而且提供数据运算功能。同时，数据中台克服企业各部门间数据壁垒，将数据加工以后，封装成一个公共的数据产品或服务。同时，数据中台还有将实时数据与存储数据统一管理的功能，基于数据治理，进行元数据管理及数据质量管理，并实现数据任务调度功能。通过数据模型的运算，为前台提供 API 应用。通过可视化的监控，实现高效运维。数据中台承载了整个企业的数据资源，需要大量的物理设备进行支撑，通过负载均衡的云管理，多线程服务，更能满足数据准确、快速、及时推送的需求。数据中台框架如图 1 所示。

2.3 石化企业数字化框架设计

石化企业数字框架设计以 CAMSS 为指导。Cloud 云存储与计算，Data Analysis 作为企业数字化的核心，Mobile 为扩展应用空间，Social 为更好的使用，将各专业运营融入到日常当中，Security 为确保企业信息流安全长周期。石化企业数字化框架如图 2 所示。

企业数字化并不是彻底的颠覆，而是对现有的继承、增加、扩展、重新定义。重新建设从建设周期、成本、人员熟练周期上都面临巨大的挑战。同时，企业数字化的主要功能并非以硬件为主，而是以大量的数据模型，数据分析，机器学习的软件为依托，所以，基于经济与“快速落地”的目的，基础运行层还是将原有的系统纳入，各级人员正常使用。

数据中台以 Hadoop 为主要载体。Hadoop 作为成熟地，广泛应用地大数据工具已为人所知。数据仓库作为数据结构应用理论也被广泛应用。根据各专业管理，结合在线数据与存储数据，进行数据库数据集市的构建，将各类数据进行结构化(非数据类型结构化)处理。因该层主要目的并非简单存储数据，而是结构化数据，建立数据集市，进而建立数据仓库。同时，根据业务需求目标，应用数据模型进行运算，达到预测分析、优化的目的。故，数据中台结构化数据为其他层服务连接时，应大量使用视图类相关技术。单纯的视图只能提供单个的数据，而要完成整个业务，特别是流程化业务，需要大量的数据支持。将数据集市数据进行初步处理，形成服务，供后续业务数据模型进行处理。同时，数据中台需要云化。云化的好处在于集群式部署有利于使用效率的均衡，耗能合理，并保证各类数据正常传输。基于数据安全，敏感数据强调数据权限管理。

针对各专业管理部门专业管理流程起到良好的支撑与提升是检测企业数字化目标是否达成的关键。通过数据模型计算为各专业管理提供了各种有价值的数据。运用业务逻辑配置，将各个有价值的数据可视化的展示在专业管理人员面前，不仅直观的展示，而且这种灵活的配置形式更好的贴合管理人员的习惯，进而推动业务运行高效化。同时，可视化的价值数据更有力的支撑人机协同。各专业管理线的优化决策，为整体企业大运营的智能化提供支持。

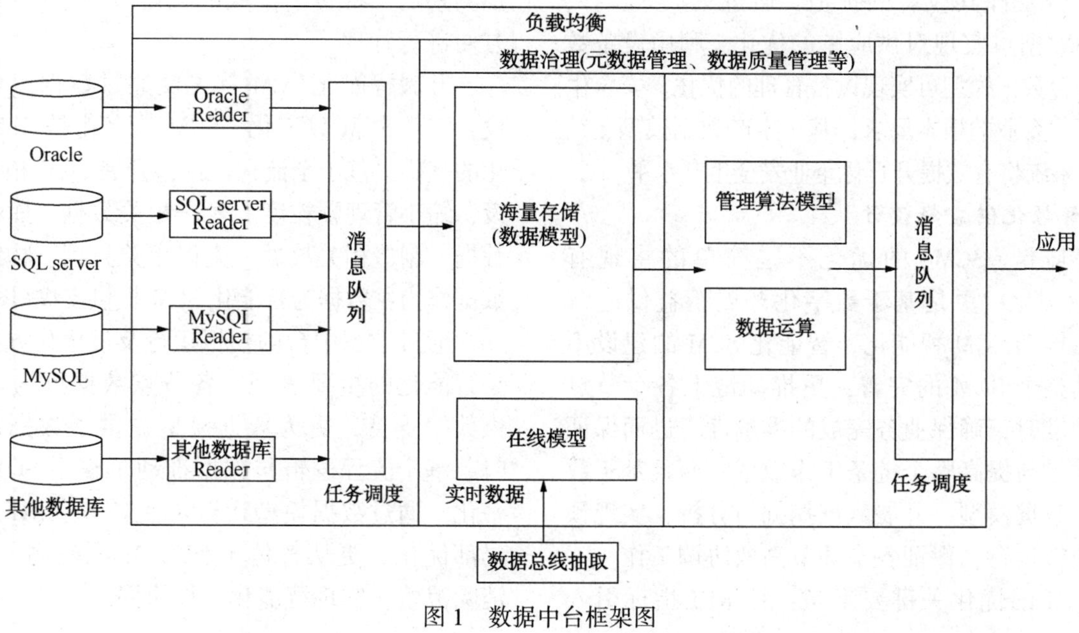

图 1 数据中台框架图

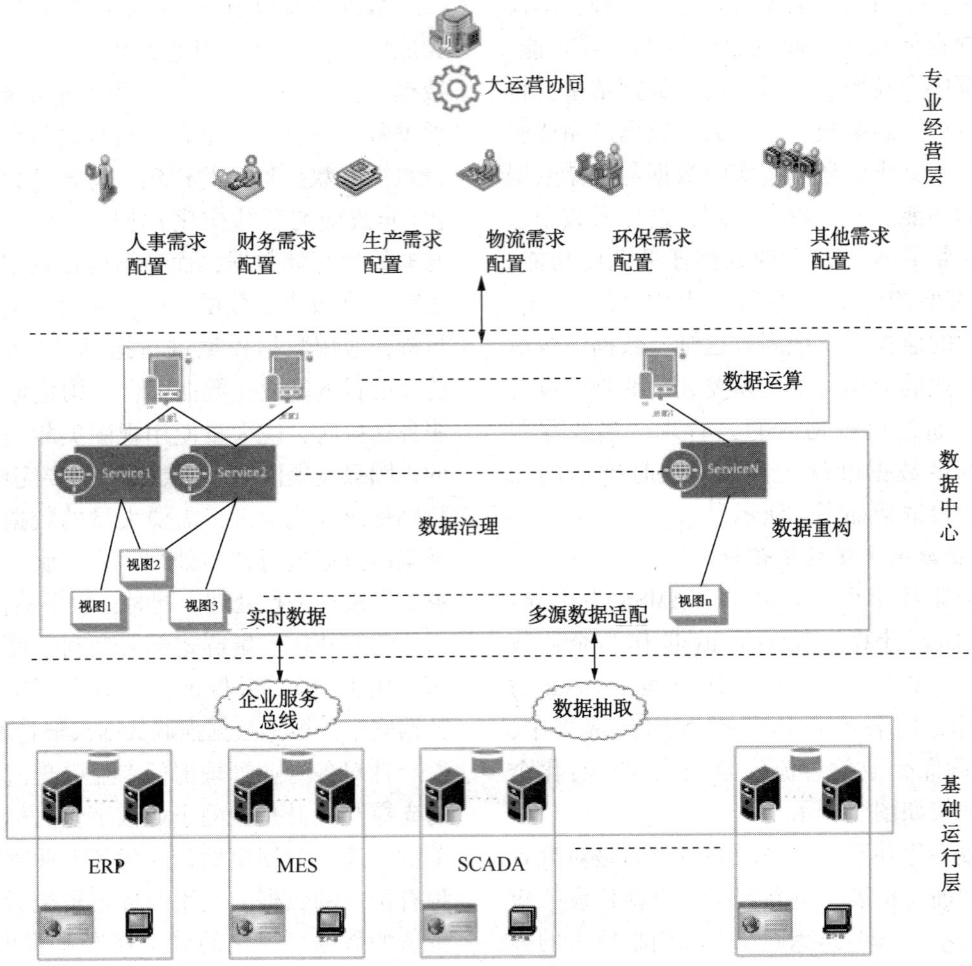

图 2　石化企业数字化框架图

3　基于数据中台的业务模块数字化设计

数据中台的建立是为了更加有效、便捷的为专业管理服务。基于数据模型，对数据进行应用，使数据中台发挥其应有的价值。通过集成采、存、产、销数据可实现对供应链的优化。利用设备数据，结合数据模型可实现设备管理的优化。安全生产是石化企业的根本要求，基于生产数据模型、结合 SIS 系统将有效提升石化企业安全生产水平。

3.1　智能化供应链设计

供应链（SCM）的优化不是简单的将现有 SCM 数字化，更是基于数字化开展精益供应链建设，推动 SCM 智能化。智能化 SCM 的建设不仅推动整个 SCM 的完善，更推动链上各个节点业务的准时，确保业务完成的准确性，进而保证产品质量与提高整个链条工作效率。而且基于数据中台数据模型，开展数据挖掘与分析，实现预测与模拟运行，保证各个环节高效协调工作。

SCM 的优化关键要素是：将 KPI 指标引入至采、产、物流、销全流程当中；利用数字化计算保证 Just in Time（JIT），扁平化 SCM，消除“牛鞭效应”；以销售及销售预测分析，满足客户需要为驱动，进行有效的供应商管理及战略性预测采购；将整个供应链关键节点数据可视化，方便进行管理。

开展智能化 SCM 首先要通过数据中台的建设，实现 SCM 数字化。SCM 数字化是 SCM 精益化的基础，基于全流程数据，开展 SCM 精益化建设，缩小管理颗粒度。客户相关数据、库存相关数据、制造相关数据、流程相关数据、物流相关数据作为主数据为智能化 SCM 提供支撑(图 3)。

通过数据中台的模拟运行及最优化方案计算是智能化的重要表现。各节点数据可为 KPI 提供数据支持，更为数据模型提供了数据源。同时，基于流程逻辑与数据推动了整个 SCM 的扁平化。通过数据模型运算可使各节点 JIT，取得局部优化。更从整体上使 SCM 准确高效运行，消除浪费，实现智能化人机协同。

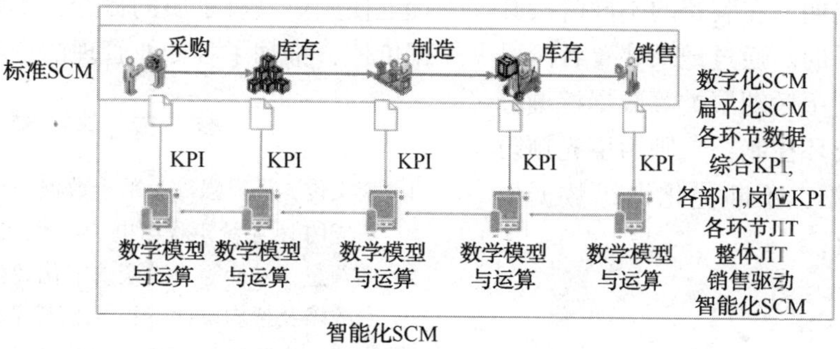

图 3　智能化 SCM 框架图

3.2　设备管理优化设计

设备是生产运营的保证。设备管理智能化不仅能保证设备长周期的运行，确保生产经营活动的正常运行，并且，通过智能化的管理，基于数据模型与运行数据，优化安排设备运行，可以延长设备的运行生命周期，从而节省设备运维及采购费用。特别是作为石化企业，每年运维及设备的采购费用以数亿元记，实现设备管理的智能化将从经济效益上取得显著成果。

由 DLC(Device Life Cycle)可知，石化企业设备管理分为设计、选型、招标、安装、调试、运维、报废几个阶段。作为长周期稳定性生产制造企业，运维阶段是生产秩序正常进行，节省资金的重要阶段。针对此阶段开展业务分析与数据模型搭建是实现设备智能化的重要一环。设备运维与生产运行密不可分，且生产运行是是“因”，设备运维是“果”，设备运维伺服于生产运行。由此可见，做好设备管理的智能化，必须将生产运行纳入数据模型中进行设计。

设备管理优化首先从数字化开始，记录各种物理数据是数字化设备管理的第一步。而且，生产对设备有着最直接的影响，根据生产需求合理提供设备动能也是设备寿命延长与能耗最佳的关键(如根据生产动能要求，合理安排机组轮值；根据生产实时数据与工艺参数，建立动力输出控制关键，合理输出动能)。设备剩余寿命的预测可为设备维修策略、延寿策略提供数据支持，并提升设备管理的经济效益。以相同品牌、同标程设备为采样样本，使用拉格朗日插值法可以模拟出设备剩余寿命的正态分布。将该正态分布及置信参数代入至随机退化模型中可得出设备剩余生命的函数表达式。通过剩余寿命函数，可调整设备使用策略。

3.3　安全运行的优化

安全运行是正常生产的前提条件，尤其对高温高压生产条件下生产的石化企业。同时绿色生产，环保为先的要求也日益强烈。实现安全环保智能化不仅是企业内在要求，更是社会和谐发展的外在要求。安全运行设计优化关键要素是：实现有效防控、完成预测性行为支撑实际生产。

安全运行优化分为三部分：事先预防、事中监控、事后总结。事前预防将基于生产数据进行虚拟运算，确保数据运算结果在安环可控范围内。事中监控主要依靠现有 SIS，并进行优化。事后总结主要建立事件，装置运行数据库，进行数据分析，为突发事件提供处置预案编制(图 4)。

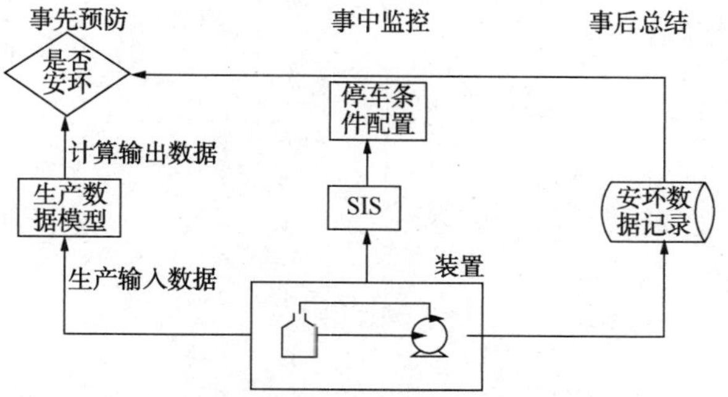

图 4　安全运行优化设计图

通过建立生产数据模型对生产全过程进行数据模拟，不仅是信息物理系统(CPS，Cyber-Physical Systems)理论的实际应用，也是最经济性进行安环运行事先预防的有效方法。通过进料输入值和数据模型运算将对生产进行仿真，并根据工艺参数进行数据北对，发现其中的异常运行参数。根据异常运行参数数据判别，以便有效调整生产工艺。

SIS 是成熟的安全环保控制技术，经过多年发展，其在生产过程监控及介入有着重要作用。特别是 SIS 其主要依靠于硬件检测，对软件计算配置检测稍显薄弱。通过对软件配置检测进行二次开发，与中控机进行数据连接与运算将更好的发挥其事中监控作用，更好的服务于生产。

装置也有其生命周期，在装置的不同阶段其运行状态参数是不一样的。通过记录装置各阶段的运行数据，一则有利于后期聚类等数据挖掘分析，有针对性的进行安环控制；二则为事先预防数据运算模型提供数据，不断优化训练数据模型，是数据运算值趋真。

4　结束语

石化企业数据中台建设不仅实现了现有系统的数据收集、使企业各类数据连接到一个平台上，更是基于数据模型，进行模拟计算，实现业务最优化决策。数据中台也具有分布存储、分布计算、多线程服务、大吞吐、大输出的优势。基于数据中台推动石化企业数字化转型，从数据管理上使企业具有了质的提升，同时，基于数据挖掘价值，推动了各专业管理的变革。

参考文献

[1] 李文俊，杨家强等．基于数据中台的装备保障数据集成[J]．系统工程与电子技术，2020，2.

[2] 刘颖慧，刘楠等．浅谈数字化转型中不同企业的中台战略及架构设计[J]．电信科学，2020，5.

[3] 肖静，李亚楠等．基于数据包络法的汽车企业供应链协同管理研究[J]．工业技术经济，2019，4.

[4] 王泽洲等．考虑随机失效阈值的设备剩余寿命在线预测[J]．系统工程与电子技术，2019，5.

[5] 赵颖，侯俊杰等．面向生产管控的工业大数据研究及应用[J]．计算机科学，2019，6.

基于 MPC Pro 先进控制技术的丁二烯装置萃取精馏单元研究与应用

李世原[1] 孙宝歧[2]

(1. 中国石油兰州石化公司自动化研究院；2. 中国石油兰州石化公司电仪事业部)

摘 要 本文利用 DCS 系统内的 MPC Pro 预测控制模型算法，对丁二烯萃取精馏单元的先进控制方法进行了深入研究与实际应用。根据装置的工艺特点，结合现场情况与操作经验，针对萃取精馏单元生产过程存在的常规控制难点问题，提出了合理的控制策略。通过阶跃测试与模型辨识建立了 MPC Pro 多变量预测控制模型，其中第一萃取精馏系统的先进控制器取得了良好的效果。通过该方法的实际应用显著提高了装置自动化水平，提高了生产过程运行的平稳率，对企业节能降耗提高了目标产品质量与收率有很好的提升，同时显著降低了操服人员的劳动强度，收到了良好的经济效益和社会效益。

关键词 先进控制技术，多变量预测控制，MPC Pro 预测控制模型，丁二烯装置，萃取精馏单元

1 概述

碳四抽提丁二烯装置主要由第一萃取精馏、第二萃取精馏、脱重脱轻、水洗回收等系统组成，所研究装置使用的是艾默生公司的 DCS 系统。第一萃取精馏单元为碳四抽提丁二烯装置的重要单元，如图 1 所示。第一萃取精馏单元主要由精馏塔下塔 T-101、上塔 T-102 串级组成，原料裂解碳四由原料罐区送来，送入 T-101 塔，溶剂乙腈由乙腈循环加料泵从循环乙腈贮罐 V-101 抽出加入到 T-102 塔，乙腈在塔内自上而下，与塔板上的裂解碳四混合物充分互溶，改变了裂解碳四混合物的相对挥发度，在塔内传质传热。最后塔顶得到的丁烷丁烯，经第一萃取精馏塔塔顶冷凝器冷凝后，进入第一萃取精馏塔回流罐 V-104，V-104 内液相送回 T-102 塔顶做回流，另一部分送至丁烷丁烯水洗塔 T-301 用以回收其中的溶剂乙腈。T-102 塔釜釜液送入 T-101 塔顶部做内回流，形成液相串联。T-101 塔顶气相物料进入 T-102 塔釜，形成气相串联。T-101 塔釜设有二级中间再沸器 E-103，利用萃取精馏塔 T-103 塔釜排出的热乙腈换热，另一部分热量由第一萃取精馏塔再沸器 E-102，采用中压蒸汽加热，其蒸汽凝液排入第一萃取精馏凝液罐 V-103。T-101 塔釜排出液溶解了丁二烯、炔烃的乙腈溶液，送至第二萃取精馏塔 T-103。

由于第一萃取精馏在生产过程中存在着变量耦合和非线性等特性，常规控制不能很好地解决诸如此类的问题，严重影响了装置主要产品丁二烯的产率，增加了装置的能耗，通过研究使用 DCS 系统内嵌的 MPC Pro 预测控制模型算法，并根据第一萃取精馏系统的特点实施先进控制，进一步提高丁二烯装置的控制水平，节能降耗，减少主要产品丁二烯的损失，增加装置经济效益。

2 MPC Pro 预测控制技术

在 Emerson 的 DCS 控制系统中内嵌了 MPC Pro 预测控制模型，该模型使用的 MPC 算法是一种基于模型的 DMC 预测控制技术，通过 MPC 算法可以形成一种利用模型预测技术开发而来的 MPC Pro 多变量预测先进控制器(简称：MPC 控制器)。MPC 控制器专门适用于具有强烈耦合关系及存在众多约束的复杂多变量过程控制，其算法的核心是：预测模型——利用系统的过去和现在的输入输出信息，通过其模型可以得到对生产系统未来某段时间的运动状态的估计；滚动优化——通过某一性能指标的最优化来确定未来的控制作用；反馈校正——在预测控制中使用一种反馈修正法，即闭环预测。模型预测控制具有控制效果好、鲁棒性强等优点，可有效地克服过程的不确定性、非线性和耦合性，并能方便的处理过程被控变量和操作变量中的各种约束。当执行多变量控制策略时，过程的操纵输入和扰动输入与受控输出和约束输出在 MPC Pro 预测控制模型里定义，如图 2 所示。

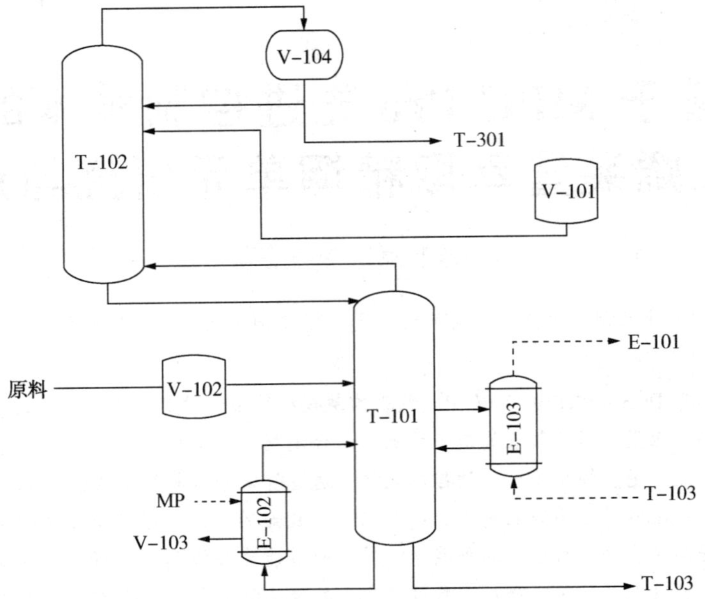

图 1　第一萃取精馏单元工艺流程图

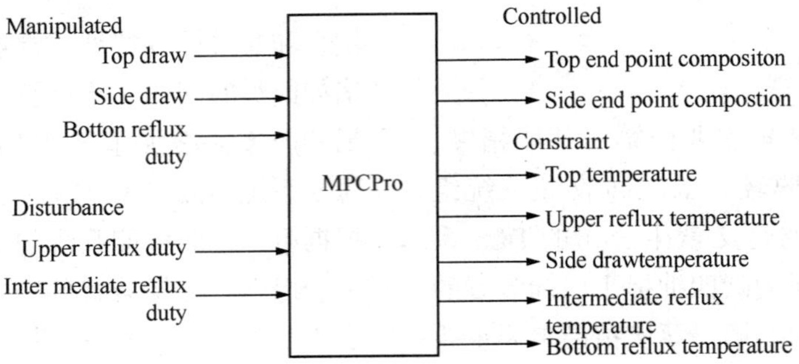

图 2　MPC 控制器功能结构图

根据丁二烯装置的工艺特点和生产目标合理制定控制策略，确定控制器的输入、输出变量。MPC 控制器的输入为被控变量 CV，通过 MPC 控制器进行相应操作变量 MV 的控制，维持在工艺操作指定的设定点或限定范围内；并且控制器的约束变量 AV，通过 MPC 控制器进行相应操作变量控制，维持在工艺操作给定的约束范围内；干扰变量 DV 的扰动，将影响一个或多个被控变量或约束变量的运行。MPC 控制器的输出为 MV 变量相应 PID 控制回路的设定值或阀位。控制器的被控变量和扰动变量与操作变量和约束变量都集成在 MPC Pro 预测控制模型中，通过该模型实现炼化装置的先进控制，实现被控对象的关键参数平稳运行。

创建 MPC 控制器主要通过建立控制器模型与控制器结构两部分来完成。根据装置的特点和生产要求，以及 MPC Pro 辩识器要求，通过适当的阶跃测试方法，确保测试成功，为过程模型的辩识提供理想的数据，通过装置的试验数据来建立生产过程的 MPC Pro 多变量预测控制器模型，如图 3 所示。在建模过程中，选择适当的被控变量、约束变量、操作变量以及干扰变量，再通过阶跃试验数据确定各被控变量、约束变量与操作变量、干扰变量的对应关系模型；将辨识出的数学模型集成在 MPC 控制器结构中，根据实际工艺特点和要求选取合理的参考轨迹、操作变量约束、被控变量约束、控制结构，以及操作变量的响应速度，得到 MPC 控制器。

3　控制方案

3.1　工艺特点

萃取精馏过程向精馏塔顶连续加入高沸点添加剂，改变料液中被分离组分间的相对挥发度，使普通精馏难以分离的液体混合物变得易于分离的一种特殊精馏方法，本装置采用乙腈和水作为萃取剂进行的萃取精馏。第一萃取精馏单元主要由两台精馏塔 T–101、T–102 串级组成，在裂解碳四混合物中加入萃取剂乙腈，用精馏的方法将

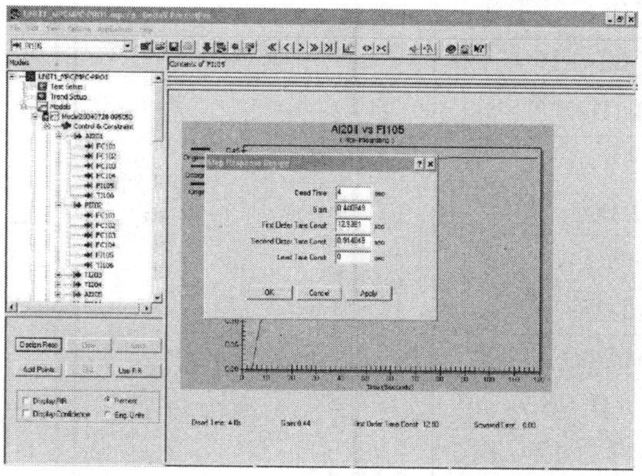

图 3　控制模型辨识结构图

丁烷、丁烯与丁二烯分离，获得含萃取剂的粗丁二烯和含微量丁二烯的丁烷丁烯。

第一萃取精馏单元实现丁烷、丁烯与丁二烯的分离。T-101 塔顶的产品质量与 T-102 塔底产品质量都需同时兼顾，即保证 T-101 塔顶丁二烯的含量，又要保证 T-102 塔底产品下游单元操作中丁二烯的纯度。第一萃取精馏下塔 T-101 塔灵敏板温度、塔釜温度、塔釜液面，第一萃取精馏上塔 T-102 塔釜液面、第一萃取精馏塔回流罐 V104 液面关键参数，体现了第一萃取精馏单元内温度分布平衡和物料分布的平衡，保证重组分要求进入 T-102 塔釜，T-101 塔顶轻组分丁烷、丁烯中丁二烯含量满足纯度要求。

3.2　控制目标

（1）在热平衡的基础上，调节塔的热量供给和热量分布，解决温度波动问题，降低装置能耗；在物料平衡的基础上，解决常规控制下液位波动问题。

（2）T-101 塔灵敏板温度、塔釜温度、塔釜液面，T-102 塔釜液面、回流罐 V-104 液位，这些关键参数体现了第一萃取精馏单元内温度分布平衡和物料分布的平衡，实现这些关键参数的先进控制，克服干扰和滞后，保证重组分要求进入 T-102 塔釜，T-101 塔顶轻组分丁烷、丁烯中丁二烯含量满足纯度要求。

（3）萃取精馏塔的操作压力，是控制全系统稳定的基础。塔压波动，会造成精馏塔的温区、各塔板上物料组成等的变化，引起产品质量的波动，实施第一萃取精馏塔压力先进控制，确保该精馏单元关键参数 T-102 塔顶压力平稳运行。

（4）装置第一萃取精馏单元存在着溶剂循环、热循环，一部分主要变量存在着强耦合问题，实施第一萃取精馏单元先进控制，解决强耦合带来的操作与控制上的困难。

3.3　控制方案

根据第一萃取精馏单元工艺特点与控制目标，设计适合本单元的控制方案。第一萃取精馏单元先进控制选择 T-101 灵敏板温度、塔釜液位，T-102 塔釜液位、塔顶压力，一翠回流罐液位为被控变量，分别以 CV_1、CV_2、CV_3、CV_4、CV_5 表示；选择 T-101 塔底温度，T-102 塔顶压力为约束变量，分别以 AV_1、AV_2 表示；选择 T-101 塔釜中压蒸汽流量、塔釜抽出量，T-102 塔釜抽出量、侧线采出、塔顶压力 PID 回路设定值为操作变量，分别以 MV_1、MV_2、MV_3、MV_4、MV_5 表示；选择乙腈加入量、回流量为干扰变量，分别以 DV_1、DV_2 表示。其中，第一萃取精馏单元先进控制器中所有被控变量采用设定点控制，约束变量采用区间控制，具体实施内容与控制策略见表 1。

$$
\begin{bmatrix} CV_1 \\ CV_2 \\ CV_3 \\ CV_4 \\ CV_5 \\ AV_1 \\ AV_2 \end{bmatrix} =
\begin{bmatrix}
\frac{0.61e^{-150s}}{(118s+1)(8s+1)} & \frac{-0.081e^{-15s}}{20s+1} & \frac{-0.07e^{-405s}}{(180s+1)(50s+1)} & 0 & \frac{0.28}{633s+1} \\
\frac{-0.003e^{-120s}}{s} & \frac{-0.002e^{-15s}}{s} & \frac{0.001e^{-15s}}{s} & 0 & \frac{-0.001e^{-330s}}{s} \\
\frac{0.002e^{-135s}}{s} & 0 & \frac{-0.006e^{-90s}}{s} & 0 & \frac{-0.0001e^{-75s}}{s} \\
\frac{0.004e^{-90s}}{s} & 0 & \frac{0.00023e^{-285s}}{s} & \frac{-0.003e^{-60s}}{s} & \frac{-0.0008e^{-60s}}{s} \\
\frac{1.03e^{-240s}}{(390s+1)(12s+1)} & \frac{-0.03e^{-15s}}{(124s+1)(83s+1)} & \frac{-0.13e^{-810s}}{270s+1} & 0 & \frac{-0.09e^{315s}}{93s+1} \\
\frac{0.01e^{-30s}}{176s+1} & 0 & \frac{0.02e^{-180s}}{(158s+1)(61s+1)} & 0 & \frac{1.17e^{-15s}}{394s+1} \\
0 & 0 & 0 & 0 & \frac{-1.91e^{-15s}}{(93s+1)(10s+1)}
\end{bmatrix}
\begin{bmatrix} MV_1 \\ MV_2 \\ MV_3 \\ MV_4 \\ MV_5 \end{bmatrix}
$$

$$+\begin{bmatrix} \frac{-0.04e^{-225s}}{103s+1} & \frac{0.056e^{-255s}}{62s+1} \\ \frac{-0.01e^{-30s}}{s} & \frac{0.01e^{-330s}}{s} \\ \frac{-0.05e^{-570s}}{s} & \frac{-0.001e^{-330s}}{s} \\ \frac{-0.04e^{-690s}}{(228s+1)(152s+1)} & \frac{0.025e^{-585s}}{114s+1} \\ 0 & \frac{-0.06}{(186s+1)(124s+1)} \\ 0 & 0 \end{bmatrix}\begin{bmatrix} DV_1 \\ DV_2 \end{bmatrix}$$

表 1　第一萃取精馏单元控制方案

T101-102 控制器		
被控变量		
参数名称	描　述	操作方式
5TIC180		
5LIC104	塔 T-101 灵敏板温度	给定设定点
5LIC105	塔 T-101 塔釜液位	给定设定点
5LIC106	塔 T-101 塔釜液位	给定设定点
5PIC101	T-102 塔顶压力	给定设定点
约束变量		
5TI109	塔 T-101 塔底温度	设定控制区间
5PIC101_OUT	T-102 塔顶压力	设定控制区间
操作变量		
5FIC104	塔 T-101 塔釜中压蒸汽流量	给定约束区间
5FIC105	塔 T-101 塔釜抽出量	给定约束区间
5FIC106	塔 T-102 塔釜抽出量	给定约束区间
5FIC109	塔 T-102 侧线采出	给定约束区间
5PIC101	塔 T-102 塔顶压力 PID 回路设定值	给定约束区间
干扰变量		
5FIC107	乙腈加入量	观察信号品质
5FIC108	回流量	观察信号品质

根据第一萃取精馏单元的控制方案，通过对第一萃取精馏单元阶跃试验数据的分析、辩识得到如下传递函数矩阵形式的数学模型，并根据辨识出的数学模型建立 MPC Pro 预测控制所需的内部模型，并根据实际工艺特点和要求选取合理的参考轨迹、操作变量约束、被控变量约束、控制结构以得到 MPC Pro 控制器。

4　运行效果分析

该控制器运行平稳，控制精度高如图 4、图 5 所示，第一萃取精馏单元先进控制器运行平稳，提高了过程控制的平稳性，实现主要工艺参数的波动幅度减少 50%以上，表明设计实施的第一萃取精馏单元多变量预估先进控制是切实可行的。

通过调节中压蒸汽量，克服蒸汽压力波动，保持 T-101 灵敏板温度、塔顶温度、塔底温度运行稳定，通过调节塔 T-101、T-102 塔釜采出，稳定了塔的液位，通过小幅度调节回流量，克服干扰，实现对回流罐液位的平稳控制，通过 T-102 塔塔顶压力控制，实现动力平衡，从而稳定塔 T-101、T-102 内组分分布。

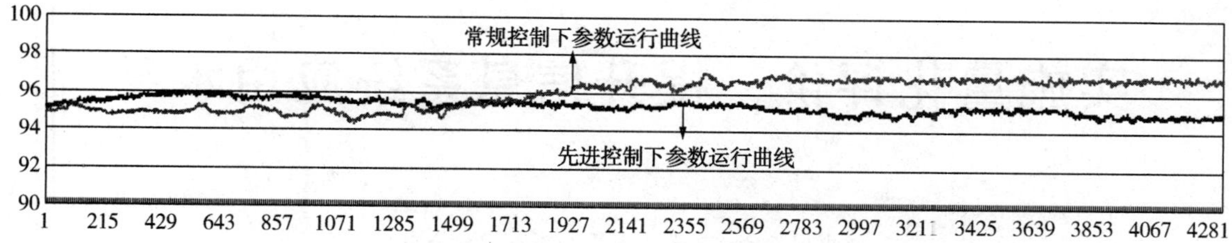

图 4 塔 T-101 灵敏板温度运行曲线

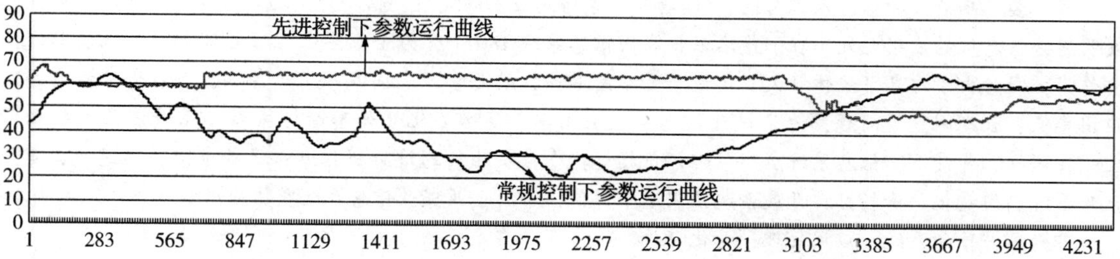

图 5 塔 T-102 塔釜液位运行曲线

5 结论

MPC 控制器控制品质良好，运行平稳，投用率高，解决了第一萃取精馏系统关键参数的波动问题，从整体上提高了第一萃取精馏单元的控制水平，提高了第一萃取精馏系统运行的平稳性，实现了丁二烯第一萃取精馏系统的稳定、快速和准确的控制，实现了卡边操作，减少了目标产品损失，提高了装置主要产品丁二烯的收率，节能降耗，并减轻了操作人员的劳动强度，深受车间技术人员和操作人员的欢迎。

参 考 文 献

[1] 陈素芳，路铁砚．预测控制技术在丁二烯精制单元的应用[J]．齐鲁石油化工，2010，38(1)：10-14.
[2] 杨宝星，赵钊．先进控制算法的研究[J]．工业控制计算机，2011，24(9)：45-50.
[3] 胡国龙，孙优贤．预测控制进展及其应用研究[J]．电力系统及其自动化学报，2003，1(15)：109-114.
[4] 李慧慧，王艳，等．多变量预测控制技术在芳烃抽提甲苯塔中的应用[J]．电子设计工程，2016，4(24)：75-77.

实施量化评价，提升信息系统应用水平

林家旭

（中国石油化工股份有限公司茂名分公司）

摘　要　随着大数据、人工智能、5G 物联网等信息技术的发展，信息化实现老企业弯道超车的作用愈发明显，信息化的应用无处不在。茂名石化在用信息系统 180 个，为企业生产经营管理创新创效发挥了重要作用，同时由于信息系统体量大，建设质量参差不齐，配套管理未同步跟上等原因，存在部分信息系统应用率低、长期闲置等问题，为了提升信息系统应用率，茂名石化开始不断探索信息系统应用的绩效管理。在这样的背景下，信息系统应用量化评价指标概念被提出。通过分析信息系统业务流、信息流，建设信息系统应用量化评价指标，开展系统应用水平评价，帮助企业提升信息系统整体应用水平。

关键词　信息系统，应用管理，量化评价

1　信息系统应用量化评价指标建立背景

随着大数据、人工智能、5G 物联网等信息技术的发展，信息化实现老企业弯道超车的作用愈发明显，信息化的应用无处不在。茂名石化在用信息系统 180 个，为企业生产经营管理创新创效发挥了重要作用，同时由于信息系统体量大，建设质量参差不齐，配套管理未同步跟上等原因，存在部分信息系统应用率低、长期闲置等问题。通过实施信息系统应用量化评价指标建设，开展信息系统应用水平评价，不断促进系统应用，提升企业信息系统整体应用水平。

2　总体思路

梳理信息系统各项功能点，量化分析日常应用对业务处理和操作的减负提效情况，找出系统应用率低/闲置的根本原因，制定出能够反映系统应用和通过系统应用促进业务操作减负提效情况的量化评价指标，开发建设信息系统应用量化评价指标并集中监控，评价信息系统主管部门和使用单位的应用水平，同时开展每月应用情况统计分析和考核通报，不断营造应用“比学赶超”氛围，切实促进信息系统应用水平提升。

3　主要做法

3.1　开展信息系统应用情况调查

开展 180 个信息系统应用情况抽样调查，统计具有代表性的 40 个生产经营管理重要信息系统的登录和应用情况，对信息系统整体应用水平进行摸底，分析、诊断信息系统应用率低及出现闲置系统等问题产生的根本原因，进而采取对应的解决措施，提升信息系统应用水平（图 1）。

图 1　系统登录率示例

经统计，登录率最高为工艺管理系统（100%），最低为产品定价管理（0.2%），40 个系统平均登录率 53%，直接反映出信息系统的整体使用率不高，应用水平低（图 2）。为进一步掌握信息系统应用水平低的根本原因，组织对各系统主管部门和应用单位、关键用户进行调研，总结出造成信息系统应用水平低的原因主要有 3 类：

（1）信息系统建设缺少前瞻性和“六统一”管理，需求部门参与建设的深度不够，建设水平参差不齐，系统功能不实用、不好用、存在缺陷等，难以发挥作用，造成上线后应用率低；

（2）早期“平台+数据+应用”的思维未形成，对业务流程的流转和数据的联通共享考虑不周，存在专业壁垒和信息孤岛，造成一项业务需登录多系统操作，增加工作负担，员工应用意愿低；

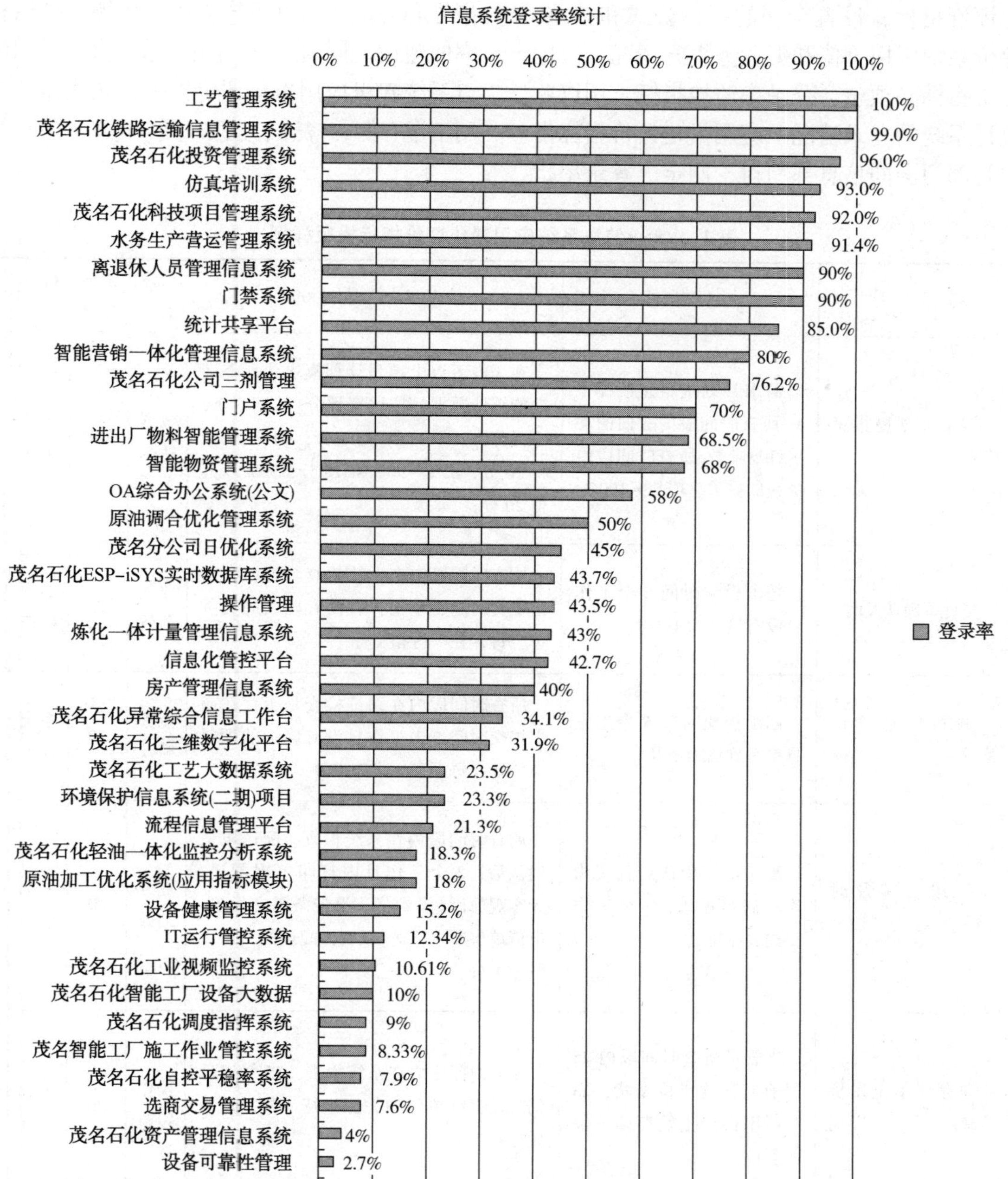

图2　40个系统登录率统计分析

注：系统登录率=登录系统的用户数/用户总数 * 100%。

（3）重建设不重应用，很多系统上线之后，缺少配套的管理措施，不注重收集系统问题和改进建议，系统功能缺少更新迭代，随着管理转变，系统无法满足管理需求，逐渐演变出很多应用率低/闲置的系统。

3.2　主要措施

针对3项导致应用率低的原因，信息化主管部门明确提出了促进信息系统应用的思路和目标，即建设信息系统应用量化评价指标并集中监控，评价信息系统应用水平，同时采取配套管理措施，如开展每月应用情况统计分析和考核通报，切实促进信息系统应用水平提升。

3.2.1　论证实施

自2019年起试点10个具有代表性的生产经营管理信息系统建设应用量化评价指标，逐个组织系统主管部门和应用单位进行对接研讨和论证，分析业务痛点和系统功能，要求每个系统制定至少3个以上既要真实反映系统应用水平，也要反映用户利用信息系统促进业务管理水平提升的量化评价指标，设置合理的指标公式和权重，科学评价系统应用价值和促业务提升情况，应用量化评价指标必须包含登录率监控指标，用以监控和统计系统的登录情况。应用量化评价指标由业务主管部门会同信息部门讨论制定，登录率指标由信息部门优化改进算法，实现层级穿透分析。最后由信息化主管部门制定和发布应用评价指标和登录率建设模板、建设样例和说明文件，指导和规范各信息系统应用量化评价指标和登录率的建设。同时企业利用系统运维，在10个试点系统建设应用量化评价指标，在线监控系统应用情况(表1~表8，图3~图4)。

表1　××××信息系统应用量化评价指标模板样例

系统名称	指标名称	指标描述	检查方法及评分标准	指标类型	指标分值	检查方式	备注
××××管理系统	需求计划提报正确率	需求计划提报正确率=1-所查时间段内驳回的需求计划项数/所查时间段内提报的需求总项数＊100%	在100万以上项目计划模块计划查询功能统计数据，按比率评分。低于70%不得分，70%~80%得5分，80%~95%得10分，85%~90%得15分，90%以上得20分	数据达标	20	系统统计	
	交货单确认及时	超出提交时间5个工作日没有确认为不及时	所查时间段内在系统检查是否存在超出提交时间5个工作日没有确认的交货单，每存在一份扣1分	业务绩效	20	系统检查	
	领料申请确认及时	超出提交时间5个工作日没有确认为不及时	所查时间段内在系统检查是否存在超出提交时间5个工作日没有确认的领料申请单，每存在一份扣1分	业务绩效	20	系统检查	
	配送安排及时准确	配送申请确认后且实物库存满足需求，3个工作日内安排配送	所查时间段内在系统检查，配送申请确认后，3个工作日内打印单据配送，无客观原因(没到货，没带条码交货单、申请单位要求不送)没安排配送的，每一条扣1分	业务绩效	20	系统检查	
	向存续单位发货准确	保管员所查时间段内25号前向存续单位发货，25号后不得产生发存续单位的凭证	所查时间段内在系统检查，25号以后仍有发存续单位的凭证进行考核，每份凭证扣1分	操作规范	20	系统检查	

表2　××××信息系统应用量化评价指标实现逻辑说明模板样例

查询条件	开始时间	××年××月××日	开始时间	00：00：00	
监控指标	当月完成情况	累计完成情况	指标分值	考核得分	本次得分
需求计划提报正确率	88%(12)	80%(25)	20	15	84.00
交货单确认及时	2	2	20	18	
领料申请确认及时	2	2	20	18	
配送安排及时准确	3	3	20	17	
向存续单位发货准确	4	4	20	16	

续表

查询条件	开始时间	××年××月××日	开始时间	00：00：00

实现逻辑说明：

1. 查询条件的时间精确到年-月-日；

2. 指标说明及分值见系统应用评价指标样例；

3. 当月完成情况是指当前日期的上一个月时间段内发生的扣分项，考核得分也是根据当前日期的上一个月的时间段内发生的完成情况来计算。

4. 累计完成情况是指在所输入的查询条件的时间段范围内所发生的所有扣分项，只统计数字，不计入得分。

5. 当月完成情况和累计完成情况支持快捷链接，具体链接功能如下：

1）需求计划提报正确率可以快速打开100万以上项目计划查询功能，并过滤出驳回的需求计划项数；

2）交货单确认及时，可以打开交货单查询功能，并过滤出超出提交时间5个工作日没有确认的交货单；

3）领料申请确认及时，可以打开领料申请查询功能，并过滤出超出提交时间5个工作日没有确认；

4）配送安排及时准确，可以打开配送单查询功能，并过滤出领料申请确认后且实物库存满足需求，3个工作日内没有安排配送的配送单。

5）向存续单位发货准确，可以打开出库记录查询功能，并过滤出25号之后向存续单位出库EFP过账的出库记录。

6. 这些指标所涉及的数据都是有时效性的数据，所以在实际系统应用中，发生了触发考核指标的数据，系统就应该自动记录数据，以备考核查询。例如，10月15日当天，有3条发货单查出了5个工作日没有确认，就应该记录下这3条发货单数据，留下痕迹。否则在11月份进行考核时，这3条数据已被确认了，就无法统计出这3条数据曾经超出过确认时间。以此类推，其他几个指标也应相应的记录，以保证数据统计的准确性。

7. 建议指标分值、考核得分设置为管理员可配置的，方便后期指标权重调整时管理员可以按考核规则调整分值设置的得分计算。例如，现在100万以上项目计划模块计划查询功能统计数据，80%～95%得10分，后期可能提高标准，80%～95%只能得5分。

表3　一级登录率统计功能页面模板

×××系统一级机构登录率统计					
统计时间范围：2018.10.01 06：00：00-2018.10.16 23：59：59					
一级机构名称	帐户总数	登录帐户数	登录次数	登录率	备注
茂名石化	980	590	8947	60.20%	登录率=时间段内登录账户数/账户总数

表4　二级登录率统计功能页面模板

×××系统二级机构登录率统计					
统计时间范围：2018.10.01 06：00：00-2018.10.16 23：59：59					
二级机构名称	帐户总数	登录帐户数	登录次数	登录率	备注
企业管理部	20	13	5350	65.00%	登录率=时间段内登录账户数/账户总数
炼油分部	500	350	4000	70.00%	
化工分部	300	109	4000	36.33%	
热电分部	50	12	250	24.00%	
港口分部	50	21	250	42.00%	
铁运分部	50	33	250	66.00%	
水务运行部	10	2	50	20.00%	
小计	980	540	14150		

表 5　三级登录率统计功能页面模板

×××系统三级机构登录率统计						
统计时间范围：2018. 10. 01 06：00：00–2018. 10. 16 23：59：59						
二级机构	三级机构	帐户总数	登录帐户数	登录次数	登录率	备注
炼油分部	生产管理处	20	13	217	65. 00%	登录率=时间段内登录账户数/账户总数
炼油分部	联合一车间	80	30	322	37. 50%	
炼油分部	联合二车间	60	32	2901	53. 33%	
炼油分部	联合三车间	85	17	1353	20. 00%	
炼油分部	联合四车间	55	33	67	60. 00%	
炼油分部	联合五车间	65	21	94	32. 31%	
炼油分部	联合六车间	80	34	368	42. 50%	
炼油分部	联合七车间	55	2	56	3. 64%	
炼油分部	……					
小计		500	182	5378		

表 6　个人帐号访问统计页面模板

×××系统个人帐号访问统计					
统计时间范围：2018. 10. 01 06：00：00–2018. 10. 16 23：59：59					
序号	用户帐号	用户名称	二级机构	三级机构	访问功能模块次数
1	zhangs. mmsh	张三	炼油分部	联合一车间	344
2	lis. mmsh	李四	炼油分部	联合一车间	222
3	wangwu. mmsh	王五	炼油分部	联合一车间	454
4	zhaoliu. mmsh	赵六	炼油分部	联合一车间	129
	小计				1149

表 7　个人登录访问日志功能页面模板

×××系统个人登录访问明细日志							
统计时间范围：2018. 10. 10 07：35：23–2018. 10. 16 17：20：52							
序号	用户帐号	用户名称	二级机构	帐号所属部门	访问时间	访问模块/页面	IP 地址
1	zhangs. mmsh	张三	炼油分部	联合一车间	2018-10-10 08：28：30	隐患治理	10. 112. 1. 1
2	zhangs. mmsh	张三	炼油分部	联合一车间	2018-10-11 11：20：00	综合管理	10. 112. 1. 31
3	zhangs. mmsh	张三	炼油分部	联合一车间	2018-10-12 08：23：21	管线运行	10. 112. 51. 8
4	zhangs. mmsh	张三	炼油分部	联合一车间	2018-10-12 09：20：32	管线运行	10. 112. 10. 29
5	zhangs. mmsh	张三	炼油分部	联合一车间	2018-10-12 15：34：20	隐患治理	10. 112. 1. 1
6	lis. mmsh	李四	炼油分部	联合一车间	2018-10-10 16：23：42	应急响应	10. 112. 1. 2
7	lis. mmsh	李四	炼油分部	联合一车间	2018-10-15 14：25：23	管线运行	10. 112. 1. 2
8	lis. mmsh	李四	炼油分部	联合一车间	2018-10-15 17：19：58	应急响应	10. 112. 1. 2

表 8　系统模块/功能页面访问率统计模板

×××系统模块/功能访问率统计					
统计时间范围：2018. 10. 10 08：00：00-2018. 10. 16 18：00：00					
访问模块/叶子功能	帐户总数	访问帐户数	访问次数	访问率	备注
隐患治理	980	6	432	0. 61%	访问率=时间段内访问账户数/账户总数
综合管理	980	5	344	0. 51%	
管线运行	980	11	220	1. 12%	
应急响应	980	10	532	1. 02%	
管线运行	980	4	19	0. 41%	
应急响应	980	12	43	1. 22%	
小计		48	1590	4. 90%	

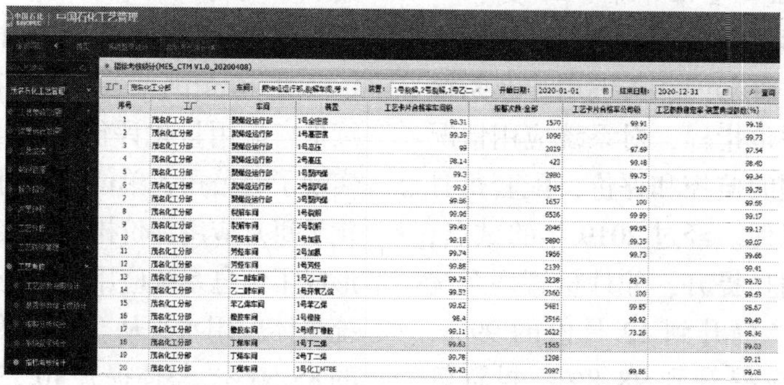

图 3　应用量化评价指标建成效果示例

图 4　登录率指标建成效果示例

3. 2. 2　固化做法

（1）修订《信息化项目管理实施细则》，明确要求在信息化系统项目可研、详细设计阶段要制定建立系统登录率、页面访问率、应用评价指标等方案内容，作为可研、详细设计评审通过的一项重要指标和前提条件；

（2）对在用和新建的信息系统上线运行前要完成账户登录率功能、页面访问率建设，建立和系统功能模块相对应的业务应用量化评价指标，作为上线和验收的前提条件；

（3）出台规范的登录率、页面访问率、应用评价指标检查底稿等模板指导各系统统一开展建设，并经业务、信息专业、企业管理部逐级审核把关确认；

（4）建立以企业管理部门牵头、业务主导、信息化专业配合的指标建设联合工作组，企业自筹资金共同推进应用评价指标制定、甄选、建设和检查等。

3. 2. 3　推广应用

在 2019 年 10 个试点系统基础上，企业自筹资金立项选商拓展建设应用量化评价指标，2020 年 3 月逐步推广到 48 个系统，同时在现有信息化管控平台建设集中监控功能，将各系统应用量化评价指标数据推送到集中监控页面，实现对 48 个系统应用评价指标的自动监控、统计、分析、查询和结果报表导出等(图 5)。

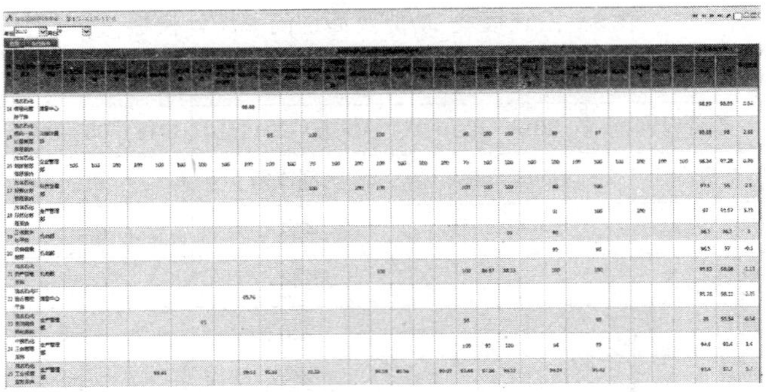

图 5　应用量化评价指标集中监控页面

4　实施效果

4.1　建立了信息系统应用量化评价长效机制

对 10 个企业自建系统试点推行应用量化指标评价，通过与系统主管部门、关键用户及系统开发商研究制定定量化评价指标，对系统应用情况进行实时、科学、合理的监控和评价，配套每月通报应用排名并考核督促。经过 2019 年的试点，信息系统的应用水平明显提升，如计量管理系统应用率从 1 月份的 78%提升到 12 月份的 99%，IT 运行管控系统从 82%提升到 98.8%，投资管理系统从 88%提升到 99%等，试点 10 个系统的整体应用率从 92.96%提升到 99.36%。通过应用量化评价，各单位对信息系统的应用意识和应用水平均得到有效提升(图 6)。

4.2　形成了信息系统应用比学赶超的氛围

在 10 个试点系统的基础上，2020 年 3 月起陆续推广应用量化评价到 48 个系统，应用评价基本实现了对公司各单位、部门、中心的覆盖，同时固化了每月应用评价排名考核通报做法，在公司内部形成了信息系统应用比学赶超的氛围。48 个信息系统整体应用水平从 3 月份的 75.27%提升到 12 月份的 85.50%，整体提升 10.23%，应用评价促信息系统应用水平提升的效果明显(图 7)。

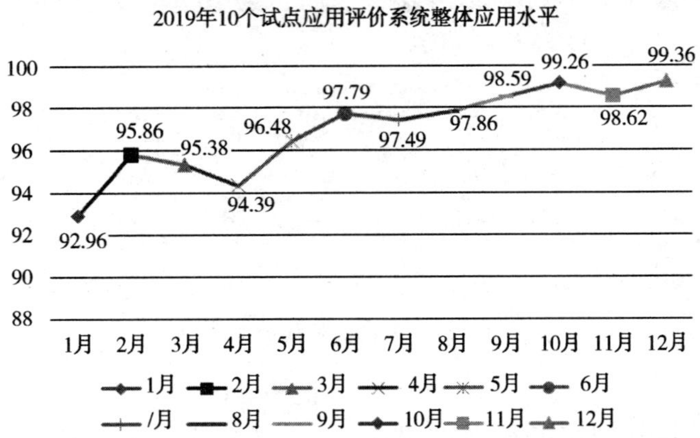

图 6　10 个试点信息系统整体应用水平统计

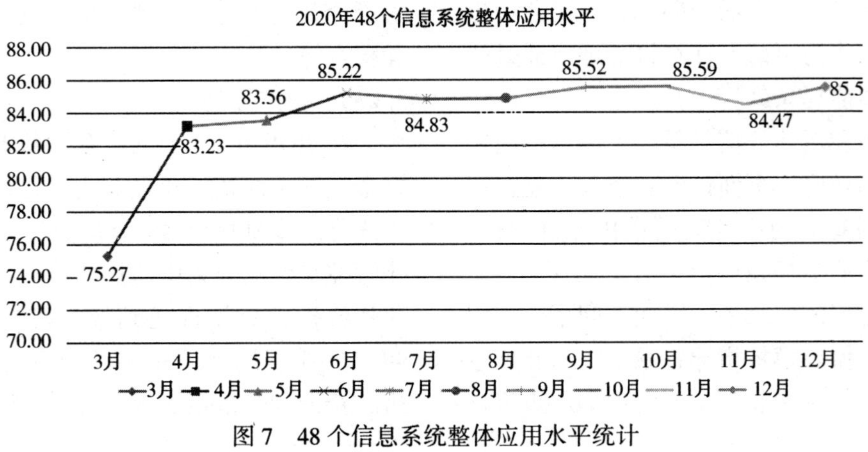

图 7　48 个信息系统整体应用水平统计

4.3 盘活了信息系统资源，避免重复建设和资源浪费

建设信息系统应用量化评价指标，直观统计和穿透分析各个信息系统及其功能模块的使用率，发现应用率低/长期闲置的系统及其功能，盘活了信息系统资源，为统筹信息系统建设、完善和提升，和信息系统及其功能的瘦身健体、修枝剪叶提供了辅助决策依据，避免重复建设和资源浪费。开展应用评价近2年以来，整合、停用或废止了车间班组核算管理、乙烯装置报警管理、瓦斯监控与优化管理等19个应用率低或长期闲置的信息系统。

5 结语

通过信息系统应用量化评价指标的建设、应用和实践成效，公司修订发布了《信息化项目实施管理细则》及《信息化系统应用管理细则》并发布实施，明确和固化信息系统应用管理做法，对指导信息系统建设和应用，强化应用管理起到促进作用，极大提升信息系统应用水平，进一步推动企业信息化发展。

设备管理系统与 ERP 系统业务集成与优化研究

李　斌

（中国石油兰州石化公司研究院）

摘　要　本研究针对中国石油炼化企业设备管理现状及需求，对设备管理系统与 ERP 系统的集成业务功能点及流程进行设计，提出了优化方案，实现了跨系统业务流程的无缝衔接，增强了核心业务通联性及各模块融合性，为炼化企业设备管理业务闭环管理提供了有力支撑，实现设备完整性管理的要求。

关键词　设备管理，ERP 系统，集成

1　引言

设备管理信息化是企业信息化建设的有机组成部分，在以 ERP 系统为核心的信息化建设大环境中，如何建立一套内容全面、真正符合中国石油炼化企业设备管理特点，最大限度涵盖从集团公司到基层生产车间各级设备管理人员日常工作需要，满足各层级设备管理人员职能，统一的设备综合管理系统是亟待解决的课题。

在集团公司 ERP 战略的背景下，设备管理系统经过多次调研、反复论证，自 2006 年吉林石化试点建设以来，目前已完成炼化分公司总部系统与 25 家地区公司的系统实施工作。

但 ERP 系统与设备管理专业业务系统之间差异较大，对于资产密集型的炼化企业，ERP 系统难以做到对设备进行全面专业管理的覆盖，很多与现金流无关、但又必须做的设备维修、检测等部分，难以纳入到 ERP 平台上，更无法实现对设备全生命周期的管理。因此，设备管理系统与 ERP 系统的业务集成是打通设备管理信息化流程，实现完整的设备闭环管理，促进中国石油炼化企业设备管理工作的可持续发展的关键所在，两个系统必须保证数据的唯一性、逻辑的严密性和流程的一致性，以设备管理业务为主导，充分发挥各自系统的优势，最大限度降低 IT 系统风险，满足专业管理的需要。设备管理系统是对 ERP 系统的完善和补充，通过两个系统的融合，满足设备管理的实际需要，增强设备信息化管理的适用性及易用性，实现业务全过程的信息化管控。

2　现状及需求

ERP 系统的核心管理思想是供应链管理，ERP 管理着企业生产过程中与产品相关的生产、供应、销售信息，将企业的各种运营环节从财务角度进行优化，从而达到控制生产计划的全过程，追求产品的低成本、高效率。

设备管理系统是根据中国石油炼化企业的特点量身定制的管理系统。它以企业资产及检维修业务为核心，以设备主数据管理为基础，以工单执行和故障处理为主要工作流程，强化成本核算管理思想。

设备管理系统与 ERP 系统二者侧重点不同又密切结合，ERP 侧重高层次横向的数据汇集，设备管理系统则侧重垂直的业务过程管理需要，以 ERP 为主要数据来源。只有通过两者在流程与数据方面的有机融合和无缝集成，将设备管理功能统一调配，形成统一的监测、分析诊断平台，把更真实、更科学的数据提供给上层的 ERP 作为维修工作的依据，逐步将目前事后维修、人工计划维修和周期性维修的模式向预测性维修转变。

设备管理系统与 ERP 系统接口通信采用 SAP XI（Exchange Infrastructure，交换基础设施）技术，通过 HTTP 协议，实现数据的调用与读取。考虑到用户对实时性要求，采用了 SOAP+RFC 方式，即设备管理系统与中间件之间使用 SOAP 适配器，中间件与 ERP 之间使用 RFC 适配器。设备管理系统按照接口规范将数据通过适配器发送到中间件中，中间件 XI 将 XML 格式数据映射成 ERP 所需的数据表结构，通过 RFC 与

ERP 进行数据格式和协议的转换并发送给 ERP。当数据从中间件发送到设备管理系统中时，SOAP 适配器将数据格式和协议进行转换发送到设备管理系统(图 1)。

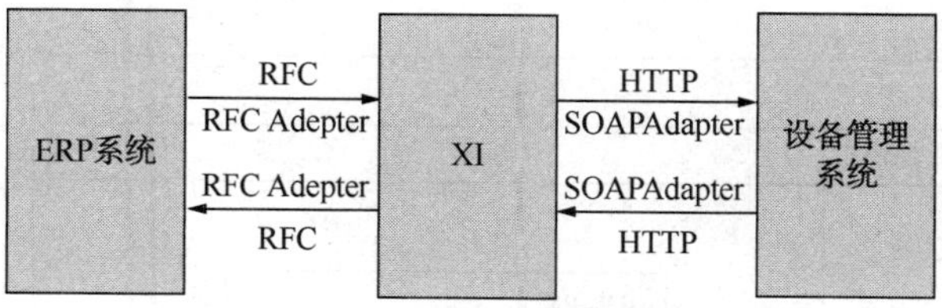

图 1 设备管理系统与 ERP 系统集成方式

然而，设备管理系统在调用 ERP 系统接口过程中，除了数据同步失败风险较高外，两个系统间的集成方式依赖性强，适应新的需求变更能力弱，数据传输质量不能保证，当数据需求量与传输量增大时，系统开销大规模增加，系统承载压力增大，业务高峰产生数据堵塞，系统瓶颈。随着业务的增加和复杂度的提高，系统关联会逐渐变得复杂，导致系统维护成本加大。尤其是由于设备管理系统采用的是主动方式去获取数据，而当 ERP 系统中数据发生变化，却不能及时更新到设备管理系统，操作完 ERP 系统中的数据，不可立即操作设备管理系统中的数据。这种集成通信方式极大的制约了两个系统融合对实时性与一致性的要求。

因此对设备管理系统与 ERP 系统集成的业务点与流程重新进行梳理，对需要整合功能点进行完善，对不符合要求的功能点进行改造，对缺失功能点进行拓展，优化两个系统间的集成方案，使得设备管理系统与 ERP 系统的融合能够满足设备管理的要求。建立以 ERP 为核心应用集成(Enterprise Service Bus)，实现系统之间的数据共享和流程贯通，已成为目前势在必行的选择。

3 集成与优化设计

3.1 总体业务流程设计

设备管理系统与 ERP 系统集成方案以业务需求为主导，关注设备维护流程的闭环管理。设备台帐、设备分类、技术参数、功能位置、成本中心、设备 BOM 等设备管理基础信息在 ERP 系统中统一创建和维护，以保持两系统底层技术架构和业务架构的一致。设备综合管理系统依据通过读取接口得到的 ERP 基础数据建立组织机构、装置等信息，并定义不同工单类型的费用类别及其对应的 WBS、成本中心、业务范围等信息。设备故障、计划在设备管理系统中录入执行，计划审批、下达后写入 ERP，并生成下达状态的工单，对已下达工单的修改在 ERP 系统中执行，通过读取接口反馈设备管理系统。下达的工单直接生成预留作为物资采购依据，物料出库与设备检修费用结算功能在 ERP 系统中执行，设备管理系统通过业务接口读取工单物料到货和出入库信息，方便集中显示物料信息，提醒物料及时出库，统计到货情况。工单的施工、验收和结算在 ERP 系统中进行，并最终通过工单的读取接口方便设备管理人员及时掌握检维修费用的使用情况。计划完成后可在设备综合管理系统。

这里以计划流程为例，计划在设备管理系统中创建、审批、下达后写入 ERP 系统，生成下达状态的工单，对已下达工单的修改在 ERP 系统中执行。设备管理系统通过工单的读取接口读取 ERP 的工单进行信息汇总、统计。保证连续工单信息的一致性(图 2)。

ERP 系统与设备管理系统计划整体业务流程可分为六阶段：

(1) 准备阶段：通过已实现的接口读取工厂区域、计划人员组、功能位置、成本中心、工作中心、计量单位、采购组织、PM 采购组、维护工厂、WBS 主数据、备件数据信息等基础数据，并根据实际业务情况形成数据对应关系，为计划创建提供基础信息。

(2) 计划依据：可根据设备运行计划、故障、隐患、消除漏点、设备检修周期、设备操作规程、检验检测计划等作为计划填报的依据和数据来源。避免了计划的随意性，保证了检维修费用使用的有效性，方便计划的统计分析。

(3) 创建计划：通过与 ERP 系统的读取接口得到设备主数据、外委供应商、WBS 费用、供应商有效性、物料主数据、物料库存信息、物料类别、物料采购组等基础信在设备管理系统创建计划。

(4) 计划审批：计划的审批在设备管理系统中执行，按照不同的计划定制不同的审批工作流程，配置各个流程节点角色及权限，记录审批意见，并可存档不同阶段的计划版本。

(5) 计划下达：计划在设备管理系统审批下达后，通过工单写入接口在 ERP 系统中生成下达状态的工单，省去在 ERP 系统中工单审批的流程，但在 ERP 系统中“下达”之后的流程保持不变。下达的工单直接生成预留作为物资采购依据。如果通过接口写入的工单需要修改，需由指定人员在 ERP 系统中进行修改。下达后的工单及修改的工单通过读取接口反馈设备管理系统。

（6）工单读取：通过工单读取接口，对下达之后的工单进行读取，在设备管理系统中进行汇总分析。

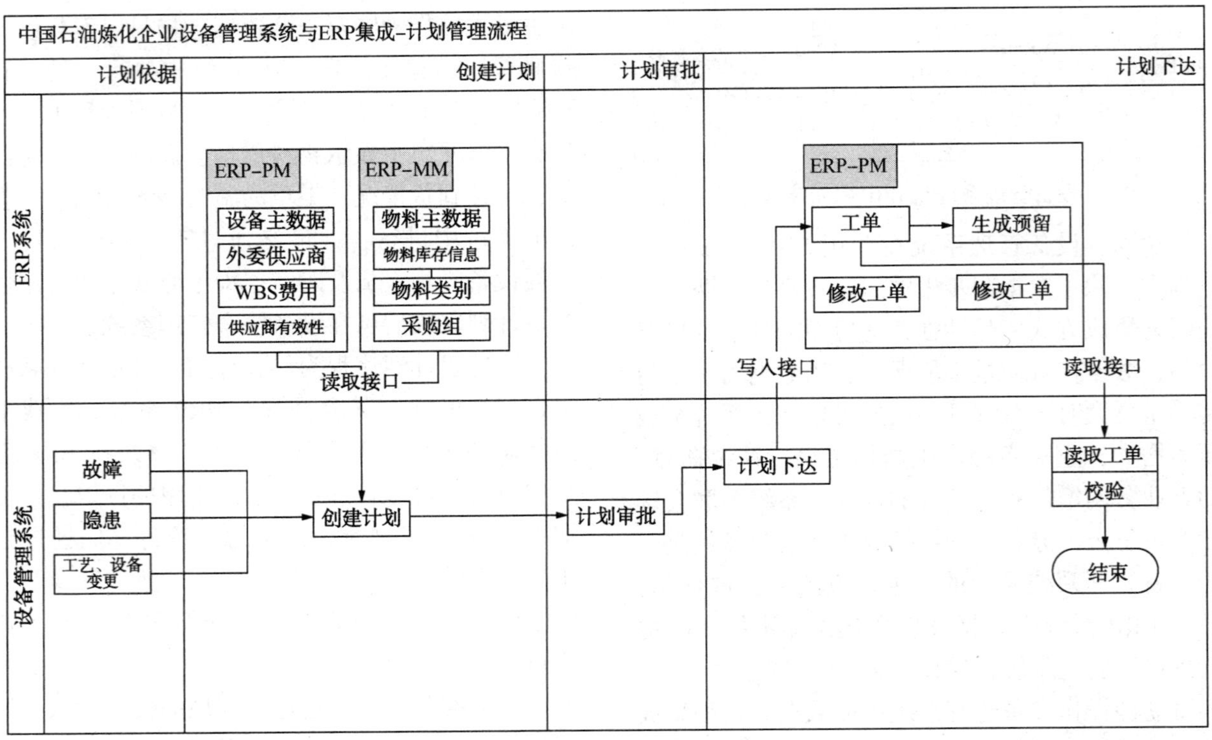

图 2　计划管理接口流程

3.2 系统集成设计

设备管理系统与 ERP 系统集成核心为数据请求的流转，因而在集成技术上采用统一规划的企业服务总线 ESB 集成模式。ESB 中间件与平台无关，能运行于不同的软硬件平台和网络环境中，它通过适配器实现与已有应用系统的连接，提供了与异构应用系统的开放式标准连接方法。目前看来，采用 ESB 集成模式，对已有应用系统影响最小，能充分保护企业现有 IT 投资，是最佳的系统集成解决方案。

设备管理系统将请求参数以 XML 格式通过 SOAP 安全的发送至服务总线 ESB，ESB 消息监听器接收到 EIM 发送来的请求消息，并调用消息解析器解析 XML 格式的消息，根据请求的来源和上下文信息对象得到链接通道的服务地址和接口契约，生成会话对象保存到会话消息列表中。当 ERP 系统中数据更新后，ERP 中的接口处理类会将更新后的数据发送到 ESB，当 ESB 接收到数据后，检索相应的数据适配器，SAP Adapter 对数据按系统集成文档中的数据映射规则转换、封装成指定格式的数据消息，将其存入消息列表进行缓存，ESB 再从消息中提取出地区公司标识字段值，然后从会话消息列表中取出对应的会话对象，并根据会话对象中的通道将数据返回给指定地区公司的设备管理系统接口处理对象。设备管理系统接口处理对象将接收到的消息进行解析后保存到中间表，当解析完成所有消息后，利用 PLSQL 语言编写的程序类，按照系统集成文档中系统间属性映射关系进行数据处理（图 3）。

为降低数据库负载，在设备管理系统中建立了中间表存储接收的数据，当数据接收完成后，再对数据进行处理，以此将数据接收和处理进行分离，降低两者间的偶合度，提高数据的安全性。

4 应用效果

设备管理系统与 ERP 系统集成于优化研究，对推进设备管理系统建设，深化设备管理系统应用起到了积极作用。有效的解决了用户在单一系统中对数据及流程管理时的缺失。通过系统集成实现了不同信息系统这间数据交互和信息共享，实现跨系统业务流程的无缝衔接，形成高效信息平台，增强了与 ERP 系统的数据集成、交互，优化设备管理业务流程，使关键业务形成闭环，实现设备完整性管理和精细化管理。

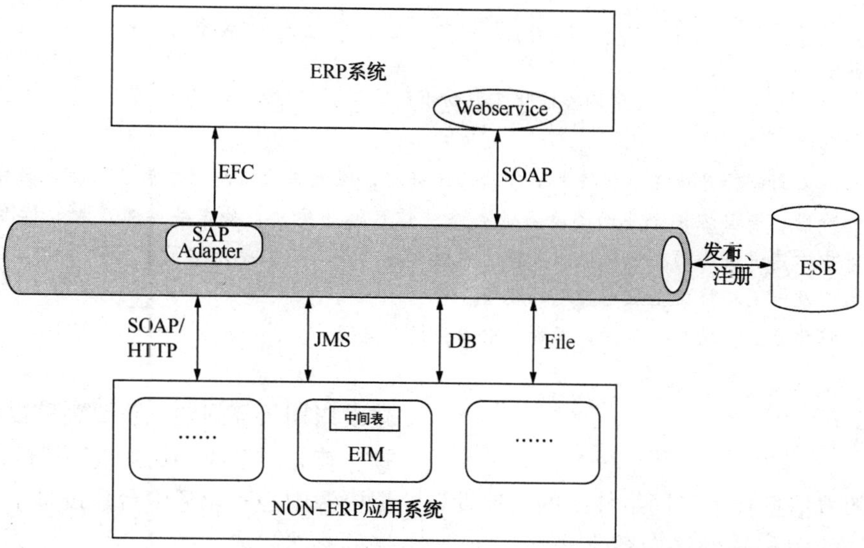

图 3　系统集成设计

参 考 文 献

[1] 于烨，李向辉 . SAP 与外围系统接口的开发与实现[J]. 自动化与仪表，2010 年第 3 期 .

[2] 唐亮 . SAP 接口技术研究与开发[D]. 上海：同济大学硕士学位论文 . 2006.

[3] 席欣，马兴涛 . 中国石油销售分公司 ERP 与业务系统集成方案[J]. 信息系统工程，2011 年第 8 期 .

炼化企业数据资源中心建设探讨

李江浩　陈天辉　邱　军　李军海　林家旭

（中国石油化工股份有限公司茂名分公司）

摘　要　随着新一轮产业变革和技术革命的快速兴起，现代工业信息化发展已经迈入数字化、智能化建设的历史新阶段。当前炼化企业面临着各业务系统信息孤岛林立，数据共享难度大，标准不统一等问题，数据资源中心建设成为解决炼化企业数据问题核心途径，本文主要介绍了数据资源中心建设所需要具备的 5 种能力以及未来在炼化企业可实现的展望。

关键词　炼化企业，信息孤岛，数据资源中心，核心途径

1　引言

近年来，随着信息技术和网络技术的高速发展，中国正在加快由传统经济向数字经济变革，同时石化行业面临着需求放缓，产能过剩和竞争激烈严峻形势，革新企业生产经营模式，优化提升人均劳效，重新构建企业创新发展生态链，提升企业发展动力，全面提高全要素生产率是传统炼化工业企业亟需研究解决的重要课题。

信息化是传统炼化工业企业实现数字化转型的核心途径，随着德国工业 4.0，美国工业互联网以及中国制造 2025 的相继推出，数字网络、AI 智能、移动物联等新技术革命正在兴起，逐步成为未来工业企业发展的重要支撑手段。

以往传统的工业企业信息化建设以软件开发项目推动实施，导致企业的“烟囱式”信息孤岛林立，系统之间数据共享度差，业务横向协同能力弱，数据标准不统一，项目开发实施成本高，建设周期长等问题。若要突破以往信息化建设瓶颈，首先要解决“数据+应用”的问题，企业的数据资源中心和业务中台建设是未来企业信息化发展的必然趋势。

2　炼化企业数字化转型总体架构

传统的炼化企业是以生产制造为核心，企业架构以各业务域模块化组成，如图 1 所示，业务间的管理相对独立，数据及信息共享度差，业务间壁垒严重，协同能力弱，以往信息化建设是以本业务域的需求范围建设，存在着数据重复录入，数据标准不统一等信息孤岛问题。贯穿企业全业务链条的唯一有效途径即是数据，实现数据的统一管理和调用是大型炼化企业数字化发展的趋势，如图 2 所示，企业各业务数据向数据资源中心汇聚，再由企业应用前端调用，打破数据存储空间壁垒，快速提供数据使用服务。

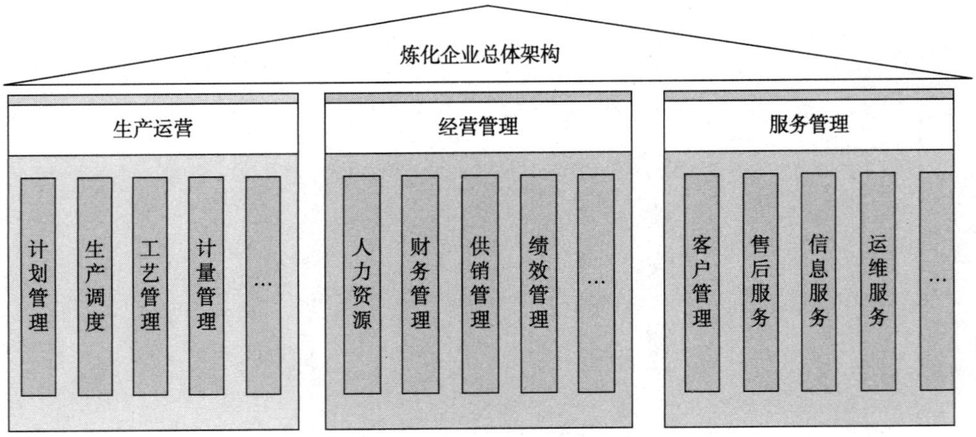

图 1　传统炼化企业总体架构概况

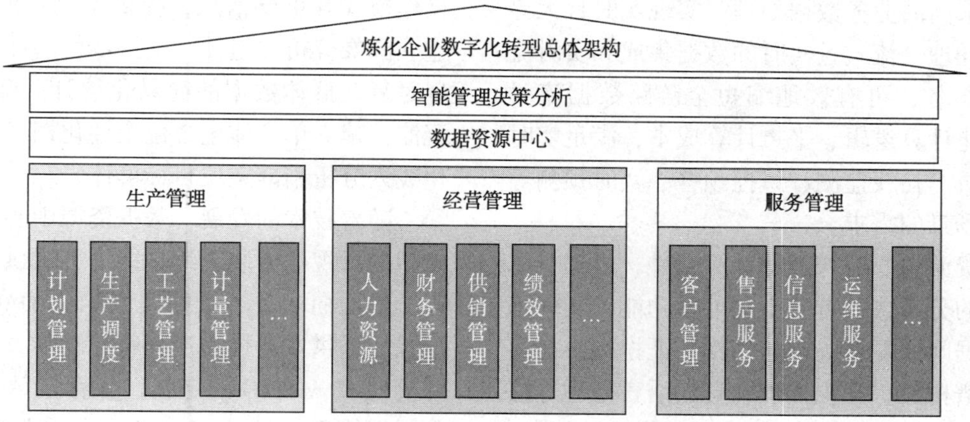

图 2 炼化企业数字化转型总体架构概况

3 数据资源中心建设

当前国内大型炼化企业存在较多独立的信息系统，这些系统大多是按传统“烟囱式”部署架构建设，由于承包商水平参差不齐、技术路线、开发平台各不相同，存在技术壁垒、信息孤岛等本源性缺陷等问题，同时各专业、系统间的标准化和共享度不高，数据流转和逻辑处理复杂，应用和共享难度大；基于传统技术搭建的数据仓库，难以支撑今后大数据的分析应用。

综上考虑，全面推进数据治理和数据资源中心建设，梳理数据资源现状，实现按“数据+平台+应用”模式推进信息化建设跨越性发展，已成为炼化企业数字化转型发展的关键。主要工作有以下三项：

（1）开展数据治理，提高数据质量。

基于云资源和本地环境，通过数据资产治理，切实解决企业目前存在的生产技术、经营管理、人力资源、安全环保等一系列数据质量问题，通过信息资源整合利用、业务流贯穿畅通、管理系统与生产系统紧密融合等多种途径，有效解决或缓解长期困扰和影响公司生产发展的一系列瓶颈问题。

（2）建立数据资产目录清单，进行数据资产化管理。

实现数据资产应用管理，在数据产生、数据加工、数据服务应用、数据归档等整个数据的生命周期内进行数据资产管理。

（3）建设基于数据资源中心的组件化、服务化应用。

通过新建、复用现有的技术组件和业务组件构建数据资源中心，实现通过 API 服务方式封装业务逻辑，供给业务系统调用来获取数据支撑，实现平台的存储容量和计算能力可按照业务的需求随时扩张或缩减。作为大型流程化工业炼化企业，数据资源中心建设应为企业数据管理、应用提供一站式服务，至少包括数据治理、数据计算、数据分析、数据洞察以及数据资产管理五种能力。

3.1 数据治理能力

通过梳理、归纳、提炼企业在各个业务领域的数据标准，实现对企业级大数据平台数据的统一运营管理。支持按照数据标准管理分类、要素分类、业务分类，自动建立数据标准各类属性之间的约束、传递、映射、聚合关系。按照集团标准规范要求，并辅助以其他分公司内部的标准数据元进行统一的存储和管理，形成公共的标准数据元库，并对其进行日常的维护和管理。

通过数据质量评估模型，制定评估规则集，分析企业业务对象的数据质量，对各系统的整体或部分数据的质量状况进行评估。利用统计技术、数据挖掘及预定义等方法，遵循一致性检查、无效值及缺失值等转换规则，对数据采集、传输、存储过程中的多样性、复杂性以及各种不确定性因素导致的数据缺失、数据异常、数据重复、以及数据错误现象进行清洗、审核、更正。

3.2 数据计算能力

数据资源中心应具备支持系统企业数据资源中心海量数据的存储和计算，支持 PB~EB 级别数据的存储和计算，将炼化生产运营过程产生的结构化、半结构化、非结构化数据处理为业务所需的洞察数据，支持多应用多实例并发计算，并隔离应用数据和应用程序。

具备流式计算能力，针对生产实时数据，以

及时序要求高的业务数据处理，实现实时且无界的数据流处理、流式且实时的数据集成和实时流数据计算服务，可有效地缩短全链路数据流时延、实时化计算逻辑、平摊计算成本，满足实时大数据分析、在线监测、风控预警、实时预测等诸多业务场景的需求。

数据资源中心应增加图计算组件，以提供海量图数据的分布式并行分析和处理功能，实现炼化领域数据间的复杂关联与结构特征挖掘，是实现知识图谱构建、知识推理、自然语言处理等应用的重要支撑。支持 TinkerPop™ 的 Apache Gremlin 语言，与其他图产品无缝衔接，提供图查询、全图计算、子图模式匹配和图机器学习算法。

3.3　数据分析能力

数据资源中心需要建立智能标签组件，实现基于实体、关系、标签模型构建生产域数据模型，为业务人员提供最直接、最方便数据服务。在计算存储的物理模型之上实现逻辑动态建模与数据服务结合的功能，提供面向大数据应用开发的标签建模、标签管理工具，通过可视化的方式清晰的展现标签管理体系的数据模型视图，提供数据全览、数据核心资产，标签资产、实体个数、关系个数和 API 个数、标签分布统计、云计算资源使用统计、标签生产用户排行和分析 API 生产用户排行。用户画像作为大数据的根基，是企业进一步精准、快速地分析业务逻辑、操作模式等重要信息，提供了足够的数据基础，建立画像分析类组件，支持零代码标签加注，实现对复杂群体数据的简易化统计、筛选、加工、沉淀，建立单实体全方位个性化档案，通过可视化线索分析精准定位目标群体。

随着技术的发展，数据资源中心要具备业务模型的可视化组装、编排能力，提供拖拽式智能算子的面向业务场景的模型 Flow DAG 的编辑与配置。提供业务模型流程管控功能，能够完成业务模型 Flow DAG 的定义、保存及部署。提供业务模型执行管控功能，能够完成业务模型 Flow DAG 在离线批量计算引擎的依赖执行，有序保障结果产出的正确性。

3.4　数据洞察能力

面向炼化企业生产、设备、财务等业务管理需求，实现多维度、自助式的数据挖掘分析。

首先要实现对离线数据、Excel、CSV、关系型数据库、分析型数据库等多类型数据集的连接，为洞察分析做准备。支持对所有连接的数据集以列表形式管理，可查看数据集详情、新增、删除、搜索等操作。

其次对连接的数据集洞察分析功能。要支持对数据集的异常分析、趋势分析、周期性分析、指标相关性挖掘等分析。对数据集配置并运行洞察任务，自动挖掘数据规律并生产分析图表和见解(图 3)。

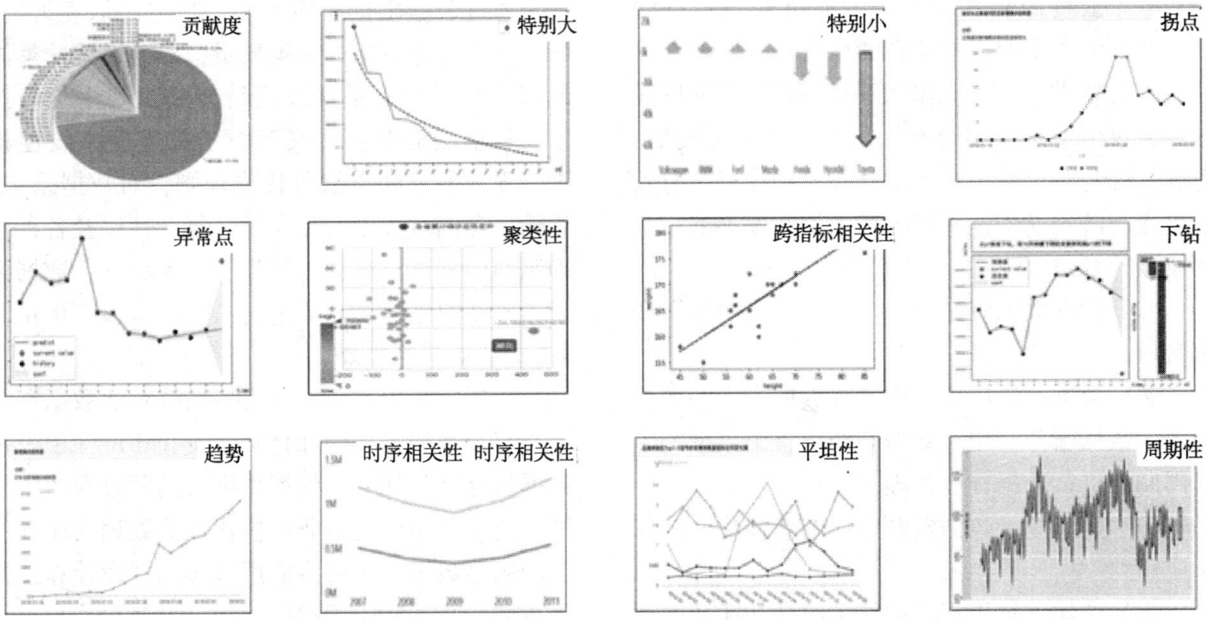

图 3　智能洞察分析算法能力示意图

3.5 数据资产管理能力

数据资源中心实现统一的数据资源视图，以可视化方式直观体现数据资产的内容。对资产进行对应分类，实现在该类目下对数据资产进行搜索、查看以及权限申请。构建全域数据资产地图，支撑用户清晰查看及快速使用数据资产。按维度建模+OLP建模方法，数据资产中心公共明细层划分为设备域、生产域、能源域、供应链域、安环域、基础域6大数据域(表1)。

表1 数据资产分域类目表

序号	数据域	描述	备注
1	设备	表示传输、生产、储运等环节涉及到的活装置，如生产设备、侧线、管线、阀门、盲板、罐、库位、采样点等	比如，包括生产装置的基本信息、参数产记录、维修记录等
2	生产	表示炼化过程中的生产过程和物料(原油、原料、半成品、成品等)、化工辅料(催化剂等)和产品的库存、进出量、产量等	比如，包括原油的库存、进出量、产量，化工产品的产品信息、产品生命周期、产品库存、产品销售
3	能源	表示生产过程中的能源信息，例如能源生产、计划、采购等	比如，包含能源计划、能源生产、能源消耗、等
4	安环	表示生产过程中和安全相关的检查、治理、规章制度等 表示和环保主题相关的污染监测、治理、防控等数据	比如，包含风险清单、隐患治理、安全事故、安全检查、作业许可 比如，污染物的监测计划、排污计划、排污治理
5	供应链	生产过程所需要的物资供应信息，例如需求计划、采购订单、框架协议、出入库等	物流信息、出库信息、入库信息、采购信息等
6	基础	基础生产要素，如人力资源、财务成本、仓储物流、采购销售、IT资产等；表示公司组织结构，经营活动的供应商、分销商，软件系统的服务商	比如，包括茂名石化的组织机构(安全环保部等)，原油供应商，乙烯分销商等；人员工时、财务预算、采购定单、设备入库、资产维修等

数据资产运维以业务为导向，面向业务目标，紧跟业务发展，动态调整模型。以数据为本，通过完善模型指标、优化模型方法、提升数据质量等手段不断迭代模型，提升模型效果。确保数据规范可用，具体为任务的设计、开发、接入和监控等符合统一规范，确保模型数据的可用、有效。

4 总结

近两年随着大数据的日趋成熟，企业级的数据中心建设成为各个制造企业争先探讨的热门话题。围绕用户为中心、数据驱动、生态协同三大核心理念，进行全要素、全价值链优化。以更加精细和科学的方式，提升生产效率，降低运营成本，资源灵活调配，提高企业运营管理水平，打造新商业模式、新生产方式和新产业生态，不断创新客户价值。

数据资源中心可以理解为一个以数据资源为加工对象的智能调度生产系统及产品仓库，以其高性能、高稳定性、多源异构及大数据处理能力为基础，为炼化企业海量的实时和历史数据提供了一个生产加工和共享服务平台。同时要发挥其最大价值，必须在业务和管理层面的数据应用需求梳理及分析研究方面投入充分和长期的力量，包括石化企业决策(指标)体系的研究、信息资源目录的梳理、标准规范的建立、实施落地的全程管理等等。通过数据中心提供的能力，在石化数据资源应用领域从数据集中、治理加工、挖掘分析到决策支持摸索出一整套行之有效的建设途径和管理规范，为今后不断扩展和深挖石化信息资源价值，真正在实现信息化创造价值和效益方面积累有益的经验。

洛阳石化可视化智能巡检系统建设探讨

赵建忠　吕　锋　孟　华

（中国石油化工股份有限公司洛阳分公司信息中心）

摘　要　基于可视化数字工厂的智能巡检管理系统，是综合利用4G无线专网、地理信息系统（GIS）、360°全景影像、GPS、可视化图形引擎等技术，开发在线巡检管理系统，可以对巡检人员的巡视线路进行实时监控、记录巡检人员移动的轨迹、检查巡检人员工作状态、自动报警以及定位图形显示故障点等，实现对目标对象数字化、可视化、实时化管控。通过巡检管理、事件备忘、故障智能分析等功能的实现，智能巡检系统在强化现场、故障预判、减员增效、信息共享、提升管理等方面发挥重要作用，同时，系统通过对巡检记录数据进行综合分析利用，辅助生产决策，实现以高质量巡检促进装置高效运行、安全生产，提高经济效益的目标。

关键词　巡检，可视化，智能化GIS（Geographic Information System 地理信息系统），可视化图形引擎，360°全景影像，三层架构（3-Tier Architecture）

1　背景及问题分析

1.1　背景

石油化工企业作为高温高压、易燃易爆有毒的危险行业，安全生产工作直接关系到职工群众切身利益、企业自身稳定及国家人民财产安危。日常巡检管理是目前有效保证石油化工企业生产安全的一项重要基础工作。

伴随着信息技术的发展进步，巡检管理系统的工作方式在不断更新，经历了抽查式巡检、翻牌式巡检、离线式签到巡检、在线式签到巡检及智能巡检管理等多个阶段。智能巡检系统总体包含三个部分：智能移动端、无线传输设备和智能巡检管理系统。智能化巡检系统通过在巡检点安装信息纽、信息螺栓或条形码等自动识别器件，后台采用计算机进行集中管理，可以有效杜绝人为因素，有利于及时、客观地考核巡检人员的工作。传统的巡检管理系统正在被可视化、智能化、平台化的智能巡检系统所取代，智能巡检管理系统以其巡检管理定制化、巡检过程可视化、问题处理协同化、故障诊断常态化等特色解决了巡检管理系统的常见“痛点”，从根本上提升了巡检工作的运转效率和作用发挥。

1.2　现状及问题分析

目前洛阳石化巡检系统采用的是小神探巡检产品，使用巡检棒定时打点，主要解决按时巡检的问题。系统已运行多年，大部分巡检棒已到达使用年限，陆续损坏，原有型号设备已停产，新更新的设备无法和原有系统兼容，需要使用新一代的小神探系统接管新设备，目前是两套系统同时运行的状态。该系统功能较为单一，平台架构已落后于当前技术发展和业务应用的需要。

分析巡检过程涉及的主要内容，目前在用巡检系统存在如下主要问题：

（1）巡检计划制定过程单调，管理流程不灵活，本应执行效果很好的巡检管理制度，因为系统的“死板”而改变。

（2）巡检现场绩效管理存在“盲区”。现有巡检棒为非智能化产品，只能实现巡检区域打点签到，巡检内容是否全部落实、签到过程是否真实难以全面掌控。

（3）处理巡检过程中发现的异常时存在标准不统一、记录不规范、内容不完整等问题，会导致应急、维修人员无法准确及时掌握现场情况，不利于后续维修保养工作的开展，不利于巡检问题归档和持续利用。

（4）信息孤岛问题。在巡检问题台账的后续处理过程中，调度人员仍然需要依靠手动录入的方式，把相关问题信息反馈到外部系统，工作负荷重、效率低。

（5）数据利用问题。对巡检过程中记录设备运行数据利用不充分，如机泵运行数据振动值等，现有巡检系统无法进行采集，造成巡检数据分析利用的巨大损失。

为解决上述问题，并结合保证安全生产、改进管理的要求，特别是当前炼化企业大力开展智能化改造、建设智能工厂的背景下，迫切需要采用先进的技术手段，提升巡检作业管理水平。洛阳石化已建成覆盖全厂的4G LTE专网系统，已具备开展下一代巡检技术替换的条件和时机，因此，结合巡检技术的发展和企业实际情况，高标准规划开发智能化巡检系统，并将其作为企业智能化改造的一部分，对优化生产运维、促进安全生产和提高管理效率，具有十分重要的意义。

2 建设目标

针对上述归纳的现有巡检系统主要痛点，依照“可视化、移动化、智能化”设计理念，结合企业现有巡检业务应用需要，并前瞻性考虑公司智能化改造要求，洛阳石化新一代可视化智能巡检系统建设目标如下：

(1) 依托4G专网，构建可视化工厂总图，并集成设备台帐信息，实现设备台帐等数据的关联映射，使工厂总图成为巡检管理、设备管理、检维修等业务应用的可视化集成平台。

(2) 系统应实现巡检计划的模板化、定制化。支持日常巡检、特殊巡检、临时巡检等多种巡检模式，支持巡检点、巡检内容、巡检路线、巡检人员及巡检时间周期的灵活设置。

(3) 实现对巡检作业全过程的标准化、智能化管理。实现巡检手持端的标准化，巡检手段多样化(温度、震动等测量手段)，数据上传自动化，数据比对在线化(在线巡检系统采集数据与DCS等数据的在线比对)，巡检效能的数据化评判等。

(4) 开发巡检动态可视化看板，实现巡检作业可视化监控和管理。支持巡检目标对象、巡检事件的地图选取、图形可视化点标识及巡检路线的可视化展示；以数据统计报表和图形化方式，实现巡检作业全过程动态监控，并具备相关数据分析功能，指导业务人员判断现场情况，辅助生产决策。

(5) 实现工作笔记/事件隐患备忘管理功能。业务人员可以通过移动端将巡检过程中发现的设备故障点、缺陷隐患等进行记录、拍照、录音等操作并实时上传，根据业务需要开发相关统计分析功能，并以报表、图形等多种方式进行展示。

(6) 平台具有对巡检监督和考核管理功能。系统可以对设备、巡检项、巡检员进行耗时统计，可根据时间、事件、巡检点及人员对巡检结果进行漏检率、隐患缺陷类型的组合统计分析。

(7) 自带设备故障知识库和专家诊断系统，对设备运行数据进行诊断，并给出诊断结论及建议，专家诊断系统并具有不断完善功能。

新一代多元可视化智能巡检系统对巡检作业应实现如下方式方法：

(1) 用户可自主在地图、全景影像等多元可视化界面内管理巡检点、巡检路线，提高系统的操作便捷性和维护便利性。

(2) 借助巡检传感器，可自动采集机泵设备振动、温度、转速等状态数据，实时传送到系统后台并合理归档。

(3) 对巡检路线、巡检内容系统可进行智能推送，帮助巡检人员更好的落实定时、定点巡检管理要求。

(4) 针对历次的巡检过程，系统自动生成巡检人员巡检轨迹。便于巡检管理人员对巡检历史过程进行追溯。

(5) 管理人员可在GIS地图上查看各巡检人员的实时位置，能够及时联系地图中的每个人员。

3 系统技术方案的设计

3.1 设计思路

通过综合分析现有巡检系统应用情况，并结合企业已有的信息化条件，提出了如下设计思路：以公司现有4G专网为通信支撑，综合利用GIS、GPS、360°全景影像、可视化图形引擎等技术，并关联利用公司现有ERP/设备管理、实时数据库等已有数据源，研究开发多元可视化智能巡检系统，实现巡检业务的智能化管理，满足业务需求。同时在系统架构设计上，充分考虑公司信息化应用长远发展，系统设计采用标准化、模块化设计，在功能设计强调可视化、实时化、智能化，实现建设目标定义的内容，并使该系统纳入洛阳石化智能化改造整体框架中，以最大限度节约投资，提高投资效能(图1)。

3.2 技术路线和关键技术

3.2.1 系统平台及终端设备选型

现有的大部分巡检平台仅可满足基本巡检业务需求，而在整个业务流程的延展性和业务流匹配度上有着较大的差距，从中长期来看，企业进行智能化改造、建设智能工厂已经提上日程，基于多元可视化图形引擎平台进行系统平台的搭建和应用开发，可有效避免产生信息孤岛，易于系统整合集成。目前可视化数字工厂技术在石化企业已有较多应用，符合当前企业层面信息技术应用发展方向，技术成熟，风险可控。

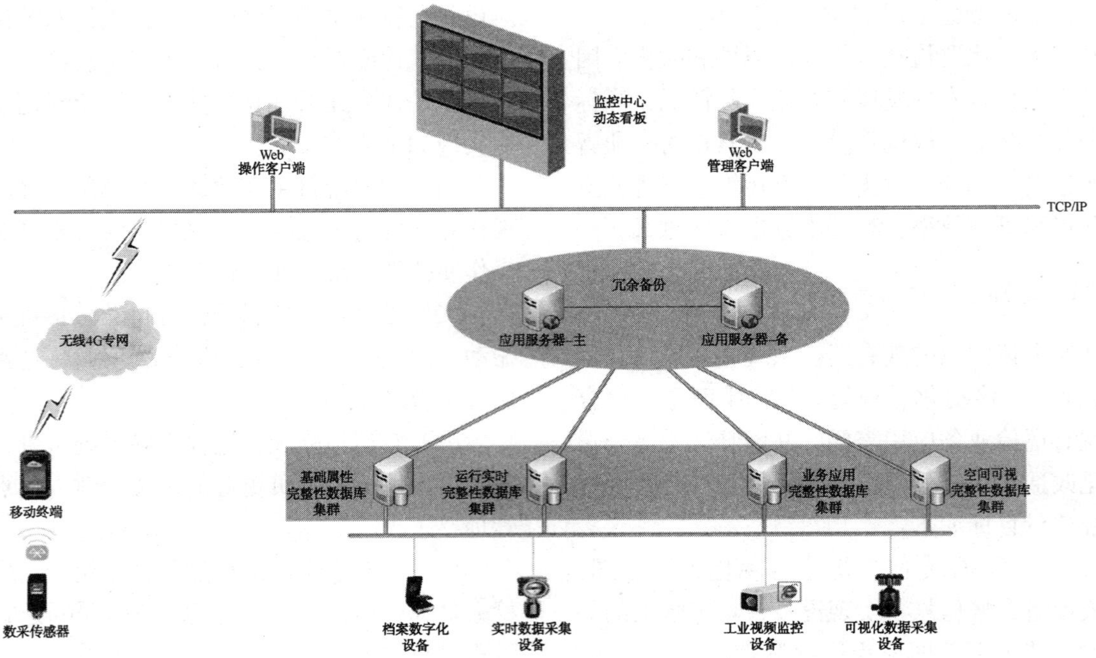

图 1　系统网络结构图

巡检终端设备的选型，应选择配置兼容我企业 4G LTE 专网环境的手持设备，测温测震便携设备与现场人员沟通宜选用分体蓝牙连接方式。终端应选用支持 App 的安卓平台的通用设备，以利于将来的整合集成。选用安卓平台可一定程度的实现手持和便携设备通用性，同时也方便与集团公司融合通讯的集成，减少巡检人员巡检时所带设备，可实现照明、通讯、点检的一机集成，同时减少整体投资(对讲机、手电、巡检棒、点检仪、测温仪等多机集成合并)。

3.2.1　开发环境

(1) 硬件平台：采用公司已有的虚拟化服务器平台。

(2) 开发平台：共分两类，一是基于 Apache 服务器管理系统，使用 PHP、HTML5、CSS3、Javascript 等主流语言进行开发；二是基于 Vue. js 架构进行前后台一体化开发。

(3) 主数据库：Oracle 11g

(4) 移动 App 开发：安卓 App 使用 Android Studio 开发工具；微信小程序采用腾讯官方 Web 开发者工具，主要语言包括 HTMLS、JavaScript、类 CSS3 等。

(5) 数据集成主要采用数据视图模式，实现对 ERP/设备管理、RTDB 等系统的数据访问与集成。

(6) 系统模式：电脑端 B/S 模式(IIS 7.0 以上)，移动端提供 App 或微信小程序。

3.2.3　涉及关键技术

可视化智能巡检管理系统涉及的关键技术有：GIS、GPS、360°全景影像、可视化图形引擎、矢量节点化等技术的集成和综合应用；设备、人员定位和数据的集成交互；事务性业务和非结构化信息的数字化、图形化及集成利用；设备故障数据库和专家诊断系统；在软件实现上，采用 .NET 分层架构模式，按照表示层、逻辑层和数据层进行分层设计，三层架构开发模式更有利于快速开发实现和日后的应用提升。

3.2.4　技术架构

系统技术架构包括系统层、平台层、应用层、展示层、对外接口、信息安全层(图 2)，具体描述如下：

系统层：系统层用于存储系统运行需要的所有相关数据及其备份，并对外提供数据读写服务、后台服务及网络的负载均衡。

平台层：平台应用层基于数字工厂基础平台及多元可视化引擎框架，提供面向工业化巡检管理及设备管理的基础应用。

应用层：提供设备巡检、安全巡检、工作记录、统计分析等功能。

展示层：该层是系统和用户的交互层，用于各业务模块的展示和相关数据的录入。

对外接口：系统对设备管理系统及外部其他系统提供 WebService 数据接口和 API 调用接口。

信息安全层：信息安全层要保证巡检及人员信息的保密性、真实性、完整性、未授权拷贝和所寄生系统的安全性。保证不受偶然或者意外原因而遭到破坏、更改、泄露，系统连续可靠正常地运行，信息服务不中断，确保业务连续性。

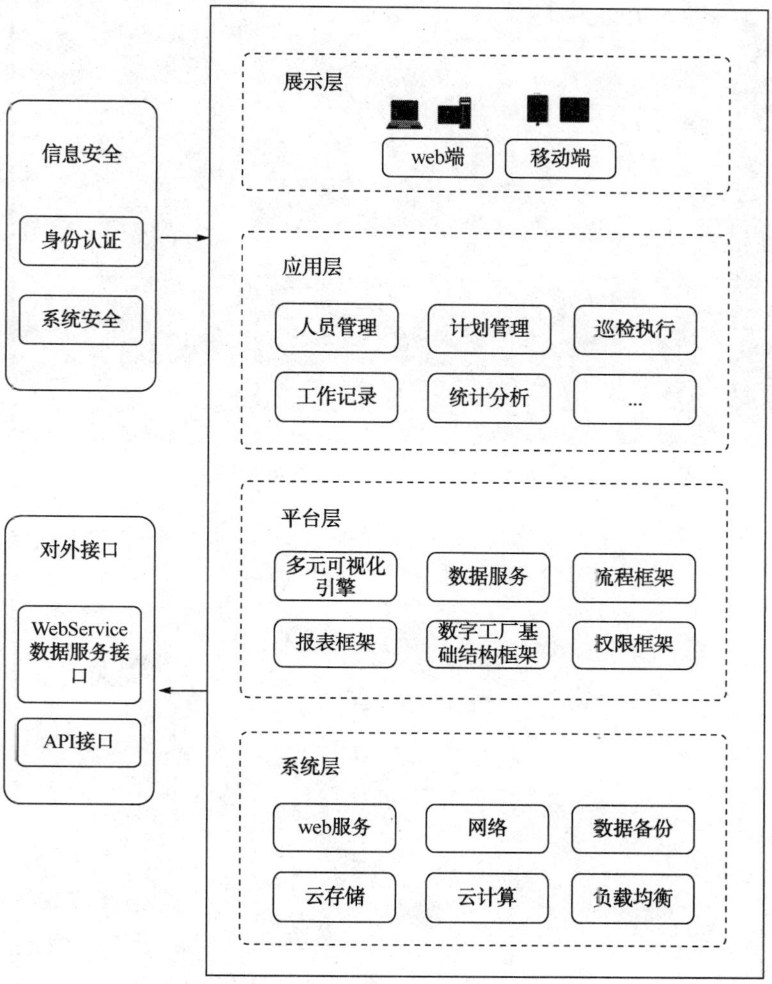

图 2　软件架构图

3.3　功能设计

通过与生产调度、设备管理、生产车间等业务人员深入交流和分析，并借鉴同类企业相关系统的应用现状，确定我公司新一代智能化巡检管理系统应设计实现工厂可视化总图、设备及运维资料库、巡检计划管理、巡检过程管理、巡检可视化看板、巡检监督考核、巡检数据智能分析、系统管理等功能模块，系统总体框架形成移动端和 Web 端两部分，并通过对接 ERP/设备管理系统实现设备数据集成，实现对巡检业务的全面覆盖(图 3)。

具体功能模块设计如下：

(1) 工厂可视化总图。基于洛阳石化工厂CAD 总图数据，构建厂区级、装置级二维 GIS 电子地图/设备平面分布图数据图层；开发巡检目标对象的地图选取、图形可视化点标识及巡检路线可视化展示功能；实现各生产装置总图可视化图元与设备台账的关联映射，把工厂总图建设成为巡检管理系统及其他信息管理应用的可视化门户(图 4)。

该模块的开发的难点主要有：一是可视化图形引擎的建立和利用，二是综合利用 GIS、360°全景影像、可视化图形引擎等技术形成工厂总图，并与设备等物理目标进行关联映射，三是需要对核对确认工厂总图与装置现状的符合性，考虑到企业装置历经多次改造，变化较大，基础资料核对工作量较大。

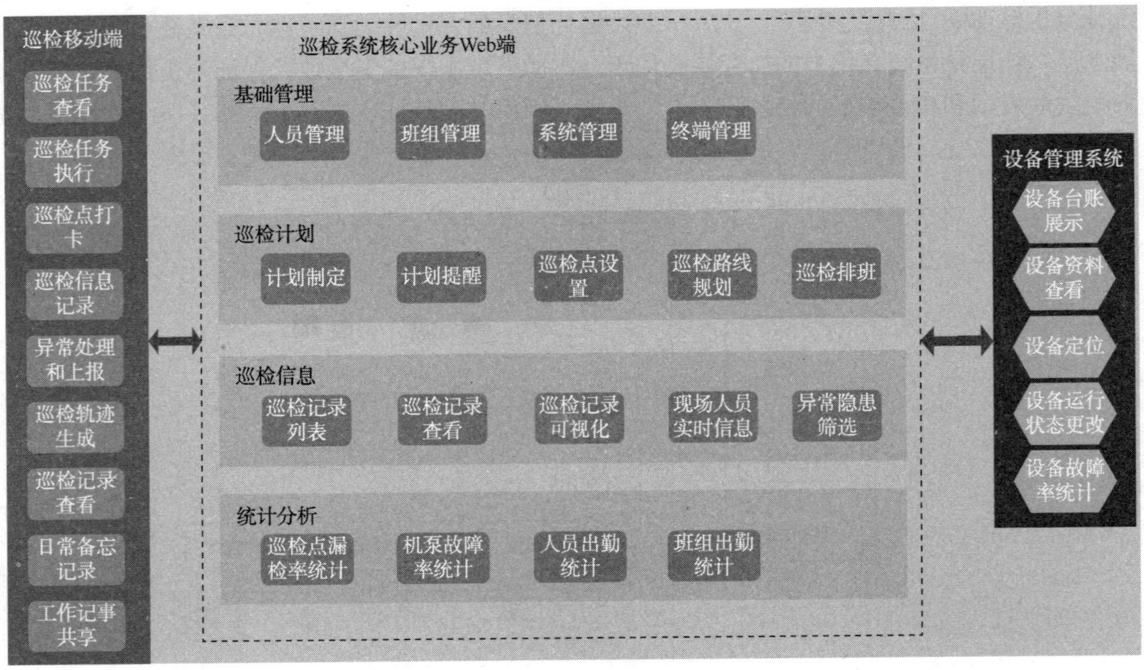

图 3　业务框架图

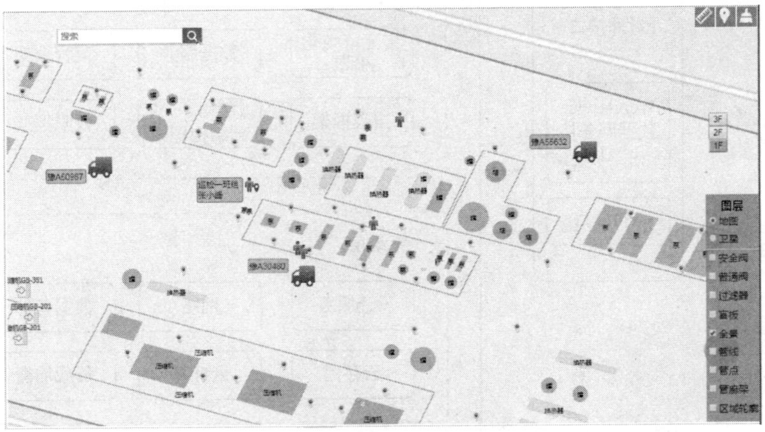

图 4　工厂总图

解决上述难点，一是多方技术比选，选择技术先进、性能稳定的图形引擎，二是在总图建模过程中需要业务人员深入参与，逐一核对装置、设备、管线现状，确保做到图形系统与物理现状一致。

（2）设备台帐、运维资料库管理。关联利用 ERP 系统或设备管理系统已有设备台账数据信息，把设备台账建设成为设备基础信息、空间定位信息、巡回检查及检维修等信息系统数据查询及交互应用的电子化数据基础。系统支持从设备台账选择确定巡检目标对象，可实现设备全生命周期内巡检对象类型、隐患类型/等级、检修维护信息和时间轴信息的组合查询及分析应用。

该模块的开发难点主要有：一是本系统与 ERP 等周边系统的数据集成和交互，二是巡检系统与 ERP、设备管理系统等的工作界面划分。

（3）巡检计划及过程管理。巡检计划可自主配置，支持巡检点、巡检内容、巡检路线、巡检人员及巡检时间周期的灵活设置。巡检点可与设备台账关联，巡检点及路线、巡检发现隐患可于数字工厂平台上进行可视化标注；巡检内容可按设备类型设置模板库，巡检计划制定支持配置模板调用。基于工厂总图模型，可以实现巡检计划制定的全过程可视化操作。操作页面如图 5、图 6、图 7 所示。

（4）巡检动态可视化看板。以数据统计报表和图形可视化的方式(可视化方式包括但不限于环形饼图、横(纵)向条形图、折线图等)，可按照公司级、厂级、装置级和巡检人员单体级动态显示巡检计划执行、隐患缺陷分布实时状态(图8)。

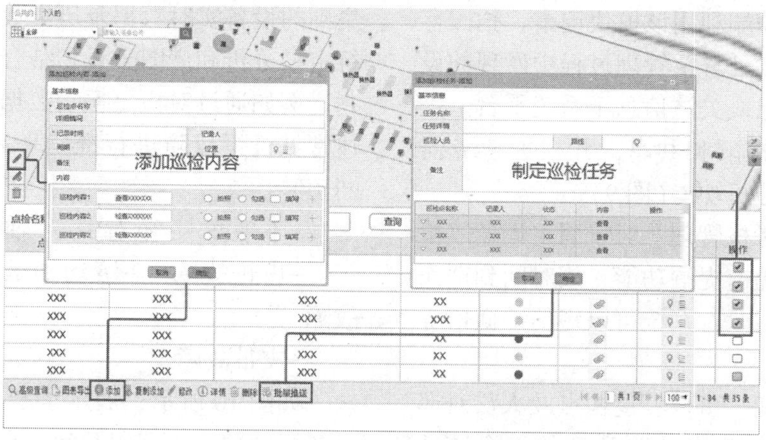

图5　可视化巡检计划制定示例图

图6　基于全景影像标定巡检点和巡检内容

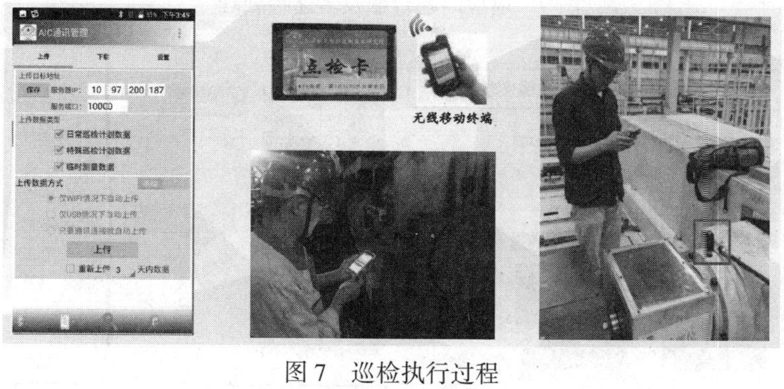

图7　巡检执行过程

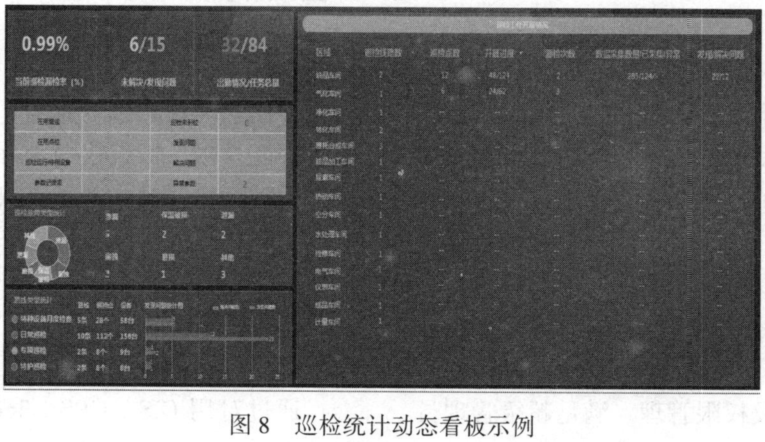

图8　巡检统计动态看板示例

（5）工作笔记/事件隐患备忘管理。基于设备台账、工厂总图等基础数据，为用户提供具有空间定位及可视化特色的电子工作笔记应用。应用人员可以通过移动端利用该模块记事、拍照存档和定位标识，将自己日常管理过程中发现的设备故障点、缺陷隐患或关注信息于系统平台上进行记录备忘、预警提醒和共享，并根据业务需要，实现相关统计分析功能（图 9）。

（6）巡检监督考核管理。对于固定周期巡检任务，系统可设置提前提醒功能，或时间到期而巡检任务未得到激活时，系统可以短信、微信等方式提醒巡检人员。

系统可根据时间、事件、巡检点及人员对巡检结果进行漏检率、隐患缺陷类型的组合统计分析。

（7）设备故障智能分析与预警。系统集成设备故障数据库和专家诊断系统，对巡检过程中采集到的设备实时数据及历史数据，通过对数据进行定量分析和谱图分析相结合的方式进行故障预判。例如通过对机泵振动数据进行分析，能对下述常见机泵故障进行准确率高达 80% 的故障诊断预警：

-不平衡　-不对中　-轴弯曲　-机构松动

-齿轮故障　-滚动轴承故障　-滑动轴承故障

-皮带故障

如图 10 所示，展示了智能巡检管理系统对设备振动数据的利用及问题台账的处理途径。

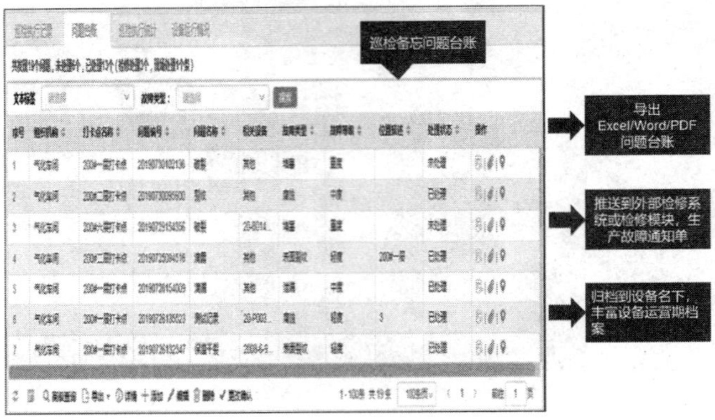

图 9　巡检问题台账及多途径处理

图 10　巡检数据采集分析

该模块开发的难点有两点，一是故障诊断模型的建立，需要研发单位具备相应的设备故障知识库和专家诊断系统，并结合企业现有设备进行模型优化和匹配；二是故障预警机制和和故障处理流程的确立，需要与生产调度、设备管理、装置运行等部门的业务人员进行深入交流和沟通确认。

（7）平台接口及权限管理。满足超级管理员对用户信息配置和管理需求，可对角色的数据权限、功能权限、操作权限进行全面配置；平台提供完善的接口可供外部系统快捷调用，同时支持通过定制化接口与已有信息系统互联。

4　创新点分析

（1）利用信息化新技术提升传统业务

通过对用 GIS、GPS、360° 全景影像、可视化图形引擎、矢量节点化等技术的集成和综合应用，实现设备、人员定位和数据集成交互，突破传统的表单和编码限制，实现事务性业务和非结构化信息的数字化、图形化，并将多格式、多种类的设备设施本体信息和巡检业务活动记录等多元数据进行统一集成，通过数据的逻辑处理和绑定，重新构建人、物、数据、空间等要素的相互映射关系，并集成应用设备故障专家诊断系统，形成可视化、智能化的巡检管理平台。

（2）集中集成，消除孤岛，发挥信息化协同效用

集中集成，综合利用，是当前工业化与信息化融合发展的重点方向，通过开发可视化工厂总图，可逐步将巡检作业、设备管理、检维修等业务整合到统一的可视化平台下，并通过标准化接口(如 RTDB-API、VS-ODBC 技术等)，实现与 ERP、设备管理系统、实时数据库等的数据集成，实现了各项业务和数据的一体化整合，有利于通过挖掘数据资源，提升信息化价值。

（3）三层架构开发模式，支撑高效开发和安全应用

本系统采用了先进的 B/S 模式下三层架构开发模式。在管理信息系统开发中，三层架构的基本设计思想是将应用程序分成表示层、逻辑层和数据层，然后在每一层中只实现系统相应层的功能设计，层间的交互由相邻层对应的功能模块进行调用，信息传递只由接口进行传送。三层架构比双层或单层结构都有更大优势：一是团队开发，协同工作，效率倍增；二是采用瘦客户模式，利于应用；三是具有更高的安全性，三层架构的最大优点是它的安全性，用户端只能通过逻辑层来访问数据层，减少了入口点，屏蔽了风险。

（4）可视化实时监控、设备故障知识库和专家诊断系统的集成应用。系统通过对巡检业务的可视化实时监控，可有效提高巡检业务执行效率和管控水平，并利用专家诊断系统及时诊断巡检过程中发现的各类问题，根据诊断结果，有助于及时制定出优化的处置方案，更好地保障设备平稳运行、安全生产和提高经济效益。

5 效益分析

开发建设可视化智能巡检管理系统，可以取得多方面的效益，包括经济、安全和管理效益。一方面可以利用智能化巡检系统的标准化、可视化、智能化优势，通过优化巡检业务管理和执行，并利用系统包含的故障隐患分析预测功能，消除隐患，促进装置设备长周期平稳运行和安全生产，提高经济效益；另一方面，可视化智能巡检系统的应用，可以极大地改进巡检业务运行和管理模式，有效提升操作水平和管理效能。具体效益分析如下：

（1）实现减员增效

以技术调研中了解的某企业为例：

① 该企业年产量 90 万吨，在 2017 年上线智能化巡检系统之前，企业共计巡检职工 396 人，其中分为 20 个岗位进行巡检，四班三倒。

② 2017 年末，该企业共计巡检职工 295 人，由于巡检质量的稳定，数据完整，巡检效率的提升，在保证巡检同等质量的情况下，通过调整优化，巡检岗位调整为 12 个，巡检人员只需 48 人，节约人员 32 人。

（2）保障设备稳定运行，避免重大损失

① 利用设备故障分析专家库辅助预先发现并防止发生突发故障，实现预维修减少设备毁损，避免设备突发故障对生产的重大影响。

② 加强到位管理，杜绝漏检、谎检的现象，设备故障发现更及时、更全面。

（3）提升管理效益

① 数据录入自动化，降低巡检人员纸质录入、查询、保存困难的情况。

② 对巡检人员工作业绩进行考核评比，奖优罚劣，并合理分配巡检人员工作任务。

③ 管理者一机在手，可以了解全部巡检设备的工作状态和巡检人员工作状态。

④ 增加设备巡检手段，引进振动测量、温度测量、转速测量等巡检手段，一机多用，提高工效。

视频图像智能分析技术在危险化学品装卸作业中的应用

叶丽丽　张　新　王　锐　刘小明

（北京中燕信息技术有限公司）

（中国石油化工股份有限公司北京燕山分公司）

摘　要　利用视频图像智能分析技术，构建涵盖装卸全过程的管理标准与业务流程，对不规范行为和不安全因素进行实时自动分析识别、自动定位、自动捕捉和自动报警，有利于降低安全风险。视频图像智能分析技术从设计理念、技术路线、功能架构等方面进行了详细介绍。通过在企业的实践应用发现，该技术具有降低安全管理工作强度、提升安全管理工作效率和降低安全管理风险等效果，能为企业安全管理构筑安全壁垒，并具有极强的推广价值。

关键词　安全管理，视频图像，智能分析，危险化学品，装卸作业

当前，企业安全管理形势严峻，安全防范、安全监控与安全保护工作的紧迫性不断加大，安全技术防范工作需要强有力的科技支持与保障。在安全事故处理中，视频监控已逐步成为事前预防、事中处理、事后追查的有利手段，而视频内容的分析识别等操作需要人工识别，工作量大且容易出错。视频图像智能分析技术克服了传统监控系统人眼识别的缺陷，具备实时对视频监控范围内的目标进行检测跟踪的功能，并且把行为识别等技术引入到监控系统中，形成了新的能够完全替代人为监控的智能型监控系统。

为了强化危险化学品装卸车环节的安全监管，规范危险化学品装车人员的岗位操作行为，确保危险化学品各环节的安全生产，依据相关法规、规章、标准的要求，对装卸车业务流程中的行为标准和安全因素进行图像化和标准化，在危险化学品装卸过程中，可以对操作过程的违章行为自动识别并报警，现场管理人员可以及时纠正违章，避免事故发生。

1　建设目标及设计理念

1.1　建设目标

实现危险化学品装卸车站台业务全流程风险可控，对不规范行为和不安全因素进行实时自动分析识别、自动定位、自动捕捉、自动报警，提升安全管理水平、降低安全风险。

1.2　设计理念及特点

（1）视频图像智能分析技术是使用计算机图像视觉分析技术，通过将视频中背景和目标分离进而分析并追踪到在视频场景内的目标。可以根据分析模型，通过在不同的视频场景中预设不同的规则和环境，一旦目标在视频场景中出现了违反预定义规则的行为或环境，系统会自动发出警告信息，现场会自动发出声光报警并发出警示音，管理人员可以通过电脑或手机接收报警信息和报警图片，实现根据报警的实时场景采取相关管理措施。

（2）不改变原整体架构和硬件设施。在不改变现有工业视频系统整体架构、不改造现有工业视频硬件设施的前提下，利用现场布置的视频设备，通过大数据视频图像分析技术手段，快速捕捉、快速定位不规范行为和不安全因素，同时将报警及时推送至管理人员或所辖控制室，最大限度降低企业损失，为企业提供安全科技防火墙。

（3）以业务流程为主线。通过对流程关键节点任务，如安全帽穿戴、监护人员全程监护、车前标识摆放、灭火器部署、车轮掩木摆放等，明确业务管理流程，关键节点进行图像分析，及时报警，使安全管理得到有效管控。

（4）为安全监察提供支持。通过实时智能分析，违章自动识别并报警、问题自动定制用户推送，为安全监察提供新模式的监管手段，降低管

理人员工作负荷，提高危化品装卸操作人员自律性，降低装卸作业过程安全风险。

2　技术路线

技术架构图如图 1 所示，整个系统进行技术架构设计时，充分参考了中国石化信息化建设规划中的技术要求，依托安全管理平台的建设成果。

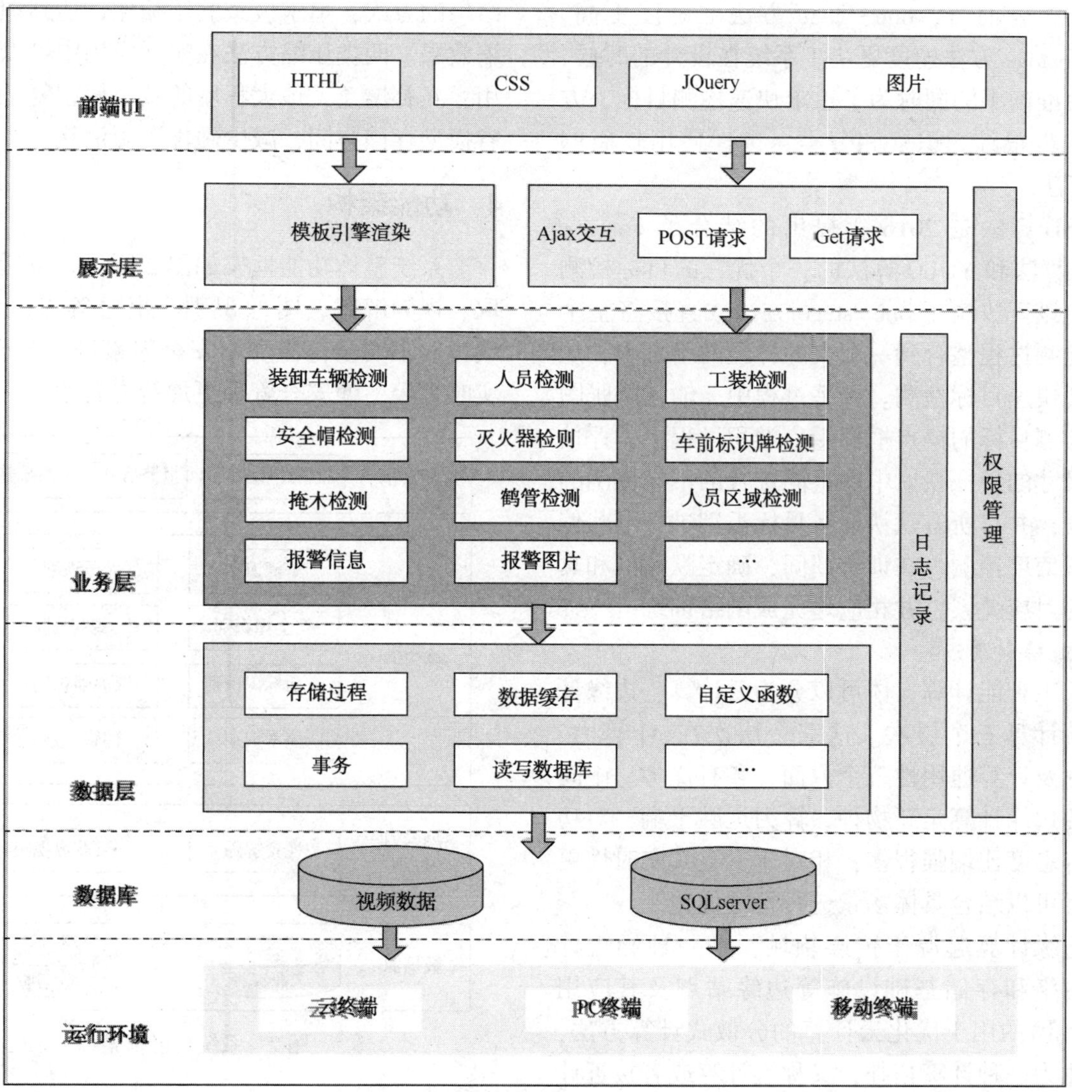

图 1　技术架构图

（1）技术架构分为数据集成、数据识别及报警应用三个层面：一是异构数据源的集成，系统集成非结构化数据，即获取视频数据，处理成图片；二是对目标进行识别，将图片送入识别算法，得到识别结果；三是报警应用，系统根据业务流程和管理点，判断为报警后推送至用户。

（2）在技术平台方面，采用分层、松耦合、可配置化的设计模式，搭建基础组件库，实现了系统的可配置、可扩展，实现了对多层技术平台进行集成，形成了面向企业分层设计的安全管理信息平台。

（3）采用多级网络安全控制和用户统一管理方案，节省信息化投资，避免信息泄漏问题，确保企业信息和数据安全。

3　视频图像智能分析

在安全管理过程中，人工智能系统的使用，大大降低了安全管理人员的工作量，提高了安全管理的工作效率，降低了作业过程的风险，有利于公司的长期稳定发展。其中，视频图像智能分析技术用到的人工智能算法，主要包括目标检测、边缘计算和模型压缩。

3.1 目标检测

目前，目标检测趋于成熟，各种目标检测算法不断被提出，检测效果也越来越好。主流的目标检测算法包含 one-stage 和 two-stage 两种方法类型，相较而言，one-stage 方法准确度更高，而 two-stage 方法速度更快。系统在设计的时候，在不丢准确率的同时为了追求快速检测目标，方便进一步跟踪、识别和分类，选择使用较新的 SSD 算法。

SSD 算法是 2016 年提出的结合了 Faster-RCNN 算法和 YOLO 算法的一个优秀的目标检测算法。该算法属于 one-stage 方法，直接将整个目标检测过程整合到一个大的神经网络之中，从而实现快速目标检测。训练过程中，输入整张图片和检测目标的锚点框标签；卷积过程中，评估不同尺寸的特征映射中的不同位置的不同比例的默认框，并对所有默认框和目标类别进行形状偏移和置信度预测。在训练期间，确定默认框和真实框的对应关系，并相应地完成网络训练。

3.2 边缘计算

人工智能计算大体可以分为云计算、边缘计算、端计算三个层次。这三个层次在 AI 算力、实时性及计算通用性三个方面，各有优劣。中间层次的边缘计算是新物种，算力远胜于端，对功耗的容忍度比端强很多；相对于云，其实时性更好，且可以结合具体场景进行特定优化。

边缘计算起源于传媒领域，是一种涵盖计算、网络和存储基础设施等边缘站点及其应用(工作量)的用于优化云计算的分散式计算方法，可描述为一种计算拓扑，又称近计算或者接近计算。边缘计算是一种将计算、网络和存储能力从云端延伸到网络边缘的架构，涵盖了从最靠近物的终端传感器到云端数据中心的整个网络架构。除了边缘智能，边缘计算因其所具备的敏捷、实时、智能、安全等特点，将大幅度提升服务质量，并会创造新的价值与生态链。

3.3 模型压缩

人工智能算法的使用，离不开神经网络。随着网络层次的不断加深，复杂的网络模型有着越来越好的性能，但其所需的巨大存储空间和资源消耗使其难以有效应用在各种硬件平台上。为了节省存储空间和减少资源消耗，模型压缩方法显得尤为重要。模型压缩可以分为前端和后端的压缩方法。前端压缩方法包含知识蒸馏、紧凑模型设计和滤波器级别的剪枝，主要用于稀疏矩阵运算中的权重矩阵，从而实现计算和存储开销的减小。后端压缩方法可以分为低秩近似、不加限制的剪枝、参数量化和二值化，通过极大改造网络结构的方式，追求极致的压缩比，达到理想的压缩效果。两类压缩方法在实际应用中可以结合使用，互补增益，最大程度的减小模型复杂度，节省模型存储空间，减少硬件资源消耗。

4 功能架构

系统整体功能框架如图 2 所示。包括视频获取、视频解码、图像识别、报警等多个功能模块，对不安全行为和不安全因素进行分析识别、实时报警，使安全管理更加行之有效。

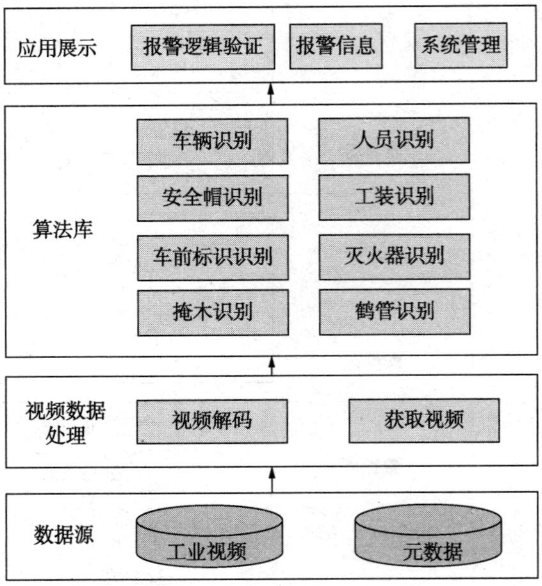

图 2　系统功能框架

5 业务流程

系统设计以业务流程为依据，实现关键环节的图像分析，进一步规范管理，防控关键环节安全风险。

车辆进入站台就位熄火后，车前摆放禁止标志牌、灭火器，打掩木，静电接地、连接鹤管、紧急切断阀需专人值守，装车后，收起鹤管，关闭装车阀，静止 5min 后，拆除静电接地，移除掩木，检查连接全部断开，检查车辆周边，驶离站台。在全业务流程过程中，随着业务的先后顺序，对关键点进行图像分析，具体识别分析报警流程如图 3 所示。

6　应用效果

通过智能视频图像分析技术的应用，促使企业取得了明显的管理效益，重大的社会效益和较好的经济效益。

（1）规范了工作程序，降低了作业过程风险。通过视频分析、设计和整合了视频的信息与业务流程的关系，提炼出规范业务流程中规范行为和安全因素，引导操作人员正确操作，及时制止违章，避免事故发生(图 4)。

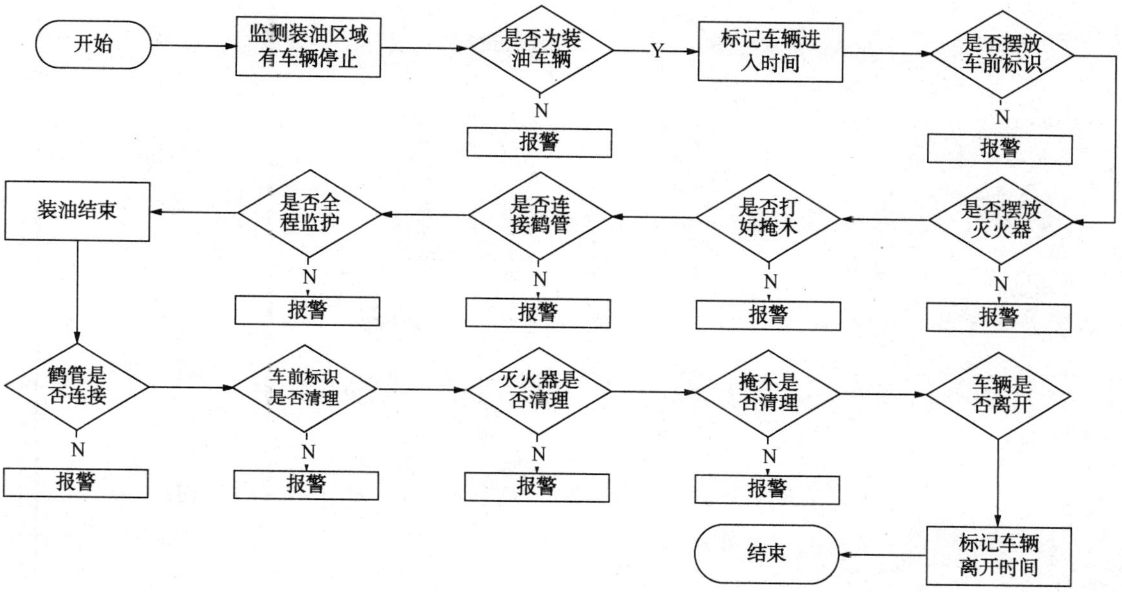

图 3　识别分析报警流程

图 4　掩木未及时清理报警

（2）采取信息化手段，实现安全管理全方位、全时段。系统的建设使安全管理的基础工作更加扎实，提高操作人员安全意识，减轻了监察人员的工作量，减少了作业过程风险，提高了工作效率。实现了实时分析、自动定位、自动捕捉、及时报警的效果。

7　结语

目前，系统运行初见成型，势必成为企业日常安全管理的综合应用平台的重要功能之一，为企业持续提高安全管理水平提供信息化技术支撑，为促进系统能够更好地在安全管理方面发挥作用，通过对技术的不断完善，将在企业现场直接作业环节、各种装卸作业、检维修作业中进行推广使用。

参 考 文 献

[1] 张贤达．矩阵分析与应用[M]．清华大学出版社，2004.10.
[2] 吕伟，钟臻怡，张伟．人工智能技术综述[J]．上海电气 技术，2018.11.
[3] 中国电子技术标准化研究院．人工智能标准化白皮书（2018 版），2018.01.
[4] 贺倩．人工智能技术发展研究[J]．现代电信科技，2016，46(2)：18-21，27.

珠三角氢能产业发展及制约因素分析

唐旭东

（中国石化广州分公司）

摘　要　分析了国内外氢能产业发展现状、战略布局和珠三角地区发展过程中遇到的制约因素，预测到2030年我国氢能车将实现规模化应用，氢能产业会进入成熟期；到2050年或可承担全国超15%的能源需求。珠三角需在强化顶层设计，提高自身技术的成熟度，降低氢气成本、提高燃料电池车性能，完善产业布局上下功夫。

关键词　珠三角，氢能发展，制约因素，分析

1　前言

氢能是一种能量密度高、无污染、来源广泛且清洁高效的能源；被誉为未来世界能源架构的核心，21世纪最具发展潜力的清洁能源。氢以燃料电池方式将化学能高效转化为电能，可广泛用于交通（汽车、船等）和储能等能量提供体系，以及应用于二氧化碳转化、清洁能源等低碳减排，特别是氢燃料电池汽车作为一种理想的车型，将迎来发展的广阔空间，并对交通能源的生产与消费产生较大影响。发展氢能经济能够减少温室气体和细颗粒物的排放，实现能源多元化，全球各国家地区纷纷将氢能源视为未来新能源的战略发展方向。

对于我国而言，存在经济发展造成能耗增加与CO_2减排绿色环保的深层次矛盾。发展氢能符合能源结构转型要求，有利于实现我国能源转型，有利于实现绿色发展目标，有利于提高我国能源安全。因此，珠三角也和长三角和京津冀等区域一样，各级地方政府纷纷出台规划和鼓励政策，大力抢占氢能发展制高点，区域内企业特别是石化和汽车行业纷纷投入，整个产业呈现勃勃生机。

2　国内外氢能产业发展现状与珠三角未来方向

目前全球用氢量约1.15亿吨，其中约61%用于炼油和生产化肥等，39%用于生产甲醇和其他化学品以及燃料等。国际氢能源委员会（Hydrogen Council）预计到2050年，氢能将承担全球18%的能源需求，氢能产业将减少60亿吨CO_2排放，氢能汽车将占全球车辆的25%，氢能产业将创造3000万个就业岗位，创造2.5万亿美元的市场价值。

2.1　国外氢能产业

美日欧等主要工业国均将氢能列入国家能源发展战略，氢能产业的发展已初具规模，但发展重点有所不同。德国已完成《国家氢能发展战略》制定，将氢能与大力发展可再生能源战略相结合，大力推进低碳转型发展；美国能源部2019年提出了《国家氢能发展路线图》，规划到2040年全面完成向氢能社会的过渡，重点发展领域：一是燃料电池系统研发，二是布局建设加氢站。日本加速建设和发展“氢能社会”，计划2040年完成零碳氢燃料供给体系建设，实现氢燃料汽车的普及，建立起零碳排放的供氢体系，使氢加入传统的“电、热”系统构建全新的二次能源结构。韩国政府发展氢能的目标是通过发展氢经济减少对石油进口的依赖，同时将氢技术与汽车、航运和石油化工等传统制造业联系起来，形成新的经济增长点。目前，国际上大的气体公司如美国Air Products公司、法国Air Liquide公司、德国Linde公司、日本岩谷公司等，都对氢能基础设施建设非常重视。

截止2018年底，全球共有369座加氢站，其中欧洲152座，亚洲136座，北美78座。燃料电池乘用车保有量达到1.12万辆，燃料电池叉车已有2.5万辆投入运行，燃料电池公交车已有400多辆用于示范项目。一些国家也开始尝试在铁路、船舶、航空等领域使用氢能。全球加氢站中Air Products公司、Air Liquide公司和Linde公司建设的加氢站占全球加氢站总量的60%左

右，是当前氢能基础设施建设的主力军。

2.2 我国氢能产业发展的趋势

中国在《巴黎协定》中承诺，到 2030 年中国非化石能源在总能源中的比例要提升到 20%左右，且中国的 CO_2的排放要达到峰值，并且争取尽早达到峰值。这意味着必须有革命性先进技术的突破和大规模产业化应用才能推动能源体系低碳化转型。2019 年政府工作报告首次写入“推动加氢设施建设”，由此确定了我国发展氢能源产业的基调。截至 2020 年 2 月，我国在建和已建的加氢站有 130 多座，其中 64 座已建成，52 座已投入运营，有 40 个地区出台了相关的氢能规划。2019 年国内燃料电池汽车运行总量超过 6 千辆。

我国制氢的工业基础雄厚，2020 年以能源形式利用的氢气产能规模达到 720 亿 Nm^3；氢作为催化剂、还原剂得到大量应用，制氢能力名列前茅。未来开发氢气潜力巨大，市场巨大，商业用车、港口用的卡车、物流车、乘用车，数量加起来都是很大的。2020 年已建成加氢站将达到 100 座，燃料电池车辆达到 1 万辆，氢能轨道交通车辆达到 50 列，行业总产值达到 3000 亿元。目前已有 20 个省市正在做氢能和氢燃料汽车的发展规划，已形成了华东、华中、华南、华北、东北、西南六个氢能和氢燃料电池汽车的产业集群，涌现出像佛山、广州、上海、如皋、张家口、武汉等有代表性的城市。据不完全统计，未来 10 年内国内氢燃料电池汽车规划推广数量约 200 万辆，加氢站建设规划已超过 7 000 座。我国氢能联盟发布的白皮书预计：到 2050 年，氢能在中国能源体系中占比约为 10%，氢气需求量接近 6000 万吨，年经济产值将达到 12 万亿元，全国的加氢站达到一万座以上，交通运输、工业领域将实现氢能的普及应用，燃料电池车达到 520 万辆/年，固定式发电装置每年 2 万台套，燃料电池系统产能 550 台套/年。6000 万吨氢利用，可减排约 7 亿吨二氧化碳。

受国家整体政策、产业环境的推动，中国氢能与燃料电池产业逐步形成了三大重点区域：京津冀区域、长三角区域和珠三角区域。在各地资源禀赋、产业基础和技术优势差异的基础上，各地区氢能发展的重点及路径也不同。例如长三角地区的产业政策、规划及产业链覆盖范围要领先于其他两个地区；京津冀地区主要以氢能源应用推广以及氢燃料电池商用车的示范应用为主；而珠三角地区特点是打造完整的燃料电池产业链。在市场方面，全国燃料电池汽车运营主要集中在长三角（上海、如皋）和珠三角地区（佛山、云浮）。

2.3 珠三角地区氢能产业

2.3.1 发展现状

佛山 2015 年引进了加拿大巴拉德公司 9SSL 生产线并消化吸收商用车技术，是最早出台并实施专门的氢能产业扶持优惠政策和拥有最多加氢站的地级市和区域，现正式投入运营的有 16 座加氢站，是目前国内较具权威性的中国氢能产业创新标准基地，2018 年 3 月经过国家市场监管总局的技术标准委员会的批准，正式成为中国的唯一的氢能产业标准创新基地，已有 1500 多台商用车在大街小巷上穿梭运营。2020 年 5 月，南海区启动仙湖氢谷十大项目，包括佛山仙湖实验室、氢能学院、氢能公交等，涵盖研发、教育、交通以及应用、生产等多个方面，总投资达 120 亿元。中国石化在广东等地积极探索启动油/氢合建站建设，2019 年在佛山樟坑建设了国内首座油氢合建加氢站。

深圳市现有超 60 家氢能与燃料电池产业相关企业，部分核心技术已处于全国领先水平，并通过摸索与实践已初步形成协同合作的集群效应，共同开拓市场进行应用示范。优势领域主要为：长距离、大载重的交通运输领域；分布式、大规模、可再生能源系统化高效利用的固定式发电领域；以及特定场景下的区域性氢能网络搭建。主要集中在燃料电池电堆、系统集成、制氢、上游制造装备、下游交通和无人机应用领域，且大部分处于研发或商业初期，接近一半拥有自主知识产权。

广州市及其周边地区具有较好的氢源条件，年制氢量约 10 万吨，目前已有广州石化、普莱克斯、广州发展集团、空气化工、广钢林德气体等产氢企业。以氢能产业为主营业务的企业包括广州鸿基创能、雄川氢能、智氢科技、重塑、舜华等，已形成氢能环卫车、专用车年产能可达 1000 辆以上。位于黄埔区的广州石化公司现有 7 套产氢装置，总产氢能力约 14 万吨/年，该公司已建设了氢燃料电池供氢中心项目一期装置，二期装置也在规划中，预计三年内氢能车用氢气产能规模可达约 0.4 万吨/年。2019 年中，广州黄埔区(也是广州开发区)政府专门出台政策推进了黄埔氢能产业建设和氢能产业发展规划。2020年7月，首批15辆氢燃料电池公交车落地广州开发区，首条氢燃料电池公交示范线在广州公交集团三汽公司388路投入运营，已建成投运知识城、西区2座加氢站，正在推动建设科学城、东区、永和等5座加氢站建设。

2.3.2 未来发展

佛山市规划将氢能源产业发展成为新兴产业的重要支柱。力争到2025年将其打造成国内知名的氢能产业典范城市，到2030年通过不断扩大氢能源产品在城市各个领域的应用与示范，将该市建设成国际知名的氢能生态城市。到2025年，氢能源及相关产业累计产值达到500亿元；到2030年，建成氢能源产业集群，实现氢能源及相关产业累计产值1000亿元。2025年，培育氢能及燃料电池企业超过100家、龙头企业6家、投资总规模达到300亿元；到2030年，培育氢能及燃料电池企业超过150家、龙头企业8家，累计投资总规模达到500亿元，形成具有国际竞争力的氢能源产业集群。到2025年氢能源产品推广应用累计超过11，000套，加氢站达到43座，到2030年累计约30，000套，加氢站达到57座，实现氢能源及相关产业累计产值1000亿元。

广州规划将其建成我国南部地区氢能枢纽，成为大湾区氢能研发设计中心、装备制造中心、检验检测中心、市场运营中心、国际交流中心，构建氢能全产业链，形成氢能规模化应用，实现氢能产业关键零部件、核心装备的自主研发、设计与制造，面向全国、全球输出氢能成套装备和关键零部件。规划布局黄埔氢能产业创新核、南沙氢能枢纽、番禺乘用车制造及分布式发电研发基地、从化商用车生产基地等；打造广州石化制氢、储氢、供氢基地，在法规、安全、经济等可行条件下尝试通过敷设管网输氢至加氢站，实现区域内输氢管网建设的突破。到2030年，规划建成集制取、储运、交易、应用一体化的氢能产业体系，氢能与电力、热力等共同支撑二次能源供给。大湾区氢能研发设计中心、装备制造中心、检验检测中心、市场运营中心、国际交流中心。在核心部件、电堆、系统集成、测试认证服务、整车开发等环节形成一批具有竞争力的企业。储能、备用电源、分布式能源和冷热电联供、调峰电站等领域的装机量累计5万套，在汽车、轨道交通、船舶、航空等领域的装机量累计超过10万套。具体情况见表1。

表1 广州市氢能产业发展路线图(2022—2030)

时　间	2022	2025	2030
加氢站/座	20	50以上	100以上
氢电调峰电站/座	/	4以上	10以上
实现产值/亿元	200	600	2000

广州黄埔区规划依托现有氢能产业基础，打造辐射粤港澳大湾区的氢能产业创新基地和核心材料、重要零部件生产基地，引领粤港澳大湾区氢能产业发展。区政府重点规划了湾区氢谷和氢能创新创业中心。中国石化销售有限公司与该区签订战略合作协议，规划新建20座以上的加氢、加油、充电、非油、光伏发电等“五位一体”综合能源销售站，打造“中国氢谷”，预计营收将超100亿元；计划2020年建成2座，2021年建成2~4座。

另外，珠三角周边如东莞氢能高端装备产业集聚区和惠州、茂名氢能制储运产业集聚区也在推进，全区域氢能产业链正日趋完整，未来将成为全国乃至国际上重要的氢能应用中心。

3 制约珠三角氢能产业发展的主要因素分析

3.1 珠三角氢能基础设施建设举步维艰，亟待顶层设计方案出台

一直以来，氢能在制取、存储、运输与应用过程中尚属危化品分类，在进行如加氢站等基础设施建设过程中缺少标准法规与政策体系，审批流程也不畅。氢能及燃料电池行业一直呼吁将氢气归类为能源而不是危化品管理。在2020年4月国家发布的《中华人民共和国能源法(征求意见稿)》中，氢能首次与煤炭、天然气、原油、电力、生物燃料等一起进入能源之列。我国氢能源发展已经进入关键期，前期基础的产业化配套能力已具备，现需要的是加强氢能在各个领域的规模化应用，从而拉伸产业链配套能力，提高整个产业的成熟度，氢能源汽车产业便是需要如此。

珠三角近几年氢能产业发展很快，但基础设施都不够完备，最主要表现在加氢站设施配套建设不及时，加氢站的选址、审批、监管等环节依

然困难重重，制约着燃料电池公交车应用规模的扩大。加氢站主要面临四个问题，一是土地难，二是审批难，三是管理难，四是赚钱难。加氢站的行政审批有四个关键性的许可：一是消防审批许可、第二是特种设备充装许可、三是氢气销售经营许可、第四是氢气化工园区生产许可。这四个许可涉及到住建部门、市场监管部门，尤其还有应急部门，这三大部门在地方政府中一般由不同副市长分管，协调难度大，需要经常多次协调。赚钱难是根本问题和燃眉之急。加氢站设备现状是，进口设备及零部件占绝对主导地位；关键设备缺乏市场竞争导致价格昂贵；国产设备性能不佳，缺乏使用经验，急需优化。

在行政审批方面，佛山市专门成立氢能领导小组，做了一些有益的尝试。该市率先借鉴天然气的行政审批的模式，建立了以住建牵头行政审批的模式，突破加氢站审批流程空白：一是消防审批，由住建局负责；二是充装许可，由市场监管局负责；三是加氢站经营许可，由住建局负责。另外，如若涉及氢气生产，还有一个重要的行政许可，是应急管理部门负责的化工园区氢气生产许可。建议各地方探索理顺相关管理程序，推进加氢站、氢油电综合能源补给站和液氢站建设，为产业发展做好环境优化工作。

3.2 安全问题备受公众关注，需要加强法规建设，给用户以信心

氢能作为一种新的能源系统要得到推广和应用，其安全性是应该首先被关注的。2020 年 4 月 7 日上午，美国北卡州朗维尤(Long View)的 OneH2 氢燃料电池工厂发生了爆炸事故。该公司是美国东海岸唯一的燃料电池工厂，主要为叉车和半卡车提供动力。这次爆炸震毁了附近 60 处房屋的窗户，幸运的是该工厂的 44 名员工均未受伤，具体原因目前还在调查。另外，2019 年 5 月韩国江原道氢燃料储存罐爆炸，2019 年 6 月美国加州圣塔克拉拉储氢罐泄露爆炸，2019 年 6 月 10 日挪威首都奥斯陆地铁站附近的 KJØRBO 加氢站发生着火爆炸。近期，东莞某公司氢能装车台一辆氢气高压管束车，充装过程中发生火灾。一年内这几起与氢气相关事件，对刚刚萌芽的氢能产业造成了巨大的负面影响。

氢气安全特性包括：易燃易爆；密度小极易扩散；分子小容易泄露；金属的氢脆等。理论上，与常规能源相比，氢能具备一定的安全属性。一是氢气的扩散系数和浮力更大，泄漏时浓度可迅速降低；二是氢气的爆炸范围很宽，单位体积或单位能量的爆炸能很低，点火能不高，不产生浓烟和灰霾；三是泄漏速度快于常见燃料，但泄漏总能量不高。只要相关企业在生产装置设计、建造、生产、运输、应用等各个环节中严格按照相关法规和标准实施，氢能的安全性就能够得到保障。但由于对氢气使用的经验不够丰富，诸如驾驶员等在使用氢燃料电池汽车时，心理上难免存在着较大的疑虑。这些都需要时间去接受。

近日，张家口市出台了全国首个《氢能产业安全监督和管理办法》，明确了行政审批、市场监管、生态环境、交通运输、住建、城市管理、应急管理等 13 个监督管理部门在氢能产业链中的各自分工和监管职责，确保氢能产业安全平稳高效运行。这些都值得珠三角各地政府借鉴。

3.3 珠三角生产的大部分氢气均非“绿氢”，需要加强电解水技术攻关

在氢气的获取方面，根据二氧化碳的排放量，氢可以分为灰氢、蓝氢、绿氢，其中，通过可再生能源制取、零碳排放的氢被称作“绿氢”，发展氢能就是为了实现能源的“去碳化”，而只有通过无碳能源生产的“绿色的氢”，才能实现这一目标。绿氢作为能源产品进入国际贸易将成为改变世界能源格局的一种趋势。

氢气来源主要包括：电解水制氢、甲醇裂解制氢、天然气重整制氢、化工企业的驰放气、煤气化制氢、光催化分解水制氢、生物制氢等等，生产 1kg 氢伴生的二氧化碳重量各不相同，煤制氢约为 11kg，天然气制氢约为 5.5kg，轻油制氢约 7kg。目前，珠三角几乎全部氢气来自化石能源制氢。作为温室气体的二氧化碳的排放将会征收高额碳税。需要加强电解水技术攻关，广泛收集弃风弃电和海上发电，上岸制氢，降低氢气成本。

3.4 珠三角地区氢能汽车尚未成为新能源汽车主力车型，核心技术待突破

采用非常规的车用燃料作为动力来源的新能源汽车包括纯电动汽车、氢燃料电池汽车等。经过这些年的发展，充电电动汽车已成为其中的主力车型，国内纯电动车已经发展到了第四阶段，预计在 2025 年纯电动车达到第五阶段，那时的纯电动汽车综合性价比将会超过燃油车，达到纯

电动车"大发展"的时代。为此，前几年各地政府都大力推广电动汽车。如广州市计划在2020年完成全部燃油公交车更换为电动汽车的工作，而深圳市借助当前"新基建"之风，大力发展充电桩建设，力争在"十四五"期间推进充电电动汽车在私家车市场的更大发展。一般地，充电电动公交车寿命为8年，当在运公交车被充电电动车型占据时，氢燃料汽车车型在公交和公务车等市场空间受到挤压。

同样"零排放"的纯电动车和氢燃料电池车对比，最大的区别是，要获得500km以上的续航能力，前者需要5h以上，而后者只需要加氢3min即可。所以，在能量充装速度方面，氢燃料电池车具有明显优势。

目前，珠三角在氢能与燃料电池相关的质子交换膜、碳纸、低铂催化剂、金属双极板、氢循环部件、空压机、固体氧化燃料电池集成、固态储氢等方面核心技术尚未实现完全突破，一些产品的关键技术指标与国际先进水平仍存在较大差距。氢燃料电池车在质量与性能、购置和运营成本等方面存在问题，短期内，跟电动汽车、传统燃料汽车相比没有优势，推广应用仍面临较大挑战。另外，在氢纯化制取燃料电池车用氢气系列技术中，氢气品质检测与在线监测技术也尚在攻关之中。需要政府引导加大氢燃料电池基础科研投入，突破核心材料和关键部件的技术瓶颈，促进产品国产化。

3.5 珠三角地区用氢成本高企，输氢管道建设滞后

氢的输送是氢能利用的重要环节，高压气态输氢是现阶段最为成熟的输氢方式。安全高效的输氢技术是氢能大规模商业化发展的前提，利用管道输送是最为高效的方式。管道输氢成本约0.7元/kg/100km，只是20MPa长管拖车运输费用的10%。问题在于相较成熟的天然气管网体系，氢气管道建设量非常少。当前，20MPa长管拖车输送是珠三角氢气运输最主要运输方式，但装卸车耗时长，运量小，运输半径有限，较国外采用45 MPa长管拖车以及液氢槽车成本高。据估算，20MPa长管拖车每车运氢量约250kg，成本约6~8元/kg/100km。

加氢站方面，目前珠三角地区基本采用高压气态储氢，储量有限，无目前国外采用的液氢储存加氢站。佛山采用"制氢-加氢"一体化站建设和"子母站"的方式进行制备氢气，突破化工园区制氢限制和长距离运输导致氢气价格偏高问题，全市16座加氢站，规划建有5座天然气重整制氢的母站，配备11座天然气子站，用子母站模式协调解决目前氢气昂贵的问题(目前约40元/kg)。

运营车方面，珠三角车载储氢瓶压力主要采用35 MPa，国外多为70 MPa。储运环节成本较高，加氢站数量少，盈利难。

珠三角高压气态储运氢要实现大规模、长距离储运技术的商业化仍需要解决成本与技术的平衡问题，整体技术仍落后于国际先进水平。在储运氢方面，氢能储运将按照"低压到高压"、"气态到多相态"的技术发展方向，逐步提升氢气的储存和运输能力，使储氢密度达到6.5wt%。

3.6 珠三角地区氢能产业标准体系需优化，过度依赖财政补贴

综合考虑各类供氢技术的投资、运行费用与运行周期，对珠三角地区加氢站技术经济性分析，站内制氢成本约4.5~6.0元/Nm^3，而工厂集中制氢的成本约1.5~2.0元/Nm^3，当运输半径在50~200km的范围时，外供氢气的技术经济性要优于站内制氢。此外，按照目前加氢站500kg/d(230Nm^3/h)的用氢规模，小气量的分布式制氢方式将会造成更大的资源浪费，并形成分布式污染源。

近几年，各地政府对加氢站补贴约为20元/kg氢，补贴时限都不长。2020年5月，佛山南海区就把氢气销售价格为每公斤40元及以下的补贴年限从2018~2019年度修改为2018~2021年度；将每公斤氢气销售价格标准35元及以下修改为36元及以下，并把加氢补贴年限从2020~2021年度修改为2022年度。同时，每公斤补贴价格从14元修改为18元。

我国已初步建立氢能标准体系。珠三角地区现行的氢能标准包括产品、安全使用、氢氧站设计、制氢储氢等方面的测试方法和技术条件等国标和行标，仍有一系列国标在修订，主要涉及氢能的燃料电池及氢能汽车标准。在燃料电池汽车领域，其加氢枪、加氢站等标准以及燃料电池电动汽车发动机、空气压缩机、车载氢系统等关键部件标准的制定尚不完善，氢气的分析和计量方法也有许多缺陷。需要加强标准顶层设计，多渠道开辟制定标准工作路径。

由于顶层设计仍然不够明确，安全问题备受公众关注，产氢非“绿氢”，氢能汽车尚未成为新能源汽车主力车型，用氢成本高，氢能产业标准体系未形成，且过度依赖财政补贴，很大程度上制约了珠三角氢能产业发展。面临的挑战就是资金缺乏和产业链的完整性不够，最核心的问题还是自身技术的成熟度不够。

4 结束语

氢能是各国能源竞争必须抢占的“制高点”。发展氢能产业有助于珠三角地区优化能源结构，产业前景可期。预计到 2022 年，珠三角地区氢能基础设施建设和各类标准更加完善；到 2030 年燃料电池商用车将实现规模化应用，用氢需求快速提升，产业进入成熟期；再经若干年的发展，氢能产业或可承担区内超过 15% 的能源需求。珠三角地区氢能产业必将迎来大发展。

建议珠三角地区完善氢能立法顶层设计，成立区域产业联盟，将氢能发展明确纳入广东“十四五”规划，统筹协调氢能与其他能源协同发展，打破行业壁垒，避免资源低效配置，形成一体化全区域性氢能产业链布局，带动氢能相关行业健康、有序发展，支撑国民经济增长。并加强氢电综合技术科研及产业支持力度，对清洁能源制氢及氢燃料电池进行专项科技及政策支撑，降低电制氢成本，利用氢燃料电池技术进步拓展氢能需求，完善氢能供需体系建设，实现清洁低碳、安全高效的能源目标。

参 考 文 献

[1] 程一步，王晓明，李杨楠等．中国氢能产业步入快速发展机遇期石化企业可大有作为[J]. 石油石化绿色低碳，2020，5(1)：1-9.

[2] 史利民．我国新能源汽车产业现状及发展趋势[J]. 电器工业，2011，7，16-20.

[3] 韦树礼，李程武．简析新能源汽车分类及性能[J]. 汽车实用技术，2019，2，15-16，40.

200 万吨柴油加氢进行加热炉改造的分析

袁守朝

（中国石油化工股份有限公司天津分公司）

摘　要　随着经济的发展，环境问题已成为当今社会关注的重点，更是石化行业急需解决的问题。200万吨柴油加氢在设计建造时执行大气污染物综合排放标准（GB 16297—1996）投产，但自 2017 年 7 月 1 日起，国家要求现有企业执行石油炼制工业污染物排放标准（GB 31570—2015），并于同年在装置内设立高架源监测系统采样，原设计使用的低氮燃烧器不能满足新标准的大气排放要求，200 万吨柴油加氢装置采用严格控制氧含量、炉膛负压、烟气流量、定期清火嘴等多种方法进行控制，依旧处于合格标准的边缘，因此急需对加热炉和燃烧器进行升级改造。

关键词　标准，氮氧化物排放量，加热炉，低氮燃烧器，改造

氮氧化物是大气中的主要污染物之一，温室效应为 CO_2 的 200 倍，与臭氧层的破坏也存在相应的联系。氮氧化物是在光化学烟雾形成的重要元素，根据环境统计数据得出，从 2014 年，我国的工业尾气氮氧化物的排放量达到了 17.29 亿万吨，峰值在 2007 年比提高了 37.14 个百分点。GB31570—2015《石油炼制工业污染物排放标》自 2015 年 7 月 1 日开始实施，要求新建企业自 2015 年 7 月 1 日，现有企业自 2017 年 7 月 1 日起执行。图 1 为两标准参数要求对比。

大气污染物排放限值

单位：mg/m^3

序号	污染物项目	工艺加热炉	机废气排放口			污染物排放监控位置
			废水处理有乳废气收集处理装置	含卤代烃有机废气(1)	其他有机废气(1)	
1	颗粒物	20	–	–	–	车间或生产设施排气筒
2	二氧化硫	100	–	–	–	
3	氮氧化物	150 180(2)	–	–	–	
4	非甲烷总烃	–	120	去除效率≥95%	去除效率≥95%	
5	氯化氢	–	–	30	–	
6	氟化氢	–	–	5.0	–	
7	溴化氢(3)	–	–	5.0	–	
8	氯气	–	–	5.0	–	
9	废气有机特征污染物	–	所列有机特征污染物及排放浓度限值			

注：(1) 有机废气中若含有颗粒物、二氧化硫或氮氧化物，执行工艺加热炉相应污染物控制要求。

(2) 炉膛温度≥850℃的工艺加热炉执行该限值。

(3) 待国家污染物监测方法标准发布后实施。

大气污染物排放限值

单位：mg/m^3

序号	污染物项目	工艺加热炉	机废气排放口			污染物排放监控位置
			废水处理有机废气收集处理装置	含卤代烃有机废气(1)	其他有机废气(1)	
1	颗粒物	20	–	–	–	车间或生产设施排气筒
2	二氧化硫	100	–	–	–	
3	氮氧化物	100	–	–	–	
4	非甲烷总烃	–	120	去除效率≥95%	去除效率≥95%	
5	氯化氢	–	–	30	–	
6	氟化氢	–	–	5.0	–	
7	溴化氢(2)	–	–	5.0	–	
8	氯气	–	–	5.0	–	
9	废气有机特征污染物	–	所列有机特征污染物及排放浓度限值			

注：(1) 有机废气中若含有颗粒物、二氧化硫或氮氧化物，执行工艺加热炉相应污染物控制要求。

(2) 待国家污染物监测方法标准发布后实施。

图 1　新旧标准对比

目前 200 万吨柴油加氢装置加热炉氮氧化物排放存在问题分为两个方面：

不生产低凝柴油时，由于加热炉负荷较低，统计氮氧化物实际测量值为 $57mg/Nm^3$（平均值），通过公式 NO×[21/(21－氧含量)/1.4]×1.53 计算后的氮氧化物为 $82mg/Nm^3$（平均值），与 2017 年环保指标（加热炉氮氧化物排放≯$100mg/Nm^3$）较接近（图 2）。

冬季正常生产低凝柴油，需要提高加热炉负荷，将加热炉氧含量调节至 2.5 以下，氮氧化物实际测量值与通过公式计算值基本一致，经常会达到 $95mg/Nm^3$ 以上，若管网瓦斯组分波动，偶尔会出现氮氧化物实际测量值超 $100mg/Nm^3$ 的情况，导致装置每周都需要安排保运单位对加热炉

燃烧器进行清理，否则很难控制。针对于此进行加热炉或低氮燃烧器改造可研性的分析(图 3)。

1　针对加热炉的改造进行分析

为了满足石化公司本装置加热炉生产和环保排放的需求，对加热炉升级改造进行调研，并引入专业性环保治理公司，如恩国环保科技(上海)有限公司进行研讨，讨论采用蓄热式加热炉并双热旁通设计，用以减少尾气排放并提高热效率，但成本高、难度大(图 4、图 5)。

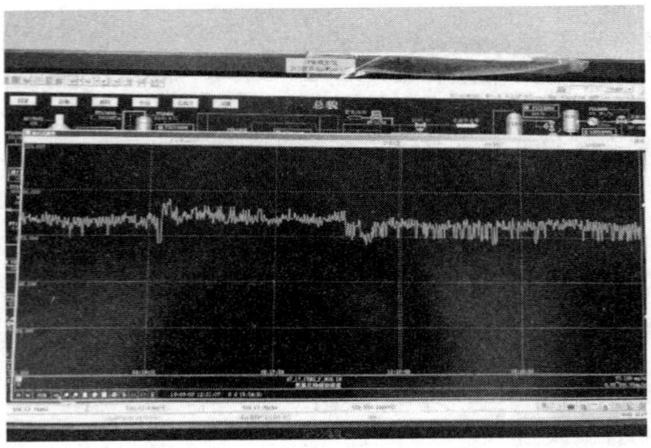

图 2　不生产低凝柴油时氮氧化物平均值

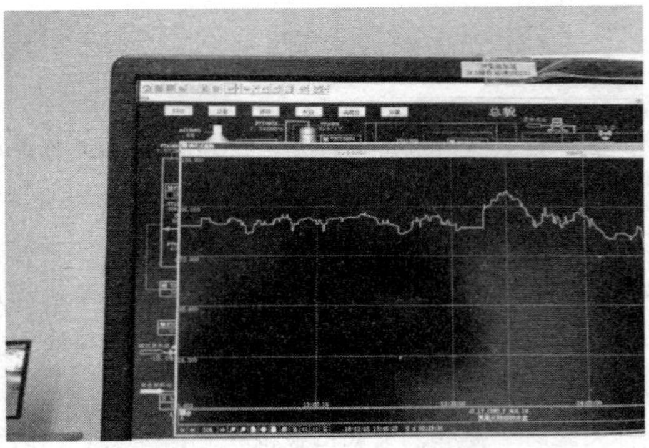

图 3　生产低凝柴油时氮氧化物平均值

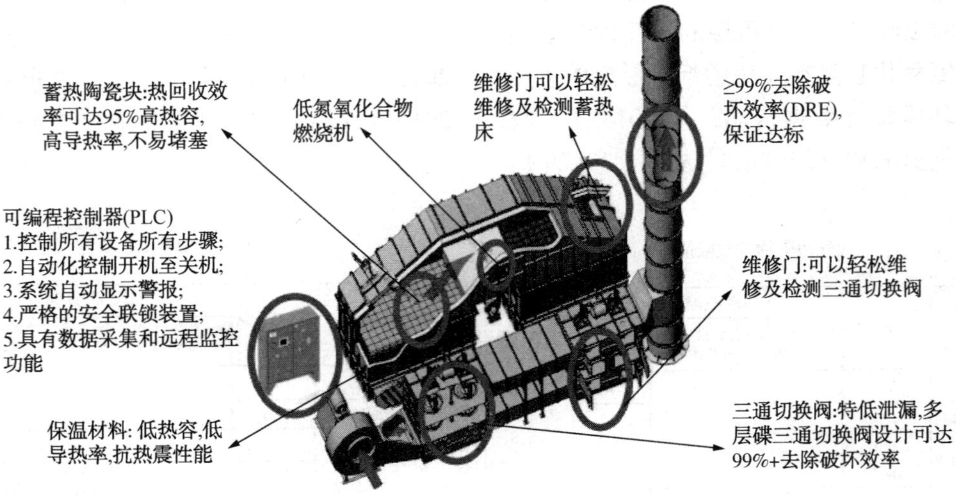

图 4　蓄热式加热炉

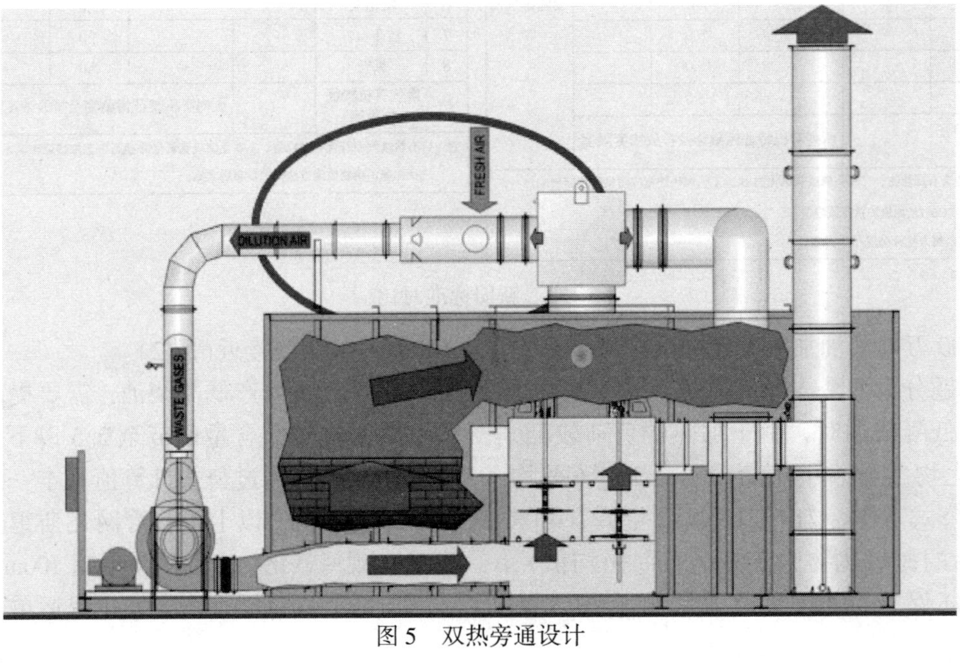

图 5　双热旁通设计

2 针对低氮燃烧器的改造分析

针对加热炉改造的高投入且为了顺利完成氮氧化物低排放的目标，车间协调生产技术制定方案并同厂家分析、设计、制造适用于本装置的低氮燃烧器，以便使用和售后服务能够满足改造后加热炉的需求。

（1）低氮燃烧器设计应基于燃烧技术，如燃料分级燃烧和烟气再循环。

（2）低氮燃烧器在设计的过程中必须确定是否会自然通风，调节比应在低氮燃烧器具有在稳定运行范围下的稳定火焰，火焰的长度应该是辐射高度的三分之一，且刚直有力，不舔炉管，不发飘，在操作过程中能够安全稳定的运行。

（3）低氮燃烧器的燃料气体应单独供给，保证在任何条件下都可以稳定燃烧。

（4）低氮燃烧器的结构设计应允许主燃烧器、长灯和喷嘴易于拆卸和单独安装，以便更好的进行维护和清洁。

（5）低氮燃烧器不应该在燃料设计负载的范围出现焦化的现象，保证低氮燃烧器处于正常使用的条件。

3 结术语

本文针对装置现状进行分析，并对加热炉改造和低氮燃烧器改造进行对比，并于由于低氮燃烧器与传统的燃烧器之间有许多差异，本文采纳了美国石油协会（API）是在标准 APPRP535－2014《一般炼厂火焰炉燃烧器》中提出的操作过程中几点注意事项，分别是设备质量的严格检验，严格确定燃气的最小压力，维持燃料的清洁，空气过量的严格管理，火焰的不稳定情况，炉底温度的稳定性以及确保燃料成分稳定等。同时，由于标准的不断提高，

国内关于 NO_2参数变化的研究以及低氮燃烧器结构和现场条件的数值模拟方面要不断改进。我们经历了 NO_2超标以及老旧的低氮燃烧器燃烧不充分的现象，因此在今后的生产中要基于降低氮氧化物排放量的目的进行设备升级、技术更新、操作达标，从而能够实现装置运行的长期性和合理性。

参 考 文 献

[1] 施亚岚，崔胜辉，许肃，等．需求视角的我国能源消费氮氧化物排放研究[J]．环境科学学报，2014 34(10)：2684-2692.

[2] 傅忠成，艾效逸，土天飞，等．天然气燃烧与节能环保新技术[M]．北京：中国建筑工业出版社，2007.

SSBR 环保型抗氧体系的优化研究

徐　燕[1,2]　李旸毅[1,2]　黄权经[1,2]

(1. 中国石油独山子石化公司；2. 新疆橡塑材料实验室)

摘　要　采用正交试验，对 SSBR 常规采用的环保型抗氧剂 1520、1076 和 168 进行了配方优化，并在优化配方基础上，增加了抗氧剂 565 配方的筛选，并同装置在用非环保抗氧体系进行了对比。结果表明：确定出常规抗氧剂优化配方 1520 为 0.1%、168 为 0.1%、1076 为 0.2%，此配方在氧化诱导期、老化前后的门尼黏度变化值和黄色指数变化值方面，达到了 SSBR 性能提升效果；565 与 168 具有较好协同性，加量分别为 0.05%和 0.3%时，565/168 抗氧体系具有较好的 SSBR 应用性能和较明显的生产成本优势。

关键词　溶聚丁苯橡胶，材料，抗氧剂，环保化，优化

采用阴离子聚合法合成的溶聚丁苯橡胶(SSBR)，是对环境及健康无害的高分子材料，但由于产品加工及应用需要，必须在其生产工艺中引入了少量助剂，如填充油、抗氧剂等，从而提升材料的加工和抗老化等性能。这些助剂的引入，必须考虑日益严苛的环保法规。目前独山子石化公司生产的 SSBR 已成功实现了填充油的环保化，但抗氧体系亦面临此问题。

橡胶材料中添加的抗氧剂，能够减缓材料在热活化氧的作用下，物理机械性能恶化的程度，有效延长使用寿命。按照橡胶抗氧剂作用机理，其作用方式可分为链终止型抗氧剂(主抗氧剂)和过氧化物分解型抗氧剂(辅助抗氧剂)，主抗氧剂如胺类或酚类与辅助抗氧剂(如亚磷酸酯)配合使用，能够产生协同效应，有效提高橡胶的抗热氧老化性能。

1　试验原料及设备

1.1　试验原料

溶聚丁苯橡胶胶液，未添加抗氧剂的 RC2557 基础胶胶液，独山子石化公司丁苯橡胶装置生产。

抗氧剂 1076，化学名称 β(羟基-3,5-二叔丁基苯基)丙酸正十八碳醇酯，上海金海雅宝公司生产。

抗氧剂 1520，化学名称 2,4-双[(辛基硫代)甲基]邻甲酚，巴斯夫公司生产。

抗氧剂 168，化学名称三(2,4-二叔丁基苯基)亚磷酸酯，上海汽巴高桥公司生产。

抗氧剂 565，化学名称 6-(4-羟基-3,5-二叔丁基苯胺基)-2,4-二(正硫代辛基)-1,3,5-三嗪，上海优缔股份有限公司生产。

抗氧剂 TNPP，化学名称三(壬基苯基)亚磷酸酯，科聚亚公司生产，由于易发生水解形成壬基酚而被归为非环保产品。

1.2　试验设备

试验设备见表 1。

表 1　试验设备

设备名称	型　号	厂　家
门尼黏度仪	MV2000	美国 Alpha 公司
恒温恒湿试验箱	KTHD-710TBS	香港科唯仪器有限公司
差示扫描热分析仪	DSC1-700	瑞士 Mettler 公司
白度颜色测定仪	YQ-Z-48A	杭州轻通仪器
双辊开炼机	LRMR-S-150/0	美国 LabTech 公司

1.3　试验方法

(1) 性能测试

门尼黏度采用门尼黏度仪，按照 GB 1232.1—2000 测试。

黄色指数采用白度颜色测定仪，参照 HG/T 3862—2006 测试。

氧化诱导期采用差热扫描量热仪 DSC，测试条件：氮气气氛，50～160℃，升温速率 20℃/min，160℃保持 3min；切换氧气气氛测试氧化诱导期。

老化试验：100℃条件下，老化 24h、48h、72h 和 96h。

(2) 样品制备

称取一定量的 RC 2557 基础胶胶液，根据胶含量计算得到干胶量。以干胶量为基准，在胶液中加入设计配方的抗氧剂，混合均匀、经水析凝

聚去除溶剂，然后采用开炼机于 100℃条件下干燥，得到含不同抗氧剂含量的 RC 2557 基础胶。

2 试验结果和讨论

针对 SSBR 的应用特性，抗氧剂试验考察的主要指标为 SSBR 基础胶的氧化诱导期、老化前后的门尼黏度变化值和黄色指数变化值。

2.1 常规抗氧剂的正交试验

采用 $L_9(3^4)$ 正交设计表，对常规采用的抗氧剂 1520、1076 和 168 进行正交试验考察，正交设计配方见表 2，三种抗氧剂中 1076 为主抗氧剂，168 为辅助抗氧剂，1520 分子结构中含有羟基和硫基，同时兼具了主、辅抗氧剂作用。三种抗氧剂的正交设计见表 2，测试结果见表 2～表 4，正交试验的极差分析结果见图 1～图 3。

表 2　正交试验及 DCS 测试结果

项目	1520/%	1076/%	168/%	总加量/%	氧化诱导期/min
Kyj-1	A1(0.05)	B1(0.1)	C1(0)	0.15	1.7
Kyj-2	A1(0.05)	B2(0.2)	C2(0.1)	0.35	10
Kyj-3	A1(0.05)	B2(0.3)	C3(0.2)	0.55	16
Kyj-4	A2(0.1)	B1(0.1)	C2(0.1)	0.3	5.3
Kyj-5	A2(0.1)	B2(0.2)	C3(0.2)	0.5	13
Kyj-6	A2(0.1)	B2(0.3)	C1(0)	0.4	15
Kyj-7	A3(0.2)	B1(0.1)	C3(0.2)	0.5	12
Kyj-8	A3(0.2)	B2(0.2)	C1(0)	0.4	14
Kyj-9	A3(0.2)	B2(0.3)	C2(0.1)	0.6	5.4

表 3　正交试验老化前后的门尼黏度

老化时间/h	0	72	Δ72h
Kyj-1	94.1	99.1	5.0
Kyj-2	94.1	101.7	7.6
Kyj-3	86.0	101.6	15.6
Kyj-4	87.4	102.7	15.3
Kyj-5	90	102.3	12.3
Kyj-6	93.8	101.2	7.4
Kyj-7	81.5	102.8	21.3
Kyj-8	95.4	102.1	6.7
Kyj-9	95.0	100.6	5.6

表 4　正交试验老化前后的黄色指数

老化时间/h	0	24	48	72	96	Δ96h
Kyj-1	9.2	10.2	11.6	12.2	13.6	4.4
Kyj-2	10.2	10.9	11.6	11.2	11.3	1.1

续表

老化时间/h	0	24	48	72	96	Δ96h
Kyj-3	9.6	9.9	10.1	9.8	10.0	0.4
Kyj-4	8.4	9.0	9.9	9.6	9.7	1.3
Kyj-5	9.3	9.4	10.3	9.6	10.1	0.8
Kyj-6	8.9	9.9	10.2	9.9	9.6	0.7
Kyj-7	8.5	9.3	9.5	9.4	9.4	0.9
Kyj-8	8.7	9.4	9.9	10.0	10.1	1.4
Kyj-9	8.3	10.6	10.6	10.3	10.6	2.2

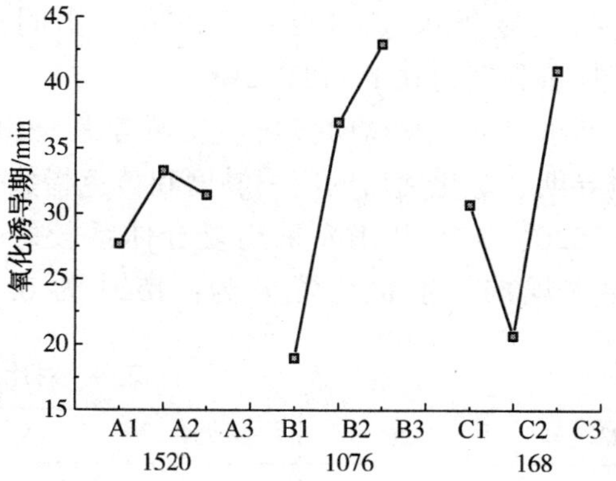

图 1　氧化诱导期的极差分析图

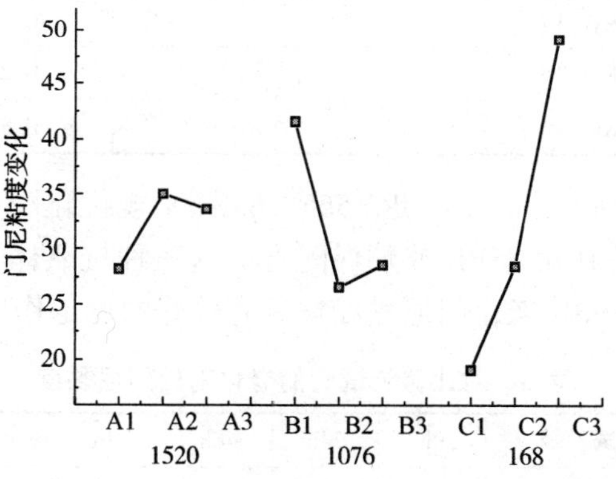

图 2　老化 72h 门尼黏度的极差分析图

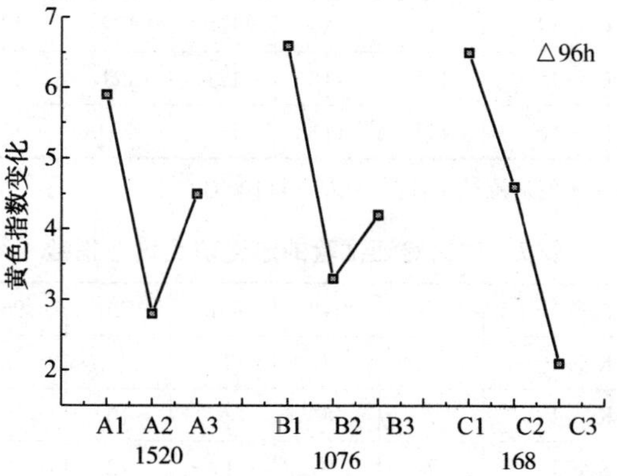

图 3　老化 96h 黄色指数的极差分析图

由表 2 可以看出，抗氧剂 1520、1076 和 168

的总加入量过低或过高，都会明显降低样品的氧化诱导期，总加量在 0.35%~0.5%之间为好。由图 1~图 3 可看出，对于 SSBR 氧化诱导期，1076 的影响最大，1520 的影响最小；氧化诱导期随 1076 加量的增加而延长，1520 加量在中间值较好。对于 SSBR 门尼黏度，168 的影响最大，1520 的影响最小；随 168 加量增大，门尼黏度变化趋势显著减小，1076 加量在中间值较好，其加量为 0.2%。对于 SSBR 黄色指数，168 的影响最大，1520 的影响最小；随 168 加量增大，黄色指数显著降低，1520 和 1076 在中间量为好，加量分别为 0.1%和 0.2%。

通过以上正交试验分析，兼顾考虑 SSBR 氧化诱导期、老化前后的门尼黏度和黄色指数变化值，1520、1076 和 168 采用复合体系较好，确定的常规抗氧剂优化配方为：1520 为 0.1%，168 为 0.1%，1076 为 0.2%。

2.2 抗氧剂 565 的考察

565 是近年国内采用的橡胶用抗氧剂，由于其在结构中同时存在胺基、羟基和硫基而具有分子内协同作用，常作为主抗氧剂；亚磷酸酯类可与氧化产物醌类发生化学反应，可以有效防止高分子聚合物发生变色，因此，对环保型 565/168 进行了 SSBR 应用考察。

应用于 SSBR，抗氧体系 565/168 同常规优化配方和装置在用 SSBR 非环保配方进行了对比，结果见表 5~表 7。由正交试验和表 5~表 7 可看出，常规优化配方在氧化诱导期、老化前后的门尼黏度变化值和黄色指数变化值方面，达到了正交试验的优化效果。由表 5 可看出，对于相同抗氧剂体系 565/168，氧化诱导期随辅助抗氧剂加量的增加而大幅度延长。

表 5　对比验证试验及 DCS 测试结果

试验号	1520/%	1076/%	168/%	565/%	总加量/%	氧化诱导期/min	备注
Kyj-10	—	—	—	—	0.8	3.5	在用非环保配方
Kyj-12	0.1	0.2	0.1	—	0.4	18	常规优化配方
Kyj-14	—	—	0.1	0.05	0.15	7.9	—
Kyj-15	—	—	0.2	0.05	0.25	15	—
Kyj-16	—	—	0.3	0.05	0.35	22	—

由表 6 可看出，565/168 同常规优化配方和装置在用 SSBR 非环保配方，这三种抗氧体系对热 SSBR 老化门尼黏度均具有较好的稳定作用。

表 6　对比验证试验的老化前后门尼黏度

试验号	0h	24h	48h	72h	96h
Kyj-10	115	117	118	122	121
Kyj-12	115	119	120	122	123
Kyj-14	115	119	120	122	122
Kyj-15	115	118	121	121	121
Kyj-16	115	116	118	120	119

注：门尼测试条件为 ML(1+4)100℃。

表 7　对比验证试验的老化前后黄色指数

试验号	0h	24h	48h	72h	96h
Kyj-10	7	7	8	9	8
Kyj-12	7	8	9	10	12
Kyj-14	7	9	11	12	14
Kyj-15	7	10	11	11	12
Kyj-16	7	7	8	8	9

由表 7 可看出，装置在用 SSBR 非环保配方对 SSBR 老化前后黄色指数具有较好的稳定作用，其次是加量为 0.05/0.3 的 565/168 配方。通过抗氧剂配方的对比分析，可以看出 565 与 168 之间具有较好协同性，加量分别为 0.05%和 0.3%时，其抗氧剂体系综合性能较好。

2.3 生产成本分析

装置在用 SSBR 非环保配方、常规优化配方及 565/168 配方的生产成本见表 8。由表 8 可看出，同另外两个抗氧体系相比，在 565 和 168 加量分别为 0.05%和 0.3%时，此抗氧体系具有较明显的生产成本优势。

表 8　对比试验的抗氧剂配方生产成本

试验号	总加量/%	生产成本/(元/吨)	备注
Kyj-10	0.8	210	非环保配方
Kyj-12	0.4	220	正交优化配方
Kyj-14	0.15	120	—
Kyj-15	0.25	140	—
Kyj-16	0.35	160	—

3 结论

（1）通过 1520、1076 和 168 的正交试验，确定出 SSBR 常规抗氧剂优化配方为：1520 为 0.1%，168 为 0.1%，1076 为 0.2%。

（2）565 与 168 具有较好协同性，加量分别为 0.05%和 0.3%时，565/168 抗氧体系具有较好的 SSBR 应用性能和较明显的生产成本优势。

参 考 文 献

[1] 库兹明斯基著，欧阳涛译．橡胶防老剂的作用和应用[M]．北京：中国工业出版社，1964：3-7.

TPM 结合 EM，提升天津石化设备管理水平

王　烨

（中国石油化工股份有限公司天津分公司）

摘　要　炼化企业具有高温、高压、易燃、易爆、易腐蚀、易中毒的特点，设备管理是炼化企业安全运行的基础，是企业效益提升的保证。本文着重介绍了天津石化通过推行 TPM 设备管理模式和运用 EM 设备管理信息系统，提升了设备管理水平。

关键词　设备管理，TPM，EM

1　前言

天津石化炼油装置具有高温、高压、易燃、易爆、易腐蚀、易中毒的特点。这些年，随着市场竞争的压力，装置的规模越来越大，设备也趋于大型化发展、装置的操作苛刻度不断地提高，给设备管理和维护工作提出了更高、更严格的要求。一旦设备发生问题，甚至一处泄漏，就会污染环境、增加损耗，甚至会导致火灾、爆炸、人身伤亡等重大事故的发生。往往一台设备、一条管线、一块仪表、甚至一个电子元件发生故障，都会导致整套装置乃至全公司停产，造成重大的经济损失，直接影响着企业的经济效益。所以，装置要实现安、稳、长、满、优的运行目标，设备管理这个基础就要打得更牢靠、更扎实。

2　TPM 在设备管理中的应用

2.1　TPM 定义

从生产部门开始，扩展到开发、营业、管理等所有部门。从经营阶层(TOP)到一线员工，全员参加。利用重复小组活动，达成“零灾害，零不良，零损失”的目标。以追求生产系统效率化的极限为改善企业体质的目标。以现场、现物架构下，以生产系统全寿命周期为对象，追求零灾害，零不良，零故障，并将所有损失在事先加以防止。

2.2　TPM 工作开展

天津石化高度重视 TPM 工作的开展，公司建立一个有力的推进办公室，基层车间成立了 200 多个 TPM 活动小组，提出了 TPM 与设备管理工作“三结合”的理念，即 TPM 活动与“三基”工作相结合，与设备管理专业相结合，与石油化工传统管理模式相结合。发动全员参与制定小组活动计划，充分发动管理及操作人员的智慧由“我是操作工，你是维修人员”转变成“我的设备我来维护”。充分利用小组活动及 OPL 教育，达到全员熟知设备保全的技能与技术。在人员观念转变的基础上，通过开展 5S 活动，个别改善活动，来规范设备点检行为，提高操作人员的技能水平，减少突发故障。建立健全奖励机制达到设备运行的整体提升，实现装置安、稳、长、满、优的运行目标。从而达到企业的整体效益提升。

2.2.1　开展 OPL 教育，提高全员点检水平

OPL 教育别名叫“ 10 分钟教育、单点课”是指把一个项目在一张纸上进行整理后，以小组成员为对象进行 5~10 分钟的教育，解除疑问点的教育方法。

（1）基础教育：设备的结构和名称、点检分解方法、处理方法等基础知识

（2）改善案例：可推广适用其他项目的改善事例、自己担当区域的改善案例

（3）事故案例：为了传播其他项目的事故案例、故障事例、灾害案例等使用。

基层单位及时对新入职大学生进行导入教育，通过现场活动情况到展板数据介绍，促进新员工的主观学习能动性，为小组活动储备人员力量。目前，各个小组利用夜班学习时间进行 OPL 教育，通过制作的专业课件经过反复讨论、反复实践检验，然后形成的针对某类型设备制定的培训课件，形成点检的标准化。如图 1 和图 2 所示，通过总结归纳，针对高温热油泵点检内容、点检标准，利用两个 OPL 对员工进行教育，提升操作人员的点检技能。

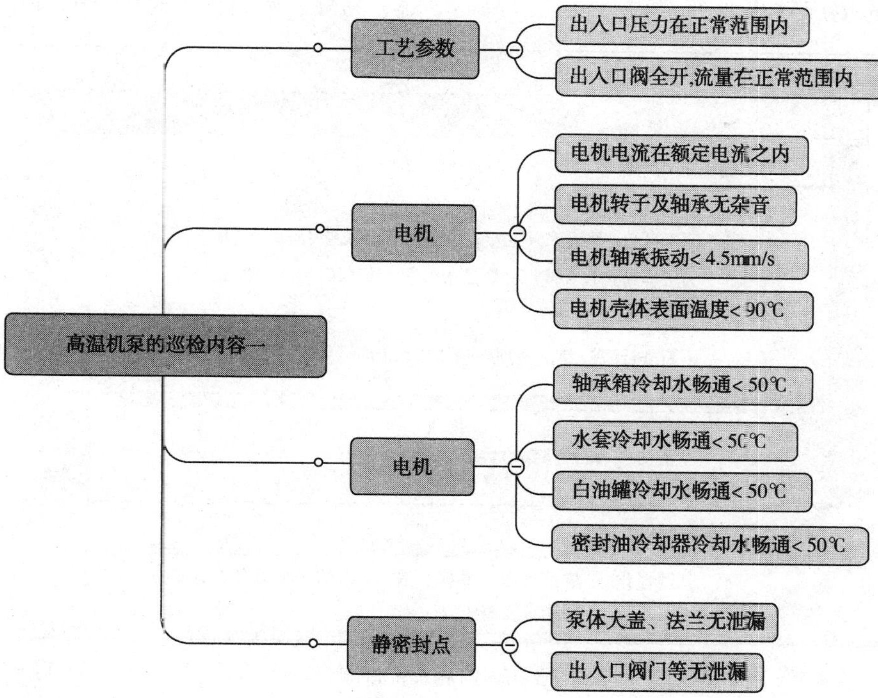

图 1　高温机泵的巡检内容一

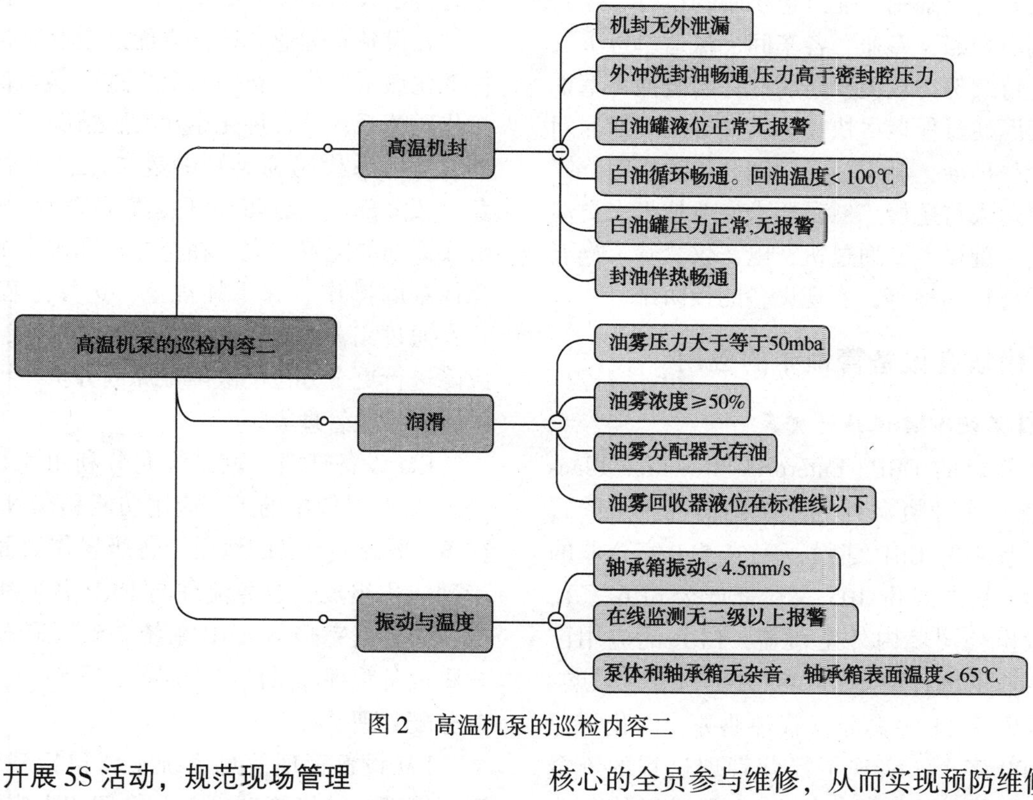

图 2　高温机泵的巡检内容二

2.2.2　开展 5S 活动，规范现场管理

5S 是通过整理、整顿、清扫、清洁、素养五个环节，对人、机、料、法、环等生产要素进行有效管理，从而提升现场管理水平(图 3)。

2.2.3　制定设备点检措施，实现全员设备预防维修

设备点检实质上是以预防为基础，以点检为核心的全员参与维修，从而实现预防维修的一种方法。设备点检可以从中发现设备裂化倾向性的问题，从而预测设备零部件的寿命周期，提出改善措施，以便对症下药，消除劣化，使设备始终处于稳定运行状态。设备点检的指导思想是以“防”为主，改变以往的以“修”为主的传统思想，因此可以最大限度的减少事故和故障的发生，有

效的提升设备的生产效率具有高温、高压、易燃、易爆、易腐蚀、易中毒的特点。

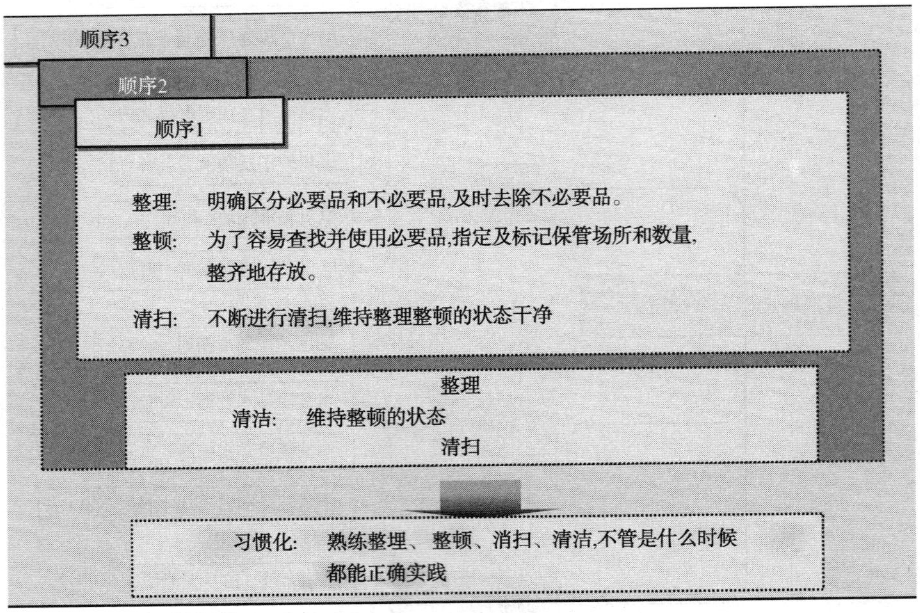

图 3　5S 内涵及推进顺序

一是天津石化通过开展设备包机活动，并制定包机设备考核细则。通过包机制的运行，建立动设备漏点台账，专业、各车间、保运单位采取相应措施持续努力攻关，防腐、保温破损等基本目视化问题通过保运尽快完善，油雾润滑泄漏问题专业统一标准，制定临时措施和长远措施。二是实行保运人员巡检。三是要求专业技术人员巡检。四是关键设备，通过机、电、仪、管、操五位一体的特护巡检等，实现设备的预防维修。

3　EM 模块在设备管理中的应用

3.1　天津石化 EM 模块的发展

SAP 公司的 ERP(Enterprise Resource Planning)系统是企业资源计划系统的简称，中国石化经过十余年的 ERP 建设，完成 111 家企业的 ERP 实施(其中股份 105 家，资产公司 6 家)，实现了股份公司境内外全覆盖，ERP 的应用已延伸至企业下属控股单位，涵盖了财务、采购、销售、投资等 11 大类经营管理业务，固化了业务流程 900 多个，实现了经营管理过程的资金流、物流和信息流“三流合一”，促进了体制改革和结构调整，推动了管理创新，提升了企业管理水平，提高了内部控制力和管理效率，规避了经营风险，支撑了公司经营、管理和决策，系统应用取得了丰硕成果，ERP 系统成为企业经营管理的核心系统。

2013 年信息部会同总部相关职能部门、各事业部组织 50 余家企业选拔的 100 余名业务骨干进行了大集中模板制定。

在设备管理业务提升方面，企业对维修数据标准化做了优化，将国际上先进的埃克森美孚故障代码体系，结合炼化企业实际情况，整合为新的故障体系代码和类别参数文件，包括故障现象、故障部位、故障损坏、故障原因、措施等，形成详细的配置方案。在企业实际操作中，对故障体系的操作步骤更加规范，选择过程更加简化；通过完善的故障基础和相应的报表，对设备故障进行更全方位的故障根原因分析、预防性维护、可靠性管理等。

EM 设备管理信息系统充分利用 ERP 资源，是由 ERP 系统中的扩充应用功能和在 NetWeaver(NW)平台上开发的适用于各级操作层面的设备管理应用组成，业务流程与 ERP 各模块无缝集成，主数据完全与 ERP 系统一致，通过企业门户将设备管理涉及的各个层面进行整合，并按角色分配管理。

EM 设备管理信息系统主要包括基础管理、运行管理、维修管理、专业管理四大应用功能，它们之间又是相互结合，形成了完整的设备管理信息系统(图 4)。

3.2　EM 在设备管理中的应用

3.2.1　基础管理

基础管理是 EM 模块的组织架构建立基础应用，包括功能位置、设备主数据的创建，同时建

图 4　NW 平台操作界面

立了设备的特性值及文档。相当于在系统中构建了一个虚拟的数字工厂(功能位置)，在工厂中建立设备并生成设备号，此设备号相当于设备的身份证用来链接设备的其他信息，文档信息为设备创建了基础档案。

3.2.2　运行管理

运行管理包括：密封管理、设备运行管理、状态监测管理、润滑管理等动态数据，用来记录设备的日常运行情况及维护保养。

密封管理类：启用了静设备的静密封点管理，在统计记录装置的静密封点数后，通过创建故障通知单来统计装置的泄漏点，并计算出装置的泄漏率。

设备运行管理：分为运行记录和运行月报两部分。在大集中后结合数采系统自动记录动设备的启停情况并生成确认表，经操作工确认运行数据无误后将生产正规的开停机记录，这大大精确了设备的运行时间。同时在停机类型配置了故障停机、备用停机、计划检修、外因停机、临时检修五个选项，可根据现场实际情况进行记录。运行月报是通过运行记录自动生成的月报，并通过图表直观显示设备的运行时间、备用时间等信息，方便设备整体分析做 KPI 考核(图 5)。

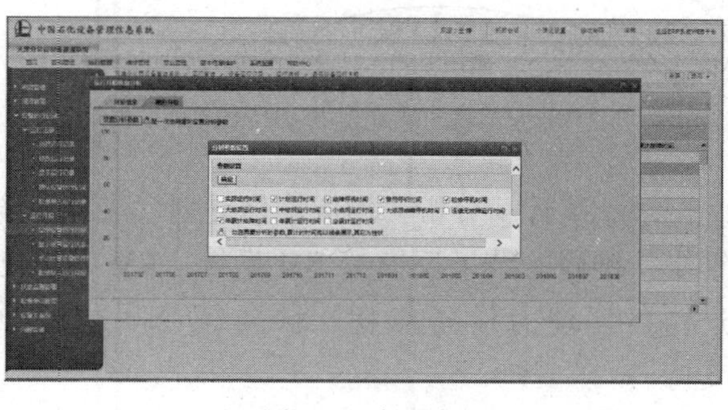

图 5　运行月报

润滑管理：通过建立动设备加油点、润滑点、润滑油信息、加换油周期数据，系统自动计算下次加换油日期通过颜色报警进行提示。操作人员可根据现场加换油情况创建加换油记录，并生成润滑油消耗统计表，便于统计生产消耗情况。

3.2.3　维修管理

维修管理包括：维修费预算、通知单、工单、工单变更、预结算管理等功能。其中通知单和工单是系统最常用的两个功能。

通知单配置类型为：(M1)维护请求用于装置日常检查维修记录、(M2)故障报告用于设备故障记录。M2 类型通知单在大集中后引入了先进的埃克森美孚故障代码体系，结合炼化企业实际情况，整合为新的故障体系代码和类别参数文件，包括故障现象、故障部位、故障损坏、故障原因、措施等，对单台设备故障分析更加规范化。

工单配置类型为：(EMR1)一般故障维修工单、(EMR2)停机故障维修工单、(EMR3)预防预知维修工单。工单用于对设备维修的人工、材料费用进行规范使用，同时此工单与合同系统、(MRO)物资装备模块集成协作，达到物资信息可追溯利于一线车间根据物资情况安排检维修人员。生产设备工单创建时要求先创建后再创建工单，达到对故障、缺陷维修从发生到故障排除的整体追踪，通过工单的结算费用方便对单台设备进行经济成本分析。

3.2.4　专业管理

专业管理包括：检验管理、电气管理、仪表管理、加热炉热效率管理、设备转固。

检验管理是通过设备创建时赋予设备第二特性建立，如压力容器、压力管道等等。在检验模块中记录第一次检验日期和下次检验日期后，创建检验计划同时生成检验工单，待检验工作完成费用结算后可按照检验报告维护检验结果，完成一个周期的检验。待检验结果归档后系统自动转入下一个检验周期。

3.3　EM 在机泵维修中应用实例

EM 系统借助了 ERP 系统，通过强化通知单管理、工单管理，从而加强了设备备件管理。比如一台机泵现在机封泄漏，那么操作人员就需要做一个设备通知单告知机封故障，技术人员核实后进入设备 BOM 查找机封规格，做一个工单领取一套机封，交给维保人员进行更换，机泵修好后，完善通知单和工单信息后关闭通知单和工单，这时系统就会记录下这次故障的所有信息，包括备件信息、维修费用、维修时间等等。而在运行管理上，当机封故障时，机泵需要停机处理，系统自动记录停机信息，在机泵修好开泵试运时，系统也会记录开机信息，这样机泵的开停机记录、故障记录、故障处理就是相互关联的，数据真实可靠。在我们进行机泵档案查询时，这些信息都能很好的呈现给我们。包括在这个装置运行周期内，这台机泵发生了几次故障，产生了多少费用，运行了多长时间，易损件的实际运行寿命等都一目了然，为我们进行设备更新、改造提供了依据。图 6 是一台机泵运行、维修管理的流程。

4 TPM 与 EM 系统结合

TPM 是设备基础管理的一种手段，它的目标是追求设备故障为零，通过开展设备点检活动，及时发现设备运行过程内部或隐蔽的部件的状态，及时发现设备运行过程中不易发现的隐患，并着手进行解决，将故障扼杀在萌芽状态中。EM 是设备基础管理信息化的一种手段，它具有强大的信息记录和统计分析功能。它们之间的关系如图 7 所示。

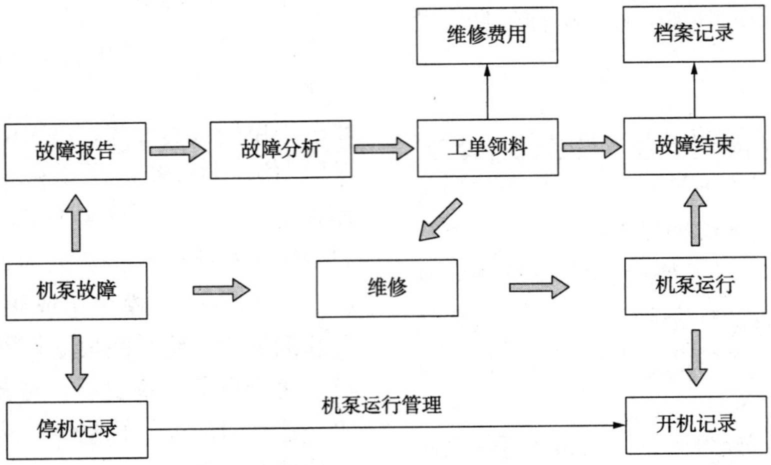

图 6　机泵运行维修管理流程

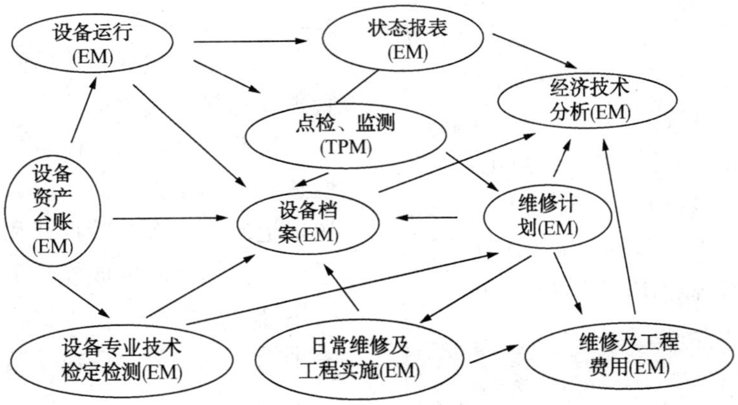

图 7　TPM 数据关系

EM 系统对人工操作分析资料和台账进行管理时，会对设备的状态进行点检，维修维护，设备备件以及运行方面的管理，对设备的故障以及运作过程中的管理和性能进行综合分析。EM 系统在收集和汇总运行数据的时候还能够对设备进行维修保养，点检以及备件使用的实时信息进行检测。系统还能够有效的对设备指标，设备利用率以及设备事故频率进行综合的分析，对设备进行高效率的利用。TPM 点检的结果，通过 EM 系统记录、统计、分析，形成维修计划、进行预防维修，维修的结果反馈给 EM 系统，EM 系统通过档案管理为设备点检、预防维修提供数据支持。

5 小结

TPM 活动通过设备管理的全员参与，不但改善了设备的基础状态，减少了故障和各种停机损失，提高了设备综合效率，而且创造了良好的设备现场环境，提高了企业形象。

EM 系统使设备管理信息化，它把设备使用的各种信息记录的更加容易和全面，通过这些信息进行分析和统计，不但可以反馈给设备制造厂家，提高机器设备的实用性、经济性和可靠性，还能让设备使用者通过对这些信息的分享和交流，强化设备的管理和使用，它还大大提高了设备管理效率，减少设备各阶段的工作失误和管理漏洞。天津石化通过开展 TPM 活动，使设备管理水平和操作人员的操作技能更上了一个台阶，同时运用 EM 设备管理信息系统，把设备全寿命周期管理的各个阶段参数、数据进行统计分析，为设备的定期检修和预防维修提供的支撑。

参 考 文 献

[1] 孙林峰．天津石化：设备管理助推清洁生产上水平．中国设备工程．2009.

[2] 季宪平．企业全员设备管理 TPM 体系构建方法探讨．机电信息．2012.

柴油加氢装置停工换剂遇到的困难及对策

贾成龙

（中国石油化工股份有限公司天津分公司）

摘　要　柴油加氢装置停工换剂通过与上一周期单反应器停工过程比对分析，发现了在反应系统停炉降温过程中反应器降温速率变化情况，期间通过提高循环氢压缩机转速和高压换热器前注水等手段确保计划内降温时间，以保证停工进度。

关键词　换剂，降温速率，循氢机，注水

1　装置概况

天津石化公司炼油部2#柴油加氢装置原设计规模为320万吨/年，经检修改造新增一台加氢精制反应器R102，串联在原反应器上游，规模降至260万吨/年。改造后原料为3#直柴、2#焦化汽油、2#焦化柴油、抽提石脑油组成的混合油，生产硫含量满足国Ⅵ质量标准要求的柴油调和组分。柴油加氢装置流程简图见图1。

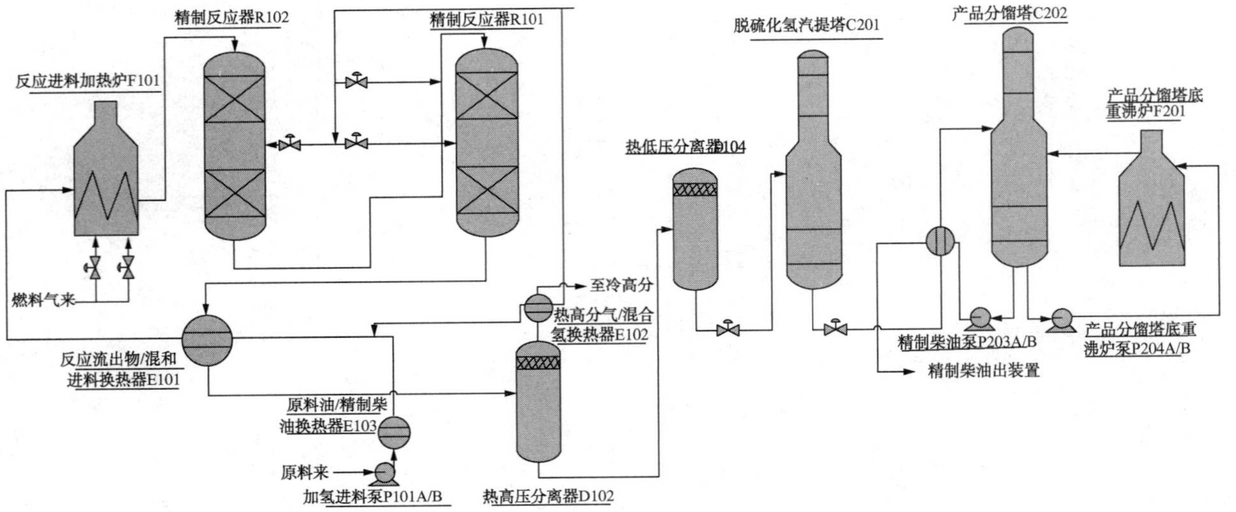

图1　2#柴油加氢装置流程简图

2#柴油加氢装置反应器R101和R102装填的催化剂为抚研院研发的HTP系列保护剂、FHUDS-5/FHUDS-8加氢催化剂及上周期卸出再生后的FHUDS-8催化剂。自检修开工后，装置运行平稳，反应系统温度平均升高2℃/月。

下一周期预期运行时间在2年左右，同时考虑到本周期装置可能会超负荷运行，且精制柴油需满足国Ⅵ标准的要求，特别是多环芳烃要求不大于7%，结合上述装置情况及运行要求，决定更换第一反应器内的催化剂及保护剂，增加第一反应器主催化剂装填量，第二反应器催化剂继续使用，待下一周期再进行更换。

停工特点：由于2#柴油加氢装置与100万吨/年航煤加氢装置为联合装置，平面联合布置，工艺上密切联系，精制柴油为航煤加氢装置提供分馏塔底重沸热源，故经讨论决定2#柴油加氢装置只停运反应部分，分馏部分改分馏短循环，持续为航煤提供热源，确保航煤加氢装置正常生产。

停工遇到的困难：降温速率影响停工进度。在停工自然降温阶段，反应加热炉F101灭火后改自然通风降温，效果不佳，反应系统热量通过高压空冷降温，降温速率仅为3.47℃/h，严重影响装置停工进度。

2 原因分析

2.1 反应器原因

由于停工换剂只针对精制反应器 R102，而 R101 内催化剂并未更换，系统储热量相比单反应器时大，系统容积变大，导致气相循环降温速率变慢。

2.2 分馏系统原因

为维持航煤加氢装置正常生产，本装置分馏系统改分馏段循环运行，产品分馏塔底重沸炉 F201(见图 1)持续运行，装置空气余热回收系统持续投用，故反应加热炉 F101 无法进行强制通风降温，降温速率受到影响。

3 解决对策

3.1 提高循环氢压缩机转速

为应对系统储热量增大的问题，车间在降温初始阶段决定提升循环氢压缩机转速，由 7900rpm 逐步提升至 8700rpm。由此增加了气相循环速率，将更多的热量带出反应器，保证了降温速率。

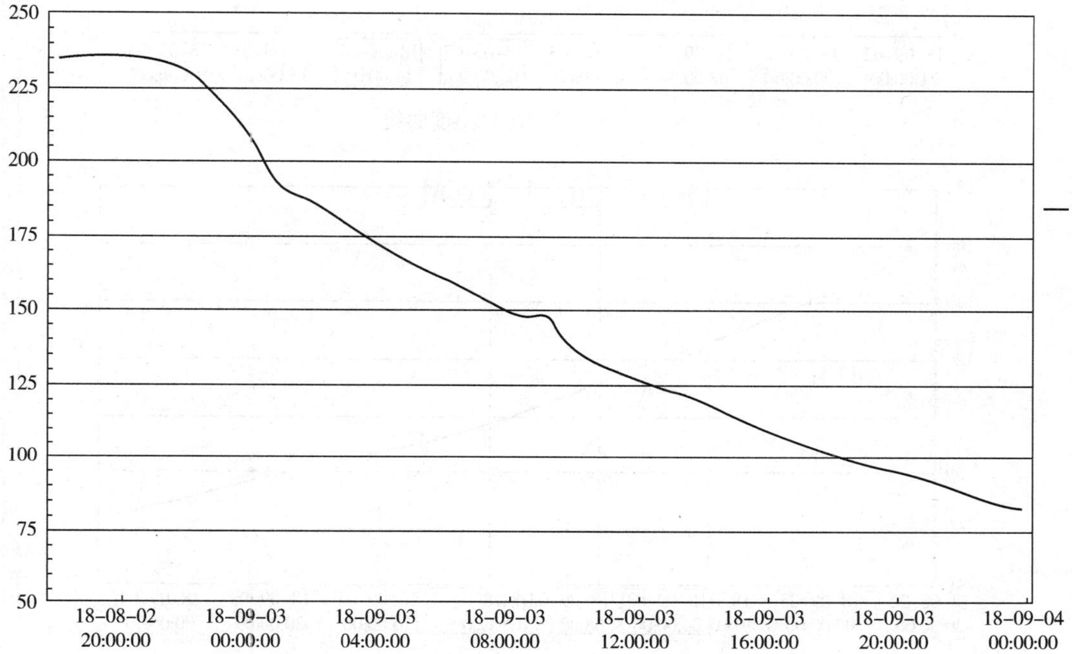

图 2 反应器 R102 出口温度曲线

表 1 R102 降温速率对比

时间	6：00	7：00	9：00	10：00
R102 出口温度/℃	159.95	154.285	147.816	136.298
降温速率℃/h	5.66		11.5	

由图 2、表 1 所示，在提升了循环氢压缩机转速后，反应器出口温度下降明显，降温速率由 5.66℃/h 提升至 11.5℃/h，提升了 103%，降温效果显著。

3.2 E102 壳程前投用注水

通过分析，反应系统降温节制点是循环氢经 E102(反应精制油与循环氢换热器)换热后温度升高较大。于是车间采取 E102 前投用注水措施，并严格控制注水量。

如图 3 所示，在 E102 前增加注水后，循环气经 E102 换热管程出口温度由 112℃降至 88℃，如图 4 所示，计算投用前后反应系统降温速率如下：

(1) 投用前降温速率：(125.94-112.075)/4=3.47℃/h

(2) 投用后降温速率：(112.075-96.594)/4=3.87℃/h

投用后反应系统降温速率提升了 0.4℃/h，有效降低了循环氢温度，保证了停工进度，但同时造成了装置除盐水用量和外送含硫污水量的增大。

4 效果分析

通过在停炉降温阶段采取提高循环氢压缩机转速和开启 E102 前注水等手段，提高反应系统降温速率，按时将反应器温度降至 70℃，保证了停工进度。同时严格监控循环氢压缩机转速和注水量，避免了设备异常和除盐水的过度浪费，也为今后加氢装置双反应器更换催化剂提供了经验依据。

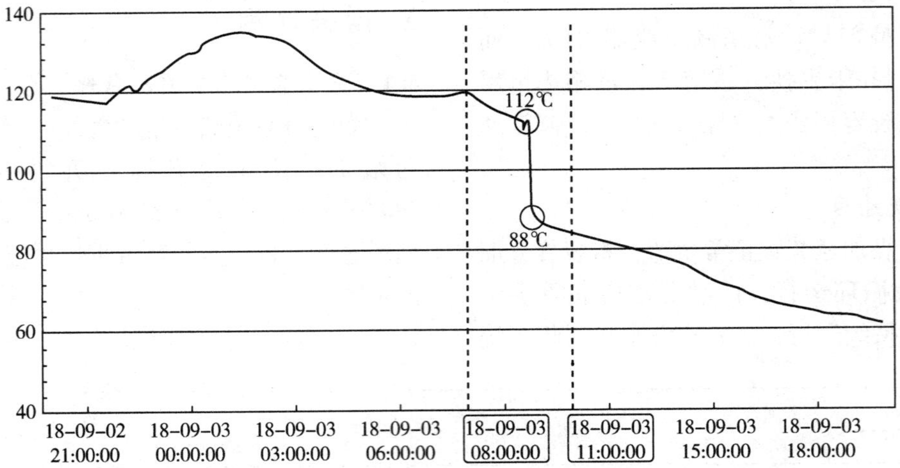

图 3　E102 管程出口温度曲线

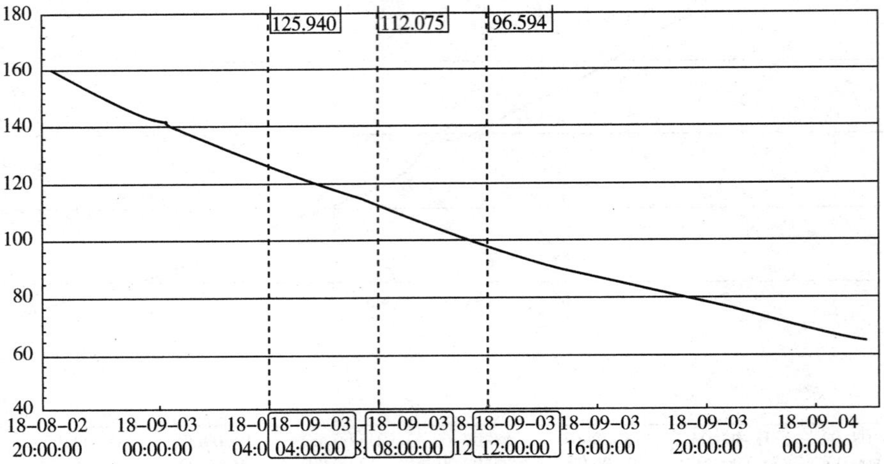

图 4　E102 前加注水后反应器 R102 降温速率对比图

1000×10^4 t/a 常减压装置的腐蚀与防护

赵庆宇

（中国石油化工股份有限公司天津分公司）

摘　要　通过2012和2016年大修，对1000×10^4t/a常减压装置重点腐蚀部位进行检查，从多个方面进行腐蚀分析，最终提出解决问题的具体措施，确保1000×10^4t/a常减压装置长周期运行。

关键词　1000×10^4t/a常减压装置，HCl腐蚀，环烷酸腐蚀，硫腐蚀

1　概述

中国石油化工股份有限公司天津分公司1000×10^4t/a常减压装置（以下简称常减压装置），是由中国石化工程建设公司（SEI）设计，由北京燕华公司施工，并于2009年12月16日一次性开车成功，是天津石化公司100×10^4t/a乙烯及配套项目的龙头装置，该装置于于2012年8月和2016年8月进行了检修。随着加工原油品种不断变化，原油硫含量、酸值、盐含量也不断变化，使得装置腐蚀防护措施也要不断调整，任何环节出现错误，腐蚀将会加重。

2　两次检修中设备腐蚀检查情况

2.1　常压塔

2016年腐蚀调查状况：（1）顶部人孔内壁及其焊缝有腐蚀沟槽，最深约2mm。顶部封头内壁及其焊缝有0.5mm左右的腐蚀麻坑（图1）；（2）顶部塔盘至第二人孔处塔盘固定螺栓腐蚀断裂，塔盘被吹翻（图2）；（3）二层塔盘支撑梁螺栓脱落，且梁上有腐蚀麻坑，约0.5mm左右；（4）顶部回流管旁溢流堰螺栓脱落，且溢流堰断裂（图3）；（5）顶循回流分布管开裂，东回流管内壁焊缝减薄（图4）；（6）顶循回流分布管溢流堰腐蚀减薄并穿孔；（7）顶循回流分布管受液槽支撑腐蚀减薄并穿孔（图5）；（8）顶循回流塔盘支撑梁有腐蚀坑，坑深约3mm；（9）顶循回流中间槽溢流堰腐蚀减薄至刀口状；（10）自下向上数，第49、50层塔盘位置塔壁内衬腐蚀穿透（图6）；（11）顶循西回流分布管接管上方塔壁内衬及其焊缝有腐蚀麻坑，最大坑深约1mm；（12）第48层塔盘浮阀大面积脱落，49层及50层均有少量脱落；（13）顶循集油箱升气孔盖脱落10个（图7）；（14）顶循抽出口内壁焊缝减薄（图8）；（15）第47层塔盘掉落10个浮阀；（16）第25-33层塔盘浮阀升起卡死；（17）塔体中部及下部未见明显腐蚀。

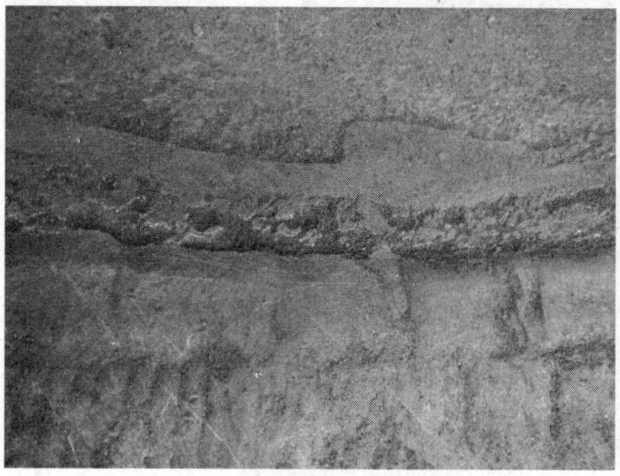

图1　顶部人孔内壁焊缝

图2　塔盘吹翻

图 3　顶部回流管旁溢流堰

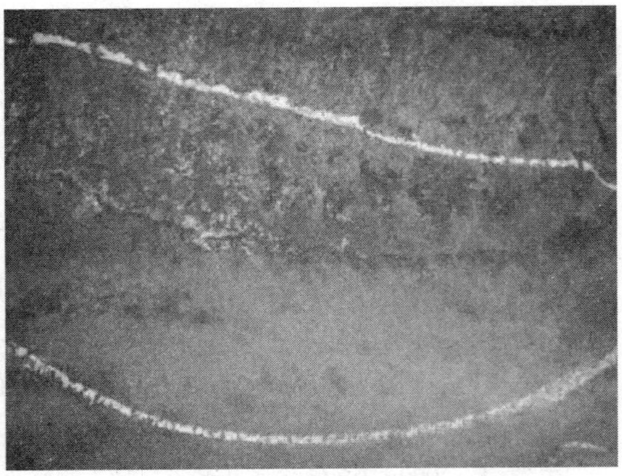

图 4　顶循东回流分布管内接管焊缝

图 5　顶循回流分布管受液槽支撑

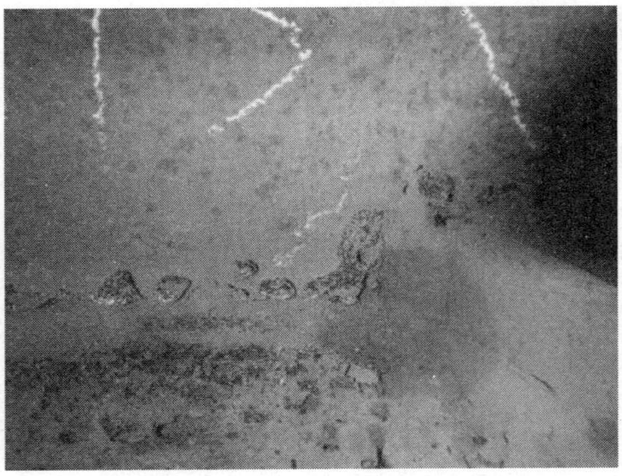

图 6　第 49 层塔盘位置塔壁内衬

图 7　顶循集油箱升气孔

图 8　顶循抽出口

2012 年腐蚀调查状况：塔顶封头内壁及内构件有较多油垢及浮锈，塔壁较为完整；塔顶第一人孔存在较多蚀坑，最深蚀坑达 5mm(图 9)；回流管北侧存在较浅的蚀坑，深坑深度约 1mm(图 10)；塔顶 5 层塔盘浮阀缺失较多(图 11)。侧线抽出口管线外壁轻微点蚀，个别塔盘缺失浮阀，塔盘、降液板、收液槽等内构件腐蚀轻微；部分收液槽内有污泥和锈蚀物；未见明显的高温环烷酸腐蚀和高温硫腐蚀。

2016 年常压塔塔顶及顶循部位较 2012 年腐蚀严重，主要腐蚀出现在顶循回流附近，顶部螺栓腐蚀断裂、顶循回流管断裂、塔壁内衬腐蚀穿透、溢流堰腐蚀减薄。

2.2　汽提塔

2016 年腐蚀调查状况：塔盘上淤泥较多，塔壁锈蚀(图 12~图 14)。

2012 年腐蚀调查状况：整体腐蚀轻微(图 15、图 16)。

图 9 塔顶第一人孔坑蚀形貌

图 10 塔顶回流管外壁坑蚀形貌

图 11 塔顶塔盘浮阀腐蚀缺失形貌

图 12 塔盘

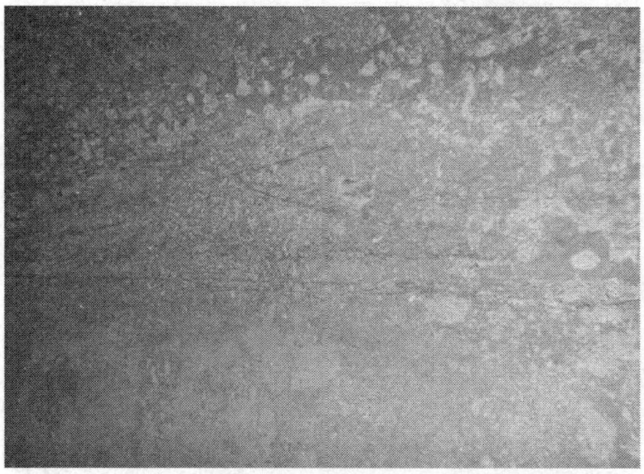

图 13 内壁

图 14 塔底

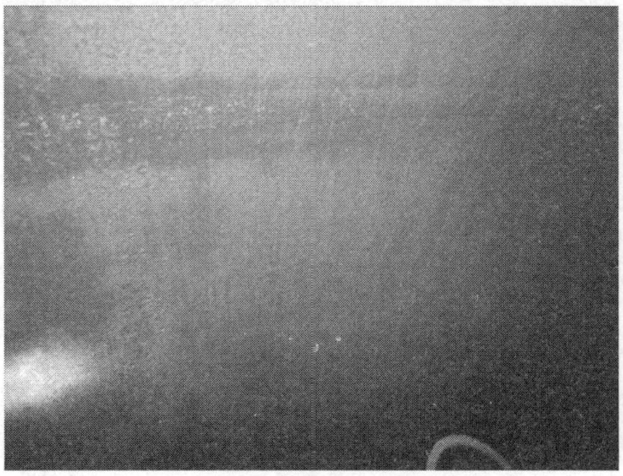

图 15 塔壁腐蚀形貌

图 16 塔底腐蚀形貌

2.3　减压塔

2016 年腐蚀调查状况：减压塔内转油线进料防冲板上部隔板(自上向下数第 11 人孔内)焊缝共有 8 处开裂(图 17)；减一线热回流管内壁接管焊缝有一沙眼(图 18)；减二线集油箱焊缝有一处沙眼(图 19)；减三线冷回流填料支撑圈有 2 处开裂(图 20)；第一层(顶部)填料腐蚀减薄，减四线填料(底层)结焦开裂(图 21)；底部塔盘背面结焦(图 22)。

图 17　隔板焊缝开裂

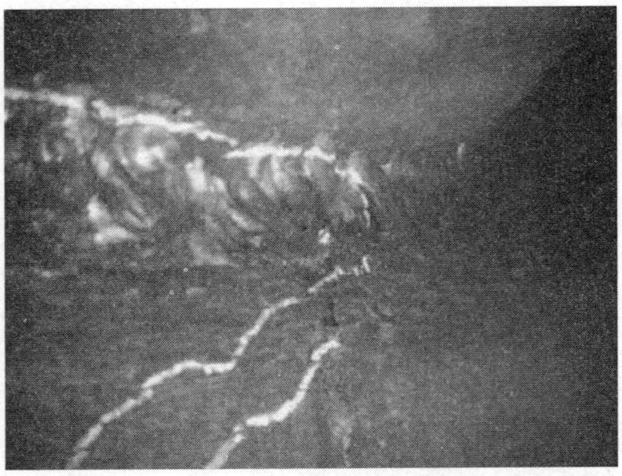

图 18　减一线热回流管内壁接管焊缝

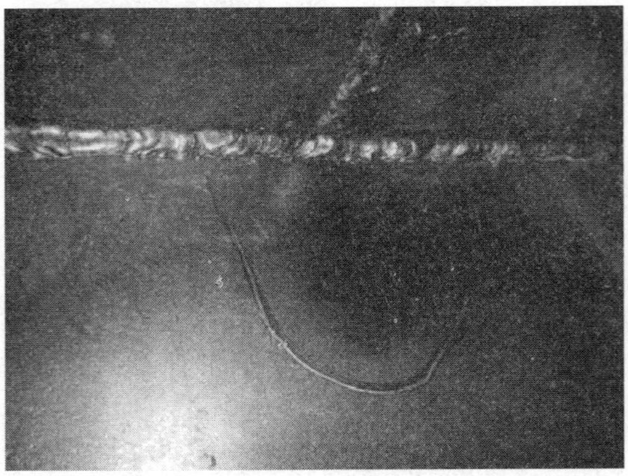

图 19　减二线集油箱焊缝

图 20　减三线冷回流填料支撑圈

图 21　减四线填料开裂(底层)

图 22　底部塔盘结焦

2012 年腐蚀调查状况：进料段切向进料上方塔体衬里开裂；加强板开裂(图 23)；人孔里两处护栏与衬里焊缝开裂(图 24)；塔底 6 层塔盘上方方形挡板断裂严重；上数第九人孔：分布管螺栓松脱(图 25)。上数第十人孔：人孔南侧降液板两侧焊缝开裂(图 26)；其他塔壁及内构件腐蚀轻微。

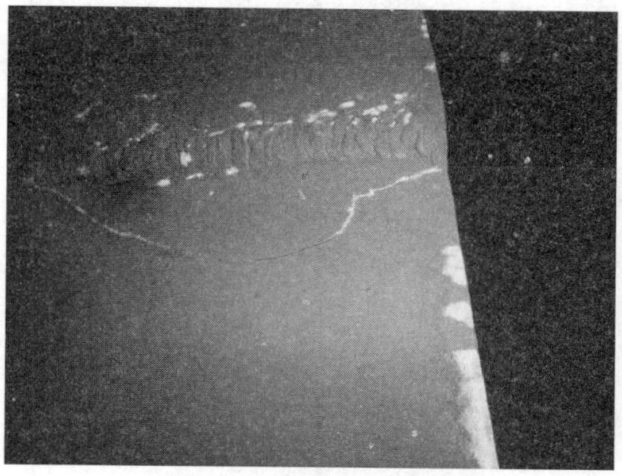

图 23　加强板开裂形貌

图 24　护栏与衬里焊缝开裂形貌

图 25　螺栓松脱形貌

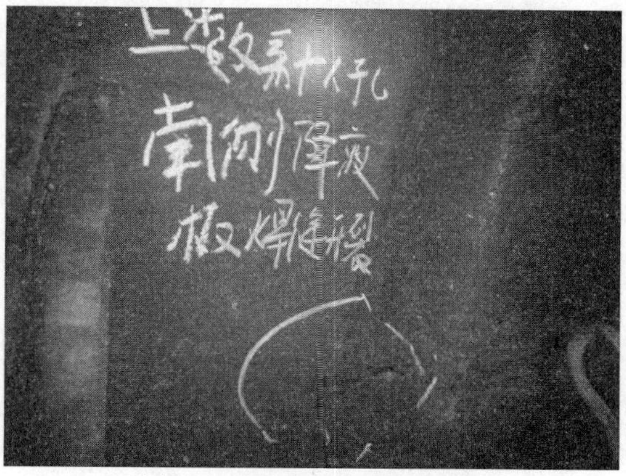

图 26　降液板焊缝开裂形貌

两次检查均有内构件开裂问题，塔壁未见明显腐蚀。

2.4　稳定塔

2016 年腐蚀调查状况：进料管以下内壁锈蚀较重(图 28)，塔盘上有较多锈渣(图 27)，受液槽集液较多；内部进料管外壁有腐蚀坑，0.5mm 左右；自下向上数第 17-27 层浮阀有部分卡塞(图 29)；底部人孔内壁有深约 0.5mm 左右腐蚀麻坑(图 30)。

2012 年腐蚀调查状况：整体腐蚀轻微(图 31、图 32)。

2.5　石脑油分离塔

2016 年腐蚀调查状况：顶部回流接管内壁焊缝开裂(图 33)，放空管内壁焊缝有一气孔(图 34)。塔壁未见明显腐蚀。

2012 年腐蚀调查状况：塔顶两个接管内壁焊缝有有气孔(图 35、图 36)；塔壁未见明显腐蚀。

图 27　塔盘上锈渣

图 28　内壁锈蚀

图 29　浮阀卡塞

图 30　人孔内壁

图 31　塔顶腐蚀形貌

图 32　塔盘及支撑腐蚀形貌

图 33　顶部回流接管内壁

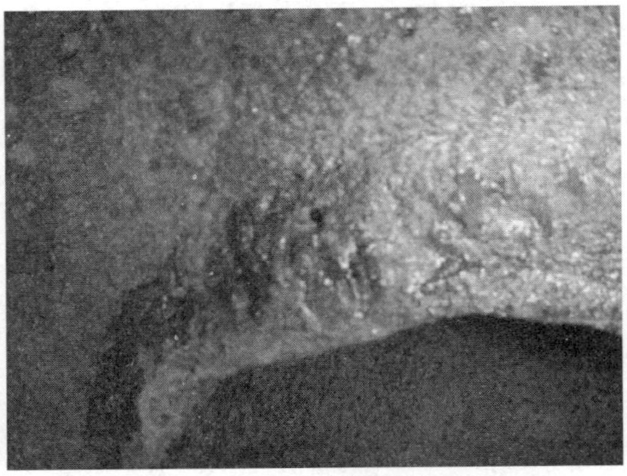

图 34　顶部安全阀接管内壁

图 35　接管 1 内壁焊缝腐蚀形貌

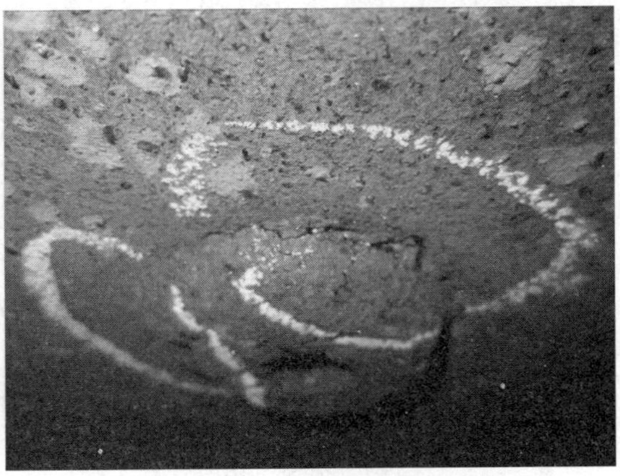

图 36　接管 2 内壁焊缝腐蚀形貌

3 国内外现状

国内外对高酸或高硫原油加工中设备的腐蚀与防护问题开展了大量的工作，在腐蚀机理和腐蚀防护措施如材质升级、缓蚀剂开发等方面取得了很多成果。但由于不同原油中的酸和硫的组成结构及在油品中的分布各不相同，炼油工艺和设备情况不同，高酸或高硫原油对设备造成的腐蚀有很大差异。总结国内外有关资料，主要有以下防护措施：

1）加强原油的预处理工作，原油中酸值和硫含量的增加，加大了原油与水及其他极性物质的混合程度，增加了原油脱水及杂质的难度，这些水杂脱出效果不好，对设备腐蚀的影响是比较大的。因此，国内外都在大力开展原油预处理的研究工作，特别是原油的脱水、脱金属和电脱盐工作。

2）搞好原油及馏出产品的监测，跟踪监测原油及产品中硫含量和酸值的变化情况。时刻注意原油及产品中腐蚀介质的变化情况。

3）做好装置的工艺防护工作。原油加工周期的延长，使得更换材质的频度减少，做好工艺防护工作成了各个炼油行业搞好防腐的重点，定期对工艺防腐的药剂进行监测和评价，根据装置情况合理的选用工艺防腐药剂措施。

4）加大腐蚀检测工作的力度。随着原油加工深度的提高，原油比较稳定的腐蚀源开始分解，增加和形成了新的腐蚀源，再加上工艺条件的变化，必然引起设备腐蚀的加剧，因此在作好工艺防腐的同时，应加大腐蚀监测的力度，及时掌握设备的运转状况，为防腐计划的制定提供依据。更重要的是通过高频次、高密度的腐蚀检测，最大限度的将突发性腐蚀事故消灭在萌芽状态。腐蚀监测包括电脱盐效果跟踪，装置凝结水的分析检测，高低温阶段腐蚀检测及选材，定点测厚等。

5）合理选择材质，在一些重点部位把材质升级为更耐蚀的材料，比如低温轻油冷却系统采用钛材或蒙乃尔合金，高温部位采用 Cr5Mo、321、316L 等。

4 腐蚀机理

4.1 低温部位的腐蚀

常减压装置塔顶部位的腐蚀主要是由于 $HCl+H_2S+H_2O$ 引起的，主要发生在常减压蒸馏装置塔顶循环冷凝冷却系统及温度低于 150℃ 的部位，如常压塔、减压塔顶的塔体、塔盘和填料。一般在气相或液相部位腐蚀比较轻微，气液交界处腐蚀较重，气液相变的部位即露点部位腐蚀最为严重。腐蚀环境中的 HCl 是由于原油中的无机盐（主要是氯化钠、氯化镁、氯化钙）在一定温度下水解生成。硫化氢来自原油中的硫化氢和原油中硫化物在 260℃ 以上的分解产物。水来自原油中含有的水、原油加工的汽提水以及塔顶三注防腐时注入的水。在这种腐蚀环境中，HCl 腐蚀为主，硫化氢起促进作用，它和 HCl 相互促进，形成腐蚀循环，造成设备失效。腐蚀反应方程式如下：

$$Fe+2HCl \longrightarrow FeCl_2+H_2\uparrow$$

$$FeCl_2+H_2S \longrightarrow FeS+HCl$$

$$Fe+H_2S \longrightarrow FeS+H_2\uparrow$$

$$FeS+2HCl \longrightarrow FeCl_2+H_2S$$

在 $HCl+H_2S+H_2O$ 环境中，碳钢表现为均匀腐蚀，0Cr13 为点蚀，奥氏体不锈钢为氯化物应力腐蚀开裂。

4.2 高温部位的腐蚀

高温部位的腐蚀主要是高温环烷酸和高温硫的腐蚀。

环烷酸是原油中有机酸的总称，是原油中主要的酸性氧化物，其化学性质与脂肪酸相似，具有普通有机酸的所有性质。环烷酸的分子结构通式如下：

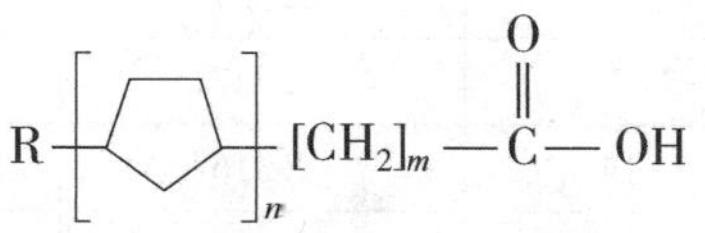

其中 R 为较低碳原子数的烷基侧链，n 为 1~5，m 通常大于 1。由于 R、m、n 的不同，原油中的环烷酸有 1500 多种不同的结构。这些环烷酸分子量各不相同，其沸点也不相同。在蒸馏过程中，沸点不同的环烷酸在不同的馏分油中富集，形成具有腐蚀性的非水电解质，从而造成该部位的腐蚀。

环烷酸的腐蚀主要为化学腐蚀，反应方程式为：

$$Fe+2RCOOH = Fe(RCOO)_2+H_2\uparrow$$

$$Fe+H_2S = FeS+H_2\uparrow$$

$$FeS+2RCOOH = Fe(RCOO)_2+H_2S$$

由于腐蚀生成的环烷酸铁可以溶解在油中，

金属表面相对光洁，使腐蚀不断进行。H2S 的存在可以生成一层硫化亚铁保护膜，能提供一定的保护作用。这也是低硫高酸原油比高硫高酸原油更容易发生环烷酸腐蚀的原因。

环烷酸腐蚀主要发生在炼油厂高温部位。常减压装置主要部位有常压转油线、减压转油线、常压炉出口、减压炉出口、常减压塔进料段塔壁、减三线等。环烷酸的腐蚀形态与流速有关，在流速较低的部位腐蚀呈喷火口状的尖锐孔洞，在流速高的部位呈沿流向的沟槽状。影响环烷酸高温腐蚀的主要因素有原油组成、操作温度、流速和流动状态、气液相状态、压力和设备材质。

高温硫腐蚀主要是活性硫在高温条件下与金属直接反应造成的腐蚀。它出现在与物流接触的各个部位，表现为均匀腐蚀，其中以硫化氢的腐蚀性最强。高温硫腐蚀速度的大小，取决于原油中活性硫的多少，和总硫量也有关系。温度升高时，活性硫化物与金属的反应加强，非活性硫的分解也加速。温度高于 240℃时，随温度升高，硫腐蚀逐渐加剧。在 343～371℃时硫化物分解生成 H2S 最快。在 350～400℃时，H_2S 还能够分解生成 S 和 H_2，高温下 S 的活性比 H_2S 更强，所以腐蚀更加剧烈。到 430℃时，腐蚀最为剧烈。480℃以上时由于硫化物分解接近完全，腐蚀速度开始下降。

在高温硫的腐蚀过程中，还出现一种递减现象：腐蚀速度开始很大，一段时间后腐蚀速度会恒定下来。这是由于生成的 FeS 保护膜阻滞了腐蚀反应进行的缘故。当介质流速高的时候，保护膜容易脱落，腐蚀继续进行。

5　常减压原油中的腐蚀介质情况

常减压加工的是多种原油的混合原油，混合原油性质见表 1。

表 1　混合原油性质

日　期	硫含量/%(m/m)	20℃密度/(g/cm³)	酸值/(mgKOH/g)	盐含量/(mgNaCl/L)	氯含量/ppm
2016-1-4	2.319	893.1	0.21	59.79	30.0
2016-1-11	2.279	885.4	0.22	26.80	13.4
2016-1-18	2.168	884.0	0.20	26.40	13.2
2016-1-25	2.311	889.7	0.20	20.80	10.2
2016-2-1	2.309	889.1	0.21	39.79	77.4
2016-2-8	2.347	881.3	0.22	51.70	49.9
2016-2-15	2.297	889.1	0.20	30.12	16.6
2016-2-22	2.322	890.4	0.22	27.06	15.8
2016-2-29	2.339	893.1	0.21	60.70	38.5
2016-3-7	2.347	881.2	0.23	78.80	50.7
2016-3-14	2.316	882.4	0.21	19.90	69.5
2016-3-21	2.302	890.1	0.22	32.80	80.9
2016-3-28	2.317	889.1	0.20	39.96	58.9
2016-4-4	2.397	877.2	0.23	30.20	60.1
2016-4-11	2.296	879.2	0.20	13.70	79.5
2016-4-18	2.314	891.3	0.22	13.70	16.1
2016-4-25	2.326	888.7	0.19	12.70	15.3
2016-5-2	2.376	882.7	0.24	38.20	17.1
2016-5-9	2.301	886.1	0.20	13.70	29.3
2016-5-16	2.332	890.2	0.21	15.60	17.4
2016-5-23	2.271	883.5	0.23	39.25	20.5
2016-5-30	2.282	876.2	0.22	49.70	24.6
2016-6-6	2.312	881.4	0.19	15.10	26.6

续表

日　期	硫含量/%(m/m)	20℃密度/(g/cm³)	酸值/(mgKOH/g)	盐含量/(mgNaCl/L)	氯含量/ppm
2016-6-13	2.351	890.3	0.20	12.70	55.2
2016-6-20	2.291	888.1	0.21	31.25	25.9
2016-6-27	2.291	877.7	0.23	24.60	28.5
2016-7-4	2.326	876.1	0.21	26.06	23.0
2016-7-11	2.285	891.4	0.22	29.10	25.2
2016-7-18	2.283	891.7	0.21	21.80	21.0
2016-7-25	2.296	883.1	0.23	42.10	18.1
2016-8-1	2.081	869.0	0.20	57.10	27.2

从表1可知，常减压加工的原油性质变化不大，原油酸值在0.19～0.24mgKOH/g间波动，硫含量在2～2.3%间波动，盐含量在10～80mg/L间波动。

6　腐蚀原因分析

1）常顶塔盘及浮阀的腐蚀主要是由于原油的盐类水解形成 $HCl+H_2S+H_2O$ 的腐蚀类型，虽然采用了较好的材质，对腐蚀起到了一定的抑制作用。但工艺防腐不到位，如三注措施无法防止常顶部位的腐蚀等，使得常顶系统的腐蚀仍是十分严重，表2列出了近几年塔顶的冷凝水分析数据。

表2　塔顶凝结水分析数据

部位	日期	pH	Cl^-/(mg/L)	Fe^{2+}/(mg/L)	备注
常顶	2013	7.16	46.26	1.39	
	2014	7.07	37.82	1.46	
	2015	7.24	33.45	1.43	
	2016	7.36	28.55	1.23	
减顶	2013	7.12	27.18	1.16	
	2014	7.03	35.72	1.21	
	2015	7.27	32.77	1.13	
	2016	7.06	31.44	1.25	

从冷凝水分析数据来看，铁离子含量比较小，表明腐蚀比较轻微，虽没有超过中石化指标，但腐蚀还是存在的。从铁离子分析数据可以看出，塔顶的腐蚀以常顶最严重，减顶次之。从冷凝水分析数据还可知，有时塔顶凝结水pH值也只有7.1左右。一般来说，塔顶pH值在6.5~7.5之间的范围内腐蚀最轻微。图37显示了pH值和腐蚀率的关系曲线。

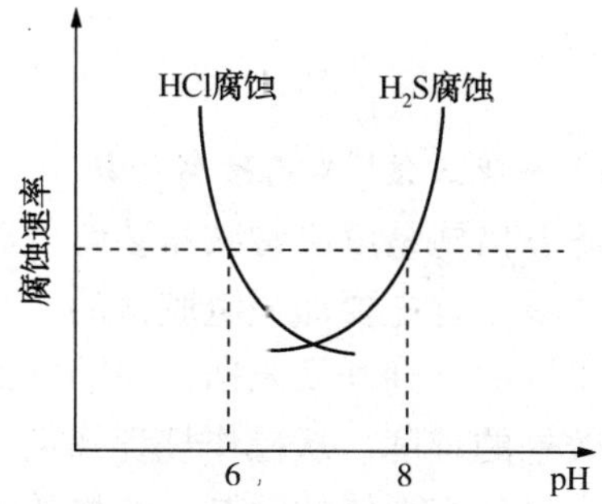

图37　pH值与腐蚀速率关系图

从图37中可以看出，当pH值<6时，HCl的腐蚀性加强，当pH值>8时，H2S的腐蚀作用增强。因此，1000×10⁴t/a常减压装置塔顶系统的pH值应控制在6.5～7.5的范围内较为理想。因此，塔顶系统的pH值应控制在6.5～7.5的范围内较为理想，但也要根据本厂的操作情况而定。

2）减压塔的腐蚀主要存在于减三线周围及减底系统，减三线的腐蚀主要是环烷酸的腐蚀，常减压加工的原油平均酸值只有0.49mgKOH/g，含量不大，但从加工原油的酸值情况可知，原油酸值在0.2mgKOH/g左右，如果原油调和效果不好，将会引起环烷酸的局部腐蚀。环烷酸腐蚀要有一定的温度和流速，因此在一些加快流速变化的区域首先引起腐蚀。比如减四线集油箱下部的塔壁腐蚀穿孔，主要是因为减压塔中油蒸气上行，油液体下行进行热交换，拔出轻组分油，洗涤重组分油，在塔的每个界面上都是比较复杂的流体类型，尤其在死角或有阻挡的部位，比较容易形成异于正常流速的流体类型。减压塔减四线集油箱下部与支撑梁形成缝隙，固定支撑与支撑梁之间形成缝隙，固定支撑之间形成缝隙，造成了流速的变换，形成更强烈的流速，造成了塔壁的腐蚀穿孔。

减底系统的腐蚀以硫腐蚀为主，贴板的开裂原因是由于贴板施工质量问题和硫腐蚀共同造成，减压塔的贴板采用人工焊接，施工过程中贴板与塔壁接触不紧密，在开停工过程，热胀冷缩造成贴板在腐蚀部位受力不均匀形成贴板开裂。

7　结论

常减压装置的腐蚀主要在常压塔塔顶部位，减压塔为内构件的焊缝开裂，填料减薄、开裂；稳定塔、石脑油分离塔腐蚀不严重，汽提塔腐蚀最轻。

8　建议

8.1　加强“一脱三注”工艺防腐措施

工艺防腐措施是解决常减压装置低温轻油部位腐蚀的关键。首先要加强电脱盐的运行管理和优化，由于原油已到开采末期，原油助剂的加入增加脱盐效果的难度。从操作规程知道，原油破乳剂、注水量都有严格的限制。严格的限制破坏电脱盐的灵活性，电脱盐工艺应随原油情况进行改变，以达到的较高的脱出效果。建议装置建立电脱盐操作运行数据库，记录原油变化和电脱盐操作调整情况，以便于今后及时处理各种复杂的原油加工方案。此外，原油电脱盐停留时间短，操作弹性较少，可以采用原油罐区低温破乳的技术其他原油处理技术。

8.2　加强腐蚀监测

常减压装置加强腐蚀监测及冷凝水 pH 监测的力度与频度，以及时发现变化情况，调整生产操作。对于低温部位的腐蚀，建议加强塔顶腐蚀挂片探针、腐蚀在线监测系统及 pH 在线检测系统监测。并在腐蚀在线自动腐蚀监测技术和 pH 在线自动监测技术的基础上，开发应用中和缓蚀剂的自动投加控制技术。这样可以对常减顶系统的工艺条件进行自动控制，减少人为的因素，提高控制水平间工艺条件稳定在一个最佳的范围，最大限度的减轻设备腐蚀。

对于高温部位的腐蚀，建议采用腐蚀挂片探针、侧线铁/镍离子比分析等方法来检测。此外，为了摸清装置的腐蚀情况，建议对原油和侧线油中的硫及酸值分布情况进行跟踪监测分析，结合腐蚀监测数据，对装置未来的腐蚀趋势进行预测。

对常减压系统的管线、设备本体和短接、换热器的本体和短接进行运行中的定点测厚，尤其是重点设备，重点部位加大检测力度和频度，配合检修掌握装置的腐蚀规律，防患于未然。

8.3　材质升级

对于材质升级不到位的设备管线，建议参考加工高硫高酸原油重点装置主要设备设计选材导则（SH/T 3096—2001）及中国石化股份公司〔2001〕89--号《加工高硫高酸原油部分装置在用设备及管道选材指导意见》进行材质升级。单纯的高温硫腐蚀采用 Cr5Mo、Cr9Mo 材料即可，如果同时存在较重的环烷酸腐蚀，则要选用 316L、317L 材料，但是造价较高。对于不需焊接的塔内构件可考虑使用渗铝钢或镀铝钢，它对高温硫和环烷酸腐蚀都有很好的防护效果，材料成本较低。

8.4　开展装置腐蚀评估

根据目前原油加工情况和未来原油品种预测，请专业技术部门对 1000×10^4t/a 常减压装置目前材质进行原油适应性评估，通过核算判断目前用材能够承受的原油硫含量和酸值，提出材质升级方案和工艺防腐方案。

8.5　加强设备腐蚀档案的管理

建议常减压建立专门的设备腐蚀管理台帐，对设备的基本情况、检修更换情况、防腐措施及效果等进行登记，最好是建立基于企业局域网的设备腐蚀管理系统，将设备台帐、装置腐蚀检测数据等统一格式上网，以便于管理部门和车间技术人员及时掌握设备腐蚀情况，以采取有效措施预防腐蚀事故的发生。

常减压装置换热器泄漏原因及对策

韩寿军

（中国石油化工股份有限公司天津分公司）

摘　要　本文第一部分对常减压装置换热器泄漏原因进行分析，第二部分提出具有针对性的解决对策，以期能给相关人员提供有益的参考意见。

关键词　常减压装置，换热器，泄露，原因，对策

常减压装置在应用中，对于原油的初级加工具有重要的意义。因此在较多的炼油企业，都配置了常减压装置。尽管常减压装置可以降低生产成本，实现原油的初级加工，然而常减压装置换热器存在着泄漏的问题，不仅损失了较多的生产资源，还影响了生产的连续平稳进行。

1　常减压装置换热器泄漏现象

常减压装置换热器泄漏包括内漏以及外部泄漏两种现象。从泄露的部位来看，一般是壳体泄漏、密封面泄漏和管束泄漏等。在对换热器进行检查维修时，发现泄露部分一般是内漏以及密封面泄漏。

1.1　内漏

内漏一般包括小浮头密封面泄漏以及管子穿孔和管板与管子胀焊处泄漏，从而引起管、壳程介质的互串。此外，管子由于磨损、腐蚀以及冲刷，管壁变薄乃至穿孔；密封垫片发生劣化、浮动头盖紧固螺栓松动等等问题，也会导致换热器内漏。根据相关的业内报道，在换热器进行检查后，由于选用不适合的密封垫片，或者装置开始工作时冷凝器用蒸汽吹扫气密，导致小浮头的螺栓松动，从而引起内漏。从这些状况来看，换热器发生泄漏的主要原因是管子腐蚀，尤以常顶一线油换热器、减顶一线油换热器和循环水冷却器最易发生腐蚀泄漏。

1.2　外部泄漏

常减压装置换热器外部泄漏，主要发生在装置的高温换热器的法兰密封上。例如，管箱管板两侧法兰密封处和后盖法兰密封处以及管、壳程进出口法兰连接处。泄漏的主要原因有：一是密封垫片选型不对，垫片密封比压过高或过低；二是密封垫片材质选择错误，不适宜高温工作；三是垫片安装存在问题，加偏不对正；四是螺栓选型不对，材质或等级不符合工作环境，在高温环境下发生蠕变；五是未按规范要求进行热紧。

2　常减压装置换热器泄漏原因

2.1　温度、压力频繁的变化

第一，由于温度、压力产生的波动幅度相对较大，从而引起较大的局部应力，这些作用力对主体的焊接结构和密封结构产生影响，最终导致泄漏。此外，由于温度的变化大，紧固螺栓由于受热膨胀伸长造成密封比压不足，从而导致泄漏。

第二，在工作中，管板会因腐蚀减薄，并且，由于存在着温差应力、流体压力，因此管板表面胀焊处还会产生裂纹或腐蚀穿孔，甚至变形，从而引起换热器泄漏。此外，管子受到较大的轴向力，会直接导致管板、管子在连接的地方被拉脱。或者由介质内压力形成的轴向力，也会使垫片和密封面之间的压紧应力降低，如果压紧应力降低到一定的限度，就会破坏密封性，导致换热器泄露。

2.2　介质腐蚀

处在管箱端管板以及浮头端管板的列管堵塞严重。从管箱端的管板的侧面来看，存在着列管的管口呈现刀口状态的减薄区域，大约占了15%~20%，这个区域还会扩展到第一道胀口槽。和管箱端的管板侧的情况相一致的是管板以及列管两者相连接的地方。从两侧管板的外表情况观察，可以利用水压试验，证明换热器出现内漏的部位是处在管口的地方。另外，我们发现尽管钢圈垫被损坏，但对管箱的分程隔板来说，其

减薄量并不是很大，针对这种奇怪的现象，工作者认真地测量了管束换热管的厚度，结果显示，管板后面的列管壁，B 型管厚度一般在 2.2～2.3mm 左右，原壁厚为 2.5mm，对于使用两年的换热管来说，说明列管的年减薄量在 0.2～0.3mm 之间。

3 常减压装置换热器泄漏的对策

3.1 选择质量更优的管束材质

我们可以可根据介质的腐蚀成份不同，管束材质尽可能地选用例如 oCr13、13Cr 一 AL、304、Ti 合金等等耐腐蚀的材料，由于其含有铬、铝以及镍等元素，能提高抗腐蚀的能力，因此可以保证换热器的管束更加耐用。从长远上来看，选择这种抗腐蚀的金属管束材质，在一定的环境下具有较好的性价比。最重要的是，能在生产过程中，减少泄漏问题的出现，减少生产波动造成的损失。

3.2 选择合适的化学防腐涂料和涂层方法

为了保护换热管束不被腐蚀，需要在管束的内层或外层涂上化学涂料。首先，要选择合适的化学防腐涂料，例如专门的为换热器防腐而准备的 SHY-99、DH22-2/3 类涂料，或者采用化学镀镍、微纳米防腐涂料喷涂的方式，进行换热器管束防腐保护。其次，要以科学的涂层方法进行化学防腐涂料的涂层。作为装置外部的后期保护，这个步骤尤其对装置的循环水冷却器和塔顶一、二线换热器的工艺侧防腐具有重要的意义。实践表明，此种方式性价比最高，易腐蚀换热器的使用寿命可以延长到原使用寿命的 2 倍以上。

3.3 选用合理的设备并进行科学的布局

设备的结构直接关系着流体的分配状况。如果设备结构不合理，流体就会不均匀，从而导致换热器泄露；如果设备结构合理，那么流体就不会产生涡流现象，或者出现流体死角，从而减轻了介质对装置的腐蚀程度。尤其对循环水冷却器来说，可以减少结垢和垢下腐蚀，能大大延长水冷却器的使用周期。

3.4 加强一脱三注的管理

通过电脱盐、注水、注中和剂、注缓蚀剂的“一脱三注”的管理和操作，也可降低常减压装置的腐蚀，更能对换热器的防腐起到事半功倍的作用。

3.5 选择合适的紧固件材质和等级

对于外漏或小浮头泄漏的高温换热器，应该选择等级较高的耐热钢作为紧固件材质。此外，小浮头必须在扣后盖前进行高温热紧，以防止小浮头密封泄漏的内漏；外部法兰紧固件的规范热紧可有效防止高温换热器的外漏。

3.6 选择合适的密封垫片

法兰的密封既靠合适的紧固件，更靠合适的密封垫片，在换热器中，绝大部份换热器选择适中的金属包垫片就已满足使用，但个别温度较高或腐蚀较强的换热器则需选用金属缠绕垫片或波齿垫使用效果较好。

3.7 减少塔顶负荷

减少塔顶负荷，可以降低换热器露点腐蚀和冲刷腐蚀泄露率。通过加大常、减压塔一中回流、二中回流的方式，降低塔顶温度，进而降低塔顶的回流量，回流量减少，塔顶负荷也随之减少，换热器的入口气速变缓，换热器的损害程度也大大降低。

结束语：为了减少换热器泄露，我们应该加强对泄露原因的探讨，在发现其原因的基础上，做出具有针对性的解决措施，以保证常减压装置换热器运行的安全、平稳、长周期，实现企业经济效益的最大化。

常减压装置减压深拔的分析和主要措施

袁守朝

（中国石油化工股份有限公司天津分公司）

摘　要　随着社会的发展和科学技术的不断发展，人们越来越关注和重视环境问题和能源危机的矛盾，能源矛盾特别是石油供应和需求的矛盾也渐渐成为了经济和生态重点研究的对象。当前，许多中国石油炼油企业的进一步发展，越来越关注常减压蒸馏装置的减压深拔技术的更新和发展，提高能源产品的质量，做到减少污染、低碳环保的经济和生态效益。本文介绍了常减压蒸馏装置的减压深拔技术的基本情况和发展状况，对减压深拔技术对常减压蒸馏装置的影响进行分析，寻找提高常减压蒸馏装置的减压深拔技术的有效方法，促进科学研究和经济效益的发展。

关键词　常减压，蒸馏装置，减压深拔，技术分析

中国石油炼油企业在发展过程中，为了促进工业化和现代化的进一步发展，提高生态效益和经济效益，一定程度上缓解能源矛盾和危机，常减压蒸馏装置的减压深拔技术得到了全面而广泛的推广。国内将减压深拔具体控制在实沸点为540℃以上的减压渣油中，而国外的设计标准值为565.6℃。经试验表明，减压深拔技术有利于平衡重油以及挖掘的开采潜在的油层。

1　常减压蒸馏装置的减压深拔技术的相关概述

1.1　常减压蒸馏装置的减压深拔技术的简介

常减压蒸馏装置的减压深拔技术要根据具体的工艺流程图和原理设计和制造每一个设备和装置，在实际的制造过程中，为了提高原油实际的蒸馏效果，提升炼油的水平和效率，一定要确保设备和装置的性能和质量，以便更好地发挥原油资源的真正价值。常压蒸馏是将在常压状态下使加热气化下的原油进行分馏和冷凝，将汽油、柴油和煤油等分馏出来；减压蒸馏是将加热加热后的常渣油处于真空情况下再进行分馏和冷凝，对常压塔底的常渣油进行减压蒸馏，通过不同的加工方式和原油性质等进一步分馏出裂化原料或者是润滑油组分，之后进入后续生产装置进行具体的裂化反应来提升炼油效益。原油蒸馏装置多数设置了初馏塔或闪蒸塔，通过常压分馏塔将原油进行汽化和蒸出，减少减压炉的热负荷或原油换油的操作成本。

1.2　常减压蒸馏装置的减压深拔技术的发展现状

就我国目前的研究现状而言，与外国相比，我国的常减压蒸馏装置的减压深拔技术还有很大的发展空间，需要进一步改善和更新减压深拔技术。国内关于成套的减压深拔的技术虽然在不断探索和尝试，但还不够成熟和系统，还需要不断积累经验掌握和运用真正的常减压蒸馏装置的减压深拔技术。近几年来，国内相关的技术人员为了弥补技术上的差异与不足，开始引进新的技术并对其进行改革个创新。但是，由于原油实沸点切割点设置的差异性，装置的老旧化，限制了部分生产装置减压深拔技术的深层次发展。这些技术难点只有通过不断地运用新技术、新工艺、新型设备材料等方法逐步进行改造完成，尽可能的减少老旧生产装置与先进装置的差距。

2　减压深拔技术对常减压蒸馏装置的影响

2.1　减压深拔技术影响延迟焦化装置

经实际操作中的数据表明，在运用减压深拔技术前后，延迟焦化装置物料的平衡点和产品质量都有所差异。值得注意的是，在运用减压深拔技术之后，还要及时优化焦化炉的出口温度调整，避免焦化装置炉出口炉管产生结焦现象，适当的提高焦化装置的循环比，已达到安全生产和经济效益的双赢。由实验结果可以得知，常减压经过减压深拔调整后，减压渣油原料性质随之加重，焦化装置的干气收率和液化气收率以及石油

焦收率会有所提升，而蜡油收率和汽、柴油收率会有所降低。焦化装置物料产生的产品质量也会有所变化。

2.2 减压深拔技术影响催化裂化装置

减压深拔技术对催化裂化装置的影响主要表现在蜡油原料性质和操作条件方面。运用减压深拔技术之后，在538℃的温度下对原料进行催化裂化，分馏出的体积有所减少，残炭的温度升高，装置的生焦和外取热器产生的汽体都会有所增加。至于催化裂化装置的物料方面，运用减压深拔技术之后，催化裂化装置的汽油收率和干气收率以及油浆收率和焦炭都会有所增加，而液化气收率和柴油收率有所下降，产品性质的变化不太明显。2.3 减压深拔技术影响加氢处理装置

运用减压深拔技术之后，加氢处理装置中的原料性质会明显降低，反应的苛刻度和温度会增加，氢耗量会因为进料的出口温度上升而增加；而对于浅度加氢的蜡油加氢处理装置却没有明显的变化和影响，蜡油产率也不受影响。

3 如何提高常减压蒸馏装置的减压深拔技术

3.1 合理控制并提高减压炉出口温度

在运用常减压蒸馏装置的减压深拔技术的实践中，最关键也最重要的就是要合理控制并提高减压炉出口的最低温度，减压塔的进料温度也会增大。对常用的常减压加热炉的参数和原料性质进行研究计算后，得出一条有关加热炉的生焦曲线，借此来适应性的提高加热炉的出口温度。

3.2 减压炉合理设置炉管注汽操作

国内大型常减压生产装置为了加大减压炉炉管内常渣油流动的流速，避免因高温条件下的炉管物料结焦，可以将一定的蒸汽注入炉管进料处，将此处到出口的温度和汽化分压降低，同时增加炉管汽化段的温度，尽量避免油品的结焦和能量损失。注汽点应设置在合理的位置，即炉管内对流转变为辐射的位置，减少注汽量过大产生的能量高度消耗和水量的酸性化。

3.3 增加和改善急冷油系统，对洗涤段进行优化

针对老旧常减压生产装置，可就部分设备进行改造，增加和改善了急冷油系统，降低塔底的温度，避免塔底产生结焦和裂解气体。在此过程中，要选择适宜的温度，结合大多数大型常减压生产装置的经验，减塔底温度在350~370℃控制较为合理，急冷油流量过大会对塔底渣油的气化率和渣油的换热效率产生不小的影响。

一般常减压装置为了保证减压蜡油的产品质量，都要在减压塔最下层填料上部设置洗涤段，保证蜡油产品的残炭和重金属含量符合下游生产装置的生产要求。洗涤段的流量调整既要兼顾全塔压降变化也要符合深拔的要求，在保证蜡油产品质量合格的前提下，减少洗涤油量，有利于增加减压蜡油收率，减少减压渣油520℃馏出含量。同时为了确保减压总拔出率和分馏油的质量，还要调整合适的喷淋密度，减少压降损失，提高气化率。

3.4 提高减压塔汽化段真空度

操作中减压塔汽化段真空度的高低对蜡油收率影响较大，减压塔在工艺上要求汽化段有尽可能高的真空度，以便在不产生裂解的前提下，进料中有更多的组份汽化。

汽化段真空度的影响因素：(1)减顶温度，减顶温度的高低反映了减顶气相负荷变化的情况，是反映塔内热量变化的敏感参数，减顶温度控制低一些，抽真空设备的负荷小有利于提高减顶真空度 但减顶温度控制过低，减一线以下的负荷过高，气体通过填料层的压降增大造成汽化段的真空度降低，再有塔顶温度过低也会使减一线油量小，影响稳定操作。(2)汽液相分布，平衡好减二线与减一线间的液相抽出分布，减一中流量过大，减二线负荷大减二线抽出不及时，减二线液位高甚至满液位，而减一线抽出量减少，减一线抽出温度低，这时减二线填料层上气体通过的阻力增大，不利于提高汽化段的真空度。减二中流量过大，会使气体通过减三填料层的压降增大，从而影响汽化段真空度的提高。操作中如果减压侧线抽出不及时，液体向下溢流，使填料层的持液量增多，油气通过时阻力增加，塔顶至汽化段的压降增大，汽化段真空度下降，影响蜡油收率。

3.5 提高常压拔出率，有利于提高装置总拔出率

常压拔出率低，将造成一部分轻组分在常压没有拔出去而进入减压系统，造成塔顶负荷过大，真空度下降，重组分拔不上去，蜡油收率降低。国内部分常减压装置常压塔的下部侧线产品也作为后续加氢裂化装置的原料，因此可采取增

大常压塔下层侧线的馏出量，提高常压拔出率，同时可有效降低减塔的负荷。再有减压过汽化油流入塔底将造成蜡油组份的损失，因此对于有些生产装置，开好减压塔最下层侧线也将有利于提高蜡油的收率。

3.6 采用新型减压填料对减压深拔的影响

面对燃料—化工型常减压蒸馏装置减压深拔的生产要求和效益需要，对现有常减压装置的减压塔进行优化分析，找准降低全塔填料压降、提高进料段真空度对减压深拔和降低减压炉负荷的关系，采取全塔更换低压降新型填料，以达到改善减压塔的生产操作条件、降低减压塔的全塔压力降、实现减压深拔的目的。

4 结束语

为了促进中国石油以及炼油企业的进一步发展，要大力推广常减压蒸馏装置的减压深拔技术，改变原油产品的结构和质量，减少设备和装置的能耗，提高企业的生态效益和经济效益。

加氢裂化装置石脑油产品分离流程比较

李征容

（中国石化工程建设有限公司）

摘　要　加氢裂化装置石脑油产品分离流程主要有分馏塔顶出轻石脑油流程和分馏塔顶出全馏分石脑油流程两种，本文以典型 200 万吨/年加氢裂化装置为例，分析了两种流程的区别，通过流程模拟，对两种流程的操作费用、装置投资和产品性质进行比较。分馏塔顶出轻石脑油流程的优势为操作费用低、装置投资低；分馏塔顶出全馏分石脑油流程优势在于轻、重石脑油产品切割更为清晰。炼厂可根据实际情况和侧重点，选择较为合适的流程。

关键词　加氢裂化；轻石脑油；重石脑油

1　前言

加氢裂化是重质馏分油深度加工的主要工艺之一，它不仅是炼油工业生产轻质油品的重要手段，而且也已成为石油化工企业的关键技术，发挥着不可替代的作用。当前，我国加工的重质及高硫原油的比例不断增加，特别是生产环境友好的喷气燃料、柴油、润滑油基础油等清洁油品的需求迅速增加，加氢裂化技术在我国工业上得到广泛的应用和飞速发展。

加氢裂化的原理是在高温、高压和催化剂存在的条件下，原料油与氢气首先在精制反应器内发生加氢反应，脱除其中的硫、氮、氧、金属杂质和不饱和烃。精制后的原料油进入加氢裂化反应器，在其中发生加氢裂化反应，大分子烃类转化为碳链较短的烃类，同时还发生环烷烃开环反应和芳烃饱和、断环反应。反应生成油经过分馏系统精馏后生产出轻石脑油、重石脑油、航煤、柴油、尾油等产品。

目前，加氢裂化装置石脑油产品分离流程主要有分馏塔顶出轻石脑油流程和分馏塔顶出全馏分石脑油流程两种。本文针对这一现状，用 ASPEN PLUS 11 流程模拟软件对这两种流程进行模拟计算，对两种流程的设备投资、操作费用和产品性质进行了对比，意在找出较为合适的方案。

2　工艺流程对比

图 1 为分馏塔顶出轻石脑油流程（以下简称流程 1）示意图。分馏塔进料进入分馏塔，分馏塔设有两个侧线塔。分馏塔顶分出轻石脑油产品，第一侧线为重石脑油产品，第二侧线为柴油产品，塔底为尾油产品。塔底尾油为柴油侧线塔、重石脑油侧线塔提供塔底重沸器的热源。同时，分馏塔设置一个中段回流以回收能量。

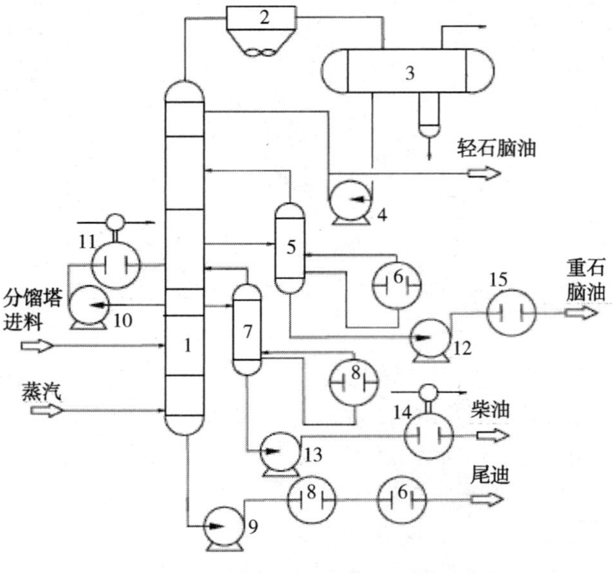

图 1　分馏塔顶出轻石脑油流程示意图

1—分馏塔；2—分馏塔顶空冷器；3—分馏塔顶回流罐；4—分馏塔顶回流泵；5—重石脑油侧线塔；6—重石脑油塔底重沸器；7—柴油侧线塔；8—柴油塔底重沸器；9—分馏塔底泵；10—中段回流泵；11—中段回流蒸汽发生器；12—重石脑油泵；13—柴油泵；14—柴油产品重沸器；15—重石脑油/原料油换热器

分馏塔顶出全馏分石脑油流程示意（以下简称流程 2），分馏塔进料进入分馏塔，分馏塔设有一个侧线塔。分馏塔顶分出全馏分石脑油产品，侧线为为柴油产品，塔底为尾油产品。塔底尾油为柴油侧线塔、石脑油分馏塔提供塔底重沸器的热源。同时，分馏塔设置一个中段回流，以回收能量。塔顶的全石脑油馏分经换热后进入石脑油分馏塔，石脑油分馏塔塔顶分出轻石脑油产品，塔底为重石脑油产品。

两种流程的主要区别在于，流程1塔顶分出轻石脑油馏分，重石脑油产品从第一侧线塔分出；流程2塔顶分出全石脑油馏分，比流程1少一个重石脑油侧线塔，但多一个石脑油分馏塔，轻、重石脑油产品均从石脑油分馏塔分出，这也导致两种流程的换热流程不同。

3 计算基础和合理模型建立

本文以典型的200万吨/年尾油型加氢裂化装置为计算基础，分馏塔进料组成见表1。

表1 分馏塔进料组成

序号	名称	组成 wt/%
1	轻石脑油	3.5
2	重石脑油	17.8
3	柴油	37.3
4	尾油	40.1
5	H_2O	1.3
	合计	100

为保证对比的合理性和公平性，模拟计算两种流程时做如下约束：

（1）分馏塔进料的流量、温度、压力、组成均相同；

（2）汽提蒸汽的流量、温度、压力均相同；

（3）分馏塔操作压力相同；

（4）分馏塔中段回流的流量、取热负荷相同；

（5）产品分离的要求相同。

（6）年加工时间均按8400h计算。

4 能耗对比

重点对比两种流程差异部分的能耗情况。

4.1 分馏塔顶空冷器

流程1分馏塔顶流量154t/h，温度95℃，分馏塔顶空冷器冷却负荷为13.2MW。空冷器风机总功率93.2kW。

流程2分馏塔顶流量124t/h，温度153℃，分馏塔顶空冷器冷却负荷为23.3MW。空冷器风机总功率133.4kW。

具体见表2。

4.2 石脑油分馏塔顶空冷器

流程1无石脑油分馏塔顶空冷器。

流程2石脑油分馏塔顶流量21t/h，温度91℃，石脑油分馏塔顶空冷器冷却负荷为2.1MW，空冷器风机总功率为13.8kW。

具体见表3。

表2 分馏塔顶空冷器能耗对比

序号	流程	消耗量		耗能指标		年能耗
		单位	数量	单位	数量	MJ/a
1	流程1	kW	93.2	$kJ/kW \cdot h^{-1}$	9210	7210325
2	流程2	kW	133.4	$kJ/kW \cdot h^{-1}$	9210	10320358

表3 石脑油分馏塔顶空冷器能耗对比

序号	流程	消耗量		耗能指标		年能耗
		单位	数量	单位	数量	MJ/a
1	流程1	kW	0	$kJ/kW \cdot h^{-1}$	9210	0
2	流程2	kW	13.8	$kJ/kW \cdot h^{-1}$	9210	1067623

4.3 分馏塔顶回流泵

流程1分馏塔顶回流泵流量136t/h，扬程144m，分馏塔顶回流泵轴功率70.1kW。

流程2分馏塔顶回流泵流量65t/h，扬程124m，分馏塔顶回流泵轴功率32.3kW。

具体见表4。

4.4 石脑油分馏塔顶回流泵

流程1无石脑油分馏塔顶回流泵。

流程2石脑油分馏塔顶回流泵流量17t/h，扬程142m，分馏塔顶回流泵轴功率9.3kW。

具体见表5。

表 4 分馏塔顶回流泵能耗对比

序号	流程	消耗量		耗能指标		年能耗
		单位	数量	单位	数量	MJ/a
1	流程 1	kW	70.1	$kJ/kW \cdot h^{-1}$	9210	5423216
2	流程 2	kW	32.3	$kJ/kW \cdot h^{-1}$	9210	2498857

表 5 石脑油分馏塔顶回流泵能耗对比

序号	流程	消耗量		耗能指标		年能耗
		单位	数量	单位	数量	MJ/a
1	流程 1	kW	0	$kJ/kW \cdot h^{-1}$	9210	0
2	流程 2	kW	9.3	$kJ/kW \cdot h^{-1}$	9210	719485

4.5 重石脑油塔底重沸器/石脑油分馏塔底重沸器

流程 1 中有重石脑油塔底重沸器，流程 2 无。

流程 2 中有石脑油分馏塔底重沸器，流程 1 无。

模拟计算结果显示，这两台重沸器的能耗均为 1.5MW，均使用尾油做热源，因此能耗相等。

4.6 重石脑油产品热量回收

流程 1 中重石脑油产品温度为 169.4℃，可用于与原料油换热，经核算此部分热量可节约能耗 1.2MW，按标准燃料气的热值 46055kJ/kg 折算，可以节约燃料气 788 吨/年。

流程 2 中重石脑油产品先与石脑油分馏塔进料换热，换热后温度为 80℃，已无再利用的价值。

具体见表 6。

表 6 重石脑油产品热量回收对比

序号	流程	消耗量		耗能指标		年能耗
		单位	数量	单位	数量	MJ/a
1	流程 1	t/a	-788	kJ/kg	46055	-36291340
2	流程 2	t/a	0	kJ/kg	46055	0

4.7 其他

按第 3 章节计算基础，两种流程的分馏塔进料温度、汽提蒸汽量、中段回流量和取热负荷均设定为相同。经核算，两种流程的柴油产品、尾油产品的温度和流量都基本相同。因此两种流程其他部分能耗可认为相同。

4.8 能耗对比汇总

将两种流程能耗对比汇总如表 7 所示。

表 7 两种流程能耗对比

项　目	流程 1 MJ/a	流程 2 MJ/a
分馏塔顶空冷器	7210325	10320358
石脑油分馏塔顶空冷器	0	1067623
分馏塔顶回流泵	5423216	2498857
石脑油分馏塔顶回流泵	0	719485
重石脑油产品热量回收	-36291340	0
合计	-23657799	14606323

从表 7 对比可以看出，流程 2 能耗比流程 1 高 38264122 MJ/a，折合 0.46kg 标油/t 原料油。按 2018 年 70 美元标准经济评价体系，流程 2 比流程 1 每年操作费用高 144 万元。

5 设备投资对比

两种流程设备主要区别在于，流程 1 设有重石脑油/原料油换热器，重石脑油侧线塔，流程 2 设有石脑油分馏塔，石脑油分馏塔顶空冷器，石脑油分馏塔顶回流罐，石脑油分馏塔顶回流泵，石脑油分馏塔进料/塔底油换热器。同时，两种流程的分馏塔、分馏塔顶空冷器、分馏塔顶回流泵有较大差别。此外，因流程不同，其他设备规格会略有区别，但对设备投资影响较小，忽略不计。

流程 1 的分馏塔需设置 52 层浮阀塔板，塔径 ϕ4400mm，塔高 41000mm。流程 2 因不需在分馏塔分离轻、重石脑油，分馏塔设置 44 层浮阀塔板即可满足要求，塔径 ϕ4400mm，塔高 35000mm。

如表 8 所示。对比了两种工艺流程有区别的设备选型和投资情况。

表 8 两种流程设备选型和投资对比

设备名称	项目	流程 1	流程 2
分馏塔	规格/mm	ϕ4400×41000 52 层浮阀塔板	ϕ4400×35000 44 层浮阀塔板
	材质	Q345R	Q345R
	重量/t	191	191
	投资/万元	1150	998
分馏塔顶空冷器	规格/m	GP9×2. 5	GP9×3
	数量	4	4
	材质	Q245R	Q245R
	投资/万元	74	80
分馏塔顶回流泵	选型	离心泵	离心泵
	轴功率/kW	70. 1	32. 3
	数量	2	2
	投资/万元	99	53
重石脑油/原料油换热器	规格/mm	BIU900×6000	无
	数量	1	
	材质	Q345R	
	投资/万元	31	
重石脑油侧线塔	规格/mm	ϕ1800×12000 10 层浮阀塔板	
	材质	Q245R	
	重量/t	16. 5	
	投资/万元	112	
石脑油分馏塔	规格/mm	无	ϕ2000×26000 30 层浮阀塔板
	材质		Q345R
	重量/t		38. 1
	投资/万元		271
石脑油分馏塔顶空冷器	规格/m	无	GP9×3
	数量		2
	材质		Q245R
	投资/万元		28
石脑油分馏塔顶回流罐	规格/mm	无	ϕ1800×6000
	材质		Q245R
	重量/t		6. 5
	投资/万元		30
石脑油分馏塔进料/塔底油换热器	规格/mm	无	BIU500×6000
	数量		1
	材质		Q345R
	投资/万元		22
投资合计/万元		1466	1482

从表 8 中可以看出，流程 2 比流程 2 设备投资高 16 万元。

流程 2 流程比流程 1 复杂，多一套石脑油分馏塔顶塔顶冷凝、回流系统，流程 2 的仪表、管线、阀门等费用将高于流程 1。

综上，流程 2 的装置投资高于流程 1。

6　产品性质对比

加氢裂化装置的主要产品为尾油、柴油、重石脑油和轻石脑油，模拟计算两种流程的的各主要产品性质，对比如表 9、表 10、表 11、表 12 所示。

表 9　尾油产品性质对比

	单位	流程 1	流程 2
质量流量	kg/h	95238	95238
塔流出温度	℃	318.5	318.5
流出温度下密度	kg/m^3	693.6	693.6
馏程 D86	℃		
0%		305.213	305.213
10%		360.349	360.35
30%		376.287	376.287
50%		393.351	393.351
70%		419.217	419.217
90%		459.432	459.432
100%		491.114	491.113

表 10　柴油产品性质对比

	单位	流程 1	流程 2
质量流量	kg/h	88095	88095
塔流出温度	℃	286.0	286.7
流出温度下密度	kg/m^3	623.1	622.3
馏程 D86	℃		
0%		181.456	181.560
10%		229.531	230.507
30%		247.722	247.731
50%		265.086	265.068
70%		289.102	289.094
90%		323.559	323.548
100%		353.379	353.377

表 11　重石脑油产品性质对比

续表

	单位	流程 1	流程 2
质量流量	kg/h	42344	42344
塔流出温度	℃	169.4	171.5
流出温度下密度	kg/m^3	683.5	686.8
馏程 D86	℃		
0%		101.267	115.376
10%		129.278	130.748
30%		143.768	144.004
50%		152.941	153.203
70%		174.646	174.942
90%		190.084	191.624
100%		200.236	201.836

表 12　轻石脑油产品性质对比

	单位	流程 1	流程 2
质量流量	kg/h	8843	8843
塔流出温度	℃	40	40
流出温度下密度	kg/m^3	679.9	674.7
馏程 D86	℃		
0%		51.634	51.458
10%		53.579	53.407
30%		55.919	55.76
50%		64.694	64.061
70%		76.902	76.446
90%		92.859	92.389
100%		105.745	100.324

通过表 9 的对比可以看出，两种流程的尾油产品的流量、性质和流出塔的温度非常接近，均可满足尾油的产品要求。

通过表 10 的对比可以看出，两种流程的柴油产品的流量、性质和流出塔的温度非常接近，均可满足柴油的产品要求。

通过表 11，表 12 的对比可以看出，两种流程轻石脑油、重石脑油产品的流量、硫出塔的温度比较接近，均可满足轻、重石脑油的产品要求。从馏程分布上看，流程 1 的轻石脑油干点与重石脑油的初馏点略有重叠，而流程 2 的轻、重石脑油切割更为清晰。

7　结论

对于加氢裂化装置，分馏塔顶出轻石脑油流

程和分馏塔顶出全馏分石脑油流程是两种常见的石脑油产品分离流程，两种流程均能生产出合格的产品。两者相较，分馏塔顶出轻石脑油流程的优势为操作费用、装置投资低；分馏塔顶出全馏分石脑油流程优势在于轻、重石脑油产品切割更为清晰。炼厂可根据实际情况和侧重点，选择较为合适的流程。

参考文献

[1] 李大东．加氢处理工艺与工程[M]．北京：中国石化出版社，2004：1-2.

[2] 中华人民共和国国家质量监督检验检疫总局．GB/T 2589—2008. 中华人民共和国国家标准-综合能耗计算通则．北京：中国标准出版社，2008.

流化装置催化剂损耗分析与判断

余龙红

（中国石化工程建设有限公司）

摘　要　在催化剂流化装置（如 FCC、MTO 装置等）的实际生产中，如何根据采样的催化剂（平衡剂、烟气三旋分出的细粉等）筛分组成判断装置的生产和运行状况，一直是装置生产人员需要掌握的重要内容之一。本文论述了两器系统细粉产生的原因以及与装置内件运行状态的联系，装置催化剂自然损耗（kg/t 进料）的影响因素及其合理评判。再生器旋风分离器效率及两器系统运行正常时，平衡剂（20～40μm 细粉不低于～15w%），烟气三旋分下来的细粉中不含有>40μm 细粉，且<20μm 的颗粒占～90w%。文中也提出了回注烟气三旋回收的细粉及回收卸剂的有效筛分对稳定流化生产及降低生产成本具有积极的意义。

关键词　催化剂；细粉；筛分组成；催化裂化；损耗

1　概述

催化裂化装置的催化剂损耗包括自然损耗与卸剂两方面，自然损耗与旋风分离器的分离效率、工艺操作、流化与输送、循环过程中产生的固有的细粉量等直接相关，卸剂与系统催化剂的重金属（如 Ni、V）的污染程度有关，由反应系统催化剂的活性决定。自然损耗与卸剂共同构成催化裂化装置的催化剂"单耗"（kg/t 进料），一般地，自然损耗与卸剂的损耗为 1：1。

对于催化裂化等所有涉及催化剂流化的生产装置，区别于其他装置的显著特点之一就是设备内有流程，催化剂与气体的流程，或缓，或急；或密，或疏；或分，或合；或相向，或同行，通过分析、对比特定点催化剂采样的筛分组成，判断装置运行是否出现异常，比如硬件损伤、脱焊等需要停工处理，与装置运行状态有效地结合起来，找出其中的规律，从而更有效地指导生产，是生产人员需要掌握的内容。同时，根据装置生产的操作实际，对于旋风分离器因使用年限增长而使得分离效率降低、以及严重泄漏的事故状态，通过对不同采样筛分组成数据进行分析，从而得到一些准确的经验数据的判定范围。

2　细粉产生的原因

催化剂在两器系统内流化、输送、循环过程中，催化剂与带耐磨衬里的设备内壁、旋风分离器内壁、内件（如低压降分布板的耐磨短管、滑阀等）及催化剂颗粒之间发生快速摩擦、碰撞、挤压等，造成催化剂的磨损与破碎；也受外来注入的介质的冲撞、急冷和蒸汽热崩，如进料、汽提蒸汽等，会造成系统细粉的产生，尤其对于催化剂的密相区域，效果更突出。再生器事故蒸汽因意外泄漏、外取热器管束破裂，会使催化剂细粉产生量大幅增加，造成更多的催化剂损失。另一方面，催化剂细粉产生的多少与其本身的磨损指数有关，一般<2.0，太低对内件及衬里的磨损加大，分期分批补入的新鲜催化剂磨损指数有差异，也因此造成细粉量增加。实际生产表明，系统因意外产生的细粉增多时，如外取热器管束破裂等，细粉在系统内不容易"呆住"，在短程内就到达旋风分离器入口，因为旋风分离器对细粉中小颗粒的分离效率比大颗粒要低得多，分析平衡剂的细粉含量（20～40μm）反而减少。催化剂细粉量的增加，是因磨损，还是破碎，从烟气三旋分出的细粉显微观察就可以发现，因磨损形成的细颗粒其表面仍是光滑的，破碎的细粉其表面有棱角。

3　催化剂的自然损耗

3.1　分离效率

旋风分离器的分离效率与结构尺寸设计，如筒体截面积/入口面积、筒体高径比等，入口线速，出口线速（指出口中心管的入口线速）密切相关，也与入口气体的黏度有关。在设备制造上，旋风分离器的分离效率与耐磨衬里表面的"光滑度"有很大关系，因此，如果旋风分离器使用年限长，龟甲网衬里脱落严重，形成斑驳状，使得“光滑度”降低，也会大大降低旋风分离器的效率。一般地，对于脱落的旋风分离器内部衬里进行修复，很难附着住，在高入口线速的作用下，很容易再次脱落，因此，旋风分离器初次制造的衬里施工十分重要。

随着各类旋风分离器的普遍应用，对于旋风分离器的分离效率设计需要具体问题区别对待，比如，原料油中 Ni、V 含量比较高的装置，可以将整体分离效率设计得低一些，以减少卸剂量，因为定期的、大量的卸剂会将一些重金属中毒轻的平衡剂一同卸出，造成极大的浪费，颗粒越细，其重金属污染浓度越高；对于气体量(m^3/s)大的如重油制乙烯催化热裂解(CPP)装置(以下简称“CPP”)，两器系统内的旋风分离器分离效率应设计得高一些，以减少自然损耗，即使在此情况下仍需卸剂，以满足控制反应系统催化剂活性的需要；或者对于不必通过卸剂来控制系统催化剂活性的装置(如 MTO)，催化剂价格昂贵，仍需要追求高的旋风分离器的分离效率，最终的，与系统产生的固有细粉量达到一种“平衡”，使得旋风分离器入口浓度增加，达到产生多少排出多少。因此，不同的工艺要求和目的，对旋风分离器的设计效率要求是不同的。

一般地，单级旋风分离器的分离效率为~99.8%，两级旋风分离器的分离效率为 99.99%以上。判别再生器两级旋风分离器分离效率有两个硬性指标：

1）再生平衡剂中 20~40μm 细粉不低于~15w%。

2）烟气三旋分下来的细粉中>40μm 细粉为 0，且<20μm 的颗粒占~90w%。

再生烟气经过一、二级旋风分离器分离后，烟气进入第三级旋风分离器，其入口浓度一般为 248~550mg/m^3［注：m^3@20℃、101.325kPa］，筛分组成如表 1 所示。

表 1

项目	烟气三旋入口细粉筛分组成/w%
0~5μm	42.0
5~10μm	12.0
10~20μm	33.0
20~40μm	13.0
>40μm	0.0

第三级旋风分离器分离效率一般为 60%~80%，与其入口浓度有关：如果再生器一、二级旋风分离器的分离效果差，三旋入口浓度增高时，三旋分离效率也高，反之，三旋分离效率就低，需综合起来分析。经第三级旋风分离器分下来的细粉筛分组成如表 2 所示。

表 2

项目	烟气三旋分下来的细粉筛分组成/w%
0~5μm	18.46
5~15μm	55.24
15~20μm	15.5
20~40μm	10.8
>40μm	0.0

第三级旋风分离器分下来的 0~5μm 的超细粉大于 10w%，表明烟气三旋的分离效率是正常的。三旋出口烟气中基本上全是<10μm 的超细粉，其浓度可降至 50~150mg/m^3［注：m^3@20℃、101.325kPa］，烟气三旋出口烟气中超细粉的筛分组成如表 3 所示。

表 3

项目	烟气三旋出口烟气中超细粉筛分组成/w%
0~2μm	73.0
2~5μm	21.0
5~10μm	5.8
>10μm	0.2

3.2 料腿的料封

旋风分离器是一个系统，除了与主体结构尺寸有关外，对于料腿的料封也不容忽视。对于置于稀相的翼阀，是依靠翼阀自身进行料封，与翼阀芯管拐角、阀板倾角(与严格竖直方向夹角)、阀板厚度(重量)紧密相关，在制造精度上确保阀板与阀口需严丝合缝，尤其是置于稀相的二级翼阀，需做透光检查。另外，由于存在制造误差，在制造厂对每台翼阀进行冷态试验时，首先通过调整确保阀板倾角与设计值一致，此时，整个翼阀阀体，或者翼阀焊口中心线不严格竖直也没有关系，要求装在一起的多组旋风分离器翼阀开启重量应相差不大，现场通过与料腿焊接安装时找正，要求阀板倾角与设计值严格一致。对于处于密相床层内的翼阀，在床层料位控制范围内，均能确保埋在床层内(即任何时刻，床层料位均在翼阀焊缝线标高以上)，对翼阀本身的要求可以降低，这种情况下，一般地采用全覆盖式翼阀，以减少床层气流对阀板的影响，料腿也加长一些。

3.3 入口催化剂浓度

近年来设计的大催化裂化装置一般均设置了旋风分离器入口密度表，此值应减去气体的密度（如：催化反应油气为2.6~3.6kg/m³，催化烟气为1.07~1.36kg/m³，m³均是T、P状态下的），得到入口催化剂浓度，此表示值一般不准，与设置测量点的位置及仪表反吹限流孔板孔径大小有关，但在生产过程中观察其相对变化的趋势，借以判断旋风分离器入口<40μm细粉浓度的变化。

对于稀相是自由沉降的反应器、再生器，其顶部旋分入口浓度由稀相线速及沉降高度决定，另外，料腿流出的细粉能尽量不与主气流接触为好，单程流走。对于有预分离的设施，如反应提升管出口的粗旋、快分或VQS，再生器稀相管出口的快分或粗旋等，经过预分离后，顶部稀相旋风分离器入口浓度会降低。两器内单级或两级旋风分离器入口催化剂浓度与系统内产生的细粉量、稀相线速、沉降高度（自由沉降时）、细粉流程等有关，是催化裂化两器系统催化剂损失量最直接的因素。

3.4 气体体积流量

对于反应器，相同的重油进料，其产品方案不同（以多产液体产品为主，还是多产丙烯等液化气为主）、工艺条件（反应温度、反应压力、注蒸汽量、回炼量）等不同，稀相油气的体积流量差别很大；对于再生器，稀相烟气的体积流量与再生型式（是完全再生，还是不完全再生）、工艺条件（再生温度、再生压力）有关，而同以单位进料量来计量催化剂的自然损耗（kg/t进料），其结果是有区别的，详述如下：

一般地，对于催化裂化反应器、再生器，其稀相气体的体积流量的对比如表4所示。

表4

序号	项　目	单　位	反应器	再生器（完全再生）	再生器（不完全再生）	备注
1	气体质量流量	kg/h	1（基准）	1.153	0.899	
2	气体分子量		62.4	29.35	29.35	
3	温度	℃	505	690	690	
4	压力	MPa(g)	0.23	0.25	0.25	
5	稀相体积流量	m³/s	1（基准）	2.86	2.23	

从上表可以看出，再生器烟气负荷（m³/s）是反应器油气的2.23~2.86倍，所以控制全装置的催化剂自然损耗重点应放在再生器部分，如再生器均采用两级旋风分离器。

对于CPP工艺，反应部分：温度高、压力低、气体产率高、回炼量大、注入蒸汽量大；再生部分：温度高、压力低、耗风量大（生焦率高，采用完全再生），其稀相气体的体积流量的对比如表5所示。

表5

序号	项目	单位	反应器	再生器（完全再生）	备注
1	气体质量流量	kg/h	1（基准）	1.414	
2	气体分子量		33.93	29.5	
3	温度	℃	613	730	
4	压力	MPa(g)	0.133	0.173	当地大气压为86.76kPa
5	稀相体积流量	m³/s	1（基准）	1.558	

对于CPP工艺，反应器油气负荷也相当大，再生烟气负荷是其1.558倍。

对于催化裂化与CPP横向比较，见表6，从表中可以看出，如果规模相同，则CPP装置的气体总流量是催化裂化装置的2.80倍，所以，从这个意义上说，假设反应器、再生器顶旋入口催化剂浓度相同、旋风分离器分离效率相同，不考虑油浆回炼、细粉回注因素，CPP装置催化剂自然损耗量(即离开反应器、再生器的催化剂绝对量，kg/h)应是催化裂化装置的2.80倍，这是由其工艺本质决定的。如果催化裂化装置自然损耗为0.35kg/t进料，在相同的两器旋风分离器分离效率情况下，则CPP装置的自然损耗应为0.98kg/t进料。按照相同的原则等效，也可以得出MTO装置的自然损耗了，因此，如果要进一步降低自然损耗(kg/t进料)，对于产气量大的CPP工艺、MTO工艺，需要设计更高分离效率的两器旋风分离器。

表6

序号	项目	公称观模	反应器稀相体积流量	再生器(完全再生)稀相体积流量	备注
1	催化裂化	1(基准)	1(基准)	2.86(基准)	
2	CPP	0.75	3.17	4.93	

对于运行中的旋风分离器，气体体积流量的增加，一方面会增加入口线速，提高分离效率，另一方面，在设计线速确定的情况下，会加大稀相气体的夹带，使稀相及旋风分离器入口催化剂浓度增加，此二者是矛盾的，但对分离效果来说，后者起主要作用。一般的，不管生产操作如何变化，如处理量、生产方案、工艺流量的调整等，均通过压力、温度的调整，保证旋风分离器入口线速是一定的，或者在一定的范围内波动，从而实现不产生大的自然跑损。

4 再生平衡剂

平衡剂采样一般是从呈密相的斜管采出，其本身含有<20μm细粉量少，大部分在两器的稀相气体空间“漂着”，从平衡剂筛分组成中20~40μm筛分一般不少于~15w%，如表7所示，表明稀相的旋风分离器效率是正常的，而且两器系统的内件没有硬性损坏等，如果长期低于此值，甚至低于10w%以下，系统内细粉减少，催化剂自然跑损量增大，不利于流化，两器床层料位波动大，剂-气接触效果(气体停留时间、床层空速)变差，不利于有效的反应转化。对于两器气体负荷(m^3/s)大的如CPP装置，平衡剂中0~20μm的细粉为0，也是正常的。

表7

项目	平衡催化剂筛分组成/w%
0~20μm	1.81
20~40μm	18.61
40~80μm	50.32
80~110μm	18.38
>110μm	10.88

5 催化剂细粉回收与利用

当两器系统催化剂自然损耗增大到一定值时，通过通常的卸剂、补新剂的手段控制反应系统催化剂活性将无法实现，因为通过不断的补入新剂来维持系统藏量时，反应系统催化剂活性居高不下，相应的，多产生干气或液体产品减少。同时，因系统内细粉含量减少，流化不稳定，斜管输送密度波动大，滑阀压差波动大。在装置开工初期，新剂比例高时，因旋风分离器分离效率低，细粉损失量大，这种状态十分明显。

为此，烟气三旋的分离效率高，在再生器一、二旋分离效果下降时，或者对于气体量大的工艺，其固有的损耗量大的情况下，通过烟气三旋将中细的颗粒几乎全部“捕获”，将三旋回收下来的“中细粉”(<40μm)回注，系统活性可以就通过卸剂、补新剂进行调整和控制了，也能加强系统流化稳定等。目前的设计中，三旋、四旋回收下来的细粉大多没有回注的流程，车间生产也缺乏这方面的操作意识。如果将细粉储罐增加一个非净化风充压线，使储罐也能完成压送功能，对现有流程稍加改造，在细粉储(压送)罐底部增加一条线扣至再生器大型加料线上，间歇地定期压送至再生器循环使用，成为正常生产流程的一部分，以维持系统的细粉，不失为一个好办法。

对于催化裂化装置定期卸出的平衡剂，其筛分组成是全粒径的分布，其中含有更高比例的可利用筛分，对于越细的颗粒，Ni、V等重金属污染越严重，因此，可以通过设置催化剂分级回收系统，将<10μ超细粉分出，>10μm(或更大粒径，可调)颗粒的细粉回到系统再利用，可以大大减少装置的催化剂单耗。

6 结论

（1）根据平衡剂、烟气三旋分离下来的细粉粒度分析与装置的操作状态联系起来：平衡剂中 20~40μm 含量不低于~15w%，烟气三旋分离下来的细粉中没有>40μm 的颗粒，且<20μm 的颗粒占~90w%，说明再生器旋风分离器分离效率合理，两器系统操作正常，也没有内件损坏；烟气三旋分离下来的细粉中 0~5μm 的细粉大于 10w%，表明烟气三旋的分离效率正常。

（2）当以单位进料量作为装置催化剂的单耗时，由于单位进料形成的反应气、再生烟气负荷（m^3/s）相差悬殊，其催化剂单耗值（kg/t 进料）横向没有可比性，应具体工艺具体分析。

（3）无论如何，烟气三旋的分离效率应充分保证，在压差允许的条件下，尽可能地提高效率。

（4）对于现有大装置，增设烟气三旋回收剂直接回注措施，能有效控制系统催化剂活性及使流化稳定；增设催化剂分级回收系统，进一步处理卸出的平衡剂、烟气三旋回收剂，使处理后有用的催化剂再次利用，能整体降低催化剂单耗和生产成本、废剂处理成本。

绿色环保的新型 PPR 管材专用料 RCT-4401 开发

马　进[1,2]　郭宝华[1,2]　雷军庆[1,2]　闫　莉[1,2]

(1. 中国石油独山子石化公司；2. 新疆橡塑材料实验室)

摘　要　本文利用 GPC、DSC、流变、核磁、红外、常规力学物性测试等手段表征 PPR 和 PP-RCT 树脂的结构和性能，在分子结构，结晶形态，力学综合性能等方面给予分析，探讨在 Innovene 工艺研发 PP-RCT 管材专用料的生产工艺、添加剂等关键因素。

关键词　PPR；PP-RCT；结晶；分子量分布；流变评测

1　前言

无规共聚聚丙烯(PP-R)管材高温抗蠕变性能好，其管材主要应用于 70℃左右的热水供应。北欧化工推出一种结晶改善的无规共聚聚丙烯(PP-RCT)，PP-RCT 树脂制造的管材有良好的刚韧平衡及更长的耐蠕变时间(长期静液压试验曲线无拐点)，提升了普通 PPR 管的韧性，克服了运输施工过程因粗暴装卸导致易损之通病，同等 PPR 管材压力等级的 PP-RCT 管可将管材壁厚减薄 20%，对于管材制造厂家这种特性赋予该料“绿色环保”的低碳概念，使其大受欢迎。该树脂专用料差示扫描量热仪的测试曲线，显示有两个熔融峰。北欧化工第一家在市场上推出 PP-RCT 专用树脂，国内市场的销售牌号为 RA7050。PP-RCT 树脂近 5 年在欧洲、南北美洲使用量快速增长。与 PP-R 树脂相比，PP-RCT 在 70℃使用延长至 50 年，长期强度提高 50%，管材管壁可以做薄，采用高的挤压速度，最终材料用量减少，效益提高；制造更大内径的管道，管道体积容量增大，使低水压大量供水问题得以解决，充分体现了其“绿色环保”的低碳概念卖点。2018 年发布了国家标准《冷热水用聚丙烯管道系统　第 1 部分：总则》(GB/T 18742.1—2017)，于 2018 年 10 月 1 日起执行。国内燕山石化前几年曾经试产过该类树脂，从发展趋势看，国内煤化工、民营大石化 PP-R 专用料的大量上市，将大幅拉低 PPR 原有利润，PP-RCT 专用树脂因其自身的特性将成为下一代聚丙烯管材的卖点。独山子石化公司化工新区 55 万吨 Innovene 气相聚丙烯装置采用新型催化剂，规模化生产的聚丙烯 PPR 管材产品 T4400、T4401 已在市场取得了认可，生产 PP-RCT 或进行前期技术储备势在必行。

2　工艺与生产讨论

2.1　工艺介绍

独山子石化公司 55 万吨聚丙烯装置采用 Innovene 气相聚丙烯装置技术，234 线采用两个气相反应器串联的方式操作，均聚聚合反应在第一气相反应器中进行，抗冲共聚在第二气相反应器中进行，可生产均聚、无规共聚、抗冲共聚三类产品；235 线采用单个气相反应器，均聚和无规共聚均在同一反应器内进行，可生产均聚和无规共聚两类产品。

2.2　PP-RCT 管材树脂生产关键技术概述

无规共聚聚丙烯管材产品中的低分子量部分保障产品的加工性能，高分子量部分保障产品的冲击、耐环境应力、耐蠕变等使用性能。但分子量过小的低聚物在输送过程中会黏附于管壁，极易造成管道堵塞现象，不利于长周期稳定生产；过高的分子量导致熔体不易加工，并伴随有明显的口模膨胀。在生产 PP-RCT 管材专用料的过程中，催化剂确定后，需要通过调整聚合工艺参数来调整产品的分子量分布，保证产品高分子量与低分子量组分含量的平衡性，从而保证生产平稳运行以及使产品具有优异的加工性能与物理机械性能。

PP-RCT、PPR 管材发生破裂的三种形式如图 1 所示。在第一直线段破裂时，断口呈韧性破裂，断口处有拉伸变形；处于第二直线段破裂时断口呈脆性断裂，断口处光滑。而转折点即称为韧性-脆性转折点。合理的分子结构将减缓材料的韧性破坏，优异的抗氧体系也将推迟材料的转折点的出现，PP-RCT 管材转折点要求出现在 8760h 以后。保证使用寿命大于 50 年的关键：分子结构和所采用的抗氧体系。

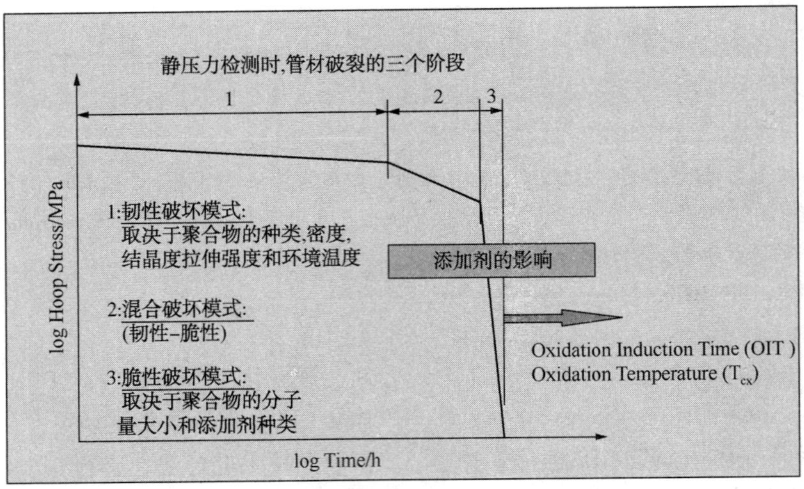

图 1　静液压检测管材破裂三阶段示意图

GB/T 18742.1-2017 明确指出 PP-RCT 为结晶改善的无规共聚聚丙烯，从聚合工艺和添加剂两方面对 PP-RCT 管材用专用树脂进行微观结构设计是关键，管材在内压作用下长时间的蠕变产生形变，最终导致材料开裂或断裂。蠕变产生微裂纹，在非晶区、晶区中扩展，裂纹扩展时遭遇晶粒、系带分子阻挡可延缓裂纹。所谓系带分子即一个大分子链由于其十分长，可以进入若干个晶片中，这样此大分子链就可把几个晶粒晶区、非晶区联系在一起。树脂的平均分子量愈大，系带分子就愈多。PP-RCT 管材用树脂的微观结构应具备以下几点：

（1）树脂分子量足够大，系带分子多，阻止裂纹扩展的能力就越强，管材的韧性高，树脂分子量分布足够宽，适应挤出成型。

（2）PP-RCT 管材要求较高的刚性和韧性，稳定的 β 结晶状态，使用乙烯或其他 α-烯烃共聚，确保刚韧平衡性。耐热性、抗蠕变性也有较高要求，优选的抗氧体系可以保证材料长期的稳定性。

2.3　乙烯含量及分散对 PP-RCT 的影响

对于无规共聚聚丙烯而言，影响材料冲击强度的因素主要包括 PP 中的单乙烯组分（E%）含量和乙丙胶相（PE%）含量。一般而言，在丙烯链段整体聚合度不变的情况下，控制第一反应器乙烯单体接枝于大分子丙烯链段越多，对产品的冲击性能提升越明显。对于乙烯与丙烯单体共存的第一反应器而言，催化剂加入量的增加会引起乙烯单体发生自聚反应，造成可接枝于大分子丙烯链段的单乙烯组分含量减少，乙丙胶相含量相对较低。第二反应器中残余的催化剂活性不足以完成大分子丙烯链段的聚合，从而生成大量的含有接枝乙烯的小分子短链乙丙胶相结构，造成总乙烯含量的升高，属假乙烯含量，无法提升树脂的冲击性能。

乙烯含量影响基料的拉伸屈服应力、简支梁冲击强度、热变形温度等，生产过程中对某段时间生产期间的乙烯含量做了连续跟踪。

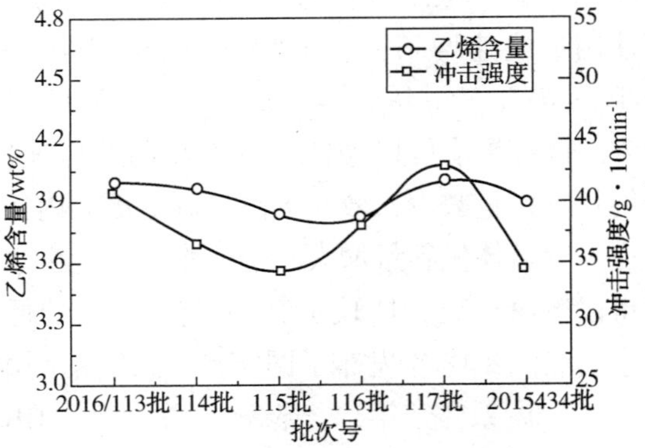

图 2　乙烯含量对 T4401 冲击强度的影响

如图 2 所示，同一工艺条件下，使用同一种添加剂的 T4401 随着乙烯含量的增加，其简支梁冲击强度也随之上升。乙烯含量过低使产品更易结晶，T4401 刚性高，韧性差，抗低温性能也差；乙烯含量过高则生成乙烯嵌段过多，并有生成乙烯晶区的趋势，导致 T4401 的刚性差，韧性好。聚丙烯分子链中引入乙烯链段，PP 分子链的规整性降低，结晶度下降，使产品的简支梁冲击强度提高所以在生产 T4401 时，建议乙烯含量控制在 3wt%～5wt%范围内。乙烯含量过高导致基料刚性下降，反应器结块，挤出机下料阀卡停。

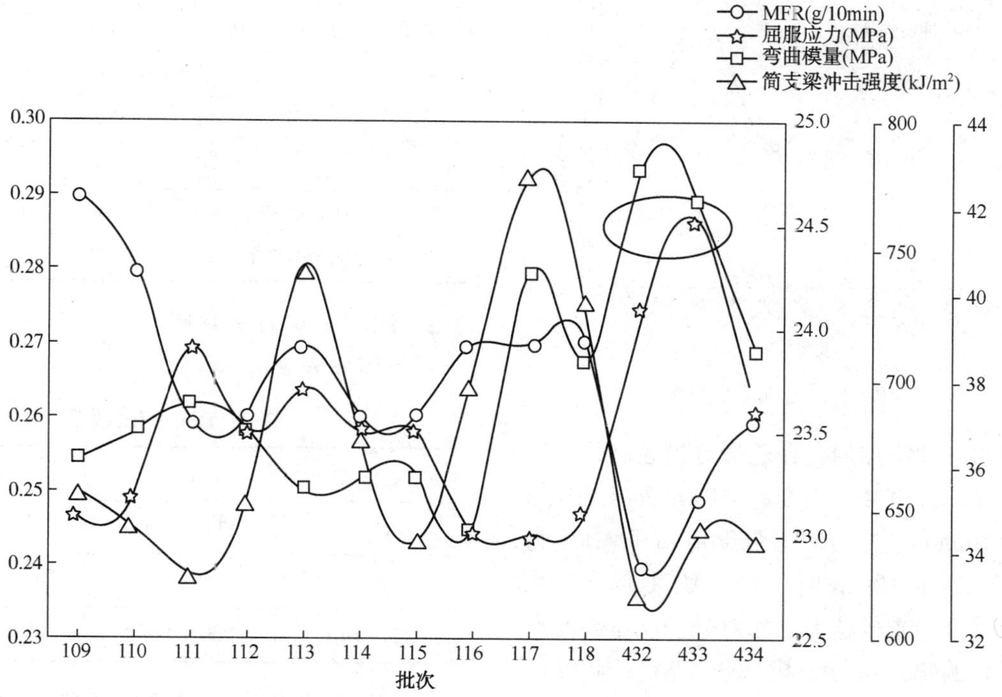

图 3　多因素关联图

无规共聚聚丙烯是主链上无规则地分布着丙烯及其他共聚单体嵌段的共聚物。采用选定催化剂后在聚丙烯链上无规引入乙烯，改变了聚丙烯分子链中甲基有序列排列状态，分子链的柔性增加，使其抗冲击性能增加。树脂生产中既要控制好乙烯含量，也要控制好乙烯嵌入丙烯链中的排列结构。根据聚合工艺条件考察 T4401 冲击强度随乙烯分布改变而随之改变的情况。T4401 由独山子乙烯新区气相双反应器生产，用核磁 NMR 对聚合物序列结构进行了表征。

表 1　T4401 批次对比

测试项目		432 批 T4401	433 批 T4401	434 批 T4401
$MFR/g \cdot 10min^{-1}$		0.26	0.25	0.23
冲击强度/$kJ \cdot m^{-2}$		34.3	32.4	29.4
序列分布/%	PPP	86.5	84.71	90.12
	PPE	7.7	3.03	0.46
	EPE	0.5	7.39	2.87
	PEP	5.6	3.69	3.30
	EEP	1.1	1.18	3.24

续表

测试项目	432 批 T4401	433 批 T4401	434 批 T4401
总乙烯含量/mol%	5.3	6.44	5.69
总乙烯含量/wt%	3.6	4.39	3.87

决定 PP 抗冲击性能的主要是聚丙烯链的结构．三单元结构中含 E 结点量的多少代表链段无规度的大小。PEP、EEP、PPE、EPE 这种无规则分布对 PP-RCT 基础树脂的刚韧平衡起决定作用。无规共聚物的刚性、耐热性及熔点随着 E 含量的增加而降低，抗冲击性能则随之提高。如表 1 所示，三单元序列中 EEP、PPE 和 PEP 较少，未测出 EEE，含 E 节点的链段对树脂的韧性起作用，但 PP-RCT 对刚性要求较高，不规则排列的含双 E、双 P 的三单元链段在 PP 晶区非晶区充当系带角色，起到刚韧平衡作用，因此选择 433 批 T4401 做 RCT 为基础树脂(图 3)。

2.4　熔融指数(氢气)对 PP-RCT 的影响

MFR 可表征聚丙烯相对分子质量的大小。

氢气作为分子量调节剂，在聚合生产期间加入方式方法是反应器控制的关键参数。以 2015 年和 2016 年生产的多批次 T4401 的 MFR 考察，MFR 对简支梁冲击强度的影响，如图 4 所示。

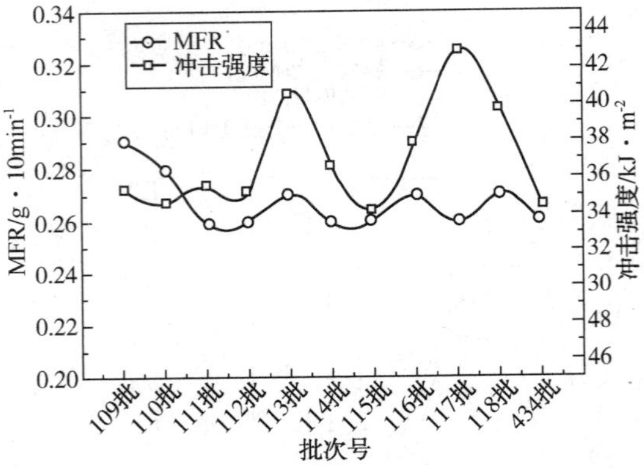

图 4　MFR 对冲击强度的影响

使用同一种添加剂，在乙烯含量控制目标值相同的情况下，由冲击强度趋势图 4 看出，MFR 在 0.26g/10min 左右的冲击强度值高于 MFR 为（0.28～0.30）g/10min 时的值。MFR 越小，聚丙烯的相对分子质量越大，相对分子质量高的产品具有较好的物理特性，机械强度高、刚性好，有利于管材挤出成型。此外，相对分子质量越大，表明分子链越长，产生于晶片间的链接分子越多，可提高管材树脂的耐环境应力开裂性能。但 MFR 过低，对挤压机切刀磨损严重；MFR 过高，降低冲击强度值，所以 T4401 的 MFR 控制在(0.24～0.28)g/10min 间最佳。

建议乙烯控制在 3%～5%范围，乙烯嵌入丙烯链段的序列结构也影响冲击强度、拉伸性能、弯曲模量、热变形温度。

3　结果分析

试验原料：

RCT-4401：试产的 PP-RCT，选取装置生产 T4401 时某阶段的粉料，使用自研添加剂包，造粒挤出得到。

1#：进口 PP-RCT 专用料 RA7050。

T4401：独山子石化公司生产。

3.1　常规力学性能

如表 2 所示，RA7050(1#)和 RCT-4401 的常温、低温简支梁冲击强度较高，且模量不低于 T4401，RCT-4401 耐冲击、刚性及其他综合性能较好。

表 2　常规力学测试结果

测试项目		1#	T4401	RCT-4401
MFR，2.16kg，g/10min		0.24	0.25	0.23
MFR，10.0kg，g/10min		4.5	4.7	4.8
熔流比，10.0kg/2.16kg		18.8	18.8	18.5
拉伸屈服应力，1A，MPa		24.4	23.1	24.2
断裂标称应变，1A，%		410	460	510
简支梁冲击强度/(kJ/m²)	23℃	74	41	86
	-20℃	2.7	1.8	3.6
弯曲模量/MPa		748	714	787
热变形温度/℃		67	66	75

3.2　DSC 测试结果对比

具体如表 3 所示。

表 3　DSC 测试数据

项　　目	熔点/℃	结晶度/%
1#	133.8/145.9	48.4
T4401	145.9	43.8
RCT-4401	135.5/149.7	49.6

DSC 曲线显示 RCT-T4401 具有明显的双峰特征(图 5)。1#、RCT-T4401 的双熔融峰说明二者的结晶类型较普通 T4401 明显改变，结晶度提高，这种差异影响到材料的力学性能，拉伸屈服应力、弯曲模量、热变形温度和冲击性能等；1#、RCT-4401 符合 PP-RCT 料两个熔融峰关键特征。

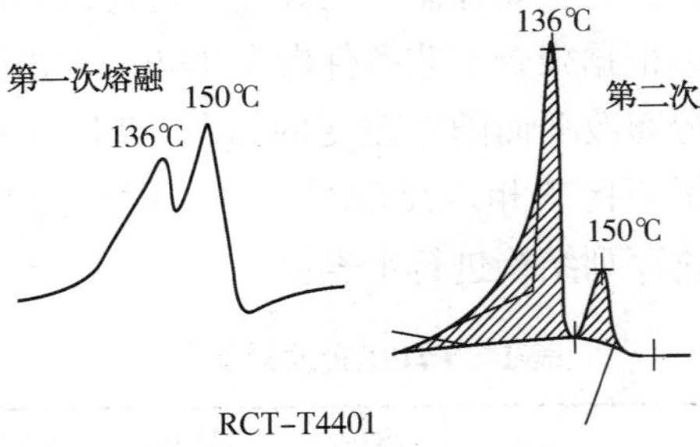

图 5　RCT-4401 DSC 曲线

3.3　核磁测试数据分析

表 4　PPR 管材树脂核磁共振数据

项目名称		1#	T4401	RCT4401
单体含量 mol,%	P	94.2	94.9	94.9
	E	5.8	5.1	5.1

续表

项目名称		1#	T4401	RCT4401
共聚物的序列结构分布	PP	89.5	90.7	90.7
	PE	9.5	8.4	8.4
	EE	1.0	1.0	1.0
	PPP	85.0	86.7	86.9
	PPE	8.6	7.6	7.5
	EPE	0.6	0.6	0.7
	PEP	4.2	3.7	3.4
	EEP	1.1	1.2	1.1
	EEE	0.4	0.5	0.4
PPP 部分结构	mmmm	77.1	79.4	80.1
	mm	87.5	88.2	89.2
	mr	10.1	9.2	8.9
	rr	2.4	2.6	2.4

如表 4 所示，T4401 的“-E-”组分含量最高，1# 的“-E-”组分含量较高，与其“-PE-”组分含量一致，高于 T4401 和 RCT-4401。“-PE-”组分含量越高，对树脂的冲击强度贡献较大，但从力学性能测试结果来看，并未与核磁测试结果相吻合，表明“-PE-”胶相含量并不是影响树脂冲击强度的唯一因素，冲击性能还与树脂的分子量大小有密切关系。

一般而言，PPP 部分的序列规整度，即 mmmm，mm 值越高，mr，rr 值越低，说明 PP 分子链的规整性越好，分子链越易结晶，材料的刚性也就越好。由表测试数据的分析比较可以看出，RCT-4401 和 T4401 的 mmmm，mm 值相对较高，其刚性最好，这与力学性能测试结论相一致。

对于 PP-RCT 专用料，首先要选用合适的催化剂，在 T4401 基础上对两个反应器聚合工艺进行调整，挑选分子链规整性越好，易结晶，刚性高的基料生产；第二步通过改变添加剂配比调整其结晶类型和方式，完善系带结构；第三步在管材挤出生产时做恰当处理。这样完全可以达到大幅提高管材环刚度、冲击性能、耐压时间和等级的目的。

3.4 管样压力测试

根据管材测试标准 GB/T 18742.1—2017《冷热水用聚丙烯管道系统 第 2 部分：管材》中测试要求，对制品进行了静液压试验，结果如表 5 所示。

表 5　管材静液压试验结果

样品	生产商	20℃，1h，17MPa	95℃，22h，4.5MPa
1#	进口	40-120h 破	无破裂、无渗漏>550h 破
RCT-4401	独山子石化	60-220h 破	无破裂、无渗漏>800h 破

从表 5 可以看出，RCT-4401 静液压性能已达到或超过 1#进口料。

4 结论

（1）选择合适的催化剂，恰当调节双反应器工艺，使用新型添加剂包在装置工业化生产 PP-RCT 专用料完全可行，配合正确的后处理工艺挤出管材，产品可满足 GB/T 18742-2017《冷热水用聚丙烯管道系统 第 1、2 部分》要求。

（2）PP-RCT 的基础树脂选择很关键：聚合阶段调整三单元序列，含双 E、双 P 的三单元链段含量、添加剂、管材的后处理，都会影响到 PPR 树脂结晶的二次结构。

（3）开发生产的“结晶改善的无规共聚聚丙烯专用料”RCT-4401，挤出的管材具有良好的刚韧平衡及较长的耐蠕变时间，差示扫描量热仪测试有两个明显的熔融峰，符合标准 GB/T 18742.1-2017 要求。

参考文献

[1] 杨爱武，柏基业等．给水用 PPR 管材专用料的研制[J]．现代塑料加工应用，2002，14(3)：5.
[2] 李笑喃，刘鹏波．聚丙烯熔体拉伸流变行为的研究[J]．塑料工业．2007，35(3)：46-46.
[3] 李志峰，莫明，冯凯，胡斌．无规共聚聚丙烯管材树脂结构及性能分析[J]．现代塑料加工应用，2014，26(4)：38-41.
[4] 金日光，华幼卿．高分子物理[M]．北京：化学工业出版社，2008.
[5] 马进，林震宙，冯宏伟．独山子 INEOS 工艺聚丙烯装置 234 线过渡料的研究[J]．上海塑料，2012，159（3）：41-45.
[6] GB/T 18742.1—2017《冷热水用聚丙烯管道系统 第 1、2 部分》.

三种铬系催化剂在高密度聚乙烯装置上的应用

曾少敏　解利军　甄　悦　赵士河　李　涛

（中国石油独山子石化公司）

摘　要　本文研究了一种国产催化剂和两种进口催化剂在高密度聚乙烯装置上的应用。结果表明，三种催化剂都能生产出满足公司质量标准的 HD5502XA 产品；国产催化剂具有较高的催化剂收率和较低的反应温度，生产的聚乙烯粉料平均粒径最高达到 620μm；进口 EP 催化剂粒径分布最集中；使用进口 SYOL 催化剂时挤压机功率最低，生产成本最优廉。

关键词　催化剂，铬，聚乙烯，成本

中国石油独山子石化公司高密度聚乙烯装置采用 BP-Solvay 公司的 Innovene S 双环管低压淤浆工艺，既可以生产宽分子量分布的单峰产品，也可以生产双峰产品。装置于 2009 年建成投料，相继开发了注塑专用料 T60-800、小中空专用料 HD5502XA 和 HD5503GA、管材专用料 TUB121N3000、燃气管材专用料 TUB121N3000B 等多种牌号，受到市场广泛欢迎。

HD5502XA 产品是公司 2011 年开发的小中空专用树脂，年产量约 15~20 万吨，具有良好的加工性能，制品色泽明亮、性能稳定，受到客户的认可。为了实现催化剂国产化和进一步提高产品性能，本文对 1 种国产催化剂（NTR）和 2 种进口催化剂（EP、SYLO）的收率、工艺参数、产品性能、加工成本进行了比较和讨论。

1　反应器概况和技术特点

独山子石化公司高密度聚乙烯装置采以异丁烷作为聚合反应稀释剂，以采用铬系和钛系催化剂，其中钛系催化剂可用于生产单峰产品也可用于双峰产品。与生产单峰产品相比，双峰产品生产时需要投用一重要设备—中间处理单元（R3），双峰产品生产过程如图 1 所示。所有原料和催化剂首先在第一反应器（R1）内初步聚合；第一反应的淤浆经过中间处理单元后进入第二反应器（R2）继续反应。反应在淤浆环管反应器系统中进行，反应器中聚合物颗粒悬浮在异丁烷溶剂中增长，聚合物淤浆通过排料阀排出，经旋流离心分离后，聚合物粉料同异丁烷溶剂、未反应的共聚单体分离，分离后的异丁烷通过一个简单的溶剂回收系统重新回到反应器，聚合物粉料由氮气输送到挤出造粒系统同添加剂混合后进行挤出造粒，颗粒进行均化后经风送到包装单元。

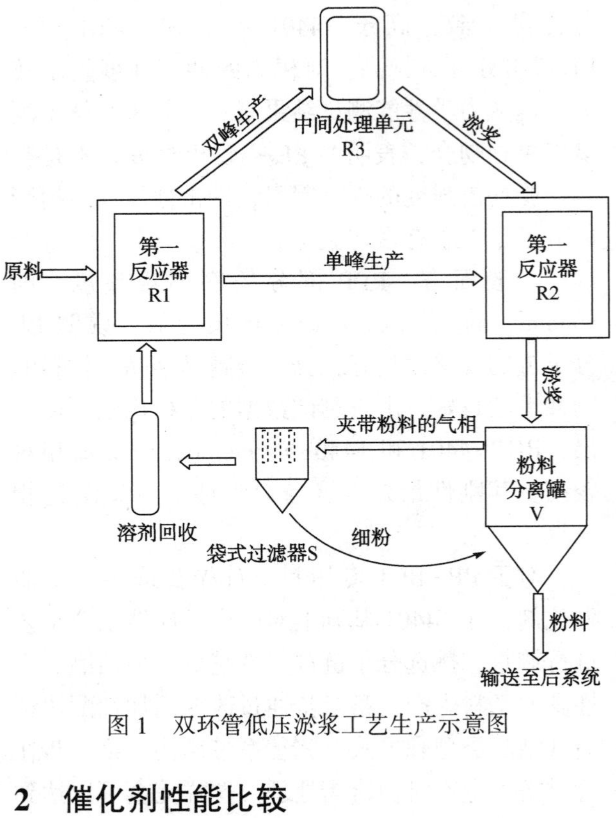

图 1　双环管低压淤浆工艺生产示意图

2　催化剂性能比较

国产催化剂（NTR）和进口催化剂（EP、SYLO）均为无机铬系催化剂，制备过程如下：将多孔的 SiO_2 浸渍于铬氧化物或无机铬盐的溶液中，然后通入空气或氧气高温活化干燥，最后通入干燥的惰性气体（氮气）保存。三种催化剂的各项性能和活化时的参数如表 1 所示。

表 1　催化剂性能和活化参数对比表

序号	项目	单位	NTR	EP	SYLO
1	铬含量	wt%	0.95~1.15	0.95~1.15	0.85~1.15
2	比表面积	m^2/g	320~380	270~350	280~355
3	孔容	cm^3/g	1.65~1.85	≥1.6	1.50~1.65
4	平均粒径(D50)	um	100~110	100~115	104~111
5	总挥发性成分含量(500℃)	wt%	≤8	≤5	<10
6	氧化钠	ppm	≤800	≤750	<800
7	活化温度	℃	760±20	760±20	780±20

从表 1 种可以看出，三种催化剂的各种物理性能相当，但国产 NTR 催化剂的比表面积要高于两种进口催化剂，活化温度偏低；SYLO 催化剂的孔容低于 NTR 和 EP 催化剂，对催化剂活性和产品性能有一定影响。

3　三种催化剂生产 HD5502XA 对比分析

3.1　反应参数对比

高密度聚乙烯装置在不同的时间对三种催化剂分别进行了试用，均能生产出满足公司质量标准的产品，但三种催化剂在收率、工艺参数方面存在一定的差异，具体数据如表 2 所示。

从表 2 种可以看出，在相同的乙烯浓度下，三种催化剂对己烯的响应能力相当，但进口催化剂需要在较高的反应温度下才能生产出合格产品，因聚合物存在溶解的风险，若需要提高产品熔融指数时，两种催化剂的温度操作空间较低；国产 NTR 催化剂的活性和反应工况要优于进口催化剂，反应温度较进口催化剂低 1℃，产品熔融指数提升空间较大，且其收率要高于进口催化剂 EP 和 SYLO。这种现象与表 1 中催化剂的性能表现一致，NTR 催化剂有较高的比表面积和孔容。

表 2　反应器运行参数对比表

关键运行参数	单位	EP 典型值	SYLO 典型值	NTR 典型值
R3001 温度	℃	102.0~102.8	102.0~102.8	100~101
R3001 乙烯浓度	mol%	4.5~7	4.5~7	5~7
R3001 己烯/乙烯流量比	(kg/tPE)	5~5.5	5~5.5	5~5.5
R3002 温度	℃	101~102	102.0~102.8	100.5~101.5
R3002 乙烯浓度	mol%	4~5	4~5	4~6
R3002 己烯/乙烯流量比	kg/tPE	4.5~6	4.5~6	4.5~6
催化剂收率	kgPE/gCat	3000	2900	3200

3.2　设备运行状况对比

在试用 3 种催化剂期时，反应器保持相同的固相浓度，轴流泵功率无明显差别。因 NTR 催化剂有较高的比表面积和孔容，生产的 HD5502XA 粉料粒径大，旋流分离器的提浓效果较好，维持相同的固相时，需要加入的异丁烷量较低。但该催化剂生产的 HD5502XA 粉料熔指偏低，导致挤压机功率较高，平均在 8400KW，比 SYLO 和 EP 催化剂生产期间高 370KW。

4　产品性能比较

4.1　粉料性能对比

催化剂颗粒的形态结构和活化处理强烈地影响催化剂的活性和控制聚合物的结构，如相对分子量、相对分子量分布和支链的支化。每一催化剂颗粒产生的聚合物颗粒大于期本身许多倍，因此聚合物颗粒的形状和粒径分布会反映出催化剂相应的性质。三种催化剂生产的粉料平均粒径为 620μm（NTR）、590μm（EP）、490μm（SYLO），粉料的粒径分布对比如图 2 所示。

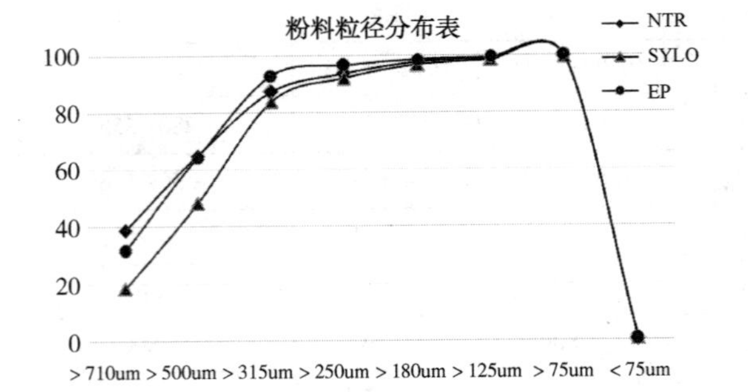

图 2　粉料粒径对比图

从图 2 中可以看出，国产 NTR 催化剂生产的粉料粒径>710mm 的占比最高(38.9%)，细粉含量最低；SYLO 催化剂生产的粉料粒径>710mm 占比最低(18.4%)，细粉最高；EP 催化剂生产的粉料粒径分布最集中，有利于延长袋式过滤器使用时间和保证挤压机平稳运行。这与催化剂的比表面积和活化温度条件保持一致，催化剂颗粒越大，细粉含量越高；活化温度越高，更容易导致催化剂破碎，细粉含量增多。

4.2　流变性能分析

三种催化剂生产的粉料进过挤压造粒后，均满足公司出厂产品质量标准要求，熔融指数、密度、弯曲模量、拉伸性能等各项指标性能相当，无明显区别。三种催化剂生产的 HD5502XA 粒料产品在 170℃下，使用 20mm/2mm 口模进行高压毛细流变测试，测试对比结果如图 3 所示。

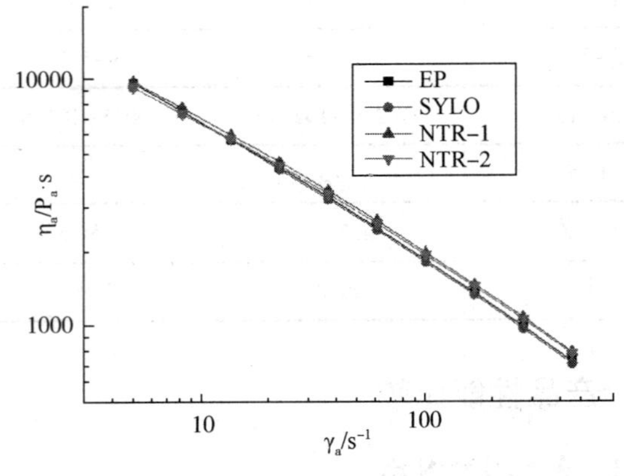

图 3　170℃下 HD5502XA 产品流变分析

从图 3 可以看出，采用 NTR 催化剂生产的 HD5502XA 产品表观剪切黏度略高于 EP 及 SYLO 催化剂生产的 HD5502XA 产品。这主要与聚乙烯分子结构和分子量分布有关。

4.3　制品性能测试

三种催化剂生产的 HD5502XA 产品在雅琪 A0-70SN 型吹塑机上进行 4L 提手壶的吹塑加工试验，加工中型坯成型稳定，吹塑良好，壶口挺度较高，切割平整，无扁口、缺口及塌陷，壶合缝处结合紧密；跌落和码垛试验达到 GB/T 13508—2011《聚乙烯吹塑容器》的要求。三种催化剂结构不同，生产的产品在分子结构和分子量分布上存在一定的区别，三种产品的制品克重存在少许差别，NTR 和 EP 生产的 HD5502XA 产品制品克重约为 317g，比 SYLO 制品略高 10g。

5　成本分析

通过对原料、能耗和三剂等三个方面对不同催化剂生产的 HD5502XA 产品成本进行对比，对比结果如表 3 所示。

表 3　三种催化剂生产成本对比表

序号	成本组成	单位	NTR	EP	SYLO
1	原材料消耗	元/吨	3711	3711	3711
2	能源消耗	元/吨	118	117	115
3	三剂消耗	元/吨	136	140	122
4	总成本	元/吨	3965	3968	3948

从上表可以看出，SYLO 催化剂生产 HD5502XA 产品时的总体成本最低为 3948 元/吨，EP 和 SYLO 催化剂的生产成本相当；因 NTR 催化剂生产的 HD5502XA 粉料粒径较大，熔融指数较低，导致挤压机功率上涨，能源消耗成本增加。

6　结论

（1）三种催化剂均能在高密度聚乙烯装置上成功生产 HD5502XA 产品，NTR 催化剂的反应温度较两种进口催化剂低 1℃，收率达到 3200kgPE/gCat。

（2）NTR 催化剂生产的 HD5502XA 粉料平均粒径达到 620μm，熔指较其他两种催化剂偏低，导致挤压功率上涨 370KW；EP 催化剂生产的粉料粒径分布最集中，有利于延长袋式过滤器使用时间和保证挤压机平稳运行。

（3）三种催化剂生产的 HD5502XA 产品加工成 4L 壶后，制品性能相当，满足国家标准要求

（4）SYLO 催化剂生产 HD5502XA 产品时的总体成本最低为 3948 元/吨，EP 和 SYLO 催化剂的生产成本相当。

参 考 文 献

[1] 苏春明．乙烯聚合铬系催化剂研究进展．橡塑技术与装备，2013，39(8)：10-16.
[2] 王敏，任红，张廷山，严婕．负载型铬系催化剂的研究进展，江苏化工，2020，28(5)：16-20.

稀土催化体系终止技术的研究

宋玉萍[1,2] 詹续芹[1,2] 杜洋[1] 杨 亮[1,2] 闫 蓉[1,2]

(1. 中国石油独山子石化公司；2. 新疆橡塑材料实验室)

摘 要 本文研究了以羧酸钕均相催化剂体系合成高顺式窄分布的聚丁二烯橡胶的终止技术，研究了不同终止剂及加量对聚合物胶液门尼黏度随停放时间的延长的变化，研究了不同抗氧剂及加量对聚合物样品的耐热氧老化的性能。研究发现，终止剂羧酸单独加入时，其加量达到0.8%时，具有较好的终止效果；抗氧剂T501和L均具有较好的终止效果；通过抗氧化性能研究，当胶液中加入0.2%终止剂羧酸及0.4%的抗氧剂L时，样品具有较好的耐热氧老化及耐黄变的性能，老化96h后，门尼黏度基本不变，黄色指数基本不变。

关键词 稀土催化剂；终止剂；抗氧剂；终止效果；抗氧化性能

稀土系催化剂合成的顺丁橡胶具有高顺式-1,4丁二烯含量、分子量分布窄和门尼黏度可调的特点，把它用作胎面胶和胎侧胶可以明显提高轮胎的整体性能，符合绿色轮胎的发展方向。我国在世界上最早进行了稀土催化剂的聚合研究和稀土橡胶的工业开发，为稀土资源的利用和合成橡胶新品种开发做出了重要贡献。已有很多文献报道了合成顺丁橡胶用稀土催化剂的开发进展。近年来，随着研发的深入和分子设计能力的提高，发现稀土催化剂也可以制备Mw/Mn低于3.00的“窄”相对分子质量分布的聚丁二烯，甚至低于2.00接近于1.00的“超窄”相对分子质量分布的聚丁二烯。同时，与传统的钛、钴、镍催化剂相比，稀土催化剂聚合丁二烯反应具有如下特点：(1)单体转化率高，甚至可以达到100%；(2)不易发生交联反应，生成凝胶；(3)温度对聚合产物的结构和性能影响不大，最高聚合温度可达到120℃，可以实现完全的绝热聚合。此外，稀土催化剂聚合丁二烯产物的相对分子质量可随单体转化率的增加而增大，具有“活性”聚合的特点。因此，在稀土顺丁橡胶聚合结束时，需要对聚合反应进行终止，否则随着胶液停放时间的延长，聚合物分子量上涨，同时聚合物门尼黏度会增加。因此，本文研究均相催化剂合成的窄分布稀土顺丁橡胶的终止技术及抗氧化性能，分析了终止机理，筛选较佳的终止剂和抗氧剂配方。

1 实验部分

1.1 实验原材料

丁二烯、正已烷：由独山子石化公司顺丁橡胶装置提供。羧酸钕复合催化剂，浓度为0.04mol/L，实验室合成。终止剂羧酸，醇，抗氧剂T501，某公司抗氧剂L市售工业级。

1.2 实验方法

稀土顺丁橡胶的合成及终止：15升聚合釜经高纯氮气置换若干次，除去微量水、氧。在密闭条件下加入溶剂油5000g，并且加入丁二烯1000 g，开启搅拌，水浴温度达到40℃左右时，加入新癸酸钕复合催化剂，聚合2.5h后，将聚合釜内胶液转入终止釜，在釜内密闭加入终止剂和抗氧剂，搅拌后停放。在规定的时间内取样，进行水析凝聚，并干胶，干胶后样品进行门尼黏度等测试。

1.3 老化试验

将合成的聚合物样品在开炼机上压成片，将其裁剪成能做40×40mm的方块，放入100℃的热风老化箱内老化，进行老化前后样品的门尼黏度及黄色指数测试。

2 结果与讨论

2.1 终止剂的筛选

稀土钕催化剂具有准活性，也就是说活性中心在没有终止的情况下始终具有活性，因此，在聚合结束时需要进行终止，若不终止，随着停放时间的延长，门尼黏度呈上升趋势。因此需要终止，以避免胶液在停放过程中门尼黏度上涨。

其终止机理是终止剂与长链链端的催化剂反应，生成醇钕、羧酸钕、氢氧化钕和长链烷烃，即醇类、羧酸和水的氢与长链烷基结合，端基钕与醇、羧酸和水中氢氧根结合。终止的反应速率非常快，一个终止剂在胶液中与催化剂的终止反应速率主要取决于终止剂在胶液中的扩散速率，因为小分子醇类分子小、极性强在胶液中扩散速度很快，因此具有较好的终止效果；脂肪酸分子较大，在胶液中的扩散速度较慢，因此其终止效果不如小分子醇，在使用时需要提高其用量，来提高终止效果。水因为其与胶液是完全不相容的两相因此，较难分散。在实验室进行了以羧酸为终止剂研究。

2.2 终止剂羧酸加量对聚合物门尼黏度的影响

2.2.1 不同加量羧酸与抗氧剂复配对聚合物门尼黏度的影响

首先研究了终止剂加量对聚合胶液停放一定时间后聚合物门尼黏度的影响研究，在实验室将一定量的终止剂羧酸和1%的抗氧剂T501一起溶解于溶剂油中，并密闭加入终止釜，进行搅拌，搅拌15min后取样进行门尼黏度的测试，在终止釜停放一定时间后再取样进行门尼黏度测试比较，考察终止剂的加量对聚合催化剂体系的终止效果，实验结果见表1。

从表中可以看出，当抗氧剂加量始终保持不变，加入1%的抗氧剂时，随着终止剂加量的增加，聚合物胶液停放18h后，聚合物门尼黏度基本保持不变，说明终止剂加量的变化，不影响门尼黏度，可能是因为抗氧剂T501起到终止剂的作用。抗氧剂T501的化学名称是2，6-二叔丁基对甲苯酚，苯酚基团也是一个很好的终止剂基团，因此，当终止剂与抗氧剂一起加入胶液时，抗氧剂也起到了终止的作用，因此，终止剂加量的变化对停放后胶液的门尼黏度影响不大。

表1 终止剂加量对终止效果的影响

样品编号	20190118	20190125	20190122	20190123
终止剂加量	0%	0.2%	0.4%	0.8%
聚合物初始门尼	50	46	53	48
停放18h门尼	49	45	51	48

2.3 羧酸加量对聚合物门尼黏度的影响

从上述研究中可以看出，当抗氧剂与终止剂同时加入胶液时，随着终止剂加量的增加，门尼黏度不随停放时间的延长而变化，说明抗氧剂在其中起到一定的终止作用。因此，将终止剂与抗氧剂分别加入胶液中，考察终止剂加量对聚合催化剂体系的终止效果。实验中，聚合反应结束后，将胶液转移至终止釜，密闭加入一定量的终止剂搅拌均匀，停放一定时间后取样加入抗氧剂进行门尼黏度的分析测试。实验结果见表2。

由表2可见，当胶液不加终止剂在聚合釜内停放18h后门尼上升较多，门尼上涨20个单位。随着终止剂加量的增加，门尼黏度随着胶液停放18h后，聚合物门尼黏度变化值缩小，当终止剂加量达到0.8%时，聚合物胶液停放18h后门尼黏度基本不变。

表2 终止剂加量对稀土催化剂体系终止效果的影响

样品编号	20181227	20181221	20181222	20181227
终止剂	羧酸	羧酸	羧酸	羧酸
终止剂加量	0	0.4%	0.8%	1%
聚合物初始门尼	51.3	48.2	70.4	64.4
停放18h门尼	71.5	58.6	68.7	65.3

2.3 抗氧剂加量对终止效果的影响

2.3.1 不同抗氧剂加量对终止效果的影响

在实验室考察了抗氧剂T501对稀土催化剂体系终止效果的考察，在前述实验中已经看出，抗氧剂T501具有一定的终止效果，因此在实验室考察了其不同加量对终止效果的影响。为与工业化装置胶液停放条件相似，将加入抗氧剂的胶液在50℃条件下停放40h后进行门尼测试，实验结果见表3。从表中数据能够看出，抗氧剂加量从0.5%变化至1.0%时，聚合物胶液停放40h后，门尼黏度基本保持不变，说明抗氧剂T501具有较好的终止效果。同时，某公司的抗氧剂L也具有较好的终止效果。

表3 抗氧剂加量对胶液终止效果的影响

样品编号	0302	0304	0218	0311
终止剂加量	0	0	0	0
抗氧剂加量/%	0.5	0.75	1.0	0.4(L)
聚合物初始门尼	30.2	31.7	33.0	47.1
停放40h门尼	30.3	32.7	32.2	48.7

2.3.2 不同抗氧剂加量与终止剂复配对终止效

果的影响

虽然抗氧剂具有一定的终止效果，在终止过程中消耗一定量的抗氧剂，可能会影响胶料的抗氧化性能，因此，在胶液中加入一定量的终止剂后，再加入不同加量的抗氧剂，考察其终止效果，胶液同样在50℃下停放40h后，进行门尼黏度的考察。结果见表4。从表中数据能够看出，在加入0.2%的羧酸、醇类作为终止剂，再加入不同量的抗氧剂T501后，均表现出较好的终止效果，胶液在50℃下停放40h后，门尼黏度基本保持不变，加入0.4%的抗氧剂L具有同样的效果。

表4　不同抗氧剂加量对终止效果的影响

样品编号	0226	0228	0222	0224	0313
终止剂加量/%	0.2	0.2	0.2	0.2(醇)	0.2
抗氧剂加量/%	0.5	0.75	1.0	1.0	0.4(L)
聚合物初始门尼	41.8	40.5	52.2	39	52.4
停放40h门尼	40.5	40.3	51.6	38.7	53.9

2.4　不同抗氧剂加量样品的抗氧化性能评价

2.4.1　不同抗氧剂加量样品的抗氧化性能评价

对直接加入不同加量抗氧剂的样品进行抗氧化性能测试，将样品压成片，放入100℃老化箱内老化，分别在24、48、72、96h取出进行门尼黏度及黄色指数测试，测试结果见表5，门尼黏度及黄色指数的变化趋势见图1。从表中数据及图可看出，在不加终止剂的情况下，在100℃下老化，加入不同量的抗氧剂T501样品的门尼黏度和黄色指数变化趋势相当，随着老化时间的延长，门尼黏度及黄色指数变化均较大，而加入抗氧剂L的样品，经过96h的老化其门尼黏度变化不明显，但其黄色指数在前48h，变化较明显，在48h后，变化不明显。

表5　未加终止剂、不同抗氧剂加量对氧化性能的影响

项目		0302	0304	0218	0311
终止剂加量/%		0	0	0	0
抗氧剂加量/%		0.5	0.75	1.0	0.4(L)
老化后门尼	0h	30.3	32.7	32.2	48.7
	24h	32.7	34.5	35.2	49.4
	48h	33.9	35.2	36.6	49.5
	72h	38.1	40.0	41.6	49.2
	96h	51.2	51.7	50.8	49.5
黄色指数	0h	10.31	19.19	12.5	12.0
	24h	29.13	35.74	28.4	28.69
	48h	33.72	40.36	38.05	43.71
	72h	44.5	46.83	44.19	43.41
	96h	55.29	57.46	56.83	42.19

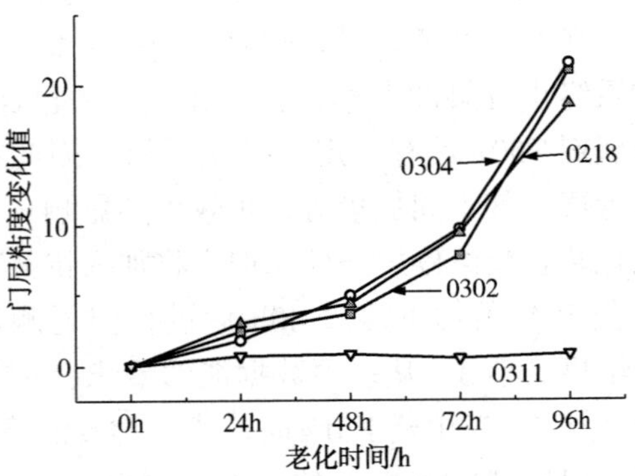

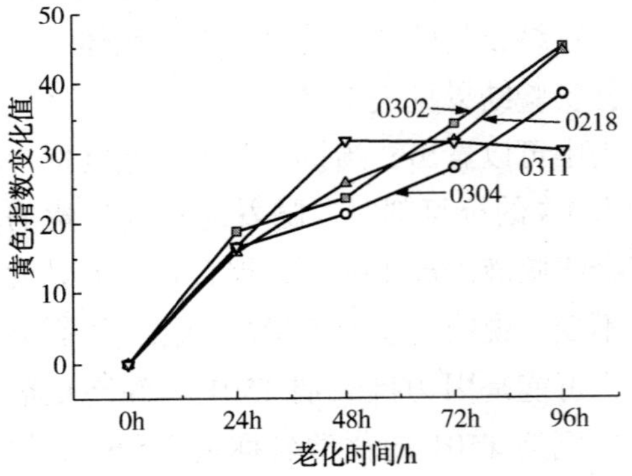

图1　未加终止剂、门尼黏度及黄色指数随老化时间的变化趋势

2.4.2　对加入一定终止剂后，不同加量抗氧剂的老化性能评价

对加入0.2%终止剂，再加入不同加量抗氧剂的样品进行抗氧化性能评价，测试结果见表6，变化趋势见图2。从表中数据及图的变化趋势能够看出，加入0.2%终止剂羧酸后，加入抗氧剂T501的样品门尼黏度随着老化时间的延长而增加，并且抗氧剂加量小，其门尼黏度变化更大；BR9000在老化48h之前，与醇作为终止剂时相当，门尼黏度随着老化时间延长基本不变，老化96h后，BR9000较加醇为终止剂时门尼变化较大，与加入终止剂羧酸和抗氧剂T501的样品相当；加入抗氧剂L时，样品老化96h时，门尼黏度基本不变。加入0.2%终止剂羧酸，随着老化时间的延长，样品的黄色指数随着抗氧剂T501加量的增加而增加，这是因为抗氧剂T501在热氧作用下更易形成醌，从而颜色变黄；当终止剂是醇，抗氧剂是T501时，其黄色指数变化

较终止剂是羧酸变化稍小，但黄色指数变化较BR9000都大；加入终止剂羧酸和抗氧剂L时，黄色指数随着老化时间的延长变化较小，优于BR9000；当仅加入抗氧剂L时，在老化前48h，与加入抗氧剂T501样品的黄色指数变化相当，在老化48h之后，黄色指数基本不变。

表6　终止剂加量一定、不同抗氧剂加量对氧化性能的影响

项目		0226	0228	0222	0224	0311	0313	BR9000
抗氧剂T501加量		0.5	0.75	1	1	0.4 L	0.4 L	/
终止剂脂肪酸加量		0.2	0.2	0.2	0.2(醇)	0	0.2	/
老化后门尼	0h	40.5	40.3	51.6	38.7	48.7	53.9	45
	24h	43.2	42.7	54.2	40.0	49.4	55.7	45.1
	48h	47.0	45.2	58.5	40.9	49.5	55.9	44.1
	72h	62.1	53.6	65.4	51.9	49.2	55.7	53.5
	96h	69.7	66.7	63.4	56.7	49.5	56	71.2
黄色指数	0h	23.35	9.95	8.97	11.73	12.0	10.51	13.34
	24h	33.55	19.44	23.46	25.0	28.69	12.32	10.09
	48h	31.24	28.23	35.95	38.06	43.71	15.66	12.69
	72h	55.23	42.7	51.55	39.56	43.41	17.26	26.14
	96h	61.73	52.62	61.27	46.14	42.19	19.5	32.06

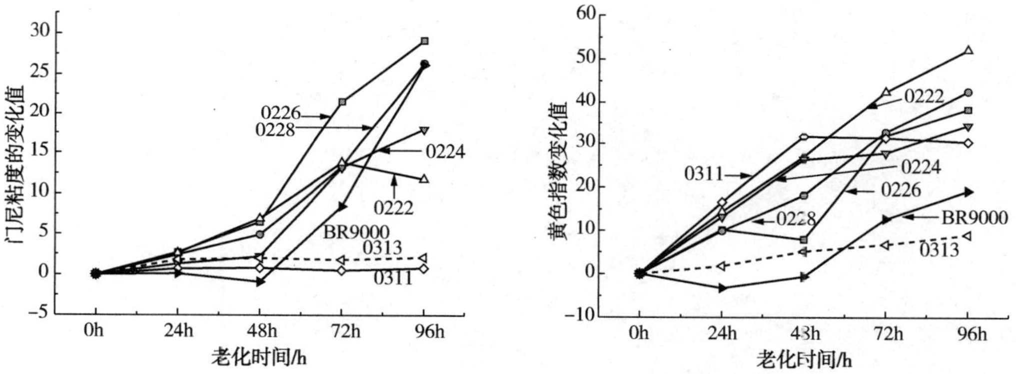

图2　加终止剂、门尼黏度和黄色指数随着老化时间的变化趋势

3　结论

（1）对于 $Nd(Vers)_3$ ^稀土^催化体系，是准活性催化剂体系，合成的窄分布稀土顺丁橡胶在不加入终止剂时，胶液随着停放时间的延长呈增加的趋势。

（2）当使用终止剂羧酸作为终止剂单独加入窄分布稀土顺丁橡胶的胶液体系中时，胶液的门尼黏度随着脂肪酸加量的增加，胶液门尼黏度变化变小，当加量达到0.8%以上时，具有较好的终止效果；当终止剂羧酸与抗氧剂T501同时加入胶液时，随着脂肪酸加量的降低，胶液门尼黏度基本不变，抗氧剂T501具有较好的终止效果。

（3）当胶液中不加终止剂，随着抗氧剂T501从0.5%变化到1%时，均具有较好的终止效果；加入0.4%的L也同样具有较好的终止效果。

（4）通过抗氧化性能评价，仅加入抗氧剂T501时，门尼黏度和黄色指数随着老化时间的延长呈增加的趋势；仅加入0.4%抗氧剂L时，老化96h，门尼黏度基本不变，具有较好的抗氧化性能，在老化前48h时，黄色指数变化较大，48h后，黄色指数几乎不变，其耐热氧老化性能及耐黄变性能优于T501。

（5）加入0.2%终止剂羧酸及抗氧剂T501和L时均具有较好的终止效果；通过抗氧化性能评价结果来看，抗氧剂L的耐热氧老化性能及耐黄变性能均优于抗氧剂T501，优于工业化产品BR9000。

参 考 文 献

[1] 宋玉萍，华伦松，雷娟等．国产工业化稀土顺丁橡胶的基本性能[J]．合成橡胶工业，2012，35(5)：339-342.

[2] 林曙光，张志强，胡雁鸣等．新型钕系 BR 的性能研究[J]．橡胶工业，2005，52(10)：605-607.

[3] 刘泳涛，董为民，石路顺等．稀土顺丁橡胶的性能和评价[J]．合成橡胶工业，2008，31(5)：325-331.

[4] Wilson D J. Recent advances in the neodymium catalysed polymerization of 1，3-dienes [J]. Macromol Chem，Macromol Symp，1993，66：273-288.

[5] 杨继华，欧阳均．稀土催化双烯聚合研究的近期进展[J]．化学通报，1994(5)：1-7.

[6] FriebeL，NuykenO，ObrechtW. Neodymium-based Ziegler-Natta catalysts and their application in diene polymerization [J]. Adv Polym Sci，2006，204 (11)：1-154.

[7] 赵世全，董为民，石路颖等．合成顺丁橡胶用稀土催化剂的开发进展[J]．合成橡胶工业．2008，31(2)：81-86.

循环氢压缩机排气压力升高的原因分析与处理

池宝英

（中国石油化工股份有限公司天津分公司）

摘　要　简要介绍了1#柴油/航煤加氢装置和在用循环氢压缩机的主要概况，针对装置循环氢压缩机在运行过程中排气压力不断升高的问题，对几个可能的因素进行了分析排查，最终确定了引起压缩机排气压力升高的主要原因，并采取相应措施进行解决处理。

关键词　循环氢压缩机；排气压力；升高；原因分析；解决处理

1　概况

天津石化公司炼油部1#柴油加氢装置设计加工量为40万吨/年，以催化柴油为原料，生产合格柴油，由于装置建设比较早，设备老旧。该装置循环氢压缩机型号为2D20-8/74-94，结构为二列单级双作用对称平衡型往复式压缩机，由沈阳压缩机厂生产，1992年12月投入使用，主要作用是对高低分系统过来的循环氢进行提压，以保证反应系统有较高的氢分压。循环氢压缩机为连续运行设备，一用一备。压缩机运行主要参数见表1。

表1　压缩机运行主要技术参数

项　目	设计参数	项　目	设计参数
介质	循环氢	温度	67℃
进气压力	7.3MPa	容积流量	8.4m³/min
排气压力	9.3MPa	转速	371r/min

2017年4月，装置进行改造，优化工艺流程，以常减压航煤为主要原料进行加氢精制，生产高品质的军用航煤，加工量保持不变，同时装置更名为1#柴油/航煤加氢装置。由于生产工艺变化，反应系统采取降压操作，循环氢压缩机的结构也有所改动，运行工况也发生变化，进气压力设计为2.0MPa，排气压力设计为2.4MPa。

2　循环氢压缩机排气压力高的现象

自2017年6月装置改造完成开工以来，循环氢压缩机运行稳定，但曾出现气阀倒气、填料泄漏等问题。自2019年春节前后开始，两台循环氢压缩机开始频繁出现问题，主要现象就是出口压力由原来的2.4Mpa逐渐上升至3.0MPa，排气温度由65℃上升至80℃以上，循氢量从5500m³/h降至4500m³/h，最低时降至4200m³/h，严重影响生产稳定。为了维持生产需要，两台机组频繁切换，并在切换后对备机的气阀和入口过滤器进行清洗检查，切换至备机后运行周期最长能够达到两个月，下半年运行周期逐渐缩短，最短时仅为一周。

3　原因分析

3.1　系统氢气的影响

1#柴油/航煤加氢装置改造之后停用了原有的新氢压缩机，为了保证反应系统达到所需的氢油比，仍需要补充新氢，于是将新氢直接接入循环氢压缩机入口过滤器前，因此系统管网氢气的压力变化也是造成循环氢压缩机排气压力高的原因之一。

3.2　压缩机出口堵塞对排气压力的影响

除了入口压力对排气压力的影响外，还有压缩机出口后路不畅也会对排气压力高产生较大影响。经查询，反应系统压力并未有较大波动，基本处于稳定值，查阅资料并对现场设备及流程检查后总结出可能引起循环氢压缩机排气压力高的原因为：

3.2.1　压缩机排气缓冲罐堵塞

压缩机在运行过程中曾出现气阀倒气现象，检修发现介质较脏，在清洗入口过滤器时，发现除了有较多杂质外，还有少量液体，再加上填料、刮油环和支承环的运动磨损，很多杂质会随着压缩气体进入排气缓冲罐，由于机组排气压力大幅降低，可能造成排气缓冲罐出口堵塞。

3.1.2　压缩机出口单向阀堵塞

压缩机出口单向阀是2008年大修时更新的，

规格为 DN100 PN100，型号为 154F3D，由贺尔碧格制造，单向阀结构类似压缩机气阀，当介质较脏时，就会出现内漏或堵塞现象。该单向阀在 2017 年装置改造时拆卸检查未发现问题，改造开工后循氢介质较脏，可能造成单向阀不能正常工作。

3.1.3　压缩机出口阀无法全部打开

压缩机出口单向阀后设有两台长杆闸阀，三台阀两两法兰连接在一起，在压缩机运行状态，必须保证出口阀处于全部打开状态，如果阀门开度不够，就会产生出口堵塞的效果，随着压缩机运行，排气压力会逐渐升高。

3.1.4　压缩机出口管路堵塞

两台压缩机出口阀后并联在一根管路上进入反应系统注氢点，管径为 *DN*100×150，并联点以后有一块孔板，有压力和流量显示，如果管路堵塞，会造成压力升高，流量下降。

4　排查处理

4.1　稳定循氢机入口压力

经过对前期系统管网氢气压力数据的查询发现，管网氢气压力的变化确实对循环氢压缩机排气压力产生了影响，但是新氢进装置后设置了控制阀，可以对进入系统的新氢量进行控制，也就是循环氢压缩机入口压力是可控的。即使是系统管网压力高的情况下，调节新氢量以保证压缩机入口压力恒定，压缩机出口压力也未有较大的改观。

4.2　压缩机出口管线和管件排查

（1）如图 1 所示，关闭压缩机出入口阀门，在压缩机入口向机体内引入氮气，机体内充压，观察取压点 2 仪表显示升压速度快，压力正常，打开压缩机出口去 BD 系统(火炬系统)阀门，压力迅速下降，结合机组运行过程中排气压力上升的速度，基本可以排除压缩机出口缓冲罐堵塞或不畅。

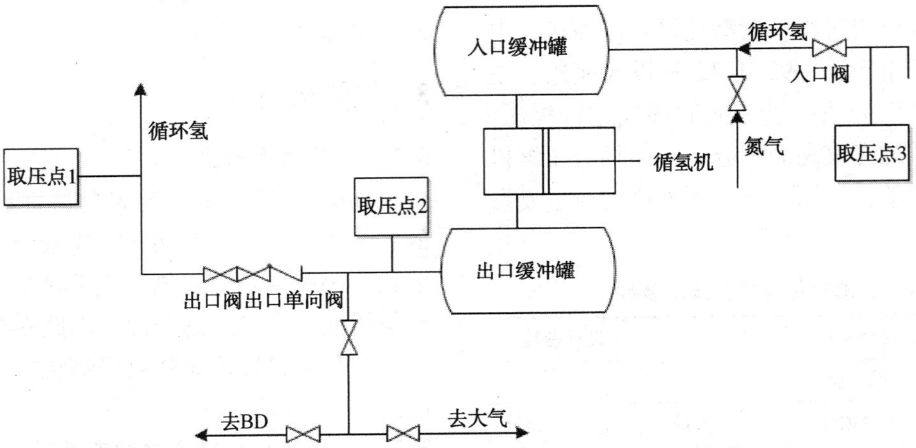

图 1　循环氢压缩机出入口管线示意图

（2）将压缩机入口阀关闭，出口阀打开，通过盘站压力显示可以看出排气压力升高，说明出口单向阀不严，打开压缩机出口去 BD 系统阀门，观察机组出口流量显示有所下降，说明压缩机出口阀正常过量，结合机组运行过程中排气压力上升的速度，也可以排除出口阀未全开的可能。

（3）在压缩机正常运转过程中，采集各取压点的数值为：取压点 1 为 2.44MPa，取压点 2 为 3.0MPa，取压点 3 为 1.9MPa。通过对比管路上取压点数值，可判断出后部管路压力正常，堵塞点主要集中在出口管线取压点的上游位置。

（4）在单向阀厂家指导下，将备机单向阀本体螺栓松开并撬开少量间隙，发现阀内存在较多黑色积液，结合压缩机出口单向阀的结构特性和排查出口阀时的现象，可以确认有杂质附着在单向阀阀片表面，使阀片不能完全闭合，造成单向阀内漏。而有杂质造成单向阀不能完全打开或堵塞流道，进而造成压缩机排气压力升高。

通过对比压缩机在运行过程中的压力和流量变化以及停机后的各项排查现象进行分析，基本可以确认压缩机出口单向阀通流不畅是造成压缩机排气压力升高的主要原因，但由于压缩机出口三阀组安装的限制，无法进行拆卸检修。针对这种情况，车间制定了两个方案，一是通过变更将三阀组中间的闸阀换为短节，二通过设计在压缩机出口阀前加短节，这样可将单向阀拆下进行检修处理。前者由于不符合设计标准而被否定，后者还在走程序。

参 考 文 献

[1] 张强．加氢裂化往复压缩机出口压力高的原因分析及改进措施[J]．压缩机技术，2015，(6)：57-61.
[2] 王福利．压缩机组[M]．北京：中国石化出版社，2019：116-117.

直馏柴油缓和加氢裂化多产乙烯裂解原料的技术研究

张铁珍　孙发民　王甫村　李海岩　谢方明

（中国石油石油化工研究院大庆化工研究中心）

摘　要　通过优化催化剂载体材料的组成，采用高介孔含量的无定形硅铝、氧化铝为主要载体，芳烃开环选择性性能优异的改性 Beta 分子筛为酸性组分，开发出一种适用于直馏柴油选择性加氢开环裂化低成本生产优质乙烯裂解原料的加氢裂化催化剂，该催化剂具有较高的多环芳烃开环裂化选择性，而烷烃保留到柴油馏分中，能够实现中低压条件下多产低 BMCI 值的乙烯裂解原料的目的，为炼化转型提供有力的技术支持。

关键词　直馏柴油，缓和加氢裂化，催化剂，乙烯裂解原料，催化剂，工艺研究

1　简介

乙烯是石化工业中重要的化工原料之一。目前我国是仅次于美国的世界第二大乙烯生产国，2020 年乙烯产能 3491 万吨，年增幅 20.9%，丙烯产能 4399 万吨，年增幅 20.6%，预计未来几年仍将维持 6~8%的年增长率，但消费量仍有较大缺口。随着市场需求与产能长期稳定增长，炼化需拓宽乙烯裂解原料来源，多路线增产乙烯原料。

随着油品需求下降，目前我国柴油消费基本达到顶峰，柴油消费量将会逐年降低。2020 年，柴油表观消费总量为 14048 万吨，同比下跌 3.7%，预计到 2025 年，消费柴汽比将降至 0.75。因此，降低柴汽比、减油增化已成为发展趋势。直馏柴油是炼厂体量最大的柴油组分，约占柴油池组成的 50wt%左右，随着炼厂生产结构调整、转型升级需求紧迫，直馏柴油合理、高效加工利用问题已成为炼厂关注的焦点之一。

为增加乙烯原料供给，加速企业转型升级步伐，提高市场竞争力，中国石油某石化公司计划新建乙烯装置，并同时利用现有柴油加氢精制装置进行改造，实现柴油低成本高效转化为乙烯原料。为了切实提高炼化企业的经济效益，大庆化工研究中心进行了直馏柴油选择性加氢开环裂化低成本生产优质乙烯裂解原料的技术开发。

本研究的重点是通过载体改性技术、活性组分的选择及优化，开发出一种适用于直馏柴油选择性加氢开环裂化低成本生产优质乙烯裂解原料的加氢裂化催化剂，与现有的柴油加氢精制催化剂匹配，在中国石油某石化公司现有柴油加氢精制装置的工艺条件下，进行直馏柴油加氢裂化多产乙烯裂解原料的性能研究，为企业炼化转型提供技术支持。

2　试验部分

2.1　催化剂的制备

将一定量的改性介孔 Beta 分子筛，介孔氧化铝，介孔无定形硅铝，田菁粉，混匀后，滴加浓硝酸（96wt%）、柠檬酸和水的混合溶液，挤条成 1.3mm 圆柱形，100℃ 干燥，540℃ 空气气氛焙烧 4h。再将偏钨酸铵和硝酸镍按一定比例配制成金属共浸液，通过饱和浸渍方式对圆柱形载体条进行一次共浸，浸渍后养生 1h，120℃ 干燥 4h，500℃焙烧 4h，制备成催化剂。按具体要求，破碎或切断为所需的粒径或长度，硫化后即可进行加氢反应。

2.2　载体及催化剂的物化性质分析

对载体及催化剂进行了比表面积、堆积密度、组成及强度等物化性质分析，分析结果如表 1 所示。

表 1　载体及催化剂的物化性质

项目		数据
载体性质	比表面积/(m^2/g)	426
	堆积密度/(g/mL)	0.48
	强度/(N/cm)	205

续表

项目		数据
催化剂性质	氧化镍+氧化钨/wt%	28.2
	堆积密度/(g/mL)	0.87
	强度/(N/cm)	176

通过优化催化剂载体材料的组成，采用高介孔含量的无定形硅铝、氧化铝为主要载体，芳烃开环选择性性能优异的改性 Beta 分子筛为酸性组分，W-Ni 为活性金属组分，成功制备出一种适用于最大量多产低 BMCI 值的柴油加氢裂化催化剂。在直馏柴油加氢转化过程中，多环芳烃在分子筛中的内扩散性能对催化剂的活性有非常重要的影响，与常规无定形硅铝、氧化铝相比，高介孔含量的无定形硅铝、氧化铝具有更多的介孔结构，有利于提高多环芳烃和环烷烃的扩散速率和开环裂化能力。

2.3 催化剂的性能评价

2.3.1 评价装置

评价工作在大庆化工研究中心的“中国石油加氢催化剂与工艺工程试验基地”进行。评价装置为 200ml 固定床加氢试验装置，其工艺流程示意图如图 1 所示。采用原料、氢气一次通过的工艺流程，对所开发的催化剂进行催化性能评价。

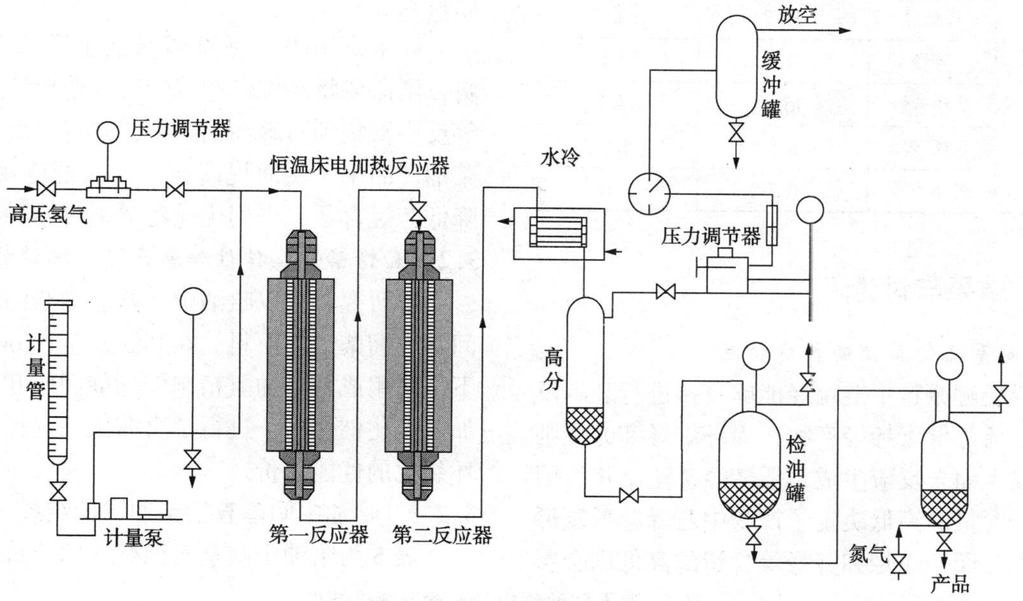

图 1　200mL 固定床加氢评价装置工艺流程示意图

2.3.2 分析方法

试验过程中采用的油品分析项目和分析方法如表 2 所示。

表 2　分析项目及分析方法

分析项目	分析方法
密度	GB/T 1884
原料硫含量	GB/T 17040
原料氮含量	ASTM D4629
产品硫含量	SH/T 0689
产品氮含量	ASTM D4629
馏程	ASTM D86
实沸点	ASTM D2892
BMCI	GB/T 6536
烃类组成	SH/T 0606

2.3.3 评价原料

评价用氢气为某石化公司的工业氢气，其组成如表 3 所示。

表 3　评价月氢气组成分析

组成	H_2/φ%	CH_4/φ%	C_2H_6/φ%	CO/φ%	N_2/φ%	分析方法
含量	96.300	1.909	0.002	0.002	1.787	气相色谱法

试验所用的柴油原料为取自中国石油某石化公司炼油厂的直馏柴油，其性质如表 4 所示。

表 4　某石化公司炼油厂直馏柴油性质

项目	哈油中间基直柴	俄油中间基直柴
密度，(20℃)/(g/cm³)	0.8348	0.8392
硫含量/(μg/g)	5330	2673

续表

项目		哈油中间基直柴	俄油中间基直柴
氮含量/(μg/g)		77	57
馏程/℃	HK	194	171
	10%	229	202
	30%	248	237
	50%	269	273
	70%	296	308
	90%	342	345
	KK	372	367
BMCI 值		29.2	27.1
烃类组成/%	链烷烃	44.5	45.4
	环烷烃	33.7	33.6
	芳烃	21.8	21.0
	单环芳烃	15.0	14.7
	双环芳烃	6.3	5.7
	三环芳烃	0.5	0.6

3　评价结果与讨论

3.1　中间基直馏柴油的性质特点

乙烯裂解原料中链烷烃能够直接进行裂解反应生成乙烯等低碳烯烃产物，而环烷烃和芳烃则更容易发生缩合反应生成重质芳烃甚至结焦，因此链烷烃含量的高低决定了产物中乙烯等低碳烯烃的收率，而环烷烃和芳烃等含量的高低则会影响裂解装置的运转周期。通常情况下，采用相关指数(BMCI)来表征烃类化合物的芳香性，其值越大，芳香性越高，裂解性能越差。

从表 4 可以看出，哈油中间基和俄油中间基直馏柴油具有密度低、氮含量低以及环烷烃和芳烃含量高等特点；从族组成分析数据可以看出，两种中间基直馏柴油的链烷烃含量在 45wt%左右，环烷烃含量在 33wt%以上，芳烃含量在 21wt%以上，多环芳烃含量在 6.0wt%以上；BMCI 值分别为 29.2 和 27.1。相比于优质的乙烯裂解原料，直馏柴油的链烷烃含量较低，芳烃含量较高，BMCI 较高，不宜直接作为乙烯裂解原料。

如果采用中间基直馏柴油生产乙烯裂解原料，则需要将环烷烃和芳烃通过选择性开环裂化等反应富集到石脑油馏分中，并将链烷烃保留到柴油产品中，从而提高柴油产品的链烷烃含量，降低芳烃含量，得到优质乙烯裂解原料。

3.2　直馏柴油选择性加氢开环裂化性能评价

本研究分别以哈油中间基直馏柴油和俄油中间基直馏柴油为原料，在其装置生产方案的工况下，采用成熟的加氢精制催化剂和所开发的柴油加氢裂化催化剂，进行了直馏柴油选择性加氢开环裂化的性能评价。

3.2.1　哈油中间基直馏柴油评价结果

表 5 为哈油中间基直馏柴油的评价结果。

表 5　某石化哈油中间基直柴评价结果

项目	原料(哈油中间基直柴)	产品			
工艺条件					
压力/MPa 氢油比/(V/V) 温度(一反/二反)/℃ 裂化空速/h^{-1}	—	6.7 250 : 1 基准/基准 3.0			
液收/%	—	96.3			
馏分切割温度/℃	—	全馏分	石脑油	煤油	尾油
不同馏分收率/wt%	—	—	28.8	28.5	42.7
密度/(g/cm^3)(20℃)	0.8348	0.7970	0.7198	0.8026	0.8153
硫含量/(μg/g)	5330	6.8	2.4	5.7	9.1
氮含量/(μg/g)	77	<1	<1	<1	<1
馏程/℃					
HK	194	57.3	39.5	163.8	245.5
10%	229	147.2	66.3	182.2	257.8
30%	248	216.5	85.2	193.1	263.6

续表

项目	原料（哈油中间基直柴）	产品			
50%	269	243.4	102.0	202.0	274.0
70%	296	273.0	117.4	209.6	291.9
90%	342	328.9	136.4	218.9	329.2
KK	372	358.8	157.9	227.8	357.8
BMCI 值	29.2	—	16.0	27.5	18.3
质谱组成/wt%					
链烷烃	44.5	—	—	39.6	59.2
环烷烃	33.7	—	—	42.8	31.1
芳烃	21.8	—	—	17.6	9.7
单环芳烃	15.0	—	—	17.1	8.3
双环芳烃	6.3	—	—	0.4	1.3
多环芳烃	0.5	—	—	0.1	0.1
石脑油+尾油收率，wt%	—	71.5			

哈油中间基直馏柴油评价结果表明：在压力6.7MPa、精制/裂化反应温度（基准/基准）℃、氢油比250：1、裂化空速3.0h-1的工艺条件下，乙烯裂解原料（石脑油+尾油）收率可达到71.5wt%，石脑油和尾油的BMCI值分别为16.0和18.3，可以作为乙烯裂解原料。而煤油馏分段BMCI值为27.5，其芳烃含量依然很高，不适合作乙烯裂解原料，可以作为低凝柴油的调和组分。

3.2.2 俄油中间基直馏柴油评价结果

表6为俄油中间基直馏柴油的评价结果。

表6 某石化俄油中间基直柴评价结果

项目	原料（哈油中间基直柴）	产品			
工艺条件					
压力/MPa 氢油比/（V/V） 温度（一反/二反）/℃ 裂化空速/h^{-1}	—	6.4 350∶1 基准/基准-3 /367 1.84			
液收/%	—	98.82			
馏分切割温度/℃	—	全馏分	石脑油	煤油	尾油
不同馏分收率/wt%	—	—	48.73	25.64	24.96
密度/（g/cm^3）（20℃）	0.8392	0.7473	0.7166	0.7880	0.8107
硫含量/（μg/g）	2673	4.3	1.6	3.2	6.7
氮含量/（μg/g）	57		<1	<1	<1
馏程/℃					
HK	171	29.0	33.3	163.2	237.0
10%	202	82.5	63.3	173.6	257.1
30%	237	131.1	81.7	179.7	266.8
50%	273	177.1	99.7	186.9	282.3
70%	308	238.0	116.9	197.0	304.1

续表

项目	原料(哈油中间基直柴)	产品			
90%	345	340.7	137.9	213.5	337.4
KK	367	362.3	154.7	228.3	361.9
BMCI 值	27.1	—	15.0	22.6	15.2
质谱组成/wt%					
链烷烃	54.4	—	—	43.9	64.1
环烷烃	33.6	—	—	39.1	26.1
芳烃	21.0	—	—	17.0	9.8
单环芳烃	14.7	—	—	16.4	8.1
双环芳烃	5.7	—	—	0.5	1.5
多环芳烃	0.6	—	—	0.1	0.2
石脑油+尾油收率/wt%		73.69			

俄油中间基直柴评价结果表明：在压力 6.4MPa、精制/裂化反应温度(基准/基准-3)℃、氢油比 350：1、裂化空速 1.84h^{-1}的工艺条件下，乙烯裂解原料(石脑油+尾油)收率可达到 73.69 wt%，石脑油和尾油的 BMCI 值分别为 15.0 和 15.2，可以作为优质的低 BMCI 值乙烯裂解原料。而煤油馏分段 BMCI 值为 22.6，其芳烃含量依然很高，不适合作乙烯裂解原料，可以作为低凝柴油的调和组分。

4 结论

(1) 采用高介孔含量的无定形硅铝、氧化铝为主要载体，芳烃开环选择性性能优异的改性 Beta 分子筛为酸性组分，W-Ni 为活性金属组分，成功制备出一种适用于最大量多产低 BMCI 值优质乙烯裂解原料的柴油加氢裂化催化剂。

(2) 哈油中间基直馏柴油在低压、高空速、低氢油比(压力 6.7MPa、裂化空速 3.0h^{-1}、氢油比 250：1)的工艺条件下，乙烯裂解原料收率可达到 71.5wt%，石脑油和尾油的 BMCI 值分别为 16.0 和 18.3。

(3) 俄油中间基直馏柴油在压力 6.4MPa、裂化空速 1.84h^{-1}、氢油比 350：1 的工艺条件下，乙烯裂解原料(石脑油+尾油)收率可达到 73.69 wt%，石脑油和尾油的 BMCI 值分别为 15.0 和 15.2，能够作为优质的低 BMCI 值乙烯裂解原料。

参考文献

[1] 吕晓东. 国内外乙烯产业分析与展望[J]. 当代石油石化，2019，27(3)：21-24.
[2] 徐海丰. 2018 年世界乙烯行业发展状况与趋势[J]. 国际石油经济，2019，27(1)：82-88.
[3] 魏然波. 乙烯裂解原料组成的选择与优化[J]. 中外能源，2013，18(11)：63-66.
[4] 孙景辉，负建华，朱相春，等. 蒸汽裂解原料的评价[J]. 齐鲁石油化工，2001，29(2)：104-107.

PHC-05 化工原料型加氢裂化催化剂开发及工业应用

田宏宇　孙发民　李海岩　颜子金

（中国石油石油化工研究院大庆化工研究中心）

摘　要　基于炼化产品结构调整及炼化转型升级需求，中国石油石油化工研究院开发出了一种化工原料型加氢裂化催化剂 PHC-05。该催化剂以富含介孔结构的强 B 酸型 MSY 分子筛作为裂化组分，Ni-W 金属为加氢组分，可实现多产重石脑油、多产尾油和兼产航煤技术需求。PHC-05 催化剂于 2018 年在某石化公司 120 万吨/年加氢裂化装置成功应用。轻石脑油收率 11.3wt%，重石脑油收率 47.5wt%，化工原料总收率达到 68.9wt%，C_5^+液体收率达到 99wt%以上。与上周期相比，裂化温度降低 10℃，液体产品收率提高 2.3%，化工原料收率提高 32%，航煤烟点提高 3.4 单位，BMCI 值降低 4.6 单位。装置累积平稳运行 24 个月，裂化反应总温升≯5℃。

关键词　PHC-05，加氢裂化，化工原料，重石脑油，工业应用

1　前言

近年来，国内炼油产业存在问题严峻，油品结构不合理，化工产能不足，芳烃和烯烃等基础化工原料大量短缺。一方面炼油能力严重过剩，另一方面大型炼化企业产能不断增加。2020 年，我国第一次炼油能力为 9.54 亿吨/年，开工率 75%，炼油能力过剩 2 亿吨/年，成品油供应过剩加剧，产能过剩问题严峻；然而，目前在建装置产能 6900 万吨，规划产能约 2.4 亿吨，预计“十四五”末炼油产能超过 10 亿吨。产能过剩将长期存在，部分落后产能面临淘汰，因此，需要炼油转型升级，调整产品结构，降低柴汽比，从而实现炼化一体化增加效益，解决炼油能力过剩问题。

2　PHC-05 催化剂开发

针对炼化产品结构调整及炼化转型升级需求，中国石油石油化工研究院适时开发出了一种化工原料型加氢裂化催化剂 PHC-05。该催化剂以 MSY 分子筛作为主要酸性组分，创新性的采用流化态水热超稳化技术，大幅度脱除孔道中的非骨架铝和钠离子，实现了脱铝、补硅的均匀改性，其中 B 酸含量是 L 酸的 10.6 倍，介孔孔径达 45nm。MSY 分子筛丰富的介孔结构和酸性中心，更好的提高蜡油分子二次裂化定向转化能力，有效防止单环芳烃及环烷烃、直链烷烃理想产物的进一步裂化。以 MSY 分子筛为裂化活性组分，镍钨为加氢活性组分，采用络合法组装技术，实现催化剂加氢与裂化功能的合理匹配，最终开发出 PHC-05 化工原料型加氢裂化催化剂。

PHC-05 可将劣质二次加工油直接转化为重整原料和乙烯原料，具有原料适应性强，产品质量好，生产方案灵活等优点，可适应一段串联和全循环等工艺流程，实现多产重石脑油、多产尾油和兼产航煤，是适合我国炼化转型升级的关键生产技术。该催化剂于 2018 年在某石化公司 120 万吨/年加氢裂化装置成功应用，取得了良好的工业应用效果。

3　PHC-05 催化剂工业应用情况

为实现某石化公司 120 万吨/年加氢裂化装置增产重石脑油、改善尾油产品质量和兼产航煤技术需求，采用化工原料型加氢裂化催化剂（PHC-05）技术完成装置改造设计，于 2018 年 9 月在该石化公司 120 万吨/年加氢裂化装置首次工业应用并实现开车成功。其中加氢裂化预处理催化剂采用石化院自主开发的 PHT-01。

3.1　原料油

石化公司 120 万吨/年加氢裂化装置的采用的原料油主要包括常三、催化重柴油、减一、减二线酮苯轻去蜡油、减二线酮苯重去蜡油、脱蜡油等。如表 1 所示，原料油密度 860.7 kg/m^3、馏程 246－470℃、硫含量 841 mg/kg、氮含量 477 mg/kg。

表1　加氢裂化装置原料油性质情况

项目		原料油性质
密度/(kg/m³)		860.7
馏程/℃	初馏点	246
	10%	324
	30%	357
	50%	380
	70%	409
	90%	448
	95%	459
	干点	470
硫/(mg/kg)		841
氮/(mg/kg)		477

3.2　工艺条件及产品性质

采用上述原料油，在氢分压14.2MPa、入口氢油体积比580、裂化反应平均温度368℃的条件下，PHC-05催化剂在120万吨/年加氢裂化装置应用效果见表2、表3。

表2　120万吨/年加氢裂化装置产品收率

原料油		设计原料
工艺条件	入口氢分压/MPa	14.2
	入口氢油体积比	580
	裂化反应平均温度/℃	368
C_5^+液体收率/wt%		99.8
液体产品分布	轻石脑油/wt%	11.7
	重石脑油/wt%	47.5
	航煤/wt%	21.9
	柴油/wt%	9.1
	尾油/wt%	9.6

表3　120万吨/年加氢裂化装置产品性质

项目		产品性质
重石脑油	密度(20℃)/(kg/m³)	733.1
	硫含量/(μg/g)	<0.5
	氮含量/(μg/g)	<0.3
	芳潜/%	>39%
航煤	密度(20℃)/(kg/m³)	774.6
	闪点/℃	44.5
	烟点/mm	37.1
	冰点/℃	-69.6
柴油	密度(20℃)/(kg/m³)	782.4
	十六烷值(实测)	>70

续表

项目		产品性质
尾油	密度(20℃)/(kg/m³)	802.6
	BMCI值	≯3.8

从表2产品分布可以看出，轻石脑油收率11.3 wt%，重石脑油收率47.5wt%，化工原料总收率达到68.9wt%，同时能够保证C_5^+液体收率达到99wt%以上，有效解决了高化工原料选择性和高液体产品收率兼顾性的问题。裂化平均温度368℃，与技术指标≯385℃的要求仍有17℃空间，若将裂化体积空速提高，只需要再补偿5~6℃，产品也可以满足指标要求。

从表3产品性质可以看出，重石脑油硫、氮含量均小于0.5，芳潜39%以上，航煤馏分烟点37mm以上，闪点44.5℃，柴油十六烷值70以上，尾油BMCI值不高于3.8，产品质量好。PHC-05催化剂加工劣质油获得的产品可直接作为重整原料和乙烯裂解料，能够满足该石化公司增产重石脑油、改善尾油产品质量和兼产航煤技术需求。

3.3　本周期与上周期对比

本周期该石化公司120万吨/年加氢裂化装置运行采用PHC-05化工原料型加氢裂化催化剂，有效提高了化工原料产品收率，改善尾油产品质量。表4是石化公司120万吨/年加氢裂化装置本周期与上周期产品收率、产品质量对比结果。从表4中可以看出，本周期裂化温度降低10℃，在节能降耗上获得了明显进步，且液体产品收率、产品结构、尾油产品质量显著提升，液体产品收率提高2.3%，石脑油收率提高37.9%，化工原料收率提高32%，柴油收率显著降低，实现了压减柴油增产化工原料兼产航煤的需求。产品质量方面，本周期航煤和尾油产品质量获得显著改善，航煤烟点提高3.4单位，BMCI值相比上周期降低4.6单位。

表4　120万吨/年加氢裂化装置两周期运行情况对比

项目	本周期	上周期
裂化平均温度/℃	368	378
C_5^+液体收率/ω%	99.8	97.5
轻石脑油/ω%	11.7	5.9
重石脑油/ω%	47.5	15.40
航煤/ω%	21.9	26.40

续表

项目	本周期	上周期
烟点/mm	37.1	34.70
柴油/ω%	9.1	34.40
尾油/ω%	9.6	15.40
BMCI 值	3.4	8.0
化工原料收率/ω%	68.9	36.7

3.4 装置运行长周期

装置从 2019 年 1 月至 2020 年 12 月，累计运行 24 个月，裂化平均温度、转化率及产品分布情况见图 1、图 2。从图中可以看出，装置在相同处理量下，裂化平均温度变化趋势较为平稳，平均温度从初始 368℃最高升至 371℃，总温升≯5℃，通过推算满负荷条件下 PHC-05 催化剂年温升≯5℃ ，产品转化率平稳。装置 24 个月的长周期运行结果表明：重石脑油收率、液体收率稳定，重石脑油芳潜、溴价、硫、氮均优于技术协议指标，满足石化公司生产需求。

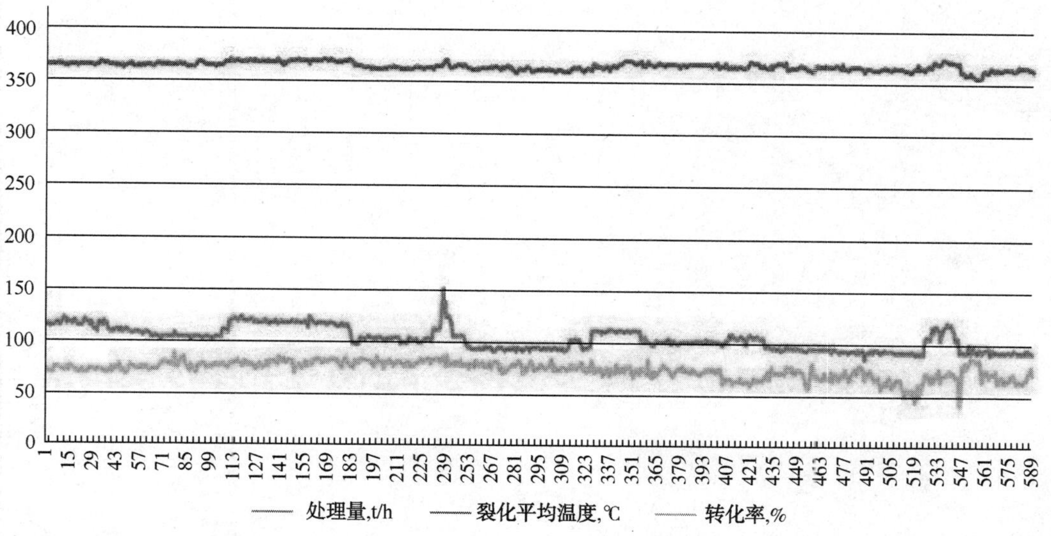

图 1　加氢裂化装置运行情况

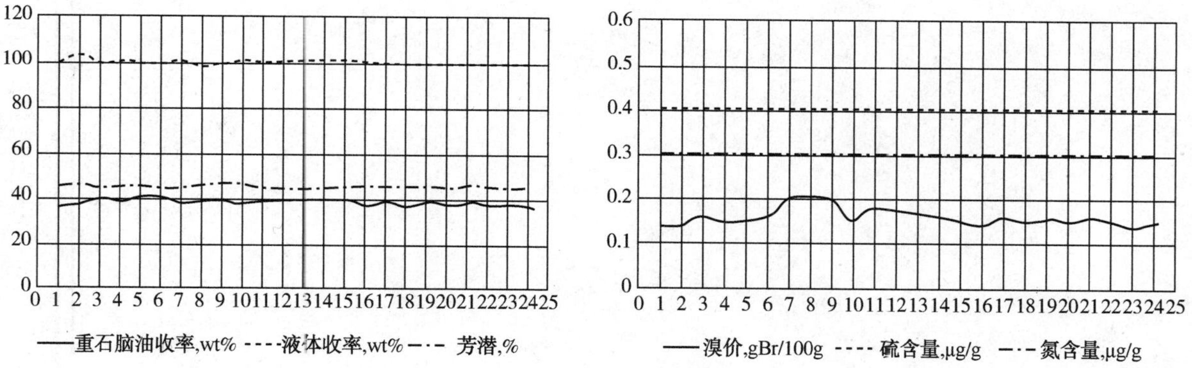

图 2　加氢裂化装置产品情况

4 结论

（1）开发了 PHC-05 化工原料型加氢裂化催化剂，以 MSY 分子筛为酸活性中心，蜡油分子二次裂化定向转化能力显著提高，有效防止理想产物的进一步裂化，具有原料适应性强，产品质量好，生产方案灵活等优点，实现多产重石脑油、多产尾油和兼产航煤技术需求。

（2）PHC-05 催化剂于 2018 年在某石化公司 120 万吨/年加氢裂化装置成功应用。本周期在产品分布方面，轻石脑油收率 11.3wt%，重石脑油收率 47.5wt%，化工原料总收率达到 68.9wt%，C_5^+液体收率达到 99wt%以上，在产品质量方面，重石脑芳潜 39%以上，航煤馏分烟点 37mm 以上，柴油十六烷值 70 以上，尾油 BMCI 值不高于 3.8。与上周期相比裂化温度降低 10℃，液体产品收率提高 2.3%，化工原料收率提高 32%，航煤烟点提高 3.4 单位，BMCI 值降低4.6单位。装置累积平稳运行24个月，裂化反应总温升≯5℃，产品分布及质量均趋于稳定。

参 考 文 献

[1] 李文翎. 2019年油品市场维持低速增长态势[J]. 中国石油企业，2019(Z1)：61-63.

[2] 范思强，崔哲，孙士可，等. 加氢裂化装置灵活性对于炼化企业的重要意义[J]. 当代化工，2020，49(11)：2547-2551.

[3] 周建华. 炼化副产稠环芳烃资源化工型利用的技术策略[J]. 化学反应工程与工艺，2019，35(04)：368-374.

[4] 李华星，李涛. 多产重石脑油加氢裂化催化剂再生前后生产分析[J]. 石化技术与应用，2020，38(06)：386-390.

超低排放液化气深度脱硫(PriLDS®)技术在延迟焦化液化气脱硫醇装置上的应用

董卫刚[1]　张铁柱[2]　胡雪生[1]　丁长胜[2]　高　飞[2]

(1. 中国石油石油化工研究院；2 中国石油锦州石化分公司)

摘　要　针对目前液化气脱硫醇过程存在的问题，中国石油石油化工研究院(PRI)开发的PriLDS®技术通过集成液化气预处理脱胺、循环碱液超重力法深度再生和氮气脱氧等工艺，在满足液化气深度脱硫的同时，实现碱渣近零排放。某石化延迟焦化液化气规模5万吨/年，脱硫化氢后总硫含量约800mg/Nm³，采用PriLDS®技术改造后，延迟焦化液化气脱后硫醇硫含量低于5mg/Nm³。焦化液化气脱硫醇再生碱液质量稳定，其硫醇钠和二硫化物含量分别长期保持在500mg/kg和50mg/kg以下，碱渣排放近零，装置操作平稳。

关键词　PriLDS，焦化液化气，脱硫，碱液再生，超重力

1　技术应用背景

液化气脱硫醇过程目前主要采用碱洗工艺。由于循环碱液再生不够彻底，传统的液化气碱洗脱硫醇工艺通常会产生难以处理的含高浓度硫醇钠碱渣。随着油品质量升级，下游装置对液化气原料硫含量有了更为苛刻的要求。为保持液化气脱后硫含量满足下游工艺要求，生产企业不得不提高碱洗工艺操作的苛刻度，加大碱液置换量，由此导致碱渣排放量增加。另一方面，随着我国环保政策及法规日趋完善和严格，脱硫醇碱渣作为“危废”受到地方政府的严格监管，这无形中提高了企业生产成本和加大了安全环保管控风险，特别是后者，不当的处置可能造成严重的安全事故。

延迟焦化液化气受原料性质和工艺特点所限，通常含硫高且携带焦粉。某石化企业延迟焦化液化气规模5万吨/年，改造前其脱硫加工路线为：先在焦化车间胺洗脱硫化氢，再去与催化裂化液化气混合进气分单元双脱装置脱硫。根据分析数据，其延迟焦化液化气在胺洗后总硫高达800mg/Nm³左右，相比催化裂化液化气胺洗后硫含量100mg/Nm³左右，前者以不到8%的加工量贡献了近40%的脱硫醇负荷。根据其生产现场反馈，延迟焦化液化气携带的焦粉会在碱洗装置的纤维丝上附着沉积，在操作上表现为纤维膜接触反应器压降增加和碱洗脱硫醇硫效果变差，这将影响装置的长周期运行。

2　液化气脱硫醇工艺

2.1　传统工艺

Merox™技术是应用时间最长，应用范围最广的液化气碱洗脱硫醇工艺，该技术由美国UOP公司开发，从1958年第一台装置投用至今，已在1700多套装置上应用。该技术解决了脱硫醇碱液中硫醇钠再生，具体反应过程为：硫醇钠在磺化酞菁钴的催化作用下与氧气和水反应，生成氢氧化钠和二硫化物，实现了碱液的循环利用，奠定了后续液化气脱硫醇工艺改造升级的基础。

$$4NaSR+O_2+2H_2O \longrightarrow 4NaOH+2RSSR$$

随着产品质量升级和环保政策法规日趋严峻，Merox工艺的弊端也逐渐显现出来，包括脱硫效果不稳定、碱液再生效率低、碱渣排放量大、氧化尾气排放污染等问题。

针对Merox工艺的弊端，先后有不同的技术对其作了改进。美国MERICHEM公司采用纤维膜接触反应器替代原有的碱洗抽提混合装置，改善了碱液和液化气的接触效率，提高了液化气脱硫醇率。为提高碱液再生效果，部分公司和设计院采用溶剂油反抽提技术替代Merox工艺的沉降分离技术，利用溶剂油对二硫化物的相似相溶特

点，将再生碱液中的二硫化物含量控制在约100mg/kg 的水平；还有公司开发了全相接触高效氧化再生技术，利用大风量鼓泡操作和长时间沉降分离来提高循环碱液硫醇钠转化率和二硫化物分离率。总的来说，以上改进相对 Merox 工艺在脱硫效果、碱渣减排、操作能耗物耗方面有了较大提高。

2.2 PriLDS®技术

石油化工研究院(PRI)开发的超低排放液化气深度脱硫技术(PriLDS®)以 Merox 工艺为基础，通过技术集成创新，针对传统液化气脱硫醇工艺存在的问题，提出了系统性的方案，解决了其它现有液化气脱硫醇工艺存在的碱渣排放及后续处理、氧化尾气污染及工艺过程安全等一系列问题。该技术主要通过以下 5 个模块组合实现：(1)液化气水洗脱胺预处理；(2)液化气碱洗抽提；(3)碱液再生和产物分离；(4)碱液脱氧；(5)置换碱液和氧化尾气处理。

PriLDS®技术首次将超重力技术引入到脱硫醇碱液再生过程，实现循环碱液中硫醇钠转化和产物分离一步完成。该技术的原理在于：在超重力反应器内超重力场作用下，碱液被撕扯破碎成液滴、液膜，同时伴随快速的表面更新，气液相间传质速率较其它鼓泡/搅拌传质过程提高 1~2 数量级。从而传统工艺中传质控制的硫醇钠再生过程转变为反应控制，硫醇钠转化率得到极大提高。同时，在再生反应的大气液比操作条件下，硫醇钠转化过程中生成的二硫化物进入氧化尾气被带走，实现产物的高效分离。综上，PriLDS®技术从碱液入手，通过实现循环碱液深度再生和净化，最大程度恢复循环碱液的抽提能力，从而实现液化气深度脱硫。

3 PriLDS®技术在某公司延迟焦化液化气脱硫醇装置上的应用情况

3.1 工艺流程改造

针对前述某公司延迟焦化液化气脱硫醇装置存在的问题，采用 PriLDS®技术对其现有工艺流程进行了改造升级，包括：(1)增加液化气水洗脱胺装置，避免胺液在碱洗时进入碱液中累积；(2)针对焦化液化气硫含量高，脱硫负荷大的问题，单独建立碱洗脱硫醇装置碱洗；(3)采用超重力反应器再生循环碱液；(4)设置脱氧装置对再生碱液进行脱氧；(5)设计置换碱液和氧化尾气处理方案，确保生产过程的安全环保。

具体原则流程如图 1 所示，胺洗后的延迟焦化液化气先通过聚结器脱胺后，再经过水洗进一步脱除溶解胺液，净化后的延迟焦化液化气经两级碱洗抽提脱硫醇和微量硫化氢，最后通过碱液聚结器脱碱后出界区。待生碱液从一级抽提沉降罐引出，经闪蒸脱烃后，送到超重力反应器内进行再生，在磺化酞菁钴催化剂的作用下，待生碱液与非净化风中的氧反应，待生碱液中的硫醇钠转化为氢氧化钠和二硫化物，二硫化物进入气相被氧化尾气带走，再生后的碱液经过脱氧处理后，返回二级碱洗抽提反应器循环利用。置换出的少量再生碱液送入催化烟气脱硫塔梯级利用，氧化尾气送入催化一氧化碳锅炉燃烧处理后，再经催化烟气脱硫塔实现无害化。

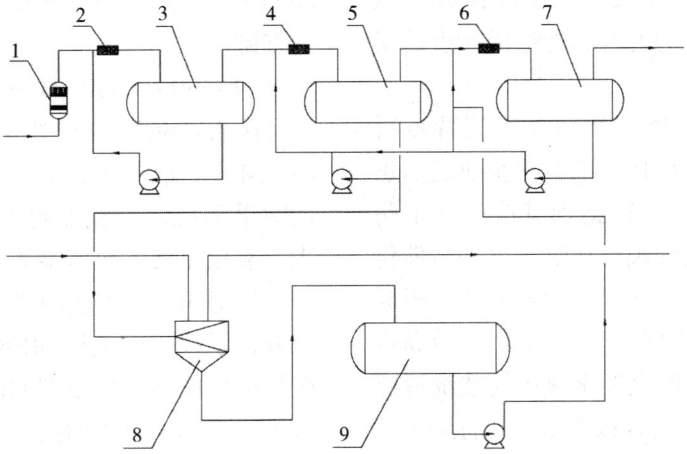

图 1　焦化液化气脱硫醇工艺流程图

1—胺液聚结器；2—液化气水洗静态混合器；3—液化水洗沉降罐；4—液化气一级碱洗静态混合器；5—液化气一级碱洗沉降罐；6—液化气而级碱洗静态混合器；7—液化气二级碱洗沉降罐；8—超重力反应器；9—碱液脱氧缓冲罐

3.2 运行数据分析

延迟焦化液化气 PriLDS®装置自投产以来近一年的生产运行数据趋势和均值水平见图 2~4。根据趋势图可以发现，再生碱液硫醇钠和二硫化物含量处于较为稳定的水平上，再生碱液硫醇钠含量平均值 345mg/kg，二硫化物含量平均值 21mg/kg；延迟焦化液化气脱硫效果稳定，平均总硫含量 79.8mg/Nm^3。

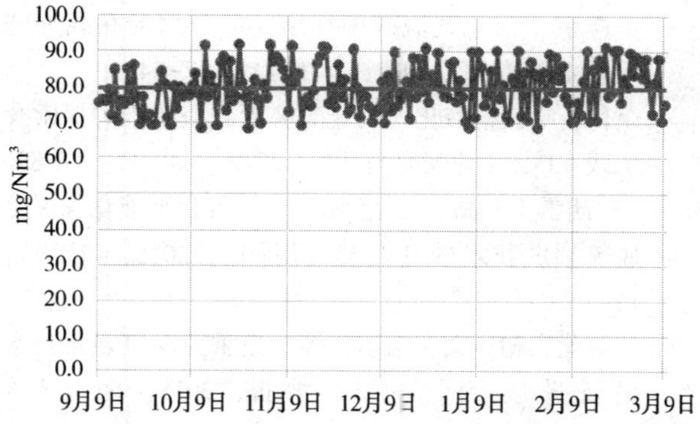

图 2 焦化精制液化气总硫含量运行数据

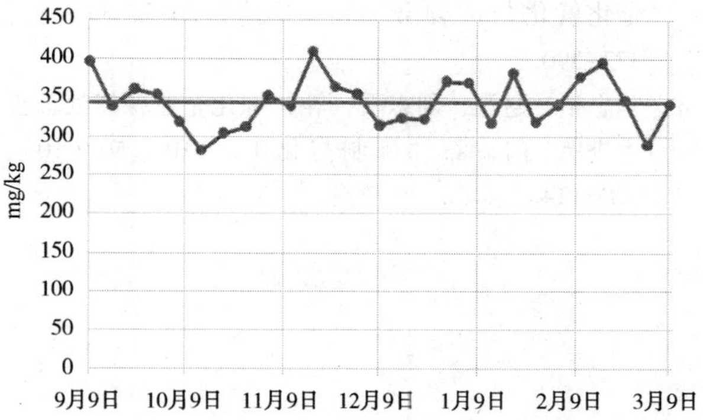

图 3 再生碱液硫醇钠含量运行数据

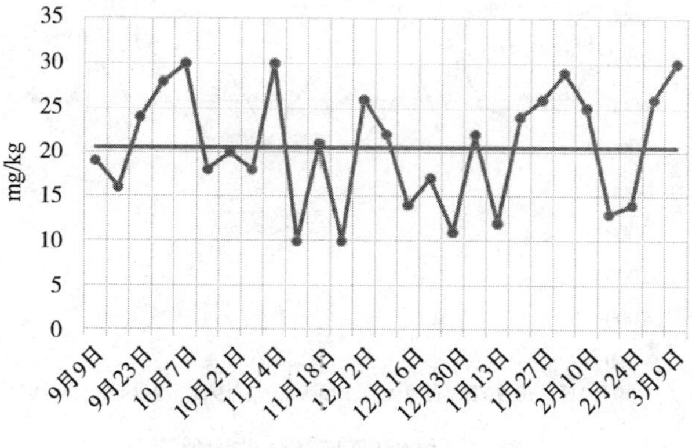

图 4 再生碱液二硫化物含量运行数据

为进一步分析脱硫效果，对延迟焦化液化气脱硫醇前后总硫及硫形态进行了分析。分析结果如表 1 所示，脱前总硫主要为甲硫醇硫，其次是羰基硫，脱后总硫以羰基硫为主，同时含有少量的硫醇、硫醚、噻吩，其中硫醇硫含量在 5mg/Nm^{3}以下，根据脱硫前后的数据分析，碱洗抽提的硫醇硫脱除率在 99%以上，与前面所述待生碱液在超重力反应器内的再生效果相互印证，好的碱液再生质量有利于碱洗脱硫醇。

图 5 是再生碱液化学耗氧量(COD)的分析数据，而传统技术中的脱硫醇碱渣 COD 值高达几十万[8]，PriLDS®装置所产生的外排置换碱液 COD 值甚至优于采用湿式氧化法进行碱渣处理后的 COD 值水平，处理难度大大降低。正是基于 PriLDS®再生碱液较低 COD 值的保证，延迟焦化 PriLDS®装置外排置换碱液被送到烟气脱硫装置进行梯级利用，实现了碱渣的零排放控制。

表 1 延迟焦化液化气形态硫分析

名称	单位	9 月 27 日		9 月 28 日		9 月 29 日	
		碱洗前	碱洗后	碱洗前	碱洗后	碱洗前	碱洗后
硫化氢	mg/Nm^3	0.5	0.0	0.5	0.0	0.5	0.0
羰基硫	mg/Nm^3	102.2	61.3	90.7	66.4	112.1	70.7
甲硫醇	mg/Nm^3	753.7	2.6	735.3	2.6	810.9	2.6
乙硫醇	mg/Nm^3	1.5	0.0	2.2	0.0	1.3	0.0
甲硫醚	mg/Nm^3	1.7	1.0	1.0	0.8	0.5	0.3
2-丙硫醚	mg/Nm^3	0.6	0.7	0.2	0.2	0.4	0.2
噻吩	mg/Nm^3	1.0	0.8	0.5	0.3	0.6	0.3
二甲基二硫醚	mg/Nm^3	3.5	2.5	10.4	8.6	9.1	7.9
甲基乙基二硫醚	mg/Nm^3	2.1	1.6	1.3	0.9	1.2	1.3
总硫含量	mg/Nm^3	866.8	70.5	842.1	79.8	936.6	83.3

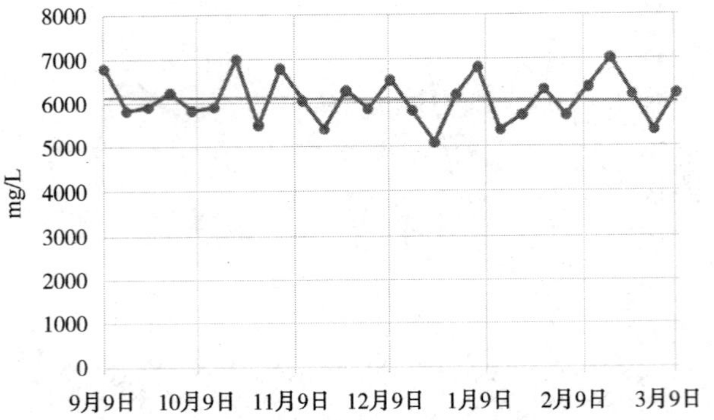

图 5　再生碱液 COD 监测值

碱液氧化再生产生的氧化尾气送入催化 CO 锅炉，在 CO 锅炉高温和氧气条件下氧化分解为二氧化硫和二氧化碳，最后在烟气脱硫装置中以硫酸盐和碳酸盐的形式固定，避免了直接排放大气造成的污染。

4　结论

采用 PriLDS®技术对延迟焦化液化气脱硫醇工艺进行改造后，有以下改进：

（1）避免了延迟焦化液化气携带的焦粉在催化液化气脱硫醇装置上沉积和堵塞纤维膜反应器，实现了装置的长周期运行。

（2）通过对外排置换碱液梯级利用，实现了碱渣零排放控制。

（3）通过碱液深度再生，实现了焦化液化气的深度脱硫，硫醇硫脱除率达到 99%以上。

（4）氧化尾气通过催化 CO 锅炉燃烧分解和催化烟气脱硫塔洗涤，实现了无害化处理。

参考文献

[1] 周晓龙．焦化液化气脱硫醇工艺及装置升级方案研究[J]．精细石油化工，2019，36（6）：72-75.

[2] 贾正方，俞欢，陈进旺．焦化液化气脱硫醇工艺及装置升级方案研究[J]．石油炼制与化工，2018，49（4）：35-38.

[3] 黄祥宇．液化气脱硫中纤维膜的应用与在线冲洗[J]．山东化工，2017，46（11）：137-140.

[4] 余伟，喻武钢液化气脱硫醇装置碱渣减排的探索及实践［J］．工业安全与环保，2012，38(3)：79-82.

[5]胡雪生，高飞，范明，等．环保型液化气深度脱硫 LDS 技术的开发与应用[J]．2018，49（9）：11-15.

[6] 邹海魁，初广文，向阳，等．超重力反应强化技术最新进展［J］．化工学报，2015，66（8）：2805-2809.

[7] 董卫刚，高飞，胡雪生，等．超重力场下乙硫醇钠催化氧化与产物分离研究［J］．2015，33（5）：377-390.

[8] 刘忠生，赵磊，刘志禹，等．炼化企业碱渣处理技术进展［J］．石油炼制与化工，2019，50（10）：108-114.

浅谈催化裂化催化剂产业发展

龚建议

(中国石化催化剂有限公司)

摘　要　介绍了我国催化裂化(FCC)催化剂产业发展历程和现状；对国内外FCC催化剂供需情况和市场状况进行了分析。FCC催化剂产业要消化过剩产能、实现良性发展需要重点关注绿色生产、新材料新基质研发、产业规模化连续化自动化智能化、追求高端、加快专用产品开发等方面并取得实质性进步。

关键词　FCC催化剂，产业，发展

1　前言

石油炼制的发展很大程度上依赖于催化剂的发展，催化技术在炼化生产中占有重要的地位。催化裂化(FCC)是石油炼制的核心工艺之一，在炼厂轻质油品的生产过程中占有重要地位，是炼厂中最重要的重油轻质化和获取经济效益的手段。随着原油性质的日渐变差、石油产品质量的升级换代、下游化工原料需求的不断增长及环保要求的不断提高，FCC技术在不断的发展。FCC催化剂作为FCC技术的核心，随着FCC技术的不断发展而发展。

自1964年4月，被誉为"炼油裂化催化剂摇篮"的兰州催化剂厂建成伊始，催化剂科研和生产技术人员在炼油催化剂应用科学的奠基人、国家最高科学奖获得者闵恩泽院士的带领下，从成功开发被誉为石油化工战线的"五朵金花"之一的硅铝小球和硅铝微球起步，相继开发了REY分子筛、REHY分子筛、超稳Y型分子筛、择型分子筛、特种催化新材料及全合成、半合成和复合分子筛应用制备工艺，经历了产品从无到有、技术水平从低到高、研究开发从跟踪模仿到完全自主创新、装置规模从小到大的FCC催化剂产业发展成功之路。经过几十年的发展，FCC催化剂制备已经完成产业化蜕变，全国年产销规模超过30万吨，生产基地由过去的小作坊已演变成现代化的大工厂，产业目标从过去的填补国内空白、结束国外产品垄断到现在产品远销全球五大洲20多个国家和地区，成为全球第二大的FCC催化剂生产大国。顺利实现了跟跑到并跑的转变，目前正在向领跑世界迈进。

2　我国FCC催化剂产业发展历程和现状

我国FCC催化剂技术起步于60年代，1964年我国第一个FCC催化剂生产基地在兰州建成，并成功解决成型破碎问题，生产出硅铝小球催化剂，实现移动床裂化催化剂从无到有；65年研制出无定形硅铝微球催化剂，实现流化床催化剂国产化，奠定了流化催化裂化基础。硅铝小球和硅铝微球誉为石油化工战线的"五朵金花"之一，填补了中国催化裂化催化剂的空白，结束了国外产品的垄断。

在70年代，湖南岳阳和山东淄博先后建成6000吨/年规模的无定型硅酸铝微球装置及配套的分子筛生产装置，兰州、长岭、齐鲁三大国有FCC催化剂产业基地形成。技术上先后开发出X和Y分子筛，无定型催化剂上升到分子筛催化剂，轻油收率提高，FCC催化剂性能水平上台阶。

到80年代，FCC催化剂制备技术取得重大突破，开发出超稳Y型分子筛和半合成催化剂，实现重油FCC催化剂国产化替代；三大国有FCC催化剂产业化基地同步发展，先后在80年代中期产销量突破万吨大关。随着产业规模的扩大和生产技术的进步，三大生产基地率先走向市场，与国际催化剂巨头同台竞技，抢占国内市场。随后，又不断有新的分子筛和基质材料开发出来，制备技术水平也不断提升，初步实现了跟踪模仿到自主创新的转变。

90年代，良性的市场竞争促进了FCC工艺技术和催化剂的发展，开发出DCC、MGG、ARGG、MIO、MGD等专有FCC新工艺并配套专

用FCC催化剂，开发出ZSM、REHY等性能优异的分子筛和双铝基催化剂制备技术。开发复配不同种类分子筛的功能型催化剂，推出一系列功能型FCC催化剂产品，如多产汽油、多产液化气、增产柴油、提高汽油辛烷值、提高掺渣比、降低汽油烯烃等功能型FCC催化剂，较好地满足了市场个性化需求。在生产技术上得益于国家科委组织的“新型催化裂化催化剂生产技术攻关改造”，1996年攻关改造任务顺利完成，生产技术取得巨大突破，产品合格率和产品收率大幅度提高，为产业升级奠定基础。在产业规模上，三大基地先后建成大型超稳分子筛和择型分子筛生产线以及新的FCC催化剂生产线，逐步向规模化发展。在市场上，随着我国FCC催化剂不断进步、国内市场占有率不断提升，也尝试走出国门，1993年，中石化催化剂齐鲁分公司RHZ-300催化剂出口到保加利亚，FCC催化剂产品首次进入国际市场，实现了零的突破，这也标志着FCC催化剂产业开始得到国际市场的认可。

时间进入到21世纪，FCC催化剂产业迎来了飞速发展。技术上，MIP、CPP、MCP、LTAG、IHCC等一系列工艺和配套的催化剂开发，促进了产业发展，特别是MIP工艺开创催化裂化分区反应的先河，引领世界FCC工艺潮流；高固含量、高球形度催化剂制备技术开发成功，一系列清洁生产技术开发并应用，催化剂制造走向清洁化、高端化。在产业发展上，2004年中石化党组决定将分散在炼化企业和研究院所的催化剂企业进行专业化重组组建专业化公司----催化剂公司。催化剂公司成立以后，十分重视FCC催化剂产业的发展，加大产业发展投入，在齐鲁投资建设5万吨/年一期、二期工程，齐鲁基地FCC催化剂产能规模达到12.3万吨/年，成为亚洲最大的FCC催化剂生产基地；在长岭投资单线规模5万吨/年的FCC催化剂生产线(亚洲规模最大的单线生产装置)，长岭产能规模达到11万吨/年，中国石化催化剂有限公司FCC催化剂总产能已达到23.3万吨/年，超过美国Albemarle公司，位居世界第二位。中石油兰州也不甘落后，于2020年7月在福建长汀建成5万吨/年的新基地，总产能规模达到10万吨/年。在国有FCC催化剂产业竞相发展的同时，民营资本也于2008年开始进入FCC催化剂产业，先后有山西腾茂、青岛惠成、菏泽多有、四川润和等企业加入竞争行列，形成7.5万吨/年的产能。我国FCC催化剂产能规模已达到45万吨/年，超过美国，跃居世界第一(由于部分企业产能尚未完全发挥，实际产销规模暂居世界第二位)。

3　FCC催化剂需求和市场分析

3.1　全球FCC催化剂需求分析

FCC催化剂需求取决于原油加工能力和催化装置加工能力。全球原油加工能力的发展总体呈上升趋势，于2018年达到阶段峰值。2019年，全球共有炼厂763座，平均规模为644万吨/年，总炼油能力约为49.07亿吨/年，较最高峰减少0.6%，有一定的下滑(下滑的原因是转型升级和淘汰落后产能)。其中催化裂化能力约9.2亿吨/年。初步估算，目前FCC催化剂需求约92万吨/年，据有关咨询机构推测至2021年底，全球炼油产能将会新增480万桶/天，平均每年增长1.6%左右，2022年以后，随着新能源汽车以及节能减排政策推行，预计未来维持在1.3%左右增速。预计到2025年全球石油加工能力将达到53.5亿吨左右，其中催化裂化能力将达到10亿吨/年。按照现有平均剂耗水平测算，则全球年需求FCC催化剂约在100万吨左右。

3.2　国内市场FCC催化剂需求分析

我国炼油工业的发展与国际发展趋势基本一致。近年来，我国炼油工业快速发展，炼油加工能力逐年增长，到2019年底，炼油加工能力达到8.6亿吨/年，炼油主体包括中国石化、中国石油、中海油、中国中化、中化集团等央企，延长石油等地方性国企、山东地区地方性炼油企业以及近年来民营资本新建的一体化炼化企业。据初步统计，全国共有180余套催化裂化装置在运行，催化加工能力达到2.16亿吨/年，年FCC催化剂需求达到20万吨。按照目前在建，已批准建设和规划的项目测算，2025年炼油能力将升至10.2亿吨/年，其中催化裂化能力将达到2.56亿吨/年，届时FCC催化剂需求将达到23.7万吨/年。

3.3　国内外FCC催化剂市场分析

全球主要FCC催化剂供应商包括美国Grace Davison公司、中国石化催化剂有限公司、美国Albemarle公司、德国BASF公司、中国石油兰州石化公司催化剂厂、日本JGC C&C公司、俄罗斯 KNT 公司和以山西腾茂、青岛惠诚等为代表的中国民营催化剂公司。这些公司构成了全球主要的 FCC 催化剂供应商，总生产能力约为 110 万吨/年，其中我国 FCC 催化剂产能达到 45 万吨/年。

供需对比我们可以发现，目前我国 FCC 催化剂总产能 45 万吨/年，国内市场需求仅 20 万吨/年，总产能远远大于总需求；从全球范围看，FCC 催化剂的总产能 110 万吨/年，全球总需求约 92 万吨/年，总产能也已大于总需求，产能过剩已成为不争的事实，FCC 催化剂迎来全球化竞争。

从国际市场看，美国 Grace Davison、美国 Albemarle、德国 BASF 三大催化剂巨头有近 80 年的生产经验、引领技术的发展、具有完备的营销渠道且与国际主要 FCC 工艺供应商 UOP、德新尼布（原石韦公司）、SHELL、EXXONMOBIL 等建立了长期稳定的合作关系，在国际市场处于垄断地位。虽然我国 FCC 催化剂在 20 世纪 90 年代就进入国际市场，经过多年的努力，全球已有 20 多个国家和地区 26 家公司三十多家炼油厂使用过我国的 FCC 催化剂（不包括中国大陆），但长期稳定的客户不多、年出口量偏低、市场占有率不高。

从国内市场看，近年来，由于 FCC 催化剂和分子筛部分专利保护过期及国有企业技术人才流失等原因，民营 FCC 催化剂得到快速发展，产能严重过剩。FCC 催化剂产品同质化日趋严重，市场竞争十分激烈，产品价格逐步走低，FCC 催化剂产业进入微利时代。美国 Grace Davison、Albemarle 和德国 BASF 等国际知名 FCC 催化剂供应商已逐步退出中国市场。未来国内市场竞争主要在中石化催化剂有限公司、中石油兰州催化剂厂及民营催化剂企业之间展开。

4 FCC 催化剂产业发展需要重点关注的问题

由上述分析可知，我国 FCC 催化剂产业发展面临严重挑战。产能严重过剩，有 20—25 万吨产能需要到国际市场寻找生存空间。为此，笔者以为 FCC 催化剂从业者需要重点关注一下几方面的问题。

4.1 绿色生产是行业生存发展的基础

FCC 催化剂及分子筛生产过程涉及到高岭土、氧化铝、稀土等固体，同时也使用硫酸铵、氯化铵、水玻璃、硫酸铝及常规酸碱等溶液，生产过程还需要进行高温焙烧，生产过程产生一定量的“三废”（废水、废气、废渣）。随着国家和地方政府对环保要求越来越高，环保排放指标也越来越严，环保执法力度也空前加大。执行严格的环保标准、实现达标排放成为 FCC 催化剂产业发展的基本要求。2014 年、2017 年、2018 年国内民营 FCC 催化剂生产企业先后发生村民阻工群体事件、偷排废水被查被停业整顿和排放不达标受到地方政府的处罚等环保问题。这一方面表明部分民营企业环保意识淡薄，环保投入不足，存在严重的环保隐患，另一方面也给 FCC 催化剂产业从业者敲响了警钟，环保不达标企业将面临关门的风险。

产业发展的龙头中国石化催化剂有限公司严格履行社会责任，21 世纪初就开始重视 FCC 催化剂清洁生产工作，与研究单位一起开发清洁生产技术，到 2010 年代，在废水、废气、废渣治理方面进一步加大投入，开发的清洁生产技术得到成功应用，三废排放严于国家和地方标准执行，FCC 催化剂制备率先走向清洁化、高端化。特别是 2019 年又投资近 2 亿元建设了废水脱盐系统，首次在国内实现“近零”排放，并按照中石化集团公司总体部署开展“绿色企业”创建活动，逐步由“清洁生产”向“绿色生产”过渡，为产业发展树立了标杆，引领了产业的发展。

4.2 重视新材料、新基质的开发和应用

提升技术水平是产业发展、提升竞争力的永恒的主题。发展中大孔型催化剂是 FCC 催化剂的主要发展方向之一，也是 FCC 催化剂领域比较活跃的课题，催化剂研发人员和产业从业者做了大量工作。目前，FCC 催化剂中引入中大孔主要靠对高岭土酸碱改性、对催化材料离子改性、开发大孔硅铝基材料、开发介孔分子筛、原位晶化和引入模板剂等技术手段，取得了较好的成效。大量的研究成果也已应用到 FCC 催化剂产业实际生产中，较大程度提高了 FCC 催化剂性能，为解决 FCC 原料的重质化、降低 FCC 催化剂的结焦率、提高 FCC 装置轻质产品收率和多产低碳烯烃以及清洁油品生产等方面做出了突出的贡献。但总体感觉还是处于量变的过程，没有质的突破。

近期，北京石油化工科学研究院与中石化催

化剂有限公司合作推出的新品种让从业者看到了曙光。譬如：新开发的大孔渣油 FCC 催化剂得到美国市场的认可并成功应用；将新的特种分子筛改性应用到 FCC 催化剂中，生产出既具有优异碳四烯烃选择性、又具有较强新鲜原料重油裂化能力的 HBC 催化裂化催化剂，较好地解决了烷基化装置碳四原料不足的问题等。

FCC 催化剂产业要提升国际竞争力，必须实现技术升级。这就需要进一步在催化新材料、新基质的开发和应用方面加大研究开发力度，力争在这一领域取得突破。

4.3　实现产业升级需要持续推进装备大型化、自动化、连续化和智能化

FCC 催化剂产业属于精细化工范畴，规模相对较小，过去都是采取间歇、分段式生产，其装置大型化、自动化、连续化、智能化进程远不如其服务的石油炼制行业。

近年来，随着装备技术和控制技术的进步，中石化催化剂公司在装备大型化、自动化、连续化、智能化方面进行了有益的尝试。大型喷雾干燥塔和大型焙烧炉等大型化设备、连续合成连续交换连续成胶等连续反应新技术、自动配料自动在线检测自动包装及设备 DCS 控制等自动化装备在齐鲁和长岭分公司新建的 FCC 催化剂生产线建设上成功应用，率先实现了生产装备的升级。新装置生产的产品展现出非常好的产品品质、产品批次之间的重复性和大装置生产的规模效应，为产业升级指明了发展方向。

未来，随着石油炼制工业的发展，大型炼化一体化装置将追求更平稳的生产，需要性能更稳定的催化剂。这样大型化、自动化、连续化装置的优势将进一步凸显，小作坊式生产必将逐步被淘汰。FCC 催化剂生产装备大型化、自动化、连续化是产业升级的必然选择。最终，随着技术的进步，FCC 催化剂生产也必将进入智能化时代。

4.4　品牌高端化成为企业长远发展的自我追求

FCC 催化剂作为一个高技术产品，曾经被国外公司所垄断，石化研发人员和催化剂人经过几十年的努力，打破垄断，并实现了跟跑到并跑的跨越，打造了 FCC 催化剂产业。但随着专利保护过期和部分技术人员流失，我国民营资本进入 FCC 催化剂产业并迅速发展，近年来产能快速增长，很快将过去三足鼎立的市场格局打破，民营企业用低价抢占了一定的市场。部分区域由于激烈的市场竞争，民营企业之间互相恶性压价，把过去的高技术产业很快转化成常规的靠价格取胜的低端产业。但笔者以为，这种现象是暂时的。一方面，随着大型炼化一体化大装置建成，落后产能淘汰，原来装置原料来源复杂、计量手段不完善，无法准确评估催化剂性能的状况将彻底改变，催化剂的使用性能将在装置应用中得到准确量化，低端产品将无处遁形；另一方面 FCC 催化剂高技术属性没有发生改变，一旦新材料、新基质取得突破性进展，高端产品的优越性将显现，市场乱象将彻底改变。催化剂企业要想长远发展必须追求高端化，依靠高端产品为客户创造更高的价值，依靠高端服务去满足客户个性化的需求，依靠更可靠的品质去赢得客户的口碑，而不是靠低价抢占市场。这将成为 FCC 催化剂企业痛定思痛的自我追求。

4.5　专用催化剂和个性化催化剂比重将逐步加大

催化裂化因原料适应性广、转化深度大；高价值产品收率高；操作条件相对缓和；投资省等优点一直处于石油炼制的核心地位。随着分子炼油理念逐渐深入人心和催化裂化专用工艺技术快速发展，催化裂化在石油炼制工业的核心地位不会动摇，还将发挥更大的作用。

近些年，DCC、MIP 等一系列催化裂化新工艺得到市场的高度追捧，为炼油技术升级和产品升级提供了技术支撑，也为炼油企业带来巨大的经济效益。与专有工艺配套的专用催化剂也得到快速发展，为专用工艺更好的发挥作用提供了支撑，专用剂占 FCC 催化剂的比例逐年递升。可以预见，未来将会有更多的专用剂推向市场。据悉，中石化多产丙烯和船燃组分的催化裂化新工艺 MFP 及专用催化剂将很快推向市场，在催化柴油出路堪忧，船燃标准提高、价格上涨的市场环境下，MFP 及专用催化剂将具有非常好的市场前景。中石化还将推出 MIP-CGP 专用剂第二代产品和适用于生产新京标超低烯烃汽油的专用催化剂。MIP-CGP 第二代产品与第一代相比，在丙烯产率上将会有较大幅度的提升且液化气产率增长幅度不大，主要是增加丙烯选择性，提高液化气中丙烯的浓度。

在个性化 FCC 催化剂方面，过去一直强调的是“量体裁衣”，这也是催化剂生产企业相互

竞争的一种营销手段和技术手段。随着对原料分子级别认识的加深、催化新材料的开发、催化剂配方技术的经验积累以及催化剂数据库的建设和模拟软件的开发应用，“量体裁衣”模式将会得到更好的发展，个性化催化剂水平将会进一步提高，越来越受欢迎，也将为用户催化裂化装置创造更好的效益。

4.6 技术开发和技术服务要适应市场的需求

FCC 催化剂作为高科技产业，持续的技术进步和优质的技术服务是行业得以持续发展的根本保障。随着炼化技术的不断进步以及和其他学科的相互交融，石油炼制行业正发生深刻的变化，原料重质化、劣质化，装置大型化、集成化，产品轻质化、清洁化，还要求多产化工原料。炼油的核心工艺催化裂化将承担更重要的任务，将对 FCC 催化剂提出更多、更高的要求。如进一步增产汽油、提高汽油辛烷值；进一步降低生焦、提高轻质油品收率；进一步提高重油裂化能力和抗重金属污染能力；进一步适应油品升级和环保排放升级的更高要求；实施分子级别的调控，灵活地、选择性地多产低碳烯烃、碳四组分或高价值组分等等。FCC 催化剂技术开发和技术服务要针对上述市场要求开展，未来的 FCC 催化剂将可能是智能化优选载体和组装活性中心、具有理想的孔结构等物化性质、通过控制反应路径来实现定向催化。通过 FCC 催化剂技术进步和精准优质的技术服务来助力炼油工业的发展。

参考文献

[1] 侯祥麟. 中国炼油技术：第二版[M]. 北京：中国石化出版社，2005：21-28.
[2] 陈俊武. 催化裂化工艺的前景展望[J]. 石油学报：石油加工，2004，20(5)：1-5.

25 万吨/年汽油加氢醚化装置催化剂应用研究

惠　博　王　辉　张庆旭　高海霞　郭旭慧

（中国石油青海油田格尔木炼油厂）

摘　要　本文介绍了格尔木炼油厂生产运行一车间 25 万吨/年汽油加氢醚化装置选择性加氢蒸馏塔(C101)催化剂、加氢脱硫塔(C301)催化剂；详细介绍了塔内催化剂的催化原理以及催化剂上发生的化学反应；通过对各塔产品、操作参数等的研究、分析催化剂性能降低的原因及带来的影响，采取合理有效的措施，延长催化剂的使用寿命。在保证产品质量的前提下，最大化的发挥催化剂末期性能，从而做到挖潜增效、降低企业成本、以获取更大的经济效益。

关键词　催化剂，选择性加氢，加氢脱硫，活性烯烃，硫含量

1　概述

1.1　原理

1.1.1　选择性加氢蒸馏塔

选择性加氢蒸馏塔(C101)为汽油加氢醚化装置第一座集反应与蒸馏于一体的塔。利用汽油沸点的不同，实现对汽油中 C5、C6、C7 组分和 C8 以上组分的分离。该塔是由 38 层塔板构成的板式精馏塔，塔径 2.3 米。选择性加氢蒸馏塔内第 6~7 层塔板之间填装有钯基质催化剂模块、在第 7~8 层塔板之间填装有由镍和钯共同组成的催化剂模块、在第 8~9 层之间填装有镍基质催化剂。催化剂模块在选择性加氢蒸馏塔内的装填情况如图 1 所示。

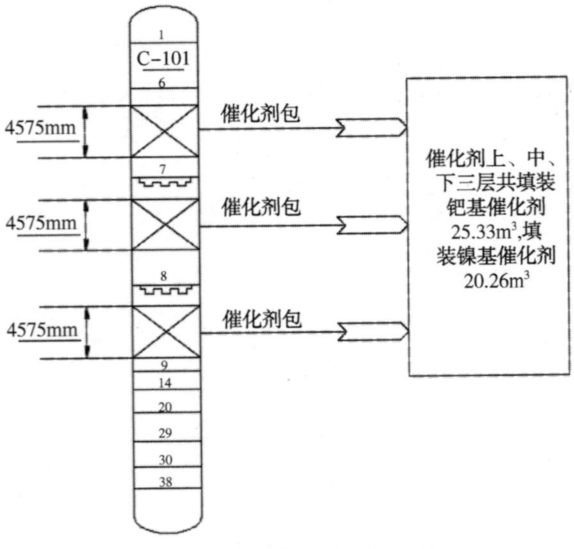

图 1　C101 催化剂填装情况

选择性加氢蒸馏塔中的镍基和钯基两种催化剂装填在 CDTECH 公司专利的结构填料 CDModules 中，这两种催化剂在加氢蒸馏塔内发生四种类型的化学反应，分别是硫醚化反应、选择性加氢反应、加氢异构化反应和二烯烃饱和反应。

硫醚化反应发生在镍基质催化剂上，即硫醇与二烯烃发生醚化反应生成重硫醚并沉积在塔底；加氢反应和异构化反应发生在钯基催化剂上。加氢异构化反应机理是，按热力学平衡方式通过双键异位将烯烃转化为各自相应的异构物。二烯烃饱和反应，即一小部分烯烃进行烯烃饱和反应，将正戊烯和异戊烯转化为其相应的正戊烷和异戊烷。控制选择性加氢蒸馏塔氢气注入量，避免系统内烯烃过度饱和。

催化裂化稳定汽油经过选择性加氢蒸馏单元的调整，可降低汽油中二烯烃的含量，增加汽油的诱导期；提高汽油中活性烯烃含量；将汽油中的硫醇转化为硫醚，减少侧抽汽油中硫醇和二烯烃含量。

1.1.2　加氢脱硫蒸馏塔

在加氢的条件下，重汽油中的硫化物与氢气反应生成硫化氢和脱硫重汽油，并尽可能的减少烯烃饱和。加氢脱硫蒸馏塔(C301)中包含五个单独的催化剂模块，每个模块的催化剂被填装在规整的填料里，催化剂的主要成分为 COO 和 MOO3，催化剂系统顶部的规整填料将热量传递给相对冷的回流液，以此来提高回流液温度达到反应温度。具体反应方程式如下：

$$S^{2-}+H_2 \longrightarrow H_2S$$

五个单独的催化剂模块在加氢脱硫蒸馏塔内的装填情况如图 2 所示。

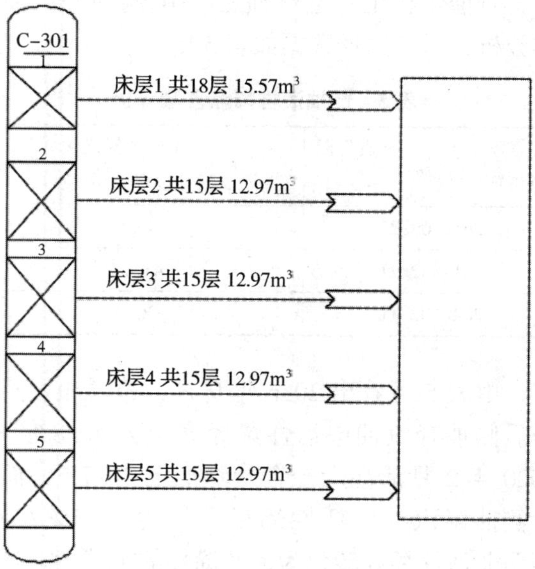

图 2 C301 催化剂填装情况

1.2 催化剂运行现状

1.2.1 选择性加氢蒸馏塔

选择性加氢蒸馏塔(C101)催化剂于 2009 年 10 月投入使用，截至 2020 年 5 月，已经使用 10 年 7 个月。催化剂填装及使用寿命等参数如表 1 所示。

表 1 选择性加氢蒸馏塔催化剂运行参数

设备名称	选择性加氢蒸馏塔	
催化剂名称	镍基催化剂	钯基催化剂
装填量	10t(20.26m³)	10.8t(25.33m³)
装填日期	2009 年 10 月	2009 年 10 月
使用周期/年	10 年 7 个月	10 年 7 个月
设计使用寿命/年	9	9

由表 1 看出选择性加氢蒸馏塔内的镍基催化剂与钯基催化剂设计使用寿命为 9 年，现均超出其设计使用寿命。

为了保证选择性加氢蒸馏塔侧抽轻汽油活性烯烃含量、二烯烃含量、汽油诱导期等指标合格，选择性加氢蒸馏塔内各项操作参数日趋苛刻。设计参数与实际参数如表 2 所示。

表 2 选择性加氢蒸馏塔相关参数

项目	设计值	实际值				
		2016/1/27	2017/1/31	2018/9/27	2019/1/28	2020/6/1
C101 顶压/MPa	0.572	0.53	0.53	0.54	0.54	0.58
C101 底温/℃	212	204	212	214	214	215
氢气注入量/(Nm³/h)	108	—	—	200	200	172

由表 2 看出 2016~2020 的五年内加氢蒸馏塔塔顶压力逐年上升，目前塔顶压力已经超过设计值；塔底温度距 2016 年已上升 11℃，自 2018 年 9 月，塔底温度已经超出设计值；塔内氢气注入量远远高于设计值。

1.2.2 加氢脱硫蒸馏塔

加氢脱硫蒸馏塔(C301)催化剂于 2013 年 10 月投入使用，设计使用寿命 6 年，截止到 2020 年 5 月已经使用近 7 年。加氢脱硫塔催化剂填装及使用寿命等运行参数如表 3 所示。

表 3 加氢脱硫塔催化剂运行参数

设备名称	加氢脱硫塔
催化剂名称	加氢脱硫催化剂模块(五层)
装填量	23.2t(67.45m³)
装填日期	2013 年 10 月
使用周期	6 年 7 个月
设计使用寿命/年	6

由表 1.3 可以看出，重汽油加氢脱硫催化剂设计使用寿命为 6 年，现已超出其设计使用寿命。

为了保证重汽油产品脱硫率、辛烷值等参数合格，加氢脱硫蒸馏塔内的操作参数日趋苛刻，表 4 为 2015~2020 年加氢脱硫蒸馏塔塔顶温度、塔顶压力等相关操作参数。

表 4 加氢脱硫蒸馏塔相关操作参数

日期	C301 塔顶温度/℃	上床层温度/℃	C301 塔顶压力/MPa	C301 进料量/(kg/h)
2015/11	237	243	1.16	18.0
2015/12	251	260	1.39	18.9
2016/01	239	246	1.17	18.0
2016/04	235	242	1.26	17.0
2017/01	255	260	1.47	14.4
2017/07	259	267	1.53	13.1
2018/07	265	272	1.53	14.4
2018/11	261	266	1.61	15.2

续表

日期	C301塔顶温度/℃	上床层温度/℃	C301塔顶压力/MPa	C301进料量/(kg/h)
2019/04	268	276	1.55	14.0
2019/11	267	282	1.69	15.5
2020/01	269	281	1.67	14.0
2020/04	266	281	1.60	12.4

操作条件变化趋势图如图3所示。

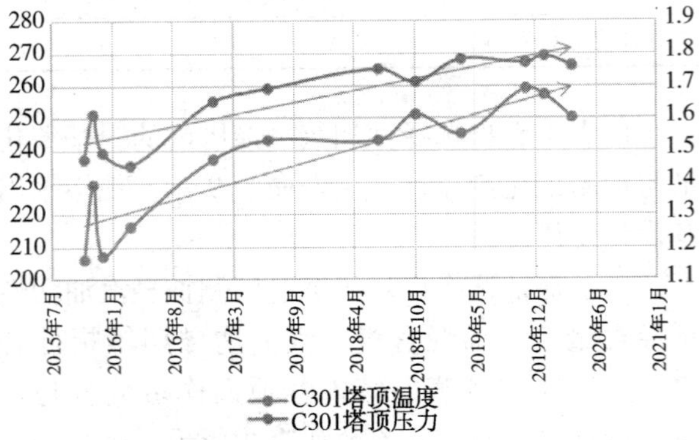

图3　C301塔顶温度及塔顶压力变化趋势图

通过表4及图3可以看出，在C301进料量变化不大的情况下，随着时间的推移，加氢脱硫塔塔顶温度、塔顶压力以及催化剂模块上床层温度均呈上升趋势。加氢脱硫塔塔顶设计温度为250~290℃，塔顶设计压力为1.38~1.90MPa，从最新操作数据可以看出其操作温度和操作压力均已靠近设计上限。

2　催化剂性能降低造成的影响

2.1　选择性加氢蒸馏塔

通过理论分析可以得出，镍基催化剂活性降低会使硫醇与二烯烃反应不完全，部分硫醇与二烯烃进入侧抽组分。钯基催化剂活性降低导致：(1)加氢反应发生在钯基催化剂上，钯基催化剂活性降低使得侧抽组分中二烯烃含量过高。(2)二烯烃在醚化预反应器中发生聚合反应，形成胶质等物质覆盖催化剂活性中心，堵塞催化剂孔道，使醚化单元预反应器和醚化蒸馏塔中的大孔径强酸性阳离子交换树脂催化剂寿命缩短，造成催化剂活性降低。(3)加氢异构化反应深度降低，部分非活性烯烃转化为活性烯烃的几率降低，选择性加氢蒸馏塔侧抽轻汽油活性烯烃含量降低；(4)活性烯烃含量降低使醚化轻汽油辛烷值降低。(5)选择性加氢蒸馏塔侧抽轻汽油烯烃含量较高，使醚化轻汽油诱导期降低。

对催化裂化稳定汽油、C101侧抽轻汽油做样分析，活性烯烃数据如表5所示。

表5　侧抽活性烯烃含量分析

分析日期 / 分析项目	C101侧抽轻汽油活性烯烃含量/%
2016/09/23	40.8
2017/02/21	41.13
2020/02/11	26.7

由表5可看出2016年9月，经过加氢蒸馏塔后侧抽轻汽油中活性烯烃含量为40.8%，到2020年2月活性烯烃含量降低至26.7%，而设计侧抽轻汽油中活性烯烃含量为47.1%左右，表明非活性烯烃转化为活性烯烃的量减少，异构化反应深度不够，钯基质催化剂性能降低。

对醚化轻汽油做样分析，汽油诱导期数据如下表6所示。

表6　汽油诱导期分析　　min

日期 / 样品	2017/2/10	2017/10/13	2019/3/18
醚化轻汽油	130	78	43

从表6可以看出，2017年2月，醚化轻汽油诱导期为130min，到2019年3月，诱导期降至43min。导致醚化轻汽油诱导期降低的主要原因是共轭二烯烃含量较高。镍基催化剂活性降低，导致硫醇与二烯烃反应不完全，部分二烯烃经选择性加氢蒸馏塔塔顶进入醚化单元，影响轻汽油产品诱导期；钯基催化剂的活性降低，选择性加氢蒸馏塔内加氢反应程度低，二烯烃含量高，导致醚化轻汽油诱导期降低。

对醚化轻汽油产品做样分析，样品中MTBE含量、TAME含量以及醚产品总和数据如下表7所示。

表7　醚化轻汽油醚含量对比

项目 / 日期	MTBE含量/%	TAME含量/%	醚产品总和/%
设计值	2.50	44.60	47.1
2015/03/09	2.81	33.52	36.33
2015/12/07	2.34	35.88	38.22
2016/03/19	2.05	23.24	25.29
2016/10/08	1.59	30.45	32.04
2017/03/17	2.74	22.54	25.28

续表

日期＼项目	MTBE 含量/%	TAME 含量/%	醚产品总和/%
2017/07/27	2.47	22.42	24.89
2018/06/01	1.63	19.99	21.62
2018/11/01	1.94	23.20	25.14
2019/03/19	1.88	21.4	23.28
2020/06/13	2.96	29.45	32.41

对醚产品总和作出趋势线如图 4 所示：

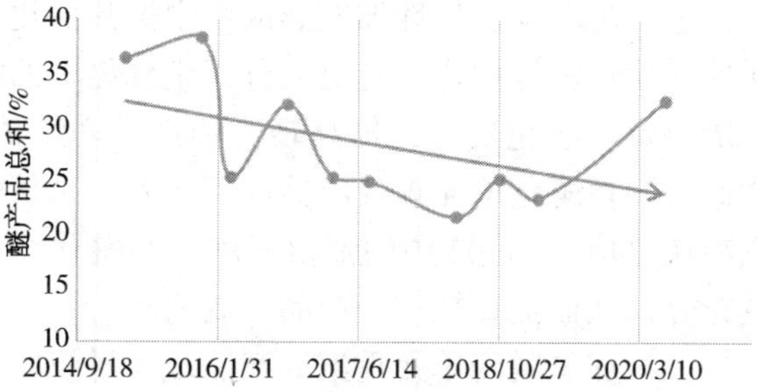

图 4　醚产品总和趋势线

结合表 7 及图 4 可以看出，醚化轻汽油产品中的 MTBE（甲基叔丁基醚）含量自 2015~2019 年 3 月呈下降趋势，同样时间段内 TAME（甲基叔戊基醚）含量也呈现下降趋势，且取样数据远低于设计值，反映出钯基催化剂活性大幅度降低，异构化反应弱，活性烯烃转化率低。（注：图 4 中的波浪式趋势线走向与取样时间和每年定期更换预反应器催化剂有关。）

2.2　加氢脱硫塔蒸馏塔

目前，加氢脱硫塔催化剂已处于使用末期，不断提高加氢脱硫塔温度及压力，重汽油会过度反应，产生焦质及汽油，这些胶质及汽油中含水溶性碱，影响系统及设备正常运行。通过对重汽油产品的研究可以总结出加氢脱硫塔催化剂的实际使用效果，重汽油相关参数如表 8 所示。

表 8　2013 年-2020 年醚化重汽油数据分析

时间＼项目	C301 脱后硫含量/ppm	C301 进料硫含量/ppm	脱硫率/%	C301 辛烷值损失/*RON*
2013 年 11 月 05 日	412	1274	68	3.1
2014 年 10 月 07 日	430	1362	68	4.3
2015 年 10 月 30 日	408	1402	71	4.5
2016 年 10 月 28 日	421	1537	71	4.4
2017 年 10 月 09 日	404	1489	73	4.2
2018 年 11 月 09 日	417	1695	75	4.6
2019 年 08 月 30 日	423	1664	75	5.2
2020 年 02 月 01 日	417	1603	74	4.9

结合图 3 及表 8 可以看出重汽油产品脱硫后，硫含量控制在 400~430ppm 的情况下，加氢脱硫蒸馏塔操作参数日趋苛刻，醚化重汽油脱硫后硫含量稳定，操作压力、温度持续增高，辛烷值损失加大；2013 年至今，重汽油脱硫后含量为 400~450 ppm，脱硫率 68%~75%，辛烷值平均损失 4.6 个单位，表明加氢脱硫塔催化剂催化性能降低。

3　催化剂性能降低的应对措施

通过表 1 及表 3 催化剂运行参数可以看出选择性加氢蒸馏塔与加氢脱硫塔催化剂已超出其使用寿命，是催化剂性能下降的直接因素。在实际生产中及时积累操作经验，尽可能地避免催化剂失活，严格按照操作规定执行，并采取合理有效的措施保证产品质量，发挥催化剂后期的催化性能。

提高选择性加氢蒸馏塔、加氢脱硫塔催化剂床层温度及塔压。通过表 2 及图 3 可以看出为保证产品质量合格，塔内温度及压力逐年呈上升趋势，高温、高压条件下催化剂活性进一步提升。

适当增加氢气注入量，提高氢分压。在选择性加氢蒸馏塔内，由于镍基和钯基催化剂活性降低，导致侧抽轻汽油中二烯烃含量超标，通过提高新鲜氢量或改变压缩机负荷，提高循环氢量尽可能的使二烯烃饱和。在加氢脱硫塔内，根据加氢脱硫反应原理，氢气是参加化学反应的反应物，增加氢气注入量促进反应的正向进行，使得重汽油脱硫更彻底。

调整进料位置。加氢脱硫塔有两个进料位置，分别在第 2、3 层催化剂床层之间和第 3、4 层催化剂床层之间，目前进料主要依靠上进料口进料，现可增加下进料口进料量，使重汽油通过更多的催化剂床层，通过增加重汽油在脱硫催化剂上的停留时间和接触面积，保证重汽油产品质量。

定期分析催化原料中重金属含量。严格控制脱砷塔反应温度及反应压力确保进料中的重金属含量在设计范围内，若原料通过脱砷塔后重金属含量依旧超标，可利用现有流程改为串联方式，或提高原料缓冲罐 D101 压力等措施，降低原料流速，增加烃类在脱砷塔内的停留时间从而避免催化剂的重金属中毒。

严格控制加氢脱硫塔内 H_2S 含量在 200～300ppm。控制塔 C301 中 H_2S 的含量，确保催化剂处于高活性的硫化态。

4 结论

对选择性加氢蒸馏塔的操作参数以及侧抽轻汽油中活性烯烃含量、汽油诱导期、醚化轻汽油醚含量对比分析，发现选择性加氢蒸馏塔内的镍基和钯基催化剂活性降低。对加氢脱硫蒸馏塔的操作参数以及重汽油产品脱硫率、重汽油辛烷值损失值进行分析，发现加氢脱硫塔催化剂催化活性降低。

催化剂性能降低的直接原因是催化剂使用寿命到期，通过提高塔内温度、压力激发催化剂的催化性能、增加氢气注入量、调整加氢脱硫塔进料位置、分析催化原料中重金属含量、控制加氢脱硫塔内 H_2S 含量、严格控制各项工艺参数等有效措施保证产品质量。

通过对选择性加氢蒸馏塔、加氢脱硫塔催化剂性能的研究证明其催化性能降低，催化剂使用寿命已达期限。距离 2021 年装置大检修还有 1 年时间，为了保证选择性加氢蒸馏塔侧抽轻汽油组分中活性烯烃含量、二烯烃含量、汽油诱导期、轻汽油辛烷值以及加氢脱硫塔重汽油硫含量、重汽油辛烷值在规定指标内，为此当汽油产品不合格时，最紧迫的任务就是调整工艺条件。

（1）醚化单元醚化轻汽油产品诱导期持续降低。

醚化轻汽油产品诱导期降低的主要原因是轻汽油产品中共轭二烯烃含量过高：①通过适当增加选择性加氢蒸馏塔氢气注入量，提高氢分压，使钯基质催化剂上的二烯烃饱和反应更充分，从而提高轻汽油产品诱导期。②提高选择性加氢蒸馏塔塔内温度和压力使二烯烃饱和反应、硫醚化反应更彻底。

（2）醚化单元醚化轻汽油产品辛烷值降低，产品不合格（轻汽油产品研究法辛烷值<96.5）。

醚化轻汽油产品辛烷值降低的主要原因是醚化单元反应生成的醚产品较少：①在设计范围内，通过提高选择性加氢蒸馏塔内的温度和压力，进一步激发选择性加氢蒸馏塔中钯基催化剂活性，使加氢异构化反应更充分，生成更多的活性烯烃参与醚化反应，提高轻汽油产品辛烷值。②通过调整醚化单元预反应器前后压差，延长轻汽油在 R401、R402 中的停留时间，使醚化反应更充分，从而提高轻汽油产品辛烷值。

（3）加氢脱硫单元重汽油产品硫含量高，重汽油产品不合格（重汽油硫含量>600ppm）。

重汽油产品硫含量高的原因是加氢脱硫塔内重汽油脱硫反应不彻底：①通过增加加氢脱硫塔内氢气注入量，提高氢分压，促进脱硫反应正向进行。②提高加氢脱硫塔内温度、压力，使反应更充分。③增加加氢脱硫塔塔顶回流量，确保产品质量。④对压缩机 K301 出口循环氢中 H_2S 含量进行测量，确保 H_2S 含量在 200～300ppm，防止催化剂去硫化降低催化活性。

参 考 文 献

[1] 王健．催化轻汽油醚化工艺综述[D]．天津：天津大学；2010 年．

[2] 叶玲．汽油醚化装置长周期运行的可行方案研究[D]．兰州：兰州大学，2015.

[3] 李秋颖，孔祥冰，张松显，等．催化轻汽油醚化催化剂催化性能评价[J]．当代化工，2014，43(04).

[4] 孙守华．FCC 汽油选择性加氢装置产品低辛烷值原因分析及改进措施[J]．石油与天然气化工，2018，47(01).

[5] 王瀛，黄星华．催化轻汽油醚化-选择性加氢精制的工艺技术应用[J]．石化技术，2018，25(12)：60-61.

[6] 郭娟．FCC 轻汽油醚化降烯烃催化剂的研究[D]．北京：北京化工大学，2009.

[7] 王立稳，李风旭，李明丰，等．H2S/H2 硫化温度对 MoP/SiO2 催化剂硫醚化性能的影响[J]．燃料化学学报，2019，47(05)：621-628.

[8] 轻汽油醚化装置操作规程．格尔木炼油厂，2009.

改变碳四原料组成对烷基化装置运行的影响

田建锋　陈向平　杨孝林

（中国石油青海油田格尔木炼油厂）

摘　要　离子液法碳四烷基化装置以炼厂液化气中碳四为原料，液化气中的碳四烯烃及异丁烷在离子液催化剂的作用下反应生成不含硫，不含烯烃、不含芳烃的高辛烷值烷基化汽油。原料中异丁烷和烯烃含量的改变对装置的产量、烷油辛烷值及能耗有着非常重要的影响。本文通过对比MTBE装置未反碳四和气分轻碳四两种原料在烷基化装置的运行数据，分析原料结构改变对烷基化装置的影响，为离子液烷基化装置提供了优化运行的技术参考，具有较强的指导意义。

关键词　烷烯比，加氢异构化，辛烷值，正丁烯占比

1　前言

格尔木炼油厂烷基化装置采用离子液法，由原料预处理系统、反应系统、压缩制冷系统、精制分馏系统、离子液再生、、废离子液处理、公用工程七部分组成。装置自2019年开工，长期采用MTBE未反碳四为原料生产。2020年3月，引入聚丙烯气分单元的轻碳四作为烷基化装置原料组织生产，获得了成功的运行经验。装置进料量保持在5000-6000NM^3/h，至完全恢复MTBE进料，共运行76h，产出烷基化油约380t，平均消耗异丁烷0.316t/吨烷油，烷油辛烷值最低95.1，获得了宝贵的运行数据。

2　反应机理

碳四烷基化合成指的碳四烃是异构烷烃和烯烃的合成反应，主要指异丁烷和丁烯的合成反应，是一种通过下式所示的化学反应将石油炼制工业中的催化裂化反应产物碳四烃组分或石油化工的裂解乙烯装置的抽余组分转化为碳八支链异辛烷的催化反应过程：

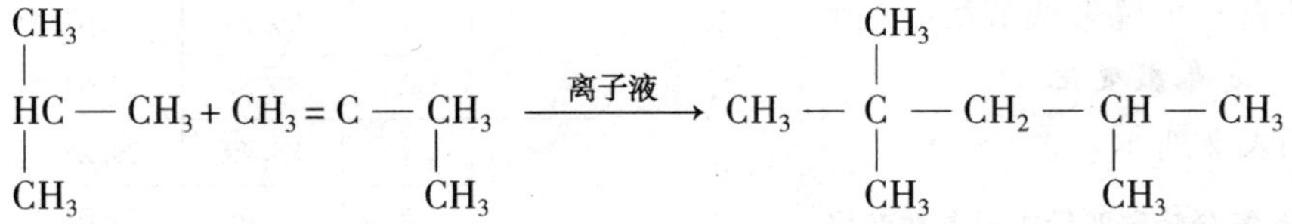

采用复合离子液体做催化剂，原料中的2-丁烯与异丁烷烷基化主要生成高辛烷值的2，2，4-三甲基戊烷、2，3，4-三甲基戊烷、2，3，3-三甲基戊烷（RON 100～106）；异丁烯与异丁烷烷基化反应生成辛烷值为100的2，2，4-三甲基戊烷（异辛烷）；加氢异构后残余的1-丁烯与异辛烷烷基化时，则主要生成辛烷值较低的2，3-二甲基己烷（RON 71）。

实际上，除了上述反应外，受反应温度、酸烃比、烷烯比、催化剂活性等因素的影响，一次性反应产物和原料还可能发生裂化、叠合、异构化、歧化和自身烷基化等副反应。

3　运行分析

3.1　装置物料组分及组成

表1　烷基化装置引入气分轻碳四前后原料组成对比

样品名称 项目	丙烷	丙烯	异丁烷	正丁烷	反丁烯	正丁烯	异丁烯	顺丁烯	C5	烯烃百分含量	烷烯比
气分轻碳四组成(2.26)	0.24	0.12	37.19	11.9	9.36	14.47	21.23	5.12	0.37	50.3	0.74
MTBE碳四组成(3.4)	0.47	0.19	49.87	13.17	11.52	18.88	0.06	5.41	0.41	36.07	1.77
气分轻碳四E107后(3.7)	0	0.02	36.16	13.34	18.12	1.18	21.41	9.14	0	50.19	0.99

续表

项目 \ 样品名称	丙烷	丙烯	异丁烷	正丁烷	反丁烯	正丁烯	异丁烯	顺丁烯	C5	烯烃百分含量	烷烯比
MTBE 碳四 E107 后(3.4)	0	0.38	49.96	14.75	21.53	2.13	0.1	11.15	0	35.29	1.83
原料组成差值（MTBE-气分）	0.23	0.07	12.68	1.27	2.16	4.41	-21.17	0.29	0.04	-14.23	1.03
E107 后组成差值（MTBE-气分）	0	0.36	13.8	1.41	3.41	0.95	-21.31	2.01	0	-14.89	0.84

如表 1 所示，MTBE 剩余碳四原料中，烯烃占比为 36.07%，烷烯比为 1.77，经加氢、脱轻烃后，烯烃占比为 35.29%，烷烯比 1.83，在烷基化反应分子比为 1∶1 的情况下，烷基化装置单纯使用 MTBE 原料存在烯烃不足、异丁烷部分外送的情况。气分轻碳四原料中烯烃占比 50.3%，烷烯比 0.74，经加氢、脱轻烃后，烯烃占比为 50.19%，烷烯比 0.99，烯烃含量高，异丁烷含量不足。通过两种原料中有效组分的对比也可以看出，MTBE 碳四原料中的异丁烷高出气分轻碳四 13%左右，气分轻碳四中异丁烯含量高出 MTBE 碳四 21%左右，总烯烃含量高出 MTBE 原料 15%左右，其余组分含量均有不同程度差异，但差异相对较小。烷基化反应器进料烷烯比(体积)设计为 8～12∶1，如装置单独使用气分轻碳四进料，则会消耗系统异丁烷，导致系统烷烯比降低，副反应加剧，影响产品质量，实际生产中需要补充异丁烷来调节反应烷烯比。

3.2 装置运行主要参数变化

具体数据如表 2 所示。

表 2 引入气分轻碳四后主要参数变化

时间	项目	R101 出口温度/℃	R201A 出口温度/℃	R201B 出口温度/℃	反应温升/℃
3.6	1	91.47	22.19	23.05	2.36
	2	86.86	22.71	23.46	2.54
	3	84.45	24.29	25.17	3.10
	4	85.65	26.86	27.59	3.51
3.7	1	86.47	27.77	28.62	3.21
	2	88.29	28.91	29.91	3.41
	3	88.70	28.30	29.08	2.89
	4	88.60	28.11	29.09	3.20
	5	86.70	28.00	28.45	2.81
	6	88.40	28.64	29.52	3.55
	7	86.15	30.10	31.08	3.69
	8	85.47	30.83	31.77	3.43

续表

时间	项目	R101 出口温度/℃	R201A 出口温度/℃	R201B 出口温度/℃	反应温升/℃
3.8	1	86.10	30.78	31.33	3.23
	2	86.67	30.00	31.00	3.48
	3	87.00	28.67	29.67	3.05
	4	89.55	28.34	29.21	2.91
	5	88.15	28.06	28.96	3.15
	6	87.50	28.96	30.07	3.49
	7	87.00	29.28	30.36	3.27
	8	85.33	29.25	30.38	3.33
3.9	1	86.23	29.18	30.16	3.02
	2	87.61	29.82	30.79	3.27
	3	88.27	28.88	30.02	3.10
	4	87.88	28.21	29.33	3.05
	5	89.10	27.73	28.80	3.03
	6	88.77	28.50	29.80	3.21
	7	89.33	27.67	28.67	2.80
	8	80.67	27.67	28.67	3.04
3.10	1	85.49	29.25	30.53	3.29
	2	87.05	29.03	30.59	2.94
	3	90.25	26.80	28.33	2.40
	4	96.89	24.13	25.56	1.81

3.3 加氢反应器出口温度变化

具体如表 2、图 1 所示。

由表 2 和图 1 数据结合趋势可以看出，装置引入气分轻碳四进料后，由于气分轻碳四中正丁烯含量低于 MTBE 碳四，在保持加氢反应器(R101)进口温度在 60～61℃不变的情况下，加氢反应器出口温度明显下降，加氢异构化反应减弱。针对此种情况，装置提高了加氢反应氢气补入量，氢气量由 5.5～6.0kg/h 调整至 6.0～6.5kg/h。通过增加加氢反应器氢气量的调整措施，加氢反应器 R101 出口温度下降趋势减缓，逐步稳定在84~88℃之间平稳运行，丁烯异构化率平均值85.7%，调整前后差异不大。

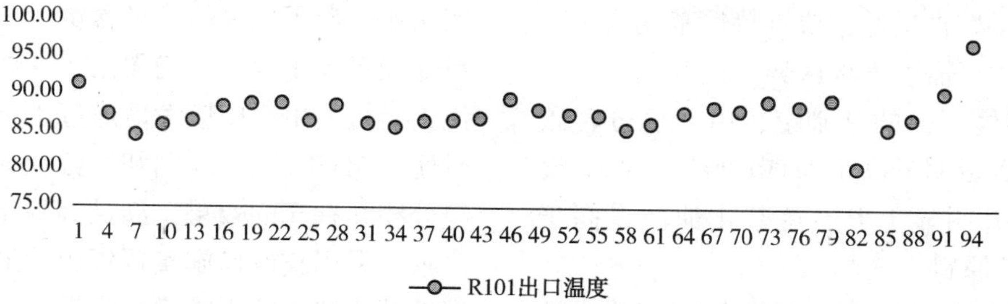

图1 加氢反应器出口温度变化趋势图

3.4 加氢异构化反应变化

具体数据如表3所示。

由表3统计数据可以看出，装置引入气分轻碳四进料后，经调整氢气量，加氢异构化率基本保持稳定。丁烯异构化率平均85.7%，原料改变前后差异不大。但加氢反应器出口原料中正丁烯占比明显降低，正丁烯异构化效果增强，对后续烷基化反应及产品质量提高较为有利。

表3 加氢异构化反应数据对比

时间	项目	正丁烯占比/%	异构化率/%	引入前正丁烯占比/%
3.6	中	9.75	79.76	9.75
3.7	夜	6.8	84.7	7.13
	早	3.58	87.5	7.7
	中	9.5	85.67	6.72
3.8	夜	4.41	84.01	6.95
	早	4.76	86.49	6.81
	中	3.79	87.2	7.07
3.9	夜	2.89	90.26	6.1
	早	4.51	87.23	6.1
	中	5.67	87.72	8.08

续表

时间	项目	正丁烯占比/%	异构化率/%	引入前正丁烯占比/%
3.10	夜	7.01	81.8	7.59
	早	8.63	82.33	5.2
	中	3.12	91.24	6.75

3.5 烷基化反应器(R201AB)出口温度及反应温升

如图2、图3所示，烷基化反应器引入气分轻碳四原料后，反应器出口温度上涨幅度大，烷基化反应器出口温度平均上涨了7~8℃。说明烷基化反应放热量大，反应效果好。在维持冷剂温度恒定不变的情况下，反应温升上涨明显，烷基化汽油产量有较大幅度的提升，烷基化反应温度可以通过提高循环冷剂量，提高换热冷剂量等手段进行控制，保证反应温度在指标范围内，从而使烷油产量和质量均向好的方向发展。与MTBE碳四原料相比，反应温升明显上升，表现出好的反应趋势。

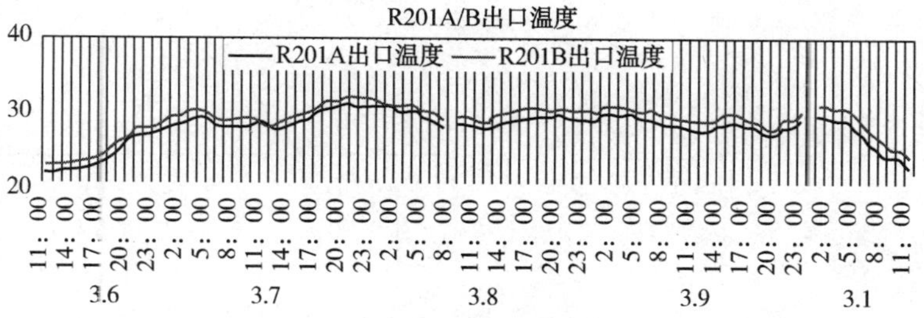

图2 烷基化反应器出口温度变化趋势图

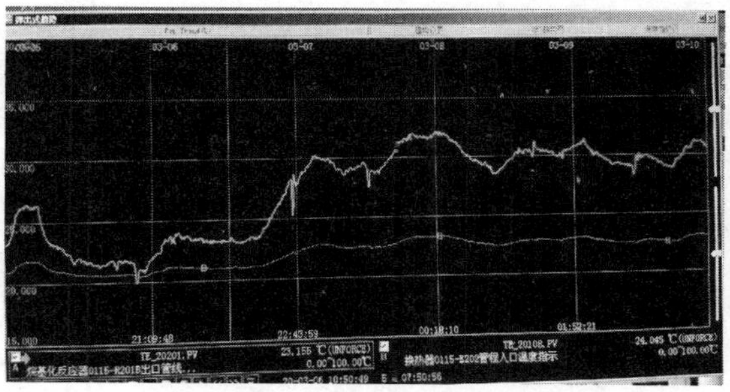

图3 DCS反应温升趋势图

4 小结

4.1 引入聚丙烯装置气分单元轻碳四作为原料后，加氢反应器出口温度下降，需要及时增加氢气补入量来维持加氢异构化反应。

4.2 加氢后丁烯异构化率平均值调整前后差异小，说明加氢反应器可以满足原料组成改变后对烯烃的处理。

4.3 与 MTBE 未反碳四原料相比，气分单元轻碳四中异丁烷含量低，要维持烷基化反应需要的正常烷烯比，需引入罐区异丁烷补充。

4.4 在同处理量的基础上，由于气分轻碳四原料中烯烃含量明显高于 MTBE 原料，因此烷基化反应器温升明显上升，烷基化油产量高于 MTBE 未反碳四原料。

4.5 由于气分轻碳四烯烃含量高，造成烷基化反应加剧，反应器出口温度涨幅较大，对产品辛烷值造成影响。

5 结论

石油液化气中异丁烷和碳四烯烃是烷基化反应的主要原料。MTBE 未反碳四和气分单元轻碳四相比，异丁烷多但烯烃含量少，气分轻碳四原料烯烃多异丁烷少，均无法实现烷基化装置的最优化运行。生产中应考虑通过优化原料配比，同时使用 MTBE 未反碳四和气分轻碳四，达到原料组分相互补充的效果，满足烷基化装置对原料的要求，采用技改措施实现资源的最优化利用，提高烷基化装置运行效率，降低装置运行能耗，不断提高烷基化装置的运行效益。

适用于石油馏分研究的基团贡献法改进思路

刘 杨 张玉东 王晓斌 刘 川 牛玉龙

(中国石油锦州石化分公司)

摘 要 在石油馏分研究过程中，尤其是模拟计算过程中常采用虚拟组分法(假组分法)和真组分法。两种方法的主要区别是物性数据的获取方法不同。其中虚拟组分法是自定义一组或多组实沸点切割集，这些切割点定义每一个组分的沸程作为虚拟组分，虚拟组分其余的临界性质和物理性质，可以根据虚拟组分的平均沸点、平均相对分子质量和比重采用相应关联式得到。而真组分法的组分物性是把各个窄馏分的烃族化合物(烷烃、环烷烃、烯烃和芳香烃)，作为所要选定的真组分的候选组分，再查询现有已知数据获得物性数据，但结构复杂的纯物质很难得到，其物性需要通过基团贡献法得到。文献表明，真组分法较虚拟组分法更适用于石油馏分的研究模拟，但对于分子结构复杂的有机化合物，其物性数据很难通过纯物质测量得到，多采用基团贡献法来计算物性数据。分析技术的发展和大量研究机构的共同参与，基团贡献法不断随着补充完善，已经成为研究复杂化合物的重要工具。其中 Marrero-Pardillo 法既考虑价键两端基团的结构，又考虑环及双环的结构，符合通过结构描述石油馏分的需求。但该方法只能预测沸点和临界性质，不能预测热力学性质。Benson 法能够计算摩尔生成焓等热力学性质，但不能计算沸点和临界性质。本文通过大量数据处理工作关联了 Marrero-Pardillo 法和 Benson 法的基团划分方式，建立了两种基团贡献法的联用方法，并编制了方便的物性计算工具，为石油馏分研究提供了一种新的思路。

关键词 基团贡献法，物性计算，石油馏分，虚拟组分，真组分

现代计算机模拟技术已经广泛的应用于石油炼化企业中。在模拟计算过程中，无论分离过程还是反应过程，组分的确定是至关重要的一环。组分的热力学性质、物理性质数据是否准确，是模拟的关键所在。石油及其产品是各种烃类和非烃类化合物组成的极为复杂的混合物。其中组分数量众多，以现有的分析手段，很难确知其详细的化学组成。与研究纯物质不同，石油馏分必须用特殊方法来描述。目前石油馏分的描述通常采用虚拟组分法(也称假组分法)，也有一些研究结构和学者采用真组分法。在国外文献的报道种，还提到了原油分子模拟技术。虚拟组分法、真组分法抑或其它石油馏分划分方法最终的目的都是为了确定组分的性质数据，来进行模拟计算。本文先介绍虚拟组分法和真组分法的基本概念和步骤，讨论两种方法获取物性数据的优缺点，然后提出一种通过改进的基团贡献法来获得物性数据的思路。

1 石油馏分描述方法简介

1.1 虚拟组分法(假组分法)

Katz 和 Brown 在三十年代提出了“假组分”，即虚拟组分的概念。现代石油馏分汽液平衡和石油精馏的解析计算都是采用假多元系处理方法(也称假组分法)。石油馏分的虚拟组分处理就是利用可以测得的数据，如整个馏分的密度和恩氏蒸馏或实沸点蒸馏数据(ASTM D86，ASTM D1160A，STM D2887 等)，采用适当步骤和关联确定各个虚拟组分的切割范围和性质[1]。将分析数据转换成虚拟组分的过程分为以下四步：

(1) 将原油划分为 5~10 ℃窄馏分，每一窄馏分对应一种虚拟组分。虚拟组分在计算中可视为一种已知沸点的烃类物。自定义一组或多组实沸点切割集，这些切割点定义每一个组分的沸程。

(2) 将每组蒸馏数据转化成标准大气压下的实沸点。

(3) 从生成的工作曲线中可以确定每一个虚拟组分的标准沸点、平均相对分子质量、密度和粘度。将每条曲线生成的实沸点蒸馏曲线数据各自拟合成一条连续曲线，然后切割每根曲线，决定每个虚拟组分所占的百分比。

(4) 对于每一个虚拟组分其余的临界性质和物理性质，可以根据虚拟组分的平均沸点、平均

相对分子质量和比重采用相应关联式(Kesler-Lee, Riazi--Daubcrt, Winll, Edmister, APl 等经验关联式)计算得到。

虚拟组分法是被广泛应用的一种方法，它很好的应用于各种流程模拟软件当中，有美国 AspenTech 公司的 Aspen Plus、Hysys，美国 SimSci-Esscor 公司的 Pro/II，英国 PSE 公司的 gPROMS，美国 Chemstations 公司 ChemCAD，美国 WinSim 公司的 Design II，加拿大 Virtual Materials Group 的 VMGSim 等。是处理石油及其馏分最基本的方法。虚拟组分法也存在的问题也是显而易见的，各个虚拟组分的性质都需要经验关联式来估算。自上世纪三十年代以来，研究学者所提出的石油馏分物性关联式很多，总体来说有以下问题：

(1) 物性计算的关联式较多，关联式的选择比较困难。

(2) 关联式之间性能存在较大差异，缺乏系统性，合理搭配各公式依赖研究人员的经验。

(3) 关联式多为经验公式，适用范围均较窄。

(4) 难以利用纯物质数据库及化工热力学方面现有成果，不利于物性方法的发展。

1.2 真组分法

1992 年，杜英生等提出了石油馏分的真组分算法，其核心思想是把石油馏分设想为仅由真正构烷烃构成的多元混合物。即用正构烷烃的常压沸点数据切割石油馏分的实沸点曲线，把切割出来的虚拟组分当作相应的正构烷烃处理，其物性数据均采用正构烷烃的确定的物性数据。王健红等利用石油馏分的实沸点蒸馏曲线，并根据原油的实际情况，提出了“实组分切割法”，采用单个实组分代替单个窄馏分的方法，选择的实组分主要是正构烷烃和芳烃。Eekert 等提出了描述石油馏分的“真组分法”，用不同窄馏分体现不同的分子结构信息，采用单个烃类化合物代替单个窄馏分的方法。

前文所述三种真组分法最终都是将窄馏分用烃类化合物来代替，方便利用现有的纯物质性质数据来进行下一步的工作。真组分法的具体步骤如下：

(1) 得到石油馏分的实沸点蒸馏曲线，或将得到的恩氏蒸馏曲线转化为实沸点蒸馏曲线。

(2) 定义一个切割集，用于切割蒸馏曲线。

(3) 将石油馏分按照实沸点蒸馏曲线切割成若干个窄馏分。

(4) 参考专著或文献中石油馏分烃类化合物数据，或实验测得的各窄馏分或全馏分的族组成或结构族组成分析数据，针对每个窄馏分，先收集属于这个窄馏分的烃族化合物(烷烃、环烷烃、烯烃和芳香烃)，作为所要选定的真组分的候选组分。

(5) 根据窄馏分的实际情况，从候选纯组分中选择最具代表性的物质将窄馏分代替。

利用真组分法描述石油馏分，石油馏分的化学组成就能够更加真实的反映出来，这样，很多物性参数就能够直接查到，不需要相应的关联式来估算，一些不能查到的物性也可以根据具体的结构，利用基团贡献法更准确、更方便的计算出来。所以，在一定程度上利用真组分法描述石油馏分比虚拟组分法更加有优势。

总的来说，石油馏分的真组分是在分析石油馏分组成的基础上，利用几十种具有特定的化学结构的化合物来表示石油的真实组分。这几十种化合物的基团组成是组成石油馏分的主要基团，其性质能够反映出石油馏分的性质，此种方法至少相较杜英生的正构烷烃真组分法能更精确地描述石油馏分的特性。石油馏分采用真组分描述后，其化学组成能够被更真实的反映出来，对于组成的物性，可以查询现有已知数据获得物性数据，但结构复杂的纯物质很难得到，其物性需要通过基团贡献法得到。

2 基团贡献法理论介绍与发展现状

2.1 基团贡献法的基本理论

基团贡献法的原理是把纯物质和混合物的物性看成是构成它们的基团对物性贡献的加和。运用热力学原理，推演出各种基团的贡献与物质物性之间的关联式；利用已有的大量实侧数据进行拟合，得到关联式中的基团参数及其它关联常数；然后用所到得的有限个基团参数与关联的数学模型来估算大量纯物质及混合物的物性。

基团贡献法预测物质物性成功与否，有三个重要的因素，首先是基团参数与物性的关联式有无充分的热力学理论基础，即估算所用的数学模型是否有物理基础；其次是拟合基团参数所选取的实验数据是否准确可靠；第三是基团划分方法是否适当，有无足够的细度。

2.2 基团贡献法的理论发展

自 1923 年 Macleod 提出计算液体等张比容的基团贡献法以后，六十年来基团贡献法得到了迅速的发展。德国学者 Riedel 在 1952 年最先有效地利用基团加和性原理来计算临界温度。1955 年，Lydersen 提出了第一个基团划分比较细致，估算结果较好的基团贡献方法。1968 年，Benson 法总结了 600 多种基团的热力学性质。1979 年，Ambrose 法被提出，其计算公式简单。1982 年，Fedors 论述的方法计算 Tc 时不需要正常沸点 Tb。1984 年，Joback 在实验数据和基团划分上都对 Lydersen 法作了补充和改进，其通过回归分析得到关联式。马沛生等人在 1990 年对 Ambrose 法进行改进，所得方法计算精度优于 Ambrose 法。而且使用单位及式中各参数的意义与 Joback 法相同，1994 年，Constantinou 和 Gani 针对其它方法未考虑分子中相邻基团间的相互影响以及不能区分同分异构体等方面的缺陷进行了改进，引入了二级基团，从而提出了新方法，1996 年，Wilson 和 Jasperson 提出了能同时计算无机物和有机物的方法，1999 年，Marrero-Pardillo 提出了键贡献法，以基团对为划分方式，考虑了基团在分子中的环境差别。最近几年出现了张克武-张宇英法和定位分布基团贡献方法等新方法。

总体上来说，随着分析技术的发展和大量研究机构的共同参与，基团贡献法不断补充完善，已经成为研究复杂化合物的重要工具。在大量文献中都有基团贡献法成功计算物性数据的例子。

2.3 基团贡献法的基团划分依据

如前文所述，基团贡献法的应用，关键是基团的划分方式、依据，基团划分的方式、依据直接影响贡献法的计算精确程度。从基团贡献法发展的历史来看，从单纯的原子划分方式到有机物官能团划分方式，再到二级基团乃至考虑对位基团的键贡献基团对法，划分方法逐渐趋于合理，既考虑的基团在分子中的环境，又不至于使基团数量过多。归纳目前主要的基团贡献法基团划分法的划分依据为：

（1）按功能团划分基团，这是基团划分的最基本依据，因为每种功能团往往表现出有其独特的物理化学性质，即使在不同类型的分子中也是如此，在同系物分子中规律性尤其明显。这正好与划分结构单元的目的相符合，而功能团之所以具有独特的物理化学性质，正是由于它所具有的是特定原子间的特定相互作用。

（2）参照基团所在分子的主体结构及其特点将同一基团再加细分，如：OH 基团，在醇与酚中表现出不一样的性质。

（3）按照分子的立体构型划定基团：顺反结构基团。

（4）在划分基团时往往把有共轭效应的基团分开：如 1，3 丁二烯中的 C-C 键比没有共轭分子中的 C-C 键要短一些。

（5）同系物的第一化合物被当作一个基团单独列出：如甲酸与羧基相连的是氢原子，而醋酸与羧基相连的是碳原子。

3 适用于石油馏分研究的基团贡献法改进

3.1 基团贡献法与石油馏分研究的关联

石油馏分以及石化中间产物中的化合物，尤其是重馏分中的化合物，含有复杂的支链结构，既含有环烷环又含有芳烃环，一个化合物可能存在多种环状结构。Marrero-Pardillo 法既考虑价键两端基团的结构，又考虑环及双环的结构，符合通过结构描述石油馏分的需求。但该方法只能预测沸点和临界性质，不能预测热力学性质。Benson 法能够计算摩尔生成焓等热力学性质，但不能计算沸点和临界性质。Constantinou-Gani 基团贡献法的基团取自 UNIFAC 基团，而 UNIFAC 基团最初目的是计算活度，其基团更侧重官能团，由多个核心原子组成，如噻吩基团、吡啶基团、酰胺基团和烯烃基团等，但其二级基团的判断较为复杂。

前文所述，真组分法研究石油馏分较虚拟组分法（假组分法）有一定的优势，更符合石油馏分的真实情况。但真组分法与虚拟组分法不同，真组分的物性需要通过查询物性数据库中测量过的真实数据，对于没有取得纯物质物性数据则要通过基团贡献法得到（相较之下，虚拟组分法只需选择关联式进行计算）。考虑石油馏分研究涉及分离过程、反应过程模拟对沸点、临界性质和热力学性质数据均有需求。较为适合的方案是联合采用 Marrero-Pardillo 法计算沸点和临界性质，采用 Benson 法计算热力学性质。一共关注沸点、临界温度、临界压力、临界体积、摩尔生成焓和标准摩尔熵这六个物性。联用两种基团贡献法的关键在于基团划分法的统一，Marrero-Pardillo 法使用的是基团对，理论上每种基团对等价于两个 Benson 法基团组合。由于 Benson 法规定的 600 多种基团中包含了大量无机元素基团，直接关联后数据过于庞大，对于石油馏分研究来说无必要。因此只需纳入 S、N、O、P 等石油馏分中常见元素，选取 106 个 Benson 法基团，和 175 个 Marrero-Pardillo 法基团对，共同构成石油馏分研究的基本基团划分方案(图 1、图 2)。

		△H° f298	S° f298K	Cp° 298K	Cp° 400K	Cp° 500K	Cp° 600K	Cp° 800K	Cp° 1000K	Cp° 1500K
		kJmol-1	Jmol-1K-1	Jmol-1K-1	Jmol-1K-1	Jmol-1K-1	Jmol-1K-1	Jmol-1K-1	Jmol-1K-1	Jmol-1K-1
1	CH3-(C)	-42.19	127.29	25.91	32.82	39.35	45.17	54.5	61.83	73.59
2	CH3-(=C)	-42.19	127.29	25.91	32.82	39.35	45.17	54.5	61.83	73.59
3	CH3-(Ct)	-42.19	127.29	25.91	32.82	39.35	45.17	54.5	61.83	73.59
4	CH3-(Cb)	-42.19	127.29	25.91	32.82	39.35	45.17	54.5	61.83	73.59
5	CH3-(O)	-42.19	127.29	25.91	32.82	39.35	45.17	54.54	61.83	73.59
6	CH3-(CO)	-42.19	127.29	25.91	32.82	39.35	45.17	54.5	61.83	73.59
7	CH3-(N)	-42.19	127.25	25.95	32.65	39.35	45.21	54.42	61.95	73.67
8	CH3-(S)	-42.19	127.29	25.91	32.82	39.35	45.17	54.5	61.83	
9	CH2-(2C)	-20.64	39.43	23.02	29.09	34.53	39.14	46.34	51.65	59.65
10	CH2-(C,=C)	-19.92	41.02	21.43	28.71	34.83	39.72	46.97	52.24	60.11
11	CH2-(C,Ct)	-19.8	43.11	20.72	27.46	33.19	38.01	45.46	51.03	59.44

图 1　Benson 基团贡献数据示例

	A	B	C	D	E	F	G	H
1				tbk	tb*k	tck	pck	vck
2				K	K	K	bar	cm3/mol
3	1	CH3(1)		11.41	98.48	-0.0144	1.8345	58.6
4	2	CH2(2)		22.90	198.22	-0.0185	1.3731	56.6
5	3	CH(3)		34.09	264.13	-0.0161	0.9124	48.3
6	4	C(4)		48.08	328.01	-0.0102	0.4525	42.2
7	5	=CH2(1)		2.82	67.90	-0.0076	1.3750	50.5
8	6	=CH(2)		27.76	194.17	-0.0136	0.9144	47.8
9	7	=C(3)		31.63	258.41	-0.0119	0.4527	38.0
10	8	=C=(2)		28.10	223.18	-0.0079	0.4604	35.5
11	9	≡CH(1)		-10.06	61.28	-0.0115	0.9183	42.1
12	10	≡C(2)		34.38	221.38	0.0032	0.4602	37.7

图 2　Marrero-Pardillo 基团贡献数据示例

关联工作需要收集 Marrero-Pardillo 基团对数据和 Benson 基团数据外($175\times106=18550$ 个数据)，还需建立一个基团对索引矩阵来关联两者的基团划分方法，即建立 Benson 基团和 Marrero-Pardillo 基团对的转换关系矩阵(图 3)。

		1	2	3	4	5
		CH3-(C)	CH3-(=C)	CH3-(Ct)	CH3-(Cb)	CH3-(O)
1	CH3- & CH3-	2				
2	CH3- &-CH2-	1				
3	CH3- & >CH-	1				
4	CH3- & >C<	1				
5	CH3- & =CH-		1			
6	CH3- & =C<		1			
7	CH3- & ≡C-			1		
8	CH3- & >CH- [r]	1				
9	CH3- & >C< [r]	1				
10	CH3- & =C< [r]				1	
11	CH3- & F-					
12	CH3- & Cl-					
13	CH3- & Br-					
14	CH3- & I-					
15	CH3- & -OH					1
16	CH3- & -O-					1
17	CH3- & >CO					
18	CH3- & -CHO					

图 3　Benson 基团和 Marrero-Pardillo 基团对的转换关系矩阵示例

然后按照 Marrero-Pardillo 基团对法(键贡献法)对目标化合物进行拆分，同时查询 Benson 和 Marrero-Pardillo 基团贡献数据(本文所用的基团贡献法数据来自于 Bruce E. Poling 等所著《The properties of gases and liquids》)。本文做了大量工作，将两个基团贡献法数据进行拆分关联，形成一个新的数据库(图 4)。

对序号	基团对	tcbk	pcbk	vcbk	tbbk	Mtbk	C-bk	H-bk
1	CH3— & CH3—	-0.0213	-0.0618	123.2	113.12	30	[illegible]	6
2	CH3— &—CH2—	-0.0227	-0.043	88.6	194.25	22	1.5	4
3	CH3— & >CH—	-0.0223	-0.0376	78.4	194.27	19.3333	1.333	3.3333
4	CH3— & >C<	-0.0189	-0.0354	69.8	186.41	18	1.25	3
5	CH3— & =CH—	0.8526	0.0654	81.5	137.18	21.5	1.5	3.5
6	CH3— & =C<	0.1792	0.0851	57.7	182.2	19	1.333	3
7	CH3— & ≡C—	0.3818	-0.232	65.8	194.4	21	1.5	3
8	CH3— & >CH— [r]	-0.0214	-0.0396	58.3	176.16	19.3333	1.333	3.3333
9	CH3— & >C< [r]	0.1117	-0.0597	49	180.6	18	1.25	3
10	CH3— & =C< [r]	0.0987	-0.0746	71.7	145.56	19	1.333	3
11	CH3— & F—	-0.037	-0.0345	88.1	160.83	34	-	3
12	CH3— & Cl—	-0.9141	-0.0231	113.8	453.7	50.45	-	3

图 4　Benson 和 Marrero-Pardillo 基团贡献法联用数据举例

为方便查询联用基团贡献法数据，本文开发了一个基团贡献法物性计算软件，输入基团划分数据可以自动查询出关联物性数据。

3.2　适用于石油馏分研究的物性计算软件编程实现

基团贡献法无论哪种理论，都是基于大量的实验数据归纳总结的。根据基团查询和计算数据是一个繁琐的过程，尤其复杂化合物。本文开发的软件工具关联了 Marrero-Pardillo 基团对数据和 Benson 基团数据，只需将目标化合物按 Marrero-Pardillo 基团对划分规则划分后，输入工具软件，便可利用内置算法计算加和后的沸点和临界性质，同时自动将目标化合物按 Benson 基团划分法划分，查询计算加和后的热力学性质。

Matlab 编程环境一直以来擅长处理大量数据，其中心思想"矩阵"处理拥有丰富的函数和工具。将所收集的各种基团贡献法数据和基团划分方法形成矩阵，输入到程序中(图 5)。

```
% Button pushed function: Button_4
function Button_4Pushed(app, event)
    data_matrix = xlsread('result/result2.xlsx'); %读取化合物基团表格
    M_P_Perssad_NUM_vec = data_matrix(:,1); %基团数量列
    %沸点计算
    tbbk1_SUM = sum(M_P_Perssad_NUM_vec'*data_matrix(:,7)); %基团沸点方法1沸点贡献
    tbbk2_SUM = sum(M_P_Perssad_NUM_vec'*data_matrix(:,8)); %基团沸点方法2沸点贡献
    Mtbbk_SUM = sum(M_P_Perssad_NUM_vec'*data_matrix(:,9)); %基团质量贡献
    B_P1 = (Mtbbk_SUM^-0.404) * tbbk1_SUM + 156 ; %沸点方法1计算GIC
    %B_P2 = tbbk2_SUM + 204.66 ;                  %沸点方法2计算GC
    app.KEditField.Value = B_P1;
    %app.KEditField_2.Value = B_P2;
    %临界温度计算
    tcbk_SUM = sum(M_P_Perssad_NUM_vec'*data_matrix(:,4));
    TC = B_P1/(0.5851-0.9286*tcbk_SUM -tcbk_SUM ^2);
    app.KEditField_2.Value = TC;
    %临界压力计算
    pcbk_SUM = sum(M_P_Perssad_NUM_vec'*data_matrix(:,5));
    C_bk_SUM = sum(M_P_Perssad_NUM_vec'*data_matrix(:,10));
    H_bk_SUM = sum(M_P_Perssad_NUM_vec'*data_matrix(:,11));
    F_SUM = sum(M_P_Perssad_NUM_vec'*data_matrix(:,18));
    Cl_SUM = sum(M_P_Perssad_NUM_vec'*data_matrix(:,19));
    Br_SUM = sum(M_P_Perssad_NUM_vec'*data_matrix(:,20));
    I_SUM = sum(M_P_Perssad_NUM_vec'*data_matrix(:,21));
    O_SUM = sum(M_P_Perssad_NUM_vec'*data_matrix(:,22)) + sum(M_P_Perssad_NUM_vec'*data_m
    N_SUM = sum(M_P_Perssad_NUM_vec'*data_matrix(:,23)) + sum(M_P_Perssad_NUM_vec'*data_m
    S_SUM = sum(M_P_Perssad_NUM_vec'*data_matrix(:,24)) + sum(M_P_Perssad_NUM_vec'*data_m
```

图 5　Matlab 矩阵处理代码示例

本质上，基团贡献法的特点是拆分化合物为基团，使拆分后的基团性质可测量、可加和。所以当基团性质矩阵建立完成后，可以进行各种操作编程，得到预期的结果。

为方便建立和使用软件，在算法编制好的基础上开发了用户界面，并实现一定功能(图 6)。

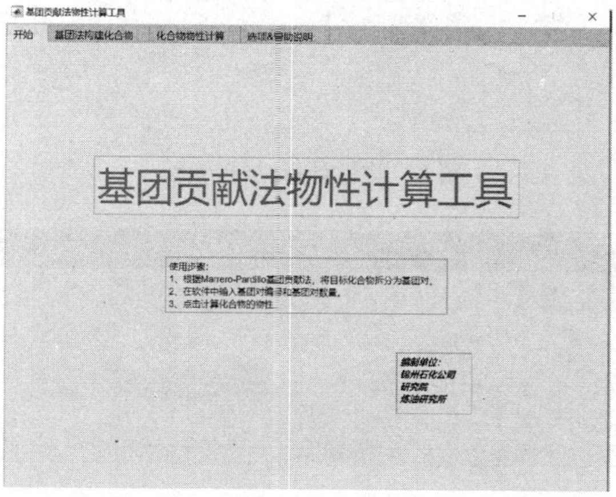

图 6　计算工具启动界面

软件第一步先创建目标化合物，将化合物拆分为基团对。选择基团对的形式，输入基团对的数量之后添加(基团对形式已经编号处理，熟悉之后可以直接输入编号减少输入工作量)。全部基团对添加后点击完成添加，进入下一步(图 7)。

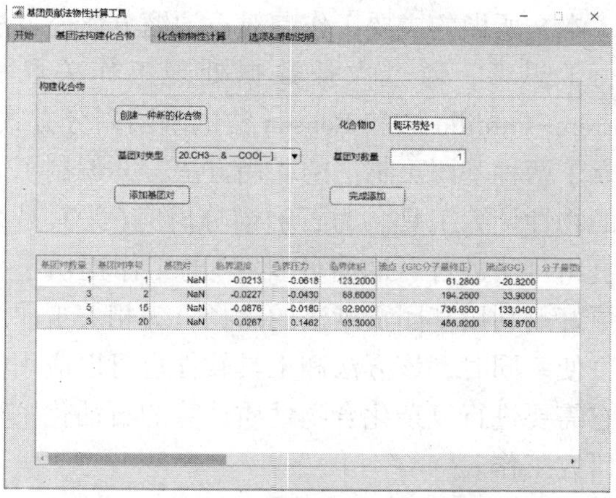

图 7　化合物构建界面

第二步，进入下一个选项卡，点击化合物物性计算按钮便可以得到物性数据(图 8)。

如需要计算的化合物全部计算完毕，点击下一个选项卡的查看计算结果按钮，会自动生成计算结果汇总表格，方便下一步工作(图 9)。

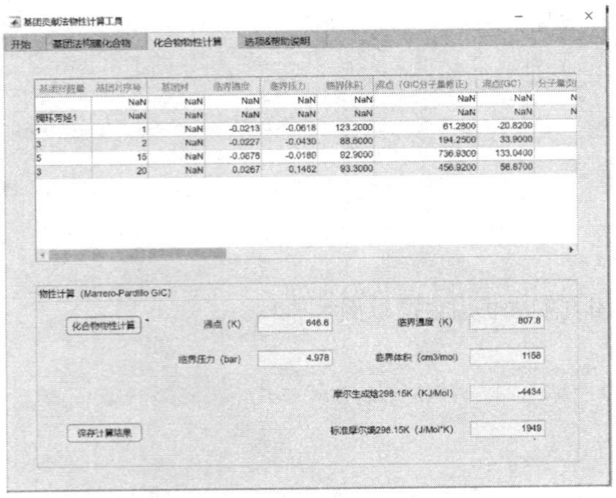

图 8　物性计算功能界面

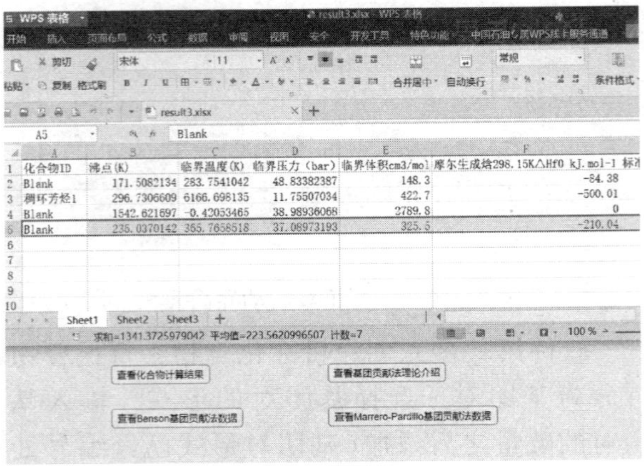

图 9　化合物物性计算结果查看界面

4　总结和展望

本文所做的主要工作是对石油馏分研究方法进行了思考，通过大量数据处理工作关联了 Marrero-Pardillo 法和 Benson 法的基团划分方式，建立了两种基团贡献法的联用方法，并编制了方便的物性计算工具。为石油馏分研究(尤其是采用真组分法进行石油馏分研究)的工作提供了一种更好的利用基团贡献法的途径，为相关工作提供方便。同时，该方法和工具软件也可以应用于其它需要进行复杂化合物性质计算的石油化工科学研究工作。

虽然本文探讨的 Marrero-Pardillo 基团对数据和 Benson 基团数据联用方式有助于真组分法研究石油馏分。但值得注意的是，其它基团贡献法理论例如 Constantinou - Gani 基团贡献法、Joback 基团贡献法以及发展中的其它基团贡献法理论研究所做的工作也有很多可取之处。就物性预测来说，哪一种方法计算预测的特定一类物性较为准确还没有定论，尚需要实验数据去验证。因此下一步工作考虑联用更多的基团贡献法数据，将多种物性计算方法展示出来进行并行比较，再筛选相对于具体工作更为准确的数据。

参　考　文　献

[1] 任丽丽．真组分法石油馏分描述研究及其应用[D]．山东：中国石油大学(华东)，2007. DOI：10. 7666/d. y1214791.

[2] 杜英生，张涛，李鑫钢等．石油馏分的真组分算法—物性及气液平衡的考察[J]．石油炼制，1992；6：59-63.

[3] 李旦杰，王健红，方刚，等．常减压蒸馏过程实时动态模拟．北京化工大学学报，2001；28(1)：82-86.

[4] Eckert E. Non-traditional characterization of petroleum mixtures in terms of selected components [J]. Collect Czech Chem Commum，1999，64：571-584.

[5] 张克武，张宇英．评《石油化工基础数据手册续编》兼论基团贡献法发展的新方向[J]．黑龙江大学自然科学学报，2002，19(3)：79-84. DOI：10. 3969/j. issn. 1001-7011. 2002. 03. 022.

[6] 江红艳．定位分布贡献法估算有机物的沸点[J]．广州化工，2015，(6)：36-38，56. DOI：10. 3969/j. issn. 1001-9677. 2015. 06. 014.

[7] B. E. Poling、J. M. Prausnitz、J. P. OConnell. The Properties of Gases And Liquids(Fifth Edition)，2001.

炼厂项目开工的技术准备及工程实践

袁明江[1] 苑世明[2] 王 禹[1]

(1. 中石油华东设计院有限公司；2. 中国寰球工程公司)

摘 要 本文以采用EPCC“交钥匙”模式的某海外炼厂项目开工移交过程为背景，梳理了炼厂项目的开工前的技术准备及注意事项。结合IEC62337标准规范-《流程工业中电气、仪表和控制系统试车-具体阶段和里程碑》的要求，从设计院的视角对炼厂项目开工期间技术准备工作进行综合考虑。相关总结分析可以国际工程公司发展海外炼厂开工工作提供有益的指导和借鉴。

关键词 炼厂开工，技术准备，IEC62337，调试

1 概况

炼厂项目开工工作是固定资产投资项目取得经济效益和社会效益之前的最后步骤，也是验证工程设计单位工程技术水平的关键环节。炼厂开工工作往往伴随着较高的安全风险，直接关系着建设单位、总包单位和设计单位的技术声誉。化学工业建设项目试车规范(HG 20231-2014)中仅对流程工业的总体试车方案、预试车、冷试车、热试车、性能考核、验收移交等内容做了概述性的说明。到目前为止，我国炼化行业还没有一套体系文件或标准规范详细规定了炼厂项目开工技术准备工作的具体内容和注意事项。

炼厂项目开工调试涉及人员动迁、物资(材料)准备、技术准备、培训、保运、综合协调等多个方面的工作。专业的开工队伍和工程技术人员也是炼厂项目开工过程必须的技术准备，开工人员和培训等工作不在本文讨论范围内。一般来讲，炼厂项目在开工调试期间和投产前，都需要工程设计人员参与三查四定并提供开工技术支持。特别是海外炼厂项目的开工准备阶段，充分的技术准备是项目开车成功的重要保障。技术准备作为其中的纵向纽带，与各方面的准备工作密切关联，特别是由工程公司拿总设计的全厂项目，开工前的技术准备涉及范围广，需引起特别的关注。

为进一步做好工程公司参与设计、技术支持以及总承包的炼厂项目，实现一次性安全、环保开车成功，现以海外某炼厂项目开工前的技术准备为背景，并结合对IEC62337《流程工业中电气、仪表和控制系统试车-具体阶段和里程碑》的要求，对炼厂项目的开工前的技术准备及注意事项进行总结分析。本文所述的相关技术准备是按照由承包商负责项目开工考虑，对于由建设单位负责项目开工，设计院提供技术支持的项目，相关技术准备可根据项目实际情况酌情核减。

2 技术准备

炼厂项目开工工作必须设立专门的开工指挥机构，指挥机构下各部门工作职责明确。设计院通常是在开工指挥部领导下开展技术支持工作，除了参与三查四定、问题整改、销项；根据变更修改设计方案、业主培训等工作之外，设计人员还可提供更全面的技术支持，包括催化剂、药剂采选，装置标定、性能考核等。开工过程设计相关的技术准备主要包括开工技术资料、重要技术文件、技术方案、技术规定和关键核算。

2.1 技术资料

开工技术资料主要包括专利商文件、设计文件、技术协议、厂家资料等，参与开工各方人员需尽可能熟悉这些技术资料。该项目中，根据合同承包商还需向业主提交开工技术文件，主要是各单元的操作手册、开工方案、应急预案，各主要设备(加热炉、大型机组、撬装设备)使用和维护手册、化学药剂加注规程、消防系统、火灾报警系统、安全系统使用规程等。

开工技术资料的准备重点：重要设计图纸(最终版，含设计文件清单)、三维设计模型、厂家资料(重要技术协议，特别是重要机组、撬块的资料)、工艺包文件(如适用)、设计说明书、开工指南(可由设计院或开工专家编写，含关键装置的开工要点、关键步骤，如催化反再控制，料位、藏量)。DCS/SIS组态说明(厂家提

供）、三查四定意见及销项结果。参与项目开工的技术人员必须熟悉这些技术资料。开工管理机构负责协调保证技术资料齐全，且为有效的版本，杜绝过期版本的设计文件。

根据 IEC62337，其中重要的设计资料的为：

（1）管道和仪表图（P&ID）。

（2）设备索引。

（3）设备规格书。

（4）设备操作手册。

（5）功能图或逻辑图。

（6）回路列表、回路图、回路表。

（7）危险区域分类图，电气仪表平面图，机柜布置图。

2.2　技术文件

开工过程的重要技术文件，主要是以下几类。

（1）工艺包偏离统计表、设计变更确认登记表。

（2）开工总加工流程、全厂储罐配置信息表。

（3）全厂开工统筹图及各单元开工统筹图。

（4）催化剂、化学药剂清单，催化剂、药剂的安全规格书 MSDS，催化剂装填、卸车方案。

（5）各单元及全厂的环保控制指标（如烟气排放浓度要求）。

（6）专用工具和设备清单。

（7）备品、备件清单。

（8）开工物料储备计划。

（9）安全手册及分析化验手册。

其它开工过程的相关技术文件，还包括由总包商及其开工、设计单位编制的文件，由各单元的培训方案、工艺卡片、性能测试方案、装置标定和测试报告等。

该项目一、二期工程供新编开工技术文件 410 份，编制这些文件，大多基于详设文件和厂家随机资料。业主对提交的初版文件进行审查，承包商需按照业主意见进行修改完善。本项目委托当地设计院进行以上技术文件的编制，一是该设计院参与了该项目的设计转化，熟悉项目资料，有利于加快编制进度；二是对于当地设计院，编制语言（俄语）不是问题，而且与业主方沟通顺畅。该炼厂之前的另外一个工程，由国内单位编制的开工技术资料，再由当地翻译公司翻译后提交给业主，业主表示根本无法看懂，前前后后经过多次修改、澄清，才勉强通过审批。

2.3　技术方案

开工相关的技术方案主要是指开工总体方案、单体/单元/系统开工方案、工艺规程及应急预案、全厂及单元标定方案（或性能测试方案）、大机组试车方案等。这些技术方案必须是得到评审且获得批准后的方案。其中的性能测试方案需满足项目合同中规定技术要求和性能指标。

在总体开工方案中，需明确各单元开工原料、开工用油（如石脑油或柴油）、蒸汽、氮气、燃料等的来源、数量和品质，做好氢气、燃料、蒸汽的全厂平衡和全厂产品调和。开工各个阶段的不合格品、污油、中间物料的临时储存及去向。其中的投料试车方案中还要包含应急安全预案。对于重要的单项操作，如氢气引入，加热炉烘煮炉通常编制单项技术方案。图 1 是某炼厂项目开工过程，催化裂化装置相关的油品调度流程。

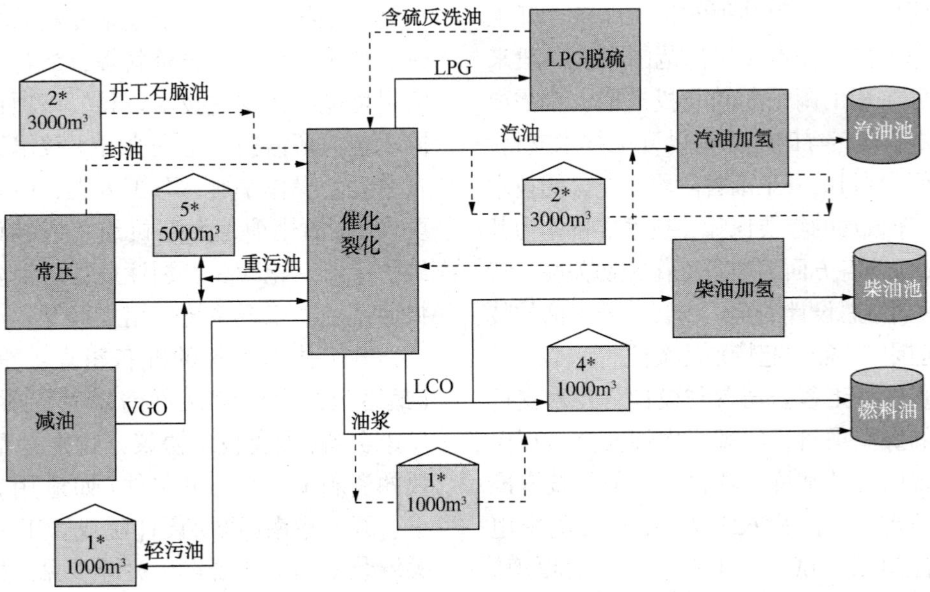

图 1　催化装置开工油品调度流程

2.4 技术规定

从联动试车到投料试车阶段，甚至在此之前的三查四定、单机试运(通常定义为施工阶段)，各项操作均要依据相关的技术规定。如果涉及催化剂的无氧装填的操作必须由专业公司及人员来操作。本项目中涉及的开工调试相关技术规定如表1所示。

表1 H炼厂项目涉及的技术规定

序号	技术规定名称	序号	技术规定名称
1	管道清理规程	12	投电程序
2	清洁水压冲洗规程	13	盲板及隔离程序
3	清洁动力冲洗	14	化学处理程序
4	清洁空气吹扫	15	机械功能测试
5	化学清洗(脱脂)程序	16	系统强度测试程序
6	蒸汽吹扫	17	制冷干燥程序
7	电机单机试运	18	启动安全评估(PSSR)
8	汽轮机单机试运规程	19	化学清洗(锅炉)程序
9	催化剂装填	20	P&ID的一致性程序
10	油冲洗	21	现有单元及系统甩头实施规程
11	干燥程序		

2.5 关键核算

对于老炼厂的改造项目，需注意对新老系统合并后的利旧部分进行核算，核算确认能够满足该单元的整体功能。

设计中需提前考虑好催化剂、化学药剂的装填、卸出方式，并提供必需的设计接口。酸、碱等化学品在一些国家有较为严格的安全管理规定(如安全围栏、24小时监控等)，需考虑到卸车、储存等开工相关工作，提前策划好解决方案，以免增加后续开工工作困难。催化剂及化学药剂，在供货商提供厂家数据资料之后，需要根据最新的产品消耗特性，再次核算该单元所需的催化剂及化学药剂数量能够满足要求。催化剂密度变化时，采购的质量数量也随之变化。

建议设计院对工艺包单元的复杂回路计算(如催化线速、藏量)进行必要的核算和确认。大型机组和机泵的震动核算、机组方面通常是由机组厂家完成核算。炼油装置大型化之后，容易出现高温大直径管道的热涨现象，也需提前做好核算和监测。

3 技术检查及确认

开工前的相关技术检查和确认也是重要的技术准备工作，这需要根据项目的特点提前准备技术检查和确认的工作清单，表2是某炼厂项目开工技术检查和确认的清单。在这方面，国际工程公司通常有较为详细的技术传承，国内工程公司需逐渐积累完善，不断提高综合技术服务的能力和水平。

表2 炼厂项目开工前技术检查及确认

序号	检查内容	检查结果
1	已组织过开工策划会，有会议纪要	
2	涉及的各单元、各系统开工顺序已明确	
3	成品、中间产品的储存方案，存储时间已明确	
4	燃料平衡及燃料来源得到落实	
5	燃料系统有稳定措施，如设置LPG汽化措施	
6	开工汽油、柴油、石脑油、燃料油的数量已明确，来源有保证	
7	已完成项目开工难点分析及应对措施	
8	催化剂、化学药剂清单，已到货，检验合格	
9	润滑油、润滑脂清单，已到货，检验合格	
10	开工备品备件清单，已到货，检验合格	
11	化验分析项目、频率与方法已确定，采样点位置已明确。	
12	盲板表	
13	其它技术准备	

4 总结及建议

自2010年起，国内多套新建炼厂项目一次开车成功。通过参与这些项目的三查四定、开工筹备和投料试车，设计单位积累了宝贵的开工经验，也促进了设计水平的不断提升。随着近期几个海外炼厂项目开工工作的组织和实施，国内设计院不断总结反思，全业务链技术保障能力得到了提高。通过这些项目的开工，为做好开工前技术准备，需做好以下工作。

(1) 海外炼厂项目开工前，需清楚项目所在国相关政府部门的强制要求，如 H 炼厂项目，H 国能源和矿产资源部的有关标准和要求，需由当地注册的技术公司编制工艺工程、应急预案，而开工方案不在此要求范围内，可由国内开工对自行编制。

（2）装置开工前，参加开工的相关人员，需注意了解同类装置安全事故案例，了解本装置开工的主要风险及安全注意事项。设计院可以延伸技术服务范围，提供更多的工程增值服务，可以探索包括编写开工技术文件，如性能测试方案、装置标定方案、操作手册、应急预案，梳理开工备品备件等。

（3）UOP 等国际公司在执行现场检查等作业时，都会有专门的检查表，技术人员严格按照此表格检查即可。而这些检查表是各自公司的技术传承，体现了公司的知识和专业的积累。为了更好地执行炼厂项目的开工工作，国内工程公司也需要知识和经验的传承，以提高技术服务的综合保障能力。

参 考 文 献

[1] 袁明江．哈萨克斯坦炼厂项目开工总结及设计反思[J]，寰球科技，2017. 35(10)：21-24.

[2] 宋跃军．大型海外炼厂项目的开工准备及工程实践[J]. 国际工程与劳务，2018，4 ：67-69.

[3] 宋跃军，李研，袁明江．海外炼厂开工中催化剂及化学药剂问题的策略分析[J].《中外能源》，2018，23(3)：55-59.

[4] 李岐东，陈保华．某大型炼油项目开工工作总结及对设计工作的几点启示[J]，化工设计，2012，22(6)：3-6.

非铂助燃剂在140万吨/年重油催化裂化装置中的应用

顾雯龙

（中国石油大连石化公司）

摘　要　介绍了中国石油大连石化公司140万吨/年重油催化裂化（FCC）装置使用非铂助燃剂过程中，系统的运行状态和助燃的效果。非铂助燃剂使用过程中，外排烟气氮氧化物明显降低，再生系统稀密相温差控制在10℃以内，未对催化装置的安全平稳运行产生影响，再生系统未出现尾燃现象。

关键词　催化裂化，助燃剂，尾燃，氮氧化物

1　工艺流程简介

中国石油大连石化公司140万吨/年重油催化裂化（FCC）装置于1997年7月投产。2014年，该装置由原两段再生工艺改造为一/二再生器串（并）联完全再生工艺。

装置反再系统的工艺流程如图1所示。

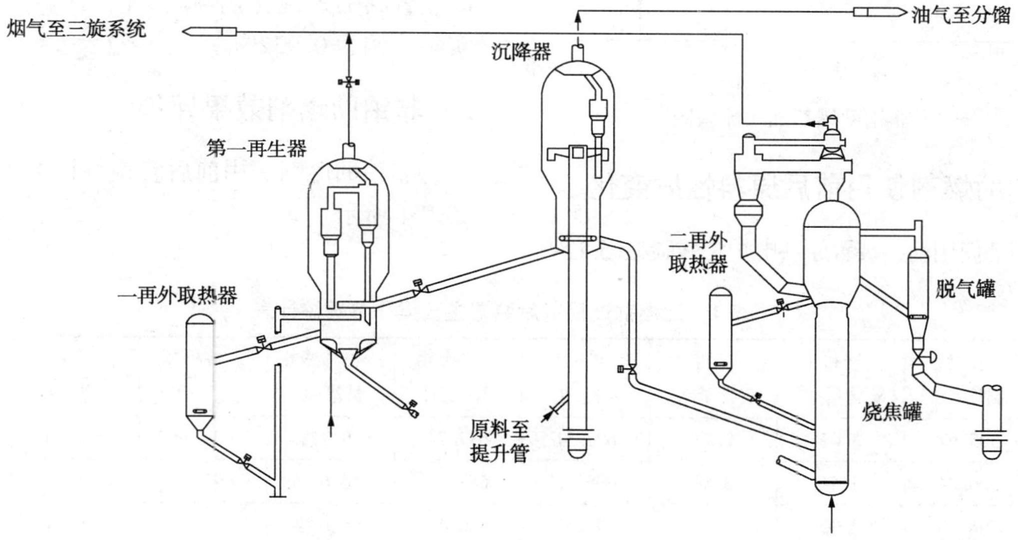

图1　反再系统工艺流程图

原料油通过提升管下部6个高效进料喷嘴，与雾化蒸汽混合后进入提升管，并和二再来的催化剂接触，升温、汽化，并沿着提升管上升进行裂化反应。

反应油气、水蒸汽、催化剂先经提升管出口的四叶快速分离器分出大部分催化剂，再经四组单级旋风器分离，油气与催化剂快速分离，分离后的油气离开沉降器进入分馏塔进行产品分离。汽提后的待生催化剂分两路，70%经一再待生斜管进入第一再生器密相床进行烧焦再生；其余催化剂经二再待生斜管，送至二再烧焦罐进行烧焦再生。

进入第一再生器的待生催化剂在685℃左右进行烧焦，烧焦量通过一再待生滑阀开度进行调节，合理分配一、二再烧焦比例。一再烧焦后的催化剂经过一再再生斜管进入第二再生器烧焦罐下部，与二再待生斜管来的待生剂混合后，与二再主风接触，在680℃下进行烧焦。烧焦罐底部催化剂沿烧焦罐向上流动的过程中进行催化剂烧焦再生，催化剂和烧焦产生的再生烟气经过大孔分布板进入二再二密相，最终完成催化剂烧焦再生。二再催化剂进入脱气罐脱气后经再生斜管进入提升管反应器底部预提升段，实现反应-再生

之间的催化剂循环。第一再生器和第二再生器流程中各设置一台外取热器，用于取走再生过程中产生的过剩热量。

本次使用非铂助燃剂之前，装置使用传统的铂助燃剂，虽然也能较好的控制尾燃问题，但会造成装置外排烟气中的氮氧化物含量高，超出环保的指标要求。

2　非铂助燃剂加入方案

（1）非铂助燃剂加入比例为新鲜剂加入量的1%。

（2）具体加剂流程如图 2 所示。

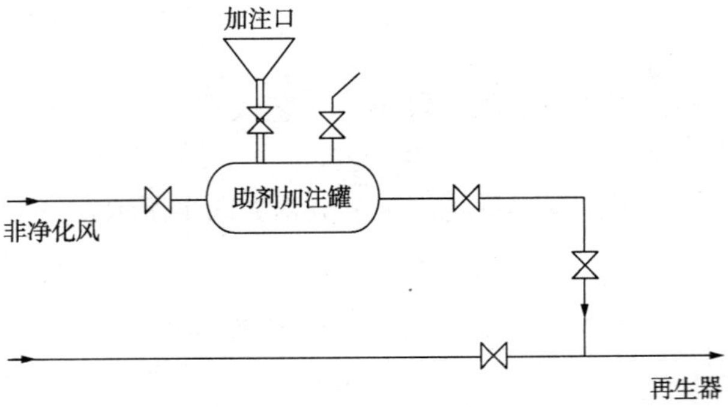

图 2　非铂助燃剂加入流程图

3　非铂助燃剂使用前后原料性质变化

助燃剂使用前，装置原料电炉法残碳在(5.12~6.28)%之间；助燃剂使用期间，原料残碳在(5.38-6.43)%之间变化，具体变化趋势如图 3 所示。

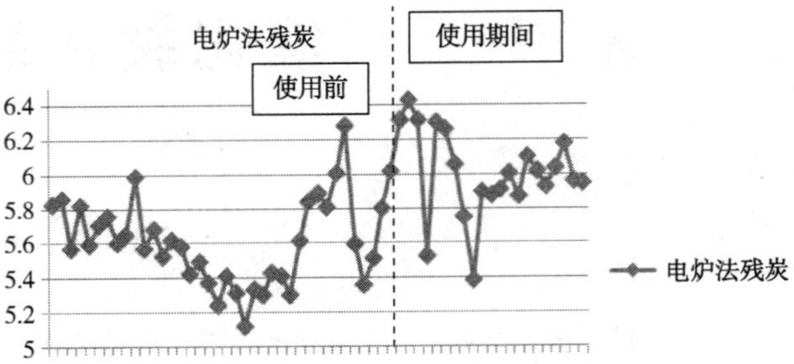

图 3　助燃剂使用前后原料残炭变化曲线图

由图 3 可见，非铂助燃剂使用期间，装置原料比使用前明显变重。

4　催化剂及助燃剂加入量统计

非铂助燃剂使用期间，装置根据加剂方案，每日加入 40kg 该种助剂，共计加剂 0.88 吨，期间装置共加入催化剂 94.4 吨，计算助燃剂加入实际比例为 0.932%。

5　非铂助燃剂效果评价

非铂助燃剂试用前后装置每日主要操作条件如表 1 所示。

表 1　助燃剂试用前后装置主要操作参数统计表

阶段	反应温度/℃	一再氧含量/%	二再氧含量/%	一再稀相温度/℃	一再密相温度/℃	一再稀密相温差/℃	二再稀相温度/℃	二再密相温度/℃	二再稀密相温差/℃
使用前	505.97	3.07	2.73	697.51	687.74	9.77	694.46	687.74	6.72
	506.24	3.54	2.60	695.12	688.50	6.62	692.91	685.39	7.52
	506.18	2.90	2.68	692.15	686.48	5.67	692.51	686.17	6.34
	506.05	2.56	2.54	693.47	686.22	7.25	693.91	687.29	6.61
	505.95	2.75	2.87	697.11	690.61	6.50	695.27	688.55	6.72
	506.22	2.93	2.70	698.76	691.92	6.84	696.34	689.63	6.71
使用过程中	505.81	2.64	2.73	698.59	691.28	7.31	693.79	688.30	5.49
	505.82	2.89	2.70	697.12	689.93	7.19	692.92	687.16	5.76
	505.85	2.50	2.56	698.86	691.72	7.14	692.88	686.48	6.40
	505.67	2.52	2.69	696.32	689.22	7.10	690.54	684.63	5.91
	505.92	3.16	2.61	696.60	689.25	7.35	693.51	687.68	5.83
	505.81	3.03	2.81	694.88	688.07	6.81	693.14	686.05	7.09
	504.63	3.61	2.47	690.62	683.08	7.53	691.01	683.81	7.19
	503.70	3.72	3.43	695.36	689.25	6.11	697.45	689.74	7.71
	506.02	3.57	2.89	692.43	684.27	8.16	692.87	685.92	6.95

续表

阶段	反应温度/℃	一再氧含量/%	二再氧含量/%	一再稀相温度/℃	一再密相温度/℃	一再稀密相温差/℃	二再稀相温度/℃	二再密相温度/℃	二再稀密相温差/℃
使用过程中	506.45	2.89	2.47	697.46	690.18	7.28	695.30	689.84	5.47
	506.47	2.37	2.40	696.19	688.67	7.52	693.74	687.72	6.03
	506.46	2.26	2.34	694.88	687.43	7.45	694.61	687.68	6.93
	506.18	2.38	2.61	693.82	686.12	7.70	691.80	687.68	4.12
	506.08	2.77	2.57	695.91	688.39	7.52	693.07	688.80	4.27
	506.00	3.79	2.69	694.41	687.26	7.15	691.56	685.87	5.69
	506.68	3.56	2.87	696.65	689.38	7.28	691.56	686.99	4.57
	506.21	3.34	2.70	695.80	688.03	7.77	692.72	686.66	6.05
	505.86	2.90	2.50	696.72	688.68	8.05	695.08	687.20	7.88
	506.59	2.70	2.62	696.88	689.04	7.84	693.12	685.14	7.98
	506.48	2.50	2.55	696.69	690.41	6.28	694.54	686.76	7.77
	506.00	2.61	2.78	695.13	688.00	7.13	695.00	686.86	8.15
	506.68	2.88	2.65	693.92	686.18	7.74	692.86	685.55	7.31

可以看出，助燃剂试用前后装置反应温度均保持在505℃~507℃之间，变化幅度不大；一二再氧含量保持在2%~4%之间；一二再密相温度在683℃~692℃之间，稀相温度在690℃~700℃之间。综上，助燃剂试用期间装置主要操作条件符合该剂工业应用条件，且装置运行平稳，操作条件变化不大。

根据表中数据绘制助燃剂试用前后一、二再稀密相温差变化曲线图，如图4所示：

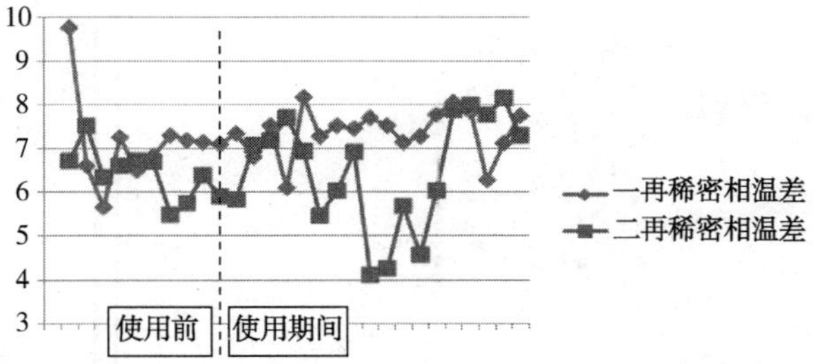

图4 一、二再稀密相温差变化曲线图

由图可见，助燃剂试用前后一、二再稀密相温差变化不大，均维持在6℃-8℃左右，抑制尾燃效果较好。

6 使用期间装置运行状态

（1）催化剂活性

该非铂助燃剂使用期间，装置系统催化剂活性成绩如下表所示，由数据可见，催化剂活性保持在60左右，非铂助燃剂的使用未对系统催化剂活性产生明显影响（表2）。

表2 系统催化剂活性统计表

采样阶段	系统催化剂活性
非铂助燃剂使用前	59
非铂助燃剂使用过程中	60
	59
	62

（2）烟气脱硫塔底浆液悬浮物

该剂使用前后，装置烟气脱硫单元洗涤塔底浆液悬浮物变化趋势如图5所示。

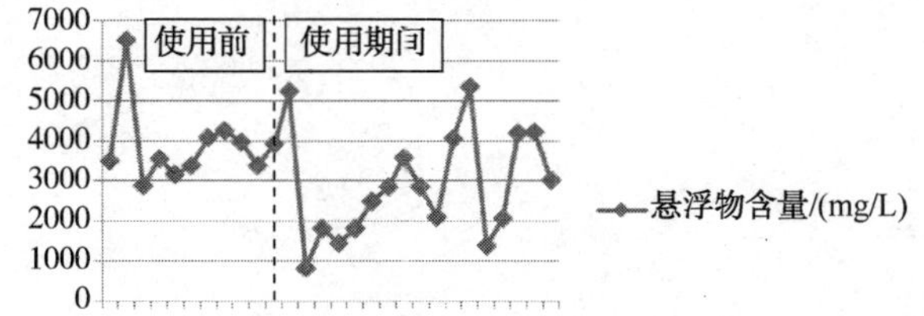

图5 洗涤塔底浆液悬浮物变化曲线图

由数据可见，非铂助燃剂试用后，装置烟气脱硫循环浆液浓度未出现较大波动，基本保持在5000 mg/L以下，该数据说明试用非铂助燃剂期间，装置未出现恶化跑剂情况。

目前装置通过使用除盐水提高洗涤塔补水能力，并通过提高助凝剂、絮凝剂的加药量对外排水悬浮物含量进行控制。

综上，该剂使用期间，未对装置的正常运行产生影响。

7　烟气氮氧化物变化情况

对装置排外烟气分析成绩进行统计分析。由下表中数据可见，非铂助燃剂试用后，装置外排烟气的氮氧化物浓度有明显的减少，该数据说明装置试用的非铂助燃剂中不含铂组分(表 3)。

表 3　装置外排烟气氮氧化物浓度统计表

阶段	氮氧化物浓度/(mg/m^3)
使用前	235
	222
	198
使用中	157
	147

8　总结

中国石油大连石化公司 140 万吨/年重油催化裂化装置在使用非铂助燃剂期间，实际的加入比例为新鲜催化剂加入量的 0.932%，在原料性质较使用前有明显变重的情况下，该加入量可控制装置一、二再稀密相温差保持在 6℃～8℃之间，对尾燃有较好的抑制效果。

该剂使用期间，未对装置的正常运行产生影响，且可明显降低外排烟气中的氮氧化物含量，利于装置满足愈加严苛的环保要求。

综上，该非铂助燃剂满足装置的正常运行需要，能完全替代传统铂助燃剂。

参　考　文　献

[1] 国玲玲，王国峰，吕延曾，赵洪军．CO 助燃剂在中游催化裂化装置中的应用[J]．石化技术与应用，2015，33(6)：502-504.

[2] 马占伟，张力．催化裂化装置 Pd 型脱氮助燃剂的应用[J]．石油化工安全环保技术，2017，22(25)：33-35.

瓦斯管网优化运行

李大林　董保权

（中国石油大连石化公司）

摘　要　瓦斯管网平稳运行对加热炉的稳定运行起着至关重要的作用，当瓦斯组分出现波动时会影响加热炉运行，轻则因炉温波动影响装置平稳生产，重则造成加热炉联锁停炉导致装置停工，直接影响到公司安全和效益，通过增上瓦斯混合器，对管网瓦斯组分进行优化，保证组分稳定，使加热炉运行平稳。

关键词　瓦斯管网，瓦斯组成，管网优化

1　概述

公司瓦斯管网组分主要包括三套催化脱硫干气、富氢回收瓦斯、脱硫火炬气和补充液化气，其中，催化干气主要组成35%氢气、甲烷、乙烷；富氢回收瓦斯主要组成30%氢气、乙烷、丙烷；脱硫火炬气主要组成氢气55%、氮气20%；液化气主要组成碳三、碳四。装置产的瓦斯全部采取“就近”原则排放至瓦斯管网。各主要装置外排瓦斯气组成见表1。

表1　各主要装置外排瓦斯气组成　(V/V)%

装置名称	四催化脱硫干气	脱硫火炬气	三催化脱硫干气	二催化脱硫干气	制氢富氢回收渗余气	20万汽油加氢低压硫尾气	60万重整外排干气	200万柴油加氢脱硫低分气	225万汽油加氢稳定塔顶气
H2S	26	0	15	20	20	10		5	15
氢气	39.79	45.43	34.6	26.37	32.5	17.03	19.33	77.46	86.58
二氧化碳	1.21	0.35	0.7	0	0	0	0	0	0
丙烷	0.08	6.44	0.06	0.06	17.84	48.9	18.49	2.91	0.88
丙烯	0.42	2.58	0.31	0.1	0.07	0.15	0.03	0	0.08
异丁烷	0.09	2.83	0.06	0.18	3.93	0.85	29.34	0.44	0.13
正丁烷	0.04	3.32	0.03	0.16	3.63	1.38	26.08	1.48	0.62
丁烯-1	0.03	0.36	0.03	0.12	0.07	0	0.36	0	0.08
异丁烯	0.04	0.01	0.04	0.17	0.17	0	0.9	0.01	0.03
反丁烯-2	0.02	0.43	0.04	0.26	0.18	0	0.56	0.01	0.25
异戊烷	0.02	1.46	0.03	0.05	0.68	0.36	0.16	0.65	0.26
顺丁烯-2	0.01	0.28	0.02	0.2	0.08	0	0.45	0.01	0.16
正戊烷	0.01	0.87	0	0.02	0.5	0.47	0.12	0.73	0.6
乙烯	11.36	0.84	11.73	14.67	0.01	0	0	0.02	0
乙烷	9.27	4.63	9.28	17.26	20.6	24.47	1.54	3.67	0.52
氧气	0.83	1.14	0.8	0.47	0.73	1.01	0.41	1.79	1.95
氮气	14.39	24.51	17.17	12.43	4.25	3.85	1.65	7.18	7.47
甲烷	22.39	4.52	24	27	14.73	1.53	0.56	3.64	0.39
一氧化碳	0	0	1.1	0.48	0.03	0	0.02	0	0
C_{3+}	0.76	18.58	0.62	1.32	27.15	52.11	76.49	6.24	3.09
烯烃	11.88	4.5	12.17	15.52	0.58	0.15	2.3	0.05	0.6
C_5及C_5以上	0.03	2.33	0.03	0.07	1.18	0.83	0.28	1.38	0.86

在实际运行中，由于排入管网的瓦斯组分热值相差大、混合不均匀、液化气补充量变化大等原因造成瓦斯组分不稳定，特别是当瓦斯管网流向发生变化时，在两种组分交界点取气的装置加热炉受影响最大，炉温波动较大(如三蒸馏)。主要装置用瓦斯组成见表 2。

针对上述问题，要采取优化措施，保证管网瓦斯组分稳定，确保加热炉平稳运行。

表 2　主要装置用瓦斯组成　　(V/V)%

装置	三蒸馏	200 万煤油加氢	400 万柴油加氢	360 万加氢裂化	渣油加氢	硫磺回收	200 万柴油加氢	二重整	一蒸馏	二蒸馏	三酮苯	糠醛	225 万汽油加氢	电厂
H_2S	25	30	30	70	30	40	5	90	35	20	55	30	20	30
氢气	62.3	40.8	31.92	39.4	35.8	35.8	34.6	58.6	56.7	36.3	40.5	41.2	41.2	40.1
二氧化碳	0	0	0	0.11	0.16	0.17	0	0	0.8	1.2	1.12	1.08	0.19	1.15
丙烷	8.21	11.9	13.6	13.3	13.1	11.6	12.4	15.8	1.68	3.01	1.63	2	0.85	2.8
丙烯	0	0.06	0.11	0.08	0.11	0.07	0.05	0.02	0	0.9	0.73	0.76	8.97	1.04
异丁烷	1.86	3.36	3.83	3.27	3.55	3.37	2.92	15.43	0.78	1.81	0.81	1.33	0.37	1.49
正丁烷	3.09	2.82	3.09	2.28	2.87	2.68	2.2	7.44	0.77	2.62	0.82	1.99	0.28	2.34
丁烯-1	0	0.07	0.05	0.06	0.07	0.07	0.05	0.02	0.16	0.2	0.09	0.14	0.06	0.13
异丁烯	0.01	0.15	0.13	0.14	0.15	0.01	0.12	0.18	0	0.25	0.14	0.19	0.07	0.16
反丁烯-2	0	0.18	0.12	0.14	0.17	0.17	0.12	0.03	0.12	0.23	0.09	0.15	0.16	0.14
异戊烷	0.03	0.5	0.54	0.38	0.51	0.51	0.36	0.13	0.41	0.52	0.29	0.48	0.08	0.48
顺丁烯-2	0	0.08	0.06	0.06	0.08	0.08	0.05	0.01	0.08	0.14	0.05	0.09	0.13	0.09
正戊烷	0.06	0.33	0.36	0.14	0.26	0.27	0.16	0.04	0.28	0.44	0.1	0.4	0.02	0.39
乙烯	0	2.18	2.15	2.24	2.31	2.24	0.01	0	6.68	9.66	9.21	9.09	8.78	8.83
乙烷	8.96	14.57	15.76	16.3	17.21	15.2	15.11	1.09	7.04	9.16	8.63	8.59	12.18	8.93
氧气	1.75	0.8	2.1	0.42	0.62	1.77	3.32	0.04	0.39	0.32	0.87	0.59	0.44	0.67
氮气	7.44	6.8	11.17	5.24	6.33	10.46	15.62	0.32	9.61	13.06	14.77	13.12	8.81	13.14
甲烷	6.29	15.16	14.82	16.33	16.53	15.46	12.96	0.85	14.09	19.48	19.62	18.18	17.1	17.51
一氧化碳	0.02	0.21	0.21	0.15	0.17	0.15	0.01	0	0.37	0.68	0.56	0.59	0.35	0.58
C_3+	13.3	19.5	21.87	19.8	20.9	18.8	18.4	39.1	4.28	10.1	4.75	7.53	11	9.06
烯烃	0.01	2.72	2.62	2.72	2.89	2.64	0.4	0.26	7.04	11.38	10.31	10.42	18.17	10.39
C_5及C_5以上	0.09	0.83	0.9	0.52	0.77	0.78	0.52	0.17	0.69	0.96	0.39	0.88	0.1	0.87

在 2014 年公司大停检期间，针对瓦斯组分混合不均匀的问题，对原有管网流程进行改造，基本思路是将四催化干气、脱硫火炬气和补充液化气进行混合，混合后的瓦斯热值与催化干气热值相当，经电厂的新老网连接线进入瓦斯管网，主供电厂、225 万汽油加氢、二蒸馏、三酮苯、二精制、一精制、一蒸馏、三蒸馏用气，优化后上述装置瓦斯组分明显好转。但是，因瓦斯产量、液化气补充量的变化造成管网流向发生变化时，瓦斯组分还是会出现波动，因此采取管道混合的形式还是不能完全保证瓦斯组分均匀。

2　稳定管网组分方案

2.1　管网瓦斯组分不稳定分析

2.1.1　组分热值相差大

瓦斯管网主要组分是催化干气、富氢回收瓦斯、液化气与火炬气，据测算，液化气热值 110MJ/NM^3，催化干气 39.8MJ/NM^3，富氢回收干气热值 59.8MJ/NM^3，脱硫火炬气热值 37.0MJ/NM^3，由于各组分热值相差较大，当瓦斯管网流向发生变化，在两种组分交界点取气的加热炉受影响最大，波动较大。

2.1.2 组分混合不均匀

由于各装置瓦斯气都是采取就近排放，相互之间没有混合，特别是液化气不能与其它组份均匀混合，管网中液化气含量时多时少，造成部分加热炉瓦斯组分时轻时重，影响稳定运行。

2.2 应对方案

2.2.1 解决瓦斯组分热值差别大和混合不均匀的问题

2014年瓦斯管网流程改造后，与之前相比，瓦斯组分已相对稳定，但当出现瓦斯产量或液化气补充量变化时，管网流向也会发生变化还是会出现瓦斯组分波动的问题，因此单独通过管道将各组分进行混合还是不能彻底解决组分和热值不稳定的问题。

解决方案：增加分液罐和分配器，增配管线。

具体措施：设置1台分液罐，在分液罐前设置瓦斯组立，将富氢回收瓦斯、四催化干气及脱硫后火炬气、补管网液化气、三催化瓦斯(含60万重整、20万低压脱硫)全部引至组立，经混合后，进入分液罐进行分液，在分液罐处口设置分配器，瓦斯经分配器后分别送至新老管网供各加热炉用。

选址：以合规、最少的管线改动为原则，同时考虑区域瓦斯排放及用量、安全可靠性等因素，将瓦斯混合器建设在三循对面的北区消防水罐北侧空地处，所有蒸汽、风氮就近接线，安全阀后路放空利用气分火炬线，切液线送到225万汽油加氢分液罐中。

方案的优点：增加瓦斯分液罐和分配器及管线，改善现有流程，能保证组分混合均匀，减少管网瓦斯热值的差异。

方案的缺点：施工难度较大，旧管线无法进行工艺处置，需在线施工，施工费用偏高。

2.2.2 瓦斯混合器选型

为保证各路瓦斯能够充分混合，确保混合后瓦斯组成均匀，笔者组织对混合气的选型进行了充分的考虑，为降低设备费用，同时满足混合效果，最终采用了如下图1、图2所示混合器，瓦斯进入混合气后，通过混合器内的7根DN200的立管中的

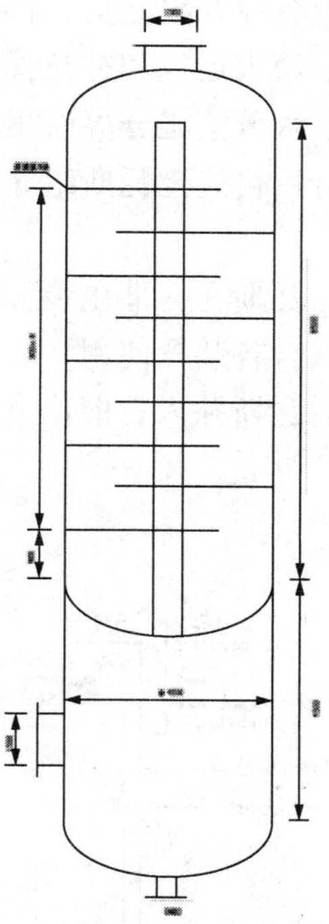

图1 瓦斯混合器侧视图

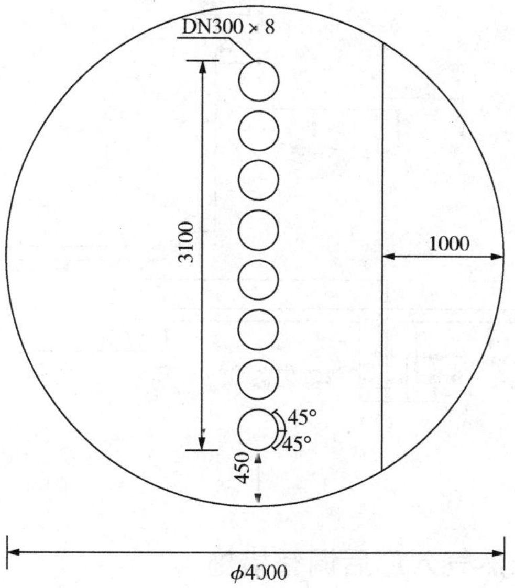

图2 瓦斯混合器俯视图

2.3 主要流程变化

(1) 将四催化干气、脱硫火炬气和补充液化气通过预留接头(东罐区航煤罐处)送至一联合污油回炼北侧空地附近。

(2) 将三催化脱硫干气、富氢回收瓦斯通过现有流程也全部送到一联合污油回炼北侧空地附近。

(3) 将二催化脱硫干气通过气分组立缸并利旧原有流程在污水厂北侧靠近西五路处并入新管网，然后送至一联合污油回炼北侧空地附近。

(4) 在一联合污油回炼处增上组立缸、分液

罐、出口设置混合器并组立缸，将催化干气、富氢回收瓦斯、脱硫火炬气和补充管网液化气经组立缸预混合后进入分液罐分离液相，然后经出口混合器充分混合后再送至瓦斯组立缸最后送给各用户。

（5）混合后瓦斯在三催化装置附近接入三苯返回线，供四联合各装置使用。

（6）混合后瓦斯并入三催化至一联合瓦斯线上，供一联合装置使用。

（7）为保证一联合装置用气量，解决一联合老瓦斯管网变径引起的瓦斯量不足，在渣油和制氢之间建立新老瓦斯管网连接点。

（8）为保证 220 万连续重整受管网冲击最小，三蒸馏前增加新老管网连接线，让一部分瓦斯气分流给三蒸馏。

具体流程见图 3。

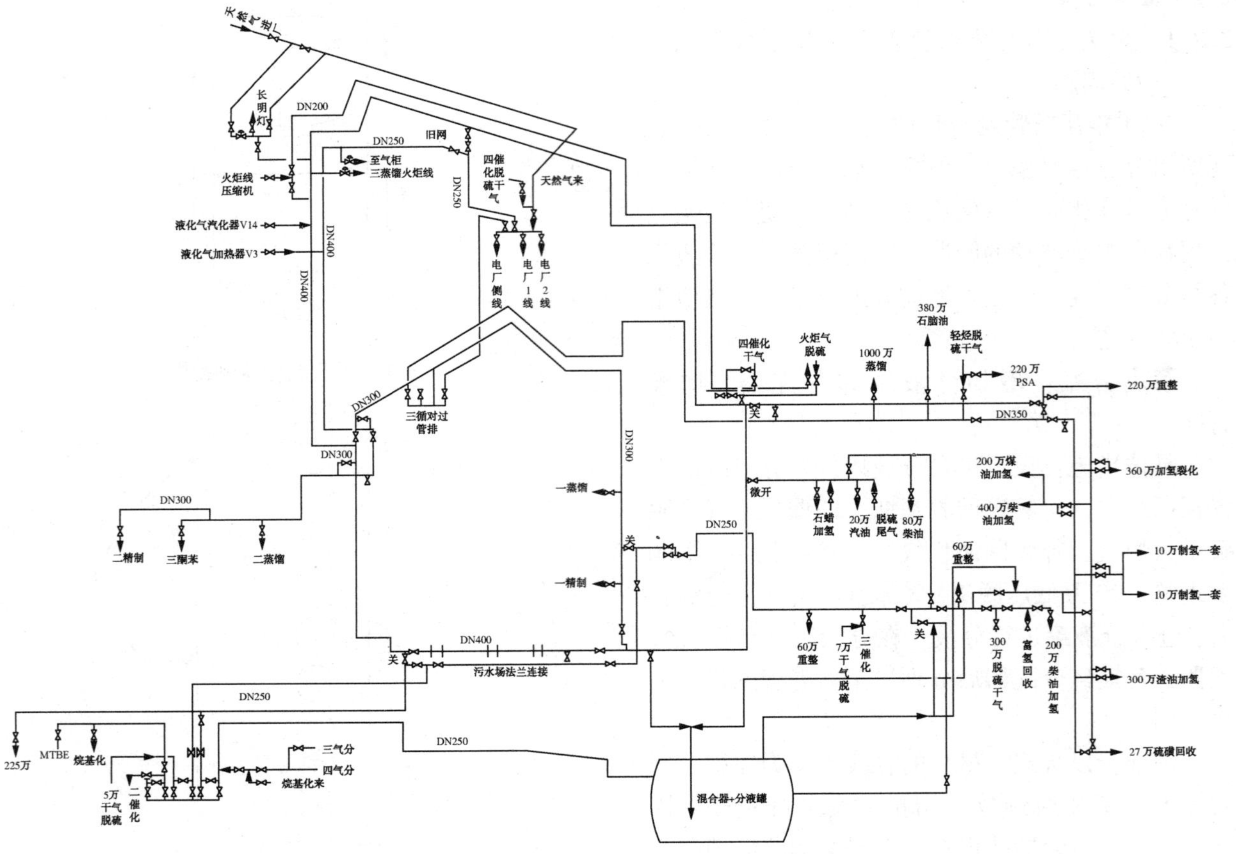

图 3　优化方案后流程

3　天然气入厂后调整措施

天然气门站补充瓦斯管网流程已打通，充分利用天然气热值与干气相当的特点，外引天然气进厂补充管网，均匀管网的瓦斯组分，按照就近原则，将天然气接入气体火炬操作室新管网组立，替代液化气补管网流程，让脱硫火炬气、催化干气、富氢回收瓦斯天然气充分混合后进管网，保证管网组分均匀。在 2014 年和 2017 年公司两次大停检装置停开工时采取天然气补充管网措施，效果比较明显，装置加热炉运行稳定，没有出现带液现象。另外，为保证三蒸馏瓦斯组分稳定，建议在 2020 年大停检时在装置界区预留天然气接入点，若稳定管网瓦斯组分方案实施后，装置瓦斯组分仍有波动可以直接接入天然气供三蒸馏加热炉用瓦斯。

4　设计应用

（1）经过讨论，瓦斯混合器选至在三循对面，将四催化干气、火炬回收火炬气、液化气补管网瓦斯进行混合，混合后再次进入瓦斯管网，将这几股物流的最大量转交设计，由设计核算新铺管线的管径以及瓦斯在管线中的流速，以满足相应规范要求。

（2）将新增的瓦斯混合器上半部分为混合器，下半部分为分液罐，经过混合后的瓦斯进入瓦斯管网，分别去三蒸馏、一蒸馏方向，供各加热炉使用，分液罐内产生的液相自压去汽油加氢分液罐(图 4)。

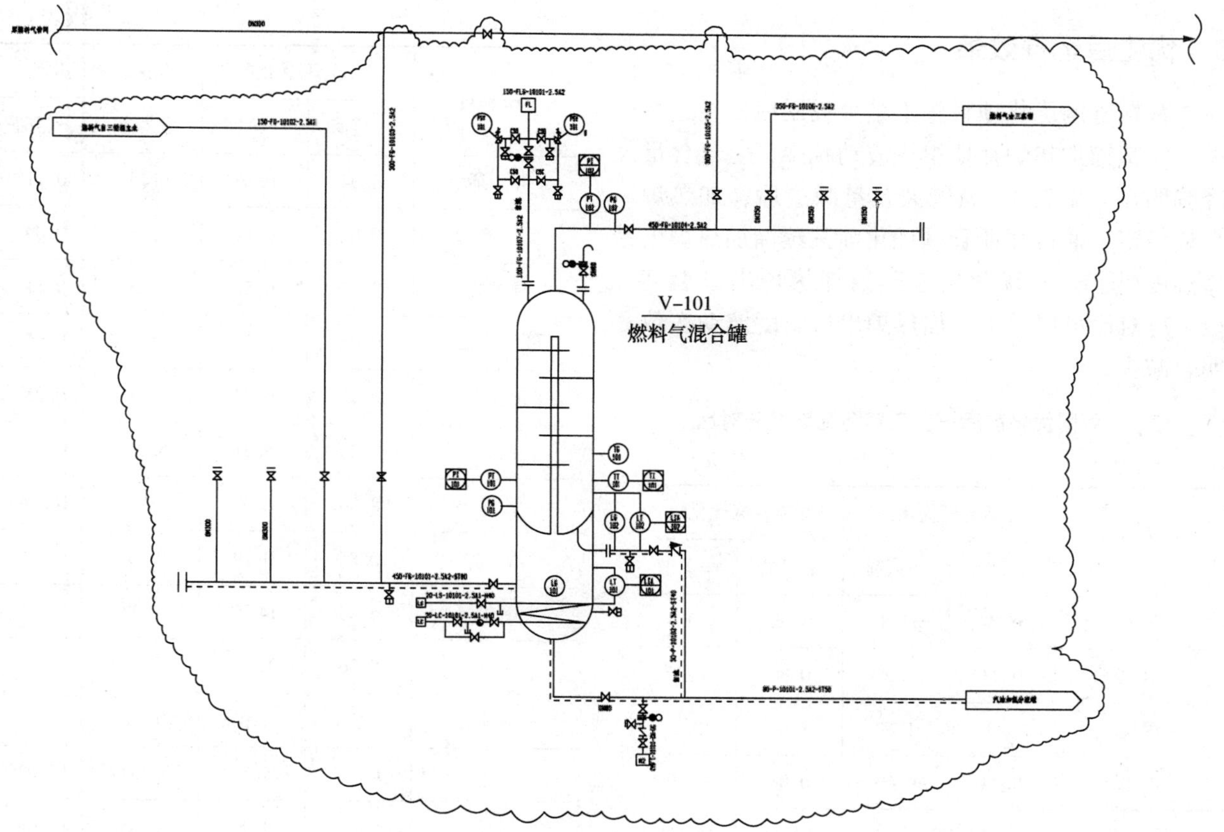

图 4　增上混合器后瓦斯流向图

该瓦斯混合器在 2020 年大检修期间施工结束，随装置开工同步投用，投用后瓦斯管网流程见图 5。

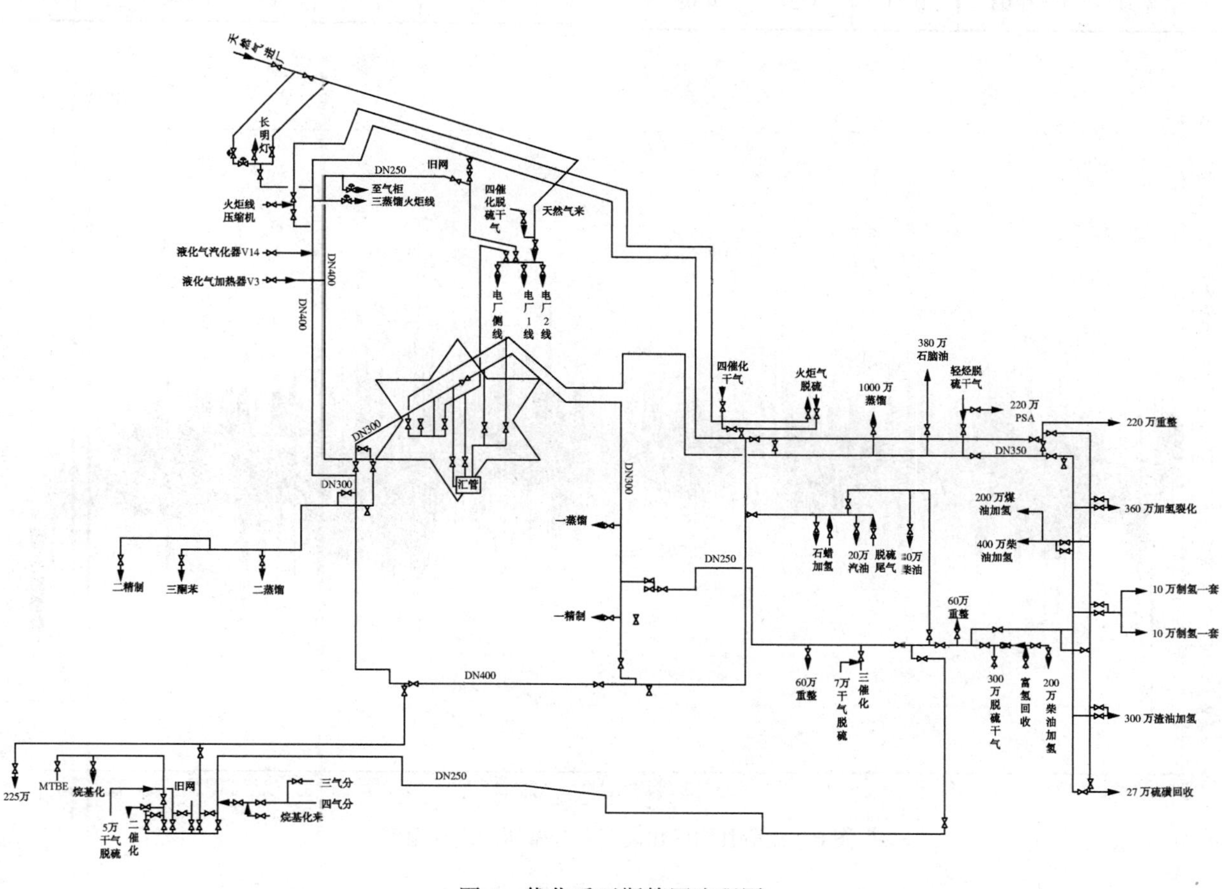

图 5　优化后瓦斯管网流程图

5　优化后运行效果

瓦斯管网优化项目施工结束投用后，经过调整，三蒸馏加热炉瓦斯组成波动减少，氢气含量降幅明显，见表3，氢气波含量减少后，加热炉燃烧稳定，通过瓦斯管网优化前三蒸馏加热炉出口温度(图6)和优化后三蒸馏加热炉出口温度(图7)对比可以看出，加热炉出口温度波动次数明显减少。

表3　管网优化前后一、三蒸馏瓦斯组分对比

(V/V%)

分析项目	瓦斯管网优化前		瓦斯管网优化后	
	三蒸馏	一蒸馏	三蒸馏	一蒸馏
氢气	58.54	37.89	16.65	23.6
二氧化碳	0.23	1.05	0.86	1.05
丙烷	8.9	1.67	8.06	3.7
丙烯	0.24	0.69	0.88	0.49
异丁烷	1.52	0.85	10.23	4.45
正丁烷	2.23	1.11	11.98	4.89
丁烯-1	0.03	0.11	1.24	0.08
异丁烯	0.04	0.13	0.18	0.11
反丁烯-2	0.04	0.12	1.38	0.09
异戊烷	0.15	0.52	0.28	0.11
顺丁烯-2	0.02	0.07	0.9	0.05
正戊烷	0.12	0.44	0.19	0.05
乙烯	2.24	8.81	8.07	12.14
乙烷	8.56	9.9	7.77	10.14
氧气	0.85	0.79	0.29	0.72
氮气	6.53	14.71	12.38	14.35
甲烷	9.76	21.14	18.01	22.54
一氧化碳	0	0	0.65	1.44
C3+	13.29	5.71	35.32	14.02
烯烃	2.61	9.93	12.65	12.96
C5	0.27	0.96	0.47	0.16
烃含量	33.85	45.56	69.17	58.84

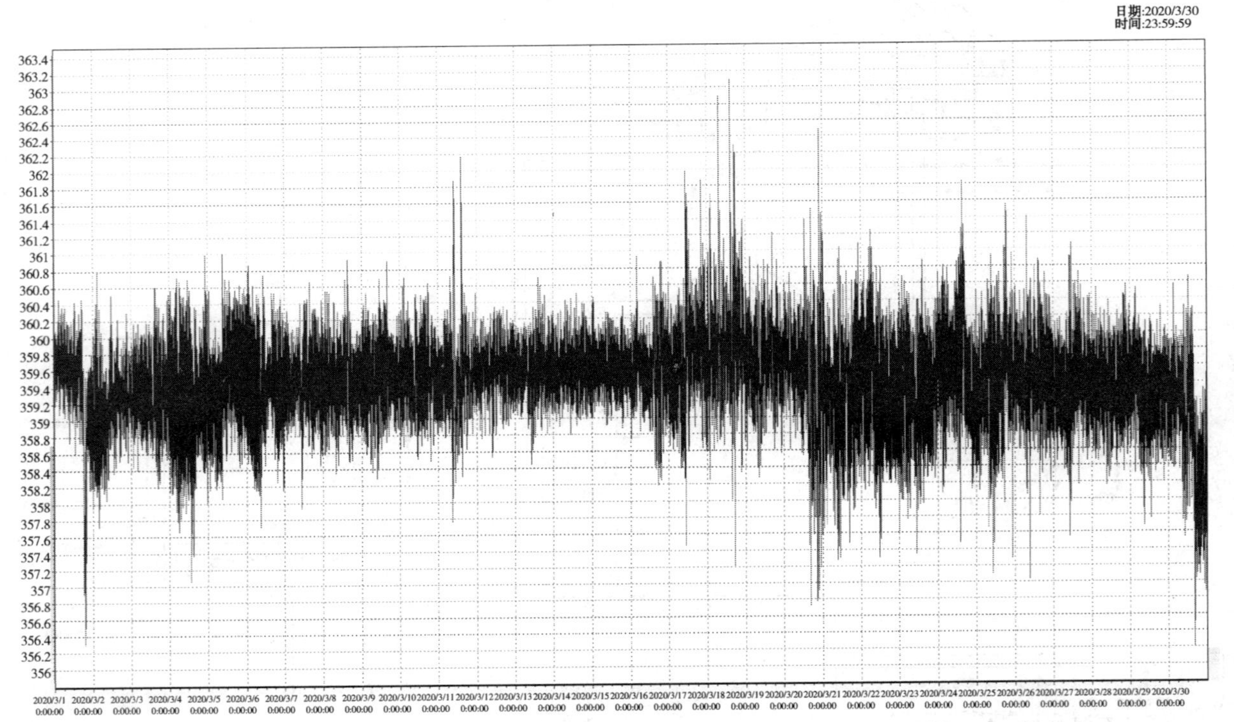

图6　瓦斯管网优化前三蒸馏常压炉出口温度

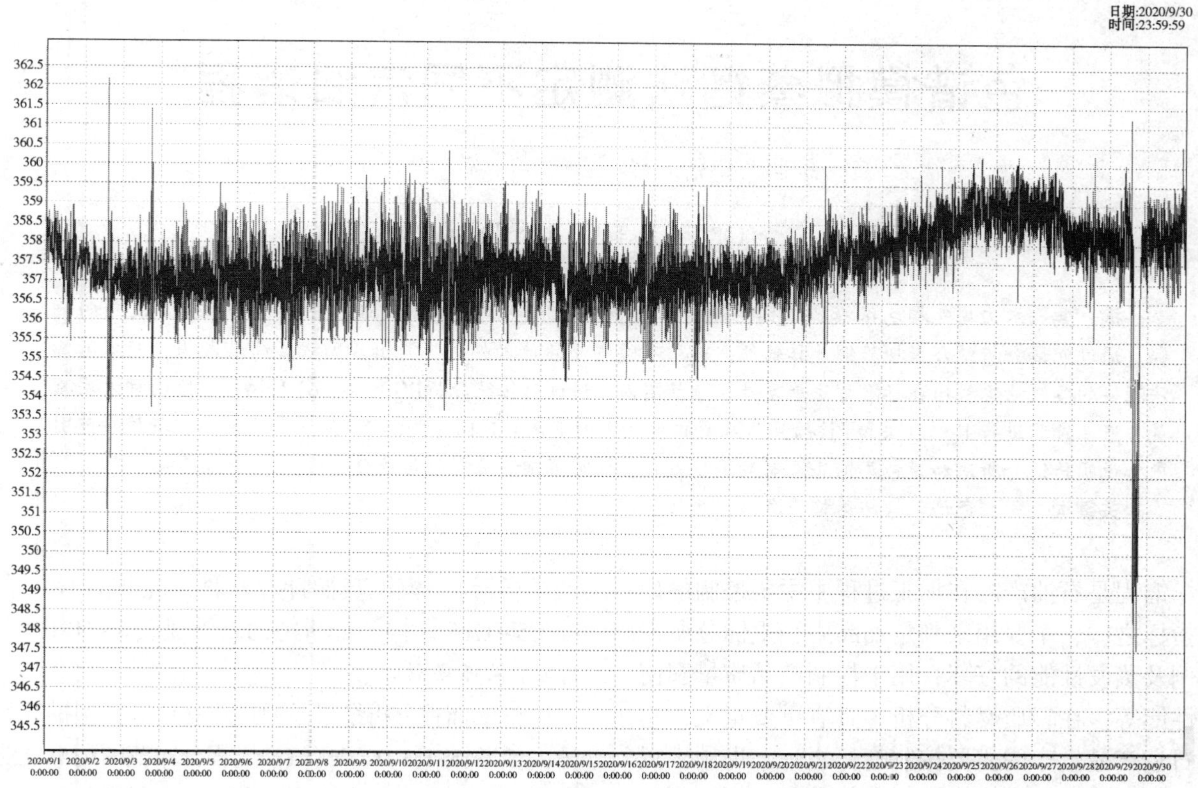

图 7　瓦斯管网优化后三蒸馏常压炉出口温度

6　小结

通过对瓦斯管网进行优化，将公司产气量较大的四催化干气、压缩机回收火炬气与补充瓦斯管网的液化气经过混合器充分混合后，对瓦斯组成进行了优化，使瓦斯管网瓦斯组分更加稳定，保证了加热炉的稳定运行。

色谱模拟蒸馏法测定不同汽油馏程

陈世龙　张　辉　王　瑞　贺　革

（中国石油兰州石化公司）

摘　要　本文用气相色谱模拟蒸馏法测定二段重汽油、半成品精制汽油、重整进料、稳定汽油的馏程。通过色谱分析结合模拟蒸馏计算软件，建立不同汽油的计算模型，算出其馏程。结果表明，模拟蒸馏法测得的各汽油馏程均在标准方法重复性误差范围内；通过对传统分析（GB/T6536）和模拟蒸馏两种方法测量各汽油馏程进行 F 检验法和 t 检验法，在置信度95%时 F 表 = 3.18，t 表 = 1.734，各汽油馏程段均在范围内，说明传统分析法和模拟蒸馏法没有显著性差异，模拟蒸馏法可取代传统分析法。

关键词　气相色谱，模拟蒸馏，汽油，馏程

馏程是石油产品在加工过程中主要控制的理化指标之一，主要用来判定油品中轻重馏分所占比例及蒸发性能的好坏，用于控制产品质量和使用性能等。在轻质燃料分析中具有重要意义，它是石油产品生产的主要控制指标之一，可用沸点范围来区别不同的燃料，同时也是制定原油调配方案的重要依据。

目前各大炼厂汽油的馏程分析通常采用 GB/T 6536—2010《石油产品常压蒸馏特性测定法》方法进行测定，分析过程中所需样品量大（100mL 以上），测量时间长（45min 以上），操作过程中条件要求较高，影响因素多，挥发的油气影响员工健康，测量结果误差影响较大。气相色谱模拟蒸馏法参考 ASTM D7096《汽油馏程分布范围的标准测定方法 大孔径毛细管气相色谱法》，测定的终馏点不高于 280℃ 的石油产品，具有分析速度快（约 20min）、样品用量少（2mL 左右）、重复性高、减少油气挥发等优点，分析的准确度精密度可以满足生产要求，从而对数据提供更为快速准确的信息，为装置调整提供参考。

1　实验部分

模拟蒸馏法是利用具有一定分离度的非极性色谱柱，在线性程序升温条件下测定已知正构烷烃混合物组分的保留时间，然后在相同的色谱条件下，将试样按沸点次序分离，模拟蒸馏同时进行切片积分，获得对应的累加面积，以及保留时间，经过温度-时间的内插校正，得到对应于百分收率的温度即馏程。

1.1　仪器和试剂

Agilent7890 气相色谱仪（AgilentG4513A 自动进样器）、模拟蒸馏计算软件、正构烷烃混合物 C5～C16 标样、分析纯的石油醚（30～60℃）。

1.2　操作条件

汽油馏程分析结果是通过建立计算模型推算而出，参考 ASTM D7096《汽油馏程分布范围的标准测定方法 大孔径毛细管气相色谱法》中典型条件参数设置，对色谱仪进行操作条件调试，获得典型操作条件见表 1。由表 1 可知，运行时间只需要 8min。

表 1　色谱典型操作条件

项目	操作条件
进样口温度	230℃
分流比	1：1
检测器温度	230℃
色谱柱初始温度	40℃，保持 1min
升温速率	25℃/min
色谱柱终止温度	200℃
氮气流量	20mL/min
氢气流量	30mL/min
空气流量	300mL/min
进样量	0.1μL
运行时间	8min

1.3　仪器校准及标样分析

在线性程序升温条件下测定已知正构烷烃标样混合物中各组分的保留时间和色谱峰面积，获得电压—保留时间的校正曲线，标样典型色谱图见图 1。按出峰顺序进行排列：00：16 为 C5，00：32为 C6，01：07 为 C7，01：32 为甲苯，01：55为 C8，02：21 为对二甲苯，02：58 为丙苯，03：23 为 C10，03：39 为正丁基苯，04：37 为 C12，05：09 为 C13，05：41 为 C14，06：10 为 C15，06：36 为 C16。

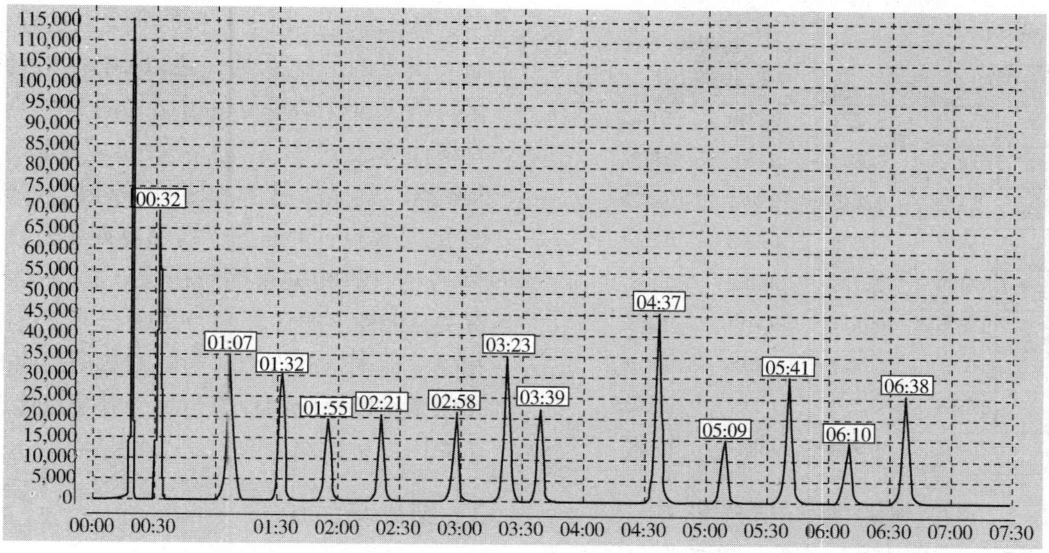

图 1　标样色谱图

1.4　样品分析步骤

（1）样品处理：待分析的样品使用滤纸过滤，除去样品中的水分和杂质；过滤后的样品封入色谱样品瓶中封好。

（2）正式分析之前，在与运行样品相同的操作条件下进行空白基线补偿分析，以便对基线漂移、噪声和残存作适当扣除。运行基线结束后，仪器用石油醚溶剂自动清洗进样针，再用样品自动润洗进样针，润洗后自动吸取样品。

（3）按设置好的方法，运行程序分析样品。样品二段重汽油典型谱图见图 2、稳定汽油见图 3、重整进料见图 4、半成品精制汽油见图 5，每天分析四种样品各一批，连续运行半年。

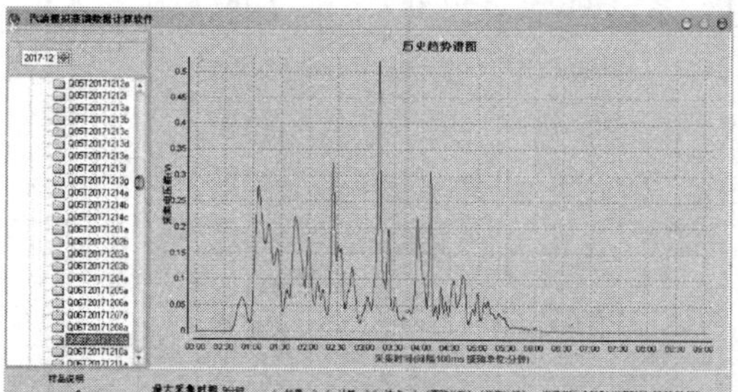

图 2　二段重汽油样品色谱图

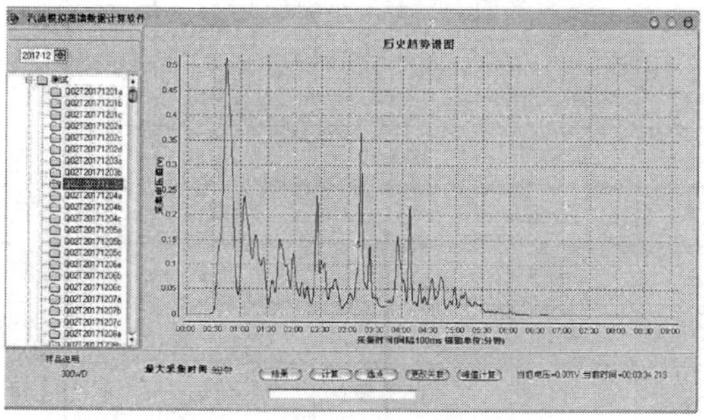

图 3　稳定汽油样品色谱图

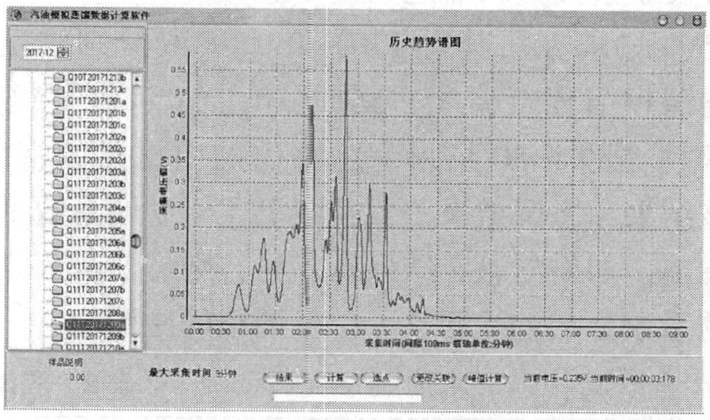

图 4　重整进料样品色谱图

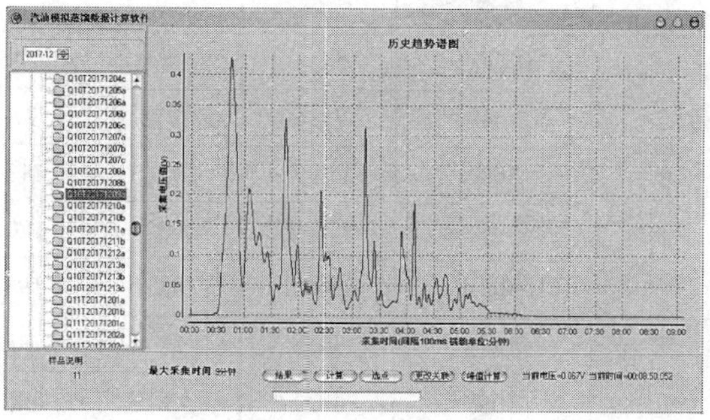

图 5　半成品精制汽油样品色谱图

（4）建立二段重汽油、半成品精制汽油、重整进料、稳定汽油样品的馏程计算模型，对色谱图进行解析，并进行计算得到馏程数据。对同一样品同时进行色谱解析和恩氏蒸馏分析，得到色谱分析结果和恩氏蒸馏分析结果进行两组数据之间的关联计算，对于两者之间的关联模型确定为以下数学模型公式，即：$t=A0+A1\times T_n-1+A2\times T_n+A3\times T_{n+1}$；式中：T-对应恩氏蒸馏结果；$T_{n-1}$-对应色谱前一馏程温度；$T_n$-对应色谱温度；$T_{n+1}$-对应色谱后一点温度；A0-截距；A1、A2、A3 对应关联计算系数。馏程计算模型截图如图 6 所示。

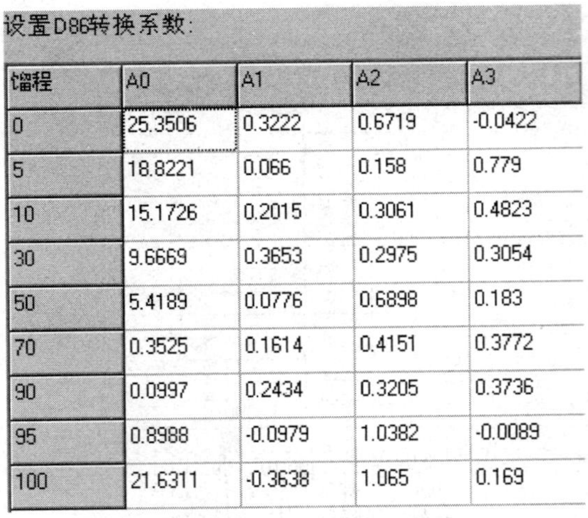
设置D86转换系数:

馏程	A0	A1	A2	A3
0	25.3506	0.3222	0.6719	-0.0422
5	18.8221	0.066	0.158	0.779
10	15.1726	0.2015	0.3061	0.4823
30	9.6669	0.3653	0.2975	0.3054
50	5.4189	0.0776	0.6898	0.183
70	0.3525	0.1614	0.4151	0.3772
90	0.0997	0.2434	0.3205	0.3736
95	0.8988	-0.0979	1.0382	-0.0089
100	21.6311	-0.3638	1.065	0.169

图 6　馏程计算模型系数图

以馏程 50%点为例，50%点恩氏蒸馏结果通过关联公式可以描述为：$t50 = A0 + A1 \times T30 + A2 \times T50 + A3 \times T70$，其中 T30、T50、T70 分别对应色谱馏程馏程点温度，其中 A0、A1、A2、A3 为常数。此时 t50 结果为计算出的模拟蒸馏结果，该结果和恩氏结果一致，则上述模型的系数不再调整；如果与恩氏结果有差异，则需要对公式中的系数分配进行调整。一般调整的原则为，实验恩氏结果与色谱分析的哪个点接近，相应的加大该点的分配系数，还以 50%点为例，如果化验恩氏 50%结果与色谱结果的 30%点相接近，就将计算公式中 A1 点系数相应提高，如果是 50%点，就提高色谱 A2 点的系数。特殊点有初馏点，5%点，95%点，终馏点四个点。初馏点，5%点的计算相关点都与初馏点、5%点、10%点有关，95%点的计算都与 90%，95%点、终馏点相关，即同样的点计算不同的数据，此时遵从上述原则，即恩氏馏程值与色谱哪个点接近就把该点的馏程系数加大。

2　结果与讨论

2.1　重复性试验

根据试验数据建立关联参数模型，通过回归模型计算可得到馏程结果。采集二段重汽油样品、稳定汽油样品，重整进料样品，半成品精制汽油样品，每一个样品重复测定 6 次，得到重复性数据结果见表 2。各汽油馏程测定结果的标准偏差均在标准方法的重复性误差范围内。

表 2　汽油模拟蒸馏馏程重复性

样品名称	回收体积	1	2	3	4	5	6	标准偏差	重复性要求
二段重汽油	初馏点	54.1	54.0	54.0	54.2	54.1	54.1	0.075	0.5℃
	10%	77.6	77.5	77.6	78.0	77.5	77.6	0.186	0.8℃
	50%	113.7	113.6	113.5	113.8	113.5	113.6	0.120	0.5℃
	90%	170.1	170.5	170.2	170.0	170.2	170.2	0.167	1.3℃
	终馏点	198.3	198.1	198.7	198.2	198.2	199.0	0.354	1.5℃
稳定汽油	初馏点	30.3	30.4	30.2	30.3	30.0	30.4	0.150	0.5℃
	10%	48.1	48.3	48.1	48.5	48.4	48.8	0.266	0.8℃
	50%	90.7	90.8	91.0	90.9	91.0	90.9	0.120	0.5℃
	90%	166.6	166.5	167.0	165.8	166.9	167.0	0.458	1.3℃
	终馏点	194.2	194.9	195.0	194.0	194.5	195.4	0.528	1.5℃
重整进料	初馏点	68.6	68.8	69.0	68.9	68.8	68.8	0.130	0.5℃
	10%	88.7	88.6	88.7	88.8	89.0	88.9	0.147	0.8℃
	50%	106.7	106.5	106.8	106.7	106.7	106.5	0.19	0.5℃
	90%	132.5	132.3	132.8	132.4	132.3	133.0	0.288	1.3℃
	终馏点	149.2	148.9	148.4	148.6	148.7	148.4	0.310	1.5℃
半成品精制汽油	初馏点	33.6	33.8	33.6	33.7	33.6	33.6	0.160	0.5℃
	10%	54.4	54.5	54.3	54.8	54.3	54.2	0.214	0.8℃
	50%	96.9	97.0	97.1	96.7	96.8	97.0	0.150	0.5℃
	90%	168.5	169.0	168.9	169.2	168.7	169.8	0.453	1.3℃
	终馏点	193.5	193.6	193.9	193.7	194.1	194.5	0.371	1.5℃

2.2 显著性差异考察

用传统分析法和模拟蒸馏法同时分析样品，将所得数据进行对比，对比数据见表3、表4、表5、表6。为了判断两种分析方法效果是否相同，先用F检验确定两组数据的精密度是否有显著性差异，在确定精密度没有显著性差异之后，再用t检验确定两种方法的测定结果有无显著性差异。

表3 两种方法测定二段重汽油对比数据

序号	初馏点/℃		10%/℃		50%/℃		90%/℃		终馏点/℃	
	传统	模拟	传统	模拟	传统	模拟	传统	模拟	传统	模拟
1	54.3	55.9	77.7	77.7	112.2	112.4	169.6	170.7	196.6	196.1
2	57.8	57.3	80.5	80.0	114.9	115.1	170.1	170.9	195.5	193.5
3	54.0	54.0	77.5	77.0	112.6	112.5	170.4	171.0	196.8	194.7
4	57.4	56.7	79.6	79.3	114.6	115.7	172.8	172.7	196.4	197.0
5	59.0	57.3	80.2	78.7	113.1	113.6	170.5	171.4	195.5	194.8
6	57.3	56.6	79.6	78.7	114.5	114.9	171.0	172.0	199.1	197.4
7	54.4	55.9	78.5	78.1	113.2	114.1	170.8	172.4	197.8	197.9
8	56.7	54.9	76.2	77.5	111.4	113.5	169.8	171.9	197.8	197.4
9	57.1	55.2	79.4	78.6	115.0	116.2	172.6	173.8	199.4	198.6
10	57.5	55.3	81.8	80.7	115.8	118.3	173.7	174.8	201.2	201.4
F	2.45		2.08		1.61		1.13		1.52	
t	1.001		0.743		1.234		1.668		0.792	

在置信度95%时 $F_{表}=3.18$，$t_{表}=1.734$，各馏程点均在范围内，说明二段重汽油传统分析和模拟蒸馏两种方法没有显著性差异。

表4 两种方法测定稳定汽油对比数据

序号	初馏点/℃		10%/℃		50%/℃		90%/℃		终馏点/℃	
	传统	模拟	传统	模拟	传统	模拟	传统	模拟	传统	模拟
1	29.2	31.0	46.1	44.4	93.7	92.7	172.5	171.0	190.6	191.0
2	32.7	30.7	48.2	49.5	91.9	92.9	162.2	162.4	184.5	185.4
3	29.3	29.9	46.1	47.1	93.9	94.3	164.2	165.4	186.0	183.3
4	29.2	30.1	46.5	44.7	91.9	92.7	165.4	166.2	184.4	187.1
5	29.9	29.4	45.5	45.6	93.7	94.0	170.4	171.7	190.7	190.7
6	30.6	29.7	45.9	43.2	90.6	91.8	162.9	163.5	182.8	183.8
7	28.9	29.3	45.7	45.5	93.2	94.0	166.4	169.0	188.0	190.1
8	30.7	29.4	47.5	47.1	94.0	94.1	161.9	164.3	184.5	187.1
9	30.4	28.6	45.2	42.2	91.1	92.1	164.1	165.6	184.0	187.0
10	30.0	29.3	47.0	45.0	93.2	93.4	166.8	168.4	186.7	189.4
F	0.93		3.09		3.17		1.69		2.98	
t	1.661		1.204		1.533		0.304		1.131	

在置信度95%时 $F_{表}=3.18$，$t_{表}=1.734$，各馏程点均在范围内，说明稳定汽油传统分析和模拟蒸馏两种方法没有显著性差异。

表5　两种方法测定重整进料对比数据

序号	初馏点/℃		10%/℃		50%/℃		90%/℃		终馏点/℃	
	传统	模拟	传统	模拟	传统	模拟	传统	模拟	传统	模拟
1	73.4	74.1	90.3	89.4	106.7	106.0	132.2	132.2	148.8	148.6
2	72.2	71.5	88.9	88.1	105.9	105.7	132.4	131.6	148.9	148.5
3	73.9	72.7	89.7	88.7	105.8	105.8	131.7	131.8	149.0	148.5
4	71.9	72.2	88.9	88.5	105.9	105.9	131.4	131.5	148.0	148.6
5	74.7	72.9	89.8	89.0	106.3	106.0	132.1	131.9	148.8	148.7
6	68.3	70.9	87.5	87.6	105.7	105.5	132.1	130.4	148.3	148.2
7	68.5	69.9	85.9	86.3	104.9	105.1	131.6	130.8	148.2	148.0
8	68.2	70.5	87.9	88.6	106.2	105.8	132.3	132.9	148.8	149.2
9	67.6	67.8	87.7	88.9	106.2	105.5	133.5	132.5	149.6	148.3
10	73.4	74.1	90.3	89.4	106.7	106.0	132.2	132.2	148.8	148.6
F	2.21		2.24		3.04		1.65		2.05	
t	0.385		0.309		1.376		1.258		1.041	

在置信度95%时 $F_{表}=3.18$，$t_{表}=1.734$，各馏程点均在范围内，说明重整进料传统分析和模拟蒸馏两种方法没有显著性差异。

表6　两种方法测定半成品精制汽油对比数据

序号	初馏点/℃		10%/℃		50%/℃		90%/℃		终馏点/℃	
	传统	模拟	传统	模拟	传统	模拟	传统	模拟	传统	模拟
1	30.7	33.3	50.3	52.0	92.9	93.6	168.8	167.9	194.7	194.2
2	34.1	32.7	54.0	52.6	94.7	94.5	167.2	167.8	193.5	193.7
3	33.3	33.6	53.8	54.1	95.8	95.4	167.7	167.9	193.5	193.5
4	34.6	33.8	55.4	55.1	97.4	97.0	168.8	168.6	193.3	193.6
5	31.2	30.4	43.4	41.3	88.1	88.9	166.8	167.0	192.5	193.1
6	32.7	30.8	50.0	48.3	92.3	92.8	167.4	167.8	192.7	193.3
7	32.8	30.6	51.7	49.4	93.2	92.8	167.9	167.4	193.2	193.2
8	33.9	31.1	50.9	50.7	94.1	93.2	167.9	167.7	193.8	193.6
9	32.5	30.9	51.0	51.2	94.3	93.6	168.1	168.2	194.0	194.1
10	30.4	31.3	50.1	51.5	94.0	93.7	168.0	168.1	193.8	193.9
F	1.17		1.37		1.37		2.13		2.99	
t	1.246		0.275		0.128		0.082		0.517	

在置信度95%时 $F_{表}=3.18$，$t_{表}=1.734$，各馏程点均在范围内，说明半成品精制汽油传统分析和模拟蒸馏两种方法没有显著性差异。

由此可见，对于二段重汽油、稳定汽油、重整进料、半成品精制汽油样品用传统馏程分析和模拟蒸馏分析两种方法效果相同，完全可用模拟蒸馏法取代手动分析法。

3　结论

（1）与传统馏程分析方法相比，模拟蒸馏法具有运行时间短、样品消耗量少，重复性高等优点经过多批次样品的分析、测试和调试，色谱仪和模拟蒸馏程序运行良好，仪器在方法对照试验中表现出较好的准确性。

（2）建立了汽油组份二段重汽油、半成品精制汽油、重整进料、稳定汽油样品馏程的计算模型，确立了测定汽油馏程的分析方法，通过重复性实验，4 种汽油的馏程重复性满足标准方法要求。通过 F 检验法和 t 检验法，证明传统分析法和模拟蒸馏两种方法分析结果无显著性差异，可用模拟蒸馏法取代传统分析法。

参 考 文 献

[1] 马振元，张迎春等．色谱模拟蒸馏方法测定蒽油的馏程．煤化工，2013，6(3)：26.
[2] 高蕾，马树侠等．石油产品馏程的测定与模拟蒸馏测定的对比．山东化工，2014，43：98.
[3] ASTM D86 石油产品蒸馏试验方法 常压[S].
[4] ASTM D7096—2016 汽油馏程分布范围的标准测定方法（大孔径毛细管气相色谱法）[S].
[5] GB/T6 536—2010 石油产品馏程试验方法[S].

原油缓冲罐罐顶腐蚀原因分析与防护对策

赵　静

（中国石油化工股份有限公司洛阳分石化）

摘　要　在炼化企业原油储罐罐底腐蚀穿孔是比较常见的腐蚀问题，但罐顶腐蚀减薄穿孔却较为罕见。洛阳石化零位罐区有4台原油缓冲罐因服役时间过长，加之接卸收付的原油性质逐年劣质化等因素影响，罐顶腐蚀减薄（穿孔）问题严重。本文以洛阳石化零位罐区原油缓冲罐罐顶腐蚀减薄穿孔为例，详细分析了罐顶造成腐蚀的原因，并提出了防护对策。

关键词　原油缓冲罐，腐蚀，分析，对策

洛阳石化零位罐区于1983年建成投用，有原油缓冲罐6台（文中所述4台罐参数见表1），轻污油罐1台，主要担负铁路进厂原油的接卸后的收付中转和盛装运行部在生产过程中产生的各类轻质污油的任务，每年接卸中转原油300万吨左右。

表1　零位罐区4台原油缓冲罐基础数据

工艺编号	G001-G004	投用日期/年	1983
材质	A3F（Q235 沸腾钢）	公称容积/m^3	300
灌顶形式	拱顶	防腐措施	不详
设计温度/℃	45	设计压力/ MPa	1
底板/顶板厚度/mm	4/4	充水实验高度/m	6
操作条件	温度/℃	压力/MPa	介质
	常温	常压	原油

1　原油缓冲罐罐顶腐蚀现状

2019年装置停工检修期间，对零位罐区G002、G003罐进行清罐检修，清罐作业结束后进罐检查发现两台罐顶壁板靠近角焊缝300mm环形范围内多个部位都存在腐蚀层呈片状剥离脱落和腐蚀穿孔的现象，其中G002罐顶壁板腐蚀层脱落面积最大约100mm×200mm，腐蚀穿孔最大直径10mm，G003罐罐顶壁板腐蚀层脱落面积最大约90mm×150mm，腐蚀穿孔最大直径6mm。检测单位先对两台罐顶壁板靠近角焊缝300mm环形范围内均匀分布取20个点进行超声波测厚。测厚结果显示，设计4mm厚的罐顶钢板，G002罐罐顶测厚区域平均厚度为2.49mm，最薄处2.12mm，G003罐罐顶测厚区域平均厚度为2.71mm，最薄处2.47mm。考虑到四台罐的材质、收付介质、投用时间和运行环境相同，怀疑G001、G004罐罐顶也存在同样的腐蚀减薄情况，因此组织对G001、G004罐罐顶做了超声波测厚，测厚结果（表2）显示G001、G004罐罐顶也存在相似的腐蚀减薄情况。

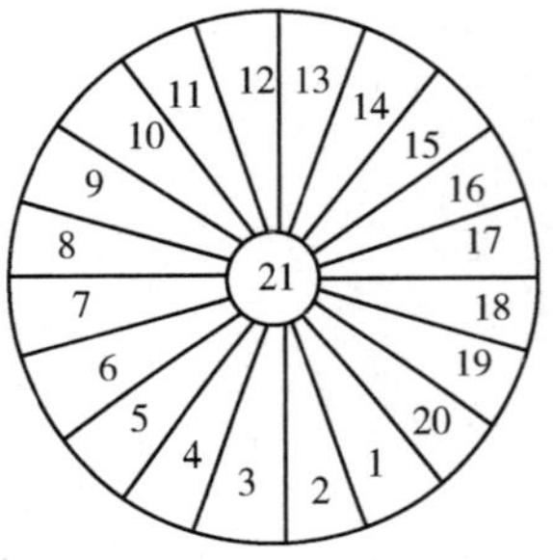

图1　G001～G004罐罐顶超声波测厚检测点分布图

表2　G001～G004罐罐顶超声波测厚检测结果

mm

编号	测量点值
G001罐顶	2.37　2.14　2.58　2.43　2.11　2.47　2.51　2.35　2.68　2.79　1.89　2.36　2.21　2.47　2.59　2.13　2.17　2.37　2.37　2.18　2.89
G002罐顶	2.66　2.57　2.43　2.73　2.44　2.12　2.25　2.73　3.00　2.82　2.52　2.43　2.42　2.20　2.62　2.53　2.20　2.62　2.41　2.27　3.82
G003罐顶	2.53　2.62　2.82　2.66　2.47　2.93　3.08　2.72　2.79　2.85　2.57　2.55　2.61　2.77　2.49　2.58　2.61　2.82　2.91　2.74　3.13

续表

编号	测量点值
G004 罐顶	2.41 2.54 2.68 2.53 2.41 2.87 2.91 2.65 2.78 2.79 2.09 2.36 2.41 2.67 2.59 2.53 2.57 2.77 2.87 2.68 3.09

为了进一步掌握罐顶整体腐蚀情况，对G002罐罐顶内圈(半径为1000mm范围内)奇数分布区域均匀取10个点进行超声波测厚(表3)，根据数据对比，内圈平均厚度为3.45mm，外圈平均厚度为2.50mm，说明罐顶钢板腐蚀减薄程度由内向外逐步加重。

表3 G002罐罐顶内外圈超声波测厚检测结果

mm

编号	测量点值
罐顶内圈	3.26 3.41 3.68 3.54 3.29 4.17 3.51 3.25 3.17 3.26
罐顶外圈	2.66 2.43 2.44 2.25 3.00 2.52 2.42 2.62 2.20 2.41

注：数据取罐顶测厚点奇数位置数据。

根据以上测厚数据，可以看出G001~G004四台原油缓冲罐罐顶腐蚀程度由内向外呈径向逐步加重，罐顶壁板靠近角焊缝300mm环形范围区域均存在严重的腐蚀减薄，甚至穿孔的问题。

2 原油缓冲罐罐顶腐蚀原因分析

2.1 罐顶内壁防腐措施缺失

零位罐区所有原油缓冲罐罐壁均有保温，但罐顶未设计安装保温，为避免外部环境对罐顶外壁的腐蚀，单位非常重视对罐顶外部的防腐工作，定期对罐顶外部进行刷漆作业，很好地保证了零位罐区原油缓冲罐良好的外观状态。但是因为罐顶内壁除锈刷漆作业实施过程难度大，风险高，因此零位罐区原油缓冲罐在历次检修期间只进行清罐和测厚作业，从未对罐顶内壁采取过任何防腐措施。当罐顶外观状态良好，测厚数据显示钢板腐蚀减薄程度不明显，加之常压储罐较长的清罐检修周期(6~9年)，在缺乏有效罐顶腐蚀检测手段时，容易引起设备管理人员对罐顶内壁腐蚀问题的忽视，最终会因为防腐措施不到位而造成罐顶腐蚀减薄甚至穿孔。

2.2 缓慢氧化反应腐蚀

G001~G004四台原油缓冲罐储存介质均为重油，为原油从槽车接卸时有足够的流动性，需要蒸汽加温。因此，进入储罐的介质温度较高，加之罐顶外壁无保温，当外界气温较低时，罐顶气相空间与外部环境形成较大的温差，在外界温度较低时，罐顶气相空间内水汽遇到温度较低的罐顶壁板，就会冷凝在呈半球型的罐顶内壁上，逐渐形成水滴，而水滴在重力作用下，沿着罐顶内壁弧形面滑落积聚在角焊缝罐顶壁板一侧环形区域，长此以往，这种过程不断重复发生，就给长期潮湿的环境下罐顶氧化反应腐蚀提供了条件。腐蚀过程化学反应如下：

$$2Fe+2H_2O+O_2 = 2Fe(OH)_2\downarrow$$

在腐蚀时，铁在水和氧气的缓慢作用下生成氢氧化亚铁，因为氢氧化亚铁在含氧环境中化学性质极不稳定，在含氧环境中进一步发生氧化反应后生成氢氧化铁。

$$4Fe(OH)_2+2H_2O+O_2 = 4Fe(OH)_3\downarrow$$

之后，氢氧化铁脱水，在缓慢复杂的化学反应过程中生成铁锈。

$$2Fe(OH)_3 = Fe_2O_3+3H_2O$$

这种腐蚀由钢板表面开始，当表面有锈蚀层时，它就起到了水和氧的储槽作用，在潮湿的环境下，锈蚀层对钢板继续发生化学反应起到强烈的氧化作用，在罐顶气相空间干湿交替变化下，锈蚀层由表向里逐渐扩展，形成鼓包和分层，随着腐蚀不断加深和扩展，进而形成罐顶内壁大面积腐蚀区域，腐蚀区域内的腐蚀层在内外力作用下呈片状脱落、最终造成腐蚀区域持续而缓慢地减薄、穿孔。

2.3 H2S-H2O型电化学腐蚀

近年来企业为了降低成本，原油品质不断劣质化，而且劣质原油炼量也在逐年增加。通过铁路运输进厂接卸的高硫原油接卸量呈逐年上升趋势。高含硫原油中除含油硫醇、硫醚、二硫化物、多硫化物、环状硫化物等有机硫化物腐蚀性介质，还含有元素硫和较高浓度的硫化氢。相对于原油中的其他硫化物，具有易挥发、呈酸性的硫化氢是引起钢制储罐罐顶腐蚀的一个重要因素。表4数据是接卸某品种进口原油前打盖环节对槽车冒口硫化氢逸出浓度的随机监测数据。从数据可以看出，高硫原油中含有的硫化氢浓度比较高，这些原油输送至零位罐区的原油缓冲罐，使得罐内硫化氢持续保持在较高的浓度，在潮湿的环境下，为 H_2S-H_2O 型电化学腐蚀提供了条件。

表 4　某种类进口原油槽车打盖时的硫化氢浓度

车序	车号	罐口浓度/(mg/m³)	罐口 1m 以上浓度/(mg/m³)	监测时间	监测单位
1	6101740	>213	130mg/m³	11：20	化验站
2	6140953	>213	136mg/m³	11：20	化验站
3	6140896	128	21mg/m³	11：20	化验站
4	6142899	>213	>213	11：20	化验站
5	6100259	>213	>213	11：20	化验站
6	6091059	>213	129	11：20	化验站
7	6140972	>213	>213	11：20	化验站
8	6140637	>213	>213	11：20	化验站

注：罐口浓度是刚开盖时检测；罐口以上 50cm 及平台的监测是打盖后 8~15min 后的数据。

硫化氢在干燥环境下对设备腐蚀很轻，或基本无腐蚀。但在遇水后生成的氢硫酸，极易水解，在水中发生电离方式为：

$$H_2S = H^+ + HS^-$$

$$HS^- = H^+ + S^{2-}$$

在 H_2S-H_2O 体系中的 H^+、HS^-、S^{2-} 和 H_2S 分子对金属腐蚀为氢去极化作用，其反应式为：

阳极：　$Fe = Fe^{2+} + 2e$

$$Fe^{2+} + S^{2-} = FeS$$

或：　$Fe^{2+} + HS^- = FeS + H^+ + e$

阴极：　$2H_2O + O_2 + 4e = 4OH^-$

原油中逸出的 H_2S 气体在遇水后生成氢硫酸，氢硫酸比硫化氢气体具有更强的还原性，进一步加速了 H_2S-H_2O 型电化学腐蚀速率。

3　防护措施

近年来，随着钢制储罐腐蚀问题日趋严重，储罐内防腐层或衬里作为内腐蚀控制的重要手段及措施也逐步走向成熟，如液体涂料、固体衬里等防腐材料应用技术已经比较成熟。选择合适得当的防腐材料和作业方法可以有效减缓储罐罐体的腐蚀速率。

3.1　涂料选择

根据零位罐区原油缓冲罐内潮湿、硫化氢浓度较大的运行环境，参考石油化工行业常用防腐材料性能(表 5)，从施工难度、环保经济、防腐效果的角度考虑，我们选择了环氧树脂类涂料，两道底漆两道面漆的刷漆方式。底漆选用环氧脂底漆与环氧磷酸锌底漆配套使用，面漆选用环氧树脂防腐漆，这样搭配涂刷后漆膜坚硬耐久，附着力强，耐潮湿、防腐蚀性能较好。

表 5　常用防腐蚀涂料

涂料用途	涂料种类和性能										
	高氯化聚乙烯涂料	醇酸树脂涂料	环氧磷酸锌涂料	环氧富锌涂料	无机富锌涂料	环氧树脂涂料	环氧酚醛树脂涂料	聚氨酯涂料	有机硅涂料	冷喷铝涂料	热喷铝(锌)
一般防腐	√	√	√	△	√	√	√	√	△	△	△
耐无机酸酸性气体	√	○	○	○	○	√	√	○	○	○	○
耐有机酸酸雾	○	×	○	○	○	○	√	○	×	○	○
耐油(汽油、煤油)	√	×	○	√	√	√	√	√	○	√	√
耐潮湿	○	○	√	√	√	√	√	√	√	√	√
耐水	○	×	○	○	○	√	√	√	○	√	○
常温	√	√	√	√	√	√	√	√	△	△	√
附着力	○	○	√	√	○	√	√	√	○	√	√

注：表中"√"表示性能较好，宜选用；"○"表示性能一般，可选用；"×"表示性能较差，不宜选用；"△"表示由于价格或施工等原因，不宜选用。

3.2　涂料防腐作业施工技术要求

(1) 罐顶内壁表面预处理质量应达到工程要求的除锈等级和粗糙度，除锈作业时不能造成金属表面损伤。根据罐顶腐蚀情况，在罐顶防腐作业前除锈等级应达到《涂装前钢材表面锈蚀等级和除锈等级》中规定的 $S_a2.5$ 级。

（2）当空气湿度大于85%应停止除锈刷漆作业，设备金属表面处理达到要求后4个小时内，必须进行油漆涂刷作业，防止基体返锈，被涂覆的基体表面温度应高于露点温度3℃。

（3）底漆环氧酯底漆与环氧磷酸锌底漆应按照规定的比例配制，充分搅拌均匀后在规定的使用期内使用。涂层涂覆厚度应按设计要求进行，每道环氧树脂类漆膜厚度不能小于50um。

（4）多道涂装时，要严格按照涂料产品说明书所要求的时间间隔涂装，每次涂装前应在前一道涂层进行漆膜固化情况检查。

4 结论

结合零位罐区4台缓冲罐罐顶内壁实际腐蚀情况，我们采取除锈后涂刷防腐漆的措施延缓罐顶内壁腐蚀，同时也对G002、G003罐罐顶外围径向1000mm环形区域用6mm厚的钢板进行了补焊加固，确保储罐的安全运行。因G001、G004罐因不具备安全施工条件，未安排检修作业，暂对其进行监护使用，待企业下次装置停工时进行清罐检修。在今后储罐管理过程中，我们尤其要对投用周期过长，超期未检的碳钢制储罐加强腐蚀监控，尤其储罐罐顶的防腐工作，同时也要做好如下措施，保证储罐的安全运行。

（1）加强原油缓冲罐罐顶钢板的检修管理。企业要根据生产情况提前做好清罐检修计划，定期进行检修，对于罐顶已经出现防护层失效或是基体轻微腐蚀的现象一定要及时进行防腐处理，防止腐蚀程度进一步加剧。

（2）加强现场施工管理，把好施工质量验收关。施工前针对施工人员、设备、方法、环境各个因素对质量的影响，做好控制措施；在施工过程中，做好每道工序的质量检查和验收的同时，要杜绝施工过程中因人为因素对钢板基体和防腐层造成的损坏。

（3）注重储罐材质升级工作。对于在用储罐部分更换或新建储罐整个罐体，我们要选择性能刚好的钢材。如Q345低合金钢相较于Q235碳素钢，耐腐蚀性、强度都要高20%~30%。

（4）加强储罐罐顶防腐源头管理。因为拱顶式储罐罐顶与介质不接触，腐蚀速率相较于与介质频繁接触的罐底、罐壁相对较慢。因此，新罐建造时容易忽视罐顶防腐的重要性。所以，所有的拱顶式钢制储罐在投用前一定也要重视罐顶防腐工作，防止因忽视罐顶防腐而影响整个储罐的安全运行。

参 考 文 献

[1] 胡定安．炼油化工设备腐蚀与防护案例[M]．北京：中国石化出版社，2010，274-290.

浅谈电动叉车废旧铅酸蓄电池回收技术及相关法律规范

王　鑫　唐伟亮　冯　丽

（中国石油兰州石化公司）

摘　要　现阶段铅酸蓄电池的大规模广泛使用，给动力、牵引领域带来了极大的技术进步。特别是相较于内燃叉车，电动叉车低噪音，无尾气排放等优势已得到广大用户的认可，但优弊互现废旧铅酸蓄电池同样也是重要的铅污染源，其中分解出的重金属和有毒废液会对土壤、水源等带来严重的环境污染，极度危害人体健康。特别是2020年9月1日新《中华人民共和国固体废物污染环境防治法》实施以来，从法律上进一步明确了政府、企业的职责，增加了危险废物产生企业的相关责任。本文在现行的企业危险废物管控机制下，梳理了国内主流的废旧铅酸蓄电池的回收工艺。经思考完全认同《废铅酸蓄电池回收技术规范》GB/T 37281—2019采取的集中回收，提炼，再生，循环利用的绿色循环发展的思路，它是贯彻落实习近平生态文明思想和党中央关于生态文明建设决策部署的重大任务，是依法推动打好污染防治攻坚战的迫切需要，是健全最严格最严密生态环境保护法律制度和强化公共卫生法治保障的重要举措。

关键词　废旧铅酸蓄电池，铅污染，回收工艺，相关法律规范

1　废旧铅酸蓄电池的的危害

铅酸蓄电池是目前世界上广泛使用的一种化学“电源”，具有电压平稳、安全可靠、价格低廉、适用范围广、原材料丰富和回收再生利用率高等优点，是世界上各类电池中产量最大、用途最广的一种电池，它所消耗的铅占全球总耗铅量的82%。

废旧铅酸蓄电池中含有大量的重金属和高浓度硫酸溶液，其无论是裸露在大气中还是深埋在地下，其重金属成分及硫酸溶液都会随渗滤液溢出，造成地下水和土壤的污染，资料显示一节一号电池烂在地里，能使1m^{3}的土壤永久失去利用价值；一粒纽扣电池可使600 t水受到污染，日积月累，会严重危害人类健康。铅能够引起人体神经系统的神经衰弱、手足麻木、消化系统的消化不良、血液中毒和肾损伤。各种铅废料如不加以回收，都将成为环境的污染源，尤其是废铅酸蓄电池，只有充分回收利用，才能避免其中的铅泥和硫酸污染环境。回收废铅酸蓄电池可充分利用再生铅废料，减少原生铅矿石的开采量，延长其开采年限，有效的利用铅资源，是铅工业发展循环经济的必然之路。因此从保护环境和资源角度讲，回收处理废铅酸蓄电池都具有重要意义。

2　废旧铅酸电池的火法冶炼回收工艺

铅酸蓄电池作为一种可实现循环使用与循环放电的原电池，将铅视为阴极，将二氧化铅视为阳极，并将硫酸溶液视为电解液，通过物质的转化实现电池的基本放电与充电。在电池的反应过程中，其总体反应方程式为：

$$Pb+PbO_2+2H_2SO_4 \rightarrow 2PbSO_4+2H_2O$$

对于该反应而言，在放电时反应从左至右进行生成硫酸铅，在充电时反应从右至左进行。但是对于实际工作情况而言，放电过程中所产生的硫酸铅会随着循环次数的增加将电极板彻底覆盖，导致电极板的导电性能逐渐减弱，蓄电池因此完成报废处理。完整的废旧铅酸蓄电池通常是由液态的电解液（H_2SO_4溶液，约占11%~30%）和固态的有机物（聚丙烯塑料等，约占22%~30%）、金属铅（栅板、连接件，约占24%~30%）、铅膏或渣泥（约占30%~40%）等4类物质组成。其回收利用是为了回收铅、硫酸以及聚丙烯塑料外壳。废旧铅酸电池的回收通常会经过破碎分解、废液回收、塑料回收、铅泥极板熔炼、铅精炼等过程（图1）。

2.1　破碎分选处理

废旧铅酸蓄电池由多瓣抓斗行车抓到带式输

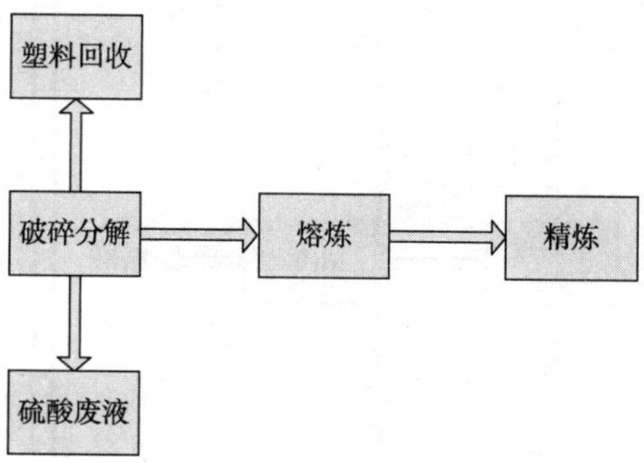

图 1 废旧铅酸电池的回收流程

送机上的加料斗中，再通过振动加料机均匀地加到胶带输送机上，输送到破碎机，进行预破碎。在此过程中，废电池的电解液流出，经管道集中到集液池。经加入石灰乳中和，压滤机过滤后，液体返回循环系统作为补充液，固体(硫酸钙)可送往水泥厂，作为配料。中和反应的反应式为 $H_2SO_4+Ca(OH)_2=CaSO_4+2H_2O$

2.2 铅泥的火法熔炼

火法熔炼工艺可分为无预处理冶炼和预处理单独冶炼两种工艺

无预处理冶炼：废铅酸蓄电池经去壳倒酸等简单处理后，进行火法冶炼，得到铅锑合金。金属回收率平均为 85%~90%。废酸、塑料及锑等元素未合理利用，污染较重。

预处理单独冶炼：废旧铅酸电池经破碎分选后分出塑料部分和铅泥部分，铅泥的主要成分是 $PbSO_4$，其中含有一部分的 PbO、PbO_2 和少量杂质，脱硫是因为铅泥中主要成分 $PbSO_4$ 在高温条件下能生成硫氧化物，会对环境产生较大危害，实际中可使用预脱硫技术，即在铅泥中加入碳酸钠，将其中的硫酸铅转化为碳酸铅从而达到脱硫的目的，主要反应如下：$PbSO_4+Na_2CO_3=PbCO_3+Na_2SO_4$ 脱硫转化后进行火法冶炼，得到铅锑合金和软铅，其金属回收率平均为 95% 以上，脱硫转化的铅泥火法冶炼温度至少比未脱硫处理的铅泥熔炼温度低 100~150℃(图 2)。

2.3 铅精炼

采用反射炉密闭负压冶炼工艺，以天然气为燃料将铅泥，极板等加热熔化至 320~350℃ 左右，将废铅熔化，反应一定时间后除去表面浮渣，再加入适量的赤磷除铜，经除铜后的铅液在熔炼锅中进一步加热至 550~600℃ 加入硝酸钠和氢氧化钠，利用硝酸钠受热分解放出活性氧，使铅中的杂质氧化，杂质氧化物再与加入的氢氧化钠反应，生成不溶于铅液的钠盐，浮在铅液表面最终得到精铅。

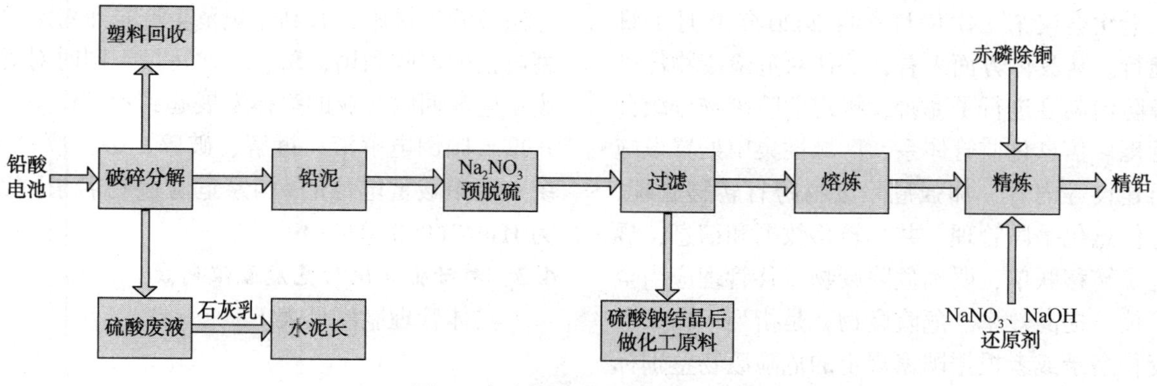

图 2 火法熔炼预处理回收流程

3 废旧铅酸电池的湿法 RSR 回收工艺

湿法熔炼技术，也称为电解法，借助电的作用，有选择的把电池碎片中铅化合物全部还原成金属铅。其主要特点是在冶炼过程中没有废气、废渣的产生，铅的回收率可达 95%~97%。

RSR 工艺主要包括 PbSO4 脱硫，还原转化，溶液浸出和电解沉积 4 个过程，废旧蓄电池经切割、拆分后形成的铅泥中加入 Na_2CO_3 碳酸钠脱硫，使蓄电池中 $PbSO_4$ 转变成 $PbCO_3$，并在 H_2SiF_4 氟硅酸溶液中通入 SO_2 溶解其中的 PbO_2 和 PbO 为可溶性盐溶液后制成电解液，最后用 PbO_2-Ti 作阳极，不锈钢作阴极进行电解沉积，金属铅在阴极析出(图 3)。

脱硫：$PbSO_4+Na_2CO_3=PbCO_3\downarrow+Na_2SO_4$

还原：$PbO_2+Na_2SO_3=PbO+Na_2SO_4$

浸出：$PbO+H_2SiF_4=PbSiF_4+H_2O$

浸出：$PbCO_3+H_2SiF_4=PbSiF_4+H_2O+CO_2\uparrow$

电解：$Pb_2++2e^-=Pb$

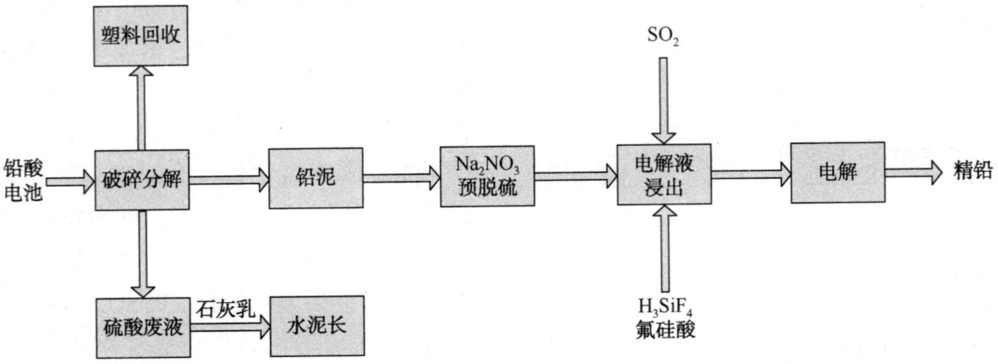

图 3　RSR 预处理电解回收流程

4　相关法律规范的解读

4.1　《中华人民共和国固体废物污染环境防治法》

《中华人民共和国固体废物污染环境防治法》是为了保护和改善生态环境，防治固体废物污染环境，保障公众健康，维护生态安全，推进生态文明建设，促进经济社会可持续发展，制定的法律。《中华人民共和国固体废物污染环境防治法》1995 年 10 月 30 日第八届全国人民代表大会常务委员会第十六次会议通过，1995 年 10 月 30 日中华人民共和国主席令第五十八号公布，自 1996 年 4 月 1 日施行。最新修订是 2020 年 4 月 29 日第十三届全国人民代表大会常务委员会第十七次会议第二次修订，自 2020 年 9 月 1 日起施行。从具体方面来看，法律对危险废物污染环境防治制度进行了完善，规定危险废物分级分类管理、信息化监管体系、区域性集中处置设施场所建设等内容。加强危险废物跨省转移管理，通过信息化手段管理、共享转移数据和信息，规定电子转移联单，明确危险废物转移管理应当全程管控、提高效率。危险废物，是指列入国家危险废物名录或者根据国家规定的危险废物鉴别标准和鉴别方法认定的具有危险特性的固体废物。固体废物，是指在生产、生活和其他活动中产生的丧失原有利用价值或者虽未丧失利用价值但被抛弃或者放弃的固态、半固态和置于容器中的气态的物品、物质以及法律、行政法规规定纳入固体废物管理的物品、物质。经无害化加工处理，并且符合强制性国家产品质量标准，不会危害公众健康和生态安全，或者根据固体废物鉴别标准和鉴别程序认定为不属于固体废物的除外。

4.2　《废铅酸蓄电池回收技术规范》GB/T 37281—2019

《废铅酸蓄电池回收技术规范》规定了废铅酸蓄电池的收集、贮存、运输、转移过程的处理方法及管理措施，有利于规范生产企业对废铅酸蓄电池的回收利用，防止二次污染，同时对规范废蓄电池回收行业的整体发展起到示范作用。禁止擅自倾倒电解液，拆解、破碎、丢弃废电池，统一废铅酸蓄电池的《国家危险废物名录》代码为 HW49(900-044-49)。

4.3　对标企业现行危废管理制度

具体管理制度见表 1。

表 1　现行危险废物相关法规和制度

序号	环节	《固体废物污染环境防治法》	企业环保管理制度
1	危废的产生环节	第七十八条　产生危险废物的单位，应当建立危险废物管理台账，如实记录有关信息。	第三十一条危废产生单位应建立危废统计台账，明确种类、数量、去向。
		第七十九条　产生危险废物的单位，应当按照国家有关规定和环境保护标准要求贮存、利用、处置危险废物，不得擅自倾倒、堆放。	第三十一条危险废物产生单位不得随意倾倒、堆放、混装、混存。
2	危废的收集环节	第八十一条　收集、贮存危险废物，应当按照危险废物特性分类进行。禁止混合收集、贮存、运输、处置性质不相容而未经安全性处置的危险废物。	第三十二条危险废物的贮存点，应设置识别标志，采取防渗流流失等措施。

续表

序号	环节	《固体废物污染环境防治法》	企业环保管理制度
3	危废的贮存环节	第八十一条从事收集、贮存、利用、处置危险废物经营活动的单位，贮存危险废物不得超过一年；	第三十二条危险废物临时贮存期限不得超过一年。
		第八十五条　产生、收集、贮存、运输、利用、处置危险废物的单位，应当依法制定意外事故的防范措施和应急预案。	第三十二条贮存单位对重点危险废物产生、贮存等关键环节开展风险评价并完善应对措施。
4	危废的转移环节	第八十二条　转移危险废物的，应当按照国家有关规定填写、运行危险废物电子或者纸质转移联单。	第三十四条危废转移应填报危废转移联单，定期存档。
		第八十三条　运输危险废物，应当采取防止污染环境的措施，并遵守国家有关危险货物运输管理的规定。禁止将危险废物与旅客在同一运输工具上载运。	第三十四条危废运输单位应具有危废运输资质。
5	危废的处置环节	第八十八条　重点危险废物集中处置设施、场所退役前，运营单位应当按照国家有关规定对设施、场所采取污染防治措施。	第三十五条未经批准公司所属单位无权处置、转让、销售危废。
		第一百二十五条　液态废物的污染防治，适用本法	第三十五条液态危废不得拉运渣场填埋。

《中华人民共和国固体废物污染环境防治法》和《废铅酸蓄电池回收技术规范》的正式颁布实施，国家首先从立法、执法的角度，用法律强制手段来明确了责任的划分，保证废旧铅酸蓄电池生产和使用企业各自履行的法律义务，规范了废旧铅酸蓄电池从产生、收集、贮存、转移、处置环节的正规流程，从法律制度上把废旧铅酸蓄电池的危害降到了最低程度。本单位根据上述的法规和技术规范对危废处置的全过程依法依规制定风险防范措施和应急预案，保证回收处置途径各环节的畅通，完善了相关的管理制度，为基层单位提供了明确清晰的指导办法。

5　总结

综上所述，铅泥的回收处理主要包括铅泥的脱硫预处理和铅元素回收这两大部分，铅泥的预处理脱硫可以降低外排硫化物的大气污染和降低熔炼温度，主要依靠碱金属碳酸盐来置换硫酸根。铅的回收包含火法和湿法两类回收技术，火法冶炼处理较快工艺成熟，是当前的主流技术但高温对设备的要求较高，容易产生粉尘，需要后续的除尘处理。湿法回收工艺环境友好性较强，属于较有发展前景的一种技术，但该技术处理效率低下，因此还需要不断地改进，提高处理效率。在对废铅酸蓄电池的污染进行防治的过程中，必须采用先进的环保设备以及技术工艺，从源头上避免产生污染。不仅如此，国家相关部门也要制定出相关的政策和条例，完善了废电池污染的处理技术，也针对废旧铅酸电池回收、处理等内容进行了严格规定，为相关企业提供了相应的指导。同时对电池回收污染排放进行严格规定，鼓励企业自觉提高废旧铅酸电池的环保意识，调动企业积极性，既防治了污染，又引导了产业的发展，使得企业能积极地对污染进行防治。只有这样才能减少电池回收对环境造成的污染，维护社会的稳定。《中华人民共和国固体废物污染环境防治法》、《废铅酸蓄电池回收技术规范》GB/T 37281—2019 这些政策条例展现出了现阶段我国对废铅酸蓄电池污染的严格控制，也反映了废铅酸蓄电池的防治管理水平、管理成果。

炼厂醚后 C4 制 2-丙基庚醇的原料分离工艺研究

吴　桐　郭　雷　贺同强　曲顺利

（中海油石化工程有限公司）

摘　要　2-PH(2-丙基庚醇)的主流生产工艺是以 C4 烯烃为原料，相比较于煤制烯烃生产的混合 C4 原料，炼厂醚后 C4 原料中烷烃比例较高，而烷烃无法直接参与反应。主要研究了使用 N-甲酰吗啉与甲乙酮混合溶剂对炼厂醚后 C4 进行丁烯提浓的技术方案，并基于 Aspen Plus 软件进行了模拟分析，为在大型炼厂中建设 2-PH 装置提供参考。

关键词　2-PH，C4 烯烃，N-甲酰吗啉，模拟分析

2-PH 即 2-丙基庚醇，主要用来与苯酐、偏苯三酸酐、己二酸等反应合成各类新型增塑剂，用以取代耐高温及耐油耐水性能较差的邻苯二甲酸二辛酯(DOP)。其主要生产工艺主要包括 1-丁烯氢甲酰化法、混合 C4 氢甲酰化法和仿生合成法等，现阶段以混合 C4 氢甲酰化法为主：混合丁烯与合成气发生氢甲酰化生成戊醛，戊醛在氢氧化钠水溶液的存在下经缩合反应生成 C10 烯醛，再经过两步饱和加氢并精制得到 2-PH 产品。

由于炼厂醚后 C4 中往往烯烃比例较低，不足 50%，而烷烃无法参与反应，会造成装置中设备、管道空间的浪费和投资操作费用的增加。因此目前国内的 2-PH 产能中除扬子-巴斯夫外多以 MTO(甲醇制烯烃)碳四为主要原料，因为 MTO 碳四中烯烃比例较高，可达 80%以上，两种 C4 原料组分主要组分对比见表 1，同时煤化工厂的合成气资源也相对丰富。本文主要研究了将烟台大学任万忠等开发的 N-甲酰吗啉-甲乙酮混合萃取剂对醚后 C4 原料进行萃取精馏、分离提浓原料中烯烃技术与现有 2-PH 生产工艺相结合，以期能够更加充分地利用炼厂醚后 C4 资源，也为今后炼厂 C4 资源的综合利用提供一种思路。

表 1　炼厂醚后碳四和 MTO 碳四的主要组分对比

项目	质量分数/wt%					
	1-丁烯	2-丁烯	异丁烯	正丁烷	异丁烷	丁二烯
炼厂醚后碳四	12~15	32~35	≤0.3	14~20	32~36	—
MTO 碳四	20~26	65~70	2~4	4	0.2	—

1　物性方法选择

炼厂醚后 C4 的主要成分为正丁烷、异丁烷、1-丁烯、反-2-丁烯、顺-2-丁烯等，其中正丁烷的沸点(-0.50℃)介于反-2-丁烯(0.90℃)和 1-丁烯(-6.3℃)之间且彼此间很接近，使用常规精馏方法难以实现烷烃和烯烃的相对彻底分离。因此使用 N-甲酰吗啉与甲乙酮质量比 1∶1 混合物作为萃取剂进行萃取精馏。总体来说，N-甲酰吗啉-甲乙酮-混合 C4 体系非理想程度高，模拟难度较大。压力较低工况下，NRTL、Wilson、UNIQUAC、UNIFAC 等物性方法对强极性非电解质物系热力学状态模拟效果较好，目前现有的文献报道中，N-甲酰吗啉-甲乙酮-混合 C4 体系模拟结果较为理想的有曹新波等使用提出采用 NRTL 方程，同时利用 UNIFAC 方程对缺少的二元交互参数进行修正；乔爱军及李海龙等使用 Wilson 方程，同样采用 UNIFAC 方程对缺少的二元交互参数进行修正；徐丽梅使用 NRTL 方程，使用 UNIFAC-DMD 方程对缺少的二元交互参数进行修正。本文经过多种物性方法模拟比较，最后确定使用 NRTL 与 UNIFAC 方程结合作为物性方法。

2　醚后 C4 分离工艺的模拟

2.1　醚后 C4 分离工艺流程

在 Aspen Plus 软件中建立工艺流程如图 1 所示，醚后 C4 原料进入 C-001 萃取精馏塔中部，同时萃取剂 N-甲酰吗啉与甲乙酮的 1：1 混合物从塔上部进入，萃取精馏塔塔顶引出丁烷混合物作为产品，塔底为萃取剂与丁烯混合物进入 C-

002汽提塔，塔底分离出萃取剂经补充后循环使用，塔顶含有微量甲乙酮的混合丁烯经水洗塔水洗后可引入2-PH装置。

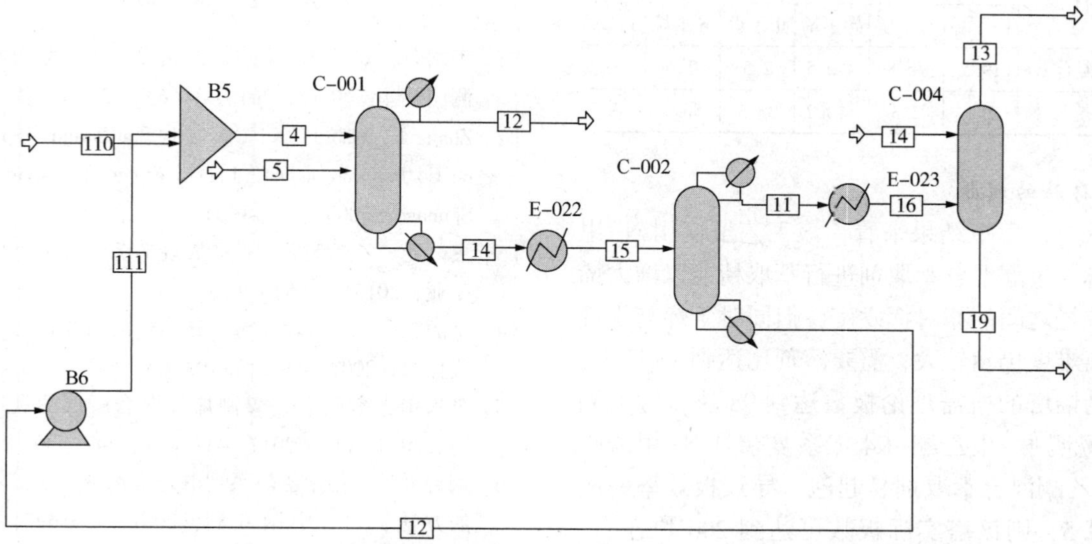

图1 N-甲酰吗啉与甲乙酮混合萃取剂分离醚后C4工艺流程
C-001-萃取精馏塔；C-002-汽提塔；C-004水洗塔

2.2 醚后C4分离工艺模拟

对图1所示醚后C4分离工艺进行模拟。萃取精馏塔与汽提塔热力学模型使用NRTL与UNIFAC方程相结合，水洗塔使用NRTL方程。经过流程调试优化后，可以将混合C4中丁烯质量分数由不足50%提升至95%以上，超过MTO碳四中的丁烯浓度，达到相对理想的效果，更加适应2-PH装置对原料混合C4的要求。

该项醚后C4原料分离工艺与2-PH生产工艺结合后的工艺流程框图如图2所示，醚后C4经萃取剂N-甲酰吗啉与甲乙酮的1：1混合萃取剂萃取精馏分离后，得到的以丁烯含量95%以上的混合C4与合成气进入2-PH装置的原料净化单元，分离出来丁烷混合物可作为液化石油气产品出售或者通过裂解制烯烃实现再加工。其主要设备萃取精馏塔及汽提塔模拟结果参数如表2、表3所示，在此设计、操作条件下，分离得到的含高浓度烯烃C4混合物组成如表4所示。

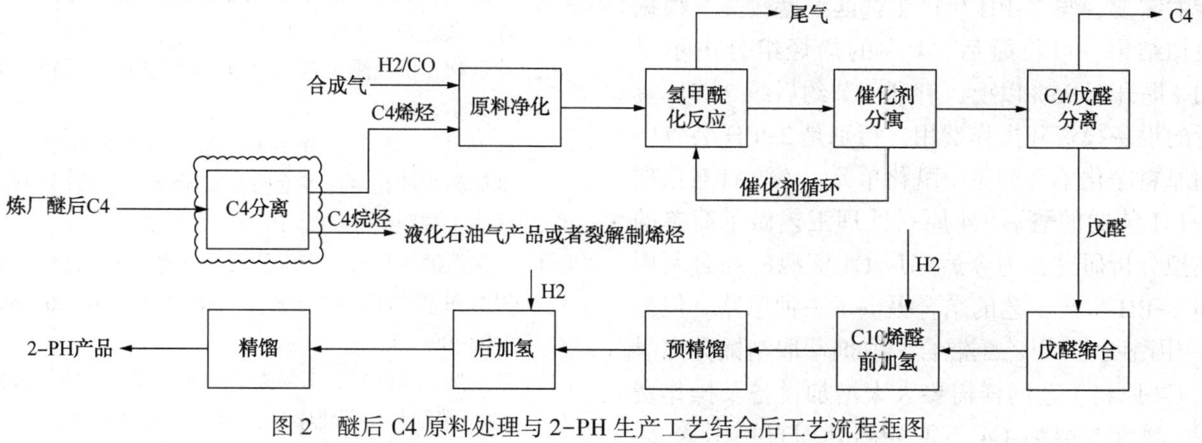

图2 醚后C4原料处理与2-PH生产工艺结合后工艺流程框图

表2 萃取精馏塔设计与操作参数模拟结果

项目	参数
理论板数	98
萃取剂进料塔板	11
C4原料	56
回流比	0.78
萃取剂/C4原料比	13.8

表3 汽提塔设计与操作参数模拟结果

项目	参数
理论板数	57
进料塔板	29
回流比	2.95

表 4　分离后的混合 C4 主要组分模拟结果

项目	质量分数/wt%					
	1-丁烯	2-丁烯	异丁烯	正丁烷	异丁烷	丁二烯
分离后混合 C4	19.5	76.8	≤0.5	2.5	0.4	-
混合烷烃	7.1	2.3	≤0.2	33.5	56.5	-

2.3　存在的问题

从上述模拟结果来看，该工艺虽使用 N-甲酰吗啉与丁酮混合萃取剂进行萃取精馏以增大烯烃与烷烃之间的相对挥发度，但同时丁烯与丁烷的分离难度仍然较大，需要溶剂比达到 13 以上，萃取精馏塔的所需理论板数达到 98 块，考虑到 N-甲酰吗啉-甲乙酮-C4 体系复杂且 N-甲酰吗啉-甲乙酮混合萃取剂易起泡，导致板效率一般低于 0.5，则该塔实际板数可达到 200 块左右，可能需要拆分成两座塔串联。汽提塔总理论板数需要 58 块，也相对较高。

根据上述模拟结果，将会较大程度增加设备投资及操作费用。因此需要综合考虑，与醚后 C4 不加分离处理作为原料直接引入 2-PH 装置带来的设备、操作费用增加幅度进行技术经济对比，得出比较结论作为实际决策的技术参考。

3　结论与展望

N-甲酰吗啉-甲乙酮混合萃取剂分离醚后 C4 原料工艺可以满足 2-PH 装置对更高烯烃浓度的需要，与 2-PH 生产工艺匹配度较高。根据模拟结果，可将醚后 C4 中的烯烃组分由不足 50%提升至 95%以上，有利于节约后续 2-PH 装置的设备投资和操作费用，特别是 2-PH 装置中的原料净化单元和氢甲酰化单元。本文针对该项 2-PH 装置的醚后 C4 原料处理工艺做了简单的模拟分析研究，为今后炼厂 C4 资源的综合利用和 2-PH 生产工艺的结合提供了一种思路。但是 N-甲酰吗啉-甲乙酮混合萃取剂萃取精馏分离醚后 C4 原料工艺同样需要大大增加设备及操作费用，需要与醚后 C4 不加分离处理直接引入 2-PH 装置带来的设备、操作费用增加进行综合比较。

参　考　文　献

[1] 丁国荣，刘焱楠，陶杰．2-丙基庚醇市场分析及预测[J]．化学工业，2016，34(6)：42-44.

[2] Zhang L，Gao J，Xu C. Study Status and Application on C4 Fraction of FCC[J]. Oil & Gax Transporlation & Sponage，2005(3)：48-51.

[3] 袁霞光．乙烯装置副产碳四烃的综合利用[J]．乙烯工业，2015，17(5)：1-5.

[4] 李丽，高金森，孟祥海．碳四烃的综合利用[J]．现代化工，2003，23(Z1)：93-96.

[5] 张兴山，李亚弟．煤制烯烃混合碳四的利用探讨[J]．化工管理，2017，437(03)：147-149.

[6] 烟台大学．用甲乙酮系列混合溶剂分离丁烷与丁烯的方法[P]．中国专利，2001，1358697，2002-07-17.

[7] 曹新波，汤志刚．NFM-MEK 混合溶剂萃取精馏分离正丁烯/丁烷的流程模拟与参数分析[J]．计算机与应用化学，2005，22(5)：365-369.

[8] 孙兰义．化工过程模拟实训—Aspen Plus 教程[M]．北京：化学工业出版社，2017.

[9] 赵权宇，郑英峨，赵维彭．UNIFAC 基团贡献法预测含 N-甲酰吗啉体系的汽液平衡[J]．化工学报，2003，54(2)：246-249.

[10] 乔爱军，范传宏．MEK-NFM 萃取精馏分离 C4 烷烃和烯烃的流程模拟[J]．石油学报(石油化工)，2014，30(5)：837-843.

[11] 李海龙．醚后碳四综合利用精馏序列优化[D]．大连：大连理工大学，2019.

[12] 徐丽梅．甲乙酮工艺的模拟与优化[D]．天津：天津大学，2009.

[13] 任万忠，孙烈刚，陈小平，等．C4 烃在甲乙酮溶剂体系中的相对挥发度[J]．烟台大学学报(自然科学与工程版)，2002，15(3)：207-210.

[14] 中国石油兰州石油化工公司．一种用于甲乙酮丁烯提浓过程的消泡剂[P]．中国专利，101265168，2008-09-17.

[15] 杨浩然，张晓杰．丁烯提浓消泡剂抑泡性能的研究[J]．精细与专用化学品，2006，14(18)：16-18.

加氢精制装置用能分析及节能技术应用

吕　曦

（中国石化塔河炼化有限责任公司）

摘　要　本文对塔河炼化提质改造后的1.1Mt/a加氢精制装置用能状况进行详细分析，重点分析燃料气、电分布情况，找出能耗高的原因，寻求节能潜力，提出相应的节能优化措施，并逐步进行现场实施。结果表明，装置能耗从16.39kgEo/t下降至11.54kgEo/t，降幅近30%，节能效果显著，可以为同类装置节能降耗提供借鉴。

关键词　加氢精制，用能分析，节能措施，能效提升

1　前言

加氢精制装置是炼油厂主要加工装置之一。其反应机理为强放热反应，反应苛刻度越高，反应深度越深，消耗的氢气量越多，精制过程中释放出的反应热就越大，反应热经原料取热后，加氢精制反应炉需要燃料消耗就越少。中国石化塔河炼化有限责任公司(以下简称塔河炼化)汽、柴油混合加氢装置，在用能方面与同规模的单一汽油加氢装置、柴油加氢装置相比都存在一定差距。如何优化用能水平，提升效益指标，是装置节能攻关的重点。本文以塔河炼化1.1Mt/a国产加氢精制装置为例，从原料泵、贫液泵、空冷叶片和压缩机组的节电改造；优化低温热换热网络；重沸炉能效提标改造等措施，降低了装置运行能耗，促进了能效指标的提升。

2　装置概况及能耗情况

2.1　装置概况

为满足柴油质量升级的需要，塔河炼化加氢精制装置在原有设计的基础上，首次采用石科院中压加氢改质MHUG技术，通过应用新型改质催化剂FC-32A/FF-56，在较高反应温度工况下，柴油先经过选择性加氢反应，使稳定性极强的含硫有机物噻吩、吡啶开环、裂化，部分有机硫转化为无机硫。同时，通过优化汽油、柴油的进料混合比例，改善原料性质，先经过加氢裂化改质，再经过加氢精制两级反应，提高反应产物的十六烷值性质，降低柴油中的硫含量，进而生产出低硫清洁柴油和精制石脑油，满足国VI排放标准要求。

本次改造，主要将装置加工能力由原设计1.0Mt/a扩能改造至1.1Mt/a，新增1台反应器R-2102，做为第二反应器，进行加氢裂化改质反应。新增1台循环氢气压缩机C-2101C和1台新氢压缩机C-2102C，为反应提供所需的增量氢气。更换1座分馏塔，以适应扩能改造后生产需求。同时，对原料泵增上液力透平设备进行管线改造(图1)。

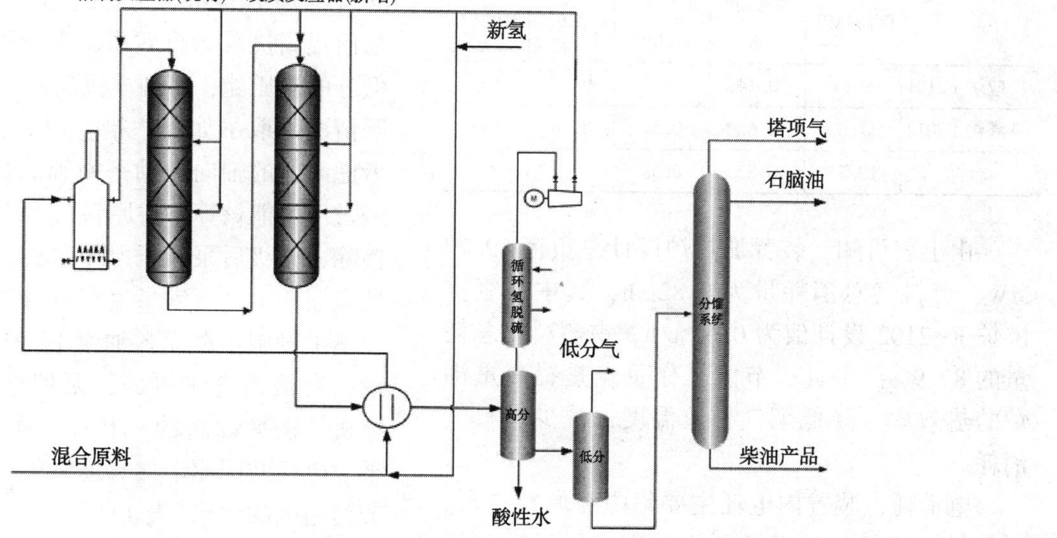

图1　MHUG工艺原则流程示意图

2.2 装置能耗情况

2.2.1 设计能耗

表1 加氢精制装置设计能耗

项 目	单位	消耗量	能耗/(kgEo/t)	能耗比重/%
燃料气	m^3/h	1150	8.19	49.97
电	kW	4930	8.58	52.35
1.0MPa 蒸汽	t/h	1.5	0.87	5.31
0.5MPa 蒸汽	t/h	-4.5	-2.27	-13.85
除氧水	t/h	5	0.35	2.14
循环水	t/h	780	0.6	3.66
除盐水	t/h	12	0.21	1.28
热进料	M * Kcal/h	1.8	0.69	4.21
热水	M * Kcal/h	-3.384	-1.18	-7.2
氮气	m^3n/h	300	0.34	2.07
合 计			16.39	100

如表1所示，加氢装置生产过程中能源消耗主要由燃料气、电的消耗构成，分别占总能耗的比重的49.97%，52.35%。因此，装置节能的重点方向是减少燃料气和电力消耗。

2.2.2 装置能耗现状分析

燃料气消耗，装置内燃料气消耗主要集中在加氢反应加热炉 F-2101、分馏重沸炉 F-2102，见表2。

表2 燃料气消耗量对比

	设计热负荷/MW	设计燃料消耗量/$t \cdot h^{-1}$	实际燃料消耗量/$t \cdot h^{-1}$	热效率/%	排烟温度/℃
反应炉 F2101	8.14	0.14	0	93.5	107
重沸炉 F2012	11.63	0.68	0.54	89.6	145
合计	19.77	0.82	0.54		

由上表可知，装置加热炉设计总负荷 19.77 MW，燃料气总消耗量为 0.82t/h，其中加氢重沸炉 F-2102 设计值为 0.68 t/h，占燃料气总耗量的 82.9%。因此，节能工作重点是提高重沸炉的热效率，降低烟气排放温度，减少燃料气消耗。

电消耗，装置内电耗主要集中在原料油泵、循环氢压缩机、新氢增压机及空冷风机的电机上，该装置重点用电设备功率，见表3。

表3 加氢装置重点用电设备一览表

	设备位号	设计功率/kW	比重/%
原料泵	P-2101	968	16.43
贫液泵	P-2118	220	3.73
新氢压缩机	C-2102A/B	1120	19
新氢压缩机	C-2102C(新增)	900	15.27
循环氢压缩机	C-2101A/B	1050	17.82
循环氢压缩机	C-2101C(新增)	900	15.27
膜分离压缩机	C-2103	315	5.35
空冷风机	14 台风机	420	7.13
合计		5893	100

对表3分析，加氢装置的重点用能设备消耗总功率为 5893kW。压缩机电耗占全装置电耗 80%以上。其中 2016 年装置质量升级改造后，增加了1台新氢压缩机和1台循环氢压缩机，总电耗增加 1800 kW，如何优化调节新、老机组匹配运行，降低机组电量消耗，即为节能降耗所在关键。

3 节能措施

3.1 原料泵节电改造

加氢装置原料油泵采用多级泵输送形式，机泵型号 200TAYD140×9，泵体设计9级叶轮，设计出口扬程 1285m ，实际运行出口压力 9.5MPa，反应器运行压力 7.46MPa，高压分离器运行压 6.9 MPa，低压分离器运行压力 0.1 MPa。

由以上运行参数分析，泵设计压力高于出口运行压力 3.35MPa，高分、低分的差压 5.9MPa，如何提高机泵运行效率，充分利用加氢装置高、低分的差压能，实现该机泵的节电目标。根据实际情况采取了如下举措：(1)原料泵叶轮减级：考虑泵体的轴向力动平衡和满足物料输送能力，经过压力能核算，将原料泵第3级和第6级进行摘除，摘级后泵体压力降到 9.2 MPa，大于出口反应器压力，可满足生产运行要求。(2)增设液力透平设施：在原料油泵 P-2101A 电机后端增设一套液力透平设施，泵型号 B552，形成泵、电机、透平设施的三机组，见图2，以液力透平、电机共同驱动加氢进料泵，达到回收压力能节约用电的效果(表4)。

图 2 加氢进料泵及液力透平机组联接型式

鉴于以上措施，原料油泵改造前后，运行相对稳定，可以满足生产需求。电机消耗功率减少150kW，节电率21%，全年节省电费47.88万元。

表 4 加氢原料泵改造前后各参数

参数	改造前	改造后
入口流量/(m^3/h)	168	169
入口压力/MPa	0.2	0.2
出口压力/MPa	9.5	8.5
出入口压差/MPa	9.3	8.3
电机电压/V	10000	10000
电机电流/A	43	35
电力功率/kW	710	562

3.2 贫液泵节电改造

加氢装置贫液泵采用多级泵输送形式，机泵型号45TAYD80＊10，泵体设计10级叶轮，设计扬程860m，实际运行泵出口压力9.1 MPa，经过压力能核算，动平衡测算，将一台贫液泵P-2118B第4级和第6级进行摘除，摘级后泵体出口压力降到7.28 MPa，高出循环氢脱硫塔压力0.38 MPa。改造后，在满足生产运行条件下，贫液泵出口阀门实现全开，流量控制阀开度由20%至60%，电机功率由165kW降至153kW，节电率7.2%。

3.3 增上无级气量调节系统

加氢改造期间，新增1台循环氢气压缩机C-2101C和1台新氢压缩机C-2102C，与原有的C-2101A/B、C-2102A/B同步运行。为避免运行期间存在部分氢气“回流”，造成电量大幅增加的问题，压缩机设计过程中同步配置了HydroCOM无级气量调节系统。

该系统运用了“回流省功”的原理。实现进气阀门的延迟关闭，压缩机只压缩了生产过程中需要的氢气量。消除了富余气体的循环量，降低了压缩机气缸的重复做功，在无级调节系统的控制下，压缩机的进气阀由系统压差工作的自动阀

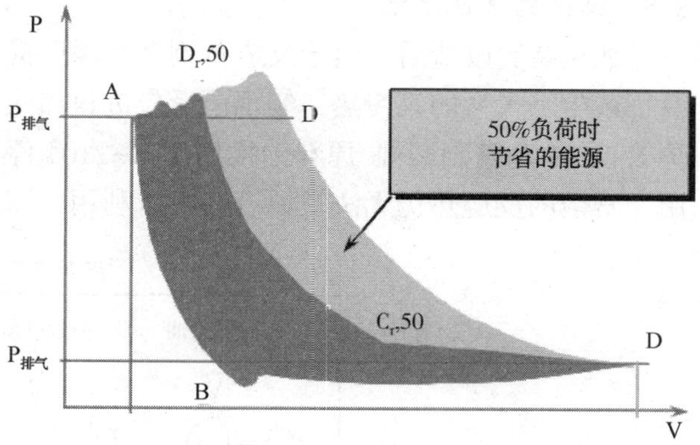

图 3 回流省功原理

变成一个液压驱动的强制阀(图3)。

HydroCOM无级气量调节系统在新氢压缩机组C-2102C和循环氢压缩机组C-2101C投入运行后，机组总体运行平稳，机组负荷率分别降至30%和40%，氢气回流量分别减少2300m^3/h和12000m^3/h，每小时合计节电量720kW，年节约电费76.6万元，增效效果显著。

3.4 空冷风机叶片改造

加氢装置原设计空冷风机叶片为普通铝合金形式，叶片沉重，叶型简单，运行效率低，能耗高。长时间运行后，出现腐蚀、老化等问题，叶片的性能及强度逐步下降，造成运行和维护费用高。

为了降低运行费用、提高风机稳定性，在不更换原有电机的前提下，对装置内14台风机叶片更换改造成全三维型高效节能轴流机翼型叶片，增加了叶片的扭曲度、高效区宽、强度及运行效率大幅提升。在满足不同工况需求下，可实现提高风量5%，节电率10%的效能目标，运行节电量42kW(图4)。

图 4 更换叶片后的空冷风机

3.5 低温热流程优化

加氢装置改造后，由于反应苛刻度和深度提高，产生了大量的反应热，实现了反应进料加热炉 F-2101 和精制柴油/原料油换热器 E-2104 停用。富余的反应热仍无法被原有装置所利用，需增加精制柴油/低温热水换热器，对装置换热流程进行优化，回收装置低温热。换热后的高温热媒水，冬季，对生活区采暖和热水提供热源；夏季，除部分用于热水站加热生活热水外，作为 CO_2 捕集装置的热源(图 5)。

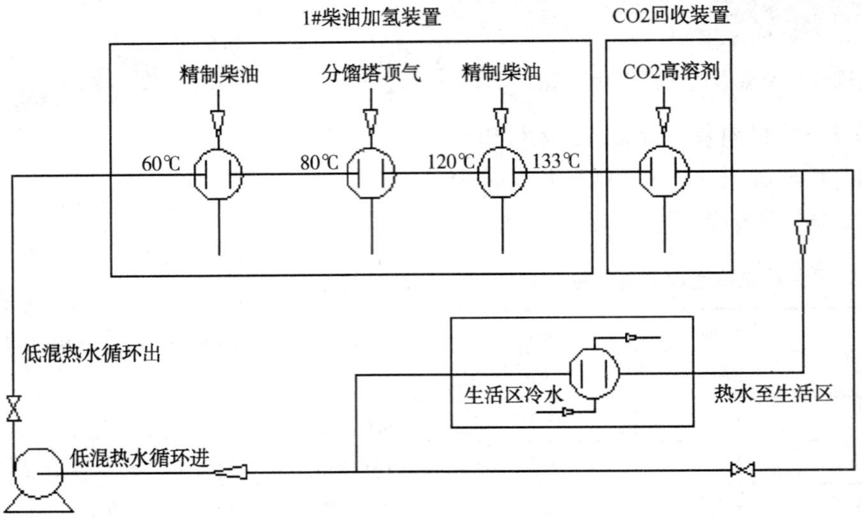

图 5　MHUG 工艺原则流程示意图

3.6 加热炉能效提升改造

加氢重沸炉设计形式为圆桶炉，设计热负荷为 11.63MW，为汽、柴油分馏塔提供热源。在设计初期，未考虑设置烟气余热回收系统，排烟温度为 145℃，造成热能的巨大浪费。

提高加热炉热效率，减少瓦斯燃料消耗，是加热炉节能工作的主要方向。装置检修期间，采用喷涂节能新型涂料和增加烟气余热回收系统两项节能措施，对加热炉进行能效提标改造。

3.6.1 节能新型涂料

加氢装置通过对加氢重沸炉衬里表面喷涂辐射涂料，提高衬里表面抗冲刷能力和衬里表面反辐射热效果，减低外壁散热损失。对炉管喷涂强化吸收纳米涂料，其黑度由 0.8 到提高至 0.95，增强了炉管对辐射传热吸收能力和提高了传热效率，从而降低燃料消耗。

材料黑度越高，辐射传热的强度越大，是广泛认同的热工原理，根据热辐射能量公式：

$$E=\varepsilon * \sigma * A * T^4$$

式中，E 为辐射能量，W；ε 为物质表面的发射率；σ 为斯蒂芬·玻尔兹曼常数；其数值为 $5.67\times10^{-8}\ W/(m^2\cdot K^4)$；A 为物质表面积，$m^2$；T 为物质表面绝对温度，$K$。

装置建成后，加热炉炉管、材质，炉墙衬里、传热、辐射面积均已确定，要想提高加热炉热效率，可以通过改善燃烧条件，也可以从提高炉子的辐射传热能力上寻找突破。高效辐射涂料，它喷涂于炉管、炉墙表面后，能提高炉管表面的黑度。黑度的提高就可以改变炉膛内辐射传热、提高炉管对辐射热的吸收，被加热介质吸收的热量就会增大，在介质吸热不变的条件下，就可以减少燃料耗量，达到节能目的。

3.6.2 烟气余热回收系统

1#加氢分馏塔底重沸炉 F-2102 排烟温度高达 140℃以上，加热炉热效率低于 90%，远低于集团公司加热炉运行管理办法，能效达到 92% 的指标。介于烟气中的余热存在回收利用的价值，拟对该加热炉进行改造，将原有对流室扰流子空气预热器进行更换，将排烟温度降低至 110℃以下(表 5)。

表 5　新增空气预热器数据表

项目	单位	新预热器
烟气量	kg/h	14043
烟气入口温度	℃	320
烟气出口温度	℃	120
空气量	kg/h	12947
空气入口温度	℃	20
空气出口温度	℃	240
预热器负荷	万 kcal/h	75

根据重沸炉的运行数据来看，炉内喷涂强化传热涂层和烟气增上余热回收系统，较大的节能效果，提升加热炉热效率2.92%。主要体现在两个方面，一是排烟温度由145℃降低至105℃，降低烟气排放热量损失1.08%。炉体外壁温度降低10-15℃，炉体散热损失减少约38%(表6)。

表6 加氢重沸炉效能测试数据表

项目	单位	改造前	改造后
加工量	t/h	239.67	240
工艺介质入炉温度	℃	288.33	295
工艺介质出炉温度	℃	304.67	318
燃料耗量	kg/h	523.86	750
燃料低发热量	kJ/kg	46804	45949
供热负荷	MW	6.81	9.57
排烟温度	℃	138.67	117.2
排烟氧含量	%	3.7	3.5
排烟CO含量	ppm	0	0
过剩空气系数		1.19	1.18
加热炉散热量	kW	326.2	281.3
排烟损失	%	5.74	4.66
散热损失	%	4.79	2.94
热效率	%	89.47	92.39
热效率提升量	%	-	2.92

4 节能效果

经过节能技术措施在加氢装置的成功应用。装置运行能耗从设计能耗16.39kgEo/t逐步降低至11.54kgEo/t，降幅29.59%。其中，燃料气降幅49.51%，电耗降低19.58%，1.0MPa蒸汽和除盐水消耗，基本实现了消零耗目标。加热炉热效率提升至92%以上，实现加热炉能效达标运行。压缩机增上气量无级调节系统，提高了设备随装置加工负荷变化的操作灵活度，实现节电率30%的运行目标(表7)。

表7 加氢能耗数据对比表

项目	设计能耗	现运行能耗	差值	降幅/%
燃料气	8.19	4.43	3.76	45.91
电	8.58	6.9	1.68	19.58
1.0MPa蒸汽	0.87	0.01	0.86	98.85
除氧水	0.35	0.56	-0.21	-60
循环水	0.6	0.26	0.34	56.67
除盐水	0.21	0	0.21	100
热进料	0.69	0.57	0.12	17.39
热水	-1.18	-1.19	0.01	-0.84
合　计	16.39	11.54	4.85	29.6

5 结论及建议

5.1 结论

加氢装置经过不断的优化改造，运行能耗呈现逐年降低的走势最低至11.54kgEo/t。通过对机泵增上液力透平设施、多级泵减级、增上无级气量调节系统以及更换机翼节能新型叶片等措施，电能耗降低1.68 kgEo/t。对加热炉炉墙、炉管喷涂节能新型涂料和更换烟气余热回收系统，燃料能耗降低3.76 kgEo/t。优化装置换热网络，富余热量除生活自用外，可实现热量外输。一系列节能技术措施的成功应用，优化了装置的运行操作，提升了同类装置的竞争力。

5.2 建议

通过增上以上节能技术措施，加氢装置降低电耗、燃料消耗取得了较好的效果。但装置在提高直供料比例，装置换热流程改造、管线伴热改造仍有较大的节能潜力，形成几点建议，为今后节能工作提供了方向。(1)优化装置流程换热网络，将富余热量转移至分馏分离部分，逐步提升直供热进料量比例由70%至95%以上。(2)对精制柴油换热流程进行优化，增加0.35MPa蒸汽发生器，蒸汽过热后再送至1#溶剂再生塔。(3)针对装置冬季管线伴热采用1.0MPa蒸汽，存在严重的"高能低用"现象，可根据输送工艺物料性质，停用蒸汽伴热或将蒸汽改为低温热水进行伴热，节约蒸汽消耗。(4)借鉴热高分流程在同类装置的成功应用，对加氢反应部分进行优化改造，提升装置的用能水平。

参考文献

[1] 王国庆．国产C7+连续重整装置用能分析及节能举措[J]．辽宁化工，2019，48(5)470-472.
[2] 李伟．液力透平在渣油加氢装置的应用[J]．化学工程与装备，2019(8)：259-262.

循环水系统同步降压的应用与研究

袁　亮　米精宏　吉生瑞　尹丹丹　朱江辉

（中国石化塔河炼化有限责任公司）

摘　要　塔河炼化循环水系统采用开式循环水，循环补水来自锅炉定-连排水回用水和新鲜水，循环水外供压力 0.45Mpa，回收压力 0.25Mpa，压差满足系统运行，但能耗较高。针对此项问题通过同步降压的方式进行优化调整。结果表明：通过降低循环水给回水压力，达到降低能耗的目的；给水压力最优控制在 0.325Mpa，回水压力最优控制在 0.14Mpa。循环水回水温度上升 3℃在可控范围能。因此，从系统运行的效果和能耗的合理性来分析循环水系统同步降压是可行的。

关键词　循环水，同步降压，换热，增压管道泵，流体脉冲，负压腔

循环水系统广泛应用于石油化工、煤化工等很多领域。据统计，循环冷却水系统耗电约占厂用电量的 20%～30%，普遍存在着机泵效率低、控制水平低、耗水量大、能量浪费严重的现象。目前，循环水厂节能优化的方案已有相关文献报道，但是通过对换热器定量控制、降低冷却塔出水温度和合理控制循环水流量以及高压变频技术等综合考虑的节能方式并不多；由于循环水系统常年采用固定流量或增减泵的阶段性调节运行，不能实现线性调节，在不同的气候条件下，不能保证循环冷却水系统在高能效状态运行。因此，针对循环水系统压力调节，提高循环水压差以及降低循环水综合能耗作为研究课题迫在眉睫。

1　试验装置和试验方法

试验装置为塔河炼化 1#循环水系统，该装置是塔河稠油技改项目 120 万吨/年的配套公用工程装置，主要承担为 1#焦化、1#加制氢、1#硫磺、半再生重整、气柜压缩机和动力锅炉等生产装置提供循环冷却水的工作任务。设计处理量 4000m^3/h，保有水量 1500m^3，泵房配置了 4 台循环冷却水给水泵、2 台真空泵；一座 2 间逆流式机械通风冷却塔和 1 间与塔底水池合建的吸水池；5 台全自动过滤罐、1 套加药及 1 台监测换热器。给水温度控制为≤30℃，回水温度控制为≤35℃，给回水压力分别维持在 0.45MPa/ 0.25MPa。

循环水环工艺流程如图 1 所示，循环水通过

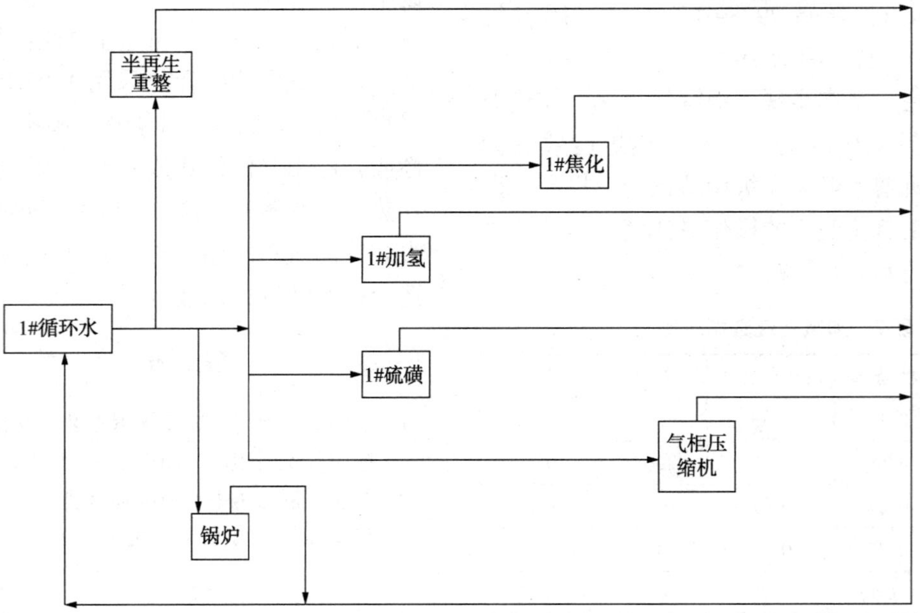

图 1　循环水环工艺流程

循环水泵抽出送至管网途经 1#焦化、1#加制氢、1#硫磺、半再生重整、气柜压缩机和动力锅炉对其机泵、换热器换热后回至 1#循环水系统。本次主要探究不同给回水压力，研究不同工况下循环水压力比 β 对循环水装置运行及温度变化的影响进行相关分析阐述其中问题。β 定义如下：

$$\beta=\frac{\text{循环水给水压力}}{\text{循环水给水压力}-\text{循环水回水压力}} \quad (1)$$

2　试验结果与分析

2.1　β 对循环水温度的影响

循环水同步降压后，尽量保持循环水给回水压差不发生变化(后续实验依次如此，压差不会发生变化)，保持定给水温度(29℃)进而观察循环水回水温度变化。图 2 为不同 β 时的循环水回水温度变化曲线。循环水各回水温度测点如表 1 所示，各测点位置皆为高能换热装置所选点如图 3 所示，图 4 为 29℃时，β 与循环水给回水流量变化的关系。

表 1　循环水各回水温度测点

测点	位置代号
1#焦化回水总线	T1
1#加氢回水总线	T2
1#硫磺回水总线	T3
1#循环水回水总线	T4

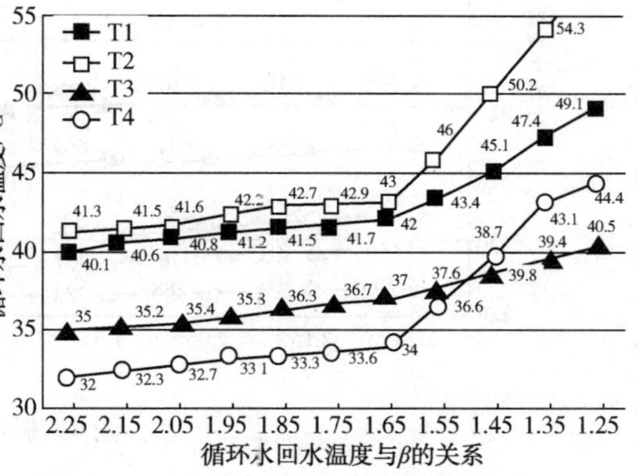

图 2　不同 β 时的循环水回水温度变化曲线

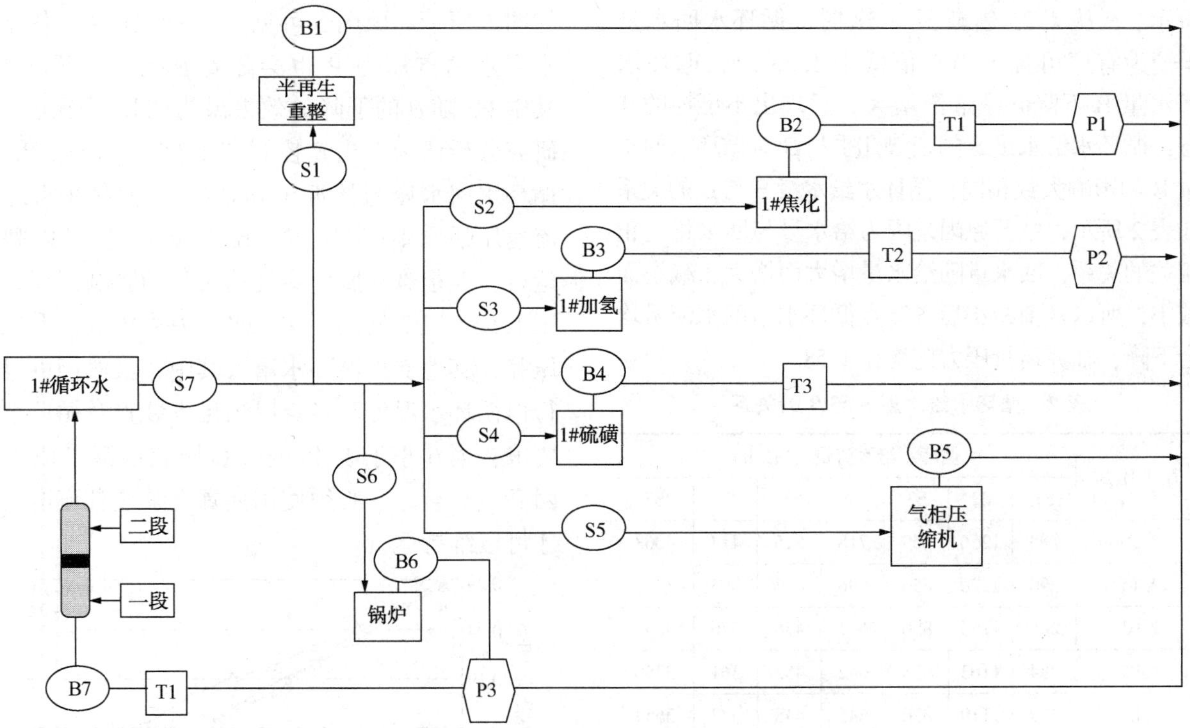

图 3　高能换热装置所选点

由图 2 可见，随着 β 从 2.25 逐步降低到 1.62，1#焦化装置区 T1 温度从 40.1 ℃ 增长至 42℃，1#加氢装置区 T2 温度从 41.3 ℃增长至 43 ℃，1#硫磺装置去 T3 温度基本变化不大，从原来的 35 ℃增长至 37 ℃，1#循环水总回水 T4 温度从原来的 32 ℃增长至 34 ℃，总回水温度低于 35℃，仍然可以正常运行。当 β 小于 1.61 后，各高能换热装置温度上升速度加快；当 β 的值达 1.55 时便不能满足循环水装置运行要求。产生结果：各高能换热装置随 β 的下降而上升当 β 的值为 1.61 时为循环水运行的临界，当 β 的值小于 1.55 时循环水各实验测点的回水温度极速上升。

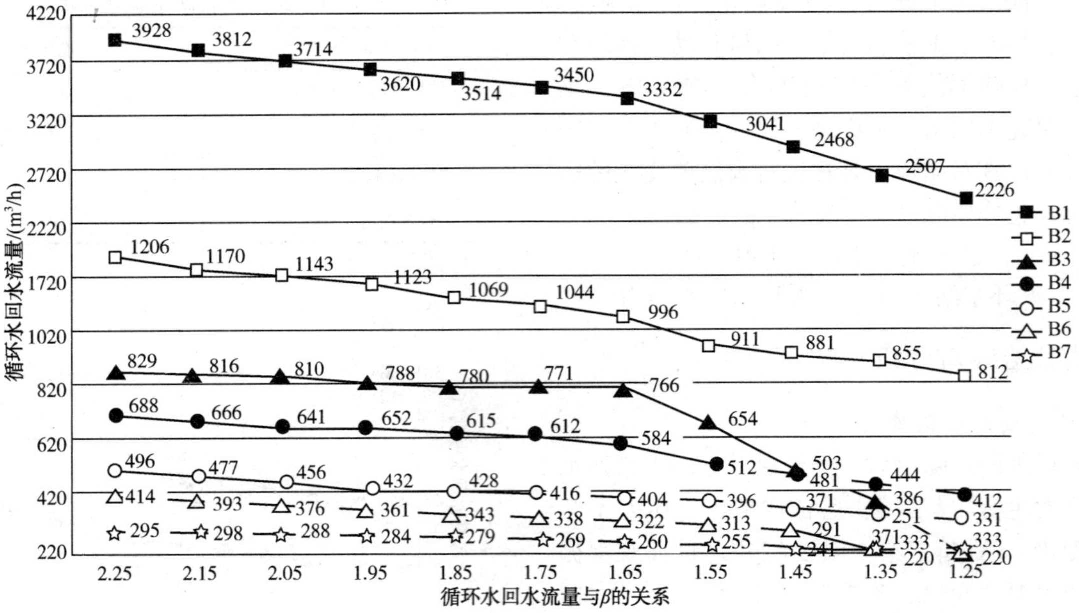

图 4　循环水回水量 B 与 β 的关系

2.2　β 对循环水给回水流量的影响

循环水给回水流量测点如图 2 所示，分别由 S/B 来代替，循环水回水量 B 与 β 的关系如图 4 所示，β 从 2.25 逐渐至 1.58 时，循环水回水量 B 较为有序可控，当 β 值低于 1.58 时，循环水回水量 B 下降斜率逐渐增大，呈现出不可控的状态；循环水给水量 S 的走势几乎与 β 对循环水回水量 B 的影响大致相同，循环水给水量 S 与 β 的关系如表 2 所示，主要原因是因为给水量与回水量是正相关的关系，回水量随给水量增大而增大、减小而减小，所以 β 值减小后各测点循环水给回水流量均会下降，临界运行压力比均在 1.58。

表 2　循环水给水量 S 与 β 的关系

压力比 β	循环水给水流量/(m³/h)						
	S1	S2	S3	S4	S5	S6	S7
2.25	295	1256	869	718	516	414	4068
2.15	290	1220	856	696	497	393	3952
2.05	288	1193	850	671	476	376	3854
1.95	284	1163	828	662	452	361	3750
1.85	279	1119	820	645	448	343	3654
1.75	269	1094	811	642	436	338	3590
1.65	260	1046	806	614	424	322	3472
1.55	255	971	694	522	416	313	3171
1.45	241	921	551	491	391	291	2886
1.35	239	895	393	454	371	232	2584
1.25	233	851	222	422	351	220	2299

2.3　β 对各循环水回水高点压力的影响

各循环水回水高点压力测点如图 2 所示，由 P 来代替，循环水回水高点压力 P 与 β 的关系，如图 5 所示。由图 5 可见，随 β 的下降，各循环水回水高点压力 P 也会随着 β 的下降而下降，其中 P2 随 β 的下降的效果最为明显。通过实验研究分析认为，当 β 控制在 1.65−1.55 时 P2 处循环水回水压力接近于 0mpa，由于存在管道的流速压强原则（流速越大压强越小）仍可以勉强运行，但很难克服外界扰动对其的影响；当 β 小于 1.55 时 P2 处循环水回水压力为负数，形成负压腔，其他支线循环水窜入其中，虽然仍可以运行但循环水温度已经难以满足本装置对循环水的要求；当 β 小于 1.45 时，负压腔逐渐形成涡流团高点真空区，必须使用抽真空泵或管道增压泵才可以维持运行。

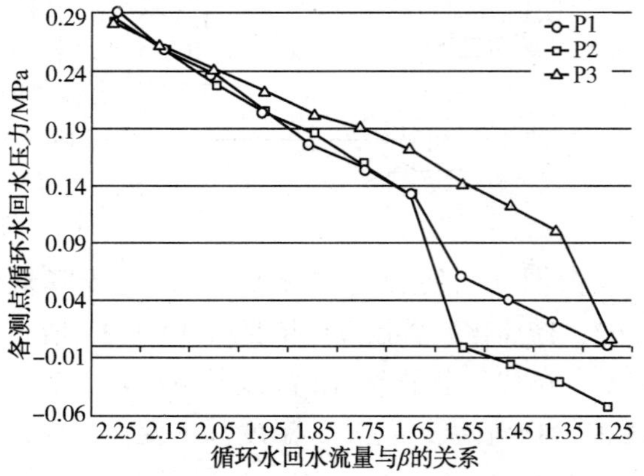

图 5　循环水回水高点压力 P 与 β 的关系

针对回水压力问题能否在满足上塔要求，实验设计在循环水回水总管处进行了管道内流体脉冲测量，循环水回水总线管道脉冲测点如图2所示。两个管道流体脉冲描绘图是由 Flow-3D 工具模拟计算得出，分别采用的是循环水则优临界点当β为1.62时管道内循环水流动情况和循环水最大临界点当β为1.53时管道内循环水流动情况分别如图6、图7所示，当β为1.62时，通过对一段脉冲的观察可以看出，管道内还有一部分湍流层，流体对管道还有很强的脉冲趋势，能量未完全耗尽；二段脉冲呈集中型，利用剩余能量上塔，上塔后可以仍有部分余压保存。当β为1.53时，观察发现一段脉冲模型中，管道内只有层流层，流体在管道内呈现发散趋势，能量以完全耗尽；二段脉冲流体已完全发散虽然可以上塔，但上塔循环水量难以保证，只要有部分扰动就无法保证正常运行。实验结果证明，循环水同步降压是可行的，找出降压的最优压力比保证运行同时是完全可以减少能量的消耗以及循环水用量的。

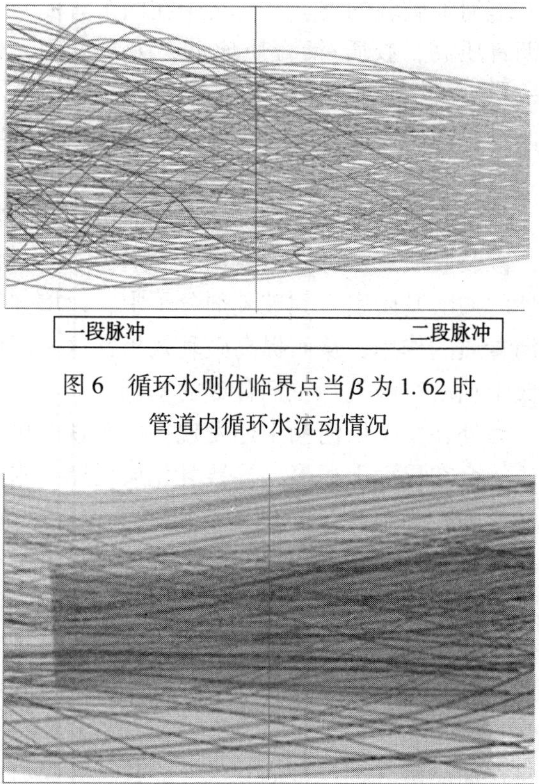

图6　循环水则优临界点当β为1.62时管道内循环水流动情况

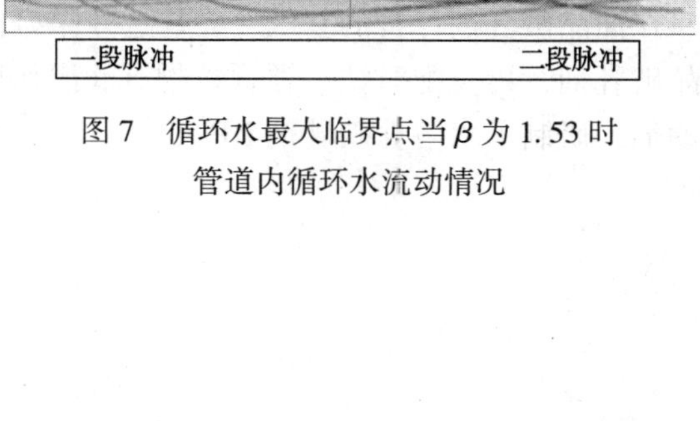

图7　循环水最大临界点当β为1.53时管道内循环水流动情况

3　结论

（1）随循环水压力比β的下降，各装置循环水回水温度 T 均会有所上升，整个过程 1#硫磺装置 T3 温度变化较小。当β小于1.61后，1#焦化装置 T1、1#加氢装置 T2、1#循环水回水总线 T4 温度斜率变化较大，出现飞温状态，较不可控，因此当β值小于1.62是不利于其他装置的稳定运行。

（2）通过利用循环水同步降压能有效降低循环水的负荷量，减少能耗。随β减小至1.55时，P2 处循环水回水压力接近于 0mpa；当β小于1.55时 P2 处循环水回水压力为负数，形成负压腔，其他支线循环水窜入 P2 区域，必须使用抽真空泵或管道增压泵才可以维持运行。

（3）在临界点β管道脉冲实验时，循环水则优临界点当β为1.62时是最稳、最优点，因此在考虑循环水同步降压时，需综合考虑循环水运行、换热情况、余压上塔等综合能耗找出最优点，建议将β控制在1.62-1.67至间，保证节能平稳最优运行。

参 考 文 献

[1] 连艳娥．冷却循环水系统节能优化及应用[J]．科学管理，2018(2)：188

[2] 冯兆宏．循环水节能措施探析[J]．泸天化工科技，2019(2)：188. 54-56.

[3] 王杰，张生安，燕增伟．论循环水系统节能技术的应用[J]．化工装备技术 2011(2)：54-58.

[4] 申付俊．浅析水泵节能技术途径[J]．科技创新与应用，2013(16)：124.

[5] 纪芳田，包义华．循环冷却水处理基础知识[M]．北京：中国电力出版社，2002.

[6] 渠时远．我国水泵发展现状和节能的技术途径[J]．通用机械，2011(6)：14-21.

[7] 吴德荣．化工工艺设计手册(上册)[M]．第四版，北京：化学工业出版社，2009：6.

[8] 戎继成，郝国义，马明等．双速高效循环水泵在 4 * 300MW 机组增容节能改造中的应用[J]．通用机械，2020(21)：62-660.

[9] 秦大川，李炜．某 300MW 机组循环水泵优化及应用研究[J]．发电与空调，2017，38(6)：34-37.

新型稠油破乳剂的工业化应用

刘念喜

（中国石化塔河炼化有限责任公司）

摘　要　针对塔河原油的特点，中国石化塔河炼化有限责任公司与中国石化科学研究院合作共同研制出针对塔河稠油的油溶性破乳剂 RP-04 和水溶性破乳剂 RP-05，并进行工业化实验；实验室静态实验的评价结果表明，综合考虑分水速度、分水量和中间层厚度，研制的破乳剂要优于现场对比剂。工业化实验的结果表明，在增大注水率和混合强度的条件下，RP-04 和 RP-05 破乳剂在实验稳定的后期，脱后油盐含量从实验前的 10.5mgNaCl/L，下降到平均 5.76 mgNaCl/L，脱后油含水平均 0.2%。

关键词　破乳剂，塔河稠油，工业化实验

1　前言

塔河炼化电脱盐突出问题主要表现在：一方面脱后原油含盐、含水量高，另一方面，电脱盐罐存在乳化层，油水界位不清，电脱盐排水含油高。以塔河石化新扩建的 350 万吨/年焦化装置电脱盐为例，2014 年~2017 年，三级电脱盐处理后原油含盐高一度高达 11.9 mgNaCl/L，平均含水 0.7%，电脱盐排水含油高达 1000mg/L 以上。为尽可能改善脱盐效果，车间不得不加大破乳剂用量，最高值达到 220mg/L，造成化工辅材使用严重超标，此外常压塔及分馏塔顶循环回流系统及塔盘严重结盐。为解决电脱盐排水含油的问题，现场技术人员进行了多方努力，采用旋流分离，沉降，除油等措施，可以将排水油含量降低到 400mg/L 左右，但仍对后续污水处理系统造成冲击，同时回收的大量污油含水量高，稳定性强，很难处理。

通过对 2008 年和 2011 年 150 万吨/年电脱盐（1#电脱盐）系统运行数据分析后发现，2011 年后，脱后油盐含量上升，排水中含油增加，虽然还不能完全排除装置本身运行状况变差导致的破乳效果变差，但原油性质恶化，极有可能是电脱盐运行恶化的原因之一。同时，根据塔河油性质变化，研制新型破乳剂，以满足电脱盐要求，成为急需解决的问题。

2　破乳剂 RP-04 与 RP-05 的研制与性能评价

2.1　破乳剂的研制思路

塔河原油属于重质高硫原油，其最大的特点是原油密度、黏度、沥青质含量很高，通过对 2014 年到 2018 年原油的性质分析（表 1），发现原油性质有逐年恶化的趋势，表现在原油密度增加、盐含量增加、沥青质含量增加、胶质/沥青质比降低、金属含量增加、机械杂质含量增加。

塔河油破乳的难点主要集中在两个方面，一是沥青质高，胶质/沥青质比低，另一方面，机械杂质含量增高。针对塔河油的特点，新型破乳剂的设计从两方面着手，一是针对沥青质的破乳剂，另一是针对固体颗粒的破乳助剂。

借鉴胶质结构中具有极性头和非极性尾的特点，以及胶质对沥青质的胶溶分散作用[1-3]，将极性的羧酸基团引入到破乳剂分子中，以增强其与沥青质的作用，从而提高破乳效果，这一思路形成了油溶性破乳剂主剂合成的基础。

另外，由于塔河油中还发现一些含铁的机械杂质，会在界面上积聚，导致乳化层增厚，水中含油增加。为解决这一问题，研制了破乳助剂，以减薄乳化层，并减少这些颗粒物在界面层积聚，进一步提高破乳效果，这一思路构成了油溶性破乳剂助剂的研制基础。将油溶性破乳剂主剂与助剂按一定比例复配，研制了油溶性破乳剂 RP-04。

在商品破乳剂评价的基础上，优选效果好的商品破乳剂，再复配对铁一类颗粒物有润湿作用的助剂，研制了水溶性破乳剂 RP-05。

表 1 塔河原油的性质变化

项目	2014 年	2015 年	2016 年	2017 年	2018 年
密度 20℃/(kg/m^3)	950	954.1	954.3	954.5	949.4
黏度(80℃)/(mm^2/s)	136.7	112.2	188.3	154.4	136
胶质/%	8.9	12.4	10.8	12.9	10.9
沥青质/%	17	16.3	14.9	15.9	14.1
胶质/沥青质	0.52	0.76	0.72	0.79	0.77
机械杂质/%	0.034	0.018	0.03	0.032	0.17
总酸值/(mgKOH/g)	0.2	0.16	0.15	0.215	0.2
水分/%	痕迹	0.25	0.33	0.3	0.24
S/%	2.2	2.3	2.1	2.11	2.2
N/%	0.3	0.34	0.26	0.14	0.41
盐/(mgNaCl/kg)	176.1	280.5	128.8	428	831.78
灰分/%	0.063	0.069	0.064	0.065	0.11
Fe/(μg/g)	50.8	38.5	19.3	23.2	39.1
Ni/(μg/g)	30.2	33.2	31.2	29.1	33
V/(μg/g)	205	215	212	195	203
Na/(μg/g)	132	87.2	58.2	68.6	300
Ca/(μg/g)	29.7	20.5	13.1	17.6	63.1
Mg/(μg/g)	3.4	2	0.8	1.2	5.3

2.2 破乳剂的实验室性能评价

2.2.1 实验方法

破乳采用先制乳状液再加破乳剂的方法，取350g 油预热到 85℃与 20%蒸馏水混合，取 60g 乳状液倒入分水瓶中，加入 100μg/g 破乳剂，手摇混合，80℃水浴破乳。

2.2.2 RP-04 与 RP-05 对塔河油静态破乳实验

实验油样为 2014 年取到的塔河油。破乳实验着重观察乳化层厚度，采用先制乳状液，再加破乳剂的方法，破乳剂加量 100μg/g，并与现场水溶剂和贝克休斯剂做对比，实验结果见表 2。从表 2 中结果可以看出，现场水溶剂的分水速度和最终分水量较好，但乳化层较厚，贝克休斯剂乳化层最薄，但分水速度和最终分水量略差，自制油溶性破乳剂 RP-04 和水溶性破乳剂 RP-05 在分水速度，分水量和乳化层方面均较好。

表 2 2018 年塔化油静态破乳实验

破乳剂	分水量/mL					乳化层/mL
	15min	35min	50min	90min	3.5h	
自制油溶剂 RP-04	1.3	3.2	4.0	6.0	8.8	0.4
自制水溶剂 RP-05	0.6	2.4	3.7	5.8	8.0	0.3
现场水溶剂	1.3	3.0	3.8	6.0	7.0	2.8
贝克休斯剂	0.9	2.4	3.5	4.5	5.8	0.1

3 工业应用试验

3.1 工业装置的基本情况

350 万吨/年塔河重油改质项目常减压焦化装置于 2010 年 9 月 18 日投料成功。针对塔河原油高硫、粘度大、低酸的特性，电脱盐(2#)设计在工艺上采用了三级脱盐、脱水技术，电脱罐为 φ4200×28848×34mm，采用平流鼠笼式结构。2013 年 10 月大检修时对电脱盐系统进行改造，新增四级脱盐罐，电脱罐为 φ5800mm×36000mm (T/T)，采用智能调压交直流复合电脱盐技术。

3.2 工业实验前的基本情况

表3是实验开始前电脱盐的基本情况，从表3可以看出，脱前原油含盐较高，为481mgNaCl/L，脱后原油含盐在10.5mgNaCl/L。2018年将研发的油溶性破乳剂RP-04，水溶性破乳剂RP-05在2#电脱盐进行了工业应用实验，以进一步降低脱后原油含盐。

表3　实验开始前电脱盐的基本情况

名称	技术参数
处理量/(t/d)	8700
脱前原油盐含量/(mgNaCl/L)	481
脱前原油水含量/%	0.28
脱后原油盐含量/(mgNaCl/L)	10.5
脱后原油水含量/%	0.2

3.3 工业试验方案

工业试验调试前脱前原油盐含量在451.7mgNaCl/L左右，采用水进行洗盐，因此，需将注水量逐步提高，直至脱后原油含盐明显下降为止。最终将1、3、4级注水量提高至10.3%。将2级注水量由4.4%提高至6.7%，总注水量增加13t/h。

混合强度对脱盐效果影响较大，如果油水混合不均匀，将导致脱盐效果差，脱后原油含盐高，因此，需将混合强度逐步增大，4级的混合压降由30kPa逐渐提高至45kPa。

采用提高注水量和提高混合强度的方法来提高脱盐效果，必须要有高效破乳效果才能保证变压器电流电压在控制范围内，为保证生产装置稳定运行考虑，试验破乳剂RP-04和RP-05采用逐级替换现用破乳剂的方式进行，并适当提高试验破乳剂的试验浓度，保证破乳效果，在电脱盐运行稳定后再逐步减少破乳剂使用浓度。

3.4 工业试验过程

在保证电脱盐装置运行稳定情况下，试验过程如下：

11月15日将一级和三级破乳剂替换成油溶性破乳剂RP-04。

11月19日将二级和四级替换成水溶性破乳剂RP-05，并逐渐将二级注水从15t/h提高到23t/h，三级的混合强度从50kPa提高到70kPa，四级的混合强度从30kPa提高到45kPa。

11月22日试验进入稳定期，四级注水逐渐从32t/h提高到37t/h。

破乳剂使用浓度：油溶性破乳剂RP-04前期加量46.5μg/g，后期加量69.8μg/g，平均加量64.7μg/g，水溶性破乳剂RP-05平均加量110.6μg/g。

原油含盐含水情况：在试验稳定期，脱前原油含盐为400~500mgNaCl/L。

3.5 工业试验结果

3.5.1 原油含盐

11月15日至11月22日脱前原油含盐如图1所示，试验期间脱后原油含盐如图2所示，试验结束后脱后原油含盐如图3所示。图1~3结果显示，试验期间脱前原油含盐基本在450~550mgNaCl/L，在11月15日至11月22日试验调试期的脱后原油含盐在10~12 mgNaCl/L，在11月23日至11月26日试验稳定期(即标定期)脱后原油含盐5~6mgNaCl/L。实验结束后，切换回原先破乳剂，脱后原油含盐并没有立刻上升，而是维持在5~6 mgNaCl/L一段时间后，再慢慢上升，说明电脱盐罐内整体环境是好的，没有乳化层增加的现象。

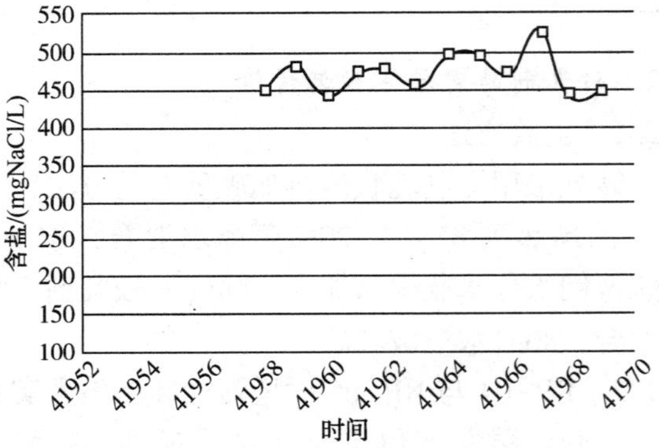

图1　试验期间脱前原油含盐

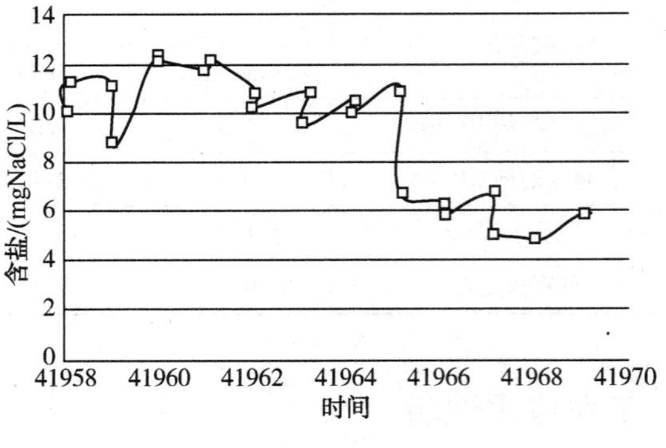

图2　试验期间脱后原油含盐

从原油盐含量的数据可以看出，采用提高注水和混合前度的方法，可以将脱后原油含盐从10mgNaCl/L，下降到5mgNaCl/L~6mgNaCl/L，同时也说明，研制的油溶性破乳剂和水溶性破乳剂有

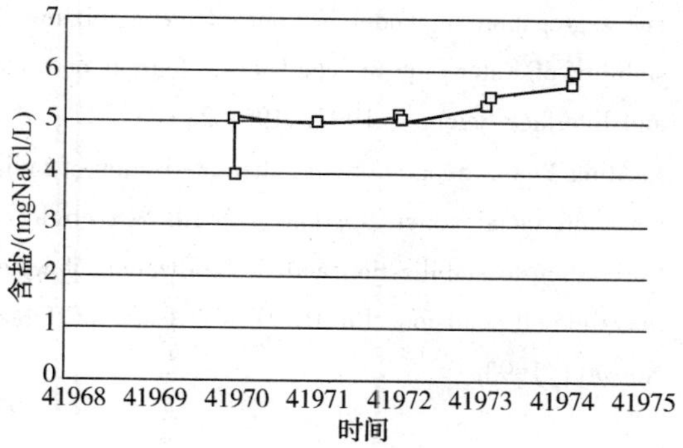

图 3 试验结束后脱后原油含盐

较好的破乳效果，能够实现在高注水和高混合条件下的正常破乳，而没有导致电流的突然升高。

3.5.2 原油含水

试验期间脱前脱后原油含水如图 4 所示，除 11 月 21 日、11 月 22 日两天脱前原油含水高导致脱后原油含水达 0.35%外，其余时间的脱后原油含水都稳定在 0.2%左右。

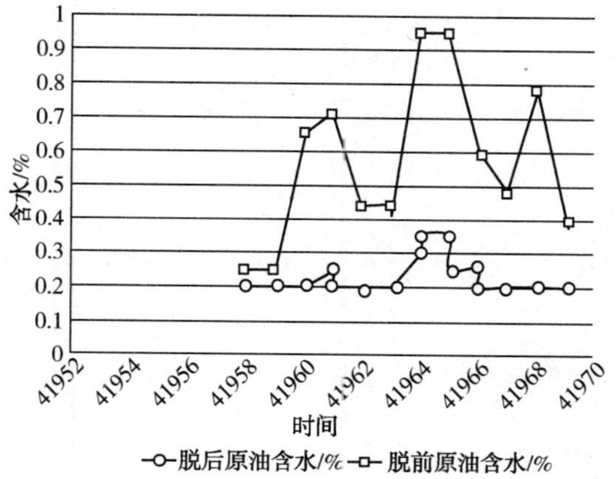

图 4 试验期间脱盐前后原油含水

3.5.3 电流密度和电压

试验前和试验期间电流变化如图 5 所示(数据均为每个脱盐罐第二个变压器 0：00 电流数据)，各个脱盐罐的电压与实验前一致。试验期间四个脱盐罐的电流呈现平稳和走低的趋势。

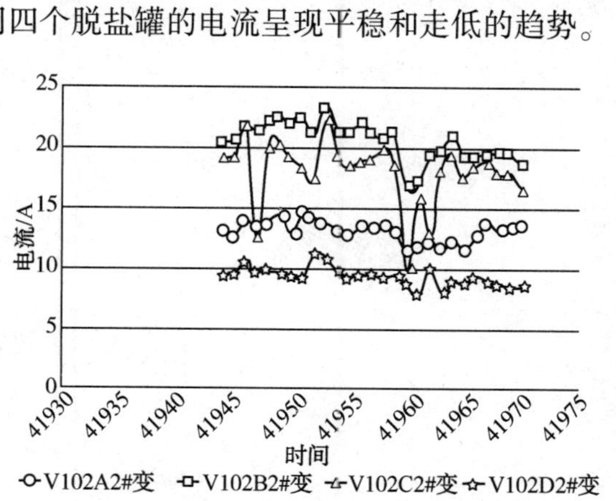

图 5 试验前后电脱盐罐电流

3.6 破乳剂成本核算

在实验调试期，石科院研制的油溶性破乳剂 RP-04 单耗为 0.92 元/吨，水溶性破乳剂 RP-05 单耗为 1.82 元/吨，由于油溶性和水溶性同时注入，总单耗为 2.74 元/吨，现场油溶性破乳剂单耗为 1.14 元/吨，水溶性破乳剂单耗为 1.57 元/吨，平均总单耗为 2.71 元/吨。也就是说研制的新型破乳剂与现场破乳剂的成本基本持平。

在实验稳定期，为了保证装置运行平稳，并提高脱盐效果，调高了油溶性破乳剂的加量，折合单耗，油溶性破乳剂 RP-04 单耗为 1.38 元/吨，水溶性破乳剂 RP-05 为 1.82 元/吨，由于油溶性和水溶性同时注入，总单耗为 3.2 元/吨，比实验前现场破乳剂单耗高出 0.59 元/吨。

一方面工业实验破乳剂的生产量小，成本相对较高，另一方面破乳剂的加量也没有达到最优，因此通过进一步的努力，破乳剂的成本还有下降的空间。

3.7 工业实验存在的问题

(1) 注水量增加了，从试验前的 47t/h 提高到 60t/h，水耗增加了 13t/h。

(2) 试验期间排水含油平均值为 104.4mg/L，在高注水情况下，对油水分离罐压力较大，排水含油略有增加。

(3) 油溶性破乳剂 RP-04 和水溶性破乳剂 RP-05 的单耗较现用破乳剂有所增加，稳定期单耗较现用破乳剂高 0.59 元/吨。

4 结论

(1) 通过对塔河油的性质分析，发现塔河油呈现逐年劣质化的趋势，特别是沥青质含量上升、胶质/沥青质比降低、机械杂质含量增加，这些变化是导致破乳难度加大的重要原因。

(2) 针对塔河稠油沥青质含量高、胶质/沥青质比低、机械杂质含量高的特点，研制了油溶性破乳剂 RP-04 和水溶性破乳剂 RP-05。

(3) 静态破乳实验结果表明，综合考虑分水速度、分水量与中间层厚度，研制的油溶性破乳剂 RP-04 和水溶性破乳剂 RP-05 要优于现场对比剂。

(4) 工业应用实验结果表明，RP-04 与 RP-05 联合使用，在实验稳定的后期，可以将原油含盐从脱前的 450~550 mgNaCl/L 降低到脱后的 5~6mgNaCl/L，脱后油含水平均 0.2%。

参 考 文 献

[1] Břrve, Kari Grete Nordli, Sjoblom J, Stenius P. Water-in-crude Oil emulsions from the norwegian Continental Shelf. Part 5. A comparative monolayer study of model polymers. Colloids and Surfaces. 1992, 63: 241-251.

[2] Joseph D Mclean, Peter K Kilpatrick. Effects ofasphaltene aggregation in model heptane-toluene mixtures on stability of water-in-oil emulsions. Journal of Colloid and Interface Science, 1997, 196: 23-24.

[3] Li Ming Yuan. Separation and characterization of indigenous interfacial active fractions inNorth Sea crude oil. Correlation to stabilization and destabilization of water-in-crude oil emulsion. Ph. D. Thesis, Univ. of Bergen, Norway, 1993.

-35 号低凝柴油外观异常原因分析与对策

王小军[1]　郭　辉[1]　尚友成[2]

(1. 中国石化塔河炼化有限责任公司；2. 洛阳石化工程设计有限公司)

摘　要　-35 号低凝柴油在途经多个高海拔、低气温的山口期间，出现蜡沉积的问题。为了改善低凝柴油低温储存稳定性，从柴油调合组分性质和组成、碳分布、添加剂筛选和低温储存试验等方面开展研究，确定低凝柴油调剂配方。因降凝剂是二元或三元共聚物，在过冷环境下，自身也会发生聚集和凝结。为了进一步提高低凝柴油的稳定性，同时考虑投资和经济效益等方面，最终选择分馏系统新增汽提塔改造措施。

关键词　低凝柴油，降凝剂，感受性

1　研究的必要性及意义

针对西北、东北地区的地域特点，选择先进的工艺技术，获得高品质的低凝柴油产品，满足市场对低凝柴油的技术要求，为企业持续创效。中国石化塔河炼化有限责任公司(简称塔河炼化)，位于新疆阿克苏地区，是中石化系统在西北五省唯一一家炼油企业，原油加工能力 500 万吨/年，由两套原油加工系列组成，主要加工塔河重质原油。塔河重质原油属于高硫中间基原油，是一种罕见的高硫、低蜡、高金属、轻质油收率低的重质原油，二次加工装置防护等级较高，经济效益相对较差。经多方专家论证后确定常压-焦化工艺路线。后续配套的装置分别为汽柴油混合加氢、航煤加氢、连续重整等。国Ⅵ柴油升级前，-35 号低凝柴油是由航煤加氢柴油、加氢精制柴油和燃料添加剂(降凝剂、十六烷值改进剂、抗磨剂、柴油抗静电剂)按一定比例调合而成。

塔河炼化公司利用地域优势，多年来一直承担着为新疆、青海及西藏等多个冬季寒冷地区供应-35 号低凝柴油的任务。低凝柴油时常处于供不应求的状态，-35 号低凝柴油的售价甚至比 0 号柴油每吨高出三百至八百元。因此，保证-35 号低凝柴油的质量和产量，不仅影响塔河炼化公司经济效益，影响中石化质量信誉和市场竞争力，而且在节约运输费用，资源合理配置，西北五省地区交通运输的平稳发展等方面具有重要的社会经济意义。

2016 年 12 月份发往青海的低凝柴油，入库检验时发现外观浑浊，汽车槽车卸车口处有微量白色蜡状物析出，室外轻微摇动后溶解，室温条件下外观清澈透明，且入库检验分析均合格。为了解决低凝柴油低温运输蜡结晶这一问题，本文从调合组分性质与碳分布、添加剂配伍试验、低温储存试验等研究，评价低凝柴油性能，确定新的低凝柴油调剂配方。同时通过 PRO Ⅱ 软件模拟核算，确定对现有工艺装置局部改造方案，直接生产-35 号低凝柴油。

2　原因分析及排查

2.1　炼厂留样与入油库前取样关键项目分析

根据汽车槽车信息，查找装油记录，确定发往青海的-35 号低凝柴油是 2016 年 12 月 7 日生产，发油罐号为 G306、留样编号是 172093，自备留样关键项目分析结果与客户反馈的入油库前检验数据比对见表 1。

表 1　低凝柴油炼厂留样检验、入油库前检验比对及其标准值

分析项目	炼厂留样	入油库前检验	标准值
20℃运动黏度/(mm^2/s)	2.096	—	1.8~7.0
20℃密度/(kg/m^3)	804.1	805.5	790~840
冷滤点/℃	-36	-32	不高于-29
凝点/℃	<40	/	不高于-35
硫含量/(mg/kg)	3.9	4.7	不大于 10
闪点/℃	59.5	58.0	不低于 45
水分(体积分数)/%	痕迹	痕迹	不大于痕迹

续表

分析项目	炼厂留样	入油库前检验	标准值
馏程			
50%回收温度/℃	206	207	不高于 300
90%回收温度/℃	276	279	不高于 355
95%回收温度/℃	318.5	322	不高于 365

从表 1 可知，入库前的检验均满足国Ⅵ车用柴油标准要求，并且有一定的富裕度。入油库前检验数据与炼厂留样检验分析结果存在偏差，经确认是由于分析仪器和分析方法不一致造成的。

2.2　运输路径环境分析

经咨询运输单位，从新疆发往青海、西藏地区的油品，单程运输耗时约 3-4 天。运输过程中，途经多个高海拔、低气温的山口，部分山区温度较低，夜间最低温度在-32 至-38℃之间。初步认为当环境温度低于低凝柴油冷滤点时，油品中蜡结晶沉积，出现分层，造成外观浑浊。将此批次油样送往相关专业机构检测，在-35℃低温条件下，储存 2 天后，油样底部出现明显蜡沉积层。

2.3　汽车槽车洁净度分析

根据油库反馈的意见和照片，在汽车槽车卸车口采集的样品外观浑浊，采样器底部有微量白色物质，轻微摇动后溶解。在室温下静置，样品清澈透明，底部有部分黑褐色机械杂质和微量水珠。槽车中部样品仅外观浑浊，无不溶物。按照降凝剂的吸附理论和成核理论可知，汽车槽车不洁净，机械杂质和微量水珠成为蜡晶发育的晶核，油品中的小蜡晶吸附在其表面，聚集后沉降，造成蜡沉积问题。

3　解决措施

3.1　柴油调合组分油性质

-35 号低凝柴油产品由航煤加氢柴油(组分油 A)和加氢精制柴油(组分油 B)两种组分调合而成，组分 A 是常一线油经过航煤加氢装置后的航煤加氢柴油，组分 B 是常二线和焦化柴油经过加氢精制装置后的加氢精制柴油，组分油 A 和 B 得基本性能指标见表 2。

表 2　组分油 A 和组分油 B 的基本性能指标及其标准值

分析项目	组分 A	组分 B	标准值
凝点/℃	<-50	-16	不高于-35
冷滤点/℃	<-35	-5	不高于-29
20℃运动黏度/(mm^2/s)	1.530	5.367	1.8-7.0
60℃校正磨痕直径(润滑性)/μm	711	624	不大于 460
十六烷值	46.6	48.7	不小于 47
硫含量/(mg/kg)	3.1	4.1	不大于 10
馏程			
50%回收温度/℃	199.6	281.1	不高于 300
90%回收温度/℃	221.8	340.6	不高于 355
95%回收温度/℃	227.5	352.4	不高于 365

由表 2 的数据可知，组分油 A 和组分油 B 润滑性、十六烷值不能满足国Ⅵ车用柴油标准的要求。此外，组分油 A 具有低温流动性较好、但运动黏度偏低的特点。

3.2　调合组分碳分布

分别对组分油 A 和 B 进行烃类组成、碳数分布及基本物化性能分析，其分析结果如图 1、图 2 所示。

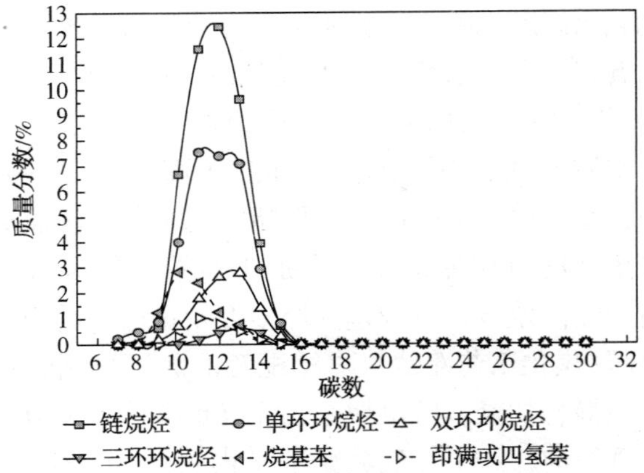

图 1　组分油 A 的烃类组成和碳数分布

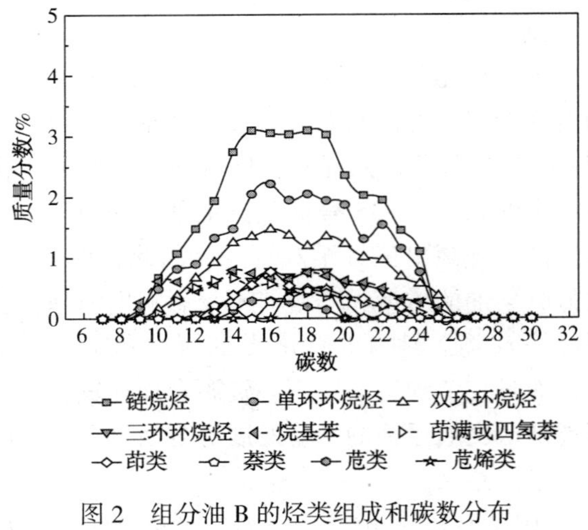

图 2　组分油 B 的烃类组成和碳数分布

由图 1、2 可以看出，组分油 A、B 主要由链烷烃、单环环烷烃、双环环烷烃以及烷基苯组成。组分油 A 碳数分布较窄，烃类化合物的碳数主要集中于 $C_{10}\sim C_{14}$。组分油 B 碳数分布较宽，烃类化合物的碳数主要集中于 $C_{11}\sim C_{24}$。

综合表 2、图 1 和图 2 可知，组分油 B 中较高的链烷烃含量以及各烃类都偏向较高碳数分布的特点，使其不能在调合柴油中含量过高，否则会显著影响调合柴油的低温流动性能。

3.2 调合比例的确定

人们普遍认为柴油中降凝剂的感受性与柴油组成、柴油馏程范围有关。柴油组成主要影响因素是正构烃碳数分布和芳烃含量(尤其是单环芳烃含量)，柴油馏程范围主要是轻组分油含量及馏分宽窄度。因此，通过考察不同调合比例低凝柴油的冷滤点、凝点以及 20℃运动黏度三项指标的变化规律来确定最优调合比例(以调合柴油中组分油 A 所占质量分数计)，考察结果详见表 3。

表 3 组分油 A 与组分油 B 的调合比例对调合柴油关键性能的影响

调合柴油中组分油 A 所占质量分数/%	冷滤点/℃	凝点/℃	20℃运动黏度/(mm^2/s)
0	-7	-20	5.062
25	-10	-26	3.624
50	-15	-34	2.684
75	-23	<-50	2.067
100	<-35	<-50	1.633

由表 3 的数据可知，随着调合柴油中组分油 A 含量的增加，其冷滤点、凝点及 20℃运动黏度均逐渐降低。当组分油 A 的含量>75%时，20℃运动黏度有不达标风险。因此，含 75%组分油 A 是最佳比例(简称 75A)。

3.4 添加剂配伍试验

调合柴油 75A 冷滤点、润滑性、十六烷值均不满足标准要求，因此需要添加降凝剂、抗磨剂、十六烷值改进剂等改进产品性能。燃料油添加剂感受性与添加剂型号、浓度、添加剂之间复合对抗有关。因此按照降凝剂、抗磨剂、十六烷值改进剂顺序逐一开始筛选。通过对 13 种降凝剂(PPD1-15)、4 种抗磨剂(L1-4)和 3 种十六烷值改进剂(C1-3)实验室比选，最终确定降凝剂优选 PPD9，抗磨剂优选 L3，十六烷值改进剂优选 C3。

3.5 工业试验性能分析

按照新配方进行了工业放大试验，组分油 A70%和组分油 B30%，十六烷值改进剂添加比例是 200 mg/kg，抗磨剂添加比例是 180 mg/kg，降凝剂添加比例是 150mg/kg，抗静电剂添加比例是 0.8mg/L，生产了约 3500 吨-35 号低凝柴油，工业放大试验产品的检验分析数据见表 4，其低温储存稳定性试验结果如图 3 所示。

表 4 新配方生产出的-35 号低凝柴油的基本性能指标及其标准值

分析项目	分析数据	标准值
凝点/℃	<-40	不高于-35
冷滤点/℃	-34	不高于-29
20℃运动黏度/(mm^2/s)	2.04	1.8~7.0
60℃校正磨痕直径(润滑性)/μm	405	不大于 460
十六烷值	49.5	不小于 47
硫含量/(mg/kg)	4.5	不大于 10
馏程		
50%回收温度/℃	199.9	不高于 300
90%回收温度/℃	294.1	不高于 355
95%回收温度/℃	327.4	不高于 365

图 3 -35℃下储存 2 个月(左)和 3 个月(右)的-35 号低凝柴油工业试验品

由表 4 的数据可知，采用新配方生产，可以得到各项指标均满足国Ⅵ柴油标准的-35 号低凝柴油。由图 3 可以看出，在-35℃下储存 2 个月时，蜡晶均匀分布于油样中，油样为均匀的半透明悬浊液；储存 3 个月后，油样下部的浑浊度略高于上部，但未形成具有清晰界面的蜡沉积层，整体而言，其低温储存稳定性有明显改善。

3.6 优化组分油组成生产-35 号低凝柴油

根据表 1，调合组分油 A 和组分油 B 的组成及性能分析，可知调合柴油中最先析出的蜡晶，主要是由组分 B 中较高碳数的烃类化合物贡献的。该部分较高碳数的烃类化合物形成的蜡晶，其粒径较大，且互相堆积成结构致密的大蜡晶，易导致蜡沉积现象的发生，因此，将组分油 B 中较高碳数的重组分切除，只保留其中较轻的组分(<300℃的馏分)作为-35 号低凝柴油的调合组分。优化组分油 B 性质见表 5，优化组分油 B 低温储存稳定性试验结果如图 4 所示。

表 5　优化组分油 B 性质

分析项目	分析数据	标准值
凝点/℃	<-38	不高于-35
冷滤点/℃	-32	不高于-29
20℃运动黏度/(mm^2/s)	3.26	1.8~7.0
20℃密度/(kg/m^3)	833.1	790~840
十六烷值	46.0	不小于 47

图 4　优化组分油 B-35℃下储存 3 个月试验

根据表 5、图 4 可知，组分油 B 切割馏程<300℃时，可直接生产-35 号低凝柴油。通过后续试验验证，当抽出馏分<300℃占 B 总质量的 25%时，剩余馏分可用于生产 0 号柴油。

3.7　分馏塔单元稳态模拟

因降凝剂是二元或三元共聚物，在过冷环境下，自身也会发生聚集和凝结。为了进一步提高了低凝柴油的稳定性，一般可选择加氢改质+临氢降凝串联、加氢精制+临氢降凝串联和分馏系统改造等措施。前两种措施投资大，投资回收期较长，因此最终选择分馏塔改造措施。

采用 PRO Ⅱ 软件对分馏塔进行模拟核算，确定改造方案是将产品分馏塔的进料口由第 12 层塔板移至 20 层塔板，并从第 16 层塔板和第 18 层塔板抽出一股低凝柴油组分送往低凝柴油汽提塔第 1 层塔板进行汽提，此汽提塔为新增设备，共设 10 层塔板。新增汽提塔塔顶油气返回至分馏塔第 15 层塔板，汽提塔塔底的低凝柴油组分经泵升压后，经换热和冷却至 55℃，一部分作为低凝柴油产品送出装置，另一部分作为冷回流返回分馏塔第 15 层塔板。PRO Ⅱ 建立的模型见图 5，液体产品性质见表 6，改造后的分馏系统物料平衡见表 7。

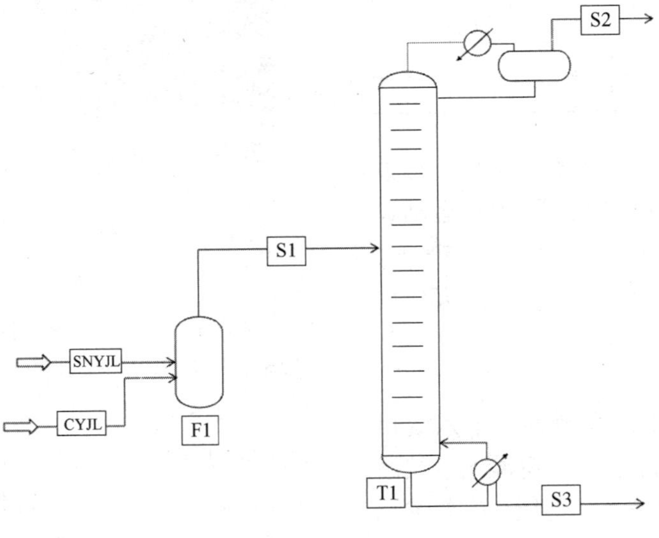

图 5　汽柴油加氢分馏塔模型

表 6　液体产品性指标

项目	低凝柴油	精制柴油	稳定汽油
密度/(kg/m^3)	796.7	833.9	723
硫含量/(mg/kg)	<5	<8	<5
20℃运动粘度/(mm^2/s)	~2.5	<7	—

续表

项目	低凝柴油	精制柴油	稳定汽油
冷滤点	<-30	-0	—
凝点	<-35	-16	—
十六烷指数	~43	>50	—

续表

项目	低凝柴油	精制柴油	稳定汽油
ASTM D86 LV/℃			
0	155	192.2	59
5	177.8	219.9	64.0
10	187.9	236.5	66.5
30	199.5	265.6	79.7
50	210.4	286.2	94.2
70	226.3	306.3	117.1
90	263.7	353.1	150.3
95	274.1	361	158.5
100	284.8	365	165

表 7　改造后的分馏系统物料平衡

序号	物料	收率	流率			备注
	名称	wt%	kg/h	t/d	$\times10^4$t/a	
一	原料					
1	低分油	100	131440	3155	110	
	合计	100	131440	3155	110	
二	产品					
1	低分气	1.41	1857	45	1.56	
2	稳定汽油	26.57	34928	838	29.34	
3	低凝柴油	14.23	18704	449	15.71	
4	精制柴油	57.78	75950	1823	63.80	
	合计	100	131440	3155	110	

4　结论

（1）按照组分油 A70%、组分油 B30%和一定比例的改性剂的配方，生产的-35 号低凝柴油产品的各项性能指标满足国标要求，同时油品的稳定性较以往明显提高。

（2）通过分馏塔系统改造，能够直接生产出满足国标的-35 号低凝柴油产品，油品低温储存的稳定性进一步提高。

（3）分馏塔系统改造措施存在的缺点是，每次切换方案时，装置需要停工。

参　考　文　献

[1] 丁书兵，翟辉，黄汝庆．我国“十三五”成品油市场预测［J］．中国石油和化工经济分析，2015，2：9-13.

[2] 武跃，翟丽莉，温静，等．柴油流动改进剂对柴油中蜡晶形态的影响[J]．中央民族大学学报：自然科学版，2007.16(2)：133-137.

[3] 李克华．降凝剂及其降凝机理[J]．石油与天然气化工，1993，022(001)：44-49.

[4] 郭翠梨，张金利，王一平．柴油低温流动改进剂的研究进展［J］．化学工业与工程，1999，16(3)：157-162.

[5] 代振宇，徐明进，周涵，等．苯甲酸铵盐在蜡晶表面吸附行为的分子模拟研究［J］．石油炼制与化工，1999，30(12)：42-44.

[6] 张金利，武传杰，李韦华，等．降凝剂分子设计的研究进展［J］．化学进展，2002，21(4)：239-242.

[7] 苑立强，陆志强，温广明，等．分馏温度对柴油加氢精制装置生产低凝柴油的影响[J]．化工科技，2016，46(001)：49-52.

[8] 郭翠梨，张金利，王一平．柴油低温流动改进剂的研究进展［J］．化学工业与工程，1999，16(3)：157-162.

[9] 刘怺，等．FRIPP 生产清洁低凝柴油加氢技术开发与应用[J]．当代石油化工，2015，8：4-9.

[10] 陈军航．催化柴油加氢精制-降凝组合技术的研究[J]．化工管理，2015，4：148-149.

[11] 杨跃琼．采用加氢精制与临氢降凝工艺提高调和柴油品质[J]．内蒙古石油化工，2005，8：164-166.

[12]王化国．催化裂化柴油加氢精制-临氢降凝生产低凝柴油［J］．石油炼制与化工，2001，32(6)：21-23.

[13] 屈一新．化工过程数值模拟及软件．2 版[M]．北京：化学工业出版社，2011：123-128.

[14] 闫雨．柴油加氢装置生产-20#号柴油的模拟研究[J]．广州化工，2017，45(19)：142-144.

流程模拟软件在催化吸收稳定系统的应用

丁 力 乐 巍

（中国石化镇海炼化分公司）

摘　要　采用 petro-sim 软件对催化裂化吸收稳定单元进行全流程模拟计算，对影响吸收解吸效果的主要因素进行了分析，并通过实际调整验证模拟软件计算的准确性。结果表明，经过模拟软件计算并实际操作调整后，在能耗不增加的前提下，可年增效约 700 万元。

关键词　催化裂化，吸收稳定，流程模拟

吸收稳定单元在催化裂化装置中有着不可替代的作用，主要包括吸收塔、解吸塔、稳定塔和再吸收塔，其作用是将分馏塔顶的富气与粗汽油分离成干气（C1、C2）、液化气（C3、C4）和石脑油。镇海炼化公司 1#催化裂化装置反再系统经多次改造，装置负荷大大提高，但吸收稳定单元未做相应改造，随着液化气及汽油收率的显著提高，吸收稳定单元负荷不足的问题也逐渐暴露，自 2020 年 5 月检修后，装置能耗居高不下，干气带液严重，同时还造成液化气损失及干气脱硫系统胺液带烃问题（图 1）。

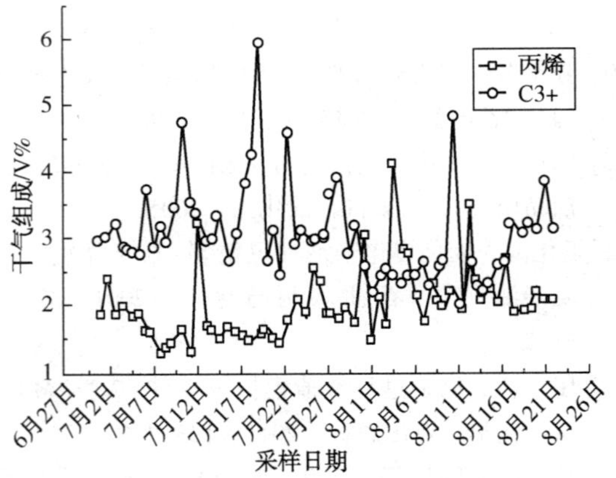

图 1　2020 年操作调整前干气组成变化趋势

本文以镇海炼化分公司 1#催化裂化装置为研究对象，采取 petro-sim 软件搭建吸收稳定全流程模型，探究装置改造后吸收稳定单元最佳操作参数，并根据模拟结果对实际操作参数进行对应调整，验证模拟软件的准确性。

1　流程简介

公司 160 万吨/年催化裂化装置流程简图如图 2 所示，分馏塔顶的富气先经气压机一段压缩，冷却后进入中间分液罐进行气液分离，凝缩油通过泵打入吸收塔一中回流，气相进入气压机二段，气压机出口富气经空冷冷凝后，与吸收塔底富吸收油及解吸塔顶气混合后再经过水冷进一步冷却，随后进入平衡汽化罐进行气液分离。平衡罐顶部的富气进入吸收塔底部，吸收塔顶部通入粗汽油和稳定汽油，用于吸收富气中的 C3、C4 组份，吸收塔设有一中、二中两个循环回流，以降低吸收塔的操作温度。塔顶贫气去再吸收塔，用顶循吸收后送至下游脱硫，再吸收塔底富吸收油经加热后返回分馏塔。

平衡罐底凝缩油经泵加压后，一路与出装置稳定汽油换热后作为解吸塔热进料进入解吸塔 7 层，另一路作为冷进料进入解吸塔顶，塔底设有重沸器，用以解吸 C1、C2 组份，塔顶解吸气与富气混合后返回平衡罐；塔底脱乙烷汽油经泵加压后与稳定塔底稳定汽油换热后送至稳定塔中部，稳定塔设有冷凝器及重沸器，塔底稳定汽油一路作为吸收塔补充吸收剂，另一路作为产品送出装置，塔顶液化气经冷却后至稳定塔回流罐，经泵抽出后，一路作为塔顶回流，另一部分作为产品送出装置。

2　热力学方法选择及模型验证

热力学方法选择 peng-rob，各塔操作参数如表 1 所示，各产品质量计算结果与实测值如表 2 所示。

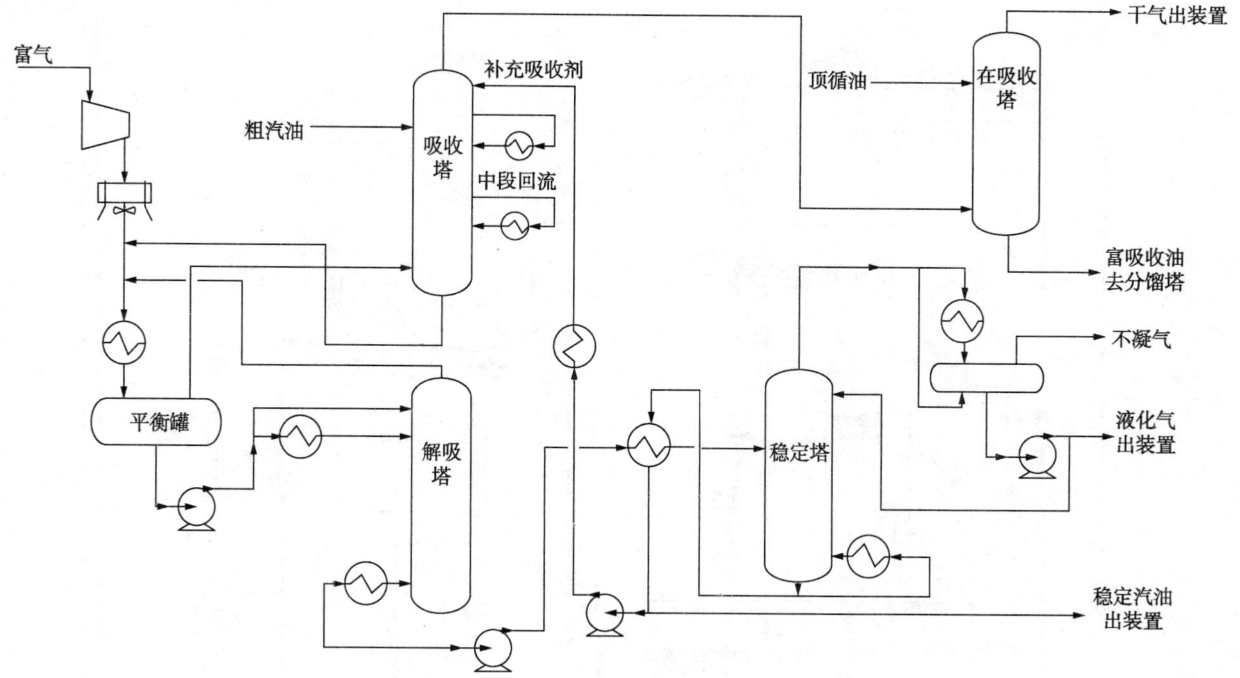

图 2　催化裂化吸收稳定单元流程简图

表 1　各塔实测值与模拟值对比

设备	塔顶压力/MPa		塔顶温度/℃		塔底温度/℃	
	实际值	模拟值	实际值	模拟值	实际值	模拟值
再吸收塔	1.02	1.02	37.46	37.91	48.48	46.59
吸收塔	1.02	1.03	39.58	39.70	-	43.02
解吸塔	1.16	1.16	—	49.44	94.15	94.04
稳定塔	0.97	0.97	55.46	56.42	161.62	161.50

表 2　各介质实测值与模拟值对比

项目	介质	单位	实际值	模拟值
吸收剂	再吸收油	t/h	35.50	35.50
	凝缩油	t/h	16.85	16.85
	粗汽油	t/h	82.40	82.39
	补充吸收剂	t/h	43.93	43.93
干气	流量	t/h	5.92	5.92
	丙烯含量	v%	2.00	2.05
	C3+含量	v%	3.07	3.00
液化气	流量	t/h	49.12	48.84
	C2 含量	v%	0.02	0.00
	C5 含量	v%	0.25	0.25
稳定汽油	流量	t/h	86.11	86.32
	干点	℃	205.40	205.40
	雷德蒸汽压	kPa	62.36	62.36

通过表 1、表 2 对比数据可以看出，模拟结果与实测结果在较大范围内吻合，认为模型可以较好的反应实际工况，本文将在所建模型基础上对各因素进行分析。

3　模拟结果分析及讨论

在正常生产过程中，催化干气主要经过脱硫后送往乙烯裂解干气预分离装置进行乙烯的提纯，但下游装置提纯能耗高于催化吸收稳定单元，目前干气中仍含有 2%(v/v)的丙烯和 3%(v/v)的 C3+，既造成了丙烯的浪费，又容易导致下游装置胺液带烃，因此需要尽可能的降低干气中丙烯的夹带，同时还要兼顾能耗。干气中丙烯及 C3+含量主要与吸收塔压力、解吸塔冷热进料配比、再吸收剂流量、补充吸收剂蒸气压及用量等因素有关：较高的吸收塔压可以增强吸收效果，但不利于装置节能；解吸塔冷热进料配比会影响吸收-解吸塔内液化气的循环；补充吸收剂与再吸收剂的用量过小不利于吸收，过大会造成夹带，同时补充吸收剂的蒸气压变化也会对吸收效果产生较大影响。

如图 3 所示，在图 3 建立的 petro-sim 模型

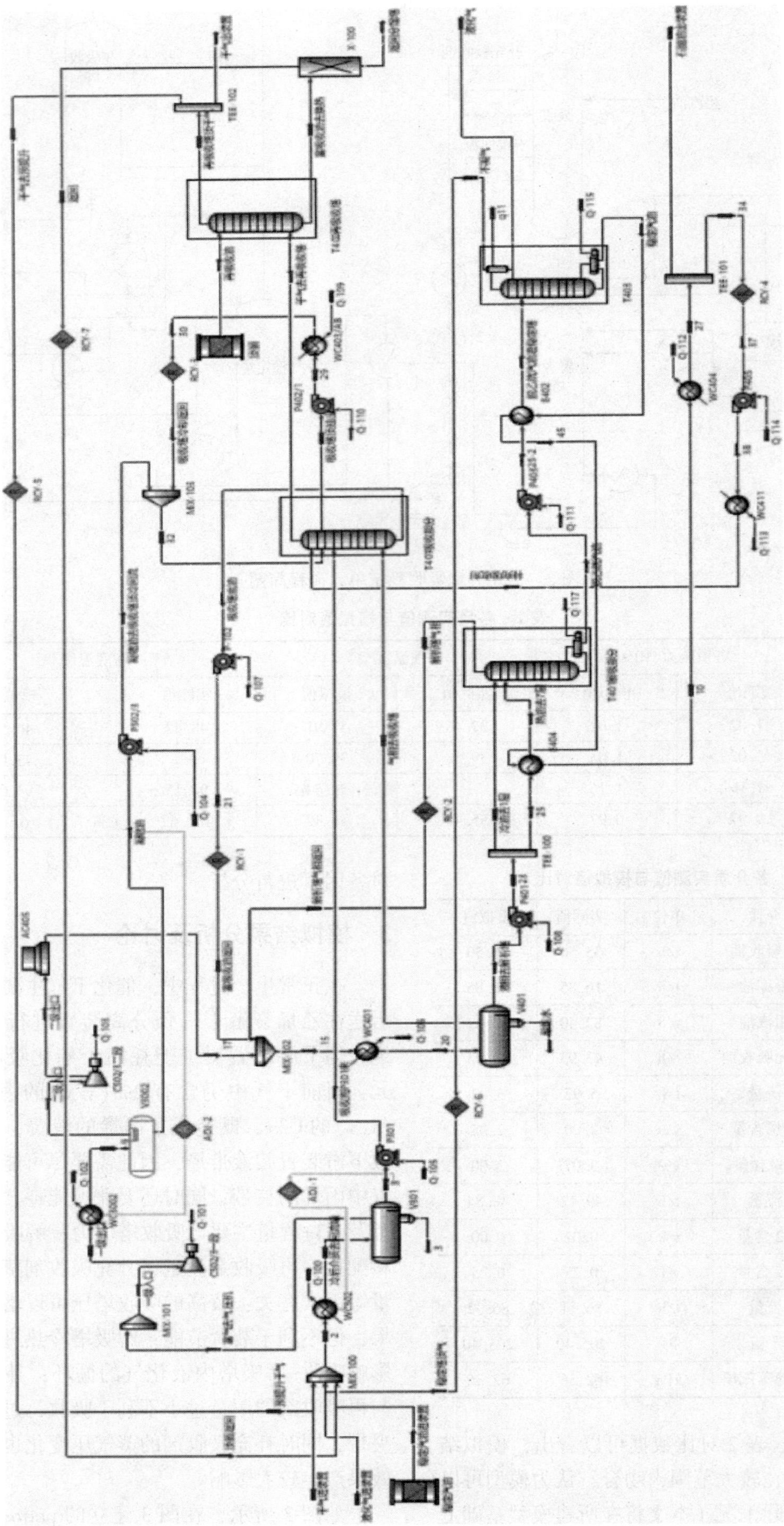

图3　流程模拟模型

基础上，通过调整吸收塔操作压力、粗汽油进料位置、解吸塔冷热进料比例、补充吸收剂用量等参数，探究各影响因素变化时干气中丙烯浓度、C3+浓度及吸收稳定单元总能耗的变化，其中干气产品中丙烯浓度以 mol%计，总能耗主要包括各冷却器、加热器(不含物料间换热)及气压机的负荷，由于吸收稳定单元热源主要来自分馏塔，所节约热量按产 3. 5MPa 蒸汽考虑。

3.1 吸收塔顶压变化对干气产品性质及能耗的影响分析

压力升高有利于增加吸收剂对 C3、C4 的吸收效果，但也会增加装置能耗，同时也受设备本身的设计限制，吸收塔顶压变化后干气组成及装置能耗变化趋势如图 3 所示。

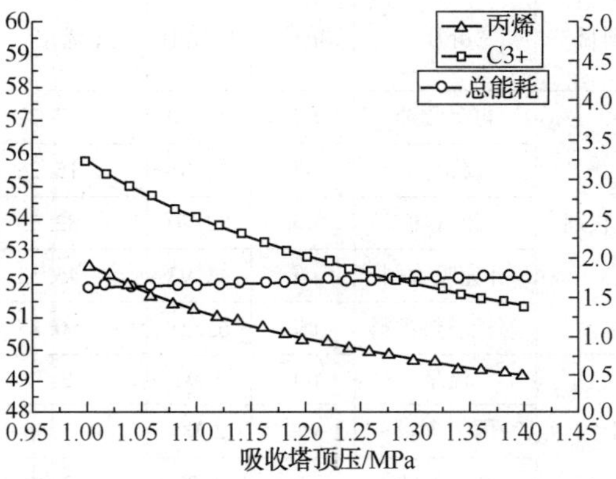

图 4　吸收塔压对干气组成及能耗的影响

通过图 4 可以看出，随着吸收塔顶压的不断升高，干气丙烯及 C3+含量不断减少，在压力低于 1.15MPa 时两者下降趋势相近，高于 1.15MPa 后丙烯下降趋势有所减缓，说明在该工况下，压力超过 1.15MPa 后吸收剂对丙烯的吸收效果有所减弱，而对其余液化气组分吸收效果减弱不明显；塔压增加后，总能耗在 52MW 附近小幅上升。

3.2 补充吸收剂量对干气产品性质及能耗的影响分析

补充吸收剂的增加也可以大幅降低干气中丙烯及 C3+的含量，但其流量过大会导致过度吸收，将增大装置内循环量，对装置能耗影响较大，补充吸收剂变化后干气组成及装置能耗变化趋势如图 5 所示。

图 5 所示，随着补充吸收剂的不断增加，干气丙烯及 C3+含量也呈不断下降的趋势，但补充吸收剂增加会大幅增加解吸塔及稳定塔底热负荷、补充吸收剂冷却器冷负荷，补充吸收剂每增

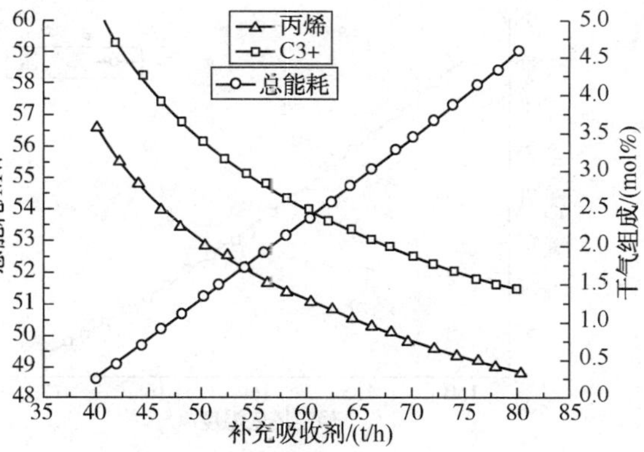

图 5　补充吸收剂量对干气组成及能耗的影响

加 1t/h，装置能耗将增加 0. 26MW，因此在满足产品质量的前提下，应尽可能的减少补充吸收剂的使用量。

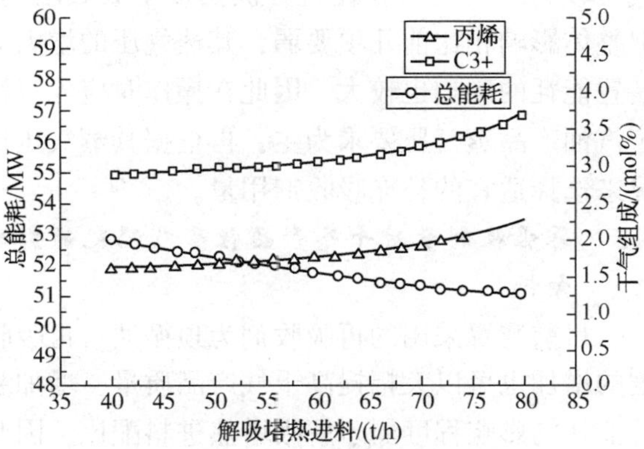

图 6　解吸塔热进料量对干气组成及能耗的影响

3.3 解吸塔热进料量对干气产品性质及能耗的影响分析

通过图 6 可以看出，随着解吸塔热进料的增加，干气丙烯及 C3+含量先小幅上升，在热进料量超过 75t/h 后上升趋势明显，其主要原因是热进料增加后解吸塔上部热负荷增加，不利于气液传质，部分液化气汽化至平衡罐，被富气携带至吸收塔，而吸收塔吸收效果不变，进而导致干气丙烯及 C3+含量上升。因解吸塔热进料热源为稳定汽油，解吸塔热进料的增加后再沸负荷下降，级间冷却负荷上升，但由于利用的是出装置稳定汽油的热量，总能耗下降。

3.4 稳定塔参数对干气产品性质及能耗的影响分析

稳定塔对干气吸收效果的影响主要是通过改变补充吸收剂的蒸气压实现。

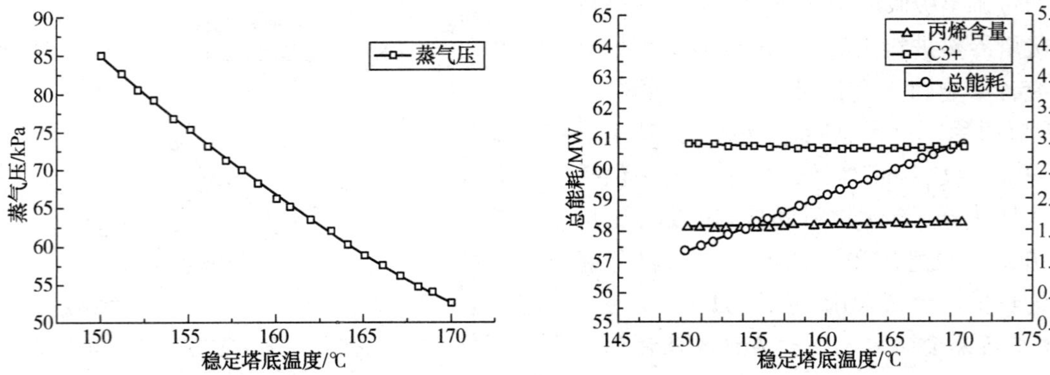

图 7　稳定塔参数对干气组成及能耗的影响

图 7 所示，当塔底温度从 150℃ 提高至 170℃ 时，塔底蒸气压可以从 85kPa 降低至 52kPa，由于补充吸收剂进入吸收塔塔顶，其蒸气压较高时会使部分轻组分被携带至吸收塔内，但整体影响相比前几项要弱，其蒸气压的增大对装置能耗的影响也较大，因此在操作时应先以稳定汽油产品蒸气压要求为主，再根据其蒸气压情况来选择适宜的补充吸收剂用量。

3.5　再吸收剂量对干气产品性质及能耗的影响分析

目前装置采用的再吸收剂为顶循油，再吸收剂的增加也可以大幅提高干气产品质量，增加装置能耗的影响程度弱于解吸塔热进料配比，因此可以通过对解析塔热进料和再吸收剂流量进行调节实现装置热量的最佳利用(图 8)。

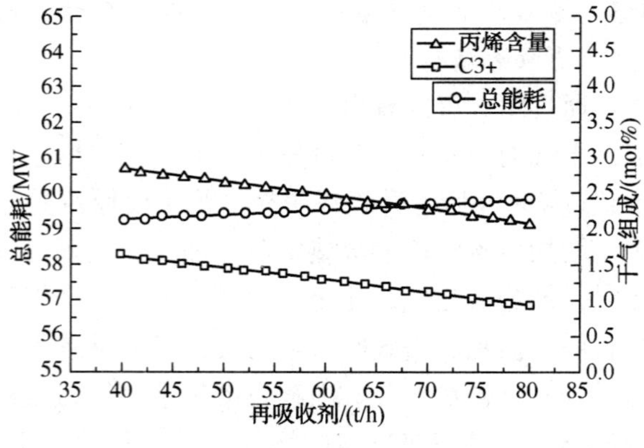

图 8　再吸收剂量对干气组成及能耗的影响

4　参数优化结果及对比

通过对比各影响因素对能耗及干气性质的影响程度，通过设计规定等方式规定产品质量，通过 Adjust 模块逐步限定各变量，由于吸收稳定单元未进行改造，设计压力偏低，本次主要对吸收油及补充吸收剂等介质进行调整，合理利用装置内热量集成，优化前后装置主要参数及产品性质变化如表 3 所示。

表 3　优化前后吸收稳定单元主要参数对比

项目	介质	单位	优化前	优化后
吸收剂	再吸收油	t/h	35.50	37.72
	凝缩油	t/h	16.85	15.26
	粗汽油	t/h	82.40	82.53
	补充吸收剂	t/h	43.93	45.53
	解析塔热进料	t/h	63.21	60.85
干气	流量	t/h	5.92	5.37
	丙烯含量	v%	2.00	1.55
	C3+含量	v%	3.07	2.48
液化气	流量	t/h	49.12	49.10
	C2 含量	v%	0.02	0.02
	C5 含量	v%	0.25	0.25
稳定汽油	流量	t/h	86.11	85.90
	干点	℃	205.40	205.40
	雷德蒸汽压	kPa	62.36	65.32

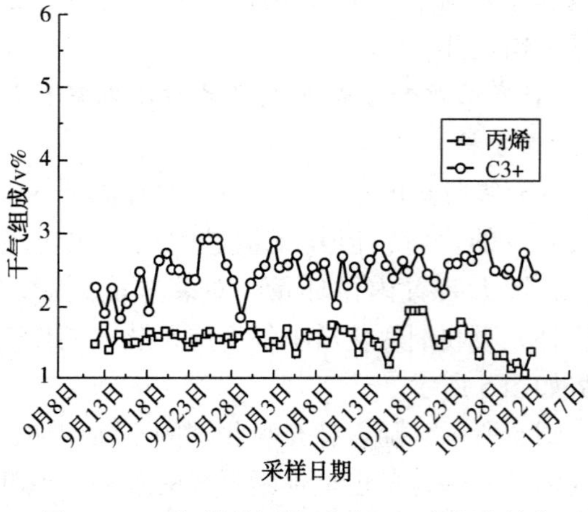

图 9　2020 年操作调整后干气组成变化趋势

按此方案优化后，干气丙烯及C3+含量迅速下降，同时在能耗基本不变的前提下，可年回收丙烯 806 吨、非丙烯液化气 1068 吨，增产创效约 700 万元人民币。

5 结语

（1）吸收塔操作压力和补充吸收剂对吸收干气中液化气效果最为显著，但补充吸收剂对装置能耗的影响更大，在设备允许的情况下，可以选择提高吸收压力、降低补充吸收剂用量的方式提高装置经济性。

（2）适当提高稳定汽油蒸气压会减弱补充吸收剂的吸收效果，但可以有效降低装置能耗，在产品合格的前提下可以适当提高稳定气压蒸气压。

（3）在出装置稳定汽油热源充足的前提下尽可能增加解吸塔热进料占比，通过调整各介质流量可以优化装置热量集成，在能耗保持不变的前提下增产增效。

（4）流程模拟软件计算结果与装置实际运行结果吻合度较高，具有一定指导意义。

环管法聚合工艺催化剂预接触过程波动原因分析及处理方法

刘思慧

（中国石化镇海炼化分公司）

摘　要　预接触罐是聚丙烯装置的重要设备。本文总结了2018年以来镇海炼化两套聚丙烯装置环管工艺预接触罐异常波动的事故，从催化剂因素、预接触罐因素、温度因素、管线堵塞因素四个方面分析了原因与处理办法。

关键词　环管工艺，预接触，异常波动

合成树脂中聚丙烯具有较高的熔点，表现出优良的耐热性，广泛应用于医用、食品、汽车等领域。主要的聚丙烯生产工艺有：美国鲁姆斯Novolen立式搅拌釜工艺、美国格雷斯Unipol流化床工艺、日本JPR卧式搅拌床工艺、利安德巴塞尔Spheripol环管工艺、利安德巴塞尔Spherizone多区反应工艺、中石化ST环管工艺。目前，镇海炼化两套聚丙烯装置，设计产能分别为20 t/d、30t/d，均采用国产二代环管工艺，含有双环管与气象反应器，可以用于生产均聚、共聚、无规聚丙烯产品。通常，影响聚合反应的主要因素有：反应温度、反应压力、三剂配比(催化剂、给电子体、三乙基铝)、原料质量和催化剂性能等。三剂配比是受工艺控制的可调节因素，可直接影响装置平稳生产和高质量产品。如图1所示，三剂在预接触罐中，催化剂、助剂进行混合，送至预反应器中同丙烯本体进行预聚合，将有催化活性的粉料带入环管内进行进一步的聚合反应。在预接触罐中，将四价钛还原成三价钛，激活催化剂。

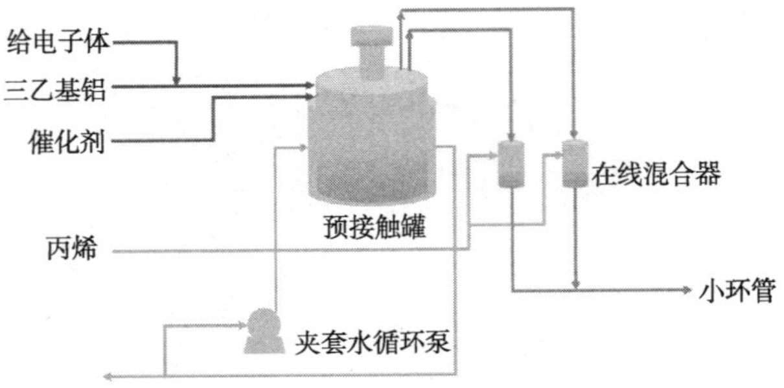

图1　预接触罐流程图

1　预接触过程波动分析

预接触罐中的物料有：白油分散后的催化剂、三乙基铝、给电子体，先是给电子体和三乙基铝初步混合后，在预接触罐内与主催化剂混合，物料经过在线混合器充分混合丙烯后，从溢流管线送至预聚反应器，具体流程如图2所示。催化剂、白油、凡士林脂，按照一定的比例配置成催化剂膏，氮封于储罐内。在预接触过程中，调节预接触罐的温度维持在10℃左右，压力维持在3.5MPa左右。

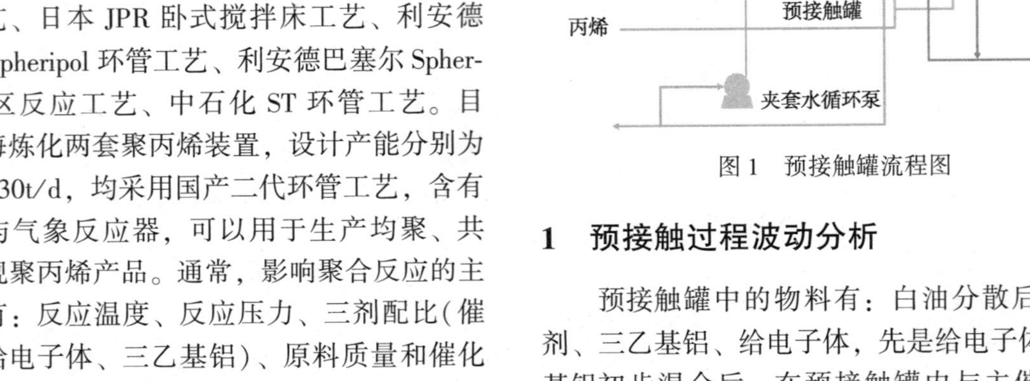

图2　预接触罐与在线混合器现场流程图

1.1 温度因素

预接触罐外有夹套，通冷冻水进行温度控制，由于存在的一些法兰面、阀门，导致伴冷设施不能全覆盖。宁波夏天温度高，尤其中午的时候，会存在温度波动的情况出现。表1中列举了同一牌号PP1在不同季节不同时间的参数变化。另外，本装置三乙基铝罐距离预接触罐较远，三乙基铝经管线输送至预接触罐处，温度会随室外温度变化而变化。生产PP1牌号时，在预接触罐中三乙基铝、催化剂、给电子体流量分别维持在：6.3 kg/h、5.1 kg/h、2.2 kg/h左右。其中，三乙基铝的流量最大，对预接触罐内液体温度影响也最大。

表1 生产PP1时不同时间的参数

时间	预接触罐温度/℃	主催化剂冲程	产量/(T/H)
12-24 08：00	13.7	45	44.5
12-24 13：00	15.8	46	44.5
8-16 08：00	20	46	40.5
8-16 13：00	24	44	41.5

1.2 管线堵塞因素

2019年6月出现主催化剂进预接触罐管线堵塞。催化剂进预接触罐管线的压力上升至7.12MPa且无下降趋势，外操立即到现场，将催化剂进预接触罐手阀关闭，从催化剂计量泵至预接触罐管线上的导淋处排放催化剂，将压力降低到4.91MPa后将催化剂切进预接触罐。但是五分钟后催化剂进预接触罐管线压力依旧上升，内操、外操将催化剂切出后，冲程降到零，将催化剂单向阀进行拆除清理。清理干净后，复位重新即将催化剂送进预接触罐。将单向阀拆检下来后发现有杂质。

1.3 催化剂因素

20年1月份，班组清理催化剂分散罐底部过滤器引起催化剂外溢。过滤器清理回装滤网后，应将催化剂分散罐底部出料的第一道手阀打开，同时稍开取样阀门，进行置换后再将流程复位。但是当时操作时未对现场阀门状态进行检查确认，误认为催化剂分散罐底部取样阀门已经关闭，实则并未关闭取样阀门，在催化剂充填时，出现催化剂外溢现象。紧急配置催化剂，打通催化剂进预接触罐流程。正产生产中应避免手动配置催化剂，手动配置催化剂搅拌若不均匀，会引起催化剂进预接触罐的管线压力波动大的现象。

20年4月催化剂进预接触罐管线堵塞引起装置生产波动。在切换催化剂计量罐时，发现催化剂进预接触罐管线的压力持续上升，小环的反应持续减弱，催化剂下降量明显减少，推断催化剂管线单向阀处出现堵塞。单向阀进预接触罐前法兰管线长期运行，有催化剂颗粒挂壁堆积，堵塞严重，经过现场拆清后投用催化剂，管线压力下降并不明显，催化剂注入仍存在困难，经过现场敲击管线后管线压力下降明显。催化剂压力波动在生产中往往出现在配置后的第一罐催化剂上，可能是由于催化剂配置前的升温引起原残留催化剂的分层沉降，新配置的催化剂很难和这些催化剂混合搅拌均匀，经过第一罐的两次充填倒料后，仍有可能使用的是原残留的催化剂，进而引起波动。催化剂在切换过程中，管壁结垢脱落引起管线堵塞，造成催化剂管线内压力波动。生产中配置过不同种类的催化剂，其配置状态不同，浓度差异大，会出现催化剂管线内有沉降和结垢的现象。

1.4 预接触罐因素

18年3月预接触罐皮带断裂引起装置两次反应波动。皮带断裂，中控预接触罐搅拌器转速降为0rpm，外操确认皮带断裂，随即停运搅拌器，更换皮带后重新交回运行。皮带拆下后发现老化严重，多处出现裂纹，引起皮带断裂(如图3所示)，造成搅拌器停运，更换皮带后交回，预接触罐搅拌器运行正常。约三小时后，小环、一环、二环的温度升高，内操将催化剂、氢气切除，增加丙烯用量，逐步降低负荷，30分钟后逐渐恢复主催化剂、氢气进料，调节丙烯进料。两小时后系统恢复正常工况。第二次波动出现的原因可能是预接触罐在皮带断裂过程中，出现内部发生催化剂沉降粘底现象，启动初期催化剂未能脱离底部，而运行一段时间后一次性脱离，造成大量催化剂被带入到小环内，引起环管反应加剧，反应温度升高。

2 预接触异常处理

2.1 温度异常处理

外操巡检，检查夹套水泵运行状态，预接触罐夹套的完整性。预接触罐温度波动，增加罐夹套内冷冻水的流量，将反应热撤走，但目前该罐的温度调节阀已处于全开位置，增大冷冻水流量

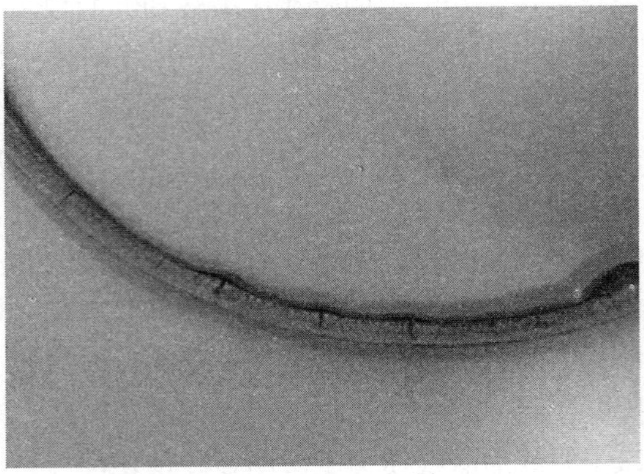

图 3　预接触罐搅拌器皮带磨损状况

的方式撤走热量存在困难，可更换流量更大的夹套冷冻水输送泵，根本上调节冷冻水流量。通过增加三乙基铝输送管线伴冷的方式，将三乙基铝温度调低，间接调节预接触罐温度恒定在一定数值。若预接触罐温度持续不可控，须将催化剂冲程降低，将装置负荷降低。

2.2　管线堵塞问题处理

催化剂结块造成单向阀堵塞。如果催化剂温度控制器出现波动，说明有催化剂管壁结垢后脱落造成单向阀堵塞。同时单向阀的质量也可引起催化剂管线压力波动。利用停工检修的机会，清理单向阀后的催化剂管线，确保管壁上无结垢现象。在日常工作中，清理催化剂分散罐底部滤网时应保持内外操的联系，严格按照操作法执行操作，正确识别作业风险。强化内操、外操责任心，日常检修作业交回后现场设备设施完备性应及时仔细检查。完善操作法内容，将催化剂分散罐底部滤网清理过程编入操作法中，制定相关操作票。

2.3　催化剂异常处理

确保催化剂的规范配置，可以有效规避因催化剂分散不均引起的管线堵塞问题。日后在操作中要严格控制催化剂的配置过程，按时检查催化剂分散罐底部滤网与备件的完好情况，严格按照操作法对催化剂计量罐进行倒料，倒料时将催化剂从催化剂分散罐顶部倒料，让管线中的异物可以在流通催化剂计量罐底部滤网处进行分离。新配置的催化剂首次充填要倒回两次，且从催化剂分散罐顶部倒回，以确保催化剂均匀分散，避免因催化剂分散不均匀引起的系统波动。

2.4　预接触罐异常处理

外操巡检，定期检查皮带的使用情况，发现磨损严重、裂纹、老化、折皮等异常现象，可以及时处理。备用皮带定期检查，避免阳光直射，油污污染，防止皮带变质。内操加强迅屏质量，发现异常工况及时处理，加强应急演练，提高及时处理异常波动的能力。在皮带更换过程中主催化剂沉降引起系统波动，保证三剂进料，在搅拌器投用前，将预接触罐排空、油洗以此后再重新建立浓度，可以防止沉降的催化剂带入环管。技术员及时评估皮带的使用寿命，定期在有准备的情况下更换，可以减少生产波动。将搅拌器罩壳进行优化安装，方便突发情况下的拆卸。

3　结论

外操操作严格按照操作法执行，内操掌握应急事故处理方法，加强内外操联系，确保操作过程中不会引起装置生产波动。技术员定期安排对预接触罐及相关设备的检查清理工作，如单向阀的拆清、皮带更换等。装置平稳运行，减少开停车次数，减少过渡料生产，从而提高正品料的生产，就可以实现利润的提高。确保聚合过程的稳定，总结相关操作经验，为聚烯烃产品的研发提供基石，为国内其他企业生产过程，提供更多的技术支持。

参 考 文 献

[1] 谭捷，田月，李威．国内聚丙烯生产工艺技术现状及市场分析[J]．弹性体，2016，26(1)：65-70.

[2] 宋丕双，于明磊．聚丙烯生产工艺技术进展及发展趋势[J]．弹性体(5)：85-91.

[3] 韩德奇，袁旦，楚军，等．世界聚丙烯供需现状和我国聚丙烯应用前景[J]．现代化工，2000，20(012)：48-51.

聚丙烯牌号切换氢气浓度的调节

张广伟

（中国石化镇海炼化公司化工部）

摘　要　环管法聚丙烯切换牌号，主要指标是熔融指数，归根到底是环管内氢气浓度的调节。利用迭代法，将复杂的理论公式简化，得出适用于实际操作的调节方法，为切牌号提供参考值，减少切牌号的时间，减少过渡料，为公司增加效益。

关键词　熔融指数，氢气浓度，迭代，调整时间

1　引言

聚丙烯密度小，耐热性能好，无毒副作用，在现实生活中用途越来越广。聚丙烯的牌号决定聚丙烯的性能及用途。同一套聚丙烯装置可以生产不同牌号的聚丙烯，在需求和效益的引导下，就要频繁的切换牌号。在切换牌号过程中，有不少过渡料产生，过渡料价格比正规料低，影响聚合装置的经济效益。中原石化聚丙烯规模小，常规聚丙烯生产毫无优势，只能生产一些小众产品，这就需要频繁切换牌号。切换牌号的快慢决定了中原石化聚丙烯的经济效益。

2　牌号切换

2.1　研究方法

聚丙烯牌号切换优化问题是一个多变量多约束的非线性规划问题，运用常规方法难以求解，一些复杂的理论方法在实际生产中，利用价值不大。针对具体的装置和工艺，查阅设计资料，结合工作经验，建立模型，经过科学的分析和计算，为实际生产提出最优策略。

2.2　Spheripol 环管工艺介绍

中原石化 1PP 装置是 Spheripol 单环管工艺，经常生产 PPH－T03，PPB－M02，PPH－F03D，PPR－MT20，PPH－M16，PPH－Y25。Spheripol 工艺采用一组或者两组串联的环管反应器生产聚丙烯均聚物和无规共聚物，再串联一个或两个气相反应器生产抗冲共聚物，其核心是环管。预聚合后的催化剂和丙烯、氢气在环管中反应。Spheripol 工艺是一种液相预聚合同液相均聚和气相共聚的相结合的聚合工艺，Spheripol 工艺由巴塞尔（Basell）聚烯烃公司开发成功。该技术自 1982 年首次工业化以来，是迄今为止最成功、引用最为广泛的聚丙烯生产工艺。工艺采用高效催化剂，生成的 PP 粉料呈圆球型，颗粒大而均匀，分布可以调节，既可宽又可窄，可以生产全范围、多用途的各种产品。其均聚和无规共聚产品的特点是净度高，光学性能好，无异味。

1.3　熔融指数

不同牌号聚丙烯的反应条件基本接近，熔融指数（melt index，MI）是聚丙烯产品的主要性能指标。牌号切换过程实际上就是通过调节氢气进料流率使 MI 值从初始值过渡到目标值的过程。熔融指数分为瞬时熔融指数和积累熔融指数。瞬时熔融指数 MI_t 可由式（1）表示

$$\ln(MI_t) = a_0 + a_1\ln(a_2 + a_3[C_H]/[C_M]) \quad ①$$

式中，C_H 为氢气浓度，C_M 为丙烯单体浓度，a_0、a_1、a_2 与 a_3 均为常数。在实际生产中，熔融指数是中化定时取样测量出来，氢气浓度由工艺控制。工艺根据中化的测量值和经验调整氢气浓度。因此切换牌号时，工艺调整参数至正常值，中化取样测量合格就可以切至合格料仓。如何快速的调整氢气浓度，这是很多操作人员面对的问题。我们可以把指数的调节近似为氢气浓度的调节。

2.4　环管中氢气的浓度值

在生产中只检测进料中氢气的浓度，环管中氢气浓度没有检测。

稳定生产时，环管中氢气浓度与进料丙烯中氢气浓度的关系：

这里存在 3 种可能性：

A：环管中氢气浓度<进料丙烯中氢气浓度

B：环管中氢气浓度＝进料丙烯中氢气浓度

C：环管中氢气浓度>进料丙烯中氢气浓度

A 情况下，反应消耗的氢气>进料丙烯中氢气浓度，这样只能导致环管中氢气浓度越来越低，熔融指数越来越低。这和融指基本不变的实际情况不符，排除这种可能。

C 情况下，反应消耗的氢气<进料丙烯中氢气浓度，这样只能导致环管中氢气浓度越来越高，熔融指数越来越高。这和融指基本不变的实际情况不符，排除这种可能。

因此只有一种可能：稳定生产时，环管中氢气浓度=进料丙烯中氢气浓度

2.5 计算

以 PPH-M16 切 PPH-Y25 为例，MI 和 C_H 都取中间值如表 1 所示。

表 1

	MI	C_H
PPH-M16	16	2350
PPH-Y25	25	3000

查阅车间资料得

丙烯密度：$D_{PR}=400kg/m^3$

聚丙烯密度：$D_{PP}=910kg/m^3$

R201 体积：$V_r=35.5m^3$

环管内负荷：FR023=6.5t/h

进料丙烯料：FC203=12.5t/h

P201 性能：$V_X=7000m^3/h$

环管密度：$D_I=560kg/m^3$

环管中丙烯的体积分数：x

环管中聚丙烯的体积分数：y

则有 $$x+y=1 \quad (2)$$

$$D_{PR}\times x+D_{PP}\times y=D_I$$

$$400x+910y=560 \quad (3)$$

（2）和（3）联立，算出 $x=0.686275$　$y=0.313725$

环管中丙烯的质量：$m=V_r\times x\times D_{PR}=35.5m^3\times 0.686275\times 400kg/m^3\times 0.001t/kg=9.745105t$

环管内物料循环一圈需要的时间：$T=V_r/V_X=35.5m^3/7000m^3/h*3600s/h=18s$

可以假设环管内氢气浓度 18s 变化一回，把 18s 作为一个研究对象，根据氢气的量守恒可以列出公式：

$$\Delta C_{Hi}=6\times(C_H-C_{Hi})/9.745105\times 18/3600=0.003078(C_H-C_{Hi})$$

其中 C_H 为实际操作中氢气浓度的设定值，C_{Hi} 为某 18s 内环管中的氢气浓度值，ΔC_{Hi} 为某个 18s 内环管内氢气浓度的变化值。

利用迭代计算如表 2 所示。

表 2　$C_H=3000$，对应的 C_{Hi} 和 ΔC_H

序号 i	时间 s	C_H	C_{Hi}	ΔC_{Hi}
1	18	3000	2350	2.0007
2	36	3000	2352.001	1.994542
3	54	3000	2353.995	1.988403
4	72	3000	2355.984	1.982282
5	90	3000	2357.966	1.976181
6	108	3000	2359.942	1.970098
7	126	3000	2361.912	1.964034
8	144	3000	2363.876	1.957989
9	162	3000	2365.834	1.951962
10	180	3000	2367.786	1.945954
⋮	⋮	⋮	⋮	⋮
834	15012	3000	2950.149	0.153442
⋮	⋮	⋮	⋮	⋮
2106	37908	3000	2999.012	0.003041

根据以上数据，在 $C_H=3000$ 时，C_{Hi} 对于时间的变化图如图 1 所示

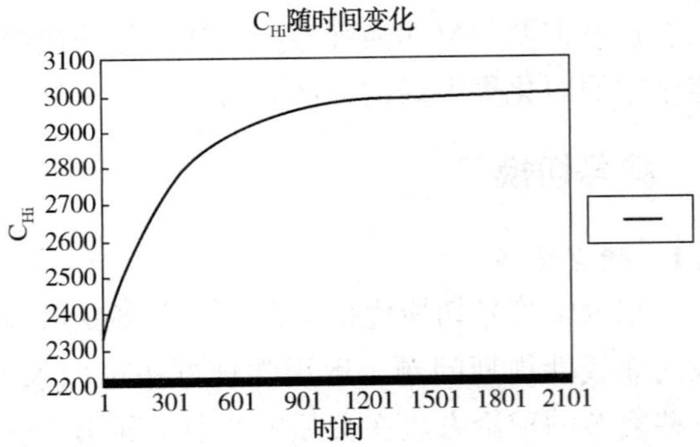

图 1　$C_H=3000$，对应的 C_{Hi}

如果我们提高 C_H 的值，C_{Hi} 会更陡峭些，达到目标氢气浓度所需的时间会更短。

把 $C_H=3100$，3200，3300，3400，3500 代入公式（1）计算，得出不同 C_H 对应的 C_{Hi} 和 ΔC_H，表 3-6 所示

表 3　$C_H=3100$，对应的 C_{Hi} 和 ΔC_H

序号 i	时间 s	C_H	C_{Hi}	ΔC_{Hi}
1	18	3100	2350	2.3085
2	36	3100	2352.309	2.301394
3	54	3100	2354.61	2.294311
4	72	3100	2356.904	2.287249

续表

序号 i	时间 s	C_H	C_{Hi}	ΔC_{Hi}
5	90	3100	2359.191	2.280209
6	108	3100	2361.472	2.27319
7	126	3100	2363.745	2.266193
8	144	3100	2366.011	2.259218
9	162	3100	2368.27	2.252264
10	180	3100	2370.523	2.245332
⋮	⋮	⋮	⋮	⋮
⋮	⋮	⋮	⋮	⋮
524	9432	3100	2950.425	0.460391
⋮	⋮	⋮	⋮	⋮
⋮	⋮	⋮	⋮	⋮
655	11790	3100	3000.121	0.307427

表 4　$C_H=3200$，对应的 C_{Hi} 和 ΔC_H

序号 i	时间 s	C_H	C_{Hi}	ΔC_{Hi}
1	18	3200	2350	2.6163
2	36	3200	2352.616	2.608247
3	54	3200	2355.225	2.600219
4	72	3200	2357.825	2.592215
5	90	3200	2360.417	2.584237
6	108	3200	2363.001	2.576282
7	126	3200	2365.578	2.568352
8	144	3200	2368.146	2.560447
9	162	3200	2370.706	2.552566
10	180	3200	2373.259	2.544709
⋮	⋮	⋮	⋮	⋮
⋮	⋮	⋮	⋮	⋮
398	7164	3200	2950.019	0.769442
⋮	⋮	⋮	⋮	⋮
⋮	⋮	⋮	⋮	⋮
471	8478	3200	3000.394	0.614387

表 5　$C_H=3300$，对应的 C_{Hi} 和 ΔC_H

序号 i	时间 s	C_H	C_{Hi}	ΔC_{Hi}
1	18	3300	2350	2.9241
2	36	3300	2352.924	2.9151
3	54	3300	2355.839	2.906127
4	72	3300	2358.745	2.897182
5	90	3300	2361.643	2.888264
6	108	3300	2364.531	2.879374
7	126	3300	2367.41	2.870512
8	144	3300	2370.281	2.861676
9	162	3300	2373.142	2.852868
10	180	3300	2375.995	2.844087
⋮	⋮	⋮	⋮	⋮
⋮	⋮	⋮	⋮	⋮

续表

序号 i	时间 s	C_H	C_{Hi}	ΔC_{Hi}
325	5850	3300	2950.098	1.076997
⋮	⋮	⋮	⋮	⋮
⋮	⋮	⋮	⋮	⋮
375	6750	3300	3000.08	0.923153

表 6　$C_H=3400$，对应的 C_{Hi} 和 ΔC_H

序号 i	时间 s	C_H	C_{Hi}	ΔC_{Hi}
1	18	3400	2350	3.2319
2	36	3400	2353.232	3.221952
3	54	3400	2356.454	3.212035
4	72	3400	2359.666	3.202148
5	90	3400	2362.868	3.192292
6	108	3400	2366.06	3.182466
7	126	3400	2369.243	3.172671
8	144	3400	2372.415	3.162905
9	162	3400	2375.578	3.15317
10	180	3400	2378.732	3.143464
⋮	⋮	⋮	⋮	⋮
⋮	⋮	⋮	⋮	⋮
276	4968	3400	2950.206	1.384466
⋮	⋮	⋮	⋮	⋮
⋮	⋮	⋮	⋮	⋮
315	5670	3400	3001.159	1.227633

表 7　$C_H=3500$，对应的 C_{Hi} 和 ΔC_H

序号 i	时间 s	C_H	C_{Hi}	ΔC_{Hi}
1	18	3500	2350	3.5397
2	36	3500	2353.54	3.528805
3	54	3500	2357.069	3.517943
4	72	3500	2360.586	3.507115
5	90	3500	2364.094	3.49632
6	108	3500	2367.59	3.485558
7	126	3500	2371.075	3.47483
8	144	3500	2374.55	3.464134
9	162	3500	2378.014	3.453472
10	180	3500	2381.468	3.442842
⋮	⋮	⋮	⋮	⋮
⋮	⋮	⋮	⋮	⋮
241	4338	3400	2951.242	1.689078
⋮	⋮	⋮	⋮	⋮
⋮	⋮	⋮	⋮	⋮
272	4896	3500	3001.256	1.535134

把 C_H = 3000，3100，3200，3300，3400，3500 数据的图形作在一张图上，图 2 所示

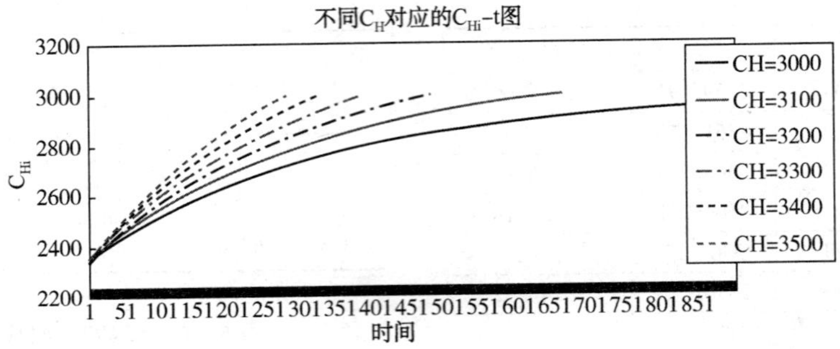

图 2　C_H = 3000，3100，3200，3300，3400，3500 数据图形

图 2 可以看出操作中氢气浓度的设定值越大，调节到目标浓度值的时间越短。

如果 C_H = 3000，C_{Hi} 只能无限接近于 3000。因此把达到 2950 作为目标值进行对比。作出 C_H 与 T、过渡料的关系表。

C_H/ppm	时间/s	过渡料/t
3000	15012	27. 11
3100	9432	17. 03
3200	7164	12. 94
3300	5850	10. 56
3400	4968	8. 97
3500	4338	7. 83

2.6　本章小结

结合实际操作，通过科学的数据分析计算，得出不同调节力度下的调节时间，为实际切换提供参考意义。在切换牌号过程中，可以减少切换时间，减少过渡料，增加企业的经济效益。在 PPH-M16 切 PPR-MT20 时，是把环管密度降低到 530 左右，加入乙烯。乙烯浓度可以当成从 0 到目标值，其实质跟调节氢气浓度是一样的，本文方法也适用。聚丙烯切换牌号是一个多条件、非线性的问题，在工作中，我会继续深入研究。

3　结论

环管法聚丙烯牌号切换，结合工作经验和实际操作过程，其核心是环管内氢气浓度的调节。在常规操作时，由 PPH-M16 切至 PPH-Y25，环管内氢气浓度调整到位需要 15012s。若按照优化操作结论，提高 C_H 值至 3500，时间会减少到 4338s，过渡料减少 19.28 吨。

聚丙烯的生产现状及发展趋势

魏海江

（中国石化镇海炼化公司合成材料部）

摘　要　得益于聚丙烯下游产业的快速发展，聚丙烯产能与产量逐年提高，表观消费量也相应增加。2020年国内产能与产量分别达到2882万吨与2581.6万吨，相比2019年分别上升了15.19%与15.25%，表观消费量为3194.6万吨，较2019年同比增长17.35%，但仍不能满足市场的高端需求，每年还需大量进口，2020年聚丙烯进口量为655.5万吨。为解决国内产能过剩及高端产品供应不足，应调整产品结构，加大新产品的开发力度，赋予产品高附加值，提高专用料的生产比例，同时积极扩大出口。

关键词　聚丙烯，生产现状，消费结构，发展趋势，发展策略

聚丙烯(PP)为世界五大通用塑料之一，具有优异的机械性能，同时耐热、耐腐蚀，透明性好、易于加工、价格低廉，因此被广泛应用于包装、运输、纺织、建材、家具、汽车、家电、日用消费品、医疗、工业品等领域。

1　生产现状

1.1　工艺

如图1所示，聚丙烯工艺主要分为液相法和气相法，根据反应器类型液相法可分为环管和釜式两种，气相法可分为流化床和微动床两种，据文献查得，环管法是均聚物生产最杰出的工艺，国内市场占有率最高。以陶氏Unipol、巴斯夫Novolen为代表的气相法因其投资小、能耗低，安全性更高，可生产牌号更丰富的优势，近年来被大部分新增产能装置采用，有着逐渐代替液相工艺的趋势。

1.2　原料来源

根据丙烯来源路线，主要有三种生产方式：乙烯装置与催化裂化装置副产丙烯，丙烷脱氢制丙烯及煤(甲醇)制丙烯。

乙烯装置与催化裂化装置副产丙烯长期以来一直是丙烯来源的重要方式，企业主要以中石化、中石油为主；煤(甲醇)制丙烯是现在增长最迅速的一种原料来源方式，未来几年国内聚丙烯新增产能中以煤(甲醇)制方式占比较高，所以其市场份额将不断增大；丙烷脱氢在中国是一种新兴的丙烯来源方式，近年来也有企业在使用，但是与其它原料来源不同的是，丙烷主要以进口为主。

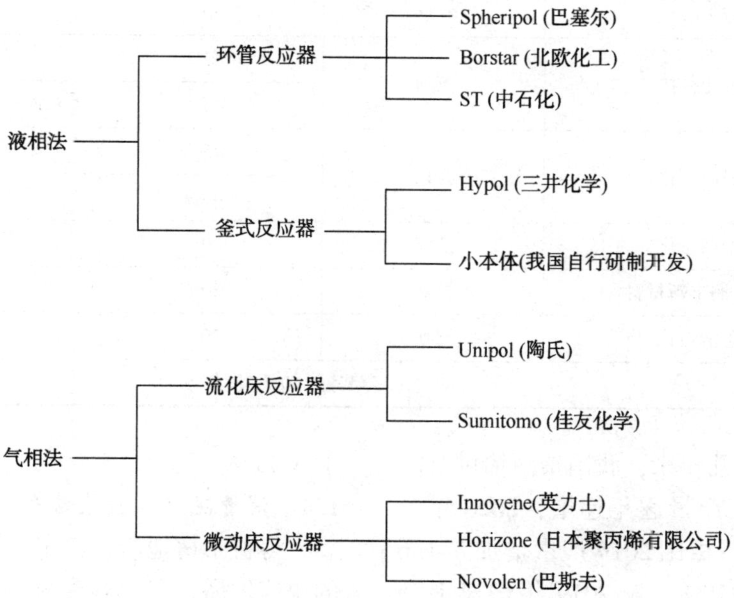

图1　聚丙烯主要工艺技术

1.3 产能与产量

我国聚丙烯消费量远高于世界平均水平，近几年，随着上游甲醇制丙烯技术的不断完善以及丙烷脱氢技术的发展，下游聚丙烯的扩能步伐逐渐加快，使得产能与产量逐年提高。

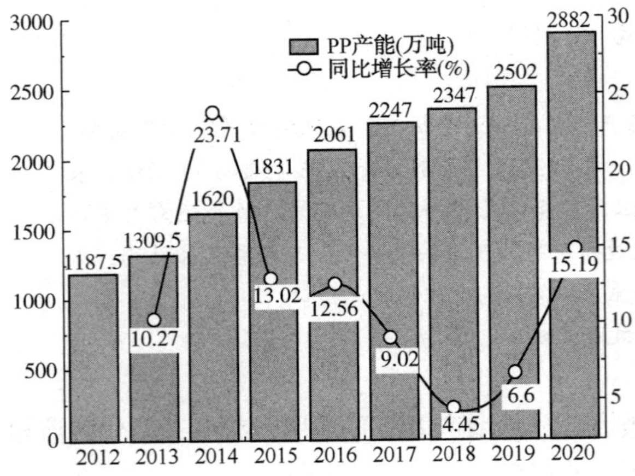

图 2 2012—2020 年国内聚丙烯产能及增速情况

图 2 为 2012—2020 年国内聚丙烯产能及增速情况，由图可知，聚丙烯产能在逐年递增，自 2019 年国内聚丙烯产能首次突破 2500 万吨/年，2020 年国内聚丙烯产能更是爆发式增长，截止 2020 年末，新增总产能 380 万吨/年，我国聚丙烯生产总产能达到 2882 万吨/年，较 2019 年同比增长 15. 19%，依然是是世界上最大的聚丙烯生产国家。

如表 1 所示，2021 年市场将重新迎来一波投产高峰，到年底我国聚丙烯生产能力也将首超 3000 万吨/年，年内将有 17 套聚丙烯装置计划投产，计划新增供应量 560 万吨/年，是 2020 年新增产能的 147. 37%，这个增量约占 2020 年国内聚丙烯产能的 19. 4%。

表 1 2021 年计划投产聚丙烯装置

序号	公司名称	装置地点	生产能力/(万吨/年)	选用工艺
1	恒昌石化	菏泽	20	Spheripol
2	海益精细	淄博	15	SPG
3	东华能源	大榭	40	Unipol
			40	Unipol
4	古雷石化	漳州	35	ST III
5	辽阳石化	辽阳	30	Spherizone
6	天津石化	天津	20	ST III
7	渤海化工	天津	30	Novolen
8	京博石化	滨州	20	Spherizone
			40	Spheripol
9	金能科技	齐河	45	Spheripol
			45	Spheripol
10	浙江石化	舟山	45	Spherizone
			45	Spherizone
11	中韩石化	武汉	30	ST III
12	银丰润丰新材料	灵武	30	SPG
13	鲁清石化	潍坊	30	SPG
合计	17 套装置 560 万吨/年			

如图 3 所示，近几年来，我国聚丙烯供给能力得到有效的提升，产量逐年递增，2020 年产量达到 2581. 6 万吨，相比 2019 产量增加 341. 6 万吨，同比增长 15. 25%，较 2019 年增速上升了 5. 11%。

1.4 消费现状及发展前景

得益于房地产、汽车、电子电器等下游产业的快速发展，我国对聚丙烯的需求日益旺盛，造

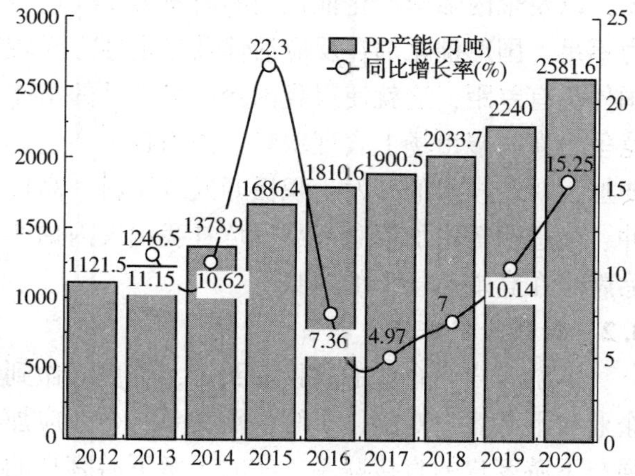

图 3 2012—2020 年国内聚丙烯产量及增速情况

图 4 2012—2020 年国内聚丙烯表观消费量变化及增速情况

成聚丙烯表观消费量呈上升趋势，如图 4 所示，自 2015 年表观消费量突破 2000 万吨关口后，2019 年我国聚丙烯表观消费量再次强势突破 2500 万吨关口，达到 2722.3 万吨/年，仅一年后聚丙烯表观消费量又突破 3000 万吨大关，2020 年聚丙烯表观消费量为 3194.6 万吨/年，较 2019 年增长了 472.3 万吨，同比增长 17.35%。

图 5 为 2019 年国内聚丙烯消费结构饼图，如图所示，拉丝与注塑依然为聚丙烯主要下游需求，2019 年我国聚丙烯拉丝料占比为 33%，主要是聚丙烯通用料，用途是做太空袋，编织袋，绳索，渔网等。注塑料总共占比 36%，已经是聚丙烯最重要的产出结构，因其机械性能优异、无毒无害、耐热、耐化学性且易加工，常被用作汽车配件、电器外壳、日用制品、打包袋及塑料改性等产品。纤维与 BOPP 也是聚丙烯重要的应用领域，分别占比 11% 与 8%，纤维主要产品有长丝、短纤和无纺布，BOPP 为取向膜，用途主要有平膜、热封膜、烟膜、消光膜等。

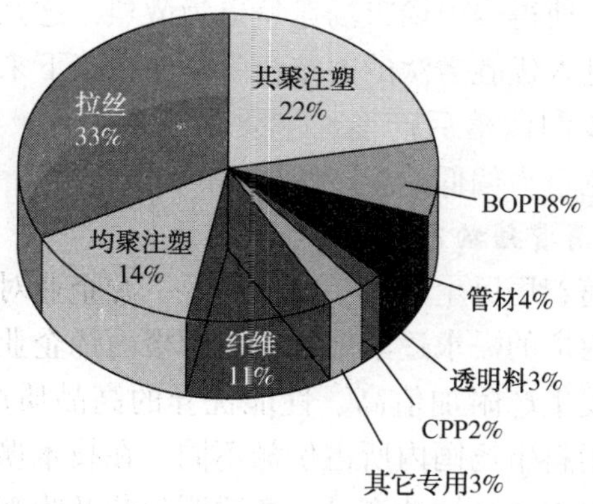

图 5 2019 年国内聚丙烯消费结构

图 6 2012-2020 年我国聚丙烯进出口数量的变化情况

虽然我国每年产能和产量均在稳步增长，也已经在积极的开发生产高附加值、高性能的新产品，但仍有部分产品不能满足市场的高端需求，每年依然要进口大量的高性能、高品质聚丙烯产品，2020 年聚丙烯进口量为 655.5 万吨，较 2019 年 522.3 万吨的进口量增长 25.5%，究其原因是欧美日等企业对聚丙烯的研究起步较早，多年来凭借着其强大的科研实力，牢牢占据着聚丙烯产品的高端领域。如图 6 所示，我国聚丙烯出口量在缓慢的增长，呈现上升趋势，这说明我国聚丙烯本土企业的综合实力也在提高，国际竞争力在增强。

2 发展趋势

2.1 优胜略汰

2020 年产能已达到 2882 万吨/年，相比 2019 年新增产能有 380 万吨/年，2021 年规划将有560万吨产能新增，“十四五”期间，国内聚丙烯规模将突破4000万吨/年。此外，中东各国依靠其强大的成本优势，低廉的价格冲击着国内市场，使得聚丙烯市场竞争更为激烈，这就迫使我国进入优胜劣汰的大整合阶段，在接下来几年会逐步淘汰落后产能，主要是规模偏小、能耗高、竞争力偏低的生产装置。

2.2 消费结构升级

随着居民生活水平的提高及下游企业对高品质聚丙烯的需求逐渐增加，我国聚丙烯企业将持续开发生产附加值高、性能优异的高品质产品。与通用料市场国内所占份额不同，在技术堡垒较高的发泡、高抗冲产品、高透明包装及吹塑成型等领域，我国目前占比依然不多。我国聚丙烯市场正处于“结构性过剩和结构性短缺并存”的局面，国内聚丙烯是通用料占比多，专用料占比少的格局，应积极的调整产品结构，加大新产品的开发力度，提高专用料的生产比例，逐步实现由成本竞争向附加值竞争的转变。

2.3 进口依存度下降

与欧美日等国家相比，我国聚丙烯产品主要是附加值低，高附加值专用料仍需要大量进口，国内聚丙烯专用产品少，其中，注塑制品中高流动、高抗冲、高透明和低气味、低VOCs的产品不多；无纺布中熔喷布占比较少；薄膜中电工膜、三元热封膜比例也不高。因此，实施差异化策略，开发高附加值专用料替代进口产品，正在成为聚丙烯行业的发展新趋势。

3 发展策略

2020年我国产能爆发式增长，聚丙烯通用料已进入严重过剩时代，通用料产量的增加以及市场价格区间的下滑迫使化工企业积极开发具有高附加值的产品，进而获取较高的利润，拼成本、拼质量已成为目前聚丙烯行业的主流！

3.1 加大新技术开发力度

相较于国外，国内对聚丙烯生产技术的研究仍然落后，主要表现为大型挤压机组等关键设备与国外同期产品存在差距，不能很好满足生产需要，以及聚丙烯国产化催化剂的研发力度及竞争力不足，国产催化剂在反应活性及稳定性方面较国外仍有差距，这就使得我国聚丙烯产品的整体竞争力在高端市场上表现弱势。国内各生产企业要加大对新技术的开发，积极开发专用料、高抗冲、高透明等附加值高产品，填补我国聚丙烯产品牌号在高端市场上的短缺。

3.2 加强与下游客户联系

下游客户为企业的直接购买力，为更好做到企业与下游客户对接，了解供需关系，企业应加强与下游客户的直接联系，实时了解下游客户的需求，根据客户需求可定制化生产实用性强的专用料牌号。而下游客户若是发现市场上有“爆款”产品，也可主动联系企业提出自己需求，上游企业应根据下游市场需求合理进行排产，双方精密合作、精益求精，建立互惠互利的双赢局面。

4 结论

随着聚丙烯产能的进一步释放，未来的市场竞争将会更为残酷，通用料产能会进一步过剩，聚丙烯生产企业已无法通过削减成本等传统手段来提升业绩。为解决国内产能过剩及高端产品供应不足，应调整产品结构，加大新产品的开发力度，赋予产品高附加值，提高专用料的生产比例，一方面主动消化国内低端市场，另一方面寻求拓展高端市场份额，刺激高端产品消费，全方位提高企业整体竞争力，为聚丙烯行业寻求更多发展方向。

参考文献

[1] 钟向宏．国内聚丙烯树脂的产需现状及发展前景[J]. 石油化工技术与经济，2014，30(1)：28-31.

[2] 付义，王鹏，赵成才等．聚丙烯生产工艺技术进展[J]. 高分子通报，2012(04)：141-150.

[3] 钱晓健．丙烷脱氢装置丙烯精馏塔热泵精馏模拟与分析[J]. 化工管理，2018，000(024)：25-26.

[4] 谭捷．我国聚丙烯供需现状及未来发展分析[J]. 塑料助剂，2019(4).

BCE-H100 催化剂制备的 PE100 级管材专用树脂的性能

贾 凡 黄 庭 曹昌文 李 颖 苟清强 郭子芳

（中国石化北京化工研究院）

摘 要 在 Hostalen 工艺装置上利用 BCE-H100 催化剂制备了 PE100 级管材专用树脂（BCE-H100 树脂），考察了催化剂的聚合性能，采用 GPC、^{13}C NMR、SEM、DSC 等方法研究了树脂的性能，并与参比树脂进行了对比。实验结果表明，BCE-H100 催化剂的活性约为 15.0kg/g，氢气和 1-丁烯平均消耗量分别约为 0.59kg/t 和 15.1kg/t（基于聚乙烯产量），共聚性能优于参比催化剂。BCE-H100 树脂的相对分子质量分布较宽，超高相对分子质量组分更多，共聚单体 1-丁烯更多地插入大分子链段；颗粒形态良好，细粉和大颗粒含量更低；结晶性能与参比树脂相当，拉伸屈服应力、拉伸断裂标称应变、弯曲模量和简支梁缺口冲击强度等力学性能优于参比树脂；熔体强度较高，适用于开发高品质的 PE100 级低“熔垂”大口径管材。BCE-H100 树脂生产的 PE100 级管材外观光泽度高，内外表面光滑。

关键词 BCE-H100 催化剂，PE100 级管材，Hostalen 工艺，双峰聚乙烯

聚乙烯（PE）管材因质量轻、耐腐蚀、延展性高和焊接性好等优异性能，被广泛应用于给水、排污、燃气输送等诸多重要领域。随着催化剂技术和聚合工艺的进步，新型 PE100 级管材出现于 20 世纪 80 年代末，特指在 20℃ 条件下使用 50 年后最小要求强度仍大于 10 MPa 的管材，具有良好的耐静液压、耐快速裂纹扩展和耐慢速裂纹增长性能。PE100 级管材专用树脂通常采用双峰或多峰聚合工艺进行生产，以保证兼具较好的力学性能和加工性能，因此对催化剂的性能和树脂的结构要求极为苛刻。

BCE-H100 催化剂是中国石化北京化工研究院开发的新一代高性能乙烯淤浆聚合催化剂，适用于 LyondellBasell 公司 Hostalen 淤浆法聚乙烯工艺生产单峰或多峰牌号树脂。与进口催化剂相比，BCE-H100 催化剂具有催化活性更高、共聚性能更好、颗粒形态更优、制备的树脂性能更佳等特性，在工业应用中能够有效改善装置的运行并降低能耗物耗。

本工作在 Hostalen 工艺装置上利用 BCE-H100 催化剂制备了 PE100 级管材专用树脂，考察了催化剂的聚合性能，采用 GPC、C NMR、SEM、DSC 等方法研究了树脂的组成、结构、形貌和性能，并与进口催化剂制备的参比树脂进行了对比，为厂家生产高性能 PE100 级管材专用树脂提供了技术支持。

1 实验部分

1.1 实验原料

BCE-H100 催化剂：中国石化催化剂有限公司北京奥达分公司；参比催化剂：进口。乙烯（纯度 99.9%）、氢气（纯度 99.9%）、1-丁烯（纯度 99.3%）：四川石化公司；三乙基铝：分析纯，Albemarle 公司。

1.2 树脂的制备

在国内某石化厂的 Hostalen 工艺装置上，以乙烯为原料、氢气为链转移剂、1-丁烯为共聚单体、三乙基铝为助催化剂，采用双峰树脂生产模式进行聚合反应。反应器采用串联操作模式，第一反应器生产相对分子质量低、熔体流动速率高的聚合物，聚合温度和压力分别为 84~85℃ 和 0.75~0.85 MPa；第二反应器生产相对分子质量高、熔体流动速率低的聚合物，聚合温度和压力分别为 78~79℃ 和 0.20~0.25 MPa。BCE-H100 催化剂制备的 PE100 级管材专用树脂记为 BCE-H100 树脂，参比催化剂制备的树脂记为参比树脂。

1.3 测试表征

相对分子质量及其分布由 Polymer

Laboratories 公司 PL-GPC220 型凝胶渗透色谱仪测定，以 1，2，4-三氯苯为流动相，流量为 1.0mL/min，柱温为 150℃，连接 IR5 型红外检测器。共聚单体类型及含量由 Bruker 公司 Avance 400 型核磁共振波谱仪测定，氘代邻二氯苯溶剂，测试温度为 125℃。熔体流动速率（MFR）按 GB/T 3682—2000 规定的方法测定。密度按 ASTM D 1505—2010 规定的方法测定。粉料形貌由 Hitachi 公司 S-4800 型扫描电子显微镜观察。粉料粒径按 GB/T 6003.1—2012 规定的方法测定。熔融温度、熔融焓和结晶温度由 Perkin-Elmer 公司 DSC-7 型示差扫描量热仪测定。拉伸性能按 GB/T 1040.2—2006 规定的方法测定。弯曲模量按 GB/T 9341—2008 规定的方法测定。简支梁缺口冲击强度按 GB/T 1043.1—2008 规定的方法测定。流变性能由 Anton Paar 公司 Physica MCR301 型高级旋转流变仪测定。

2　结果与讨论

2.1　催化剂的聚合性能

在工业应用中，利用 BCE-H100 催化剂制备 BCE-H100 树脂时，装置运行平稳，各系统工艺参数安全可控。两种催化剂的聚合参数见表 1。由表 1 可知，BCE-H100 催化剂的活性约为 15.0kg/g，参比催化剂的活性约为 16.0kg/g。BCE-H100 催化剂的氢气平均消耗量约为 0.59kg/t（基于聚乙烯产量），参比催化剂的氢气平均消耗量约为 0.45kg/t，说明 BCE-H100 催化剂的氢调敏感性略低于参比催化剂。当两种树脂密度相同时，BCE-H100 催化剂的共聚单体 1-丁烯平均消耗量约为 15.1kg/t，参比催化剂的 1-丁烯平均消耗量约为 21.9kg/t，说明 BCE-H100 催化剂的共聚性能明显优于参比催化剂。

表 1　两种催化剂的聚合参数

Item	BCE-H100 catalyst	Reference catalyst
Production load/($t \cdot h^{-1}$)	37.5	36.0
Activity/($kg \cdot g^{-1}$)	15.0	16.0
Hydrogen feed/($kg \cdot t^{-1}$)	0.59	0.45
1-Butylene feed/($kg \cdot t^{-1}$)	15.1	21.9

Conditions：reactor 1：84~85℃，0.75~0.85 MPa；reactor 2：78~79℃，0.20~0.25 MPa.

2.2　相对分子质量及其分布

聚乙烯树脂的相对分子质量及其分布对其加工性能和力学性能至关重要。BCE-H100 树脂和参比树脂的 GPC 曲线见图 1。由图 1 可知，BCE-H100 树脂为典型的双峰聚乙烯，其相对分子质量分布（M_w/M_n）略宽于参比树脂，说明其低相对分子质量部分能够提供更好的刚性和加工性能，同时其高相对分子质量部分能够提供更好的抗蠕变性和力学性能。

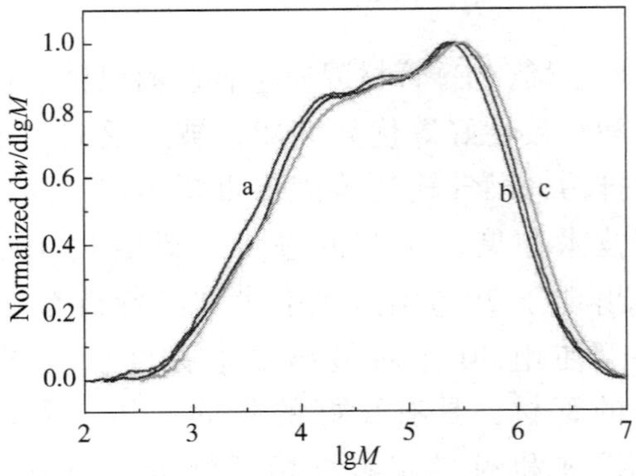

图 1　树脂的 GPC 曲线

a—BCE-H100 resin；b—Reference resin；c—Pitting resin

树脂的 GPC 表征结果见表 2。由表 2 可知，当 MFR 相近时，BCE-H100 树脂的 M_n 略小于参比树脂，M_w 和 M_z 都略大于参比树脂，结合图 1 所示 BCE-H100 树脂在超高相对分子质量部分的拖尾峰略高于参比树脂，说明 BCE-H100 树脂包含更多的超高相对分子质量组分，因而具有高拉伸强度、高抗冲强度、优异的耐环境应力开裂性能和耐慢速裂纹增长性能等优势。

表 2　两种树脂的 GPC 表征结果

Resin	M_n	M_w	M_z	M_w/M_n	MFR(190℃, 5.0kg, 10min)/g
BCE-H100 resin	9.3	296.2	1 544.6	31.6	0.21
Reference resin	11.1	277.3	1 371.9	24.9	0.22

MFR：melt flow rate.

2.3 共聚单体含量及其分布

聚乙烯树脂中较高相对分子质量分子链和共聚单体的引入，特别是当共聚单体更多地插入大分子链段时，有利于在结晶过程中形成更多的系带分子而改善树脂的力学性能。BCE-H100 树脂和参比树脂的共聚单体含量见表 3。由表 3 可知，当树脂密度均要求为 0.949g/cm^{3}时，制备 BCE-H100 树脂所需 1-丁烯的用量明显低于参比树脂，两种树脂中共聚单体的含量(x)分别为 0.56%和 0.58%，这是因为 BCE-H100 催化剂的共聚性能优于参比催化剂。

表 3　两种树脂的共聚单体含量

Item	BCE-H100 resin	Reference resin
Production load/(t · h^{-1})	37.5	36.0
1-Butylene feed/(kg · h^{-1})	565	790
Density/(g · cm^{-3})	0.949	0.949
x(1-Butylene)/%	0.56	0.58

Conditions referred to Table 1.

分子链中共聚单体 1-丁烯的含量可以用主链上每 1000 个碳原子中所含短支链数表示。两种树脂的 GPC-IR 曲线见图 2。由图 2 可知，BCE-H100 树脂在小分子链段中的 1-丁烯含量较低，而在大分子链段中的 1-丁烯含量较高，尤其是在 M_w大于约 10^{6}的超高相对分子质量组分中，BCE-H100 树脂的 1-丁烯含量明显高于参比树脂，说明 BCE-H100 树脂的共聚单体更多地插入到较高相对分子质量分子链上，短支链的分布更优，因此能够提高材料的力学性能。

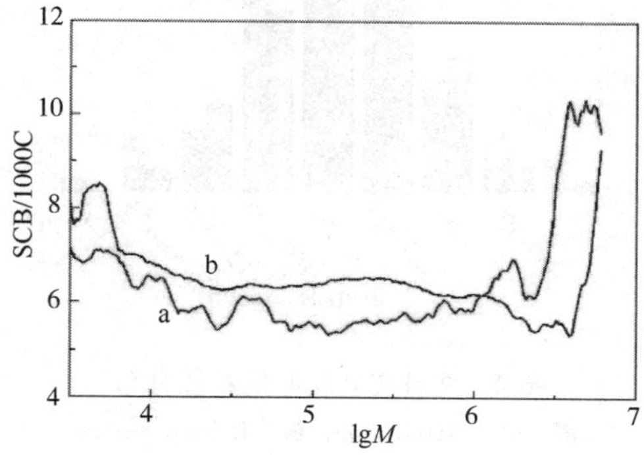

图 2　两种树脂的 GPC-IR 曲线

a—BCE-H100 resin; b—Reference resin

2.4 粉料的颗粒形态

聚乙烯树脂粉料的颗粒形态是催化剂颗粒形态的衍生和复现。BCE-H100 催化剂颗粒圆润密实，粒径分布集中，细粉和大颗粒含量较低。两种树脂粉料的 SEM 照片见图 3。由图 3 可知，BCE-H100 树脂粉料的颗粒形态良好，大小均匀，粒径分布比较集中；而参比树脂粉料的颗粒形态较差，细粉和大颗粒较多，细粉较多会导致装置运行不稳定性的增加。

图 3　两种树脂粉料的 SEM 照片

A—BCE-H100 resin; B—Reference resin

两种树脂的粒径分布见图 4。由图 4 可知，参比树脂粉料的粒径主要分布在 63~400μm，平均粒径约为 170μm，细粉和大颗粒含量都较高，粒径小于 63μm 的细粉含量达到 6.2%(w)。而 BCE-H100 树脂粉料的粒径集中在 125~400μm，平均粒径约为 210μm，细粉和大颗粒含量都较低，粒径小于 63μm 的细粉含量较参比树脂减少约 66.2%，尤其是粒径小于 32μm 的细粉含量仅为 0.1%(w)。在生产参比树脂的过程中，反应体系中大量的细粉易与低聚物黏附于反应器和输送管道的器壁，导致轴流泵功率上升和管道堵塞，影响装置的长周期运行。而生产 BCE-H100 树脂时，由于反应体系中细粉含量大大减少，改善了装置的长周期安全稳定运行情况，有利于大幅提高生产效率。

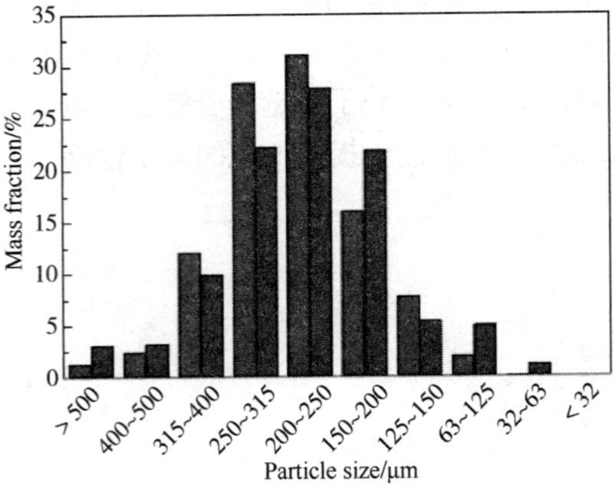

图 4　两种树脂粉料的粒径分布

■ BCE-H100 resin; ■ Reference resin

2.5　结晶性能

聚乙烯是半结晶性聚合物，其结晶相与树脂的刚性、耐化学腐蚀性等性能相关，而其无定形相影响树脂的韧性和抗冲性能。聚合物的熔融焓与其结晶度成正比，结晶度越高，熔融焓越大。两种树脂的结晶性能见表 4。由表 4 可知，BCE-H100 树脂和参比树脂的熔融温度、熔融焓、结晶温度和结晶度均较接近，结晶度分别为 66.2%和 66.3%，这与两种树脂的密度相对应。

表 4　两种树脂的结晶性能

Item	BCE-H100 resin	Reference resin
T_m/℃	130.6	131.1
ΔH_f/(J·g^{-1})	190.3	190.5
T_c/℃	116.7	116.3
X_c/%	66.2	66.3
Density/(g·cm^{-3})	0.949	0.949

T_m: melting temperature; ΔH_f: enthalpy; T_c: crystallization temperature; X_c: crystallinity.

2.6　力学性能

聚乙烯树脂的力学性能往往决定其管材的实际使用性能。BCE-H100 树脂和参比树脂的力学性能见表 5。由表 5 可知，在密度和 MFR 相近的情况下，BCE-H100 树脂的拉伸屈服应力、拉伸断裂标称应变、弯曲模量和简支梁缺口冲击强度等性能均优于参比树脂，这是由于 BCE-H100 树脂含有更多的超高相对分子质量组分且共聚单体更多地插入大分子链段，可以提高系带分子含量和分子链缠结密度，从而增强力学性能。基于此，BCE-H100 树脂生产的管材具备更优异的长期使用性能。

表 5　两种树脂的力学性能

Item	BCE-H100 resin	Reference resin
Density/(g·cm^{-3})	0.949	0.949
MFR(190℃, 5.0kg, 10min)/g	0.21	0.22
Tensile yield stress/MPa	22.1	21.7
Nominal tensile strain at break/%	700	550
Flexural modulus/MPa	1 140	1 030
Charpy notched impact strength(23℃)/(kJ·m^{-2})	26	23

2.7　流变性能

树脂的流变性能是指聚合物在温度和应力作用下产生的黏弹性形变和流动行为。聚乙烯的宽相对分子质量分布和短支链能够影响树脂的零剪切黏度和剪切变稀等流变性，进一步地优化加工应用情况。两种树脂的流变曲线见图 5。由图 5 可知，随着角频率的增加，BCE-H100 树脂的复数黏度呈下降趋势，属于明显的剪切变稀行为。在高频区，BCE-H100 树脂的复数黏度略小于参比树脂，说明该树脂的加工流动性更好。在低频区，BCE-H100 树脂的复数黏度略大于参比树脂，说明该树脂具有更高的熔体强度，加工后的定型能力更好。聚乙烯管材的抗"熔垂"性能与树脂的零剪切黏度有关，零剪切黏度越大，抗"熔垂"性能越好。由图 5 可知，BCE-H100 树脂的零剪切黏度略大于参比树脂，这源于其大分子链段含量更高和共聚单体分布更优，说明该树脂适用于开发高品质的 PE100 级低"熔垂"大口径管材。

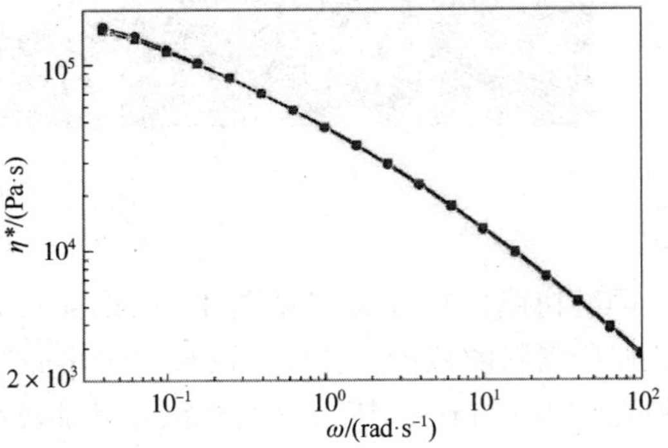

图 5　两种树脂的流变曲线

● BCE-H100 resin; ■ Reference resin

ω: angular frequency; η*: complex viscosity.

2.8 加工性能

聚乙烯树脂的高相对分子质量部分在高于临界剪切应力下从模具挤出时会发生表面熔体破裂，导致其加工性能不佳，表现为挤出管材表面呈粗糙、麻点、鲨鱼皮现象或其他变形，这与催化剂的性能有关。两种树脂通过挤出加工生产的管材照片见图 6。由图 6 可知，BCE-H100 树脂生产的 PE100 级管材外观光泽度高，内外表面光滑且无明显缺陷，说明 BCE-H100 树脂具有良好的塑化性能和加工性能。参比树脂生产的管材外表面光滑，但内表面麻点多，说明参比树脂的加工性能较差。

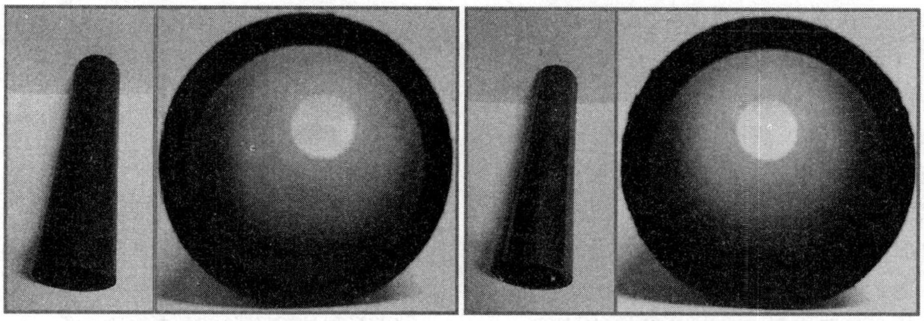

A BCE-H100 resin　　B Reference resin

图 6　两种树脂生产的管材照片

对比参比树脂生产管材的麻点部分和参比树脂的 GPC 曲线(图 1)可知，麻点部分树脂中高相对分子质量组分更多，说明该树脂中大分子链段和小分子链段的微相相容性较差，而 BCE-H100 树脂中大分子链段和小分子链段的微相相容性更好，系带分子含量和分子缠结密度更高，所以加工性能更加优越，这是源于 BCE-H100 催化剂的优异性能。此外，参比催化剂为预聚合催化剂，易出现催化剂结块、活性突变等问题；利用参比催化剂制备树脂时，第二反应器中氢气和乙烯的体积比极低，其微小的波动将造成大分子含量的较大波动，这些因素都将影响树脂参数的稳定控制，从而导致参比树脂的加工性能差、内壁麻点多。

3 结论

(1) BCE-H100 催化剂的活性约为 15.0kg/g，氢气和 1-丁烯平均消耗量分别约为 0.59kg/t 和 15.1kg/t(基于聚乙烯产量)，共聚性能优于参比催化剂。BCE-H100 树脂的 M_w 和 M_z 略高于参比树脂，相对分子质量分布较宽，超高相对分子质量组分更多。当密度相同时，BCE-H100 树脂的共聚单体 1-丁烯用量低于参比树脂，且 1-丁烯更多地插入大分子链段。BCE-H100 树脂颗粒形态良好，粒径分布集中，细粉和大颗粒含量更低。

(2) BCE-H100 树脂的结晶性能与参比树脂相当，拉伸屈服应力、拉伸断裂标称应变、弯曲模量和简支梁缺口冲击强度等力学性能均优于参比树脂，熔体强度较高，抗“熔垂”性能好，适用于开发高品质的 PE100 级低“熔垂”大口径管材。

(3) BCE-H100 树脂在加工过程中呈剪切变稀行为，加工流动性好。BCE-H100 树脂生产的 PE100 级管材外观光泽度高，内外表面光滑且无明显缺陷，而参比树脂生产的管材内表面麻点多，说明 BCE-H100 树脂具有更好的塑化性能和加工性能。

参 考 文 献

[1] 布鲁斯瑞普. PE100 管道系统[M]. 3 版. 北京：中国石化出版社，1990：1-10.

[2] 毕家林，李连鹏，胡建洪，等. 国内外 PE100 级管材专用料的发展和应用概况[J]. 弹性体，2014，24(2)：73-79.

[3] Bohm L L. The ethylene polymerization with Ziegler catalysts：Fifty years after the discovery[J]. *Angew Chem Int Ed*, 2003，42(41)：5010-5030.

[4] 郭子方. 乙烯淤浆聚合 Ziegler-Natta 催化剂的研究进展[J]. 石油化工，2009，38(4)：451-455.

[5] 郭子方，殷大斌，周俊领，等. 乙烯淤浆聚合 BCE 催化剂生产双峰聚乙烯树脂的工业应用[J]. 石油化工，2008，37(9)：937-940.

[6] 马宝军，肖子文，张敏峰，等. BCE 催化剂在 PE100 管材专用树脂生产中的应用[J]. 石油化工，2017，46(3)：371-375.

[7] 国家质量技术监督局 . GB/T 3682—2000 热塑性塑料熔体质量流动速率和熔体体积流动速率的测定[S]. 北京：中国标准出版社，2000.

[8] American Society for Testing and Materials. ASTM D1505—2010 Standard test method for density of plastics by the density-gradient technique 1[S]. West Conshohocken：ASTM International，2010.

[9] 中华人民共和国国家质量监督检验检疫总局，中国国家标准化管理委员会 . GB/T 6003. 1—2012 试验筛 技术要求和检验第 1 部分：金属丝编织网试验筛[S]. 北京：中国标准出版社，2012.

[10] 中华人民共和国国家质量监督检验检疫总局，中国国家标准化管理委员会 . GB/T 1040. 2—2006 塑料 拉伸性能的测定 第 2 部分：模塑和挤塑塑料的试验条件[S]. 北京：中国标准出版社，2006.

[11] 中华人民共和国国家质量监督检验检疫总局，中国国家标准化管理委员会 . GB/T 9341—2008 塑料 弯曲性能的测定[S]. 北京：中国标准出版社，2008.

[12] 中华人民共和国国家质量监督检验检疫总局，中国国家标准化管理委员会 . GB/T 1043. 1—2008 塑料 简支梁冲击性能的测定第 1 部分：非仪器化冲击试验[S]. 北京：中国标准出版社，1993.

[13] 何曼君，陈维孝 . 高分子物理[M]. 上海：复旦大学出版社，2005：55-99.

[14] 陈铭，孙旭辉，陆秋欢，等 . 双峰 PE 树脂的结构与性能[J]. 合成树脂及塑料，2008，25(3)：58-60.

[15] 肖士镜，余赋生 . 烯烃配位聚合催化剂及聚烯烃[M]. 北京：北京工业大学出版社，2002：21-30.

[16] 朱孝恒，郭子芳，苟清强，等 . BCL-100 催化剂制备的 PE100 管材性能[J]. 石油化工，2015，44(9)：1110-1114.

[17] 吴晨波，陈光岩，李连鹏，等 . PE100 管材树脂的质量改进和提高[J]. 弹性体，2013，23(5)：49-52.

低芳烃原料的糠醛精制工艺

袁晓杰

（中国石化上海高桥石油化工有限公司）

摘　要　糠醛精制装置润滑油“老三套”生产中重要的工序之一，一般糠醛精制原料中芳烃需要达到一定含量，才能保证装置回收系统正常运转。而我装置通过工艺优化，实现加工低芳烃原料。

关键词　糠醛精制，低芳烃原料，溶剂回收

1　前言

润滑油是石油产品中的一大类。从石油产品的消费量来看，润滑油产品所占的比例并不大，但其重要性要远远超过其所占的比例。润滑油的总量虽相对较少，但其技术含量高，产品的附加值也高，因而在石油炼化的生产过程中始终占据着十分重要的地位。

目前，国内较为普遍采用的常规润滑油组分生产流程，在常减压蒸馏分割出各种适宜生产润滑油基础油馏分的基础上，再通过溶剂精制、溶剂脱蜡、白土或加氢补充精制等一系列加工手段得到各种润滑油基础油的组分。再根据需要，用一种或两种以上的基础油组分按一定的比例调和，从而得到各种润滑油的基础油。

2　溶剂精制工艺的现状

常规润滑油组分生产流程中，溶剂精制加工过程的主要作用是除去润滑油馏分中所含的非理想组分，保留理想组分，以改善润滑油的粘温特性、抗氧化安定性和残炭值等。

从1909年世界上第一套溶剂精制建成投入使用至今，溶剂精制加工工艺已有近百年的历史了，他也曾经有过迅速发展的兴旺阶段。但自20世纪80年代中期以来，溶剂精制的加工工艺及设备再没有出现新的重大突破，加之目前各种加氢工艺不断应用于润滑油生产过程中的形势下，溶剂精制工艺的发展基本处于停滞的状态。

较常用的溶剂有糠醛、酚和N-甲基吡咯烷酮（NMP）。我装置采用糠醛作为溶剂。目前运行的糠醛精制装置进料芳烃含量一般在20%～25%左右，芳烃含量过低会造成溶剂回收系统操作紊乱。但是随着市场的需求，装置加工低芳烃原料愈加迫切。

3　低芳烃原料的糠醛精制工艺

1号糠醛精制装置通过两段萃取将原料中的进行理想组分（少环长侧链烃类）和非理想组分（芳烃和多环短侧链烃类）进行分离。大部分溶剂糠醛随非理想组分进入溶剂回收系统，通过蒸发塔、抽出液汽提塔将糠醛回收循环使用。加工流程见图1。

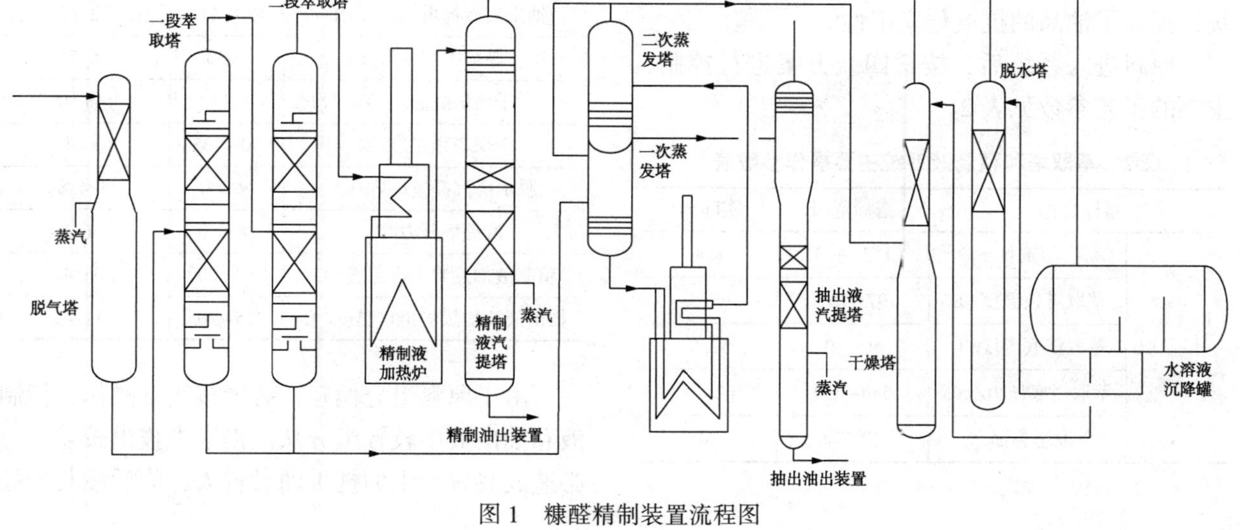

图1　糠醛精制装置流程图

3.1 原料对比

低芳烃原料以加氢裂化重柴油(来自尾油切割减底油)和常四线蜡油(来自1号常减压蒸馏装置)，两组分以1∶1的比例混合，或是纯加氢裂化重柴油。再经过3号酮苯脱蜡后的脱蜡油。具体典型性质见表1。

表1　低芳烃原料与常规原料对比表

	低芳烃原料	常规原料(常四线)
运动粘度(40℃)/(mm^2/s)	7~8	13~15
运动粘度(100℃)/(mm^2/s)	2.2~2.5	3~3.5
芳烃含量/%(质量分数)	5~6	20~25
凝点/℃	-24~-18	-24~-18
色度/号(赛氏比色)	+15~+19	/
色度/号	/	<1.0
闪点(闭口)/℃	155~170	170~180
硫含量/%	0.0909	/

从表1数据可以看出，低芳烃原料运动粘度(40℃)范围大约在7~8mm^2/s之间，芳烃含量小于6%，闪点在155℃~170℃之间，这三个指标低于常规原料，而其他指标(除色度外)接近常四线脱蜡油。可以按照常四线脱蜡油为原料的加工方案进行生产。

3.2 萃取部分

糠醛与润滑油馏分在萃取塔中逆向接触，糠醛从塔上部打入，醛因比重较大，从上往下沉降与上升的原料接触，溶解到原料中的非理想组份成为抽出液不断下降，而溶解了醛的理想组份则成为精制液不断上升，在低于临界温度的条件下，精制液和抽出液因比重差而在塔内分成两相形成一个界面，使理想组份与非理想组份分开，从而改善了精制油的粘温性能和比色，降低了残炭，提高了油品的抗氧化安定性。

原料进入系统后，按常四线方案进行控制，主要的工艺参数见表2。

表2　萃取塔和精制液系统主要操作参数表

指标名称		指标范围	实际值
一段萃取	溶剂比	1.3~1.5	1.4
	萃取塔顶温度/℃	97~105	97.5
	萃取塔底温度/℃	50~60	52.9
	萃取塔底压力/kPa	550~650	624.7
	萃取塔界面/%	10~70	10
二段萃取	溶剂比	1.7~1.9	1.6
	萃取塔顶温度/℃	99~107	98.6
	萃取塔底温度/℃	50~60	54.5
	萃取塔底压力/kPa	600~750	604.8
	萃取塔界面/%	10~70	36.4
精制液汽提塔底液面/%		30~50	49.98
精制液汽提塔底温度/℃		≮190	192.27
精制液汽提塔汽提量/(kg/h)		≮400	501.13
精制液汽提塔顶温度/℃		100~120	107.08

糠醛精制装置采用两段萃取工艺。在加工低芳烃原料期间，装置生产方案主要按常四线的操作指标进行调整。由于原料中芳烃含量较低，一二段萃取塔顶、底温度时按指标下限控制，保证精制油的收率。而溶剂比方面，也是由于非理想组份量较低，若循环糠醛量过低，将造成抽出液量过低，回收系统无运行。故装置采用高溶剂比的方式，保证溶剂回收系统平稳运行。

3.3 回收部分

从萃取塔顶出来的精制液及从塔底出来的抽出液中均含有大量溶剂，需经回收供循环使用。本装置采用蒸发回收，汽提回收和双塔回收三种方法。主要工艺操作参数见表3。

表3　回收系统和抽出液系统主要操作参数表

指标名称	指标范围	实际值
一次蒸发塔顶压力/Pa	≯80	52.17
二次蒸发塔顶压力/Pa	≯150	105.58
抽出液汽提塔底温度/℃	≮150	355.2
抽出液汽提塔汽提量/(kg/h)	350~450	155.08
抽出液汽提塔顶温度/℃	120~140	121.5
干燥塔中部压力/Pa	≯50	26.54
干燥塔底温度/℃	≮140	149.48
干燥塔顶温度/℃	90~105	100.11
脱水塔汽提量/(kg/h)	≮500	594.8
汽提塔压力/Pa	≯-50	-66.14
精制液加热炉出口温度/℃	210~200	206.47
抽出液液加热炉出口温度/℃	215~205	211.42

由于原料组分偏轻，装置按正常操作，精制液和抽出液中较轻组分从汽提塔中拔出较多，势必造成装置产生的携带油量较大，为后续装置处

理带来困难。所以装置将精制液汽提塔顶部温度、抽出液汽提塔顶部温度和汽提塔压力，按指标下限控制，以减少携带油量拔出量。

4　生产中遇到的问题及解决

4.1　升回收系统负荷，维持系统平稳

糠醛精制装置在遇到原料非理想组份较低的情况下，通常采用抽出油改原料循环（改入原料中），以保障溶剂回收系统正常运行。但是抽出油回到原料中，势必使得原料中非理想组份增多，原料品质下降，影响精制油质量。现装置抽出油改至污油罐，未进行原料循环，避免抽出油进入原料中，对原料造成二次污染。并且抽出液汽提塔底泵改蒸汽往复泵，间歇性出油。

在生产中系统内两座汽提塔在回收糠醛的同时，糠醛会携带部分较轻组份的油品从塔顶拔出。为了提升回收系统负荷，维持系统平稳。装置利用收集在储罐内的携带油，将其混入抽出液（抽出油和糠醛）中，既提高抽出油量以保障溶剂回收系统正常运行，又可处理装置小罐区内存积的轻油。详细流程见图2。

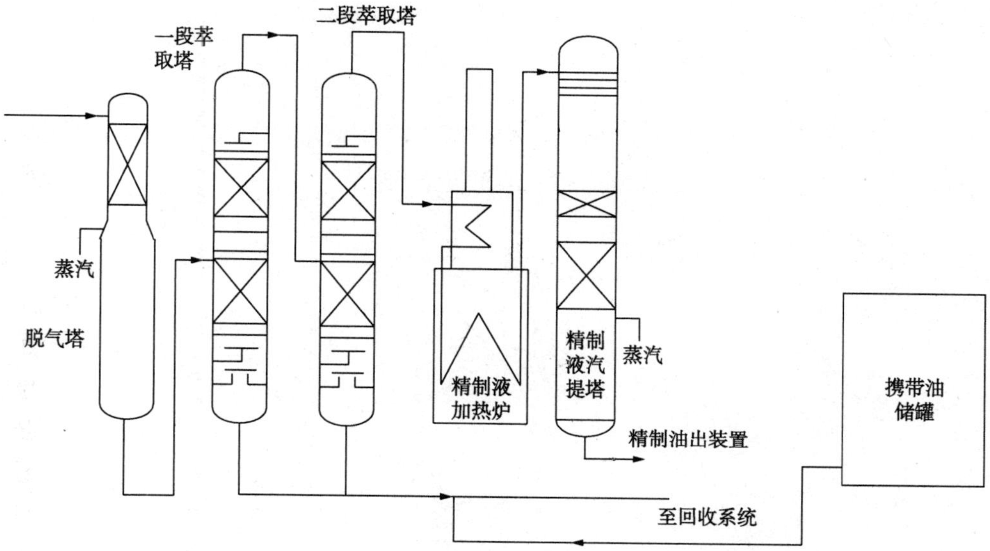

图2　携带油入回收系统流程图

4.2　降低精制油硫含量

装置加工低芳烃原料主要为了生产7号粗白油和涤纶低弹丝油剂，这两种油品对是否带有异味要求较高，而油品中的硫化物为主要的异味来源。

在生产中装置发现由于中间油品储存的限制，原料油无法做到专罐专用，原料罐备料前储存有其他线别原料。低芳烃原料进入原料罐后，可能造成原料的污染，使得硫含量异常升高。

装置根据这一情况，对工艺流程进行了优化，与上游装置、罐区和生产调度合作，实现酮苯脱蜡与糠醛精制装置采用装置间直供料，半成品不进入中间品罐，避免原料进入储罐被污染可能性。并且与上游装置协调后，3号酮苯脱蜡油出装置改流量控制，避免了原料进料量波动较大，萃取塔调整过于频繁，减少本装置波动。装置精制油含硫量有明显下降，消除产品带有异味的问题。具体分析数据见表4。

表4　精制油质量分析表

采样序号	样品名称	运动粘度（40℃）/（mm²/s）	颜色，号	运动粘度（100℃）/（mm²/s）	粘度指数	倾点/℃	酸值/（mgKOH/g）	醛含量	硫含量/%（质量分数）
1	7号粗白油	7.976	25	2.293	96	/	/	/	0.00129
2	7号粗白油	7.848	21	2.266	95	−12	0.01	无	0.00068
3	7号粗白油	7.852	21	2.272	97	/	/	/	0.00079

续表

采样序号	样品名称	运动粘度（40℃）/（mm^2/s）	颜色，号	运动粘度（100℃）/（mm^2/s）	粘度指数	倾点/℃	酸值/（mgKOH/g）	醛含量	硫含量/%（质量分数）
4	涤纶低弹丝油剂	7.925	21	2.288	97	/	/	/	0.0153
5	涤纶低弹丝油剂	9.251	9	2.522	97	-12	0.01	无	0.0485
6	涤纶低弹丝油剂	9.06	14	2.491	97	/	/	/	0.0418

5 结论

通过对工艺流程调整，工艺参数优化和细化，将含芳烃量低的原料经过糠醛精制，得到了质量合格的精制油，并且保持糠醛回收系统平稳运行，增加了一种低含芳烃原料的生产方法。

原油脱钙技术研究及工业应用

马忠庭[1] 代 敏[1] 刘建山[2]

（1. 中国石油克拉玛依石化公司炼油化工研究院；2. 中国石油克拉玛依石化公司科技处）

摘 要 原油中的钙离子易造成焦炭灰分含量高、电脱盐装置操作不稳等诸多不利影响。本文针对克拉玛依稠油中钙离子含量高的问题，在原油中钙的分布及存在形态的研究基础上，进行了脱钙剂的研究，并进行了工业化试验。结果表明：原油脱钙有利于电脱盐操作的优化和稳定，实施原油脱钙后，焦炭灰分由1.2%左右降至0.8%以下，最低达到0.5%以下，且稳定生产。脱钙后的电脱盐排水对污水处理系统COD处理的影响不明显。

关键词 原油脱钙，工业化，焦炭灰分，COD处理

我国绝大部分油田进入开发中后期，原油日趋劣质化，特别是原油中钙离子含量大大增加，且呈不断上升趋势。原油中的钙离子易造成焦炭灰分含量高、电脱盐装置操作不稳等诸多不利影响。随着国家环保要求的越来越高，石油焦下游用户企业对石油焦灰分的要求越来越高。因此，解决原油中钙离子含量高的问题，对于企业提高产品质量、增加经济效益具有重要的现实意义。

克拉玛依石化公司是以稠油集中加工为主的企业，加工的稠油是低硫高金属含量的原油，具有生产优质石油焦的基础，公司一直以来旨在解决高钙稠油脱钙的问题。本研究以克拉玛依风城高钙稠油为研究对象，开发的高钙原油脱钙技术，可有效脱除原油中的钙离子，降低焦炭灰分。本文主要介绍了脱钙剂的研究以及工业化应用的情况。

1 实验部分

1.1 原料及设备

KR-2脱钙剂，风城稠油性质见表1，SH-II型电脱盐仪，OPTI—MA3100RL型ICP发射光谱仪，FischerW-800实沸点蒸馏仪，傅立叶红外光谱仪表红外光谱仪。

表1 克拉玛依风城稠油的基本性质

项 目	典型值
密度 20℃ Kg/m^3	947.7
运动粘度 100℃ mm^2/s	163.0
酸值 mgKOH/g	5.46
钙离子含量 μg/g	302.0
镁离子含量 μg/g	5.28
铁离子含量 μg/g	21.0
钒离子含量 μg/g	0.336
镍离子含量 μg/g	32.3

1.2 钙含量的测定

将油样用干灰化法处理，用原子发射光谱法测定钙含量

1.3 原油切割

参照国标GB/T17280-1998，用实沸点蒸馏仪对原油进行切割，将沸点在350~400℃、400~450℃、450~520℃、>520℃的各馏份进行合并。

1.4 脱钙试验过程

将脱钙剂按一定比例注入到电脱盐注水中，连续注入电脱盐系统中实施原油脱钙，然后进行油水分离。操作条件为：注水质量分数2%~3%，电脱盐处理温度120~130℃，混合压差0.05~0.07MPa。采用一级脱钙、二级和三级水洗工艺沉降脱水，分离得到脱钙后的净化油。

1.5 原油中石油酸的分离

脱钙剂与原油进行反应，然后采用萃取的方法将石油酸从原油中分离出来。

2 结果讨论

2.1 原油中钙的分布及存在形态研究

用实沸点蒸馏仪对原油进行切割，将沸点在350~400℃、400~450℃、450~520℃、>520℃的各馏份进行合并，并分析各馏分中的金属离子。结果见表2。

表2 克拉玛依稠油各馏分油中的金属元素含量　μg/g

元素	馏分			
	350℃~400℃	400℃~450℃	450℃~520℃	>520℃
Al	<0.44	0.95	0.97	2.17
Ba	0.71~0.80	0.76~0.86	0.79~0.89	3.95
Ca	1.33~1.77	1.43~1.91	1.48~1.97	539
Cr	0.71	0.14	0.39	2.96
Fe	3.80	1.43	1.48	17.76
K	0.26	0.19	0.49	0.89
Mg	<0.66	<0.72	<0.74	5.43
Mn	0.09	0.05	0.05	16.48
Na	6.19	4.77	4.44	27.63
Ni	0.44	0.46	0.49	46.88
S	3.54	1.91	1.97	932.60
V	0.13	0.10	0.23	0.69
Zn	1.28	1.14	1.23	6.17

原油中的金属元素大多在减渣中含量最高，钙99%以上存在于减压渣油中，说明原油中的钙化合物沸点较高。表2中硫含量较高，可知在减渣灰分中，钙主要是以CaSO4形式存在，但这并不表明钙在原油中主要是CaSO4形式存在，这是因为馏份油在烧灰过程中，硫醇、硫醚、噻酚等有机物中的硫氧化生成硫的氧化物，硫的氧化物与钙反应生成CaSO4，CaSO4相对于CaCl2、CaCO3热稳定性好，所以在灰份中钙主要以CaSO4形式存在。

2.2 原油中石油酸的鉴定

脱钙剂与原油反应后，采用萃取的方法将石油酸从原油中分离出来，得到石油酸。图1为分离出的石油酸的红外谱图。

红外吸收光谱法（Infrared Adsorption Spectrum Analysis，简称IR法）在有机物化学结构分析中是最常用的方法之一。本研究采用红外吸收光谱法，分析了从原油中分离出的石油酸官能团官能团，如图1所示。

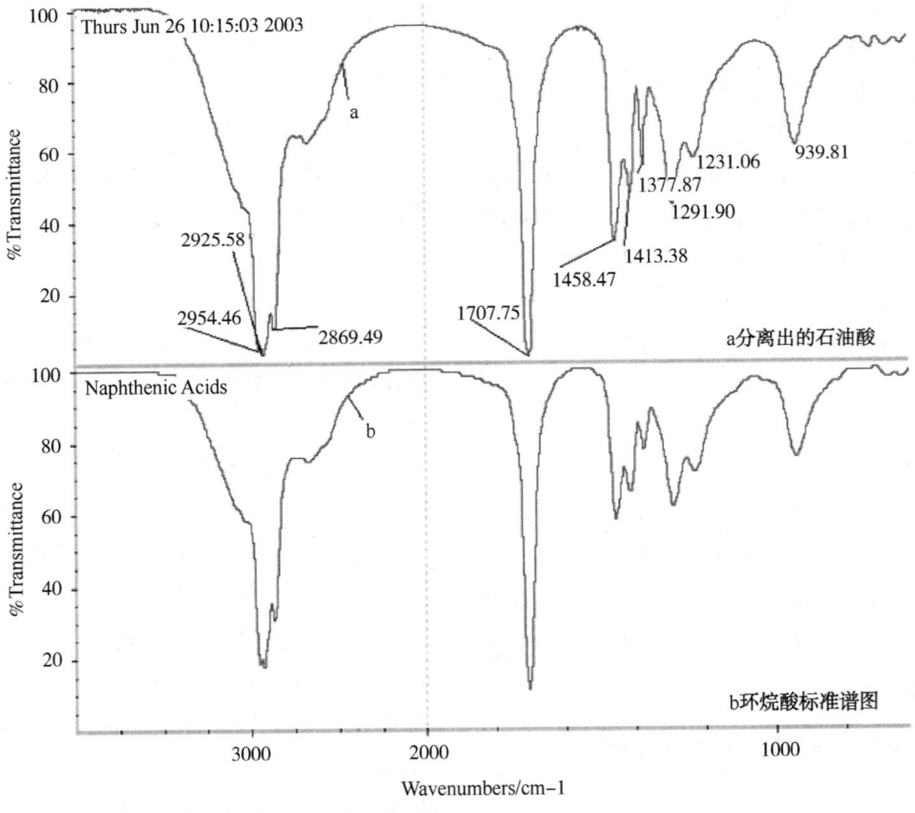

图1　石油酸红外谱图

图1a中的1707.75cm^{-1}是—COOH中的C=O伸缩振动吸收峰，1413.38cm^{-1}是—COOH中的OH平面变角振动吸收峰，1231.06cm^{-1}是—COOH中的C—O伸缩振动吸收峰，939.81cm^{-1}

是—COOH 中的 OH 非平面变角振动吸收峰。图 1b 是环烷酸标准谱图。比较图 1a 和图 1b，可知分离出的石油酸是环烷酸。

2.3 脱钙剂的开发

原油中钙的存在形态及分布情况为脱钙剂配方的开发提供了理论基础，开发的脱钙剂主要成分选择酸性稍强于环烷酸的酸性化合物、形成的钙化合物必须是水溶性的、将油溶性钙化合物转化为水溶性钙化合物的反应条件最好能在常规的电脱盐条件下进行、原油脱钙能与脱盐同时进行，同时脱钙剂具有很好的再生性。自行开发的 KR 系列型脱钙剂，主要成分为含有-SO_3H 基团和-COOH 基团或其盐类的化合物，不含有磷，不会对环境造成二次污染。

2.4 工业应用

2.4.1 技术方案

150 万吨/年延迟焦化装置以加工风城稠油为主，生产的焦炭灰分含量为 1.2%左右，价格低廉而且难以出售，已影响公司的生产经营。根据对焦炭中灰分的要求，在该装置采用注入 KR-2 脱钙剂对风城超稠油实施脱钙工业试验，目的生产出灰分含量小于 0.8%w 的焦炭产品。

2.4.2 电脱盐操作

原油中钙离子含量对电脱盐系统的危害较大，钙离子含量过高使原油电导率增加，造成电脱盐电流升高，甚至跳闸。因此，电脱盐电流变化是考察原油脱钙是否有效的最直观的指标。电脱盐电流变化见图 2。从图 2 可以看出，采用脱钙技术后，电脱盐一级、二级电流分别由空白试验期间的 207~260A 和 199~225A 下降至 140~220A 和 120~180A，随着原油脱钙试验的不断进行，电脱盐电流下降趋势较为明显。

净化油含水是衡量电脱盐脱水效果的关键指标，直接影响原油的无机盐、钙等盐类杂质的脱除效果。净化油含水变化见图 3。从图 3 可以看出，采用脱钙技术后，净化油含水逐渐降低至 0.5%，最低达到 0.3%，随着脱钙实施时间的不断延长，净化油含水趋于稳定。说明原油脱钙有利于电脱盐装置的平稳运行。

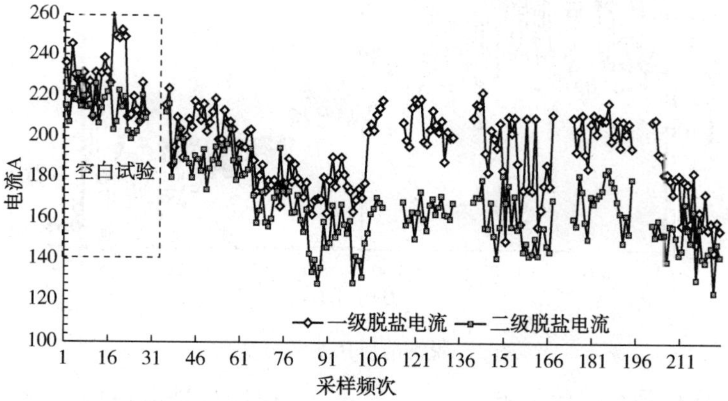

图 2 电脱盐电流的变化

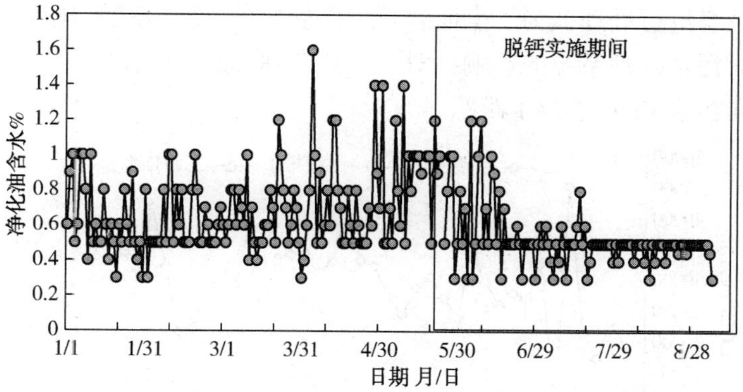

图 3 净化油含水变化

2.4.3 原油中钙的脱除效果

原油脱钙实施效果主要根据原油中脱钙前后钙离子含量的变化，即原油中钙的脱除量作为判断依据。脱钙工业试验自 2020 年 5 月实施以来，已连续运行 135 天。图 4 为脱钙工业试验期间脱前原油、三级脱后原油(净化油)对应的原油钙含量。从图 4 可以看出，脱前原油的钙离子含量基本稳定在 300μg/g 左右，实施脱钙后净化油中钙离子含量在 112~160μg/g 之间波动，原油中钙的脱除量为 140~188μg/g。

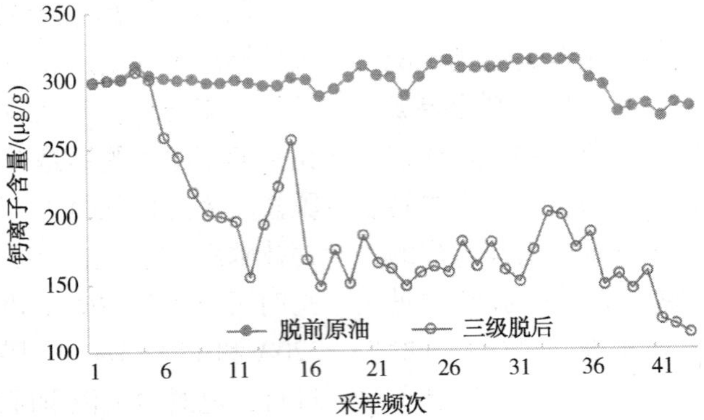

图 4　脱钙前后原油中钙离子变化

2.4.4　焦炭灰分的变化

脱钙后的原油进入焦炭塔进行反应，得到焦炭。焦炭灰分主要取决于原油中含有的钙、镁、铁、镍和钒等金属[5-6]。原油脱钙效果的好坏直接反应在焦炭的灰分指标上。对焦场的焦炭产品进行取样分析，考察其灰分的变化情况。石油焦灰分变化见图 5。从图 5 可以看出，原油实施脱钙后，焦炭的灰由原油脱钙前的 0.9~1.3%下降到 0.8%以下，最低下降至 0.5%以下。

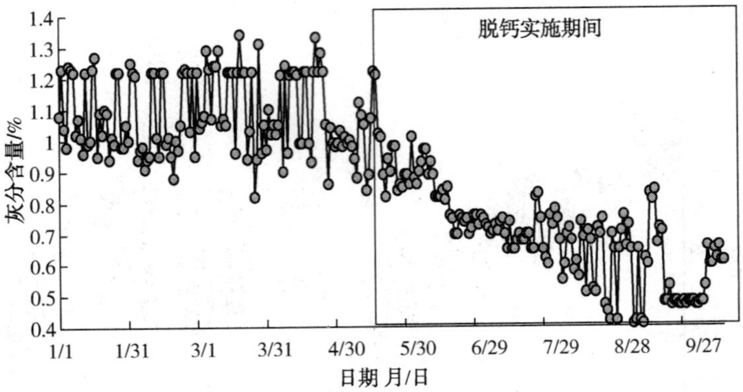

图 5　脱钙前后焦炭灰分变化

2.4.5　原油脱钙对污水处理系统的影响

原油脱钙后产生的电脱盐排水含油大量的有机物，排入污水处理系统进行处理，为了全面客观的评价原油脱钙后对污水处理系统的影响，对电脱盐排水的流经单元污水 COD 进行了跟踪。

电脱盐排水 COD 变化见图 6。由图 6 可以看出，一级电脱盐排水中 COD 含量高达 30000mg/L 左右，二级和三级电脱盐排水中 COD 含量高达 7000mg/L 左右。

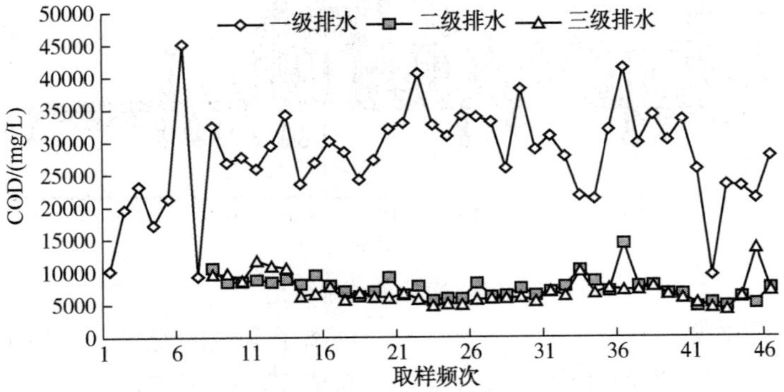

图 6　电脱盐排水 COD 变化

一级电脱盐排水是在高盐浓水预处理装置进行处理。高盐浓水预处理装置水中 COD 变化见图 7。由图 7 可以看出，脱钙实施初期，气浮出水的 COD 值出现波动，水解酸化出水的 COD 也相应出现了波动，随着脱钙进程的推进，装置运行逐渐平稳。整体来讲，实施原油脱钙后，高盐浓水预处理装置气浮出水 COD 有升高的现象，但是水解酸化出水 COD 却有下降的现象。

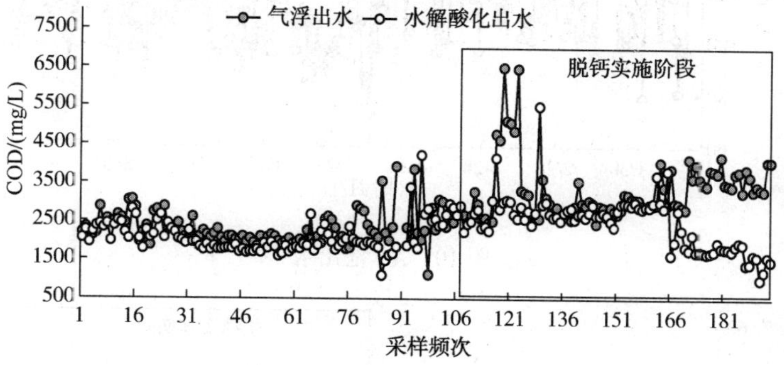

图 7　高盐浓水预处理装置水中 COD 变化

二级和三级电脱盐排水直接进入工业水 600 方系统中进行处理。跟踪了各个操作单元水中 COD 的变化情况。总进水 COD 变化见图 8，600 方系统气浮出水 COD 变化见图 9，AO 池出水 COD 变化见图 10，600 方系统外排水 COD 见图 11。

由图 8、图 9、图 10 和图 11 可以看出，工业水总进水、600 方系统气浮出水、AO 池出水的 COD 值在原油脱钙实施前，分别为 500 ~ 3500mg/L、400 ~ 1600mg/L 和 80 ~ 170mg/L，实施脱钙后，分别为 1000 ~ 3600mg/L、800 ~ 1800mg/L 和 85 ~ 140mg/L，变化不大。总体来讲，实施原油脱钙后，电脱盐排水对工业 600 方污水处理系统没有明显的影响。

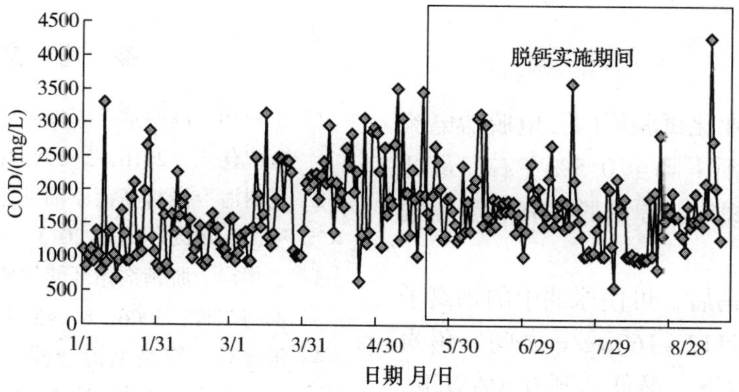

图 8　总进水 COD 变化

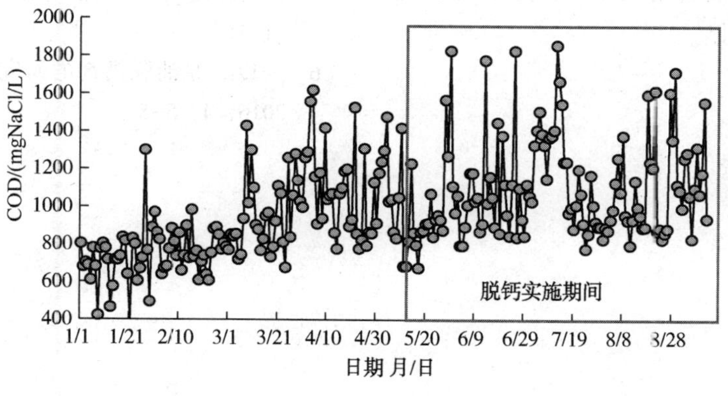

图 9　600 方系统气浮出水 COD 变化

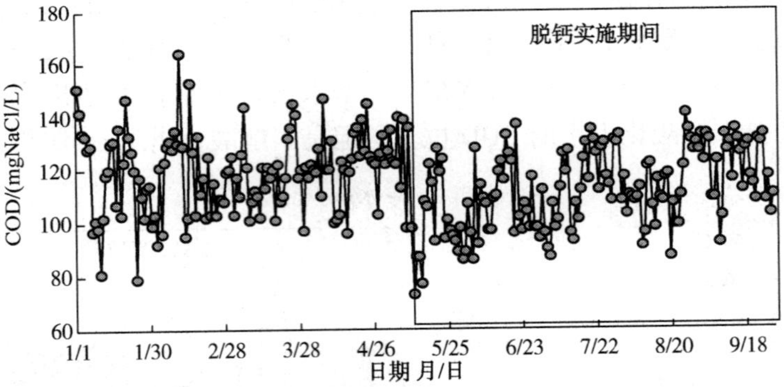

图 10　AO 池出水

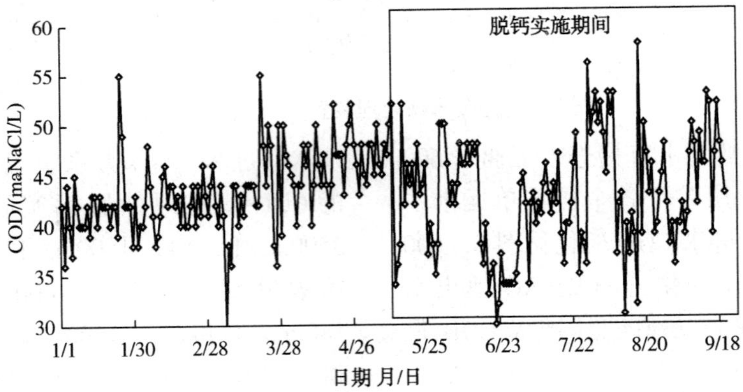

图 11　600 方系统外排水 COD

3　结论

（1）原油脱钙工业化试验期间，电脱盐电流降低，净化油含水逐渐下降至 0.5%左右，最低值为 0.3%，且保持稳定，原油脱钙有利于电脱盐操作的优化和稳定。

（2）实施原油脱钙后，可使原油中的钙离子由 300μg/g 左右将至 112～160μg/g 之间。焦炭的灰分稳定在 0.8%以下，最低达到 0.5%以下，且稳定生产。

（3）脱钙后的电脱盐排水对污水处理系统 COD 的处理影响不明显。

参 考 文 献

[1] 丁秋伟．高酸重质原油脱钙技术工业应用研究[J]．现代化工，2016，3(6)，165-168

[2] 夏树海．浅析高钙原油的危害与脱钙剂使用注意事项[J]．山东化工，2013，42(12)，149-155

[3] 于曙艳．脱钙剂循环使用原油脱钙技术[J]．炼油技术与工程，2006，8，42-44

[4] 张海兵．膜微型混合器在原油脱钙工艺中的应用[J]．膜科学与技术，2009，01，57-60

[5] 陶雪．双进油双电场电脱盐脱水技术及其在大港石化的应用[J]．石油炼制与化工，2016，47(12)，11-16

[6] 朱玲．原油脱钙剂的研究进展[J]．化工中间体，2016，4，5-8

FRIPP 固定床渣油加氢处理技术研究进展及工业应用

张　成　袁胜华　耿新国　刘铁斌　王志武

（中国石油化工股份有限公司大连石油化工研究院）

摘　要　本文主要介绍了大连（抚顺）石油化工研究院（FRIPP）开发的新型固定床渣油加氢技术的进展以及近期工业应用情况。新型催化剂体系中的 S-Fitrap 体系可提高体系的脱/容金属杂质能力，有效保护后段催化剂。针对加工高氮、高酸类原油易引起床层压降升高且氮难以脱除的问题开发了新催化剂体系。典型工业装置运转结果表明、FRIPP 开发的新型渣油加氢处理催化剂体系性能达到司类催化剂整体水平，具有长的运转寿命和良好的原料适应性。

关键词　渣油加氢处理，S-Fitrap，新型催化剂固定床

1　前言

进入到 21 世纪以来，我国成品油需求量逐年增长，石油资源的高效利用和油品清洁化是石化行业要面临的严峻挑战。如何将重质油进行高效转化，满足迅速增长的清洁油品质量升级以及炼化一体需求，是目前炼油技术研究的重点。渣油加氢技术能够增产高品质的轻质油品。因此，在环保法规要求日益严格的今天，渣油加氢处理技术得到了迅速的发展。

为了更好地适应原油市场变化及油品质量升级要求，中国国内炼油企业重点关注渣油加氢处理技术。固定床渣油加氢技术经过几十年的发展，并在装备制造业和电气化水平的快速进步的推动下，技术水平已经日臻成熟。固定床渣油加氢装置大型化已经成为渣油加氢技术发展的主要趋势。在未来几年渣油加氢装置的建设中，固定床渣油加氢技术仍占据主导地位。到 2020 年底，国内（大陆）固定床渣油加氢装置将达到 27 套，总加工能力达到 7310 万吨/年。

FRIPP 拥有三十余年渣油加氢处理技术开发和工业应用实践，能够根据现有工业装置和原料油性质的特点，有针对性的开发了新型固定床渣油加氢处理催化剂体系以及配套催化剂级配技术。新技术的开发及应用较好的适应了当前渣油加氢技术发展的新形势，有效解决了渣油加工过程面临的诸多难题，最终实现催化剂性能与长周期运转之间的平衡。

2　提高催化剂稳定性的技术

2.1　新型催化材料研发进展

催化剂性能的快速提升离不开催化材料的进步。在渣油加氢处理过程中，催化剂孔道性质起到至关重要的作用。FRIPP 开展了新型催化材料的研究并初步取得一定研究成果。采用无机铝源为原料，按照特殊方法制备了一系列氧化铝催化材料。该催化材料形貌历经从纳米线集群形态进化到鸟巢状中空微米球，最后到花状中空微米球的演变。通过调控和优化合成条件，得到一种有开放性介孔和大孔的笼状多级孔氧化铝，其孔壁上的骨架结构由纳米丝缠绕形成。多级孔 γ-AlOOH 的扫描电镜图和工业氧化铝的扫描电镜图见图 1。

以新催化材料制备的催化剂活性评价工艺条件和数据见表 1 和图 2。从图 2 数据可见，多级孔催化剂的脱金属稳定性优于参比剂，反应 150 天后，多级孔催化剂的脱金属率由 54.1% 仅降低至 51.8%，而参比剂的脱金属率降至 47.6%。良好的脱金属稳定性是确保装置长周期运行的前提。

图 1　多级孔γ-AlOOH 的扫描电镜图(A，B)及其 800℃焙烧后的扫描电镜图(C，D)，透射电镜图(E)和工业氧化铝的扫描电镜图(F)

表 1　渣油加氢脱金属性能评价条件

项目	数值
原料油性质	
CCR/%	11.5
S/%	3.1
Ni/μg·g^{-1}	22.4
V/μg·g^{-1}	36.8
反应条件	
温度/℃	380
压力/MPa,	15.0
体积空速/h^{-1}	1.0 (相对 HDM 催化剂.)

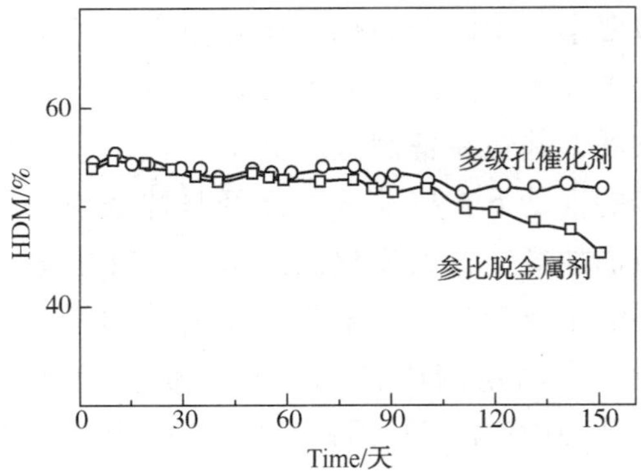

图 2　多级孔氧化铝负载的 NiMo 催化剂的渣油加氢脱金属性能

2.2　FRIPP 加氢保护剂 S-Fitrap 体系

加氢保护剂组合体系是固定床加氢的关键技术之一。长期的实践证明，采用加氢保护剂组合体系解决反应器压降问题是有效手段。因此，FRIPP 开发了加氢保护剂 S-Fitrap 体系，将单一保护剂的性能与保护剂体系有机结合起来，充分发挥体系中每个催化剂的性能优势(图 3)。S-

Fitrap 体系包括：

图 3　加氢保护剂 S-Fitrap 体系

泡沫陶瓷材料。具有超过 85%的高孔隙率、高外表面积的特点，组成颗粒骨架的筋脉曲折联通，在制备过程中通过调节骨料浆液的表面张力，筋脉间形成随机分布的膜体，维持块体高均匀通过性的同时，进一步改善对机械杂质的过滤能力，提高机械强度。制备成功有利于物流分配和过滤杂质的能力的高效保护剂 FGF-01 和 FGF-02。

脱铁/钙专门催化剂。脱铁/钙专门催化剂 FZC-100B 具有微米级孔道结构的高孔隙率的点。选择特种氧化铝为原料制备成载体。FZC-100B 的存在进一步完善了保护剂体系。FZC-100B 具有高脱、容铁和钙能力的同时，强化了胶质和沥青质转化能力(图 4)。

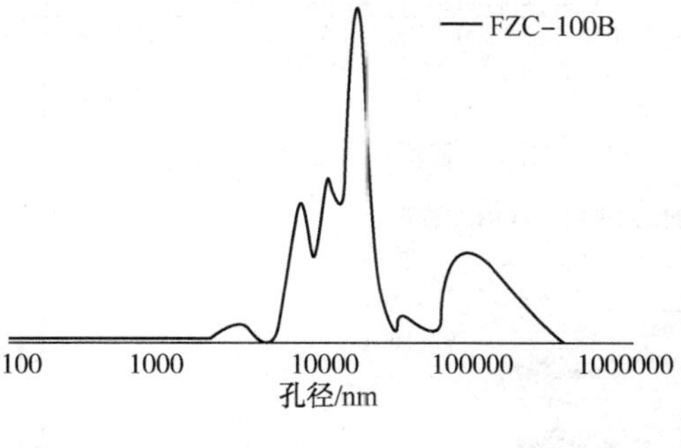

图 4　FZC-100B 保护脱金属剂孔结构(压汞法)

渣油中胶质及沥青质是稠环芳烃组成具有三维结构的大分子，分子量高达 40 万，分子尺寸较大。因此，渣油加氢处理反应更注重反应效率，即各类催化剂孔道结构尽可能缓解大分子内扩散阻力大带来的负面影响。

增强型保护剂/脱金属剂。新催化剂具有明显的大孔径和多大孔的特点，并且小于 10nm 范围内的孔明显少于参比剂，大孔比例显著增加，孔结构优于工业参比保护剂孔结构。图 5 为新开发保护剂孔结构(压汞法测试)。较大孔道能够为反应物提供更持久的扩散通道，从而实现胶质及沥青质扩散与反应的平衡，大颗粒催化剂利用率得到提升。

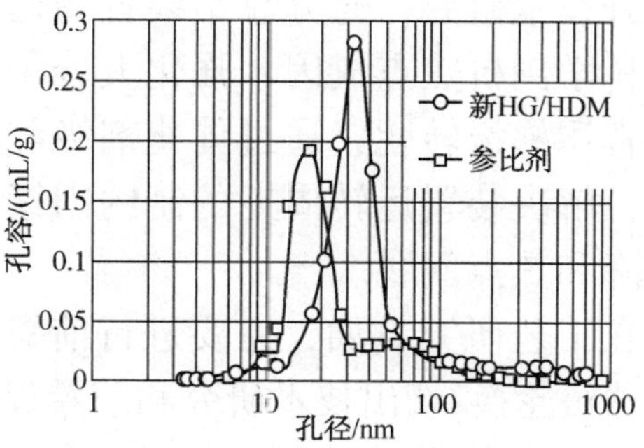

图 5　增强型保护剂/脱金属剂孔结构(压汞法)

增强型保护剂因其孔道更加开放，适宜的孔结构和具有更多高品质反应活性中心，该催化剂强化了脱金属镍、钒能力，在残炭转化方面亦表现出更好的稳定性。这种特点对于充分发挥保护剂脱金属剂的作用尤为重要。

2.3　高加氢性能催化剂体系研发

FRIPP 针对炼厂在加工高氮、高酸类劣质进料过程中易引起床层压降升高且氮难以脱除的问题进行了深入的研究，并开发了相应的催化剂体系。该催化剂体系包括：通过开发的专属脱铁/钙保护剂，优化颗粒形状以及提高床层孔隙率等手段来缓解压降升高；通过优化前段保护剂和脱金属催化剂的孔道结构和活性金属负载方式，提高其对胶质和沥青质的转化能力；通过增加脱硫、脱氮催化剂对含氮化合物的 C-N 键的开环氢解能力，提升了催化剂的芳烃饱和能力。与现有工业催化剂体系进行对比活性评价结果表明，在同等实验条件下，新催化剂体系整体反应性能明显均优于工业参比剂。新催化剂体系的脱硫率在 90%左右，高于参比体系 2~3 个百分点；脱残炭率在 60%左右，高于参比体系 3~5 个百分点；脱氮率在 60%-65%左右，高于参比体系 10 个百分点。新研制的保护剂和脱金属催化剂注重容金属能力的提升，具有更大孔体积，其脱金属活性略低但稳定性更好，有利于工业装置在较长运行周期内稳定运行，并大幅度降低生成油中的氮杂质含量，为下游装置提供优质进料。

3　延长固定床渣油加氢处理装置运转周期的技术

FRIPP 开展了渣油加氢装置与下游催化裂化装置运转周期相匹配技术研究。在催化剂研发方面主要进行催化剂容金属能力提升技术研究；充分总结装置的运行特点，科学剖析热点成因，强化大分子胶质和沥青质梯级转化，通过催化剂级配优化研究，解决装置运转周期的制约因素即床层压降和热点问题。

在工艺研究方面，主要进行前置保护反应器可轮换/切出技术研究和前置保护反应器为沸腾床–固定床组合技术研究。可切出加氢保护反应器技术主要是在第一反应器或第二反应器增设跨线，当第一反应器床层压降达到极限时，将第一反应器切出，原料和氢气的混合物料通过跨线直接进入第二反应器，解决前置反应器压降快速上升的问题，工艺技术流程如图 6 所示。此外，还可以在第一反应器和第二反应器上增设反应器催化剂在线装卸及硫化系统，将切出后的加氢保护反应器装填新鲜催化剂后再重新投用，进一步延长装置运转周期。保护反应器可切出技术已经实现工业化，前置反应器轮换工艺试验和催化剂级配技术研究可轮换技术，已经在中试装置进行了 10000 小时以上稳定性运转试验。

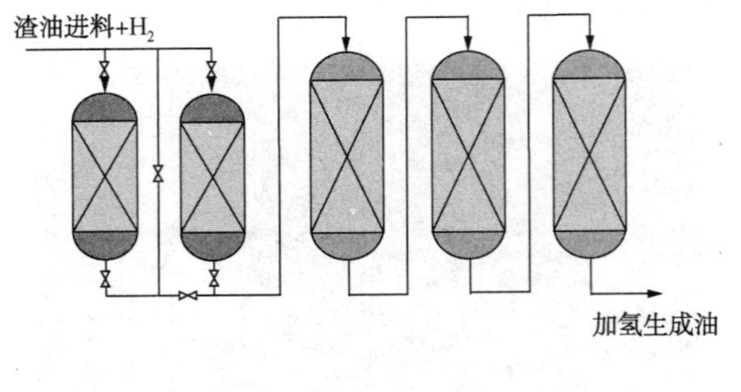

图 6　加氢保护反应器可切出工艺流程图

4　新开发固定床渣油加氢处理催化剂的工业应用

4.1　中石油四川石化 300 万吨/年渣油加氢工业装置工业应用

四川石化 300 万吨/年渣油加氢装置采用 CLG 公司 UFR/VRDS 技术设计建造，装置第三周期Ⅱ列采用 FRIPP 开发的 FZC 系列渣油加氢催化剂，Ⅰ列继续采用国外专利商催化剂。FRIPP 系列连续稳定运行 28 个月后按计划停工换剂，取得了更好的应用效果。装置两个系列的操作温度、系统总压降、各个反应器压降曲线见图 7～图 10。FRIPP 列总压降小于 2.5MPa，各个反应器压降低于参比列。

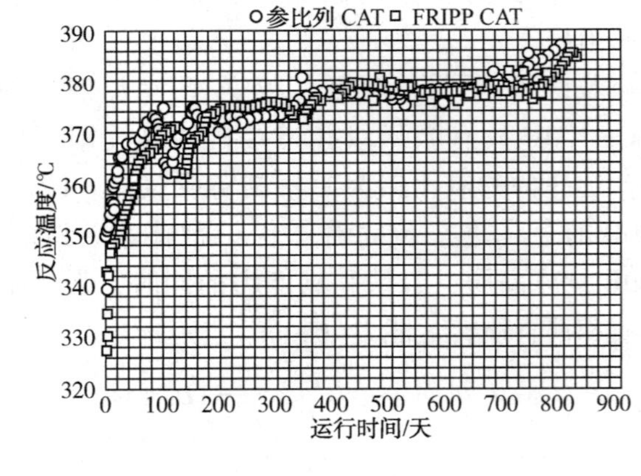

图 7　装置两系列操作温度图

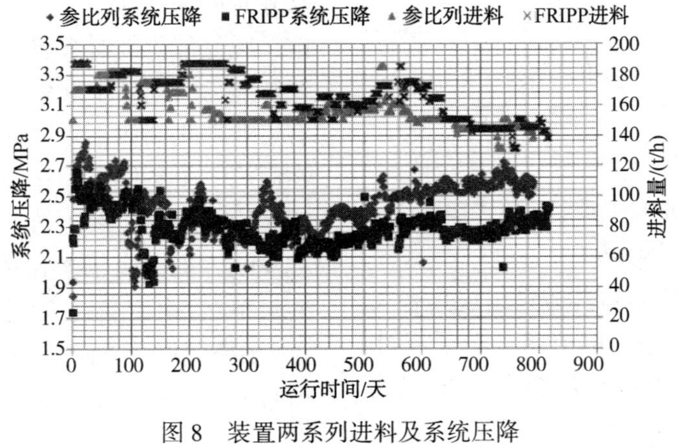

图 8　装置两系列进料及系统压降

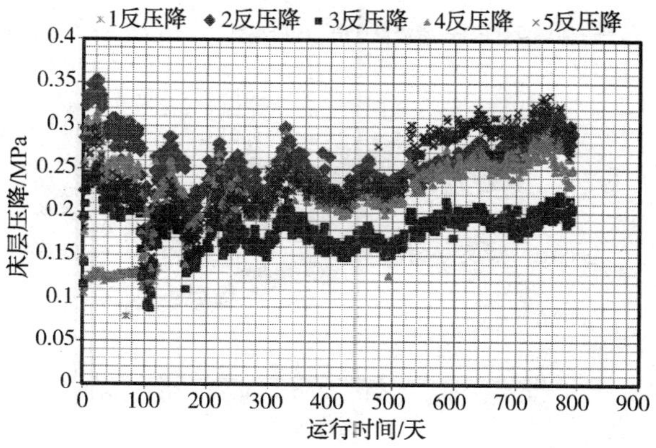

图 9　参比列各反应器压降

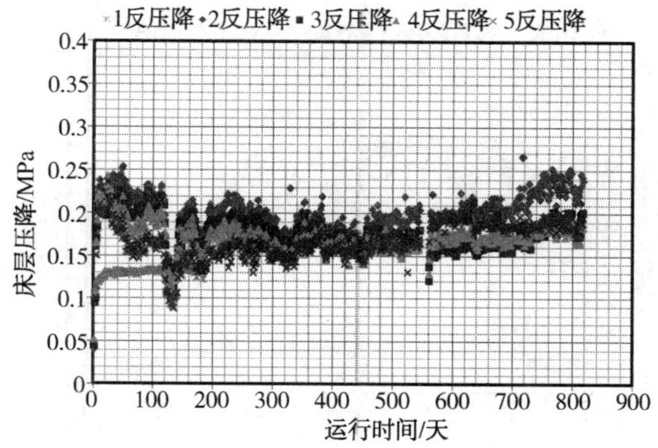

图 10　FRIPP 列各反应器压降

通过催化剂级配调整，操作模式改变，采用抚研院 SFI 渣油加氢与催化裂化整体优化技术提高原料稳定性三个方面，实现了装置长周期稳定运转。

4.2　齐鲁 150 万吨/年 UFR/VRDS 渣油加氢装置工业应用

齐鲁石化 150 万吨/年渣油加氢装置采用 CHEVRON 公司的 UFR/VRDS 工艺技术设计建造。装置第十四周期 A 系列采用 FRIPP 研制的 FZC 系列渣油加氢催化剂，B 系列装填国内一家技术供应商催化剂。第十四周 UFR/VRDS 渣油加氢装置运转 690 天。

本周期装置两列进料量、UFR 和固定床平均温度基本保持一致。图 4-5 和图 4-6 分别列出两列装置的进料量和 CAT 分布曲线。

本周期加工原料硫含量在 2%左右，图 13 为生成油硫含量曲线，FRIPP 列加氢渣油硫含量平均为 0.284%，脱硫率为 85.49%；原料残炭值基本在 8%～10%之间，图 14 为生成油残炭曲线，FRIPP 列加氢渣油残炭含量平均为 2.83%，脱残炭率为 65.15%。

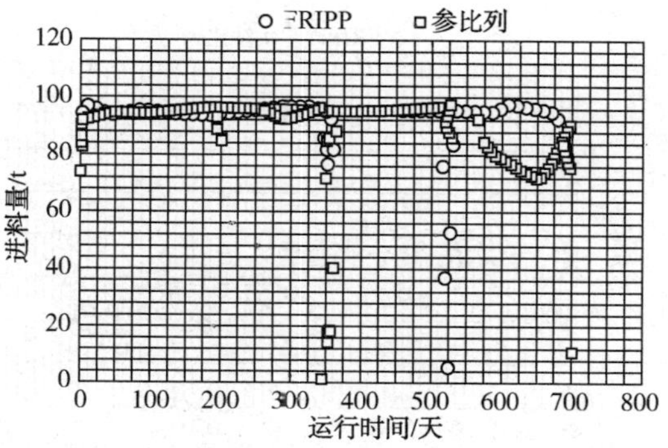

图 11　UFR/VRDS 装置两列进料量曲线

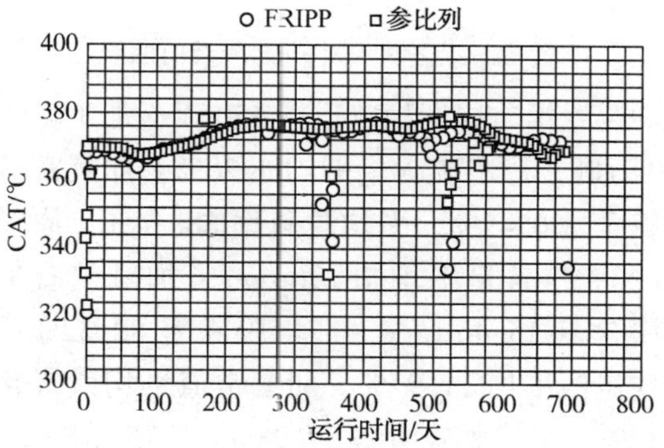

图 12　UFR/VRDS 装置两列总体平均温度曲线

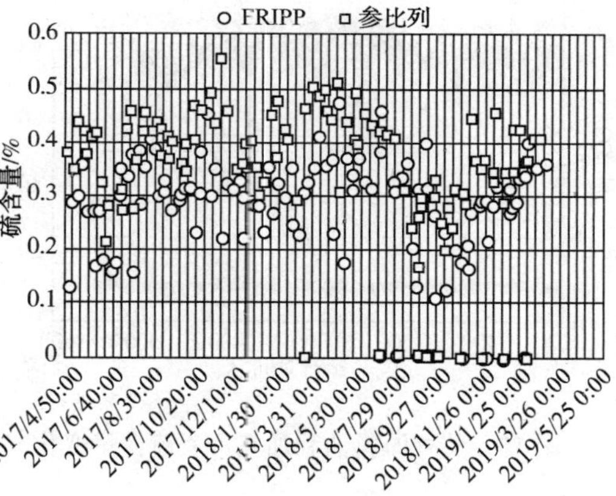

图 13　装置两列生成油硫含量曲线

FRIPP 在第十四周期催化剂级配方案进一步优化，FRIPP 列产品在各项指标上均明显优于参比列。从系统压降来看，FRIPP 列系统压降控制平稳，整个运转过程中压降未出现明显的上升，为本装置长周期运转奠定基础。

4.3　扬子石化 200 万吨/年渣油加氢处理装置工业应用

中石化扬子分公司 200 万吨/年渣油加氢装置(设计为单系列)采用 S-RHT 技术设计建设。装置已经完成四个周期的运行，均采用 FRIPP 开发的 FZC 系列渣油加氢处理催化剂。

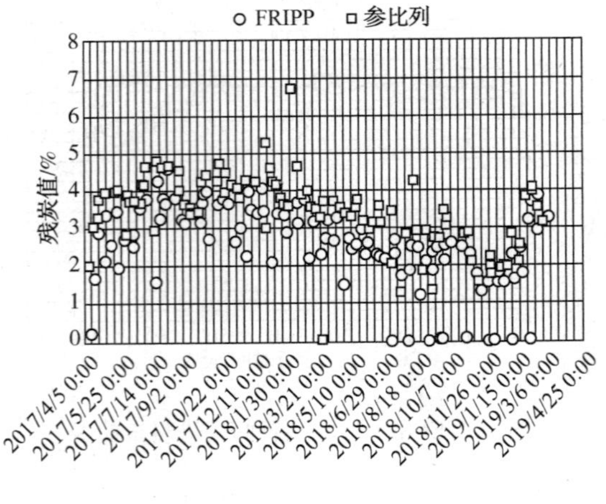

图 14　装置两列生成油残炭值曲线

装置第二周期稳定运行 550 天，加工量达到 330 万吨。原料硫含量平均 3.20%，加氢常渣平均硫含量 0.42%，平均脱硫率 88.14%；原料金属（Ni+V）含量平均 78.96μg/g，加氢常渣平均金属含量 15.45μg/g，平均脱除率 82.32%；原料残炭值平均 11.97%，加氢常渣平均残炭含量 5.32%，平均脱残炭率 59.98%（图 15～18）。

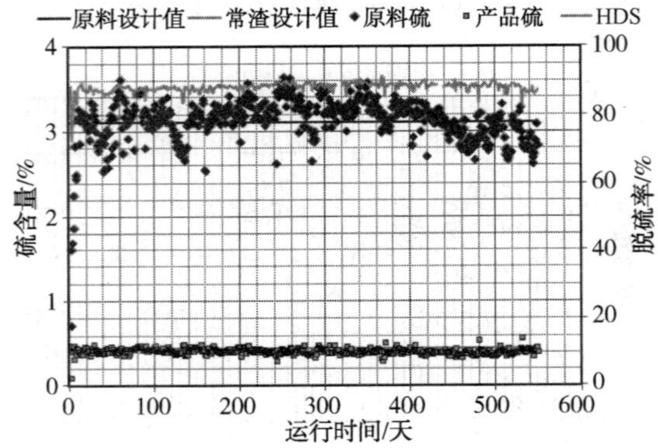

图 15　装置原料油和加氢常渣硫含量变化

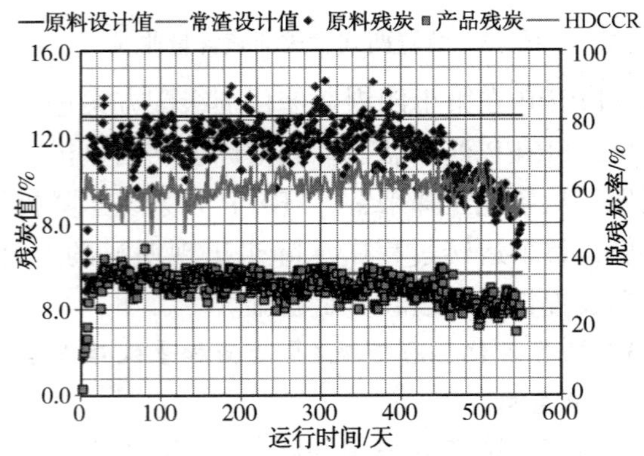

图 16　装置原料油和加氢常渣残炭值变化

工业运转结果表明，催化剂体系具有较高脱

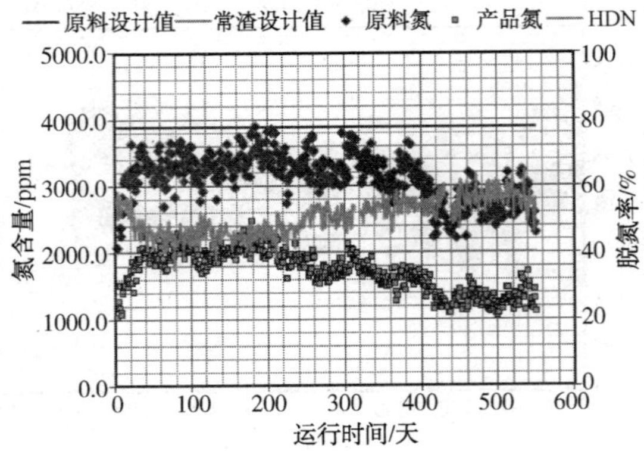

图 17　装置原料油和加氢常渣氮含量变化

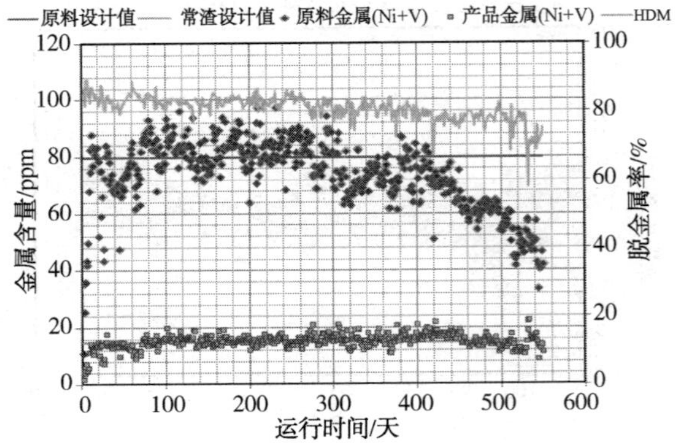

图 18　原料油和加氢常渣金属（Ni+V）含量变化

杂质活性和加氢活性，通过采用新的催化剂体系和级配理念在实现高金属沉积量的同时，平稳控制装置各个反应器的金属的沉积，实现了装置的最大金属沉积量（约 200 吨 Ni+V）和长周期稳定运行。

4.4　中海油惠州石化 400 万吨/年渣油加氢装置工业应用

中海油惠州石化 400 万吨/年渣油加氢装置采用 CHEVRON 公司的工艺技术设计建造。装置设置平行两个反应系列，每系列 5 台固定床反应器，反应器直径达到 5500mm。I 列二周期装填国内某专利商的催化剂（参比列），开工时间为 2020 年 1 月 1 日；II 列三周期采用 FRIPP 研制的 FZC 系列渣油加氢催化剂，开工时间为 2020 年 5 月 13 日。

截至 2021 年 3 月 3 日停工检修，参比列二周期运行 428 天，FRIPP 列三周期运行 295 天。待检修完成后，FRIPP 列按照计划重新开工，计划完成 20 个月的运转寿命。

同时期 FRIPP 列 CAT 较参比列低 4～9℃，如图 19 所示。

图 20~图 23 列出 FRIPP 列原料及加氢常渣杂质含量。原料平均硫含量 3.53%。热低分油平均硫含量 0.39%，脱除率平均 89.0%；原料平均氮含量为 1740ppm。热低分油平均氮含量 880ppm，脱除率平均 49.5%。稳定运行后 CCR 平均 11.8%。热低分油 CCR 平均为 4.7%，脱除率平均 60.4%；原料平均 Ni+V 含量 76.4ppm。热低分油平均 Ni+V 含量为 10.2ppm，脱除率平均 85.9%。

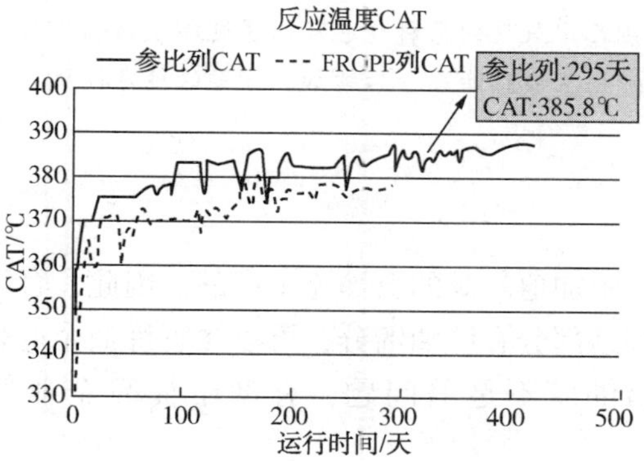

图 19 装置两系列操作温度图

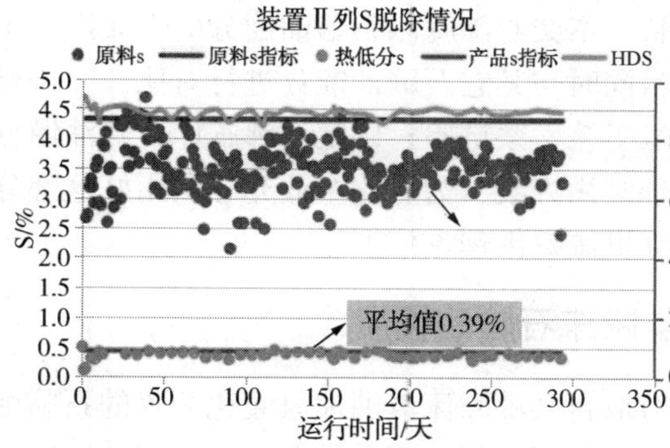

图 20 FRIPP 列加氢常渣硫含量变化

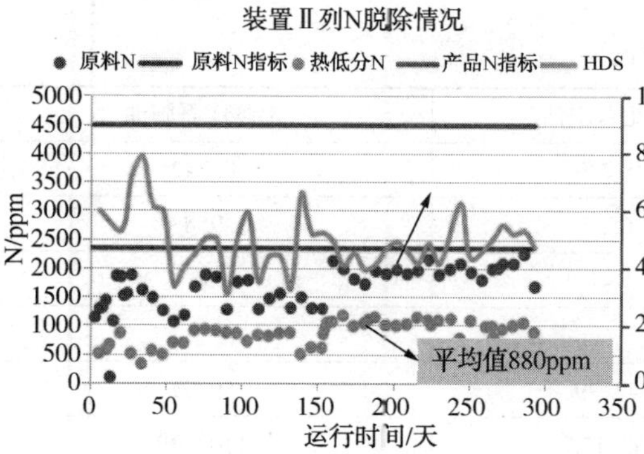

图 21 FRIPP 列加氢常渣氮含量变化

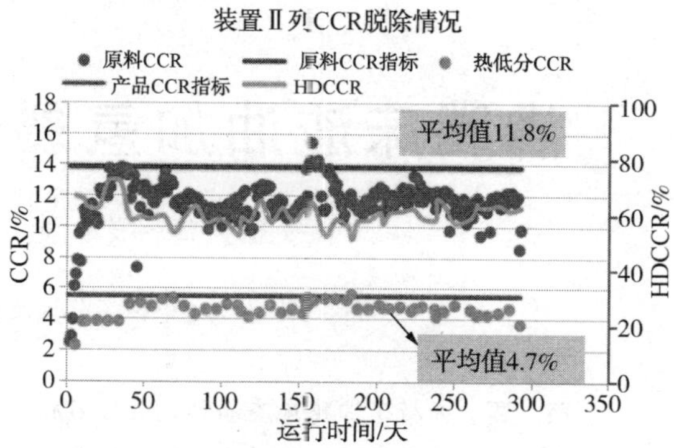

图 22 FRIPP 列加氢常渣残炭含量变化

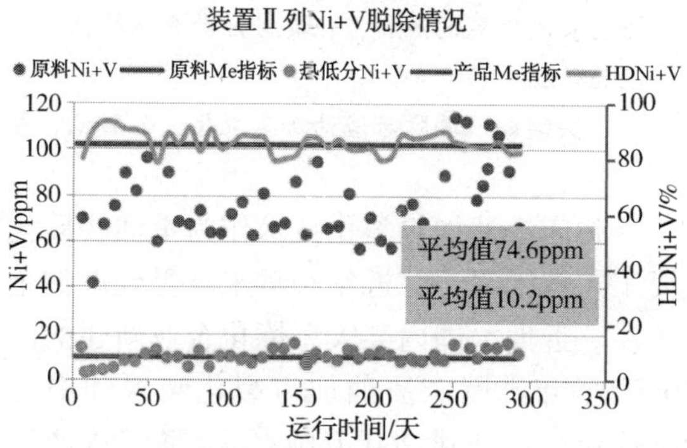

图 23 FRIPP 列加氢常渣金属含量变化

5 结论

（1）采用无机铝源为原料，按照特殊方法制备了一系列氧化铝催化材料。该催化材料形貌历经从纳米线集群形态进化到鸟巢状中空微米球，最后到花状中空微米球的演变。

（2）新型催化剂体系中的 S-Fitrap 体系，强化了渣油中重组分胶质、沥青质转化，提高体系的脱容金属杂质的能力，有效保护后段催化剂。

（3）针对加工高氮、高酸类原油易引起床层压降升高且氮难以脱除的问题进行了深入的研究。对比活性评价结果表明，在同等实验条件下，新催化剂体系整体反应性能明显均优于工业参比剂。

（4）近期典型工业应用数据表明，新型 FZC 系列渣油加氢处理催化剂表现出脱杂质能力好、容金属能力强、装置压降低、装置运转寿命长等特点。

参考文献

[1] 方向晨. 国内外渣油加氢处理技术发展现状及分析[J]. 化工进展，2011，30(1)：95-104.

[2]李立权. 渣油加氢技术的最新进展及技术路线选择[J]. 炼油技术与工程，2010，40(4)：1-4.

沸腾床渣油加氢裂化石脑油综合利用研究

徐大海　陈　光　丁　贺　代　萌　李　扬

（中国石化大连（抚顺）石油化工研究院）

摘　要　分析了沸腾床渣油加氢裂化石脑油馏分（以下简称沸腾床石脑油）的主要性质，并与焦化石脑油和直馏石脑油的性质进行对比，同时对沸腾床石脑油进行了详细的加氢精制工艺试验。结果表明，沸腾床石脑油比较适合于通过缓和的加氢精制后，作为蒸汽裂解制乙烯装置的原料，也可以通过加氢精制作为催化重整装置的原料，但其芳烃潜含量较低。本研究结果为沸腾床石脑油馏分后续加工方案的确定提供了理论依据。

关键词　沸腾床渣油加氢裂化，石脑油，综合利用

沸腾床渣油加氢裂化技术作为重油轻质化的重要工艺技术之一，近年来越来越受到炼油企业的关注。近期，国内某大型炼化企业新建的两套320万吨/年沸腾床渣油加氢裂化装置和中国石化某炼化公司新建260万吨/年沸腾床渣油加氢裂化装置已相继建成投产。该技术具有原料油适应性较强、运行周期较长等特点。劣质减压渣油经过沸腾床加氢裂化装置处理后，可以得到石脑油馏分、柴油馏分和蜡油馏分等。但各馏分杂质含量仍然比较高，需要后续加工处理才能作为最终产品或下游装置的合格进料。其中，沸腾床加氢裂化装置的石脑油馏分收率约为12%～15%。在我国，石脑油作为重要的化工原料，一直存在供应不足的问题，这严重制约了我国石油化工行业的发展。如果按照石脑油收率13.5%计算，一套320万吨/年沸腾床渣油加氢裂化装置每年可为石化企业提供43.2万吨石脑油原料，用于生产附加值较高的石油化工产品。因此，合理利用好这部分石脑油馏分，可以缓解炼油企业轻烃原料供应不足的问题，有助于提高企业经济效益。

现阶段，炼化企业的石脑油馏分主要用于催化重整装置原料，或作为生产乙烯的蒸汽裂解装置原料。本文对沸腾床石脑油馏分的性质进行了分析，同时与其它石脑油馏分进行对比，并进行了加氢工艺考察试验，确定了沸腾床石脑油馏分的合理利用方案，为炼化企业充分利用好这部分石脑油资源提供理论依据。

1　沸腾床石脑油性质

对取自某沸腾床渣油加氢裂化装置的石脑油性质进行分析，同时列出了典型直馏石脑油和焦化石脑油的性质，结果见表1。

表1　石脑油性质对比

项目	直馏石脑油	焦化石脑油	沸腾床石脑油
密度（20℃）/$g\cdot cm^{-3}$	0.743	0.729	0.742
硫含量/$\mu g\cdot g^{-1}$	168	6555	958
氮含量/$\mu g\cdot g^{-1}$	1.2	141	86
馏程（ASTM-D86）/℃			
IBP/10%	52/84	47/79	59/92
30%/50%	103/122	93/122	110/129
70%/90%	140/160	145/178	149/172
FBP	172	190	195
PONA 组成,%			
链烷烃	48.3	34.5	68.3

续表

项目	直馏石脑油	焦化石脑油	沸腾床石脑油
烯烃	0.5	35.3	4.6
环烷烃	42.8	18.1	20.9
芳烃	8.4	12.1	6.2
芳烃潜含量，	48.9	29.1	25.6

由表1分析结果可见，沸腾床石脑油链烷烃含量为68.3%，加氢处理后预期可达到70%以上，高于直馏石脑油，与焦化石脑油加氢后基本相当，是比较优质的蒸汽裂解制乙烯装置的原料。沸腾床石脑油的硫、氮等杂质含量介于直馏石脑油和焦化石脑油之间，也可以通过加氢精制的方法脱除杂质后，作为合格的催化重整装置原料，但因其芳烃潜含量低于前两者，预期芳烃产率和产氢率均要低于直馏石脑油和焦化石脑油。

2 实验结果及讨论

2.1 试验装置和氢气

试验在FRIPP的中型加氢试验装置上进行。该装置配备有精密的机泵、可靠的计量仪表和先进的控制系统。反应器进料流向自上而下，反应温度用电炉瓦精确控制，压力自动调节。试验用氢气为经过高压加氢脱氧及硅胶/分子筛脱水净化处理后的电解氢气，氢气纯度大于99.9v%，氧体积分数小于5 μL/L。采用氢气循环流程。中型试验装置原则流程见图1。

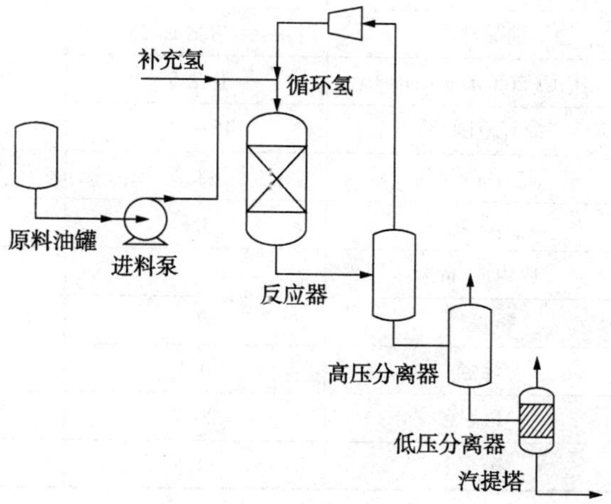

图1 中型试验装置原则流程

2.2 催化剂

本次试验采用W-Mo-Ni系轻质馏分油加氢催化剂FH-40C。FH-40C催化剂为FRIPP开发的低成本加氢精制催化剂，已广泛应用于各类石脑油加氢工业装置，较好地满足了不同炼化企业的生产需要。催化剂的物理化学性质见表2。

表2 催化剂物理化学性质

催化剂	FH-40C	分析方法
活性金属	W-Mo-Ni	比色法
物理性质		
孔体积/($mL \cdot g^{-1}$)	≮0.42	低温氮吸附
比表面积/($m^2 \cdot g^{-1}$)	≮220	低温氮吸附
形状	三叶草	目测
直径/mm	1.5~2.5	卡尺
长度/mm	2~8	卡尺
耐压强度/($N \cdot cm^{-1}$)	≮150	渐进式强度仪

2.3 作为生产乙烯的原料

蒸汽裂解制乙烯装置对原料要求比较低，只需要将石脑油中烯烃含量降低至1v%以下即可，对硫含量、氮含量等杂质的要求不高。参照同类工业装置运行工况，确定工艺试验条件为：反应压力3.0~3.5MPa，氢油比300，体积空速1.5~2.0h^{-1}，平均反应温度280~300℃。工艺考察试验结果见表3。

表 3　生产乙烯原料试验结果

试验条件	1	2	3	4
工艺条件				
反应压力/MPa	3.5	3.5	3.5	3.0
反应温度/℃	280	280	300	300
氢油体积比	300	300	300	300
体积空速/h^{-1}	1.5	2.0	2.0	2.0
油品性质	精制油	精制油	精制油	精制油
密度(20℃)/$g\cdot cm^{-3}$	0.735	0.737	0.736	0.738
馏程范围/℃	45~194	48~195	43~193	43~194
硫/$\mu g\cdot g^{-1}$	43.2	86.5	45.8	63.4
氮/$\mu g\cdot g^{-1}$	3.8	6.1	2.5	5.3
族组成/m%				
链烷烃	67.2	66.5	67.2	66.2
烯烃	0.3	0.7	0.4	0.8
环烷烃	20.7	20.8	20.7	20.9
芳烃	11.8	12.0	11.7	12.1

由表 3 试验结果可见，在反应压力 3.0~3.5MPa、氢油体积比 300、体积空速 1.5~2.0h-1、平均反应温度 280~300℃的工艺条件下，精制后的沸腾床石脑油烯烃含量均可满足小于 1%的要求，且链烷烃含量在 66.2%~67.2%之间，可以作为优质的蒸汽裂解制乙烯装置的原料。

2.4　生产催化重整装置原料

由表 1 分析结果看出，沸腾床石脑油馏分的芳烃潜含量仅为 25.6%，而且其硫、氮等杂质含量均较高，因此它并不是一种优质的催化重整装置原料。但对于没有生产乙烯的蒸汽裂解装置且催化重整装置原料不足的炼化企业，仍可以将沸腾床石脑油通过加氢精制后，作为催化重整装置原料的补充。对于生产芳烃的催化重整装置，石脑油原料实沸点切割范围通常在 60~140℃之间。通过对沸腾床石脑油的分馏，预期可以降低其中的硫、氮等杂质含量，有助于降低其加氢精制的难度。将表 1 中沸腾床石脑油分馏后，可以得到适宜馏分的重整进料。分馏后石脑油性质分析数据列于表 4。根据石脑油加氢精制工业装置的实际工况，将工艺试验条件确定为：反应压力 2.0~4.0MPa，氢油体积比 200，体积空速 2.0~3.0h^{-1}，反应温度 280~300℃。试验结果见表 4。

表 4　生产重整装置原料试验结果

试验条件		5	6	7	8
工艺条件					
反应压力/MPa		2.0	3.0	4.0	4.0
反应温度/℃		280	290	290	300
氢油体积比		200	200	200	200
体积空速/h^{-1}		2.0	2.0	3.0	3.0
油品性质	沸腾床石脑油分馏后	精制油	精制油	精制油	精制油
密度(20℃)/$g\cdot cm^{-3}$	0.727	0.724	0.723	0.721	0.720
馏程范围/℃	56~141	54~140	51~139	53~140	52~138
硫/$\mu g\cdot g^{-1}$	528	2.4	<0.5	1.8	<0.5
氮/$\mu g\cdot g^{-1}$	9.6	1.7	<0.5	1.2	<0.5
溴价/($gBr\cdot(100g)^{-1}$)	9.5	0.10	0.06	0.08	0.11

由表 4 试验结果可见，沸腾床石脑油分馏后，硫、氮等杂质含量大幅度降低，特别是氮含量降低至 10μg/g 以下。在反应压力 2.0MPa、体积空速 2.0h-1、反应温度 280℃、氢油体积比 200 的条件下，硫、氮含量均不能满足小于 0.5μg/g 的要求；将反应压力提高至 3.0MPa，同时将反应温度提高至 290℃后，精制油硫、氮含量合格；在反应温度 290℃时，将反应压力提高至 4.0MPa，同时将体积空速提高到 3.0h-1 后，精制油硫、氮含量不合格；在反应压力、氢油体积比和体积空速等条件不变的情况下，将反应温度提高至 300℃后，精制油硫、氮含量均小于 0.5μg/g。

此外，采用目前重整预加氢装置典型的操作条件，对沸腾床石脑油的最佳掺炼比例进行了考察试验。分别以表 1 中的直馏石脑油掺炼 10%、20%和 30%表 4 中分馏后沸腾床石脑油的混合油为原料，在反应压力 2.5MPa、体积空速 $6.0h^{-1}$、反应温度 290℃、氢油体积比 100 条件下进行加氢试验。试验结果见表 5。

表 5 沸腾床石脑油最佳掺炼比例试验结果

掺炼比例	10%	20%	30%
工艺条件			
反应压力/MPa		2.5	
反应温度/℃		290	
氢油体积比		100	
体积空速/h^{-1}		6.0	
油品性质	精制油	精制油	精制油
密度(20℃)/$g \cdot cm^{-3}$	0.740	0.740	0.739
馏程范围/℃	51~172	50~171	48~171
硫/$\mu g \cdot g^{-1}$	<0.5	<0.5	1.3
氮/$\mu g \cdot g^{-1}$	<0.5	<0.5	0.9
溴价/($gBr \cdot (100g)^{-1}$)	0.08	0.07	0.10

由表 5 试验结果可见，在常规重整预加氢装置操作条件下，掺炼 10%和 20%比例的沸腾床石脑油时，精制石脑油硫、氮含量均可以满足小于 0.5μg/g 的进料要求，当掺炼比例提高到 30%时，精制石脑油硫、氮含量分别达到 1.3μg/g 和 0.9μg/g，超出重整装置对进料的要求。因此，建议现有低压重整预加氢装置掺炼沸腾床石脑油时，掺炼比例应按不高于 20%控制较为合适。

3 小结

3.1 沸腾床石脑油经过加氢精制后，链烷烃含量高于直馏石脑油，与加氢精制后的焦化石脑油基本相当，是比较优质的蒸汽裂解制乙烯装置原料。沸腾床石脑油的硫、氮等杂质含量介于直馏石脑油和焦化石脑油之间，可以通过加氢精制的方法脱除杂质后，作为催化重整装置的原料，但其芳烃潜含量低于前两者，预期芳烃产率和产氢率要低于直馏石脑油和焦化石脑油。

3.2 工艺试验结果表明，在反应压力 3.0~3.5MPa、氢油体积比 300、体积空速 1.5~2.0h-1、反应温度 280~300℃的工艺条件下，精制后的沸腾床石脑油烯烃含量均可满足小于 1%的要求，且链烷烃含量在 66.2%~67.2%之间，可以作为优质的蒸汽裂解制乙烯装置原料。

3.3 对于分馏后的沸腾床石脑油，反应压力 3.0~4.0MPa、氢油体积比 200、体积空速 2.0~3.0h-1、反应温度 290~300℃的工艺条件下，精制石脑油硫、氮含量均可以满足小于 0.5μg/g 的催化重整装置进料要求。如果在现有的低压重整预加氢装置进行掺炼加工，建议掺炼比例应按不高于 20%控制。

参 考 文 献

[1] 方向晨．国内外渣油沸腾床加氢处理技术发展现状及分析［J］．化工进展．2011，30(1)95~104.

[2]贾丽，杨涛，胡长禄．国内外渣油沸腾床加氢技术的比较[J]．炼油技术与工程．2009，39(4)16~19.

[3]张庆军，刘文洁，王鑫等．国外渣油沸腾床加氢技术研究进展［J］．化工进展．2015，34(8)2988~3002.

[4]朱赫礼，朱宇．沸腾床渣油加氢技术的工业应用及展望[J]．石化技术 2014，21(2)58~63.

[5] 王喜斌，贾丽，刘建坤等．沸腾床渣油加氢影响因素及催化剂失活分析[J]．炼油技术与工程．2012，48(8)42~45.

[6] 姜来．渣油沸腾床加氢技术现状及操作难点[J]．炼油技术与工程．2014，44(12)8~12.

[7] 孙磊．FH-40C 焦化汽油加氢精制催化剂的工业应用[J]．石油炼制与化工．2015，46(12)14~19.

高活性稳定性柴油加氢催化剂研究

刘 丽 杨成敏 姚运海 郭 蓉 李 扬 段为宇 孙 进

（中国石油化工股份有限公司大连石油化工研究院）

摘 要 本文介绍了大连石油化工研究院(以下简称FRIPP)开发的高活性稳定性的柴油超深度脱硫催化剂的特点及工业应用情况。该催化剂具有孔径大、中等酸强度适宜、B酸/L酸比例高的特点，具有优异的超深度加氢脱硫活性和抗积碳中毒能力，该催化剂的堆积密度比国内和国外同类型参比剂分别降低了5%和20%以上。工业应用结果表明，该催化剂体系可以在高空速条件下加工不同原料油满足生产国VI标准的超低硫柴油，催化剂的失活速率为0.6~0.7℃/月，是国外催化剂失活速率的一半，可以有效延长装置运行周期。该催化剂体系体现了优异的超深度加氢脱硫活性和稳定性，是长周期生产国VI标准柴油的理想催化剂。

关键词 FHUDS-7，柴油，超深度加氢脱硫，催化剂

1 前言

随着环保法规的日趋严格，对柴油产品质量的要求越来越苛刻，尤其是对柴油中硫含量的要求更为严格。欧洲等发达国家和地区已实行欧VI排放标准，即要求柴油产品硫含量不大于10 μg/g，十六烷值不小于51，多环芳烃含量不大于8%。近5年来，我国加速了柴油质量升级步伐，由2015年开始执行国IV柴油标准升级到2019年开始执行的国VI标准，硫含量由不大于50 μg/g降低至不大于10 μg/g，十六烷值由不小于49提高至不小于51，多环芳烃由不大于11%降低至不大于7%。可见，我国柴油质量标准已与欧洲等世界先进指标相当，用更短的时间加速了柴油质量升级步伐，减小柴油燃料对环境的污染。

抚顺石油化工研究院（FRIPP）开发的FHUDS-5催化剂被多家国外著名公司评为顶级(Top tier)或世界一流催化剂。FHUDS-6催化剂在2014年与国外最新催化剂的对比结果表明其性能达到国际领先水平。为了降低催化剂的成本，FRIPP开发了低成本FHUDS-8柴油深度加氢脱硫催化剂。国外机构对FRIPP柴油超深度脱硫催化剂的活性评价结果及在国外的工业应用结果表明，FRIPP开发的柴油深度加氢脱硫催化剂总体上已跨入当前国内外同类技术领先水平。至2017年8月，FHUDS－5、FHUDS－6和FHUDS-8催化剂已在国内100多套次、国外5套柴油加氢装置上成功应用，满足了炼油企业生产超低硫柴油的需要，能够满足我国柴油质量升级需求。

近几年，采用国内外开发的最新柴油超深度脱硫催化剂已能满足生产国VI柴油的要求，但由于生产国V和国VI柴油时催化剂的失活速率显著高于生产国IV柴油，企业关注的核心问题还是装置的运行周期。目前，不少生产国V和国VI柴油的加氢装置的运行周期是2年左右，只有部分炼厂的柴油加氢装置能够满足3年的运行周期，而大多数炼油企业的核心装置大检修时间目前是4年一检修，未来还会延长至5年一检修。存在大部分柴油加氢装置运行周期与全厂大检修时间不一致、中间换剂影响全厂加工平衡等问题，因而炼厂希望延长柴油加氢装置运行周期，提高企业经济收益。尽管可以通过装置改造、原料优化管理等来延长装置的运行周期，但催化剂的活性和稳定性仍是影响装置长周期运转的关键因素。活性提高意味着初始反应温度降低，装置运行的温度区间延长，利于延长装置运行周期；降低催化剂积炭量、减缓催化剂失活速率也是延长柴油加氢装置运行周期的有效手段。因此，提高柴油加氢催化剂的活性和稳定性是延长装置运行周期的重要手段。

在超低硫柴油生产过程中，需要将柴油中的4，6-二甲基二苯并噻吩(4，6-DMDBT)类的化

合物脱除，4，6-DMDBT 类化合物受其分子直径大和空间位阻大的限制而最难脱除。随着含硫化物分子复杂度的增加，其分子直径逐渐增大，超深度脱硫所需要的催化剂孔径也需要增大。提高催化剂的孔径是提高催化剂活性的有效方法之一。柴油加氢脱硫催化剂的活性位是 MoS_2 垛层的边、角、棱，一般 3～5 层 MoS_2 的活性最高，为了抑制过大的硫化活性相垛层的生成，需要降低载体与活性金属之间的相互作用，提高活性金属的分散度。减弱载体与活性金属间相互作用，提高活性金属的分散度，减小 MoS_2 晶片长度，生成更多比例的 3～5 层 MoS_2 晶片，也是提高催化剂活性的有效方法之一。

柴油加氢催化剂失活的影响因素主要有金属中毒失活、积炭失活，其中金属中毒失活对催化剂造成的失活是不可逆的，通常是通过在反应器上层装填保护剂、加强原料油管理等方法对主催化剂进行保护。柴油加氢脱硫催化剂的失活速率与催化剂的积炭失活有关，研究者对 Mo-Co 型柴油加氢脱硫催化剂的积炭机理进行研究，发现催化剂上积炭的主要成分为 C_{14-25} 左右的长链烷烃和 2～3 个苯环为主的烷基芳烃，而积炭反应与催化剂的中强酸强度密切有关。因此，适当的降低催化剂的中强酸强度是提高催化剂稳定性的重要方法之一。研究表明，Brōnsted 酸量高的催化剂与参比剂相比不仅 HDN 活性高，且催化剂上的积炭量减少。同时载体酸中心数目多的催化剂其加氢脱硫活性有明显提高。综上所述，催化剂要有好的脱硫、脱氮性能和低的积炭失活速率，其中强度酸量要适宜，且 Brōnsted 酸酸量要多，Lewis 酸酸量要少，即高的 B 酸/L 酸比例有利于提高催化剂活性和稳定性。

为了延长柴油加氢装置运行周期和提高国产催化剂的国际市场竞争力，需进一步提高催化剂的活性稳定性和降低催化剂的装填密度，开发了高活性高稳定性低成本 FHUDS-7 催化剂，并成功应用到中石化广州分公司 200 万吨/年柴油加氢装置、镇海炼化分公司 300 万吨/年柴油加氢装置和青岛炼化 410 万吨/年柴油加氢装置，长周期稳定生产国Ⅵ标准超低硫柴油。

2　催化剂特点

2.1　适合大分子硫化物反应的载体开发

利用孔径分布集中的大孔径氧化铝载体制备平台技术制备的新型载体与 FHUDS-5 载体的孔分布曲线见图 1，可见新型载体的最可几孔径比 FHUDS-5 载体的大，且孔分布更集中，新型载体的平均孔径为 9.7nm，比 FHUDS-5 载体的大 22.8%；6.0～15.0nm 孔径比例新型载体明显增加，比 FHUDS-5 载体增加 51%。如图 2 所示，新型载体和 FHUDS-5 载体均属于典型的存在回滞环的 IV 型等温曲线，说明这两种载体均为介孔结构。其中新型载体和 FHUDS-5 载体的吸附量基本相同，说明 FHUDS-5 载体和新型载体孔容较接近。按照 IUPAC 的对回滞环的分类，FHUDS-5 载体回滞环的吸附支和脱附支较为陡峭，其回滞环更接近 H1～H2b 过渡形态，属于两端开口的管径分布均匀的圆筒状孔和密堆积球形颗粒间隙型粗墨水瓶孔的混合型；新型载体回滞环的吸附支和脱附支最为陡峭，其回滞环更接近 H1 型，两端开口的管径分布均匀的圆筒状孔更多存在，介孔材料的大孔径分布均匀性和连通性好，有利于大分子含硫化合物的扩散，提高了催化剂的有效活性中心数量，有利于提高催化剂的活性。

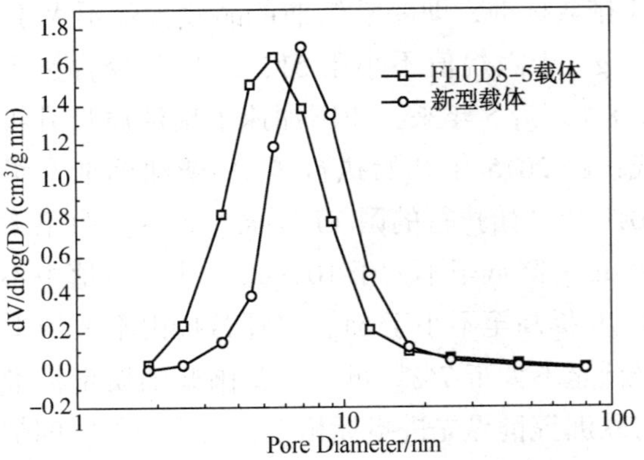

图 1　不同载体的孔分布曲线

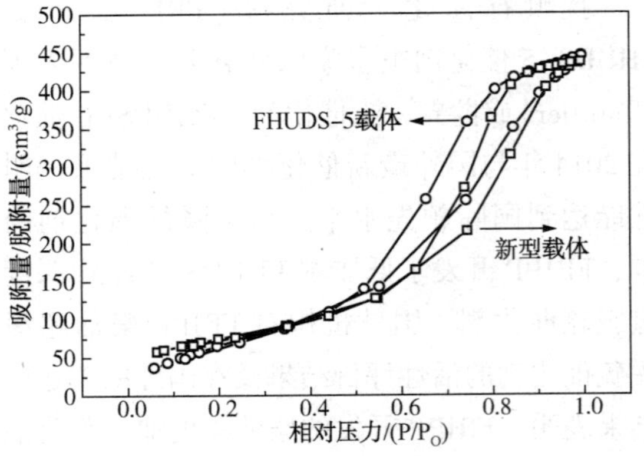

图 2　不同载体的吸附-脱附曲线

2.2 活性金属形貌控制提高活性中心数和活性金属硫化度

采用新型氧化铝载体，同时利用新型助剂调控载体与活性金属间的相互作用，控制活性金属形貌，制备了 FHUDS-7 催化剂。催化剂理化性质见表 1，与 FHUDS-5 相比，FHUDS-7 催化剂的平均孔径为 7.5nm，是 FHUDS-5 催化剂的 1.3 倍，而且 FHUDS-7 催化剂堆积密度降低了 5%以上。与国外同类型最新的催化剂相比，FHUDS-7 堆积密度降低了 20%以上。

表 1 催化剂理化性质

项目	FHUDS-5	FHUDS-7	国外参比剂
活性金属组成	Mo-Co	Mo-Co	Mo-Co
形状	三叶草	三叶草	三叶草
平均孔径/nm	5.6	7.5	8.9
侧压强度/N · mm^{-1}	21.4	22.7	20.9
堆积密度/g · cm^{-3}	0.94	0.88	1.12
颗粒直径/mm	1.2	1.2	1.5

为了考察催化剂的硫化情况，对硫化后的催化剂进行 XPS 分析，对 Mo3d 的 XPS 峰进行了分峰拟合处理，如图 3 所示，催化剂 FHUDS-7 和 FHUDS-5 硫化后，Mo 存在的价态为+4、+5 和+6。经分峰拟合后，由表 2 可以看出，与 FHUDS-5 相比，FHUDS-7 催化剂中 Mo4+的比例较高。由于 Mo4+对应的是硫化后理想的 MoS2 活性相，说明 FHUDS-7 催化剂生成了更多的加氢脱硫活性中心。同时 FHUDS-7 催化剂硫化后的 Mo4+结合能也较低，说明 FHUDS-7 催化剂的载体与金属之间的相互作用较弱，有利于 CoMoS 活性相的生成。

对 FHUDS-7 和 FHUDS-5 硫化态催化剂的 Co2p XPS 谱图同样进行了分峰拟合，拟合结果见图 4。参考 Gandubert 等的研究结果，并考虑电子转移对助剂金属原子电子结合能的影响确定峰位归属。可以看出，Co2p 的谱图主要有 3 个峰，分别是 779 ev 左右归属为 Co-Mo-S 相，781 ev 左右归属为 Co-O 振动峰，785 ev 左右归属为 Co2+。通过对拟合峰峰面积可以计算出 Co-Mo-S 相在全部 Co 物种中所占比例 m(Co-Mo-S) /m(Co)，结果见表 2。相对于 MoS2 活性相而言，Co-Mo-S 相具有更高的脱硫活性。由表 2 可见，FHUDS-7 催化剂中 Co-Mo-S 相比例要高于 FHUDS-5 催化剂的，说明采用新型助剂能够显著提高 FHUDS-7 催化剂的脱硫活性。

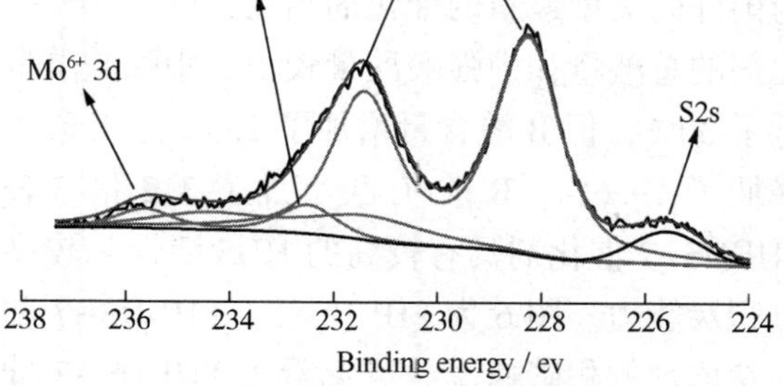

(a)和FHUDS-5催化剂

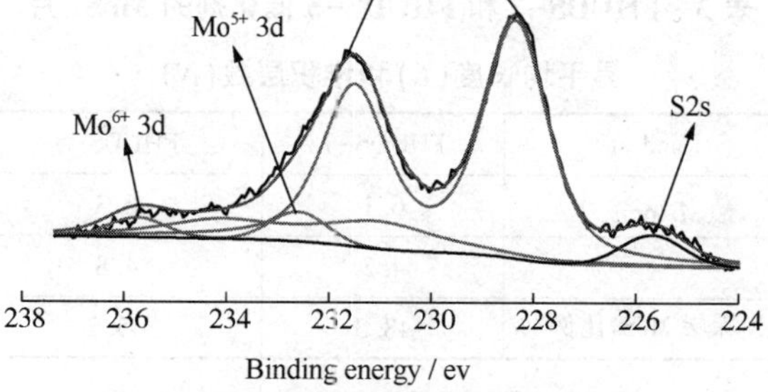

(b)硫化后的Mo3d的XPS谱图

图 3 FHUDS-7 催化剂

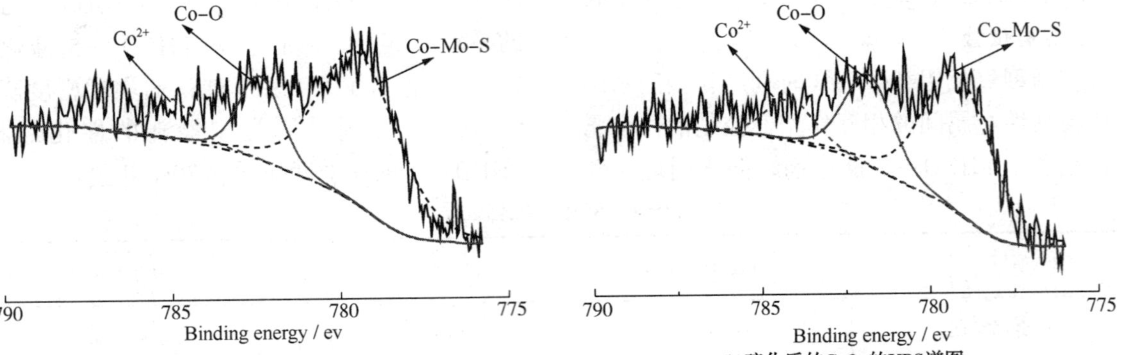

(a)和FHUDS-5催化剂　　(b)硫化后的Co2p的XPS谱图

图 4　FHUDS-7 催化剂

表 2　FHUDS-7 和 FHUDS-5 催化剂硫化后的 XPS 定量分析结果

Catalyst	FHUDS-7	FHUDS-5
Mo^{4+} E_B/eV	228.27	228.37
$m(Mo^{4+})/m(Mo)$	0.82	0.74
S/Mo Ratio	1.74	1.71
m(Co-Mo-S) /m(Co)	0.67	0.58

硫化后 FHUDS-7 和 FHUDS-5 催化剂的 HRTEM 谱图见图 5。与 FHUDS-5 相比，FHUDS-7 催化剂上活性相晶片更小，活性金属分散度更高。如表 3 所示的分析数据可见，与 FHUDS-5 相比，FHUDS-7 催化剂中 MoS_2 片晶平均长度和平均堆积层数较小，3-5 层垛层比例较高，说明 FHUDS-7 采用新型多孔隙氧化铝载体，减弱了活性金属与载体间相互作用，抑制了过大的硫化活性相垛层的生成，活性金属分散度高，硫化后生成了活性相晶片更小，产生了更多活性更高的边、角、棱等易于接触的活性中心，从而提高了催化剂的加氢脱硫活性。

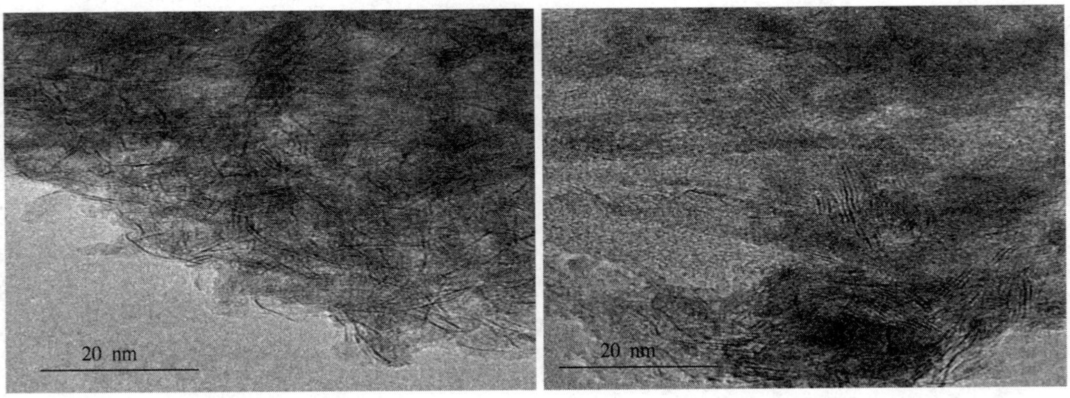

(a)和FHUDS-5催化剂　　(b)硫化后的HRTEM谱图

图 5　FHUDS-7 催化剂

表 3　FHUDS-7 和 FHUDS-5 催化剂的 MoS2 片晶平均长度($\bar{L}$)和堆积层数($\bar{N}$)

Catalyst	FHUDS-7	FHUDS-5
$\bar{L}$/nm	6.1	6.3
$\bar{N}$	4.5	4.8
3~5 垛层 MoS_2 比例/%	48.3	45.2

2.3　特殊酸性降低催化剂积碳速率

如表 5 所示催化剂的红外酸分布可以看出，与国外同类型最新的催化剂相比，FFHUDS-7 催化剂的总酸量和中强酸酸量较小，中强酸酸量降低了 30%，但 B 酸含量增加了 2.3 倍，L 酸含量降低了 19.6%，B 酸/L 酸增加了 3.2 倍。表明 FHUDS-7 催化剂具有较高的 HDS 活性和较高的抗积炭能力。图 6 为 FHUDS-5、FHUDS-7 和国外参比剂的积碳速率，可见看出 FHUDS-7 催化剂的积碳速率最小，说明 FHUDS-7 催化剂的特殊酸性能够显著降低催化剂的积碳速率。

表 5　催化剂红外酸性质

项目	FHUDS-7	国外参比剂
吡啶-红外酸量/mmol · g^{-1}	0.515	0.533
160~250℃弱酸/mmol · g^{-1}	0.222	0.177
250~450℃中强酸/mmol · g^{-1}	0.192	0.275
>450℃强酸/mmol · g^{-1}	0.041	0.081
L 酸/mmol · g^{-1}	0.401	0.499
B 酸/mmol · g^{-1}	0.114	0.034
B 酸/L 酸	0.28	0.068
B 酸/L 酸变化	增加 3.2 倍	

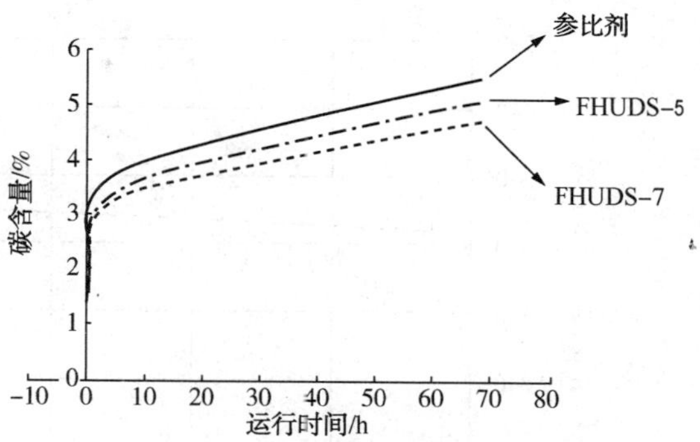

图 6　不同催化剂的积碳速率

3　FHUDS-7 催化剂反应性能

3.1　FHUDS-7 催化剂活性水平

活性评价在 200mL 加氢装置上进行。以镇海常三线直馏柴油为原料，以 FHUDS-5 催化剂为参比剂，进行了 FHUDS-7 催化剂活性对比评价，评价结果见表 6。可见，生产满足硫含量<10μg/g 的柴油，与 FHUDS-5 催化剂相比，FHUDS-7 催化剂的反应温度降低 5~10℃，相对脱硫活性提高 53%。

表 6　催化剂活性评价对比结果

工艺条件	FHUDS-5			FHUDS-7
氢分压/MPa	6.4			
体积空速/h^{-1}	1.5			
氢油体积比	500			
平均反应温度/℃	基准	基准+5	基准+10	基准
精制油性质				
S/μg · g^{-1}	14.3	10.6	5.4	7.0
N/μg · g^{-1}	1.2	1.2	1.2	1.2
相对脱硫活性/%	100			153

3.2　FHUDS-7 催化剂稳定性

催化剂活性稳定性评价见图 7。FHUDS-7 催化剂进行了 3500 小时稳定性试验，在满足精制柴油硫含量小于 10μg/g 的条件下，催化剂脱硫活性无明显降低，平均反应温度仅提高 3℃，提温速率为 0.6℃/月，FHUDS-7 催化剂体现了良好的活性稳定性。

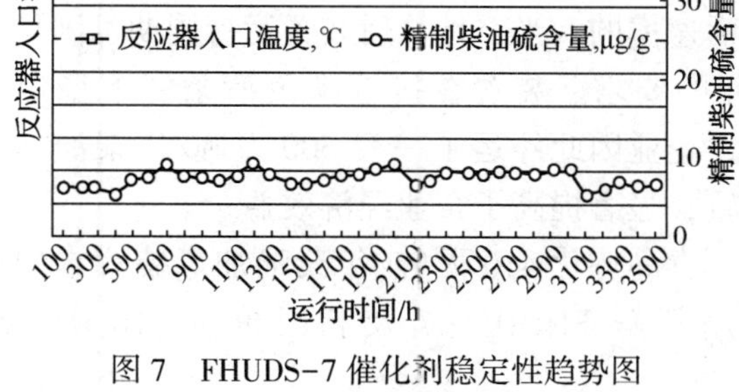

图 7　FHUDS-7 催化剂稳定性趋势图

4　FHUDS-7 催化剂的工业应用

广州分公司 200 万吨/年柴油加氢装置生产国 VI 柴油的长周期运行结果表明：自 2018 年 7 月开工以来，主要加工高硫直馏柴油，在平均反应温度 350℃~362℃，体积空速 1.79~1.91h^{-1}，反应器入口氢分压 5.4~5.6MPa，氢油体积比 238~261Nm^3/m^3 条件，可以满足生产国 VI 柴油的要求。装置反应温度变化情况见图 8，可见，装置连续稳定运行 12 个月，产品质量稳定，装置进入稳定期后反应器提温速率平均为 0.6℃/月，远低于国外报道的 1.3~1.5℃/月的失活速率，计算后装置运行周期可满足≮4 年的要求，说明该催化剂体系具有良好的超深度加氢脱硫活性和稳定性。

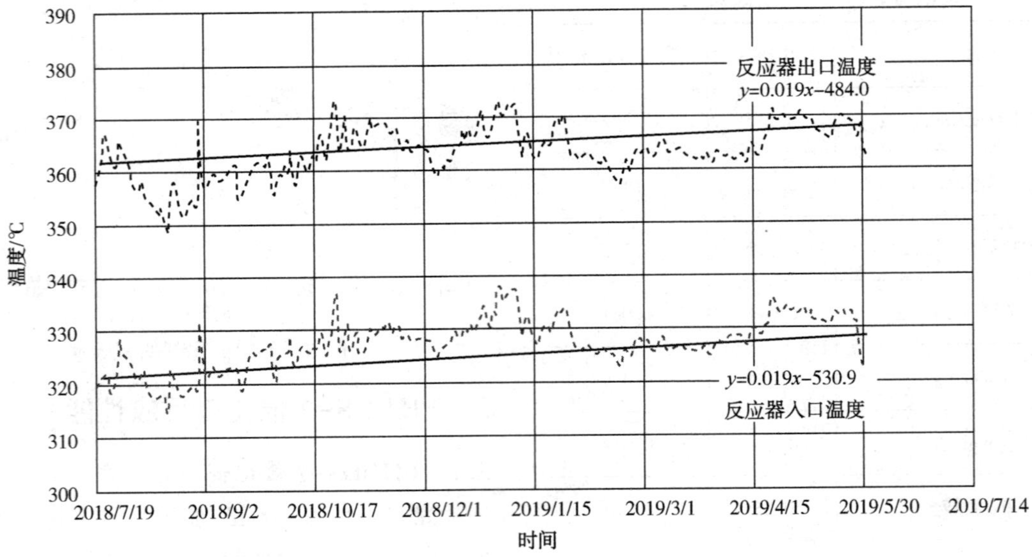

图 8　广州石化 200 万吨/年柴油加氢装置反应温度

镇海炼化Ⅳ加氢装置上个周期采用国外进口的催化剂，运行初期没有满负荷运行，开工 4 个月后逐渐进入满负荷状态，装置满负荷运行约 2 个月，逐渐降低处理量，而后装置的处理量大多时间在 234t/h～310t/h 之间(图 9)。从整个运行周期来看，镇海炼化Ⅳ加氢装置上周期初期反应提温速率相对较快，在运行中后期降低处理量后真实反应温度的提升速率相对稳定。装置运行末期的主要条件为处理量 234t/h，R1 反应器入口温度约 379℃，R1 出口温度 401℃，R2 反应器入口温度 395℃，R2 出口温度 395℃。上周期装置开始生产国Ⅴ柴油后，即使在较低的负荷下(按照装置进料量 310t/h，装置负荷只有 86.8%)，催化剂的平均失活速率为 1.4℃/月(图 10)。

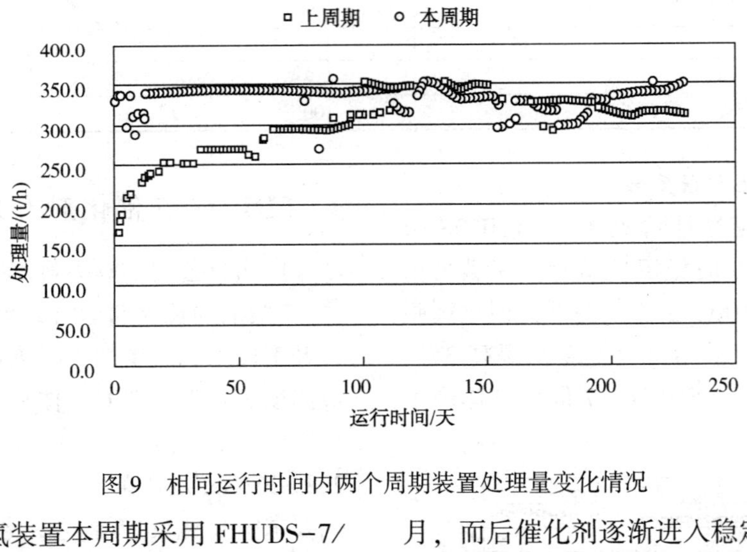

图 9　相同运行时间内两个周期装置处理量变化情况

镇海炼化Ⅳ加氢装置本周期采用 FHUDS-7/FHUDS-8 催化剂，自开工以来基本维持满负荷运行，进料量大部分时间保持在 350t/h 左右(图 9)，装置连续运行约 8 个月，R1 反应器入口温度约 342.4℃，R1 出口温度 379.5℃，R2 反应器入口温度 366.8℃，R2 出口温度 369.5℃，可以稳定生产硫含量小于 10μg/g 的精制柴油。装置运行的前 3 个月的催化剂失活速率为 1.3℃/月，而后催化剂逐渐进入稳定期，催化剂的失活速率降为 0.7℃/月(图 10)，仅为国外某催化剂失活速率的一半，计算后装置运行周期可满足≮2 年的要求。装置在接近满负荷条件下稳定运行，企业因此停运了一套 300 万吨/年柴油加氢装置，显著提高了企业经济效益。

青岛炼化 410 万吨/年柴油加氢装置本周期采用新鲜 FHUDS-7 及利旧再生 FHUDS-5、

FHUDS-6、FHUDS-8 组合催化剂级配方案，于 2019 年 12 月进行装置标定实验，可以满足国 VI 柴油的质量要求。标定期间，装置负荷率 90%，直馏柴油为 49.4%，焦化汽柴油为 28.6%，催化柴油为 14.0%，反应器入口温度为 293℃，入口压力 7.7MPa，氢气/原料油体积比为 430，体积空速为 0.9h-1，精制柴油的硫含量低于 8mg/kg，多环芳烃含量低于 7%，产品指标满足国 VI 车用柴油要求。

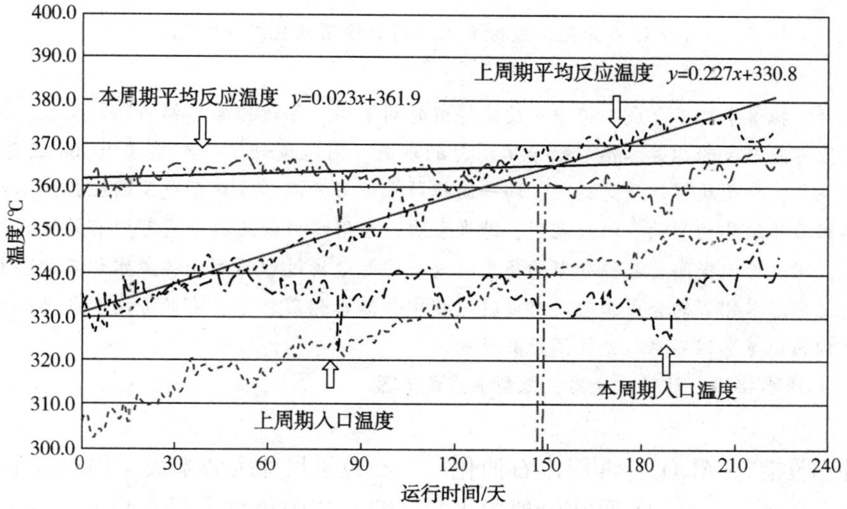

图 10 反应温度变化情况

化剂。

5 结论

利用孔分布集中的大孔径氧化铝载体制备平台，制备的新型载体的平均孔径为 9.7nm，6~15nm 孔径比例比 FHUDS-5 载体的提高了 50.8%。采用新型载体制备的 Mo-Co 型 FHUDS-7 柴油超深度加氢脱硫催化剂的堆积密度比国内和国外同类型参比剂分别降低了 5%和 20%以上。该催化剂的载体与活性金属间的相互作用较弱，能够生成更多比例的高活性 CoMoS 相和高活性的 MoS2 片晶，在生产国 VI 标准超低硫柴油，其相对活性比 FHUDS-5 催化剂提高 53%。同时，该催化剂的中强酸酸量适宜、B 酸/L 酸比例高，具有优异的抗积碳中毒能力，FHUDS-7 催化剂具有优异的活性稳定性。

工业应用结果表明：该催化剂体系可以在高空速条件下加工直馏柴油或二次加工混合油为原料油满足生产国 VI 标准的超低硫柴油，催化剂的失活速率为 0.6~0.7℃/月，是国外催化剂失活速率的一半，可以有效延长装置运行周期。该催化剂体系体现了优异的超深度加氢脱硫活性和稳定性，是长周期生产国 VI 标准柴油的理想催化剂。

参 考 文 献

[1] 钱伯章. 满足国Ⅴ排放要求的汽油、柴油标准将提前至 2016 年底在全国实施[J]. 石油炼制与化工，2015，46(6)：78-79.

[2]张玉银. 船舶燃料驶入低硫期 [J]. 中国石油石化，2018，14：42-43.

[3]张金旺，郭蓉，段为宇，等. FHUDS-8 催化剂在天津分公司 320 万 t/a 柴油加氢装置上的工业应用 [J]. 当代化工，2018，47 (7)：1473-1474.

[4]夏银生. FHUDS-8/FHUDS-5 催化剂在金陵石化的工业应用[J]. 当代化工，2017，46(6)：1246-1250.

[5]郭蓉，沈本贤，方向晨. 柴油深度加氢脱硫催化剂性能研究[J]. 炼油技术与工程，2011，41(12)：31-35.

[6]刘丽，郭蓉，孙进，等. 柴油加氢脱硫催化剂的研究进展[J]. 化工进展，2016，35(11)：3503-3510.

[7]李大东. 加氢处理工艺与工程[M]. 北京：中国石化出版社，2004：180.

[8] GANDUBERT A D，KREBS E，LEGENS C，et al. Optimal Promoter Edge Decoration of CoMoS Catalysts：A Combined Theoretical and Experimental study [J]. Catalysis Today，2008，130(1)：149-159.

拟薄水铝石的粒径对其孔结构的影响

关月明　王永林　袁胜华　张　成　杨　刚

（中国石油化工股份有限公司大连石油化工研究院）

摘　要　针对拟薄水铝石合成工艺中，反应停留时间不同，导致拟薄水铝石晶粒生长、聚集不均匀的问题，以及其他可能产生的拟薄水铝石粒子不均匀的现象。同时设计了一个直径10mm微型水力旋流器，作为粒子分离设备，期望获得性质更稳定、均一的拟薄水铝石产品。分别合成了两组拟薄水铝石，考察粒径对于拟薄水铝石孔结构的影响。结果表明，结果表明，采用水力旋流器分离可以有效地提高拟薄水铝石粒径的集中度，同时可以提高其孔径分布的集中程度。同时分离过程不影响拟薄水铝石的晶相结构。这一发现有助于优化拟薄水铝石的合成工艺，对成胶过程中拟薄水铝石粒子的有效分离和组合，能定向地合成具有特定孔结构的拟薄水铝石材料，提高产品性能。

关键词　拟薄水铝石，粒径，分离，微型水力旋流器

活性氧化铝一般指 $\gamma-Al_2O_3$，常用作石油化工工业中催化剂的载体。$\gamma-Al_2O_3$通常由拟薄水铝石在高温下焙烧得到。氧化铝的孔结构决定于其前身拟薄水铝石的结晶度、形貌、粒子大小和聚集状态。因此，要获得孔径相对集中的氧化铝载体，必须严格控制拟薄水铝石制备过程，使晶核的生长和粒子团聚得到有效控制。拟薄水铝石是一种结晶不完整的一水软铝石，具有孔容和比表面积大、黏结性强、胶溶性好及触变性凝胶的特点。目前已知的制备方法已经有很多报道，例如中和法、醇铝法等。但是目前拟薄水铝石合成工艺存在一定的问题。其中连续法工艺，有反应停留时间不同，导致拟薄水铝石晶粒生长、聚集不均匀的问题。而间歇法工艺，如果搅拌剧烈，搅拌的剪切力和浆液返混现象也会导致拟薄水铝石晶粒聚集不均匀。因此，在拟薄水铝石晶粒聚集后，会产生的粒子不均匀的问题。

固体粒子分离是机械分离等领域中最重要的单元操作之一。在粒子分级领域，水力旋流器分离系统相对于其他固体粒子分离技术而言，具有能耗低、成本低、无化学反应、无运动部件等优点。其原理是利用离心力场实现了轻重组分的分离，并强化分离过程。

在拟薄水铝石的合成过程中，水力旋流器的引入可以实现连续、快速、在线分级，避免拟薄水铝石在反应母液中停留时间过长导致晶粒不可控的变化。将晶粒生长、变化的有效反应过程保留在成胶和老化反应阶段。此外，由于拟薄水铝石粒子尺寸为微米级，相对较小并且分布范围较窄，其中包含大量粒度<10μm的粒子。这种密度差小、粒子粒度也较小的分离（或分级）过程，具有极大的挑战性。微型水力旋流器（直径在1到10mm之间）能有效地分离小粒子，不仅可用于微米级固体粒子的分级，还可用于分离密度差较小的粒子与介质。Hwang等人采用10mm水力旋流器，将平均粒径14.5μm的玉米淀粉从悬浮液中分离出来。

在本研究中，采用直径为10mm的微型水力旋流器用于拟薄水铝石粒子的分离。考察粒子粒径对拟薄水铝石孔结构的影响。

1　实验

1.1　拟薄水铝石的合成与分离

采用不同方法合成了两组理化性质不同的拟薄水铝石。其孔结构性质如表1所示：

表1　拟薄水铝石的孔结构性质

样品名称	拟薄水铝石1	拟薄水铝石2
孔容/($g\cdot cm^{-3}$)	1.03	0.67
比表面积/($m^2\cdot g^{-1}$)	282	190
孔径分布		
<6nm	2.1	7.7
6~15nm	42.0	34.8
>15nm	52.9	57.5

拟薄水铝石合成过程为成胶反应阶段。成胶反应结束后，生成物浆液通过蠕动泵以一定的流

速输送至微型水力旋流器。经过旋流器分离后，含小粒子的拟薄水铝石浆液从溢流口流出，含大粒子的拟薄水铝石浆液则从底流口流出。以上两股浆液分别经过洗涤、过滤、干燥过程，得到拟薄水铝石并进行取样表征。成胶反应与分离流程如图 1 所示，在采样点 S1、S2 和 S3 分别取样，进行粒度分析。

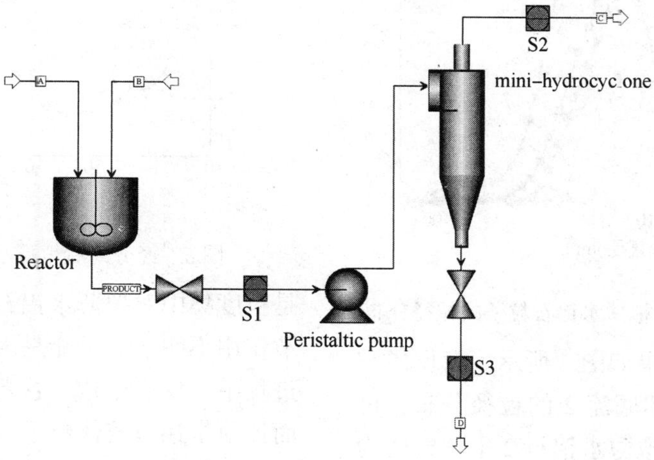

图 1　拟薄水铝石的合成及分离流程示意图

1.2　微型水力旋流器

微型水力旋流器的结构及流体运动方向如图 2 所示。其中旋流器主要结构分为柱段和锥段，流体流向如图所示主要有两种，且具体分离过程为：待分离的流体以一定的切向流速从进口流入，产生高速旋转；在离心力的作用下，密度不同的轻、重组分分离；轻组分跟随向中心运动，形成向上运动的内旋流，从溢流口流出；而重组分则沿旋流器内壁面向下运动，形成外旋流，从底流口流出。而针对拟薄水铝石而言，就是溢流口流出小粒子，而底流口流出大粒子。

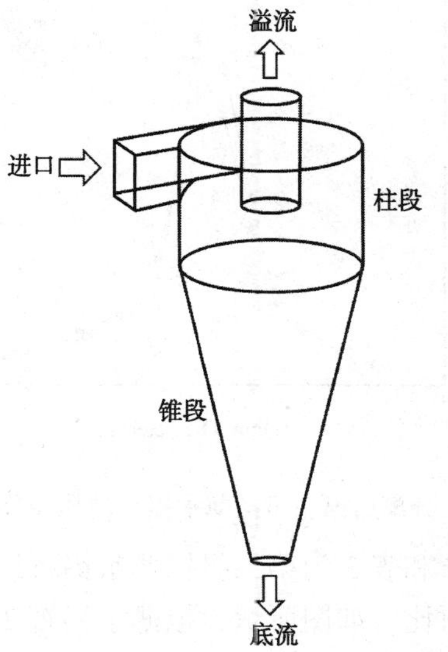

图 2　微型水力旋流器结构示意图

1.3　拟薄水铝石表征

采用日本理学株式会社的 D/Max2500 型 X 射线粉末衍射仪（XRD）进行催化剂的晶相性质表征。测试条件：石墨单色器，Cu 靶射线，$K\alpha$ 辐射源，管电压 40kV，管电流 80mA，扫描范围 5°～80°。拟薄水铝石的孔结构性质的测定采用美国 Micromeritics 公司的 ASAP2020 型物理吸附仪。测试条件：在 -196℃ 下测定的 N_2 吸附和脱附等温曲线，比表面积、孔体积等由脱附曲线按 BJH 模型计算得到。

2　结果与讨论

两组拟薄水铝石在成胶反应后，马上进入微旋流器进行分离。其中第一组拟薄水铝石经分离后，大粒子和小粒子被分离，粒径分布结果如图 3 所示。成胶反应器出口浆液（拟薄水铝石 1）平均粒径为 23μm，粒径范围为 0.3μm～140μm，>10μm 的粒子体积比为 44.2%。经过一次分级以后，对比分离后得到的拟薄水铝石小粒子（溢流 1）、拟薄水铝石大粒子（底流 1）的粒径分布，底流 1>10μm 的粒子体积比为 71.6%，溢流 1<10μm 的粒子体积比为 61.3%。拟薄水铝石 1 和底流粒径分布差别比较明显。但是溢流与原拟薄水铝石的粒径分布差到不大，这是由于拟薄水铝石浆液的杂质含量高，粘度偏大，对分级效果造成了一定影响。

第二组拟薄水铝石经分离后，大粒子和小粒

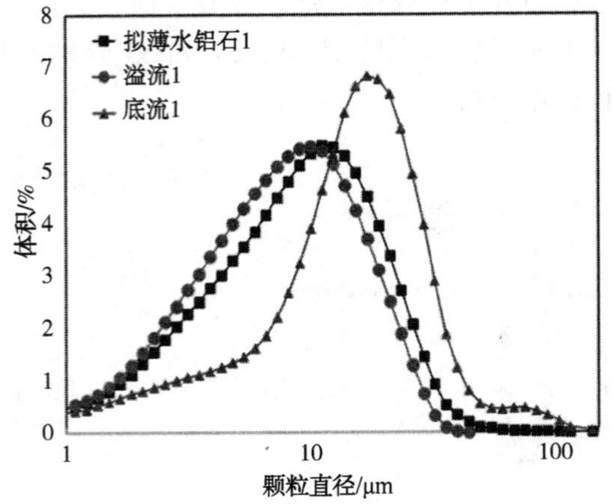

图 3　经旋流分离后第一组拟薄水铝石粒子的粒径分布

子被分离，粒径分布结果如图 4 所示。对比成胶拟薄水铝石 2、溢流 2 和底流 2 的粒径分布，可以看出分离效果良好。拟薄水铝石 2 平均粒径为 18μm，粒径范围为 0.7μm ~ 150μm，其中 >10μm 的粒子体积比为 65.9%。粒径分布呈弥散状态。经过分离以后，底流 2 平均粒径为 19μm，>10μm 的粒子体积比为 81.2%；溢流 2 平均粒径为 12μm，<10μm 的粒子体积比为 43.5%。经分离后，溢流和底流的粒径分布差别明显，大、小粒子分离效果理想。

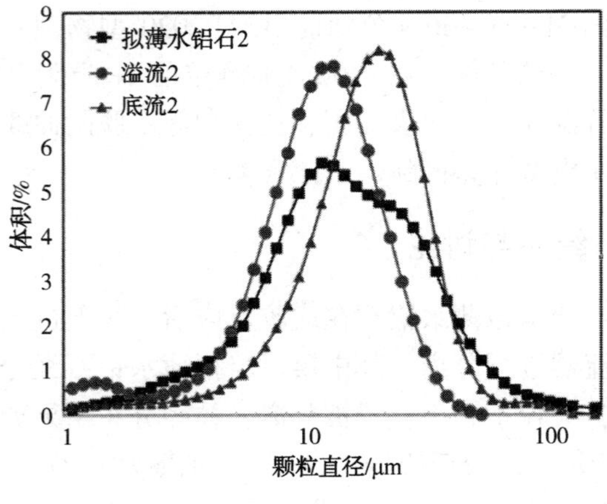

图 4　经旋流分离后第二组拟薄水铝石粒子的粒径分布

然后对其中第一组分离后的拟薄水铝石进行晶相分析，如图 5 所示的 X 射线衍射谱图。谱图中在 14°、28°、38°、49°、65°处均出现了拟薄水铝石的特征衍射峰，说明分离过程没有改变拟薄水铝石的晶相结构。

图 6 和表 2 为第一组拟薄水铝石经分离后的孔结构对比。如图所示，分离过程对拟薄水铝石的孔结构有一定的影响，主要体现在孔径分布。拟薄水铝石粒度集中使孔径分布也趋于集中。但

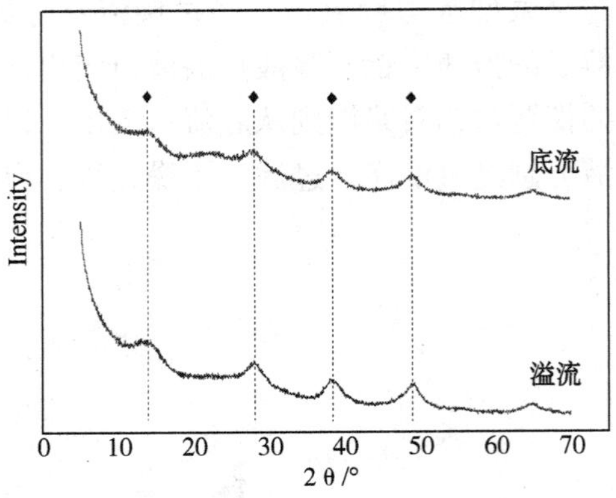

图 5　经分离后拟薄水铝石 XRD 谱图对比

是粒度集中对拟薄水铝石的孔容和比表面积的调节作用不明显。可能是因为该拟薄水铝石的合成过程中，反应生成一次粒子的反应时间非常短，而拟薄水铝石胶体粒子在反应釜内的其余的停留时间，都是一次粒子聚集、长大形成二次粒子的过程。这就导致所有粒子的反应时间和过程相差较小，生成的拟薄水铝石粒子比较均匀。因此拟薄水铝石 1 粒径集中度很高，基本上都集中在 10μm 左右，其中 7μm ~ 12μm 的比例高达 32.5%。粒子的粒度过小且集中，这就导致了孔结构变化较小。

表 2　分离后第一组拟薄水铝石的孔结构对比

样品名称	拟薄水铝石 1	溢流 1	底流 1
孔容/($g \cdot cm^{-3}$)	1.03	1.00	1.04
比表面积/($m^2 \cdot g^{-1}$)	282	270	288

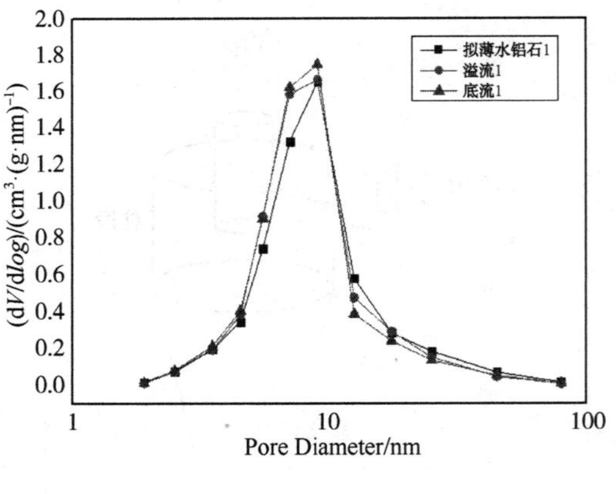

图 6　分离后第一组拟薄水铝石的孔径分布对比

图 7 和表 3 为第二组拟薄水铝石经分离后的孔结构对比。如图所示，拟薄水铝石 2 的孔径分布具有双峰的特点。孔径分别集中在 9nm 和 23nm 两处。经过分离后，小粒子从溢流口流出，粒径集中。即使拟薄水铝石为粒子之间无序堆积

形成，但是因为粒径较小且集中，所以使得粒子间的堆积也趋于均匀，因此孔径集中在 9nm 处。底流粒子的成分复杂，包括小粒子(<10μm)、较大粒子(10μm～100μm)和>100μm 的粒子，并且粒子之间无序堆积，使孔径分布不集中，因此底流 2 保留了双峰孔的特点，而且孔径有增大的趋势。由表 2 可知，分离过程使溢流的拟薄水铝石孔容和比表面积增大；相应的，底流的孔容和比表面积减小。针对拟薄水铝石粒子分离对孔径分布的影响推测，拟薄水铝石小粒子堆积形成较小的孔道，因此生成的拟薄水铝石孔径较小；大粒子堆积形成较大的孔道，因此生成的拟薄水铝石孔径较大。如果多种粒度的粒子堆积形成拟薄水铝石的孔道，可能会形成多峰的孔径分布特点(即多峰孔)。

表 3　分离后第二组拟薄水铝石的孔结构对比

样品名称	拟薄水铝石 2	溢流 2	底流 2
孔容/($g \cdot cm^{-3}$)	0.67	0.71	0.58
比表面积/($m^2 \cdot g^{-1}$)	190	227	174

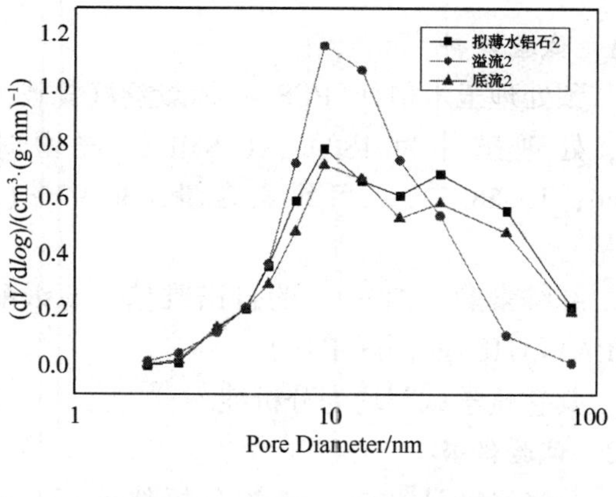

图 7　分离后第二组拟薄水铝石的孔径分布对比

3　结论

综上所述，对于拟薄水铝石经过旋流分离后，其中的大粒子和小粒子的被有效分离。该分离对于拟薄水铝石的性质产生如下影响：

(1) 分离过程不影响拟薄水铝石的晶相结构。

(2) 提高拟薄水铝石粒子的粒度集中度，可以明显提高其孔径分布的集中程度。

(3) 多种粒度的拟薄水铝石粒子堆积可能会形成多峰孔。

(4) 对成胶过程中拟薄水铝石粒子的有效分离和组合，能有效地定向合成具有特定孔结构的拟薄水铝石材料。

参　考　文　献

[1] 左少卿，杜晓辉，熊晓云，等. 拟薄水铝石制备方法的研究进展[J]. 应用化工，2017，46(9)：1818-1821.

[2] 吕振辉，薛冬，彭绍忠，等. 介孔氧化铝制备方法对其载体及催化剂性能的影响[J]. 石油化工，2017，46(1)：17-26.

[3] 刘洪，郭清，胡攀峰，等. 国内外液-液水力旋流分离器研究进展[J]. 钻采工艺，2007，(5)：78-87.

[4] 刘杨，王振波. 水力旋流器分离效率影响因素的研究进展[J]. 流体机械，2016，44(2)：39-42.

[5] J. F. Yu, J Fu, H Cheng, et al. Recycling of rare earth particle by mini - hydrocyclones [J]. Waste Management, 2017, 61(3): 362 - 371.

[6] S. A. Grady, G. D. Wesson, M Abdullah, et al. Prediction of 10 - mm hydrocyclone separation efficiency using computational fluid dynamics [J]. Filtration & Separation, 2003, 40 (9): 41 - 46.

[7] K. J. Hwang, S. Y. Lyu, Y Nagase. Particle separation efficiency in two 10-mm hydrocyclones in series [J]. Journal of the Taiwan Institute of Chemical Engineers, 2009, 40(3): 313 - 319.

预处理玉米秸秆连续酶水解与发酵工艺研究

张　全　关　浩　曹长海　唐开宇

（中国石油化工股份有限公司大连石油化工研究院）

摘　要　本文以预处理玉米秸秆（PCS）为底物，设计建造了连续酶水解与发酵实验室装置，并利用该装置研究了 3 个体系的连续酶水解发酵过程。结果表明，干物质浓度（TS）21%/酶加量（EL）5.4%（指 0.054g/g 纤维素）和 25% TS/4.8% EL 的两个体系分别在 27 d 和 36d 内（在表 1 内有体系）达到稳定运行，乙醇浓度最高分别可达到 2.8%和 3.3%。36.8% TS/3.7% EL 体系由于抑制物的影响无乙醇产生，但稳定运行时水解糖浓度可达到 12.5%，达到了提高酶水解过程水解糖浓度的目的，表明连续酶水解发酵工艺可行。

关键词　预处理玉米秸秆，连续酶水解，纤维素酶，燃料乙醇

木质纤维素类生物质作为地球储量最大的生物质原料，用来制备纤维素乙醇可部分解决原料来源问题。目前，纤维素乙醇技术整体处在工业示范阶段，国内外已经有多套示范装置，加拿大 Iogen 公司从 2005 年开始在渥太华的加油站出售纤维素乙醇配制的乙醇汽油，到 2013 年累计生产纤维素乙醇 1683 吨，全球纤维素乙醇产能已经超过 30 万 t/年。纤维素酶水解过程中纤维素酶的成本、乙醇蒸馏过程的能耗，以及酶水解工艺的连续性一直是纤维素乙醇工业化的制约因素。姚秀清等对植物纤维原料发酵生产燃料乙醇的各种间歇酶水解发酵工艺进行了详细描述，包括分段酶水解与发酵（SHF）和同步糖化发酵（SSF）等，目前间隙酶水解工艺能够用于生产，但是酶水解的效率低下，只能进行较低干物质浓度的水解，水解糖的浓度偏低，造成最终乙醇浓度低，影响后续蒸馏能耗，而且还有操作过程繁琐，设备利用率低、占地面积大、总电机搅拌功率大等弊端，因此有必要开发新型的连续酶水解工艺和装置。

Simone B. 等对连续搅拌罐（the continuous stirred tank reactor，CSTR）和活塞流反应器（the plug flow reactor，PFR）用于木质纤维素原料酶水解液连续发酵的工艺进行了综述，丹麦 inbicon 公司开发了用于木质纤维素原料水解的连续酶水解工艺，但没有把酶水解和发酵过程整合连续运行的报道。本文在纤维素乙醇间歇酶水解与发酵工艺基础上开发了连续酶水解与同步糖化发酵相结合的工艺，可连续运行，其中卧式酶水解罐可实现高干物质浓度的酶水解过程，基于耐温酵母菌的同步糖化发酵缓解了高干物质浓度酶水解过程中葡萄糖对纤维素酶的反馈抑制，提高了酶水解与发酵效率。

1　材料与方法

1.1　试验材料

预处理玉米秸秆（PCS）：稀酸蒸汽爆破预处理，处理条件为 180℃，0.8MPa，停留时间 5min；TS 58.33%；纤维素含量，36.93%（g/g 干基）。

纤维素酶：CTec2，购自诺维信，滤纸酶活（FPA）137IU/g（国际单位）。

其它化学试剂均为分析纯。

1.2　试验仪器

分光光度计 722S，上海分析仪器厂；水浴振荡器 SHA-B，山东菏泽华兴仪器仪表有限公司；生化培养箱 SP-120，沈阳伟明医疗设备厂；高效液相色谱 Agilent 1200，美国安捷伦公司；发酵罐 Biotech-5M，上海保兴生物设备销售有限公司；生物安全柜 NU-425-400E，美国 NUAIRE 公司。

1.3　菌株和培养方法

酿酒酵母 FE-B，实验室筛选并保藏，CGMCC No.2735。种子培养基（YPD）：2%葡萄糖，2%蛋白胨和 1%酵母膏，115℃灭菌 30min，备用。种子培养时从冰箱保存的斜面上在无菌状态下刮下一环接入，过夜培养即可。

1.4 分析方法

1.4.1 PCS 干物质浓度测定：采用 Mettler Toledo 公司 HG63 水分测定仪烘干法测定。

1.4.2 纤维素酶活性测定：采用滤纸酶活(FPA)，以国际单位(IU)表示，即在 1min 内产生 1 μmol 葡萄糖所需的酶量为 1 IU。

1.4.3 纤维素含量测定：采用美国可再生能源实验室(NREL)公开的两步酸水解法测定。

1.4.4 糖和乙醇浓度测定：采用 HPLC 法同时测定酶水解液或发酵液中的葡萄糖、木糖、纤维二糖和乙醇浓度，葡萄糖、纤维二糖、木糖和乙醇标样购自 Sigma 公司。色谱条件：色谱柱，water Sugar Pak Ⅰ；流动相，超纯水；流速，0.5mL/min；柱温，65℃；检测器，RI；检测器温度，40℃。

1.4.5 纤维素水解率测定

$$Rh = \frac{Ms}{Mc \cdot 1.1} \cdot 100\% \qquad (1)$$

式中，Rh，纤维素水解率,%；Ms，水解糖质量，g；Mc，纤维素质量，g；常数 1.1 指葡萄糖与纤维素之间的换算关系。

1.5 连续酶水解装置

设计并建造用于 PCS 连续酶水解与发酵的实验装置。装置包括进料螺杆，卧式酶水解罐，立式酶水解发酵罐等，其中卧式酶水解罐体积为 2.2L，立式酶水解发酵罐的有效容积为 2.2L。

1.6 连续酶水解与发酵实验

分别以 21%、25%和 36.8%干物质浓度进行了连续酶水解与发酵实验。实验分为三个阶段。第一阶段利用进料螺杆往卧式酶水解罐中一次性加入 2200g PCS，控制卧式酶水解罐的温度为 50℃，搅拌速率 86r/min，预先酶水解 4d。第二阶段，开启进料螺杆开始连续打入 PCS，螺杆推进的压力使卧式酶水解罐的末端被部分酶水解的 PCS 压入到立式酶水解发酵罐中(控温 50℃)。第三阶段，调节立式酶水解发酵罐的温度为 36℃-38℃，接入酵母菌。根据每天进入的 PCS 质量与卧式酶水解罐和立式酶水解发酵罐的有效容积确定连续酶水解和发酵的停留时间，停留时间定义为：卧式酶水解罐或立式酶水解发酵罐体积(2200mL)与每天进料量的比值。具体参数见表 1。

表 1 连续酶水解与发酵运行参数

序号	TS(%)	EL(%)	CH-Rt(d)	F-Rt(d)	F-start(d)	Tt(d)
1	21	5.4	5	5	7th	27
2	25	4.8	3.4	3.4	9th	36
3	36.8	3.7	4.8	4.8	5th	20

注：TS，干物质浓度；EL，纤维素酶 Ctec2 加入量，单位 g/g 纤维素；CH-Rt，连续酶水解停留时间；F-Rt，发酵停留时间；F-strart，开始发酵时间；Tt，运行时间。

2 结果与讨论

2.1 21%TS/5.4%EL 体系连续酶水解与发酵

如图 1 所示，前 3d 卧式酶水解反应器出口的葡萄糖浓度呈线性上升，第 3 d 水解糖(葡萄糖和纤维二糖浓度之和)浓度为 6.7%，但是连续运行时葡萄糖浓度降低，第 8 d 时趋于稳定，第 8-27d 的平均水解糖浓度为 5.7%，平均纤维素水解率为 56.1%。葡萄糖浓度降低的原因可能是：进料速率过快；进料速率不均匀。立式酶水解发酵罐中第 7d 接入酵母菌 FE-B 种子，接种量为 10 v%，接种方式为离心后接入菌泥。如图 2 所示，第 7d 后葡萄糖浓度急剧降低，第 10d 葡萄糖浓度降低到 0.065%，乙醇浓度升高到 2.4%，之后乙醇浓度稍有上升，最高点为 2.8%，平均乙醇浓度为 2.4%。

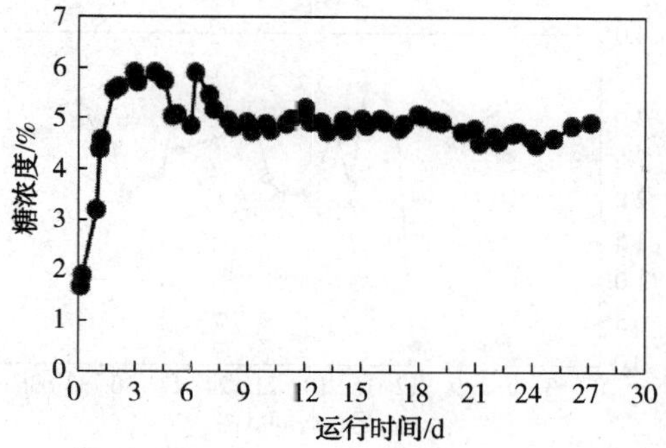

图 1 21%TS/5.4%EL 体系卧式酶水解罐出口葡萄糖浓度随运行时间趋势

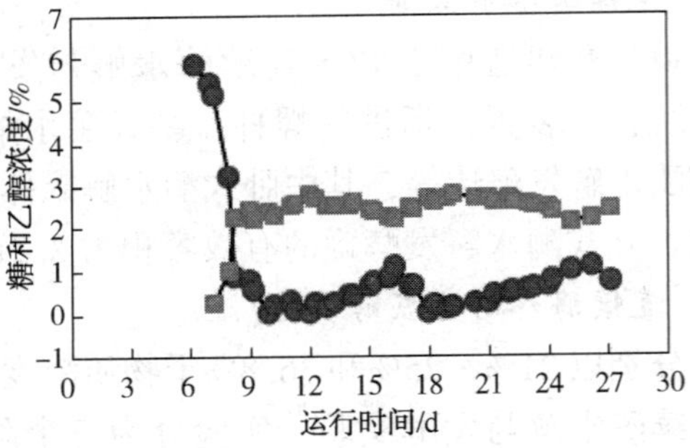

图 2　21%*TS*/5.4%EL 体系立式酶水解发酵罐糖和乙醇浓度随运行时间趋势

2.2　25%TS/4.8%EL 体系连续酶水解与发酵

如图 3 所示，第 4d 水解糖浓度为 7.2%，第 16d 趋于稳定，平均水解糖浓度为 5.8%，平均纤维素水解率为 46.7%。

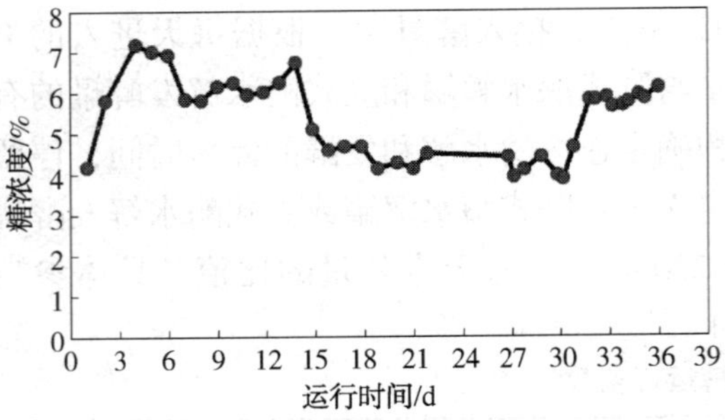

图 3　25%TS/4.8%EL 体系卧式酶水解罐出口水解糖浓度随运行时间趋势

图 4 显示了干物质浓度 25%，酶加量 4.8%体系立式酶水解发酵罐中乙醇浓度随时间变化趋势。第 9d 接入酵母菌 FE-B 种子，接种方式同 2.1，如图 6 所示可看出第 12d 开始快速产生乙醇，第 15d 乙醇浓度可达到 3.3%，之后乙醇浓度有波动，32d 趋于稳定，保持在 2.9%～3.2%之间，平均乙醇浓度可达到 2.7%。

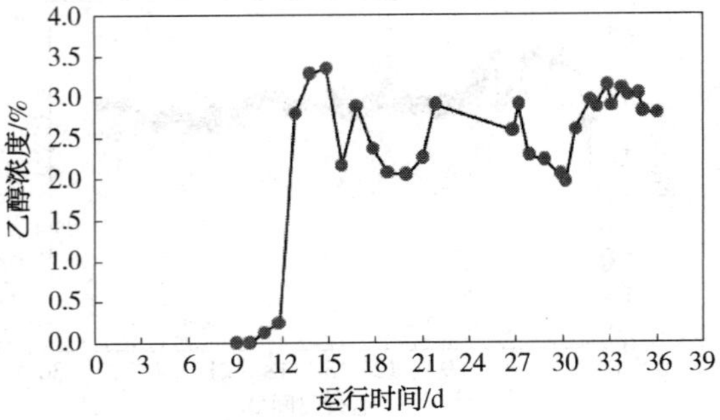

图 4　25%*TS*/4.8%EL 体系立式酶水解发酵罐乙醇浓度随运行时间趋势

如图 5 所示，显示了丹麦 inbicon 公司 24% *TS* 连续酶水解体系中葡萄糖浓度随运行时间趋势，从图 5 可知，该体系中葡萄糖浓度在进入连续进料阶段之间葡萄糖浓度为 5.5%，后葡萄糖浓度也有下降，随后在约 3.0%～5.5%之间波动，与本研究图 3 体系趋势相似，丹麦 inbicon 公司已经利用该体系建立了纤维素乙醇示范工厂，并取得了较好的效果。

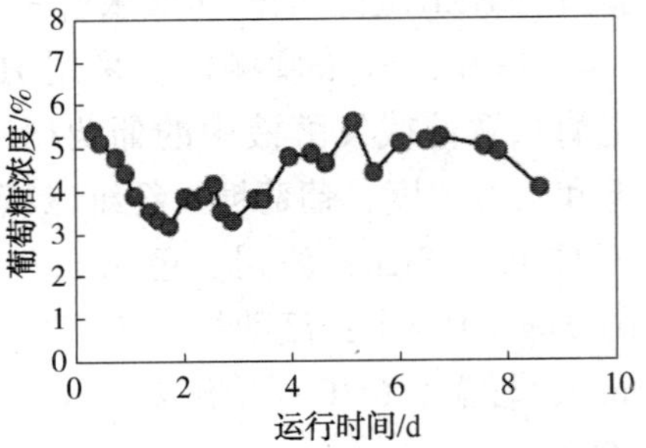

图 5　丹麦 inbicon 公司 24% TS 连续酶水解体系葡萄糖浓度随运行时间趋势

2.3　36.8%TS/3.7%EL 体系连续酶水解与发酵

从图 6 可以看出，葡萄糖浓度随运行时间一直在上升，第 16d 时葡萄糖浓度达到比较稳定的状态，水解糖浓度可达到 12.5%，平均纤维素水解率 52.6%。但是立式酶水解罐中酿酒酵母一直没有生长，无乙醇产生，可能是由于过高的 *TS* 造成水解液中抑制物浓度高，抑制酿酒酵母的生长。

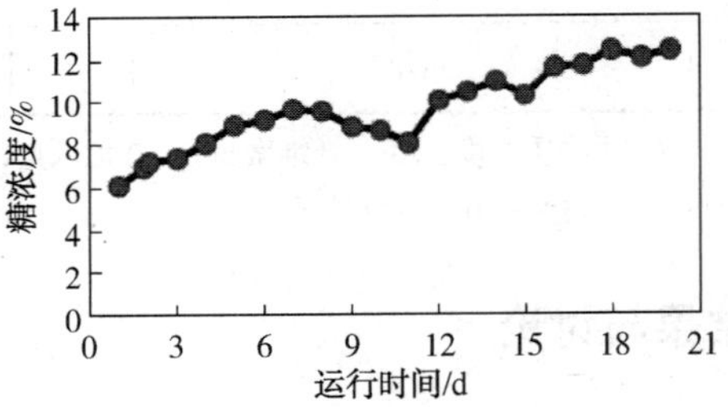

图 6　36.8%*TS*/3.7%*TS* 体系卧式酶水解罐出口的水解糖浓度随运行时间趋势

2.4　PCS 干物质浓度对连续酶水解的影响

图 7 显示了不同干物质浓度体系中连续酶水解与发酵对水解产糖和发酵产乙醇的影响。从图 7 可以看出，体系中水解糖的浓度随干物质浓度增加呈上升趋势，干物质浓度 36.8%体系在连续酶水解过程中，平均水解糖浓度可达到 12.5%。发酵产乙醇浓度在一定范围内随干物质浓度增加而增加，21%和 25%干物质浓度体系中平均产乙醇浓度分别为 2.4%和 2.7%，当干物质浓度为 36.8%时，体系不产乙醇，可能是由

于干物质浓度增加时，体系中带入过多发酵抑制物抑制了酵母菌的生长。可通过如下方式解决：(1)酶水解之前对PCS进行水洗脱毒；(2)筛选耐受高浓度抑制物的发酵菌株；(3)采用较低干物质浓度进行酶水解发酵。李洪兴等介绍了PCS中对微生物有抑制作用的化合物，并详细描述了应对抑制物、提高微生物发酵产量的措施及研究进展。PCS的脱毒，如萃取、水洗和石灰过中和等，通过驯化或基因工程构建等筛选方法获得可耐受抑制物的菌株，以及在发酵过程控制减少抑制物等都可以缓解抑制物对微生物发酵的影响。韩伟等对不同干物质浓度的PCS酶水解液，利用酿酒酵母FE-B发酵乙醇，发现随着干物质浓度降低，发酵相同时间内，酶水解液中的残余葡萄糖浓度也降低，干物质浓度降低到一定程度后，葡萄糖可以完全被消耗，说明干物质浓度低的情况下，PCS引入的抑制物少，从而缓解甚至消除对酵母菌的抑制作用。

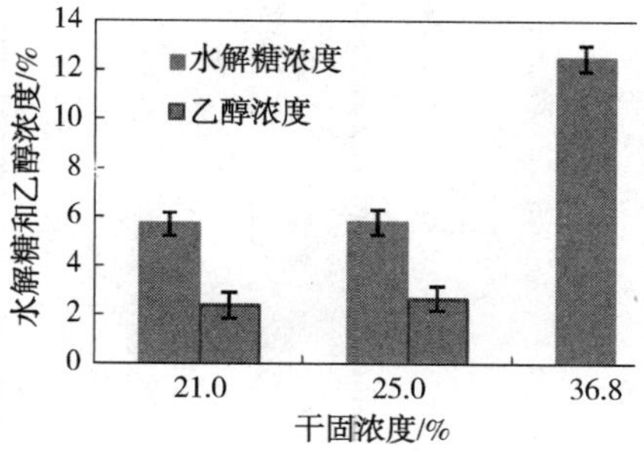

图7 体系干物质浓度对连续酶水解发酵产水解糖和乙醇浓度的影响

2.5 PCS停留时间对连续酶水解的影响

图8显示了利用进料螺杆连续进料时，停留时间对连续酶水解PCS纤维素水解率的影响。从图8可知，PCS的纤维素水解率随停留时间增加而增加，说明增加酶水解时间对PCS的纤维素酶水解有利，但是增加停留时间会降低设备利用效率，增加工艺成本，所以需要综合考虑较优的停留时间参数。

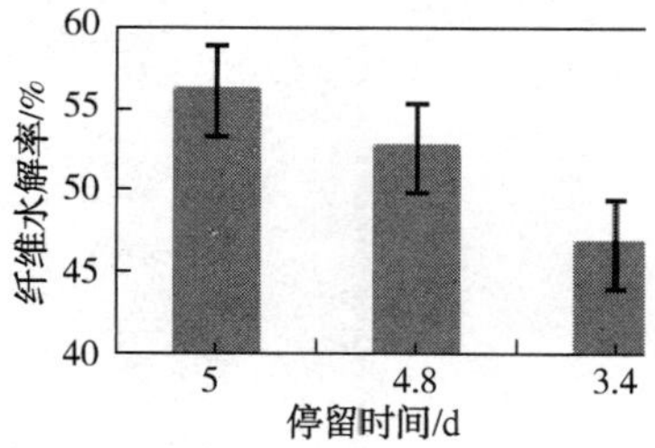

图8 停留时间对PCS纤维素水解率的变化趋势

3 结论

设计建造了用于预处理玉米秸秆(PCS)连续酶水解与发酵的实验室装置，利用该装置可用于高干物质浓度酶水解体系的连续酶水解与发酵。

研究了干物质浓度21%，酶加量5.4%；干物质浓度25%，酶加量4.8%；干物质浓度36.8%，酶加量3.7%共3个体系的连续酶水解发酵过程。干物质浓度21%/酶加量5.4%和干物质浓度25%/酶加量4.8%两个体系分别在27 d和36 d内最终达到稳定运行，乙醇浓度最高分别可达到2.8%和3.3%。干物质浓度36.8%，酶加量3.7%体系由于抑制物的影响无乙醇产生，但最稳定运行时水解糖浓度可达到12.5%，达到了提高酶水解过程水解糖浓度的目的。

与丹麦inbicon公司公开的24%*TS*连续酶水解体系过程参数进行了对比，其葡萄糖浓度趋势与本研究干物质浓度25%/酶加量4.8%体系葡萄糖浓度趋势相似。

在酵母菌可耐受范围内，连续酶水解过程中产糖和产乙醇浓度随干物质浓度增加而增加。纤维素水解率随停留时间增加而增加。

参 考 文 献

[1] ED Larson. Methanol and hydrogen from biomass for transportation, with comparisons to methanol and hydrogen from natrural gas and coal[EB]. 1995.

[2] Goldemberg J. World Energy Assessment, United Nations Development Programme [EB]. 2000. www.undp.org/world-energy-assessment-energy.

[3] Demo Plant Fuel Production [EB]. http://www.iogen.ca/

[4] 岳国君，武国庆，林鑫．纤维乙醇工程化讨论．生物工程学报，2014，30(6)：816-827.

[5] 缪晡．木质纤维植物制乙醇研究进展[J]．医药工程设计，2012，33(3)：62-66.

[6] 姚秀清，张全．植物纤维原料发酵生产燃料乙醇研究进展．可再生能源，29(2)：59-64.

[7] Brethauer S, Wyman C E. Review: continuous hydrolysis and fermentation for cellulosic ethanol production[J]. Bioresource Technology, 2010, 101(13): 4862-4874.

[8] Mai Østergaard Haven. Status and development of the Inbicon Biomass Refinery. Bio4Bio annual seminar

[EB]. 2011. http://bio4bio. ku. dk/documents/presentations/ maiohaven.

[9] 乔凯, 张全, 关浩. 耐温酵母用于玉米秸秆同步糖化发酵工艺考察. 安徽农业科学, 2012, 40(2): 1013- 1015, 1180.

[10] GhoseT K. Measurement of cellulase activities [J]. Pure& Appl. Chem., 1987, 59(2): 257-268.

[11] Sluiter A. Determination of structural carbohydrates and lignin in biomass [EB]. 2004. www. nrel. gov/biomass/pdfs/ 42618.

[12] 李洪兴, 张笑然, 沈煜, 等. 纤维素乙醇生物加工过程中的抑制物对酿酒酵母的影响及应对措施. 生物工程学报, 2009, 25(9): 1321-1328.

[13] 韩伟, 张全, 唐开宇, 等. 预处理玉米秸秆中抑制物对酵母发酵的影响. 科学技术与工程, 2013, 13(30): 9099-9101, 9113.

助推炼化企业转型发展的高效分子筛开发与应用

秦　波　高　杭　柳　伟　杜艳泽

（中国石油化工股份有限公司大连石油化工研究院）

摘　要　针对国内炼化企业提质增效和产品结构调整对加氢裂化催化剂的需求，中国石油化工股份有限公司大连石油化工研究院（FRIPP）以调变分子筛的酸性结构为突破口，创建了高效改性Y型分子筛制备平台，开发了高酸量和裂化活性位可接近性好的高效改性Y型分子筛，总酸量提高了40.4%，强酸含量提高了57.5%，介孔孔径分布集中在4~20nm，催化效率大幅提高。以其为主要裂化组分开发的加氢裂化催化剂在工业应用中显示了优良的性能，润滑油基础油型加氢裂化催化剂FC-80应用后，加氢裂化尾油粘度指数可以提高6个单位；灵活型加氢裂化催化剂FC-76应用后，重石脑油收率提高了5.94个百分点，航煤收率提高了5.61个百分点，柴油收率降低了6.27个百分点，加氢裂化尾油BMCI值降低了1.9个单位。高效改性Y型分子筛应用后的产品质量升级和结构调整效果凸显。

关键词　高效，Y型分子筛，加氢裂化催化剂，产品质量

近年来，随着我国环保政策要求的日益严格和燃料油油市场需求的变化，产品质量升级和结构调整已成为炼化企业面临的难题。加氢裂化技术因其具有原料适应性强、产品方案灵活性大以及产品质量好等特点，已成为解决炼化企业难题的最为有效的技术手段，同时也是国内重整和乙烯原料的重要生产技术。另一方面，随着加氢裂化技术对我国解决化工原料来源重要性的逐步提高，国际加氢裂化技术专利商通过大幅度提升其加氢裂化催化剂价格优势，与国内催化剂专利商形成有力的竞争关系。

为了解决炼化企业产品质量升级和结构调整面临的技术难题，同时提高加氢裂化催化剂的性价比，FRIPP针对加氢裂化催化剂开发的各个环节进行了深入研究，尤其是针对加氢裂化催化剂的核心组分分子筛，以调变Y型分子筛的酸结构为突破点，开发了高效Y型分子筛的改性技术平台，创制了高酸量和裂化活性位可接近性好的高效改性Y型分子筛，以其为裂化组分开发了FC-52、FC-76以及FC-80等系列加氢裂化催化剂，催化剂性能和性价比大幅提高，市场竞争力明显增强。

1　改性Y型分子筛的制备与表征

加氢裂化催化剂的成分主要包括分子筛、无定型硅铝、氧化铝以及活性金属的等，其中作为主要裂化组分的分子筛对催化剂的性能起了决定性的作用，同时分子筛的成本也占到了催化剂原料成本的主要部分，尤其是多产化工原料的加氢裂化催化剂，占比可以达到50%以上。加氢裂化反应过程是将原料油中的稠环芳烃组分优先加氢和开环转化为单环小分子烃类并富集于石脑油馏分中，同时将链烷烃最大量保留在尾油馏分中作为乙烯裂解原料。加氢裂化反应过程是固体酸催化过程，高酸量和裂化活性位可接近性更好的Y型分子筛有利于反应过程中稠环大分子的开环效率。因此，调变Y型分子筛的酸结构和裂化活性位的可接近性，并控制其成本，已成为Y型分子筛改性技术中的关键。

通过对现有Y型分子筛改性技术过程中其结构变化规律的认识，创新的提出了同步提高裂化活性位可接近性和介孔结构含量的硅铝脱除方法，建立了Y型分子筛的酸性位修复技术平台，开发了高酸量和裂化活性位可接近性好的改性Y型分子筛，实现了分子筛开环性能的同步提升，大幅提高了分子筛的催化效率，降低了其使用成本。

1.1　XRD谱图

图1是改性Y型分子筛的XRD谱图。从图中可看出Y型分子筛的酸性位修复技术平台制

备的样品结构完整，相对结晶度高，说明本技术对分子筛的结构没有进行严重的破坏，分子筛具有良好的稳定性。

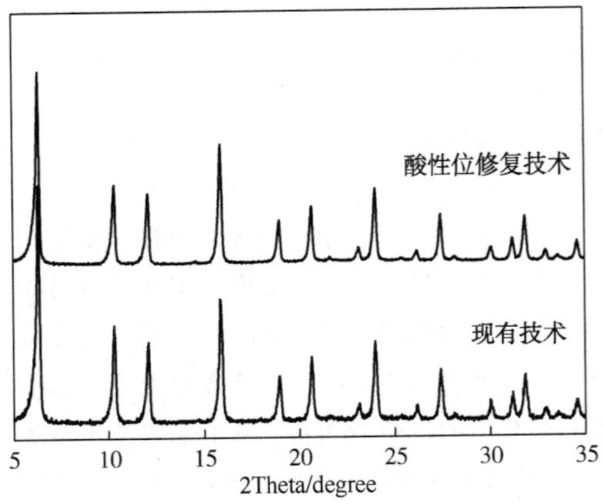

图1　改性Y型分子筛的XRD图

1.3　酸性质

改性Y型分子筛的酸性质如表1所示。酸性位修复技术制备的改性Y型分子筛的总酸含量为545.0μmol/g，与现有技术相比，总酸量提高了40.4%，其中B酸总量增加了59.4%，L酸含量减少了15.5%；酸性位修复技术制备的改性Y型分子筛中强酸含量为73.8%，而现有技术制备的分子筛中的强酸含量为65.8%；酸性位修复技术制备的改性Y型分子筛中总酸量和强酸量中B/L的比例分别为5.52和6.26，而现有技术制备的分子筛中总酸量和强酸量中B/L的比例分别为2.93和2.73。酸性质表征结果表明，酸性位修复技术制备的改性Y型分子筛中总酸含量、强酸含量以及B/L的比例均得到了大幅提高，更高的强酸含量和B酸含量可以大幅提高加氢裂化过程的开环能力，有效的提高产品质量。

表1　改性Y型分子筛的吡啶红外酸量

Samples	T /℃	B_{Py}/(μmol/g)	L_{Py}/(μmol/g)	B/L	Total /(μmol/g)
现有技术	150	289.4	98.9	2.93	388.2
	350	186.8	68.5	2.73	255.3
酸性位修复技术	150	461.4	83.6	5.52	545.0
	350	346.8	55.4	6.26	402.2

改性Y型分子筛的NH3-TPD谱图如图2所示，酸性位修复技术制备的改性分子筛的酸量更高，强酸酸强度增加了17℃，其中的强酸比例更高，这与吡啶吸附得到酸量数据一致。

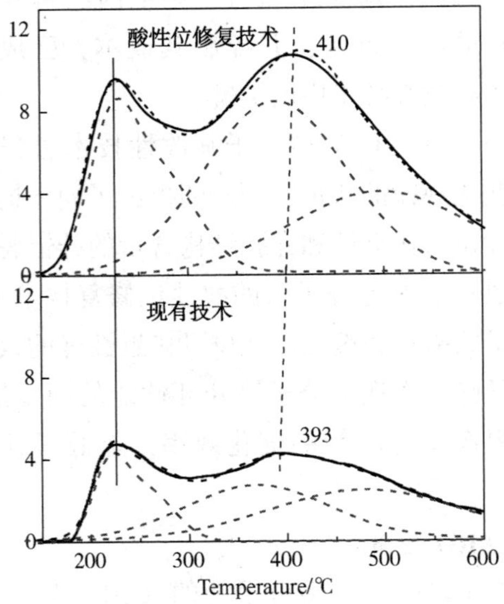

图2　改性Y型分子筛的NH3-TPD谱图

1.3　孔结构

改性Y型分子筛的氮气吸附-脱附等温线及孔径分布如图3所示。从图3(a)中可以看出，两种技术制备的改性Y型分子筛的吸附等温线分别呈现出I型和IV型等温线特征，在相对压力为0.4~0.8范围内，现有技术制备的改性Y型分子筛呈现出较小的滞后环，表明其介孔分布比较广泛，而酸性位修复技术制备的改性Y型分子筛在相对压力0.4~0.8区域内出现了更大的滞后环，其吸附量急剧增加，表明其具有大量且相对集中的介孔孔道结构。从图3(b)孔径分布可以看出，两种技术制备的改性Y型分子筛的孔径主要集中分布在3~30nm之间。酸性位修复技术制备的改性Y型分子筛的孔径尺寸主要集中在4~20nm，且分布更为集中，介孔含量更高；这种结构有利于反应过程中稠环大分子的扩散和提高反应的选择性。

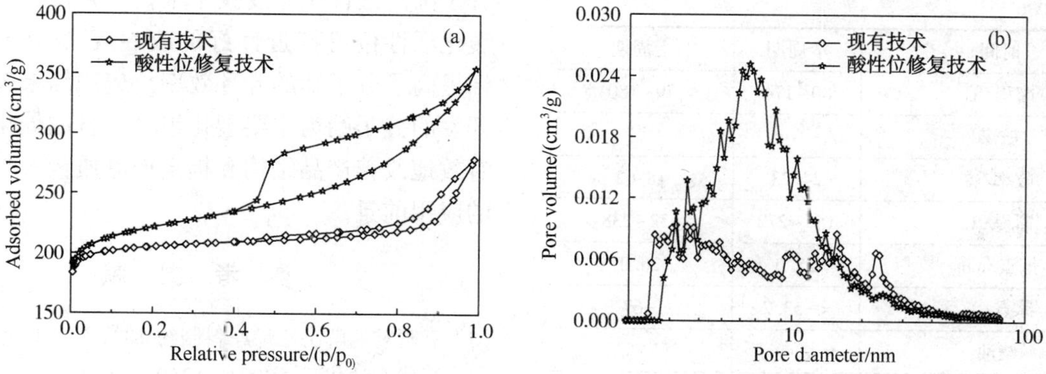

图 3 改性 Y 型分子筛的 N2 吸附-脱附等温曲线

2 改性 Y 型分子筛的应用

创制的高效改性 Y 分子筛先后应用于润滑油基础油型加氢裂化催化剂 FC-80 和灵活型加氢裂化催化剂 FC-76 催化剂中，助推了企业产品质量升级和结构调整，保障了炼化企业的转型发展。

润滑油基础油型加氢裂化催化剂 FC-80 在中国石化茂名分公司结果如表 2 所示，与上周期相比，本周期采用了活性相对低的 FC-80 催化剂，同时装置加工量增加了 10%，使得反应温度提高了 15℃；产品分布得到了改善，航煤馏分收率提高了 2.75 个百分点，柴油馏分收率减少了 5.38 个百分点，压减柴油效果明显；尾油收率相当的情况下，粘度指数提高了 6 个单位，产品质量大幅提高。

表 2 FC-80 加氢裂化催化剂在茂名分公司的应用

时间	本周期	上周期
装置负荷率/%	110	100
裂化段反应温度/℃	394	379
航煤		
收率/%	34.48	31.73
馏程/℃	151~259	157~288
烟点/mm	25	25
柴油		
收率/%	8.08	13.46
馏程/℃	211~342	197~346
尾油		
收率/%	28.55	31.73
粘度(80℃)/$mm^2 \cdot s^{-1}$	4.384	11.7(50℃)
粘度(100℃)/$mm^2 \cdot s^{-1}$	3.095	3.768
粘度指数	132	126

灵活型加氢裂化催化剂 FC-76 在上海石化的应用情况如表 3 和表 4 所示，与上周期相比，本周期标定期间的原料密度大、T95 更高、硫和氮含量更高，原料整体更劣质；装置加工量相当，控制精制油氮含量较上周期高 9ppm，在保持加氢裂化尾油收率相当的条件下，重石脑油收率提高了 5.94 个百分点，航煤收率提高了 5.61 个百分点，柴油收率降低了 6.27 个百分点，产品结构调整效果明显；加氢裂化尾油 BMCI 值降低了 1.9 个单位，产品质量大幅提高。

表 3 VGO 蜡油性质

	本周期	上周期
密度(20℃)/$g \cdot cm^{-3}$	0.9022	0.8998
馏程/℃		
IBP/10%	203/305	210/279
30%/50%	367/407	334/378
70%/90%	439/484	421/465
95%/FBP	501/529	483/499
S，ppm	22400	20900
N，ppm	584.7	522.9

表 4 FC-76 加氢裂化催化剂操作条件及运行数据

时间	本周期	上周期
进料量/$t \cdot h^{-1}$	199	197
精制生成油氮含量/ppm	16.3	7.1
裂化段反应温度/℃	376	372
轻石		
收率/%	10.88	13.67
馏程/℃	29~72	26~65
重石		
收率/%	35.99	30.05

续表

时间	本周期	上周期
馏程/℃	80~174	79~180
航煤		
收率/%	24.23	18.62
馏程/℃	158~272	152~238
烟点/mm	25.0	26.0
冰点/℃	<-53.2	-67
柴油		
收率/%	6.72	12.99
馏程/℃	211~317	207~298
十六指数	62	58
尾油		
收率,%	17.68	19.07
馏程/℃		
IBP/10%	258/308	279/311
95%/EBP	442/484	435/459
BMCI值	9.0	10.9

3 结论

创新的提出了同步提高裂化活性位可接近性和介孔结构含量的硅铝脱除方法，建立了Y型分子筛的酸性位修复技术平台，开发了高酸量和裂化活性位可接近性好的改性Y型分子筛，大幅提高了分子筛的开环效率。应用结果表明，以开发的分子筛为主要裂化组分制备的催化剂可以有效地改善产品结构和提高产品质量，具有广阔的应用前景。

参考文献

[1] 袁晴裳．解决乙烯原料制约 加快乙烯工业发展[J]．当代石油化工，2004，12(9)：1-5.

[2] 周丛，茅文星．拓展乙烯原料来源的研究现状[J]．化工进展，2009，28(08)：1313-1318.

[3] 尹向昆，邵海峰．加氢裂化尾油资源综合利用[J]．中外能源，2011，16(12)：70-73.

[4] 孙继良．国内加氢裂化尾油的综合利用[J]．炼油与化工，2008，19(04)：3-6.

[5] Stormont，D. H. New Process Has Big Possibilities[J]. The Oil and Gas Journal，1959，57(44)：48-49.

[6] 郭强，邓云川，段爱军，等．加氢裂化工艺技术及其催化剂研究进展[J]．工业催化，2011(11)：21-27.

[7] 杜艳泽，关明华，马艳秋，于森．国外加氢裂化催化剂研发新进展[J]．石油炼制与化工，2012，43(04)：93-98.

降低硫磺回收装置 SO_2 排放浓度成套技术开发及应用

王玉亮　胡文景　刘爱华　刘剑利

(中国石化齐鲁石化公司)

摘　要　针对硫磺回收装置 SO_2 达标排放的影响因素设立了防护措施，通过开发新型催化剂与工艺技术集成创新，开发了具有自主知识产权的“LS-DeGASPlus 降低硫磺装置 SO_2 排放浓度成套技术”，实现了硫磺回收装置烟气中 SO_2 排放质量浓度稳定低于 50mg·m^3 的目标，满足国家标准《石油炼制工业污染物排放标准》(GB 31570—2015)规定的 SO_2 排放浓度要求。该技术具有无二次污染、投资少、能耗低、易实施的特点，已经在国内推广应用了58套。

关键词　硫磺回收装置，SO_2排放浓度，催化剂

国内硫磺回收装置烟气 SO 排放浓度原执行国家标准《大气污染物综合排放标准》(GB 16297—1996)，规定 SO_2 排放质量浓度不大于 960mg/m^3 即可。2015 年出台的最新国家标准《石油炼制工业污染物排放标准》(GB 31570—2015)规定：硫磺回收装置烟气中 SO_2 质量浓度限值为 400mg/m^3；在国土开发密度已经较高、环境承载能力开始减弱，或大气环境容量较小、生态环境脆弱，容易发生严重大气环境污染问题而需要采取特别保护措施的地区 SO_2 特别排放质量浓度限值为 100mg/m^3。该标准目前为世界范围内最严格的标准，相比原国家标准 SO_2 排放浓度的降幅约为 90%。现有硫磺回收装置所采用的工艺技术及配套催化剂性能均按原国家排放标准设计，无法达到最新国家标准达标排放要求，同时国外也无此类技术的成熟经验可借鉴。

本课题通过新型催化剂的研发和工艺技术的集成创新，开发出具有自主知识产权、居国际领先水平的 LS-DeGAS Plus 降低硫磺装置 SO_2 排放浓度成套技术(简称 LS-DeGAS Plus 技术)。以下对该技术的开发及应用情况进行介绍。

1　影响 SO_2 达标排放的因素及防护措施

1.1　降低 Claus 净化尾气中的硫化物

Claus 净化尾气中的硫化物主要包括硫化氢(H2S)和羰基硫(COS)。通过使用高效脱硫剂、优化装置的运行参数，并在吸收塔后部增设超净化塔强化对微量硫化氢的吸收，可将净化尾气中 H_2S 质量浓度降至 10mg/m^3 以下。通过开发氧化钛基有机硫深度水解催化剂及耐氧型低温尾气加氢催化剂，并合理级配催化剂，可确保尾气中有机硫质量浓度低于 20mg/m^3。

1.2　合理处理液体硫磺(液硫)脱气废气

目前液硫脱气通常采用空气鼓泡，废气引入焚烧炉焚烧转化为 SO_2 直接排放，这样使得硫磺回收装置 SO_2 排放质量浓度增加了 100~300mg/m^3。开发新型液硫脱气工艺，通过配套使用耐氧型低温尾气加氢催化剂，将硫磺回收装置自产的部分净化尾气用于液硫池液硫鼓泡脱气的汽提气，液硫脱气废气和 Claus 尾气混合后进加氢反应器处理，返回制硫单元回收元素硫，既避免了液硫脱气废气对烟气中 SO_2 排放浓度的影响，也实现了含硫废气的资源化利用。

1.3　开发硫磺回收装置开停工期间达标排放工艺

硫磺回收装置在开工过程中存在 SO_2 排放浓度超标的情况，这是由于尾气加氢催化剂为新剂，开工前需要对催化剂进行预硫化，预硫化时生成的尾气焚烧后直接排放造成的。硫磺回收装置传统的停工吹硫工艺为：用瓦斯与空气燃烧后的烟气对硫磺回收装置系统内的残硫进行吹扫，Claus 尾气通过跨线直接去焚烧炉焚烧后经烟囱排放，烟气中 SO_2 排放质量浓度高达 30g/m^3。开发尾气加氢催化剂提前预硫化工艺以及停工过

程新型热氮吹硫工艺，可实现硫磺回收装置的绿色开、停工。

2 LS-DeGASPlus 技术的开发

2.1 开发钛铝复合大孔催化剂载体和耐氧型低温尾气加氢催化剂

为提高催化剂低温催化活性，并适应复杂工艺气氛，提出了催化剂孔道分级控制思路，开发了钛铝复合大孔催化剂载体。氧化铝具有较大的孔体积和比表面积，兼具适宜的酸性中心，常规加氢催化剂通常选择氧化铝作为载体。氧化钛具有L酸和B酸两种酸性位以及 Ti^{4+} 可还原等优点，但孔体积和比表面积相对较小，酸量较低，机械强度较差。虽然氧化钛表面酸性较氧化铝弱，但碱性中心相对较多，碱性中心有利于有机硫水解反应的进行。因此，为了弥补氧化钛的不足，以氧化铝为基体，植入适量氧化钛，并采用载体孔道分级控制制备技术，提高大孔体积占总体积的30%以上，开发了钛铝复合大孔催化剂载体。

选择Mo，Co，Ni作为活性组分，优化活性组分的组合，可提高催化剂的低温反应活性。目前，工业上广泛使用的Claus尾气加氢催化剂多为 $CoMo-Al_2O_3$ 型，也有部分为 $NiMo-Al_2O_3$ 型。SO_2 加氢转化最佳的活性组分为Mo-Co。加氢活性中心位于金属硫化物的硫空位上，富硫相的活性组分比贫硫相容易产生硫的空位，因此富硫相具有更高的低温加氢活性。所以，通过添加在较低温度下以富硫相存在的助剂，可以提高催化剂的低温反应活性。

通过上述技术创新，并采用新型活性组分络合方式及清洁无污染的催化剂制备工艺，国内外首创引入具有脱氧功能的活性组分，通过浸渍法制备了LSH-03A耐氧型尾气加氢催化剂。该催化剂为国内外独有产品，将含氧废气引入加氢反应器处理，催化剂有机硫水解活性由80%左右提高至99.9%，尾气有机硫质量浓度低于 $20mg/m^3$。

2.2 开发超纯氧化钛载体材料和氧化钛基硫回收催化剂制备技术

为解决制硫催化剂耐硫酸盐化能力低的问题，通过对催化剂表面性质与有机硫水解活性关系的研究，开发出超纯氧化钛载体，解决了催化剂表面酸碱度的平衡，开发出LS-981G氧化钛基有机硫深度水解催化剂。采用挤条成型工艺，经后处理制备成品催化剂。该催化剂具有较高的机械侧压强度和较低的磨耗，有机硫水解活性可由90%左右提高至99%以上，催化剂综合性能达到或超过国外同类催化剂。

2.3 集成创新形成 LS-DeGASPlus 技术

在制硫及尾气加氢催化剂开发的基础上对催化剂、设备及工艺进行了集成创新，形成LS-De-GASPlus技术，该技术可适应不同工艺类型、不同酸性气体组成的硫磺回收装置，解决了硫磺回收装置(包括开、停工阶段)烟气中的 SO_2 达标排放问题。成套技术主要内容如下：

（1）开发新型液硫脱气工艺，通过配套使用耐氧低温尾气加氢催化剂，将硫磺回收装置自产的部分净化尾气用于液硫池液硫脱气的汽提气，废气和Claus尾气混合进还原吸收单元处理后返回制硫单元回收元素硫，完成了含硫废气的资源化利用。液硫中 H_2S 体积分数满足小于 15Lμ/L 的指标要求，消除了液硫在储存、运输和加工过程的安全隐患以及现场的异味。

（2）通过建立硫化氢气体吸收速率模型，设计开发可在较低碱性环境下提高对微量硫化物净化度的专利设备超净化吸收塔，确保净化尾气中 H_2S 质量浓度低于 $10mg/m^3$。超净化塔增设在吸收塔后部，强化对微量硫化氢的吸收，防止装置波动时净化气中H2S超标而影响排放。

（3）针对硫磺回收装置开、停工期间达标排放开展了相关研究，开发出开工过程尾气加氢催化剂提前预硫化工艺及停工过程新型热氮吹硫工艺，实现了硫磺回收装置的绿色开、停工。热氮吹硫停工工艺的开发彻底改变了硫磺回收装置传统停工方式，利用惰性气体N2不易发生化学反应的原理进行吹硫，与传统“瓦斯吹硫”工艺的区别主要有3点：无副反应，装置吹硫效果更好；吹硫过程温升可控，不会造成反应器超温等安全事故；烟气中 SO_2 排放质量浓度低，可稳定低于 $100mg/m^3$，满足新国家标准要求。

（4）针对不同行业、不同类型的硫磺回收装置进行了催化剂级配方案的研究设计，确保尾气中有机硫质量浓度低于 $20mg/m^3$。本技术使用的制硫催化剂采用氧化钛基有机硫深度水解催化剂与大比表面氧化铝基制硫催化剂不同比例复配，尾气加氢催化剂采用耐氧型低温尾气加氢催化剂，有机硫水解率大幅提高，净化尾气中有机硫质量浓度仅为 $0\sim20mg/m^3$。

（5）基于硫回收反应过程分析和反应动力学实验，构筑了工业 Claus 反应器中脱硫反应的反应动力学模型，并将其嵌入硫磺回收装置的远程诊断系统；采用多层神经网络模型，建立了催化剂寿命的预测模型，能够准确预测催化剂使用寿命；开发了硫磺回收装置的技术分析与远程诊断系统，实现硫磺回收装置的远程监控与实时诊断，大幅提高装置运行的平稳率。

图 1 为 LS-DeGASPlus 技术的工艺流程。该技术在世界范围内可满足最苛刻的环保法规要求，烟气中 SO_2 排放质量浓度降至 50mg/m^3 以下，技术达到国际领先水平。

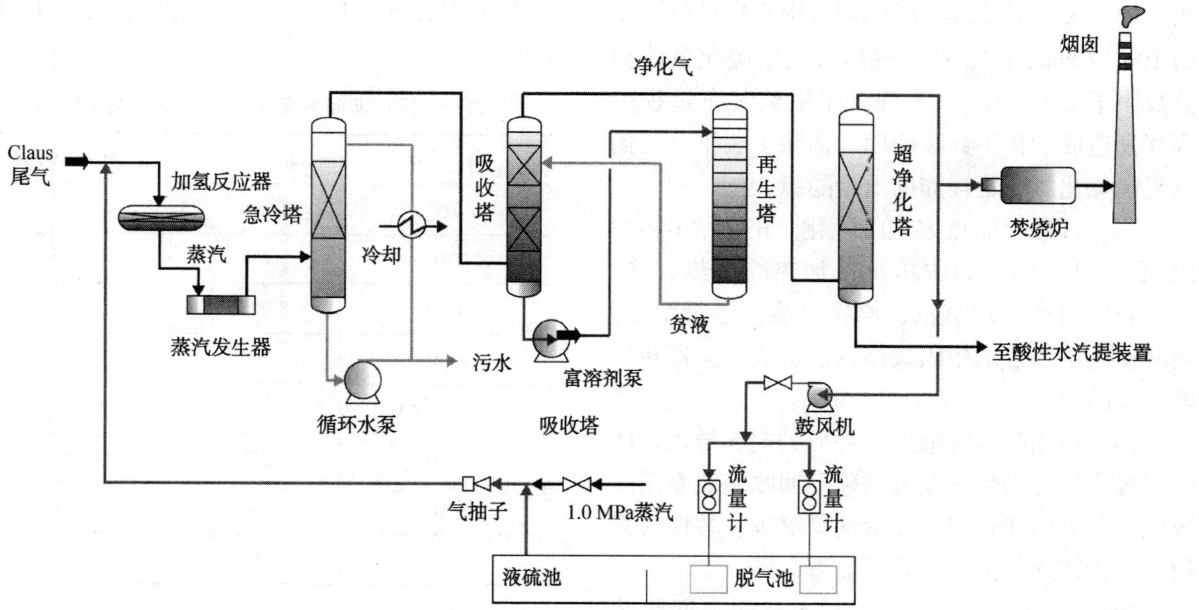

图 1 LS-DeGASPlus 技术的工艺流程示意

国内外可满足烟气 SO_2 排放质量浓度小于 50mg/m^3 的同类先进技术主要有 2 种：钠法脱硫技术和氨法脱硫技术。LS-DeGASPlus 技术与这 2 种技术的比较见表 1。从表 1 可见，LS-DeGASPlus 技术”相比同类技术具有无二次污染、投资少、能耗低、易实施的特点。

表 1 国内外同类先进技术比较

项 目	钠法脱硫技术	氨法脱硫技术	LS-DeGAS Plus
硫磺回收率/%	>99.8	>95	>99.99
硫回收率/%	>99.8	>99.99	>99.99
改造费用/万元	2500	5000	500
废液	高盐废水，难处理	无废液	无废液
烟囱排气外观	冒蒸汽	冒蒸汽	无蒸汽
产品销路	无增加产品	硫铵，不易销售	无增加产品
设备和管线腐蚀情况	腐蚀严重	腐蚀严重	腐蚀小
操作风险	低	存在氨逃逸、泄漏	低

3 LS-DeGASPlus 技术的工业应用

LS-DeGASPlus 技术可用于新建装置，也适用于改造装置。该技术已在国内不同企业的硫磺回收装置推广应用 58 套。

3.1 在中国石化齐鲁分公司 5 号硫磺回收装置上

中国石化齐鲁分公司(简称齐鲁分公司)5 号硫磺回收装置设计规模为 100kt/a，采用 LS-DeGASPlus 技术进行建设，由山东三维石化工程股份有限公司总承包，于 2014 年 7 月 14 日开工建设，2015 年 2 月 15 日中交，2015 年 3 月 29 日一次开车成功，产出合格产品。

5 号硫磺回收装置采用 LS-DeGAS Plus 技术情况介绍：

（1）按照催化剂级配方案使用高性能催化剂。一级反应器(R301)上部装填 LS-02 新型氧化铝基硫回收催化剂，下部装填 LS-981G 有机硫深度水解催化剂；二级反应器(R302)全部装填LS-02氧化铝基硫回收催化剂；尾气加氢反应器（R501）采用耐氧型尾气加氢催化剂LSH-03A。

(2) 实施新型液硫脱气工艺。利用吸收塔出口尾气对液硫中硫化氢进行汽提，脱后含硫废气送至加氢反应器处理，降低烟气中SO_2排放浓度约100~200mg/m^3，同时脱后液硫中硫化氢体积分数小于15Lμ/L，大大降低了液硫装车过程中因挥发造成的化工异味问题，消除了装车及运输过程中硫化氢聚集爆炸的安全隐患。

(3) 过程气加热方式的优化。R301，R302，R501入口采用饱和中压蒸汽加热的换热方式，充分利用自产中压蒸汽，操作灵活，运行稳定，同时避免了掺合法中因气体返混造成反应器转化率下降的弊端。

(4) 使用高效胺液。齐鲁分公司5号硫磺回收装置采用美国伊士曼公司硫磺回收装置专用高效脱硫剂KMKTS-15。该溶剂易解吸、酸性气载荷大，较普通胺液节能效果显著。

2016年10月3~4日，对5号硫磺回收装置进行了系统标定，R301入口温度控制为235~240℃，床层温升约75℃，COS转化率为90%以上；R302入口温度控制为225~230℃，床层温升约17℃；R501入口温度控制为260~261℃，床层温升约40℃，COS转化率为90%以上。具体运行数据见表2，反应器出、入口气体硫化物组成见表3。运行情况表明，该催化剂级配合理，具有较高的转化率及有机硫水解率。

表2　标定期间各反应器入、出口温度数据

项　目	2016-10-03	2016-10-04
入口温度/℃		
R301	238	237
R302	225	228
R501	260	261
出口温度/℃		
R301	305	309
R302	242	245
R501	300	301

表3　标定期间各反应器入、出口气体硫化物组成　　φ,%

项　目	2016-10-03				2016-10-04			
	H_2S		SO_2	COS	H_2S		SO_2	COS
R301	入口	4.88	3.68	0.32	5.80	3.20	0.30	R301
出口	1.54	1.14	0.03	1.70	1.00	0.01	R302	入口
1.68	1.15	0.03	1.80	1.10	0.01	R302	出口	0.63
0.54	0.01	0.70	0.50	0.01	R501	入口	0.38	0.5
0.01	0.70	0.42	0.01	R501	出口	1.16	0	9×
10^{-4}	1.20	0	9×10^{-4}					

尾气处理单元采用美国伊士曼公司硫磺回收装置专用高效脱硫剂KMKTS-15。胺液循环量为90t/h，贫液量为50t/h、半贫液量为40t/h，贫液H_2S质量浓度约为0.2g/L，半贫液H_2S质量浓度约为2.5g/L，再生塔蒸汽单耗为75~80kg/t(对胺液)，较普通胺液节能效果显著，吸收塔和再生塔运行数据见表4。从表4可以看出，净化气中H_2S质量浓度均低于10mg/m^3。

表4　标定期间吸收塔、再生塔运行数据

项　目	2016-10-03	2016-10-04
净化气		
ρ(硫)/(mg·m^{-3})	15	14
ρ(H_2S)/(mg·m^{-3})	8	6
ρ(COS)/(mg·m^{-3})	10	10
w(胺)/%	35.95	36.00

续表

项　目	2016-10-03	2016-10-04
w(热稳态盐)/%	1.61	1.67
$\rho(H_2S)/(g\cdot L^{-1})$		
贫液	0.22	0.20
半贫液	1.90	2.2
富液	5.78	5.40
再生蒸汽消耗量/(kg·t-1)	80.20	78.50

注：净化气采样时安装干燥管，硫含量采用库仑法分析，H_2S 和 COS 的含量采用形态硫色谱仪分析。

标定期间烟气 SO_2 排放质量浓度分别为 24.43mg/m³ 和 22.00mg/m³，均低于 30mg/m³，远低于国家环保法规要求。

图 2 为 2017 年 8—10 月齐鲁分公司 5 号硫磺回收装置烟气中 SO_2 的排放趋势。曲线取自烟气在线分析仪，该在线分析仪自动联网到中国石化环境保护信息系统。由图 2 可以看出，烟气 SO_2 排放质量浓度为 20~50mg/m³，最低时可达 20mg/m³，能够满足国家标准 GB 31570—2015 的排放要求，达到世界先进水平。

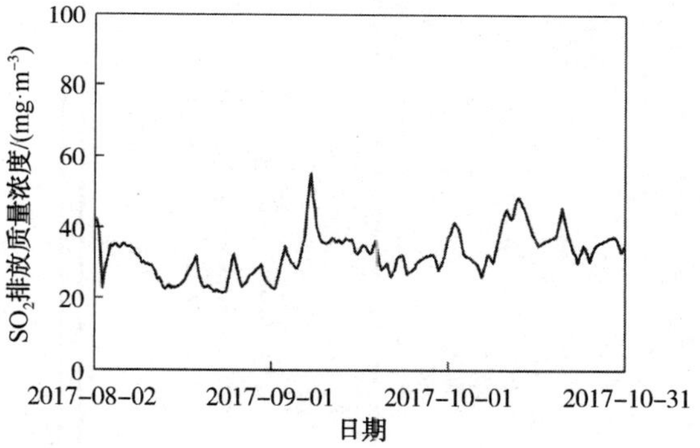

图 2　2017 年 8~10 月烟气 SO_2 排放数据

3.2　在中国石化九江分公司 2 套 70kt·a 硫磺回收装置上的工业应用

2017 年 1~3 月，中国石化九江分公司(简称九江分公司)2 套 70kt/a 硫磺回收装置采用 LS-DeGAS Plus 技术进行装置改造。改造内容如下：

(1) 优化催化剂级配方案。为确保净化气中 COS 质量浓度低于 20mg/m³，对一级反应器催化剂级配方案进行优化，脱除过程气中的漏氧及提高一级反应器床层温度。级配方案如下：一级反应器上半部装填 LS-971 脱漏氧保护催化剂，下半部装填 LS-981G 有机硫深度水解催化剂；二级反应器全部装填 LS-02 氧化铝基硫回收催化剂；尾气加氢反应器装填耐氧型尾气加氢催化剂 LSH-03A。

(2) 尾气吸收系统采用高性能复合脱硫剂，使净化尾气 H_2S 质量浓度降低至 20mg/m³ 以下。

(3) 为保证净化尾气 COS 质量浓度降低至 20mg/m³ 以下，一级反应器入口温度控制在 230~250℃，一级反应器前增加过程气电加热器。

(4) 采用新型液硫脱气处理工艺，将硫磺回收装置自产的部分净化尾气用于液硫池液硫鼓泡脱气的汽提气，液硫脱气废气和 Claus 尾气混合后进加氢反应器处理。有利于提高加氢反应器床层温度，可在加氢反应器入口温度为 240℃、反应炉无需过量氧的条件下实现加氢反应器床层温度至 300℃以上。

(5) 引冷媒水作冷源，管线利旧，对急冷水和贫液、半贫液进行降温，使其降至 35℃以下。

2017 年 4 月，九江分公司 2 套 70kt/a 装置改造后开工运行，装置处理炼油酸性气和煤制氢两股酸性气(煤制氢酸脱酸性气和汽提酸性气)。烟气 SO_2 排放浓度瞬时值达标(质量浓度小于 100mg/m³)合格率 99.9%以上，时均合格率为 100%，在没有设置任何碱洗的情况下，实际烟气 SO_2 排放质量浓度基本稳定在 15~35mg/m³。

图 3 为 2019 年 3 月 14 日九江分公司 1 号装置烟气中 SO_2 排放浓度随时间的变化曲线，图 4 为

2 号装置烟气中 SO_2 排放浓度随时间的变化曲线。从图 3 和图 4 可以看出，2 套装置的烟气中 SO_2 排放质量浓度均低于 35mg/m³。

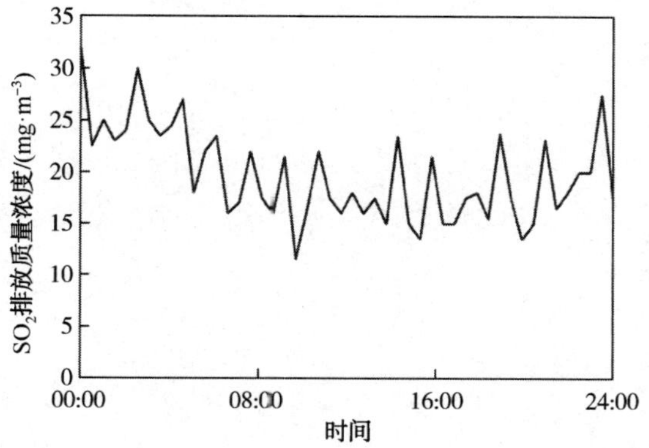

图 3　1 号装置烟气中 SO_2 排放浓度随时间的变化曲线

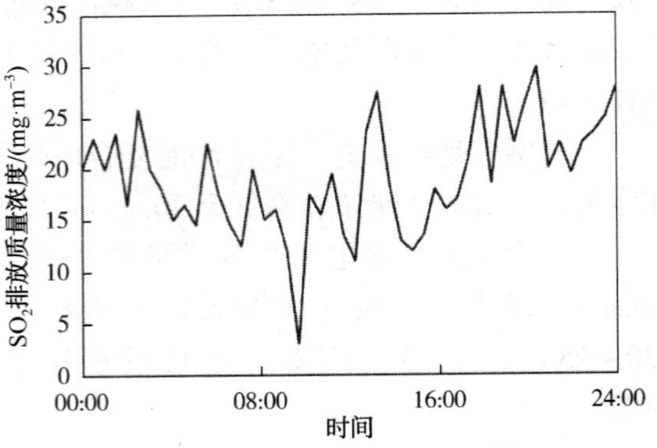

图 4　2 号装置烟气中 SO_2 排放浓度随时间的变化曲线

4　结论

（1）解决了硫磺回收装置中尾气加氢催化剂适应复杂工艺、耐低温活性，硫回收催化剂有机硫水解活性低，硫磺装置开、停工全程需达标等关键难题，通过对新型催化剂研发和工艺集成创新，开发了具有自主知识产权的 LS-DeGASPlus 降低硫磺装置 SO_2 排放浓度成套技术。

（2）使用 LS-DeGASPlus 技术可实现硫磺回收装置烟气中 SO_2 排放浓度稳定低于 50mg/m^3，达到最新国家标准《石油炼制工业污染物排放标准》（GB 31570—2015）的要求，该技术已推广应用于 58 套工业装置。

参　考　文　献

［1］魏芳．硫磺回收装置尾气超低排放处理系统的设计和运行［J］．石油炼制与化工，2018，49（4）：98-100.

［2］张孔远，刘爱华．湿混法 CoMo・Al_2O_3 催化剂用于 Claus 反应尾气加氢转化反应［J］．石油化工，2005，34（11）：1095-1099.

［3］PaikSC，ChungJS. SelectivehydrogenationofSO$_2$toele－mentalsulfurovertransition metalsulfidessupportedonAl$_2$O$_3$［J］．AppliedCatalysisB：Environmental，1996，8（3）：267-279.

［4］ChungJB，ZiangZD，ChungJS. Removalofsulfurfumesby metalsulfidesorbents ［J］．EnvironmentalScience & Tech- nology，2002，36（13）：3025-3029.

［5］Afanasiev P. On the interpretation of temperature pro－gramenedreduction patternsoftransition metalssulphides［J］．AppliedCatalysisA：General，2006，303（1）：110-115.

HIPS 线搅拌器 41-M-3280 减速箱运行故障分析及处理

范小兰 王朝雨 张江锋 古力孜热·托儿孙

(中国石油独山子石化分公司)

摘 要 针对乙烯某装置 HIPS 线搅拌器 41-M-3280 减速箱运行状态出现异常、润滑油出现劣化变质的现象，进行了宏观检查、润滑油理化性能、族组成、齿轮油红外光谱定性与定量分析。结合各种检测分析，查找出齿轮油性能衰变原因，提出的产品改进及隐患风险削减建议现场得到实施，并取得较好的效果。

关键词 齿轮油，衰变，理化性能

1 前言

某装置人员巡检发现 HIPS 线第三段反应器搅拌器减速箱振动及声音较以往变大，运行状态出现异常，现场状态监测及诊断判断减速箱存在轴承故障，轴承出现磨损。组织停工检修，减速箱润滑油发出较大的刺激性气味，润滑油变色、粘度明显降低，润滑油出现劣化变质的现象。41-M-3280 减速箱输入端轴承外圈滚道损伤呈现磨料磨损损伤特征。其余部件现场目视及无损探伤检查未发现异常。停工检修后取样分析排查，发现 41-M-3270、41-M-3280 用油粘度异常。该装置所有搅拌器减速机独立安装，没有与外界的物料接口，不存在被外界介质污染的可能性。

2 设备情况简介

HIPS 线搅拌器 41-M-3280 是美国 Chemineer 生产制造，主要是对 HIPPS 线搅拌反应器内的介质进行搅拌反应本次故障的减速箱是第二级减速箱。减速箱设备型号：8HTN-7.5，电机额定功率：5.5KW，电机转速：1500RPM，变频调节；搅拌桨转速：5.12-2.63RPM。该搅拌器分两级减速，第一个减速箱减速比 7.59：1，第二个减速箱 40：1，减速箱原用油为 BP Enersyn SG-XP150，因润滑油国产化，2019 年 9 月更换为昆仑 KG/S 150 合成齿轮油。减速箱结构如图 1 所示。

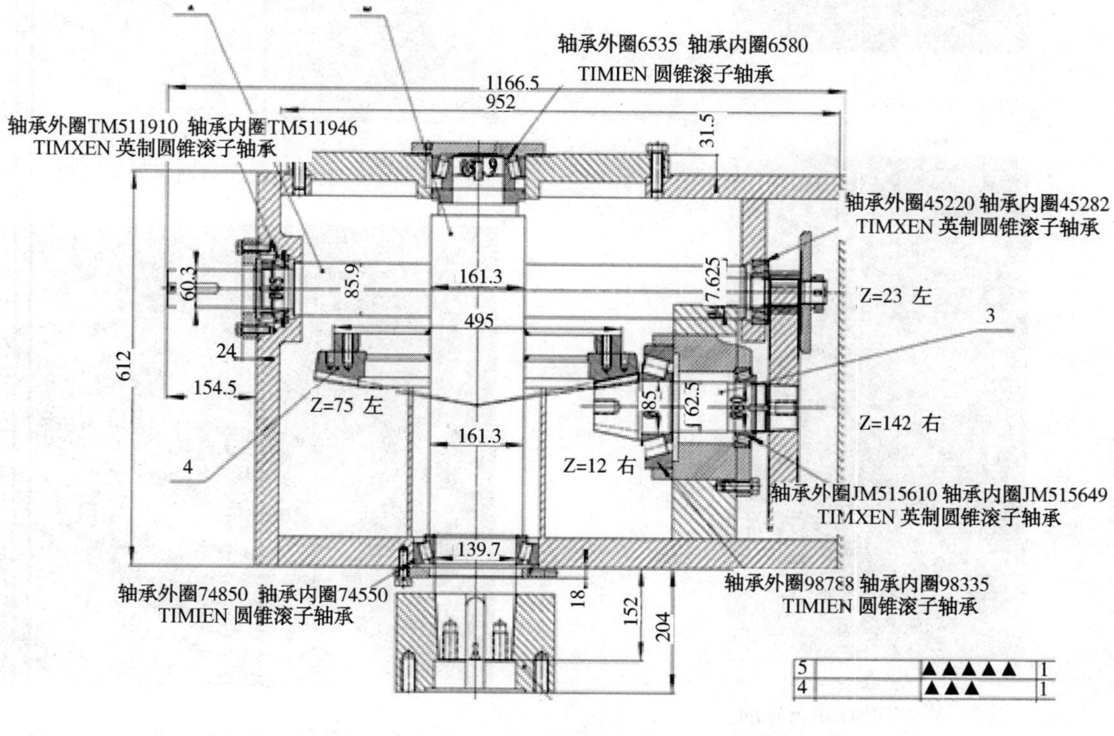

图 1 HIPS 线反应器搅拌器减速箱结构图

3　检测分析

为查找齿轮油性能衰变原因进行宏观检查、润滑油理化性能、族组成、齿轮油红外光谱定性与定量分析。分析结果简述如下：

3.1　设备检修检查情况

2020 年 1 月 2 日聚苯乙烯装置 HIPS 线停工后，41-M-3280/3270 减速箱解体，发现减速箱润滑油发出较大的刺激性气味，润滑油变色、粘度明显降低，润滑油出现劣化变质的现象。41-M-3270 和 41-M-3280 两台减速机在用油外观颜色与新油对比颜色逐步加深，同时明显可见有较强的刺激性挥发气体。透光观察新油及 3270、3280 在用油中均存在一定量的絮状物质。三种油品底部均无明显可见的固体沉积物。如图 2~4 所示。

图 2　KG/S150 齿轮油新油

图 3　M-3270 在用齿轮油

图 4　M-3280 在用齿轮油

41-M-3280 减速箱输入端轴承外圈滚道出现波浪形损伤，轴承存在润滑不良。内部轴承及齿轮目视检查未见异常。对齿轮齿面做着色检验，未发现异常。如图 5~7 所示。

图 5　减速箱输入端轴承外观形貌

图 6　减速箱输入端轴承外圈外观形貌

41-M-3280/3270 电加热器上存在较多黑色、硬质结焦物。如图 8 所示。

图 7　减速箱齿轮表面情况

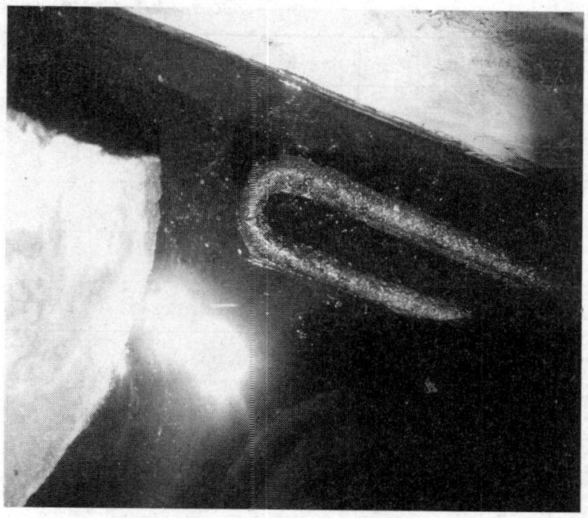

图 8　减速箱电加热器电热棒表面胶质物

3.2　齿轮油理化性能对比监测分析

KG/S150 齿轮油理化性能对比检测分析，分析结果如表 1 所示，四组成分析如表 2 所示，元素光谱分析 chilunyo 结果如表 3 所示，新油与在用油红外光谱定量分析如表 4 所示，红外光谱定性官能团分析结果如图 9~11 所示。

表 1　KG/S150 在用油与新油对比分析检测数据

分析项目	KG/S150 新油	M3280	M3270	试验方法
粘度(40℃)/$mm^2 \cdot s^{-1}$	144.0	34.49	89.57	GB/T 265—1988
粘度(100℃)/$mm^2 \cdot s^{-1}$	20.01	7.540	13.91	GB/T 265—1988
酸值/$mgKOH \cdot g^{-1}$	0.46	1.94	1.26	GB/T 4945—2002
闪点/℃	286	80	127	GB/T 3536—2008
倾点/℃	-49	-44	-48	GB/T 3535—2006
前 24℃(泡沫性)/ml	0/0	280/0	360/10	GB/T 12579—2002
93.5℃(泡沫性)/ml	0/0	30/0	40/0	GB/T 12579—2002
后 24℃(泡沫性)/ml	0/0	250/0	130/0	GB/T 12579—2002
水分离性/min	40-40-0(10)	42-38-5(10)	39-38-3(10)	GB/T 7305—2002
PDSC 氧化诱导期(200℃)/min	37	11	21	SH/T 0719—2002

表 2　KG/S150 在用油与新油四组成对比分析检测数据

分析项目		KG/S150 新油	M3280	M3270	试验方法
薄层色谱	饱和烃/m%	85.14	82.90	90.47	SH/T 0753—2005
	芳烃/m%	14.78	16.34	9.18	SH/T 0753—2005
	极性物/m%	0.08	0.77	0.35	SH/T 0753—2005
四组成(参考数据)	饱和烃/m%	76.8	69.9	77.2	SH/T 0509—2010
	芳烃/m%	3.9	3.9	1.2	SH/T 0509—2010
	胶质/m%	19.0	25.8	21.3	SH/T 0509—2010
	沥青质/m%	0.3	0.4	0.3	SH/T0509—2010

表3 KG/S150在用油与新油元素光谱对比分析数据

分析项目	KG/S150新油	M3280	M3270	试验方法
铁/mg·kg^{-1}	1.00	3.48	0.80	SH/T 0715—2002
镍/mg·kg^{-1}	<0.01	0.01	<0.01	SH/T 0715—2002
铜/mg·kg^{-1}	0.02	0.02	未检出	SH/T 0715—2002
钒/mg·kg^{-1}	<0.01	0.06	0.07	SH/T 0715—2002
钙/mg·kg^{-1}	8.62	0.83	2.21	SH/T 0715—2002
钠/mg·kg^{-1}	0.63	1.25	1.67	SH/T 0715—2002
镁/mg·kg^{-1}	未检出	未检出	0.27	SH/T 0715—2002
铅/mg·kg^{-1}	0.12	0.10	未检出	SH/T 0715—2002
锌/mg·kg^{-1}	0.18	1.38	2.90	SH/T 0715—2002

表4 KG/S150在用油与新油红外光谱定量对比分析数据

分析项目	新油	在用油	
	KG15150	M-3270	M-3280
氧化值/Abs.0.1mm^{-1}	49.301	46.315	35.643
硫酸化/Abs.0.1mm^{-1}	43.391	36.315	45.643
胺类抗氧剂/Wt%	0.674	1.503	3.206
酚类抗氧剂，Wt%	2.383	2.888	2.85
水分/mg·kg^{-1}	1067	1347	358
硝化值/Abs.0.1mm^{-1}	2.00	2.96	4.756
酯类污染/Abs.0.1mm^{-1}	36.834	33.53	33.844

4 结果分析与讨论

4.1 常规理化分析结果与讨论

通过表1检测数据可以看出，运动粘度方面，41-M-3280减速机在用油40℃运动黏度由新油的144mm^2·s^{-1}降低至34.49mm^2·s^{-1}，下降了76%。41-M-3270减速机在用油40℃运动黏度由新油的144mm^2·s^{-1}降低至89.57mm^2·s^{-1}，下降了37.8%；开口闪点方面，41-M-3280与41-M-3270在用齿轮油闪点分别由286℃下降至80℃、127℃；其他如酸值、泡沫特性、分水性、氧化诱导性能均有不同程度的劣化趋势。

KG/S150齿轮油基础油组成为美孚聚α-烯烃(PAO 10(18%)、PAO 40(60%))和合成酯类油(20%)，基础油占比98%。其中聚α-烯烃(PAO)以1-癸烯为原料经催化齐聚而成，该油品中使用的为PAO 10和PAO40热分解温度超过300℃。而基础油组分中的合成酯结构为已二酸二异十三醇酯，热分解温度同样超过300℃。氧化诱导实验表明，200℃下37min氧化，新油的热氧化稳定性明显不能满足要求。

根据该齿轮油的基本构成及上述理化指标的物理意义，该齿轮油性能衰变的主因应该是齿轮油基础油的酸值与氧化诱导性能衰变原因，运动粘度、开口(闭口)闪点、泡沫特性及分水性能的衰变是结果。

4.2 润滑品质定量检测分析与讨论

通过表2、表3、表4 KG/S 150在用油与新油四组成、元素光谱及红外光谱定量检测数据可以看出，新油中芳烃含量偏高，在用油极性物质、胶质物含量增加明显。新油中含有一定量的磨损元素铁含量。新油硫酸化指标偏高，酸化趋势明显，硝化值明显增加。上述定量分析结果发现：

KG/S150齿轮油新油：四组成分析中胶质物、芳烃含量偏高，会严重影响齿轮油的热安定性，即便是抗氧剂也不能明显地改善油品的热氧化稳定性；磨损元素定量分析发现铁元素含量偏高，且来源不明；红外光谱定量分析发现氧化值、硝化值与硫酸化测试值偏高，胺类抗氧剂含量偏低。因胺酚类双型抗氢剂加注不均匀以及油品硝化与氧化值高会促使油泥、漆膜等物质的生成，加剧磨损。会使酸值上升，增加零部件腐蚀的风险。

KG/S150齿轮油在用油：族组成分析中极性物质、胶质物含量增加明显，芳烃含量不稳定，表明聚α-烯烃(PAO)基础油红外光谱定量分析发现硝化值、硫酸化增加明显，设备腐蚀磨损风险进一步增加。

润滑油基础油的化学组成对其氧化安定性有重要影响。基础油的热氧化稳定性主要由芳烃含量决定，随着芳烃含量增加，其氧化速率逐渐增加。以重芳烃的影响最为显着。烯烃聚合反应过程中，除了聚合主反应外，还有异构化，环化脱氢，烷基化等副反应发生，这些副反应的反应速率随着温度升高而逐渐加快，最终导致PAO油品中含有一定量的芳烃。如果加氢后PAO油品中的全部烯烃基本饱和，影响PAO热氧化稳定性的主要因素为芳烃类不饱和物质。这些不饱和物在氧气，热能，光能等的作用下，易于氧化，缩合，最终形成胶质和沉淀，导致油品出现变黄，浑浊的现象。

润滑油的氧化是一个自由基的链反应，在反应过程中会产生脂肪酸、醛和酮等酸性物质，而这些酸性物质又进一步对润滑油的氧化起到催化作用。酚类抗氧剂的作用机理是与链反应过程中生成的自由基进行反应，生成较为稳定的化学物质，从而中断链反应的进行，延缓氧化速度；胺类抗氧剂是通过与氧化反应过程中生成的酸性物质反应，减少这类化合物在润滑油氧化过程中的催化作用，降低氧化反应速度，进而提高润滑油的氧化安定性。通常酚型抗氧剂的使用温度范围相对较低，胺类抗氧剂的使用温度较高，而PAO的氧化温度要达到200℃以上，因此当添加高温条件下稳定性较好的胺型抗氧剂时，PAO的起始氧化温度升高幅度较大，抗氧化性能明显。

4.3 红外光谱官能团分析与讨论

通过图9~11红外光谱定性分析，存在以下典型特征：

在用油与新油在$3000cm^{-1}$~2850cm-1处为甲基和亚甲基中C-H键的伸缩振动，在$1740cm^{-1}$处为酯基的C=O伸缩振动吸收峰，在$1166cm^{-1}$、$1170cm^{-1}$处为酯基的C-O伸缩振动峰，三油样的吸收峰基本一致，均为聚α烯烃基础油及合成酯(己二酸二异十三醇酯)类。三油样在指纹区均存在$721cm^{-1}$典型的亚甲基C-H面外摇摆吸收峰。可以排除用错油的可能性。但与新油相比，两种在用油合成酯类损耗均较大。而41-M-3280甲基和亚甲基损耗较大；

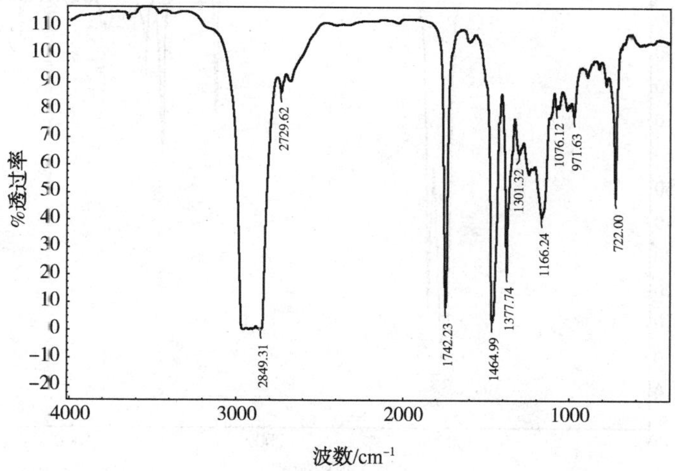

图9 KG/S150新油红外光谱官能团谱图

由图10 M3280在用油红外光谱官能团谱图可看出，反应1-癸烯齐聚反应中期的$1641.14cm^{-1}$C=C键伸缩振动吸收峰仍然低强度存在。$910cm^{-1}$处=CH_2面外弯曲振动吸收峰与$992.41cm^{-1}$处两个反式=C-H键的面外弯曲振动吸收峰中度强度存在。说明含有C=C结构且为直链α-烯烃与直链α烷烃。表明烯烃聚合反应不完全，低聚的不饱和烃中的双键未能加氢，降低了合成烃的热氧化稳定性。

由图 10~11 可看出，1-癸烯齐聚反应初期的 1464.99cm^{-1}、1465.24cm^{-1}、1465.11cm^{-1} C=C 振动吸收峰均强烈存在。三样品都含有 722cm^{-1}的中等强度吸收峰，说明链长超过 6 个碳。

由图 10~11 可看出，三油样在 1724cm^{-1}~1684cm^{-1}处均未见明显吸收峰，而 PAO 类合成齿轮油的氧化吸收峰位一般在 1724cm^{-1}~1684cm^{-1}处，由此初步可以排除齿轮油因高温氧化降解的可能。

上述分析结果初步表明，三油样的聚 α-烯烃(PAO)基础油可能均存在齐聚反应过程不完全且程度不一的问题。低聚的不饱和烃双键，降低了合成烃的热氧化稳定性。

已二酸二异十三醇酯属性为酯基，这一极性官能团强烈地吸附在金属表面，进而在摩擦点处形成有效边界润滑膜，减少黏附磨损，但是在摩擦表面也会产生腐蚀磨损；而混合基础油中的 PAO 具有稀释羧酸的作用，进而可减少腐蚀磨损。已二酸二异十三醇酯与金属表面的反应包括两个相互竞争的过程。

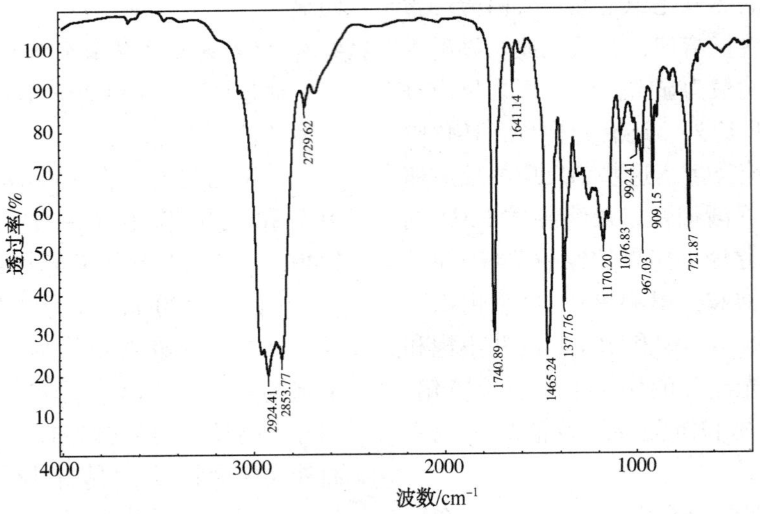

图 10　41-M-3280 在用油红外光谱官能团谱图

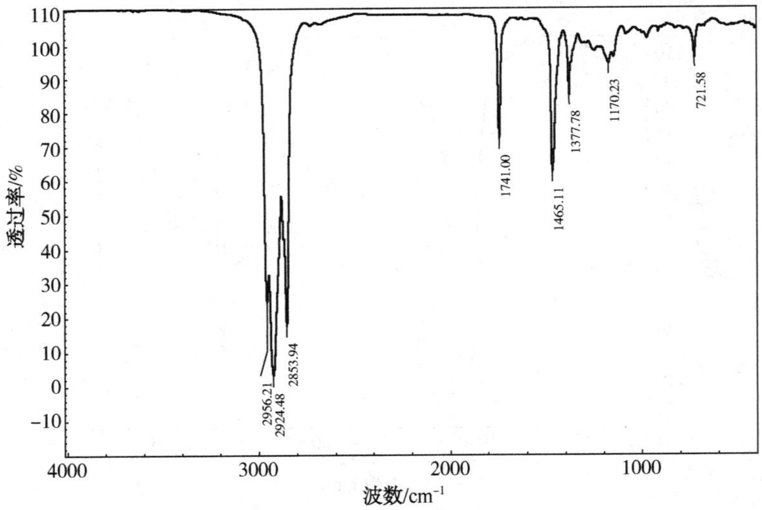

图 11　41-M-3270 在用油红外光谱官能团谱图

5　结论与建议

5.1　通过常规理化分析 41-M-3280、41-M-3270 减速箱 KG/S150 在用齿轮油 40℃、100℃运动黏度、开口闪点、酸值、泡沫特性、分水性、氧化诱导性能均有不同程度的劣化趋势。依据 NB/SH/T 0586—2010《工业闭式齿轮油换油指标》41-M-3280、41-M-3270 减速箱

KG/S150 在用齿轮油已不能满足设备润滑基本要求。为确保设备安全运行，建议充分评估后，更换合适的合成齿轮油。

5.2 氧化诱导实验表明，KG/S150 齿轮油新油 200℃下 37min 氧化，新油的热氧化稳定性明显不能达到该聚 α-烯烃+合成酯类合成齿轮油 300℃热裂解的性能要求。聚 α-烯烃基础油质量存在较大缺陷。因此，在聚 α 烯烃合成油调配 PAO 系列基础油原料选择上，建议通过 FTIR、GC/MS 以及核磁共振等技术手段做好原材料的质量管控。

5.3 润滑油品质定量分析及官能团定性分析结果表明，KG/S150 齿轮油聚 α-烯烃基础油存在齐聚反应过程不完全且程度不一的问题。低聚的不饱和烃双键，降低了聚 α-烯烃齐聚基础油的热氧化稳定性，导致聚 α-烯烃基础油抗热氧化能力不足。无论在采购聚 α 烯烃基础油环节还是在合成油制备及封装环节均应该严格监控基础油原料中非添加剂金属尤其是铁磁性磨损类金属含量以及稠环芳烃含量，确保合成类润滑油热氧化稳定性能能够满足石化设备的使用要求。

5.4 基础油重要组成合成酯类油(20%)即己二酸二异十三醇酯在部分基础油调配过程中可能存在配额比超限(大于 20%上限)，极性官能团在减少黏附磨损的同时，却对设备本体带来了腐蚀磨损的危害。建议采用 FTIR、GC/MS 分析润滑油分子结构的变化，监控并掌握聚 α-烯烃合成润滑油衰变，为及时掌握准确的换油期提供技术支持。

6 实施效果

装置于 2020 年 1 月 20 日在完成检查减速箱轴及齿轮，更换失效轴承后，现场回装减速箱，联轴器，附属管线及护罩，并更换润滑油为 MobilSHC629 后开机运行，设备运行至今一切正常。

参考文献

[1] 关子杰．从 API 基础油分类谈对基础油质量认识[J]．润滑油，1998，(5)：2-5.

[2] 张志峰，丁洪生，权成光，等．癸烯-1 聚 α-烯烃合成油的合成及性质[J]．辽宁石油化工大学学报，2005，(3)：24-27.

[3] 刘维民，许俊，冯大鹏，等．合成润滑油的研究现状及发展趋势[J]．摩擦学学报，2013，(1)：91-104.

[4] 张晓丽，臧树德，于廷云，等．α-烯烃(C8)聚合润滑油基础油的研究[J]．工业催化，2007，(1)：29-32.

[5] 辛仁轩．ICP-AES 光谱分析技术与应用[J]．化学工业出版社，2005，(1)：131- 134.

[6] 顾静静，江洪波．聚 α-烯烃合成油加氢工艺的研究[J]．润滑油，2013，(4)：52-56.

[7] 马兰芝，褚小立，田松柏，等．红外光谱法在润滑油分析中的应用与研究进展[J]．分析仪器，2010，(2)：1-3.

[8] 田高友，褚小立，易如娟，等．润滑油中红外光谱分析技术[M]．化学工业出版社，2014：119-148.

[9] 王敬尊，王霆．如何解释红外谱图[J]．大学化学，2016，(6)：90-97.

[10] 李东胜，孙朝霞，孙桂大，等．我国蜡裂解 α-烯烃的综合利用[J]．抚顺石油学院学报，1999，(3)：4-8.

[11] 韩雪梅，高宇新，曹婷婷，等．聚 α-烯烃润滑油的工艺技术进展[J]．炼油与化工，2011，(3)：1-3+55.

冷凝式汽轮机低压侧间歇性异常振动分析及根治措施

张锡德　代　盛　陈小龙　郭亮亮

（中国石油独山子石化公司塔里木石化分公司）

摘　要　原料气压缩机在运行时冷凝式汽轮机两侧出现间歇性异常振动，随着时间推移，振动幅值越来越大，已超过了报警值，危机安全生产。根据状态监测频谱分析，振动为一倍频，相位随振动幅值的变化而变化，同时结合异常振动图貌，确认汽轮机油封内碳化物与轴摩擦是造成汽轮机异常振动的根本原因，汽轮机低压侧振动导致了高压侧振动。加大汽轮机高压侧冷却分布器吹风量，同时降低高压侧轴承进油压力，未收到明显效果，利用大机组状态监测，对汽轮机两侧轴心轨迹图进行分析，发现高压侧进动方向一直未变，而低压侧在出现异常振动后，进动方向便发生改变，从而确定结碳振动是汽轮机低压侧造成的，而非高压侧。对汽轮机低压侧转子轴表面进行吹风冷却，振动随之消除。为彻底根治结碳振动，对油封进行改造，增加隔热板、增设回油孔、加工内吹风孔，用干燥仪表空气进行内吹风，效果非常明显。

关键词　冷凝式汽轮机，低压侧振动，油封结碳，冷却分布器，油封，改造

1　引言

中国石油塔里木石化分公司是年产 45 万吨合成氨/80 万吨尿素项目。在合成氨装置中设置有原料气压缩机组，压缩机由沈阳鼓风机集团有限公司制造，驱动汽轮机是美国埃里奥特公司生产，机组于 2010 年 5 月投入化肥装置生产。2010 年 6 月 5 日汽轮机两侧转子轴 4 个探头均出现异常振动，低压侧振动高于高压侧，振动值越来越高见图 1。汽轮机异常振动已严重影响到机组安全运行，进而影响到整个化肥生产。在此过程中，对可能引起振动的原因进行排查，开大高压侧吹风量，增加冷却分布器的风量，同时降低高压侧润滑油压力，但效果并不明显，振动值继续上升。

利用状态监测图谱对振动进行分析，最终找到振动的根源，采取相应措施，在线消除了振动，在 2020 年 7 月装置窗口检修时，对油封进行改造，增加内吹风，汽轮机低压侧异常振动得到了根治。

2　机组有关情况

压缩机为单轴多级离心式，机壳为垂直剖分式，型号为 BCL405，汽轮机为中压冷凝式蒸汽透平，型号为 SVKJPE5，用膜片联轴器直联，其作用是将天然气压缩至 4.46MPa，送至一段转化炉进行反应。

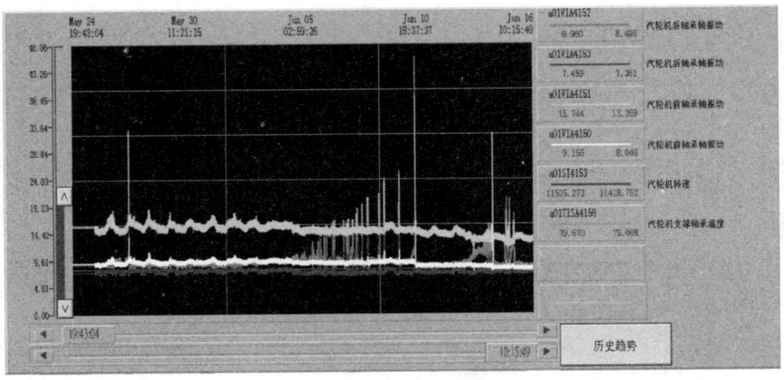

图 1　汽轮机异常振动情况

2.1 汽轮机基本参数，见表1

表1 有关参数

项目		单位	设计值
功率		KW	2300
转速		rpm	12300
进汽	压力	MPaA	4.46
	温度	℃	398
排汽	压力	MPaA	0.0137
	温度	℃	52
轴振动	报警值	um	41
	联锁值	um	51

2.2 汽轮机振动监控

在汽轮机两侧可倾瓦上，安装了4只涡流式位移传感器，用于测量转子轴X方向和Y方向振动，将位移振动信号转化成电信号，经过前置放大器传送到Bently3500系统，通过RS485通讯，显示在计算机屏幕上，以便对汽轮机轴系振动进行监控见图2。VI4150、VI4151、VI4152及VI4153分别代表汽轮机四个振动探头。

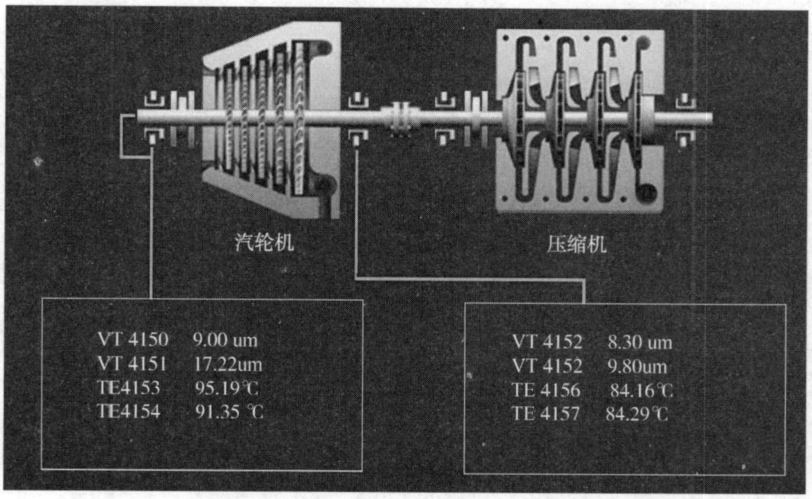

图2 汽轮机振动监控

3 汽轮机异常振动情况

原料气压缩机于2010年5月投入装置正常生产，当时汽轮机最大振动值为11.72mm，同年7月4日汽轮机高压侧出现了异常振动，探头VI4151达到41mm，已报警，另一个探头VI4150为24mm，异常振动持续时间约为3分钟，随着运行时间推移，振动间隔期越来越短，振动值越来越高，2010年12月3日16：53因探头VI4151和VI4150振动值双双达到了100mm以上，且持续时间达到60s以上，造成汽轮机连锁跳车，经分析为结碳振动，该振动显著特点是振动频率是一倍频，且振动相位随振幅变化而发生变化。

后对油封进行了更换检修，但汽轮机运行不久，再次出现了结碳振动，为在线消除振动，避免机组连锁停车，在汽轮机高压侧安装了冷却分布器见图3，对轴进行降温处理，有效消除了汽轮机异常振动。

2020年6月5日16：37：20汽轮机再次出现了异常振动，汽轮机两侧四个探头的振动值都很高，随着时间推移，振动值越来越高，VI4150、VI4151、VI4152及VI4153探头的振动值分别为18.07、38.856、45.494及43.834μm，高点已到达报警值见图4。

对状态监测图谱分析，振动为一倍频，相位随振幅的变化而变化，确认为汽轮机结碳振动。

北京化工大学博华信智专家也给出了结论，属于汽轮机结碳振动，要求局部吹风冷却，若振幅超过报警值，择机处理，改善密封效果和清理积碳。

图 3　冷却分布器

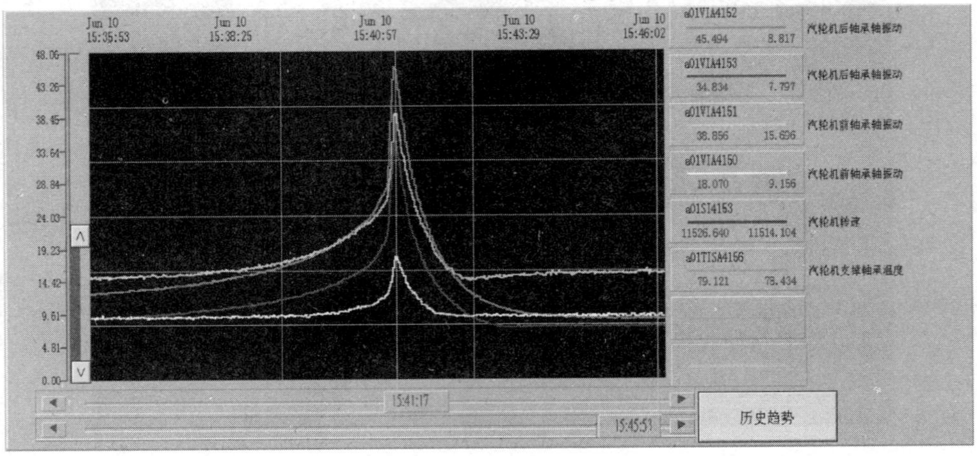

图 4　四支探头振动情况

4　异常振动分析

汽轮机异常振动出现后，根据振动图貌，利用大机组状态监测，进行频谱分析，很快确定了振动形式，是油封内积碳而产生的碰磨振动，因汽轮机是一个冷凝式透平，排气端温度较低，对油封内润滑油影响较小，不会结碳，初步认为结碳来源于汽轮机高压侧，低压侧的振动是高压侧异常振动而引起的，而汽轮机高压侧一直安装有冷却分布器，进行吹风冷却，分析后采取了以下措施：

（1）增大冷却分布器吹风量

因冷却分布器吹风过小，不能有效遏制油封内的润滑油高温结碳，所有将风管阀门全开，加大风量，但效果不明显，振动并没有得到好转。

（2）降低轴承润滑油压

经现场观察，汽轮机高压侧轴承润滑油压力为 0.12MPa，轴瓦温度最高为 93.7℃，而轴瓦温度报警值为 115℃，连锁值为 127℃。分析认为可能是油封运行时间较长，间隙增大，同时回油孔堵塞，产生了结碳，降低油压，可减小润滑油进入油封内，从而减小润滑油在油封内的结碳量，减轻振动，将油压降至 0.085MPa 后，轴瓦温度上升至 96.3℃，而汽轮机异常振动并没有得到缓解。

对状态监测轴心轨迹图分析发现，VI4150 和 VI4151 这两点进动方向一直为反进动，而 VI4152 和 VI4153 这两点进动方向经常发生改变，从反进动到正进动，再从正进动到反进动见图 5，每次进动方向改变发生在异常振动时，说明 VI4152 和 VI4153 两点产生了碰磨。

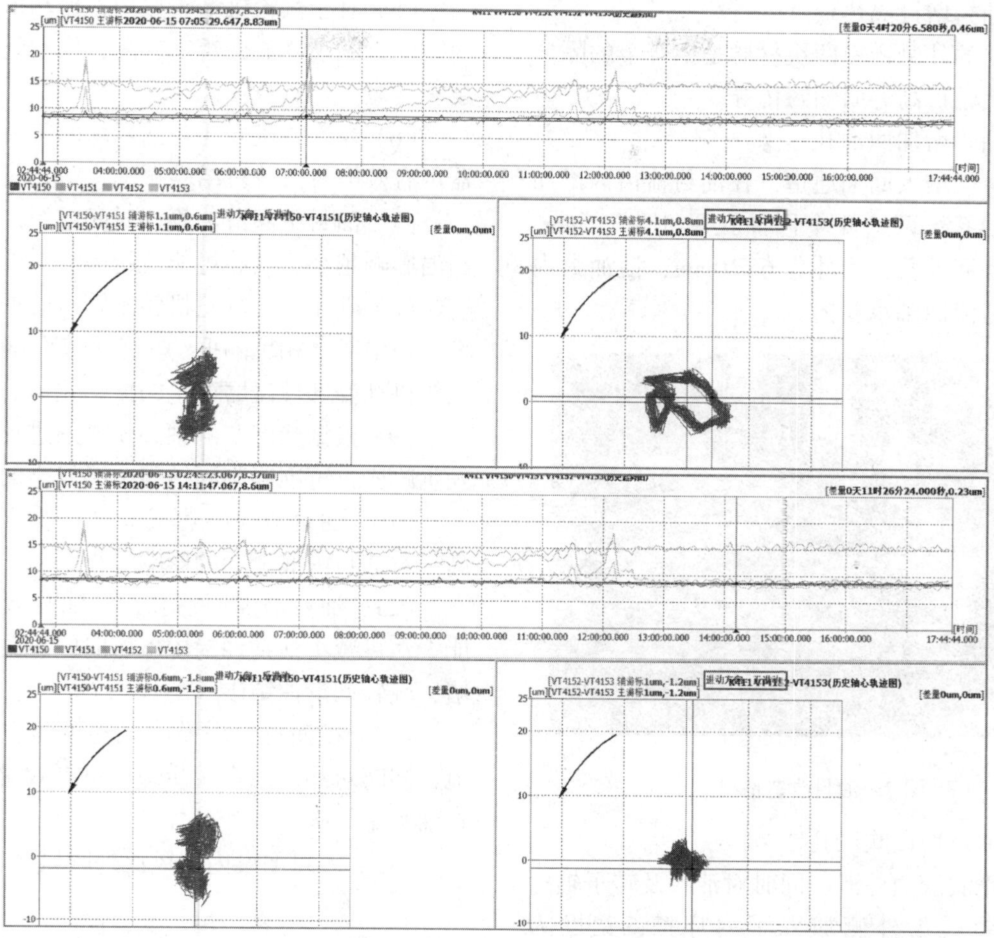

图 5　四个探头轴心轨迹图

4　采取措施

4.1　在线采取措施

通过以上分析，确定了汽轮机异常振动部位及振动原因，对汽轮机低压侧油封部位外表面测温，温度为 250～265℃，油封内部温度会更高，为防止振动跳车，在机组运行情况下，对汽轮机低压侧转子轴表面吹风，振动立即消除见图 6。

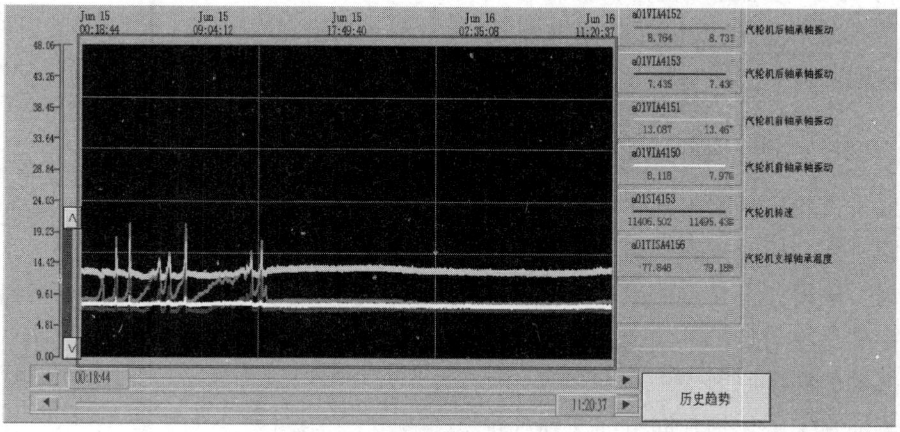

图 6　汽轮机运行情况

4.2　根治措施

为根治油封内结碳产生的异常振动，对油封结构进行了分析，从两个方面入手，其一是减轻汽轮机高温对润滑油的影响，其二是缩短润滑油在油封内的停留时间，同时防止润滑油堵塞回油孔。对油封进行改造见图 7，具体措施如下：

（1）油封增设隔热板

在油封的外侧增设两块材质是铝合金的隔热板，防止汽轮机高温向油封传导。

（2）油封增加回油孔

为尽可能增大回油通道，在油封梳齿内增加了 5 个回油孔，两边 4 个回油孔尺寸为 φ5mm，中间为长条回油孔，尺寸为 6×10mm，使油封内的油能快速流回轴承箱内。

图 7　油封改造情况

（3）油封增设吹风孔

为阻止润滑油外泄，同时对油封及转子轴冷却，在油封梳齿外侧加工了内环槽，宽度为 6mm，在环槽内均匀分别 4 个喷气孔，直径为 φ6mm。

（4）内吹风孔接仪表空气

为防止内吹风气带水，将干燥仪表空气接入内吹风孔。

2020 年 7 月 15 日利用窗口检修机会，对油封进行改造和安装，汽轮机运行后效果非常明显，异常振动得到了根治。

5　结论

原料气压缩机汽轮机两侧出现间歇性异常振动，对振动原因进行分析及排查，确认为低压侧引起的结碳振动，取得以下几点认识：

（1）油封中碳化物与转子轴碰磨是引起汽轮机低压侧异常振动的根本原因。

（2）低压侧油封中碳化物是润滑油受到汽轮机高温作用而引起的。

（3）在汽轮机乏汽侧，油封中也会生成碳化物，碳化物不只是在汽轮机高压侧产生。

（4）碳化物与汽轮机转子轴碰磨造成轴颈磨损，严重时影响转子动平衡。

（5）对于汽轮机结碳振动，振动形式表现为间歇性，振动峰值会越来越高，振动间隔时间会越来越短。

（6）在汽轮机壳体与油封之间安装冷却分布器可有效解决汽轮机结碳振动，防止装置停车。

（7）油封中润滑油停留时间越短，润滑油受高温影响越小，结碳可能性越小。

（8）碳化物与汽轮机转子轴碰磨振动，其频率为一倍频，相位随振动幅值的变化而变化，与汽轮机动静部件碰磨产生的振动相仿。

（9）根据状态监测轴心轨迹图进动方向是否发生改变，可准确判断结碳碰磨发生的部位。

（10）油封增加隔热板，可有效防止汽轮机高温对油封内润滑油的影响。

（11）油封增加回油孔，回油孔截面积尽可能大，可减小油在油封中停留时间，防止油孔被堵，减轻润滑油结碳。

（12）在油封中增设吹风孔可防止润滑油外泄，同时对润滑油直接冷却，可有效避免润滑油在油封中结碳。

（13）油封增设内吹风比外吹风效果更好。

参　考　文　献

[1] 张锡德，王西林．一段炉鼓风机汽轮机振动原因分析及处理[J]．大氮肥，2011，34(3)：49-53.

[2] 徐厚庆．丙烯制冷压缩机汽轮机的振动原因分析及改进[J]．化工机械，2001，(5)：293-294.

[3] 郭玉杰．油碳化物积聚诱发的燃气轮发电机组不稳定振动诊断[J]．热力发电，2011，40(8)：71-72.

[4] 张锡德，杨德辽，王锡连，等．合成气压缩机汽轮机异常振动原因分析及对策[J]．2019 首届炼化企业创新发展论坛论文集：548-552. 中国石化出版社，2019. 10.

[5] 白云山，蔡灿，石永锋，等．某 F 级燃气轮机发电机组振动故障诊断及处理[J]．汽轮机技术，2019，61(3)：230-232.

[6] 沈存五，于海．某型燃气轮机油封漏油和结焦问题分析和处理[J]．热力透平，2020，(2)：99-102 .

[7] 张锡德，王西林．原料气压缩机组在安装及运行中出现的问题及对策[J]．通用机械，2012，(2)：48-52.

[8] 王波，侯文富，李强．汽轮机间歇性振动故障分析与处理[J]．通用机械，2015，(1)：56-59.

[9] 边技超，白雅贺，高倩．给水泵汽轮机间歇性振动故障的分析与诊断[J]．电站辅机，2018，39(1)：35-38.

[10] 邵士铭，张锡德，卢海鹰．蒸汽轮机轴端结碳对振动的影响及对策[J]．设备管理与维修，2011，(1)：49-50.
[11] 汪江，金锐，陆颂元．大型机组动静碰摩故障振动特征分析与现场处理[J]．汽轮机技术，2002，44(1)：45-47.
[12] 郭玉杰．300MW 汽轮机端部碰摩振动故障的诊断[J]．热力透平，2005，34(4)：238-241.
[13] 文立斌．油档积碳引起汽轮机转子振动异常分析和处理[J]．广西电力．2010，(4)：48-50.
[14] 李俊峰．汽轮机油挡积碳问题的分析与处理[J]．江西电力，2017，39(2)：55-88.
[15] 吴松华．某汽轮机振动大原因分析及处理[J]．．风机技术，2016，(3)：94-97.
[16] 宋光雄，张亚飞，宋君辉．大型汽轮发电机组碰摩故障案例研究及分析[J]．汽轮机技术，2013，55(4)：241-246.
[17] 张锡德，杨学彤，当华，等 蒸汽管道应力对引风机汽轮机的影响及措施[J]．石化技术，2012，19(4)：18-22.
[18] 郭宇．汽轮机振动的机理及其危害[J]．石油和化工设备，2013，16(10)：68-70.
[19] 李录平，邹新元，陈荐，等．汽轮发电机组碰磨故障的典型特征研究[J]．振动、测试与诊断，2001，21(4)：281-285.
[20] 何成兵，蒋迪，张亚飞，等．大型汽轮发电机组碰磨故障分析与处理[J]．汽轮机技术，2013，55(1)：47-50.

循环水系统运行成本优化控制与成效

郑晓建　寇鸿斌　王爱民　武新河

（中国石油独山子石化公司塔里木石化分公司）

摘　要　介绍了塔石化大化肥装置循环水系统的运行现状，分析了循环水系统运行成本高的原因，结合装置实际运行工况，制定并实施了循环水系统运行成本优化控制措施，取得了较为明显的成效。最后总结了循环水系统运行成本优化控制经验

关键词　循环冷却水系统，运行成本分析，控制措施，成效

在石油化工行业当中，循环水系统扮演的角色就如同人体的供血系统一般，庞大而复杂，是能源化工行业公用工程系统中不可或缺的部分。循环水系统水质好坏、换热效率的高低、能效的优劣直接决定了产品质量以及整个生产装置是否能安、稳、长、满、优运行。同时，循环水系统也是各能源化工厂的用水及用电主体，就塔石化合成氨装置循环水系统的用水、用电情况来看，其用电量占合成总用电量的 50%，用水量占石化厂总用水量的 75%。由此可见在塔石化化肥装置中循环水系统可谓是个耗水、耗电的“大胃王”。如何实现循环水系统的运行优化，降低运行成本成为整个化肥装置降低综合能耗的关键所在。

1　运行现状

中国石油塔里木油田公司石化分公司(简称塔石化)化肥装置设计年产 45 万吨合成氨、80 万吨尿素，配备循环冷却水辅助装置一套。该循环水装置由中国成达化学工程公司负责设计，中国化学建设第七公司负责施工，北京华旭监理公司负责监理，于 2007 年开工建设，2009 年 5 月建成试车，其总面积为 12600m^2。循环水系统为间冷开式循环冷却水系统，主要由冷却塔、塔下水池、吸水池、循环水泵组、旁滤器、加药设备、地下管网等组成，其任务是向合成氨、尿素、氨罐区及空压站等设备提供循环冷却水。设计循环水量为 27744.8m^3/h，补充水量正常为 570m^3/h。循环水泵采用三开一备，正常运行期间两台电泵加一台透平泵运行，剩余一台电泵备用。设置机械通风逆流冷却塔七槽，单槽处理水量 4500m^3/h。循环水系统自开工运行以来吨水成本(即每生产一吨循环水所需要投入的总费用)偏高，正常运行期间月度吨水成本最高达 0.182 元/t，2013–2018 年间年均吨水成本达到 0.155 元/t。

2　循环水系统运行成本分析

循环水系统运行成本主要由新水成本、循环水透平蒸汽消耗成本、冷却塔风机、循环水电泵等机泵用电成本、水处理药剂成本等四部分组成。塔石化化肥装置循环水系统运行成本高主要体现在以下几个方面：(1)循环水系统浓缩倍数偏低，2017 年之前长年维持在 3.5~4.0，排污量大导致补充水用量大，新水成本高；(2)循环水泵运行方式选择不合理，透平泵运行成本远高于电泵，当循环水透平乏汽无法正常回收利用时未能及时将透平泵切换至电泵运行，造成动力成本上升；(3)系统水量分配不合理，个别换热器上水量不足而其余大部分换热器过度用水，导致循环水系统总循环量高达 33500m^3/h，高出设计值 20.7%，由此造成循环水泵、冷却塔风机电耗成本高；(4)水处理管理工作不够精细，药剂投加以手动冲击性投加为主，加药方式粗犷。再加上加药设备老旧自动化程度低，由此造成药剂消耗大，水处理药剂成本高。

3　循环水系统运行成本优化控制思路及采取的措施

3.1　循环水运行成本控制思路

3.1.1　更换合适的药剂配方，选用无磷环保型药剂，既减少细菌营养源的带入利于细菌控制又减少排污水对地下水体的污染。在保证水质

正常的情况下将系统浓缩倍数由年均3.8提升至5.5，有效降低新水消耗。

3.1.2 结合装置运行现状合理选择循环水泵运行方式，适时将两电泵加一透平的运行方式改为三电泵运行方式，有效地降低循环水运行成本。

3.1.3 循环水系统水量分配优化调整，降低循环水系统总循环量，从而降低循环水泵、冷却塔风机电耗。

3.1.4 升级改造循环水加药设备，制定合理的药剂投加方案，严格控制药剂成本。

3.2 循环水系统运行成本控制措施

3.2.1 通过药剂性能评定，将原来的JH-500有机磷加锌盐缓释阻垢剂更换为JH-600环氧琥珀酸缓释阻垢剂，氧化性杀菌剂由原来的三氯异氰尿酸更换为活性溴。药剂的评定筛选严格按照《水处理剂缓蚀性能的测定 旋转挂片法》GB/T 18175—2014执行。

JH-600缓释阻垢剂由PESA、磺酸共聚物以及缓蚀剂等组成，为碱性运行无磷配方，具有高效的络合、螯合作用，对碳钢有良好的防腐蚀性能。同时采用无磷配方后，减少了微生物营养源，有效控制生物粘泥量。由于新药剂无磷、无氮、低锌、高生物降解率的特点，循环排污水对环境不再产生威胁。通过药剂配方的改进，逐渐将系统浓缩倍数提升至5.0~6.0之间，减少循环水排污，进而降低循环水新水消耗。

3.2.2 优化循环水泵运行方式。循环水装置配备3台电泵和一台透平泵，电泵功率为1600kW，透平耗汽量为21.5吨/小时。正常生产期间3台水泵运行即可满足工艺需求，因此循环水泵处于三开一备状态。合成氨工艺上为平衡蒸汽系统，避免不同等级间蒸汽直接通过减温减压造成能量损失，设计时选用背压式循环水透平将4.3MPa中压蒸汽通过做功降至0.42MPa，并入低压蒸汽管网后供低压用户使用。同时由于电泵具有事故状态下启动快的优势，所以长期以来将一台电泵作为备用泵，选择两台电泵加一台透平泵运行的组合方式。但由于空气压缩机转速抗干扰能力差，0.42MPa低压注气投加量远低于设计值，加上装置夏秋季运行期间无需低压伴热蒸汽，循环水透平运行过程中产生的低压蒸汽只能白白放空，平均每小时在7吨左右，相应每小时将多消耗脱盐水7吨左右。对比蒸汽驱动与电驱费用差别，结合我厂夏秋季无需伴热蒸汽及电泵多年稳定可靠的运行现状，经过工艺、设备评估，在确保循环水装置正常运行的情况下将台两电泵加一台透平泵的运行方式改为三台电泵运行方式，有效地降低了循环水吨水蒸汽消耗费用。

3.2.3 循环水系统水量分配优化调整。对装置内所有水冷器进出口水温度、工艺介质温度进行测量、统计、分析。依据"水冷器上水回水温差小于5℃即为过度用水设备"的经验，结合工艺温度指标，借助超声波流量计测量实际水量，找出过度用水设备(表1)。

表1 循环水水冷器测温记录表

换热器位号	换热器名称	循环水进水温度/℃	循环水出水温度/℃	温差/℃	上水阀开度/%
E303	贫液水冷器	25.8	37.5	11.7	100
E306	CO2低压闪蒸塔顶冷却器	24.9	35.6	10.7	100
E307	循环气水冷器	24.9	34.8	9.9	100
E312	甲烷化气冷却器	25.2	47.5	22.3	100
E401东	共用表冷器	25.9	30.7	4.8	100
E401西		25.9	30.8	4.9	100
E0421-1	K421段间冷却器	25.9	29.1	3.2	100
E0421-2		25.9	29.1	3.2	100
E0421-3		25.9	30.0	4.1	100
E0421-4		26.1	29.2	3.1	100

续表

换热器位号	换热器名称	循环水进水温度/℃	循环水出水温度/℃	温差/℃	上水阀开度/%
E411	K411 段间冷却器	26.2	29.8	3.6	100
E0431	K431 段间冷却器	25.5	32.4	6.9	100
E432		25.6	29.6	4.0	100
E433		26.0	33.7	7.7	100
E434		33.1	33.2	0.1	100
E0441	K441 段间冷却器	25.6	27.0	1.4	100
E0442		25.6	25.6	0	100
E504	合成气水冷器	26.3	33.3	7.0	100
E510-1	氨压缩机出口冷凝器	26.0	37.5	11.5	100
E510-2		26.0	36.4	10.4	100
E552	蒸氨塔顶冷凝器	26.2	41.1	14.9	100
E554	水循环冷却器	26.0	34.2	8.2	100
E702	工艺冷凝液水冷器	25.6	37.3	11.7	100
E710	TP701 表冷器	25.6	29.5	3.9	100
E140	尿素二氧化碳压缩机表冷器	25.6	31.6	6.0	100

按照制定好的水量调整方案对整个循环水系统水量分配进行优化调整，逐步降低过度用水设备水量，增大缺水设备水量，前后共经过 5 次系统调整。调整后上水回水压差上涨，处于管网末端及高点位置的水冷器上水量大幅增加，尤其是长期制约合成氨装置氨产量的 E510 氨压缩机出口冷凝器上水量明显上涨，从 1000t/h 上涨至 1400t/h(表 2)。

$$Q = \sqrt{\frac{H}{LS'}} \tag{1}$$

$$V = \frac{4Q}{\pi d^2} = \frac{4}{\pi d^2}\sqrt{\frac{H}{LS'}} \tag{2}$$

Q——流量；

H——水冷器上水、回水压差；

L——管线长度；

S'——管道摩阻；

V——流速

由公式(1)、(2)可以得出，当水冷器上水、回水压差 H 从 0.18 上涨至 0.28 时，换热器上水流量及水流速度可提高至 1.25 倍。

表 2　循环水用水大户水量测量统计表

用户	设计水量/(t/h)	调整前水量/(t/h)	调整后水量/(t/h)	备注
表冷器 E401	4521	7911	5500	
氨压缩机出口冷凝器 E510	1971	1046	1400	末端换热器
真空蒸发冷凝器 E-135/E-136/E-137	3896	2850	3530	高点换热器
合成气冷却器 E504	2733	2750	2450	
尿素二氧化碳压缩机 FI1119	4244	5527	4700	
尿素装置 FI1118	8373	8462	8100	
合成装置 FI7037	14915	19500	16300	
循环水装置总循环量	27744	33500	30000	
循环水装置总循环量≈FI1119+ FI1118+ FI7037+其他(400t/h)				

在循环水系统水量分配调整过程中随时用超声波流量计测量换热器水量变化情况，验证调节效果(表 3)。

表 3　系统水量分配调整后主要参数统计表

	给水压力/MPa	回水压力/MPa	压差/MPa	循环量/t/h	温差/℃
设计值	0.5	0.25	0.25	27744	10
调整前	0.47	0.29	0.18	33400	7.8
调整后	0.51	0.23	0.28	29500	8.6

循环水系统水量分配优化调整后，循环水总循环量下降，凉水塔温差上升。循环水泵实际功率下降，电耗降低。系统各用户水量得到优化分配，缓解了个别换热器工况差导致无法停运风机的不利影响。同时进冷却塔温度越高、循环量越小，冷却塔的处理效率越高，所需风量越小，风机电耗降低。通过水量分配优化调整既降低了循环水装置电耗，又保证了装置的安、稳、长、满、优运行。

3.2.4　改造更新循环水加药设备。选用耐药剂腐蚀的 PE 材质药箱和 PVC 及 PPR 材质的管道管件，很好地消除了加药系统的腐蚀泄漏。与之前单缓蚀剂连续投加相比，新加药装置实现了缓蚀剂、阻垢剂两种药剂的连续性投加，投加方式更为科学、合理。新增的水质多参数在线监控仪能够根据循环水水质自动调整加药量和控制加药泵的启停，维持循环水药剂浓度恒定，进而保证水质稳定，有效控制冷换设备的腐蚀结垢。系统冲击性投加杀菌剂期间降低循环塔池液位，关闭系统排污，提高杀菌剂浓度增强杀菌效果。通过加药系统改造、配方换型和加药操作优化有效地降低了水处理成本。

4　应用效果

通过循环水系统节能节水优化措施的实施，塔石化化肥装置循环水系统总循环量降至 29500 t/h，节约新水消耗 1230t/d，节电 2500KW·h/d，节中压蒸汽 168t/d，节药剂费 669.6 元/d，吨水成本降至 0.101 元/t。详细计算过程如下：

(1) 节新鲜水

按照公式 QB＝QE/(N－1)计算，浓缩倍数 N 从 3.8 提至 5.5 时，每小时节约新鲜水费用＝［QB/(N 前－1)－QE/(N 后－1)］×P＝［380/(3.8－1)－380/(5.5－1)］×3＝156.37 元。(其中系统满负荷下蒸发量 Q 蒸发为 380 m　/h，新鲜水单价 P 为 3.05 元)

通过节约新鲜水降低吨水成本 156.37/29500＝0.0053 元/t。

(2) 透平泵改电泵运行节约费用

循环水透平泵改为电泵运行，每小时节约费用 C 能＝节约蒸汽费用－电费＝Q＊P 蒸汽＝21.5＊90－1600＊0.38＝1327 元。(其中 Q 为节约蒸汽流量，正常为 10 吨；P 蒸汽：蒸汽单价)。循环水透平泵改为电泵运行降低吨水成本 1327/29500＝0.045 元/t

消除低压蒸汽放空 7 吨/时。每小时节约费用 C 能＝节约蒸汽费用＝Q＊P 蒸汽＝7＊90＝630 元。(其中 Q 为节约蒸汽流量，正常为 7 吨；P 蒸汽：蒸汽单价)

(3) 循环量下降节约电费成本

循环水总量从 33500 t/h 下降至 29500t/h，循环水泵及电机功率下降，循环水系统总用电量下降 2500 KW·h/d，每小时节约用电费用＝0.38×2500/24＝39.58 元(电单价按 0.38 元/KW·h 算)

通过水量分配优化调整降低吨水成本 39.58/29500＝0.0013 元/t

(4) 节省药剂费用

加药系统改造、配方换型和加药操作优化后每小时节约水处理费用 C 药剂＝(C 优化前－C 优化后)/30/24＝(　614/32－　10.75　)/30/24＝117.19 元。(其中攻关前 32 个月药剂费为 614 万元；攻关后每月药剂费为 10.75 万元；每月按 30 天算)

通过节省药剂费用降低吨水成本 117.19/29500＝0.004 元/t

剔除循环水泵驱动方式优化带来的经济效益(循环水泵驱动方式的选择是受主装置蒸汽系统

平衡的限制，低压用户与原设计发生偏离），通过其余三项优化措施的实施，循环水运行成本下降 0.0106 元/t，按循环水系统运行 330 天/年计算，年节约成本 247.66 万元。

5 结语

循环水系统运行成本的优化控制应在保证水质和冷却效果的前提下综合考虑用水成本、用电成本以及水处理成本，多管齐下，精细管理。同时还应结合装置运行工况、动力能源价格变动情况及时对用能设备的能源方式进行科学、合理的调整，通过精细化管理降低循环水的运行成本。

参 考 文 献

[1] GB/T 50050—2017，工业循环冷却水处理设计规范[S]. 北京：中国计划出版社，2017.

LDAR 泄漏检测与修复炼油装置的主动应用

刘金海

（中国石油乌鲁木齐石化公司）

摘　要　本文针对乌鲁木齐石化公司新建烷基化装置及油气回收装置纳入公司 VOCs 管控体系的合规性评价、工艺分析、排放源定位等技术工作的自主实施进行了阐述，明确了该项工作实施的实际效果及其重大意义。

关键词　烷基化装置，LDAR，主动应用

1　项目实施的必要性

2014 年国家环保部《大气污染防治行动计划》对化工行业等重点领域大气排放提出了严格的管控要求，乌石化公司根据集团公司“重点区域 VOCs 管控 2015 年开始实施”的计划，2015 年立项于 2017 年 6 月委托中国石油吉林设计院完成了 VOCs 综合管控项目的实施，正式建立了乌鲁木齐石化公司 VOCs 综合管控体系及泄漏检测与修复(LDAR)程序的实施。

2018 年、2019 年乌石化公司陆续建成了炼油罐区建南、建北、PX、苯等 10 套油气回收装置、化纤供排水等 3 套废气回收装置、20 万苯乙烯烷基化装置，这些新装置的投运必然面临着自治区环保厅按照国家相关法规进行挥发性有机物排放检查并进行核算排污收费。为保证新建化工装置及油气回收设施投产当年纳入公司 VOCs 综合管控体系正常运行，经公司处室讨论由检维修中心自主完成装置分类分区、图纸校审、排放源定位挂牌、VOCs 管控平台信息收集统计录入等管控项目工作。

2　具体工作开展

（1）与环保部《石化企业泄漏检测与修复工作指南》对比情况见表 1。

表 1　LDAR 规范相符性分析

序号	条目	标准要求	本项目情况	是否相符
1	边界确定	不同状态的物料由阀门或盲板隔离，边界处的阀门或盲板按如下原则划分：a)气体和液体交界，按接触气体计；b)轻液体与重液体交界，按接触轻液体计；c) VOCs 与非 VOCs(如氢气、氮气、蒸汽、水等)交界，按接触 VOCs 计。	相同的原则	是
2	现场信息采集	现场信息采集的信息主要为：密封点编码、密封点类型、空间位置描述、公称直径、物料信息、可达性、PID 图号等。对于不可达密封点需记录原因。	描述表包含密封点类型等信息。	是
3	检测流程	仪器要进行三点校准和漂移校准。去除环境本底值。石油炼制装置可不考虑响应因子对检测值的影响	进行三点校准和漂移校准。去除环境本底值。石油炼制项目未考虑响应因子，石油化工考虑。	是
4	排放量核算	常规检测点位核算方法为相关方程法，不可达点采用筛选范围法或平均排放系数法。企业对泄漏点进行了维修。	常规检测点位核算方法为相关方程法，不可达点采用筛选范围法或平均排放系数法。企业对泄漏点进行了维修。	是

与 LDAR 规范对比结果可见，本次 LDAR 工作边界合理，密封点信息全面，检测流程符合要求，采用相关方程法核算排放量结果可信。

（2）国家检测技术导则：

与国家环保部标准《泄漏和敞开液面排放的挥发性有机物检测技术导则》（HJ 733—2014）对比执行情况见表 2。

表 2　与检测技术导则对比分析

序号	条目	标准要求	本项目情况	是否相符
1	仪器和设备	仪器可以采用火焰离子化检测器、光离子化检测器和红外吸收检测器。仪器要具有防爆安全认证。	本项目常规检测点采用火焰离子化检测器，难险检点采用红外吸收检测器进行检测。仪器具有防爆安全认证。	是
2	仪器和设备	采样点位置、移动速度和停留时间满足要求。	采样点位置按照规定位置，移动速度和停留时间有进度条约束。	是
3	检测技术要求	污水回用装置敞开液面源的检测按标准要求进行，检测结果小于标准限值。	在污水回用的曝气池和砂滤池、污水处理的浮渣池、焦化装置储焦池处进行检测，结果小于标准限值。	是
4	安全防护	进入现场的人员配带劳动保护用品。	劳保统一齐全并使用	是
5	安全防护	较高位置采用加长探头	采用加长杆操作	是

由导则对比结果可见，本次 LDAR 检测所用仪器符合要求，检测程序符合规定，检测结果达标。

（3）LDAR 泄漏检测与修复流程：

本次 LDAR 建立阶段的工作内容包括：通过装置 PID 图工艺分析建立用于泄漏检测的管路仪表图或管道布置图；对管线组件进行分类、编号和现场挂牌；利用泄漏检测与维修数据管理软件平台，形成规范化、电子化的设备（工艺单元）管线组件信息数据库（图 1）。

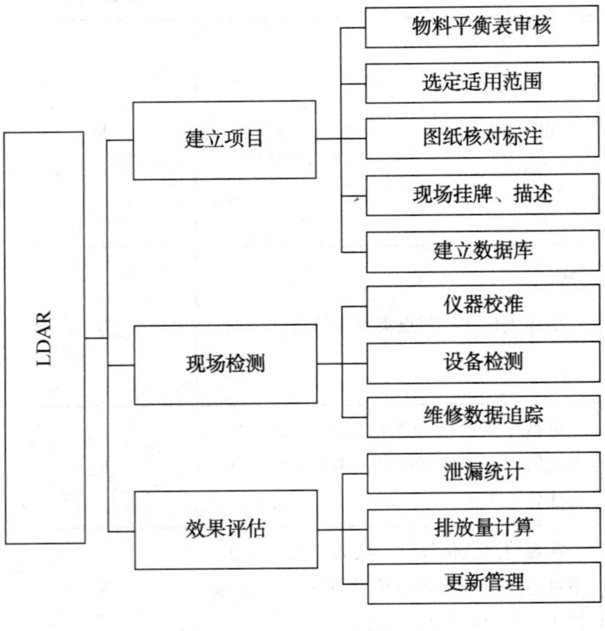

图 1　LDAR 工作流程图

（4）资料收集：

由炼油厂轻烃、油品、油销车间、原料处提供 LDAR 项目所需要的资料，包括装置平面布置、

设备一览表和 PID 图等。

（5）装置分区：

根据装置工艺流程、现场布置，将装置划分为不同区域。

目前对 20 万烷基化装置划分为 13 个区，10 套罐区油气回收装置比较集中划分为 10 个区。

（6）分析装置工艺：

装置工艺分析的主要目的是初步确定 LDAR 项目的应用范围，基本方法是依据工艺管线纳入 LDAR 应用范围的判定原则，对各种工艺单元和设备管线及其物料进行审核和评估，本项目我们确定了装置满足“LDAR 应用范围的判定原则”的管线后，将其列入 LDAR 范围，并标注在工艺流程 PFD 图上。

（7）图纸校审

图纸核对与分析是在装置工艺分析成果的基础上，结合管线内物质物相状态的判断，在管道及仪表流程 P&ID 图上将不同类型管道（如轻液管线、蒸汽/气体管线、真空管线等）进行高亮标注并标记管线号。

本项目共核对和分析了 PFD 及 P&ID 共计 83 张，具体见表 3。

表 3　装置图纸情况

序号	车间名称	装置名称	类别	图纸张数
1	炼油轻烃车间	20 万万吨烷基化	炼油	67
2	炼油油品车间	建南建北航煤油气回收	炼油	4
3	炼油油销车间	火车台汽车台油气回收	炼油	8
4	原料处原料车间	零位罐油气回收	炼油	4
	合计			83

(8) 排放源定位

排放源定位是指利用已完成彩色标注的 P&ID 图，到装置现场进行管线(即无组织排放源)和设备的定位，即对纳入 LDAR 项目范围的管线，按照工艺流程方向，使用明显抗风化的 Flag 带进行标记，对于不同的管线，如轻液管线、蒸汽/气体管线、水蒸气管线、真空管线等，使用不同颜色的 Flag 带。进行 Flag 标记时，同时在 Flag 带上编制 Flag 号，并依次将 Flag 号及其对应的所有信息(如管线号、管线内流经的物质等)追踪记录在事先准备好的表格中(表 4)。

表 4　FLAG 标记规范

序号	图纸标注颜色	现场 FLAG 带颜色	泄漏源分类
1	红色	红色	气体/蒸汽
2	绿色	绿色	轻液
3	橙色	黄色	重液
4	蓝色	蓝色	豁免

(9) 挂牌与描述

在 Flag 标记的基础上，再通过挂 Tag 牌的方式对纳入 LDAR 项目的具体管线进行准确定位，即：将蚀刻 ID 号抗风化的不锈钢钢牌挂到已有 Flag 标记的工艺管线的阀门、连接件、开口管线、泵、泄压装置等其它主要组件上。

挂 Tag 牌的路径由项目技术人员根据 Flag 标记结合现场观察确定，是便于后续 LDAR 检测的最佳路径。挂 Tag 牌时，项目技术人员同时使用事先设计的记录表为每个 Tag 牌号对应的 1 个或数个需检测点进行描述，描述的信息是该检测点基础信息的组成部分，包括组件类型、子类型、尺寸大小等信息等。每个需检测点具备全厂唯一的 ID 号。

(10) 上传平台

在完成项目装置工艺分析、图纸核对和分析、排放源定位、组件描述和定位的基础上，生成装置组件信息基础台账。该基础台账包含各组件的基础信息及其相关的基础信息，如组件类型、尺寸、对应工艺管线号、介质及其状态、位置描述等，同时该台账还需为每个组件预留检测、修复及延迟修复情况等缺省项，是数据规模巨大的基础台账。按照集团公司整体规划要求，统一上传中国石油泄漏检测与修复数据管理平台进行集中管理(表 5)。

表 5　装置组件信息基础台账(部分)

位置 1	位置 3	标签	图号	主要参考物	附加描述	组件类型	组件子类型	公称直径(mm)
建北罐区油气回收设施	E-205	001857	1031712D6250-ST/001	E-205	油气回收入口过滤器	法兰	法兰	200
建北罐区油气回收设施	E-205	001857	1031712D6250-ST/001	E-205	油气回收入口过滤器	法兰	法兰	200
建北罐区油气回收设施	E-205	001857	1031712D6250-ST/001	E-205	油气回收入口过滤器	法兰	法兰	200
建北罐区油气回收设施	E-205	001858	1031712D6250-ST/001	E-205	油气回收线放空闸阀	阀门	闸阀	200
建北罐区油气回收设施	E-205	001858	1031712D6250-ST/001	E-205	油气回收线放空闸阀	法兰	法兰	200

续表

位置1	位置3	标签	图号	主要参考物	附加描述	组件类型	组件子类型	公称直径(mm)
建北罐区油气回收设施	E-205	001858	1031712D6250-ST/001	E-205	油气回收线放空闸阀	法兰	法兰	200
建北罐区油气回收设施	E-205	001859	1031712D6250-ST/001	E-205	油气入口阻火器	法兰	法兰	200
建北罐区油气回收设施	E-205	001859	1031712D6250-ST/001	E-205	油气入口阻火器	法兰	法兰	200
建北罐区油气回收设施	E-205	001859	1031712D6250-ST/001	E-205	油气入口阻火器	法兰	法兰	200

3 实施完成效果(引用《2019年乌鲁木齐石化公司VOCs管控平台运行报告》)

公司2019年度纳入LDAR检测密封点数量合计694938点，其中不可达密封点7678点，占比1.1%；年度检测点数679332点。与上年对比，密封点数量环比增加4.21%。公司2019年度密封点数见表5。

表5　2019年度密封点数

序号	炼化公司	项目	密封点总数	不可达点总数	年度检测点数	年度常规检测点次	年度非常规检测点次
1	乌鲁木齐石化公司	本年度	694938	7678	679332	671814	7518
		上年度	666843	7659	634900	627791	7109
		年度环比	增加4.21%	增加0.25%	增加7.0%	增加7.01%	增加5.75%

本年度对新建20万吨/年烷基化装置、新建10套油气回收装置开工纳入LDAR管理，增加密封点数28095个；新增不可达点数19个；因烷基化开工、二常开工，10套油气回收装置纳入LDAR管理，新增年度检测点数44432个，见表6。

表6　2019年度装置新增密封点数

序	装　置	密封点数	不可达点数	ID号段
1	20万吨/年烷基化装置	24517	0	000001-004529
2	芳烃车间中间罐区油气回收装置	277	0	028192-028343
3	油品车间建南罐区油气回收装置	435	3	006092-006316
4	油品车间建北罐区油气回收装置	442	0	001857-002081
5	油销车间火车三台油气回收装置	229	0	040001-040161
6	油销车间火车四台油气回收装置	229	0	040162-040326
7	油销火车台石油苯油气回收装置	461	0	040326-040616
8	油销车间火车台PX油气回收装置	568	0	040617-041030
9	油销车间汽车台汽油油气回收装置	241	1	040324-040451
10	油销汽车台石油苯、航煤油气回收装置	298	1	040455-040606
11	原料处零位罐油气回收装置	398	14	000001-000151
合计		28095	19	

公司受控密封点组件类型主要为阀门103996个、法兰199165个、连接件375495个，合计占比97.63%。本年度对涉VOC排放装置或区域46套合计694938个密封点，检测1056731点次。其中：泄漏312点次，泄漏率0.03%；修复311点次，修复率99.68%。LDAR源项排放

速率 37.46t/a，不可达点排放速率 81.64 t/a。。　相对于2018年同期，泄漏点次大大减少(图2)。

图2

4　结束语

本次针对公司新建投运的炼油罐区建南、建北、PX、苯等10套油气回收装置、20万苯乙烯烷基化装置纳入公司VOCs管控体系LDAR正常程序要求，检维修中心自主开展的规范性评价、PID工艺分析、排放源定位及基础数据平台上传等技术工作，既体现了检维修中心在VOCs管控技术上的能力掌握及实际应用，也为乌石化公司降低外委项目费用做出了自己的贡献，为今后新增装置的VOCs管控要求提供了很好的公司内部实施选择，特别是后期戊烷油项目(2020年4月开始)、新增100万连续重整装置提供了较好的技术基础。

工作前安全分析在作业现场的应用现状与改进

梁肇瑞

（中国石油大连石化公司）

摘　要　工作前安全分析(JSA)是一个识别作业过程中的潜在危险因素，进而提出控制措施，从而减少甚至消除事故发生的工具。

关键词　工作前安全分析，风险管理工具，风险识别和控制，现状和改进

JSA 始于美国“科学管理”时代的“工作分析”由美国葛玛利教授1947 年提出，是欧美企业长期使用的一套较先进的风险管理工具，是为了识别和控制作业危害的预防性管理流程。通过对工作过程的逐步分析，找出其多余的、有危险的工作步骤和设备/设施，进行控制和预防。中国石油自 2009 年 Q/SY1238－2009《工作前安全分析管理规范》发布实施以来，很多总部下属石油化工企业都在积极开展了 JSA 的制度转化和运用，特别是近几年总部在 HSE 管理体系审核过程中将工作前安全分析作为重要的风险管理工具进行推广，其中一些企业取得了一定的成效。但从我公司目前的实践效果来看，这种方法在推广和使用过程中还存在诸多问题，需要认真调研分析，并加以解决，才能使 JSA 真正有效运用到实际工作当中，对作业现场所识别出的风险做到有效管控。

1　目前的现状调查

目前我公司部分领导干部对开展工作前安全分析的重要性还缺少足够认识；基层单位开展工作前安全分析的热情不高，更有甚者认为是一种额外的工作负担；部分管理人员认为有了作业许可就可以了，费时多此一举；大多数员工对工作前安全分析这种方法还没有真正的理解和掌握，往往是照猫画虎，仅以完成分析单为目的，而不是真正的风险识别与控制；大多数情况下，简单而粗放，重形式、走过场的现象还普遍存在；工作前安全分析也没有很好地与作业许可、工作循环分析等其他管理方法有机结合。具体现状如下：

（1）通过对各装置施工作业项目现场工作前安全分析表单检查情况分析，普遍存在表中基本步骤划分太笼统，有的作业项目危险性很大，而步骤就分 1～2 步或 1～3 步，潜在的危害辨识不够准确，控制措施制定没有针对性，有的仍存在套话和不切合实际控制措施。

（2）大部分单位辨识的风险都集中在一个栏内如：物体打击、火灾爆炸、触电中毒窒息等。制定的预防控制措施也都在一起，根本分不清所辨识风险是对应是什么措施。

（3）工作前安全分析(JSA)的人员仍存在一些问题。不是由一个 JSA 团队人员在一起进行讨论分析比如：一是有存在 1～2 人就将此表随意填写；二是各专业人员有缺席讨论 JSA 分析情况下进行的；三是缺少承包商人员参与讨论。

（4）工作前安全分析(JSA)培训不到位，比如：出现 JSA 表单上的问题，一是对 JSA 分析人员培训不到位；二是询问现场作业人员不清楚作业存在风险和控制措施。

（5）工作前安全分析(JSA)表单未有设计风险矩阵内容，存在对风险水平控制到底是可接受的风险，还是不可接受风险，对制定管控措施影响是很大，对风险等级关注程度也是不一样的。

（6）工作前安全分析(JSA)单执行力是目前最为关键问题，也是无法控制事故的发生最大难点。很多项目 JSA 分析在落实已制定的管控措施上大打折扣，管控措施落实不到位或未按照事先制定措施去落实，各级监督检查有缺失。

（7）有的单位一个项目多个危险作业就做一个工作前安全分析单，划分步骤、辨识风险、制定措施过于粗放。

（8）工作前安全分析走形式，往往都是要干活，临时组织几个人讨论讨论，填个表目的为了迎接上级检查不得已做做而已。

（9）危害识别不全，与措施制定无针对性。

（10）针对每一项作业，都需要把工作分解成具体工作任务或步骤，观察工作流程，识别每一步骤相关危害，进而评估风险，最终确认预防风险的控制措施。

2 原因分析

从作业项目工作前安全分析效果来看，主要有以下原因导致：

（1）由于层层对制度宣贯不到位，员工不了解或掌握不够全面，承包方不清楚，导致工具运用不顺畅。

（2）由于培训不到位，从公司处室、车间、装置、班组、员工不同层面对制度和相关专业知识培训了解掌握不够。导致工作前安全分析工作停留在纸面上。

（3）由于专业能力不足，部分干部、管理人员缺乏必要的安全专业知识和技能，导致风险未能识别或识别不够准确，控制措施制订随意性较大，未有针对性。

（4）公司主管处室、车间对项目工作前安全分析检查力度不到位，导致工作前安全分析表问题未能得到及时纠正。

（5）基层单位对作业项目工作前安全分析重视程度还有欠缺，作业方参与工作前安全分析讨论还存在一定的问题。

由于上述种种原因和问题，我认为大部分单位JSA小组人员还未具备安全确认型思维和独立保护层分析(ILP)思维，因此项目中的各类风险识别、评价及制定措施达不到工作前安全分析的要求，分析单和作业现场就会出现诸多偏差，不能很好有机衔接。

3 改进对策与方法

针对以上的现状及原因分析，对项目工作前安全分析的现场应用提出相应的改进对策与方法。

3.1 确定作业的原则

防止伤害事故发生是安全工作第一个需要考虑的事情。我们需要提高相应的技能来实施有效JSA，其中首先要确定的是什么作业采用JSA分析。企业应有一个有效的JSA管理程序，说明员工如何选择和优化需要分析的作业。

原则上，所有作业都要进行JSA，只是分析的形式不同，有口头和书面两种方式，但首先要确保对关键性作业实施正式的书面分析。根据作业面临的潜在隐患的多少和风险大小，对工作或作业活动进行分类，可以考虑以下原则：

（1）事件频率。之前类似工作过程中某事件重复发生的频率将决定在JSA过程中的优先级别。

（2）事件后果。导致工作日损失或造成医学治疗后果的事件，将决定其LSA过程中的优先级别。

（3）工作情况的变化。新增作业、非常规作业或者工作条件等发生变化，那么事故发生的可能性就会大大增加，此时需要进行JSA。

（4）阶段性作业。在一段时间内员工需要多次重复接触隐患或者暴露于隐患之中，这种情况下发生事故的可能性就比较高，此时需要进行JSA。

（5）现场作业人员提出。只要作业现场有作业人员提出要做JSA的工作任务，那么在正式开始作业前就必须进行JSA，任何人无权反对，并且应对提出人进行鼓励，哪怕后续的JSA并没有发现新的危害，这对培养良好的工作习惯很有好处。

3.2 JSA适用范围

至少以下作业需要进行书面的工作前安全分析：

（1）新的作业，以前没有做过或分析过的作业；

（2）非常规作业、临时性的作业，如动火作业、检维修作业；

（3）评估现有的作业；

（4）无程序管理、控制的作业；

（5）有程序控制，但工作环境变化或工作过程中可能存在程序未明确的危害；

（6）承包商作业，由承包商员工来完成的工作任务；

（7）可能发生事故或严重伤害事故的作业；

（8）员工暴露于有毒有害物质存在的环境；

（9）作业任务变换；

（10）非例行性工作；

（11）类似工作曾经发生事故或险情；

（12）遇到技术问题的复杂作业；

（13）大量的废物产生和可能有产品泄漏损失；

（14）要员工单独在隔离的区域作业；

（15）新员工负责的作业，或从未做过的工作；

（16）可能和其他方有冲突的作业环境。

3.3 JSA 管理流程图

具体如图所示。

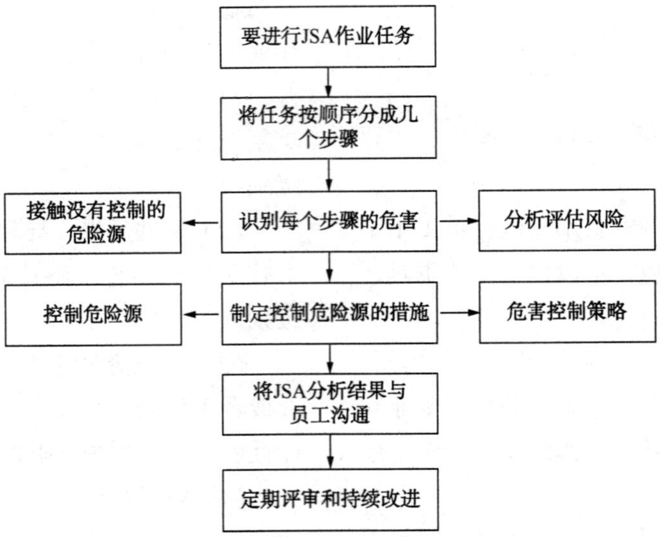

图 1　JSA 管理流程图

3.4 做 JSA 需要人员

基层单位应组成 JSA 风险分析团队。一个 JSA 分析组长，可以从下面专业中选取一个：

（1）熟悉作业过程中的检维修人员；

（2）熟悉设备的设备工程师；

（3）熟悉工艺的工艺工程师；

（4）一个有水平的安全工程师；

（5）有管理权限的管理协调人；

（6）可能的承包商人员。

3.5 实施步骤

SA 的实施包括以下步骤，第一步：把工作分解成具体的工作任务或步骤，第二步：观察工作流程，识别与每一步骤相关的危害因素；第三步：认识可能的事故，进行风险评价；第四步：确定预防事故和风险消减的控制措施。JSA 基本步骤如下：

（1）确定工作任务，把工作任务分解成具体子任务或工作步骤；

（2）按照工作流程，识别每一工作步骤相关的危害因素；

（3）采用事先确定的风险评价方法，考虑采取现有标准的控制措施后，对每一项危害因素的风险进行初始风险评价；

（4）采取必要的风险控制措施，包括现有标准的控制措施以外改进的建议措施；并按照“ALARP 原则”考虑多层次防护措施。

（5）再次评价采取多种控制措施后，实际存在风险的大小，如风险可接受，就执行所确定的风险控制措施，并将整个风险分析过程记录保存。

（6）如风险不可接受，应重新考虑采取进一步的风险控制措施，然后再次评价所残余的风险，看是否可接受，如此反复，直至最终的风险可接受为止。

（7）如已采取了所有可能的风险控制措施后，风险依然不可接受，那就应停止工作或重新安排工作。

3.6 工作要求

JSA 表是开展书面 JSA 工作的输出结果，也是追溯 JSA 情况和进一步完善 JSA 依据。见表 1，工作步骤的描述应该简洁清楚，并且能够按照顺序记录工作步骤的分解情况。危害描述要求识别每一关键环节的危害因素，应从人员、设备、材料、环境和方法等五个方面进行充分考虑，同时还应识别可能影响的人群以及工作场所内的所有人员。

表1　作业前安全分析(JSA)表

记录编号：

单位		作业名称		作业位置	
作业开始到结束期间工况：介质_______、温度_______、压力_______、其它_______					

1. 工作任务描述：

☐新工作、☐非常规工作、☐需要作业许可、☐缺少规程、☐发生变更、☐交叉作业、☐承包商作业

工作起止时间：_____年__月__日__时__分开始，至_____年__月__日__时__分结束

2. JSA分析(仅记录不可接受风险及过程中可能产生的水、气、声、渣的处理措施)：

基本工作步骤	潜在的危害及后果	风险控制措施	风险评价	是否可接受

JSA组长：

JSA成员：

年　月　日

3. 作业后评价(风险反馈)：

☐风险辨识及措施全面、有效　　☐现场条件发生变化__________

☐遗漏重大风险__________　　☐出现紧急情况__________

项目负责人签字：

3.7　评审

JSA是安全工作，防止伤害发生的一个重要工具，我们需要对开发的JSA进行评审，使之成为JSA模板，可以被每一个人在从事该工作时使用，一个好的JSA应该在企业内进行推广使用。生产、安全部门应该定期审阅JSA模板，并决定什么应该补充进正式的工作程序和作业指南中。

在工作前的评审中，参与作业的组织或团队一起评审JSA，从而确保每个人都理解安全地进行该工作的方式。工作完毕后，再次评审JSA，已检查工作程序是否按事先的设想进行。对于完成的JSA，完成的质量远远比完成的数量最更重要。

评审是JSA过程的一个重要反馈环路，通过评审寻找风险评价过程中的缺陷或不足，当发现可以改进工作的做法时，应及时反馈到现有的工

作程序中。如果发生事故、事件或者未遂事件，应该重新审查 JSA。

4 建议

4.1 制定和完善工作程序

在企业内实施与推广 JSA，要依据总部 Q/SY 1238—2009《工作前安全分析管理规范》，结合本公司特点对其合理转化，以明确各项管理要求，并通过推广和运行，从中发现问题，不断持续完善管理制度。

4.2 开展全员培训

首先工作前安全分析（JSA）作为一种培训和再培训的工具，可将 JSA 纳入全体员工的培训需求矩阵和个人安全培训计划，确保各级管理干部、一线生产主管、技术人员到现场操作人员，以及合同工和承包商员工要经过 JSA 培训，通过培训都应该学会和熟练正确运用这一方法。除此之外，还要让全体员工掌握辨识危害因素、风险评价、风险控制相关知识，才能更好为 JSA 实施奠定坚实基础。

4.3 专家指导培训

可在内部或外部聘请具有 JSA 经验的专家给管理层授课或进行现场指导，也可由 JSA 小组专家带领下共同完成 JSA 工作，这样可大大提高基层单位对 JSA 分析的能力，同时这也是一种有效的理论与现场实际相结合的培训方式。

开展 JSA 推广工作，利用本单位各种会议对作业项目 JSA 分析较好的单位进行分享，并进行点评，共同提高和完善 JSA 工作。

4.4 领导亲自参与

由公司领导亲自组织和参与 JSA 工作现场分析会，要求各单位轮流分享 JSA 分析，所有各单位管理者必须亲自参与并推广 JSA 工作，并将 JSA 分析与作业许可制度有机结合，纳入企业内部业绩绩效考核，这样就可保证 JSA 分析工作会持续得到完善。

4.5 三级监督管理机制

属地 JSA 小组在完成每一个项目作业前的 JSA 书面工作后，装置都要组织对书面风险和措施进行复审确认，然后组织相关人员到作业现场逐项对采取措施进行确认，以确保措施真正落到实处。

联合车间主管科室按专业划分，对装置项目书面 JSA 分析和现场措施落实进行核查，对发现的问题，现场进行纠正，并提出考核。

公司主管专业处室、博柯等第三方安全监督人员，可采取定期或不定期对各装置 JSA 分析情况进行抽查，抽查情况可在公司调度会上进行通报，对出现的问题进行考核。

5 结论

当前，推行工作前安全分析（JSA）是贯彻国家法律法规的需要，也是实现安全生产和企业推进安全文化的需要。持续不断地进行工作前安全分析（JSA）培训和使用让员工清楚了解各类作业活动中的风险，以及违章可能带来的后果，方能改善员工的不安全的工作方式和不安全的工作条件，从而避免事故事件的发生。

解决酸性水罐恶臭治理设施运行中存在的瓶颈和应对措施

靳建斌

（中国石化塔河炼化有限责任公司）

摘　要　塔河炼化加工劣质高含硫原油，含硫酸性水组分较为复杂，酸性水罐溢出的VOCs恶臭气体是炼油厂中重要恶臭污染源，由于酸性水中含有硫化氢、氨、甲烷及非甲烷总烃等有害气体，排入大气后不仅污染环境，而且危害人体健康，已成为环保隐患治理的重点之一。针对恶臭气组成及排放特点，塔河炼化硫回收单元对酸性水罐顶恶臭气治理采用了“湿法脱臭技术+水循环泵”二者合一，将处理后的气体密闭输送至轻烃火炬管网回收。现将装置运行过程中存在的瓶颈问题进行了总结。

关键词　酸性水，VOCs，回收治理，措施

1　装置概况

根据塔河炼化重质原油改质项目总流程安排，全厂加工塔河重质原油500万吨/年，现有两套污水汽提装置，主要处理上游焦化、加氢、重整和储运装置产生的酸性水，1#系列酸性水处理能力为30t/h，2#系列酸性水处理能力为80t/h，为保证两套装置酸性水平衡，2016年对1#和2#系列增加了酸性水联通线，达到灵活调整两套酸性水量的目的，酸性水罐顶部废气经阻火器后连接至超重力反应器进气口，依靠超重力反应器运行过程中形成的负压进入反应器，处理后气体再经水循环泵加压将废气输送至轻烃管网回收，实现自动化控制，装置现场环境得到有效改善。

2　工艺流程简介

塔河炼化1#系列酸性水主要来源于延迟焦化、汽柴油加氢精制及常减压、储运装置，酸性水进装置经酸性水过滤器（FI5401）过滤后进入酸性水脱气罐（V5401），脱出的轻油气送至低压瓦斯管网。脱气后的酸性水先进入原料水罐（V5402A）沉降脱油，脱出的轻污油间断自流至地下污油罐（V5405），经地下污油泵（P5403）间断送至工厂污油罐区。除油后的酸性水通过酸性水A、B罐“U”管自压进入原料水罐B（V5402B），经原料水进料泵（P5401A，B）加压、酸性水过滤器（FI5402）过滤，再经酸性水与净化水换热器（E5401A～F）换热至100℃，进入主汽提塔（T5401）内。酸性水罐顶部设置水封罐（V5406）和氮封控制阀控制酸性水罐压力，酸性水罐V5402AB顶部恶臭气体经超重力反应器（R5401）脱硫后的废气经过15m烟囱进行排放大气。

国家对环保越来越重视，目前工艺无法满足《石油炼制工艺污染物排放标准》GB 31570-2015要求，因此，借鉴本次大检修契机对1#硫磺酸性水罐顶部恶臭气体进行改造，在超重力反应器出口分为两路，一路在异常情况下排放大气确保酸性水罐安稳运行，另一路经过水循环泵升压后并至轻烃火炬管网，由于全厂轻烃火炬背压较高，需要处理后的废气经水循环泵升压后输送至轻烃火炬管网进入气柜回收。水循环泵出口增设有氧含量分析仪，控制氧含量不大于2%，全厂轻烃气体全部入气柜回收，最后经气柜压缩机加压送至干气脱硫塔，脱硫后干气作为全厂燃料气介质燃烧，酸性水罐恶臭治理的工艺流程如图1所示。

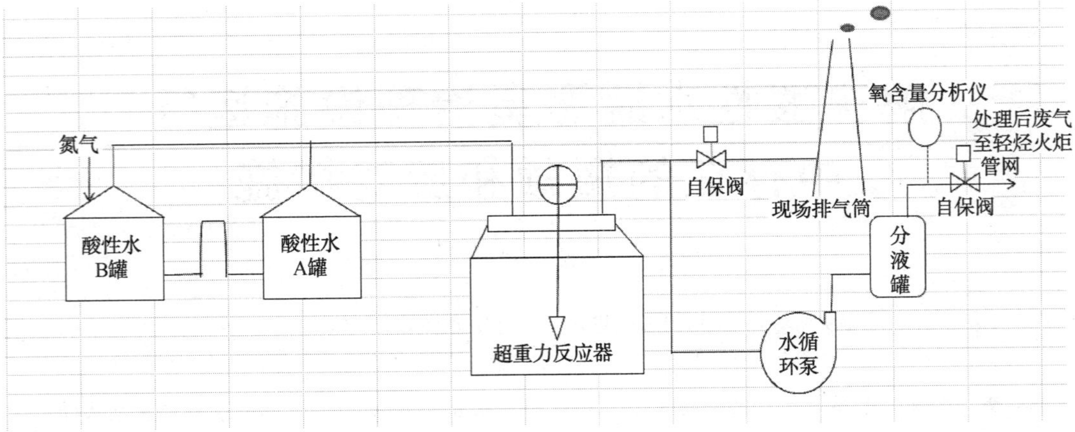

图 1　为酸性水罐顶部气体治理设施流程图

3　恶臭治理设施运行过程中的瓶颈和应对措施

3.1　酸性水罐出口至恶臭设施管线堵塞问题

塔河炼化加工原料为高含硫原油，相对酸性水中的硫化物含量较高，随着装置长周期运行，酸性水罐顶部挥发出的恶臭气中 H_2S、NH_3 含量较高，碳钢管线弯头部位腐蚀较为严重，经过测厚发现腐蚀减薄仅为 2. 8mm，另外，罐顶挥发气体内含有硫化氢及氨盐，容易在管壁内形成硫酸腐蚀及铵盐结晶堵塞管道，影响装置安全平稳运行，存在安全风险，表 1 为进装置酸性水组成分析，图 2、3 为恶臭治理设施管线堵塞和腐蚀泄漏情况。

表 1　为进装置酸性水组成分析

时间	硫化物/(mg/l)	氨含量/(mg/l)	油含量/(mg/l)	氯化物/(mg/l)
2020 年 1 月	6020	4421	54. 1	642
2020 年 2 月	5300	3848	26. 8	613
2020 年 3 月	11500	4023	38. 6	597
2020 年 4 月	停工检修	停工检修	停工检修	停工检修
2020 年 5 月	6603	4469	60. 4	1519
2020 年 6 月	3450	6101	66	471
2020 年 7 月	5496	4541	46	520
2020 年 8 月	5683	7483	32. 7	560
2020 年 9 月	5008	4721	72	535

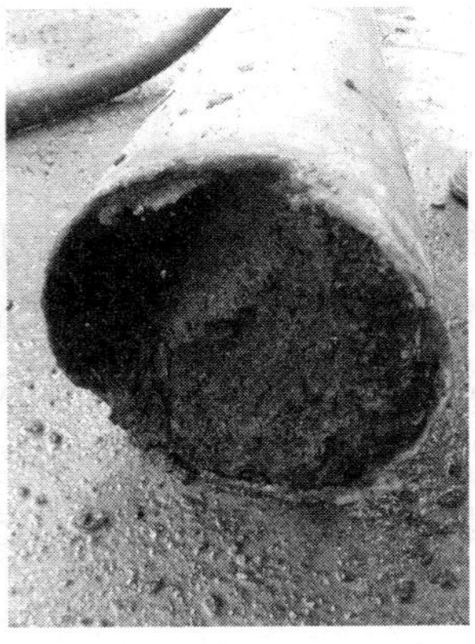

图 2　为恶臭气管线堵塞情况

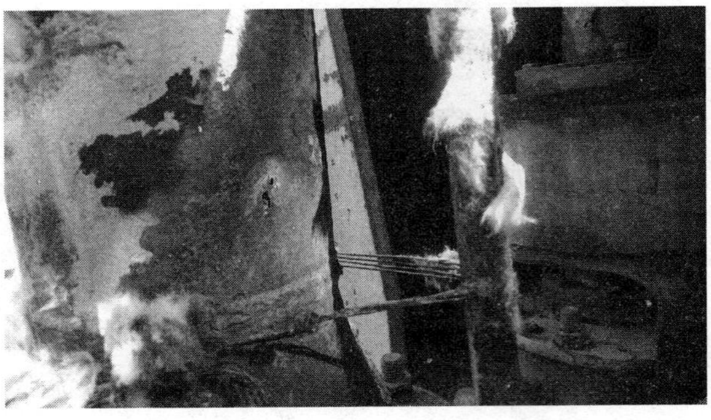

图 3　为恶臭气管线腐蚀情况

根据化验分析数据看出，进装置酸性水中硫化物最高含量为 11500mg/l，平均值在 5016mg/l；酸性水中氨含量最高为 7483mg/l，平均值为 4995mg/l；酸性水中油含量较为稳定。

解决措施：(1)为防止系统出现硫化亚铁等易自燃物质，以及腐蚀机理，对恶臭气原有碳钢管线整体更换为不锈钢 0Cr18Ni9Ti(304)管线材质，减少了硫化氢对管壁的腐蚀。同时在酸性水罐顶部恶臭气管线阀后增加了 1.0MPa 蒸汽(氮气)吹扫线，为后续装置绿色停工吹扫做好了前期的准备工作。(2)为防止氨盐结晶堵塞管道[1]，装置单元将酸性水罐顶部出口至恶臭治理设施管线分段采用法兰连接方式，当管线氨盐结晶出现堵塞时，确定堵塞部位后可通过拆除法兰对堵塞部位进行疏通处理，不仅节省时间，而且减少了因管线动火带来的安全风险。(3)为防止氨盐结晶造成管线堵塞，在酸性水罐顶部出口挥发气体管线增加了 1.0MPa 蒸汽外伴热。

3.2 水循环泵入口底点积液，影响水罐压力的波动

酸性水罐设计压力为-500Pa~2000Pa，当酸性水罐压力上升至 1kPa 时，超重力反应器电机自启平衡酸性水罐压力，酸性水罐顶部气体进入超重力反应器经过脱除硫化氢后，由水循环泵加压输送至轻烃管网，因次氯酸钠与硫化氢反应属于放热反应，因设计存在缺陷，在水循环泵入口处设有“U”形管容易形成液封，对酸性水罐的平稳运行带来安全风险，图 4、5 为酸性水罐及恶臭治理设施压力波动趋势。

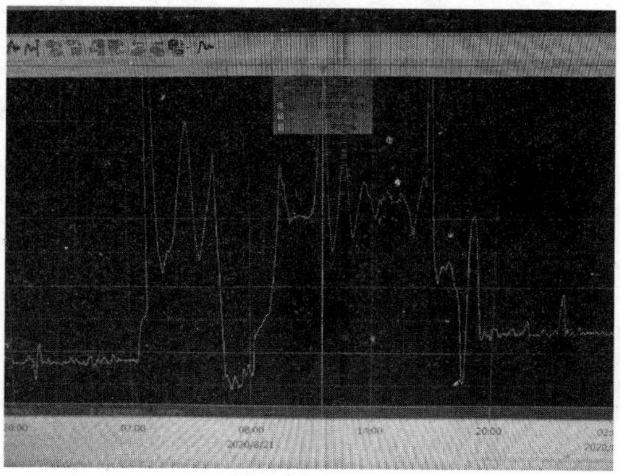

图 4　为酸性水罐压力波动趋势

次氯酸钠与硫化氢化学反应方程式：$H_2S+NaClO \xlongequal{} S+H_2O+NaCl$

$$2NaClO \xlongequal{\text{光照}} 2NaCl+O_2\uparrow$$

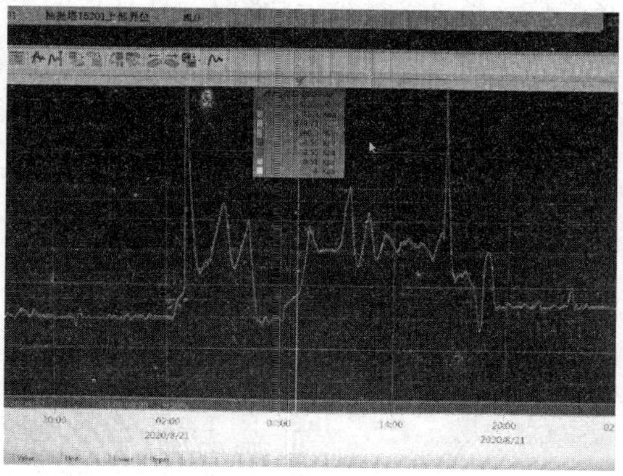

图 5　为恶臭治理设施压力波动趋势

解决措施：对水循环泵入口压控阀组“U”型管线动火整改，将压控阀组提高至管线平面，解决了前期“U”形管积液的问题。另外，超重力反应器处理后的废气入水循环泵前，单独增设了一条 DN50 的管线引入地罐，杜绝了水循环泵带液情况发生，班组定期根据地罐液位进行倒液。通过简单优化改造，酸性性水罐压力整体运行较为平稳，具体运行参数见表 2。

表 2　恶臭治理设施整改后酸性水罐操作参数

时间	酸性水罐 A/kPa	酸性水罐 B/kPa	恶臭系统压力/kPa
2020 年 8 月 10 日	0.80	0.83	0.65
2020 年 8 月 19 日	0.66	0.65	0.55
2020 年 8 月 25 日	0.77	0.76	0.66
2020 年 8 月 29 日	0.80	0.79	0.70
2020 年 9 月 5 日	0.95	0.91	0.82
2020 年 9 月 10 日	0.87	0.85	0.75
2020 年 9 月 15 日	0.76	0.75	0.65

如表 2、图 6 所示，对酸性水罐恶臭治理设施改造后各项操作参数较为平稳，酸性水罐 A 最高压力为 0.95kPa，最低点为 0.66kPa；酸性水罐 B 最高压力为 0.91kPa，最低点为 0.65kPa，两罐压力波动范围均在 0.29kPa 之间，确保了酸性水罐长周期运行。

4.3 设计缺陷原因，激光氧含量分析仪无法正常投用

酸性水罐恶臭气体处理完后经密闭输送至轻烃管网，由于轻烃气体集中回收进入气柜气，对氧含量控制极为苛刻。因此，在水循环泵出口增设激光氧分析仪，测量恶臭气出口氧含量数据，当氧含量高于 2%时，联锁动作后处理后废气经

现场排放，当氧含量小于 2%时，处理后的废气全部切入至轻烃管网，实现密闭回收。由于投用激光氧含量在线分析仪后，发现透光率仅为 35%，透光率远低于设计要求的 80%，因此，无法准确检测出系统中的氧含量，对装置安稳运行存在较大风险，具体数据见表 3

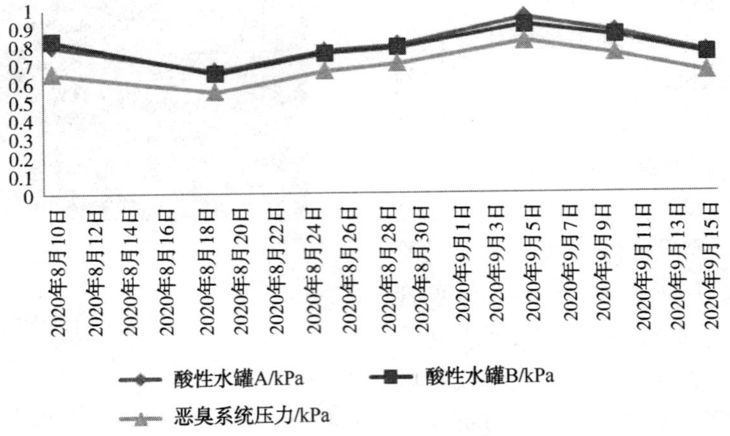

图 6　为酸性水罐及恶臭压力趋势

表 3　激光氧含量透光率数值

项目	6 月 20 日	6 月 25 日	7 月 10 日	7 月 20 日
透光率/%	35	30	25	20
氧含量	4. 5	0. 5	无	无

从上表看出，当透光率低于设计要求的 80%时，检测氧含量数据无法参考，对系统平稳运行存在安全风险，为确保激光氧含量在线分析仪正常投用，装置单元对现场氧含量检测仪进行了改造。

解决措施：通过与厂家沟通，透光率下降的主要原因是因氧分析仪两边激光探头距离超出设计 1 米范围，造成透光率下降影响到氧含量的检测数据，装置单元对氧分析仪两边不锈钢管线激光探头距离由 1. 5 米改造为 0. 8 米，经改造后激光氧含量在线分析仪透光率达到 85%以上，且测得氧含量为 0. 03%较为平稳，消除了因氧含量测量存在误差，确保了恶臭治理设施长周期运行(表 4)。

表 4　激光氧含量分析仪整改后运行参数

项目	8 月 15 日	8 月 20 日	9 月 20 日	10 月 20 日
透光率/%	85	83	86	85
氧含量	0. 03	0. 03	0. 019	0. 02

5　结语

装置单元结合自身运行过程存在的瓶颈，对酸性水罐顶恶臭治理设施存在的问题进行优化改造，有效解决了腐蚀和激光氧含量测量不准的难题，为装置后续长周期运行奠定了基石，杜绝了现场 VOC_S 无组织排放，不仅达到节能降本增效，而且减少环境污染的双重效果，达到预期的运行效果。

参 考 文 献

［1］王祁李，浅谈酸性水汽提装置尾气脱臭技术［J］. 广州化工 . 2016，44(14)：173-175.

炼厂循环水系统节能优化研究与应用

韩会亮　衡永宏　袁　亮

（中国石化塔河炼化有限责任公司）

摘　要　循环水系统是炼油企业中较为重要的公用工程系统，循环水系统在生产过程中电耗、水耗较高，节能潜力较大。本文介绍了塔河炼化公司1#循环水系统运行现状，通过分析研究循环水系统运行存在的问题，开展系统降压运行试验，实施机泵节能技术改造，加强循环水水处理管理，优化系统运行，使系统达到最佳运行状态。通过近一年优化运行，循环水系统电耗降幅达12%以上，现场飘逸现象消除，取得了良好的节能效果

关键词　循环水系统，运行分析，节能改造，运行优化

循环水系统是以水作为冷却介质，并循环运行的一种给水系统，广泛应用于石油、化工、钢铁冶炼和热力发电等领域。由换热设备、冷却设备、水泵、管道及其他有关设备设施组成。循环冷却水系统普遍存在着机泵效率低、节流损失大、控制水平低、耗水量大、能量浪费严重的现象。因此，分析研究循环水系统运行瓶颈，进行节能优化，可有效降低能耗，提高企业经济效益。

1　循环水系统简述

1.1　循环水系统组成

中国石化塔河炼化有限责任公司（简称塔河炼化）1#循环水系统是塔河炼化120万吨/年稠油技改项目的配套公用工程（图1），主要承担为1#焦化、1#加制氢、1#硫磺、半再生重整、气柜压缩机和动力锅炉等生产装置提供循环冷却水的工作任务。采用的是敞开式循环冷却水系统，设计规模4000m^3/h，保有水量1500m^3，泵房配置了4台循环冷却水给水泵、2台真空泵；一座2间逆流式机械通风冷却塔（单间塔设计处理能力2000m^3/h）和1间与塔底水池合建的吸水池；5台全自动过滤罐、1套加药及1台监测换热器。装置于2003年底开始筹建，2004年8月开始投用。

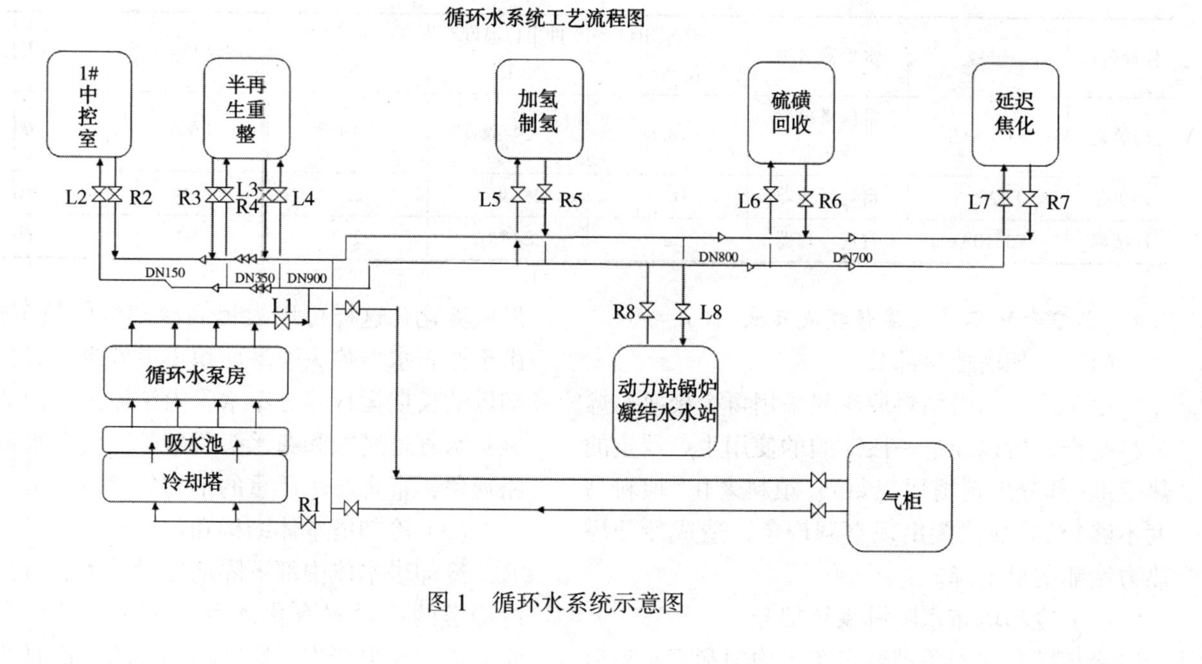

图1　循环水系统示意图

1.2 循环水工艺说明

自各生产装置来的循环冷却回水(水温≤40℃)利用余压经循环冷却回水管网直接进入逆流式机械通风冷却塔。在风机对空气的抽力和填料对热水的散热作用下，循环冷却回水与冷空气进行蒸发散热和传质散热，使≤40℃的热水降温到≤30℃，冷却后的水经塔底水池进入吸水池，由循环冷却给水泵提升输送至循环冷却给水系统管网供装置循环使用(图 1)。

循环水在冷却过程中因蒸发、风吹、排污以及系统泄漏等造成水量损失，使得循环水中含盐量增加，为稳定水质，系统需要投加不同药剂进行水处理，同时采用新鲜水作为循环水补充水，维持系统水平衡。

2 循环水系统运行存在的问题

2.1 循环水泵效率偏低

在实际生产中循环水场运行 1 台大泵(设计扬程 45m，流量 2200m^3/h)和 1 台小泵(设计扬程 45m，流量 1000m^3/h)，总供水量 3100m^3/h，供水压力 0.40MPa，两台泵运行电流分别是 26A、14A，通过对机泵进行能效测试，大泵机组效率 76%，小泵机组效率 55%，循环水泵效率偏低，具有一定优化空间。

2.2 管路损失较大

由于循环水系统供水的用户较多，而不同用户所需的供水压力不同，为了满足最高供水压力的要求，循环水场中配备的循环水泵出口压力明显高于循环水管网的系统压力。实际运行中循环水泵的扬程和流量与系统所需的压力和流量不匹配，导致循环水泵偏离其高效区运行，循环水泵出口阀门未全开，通过关小出口阀截流控制流量而导致流阻增大；出口止回阀选型不当，止回阀压降大，部分系统管路阀门等阻力较大，再通过凉水塔返塔阀门节流，浪费能量(表 1)。

表 1 泵出口压力和上水母管压力统计表

机泵位号	泵出口压力/MPa	母管压力/MPa	出口阀前压力表与母管高度差/m	泵出口与母管压差/MPa	泵出口阀开度/%	返塔阀阀开度/%	泵出口单向阀型式
P8201A	0.48	0.40	3.5	0.115	37	30	Y 型
P8202A	0.47	0.40	3.5	0.105	38	30	Y 型

2.3 系统温差偏小

循环水冷却塔供回水温差设计为 10℃，但根据对生产装置的主要换热设备进行调研后发现，目前循环水场整体供回水温差仅为 6℃，换热器进出口温差差异性较大，部分装置换热器进出口温差明显偏小(表 2)，存在较大调整空间。

表 2 部分水冷器循环水进出口温差偏小统计表

装置名称	位号	水冷器名称	循环水出口位高/m	进出口温度/℃	进出口温差/℃	进口开度/%	出口开度/%
1#焦化	E1005AB	常压塔顶后冷却器	18.6	29/32	3.0	90	90
1#焦化	E1202A	富气后冷器	16.3	28/30.5	2.5	50	40
1#硫磺	E5510AB	贫液冷却器	2	28/30	2.0	80	60

2.4 水力分配不均，漂移损失较大

(1) 冷却塔填料部分

由于原冷却塔填料原材料采用再生聚氯乙烯材料制作，所以经过一段时间的使用生产严重的热变形(部分出现坍塌现象)、填料老化(填料高度不够)及局部位置出现空洞现象，造成冷却塔热力性能明显下降。

(2) 冷却塔布水喷淋系统部分

冷却塔布水器关键要求布水均匀和喷头喷射形成雾化，这样可以大提高冷却塔的热工性能。由于原布水器喷头喷淋面积小、效果不好，且冷却塔的长期运行部分布水管内结垢及腐蚀造成部分布水管道腐蚀和布水头脱落等，使布水系统短路现象，带来布水严重的不均匀性。

(3) 冷却塔本体结构和化冰管

冷却塔本体中部下隔墙原设计为通透框架且冷却塔两侧设置有化冰管，在实际运行中，风吹、飘溅现象严重，影响周围环境，而且造成冷

却塔周围设备的结垢、腐蚀。

3　节能改造

3.1　改造思路

通过对循环水系统的整体分析，首先对循环水用量进行优化和局部纠偏，再通过对循环水系统的关键线路上各个压力点的分析，减少非必要的阻力损失，适当调整整个循环水系统的压力平衡。经过压力平衡调整试验，测试循环水管网在合适压力下运行的安全性及可操作性，同时达到校核该系统富余压力的目的。在此基础上提出整个循环水系统需求的扬程，并对循环水泵改造，达到整个循环水系统的节能优化。提出对循环水泵新的设计参数，选取高效的机泵进行改造。

3.2　循环水系统降压试验

此次1#循环水系统整体运行降压优化试验，模拟夏季高温工况下。试验前检查关键水冷器入口压力表准确；入口无压力表的，可参考同水平线或旁边运行水冷器的入口压力表，或创造条件安装压力表。要求所有在用水冷器入口阀全开，调整出口阀控制流速。整个试验分0.40MPa降至0.38MPa、0.38MPa降至0.36MPa、0.36MPa降至0.34MPa、0.34MPa降至0.32MPa四个阶段，每个阶段观察运行不少于24小时。试验过程在维持总循环量基本不变的前提下，逐步关小循环水泵出口阀门，适当开大凉水塔返塔阀门。每次调整时，岗位关注装置的水冷器和机泵的运行状态及工艺变化情况，并记录循环水侧进出口温度、阀门开度、工艺侧进出口温度，在调整过程中遇到的问题和解决措施，当装置现有手段不能解决问题时，则由调度通知停止调整或恢复调整之前的运行状态。

3.3　机泵改造

经过对1#循环水场降压试验，根据降压试验结果和系统最佳工况核算，循环水泵扬程由45m改造为38m，运行扬程35m，以满足系统实际运行的需要。具体改造为：循环水泵P-8202A设计流量2500m³/h，扬程45m，对该泵叶轮进行更换，保持2500m³/h流量不变，扬程降至38m；其余三台泵整体更换为低扬程高效泵，保持流量不变，扬程降至38m，实际运行中泵进出口阀门全开，提高整个循环水系统运行效率，实现整体节能。改造前后循环水泵参数见表3。

3.4　泵出口止回阀改造

循环水泵出口止回阀选型不当，导致过大的局部阻力。将循环水泵出口止回阀更换为高效管力阀，形成直线型流道，能耗低、运行稳，密封效果好，它兼具止回阀的功能，通过提高快关时间，能更好地消除水锤危害，保护水泵及管网系统安全。

表3　改造前后循环水泵参数

序号	设备名称	设备位号	改造前规格型号及特性参数	改造后规格型号及特性参数	数量
1	1#循环冷却给水泵	P-8201AB	型号350S44，流量1000m³/h，扬程45m，电机功率220kW，转速1480r/min	型号KPS35-300，流量1000m³/h，扬程38m，转速1480r/min，电机型号YXKK355-4G，功率160kW，转速1491r/min，额定电流12.1A，效率92.2%	2
2	1#循环冷却给水泵	P-8202A	型号KPS50-500，流量2500m³/h，扬程45m，电机功率450kW，转速991r/min	型号KPS50-500，流量2500m³/h，扬程38m，电机功率450kW，转速991r/min	1
3	1#循环冷却给水泵	P-8202B	型号500S59A，流量2200m³/h，扬程45m，电机功率450kW，转速991r/min	型号KPS50-500 流量2200m³/h，扬程38m，转速980 r/min，电机型号YXKK400-6G，功率315kW，转速989r/min，额定电流24.4A，效率93.4%	1

4　其他优化措施

4.1　凉水塔内部填料、布水管优化

全部更换2间凉水塔内填料，布水水帽，对腐蚀和堵塞的布水管进行维修。原填料老化破碎严重，流道发生了堵塞现象，更换新填料使流道更均匀，扩大冷却面积，提高换热效率。原布水水帽存在缺陷，覆盖面积小，同

时存在短路现象，布水不够均匀，更换新水帽及疏通布水管，布水面积增大，实现均匀覆盖。

4.2 凉水塔中间隔墙、化冰管优化

根据当地气候条件对凉水塔下隔墙封堵后凉水塔冷却效果进行核算后，将凉水塔下隔墙进行封堵；拆除凉水塔原东西两侧化冰管，增设收水檐，以减少飘散损失。

4.3 水处理方案优化

循环水补水以新鲜水为主，新鲜水属于中等硬度、中等碱度水质，采用自然 PH 运行工艺，浓缩倍数高时易引起循环水系统结垢。系统结垢直接影响装置冷换设备和凉水塔的冷却效果，为消除结垢，需要增加循环水系统不停车清洗预膜工作，消耗大量药剂和补水。因此，要根据水质特点优化缓蚀阻垢剂配方，降低配方中的锌离子含量并增加共聚物分散剂的用量，增强碳酸钙阻垢效果。2018 年委托北化院根据循环水补水水质开发出适应塔河炼化水质的低磷配方，运行至今，循环水结垢现象较之前配方明显改善。调整循环水水处理方案，循环水浓缩倍数由 2019 年的平均 3.93 倍提高至 5.2 倍，减少了循环水补水量。

4.4 加强水冷器管理，减少介质泄漏

水冷器泄漏后，介质物料泄漏到循环水系统，导致循环水水体颜色、浊度等指标升高，每次泄漏都需要对逐台设备进行查漏，对循环水系统进行剥离、除油，并适当换水，改善水质，不仅增加人员劳动强度，过程中消耗大量药剂和水，才能恢复水质(图 2、图 3)。

图 2　物料泄漏时水体颜色

图 3　水质正常水体颜色

通过每月定期跟踪装置水冷器温差、端差及流速情况，对不达标的水冷器进行调整，对以往泄漏频次较高的水冷器进行管束材质升级，根据挂片腐蚀速率调整缓蚀阻垢剂的投放量，在出现介质泄漏时，第一时间查找出泄漏源迅速切除，减轻因泄漏造成的水质恶化。

5 节能效果

(1) 循环水泵和止回阀改造完工投用后，在保证装置安全运行的基础上，循环水系统供水压力由改造前的 0.40MPa 降至 0.35MPa 运行，循环水总供水量保持基本不变，装置年运行电耗同比下降 71 万 kW·h，降幅达 12.1%，按照电价 0.34 元/kW·h 计算，年节省电费 24.14 万元。

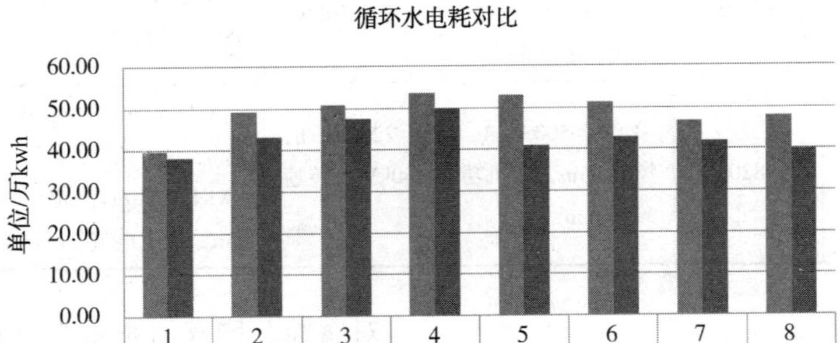

	1	2	3	4	5	6	7	8
2019年	39.86	49.33	50.93	53.65	53.12	51.47	47.00	48.09
2020年	38.33	43.30	47.75	50.29	41.04	43.14	42.05	40.06

图 4　优化改造前后循环水电耗对比情况

（2）循环水凉水塔更换填料、布水器和水帽，提高了冷却塔性能。将凉水塔下隔墙进行封堵，拆除凉水塔原东西两侧化冰管，增设收水檐，减少风吹损失，循环水现场飘逸现象消除，现场环境得到明显改善，规格化、标准化水平明显提升。

6 结论

通过对1#循环水系统实际情况进行分析研究确定改造方案，将循环水泵改造更换为低扬程高效泵，更换泵出口止回阀和凉水塔内部件等，多种改造方式并行，并优化循环水系统运行，优化改造后循环水系统年运行电耗同比下降71万kW·h，节电率达12.1%，现场飘溅现象消除，现场环境得到明显改善，取得了良好的节能优化效果和环境效益。

参 考 文 献

[1] 耿树林，赵延良等．炼厂循环水系统节能优化方案可行性研究[J]．石化技术．2020，27(03)．

[2] 章建华．炼油装置节能技术与实例分析[M]．北京：中国石化出版社．

[3] 王皓．惠州石化循环水装置优化节能改造措施与应用[J]．化工管理．2020，(17)．

[4] 徐广．炼厂循环水系统节能优化改造实践[J]．广东化工．2019，46(05)：85．

[5] 薄卫东，杨卫锋等．循环水系统节能优化探讨[J]．山东化工．2020，49(01)：89．

[6] 刘国亮，尹桂超等．浅谈循环水系统节能优化[J]．山东化工．2020，49(04)：145．

加热炉烟气二氧化硫影响因素及其处理措施

项悦文

（中国石化上海高桥石油化工有限公司）

摘　要　目前环境保护要求日益严格，根据相关规定，需对加热炉烟气二氧化硫排放进行在线连续监控。针对加热炉烟气二氧化硫标准干基浓度，提出了一个理论计算方法，并结合实际运行的情况，对其影响因素进行讨论，提出了相应的处置措施。

关键词　加热炉烟气，环境保护，二氧化硫

1　前言

高桥石化 1#常减压蒸馏装置（以下简称 1#蒸馏）始建于 1953 年，于 2010 年进行异地改造，主要加工低硫、低酸石蜡基原油，其地处上海市市中心。根据《石油炼制工业污染排放标准》（GB 31570—2015），自 2017 年 7 月 1 日起执行加热炉烟气排放二氧化硫特别排放限值，规定排放浓度≯50mg/Nm^3，并且根据 2017 年 6 月上海市环境保护局关于印发《上海市固定污染源自动监测建设、联网、运维和管理有关规定》的通知，装置新增固定污染源烟气排放连续监测系统（Continuous Emission Monitoring System，以下简称 CEMS），以能够满足对生产装置加热炉烟气排放监测要求，并且能够有效地监控生产装置加热炉外排烟气污染物排放情况，以及提高环境保护管理水平。因此在目前严格的排放要求和监测要求下，需研究加热炉烟气中二氧化硫浓度的影响因素，并探寻对应的达标排放措施。

2　装置加热炉简介

1#蒸馏设有常压炉和减压炉共计两台加热炉，每台加热炉设有南北两个炉膛，并设有一套强制通风系统，以供两台加热炉共用。其中常压炉设计热负荷为 49.265MW，减压炉设计热负荷为 24.232MW，共计烟气设计排放量 8.6×10^4 Nm^3/h。

加热炉所使用的燃料主要由管网燃料气、减顶不凝气和装置自产液化气组成，装置内部设减顶气脱硫塔和液化气脱硫塔，使用 MDEA 脱除硫化氢。脱硫后的减顶气进入加热炉作为燃料使用，而脱硫后的液化气经过液化气聚集器脱除胺液，部分液化气再进入液化气汽化器加热汽化后和管网燃料气合并，进入加热炉作为燃料使用。由于减顶气量很小（仅占燃料气总量的 0.6%），在此不做分析，燃料气的组成分析数据如表 1 所示。

表 1　燃料气组成分析

组成	分子式	分子量	比例
		g/mol	V%
氢气	H_2	2	39.73
甲烷	CH_4	16	12.97
乙烷	C_2H_6	30	7.22
乙烯	C_2H_4	28	3.27
丙烷	C_3H_8	44	9.16
丙烯	C_3H_6	42	4.08
丁烷	C_4H_{10}	58	11.25
丁烯	C_4H_8	56	0.89
戊烷	C_5H_{12}	72	1
一氧化碳	CO	28	0.7
二氧化碳	CO_2	44	0.29
氮气	O_2	28	8.92
氧气	N_2	32	0.52
硫	S	32	56（mg/Nm^3）

3　加热炉烟气中二氧化硫浓度的影响因素

加热炉烟气中二氧化硫主要由燃料燃烧产生，而根据表 1 中显示，燃料中硫化器含量全部为 0mg/m^3，因此其燃料中除硫化氢以外，还含有微量硫醇和硫醚类的

硫化物。燃料中的硫化物的燃烧是烟气中二氧化硫的来源，因此烟气二氧化硫浓度主要的影响因数是燃料气中的硫含量。而在异常工况中，氧含量的大幅偏离正常工况，或者湿度的大幅上升，亦会对烟气二氧化硫的测量造成影响。

3.1 烟气中二氧化硫浓度的理论计算

3.1.1 燃料气燃烧产生烟气量理论计算

以表 1 中燃料气组成计算，根据 CEMS 处测得氧含量为 8.2%（由于通风系统存在漏风情况，实际炉膛氧含量约为 2%）。忽略硫和氮气燃烧消耗氧气，根据表 1 中分析数据，瓦斯平均分子式可简化为：$CH_{3.25}N_{0.14}O_{0.15}$。

燃烧方程式如下：

$$CH_{3.25}N_{0.14}O_{0.15}+1.74O_2 \longrightarrow CO_2+1.625H_2O+0.07N_2$$

因此单位体积燃料气燃烧：

消耗的理论空气量＝燃烧耗氧气÷空气中氧气占比

$$=1.74\div0.21=8.28\text{Nm}^3/\text{h}$$

产生的理论烟气量＝氮气量＋二氧化碳量＋水蒸气量

$$=8.28\times0.79+1+1.625+0.07=9.24\text{Nm}^3/\text{h}$$

假设过剩空气量为 x 体积，实际 CEMS 处测得的氧含量为 8%，则：

氧气量/实际烟气量＝$0.21x\div(9.24+x)=8.2\%$

计算得单位体积燃料气燃烧，实际过剩空气量为 $5.92\text{Nm}^3/\text{h}$，故：

实际烟气量＝理论烟气量＋过剩空气量

$$=9.24+5.92=15.16\text{Nm}^3/\text{h}$$

3.1.2 烟气中二氧化硫浓度理论计算

根据燃料气和烟气的硫平衡可得燃料气含硫量等于烟气含硫量，因此：

烟气二氧化硫实测浓度（mg/Nm^3）＝单位体积燃料气硫含量×2÷单位体积燃料气燃烧产生的烟气量

$$=56\times2\div15.16=7.4\text{mg/Nm}^3$$

烟气二氧化硫实测浓度（ppm）＝单位体积燃料气硫含量÷32÷单位体积燃料气燃烧产生的烟气量×22.4

$$=56\div32\div15.16\times22.4=2.59\text{ ppm}$$

根据 CEMS 处测得湿度为 13.21%，根据标准状态下干基浓度折算公式：

烟气 SO_2 浓度（标准状态下干基浓度）＝实测值÷（1－湿度）×21÷（21－氧含量实测值÷（1－湿度））÷1.167

对烟气 SO_2 浓度进行标准状态下干基浓度进行折算，计算烟气二氧化硫标准状态下干基浓度为 13.3mg/Nm^3。实际 CEMS 测量烟气二氧化硫准状态下干基浓度为 15.5mg/Nm^3，偏差 2.2mg/Nm^3，基本一致。

3.1.3 理论计算结果与实际偏差原因分析

由于加热炉运行为动态过程，会造成：

（1）实际燃料气组成和燃料气中硫含量处于动态变化，会导致基于单点的计算结果与实际测量结果产生偏差；

（2）燃料气分析采样时间与 CEMS 数据（氧含量、湿度和二氧化硫准状态下干基浓度等）记录时间基本一致，实际燃烧过程存在一个时间差，会导致基于以上数据的计算结果与实际测量结果产生偏差。

3.2 燃料气中硫含量对加热炉烟气中二氧化硫含量的影响

保持烟气的氧含量和湿度不变，在不同燃料气硫含量情况下，根据标况干基折算公式，对烟气 SO_2 浓度进行标准状态下干基浓度进行折算，结果如表 2 所示。

表 2 不同燃料硫含量对应烟气二氧化硫含量的影响

燃料气	烟气 SO_2			
硫含量	实测值	实测值	干基	干氧折算
mg/Nm^3	mg/Nm^3	ppm	mg/Nm^3	mg/Nm^3

续表

燃料气	烟气 SO_2			
56	7.4	2.6	8.5	13.3
100	13.2	4.62	15.2	23.7
210	27.7	9.7	31.9	49.7
300	39.6	13.9	45.6	71.1
420	55.4	19.4	63.9	99.5

注：烟气实测氧含量=8.2%，烟气湿度=13.21%，计算所得烟气干基氧含量=9.5%

从上表可见：在氧含量和湿度不变的前提下，燃料气中总硫含量和烟气中二氧化硫含量基本呈线性关系。在燃料气中总硫含量为210mg/Nm^3，对应烟气二氧化硫浓度为49.7mg/Nm^3，基本达到超标范围，因此需控制燃料气中总硫含量需控制小于210mg/Nm^3。

3.3 氧含量对加热炉烟气中二氧化硫含量的影响

保持燃料气中硫含量和烟气的湿度不变，在不同氧含量情况下，根据标况干基折算公式，对烟气 SO_2 浓度进行标准状态下干基浓度进行折算，结果如表3所示。

表3　不同氧含量对烟气二氧化硫含量的影响

烟气		烟气 SO_2			
湿氧	干氧	实测值	实测值	干基	干氧折算
%	%	mg/m^3	ppm	mg/m^3	mg/m^3
0.1	0.1	12.1	4.2	13.9	12.0
5	5.8	9.2	3.2	10.6	12.6
12	13.8	5.2	1.8	6.0	15.0
14	16.1	4.0	1.4	4.7	17.2
17	19.6	2.3	0.8	2.7	33.9
18	20.7	1.7	0.6	2.0	138.0

注：燃料气硫含量=56mg/Nm^3，烟气湿度=13.21%

从上表可见：在燃料气硫含量和烟气湿度不变的前提下，氧含量上升的过程中，由于过剩空气量增大，使得烟气二氧化硫实测含量下降，对应标况干基二氧化硫含量呈上升趋势，氧含量越大，标况干基二氧化硫含量上升程度越大，如图2所示。

在装置加热炉正常运行过程中，炉膛氧含量控制在2%~4%，在装置通风系统存在漏风的情况下，CEMS处测得的氧含量一般不高于10%。但是一旦出现异常情况，例如加热炉自然通风等，氧含量大幅上升后，在其它条件不变的前提下，根据标况干基二氧化硫含量计算公式，也会出现烟气二氧化硫显示超标的情况。

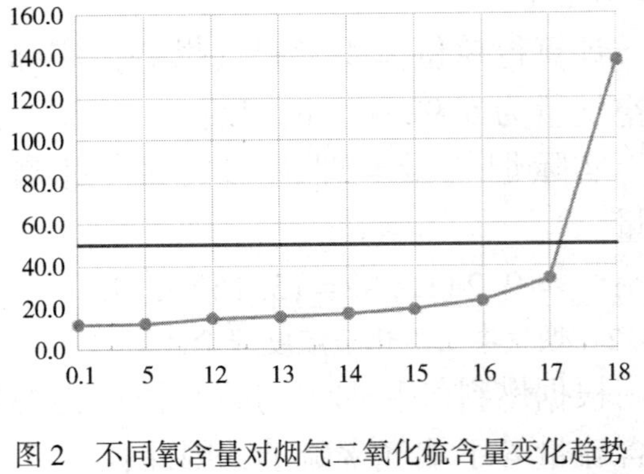

图2　不同氧含量对烟气二氧化硫含量变化趋势

3.4 湿度对加热炉烟气中二氧化硫含量的影响

保持燃料气中硫含量和烟气的氧含量不变，在不同湿度情况下，根据标况干基折算公式，对烟气 SO_2 浓度进行标准状态下干基浓度进行折算，结果如表4所示。

表4　不同湿度对烟气二氧化硫含量的影响

燃料气	烟气		烟气 SO_2			
硫含量	湿度	干氧	实测值	实测值	干基	干氧折算
mg/m³	%	%	mg/m³	ppm	mg/m³	mg/m³
56	10	9.1	7.4	2.6	8.2	12.4
56	12	9.3	7.4	2.6	8.4	12.9
56	14	9.5	7.4	2.6	8.6	13.5
56	40	13.7	7.4	2.6	12.3	30.2
56	50	16.4	7.4	2.6	14.8	57.8

注：燃料气硫含量=56mg/Nm³，氧含量=8.2%

从上表可见：在燃料气硫含量和氧含量不变的前提下，烟气湿度上升的过程中，由于干氧折算后增大，使得烟气二氧化硫实测含量在不变的前提下，标况干基二氧化硫含量呈上升趋势，湿度越大，标况干基二氧化硫含量上升程度越大。如图2所示，一般在氧含量超过16%后，使用标况干基二氧化硫含量计算公式计算结果偏差增大。

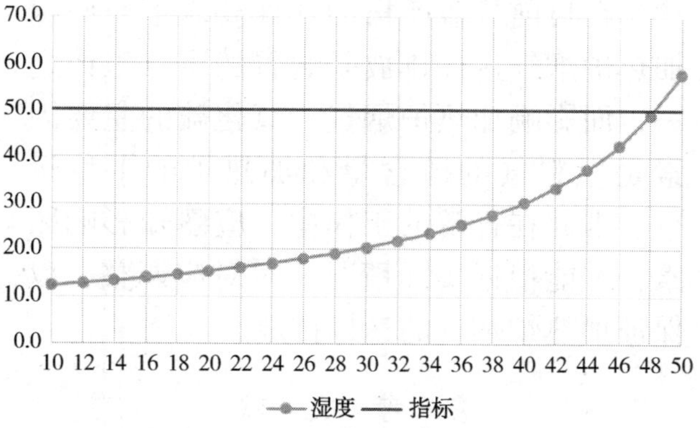

图3　不同湿度对烟气二氧化硫含量变化趋势

在装置加热炉正常运行过程中，CEMS处测得的湿度一般在10%~14%。但是一旦出现异常情况，例如停工过程中加热炉降温熄火等，温度下降，湿度大幅上升后，在其它条件不变的前提下，根据标况干基二氧化硫含量计算公式，也会出现烟气二氧化硫显示超标的情况。如图3所示，一般在湿度超过30%后，使用标况干基二氧化硫含量计算公式计算结果偏差增大。

3.5　异常工况对烟气二氧化硫含量的影响

根据图2和图3所示，在异常工况下，由于标况干基二氧化硫含量计算公式，在氧含量或者湿度大幅上升，而实际二氧化硫排放总量变化不大的前提下，CEMS显示标况干基二氧化硫浓度亦会出现大幅上升情况。

而另一方面，如果在缺氧的环境下，既加热炉炉膛氧含量下降至0%，根据表3所示，理论上不会对烟气中二氧化硫含量造成大幅度的影响。但是燃料会发生不完全燃烧，燃料不完全燃烧所散发的热量要远低于完全燃烧，进而造成炉膛温度大幅下降，导致进炉燃料气控制阀开度增大，进炉燃料气量变大，燃料燃烧更不完全，产生连锁反应。如果不进行人为干预，甚至可能造成熄火、甚至局部闪爆情况发生。在出现加热炉炉膛内部燃烧不完全、氧含量下降至0%的情况出现时，CEMS所测得二氧化硫浓度就会从正常数值短时间内突升，在氧含量恢复后，二氧化硫浓度随之恢复到之前水平，如图4所示。

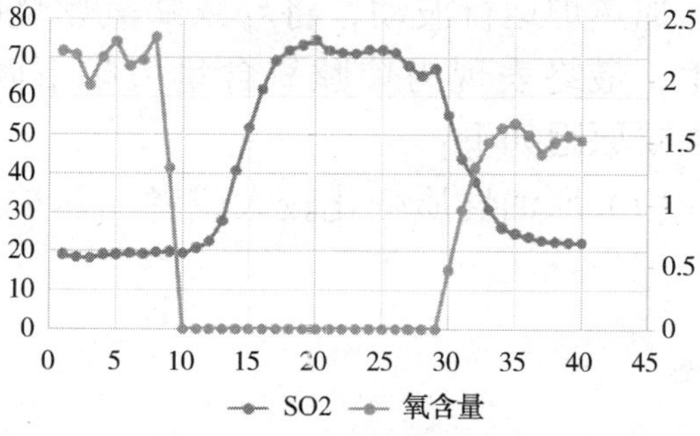

图4　炉膛氧含量和烟气二氧化硫变化趋势

由于目前缺少实际研究数据的支撑，仅从现实表现和理论方面推测上述情况产生的原因：CEMS使用紫外荧光法测量烟气中的二氧化硫浓度，而燃料的不完全燃烧，将生成大量的一氧化碳，甚至有未参与燃烧的烃类物质，作为烟气直接排放。推测一氧化碳或者烃类物质会对测量产生干扰，最终影响二氧化硫测量浓度。

4 烟气二氧化硫浓度主要的影响因数产生的原因及处置措施

4.1 燃料气中的硫含量

由于装置燃料气主要有管网燃料气和自产液化气组成，因此分为两个方面分析：

（1）管网燃料气中硫含量上升，主要是由于上游溶剂脱硫装置运行异常所导致，此时还表现为相邻同燃料气管网使用装置烟气二氧化硫含量同步上升，对此可以提高燃料中液化气的比例，由于装置设液化气脱硫，可将液化气中硫化氢基本全部脱除，而装置产出的液化气中硫醇或者硫醚类硫化物含量较低(一般在20~30mg/Nm^3左右)，因此提高燃料气中液化气的比例，可以有效降低燃料中硫含量；

（2）液化气硫含量上升，一是由于装置内部液化气脱硫运行异常，二是液化气产量小于液化气汽化作为燃料量，致使外部未脱硫液化气倒入装置内部，进入加热炉作为燃料，对此两种情况，首先应降低燃料中液化气的比例，甚至停止补充液化气，其次应及时排除异常情况，恢复正常运行。

4.2 缺氧燃烧工况

加热炉运行波动，将导致缺氧燃烧的发生，最终表现为炉膛氧含量大幅下降。其主要原因如下：

（1）原油性质变化较大或者加热炉进料泵运行抽空，导致进炉流量大幅变化，加热炉进风量的调节滞后于燃料气的调节，对此：一是在原油切换后应进行预判并提前调节；二是在进行可能造成加热炉进料泵抽空的操作(如切换、扫线或者预热等)前，将氧含量和燃料气控制阀改为手动操作；三是若已经发生氧含量大幅下降的情况下，应立即将氧含量和燃料气控制阀改为手动操作，并恢复炉膛氧含量到正常范围内；

（2）进风挡板或者燃料气控制阀卡涩，不能进行有效调节，对此应尽可能维持操作，并及时进行修理。

5 总结

由于氧含量和湿度对标况干基二氧化硫含量计算公式计算结果会造成偏差，因此一般使用该公式计算氧含量<16%、湿度<30%，若超出以上范围，偏差会大幅上升。

在目前日益严格的环保要求下，确保加热炉烟气达标排放是装置的重点工作之一，而影响加热炉烟气二氧化硫的主要因素是燃料气的硫含量和加热炉的平稳运行。因此在日常的工作中，应熟知影响因素，并能根据实际情况及时对应调整，以保证加热炉烟气的达标排放。

参考文献

[1] 钱家麟．管式加热炉[M]．北京：中国石化出版社，2003：

浅谈行为安全管理

杨玉久

（中国石油大连石化公司）

摘　要　以企业在生产经营过程中出现的不安全行为作为立足点，对员工的不安全行为现象和产生原因进行分析，针对不安全行为提出了相应的控制措施，把大连石化有关安全行为管理措施进行了共享。

关键词　不安全行为，原因，防范

引言

从事故统计分析看，造成事故发生的因素主要有四个方面，即人的不安全行为、物的不安全状态、管理缺陷和环境的不安全条件。而人的不安全行为又是造成事故的最主要原因，海因希里分析结果显示，人为因素导致的事故占88%以上，所以人的行为在更大的程度上决定着安全管理工作的效果。统计表明，在工作现场一件伤害事故发生之前，已经重复发生了几十次甚至上百次的不安全行为，这些不良作业传统和工作习惯（低标准、老毛病、坏习惯），是诱发安全生产事故的土壤和温床。因此，及时发现并消除不安全行为是避免事故发生行之有效的方法。

1　不安全行为分类及表现

1.1　不安全行为分类

国标GB6441附录中将不安全行为划分为13类，分别是：操作错误、忽视安全、忽视警告；造成安全装置失效；设备、设施、工具、附件有缺陷；用手代替工具操作；物件（指工具切屑、生产用品等）存放不当；冒险进入危险场所；攀、坐不安全位置（如平台、护栏、吊车吊钩下）；在起吊物下作业、停留；机器运转时加油、维修、检查、调整、焊接、清扫等工作；有分散注意力行为；在必须使用个人防护用品用具的作业或场合中，忽视其使用；不安全装束；对易燃、易爆等危险物品处理错误等。

1.2　不安全行为表现

在石油化工行业不安全行为主要有：进入生产环境未按规定穿戴劳动保护用品或操作时佩戴饰物；攀爬、登高作业未采取防护措施或上下台阶不扶扶手；未执行监护监督制度，单人进行操作；选用工具不当，随意放置和丢弃工具，忽视工具维护保养；随意扔、倒或排放易燃、易爆、有毒、有害废弃物；进入易燃易爆环境未按规定做消除静电处理、携带火种或接打手机；使用汽、柴油等有机溶剂擦拭设备、场地或用湿布擦拭带电电气设备；酒后驾驶、疲劳驾驶、驾驶时不系安全带或接打手机，超速，超载或客货混运；封闭或阻塞安全通道；进入有限空间或可能存在有毒有害、易燃易爆气体空间作业前未按规定进行检测等。

2　不安全行为产生的原因

2.1　心理原因

从个体心理原因看，习惯性违章行为人往往具有以下心理：

2.1.1　侥幸心理：具有这种心理的作业者，明知不按章行事会有危险，或虽然知道存在危险，但认为不一定碰巧发生，喜欢碰运气。一是经验错误。例如某项违章作业多年未发生事故，人的心里危险意识就会弱化，进而导致错误的认识，认为违章未必就会发生事故。二是认识上的错误，认为事故不是经常发生的，发生了也不一定会造成伤害，久而久之，形成了不良的作业习惯，这样必然会导致事故的发生。

2.1.2　冒险心理：具有这种心理的作业者，行动上往往表现出冒险，而且将这种冒险视为英勇、果敢、坚毅的优良品质，发生违章行为后就极易导致事故的发生。一是喜欢逞能、争强好胜，明知山有虎，偏向虎山行。二是有违章行为但是没有造成事故的经历。三是急于求成，不按规程作业。冒险的心理多发生在青年职工中，环境诱发作用较大，如相互打赌等。

2.1.3 麻痹心理：这种心理的形成往往与经验有关，行为人往往表现为盲目自信、思想麻痹。一是以往经验或习惯的强化，我行我素、习以为常，觉得此项工作经常做，不存在什么危险。二是盲目自信，认为自己技术过得硬，满不在乎。三是不关注周边环境和条件的变化，未发现异常现象。四是责任心不强，得过且过，不求甚解，放松了对危险因素的重视，进而导致事故的发生。麻痹的心理会使作业者丧失应有的警觉，最终可能酿成灾害。

2.1.4 取巧心理：具有这种心理的作业者，行动上往往图省事、走捷径，把应有的安全管理制度、安全措施当作其实现目标的障碍。一是不遵守管理制度或操作规程，如电器设备停电不按要求进行验电等。二是简化安全措施或不落实安全措施，如高处作业安全带低挂高用、未按要求办许可擅自从事危险作业等。

2.1.5 逆反心理：逆反心理是由于作业者在特定的环境、特定的刺激物、特定的意识作用下产生的一种与常态心理相对抗的心理活动。作业者无视规章制度或操作规程，不接受别人正确的、善意的规劝和批评，坚持其错误行为，或者是表面接受，内心反抗。逆反心理所表现的是一种没有养成遵章守纪、没有养成良好道德情操的偏执、任性行为，有时也是一种病态，这种情况较多发生于青年人。

2.1.6 错觉心理：错觉是对外界客观事物的不正确感觉或知觉，它除受客观对象本身所具有的特征影响外，还包含作业者自身生理和心理上的原因。错觉已经产生，若无同伴或监护人的及时提醒，通常都是危险的。错觉心理的产生也多与视觉等收到干扰有关，如仪表指示读数的误读、将高速旋转的工件当成静态、输入数值自认为是准确不经过再次确认等。

2.1.7 模仿心理：人类的模仿能力是毋庸置疑的，在特定的工作环境中，一些员工的不良作业行为，在没有出现问题的前提下，大家就会对这种习惯性违章行为司空见惯、习以为常，进而对周边的人员产生影响，行为效仿也就顺理成章，通过潜移默化并不断地感染给行为动作还未塑形的人员。

2.2 管理原因

2.2.1 人、机界面缺陷。人的绝大部分作业行为是通过设施、设备、工器具来完成的。如果行为人所接受的设施、设备或使用的工器具有缺陷，就会使人的行为达不到预期的目的；而为了达到目的，就会采取不规范的动作，进而导致了不安全行为的发生。

2.2.2 安全监管不到位。管理人员安全技术水平和安全法治观念欠缺，安全技术素质低，本身看不出问题所在，找不到安全管理的切入点，造成安全现场管理不严格、不到位。

2.2.3 行为人的生理和心理有缺陷。每一项作业对行为人的生理和心理状态都有一定的要求，如果不能满足这些要求就会造成行为人的判断失误和动作失误。如果行为人的体能、体形不符合要求，视力、听力有缺陷，反应迟钝，高血压、心脏病等生理缺陷或过度疲劳，情绪恐慌、焦虑等不稳定心理状态，都会产生不安全行为。

2.2.4 作业环境不良。作业现场脏乱差，人员作业时安全空间不足，难以使人按照安全操作规程进行安全作业；光线暗淡、照明不足使人视觉疲劳，容易接受错误信息；有毒、有害气体会使人因中毒而动作失调等。作业环境恶劣既增加了人的劳动强度，又会使人感到心烦意乱，注意力不集中，自我保护意识差。

2.2.5 培训教育不到位。由于人没有进行必要的安全培训教育，使行为人缺乏必备的安全知识和安全技能，不具备安全行为的能力，作业时处于盲目状态，必然出现违规违章行为。

3 习惯性违章行为消除对策

习惯性违章已经成为制约企业安全管理水平提升的瓶颈，是安全生产的拦路虎，所以要针对习惯性违章的成因和特点制定有针对性的防范措施。对此，我们主要从建立安全管理的约束激励机制、改善客观工作条件、加强员工培训、加强安全文化建设等方面来逐渐消除习惯性违章，创造良好的安全工作氛围。

3.1 建立约束激励机制，强化责任落实

中国石油先后建立了以岗位责任制为核心的八大管理规章制度（交接班制、岗位专责制、巡回检查制、设备维修保养制、岗位练兵制、安全生产制、班组经济核算制、质量负责制），通过实践提出并确立了具有时代影响力的“三老四严”和“四个一样”工作作风，坚定和强化了员工的责任心，推动了安全管理制度建设。大连石化

公司在此基础上进一步完善落实全员安全责任体系，强化行为安全管理。

一是充分发挥安全约束机制作用。全面厘清各岗位安全职责，印制佩戴岗位安全生产责任制胸卡，强化各岗位安全职责掌握情况的检查测试，促进全员“知责”。细化安全环保责任书和合同书内容，逐级签订《健康安全环保责任书》，员工手写安全承诺，量化责任目标将安全主体责任落实到每个单位、每名员工、每个业务环节，促动员工“履责、尽责”。公司组织修订《员工奖惩管理规定》，进一步明确各项管理红线，严格规范员工行为，完善依法依规从严治企管理机制，严肃进行“追责”。尤其从制度规定上强化对巡检的管理，对于不认真巡检的员工，一律给予警告处分；对于因不认真巡检造成生产事故或较大影响事件的，一律给予开除处分。在公司网页开设“曝光台”，加大监督检查和“三违”行为考核力度。通过严格管理，强化安全行为习惯养成，推动安全生产从“全员参与”向“全员履职”转变。

二是充分发挥安全激励机制作用。建立了员工 HSE 积分管理制度，为每名员工建立 HSE 积分台账，在每年 12 分的基础分值基础上，依据《员工 HSE 积分考核细则》进行加扣分，对年度积分分值低的员工进行“公告警示”“待岗培训”或“离岗培训”。建立 HSE 明星评选分级机制，每季度评选 HSE 明星，年度连续 4 个季度获评 HSE 明星的评为一星 HSE 明星，连续 3 年获评年度 HSE 明星的评为二星 HSE 明星，连续 5 年获评年度 HSE 明星的评为三星 HSE 明星，连续 10 年获评年度 HSE 明星的评为功勋 HSE 明星，完善了员工行为安全养成长效机制。建立避免事故事件嘉奖制度，开展“查隐患、控风险”活动；持续开展年度“无事故单位”创建、季度“安全型模范班组”评比，持续开展“无事故无违章无违纪”天数累计目视化等活动，激励员工主动落实安全生产责任。通过网站、报纸等多种媒介加大对安全生产先进人物和典型事迹宣传力度，引导员工牢固树立“安全生产成在全体、败在一人”的理念。

3.2 加强风险管控，改善客观工作条件

大连石化公司全面推行 HSE 管理体系建设，特别强调了风险管理和设备完整性管理，以风险管理为核心，通过设备设施的完整性管理，不再是只强调让人去适应机器，而是通过提高设备设施的本质安全性能，从源头上减少和消除人为因素引发的事故。公司加强风险管控，深入推进 HSE 标准化建设工作。

一是加强风险管控。严格落实集团公司“四条红线”要求，加强运行风险的分析研判，建立“班统计、日分析、周小结、旬研判、月总结”工作机制，逐级分析研判生产操作和运行过程中的各种风险，及时分析趋势性问题，强化对各装置运行情况的全面把控，坚决做到不安全不生产。强化现场作业风险研判，每周五下午召开下周作业风险分析研判会，公司领导、各业务部门共同对公休日及下一周的作业风险进行研判、对防控措施进行安排。认真落实现场作业“一单两表”机制(即现场作业风险清单、现场作业检查表、现场作业监督表)，靠实各级监管责任，并充分发挥第三方监管作用，全时域开展现场作业监督，对不安全行为及时进行曝光，确保各项施工作业处于受控状态。配置智能巡检仪，细化完善智能巡检仪管理及使用要求，将每个点位的巡检内容固化到巡检仪中，切实提高巡检质量。增上机泵在线监测设施，开展全厂视频监控“补盲”，配置便携式红外热像仪，增上气动紧急切断机构和远程控制设施，从源头上减少和消除人为因素引发的事故。改善物理工作环境，创建融洽的工作氛围。如开展 6S(整理、整顿、清扫、清洁、素养、安全)管理，规范生产装置、办公室、机泵房等管理，加强现场目视化管理，对流程管线标明管线介质、流向等信息标识，对采样口、导淋阀等常用部位设特殊标识，对正常工况下的禁动部位设警示标识并打铅封，切实起到警示提醒功能，有效防范误操作风险。通过客观工作条件的改善，营造一个舒适、舒心的良好工作环境，避免操作者产生疲劳、烦躁、排斥等不良情绪，以及因心理失衡和行为失调等产生不安全心理和不安全行为。

二是深入推进安全生产标准化建设。公司将《国家安全监管总局关于加强化工过程安全管理的指导意见》全部管理要素纳入到基层站队 HSE 标准化建设中，围绕“制度规程合规、人员行为规范、设备设施完好、现场目视化清晰”四个方面，以“2232”工程(即转观念、转作风，查隐患、查标准，强化制度执行、强化培训教育、强化问题整改，提升人员素质、提升本质安全水

平）为载体，以强化风险管控为核心，以制度标准规范为依据，以车间班组为重点，深入推进 HSE 标准化建设，通过文化引领、制度规范、组织推动，按照“标准化管理”“标准化现场”“标准化操作”的“三标”建设要求，完成装置 100% 达标考核工作。深入推进安全生产标准化一级企业建设，按照三年计划，2020 年为推进年，2021 年为巩固年，2022 年为评审年，公司建立由二级单位分工负责、专业处室指导配合、协会专家咨询辅导三方联动的标准化一级企业建设工作机制，充分利用专家资源，发动全员参与，以综合管理体系融合为基础，以法律法规、标准规范为依据，完善标准化要素管理标准，推进标准各要素落地靠实。实现典型引路、齐头并进，推动各要素有效管控。

3.3 加强教育培训工作，提升全员安全能力

培训是提高职工素质的最基本、最有效的手段，是企业很重要的价值投资。大连石化公司结合不安全行为的具体表现，深入分析，有针对性地开展教育培训工作。

一是加强员工安全意识和技能培训。修订完善各岗位培训需求矩阵，制定分级分层分类强化全员培训工作方案。加强对培训工作的检查、讲评和考核，促进属地单位培训责任的有效落实。强化员工应知应会培训，针对管理人员，开展岗位安全履职能力再培训活动，将《国家安全监管总局关于加强化工过程安全管理的指导意见》作为培训重点内容，每月针对一个要素组织考试，持续提升管理人员业务素养和安全管理水平；针对技术人员，加强专业知识系统培训和技术难题研讨交流，提高技术人员的专业技能和综合素质，更加有效的指导专业技术工作；针对操作人员，加强岗位安全职责、操作规程、应急预案等应知应会培训，开展“学规程、画流程”等活动，努力提升员工对工艺流程、设备设施的精熟掌握。加强员工应急能力培训，紧密结合装置运行实际，在进行全面的风险识别基础上，针对每个风险点制定有针对性的应急预案，进一步提高应急预案实用性可操作性。逐级开展应急培训，通过现场模拟演练等方式，提高员工在异常情况下的第一时间应急处置能力。

二是持续强化事故事件资源利用。促动各单位进一步提高对事故事件管理的认识，鼓励属地单位积极上报事故事件，对不按要求上报事故事件的单位严肃进行责任追究。对外部和公司内部上报的典型事故事件，采用短信群发、网上发布和例会等形式，快速将事故事件信息通知至相关单位和人员，确保信息畅通。做好对员工事故事件的培训，把相关的事故事件案例发布公司网页，供各单位学习参考，利用各种会议对典型事故事件进行经验分享。每周对事故事件进行汇总统计，对于共性的问题进行归类分析并在公司调度会上通报，对相关部门和基层单位提出整改落实要求。每月对同行业和公司历年来发生的事故情况进行汇总统计，根据统计分析情况结合季节特点、敏感时期和工作重点，提出每月风险预警主题和控制措施建议，在调度会上进行通报并发布在公司安环网页，供各单位学习，让员工有针对性地加强行为管理，以降低事故事件重复发生的概率。

三是组织各单位、各岗位查找不安全行为，特别是习惯性违章行为，形成《不安全行为征集汇编》，各属地单位至少每季度组织动态识别不安全行为，及时更新发布。在编制发放《不安全行为征集汇编》基础上，组织各二级单位编制《岗位安全行为提示卡》，17 家二级单位共对 245 个岗位完成岗位安全行为提示卡内容编制，并将电子版在网页上发布。各单位将岗位安全行为提示卡印刷放置在岗位上，便于员工随时看到，进行安全行为提醒。开展“虚惊事件”共享活动，鼓励员工上报“虚惊事件”，对暴露出的典型违章行为，及时做好对员工分享培训，有针对性地加强行为安全管理。

3.4 以人为本，加强安全文化建设

进入 21 世纪，企业文化建设受到各界广泛关注，以人为本、关爱生命，弘扬生命至上、安全第一的思想，这些突出以人文关怀的安全发展理念对企业安全管理产生了重要作用，大连石化公司积极践行以“落实有感领导，强化直线责任，推行属地管理”等为载体的一系列安全文化建设活动，大连石化公司按照上级要求开展了一系列工作。

一是落实有感领导，强化领导在安全上的表率作用。在安全文化建设上，领导的带头和示范作用至关重要。各级领导通过以身作则和良好的行为表现，使员工能够感知到领导对安全工作的真正要求，感悟到做好安全的重要性，感受到安全行为所带来的好处。公司发挥领导干部头雁效

应，将每周五定为公司领导“安全生产活动日暨党建联系日”，公司领导到各自联系点开展安全检查、HSE观察与沟通，并进行员工思想调查，指导基层解决实际问题，将安全工作与党建工作有机融合，发挥党建促安全的作用。强化领导干部值班管理，公休日节假日及敏感时期，由公司领导24小时在岗带班值班，强化以上率下作用。开展领导干部安全履职述职工作，建立起领导干部自觉接受员工监督机制。通过以上措施的实施，使员工感觉到领导对安全的重视和管理无处不在，领导的领导力得以发挥，直接和间接地影响到员工整体队伍的安全行为。

二是强化直线责任，发挥业务部门的直接职能管理作用。安全工作是一项系统工程，与生产经营业务活动密不可分。为此，在“管生产必须管安全”的基础上，提出并确立了“管工作必须管安全”的原则，突出强调各业务职能部门的安全责任。各业务部门在制订工作计划、下达任务、签订合同或安排工作时，必须把安全工作、注意事项和有关要求一并安排和部署。各业务职能部门对本业务系统的安全负起责任，包括建立本系统的安全责任和制度体系，开展和加强安全培训、监督检查、安全考核等工作。公司实施机关处室挂点共建方案，进一步明确各机关处室的基层“安全联系点”，机关处室领导每周到基层联系点进行对口联系、参加基层班组安全活动、开展HSE观察与沟通等，安全联系点单位出现问题，同时追究对口挂点的机关部门责任，逐级压实全员安全责任，培养关注基层、关注现场、关注行为安全的浓厚氛围。

三是强化属地管理，提升安全管理的自主意识。开展属地安全管理，使基层现场和岗位的员工真正在安全上实现我的岗位我负责，我的区域我负责，我的装置我负责，从行为上落实“四不伤害”要求。按照工作区域、作业场所或设备设施等，明确划分和界定属地范围，不留空挡或死角。从制度上确立和维护属地管理人员的权利，明确属地管理的主管责任人和安全管理责任，属地责任人制订和落实属地安全工作职责，对工作范围内的安全制度、设施、标识和应急物资等进行检查。开展行为观察与沟通，及时纠正属地内的不安全行为。强化“家”文化，属地人员对外来人员、访客或承包商等进行安全告知，及时制止不安全行为，发生意外突发事件时，属地岗位人员在第一时间组织属地内无关人员紧急疏散。不断丰富“家”文化内涵，增强企业文化的凝聚力和引领力，激发员工积极主动加强行为安全管理。

4 结论

通过加强行为安全管理，企业的安全发展和员工对安全的追求实现了和谐统一，把安全作为核心价值的观念被广泛认同，全员的安全意识有了稳步提高。在“奉献能源、创造和谐”企业宗旨的指引下，“关爱生命、关心健康、关注安全”成为企业全体员工的共识。形成了“以人为本抓安全”的人本观、“一切事故都是可以控制和避免”的预防观、“安全源于责任心、源于设计、源于质量、源于防范”的责任观、“安全是最大的节约、事故是最大的浪费”的价值观、“一人安全，全家幸福”的亲情观。全体员工的安全行为得到激励，不安全的行为和表现有了完善的制度约束，行为安全管理逐渐显现出效果。

SPM 监测系统在 LCM450H 及 CMP335 挤压造粒机中的分析应用

易高升　俞长鹏　王小红　郑　涛　曹红艳

(中国石油独山子石化公司)

摘　要　本文讨论了某石化公司乙烯厂神钢 LCM-450H 机型及日制钢 CMP335 机型挤压机在线状态监测系统的实际应用，对机组的运行状态实时监控，并利用 SPM 公司开发的诊断系统及时对减速器的轴承、齿轮、润滑状态及及工艺运行参数异常做出诊断并予以实际验证，丰富了 SPM 监测系统的应用数据库。做到早发现、早诊断、早预防和早检修，为指导聚合物生产线的平稳运行操作、提高生产管理、预防事故发生、预知维修等提供科学依据。

关键词　挤压造粒机 轴承；齿轮 润滑状态 SPM 运行参数

1　SPM 系统简介

1.1　冲击脉冲技术

(1) 冲击脉冲技术的优势是其采用的是冲击脉冲采用专用冲击脉冲传感器，通过硬件和软件的共同作用，保持传感器频率在 32kHz 共振，同振动信号相比，所获得的信号被放大 5~7 倍(图 1)。针对放大了的信号进行分析，可得到原脉冲信号的周期和相应的幅值，比照轴承的频率，确定振源，通过实践证明，冲击脉冲来诊断滚动轴承故障具有振动无法比拟的优势。

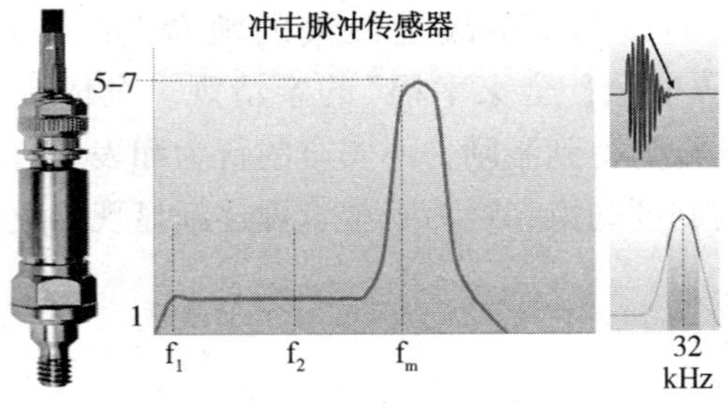

图 1　SPM 监测原理图

(2) 该系统简单易用

系统根据监测的值会直接给出轴承运转状态值及国际标准的“绿、黄、红”状态指示，同时给出：①专利的 LR/HR © 技术，给出强冲击与平均冲击指标，根据 ISO 标准进行趋势监控，是整个系统中最常用的技术指标，并且对出现报警的点能够出现红色小旗作为提示作用，让整个观察和数据监控更有目的性；②状态代码 Code(A 为最佳，B 为干磨擦，C 为轻度损伤，D 为严重损伤)作为综合分析的一项参数，对轴承的运行状态有着综合的评价分析，具有很强的代表性；③润滑状态代码 LUB(油膜厚度：0，1，2，3，4…)，其中如果代表的油膜厚度较大，则轴承的润滑情况较好；④损伤程度值 Cond(<30 为轻度，30-40 为中度，>40 为重度)。⑤它包括一个庞大而丰富的轴承库，以及专利的 LUBMASTER 轴承润滑寿命分析模块。

1.2　系统操作

SPM 系统监测的是通过安装监测软件 Condermaster Ruby 来实现电脑监控，从电脑登录用户名后即可进入观察操作界面，操作简单。常见的作用按钮如图 2 所示。

其中报警清单主要是起到报警提示作用，如果该挤压机系统中当前出现报警或者历史存在报警都可以电机该按钮进行简单的查询；如果出现的报警经过现场确认为误报或者通过现场判断出现该报警的情况下挤压机仍然运行正常，则可以考虑删除报警。

通过点击趋势图可以看到 LR/HR 测量趋势，通过整体趋势的观察可以判断挤压机系统主减速箱以及齿轮泵减速箱的运行情况；频谱图、瀑布图和彩色频谱预览主要是通过不同的表现手法表现出监测点的运行情况，其中频谱图对信号干扰分析和故障诊断作用非常明显，如图 3 所示。

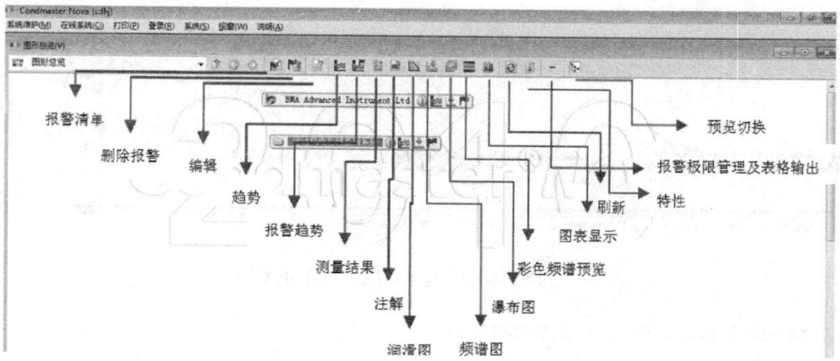

图 2　SPM 常用操作按钮

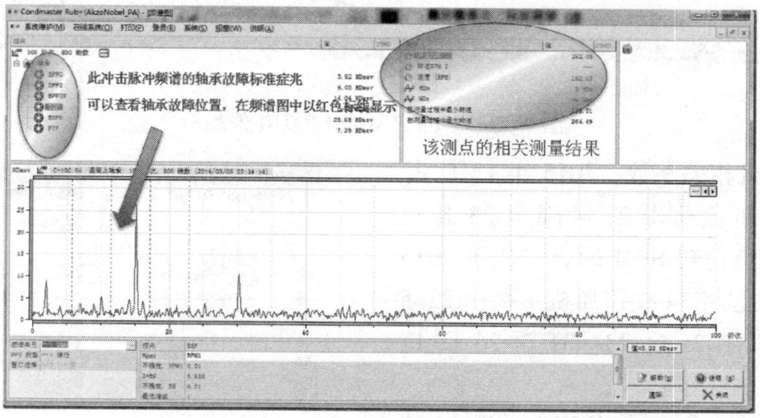

图 3　SPM 测量频谱图示意图

以上所述的各项功能中最重要也最常用的功能是趋势功能，而在趋势数据化中也常用到测量结果清单，这样可以将测量的数据清晰直观的表现出来，如图 4 所示。

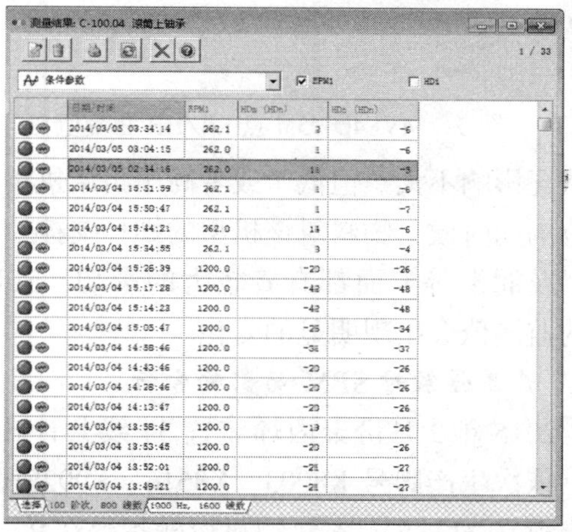

图 4　SPM 测量结果示意图

此外，通过数据的计算判断系统会智能地给出该检测点的润滑情况分布图，如图 5 所示。

通过该点润滑所处的位置可以帮助判断该检测点的运行情况，当处于绿色区域则表示该点润滑效果良好，处于黄色区域表示需要关注，处于红色区域则表示轴承润滑情况较差，可能出现了

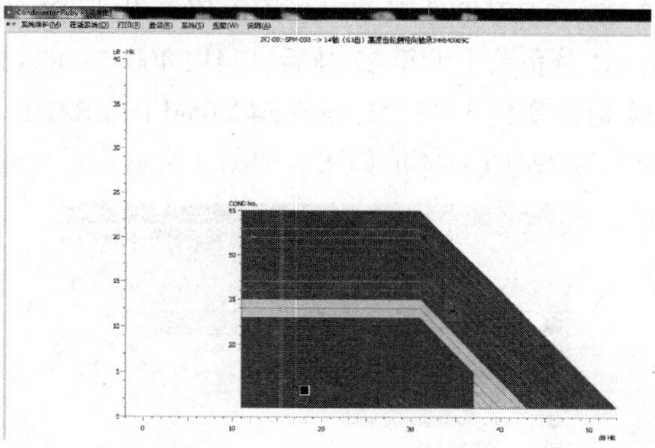

图 5　SPM 测量润滑图示意图

干磨等情况，需要进行检查或者检修维护。

2　SPM 系统的分析应用

2.1　挤压机负荷对 SPM 的影响分析

乙烯厂聚丙烯装置 34 线挤压机 SPM 系统中主减速箱 3#轴 34VE40005K 点 LR/HR 值于 2015 年 12 月 22 日 00：19 发生高报，LR/HR 由 18/10 涨至 30/12，最高波动至 45/27；34VE40005M 点的 LR/HR 值于 2015 年 12 月 22 日 11：14 发生高报，由 16/13 涨至 21/15，最高涨至 32/20。趋势如(图 6、图 7)。

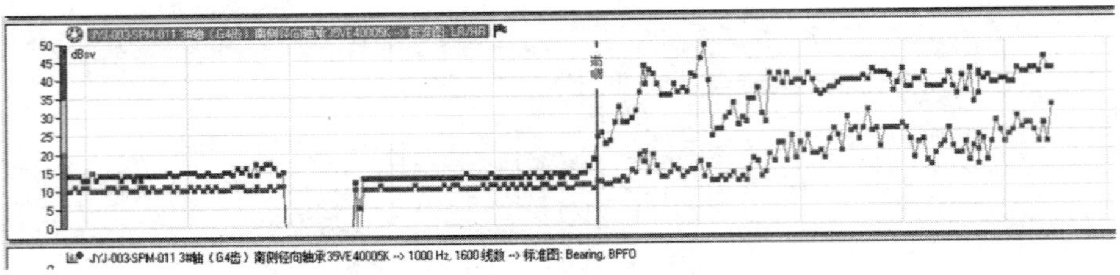

图 6　34VE40005K 点 LR/HR 值趋势图

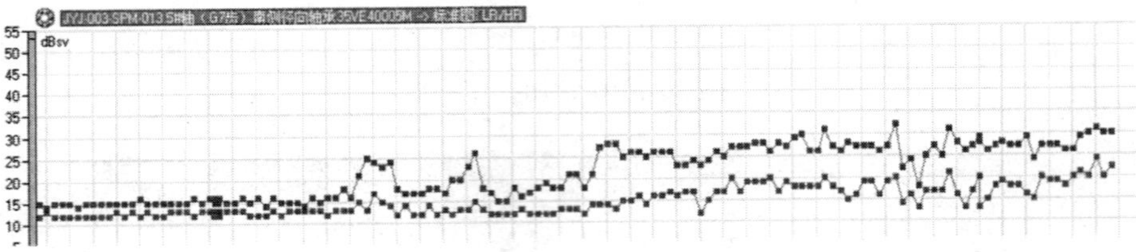

图 7　34VE40005M 点 LR/HR 值趋势

通过查看挤压机相关参数，2015 年 12 月 22 日 8：03 左右挤压机负荷由 27 吨降至 23 吨左右。为排除挤压机负荷对 SPM 的影响，于 2015 年 12 月 25 日 19 点起将 34 线挤压机负荷由 22.5 吨上调至 25 吨，其中 25 日 23：31 至 26 日 1：20 期间挤压机负荷为 27 吨。

经过测试，19：04 分 34 线负荷上调至 25 吨后，34VE40005K 的 LR/HR 值由 41/20 变化为 39/23，34VE40005M 的 LR/HR 值变化为 26/15；0：04 分负荷上调至 27 吨后，34VE40005K 的 LR/HR 值由变化为 39/22，34VE40005M 的 LR/HR 值变化为 29/16 具体值如图 8 和图 9 所示：

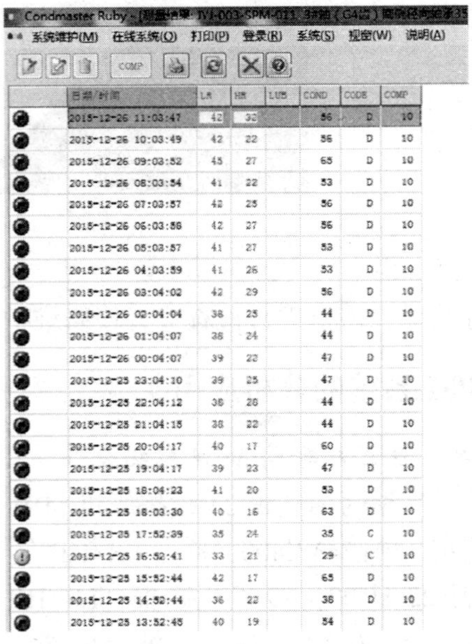

日期/时间	LR	HR	LUB	COND	CODE	COMP
2015-12-26 11:03:47	42	30		56	D	10
2015-12-26 10:03:49	42	22		56	D	10
2015-12-26 09:03:52	45	27		65	D	10
2015-12-26 08:03:54	41	22		53	D	10
2015-12-26 07:03:57	42	25		56	D	10
2015-12-26 06:03:56	42	27		56	D	10
2015-12-26 05:03:57	41	27		53	D	10
2015-12-26 04:03:59	41	26		53	D	10
2015-12-26 03:04:02	42	29		56	D	10
2015-12-26 02:04:04	38	25		44	D	10
2015-12-26 01:04:07	38	24		44	D	10
2015-12-26 00:04:07	39	22		47	D	10
2015-12-25 23:04:10	39	25		47	D	10
2015-12-25 22:04:12	38	28		44	D	10
2015-12-25 21:04:15	38	22		44	D	10
2015-12-25 20:04:17	40	17		60	D	10
2015-12-25 19:04:17	39	23		47	D	10
2015-12-25 18:04:23	41	20		53	D	10
2015-12-25 18:03:30	40	16		63	D	10
2015-12-25 17:52:39	35	24		35	C	10
2015-12-25 16:52:41	33	21		29	C	10
2015-12-25 15:52:44	42	17		65	D	10
2015-12-25 14:52:44	36	22		38	D	10
2015-12-25 13:52:45	40	19		54	D	10

图 8　34VE40005K 点 LR/HR 测量值

通过上述情况可以得出结论：34 线挤压机负荷在 22.5t/h 至 25t/h 之间，SPM 测量值变化不大，说明正常范围内的负荷调整对挤压机的运行状况影响不大。但低于或者高于挤压机负荷设计范围的时候，物料对该机型的螺杆支撑、反作用以及润滑等方面都有着较大的影响，SPM 系统的监测值会出现明显的变化。

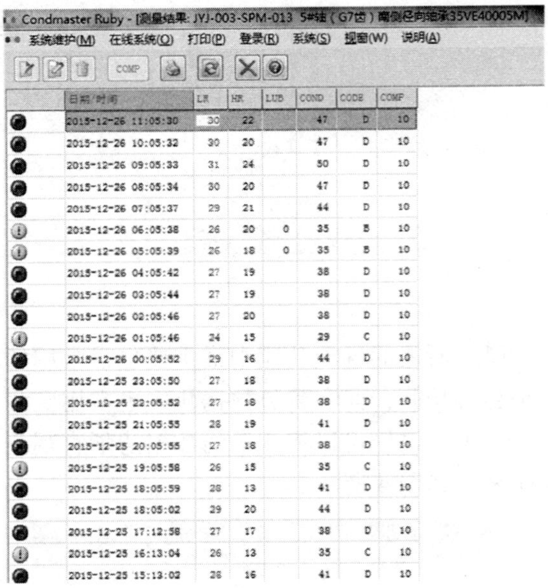

日期/时间	LR	HR	LUB	COND	CODE	COMP
2015-12-26 11:05:30	30	22		47	D	10
2015-12-26 10:05:32	30	20		47	D	10
2015-12-26 09:05:33	31	24		50	D	10
2015-12-26 08:05:34	30	20		47	D	10
2015-12-26 07:05:37	29	21		44	D	10
2015-12-26 06:05:38	26	20	0	35	B	10
2015-12-26 05:05:39	26	18	0	35	B	10
2015-12-26 04:05:42	27	19		38	D	10
2015-12-26 03:05:44	27	19		38	D	10
2015-12-26 02:05:46	27	20		38	D	10
2015-12-26 01:05:46	24	15		29	C	10
2015-12-26 00:05:52	29	16		44	D	10
2015-12-25 23:05:50	27	18		38	D	10
2015-12-25 22:05:52	27	18		38	D	10
2015-12-25 21:05:55	28	19		41	D	10
2015-12-25 20:05:55	27	18		38	D	10
2015-12-25 19:05:58	26	15		35	C	10
2015-12-25 18:05:59	28	13		41	D	10
2015-12-25 18:05:02	29	20		44	D	10
2015-12-25 17:12:58	27	17		38	D	10
2015-12-25 16:13:04	26	13		35	C	10
2015-12-25 15:13:02	28	16		41	D	10

图 9　34VE40005M 点 LR/HR 测量值

2.2　产品性能对 SPM 的影响分析

2015 年 2 月份聚丙烯装置 34 线共计转产 3 次，依次生产牌号 K8003、K8516、K9928H，负荷维持在 31T/h 左右，物料熔融指数在 2～34g/10min 之间(图 10 所示)，2 月 7 日前生产牌号为 K8003，物料熔融指数在 2～3g/10min；2 月 7 日至 2 月 11 日生产 K8516，物料熔融指数在 10～16g/10min；2 月 11 日至 2 月 17 日生产 K9928H，物料熔融指数在 21～34g/10min；2 月 17 日之后转回 K8003。生产牌号具体时间及相关参数如表 1 所示。

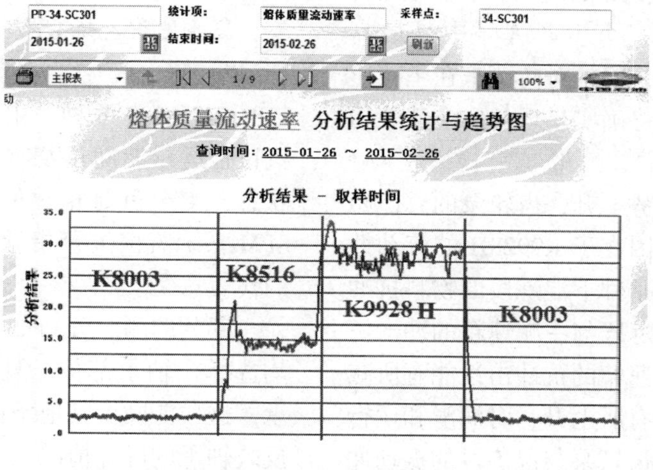

图 10 聚丙烯装置 34 线转产牌号熔融指数趋势图

表 1 聚丙烯装置 34 线物料牌号及物料融指数据表

聚烯烃—联合车间聚丙烯装置 34 线挤压机主要运行参数					
日期	2 月 5 日	2 月 10 日	2 月 15 日	2 月 20 日	2 月 25 日之后
生产牌号	K8003	K8515	K9928H	K8003	K8003
物料熔融指数/(g/10min)	2~3	10~16	21~34	2~3	2~3
挤压机主电机电流/A	340	311	316	363	346
挤压机负荷/(t/h)	31	31	30.5	30.4	30.4

在转产过程中，挤压机 SPM 在线状态监测系统中，挤压机主减速箱 G4 齿测点 34VE40005K 的 LR/HR 值也随物料熔融指数上涨而上升，当转回 K8003 后，SPM 在线状态监测系统中 LR/HR 也逐渐恢复正常如(图 11)。

挤压机齿轮泵减速箱 G1、G6、G7 齿等测点 34V40034H 等测点 LR/HR 值随物料熔融指数上涨而下降，当转回 K8003 后，SPM 在线状态监测系统中 LR/HR 也逐渐恢复正常如(图 12)。

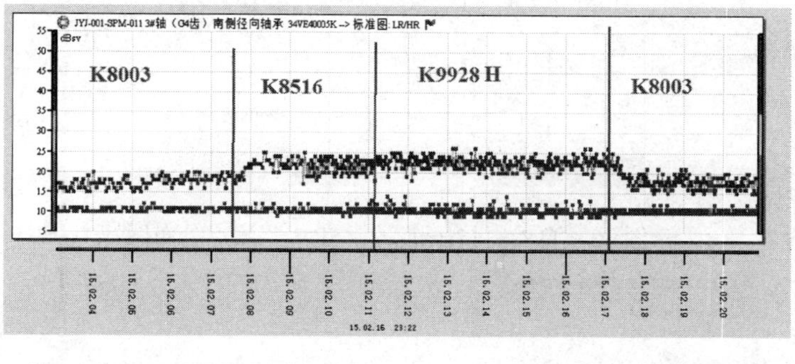

图 11 34VE40005K 测点的 LR/HR 趋势与物料牌号之间的联系

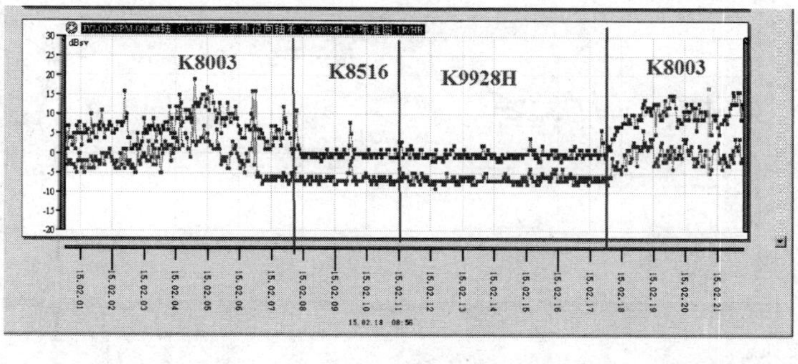

图 12 34VE40005H 测点的 LR/HR 趋势与物料牌号之间的联系

通过上述的三张图的对比可以看出，K9928H 的融融指数在三个生产牌号中是最高的，物料的流动性较好，但是对应下来在主减速箱和齿轮泵上的参数趋势确实呈现的两个截然相反的现象。

主减速箱的总体趋势上升，齿轮泵的总体趋势下降且平稳，主要原因在于 K9928H 的流动性较强，在高负荷的运行条件下混炼段的物料抗冲击性能有所减弱，而混炼段与主减速箱的冲击情况直接关联，导致主减速箱的抗冲击性能有所减弱，测量值的总体趋势有所上升，对润滑和运行都有了较大考验。相反齿轮泵与混炼段的振动冲击没有直接联系，而齿轮泵的滑动轴承本身依靠的是物料润滑，在物料熔融指数升高的时候自身的润滑条件有所提高，轴承的运行情况也有所好转，因此整体的冲击脉冲信号有所下降。通过上述案例可以看出，物料的熔融指数对挤压机运行状态的影响较大，尤其是针对齿轮泵和主减速箱的影响最为明显，同时也反应出 SPM 状态监测系统能够准确反映出挤压机的运行状态。

2.3　挤压机运行参数调整对 SPM 的影响分析

高密度聚乙烯装置自开工以来经常涉及到转产操作，牌号主要是 HD5502XA 和 TUB121N3000 两种，由于生产需求，目前挤压机正常运行期间近 98%的时间处于高负荷生产状态，生产负荷相对稳定，在这种情况下针对 SPM 系统监控报警指导操作参数调整具有一定的代表意义。

部分的测点分布如图 13 所示，所测量的点均选择在轴承部位，且现场的安装尽量接近轴承，这样能减少其他条件的干扰，同时也更真实反映轴承的脉冲情况，为信号的采集与处理提供可靠的保证。

2016 年 8 月期间，高密度聚乙烯装置生产 TUB121N3000，密度为 946－952Kg/m3，熔融指数未 0.23－0.34g/10min，生产负荷为 37T/h。8 月 18 日 11：28 自然料挤压机监测点 24－VE－60507 出现间歇性的的黄色及红色报警，LR 值和 HR 值同步上升，其中 LR 值最高达到 37，HR 值最高达到 25，如图 14 所示。

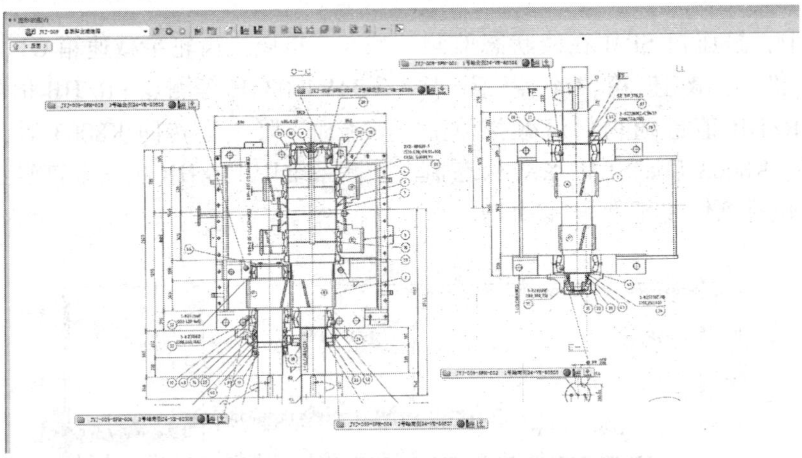

图 13　自然料挤压机部分 SPM 监测点分布图

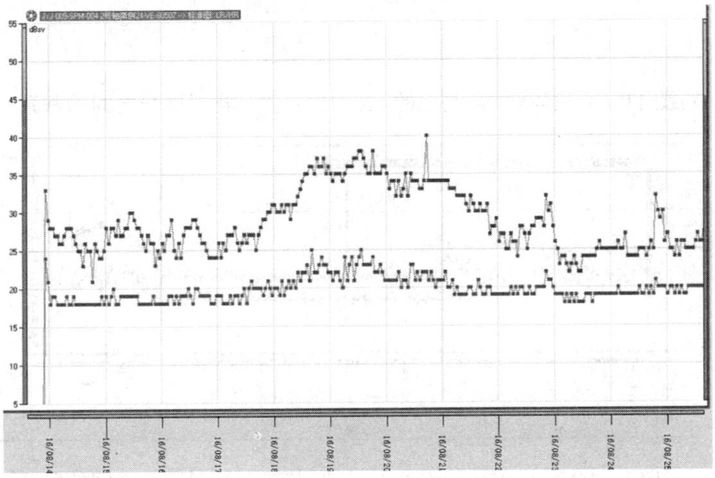

图 14　24－VE－60507 在 8 月份 LR/HR 趋势图

针对此状况，车间以及检修公司组织对挤压机系统运行情况进行全面检查，判断设备正常，没有出现故障。于是车间对挤压机运行参数进行调整，调节门的开度由原来的 36.7%缓慢调整至 38.5%，变向降低了物料在挤压机内停留时间，8 月 20 日报警恢复正常，LR 值降低至 32 左右，HR 值降低至 22 左右。

2017 年 3 月份，高密度装置生产 TUB121N3000，该产品密度为 946 ~ 952Kg/m^3，熔融指数未 0.23 ~ 0.34g/10min，生产负荷为 37T/h。3 月 25 日 07：40 监测点 24-VE-60506 出现间歇性的的黄色报警，至 3 月 26 日 23：39 监测点 24-VE-60506 出现间歇性的的红色报警。LR 值和 HR 值同步出现上涨趋势，LR 值最高到 43，HR 值最高到 36，如图 15 所示。

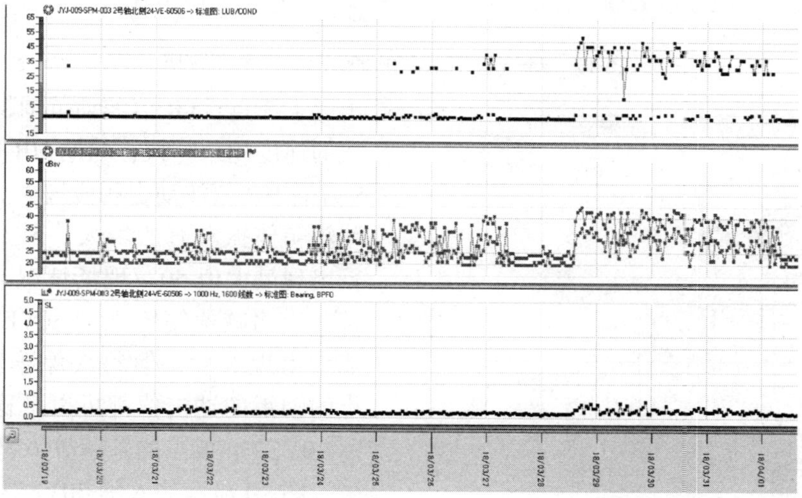

图 15　24-VE-60506 在 3 月份 LR/HR 趋势图

针对上述情况积极进行排查，发现此次高密度在生产 TUB121N3000 期间，由于驱动端油封磨损老化失效，导致粉料沿着螺杆轴向窜至油箱，并通过润滑油过滤器分散至各个轴承润滑点，造成轴承润滑环境有所下降，同时润滑油过滤器压差也异常升高，由正常的 0.04MPa 上升至 0.098MPa，润滑油趋势图如图 16 所示。经过分析和诊断，3 月 30 日车间对整个自然料挤压机润滑油系统进行置换除杂，至 31 日 23：38，监测点 24-VE-60506 红色报警消失，润滑油过滤器压差趋于平稳。

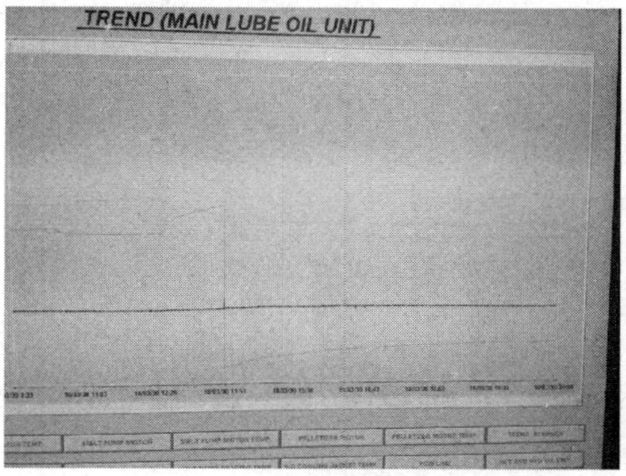

图 16　润滑油趋势图

通过 24-VE-60506 在除杂前后的润滑显示图也可以看出差别，如图 17 所示，在出现报警期间该润滑点的润滑状态处于红色报警区域，而机械除杂后该点的润滑状态恢复到绿色区域，也正好验证了 SPM 系统对轴承运行状态监控非常灵敏，对挤压机的运行状态也起到了实时监控的作用。

从上述分析我们可以得出结论：SPM 对挤压机系统的运行状态监控比较敏锐，细微的调整已经能让挤压机系统的轴承保持在良好的运行状态，同时 SPM 对轴承润滑状态的监测也比较敏感，初期的润滑问题都能具体的显现出来，为挤压机处理初期故障和提高系统的稳定运行提供了可靠的保证。

2.4　轴承及齿轮运行状态异常对 SPM 的影响分析

（1）2016 年 8 月至 12 月期间，全密度聚乙烯装置二线挤压机 30-A-7301 的 2 号输出长轴的监测点经常出现大幅度的波动，监测点的分布示意图如图 18 所示。

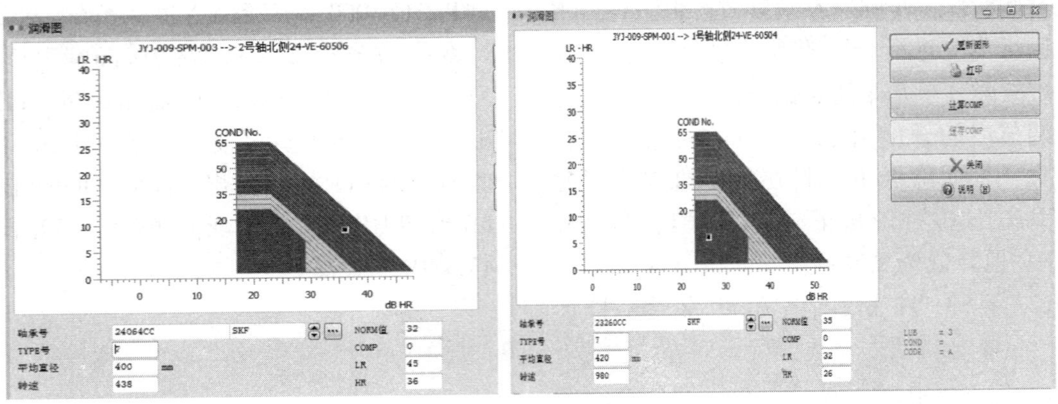

图 17　24-VE-60507 在除杂前后润滑图对比

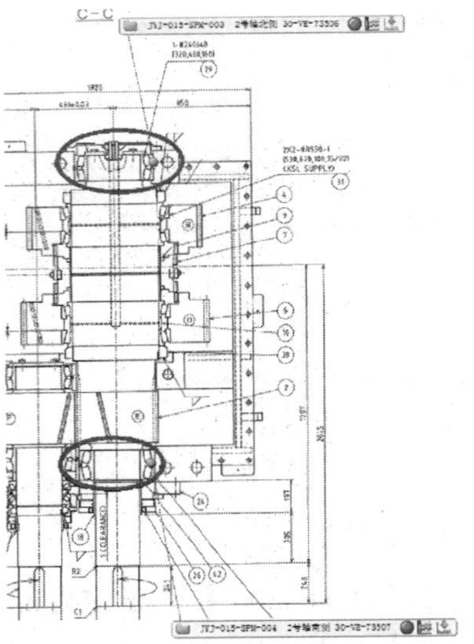

图 18　全密度 30-A-7301 的 2 号轴监测点示意图

该挤压机自安装 SPM 系统以来，30VE73404 点 LR 值波动一直比较大，如图 19 所示，全密度 2 线挤压机主减速箱输入轴 30VE73404 点的一年运行趋势图。从图中可以得出以下 3 点：LR 值波动范围越来越大；LR 值增大的速度越来越快；前期 HR 值波动较小，今年 8 月后 HR 值波动也相应增大。从 11 月份开始减速箱箱体振动有所增大，至 12 月 4 日 LR 值运行出现最大值 50。现场情况与上述 3 点比较相符，说明减速箱输入轴 30VE73404 点的轴承可能已出现故障，但每次停车转产后 30VE73404 点的轴承的冲击值都可以平稳运行 3~5 天，判断 30VE73404 点的轴承故障仍在早期阶段。

图 20 显示输入轴 30VE73404 点轴承冲击值在高近一个月的运行趋势。LR 值不完全是在高位运行，而是在高位和正常之间来回波动，波动范围大于 20，说明轴承故障现象非自身原因或者故障情况比较轻微。

如图 21 所示，可以看出当输入轴 30VE73404 点报警时，其频谱图的主要特征率是轴承滚动体的故障频率。说明输入轴输入端轴承的滚动体已出现故障。

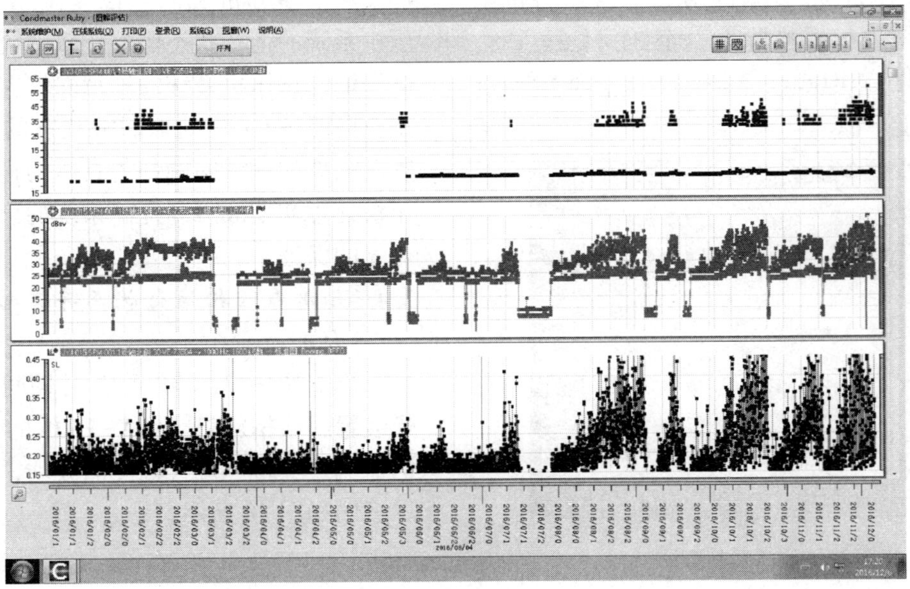

图 19　30VE73404 一年运行趋势

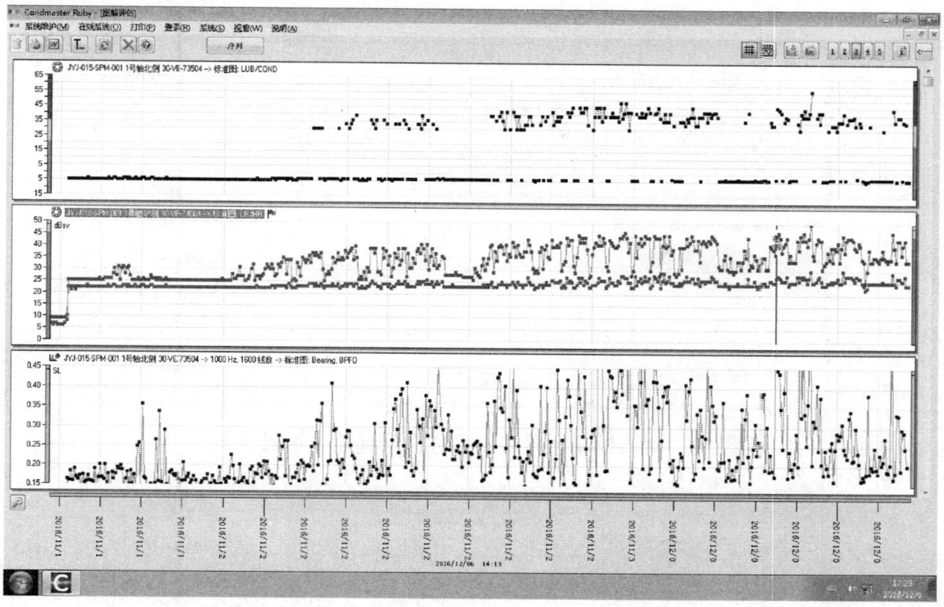

图 20　30VE73404 一个月运行趋势图

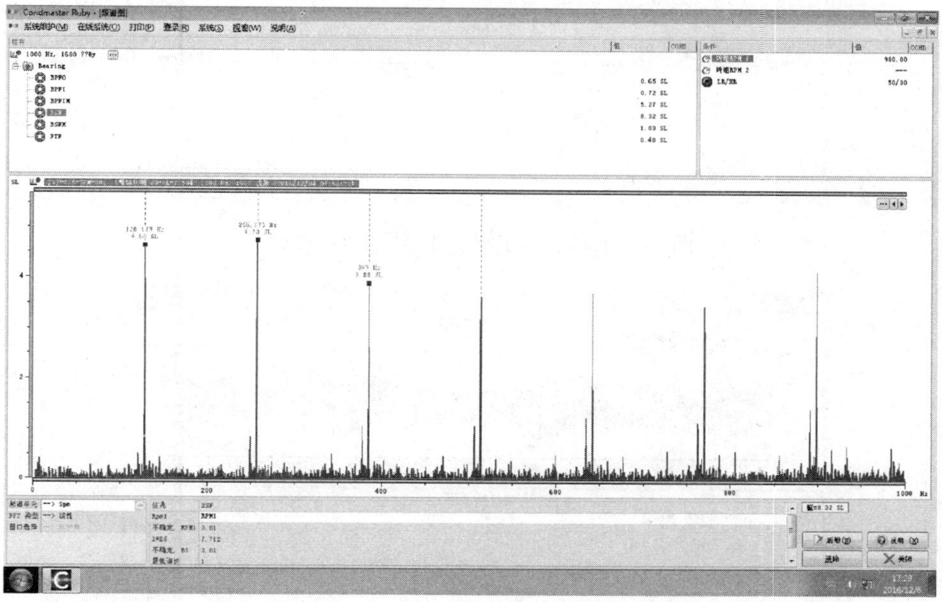

图 21　30VE73404 点 LR 值报警时频谱图

为了核实上述情况，在 12 月 4 日输入轴 30VE73404 点 LR 值出现最大值 50 后，6 日车间组织技术人员到现场对挤压机主减速箱进行数据采集诊断。以下数据是车间技术人员使用 BH550 所采集数据。

如图 22 所示，输入轴联轴器端显示的振动加速度最大值将近 $20m/s^2$，主要特征频率为 530HZ 左右。如图 23 所示，显示主减速箱振动加速度在 $50 \sim 80m/s^2$ 波动，最大值超过了 $80m/s^2$，主要特征频率为 530HZ 左右。如图 24 所示，显示主减速箱振动速度值最大值将近 14mm/s。主要特征频率为 530HZ 左右。

从图 21 ~ 图 24 三图的离线采集数据中可以得出：振动的主要特征频率是 530HZ；振动加速度、速度值幅度很大。经过计算挤压机主减速箱高速输出时，输入轴高速齿轮啮合频率是 533HZ，说明输入轴高速齿轮啮合已出现故障。12 月 6 日钳工车间形成结论：(1) 全密 2 线挤压机主减速箱输入轴 30VE73404 点轴承出现早期故障；(2) 输入轴高速齿轮啮合已出现故障。12 月 8 日全密 2 线停车转产，利用停车机会检修公司打开主减速箱观察孔，对齿轮进行了外观检查，发现高速齿啮合确实发生故障。

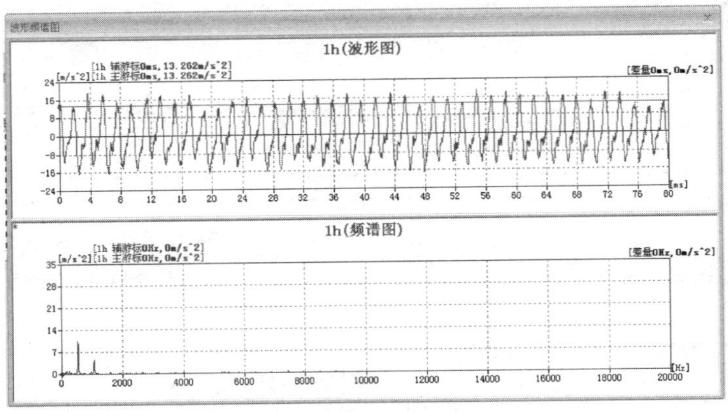

图 22　输入轴联轴器端水平方向加速度值时域波形

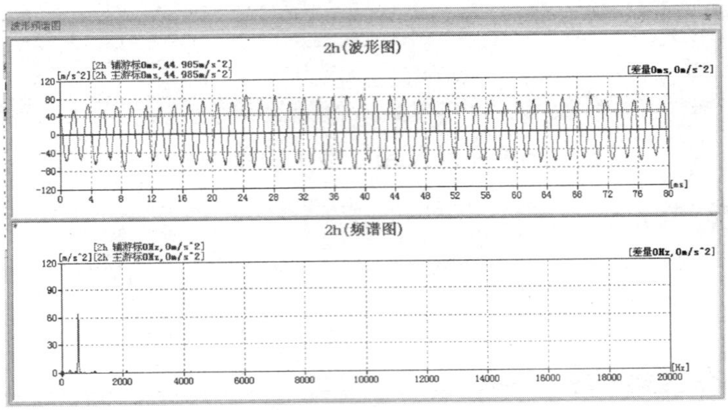

图 23　主减速箱体侧方加速度值时域波形

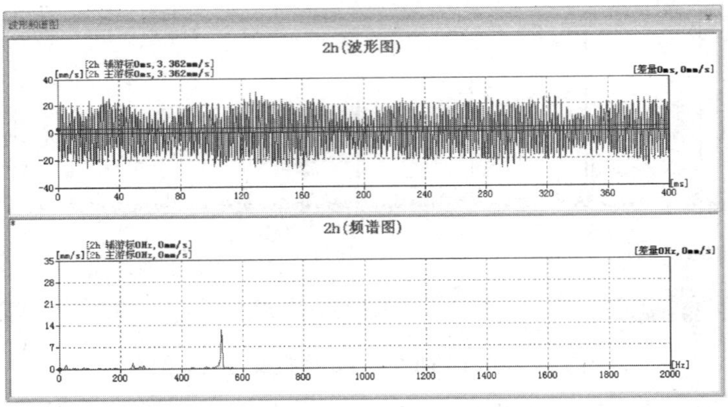

图 24　主减速箱体侧速度值时域波形

如图 25 所示，高速齿啮合发生了不均匀的现象，图中齿轮高亮处是两齿轮啮合接触面，而之上发暗的部位(箭头所指处)是两啮合齿轮没有接触的部分。从图中可以看出输出轴高速齿右端接触面明显变小，说明支撑轴承滚动体、滚道发生故障从而导致轴承游隙变大，因此产生如图这种现象。12 月 14 日晚进行连夜抢修，解体主减速箱发现高速齿轮支撑轴承滚动体磨损、锈蚀。如图 26 所示。

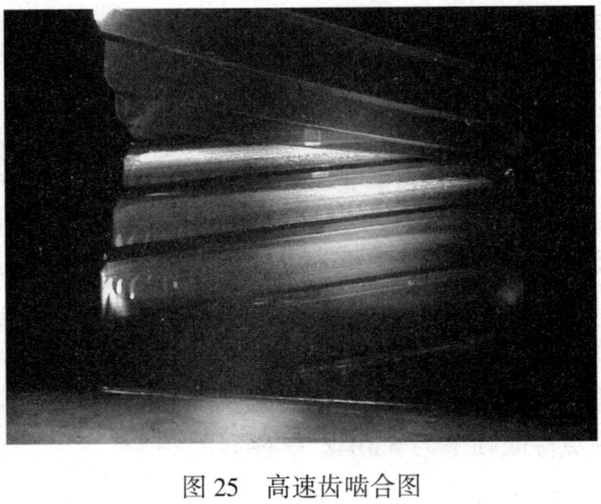

图 25　高速齿啮合图

图 26　轴承滚动体腐蚀图

此次检修为彻底消除隐患，车间更换了改造后的新输出长轴。2016 年 12 月 16 日检修完成之后挤压机重新运行，通过对比发现 30-VE-73406 的 LR/HR 值趋势变的平稳，且监测值相比检修之前大幅下降，如图 27 所示。

不仅如此，该轴的另一个监测点 30-VE-73407 虽然在之前的监测中很少出现异常报警，但是在此次检修完成之后 LR/HR 值也存在着大幅度下降，如图 28 所示。

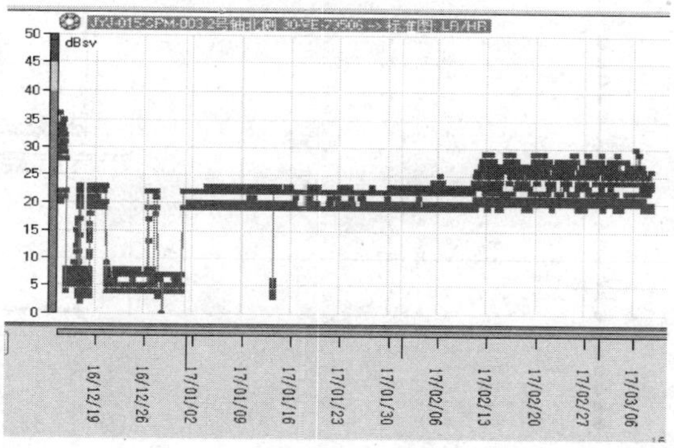

图 27　检修后 30-VE-73406 LR/HR 趋势图

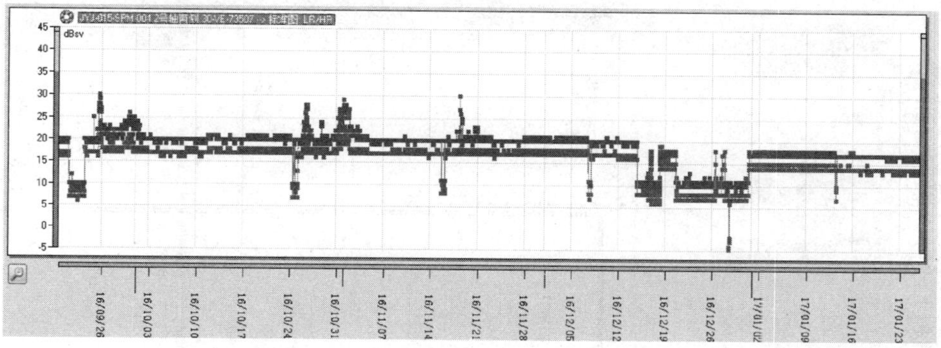

图 28　检修后 30-VE-73406 LR/HR 趋势图

通过此次检修前后 LR/HR 的趋势对比可以看出，此次检修很好地消除了隐患，保障了全密度二线挤压机 30-A-7301 的正常平稳运行。同时也验证了 SPM 确实具有优秀的指导检维修的能力，此次检维修预警已经提前了至少 3 个月，同时也准确地反映出了具体的故障点就是 30-A-7301 的 2 号轴，很好地避免了盲目检修，为现场检维修施工节省了故障判断和处理的时间。

(2) 2018 年 11 月，高密度聚乙烯装置自然料挤压机主减速箱 3 号轴北侧轴承出现间歇性的黄色报警，监测点的冲击值报警如图 29 所示。

该挤压机自 2015 年大检修以来，24VE60508 点 LR、HR 值波动较小，趋势平稳，自 2018 年 11 出现黄色报警，LR、HR 值整体趋势出现缓慢上涨，至 2019 年 3 月 LR/HR 值出现连续红色报警，运行趋势如图 30、图 31 所示。

2019 年 7 月高密度聚乙烯装置停工，自然料挤压机主减速箱进行解体检修，主减速箱 3 号轴北侧轴承在大检修解体后发现轴承外圈存在磨损剥落，滚珠也存在缺陷，与检修前 SPM 报警的故障频率吻合(图 32、图 33)。检修完开机后，自然料挤压机 24-A-6006 各点 SPM 监测值显示正常，同产牌号 HD5502XA 负荷 43t/h，3 号轴北侧轴承 7 月份 LR/HR：36/30，9 月份 LR/HR：20/17，冲击值较停机检修前大幅下降，目前趋势平稳，运行情况较好。

通过此次检修前后 LR/HR 的趋势对比可以看出，此次检修很好地消除了隐患，保障了高密度自然料挤压机 24-A-6006 的正常平稳运行。同时也验证了 SPM 确实具有优秀的指导检维修的能力，对于丰富 SPM 监测数据库和以后的预知分析提供了很好的借鉴意义(图 34)。

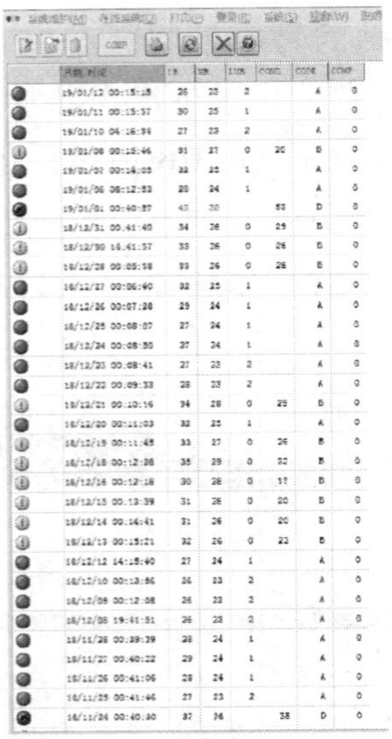

图 29　出现间歇性黄色报警图

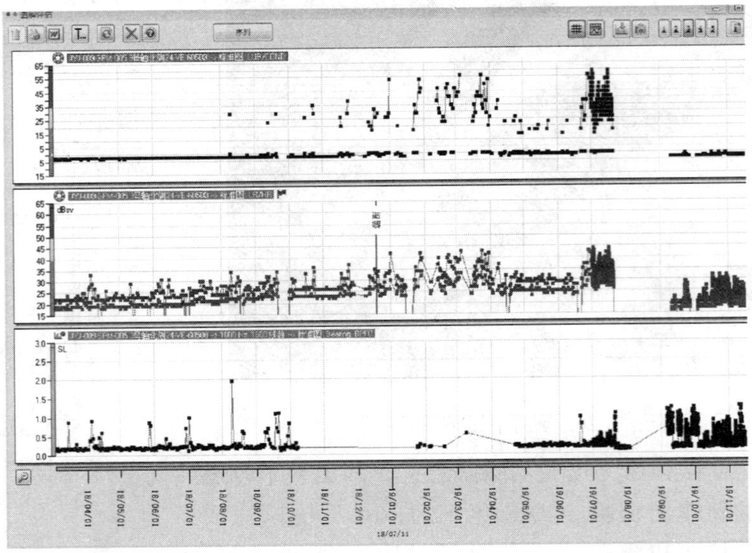

图 30　24-VE-60508 LR/HR LUB \ COND 趋势图

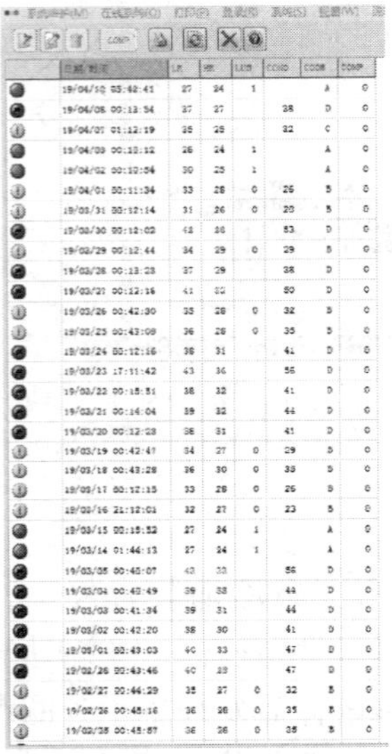

图 31　出现连续性红色报警

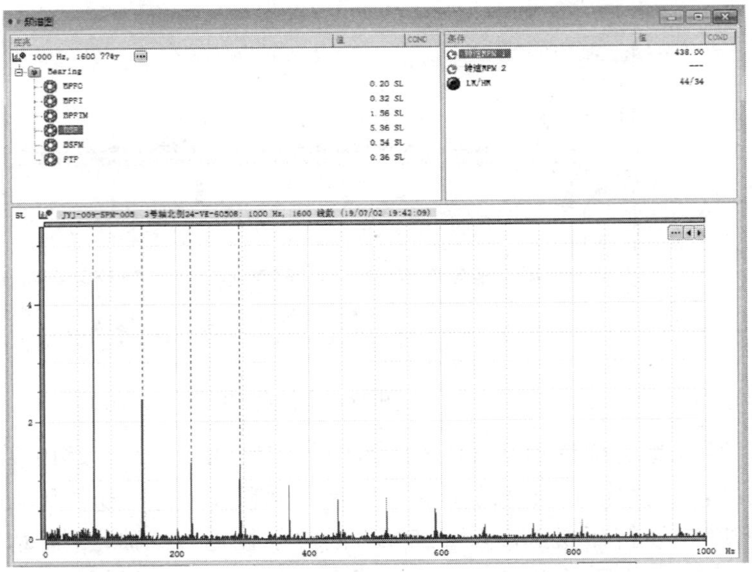

图 32　滚动体故障频谱图

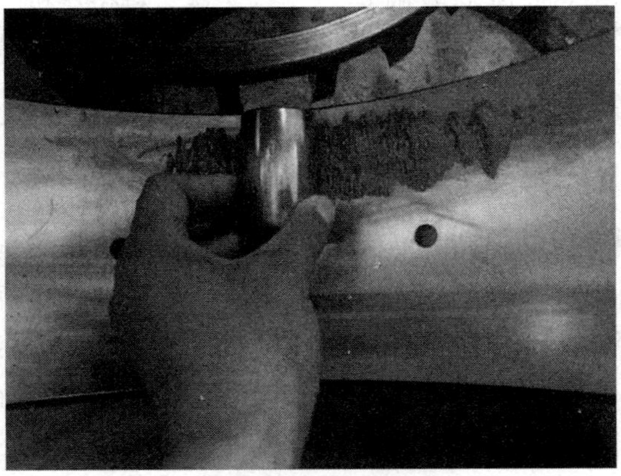

图 33　轴承磨损图

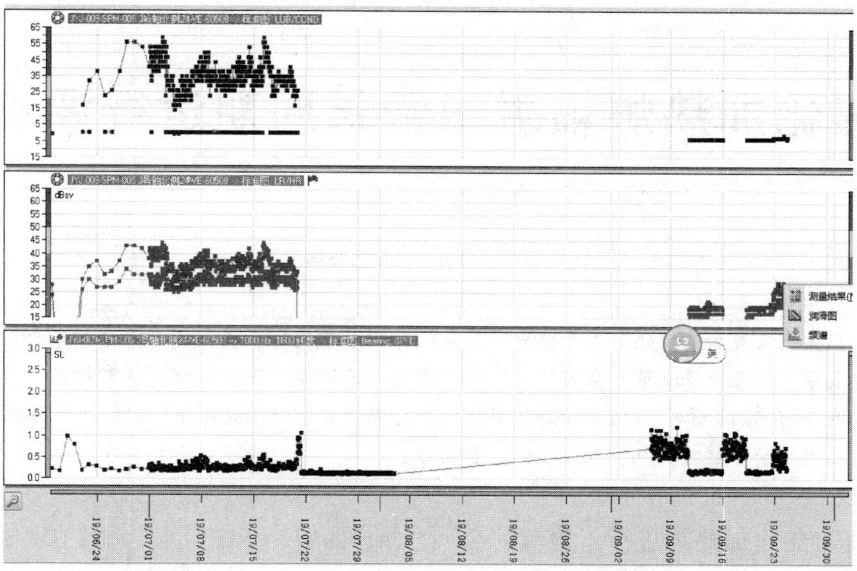

图 34　检修后 24-VE-60508 LR/HR LUB \ COND 趋势图

3　结论

通过上述典型的案例可以看出，SPM 状态监测系统对挤压机的运行状态非常敏感，响应也非常迅速，在不同物料的情况下可以指导现场对挤压机各参数进行调整，使挤压机能够达到较好的运行状态；同时对轴承、齿轮及润滑状态缺陷的预警作用也非常的明显，且能够基本准确反映出故障点以及故障的原因，为指导现场检修提供有力保障。

SPM 在线监测系统的投用填写了该厂挤压机系统无在线持续监测的技术空白，在线上为挤压机的工艺参数和设备操作参数的更改提供了科学依据，保证挤压机处于良好的运行状态，变相延长了挤压机连续正常运转的时间，提高了挤压机的使用寿命；在线下为检修争取了较长的准备时间，SPM 在线监测系统的预警周期长达 3 个月，并且能够准确反映出故障的原因以及故障点，这样能为备件的准备提供充足的准备时间，减少了挤压机系统检修的物力、人力和时间的损耗，为检修降低大量的成本，同时也降低了聚合物装置因挤压造粒机重大机械故障导致非计划停工的风险，因此 SPM 在线监测系统的应用能够产生非常高的经济效益。

焦化加热炉辐射炉管长周期运行评价

王　希　张宏锋　赵玉升　马　辉

(中国石油独山子石化公司)

摘　要　某焦化装置加热炉辐射炉管部分炉管在红外测温中发现多次超温，为了保障加热炉长周期安全运行，通过成分测试、壁厚测试、常温拉伸试验、高温拉伸试验、硬度测试、金相检验、许用金属壁温及完整性操作窗口(IOW)计算，超温炉管的使用性能进行分析和评价，并对在用炉管的使用提出建议。

关键词　辐射炉管，超温，P9，红外测温，长周期

2015 年 4 月对焦化加热炉进行了检验，金相检验发现加热炉辐射炉管球化级别均为 3~4 级，通过长期温度监测数据显示，下部炉管多次存在超温现象。为此，2019 年 8 月对焦化炉四个炉腔的下半部分共计 48 根辐射炉管进行了更换，为了保障加热炉整体长周期安全运行，对炉管进行试验分析和评价。

辐射炉管材质：P9，规格：Φ127×8mm，设计压力：1MPa，设计温度：591℃，介质：原料油。

炉管入口在北侧上部，成“S”状至北侧下部出口。对四个炉腔进行命名，从西向东分别为西、西中、东中、东，每个炉腔炉管序号从上至下为 1~24，并将炉管分为北、中、南三个区域。温度检测部位及试验取样部位编号均采用“炉腔命名+序号+区域”的编号方式。

调查 2019 年 1 月、4 月、6 月三个不同时期的炉管红外热成像监测数据，调查序号 19、24 的温度监测数据见表 1，根据炼油工程师手册，温度监控设置门槛值为 650℃。调查数据显示，下部序号 24 的炉管监测温度超过门槛值的部位明显高于序号 19 的炉管，且序号为 24 的炉管北部温度明显高于中部和南部(图 1、图 2)。

表 1　红外测数检测数据

炉管位置编号	2019.06 监测温度/℃		2019.04 监测温度/℃		2019.01 监测温度/℃		均值
	南看火孔	北看火孔	南看火孔	北看火孔	南看火孔	北看火孔	℃
西-24-北	685	678	701	682	674	650	678
西-24-中	645	644	674	645	654	650	652
西-24-南	665	661	662	660	638	670	659
西中-24-南	656	652	647	643	600	618	636
西中-24-中	627	646	607	629	621	612	624
西中-24-北	665	660	680	657	649	597	651
东-24-北	661	669	656	654	629	632	650
东-24-中	679	624	694	638	689	643	661
东-24-南	663	669	618	631	594	601	629
东中-24-南	681	625	621	657	585	640	635
东中-24-中	659	648	609	605	590	616	621
东中-24-北	705	690	683	657	654	625	669
西-19-北	624	625	660	633	592	630	627

续表

炉管位置编号	2019.06 监测温度/℃		2019.04 监测温度/℃		2019.01 监测温度/℃		均值
	南看火孔	北看火孔	南看火孔	北看火孔	南看火孔	北看火孔	℃
西-19-中	623	634	635	622	631	625	628
西-19-南	639	656	658	646	606	633	640
西中-19-北	625	641	634	619	582	594	616
西中-19-中	599	630	621	591	567	586	599
西中-19-南	608	623	629	616	590	596	610
东中-19-北	631	652	640	635	618	584	627
东中-19-中	647	628	575	595	556	598	600
东中-19-南	637	601	614	619	578	580	605
东-19-南	637	618	603	614	563	567	600
东-19-中	599	615	619	608	599	585	604
东-19-北	630	629	610	670	579	582	617

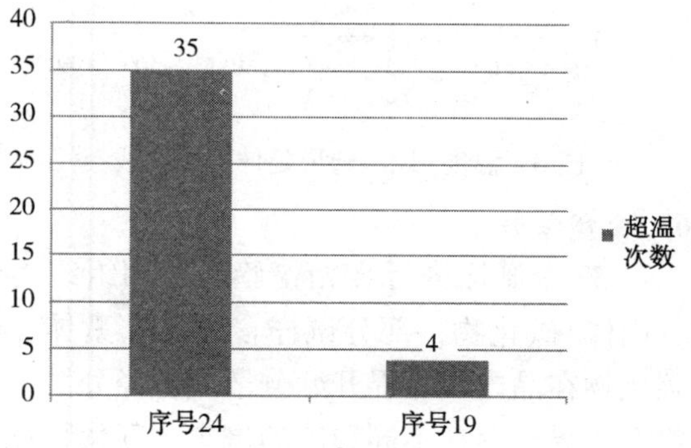

图 1　序号 24、19 超温次数比对

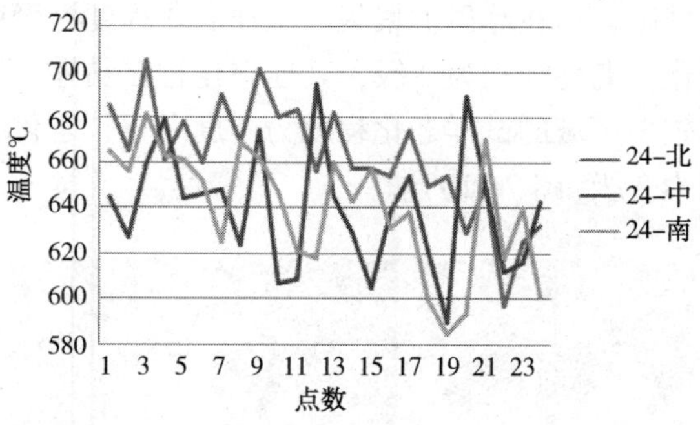

图 2　南中北区域监测温度比对

1　试验

根据温度调查和上次检验结果制定试验方案，对更换下来的炉管进行取样，截取了外观明显变色的西炉腔第 24 根炉管，编号为西-24-红，该段炉管位于西炉最底层北侧出口附近。分别截取 4 个炉腔内序号为 13、19、24 的北、中、南三个区域的炉管作为试样，共计 37 个，开展如下试验：

1.1　壁厚测试

对炉管进行壁厚测试，测试值为 8.34mm～8.80mm，壁厚测试值符合 ASTM-A335 的要求。

1.2　成分检测

对炉管进行成分检测，检测值均符合 ASTM-A335 的要求。

1.3　常温拉伸试验

对 37 根炉管进行常温拉伸试验，其中编号为西-24-红炉管抗拉强度、屈服强度、延伸率指标均不合格，且抗拉强度和延伸率下降指标较多；其他试件 34 根延伸率不合格，其中 4 根指标低于 15%，下降比较严重，详见表 2。延伸率指标低于 15%的 4 根炉管均为序号为 24 的炉管，且均位东中炉和西炉的中部和北部，对比情况见图 3、图 4。

表 2　高温拉伸试验结果

试样编号	试验温度/℃	$R_{P0.2}$/MPa	R_m/MPa	A/%
1#	600	121	181	66.0
2#	600	116	187	57.5
3#	600	121	187	66.5

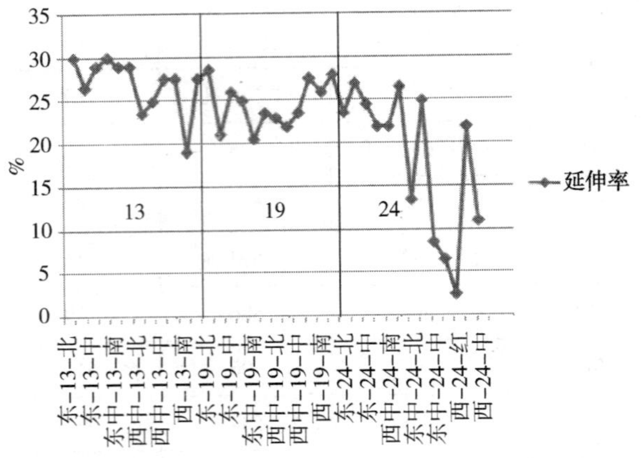

图3　序号13、19、24炉管延伸率对比

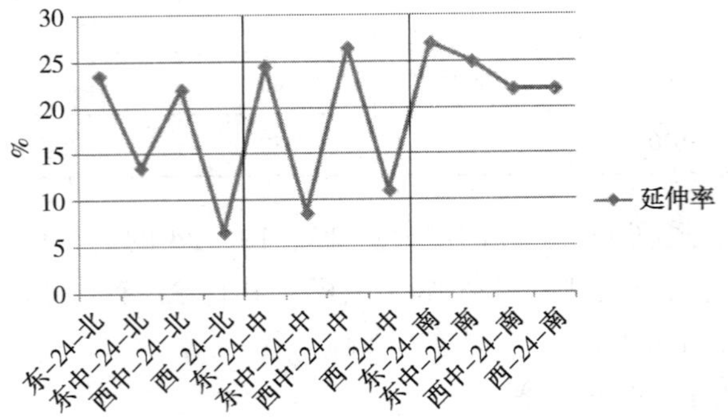

图4　序号24炉管南、中、北区域延伸率对比

1.4　高温拉伸试验

对西-24-红取样进行600℃高温拉伸试验，因规范ASTM-A335最高给出525℃，根据参数表，绘制温度-规定塑形延伸强度、温度-抗拉强度趋势曲线，根据趋势600℃对应抗拉强度Rm约220MPa，600℃对应规定塑形延伸强度RP0.2约110MPa，参照趋势曲线，Rm指标低于趋势曲线对应的指标，进行强度校核，经强度校核，强度满足当前使用条件(图5、图6)。

$$\delta_{校}=P\times D_0/(2Rm/2.7+P)$$
$$=1.2\times127/(2\times181/2.7)+1.2$$
$$=1.12\text{mm}$$
$$\delta_{实测}=8.56\text{mm}$$
$$\delta_{校}<\delta_{实测}$$

式中，$\delta_{校}$为强度校核所需壁厚，mm；$\delta_{校}$为实测壁厚，mm；P为实际操作压力，MPa。

1.5　硬度测试

对37个试样进行硬度测试，测试值在139~161HV，因规范中未给出相应的硬度指标，参照国内相同强度级别钢材的硬度指标(125~170HV)，硬度正常。

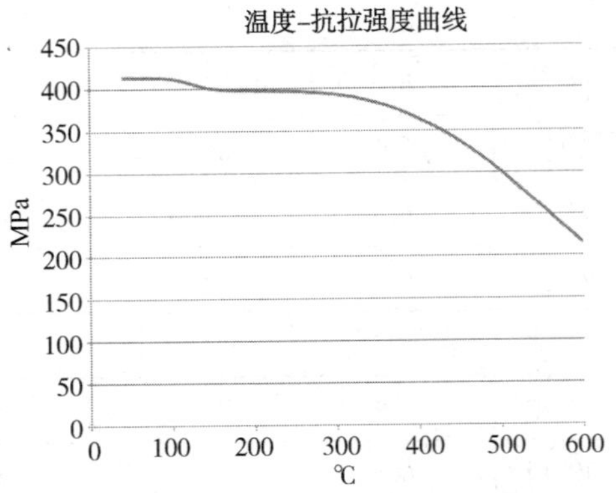

图5　温度-抗拉强度曲线

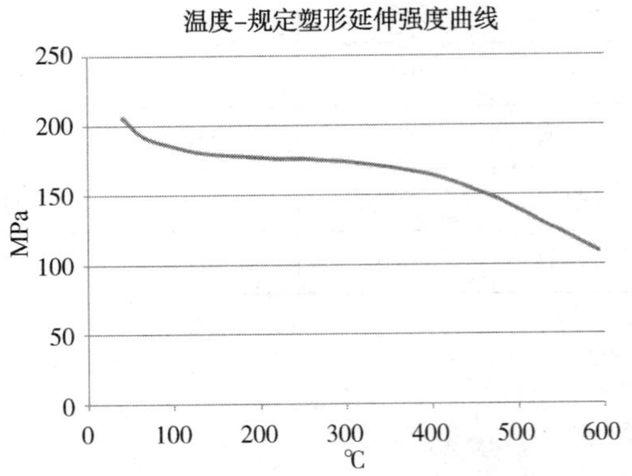

图6　温度-规定塑形延伸强度曲线

1.6　金相检验

对37个试样进行金相检验，金相组织为粒状贝氏体+碳化物，部分试样含少量铁素体，部分碳化物在晶内及晶界开始分散或已经分散，碳化物在晶界上存在不同程度的聚集，碳化物在晶内晶界分散和聚集现象从上向下成严重趋势。参考DL/T-884非珠光体的组织老化评定，少部分区域碳化物在晶界上聚集的试样老化程度为轻度老化，老化级别为2级，其他碳化物在晶界上聚集较多区域的试样老化程度为中度老化，老化级别为3级(图7~10)。

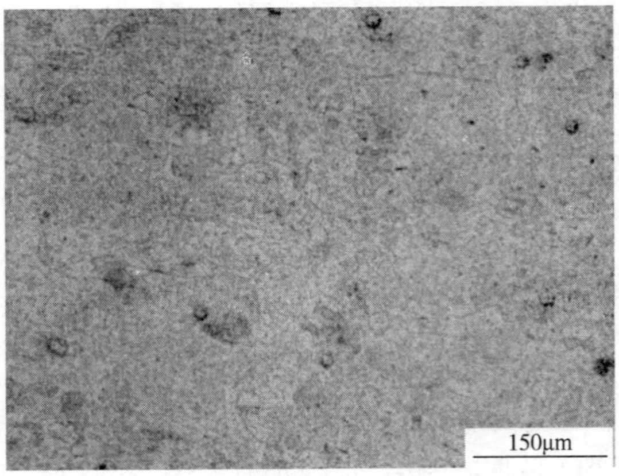

图7　西-24-红金相组织(200X)

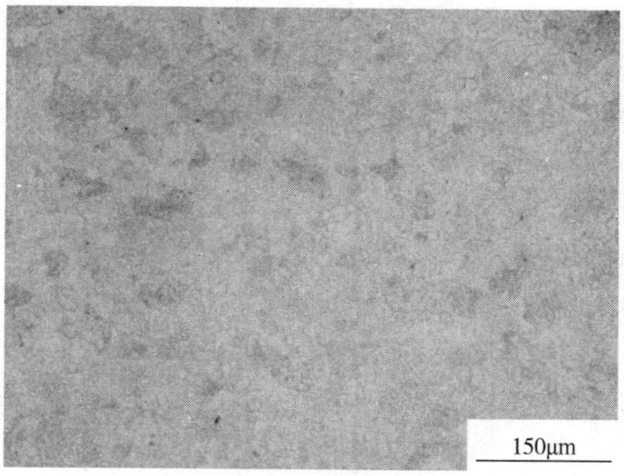

图 8　东-19-南金相组织(200X)

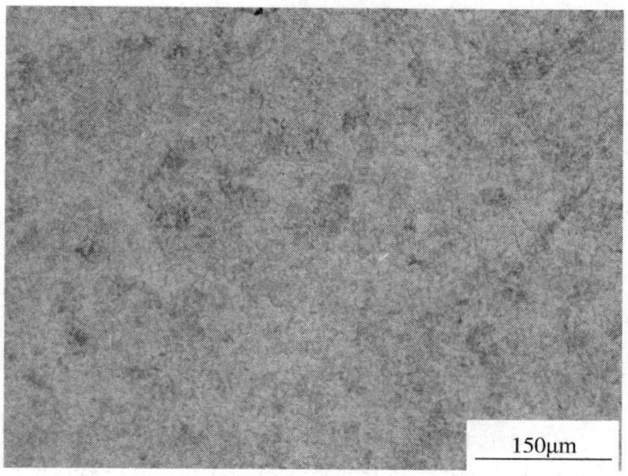

图 9　东-24-中金相组织(200X)

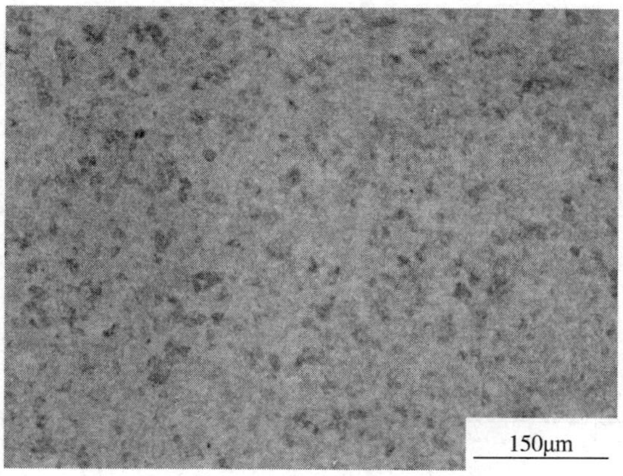

图 10　东-13-中金相组织(200X)

通过序号 13、19、24 炉管组织的纵向比对，序号 13 的炉管全部为轻度老化，序号 19、24 基本为中度老化，仅有个别轻度老化(图 11)。

1.7　许用金属壁温及完整性操作窗口(IOW)计算

依据炉管最大操作压力、名义壁厚、腐蚀情况以及材料蠕变断裂性能，并根据 API584 及

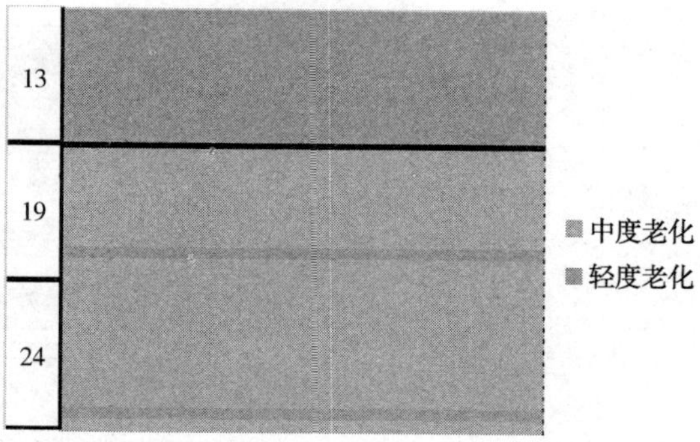

图 11　序号 13、19、24 炉管组织老化程度对比

API530 附录 A 规定，计算炉管的许用金属壁温及其完整性操作窗口(Integrity Operating Windows)。计算流程图如下：

(1) 确定最大操作压力：按最大操作压力保守值取 P=1.2MPa；

(2) 确定炉管外径：D0=127mm；

(3) 确定腐蚀后的炉管壁厚：δ=8.0mm(未检测到腐蚀，实测壁厚大于名义壁厚 8mm，因此保守取名义壁厚进行计算)

(4) 按下式计算应力：$S=P/2\times(D0/\delta-1)=8.925$MPa；

(5) 按 API530 附录 E 图 E.27 查找 A335 P9 材料 LMP 参数为 29.76，最小 LM 常数为 26.22(图 12)；

(6) 对于新炉管按拉森米勒(L-M)公式：$LMP=(T+273)\times(26.22+\log tr)$，计算 tr=20000h(API530 中的安全边界 Safe limit)和 tr=100000h(API530 中的可靠边界 Reliable limit)的炉管壁温 T 的 IOW 分别为 702℃和 680℃，另外还综合考虑炉管高温强度、材质劣化、氧化等因素给出炉管最高使用温度为 650℃(《炼油设备工程师手册》)(表 3)；

(7) 对于目前已服役 10 年的炉管，按以上方法计算继续运行 1 个周期(15 年累积 132000h)、2 个周期(20 年 173000h)的炉管壁温 T 的 IOW，计算结果如表 4 所示。

(8) IOW 建议：对于新炉管可按照表 5 给出的炉管壁温 IOW 进行预警和控制；对于已服役 10 年的炉管，可按照表 6 给出的炉管壁温 IOW 进行预警和控制；已服役炉管最高操作温度未超过 676℃的，可以继续运行一个周期。

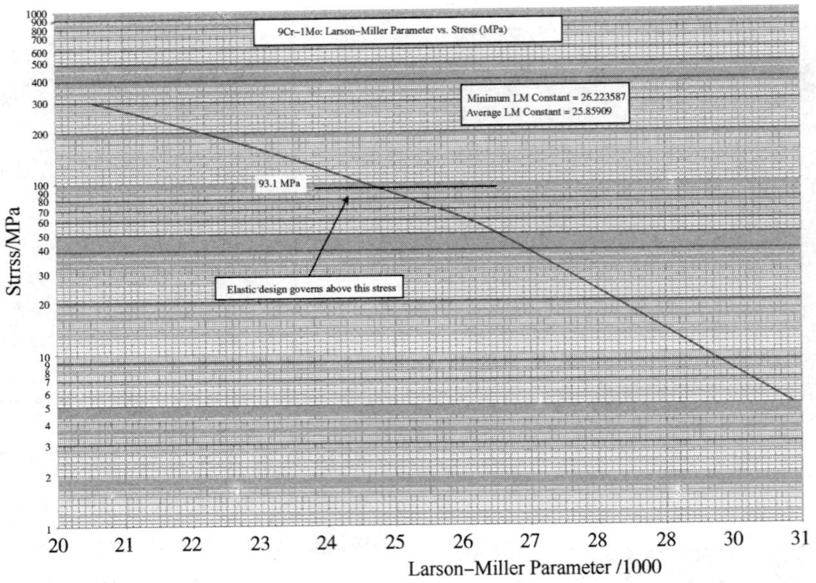

图 12　A335 P9 材料 LMP 参数及 LM 常数

表 3　新炉管壁温 IOW 计算结果

边界类型	温度	寿命	IOW 边界	可能的后果	建议控制措施
最高使用温度（已有 IOW）	650℃	综合考虑高温强度、材质劣化、氧化等因素	信息边界	（超出该边界）设备长期可靠性可能受到影响，出现材质劣化可能性	注意温度监控，进行专家分析并针对超温位置制定必要的检验计划
可靠边界 Reliable limit	680℃	100000h	标准边界	（超出该边界）设备会发生蠕变等损伤，降低设备正常使用寿命	需要警告并进行专家分析，确定超温原因，并进行温度控制，对超温位置制定检验计划，以及进行必要的剩余寿命计算
安全边界 Safe limit	702℃	20000h	临界边界	（超出该边界）设备会在短期过热失效，包括蠕变断裂和抗拉强度大幅降低	需要预警并马上采取温度控制措施或停炉

表 4　已服役 10 年炉管壁温 IOW 计算结果

边界类型	温度	寿命	IOW 边界	可能的后果	建议控制措施
最高使用温度（已有 IOW）	650℃	综合考虑高温强度、材质劣化、氧化等因素	信息边界	（超出该边界）设备长期可靠性可能受到影响，出现材质劣化可能性	注意温度监控，进行专家分析并针对超温位置制定必要的检验计划
继续运行 2 个周期	673℃	173000h	标准边界	（超出该边界）设备会发生蠕变等损伤，无法继续运行 2 个周期	需要警告并进行专家分析，确定超温原因，并进行温度控制，对超温位置制定检验计划，以及进行必要的剩余寿命计算
继续运行 1 个周期	676℃	132000h	临界边界	（超出该边界）设备会发生蠕变等损伤，无法继续运行 1 个周期	需要警告并进行专家分析，确定超温原因，并进行温度控制，对超温位置制定检验计划，以及进行必要的剩余寿命计算

2 分析

通过以上试验分析结果，得出以下几点分析：

（1）通过试验壁厚、成分等符合规范要求，硬度指标参照国内同等级钢材，硬度测试值无异常，常温拉伸延伸率指标两个样品合格，其他均不合格，西-24-红拉伸试验指标均不合格，高温拉伸试验抗拉强度低于趋势曲线对应指标。

（2）根据介质的流向为上部北侧进下部北侧出、火焰由下向上的特点，越靠近下部炉管温度越高，炉管性能下降越多，介质出口部位为理论温度最高部位，最容易发生超温结焦。温度监测表明序号 24 的炉管超温次数远超序号 19 的炉管，而序号 24 炉管的北部超温温度和超温次数均高于中部和南部。对序号 19、24 炉管的红外热成像温度监测数据分析、拉伸延伸率数据分析、金相组织分析结果进行对比，对比结果表明超温越严重的部位延伸率指标下降程度、组织老化程度越严重。

（3）API530 指出 P9 的极限设计金属温度为 705℃，极限设计金属温度是断裂强度数据可靠值的上限，长期接近该温度运行会加速炉管性能的下降。红外热成像温度监测抽取数据中东中-24-北最高温度为 705℃，西-24-北最高温度为 701℃，已达到和接近极限设计金属温度。且该两个部位的炉管平均监测温度也是最高，分别为 669℃、678℃，对应的两根炉管的中部和北部延伸率下降最严重，且组织老化程度最严重。

3 结论和建议

（1）更换的炉管组织性能、力学性能越靠近下部下降越严重，其中下部的 19、24 炉管老化程度基本为 3 级，24 炉管 4 个部位延伸率低于 15%，全部位于介质出口部位附近，与温度监控结果一致。

（2）根据检验情况、工况现状和 IOW 计算结果，上部未更换炉管不超温超压情况下在两个检修周期(10 年)内可以安全使用。

（3）下部新更换的炉管，壁温监测超过 650℃的部位停车检修时需要制定针对性检验计划，超过 680℃的炉管，进行分析，确定超温原因，并进行温度控制，对超温位置制定检验计划，以及进行必要的剩余寿命计算。

（4）建议加强下部序号为 24 的炉管壁温监测力度，做好其他炉管各时期壁温监测值的统计和比对。

（5）炉管在长期运行后常温延伸率、组织性能明显下降，建议开停工过程严格按照要求平稳操作，避免脆性开裂。

某加氢装置离心机组旋转失速故障分析及诊断处理

徐豪杰　宿伟毅　李　鹤　李　充　孙存龙

（中国石油独山子石化公司）

摘　要　本文主要针对某石化公司炼油厂 100 万蜡油装置在开工阶段，由于物料组分发生变化，循环氢纯度上升，介质变轻，机组多次出现旋转失速，并伴随振动突变，达到联锁值后触发停机。本文作者对整个工艺操作及机组 SG8000 系统状态监测数据进行分析，总结了离心式压缩机在运行过程中出现旋转失速具备的 8 个典型特征。锁定了机组出现旋转失速的根源，制定了针对性的纠防措施，对今后同类离心式压缩机组的操作、运行及异常处理有着很好的指导意义。

关键词　压缩机，循环氢，纯度，流量，振动，喘振，纠防措施

某石化分公司炼油厂 100 万吨蜡油装置于 2016 年建成投产，该装置由原 60 万吨/年加氢裂化装置改造而成，循环氢压缩机机组采用调速系统、超速保护以及防喘振控制系统（ITCC），具备机组的调速、防喘振控制、负荷控制、过程控制、联锁保护等功能。该机组是加氢装置最关键的动力设备，担负着保持反应系统氢分压、带走反应热以及控制反应床层温度等重要使命，因此循环氢压缩机的运行可靠与否关系到加氢装置的正常运行。

1　故障现象

2019 年 9 月 13 日 23：04 100 万蜡油加氢装置循环氢压缩机 C-1001 轴瓦振动 VA1804B 出现高高报警并触发振动联锁停机。生产车间立即启动应急处理，经过调取工艺操作参数及机组 SG8000 系统状态监测数据进行分析：判断压缩机机体内气体出现了旋转脱离，引起机组振动 VA1804B 高高联锁停机。经检查现场机组盘车正常，无卡涩，确认机组本体无机械故障后，立即组织循环机组开机，4：30 开机运行，机组各项参数运行正常。

2　原因分析

2.1　过程记录

从 SIS 历史趋势查看，22：57：51.453 到 23：04：58.863（机组联锁停机）压缩机轴瓦振动 VT1803A/B、VT1804A/B 发生跳动 8 次，其中 VT1804B 出现振动高于联锁值（90μm）触发联锁停机，在此期间防喘振阀总计自动调节了 8 次，最大开度为 71%。每次防喘振阀打开后，入口流量逐步上升，压缩机振动会下降，防喘振阀关闭后振动再次上升。初步判断压缩机机体内气体出现旋转脱离，形成突变失速引起的机组振动联锁停机，见图 1。

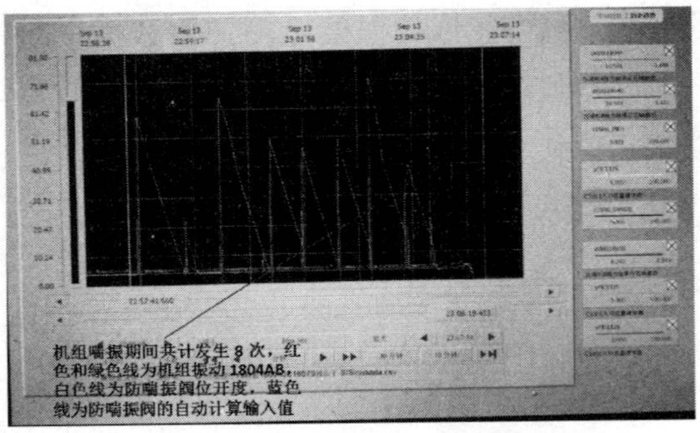

图 1　SIS 画面相关参数变化情况

2.2　操作调节

从机组转速、原料切换、贫胺液流量、调速器阀位，机组进出口流量等参数分析如下，见图 2：

（1）20：43 至 21：12，循环氢压缩机 C-1001 机组转速在 9000rpm，轴位移上升至 0.45mm，岗位人员将机组转速从 9000rpm 缓慢降至 8525rpm，这时机组的循环氢流量维持在 124328Nm3/h，机组工作点远离喘振线。

（2）装置按照开工节点切换原料，蜡Ⅱ单独进料，20：04 开始进料穿透，蜡Ⅱ原料与正常生产工况相比组份偏重，反应器总压降由

0.22MPa 上升至 0.404MPa，后逐步下降至0.38MPa。

（3）21：18 车间按照开工操作卡的节点，向循环氢脱硫塔T-4001注入贫氨液，21：32开始将循环氢脱硫塔 T-4001 的副线手操器 HC3101从100%缓慢关到55%，对循环氢中硫化氢经过贫氨液进行脱硫处理，氢气纯度逐渐上升。

（4）21：32至23：04(机组联锁停机)，机组转速保持在8525rpm，调速器阀位76.279%下降至61.028%。21：56：05至22：56：45压缩机入口循环氢量缓慢下降，由119377Nm3/h降低至93434Nm3/h，流量下降，说明循环氢纯度上升，组分变轻。

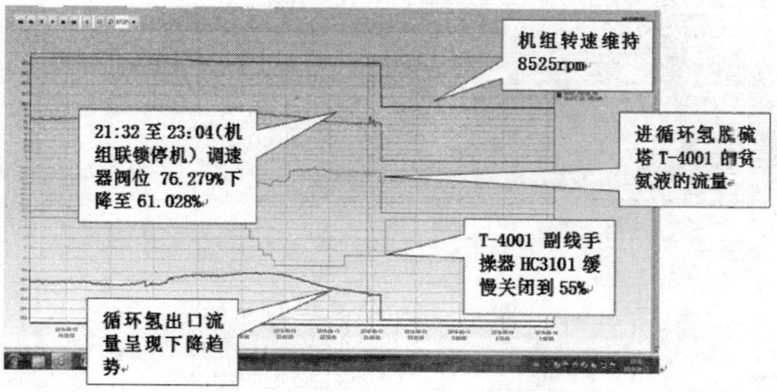

图2　操作调节过程相关参数变化

2.3　状态监测

2.3.1　振动趋势分析

该机组自从2019年9月7日带负荷运行以来，总体趋势平稳，最大振幅13um。9月13日22：58～23：04，该机组压缩机非驱动端VI1804A、VI1804B探头振动波动9次，波动范围8～46.5um，最终导致振动超标联锁停机，可以看出此次波动为短期内突发事件，见图3。

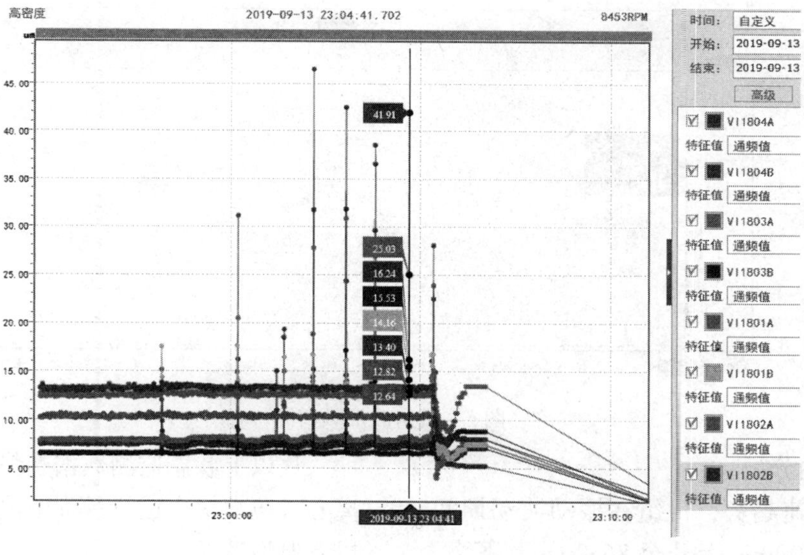

图3　机组振动趋势图

2.3.2　频谱瀑布图分析

如图4所示，在机组振动波动期间，频域内主导频率为亚异步振动频率，主要成分是0.63～0.69X，最大振幅为19.69um，远远大于工频振幅6.5um，与机组旋转失速故障特征吻合。

2.3.3　波形频谱图分析

从波形频谱图中来看：无论是23：01分最小波动，还是23：02分最大波动，压缩机前后端四个探头，几次波动波形频谱形状一致，波形重复性差，高低不一，存在周期性变化趋势；频域中主要存在0.63～0.75X，同时还存在0.06X等频率成分，说明该压缩机存在旋转失速类故障特征，见图5。

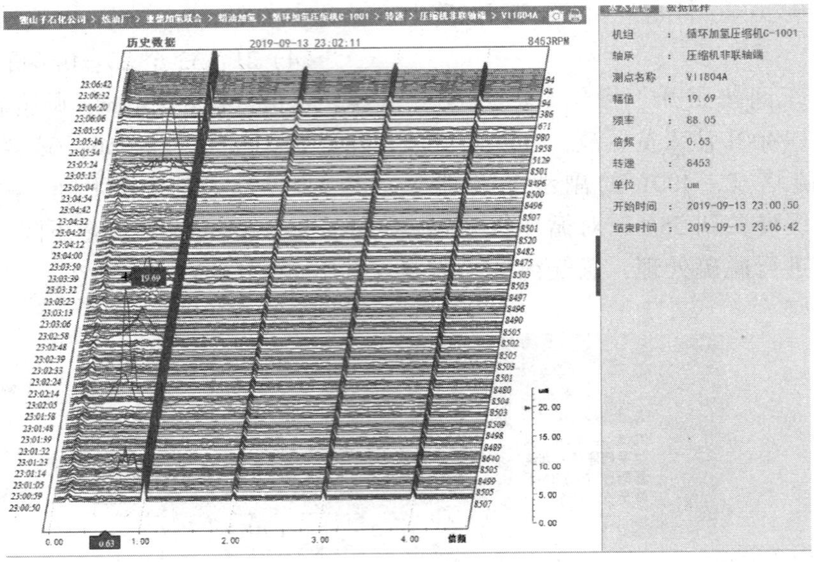

图4　机组频谱瀑布图

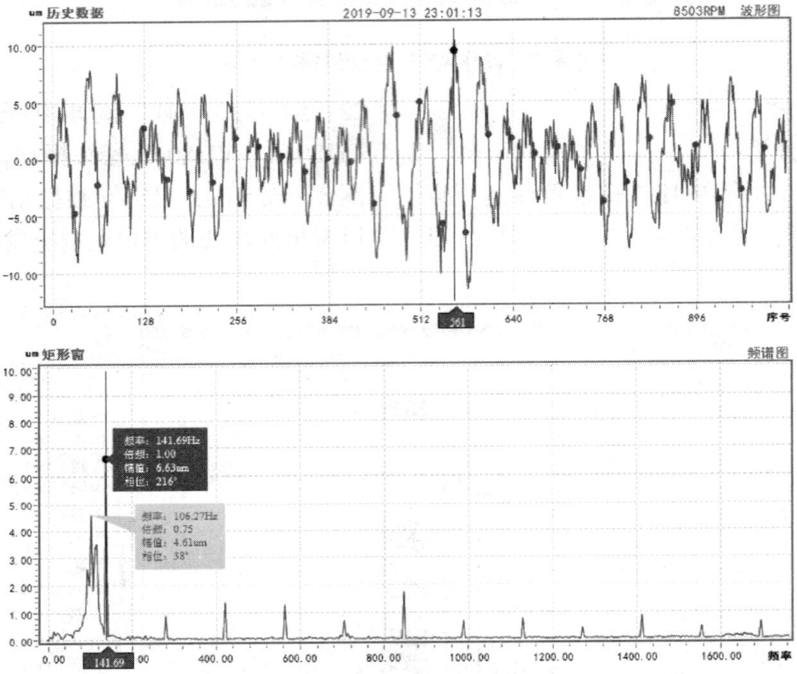

图5　机组波形频谱图

2.3.4　转速波动分析

查看机组转速趋势，机组在振动波动期间，转速从正常的8500rpm上升至8658rpm，下降至8484rpm，平均波动时间为2~3秒，转速波动范围为163~174rpm，印证了波形频谱中的旋转失速故障，见图6。

2.3.5　轴心轨迹分析

从机组轴心轨迹上可以看出，机组在振动波动期间，转速波动时压缩机提纯后前后轴承轴心轨迹发散杂乱，与机组旋转失速典型特征中轴心轨迹紊乱比较一致，见图7。

从以上状态监测数据趋势分析进一步验证了离心式压缩机在运行过程中出现旋转失速时具备以下典型特征：

（1）时域波形为各成分叠加波形，波形幅值不均；

（2）频谱图中同时出现0.5X-0.8X及1X两个频率成分；

（3）轴心轨迹图较为杂乱，不稳定；

（4）工艺流量降低，振幅随流量降低而增大，通常开始发生在压缩机的后端；

（5）机组振动随流量、负荷、转速等参数变化明显；

（6）旋转失速频率比喘振频率高很多，但旋转失速的压力脉动幅度远小于喘振；

（7）旋转失速时，机组总的平均流量变化不大，喘振时机组的平均流量随时间而变化；

（8）机组旋转失速的频率、振幅主要与压缩机本身的叶栅几何参数、转速有关，而与管网容积的大小无关。但喘振的频率、振幅却与管网容积大小密切相关，管网容积越大，喘振频率越低、振幅越大。

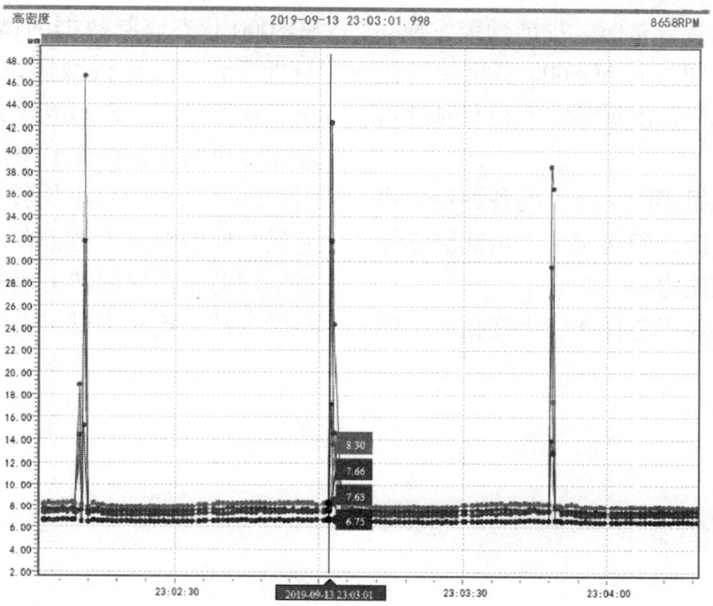

图 6　机组转速波动趋势图

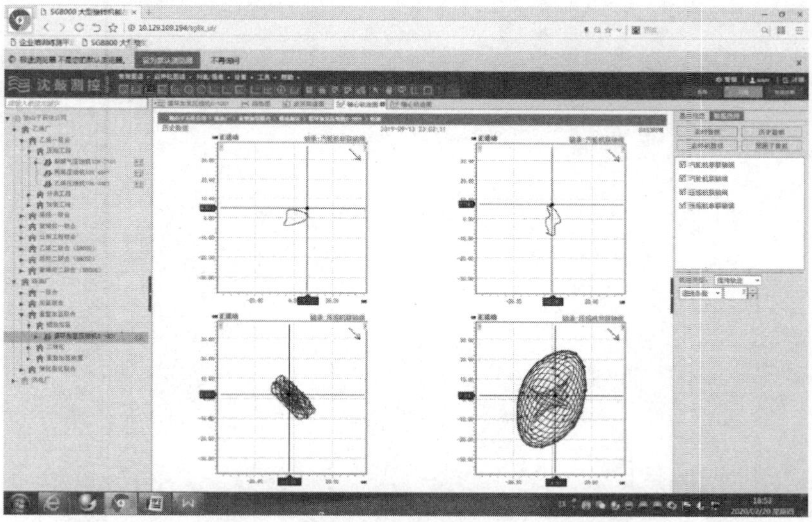

图 7　机组轴心轨迹图

2.4　原因确定

（1）介质组分变轻，机组出现旋转脱离导致振动增大联锁停机是本次事件的直接原因。

（2）装置开工阶段，工况发生变化，机组实际喘振线出现偏离，随着压缩机入口流量缓慢降低，工作点还未到喘振线，机体内气体就出现旋转脱离，防喘振控制系统余度不足是本次事件的主要原因。

（3）岗位人员将机组转速从 9000rpm 缓慢降至 8525rpm，导致机组在同工况下压缩比下降，切换原料后反应器总压降逐步上升，投用循环氢脱硫塔后氢纯度上升，介质密度下降，是导致压缩机出口逐步达到阻塞工况的原因。

（4）装置处于开工阶段，技术及岗位人员忙于关注 DCS 画面各项参数的调节，而未关注到防喘振画面的工作点位置，压缩机循环氢量下降，机组发生旋转失速，而未作出及时调节是本次联锁停机的管理原因。

3 纠防措施

（1）优化机组报警运行管理，将机组振动、位移等参数设定的高、低报值与正常运行工况相差 10%，便于机组出现异常时，提前预警发现。

（2）指定专人定期查看 SG8000 系统状态监测数据及图谱变化趋势，出现异常波动及时分析处理。

（3）制定压缩机组不同工况下的各种参数边界条件及异常调节方法，确保岗位人员能够熟练掌握，提高应急处理能力。

（4）当原料工况和工艺操作发生变化时，明确专人负责关注机组防喘振画面的工作点位置，一旦工作点靠近防喘振线时，及时汇报并调节防喘振阀的开度。

4 结论

作者通过异常工况下对机组操作中各参数、SG8000 状态监测数据图谱等方面综合分析，并与机组旋转失速典型理论图谱特征进行比对验证，快速锁定了机组故障类型，找出了造成本次联锁停机的工艺操作因素。针对机组本次故障分析，补充完善了机组旋转失速的 8 个典型特征，制定相应的纠防措施，在以后离心式压缩机组运行期间防止出现旋转失速方面，提供了强有力的科学支撑，确保了机组安稳长运行。

石化转动设备磨损实时监测技术应用研究

陈　峰[1]　张西宁[2]　武通海[2]　陆军[1]

（1. 中国石油独山子石化分公司研究院；2. 西安交通大学机械工程学院）

摘　要　本文阐述的磨损实时监测技术主要通过基于堆栈空间的磨粒分割方法、基于BP神经网络及图像小波变换特征提取算法，建立的磨粒类型的智能分析模型，实现了磨粒磨损特征图像及监测信息采集与提取，该磨损及润滑实时监测技术弥补了现有离线监测技术局限性，对机组的预知性维修与主动性维护提供及时、准确的技术支持。磨损实时监测技术在石化低速重载设备上的成功应用对石化转动设备在线油液实时监测技术的发展有着积极的借鉴与推动作用。

关键词　磨损实时监测，监测界限值，油品劣化，预知维修，主动维护

1　机组监测现状及存在问题

1.1　机组概述

某厂聚烯烃联合某生产线挤压机机组型号CMP335，系日本JSW公司设计与制造。机组主电机功率11000Kw，机组输入转速980rpm，输出转速300rpm，为同向双螺杆挤压机结构，基本功能是进料、输送、熔融、混合、泵送和给聚合物加压。齿轮泵型号为JSW GP500T-M，为熔融物提供足够压力，使其通过换网器、模板由切粒机进行切粒，后经循环水输送、干燥器干燥、振动筛除大小粒子后，合格粒子均化包装。机组基本机构如图1～3所示。

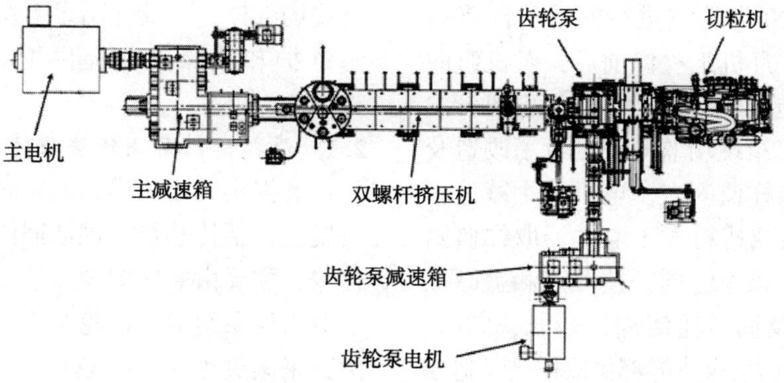

图1　挤压机结构示意图

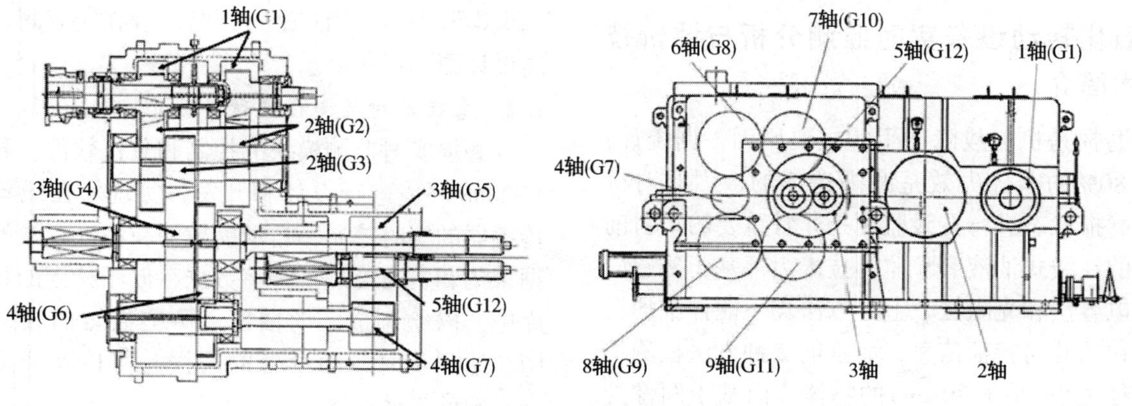

图2　主减速箱基本结构

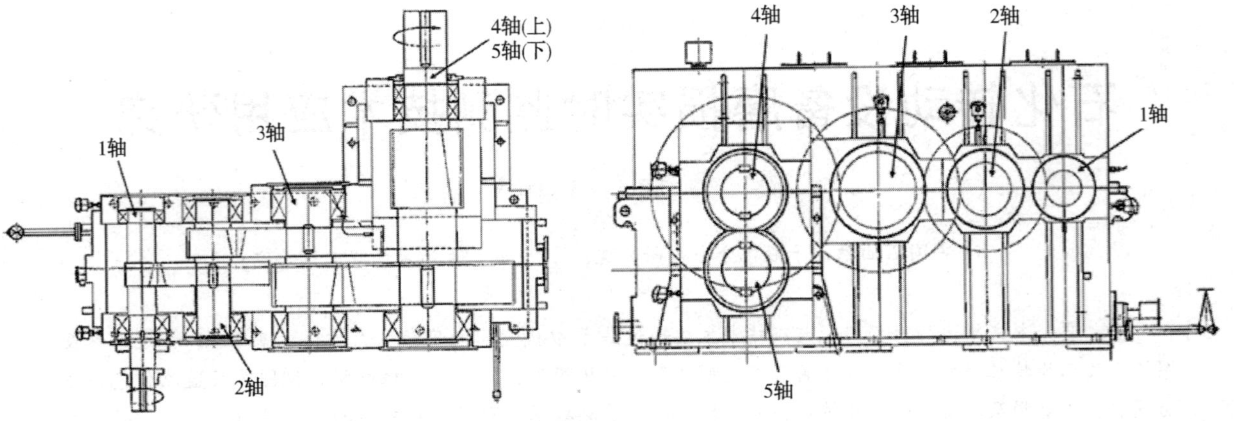

图 3　齿轮泵减速箱基本结构

自 2014 年 8 月，机组主减速箱 G7 齿轮轴齿轮及 G8 齿轮轴内外侧 SKF 调心滚子轴承(型号为 SKF23168 CC/W33)因发生严重疲劳失效，造成机组故障停机检修，机组大修更换主减速箱失效齿轮轴、轴承、油封，并更换齿轮泵减速箱部分轴承及油封后，机组一直运行平稳。

1.2　监测现状及存在的问题

该型挤压机组为公司级重点设备，机组主要磨损及润滑部位为电机减速箱、主减速箱及齿轮泵减速箱，共计 15 根齿轮传动轴及 68 副滚动轴承，主减速箱及齿轮泵减速箱所有摩擦副均使用 BP 安能高 GR-XP220 齿轮油进行润滑。自 2014 年 11 月至 2015 年 4 月机组检修前后，对机组的磨损监测点实施改造及优化，对于机组电机、主减速箱及齿轮泵减速箱现场监测点进行了改造及优化，增加了固定取样监测点主电机及主减速箱 2 处，齿轮泵电机及减速箱人工取样器取样监测点 2 处的优化改造。该机组同一监测点涵盖摩擦副较多，离线磨损及润滑监测周期较长，同时，由于现场条件限制，监测点取样部位取样极易造成油品污染，诸类因素极大影响了挤压机组润滑及磨损监测的时效性，不利于挤压机组长周期运行。

2　石化转动设备实时监测分析与评价技术简介

磨损是机械故障产生的主要原因，据统计，大约 80%的零件失效是磨损造成的，因此对机器的磨损状态进行在线监测是非常重要的。目前常用的在线式油液磨粒监测技术大都基于磁感应法、电容法和光阻法。上述方法均不能详细地反映颗粒的几何特征信息，而且前 2 种方法检测不出粒径过小(小于 30μm)的物体。而基于图像处理的油液在线检测系统，完全克服了上述这些缺点。本文所述的磨损及润滑实时监测技术是通过并联在润滑油循环系统现场的监测模块，采用电磁沉积法先使磨粒沉积，由计算机远程控制磨粒显微图像的自动采集，然后进行分析，在进行图像分割时采用自动获取阀值法，建立的基于电感应和显微图像的油液磨粒监测系统，实现了对机组在用润滑油磨粒进行实时持续性显微图像及监测数据的自动采集与信息提取，随时掌握和了解设备运转过程中润滑油磨粒浓度的变化状况，及时进行数据分析处理。该磨损及润滑实时在线监测模块的远程监控，可弥补现有离线监测技术需要现场采样、时效性不足等局限性，为机组的状态维护和故障诊断提供更加充足可靠的数据支持。

2.1　磨损实时监测模块硬件简介

磨损实时监测模块油路采用油液循环回路的设置，包括传感器、供油回路、控制模块、数据传输，主要由磨粒图像传感器流道、油嘴、油管以及齿轮泵组成，齿轮泵作为循环油液的供油动力，采集过程为：由磨粒图像传感器利用高梯度磁场将铁磁性颗粒在流道沉积区域有规律的排布后，采集和捕获磨损颗粒的图像信息，远程传递到虚拟服务器，用户通过网络实现在线监测。油路设计图如图 4 所示。

2.2　磨损实时监测模块软件简介

磨损实时监测模块的控制和分析软件，利用 VS2008 环境进行设计和开发，实现对在线集成传感器的实时控制，自动完成磨粒浓度指数的数据采集和实时处理，并将数据存储于特定的数据库中，以绘制成实时曲线、历史数据曲线趋势图，达到及时判断设备的磨损趋势以及磨损状态，软件界面如图 5、6 所示。

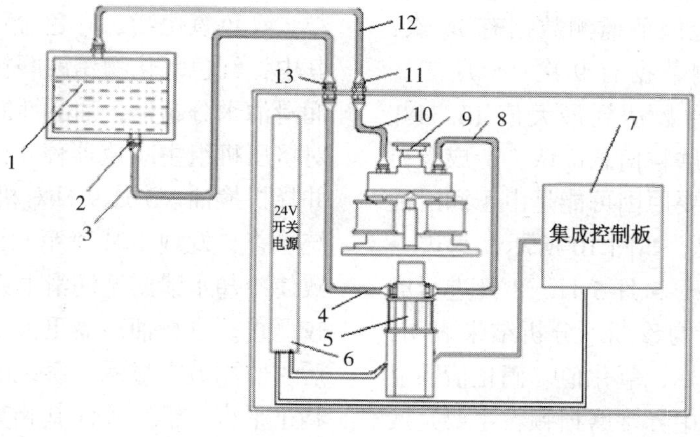

图4　润滑油磨粒图像分析仪油路设计图

1—油箱；2—油嘴(油箱出油口)；3—油箱出油管；4—油管；5—齿轮泵；
6—直流稳压电源；7—集成控制板；8—油管；9—磨粒图像传感器；10—油管；
11—双向油嘴(监测模块出油口)；12—油管；13—双向油嘴(监测模块进油口)

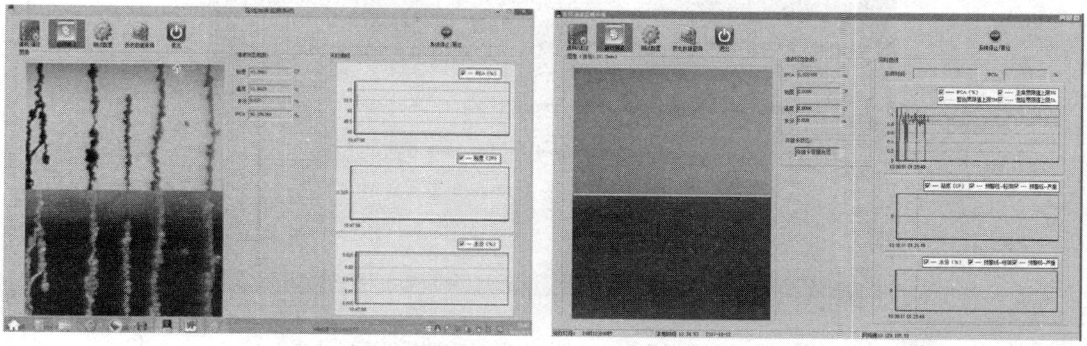

图5　磨损实时监测模块软件实时界面

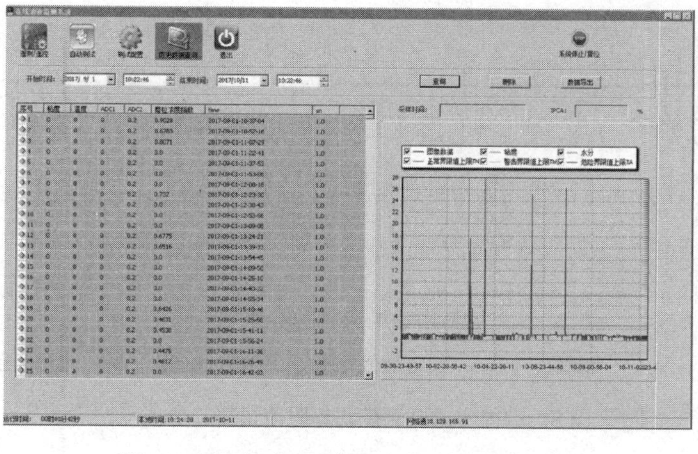

图6　磨损实时监测模块软件历史趋势界面

3　磨损实时监测与评价技术在某型挤压机组运维中的应用

该机组磨损在线实时监测系统自2016年11月24日投入试验运行，在解决了现场应用的一些关键问题后于2017年4月15日正式投入运行。截止目前系统运行稳定。并先后于5月4日、5月25日成功预警了机组异常状态，为机组5月8日的换油和6月4日的运行异常故障的分析和评价提供了及时、准确的技术支持。

2017年5月4日18：20、20：05、21：21三个时间点磨损颗粒浓度指数监测指标先后出现三次大的突变，最大为9.07，(正常监测范围在1~4之间)。三次异常突变数据信息如图8、9所示。机组自5月4日0：12起磨损颗粒浓度指数(IPCA)即开始剧烈波动，在实时采集的420

组监测数据中，其中超过正常值上限的监测数据有 40 次，超过警告值上限的监测数据有 17 次，超过危险值上限的监测数据有 9 次。5 月 7 日 23：20 磨损颗粒浓度指数达到最大值 10.348。根据同一时间点采集的磨粒信息确认，造成磨粒浓度指数异常波动的主要原因可能是由于润滑油中大量的水或气泡所致。如图 10 所示，为进一步确认异常原因，分别于 5 月 5 日、8 日进行磨损及润滑离线监测分析与诊断。分析结果表明，主减速器润滑油水分超标，氧化值、硝化值明显增大。主减速器润滑油中异常磨损颗粒主要是疲劳磨粒(最大尺寸 110μm)、滑动磨粒、切削磨粒、红色氧化物、有色金属磨粒及摩擦聚合物。其中，红色氧化物锈蚀磨粒明显增多。主减速器润滑油水分超标，油品性能发生劣化。建议立即对挤压机组主减速器停机进行润滑油系统检查，并择机换油。5 月 9 日对机组停机进行润滑油系统检查，发现主减速箱润滑油系统油冷器泄露，致使冷却水泄露至润滑油系统中。润滑油品乳化较严重。进行油冷器更换及润滑油系统换油。随后，监测数据显示，系统磨损颗粒浓度指数趋势趋于平缓。继续关注其趋势变化。

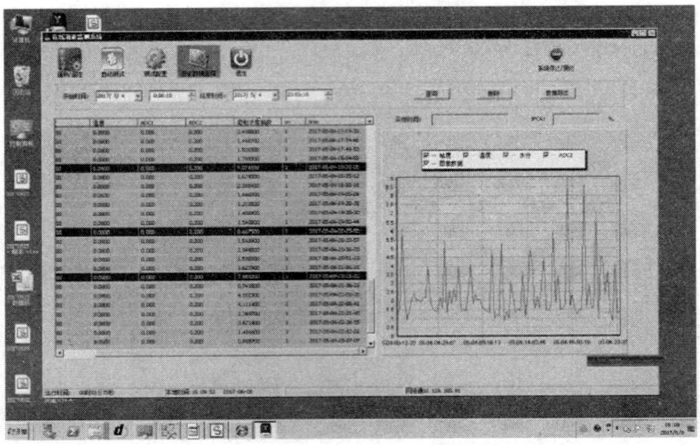

图 7　磨损实时监测模块实时监测数据展示

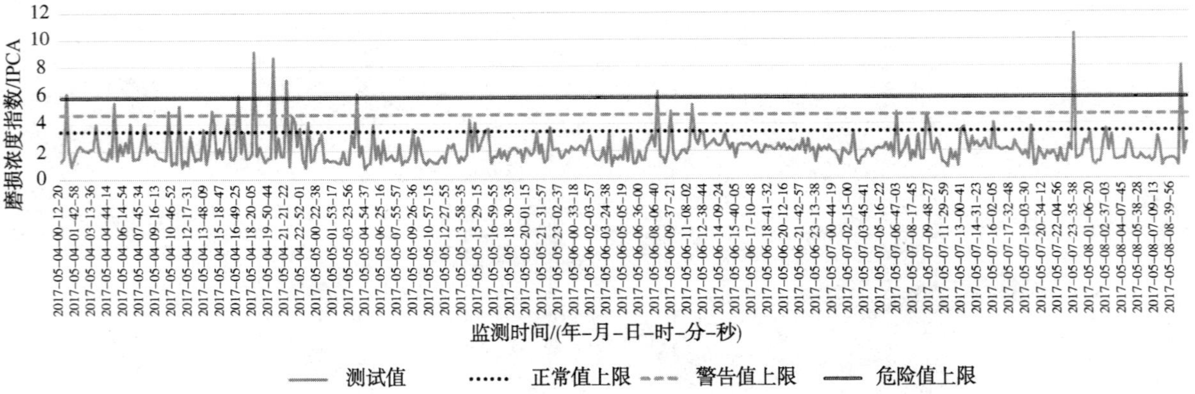

图 8　磨损实时监测模块界限值预警趋势展示

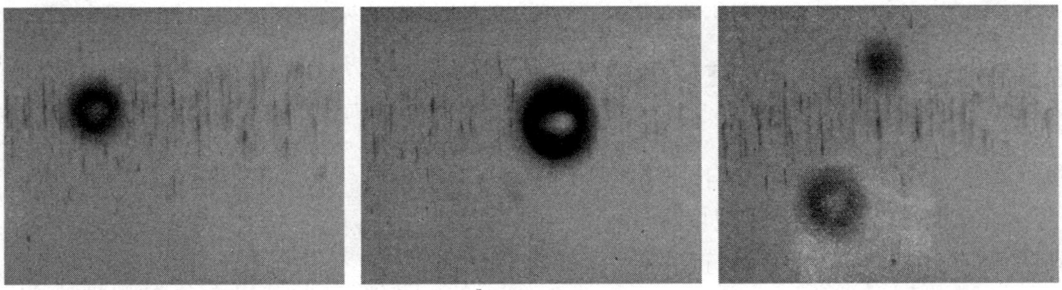

2017-05-06-2-55　　2017-05-07-11-11　　2017-05-07-12-52

图 9　磨损实时监测模块在线采集的磨粒图像

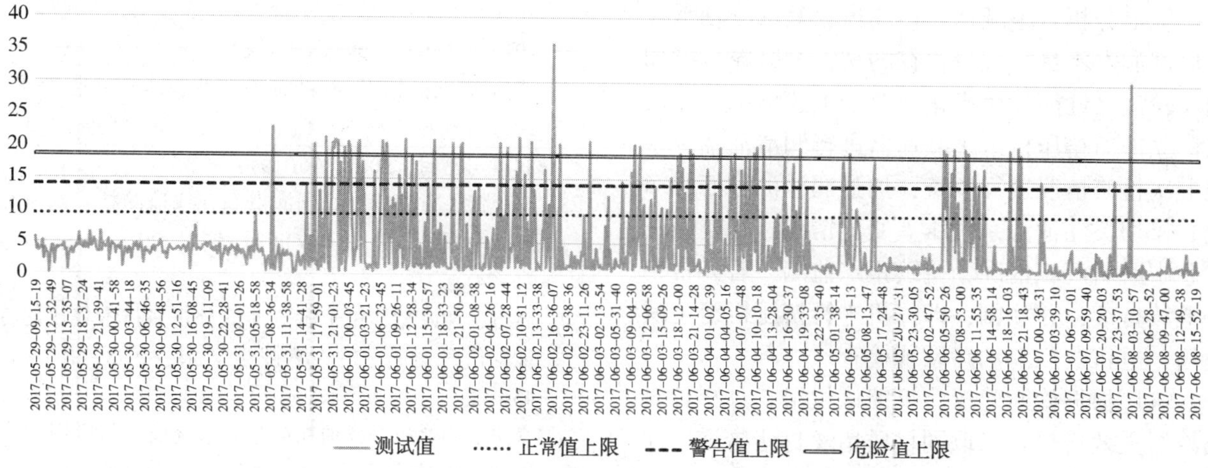

图 10　磨损实时监测模块在线采集的磨粒图像

自 2017 年 5 月 25 日 0：14～6 月 8 日 16：37 远程实时监测系统智能巡检界面持续监测发现，磨损颗粒浓度指数监测指标在 5 月 31 日 9：06 开始出现再次异常波动，达到 23.04。此后自 5 月 31 日 15：57 起磨损颗粒浓度指数(IPCA)即开始剧烈波动，磨粒浓度指数波动最剧烈的时间点为 6 月 2 日 16：51，磨损颗粒浓度指数达到最大值 35.91。如下图 11 所示。根据同一时间点采集的磨粒信息确认，异常波动的主要原因是由于润滑油中大量铁磁性或顺磁性磨损颗粒局部聚集所致。如图 12 所示。为进一步确认异常原因，于 6 月 1 日进行磨损及润滑离线监测分析与诊断。分析结果表明，磨粒定量分析：DL(大颗粒密度)109.2、DS(小颗粒密度)30.1、IS(磨损严重度指数)11018.63。与历史监测数据对比，指标异常增大；磨粒定性分析：34-A-4001 主减速器润滑油中异常磨损颗粒主要是疲劳磨粒(最大尺寸 110μm)、严重滑动磨粒、切削磨粒、红色氧化物及摩擦聚合物。其中，红色氧化物锈蚀磨粒对比 5 月 8 日分析结果明显增多，同时存在中量的切削磨粒(三体磨损属性明显)。通过氧化锈蚀磨粒形貌特征分析，可能来源于外界污染物。

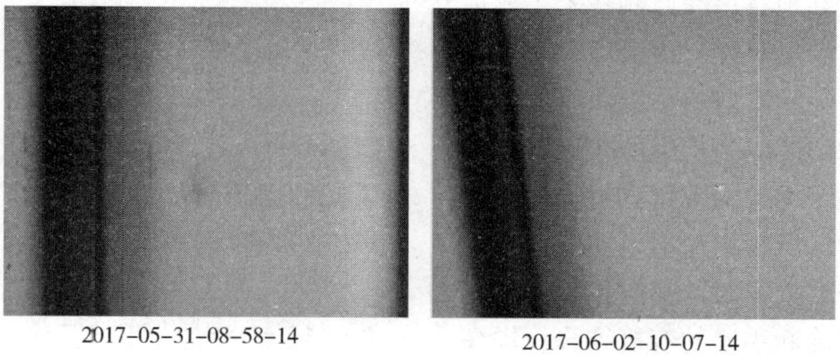

图 11　磨损实时监测模块在线采集的磨粒图像

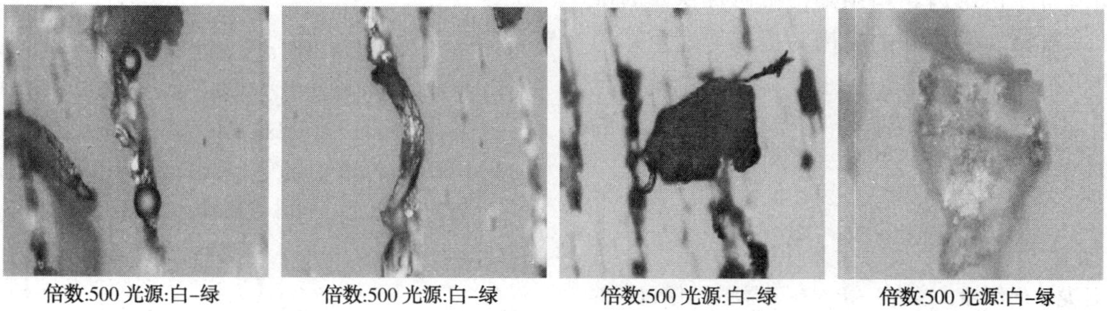

图 12　磨粒定性分析典型异常磨粒形貌

综上分析：主减速器传动齿轮及部分轴承存在局部润滑不良，大量存在的锈蚀物磨粒可能加剧齿轮油品性能发生劣化。鉴于上述情况，建议该厂立即对挤压机组主减速器进行润滑油油冷系统上次检修情况进行调查，加强润滑油过滤与净化并密切关注油滤系统压差变化情况，定期检查滤芯中磨屑沉积情况，持续跟踪监测，若异常趋势继续持续，并加剧，即停机进行挤压机组主减速箱、电机及润滑油路系统检查。

该厂根据诊断建议，反馈该机组 5 月 9 日对油冷器失效换热管采取同材质堵丝封堵措施。同时在系统换油后，进行油品理化测试发现水含量在5 月 10 日～11 日最高达到400ug/g。水含量超标，且不稳定波动。随后装置投用油品自动净化除水装置 5 小时后，水含量为痕迹。恢复正常。上述情况与离线与在线测试结果基本一致。目前，机组运行稳定。

4　结论

低速重载设备齿轮箱磨损实时监测系统在挤压机组的应用，通过设备关键摩擦副磨损颗粒浓度指数（IPCA）、铁磁性磨损颗粒形态、粘度、水分以及润滑油温度等磨损监测信息的实时自动采集与智能分析，及时设备磨损状态的趋势变化情况，随时掌握设备运转过程中润滑油磨粒浓度的变化趋势情况，弥补现有离线监测技术需要现场采样、时效性不足等局限性，极大地提高了工作效率，实现了设备关键摩擦副磨损状态的远程监测与预警。该技术的应用为机组的状态维护和故障诊断提供更加充足可靠的数据支持，使得磨损实时监测系统成为挤压机组磨损及润滑状态监测的重要组成部分。磨损实时监测的预警功能与离线磨损及润滑精密诊断手段的有机结合，提高了设备故障诊断的预知性和精准性，为低速重载边界润滑挤压机组齿轮箱预知性维修提供及时准确的技术支持。该技术的应用为提高低速重载边界润滑机组的磨损状态预控水平，建立系统、全面的设备状态监测与评价平台奠定了较好的基础。

参 考 文 献

[1] 郝延龙，何红坤，常青，等．基于显微图像识别的在线润滑油中磨粒分析方法[J]．润滑与密封，2016，41(05)：59-64.

[2] 严新平，张月雷．在线油液监测技术现状与展望-2011 年全国在线油液监测技术专题研讨会简述[J]．润滑与密封，2011，36(10)：1-3.

[3] 李建武，方建华．我国润滑油在线监测技术的研究现状及展望[J]．合成润滑材料，2016，43(03)：21-24.

[4] 赵方，谢友柏，柏子游．油液分析多技术集成的特征与信息融合[J]．摩擦学学报，1998，18(1)：45～52.

[5] 李进．内燃机润滑油在线监测系统设计与应用[J]．徐州工程学院学报(自然科学版)，2018，33(02)：89-92.

[6] 孙衍山，邓可．液压油在线污染度连续监测传感器研究[J]．润滑与密封，2015，40(3)：73-78.

[7] 高广清，赵晓林．主机润滑油油质在线监测技术的研究[J]．电力安全技术，2017，19(5)：41-44

[8] 武通海，邱辉鹏，吴教义，等．图像可视在线铁谱传感器的图像数字化处理技术[J]．机械工程学报，2008，44(9)：83-87.

[9] 李绍成．基于静电感应和显微图像的油液磨粒监测技术研究[D]．南京：南京航空航天大学，2009.

[10] 王爱民，沈兰荪．图像分割研究综述[J]．测控技术，2000，19(5)：1-5.

[11] 师杭军，刘玉斌，许留存，蔡晓光．Weibull 分布在基于磨屑群理论的铁谱技术中的应用[J]．润滑与密封，2001(5)：51-53.

[12] PengZ，Kessissoglou N. An integrated approach to fault diagnosis ofmachinery usingweardebris and vibration analysis[J]. Wear，2003，255(8)：1221-1232.

[13] 刘敬智，宋鹏，白恺，等．风力发电机组故障预测技术研究[J]．华北电力技术，2016(12)：49-54.

[14] 何毅斌，徐建生，顾卡丽，赵源，陈定方．BP 网络在摩擦学系统建模和预测应用中的研究．润滑与密封，2002(5)：26-28.

[15] 宁啸．在线润滑油液金属颗粒传感器技术研究[D]．广州：华南理工大学，2012.

[16] 杨其明．磨粒分析-磨粒图谱与铁谱技术[M]．北京：中国铁道出版社，2002 年：131-135.

[17] 李柱国．机械润滑与诊断[M]．北京：化学工业出版社，2005 年：128-141.

[18] 闫辉，贺石中，毛宁．油液监测界限值传统计算方法的改进[J]．润滑与密封，2005(4)：81-83.

石化转动设备磨损状态智能识别与评价技术应用研究

陈　峰[1]　张西宁[2]　陆　军[1]　彭　健[1]

（1. 中国石油独山子石化公司；2. 西安交通大学机械工程学院）

摘　要　本文提出的磨损状态信息获取方法主要是基于差商自适应磨粒图像二值化处理，基于神经网络对多维特征数据进行信息与特征融合，基本实现了磨损故障诊断的智能化。通过磨损智能分析与评价技术对石化大机组的状态监测与评价结果表明，磨损智能分析与评价技术能够准确反映设备磨损及润滑状态的劣化趋势，对机组的油品在线置换升级、机组运行工况调整、油品净化等主动性维护提供了及时准确的技术支持。保障了设备的长周期安全稳定运行。

关键词　磨粒智能识别，磨损智能评价，漆膜，油品净化，运行维护

1　石化转动设备磨损智能分析与评价技术简介

石化转动设备磨损智能分析与评价核心技术针对石化转动设备磨损故障诊断自动化及智能化程度不高的问题，提出的基于油液数据挖掘的磨损故障诊断知识获取方法。主要包括基于差商的自适应磨粒图像的二值化处理，基于BP神经网络的磨粒类型自动识别技术及对原始多维特征数据进行特征融合与规则提取，基于HSV与RGB颜色空间坐标转化灰度化、线性与低通滤波消噪、图像跌代分割、形态学运算等磨粒图像预处理集成技术，基于范例推理的磨粒类型材质交互识别技术、融合主成分分析和灰色关联分析的磨损状态辨识与评价技术等技术。重点从磨粒图像预处理、磨粒形状特征参数、磨粒纹理特征参数、磨粒表面颜色特征参数、磨粒沉积性态等五个维度，对粘着磨损、磨料磨损、疲劳磨损、腐蚀磨损、添加剂及外界污染磨损、润滑变质物及摩擦聚合物磨损等共计8类磨损属性，以及正常滑动磨粒、严重滑动磨粒、切削磨粒、疲劳磨粒、黏着磨粒、氧化物磨粒、腐蚀磨粒、二硫化钼等添加剂颗粒、粉尘与纤维物磨粒、硬胶质物磨粒、软胶质物磨粒以及摩擦聚合物等共计20种磨粒类型及对应80余种磨粒材质成分进行特征提取与识别，从而实现了对监测对象磨损状态准确与快速的甄别与评价。

石化转动设备磨损智能分析与评价系统主要由基于BP神经网络技术的常见磨粒类型自动识别子系统、基于范例模糊推理与灰色关联分析技术的磨粒类型、磨损属性、磨损程度的人机交互识别与评价子系统以及基于特征层信息融合技术的磨损特征识别与评价的子系统三部分组成。功能系统包括信息采集、信息前处理、信息特征提取与识别、信息融合特征融合与综合解读、信息数据库管理等五个功能模块。

石化重点设备磨损颗粒智能识别与评价软件系统结构框架图及流程图如图1～2所示，登录界面如图3～4所示。磨粒自动识别模块与人机交互磨粒属性、材质及类型识别模块如图5～8所示。

2　设备磨损智能分析与评价技术在乙烯压缩机运维中的应用

2.1　机组情况概述

某乙烯制冷压缩机系日本三菱重工广岛机械厂设计制造。机组为单缸三段离心式压缩机，最高转速为11344RPM，功率2228KW，工艺介质为乙烯气。压缩机通过蒸汽透平驱动。机组自2015年6月检修运行后，压缩机驱动端、汽轮机自由端轴承温度多次触发联锁停机，严重影响了机组的安稳、长周期运行。

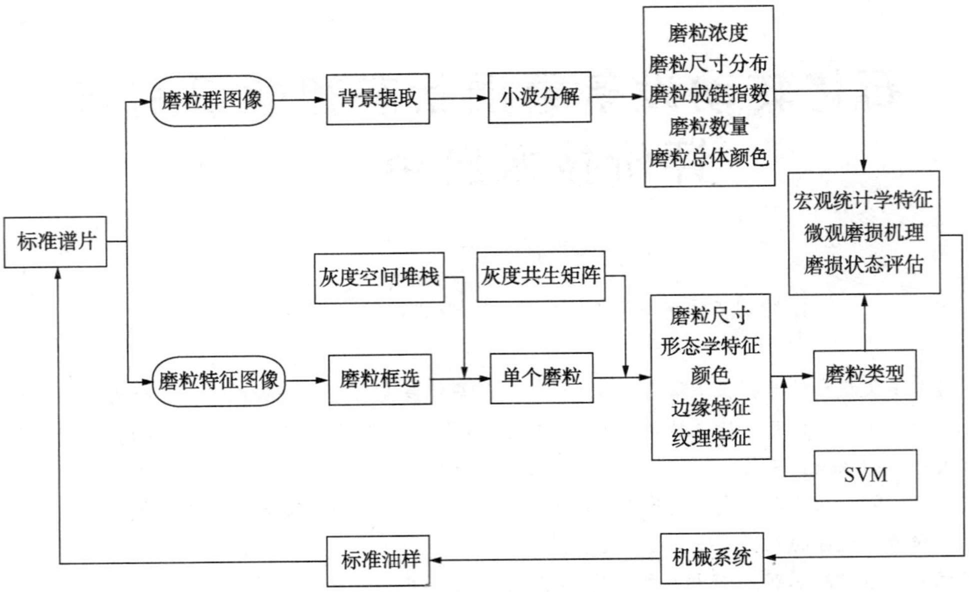

图 1　系统整体框架图

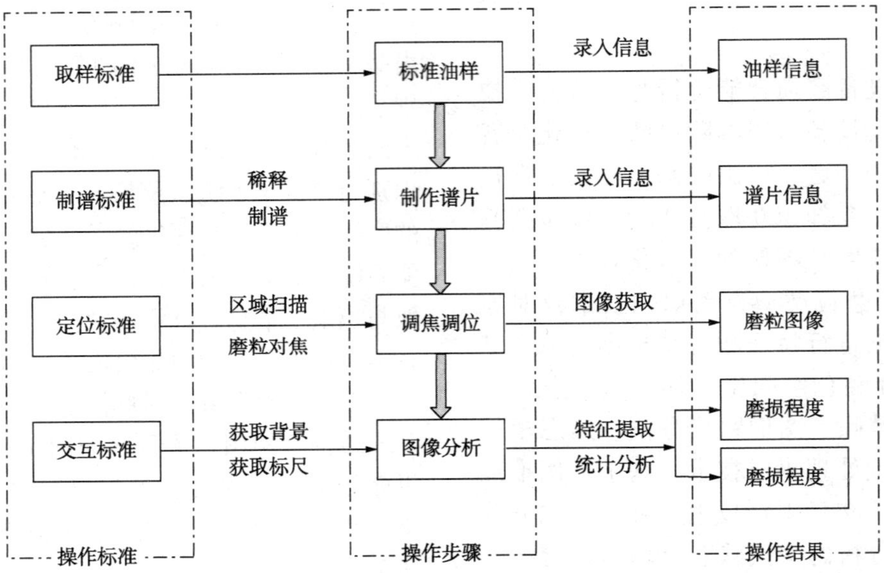

图 2　谱图获取标准化设计流程

图 3　软件系统登录界面

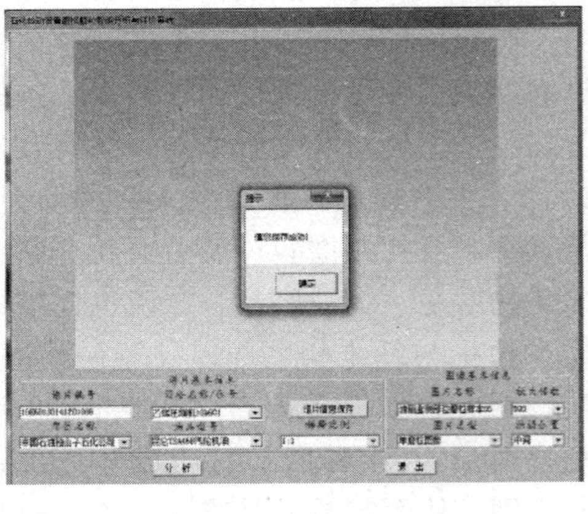

图 4　机组信息录入界面

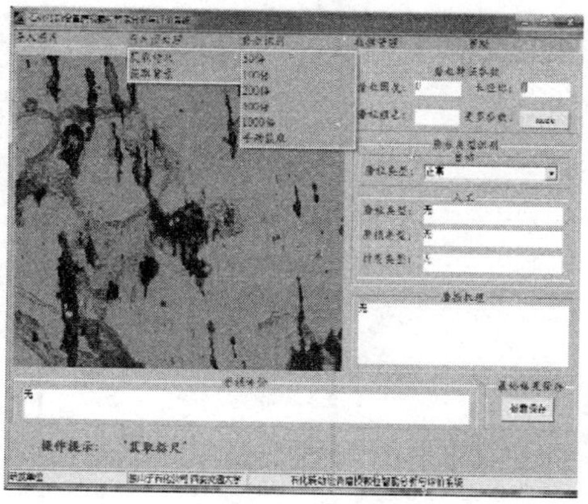

图 5　磨粒图像前处理界面

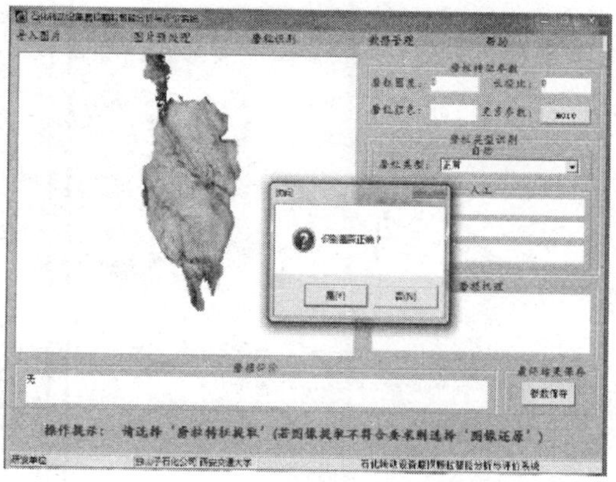

图 6　单特征磨粒自动捕捉界面

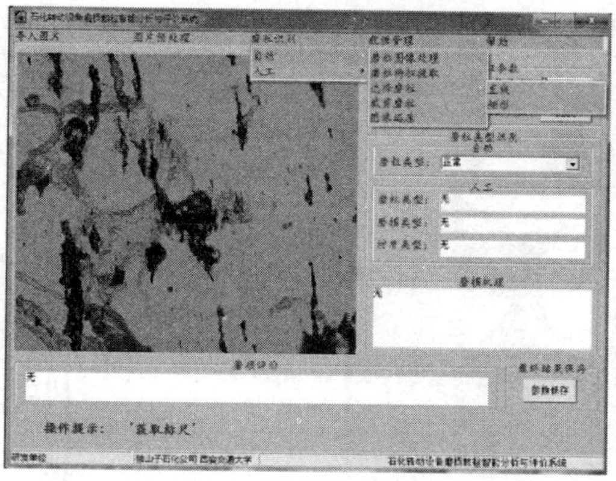

图 7　磨粒群特征磨粒捕捉界面

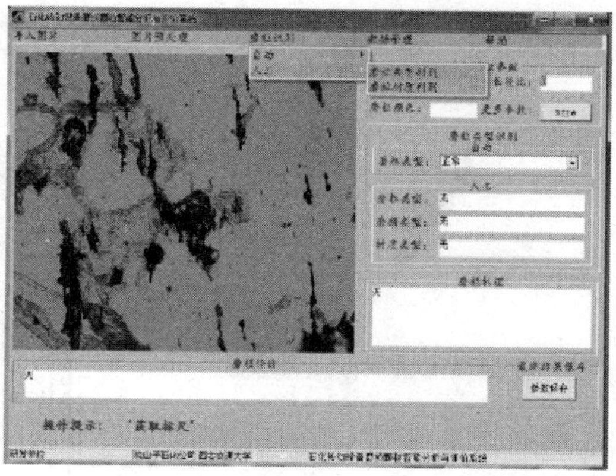

图 8　磨粒材质、属性交互分析界面

2.2　石化转动设备磨损智能分析与评价系统在机组检修前磨损状态分析与评价中的应用

该机组在 2015 年大修前，机组监测部位为油箱。限于篇幅，仅举几个典型磨粒谱图通过系统进行识别与评价展示。部分典型磨粒类型、材质及磨损类型特征融合智能识别与评价如下图 9~22 所示。轴承轴瓦摩擦面漆膜现象严重，存在比较严重的磨粒磨损、黏着磨损、疲劳磨损。机组润滑油抗氧化性能劣化、润滑油中金属与非金属污染严重、部分轴瓦因为漆膜以及污染物引起的润滑不良已经导致轴承轴瓦的巴氏合金层局部脱落或剥离。机组 4 月停机检修发现部分轴承摩擦面(轴瓦)有局部合金层剥落，主推力瓦有大量过热漆膜附着。检修期间，机组更换各瓦，更换汽轮机转子。在压缩机非联轴端回油线、联轴端回油线及汽轮机非联轴端各增加一处监测点。

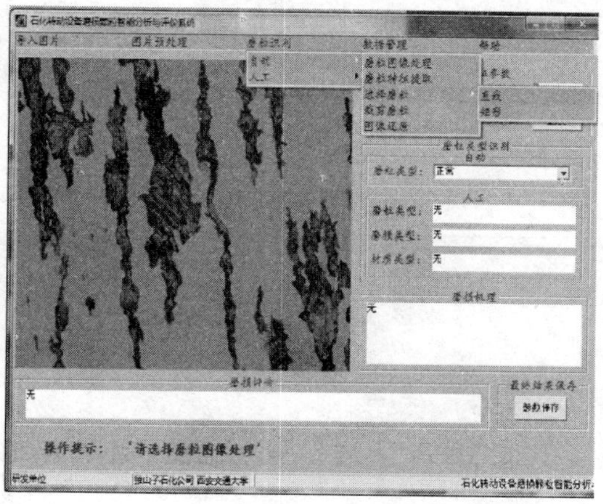

图 9　磨粒群中典型磨粒特征的提取

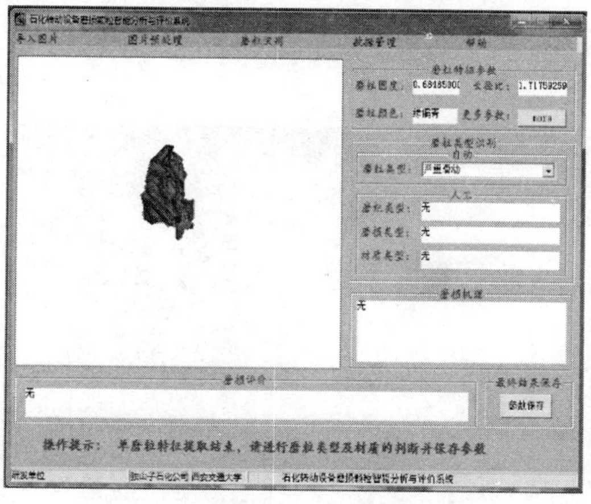

图 10　严重滑动类型磨粒的自动识别

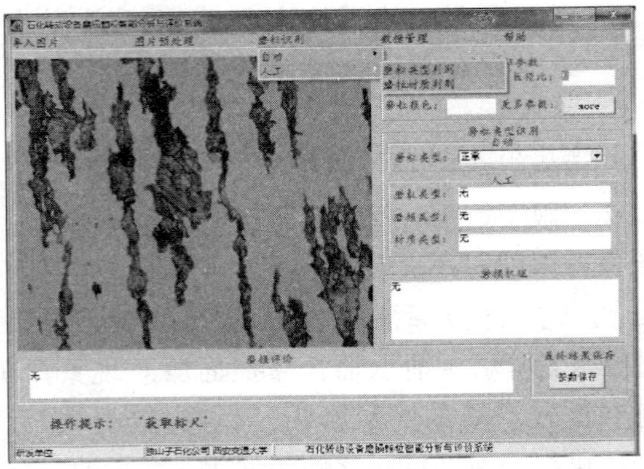

图 11　严重滑动类型磨粒的交互识别界面

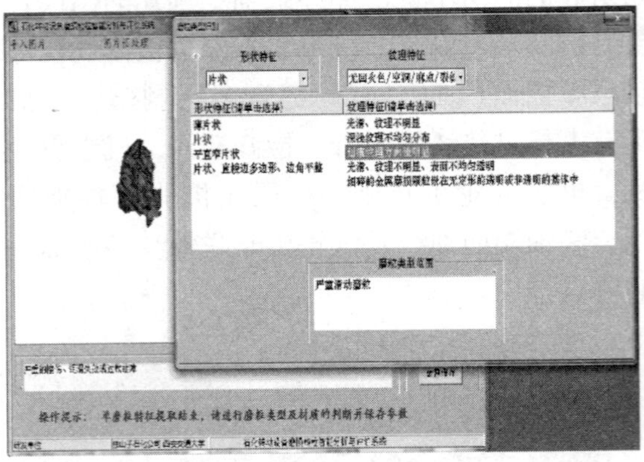

图 12　严重滑动类型磨粒的交互智能识别

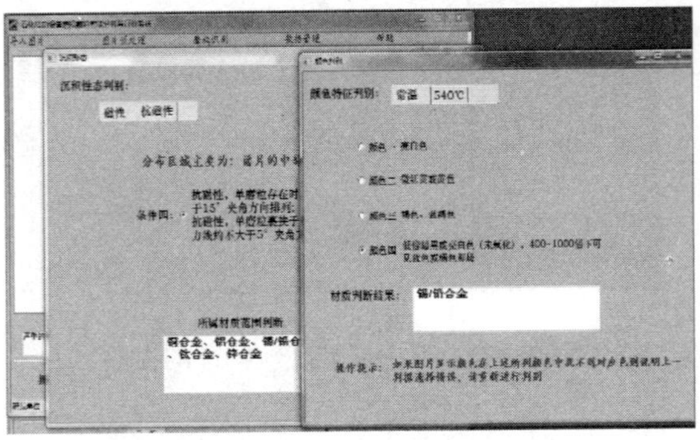

图 13　严重滑动类型磨粒材质的交互智能识别

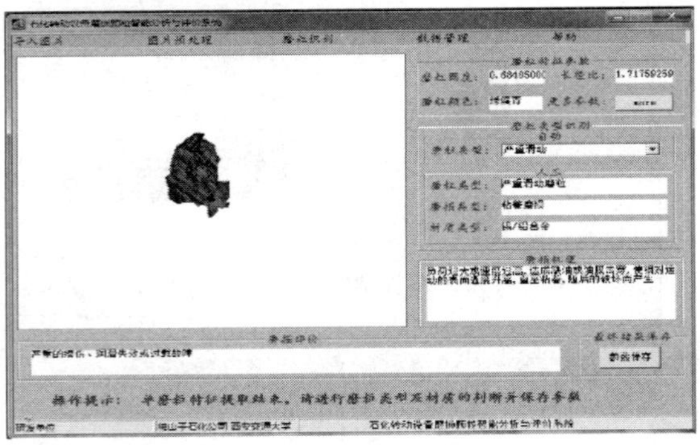

图 14　严重滑动磨损类型的特征融合与评价

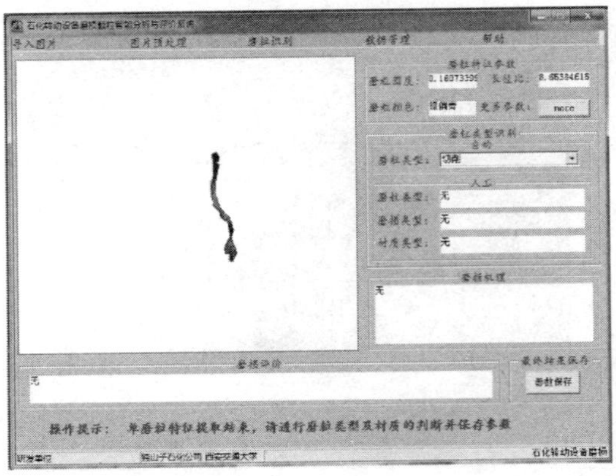

图 15　二体磨粒磨损类型切削磨粒的自动识别

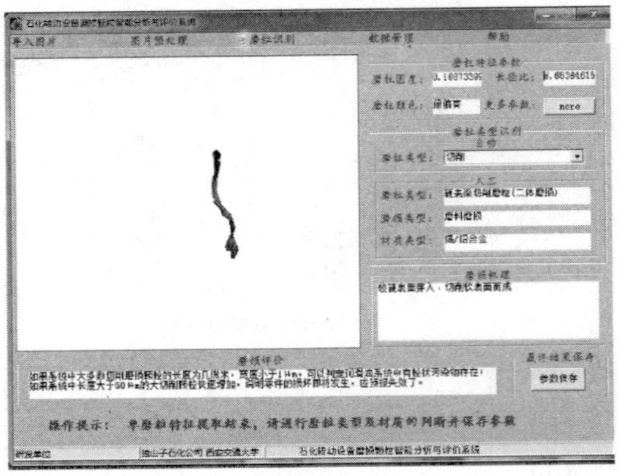

图 16　二体磨粒磨损类型的特征融合与评价

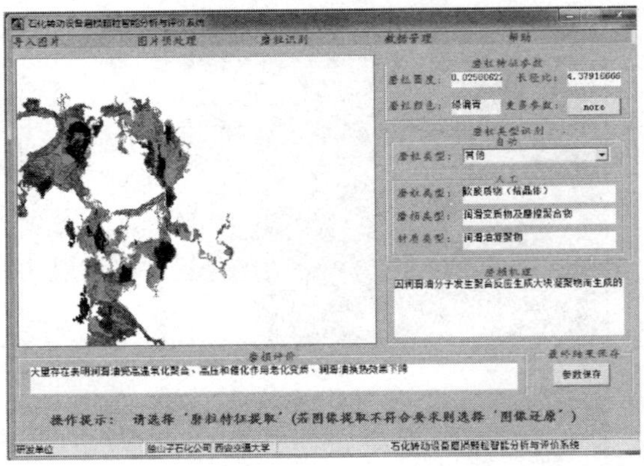

图 17　软胶质物磨损类型特征融合与评价

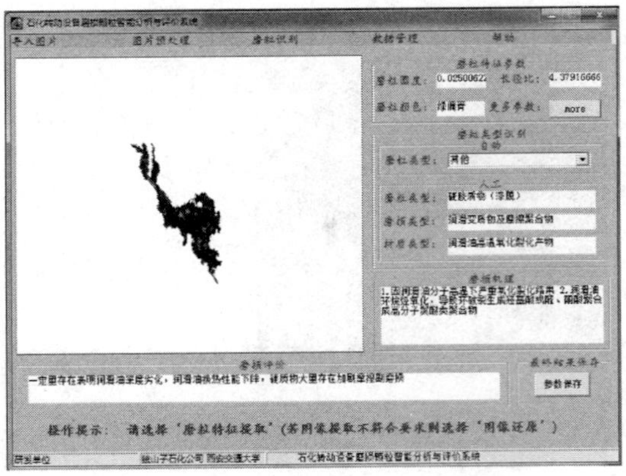

图 18　硬胶质物磨粒(漆膜)磨损类型特征融合与评价

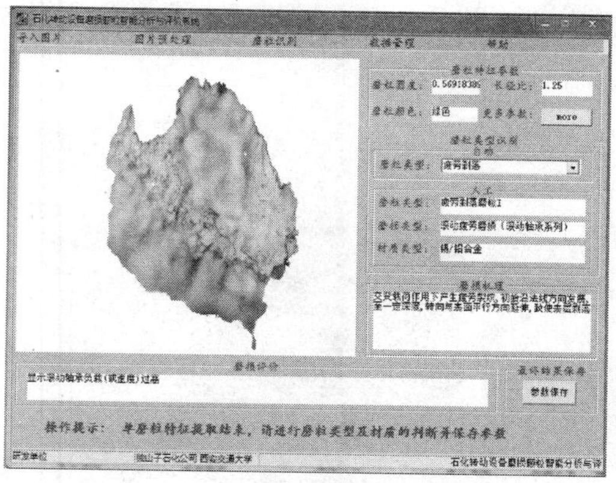

图 19　疲劳磨损类型的特征融合与评价

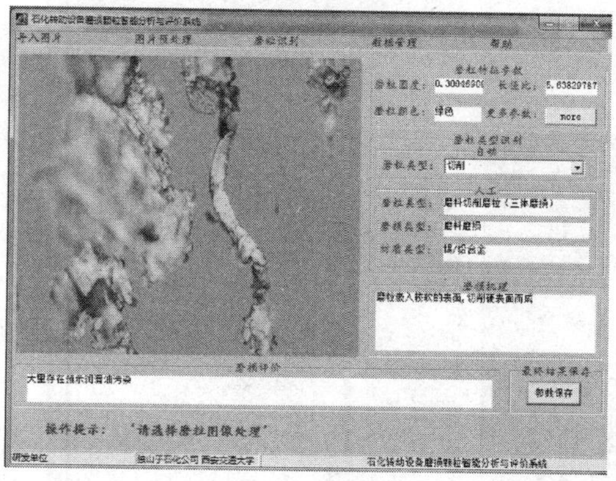

图 20　三体磨粒磨损类型的特征融合与评价

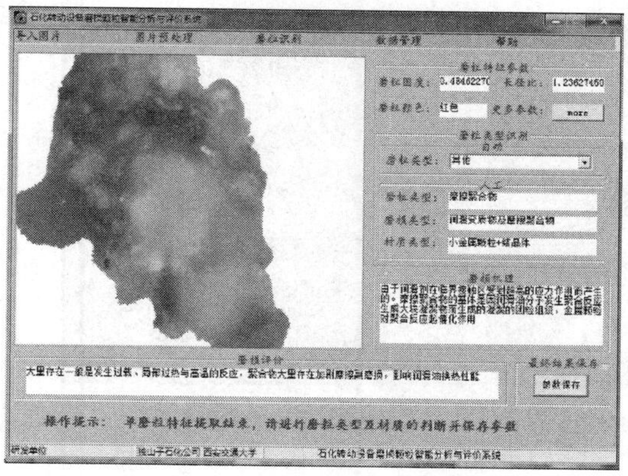

图 21　摩擦聚合物磨粒及磨损的特征融合与评价

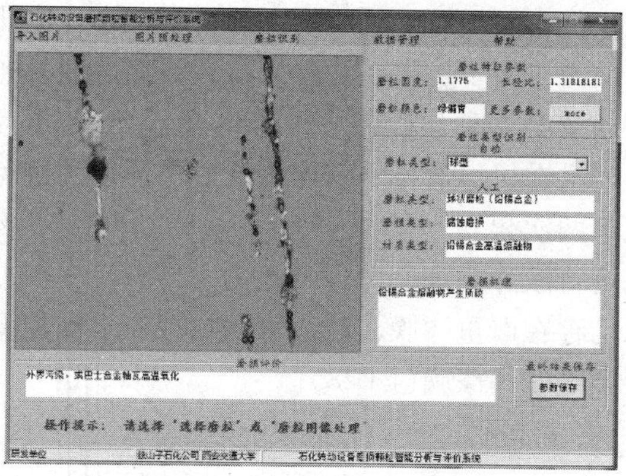

图 22　腐蚀磨损(合金球粒)特征融合与评价

2.3　机组在线置换国内某品牌 KTL46 汽轮机油磨损状态分析与评价

机组大修后运行至 2016 年 3 月，机组压缩机联轴端、汽轮机非联轴端等关键摩擦副磨损情况未得到根本改善，磨损情况依然比较严重。实施油品提质升级及进行润滑油在线置换工作。机组 2016 年 3 月至 7 月期间的典型磨粒形貌如图 23所示。设备磨损类型融合分析与评价过程及方法同图 7~22，限于篇幅，具体的分析过程及步骤此略。

2016 年 3 月至 8 月期间磨损情况存在以下明显特征：机组各监测点润滑油氧化降解物磨粒(条状非金属结晶体、摩擦聚合物)含量明显增加。从形成漆膜的形态及成熟度来说，压缩机联轴端情况最为严重，汽轮机非联轴端次之。同时，在压缩机联轴端、汽轮机非联轴端监测点发现一定含量的金属磨粒，其中压缩机联轴端异常磨损颗粒以严重滑动、疲劳磨损为主。汽轮机非联轴端异常金属磨损以疲劳磨损为主。各监测部位异常磨损均来自巴士合金轴瓦。汽轮机非联轴端轴瓦温度从 112℃上升至 118℃，压缩机联轴端轴瓦温度从 105℃升至 115℃，机组各监测点分数频振动能量活跃。综合上述信息，确认机组润滑状态急剧恶化，压缩机及汽轮机轴瓦局部存在严重润滑不良。在机组不具备停机情况下，实施 MobilDTE846 油品在线置换，确保机组安全运行。

2.4　机组在线置换美孚 DTE846 汽轮机油运行的磨损分析与评价

2016 年 10 月 14 日至 11 月 9 日，完成 DTE846 润滑油品在线置换工作，并在 12 月 9 日某国 ESP 油品净化装置投入使用。从 2017 年 2 月~3 月汽轮机非联轴端轴瓦温度出现三次较大幅度温度波动。通过“石化转动设备磨损智能分析与评价系统”辅助分析，及时捕捉到 ESP 油品净化技术对机组润滑油系统中软性污染物(漆膜)析融及清除的三个阶段，即 2016 年 11 月 10 日前，各监测部位润滑油氧化降解物磨粒浓度较低，2017 年 1 月至 4 月，各监测部位析融出大量润滑油氧化降解物磨粒，2017 年 4 月后润滑油氧化降解物磨粒浓度再次降低，但同时，金属锈蚀磨粒及汽轮机非联轴端、压缩机联轴端巴氏合金磨粒疲劳及严重滑动磨粒浓度有所增加。根据高频次的磨损定性分析，分别于 2 月 7 日及 3

月8日及时发现并预警油箱、压缩机联轴端及汽轮机非联轴端三个监测部位润滑油氧化降解物磨粒的异常变化情况，结合轴温波动变化情况，分别提出置换部分油品、降转速或稳工况操作的建议，确保机组平稳运行。

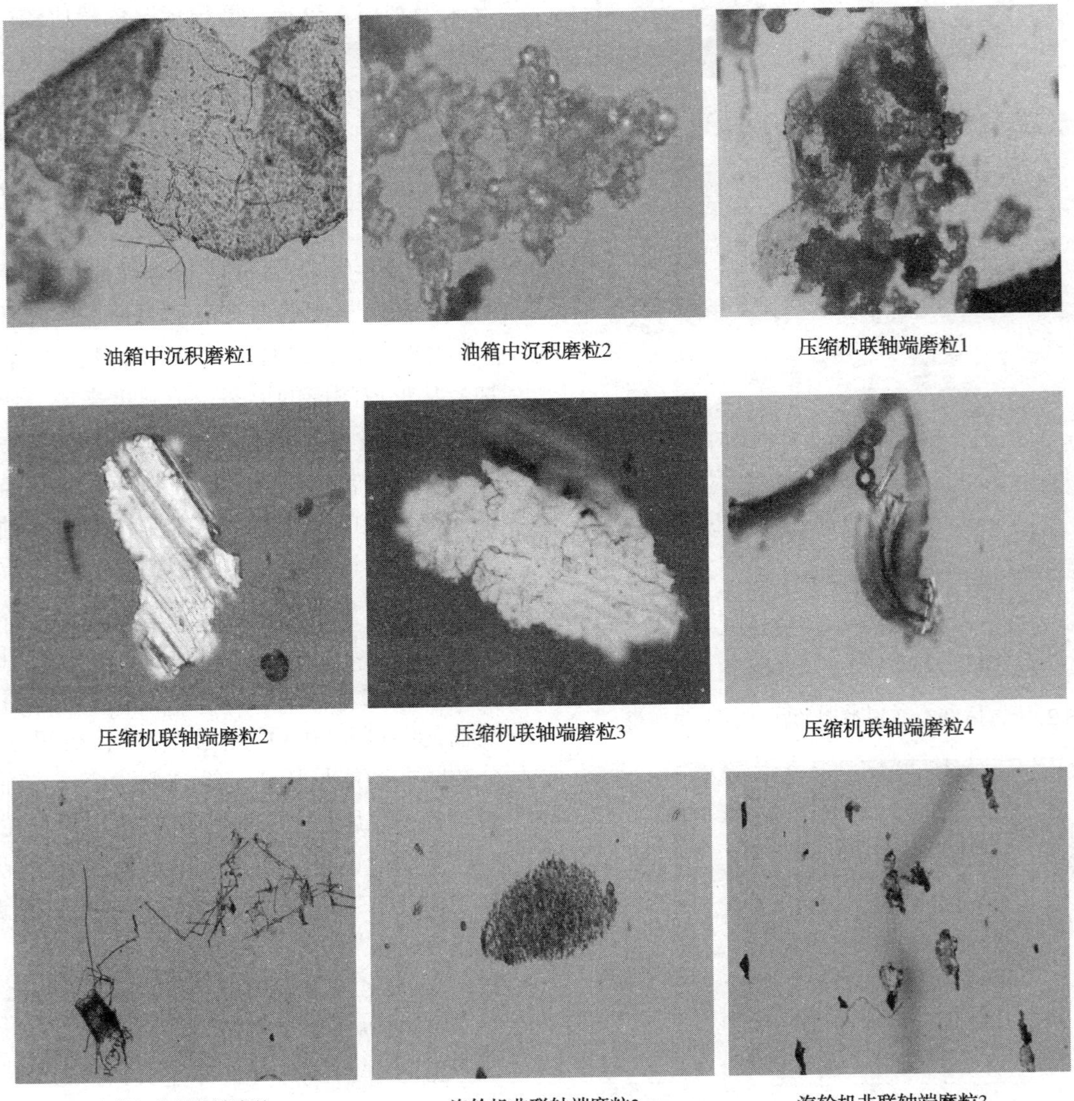

图23　机组磨粒形貌倍数：500 光源：白-绿

2017年5月以后机组升速至11344rpm机组设计转速，主推力轴承轴瓦温依然小幅波动，但基本稳定在101/99℃。其后至2019年7月装置大修前机组运行状态趋于稳定。期间磨粒典型形貌如图24所示。压缩机组各监测部位磨损定量监测趋势如图25~27所示。

3　效果及验证

乙烯制冷压缩机组自2016年1月正式实施石化设备磨损智能分析与评价技术至今，成功实施两次机组不停机在线置换与升级润滑油。通过振动及磨损联合监测，自2016年至2018年，先后四次在机组运行异常停机前成功预警，避免了机组两次停机。2019年装置大修期间，对该机组进行故障验证。发现汽轮机、压缩机主推力轴承均存在严重漆膜，径向轴承均存在不同程度的轻微碰摩和漆膜(图28)。

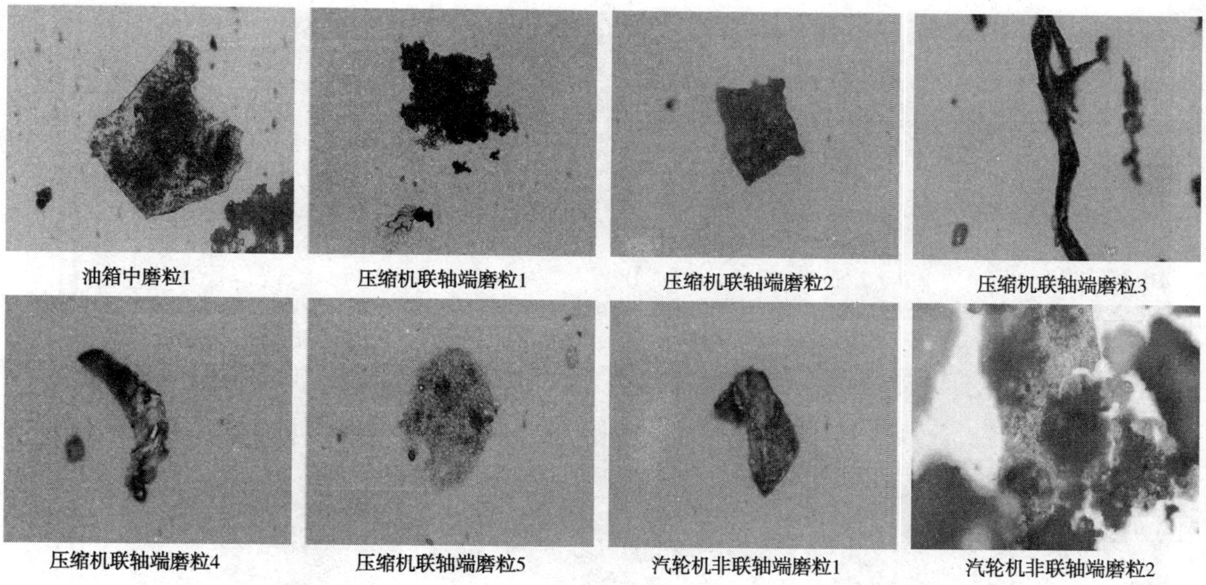

图 24　机组磨粒形貌倍数：500 光源：白-绿(2016 年 11 月 9 日至 2017 年 9 月 30 前)

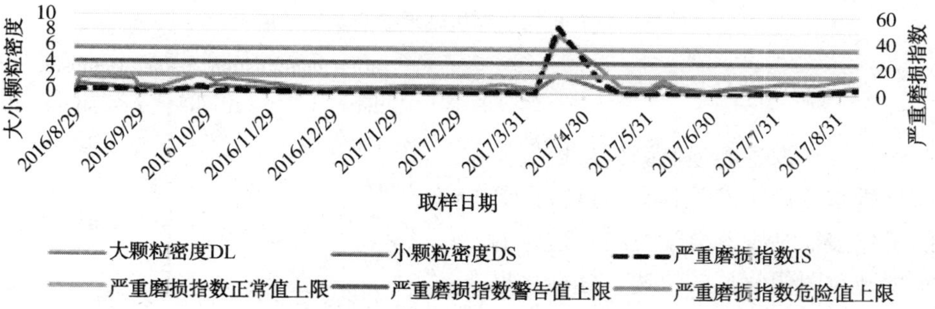

图 25　汽轮机非联轴端磨粒磨损趋势变化

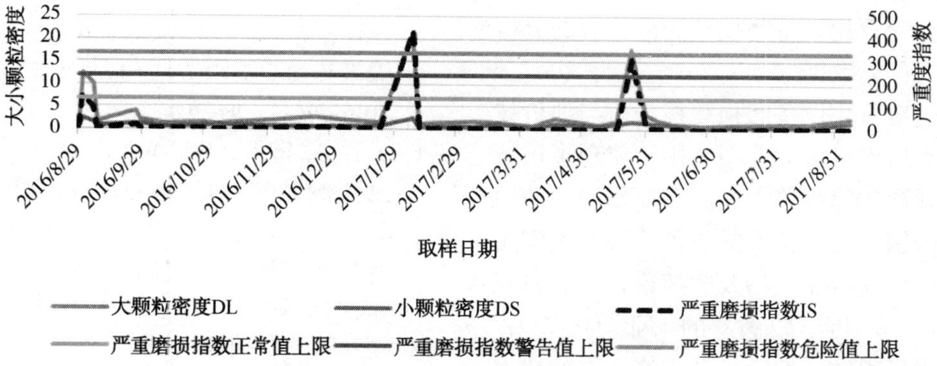

图 26　压缩机联轴端磨粒磨损趋势变化

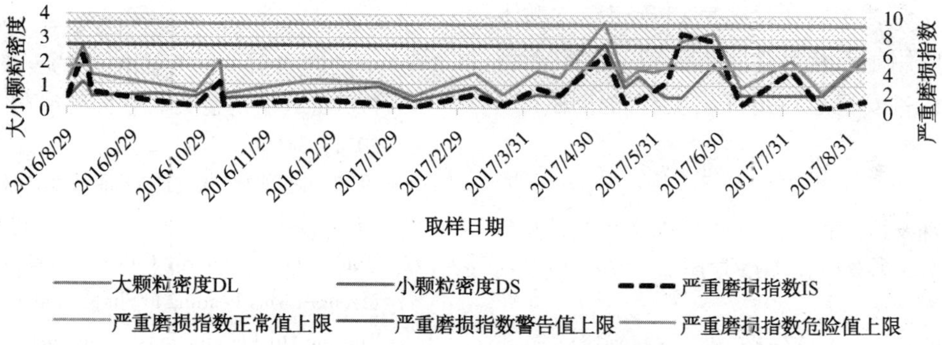

图 27　机组油箱磨粒磨损趋势变化

图 28　汽轮机与压缩机轴承漆膜及碰摩形貌

4　结论

（1）基于石化转动设备磨损监测信息挖掘技术的磨损智能分析与评价技术，具有通过特征参数实现磨粒的量化表征、机器自学习与自适应的典型特点，实现磨粒图像信息的快速、标准化提取、并通过诊断规则积累和演化形成具有知识学习和推演功能，初步实现了磨损及润滑状态自动评估与预测，为石化设备磨损及润滑状态的分析和判断提供了可靠数据。

（2）通过对石化设备磨损智能分析与评价技术在乙烯制冷压缩机组的典型应用，体现了该技术在润滑管理和故障预警方面的重要作用。磨损类型及磨粒识别与评价技术的先进性及工程实用性，尤其是对于润滑变质物及摩擦聚合物磨粒识别与评价方面，取得了较满意的工业应用效果。同时，在对该机组预知性维护及维修良好的技术尝试以及全方位的运维支持实践的基础上，进一步集成优化、完善了石化设备磨损及润滑监测体系并将推广应用于石化其他重点设备。此举必将对石化转动设备安稳运行发挥出应有的作用。

参　考　文　献

[1] 严新平，谢友柏，萧汉梁．摩擦学故障种类诊断的 D-S 信息融合研究[J]. 摩擦学学报，1999，19(2)：145-150.

[2] MOOSAVIAN A，KHAZAEE M，NAJAFI G. Spark plug fault rec-ognition based on sensor fusion and classifier combination using Dempster - Shafer evidence theory [J]. Applied Acoustics，2015，93 (2)：120-129.

[3] 赵广社，张希仁．基于主成分分析的支持向量机分类方法研究[J]. 计算机工程与应用，2004，40(3)：37-38.

[4] 陈果，宋兰琪，陈立波．基于神经网络规则提取的航空发动机磨损故障诊断知识获取[J]. 航空动力学报，2008，23(12)：2170-2176.

[5] 余鹰，苗夺谦，赵才荣等．基于粗糙集的多标记决策系统知识获取方法[J]. 计算机科学与探索，2015，9(1)：94-104.

[6] 葛科宇，陈果．基于 Weka 平台知识获取的航空发动机磨损故障诊断专家系统[J]. 机械科学与技术，2011，30(11)：1955-1959.

[7] 杨其明．磨粒分析-磨粒图谱与铁谱技术[M]. 北京：中国铁道出版社，2002 年：131-135.

[8] 李柱国．机械润滑与诊断[M]. 北京：化学工业出版社，2005 年：128-141.

[9] 杨其明，严新平，贺石中．油液监测分析现场实用技术[M]. 北京：机械工业出版社，2006.

[10] 何照荣，孙志伟，宣征南，李凯．重载齿轮系统油液分析数据灰色关联分析研究[J]. 机械传动，2014，38(06)：19-22.

[11] 冯伟，陈闽杰，贺石中．油液在线监测传感器技术[J]. 润滑与密封，2012，37(1)：99-104

[12] Jim C Fitch，Sabrin Gebarin. Review of Degradation Mecha-nisms Leading to Sludge and Varnish in Modern Turbine Oil Formulations[J] Journal of ASTM International，2006，3(8)：54-63.

[13] 高广清，赵晓林．主机润滑油油质在线监测技术的研究[J]．电力安全技术，2017，19(5)：41-44
[14] 张楚，杨建刚，刘石，等．漆膜影响下滑动轴承性能分析[J]．润滑与密封，2017，42(07)：125-130.
[15] 林瑞玲，庞晋山，丘晖饶．润滑油漆膜倾向指数测试及应用研究[J]．润滑油，2017，32(02)：50-54.
[16] 闫辉，贺石中，毛宁．油液监测界限值传统计算方法的改进[J]．润滑与密封，2005(4)：81~83.
[17] 张涛，王东锋．航空发动机润滑油视情更换检测技术研究[J]．新技术新工艺，2018(11)：62-64.
[18] 陈彬，刘阁．油液监测技术的实验研究[J]．应用化工，2014，43(1)：181-183
[19] 徐敏．合成航空润滑油用极压抗磨剂在磨损条件下的铁谱特征[J]．石油炼制与化工，1999，30(3)：49-51.
[20] 徐贞．基于铁谱分析技术的纳米 Cu 添加剂减磨机理研究[J]．价值工程，2016(23)：196-198.

永磁屏蔽泵在乙烯装置低温、轻介质、零泄漏工况的应用

周　尖　曹永建　蒋鹏飞　谷　阳　古红星

（中国石油独山子石化公司）

摘　要　低温甲烷泵是乙烯生产装置深冷分离技术中的关键设备。原工艺技术专利商针对该泵输送的介质具有介质轻、温度低、易燃易爆等工艺特性，选择了以甲醇为密封介质带压密封罐结构的密封形式。运行以来，该密封频繁失效，造成冷箱甲醇冻堵，乙烯损失严重，多次进行改造和试用，效果不佳。借装置升级改造时机，换型为永磁屏蔽泵，有效解决低温甲烷泵机封频繁出现泄漏的问题，实现乙烯装置深冷分离区域“乙烯零损失”的降本增效目标。

关键词　乙烯装置，甲烷泵，永磁屏蔽泵，低温，零泄漏，改造，深冷系统，脱甲烷塔

某乙烯装置采用某乙烯技术，其工作流程大致如下（图 1）：通过低温甲烷泵 10-P-4171A/S 将脱甲烷塔顶部的冷凝下来的-97℃的低温液相、易汽化、有毒害的轻组分甲烷增压至 3.51MPa（表），经过滤器过滤后输送至板翅式冷箱（10-E-4014）内继续冷却降温至-162℃，然后送至碳二吸收塔（10-C-4001）顶作为回流，洗涤塔顶碳二馏分，以稳定氢气产品的纯度、减少乙烯损失，同时维持装置深冷区的冷量平衡。该泵的密封冲洗方式为 PLAN 53C，冲洗介质为甲醇，机械密封原厂家为德国博格曼，厂家资料提供的允许泄漏率为 5ml/h。PLAN 53C 为带压密封型式，密封液甲醇压力高于介质甲烷压力，这必然会有少量甲醇泄漏并进入工艺系统。若密封液甲醇内漏进入工艺系统，会堵塞甲烷通道，导致 10-C-4001 回流量偏低。装置运行十年以后，低温甲烷泵机械密封（简称机封）频繁失效泄漏，导致带压甲醇密封罐的甲醇介质漏入到工艺系统，甲醇在低于-98℃的管路和设备中凝固，堵塞管道，增加压降，限制工艺流路的流量；其后果：一是造成了深冷区域的碳二吸收塔 10-C-4001 塔顶乙烯损失严重，当塔顶乙烯含量在 0.5~0.6%（体积比），每天损失可以在 12~16 吨乙烯产量；二是存在乙烯产品中甲醇超标的质量风险；三是甲醇经循环乙烷进入到裂解炉中，裂解气中 CO 浓度波动，给碳二加氢反应器带来操作风险。经多次改造后，甲醇泄漏仍超出原设计值 5mL/h，无法满足下游冷箱设备的安稳运行。

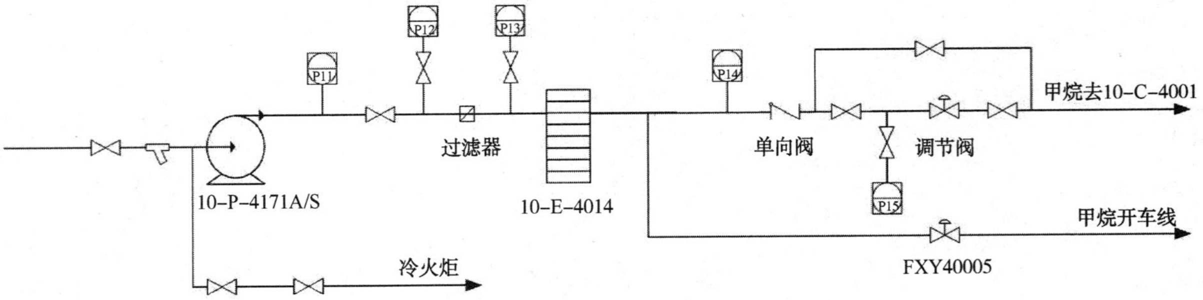

图 1　低温甲烷泵工艺流程示意

1　低温甲烷泵介绍

低温甲烷泵作为乙烯生产装置深冷分离技术中的关键设备，布置为 2 台泵，1 开 1 备。作为乙烯装置甲烷和碳二精细分离的核心设备，其运行的稳定性对降低乙烯损失、提升乙烯收率至关

重要。该泵为 SVN-V 1 x 11 型立式悬臂泵，单级闭式叶轮。设计工况为输送介质：甲烷，额定进、出压力：3.27/3.51MPa（表），介质温度：-97.16℃，流量：8~21m3.h-1，转速：2925r.min-1，止推轴承：2×7311，滑动轴承：MB5560DU，该泵配套密封为 API682 3CW-FB 带压串联面对背结构的接触湿密封，以甲醇作为密封液，冲洗方案采用 API682 Plan02+53C+61（图 2），介质侧采用耐低温的金属波纹管作为密封元件，大气侧采用浮装式 L 型静环配合动环作为密封元件。

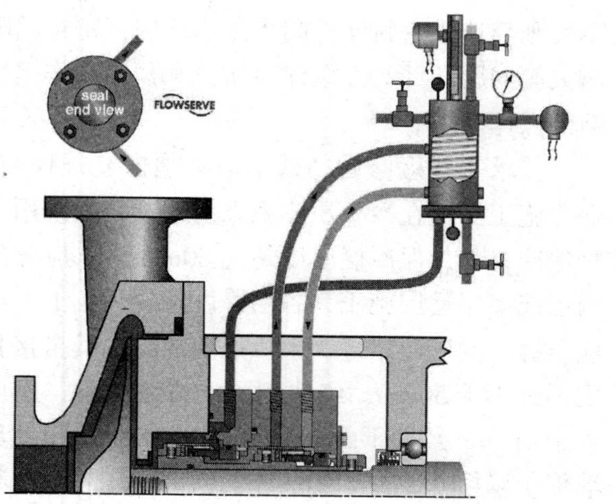

图 2 Plan53C 冲洗方案布置图

2 原因分析及改造经过

2.1 原因分析

自 2009 年开工以来，对甲烷泵检修情况进行了统计，除检修较频繁的三个阶段外，其余均为日常维护检修。较频繁的三个阶段检修情况、原因分析（表 1）如下：

2011 年 5 月至 12 月，共计检修 11 次，主要原因是原厂滑动轴承设计缺陷，抗波动能力较差，轴衬易磨损，造成泵振动高。通过改造滑动轴承为锡青铜材质，消除了滑动轴承易磨损的问题，延长了泵的运行周期。

2016 年 8 月至 2017 年 1 月，共计检修 10 次，主要原因是泵体甲醇收集腔排放检查，导致滑动轴承处润滑液膜消失，滑动轴承磨损造成泵振动高；同时机械密封动静环端面动态平衡打破，造成甲醇泄漏量增大。因此车间完善该泵的操作巡检管理要求，明确运行泵不允许排放检查甲醇腔，同时车间于 2016 年 11 月开始对甲醇密封罐进行标定，现场密封罐粘贴刻度标尺，便于计算泄漏量。

2018 年 8 月至今，共计检修 10 次，主要原因是更换后的机械密封泄漏量较大，甲醇密封液进入工艺系统，造成冷箱甲烷通道局部堵塞。

表 1 检修原因分析表

序号	阶段	次数	检修原因	备注
1	2011-05-19~2011.12.22	11	1. 原厂滑动轴承设计缺陷，振动较高后轴衬易磨损，运行状态进一步恶化； 2. 进口配件采购周期及供货周期长，无原厂配件，需进行改造滑动轴承； 3. 运行工况苛刻，改造的试用方案难以满足设备运行，验证周期较长	此阶段该泵机封泄漏量正常
2	2016.8.11~2017.1.31	10	1. 运行泵甲醇收集腔进行排放检查，导致泵体腔室压力波动，滑动轴承处润滑液膜消失，且原厂滑动轴承已磨损，导致运行状态恶化，机泵运行振动高； 2. 运行泵甲醇收集腔进行排放检查，导致机封动静环端面动态平衡被打破，造成机封泄漏量增大	运行泵排放甲醇收集腔后，机封泄漏增大，甲醇进入工艺系统后堵塞甲烷通道。泄漏至系统的少量甲醇可通过甲烷带出冷箱通道，短时间内流量由 4.5t/h 下降至 3.8t/h 逐渐又恢复至 4.5t/h
3	2018.8.3~	10	1. 原厂博格曼机封投用后泄漏量逐渐增大，导致甲醇进入工艺系统，堵塞甲烷通道； 2. 对机封进行改造，根据改造方案验证，周期较长； 3. 滚动轴承定心轴套间隙大，导致机泵振动偏高，更换新定心轴套，消除机泵振动偏高问题	由于机封泄漏突然增大，较大量甲醇进入工艺系统，出口流量逐渐由 4.5t/h 降低至 2.4t/h，切换机泵后流量逐渐恢复至 3.0t/h。由于进入冷箱的甲醇量较大，造成冷箱通道堵塞，甲醇结晶无法被带出工艺系统，导致流量长时间未恢复。对冷箱通道进行冲洗、单向阀下线后有一定效果，但是流量仍偏低在 3.4t/h 左右

2.2 滑动轴承改造

原设计叶轮侧滑动轴承采用自润滑方式，滑动轴承表面起自润滑作用的聚四氟乙烯 PTFE 涂层薄，厚度仅为 0.02～0.06mm，一旦发生磨损极易将 PTFE 润滑层磨损完毕，滑动轴承与铜粉层接触摩擦导致滑动轴承失效。查阅物料物性手册可知，在 3.51MPa(表)下，甲烷的泡点温度约-85℃。当设备运行状态不好或工艺操作波动的时候，引起设备或泵内输送介质温度升高，在该位置液态甲烷会产生汽化现象，使得滑动轴承处的润滑液膜出现液膜断层甚至干磨的恶劣工况，引起轴套磨损，振动过大(图 3)。对于立式泵而言，其机械密封的追随性较差，设备的振动加剧了动、静环分离，导致动、静环密封端面损坏。

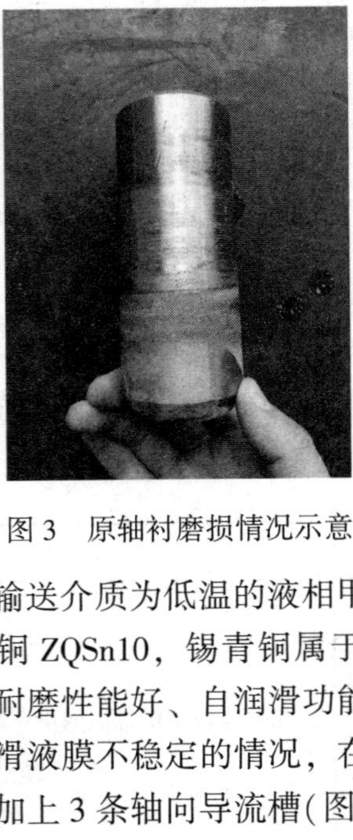

图 3　原轴衬磨损情况示意

考虑到输送介质为低温的液相甲烷，轴承材料改用锡青铜 ZQSn10，锡青铜属于合金铜，具有硬度高、耐磨性能好、自润滑功能的特点。考虑到轴承润滑液膜不稳定的情况，在整体锡青铜衬套内壁增加上 3 条轴向导流槽(图 4)，可使润滑液在导流槽内排出气相，并形成一层稳定连续的液膜，减少干磨等恶劣工况的出现。同时对原 316 奥氏体不锈钢材质的轴套进行表面渗碳处理，渗碳层深度为 0.8～1.2mm，表面硬度提高到 58～63HRC，轴衬与轴套配合间隙为 0.15mm。改造后投用运行一段时间后，机械密封仍然出现泄漏。

2.3 工艺操作方法优化

正常情况下进入泵的甲烷介质的压力、温度都比较稳定，不会产生气蚀或喘振等恶劣工况。而冷泵在预冷阶段，其预冷的速度、时间都会影响机械密封、密封圈等密封元件的收缩性。预冷不好则会造成密封元件间受冷不均匀，密封间隙增大等问题。针对冷泵保冷质量和预冷操作提出新的操作要求。

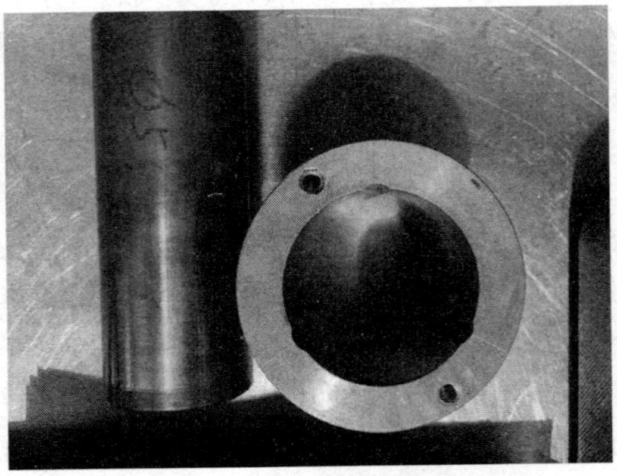

图 4　改造后的滑动轴承示意

要求每次检修后，试车前必须恢复好保冷。保冷施工必须在冷介质输入以前进行，当采用一种保冷材料，保冷层厚度超过 80mm 时，应分为两层或多层逐层施工，各层厚度宜接近，上下层应压缝，同层应错缝，上下层应压缝，其搭接长度不宜小于 50mm。绝热制品的拼缝宽度，不应大于 2mm。凡大于 2mm 的缝隙，均应用超细玻璃棉予以堵塞，大于 10mm 的间隙应用相同材料碎块填塞密实，并用密封剂予以密封。防潮层露天施工时，应在晴天进行，严禁雨雪天气或阳光曝晒下作业。冬季施工应采取防冻措施，环境温度应在+5℃以上。防潮层的结构应符合下列规定：

(1) 第一层为阻燃型沥青玛蹄脂胶层或阻燃型防水冷胶料层，厚度为 3～5mm。

(2) 第二层为无蜡粗格平纹玻璃布，厚度为 0.1mm～0.2mm。

(3) 第三层为阻燃型沥青玛蹄脂胶层或阻燃型防水冷胶料层，厚度为 3～5mm。总厚度必须保证不小于 5mm。

(4) 玻璃布搭接位置应正确，搭接长度应大于 50mm，粘贴牢固，无明显皱纹。

金属保护层一般使用铝板(1mm 以下)或镀锌薄钢板，纵向接口采用搭接，接口量为 30mm～50mm，横向接口也采用搭接，搭接量为 30mm～50mm，搭口处用空芯拉铆钉或自攻螺钉紧固，用自攻螺钉紧固时不得刺破防潮层。

预冷前，前向预冷介质温度、压力达到正常值。气相预冷：流程为打开最小流量线及泵体上下LD手阀进行气相预冷预冷时间约为2小时，气相预冷过程中逐次缓慢增大预冷的流量，盘车间隔时间为10~15分钟盘车一次，每次半圈；液相预冷：预冷合格后缓慢打开泵入口手阀进行灌泵，并打开安全阀旁路进行排气，排气合格后关闭安全阀旁路及泵体LD手阀，盘车间隔时间为20分钟，每次半圈。

2.4 机械密封元件改造

乙烯厂机动处组织机械密封厂家某甲和某乙对甲烷泵机械密封进行改造，两家机械密封厂家的改造方案及机械密封运行情况见表2。

表2 10-P-4171A/S 机封改造情况

序号	改造时间	改造厂家	改造方案	位号	泄露量（ml/h）	备注
1	2018.9.29	某甲	增大波纹管环面内径承压平衡比	S	72	试运期间，机泵运行正常，10-C-4001塔回流量稳定在3.0t/h，机封二级密封可见外漏。
2	2018.10.12	某甲	增大波纹管环面内径承压平衡比、增加外密封压缩量	A	64	试运期间，机泵运行正常，10-C-4001塔回流量稳定在3.0t/h，机封二级密封可见外漏。
3	2018.10.31	某乙	改进波纹管	A	32	试运行96h后，机械密封一级密封泄漏突然变大，10-C-4001塔回流量下降至2.2t/h，立即切换至备用泵运行流量上升至3.0t/h。
4	2018.11.9	某甲	增大波纹管环面内径承压平衡比，提高环面闭合力、改造外密封动环弹簧、改造外密封静环。	A	20	试用期间，机泵运行正常，10-C-4001塔回流量稳定在3.0t/h，机封二级密封可见外漏。

某甲改造的机封在试用过程中，泄漏量超过允许值5ml/h，现场检查确认二级密封处存在甲醇外漏，但10-C-4001塔回流量稳定在3.0t/h左右，分析认为甲醇密封液少量泄漏进入工艺系统，甲烷通道堵塞情况无变化。

某乙厂家密封改造情况：现场对失效机械密封打压测试正常，解体后发现，静环环面明显可见内径有内凹陷变形磨损痕迹，但内径没有明显的磨损痕迹。经测量计算原设计环面平衡比约78.6%，而当环面外径磨损至φ56mm时，环面平衡比变为50%，在高压情况下环面闭合力不足，密封端面容易形成一种厚液膜的临界状态。针对以上分析，将外密封静环由原来的能承压3.8MPa(表)、(20mm规格)的浮装式L型静环更换为能承压4.0MPa(表)、47.6mm规格的PG型矩形截面的静环，将密封动环弹簧增加了4根弹簧，提高环面闭合力。同时查阅资料发现原机封大气侧动环密封圈材质采用为适用于-30~+120℃工况的丁晴橡胶(NBR)材料，不能满足-97℃低温工况要求。大气侧动环密封圈改用能满足低温工况的进口C形(聚四氟乙烯+弹簧)圈。经过此次改造后，机械密封泄漏量满足低于5mL/h的设计要求，检修次数得到有效减少，但运行一段时间后，泄漏量有偏大趋势。

3 选用新的密封形式

3.1 永磁屏蔽泵的选择

经过多次改造后，机械密封泄漏量虽然满足低于5mL/h的设计要求，但从生产操作维护上依然存在以下隐患：(1)甲烷泵10-P-4171滑动轴承结构形式及材质在设计上存在缺陷，滑动轴承易损坏造成甲烷泵故障停机，无法满足工艺生产需要，同时泵厂家确认此结构形式的滑动轴承在设计制造上存在缺陷。(2)甲烷泵冲洗方案采用02+53C+61维护难度大，由于缓冲液与介质密封型式为浮动密封，密封损坏造成泄漏时无法快速准确判断，由于甲醇比甲烷压力高，甲醇泄漏进入甲烷，进入冷箱中结晶堵塞通道，因此冲洗方案的选择与工艺生产需要不符。(3)检修频率高，检修原因为滑动轴承磨损及机械密封内漏超标，由于配件为进口配件，配件费用高，采购周期长，检修频率高，严重制约装置的温度运行。(4)冬季检修难度大，由于甲烷泵为低温冷泵，泵体及周围附属管线均需做隔热施工。新疆冬季气温低，环境温度不满足保冷施工规范中关于施工温度不得低于 5℃的要求，在运行过程中易出现甲烷汽化，泵出现汽蚀不上量的情况。

结合装置实际情况和历次改造经验，决定选用永磁屏蔽泵替代原来的离心式甲烷泵。永磁屏蔽泵(型号：＊＊＊＊)是一种无旋转密封的泵，由屏蔽电机(型号：＊＊＊)和泵直联组成，不需要联轴器，叶轮直接固定在电机的轴上并置于同一个密封壳体内，省去了盘车操作(图 5)。相对于之前的低温离心泵，轴承处无需外加润滑油和冷却水系统，还能避免一些润滑事故。滑动轴承的润滑与磁力联轴器的冷却通过泵所输送的介质进行润滑和冷却。磁力泵的磁块是高质量的稀土永磁材料，其最高不可逆退温度可达 350～400℃，充分保证了磁力联轴器具有可靠的性能。定子和转子分别用非磁性薄壁套隔离起来，转子由前后轴承支撑浸在输送介质中，泵轴通过磁力联轴器传动(图 6)，因而不需要任何型式的旋转密封来防止被输送介质的外向泄漏，这种方式能够完全实现“零泄漏”。此外，为保证设备运行稳定，设置了电机转向错误联锁保护、电机绕组线圈高温 180℃联锁保护，为避免由于轴承润滑介质因温度高汽化而发生轴承干磨的恶劣工况，根据甲烷相应压力下的汽化温度设置了润滑介质-85℃高温联锁保护(图 7)。

图 5　永磁屏蔽泵现场结构示意

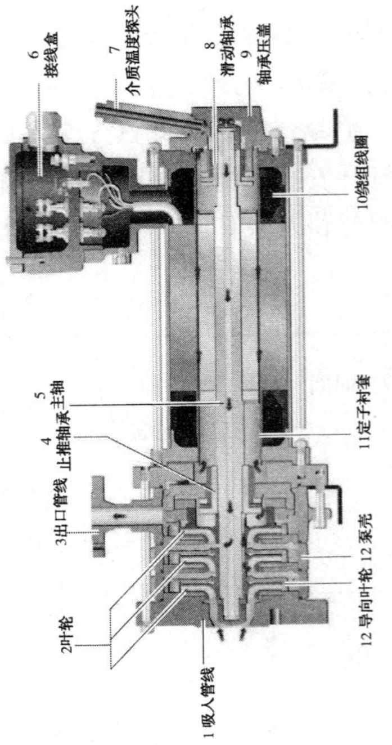

图 6　永磁屏蔽泵结构示意

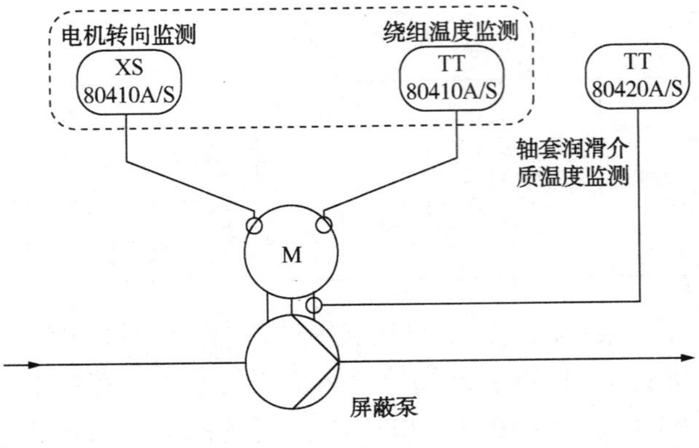

图 7　永磁屏蔽泵联锁保护示意

3.2　永磁屏蔽泵常见问题及处理措施

具体见表 3。

3.3　永磁屏蔽泵日常维护要求

(1) 提高巡检质量：对操作工进屏蔽泵结构原理、正确启停预冷操作、等方面的培训，掌握屏蔽泵点巡检重点：检查出口压力表指针是否异常；线圈绕组温度是否正常；润滑介质温度是否正常；电流是否过载，是否异常；屏蔽泵运行过程中有无异常声音和振动；现场有没有液体泄漏；泵体保温附件是否完好。从而提高巡检质量，防患于未然。

表3　永磁屏蔽泵常见问题及处理措施

序号	常见运行问题	原因	措施
1	泵无法起动	1. 电源缺项，旋转方向不对； 2. 转子卡涩	1. 检查接线； 2. 检查轴承是否烧坏和转子组件有无碰触
2	轴承、轴套磨损	1. 介质含有颗粒物； 2. 润滑介质汽化或缺润滑介质磨； 3. 泵气蚀； 4. 轴弯曲变形	1. 重新排气，预冷泵； 2. 清理入口过滤网； 3. 更换损坏轴承，交正轴； 4. 避免泵长期在过高、过低负荷下运行，造成绕组线圈产生大量热量
3	泵体温度高	1. 保冷效果差； 2. 叶轮与壳体或转子与定子接触	1. 及时修复保冷设施； 2. 检查配合间隙，更换受损件
4	转子、定子屏蔽套磨损	1. 物料含有颗粒物； 2. 叶轮锁紧螺栓脱落； 3. 轴承损坏未及时检查	1. 清理入口过滤网； 2. 把紧锁紧螺栓，提高材质等级； 3. 加强定检定修管理； 4. 稳定操作工况
5	流量不足	1. 发生气蚀； 2. 叶轮堵塞或损坏	1. 重新排气预冷，消除起因； 2. 清理叶轮和更换
6	泵振动异常或噪音	1. 地脚螺栓松动； 2. 泵轴弯曲； 3. 轴承磨损； 4. 发生气蚀	1. 紧固地脚螺栓； 2. 校正泵轴或更换； 3. 更换轴承； 4. 重新排气[5]

（2）定检定修管理：由于屏蔽泵采用滑动轴承，运行时噪音低，轴承外部有定子屏蔽套、定子线圈及壳体隔离，故泵运行异常很难判断。屏蔽泵中叶轮锁紧螺栓为空心结构，强度低，泵振动或介质腐蚀极容易引起该螺栓腐蚀脱落，若发现不及时就会造成屏蔽套磨损、线圈损坏。需定期对泵进行解体检查，对绕组及相间绝缘进行测量，且做好记录。根据拆检情况及时更换叶轮锁紧螺栓(最好提高材质等级)。

4　永磁屏蔽泵投用效果验证

原甲烷泵的甲醇密封罐由于机械密封失效，甲醇将泄漏到工艺介质中，造成下游管路、冷箱设备堵塞，通道压差增大。经2019年大检修期间将低温甲烷泵更换为永磁屏蔽泵后，现场设备运行平稳，出口压力稳定，流量也稳定，振动小，噪声低，介质温度以及绕组线圈温度稳定，冷箱设备压差恢复正常，乙烯损失也得到控制。永磁屏蔽泵完全满足低温、轻介质、零泄漏的工况。压差测量数据位置见图1。压差测量数据对比见表4。

表4　冷箱甲烷通道压差测量数据对比　　kPa

测量压差	过滤器前倒淋压力 P_{12}	过滤器后倒淋压力 P_{13}	过滤器前前、后压差($P_{12}-P_{13}$)	单向阀前倒淋压力 P_{14}	冷箱10-E-40_4前、后压差($P_{13}-P_{14}$)	调节阀前倒淋压力 P_{15}	单向阀前、后压差($P_{14}-P_{15}$)
正常工况	3427.6	3422.6	5	3407.6	15	3401.6	6
改造前	3428.6	3422.6	6	3388.1	40.5	3254.1	134
改造后	3522.2	3517.2	5	3503.2	14	3496.2	6

泵外送量恒定在6.8t/h，满足工艺需求，确保乙烯在深冷区0损失。

5 结语

针对原低温甲烷泵机械密封失效原因，多次检修情况进行深入分析，结合屏蔽泵在卢姆斯乙烯技术中绿油泵的应用以及装置低温、轻介质、零泄漏工况，重新选择密封形式进行更换改造屏蔽泵，并提出相应的机泵常见故障情况以及运行维护要求。

实践证明永磁屏蔽泵密封性能好，在输送低温、易燃易爆极度危害轻介质时可靠性能高，日常维护简易，有效保障了乙烯装置的降本增效、五年一修的长期运行。为低温、轻介质、零泄漏工况中解决密封泄漏问题提供一种新的方法和思路。丰富了乙烯装置苛刻工况下(有毒剧毒、易燃易爆、低温高压等工况)机泵选型目录，为广大乙烯技术设计和乙烯装置运维人员所共享。

参 考 文 献

[1] 王汝美.实用机械密封技术问答[M].北京：中国石化出版社.1995.
[2] 黄佰朋.乙烯装置低温甲烷泵滑动轴承的国产化改造[J].石油化工设备技术，2013，34(6)：59-60.
[3] 王文廷，孔繁余，周水清，高翠兰.低温屏蔽泵技术[J].低温工程，2010，02(174)：51-54.
[4] 李云鹤.石化用屏蔽泵使用探讨[J].中国设备工程，2020，04(上)：177-178.
[5] 刘宏峰.屏蔽泵常见故障现象的原因分析及处理措施[J].设备与安全，2015，24：15-17.

大型乙烯裂解炉模拟优化系统的研究开发

田　亮[1]　李　博[1]　邱　彤[2]　杨淑萍[1]　程中克[1]　李修仪[1]

（1. 中国石油石油化工研究院兰州化工研究中心；2. 清华大学）

摘　要　针对我国乙烯产业在裂解原料多样化趋势下缺乏及时有效技术指导的问题，利用计算机技术，构建了原料表征模型，将油品宏观物性表征为详细分子，并通过自由基机理模型生产反应网络，进一步对反应网络或者反应过程模型进行分析与优化，通过构建裂解炉热耦合模型最终实现裂解产物的分子收率预测，从而实现乙烯裂解过程的整体模拟，最终结合相对应的模型算法，开发出乙烯裂解炉模拟优化系统。

关键词　乙烯裂解，模拟优化，EcSOS，模型

1　引言

乙烯产业作为全世界范围内最大产量与需求的基础化工品，它的产能是衡量一个国家工业水平的重要标准之一。21 世纪以来，随着我国国民生产总值和工业需求不断攀升，我国的乙烯产能和产量也随之增加。未来国内乙烯供需仍处于上升阶段，按照保持 95%的良好开工率水平考虑，以 2025 年国内乙烯当量需求 6800 万 t 的保守预期值考虑，到 2025 年国内自给率可达到 70%，国内乙烯行业进入快速发展时期。然而，随着乙烯装置的大型化，裂解原料多样化趋势越来越明显，导致生产企业无法及时掌握原料裂解性能。同时，裂解炉在操作过程中受结焦等实际运行情况的影响，操作状态不断变化。综上，目前乙烯企业缺乏及时有效的指导方式，造成裂解收率低，生产成本高的问题。针对上述问题，相比实验室评价和工业标定方法，计算机模拟技术是目前最为高效的解决方式。该领域曾被国外技术垄断，但是国外软件只能模拟计算，缺乏优化功能，且不能针对国内情况作出相应调整，导致国内厂家实际使用效果不佳。因此，开发一款自主知识产权，符合实际生产需求，计算速度快，精度高，可以真正指导实际生产的模拟优化软件势在必行。

2　“大型乙烯裂解模拟优化软件(EcSOS)软件”开发

2.1　针对不同裂解原料，开发相应的原料预测模型

软件中的分子重构模型采用 Monte Carlo 抽样方法生成同源特征分子，再利用模拟退火法对物料的组成分布进行优化，使其宏观物理性质与实际油品相对应。同源分子的生成采用同源序列矩阵的方式，具体方式见图 1。

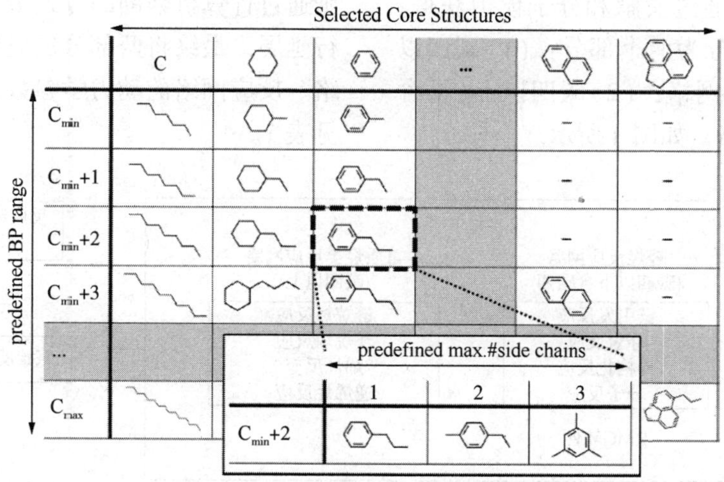

图 1　分子重构的同源序列矩阵

利用已知的分子性质信息及得到的分子矩阵，可以对生成的原料性质进行估算，并通过模拟退火法进行优化。为了提高优化算法的效率，软件在优化步骤前对优化参数进行了 PCA 线性回归，将已知的油品性质降维得到两个分别代表碳数及组成的主成分，对分子矩阵的分布信息做出了高效的初值预测，提升了算法的精度及计算速度(图 2)。

最终，软件将达到精度要求的预测结果输出，作为最终的分子重构结果，并将数据传递给产物预测模块。软件界面将计算得到的重构组成汇总于表格内，具体形式如图 3 所示。

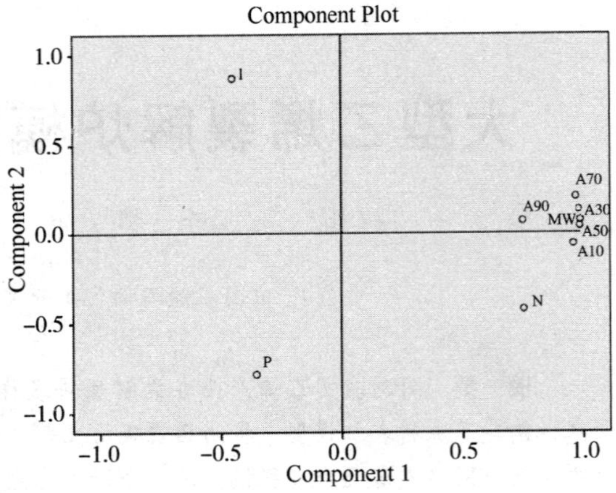

图 2　PCA 主成分及元素分布图

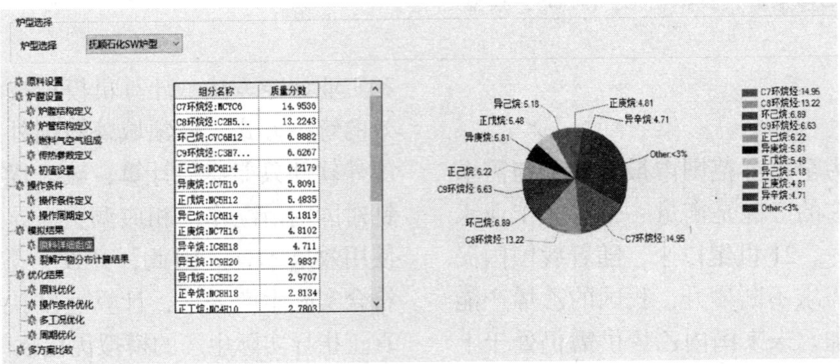

图 3　模拟软件最终的计算结果

2.2　针对不同裂解原料，开发相应的自由基裂解反应网络

反应网络模型是乙烯裂解过程最核心的部分。为了更好地适应分子管理的目标，模型采用基于自由基反应机理的基元反应网络进行初始乙烯裂解反应网络的构建。

反应网络计算机辅助生成模型。模型生成反应网络时将会从原料分子出发，对每个分子包括自由基分子进行机理延展，得到对应的反应方程式，反应动力学参数通过文献和分子模拟获得。模型的原始反应网络分为两个部分：(1)碳四以下(含碳四)轻烃反应网络；(2)碳四以上(不含碳四)自由基机理网络，如图 4 所示。

对于不同的原料，我们建立了多套不同的反应网络：情态原料裂解网络、油田轻烃网络、石脑油网络、简化后的加氢尾油网络。

其中，石脑油裂解网络的可视化如图 5 所示。

众多研究者都对轻烃的自由基裂解反应进行过成熟的研究。所以，借助成熟的开源软件 RMG，模型构建了碳四以下的反应网络以及对应的反应动力学参数。对于碳四上的反应网络，则通过计算机辅助的方式生成，遍历网络分子进行延展。最终将两部分反应网络拼接获得反应网络。反应网络的动力学参数主要来源于文献，详见表 1。

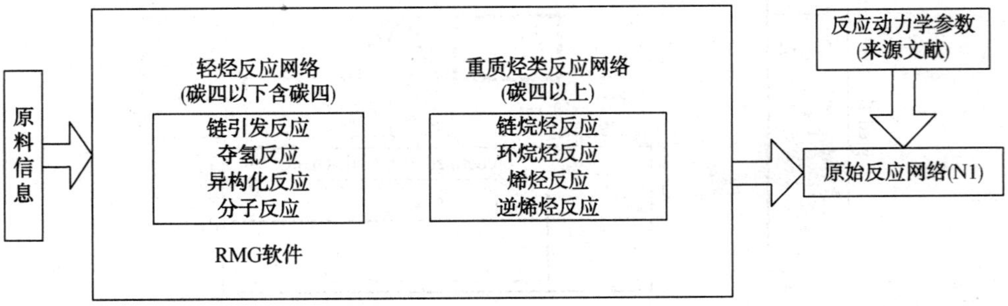

图 4　乙烯裂解自由基反应网络生成模块

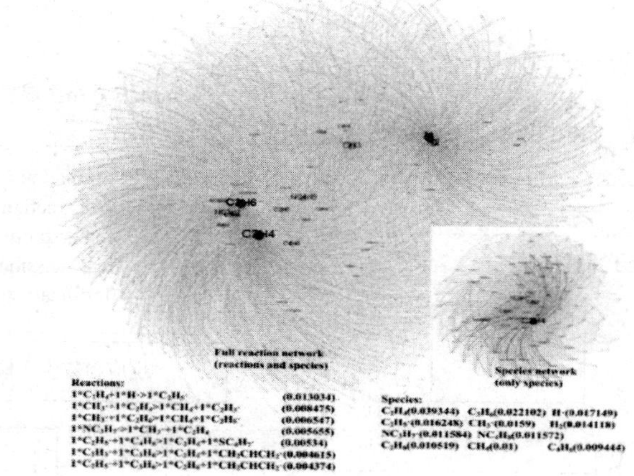

图 5　反应网络可视化

表 1　自由基反应网络动力学参数　　(kmol, m, s, kcal)

链引发反应：C-C 键断裂			
CH3-Csec	Csec-Csec	Csec-Cter	Csec-Cquat
5×1016exp(-83500/RT)	5×1016exp(-81000/RT)	5×1016exp(-80000/RT)	5×1016exp(-78000/RT)
自由基夺氢反应			
	伯碳氢原子	仲碳氢原子	叔碳氢原子
伯自由基	108exp(-13500/RT)	108exp(-11200/RT)	108exp(-9000/RT)
仲自由基	108exp(-14500/RT)	108exp(-12200/RT)	108exp(-10000/RT)
叔自由基	108exp(-15000/RT)	108exp(-12700/RT)	108exp(-10500/RT)
自由基异构化反应			
	1-4 氢转移	1-5 氢转移	1-6 氢转移
伯自由基	1011exp(-20600/RT)	1. 58×1010exp(-14500/RT)	3. 16×109exp(-19500/RT)
仲自由基	1011exp(-21600/RT)	1. 58×1010exp(-15500/RT)	3. 16×109exp(-20500/RT)
叔自由基	1011exp(-22100/RT)	1. 58×1010exp(-16000/RT)	3. 16×109exp(-21000/RT)
自由基分解反应			
	伯自由基	仲自由基	叔自由基
	1014exp(-30000/RT)	1014exp(-31000/RT)	1014exp(-31500/RT)
分解反应校正系数			
甲基自由基	乙基自由基	丙基自由基	其他自由基
exp(-2500/RT)	exp(1500/RT)	exp(2500/RT)	0. 316×exp(8000/RT)

2.3　建立管式反应器传热模型

管式反应器的平衡方程采用的沿管长的一维衡算模型，不考虑径向的平衡变化。其与模型整体交互与调用关系如图 6 所示。

在建立管式反应器模型时，需要首先获取所研究的炉型设备尺寸和相应的反应网络及参数，其次工业实测的数据以及辐射段裂解气入口温度压力(CIT、CIP)和出口温度压力(COT、COP)、进料流量，水油混合比等，获得输入数据之后将会求解质量、动量和能量平衡方程。

2.4　针对不同的大型裂解炉炉型，建立炉膛传热模型

对裂解炉辐射室不同点进行温度实测，可获得数个炉膛温度测量点，绘制沿炉膛高度温度分布曲线。模型采用计算规模较小的区域法来建立计算炉膛辐射室的传热模型，并与反应管传热过程进行直接耦合计算。

主要的计算流程表如图 7、图 8 所示。

图 9 展示了不同回流状态下模型计算出的裂解炉炉膛温度场结果图与 CFD 软件模拟结果。

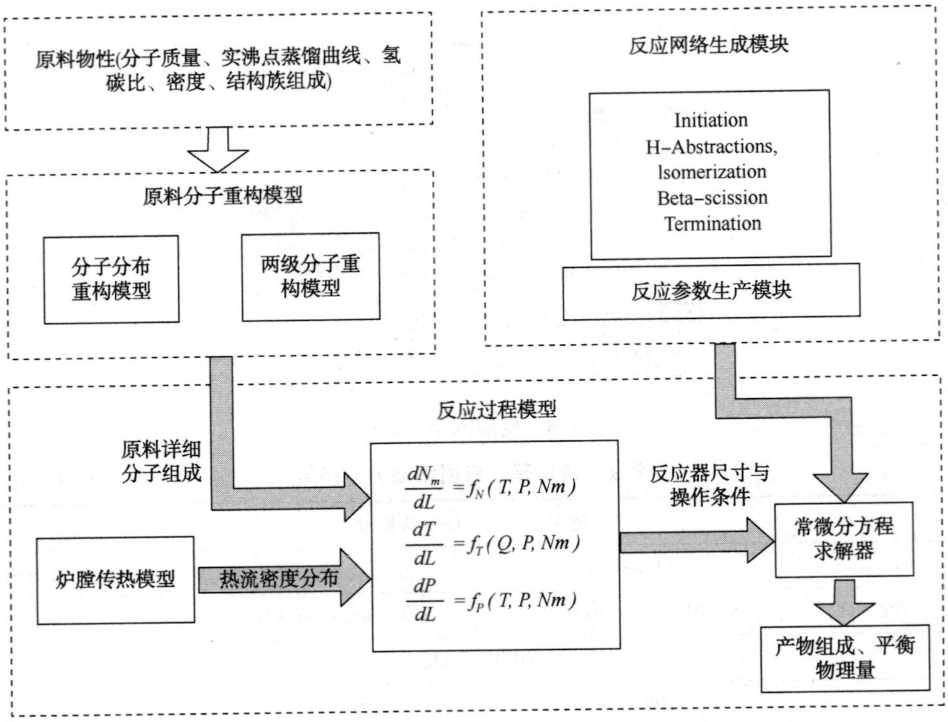

图 6　管式反应器过程模型示意图

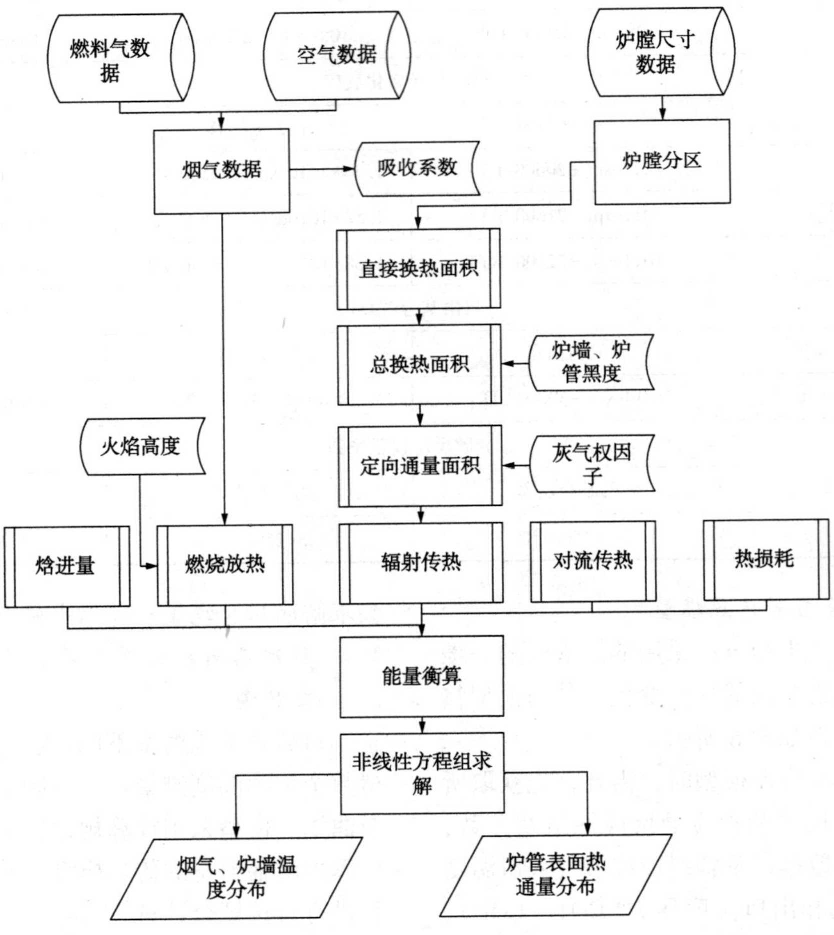

图 7　区域法传热模型的计算模块

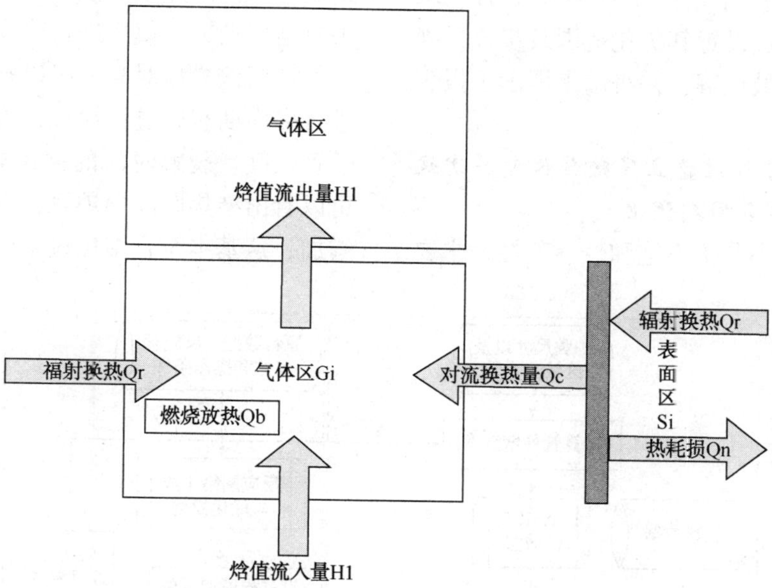

图 8　气体区和表面区的能量衡算示意图

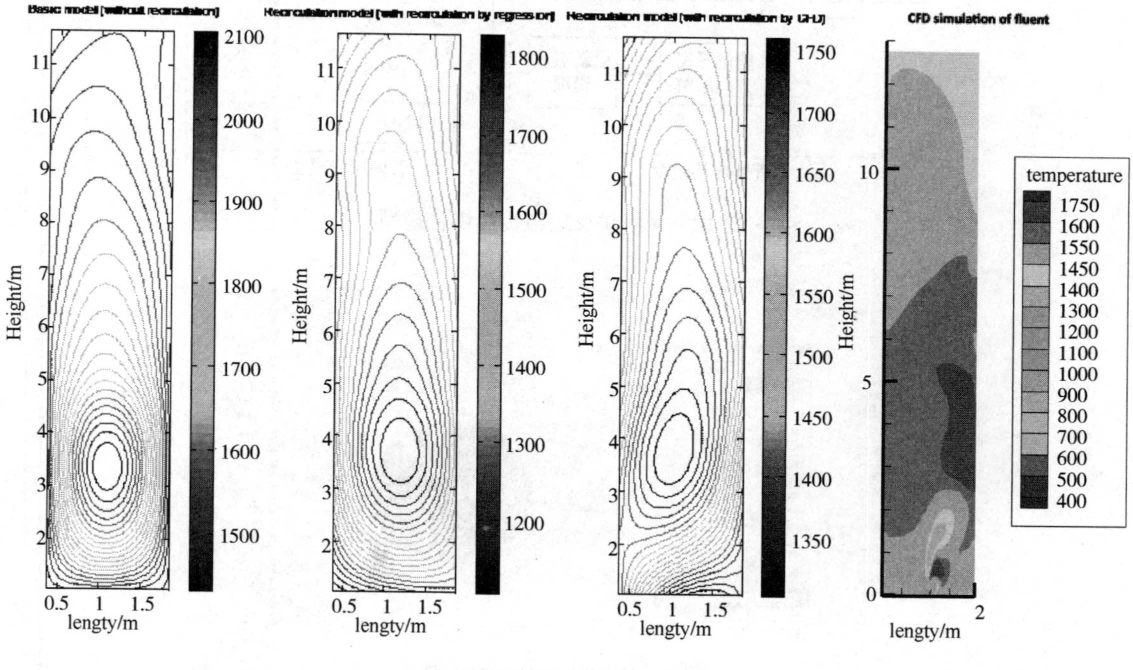

图 9　裂解炉炉膛温度场结果图

2.5　完成裂解炉辐射段炉膛传热与炉管反应耦合建模与模拟计算

在分别建立管外传热模型和管式反应器内的过程模型这两个模型之后，将两者通过管外壁温度和热流密度两个变量耦合起来，从而实现耦合建模，流程图如图 10 所示。

软件界面将计算得到的裂解组成汇总于表格内，并以饼状图的形式可视化，具体形式如图 11所示。

界面同时支持沿管长参数的展示，如温度、压力、热通量、主要产品分布等(图 12)。

2.6　实现原料及操作条件优化预测

在界面中选择原料优化后，根据需求输入不同类型的原料，或从之前的模型中选择原料，根据之前设定的操作条件，软件将对多种原料的裂解性能进行评价，帮助用户选择适合的原料(图 13、图 14)。

针对工业裂解炉经常改变的操作条件，如 COT、水油比及进料量，开发相应的优化模块(图 15)。

在此模块中，操作条件主要涉及 COT、水油比及进料量，通过设置其优化范围及步长，来计算所需范围内的最优解，并将结果展示于报表中(图 16)。

2.7　基于结焦反应机理建立了结焦模型并实现管壁温度预测和周期优化

目前普遍认为小分子不饱和烃、芳烃是主要结焦母体，因此模型使用了经验的结焦速率方程来对结焦动力学模型进行建模。

利用该模型对某一组以石脑油为原料的工况进行多周期裂解过程模拟，可以得到结焦厚度与炉管长度、裂解时间的关系如图 17 所示，从中可以看出结焦厚度随炉管长度与裂解时间增加而增加，这基本符合结焦过程的观测结果。

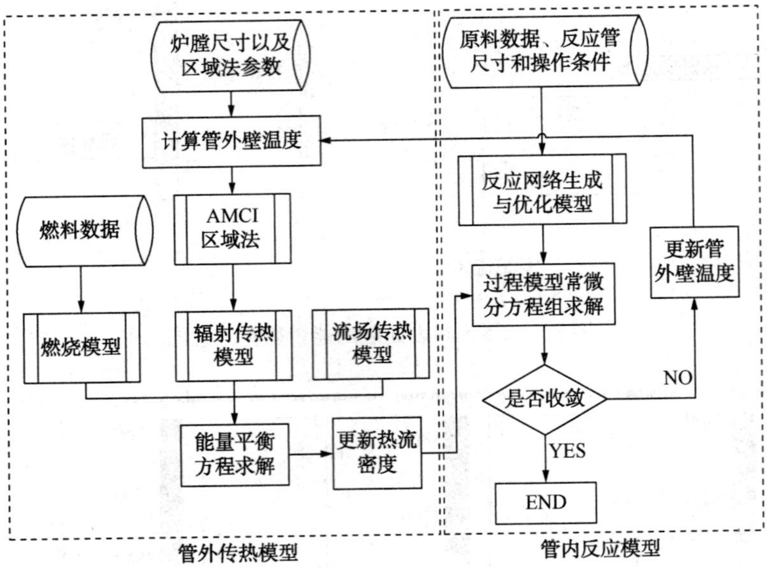

图 10　裂解炉反应与传热耦合模型

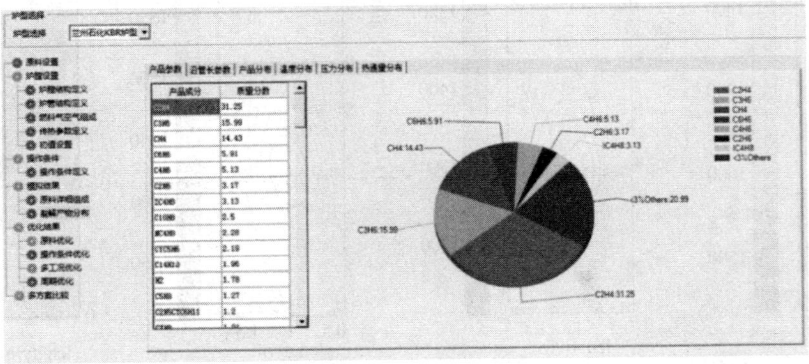

图 11　软件界面裂解产物展示

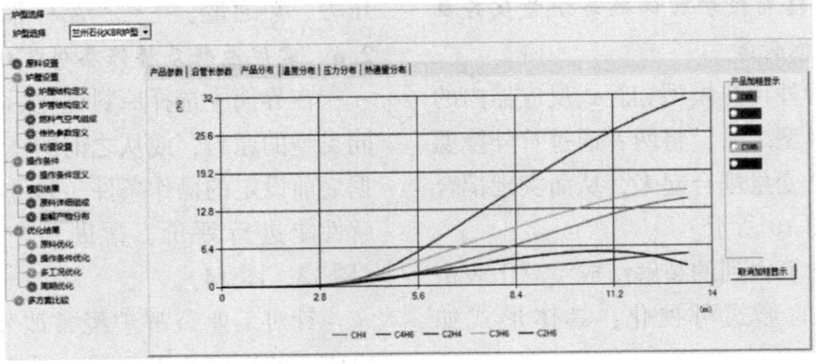

图 12　软件界面主要产物沿管长分布结果展示

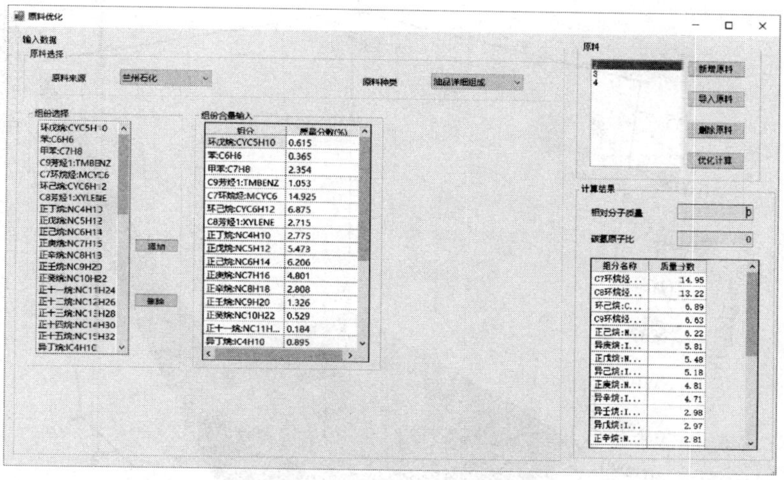

图 13　原料优化模块的输入界面

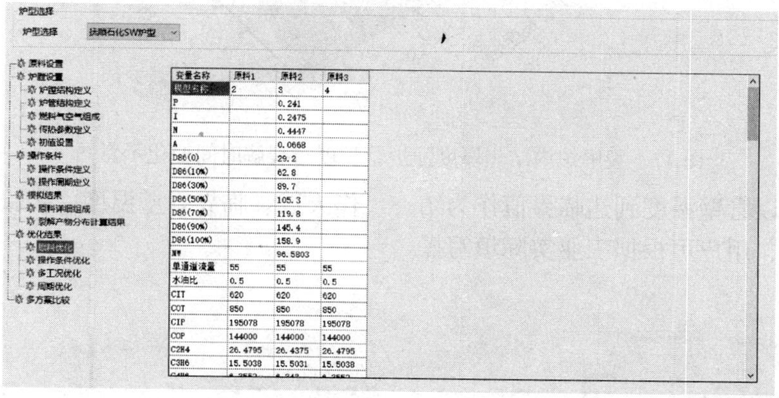

图 14　原料优化模块的计算结果

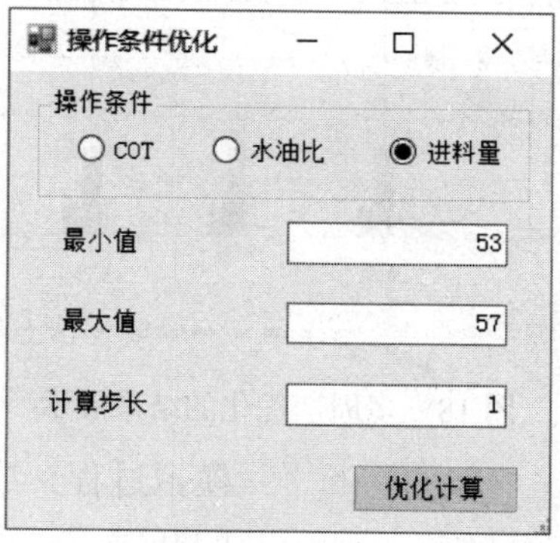

图 15　裂解操作条件优化的输入界面

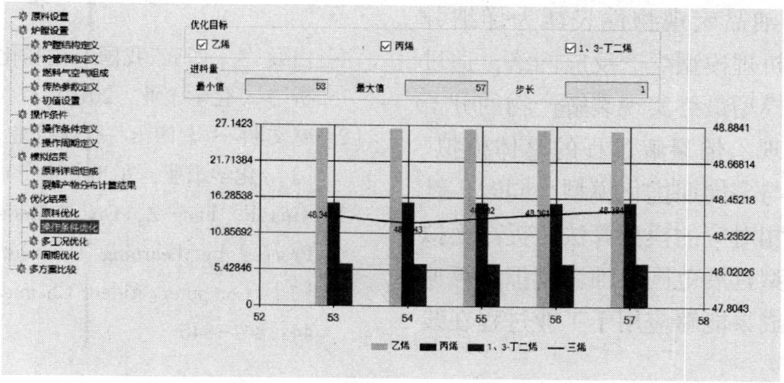

图 16　裂解操作条件优化的结果展示

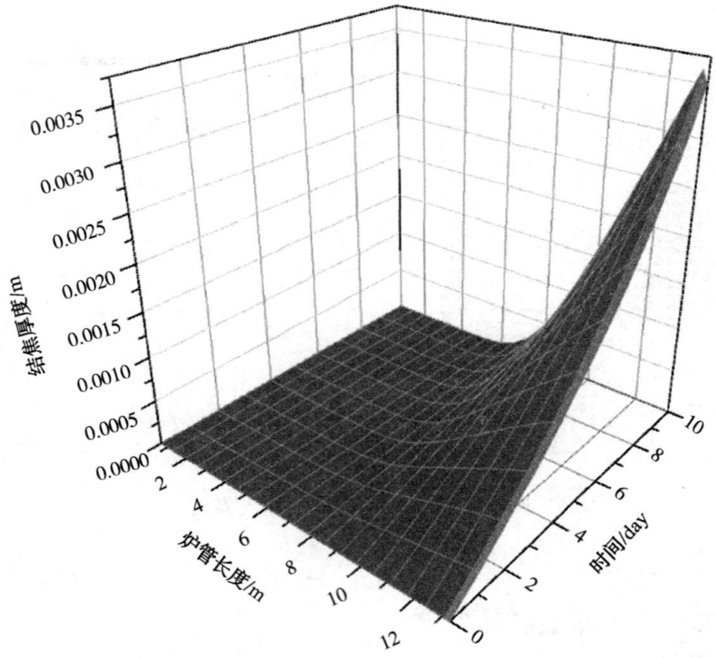

图 17 裂解炉内结焦厚度随炉管长度与裂解时间变化示意图

界面程序中，以管壁温度到达临界值作为结焦计算结束的条件，用户可根据工业实际填写操作天数、临界管壁温度、步长等数值(图 18)。

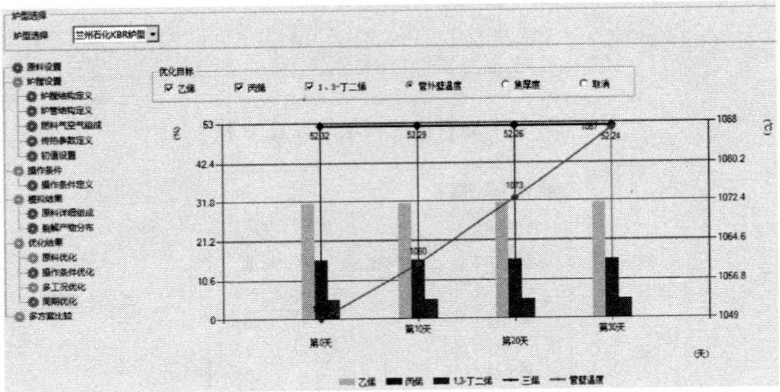

图 18 多周期优化的结果展示

3 结论

在深入认知乙烯裂解过程的基础上，首先构建原料表征模型将油品宏观物性表征为详细分子，再通过自由基机理模型生产反应网络，通过构建裂解炉热耦合模型最终实现裂解产物的分子收率预测，从而实现乙烯裂解过程的整体模拟。随后，建立多工况与多周期优化模型。同时，针对上述工作，设计相对应的模型算法，提高模拟分析精度，扩展模型延展范围，加快模拟计算速度，最终保证研究成果能够应用于工业过程在线模拟过程，成功完成了乙烯裂解炉模拟优化系统的开发。

参 考 文 献

[1] 白颐．“十四五”我国石化和化工行业高质量发展分析[J]. 化学工业，2019，37(4)：1-5.

[2] 赵文明．“十四五”乙烯行业高质量发展策略研究[J]. 化学工业，2020，38(2)：10-20.

[3] Hua F，Fang Z，Qiu T. Modeling Ethylene Cracking Process by Learning Convolutional Neural Networks [J]. Computer Aided Chemical Engineering，2018，44：841-846.

催化裂化逆向流场进料强化技术研究进展

闫子涵[1] 陈 昇[2] 范怡平[1] 卢春喜[1]

(1. 中国石油大学(北京)重质油国家重点实验室; 2. 中国特种设备检测研究院)

摘 要

针对催化裂化进料混合段长期以来存在的结焦、影响轻油产品收率等技术难题，提出促进原料油与催化剂混合的逆向流场进料混合结构，实现原料射流与催化剂颗粒的逆流接触。结合大型冷模实验与数值模拟计算，获得新型进料混合结构内的流动、混合及反应特征。结果表明，逆向流场进料结构可以使进料区内气固分布更为均匀，强化油剂间的接触及混合，进而可加速油滴汽化、提高轻油收率，促进油气组分较均匀分布于整个提升管。

1 引言

催化裂化是炼油工业中重要的二次加工过程，在我国石油加工业中占有举足轻重的地位。在现代的催化裂化装置中，提升管反应器是进行裂化反应的主要场所，高价值的目的产品如汽油、柴油、液化气等均是在其内获得。其中，进料混合段是原料油与催化剂最初始的接触反应区域，该区域内原料油和催化剂之间的接触及混合效果将直接影响整个裂化反应的进程。然而，传统提升管进料混合段内的实际情况与理想状况存在较大的差别，主要体现为：在进料混合段的大部分区域里，油、剂两相的接触及混合状况并不理想，原料油与催化剂颗粒在提升管截面上的浓度分布并不“匹配”，油相浓度相对较高(低)的区域，剂相浓度却较稀(高)；油、剂混合物也并非以“活塞流”的形式向上运动，催化剂颗粒在提升管近壁区域较为浓集，呈环-核结构；在某些区域存在着较为严重的油汽返混，也增大了油、剂之间反复接触的几率，造成较为严重的结焦。针对传统提升管进料混合段存在的缺陷，研究者提出了一些改进方案，在进料段结构的优化方面，主要包括提升管变径、增加内构件、改变喷嘴安装角度等方法，然而多数属于尝试性探索。针对这一问题，本文在对提升管进料混合区内流场进行详细分析的基础上，结合油剂混合及反应所需的理想条件，提出构建油剂逆流接触流场结构的技术方案。在此基础上，采用大型冷模实验与数值模拟计算相结合的方法，深入系统研究了新型进料混合结构内的气固流动、混合及反应特征，并与传统结构进行对比，得出新型结构的主要优势和适宜操作条件等参数，建立了相应理论模型，为推动逆向流场进料强化技术的工程应用提供理论基础和依据。

2 提升管进料段的流场结构分析

提升管进料混合段内涉及多股射流与预提升催化剂流的混合，针对这一流动特点，结合射流相关理论，分析了油剂初始接触区内射流的流线方程，并对射流向上和向下倾斜两种进料方式进行了对比。根据所得的修正模型，预测了不同进料形式及不同操作条件下，射流主流及二次流在提升管内的运动轨迹。

当一股二元射流以一定角度紧靠平板喷出时，射流会迅速向下弯曲并贴附于平板流去，这种现象称为射流的附壁效应。在提升管进料混合段内，喷嘴射流以一定的角度紧贴提升管内壁喷入提升管内，射流相在提升管内初始阶段的流动状况可以借鉴附壁射流的相关理论进行分析。在理想条件下，射流进入平行均匀主流时的射流中心线方程为：

$$x=\frac{-C\pm(C^2+2ADy-BDy^2)^{0.5}}{D} \tag{1}$$

式中，$A=2b_j\rho_j u_j{}^2\sin\alpha$

$B=0.25\rho_a u_a{}^2$

$C=2b_j\rho_j u_j{}^2\cos\alpha$

$D=0.25\rho_a u_a{}^2+0.5C_n\rho_a u_a{}^2$($C_n$为气动阻力系数，通常取$C_n=1\sim3$)

式(1)为均匀平行主流中所得到的射流中心线方程，而在实际的提升管进料混合段内，预提升气固两相流并非理想的均匀气流。由于催化剂颗粒沿径向的分布为边壁浓、中间稀的环-核结构，使得预提升气固两相流的平均密度沿径向分布不均匀。因此，要得到提升管进料混合段内的实际射流中心线方程，需要结合实验结果对式 1 进行修正。结合工业提升管进料混合段内射流气速与预提升气速的变化范围，在大型冷模实验装置内利用气体示踪技术测定实际的射流分布特征，可以得到密度修正系数 K_D，进而可得用于描述射流与预提升气固两相流混合过程的轨迹模型式(2)。

$$\hat{x}=\frac{1}{K_D}\cdot\frac{-C\pm(C^2+2ADy-BDy^2)^{0.5}}{D}=\frac{1}{K_D}x \quad (2)$$

利用上述结果，对射流进入提升管后射流主流和二次流的轨迹趋势进行了预测，结果如图 1 所示。其中，α 在 0°～90°之间时，表示射流斜向上，即与催化剂颗粒并流接触；α 在 90°～180°之间时，表示射流斜向下，即与催化剂颗粒逆流接触。

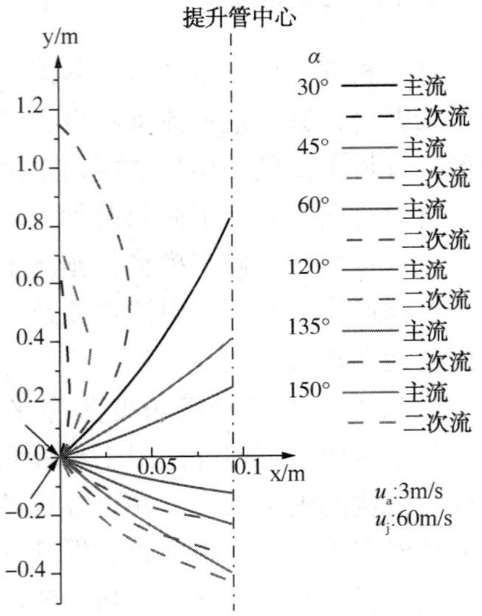

图 1　射流进入提升管后射流主流和二次流的轨迹趋势

从图 1 中可以看出，在射流向上倾斜和向下倾斜两种情况下，主流的发展趋势类似，且随着喷嘴与轴向夹角的增大，主射流将更容易达到提升管中心。当改变射流方向时，二次流的发展出现了截然相反的变化趋势。当射流斜向上倾斜时，二次流形成后将很快向提升管边壁处偏折，并在近壁处形成回流区域，随后再与主射流及预提升气流混合，且随着喷嘴与轴向夹角的增大，二次流的影响范围也随之增大；当射流斜向下倾斜时，二次流的发展趋势则与主射流一致，均为朝向提升管中心处，且在接近于提升管中心的位置，二次流将与主射流及预提升来流进行混合。这一结果表明，构建油剂逆流接触的流场结构，将会充分"利用"射流的二次流，促进原料油与催化剂颗粒在初始接触阶段实现均匀混合。

根据模型预测结果，将提升管内射流与预提升催化剂流的混合过程绘制如图 2 所示，其中图 2(a)为油剂并流接触的传统进料段结构，图 2(b)为油剂逆流接触的新型进料段结构。

综合以上分析可以看出，在射流与预提升流逆向接触的流场结构中，射流可以更快地覆盖整个提升管截面，且二次流的存在进一步促进了油剂间的混合，使得催化剂颗粒沿径向的分布更为均匀，并改善了油、剂的匹配程度。

3　提升管射流影响区内的气固动态混合特征

局部瞬时颗粒浓度的时间序列信号可以充分反映提升管内固体颗粒的团聚、解体、运动状况等颗粒的动力学特征。为此，本文采用光纤颗粒浓度测试仪获得提升管射流影响区内的颗粒浓度时间序列信号，并进行分析。结果表明，在进料混合段的射流影响区内，颗粒浓度信号的波动较大，表明受喷嘴射流的影响，在该区域存在着多种气固混合状态。在普通提升管中，气固间的混合通常存在散式颗粒相和颗粒聚团两种主要状态。而在进料混合段段内，在部分时间内颗粒浓度的数值接近于零，表明在射流与催化剂颗粒混合的初始阶段，气、固间并不能迅速充分混合，导致部分高速射流并没有接触到催化剂颗粒，在混合过程中出现了纯气相，而非气固混合相的状态。因此，根据进料混合区域颗粒浓度信号的特点，将其中可能存在的气固混合状态划分为：颗粒聚团相、散式颗粒相、气相。在采样时间范围内，用时间分率来描述各混合状态的存在状况，时间分率由式(3)计算。

$$时间分率=\frac{某一混合相态的持续时间}{总采样时间} \quad (3)$$

图 3 所示是不同射流形式的提升管中各相态时间分率在典型截面上的分布情况，由于时间分率尺度的不同，将聚团相和散式颗粒相时间分率绘制于图 3(a)，气相时间分率绘制于图 3(b)。

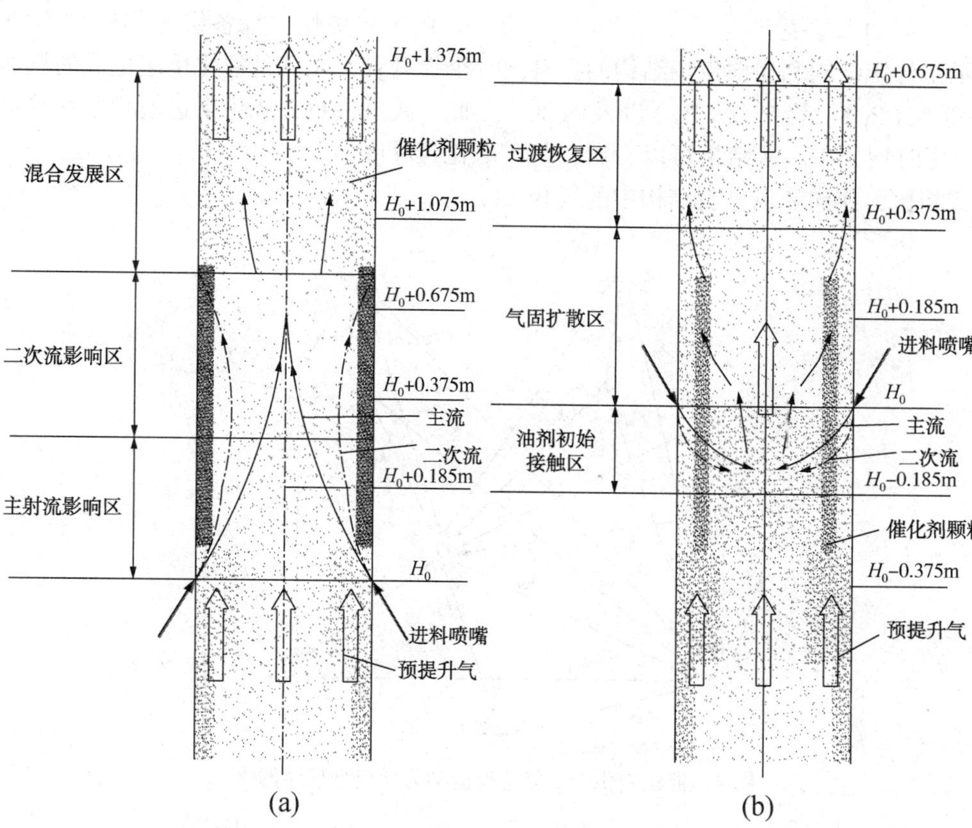

图 2　提升管内射流与预提升催化剂流的混合过程

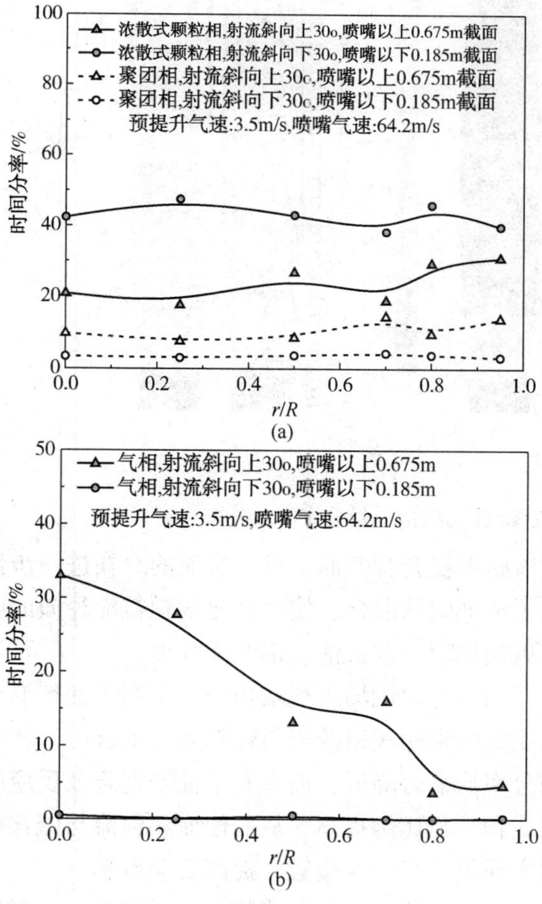

图 3　不同射流形式的提升管中各相态时间分率在典型截面上的分布

从图 3(a)中可以看出，与传统的向上倾斜进料方式相比，当射流向下倾斜时，射流影响区内的聚团时间分率有所下降，而浓散式颗粒相的时间分率显著提高。这表明采用油剂逆流接触的进料方式将使原料射流与催化剂间实现更为高效地接触，从而提高反应效率。从图 3(b)中可以看出，当射流向上倾斜时，所得到的气相时间分率要远高于射流向下倾斜的情况。这表明斜向上的喷嘴射流难以在短时间内与催化剂颗粒充分混合，有一定比例的原料射流在进入提升管的初始阶段并没有接触到催化剂颗粒，从而制约了原料油的迅速汽化，并影响后续裂化反应的进行。这部分未及时汽化的雾化原料油在高温环境中则极易形成结焦，使反应效率降低。而当射流向下倾斜时，气相的时间分率则很低，表明斜向下的射流进入提升管后可以迅速与催化剂颗粒充分混合，这对于原料油的迅速汽化及裂化反应的顺利进行都是十分有利的。

4　提升管进料段区内反应的数值模拟

以某工业催化裂化装置提升管反应器为对象，基于逆向流场进料技术，通过数值模拟预测其改进后的效果，模拟计算采用图 4 所示的催化裂化十二集总反应动力学模型。

图5所示是传统结构和逆向流场结构的提升管内气相重链烷（P_h）、轻链烷（P_m）以及汽油（G）的质量分率时均分布。从结果可以看出，与传统进料方式相比，逆向流场进料结构中的气相中P_h生成更快，且各组分都较均匀的分布于整个提升管，尤其是裂化反应生成的汽油组分。因此，改进进料方式可促进液相原料油更均匀地汽化与反应。

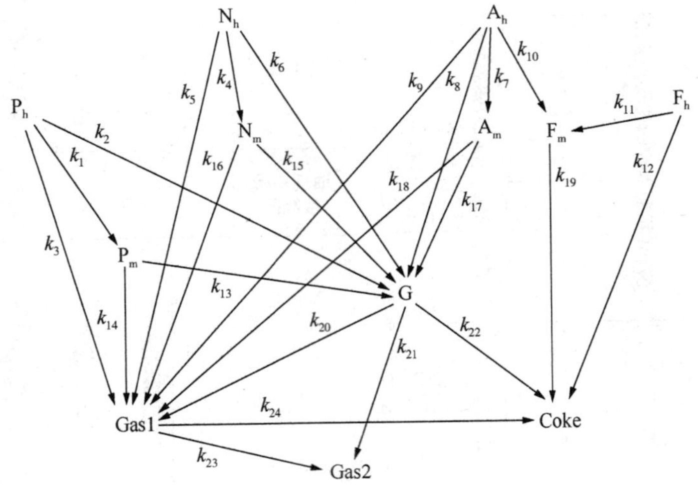

图4　催化裂化十二集总反应动力学模型反应网络

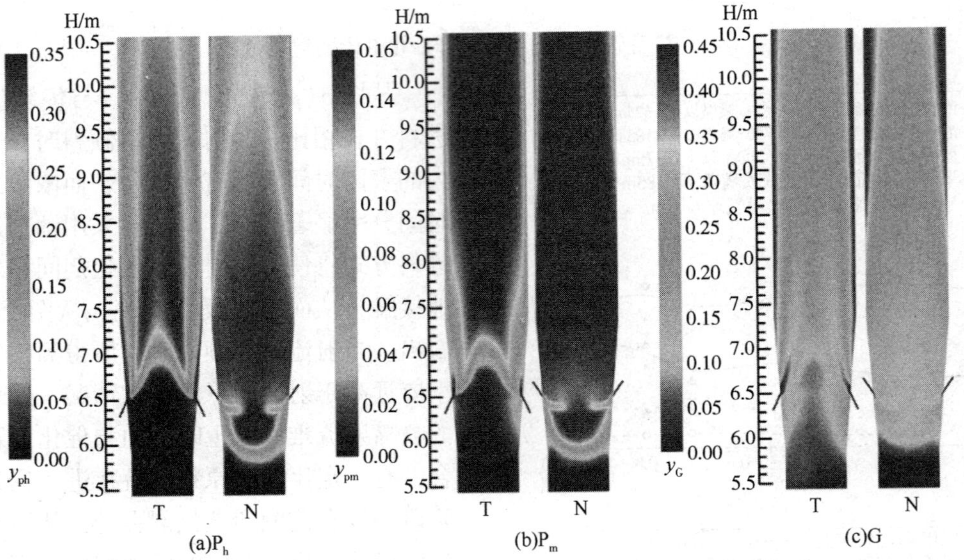

图5　进料区内气相中重链烷（a）、轻链烷（b）以及汽油（c）的质量分率时均分布对比

5　结论

针对传统催化裂化提升管进料段内存在的问题，通过系统分析进料混合区的流场结构，提出促进原料油与催化剂混合的逆向流场进料混合结构，实现原料射流与催化剂颗粒的逆流接触。结合大型冷模实验与数值模拟计算，获得新型进料混合结构内的流动、混合及反应特征。得到以下主要结论：

（1）逆向流场进料结构中，射流可以更快地覆盖整个提升管截面，且二次流的存在进一步促进了油剂间的混合，使得催化剂颗粒沿径向的分布更为均匀，改善油、剂匹配程度。

（2）逆向流场进料结构中，不利于油剂混合及反应的聚团相以及未与颗粒充分混合的气相时间分率均显著降低，而有利于油剂混合及反应的散式颗粒相比例提高，从而使原料射流与催化剂间实现更为高效地接触，提高反应效率。

（3）与传统进料方式相比，采用逆向流场进料结构可加速油滴汽化、提高轻油收率，并促进油气组分较均匀分布于整个提升管。

参 考 文 献

[1] 汪申，时铭显．我国催化裂化提升管反应系统设备技术的进展．石油化工动态，2000，8(05)：46-50.

[2] 范怡平，蔡飞鹏，时铭显等．催化裂化提升管进料段内气固两相混合流动特性及其改进．石油学报(石油加工)，2004，20(5)：13-19.

[3] Chen Y-M. Feed nozzle assembly：US7992805. 2011.

[4] 钟孝湘，侯拴弟，郑茂军等．抗滑落提升管反应器流体力学性能的研究．石油炼制与化工，2000，31(07)：45-50.

[5] Maroy P，Loutaty R，Patureaux T. Process and apparatus for contacting a hydrocarbon feedstock with hot solid particles in a tubular reactor with a rising fluidized bed：US5348644. 1994.

[6] 范怡平，许栋五. 抑制催化剂返混的催化裂化提升管进料混合段结构：CN102059080A. 2010.

[7] Eriksson J G，Karlsson R I，Persson J. An experimental study of a two-dimensional plane turbulent wall jet. Experiments in Fluids，1998，25(1)：50-60.

[8] Pramanik S，Das M K. Computational study of a turbulent wall jet flow on an oblique surface. International Journal of Numerical Methods for Heat and Fluid Flow，2014，24(2)：290-324.

[9] 范怡平，叶盛，卢春喜等. 提升管反应器进料混合段内气固两相流动特性(I)实验研究. 化工学报，2002，53(10)：1003-1008.

[10] Liu C，Wang W，Zhang N et al. Structure-dependent multi-fluid model for mass transfer and reactions in gas - solid fluidized beds. Chemical Engineering Science，2015，122：114-129.

[11] Lu B，Wang W，Li J. Searching for a mesh-independent sub-grid model for CFD simulation of gas-solid riser flows. Chemical Engineering Science，2009，64(15)：3437-3447.

[12] 鲁波娜，程从礼，鲁维民等. 基于多尺度模型的MIP提升管反应历程数值模拟．化工学报，2012，64(6)：1983-1992.

轻汽油醚化甲醇回收塔重沸器泄漏分析

谭荣辉　王　颖

（中国石油乌鲁木齐石化公司）

摘　要　通过对轻汽油醚化装置甲醇回收塔塔底重沸器泄漏原因分析，造成设备频繁发生泄漏的原因，有气蚀冲刷及磺酸根脱落发生的酸性腐蚀；通过提高塔底液位，将气蚀点转移到气相管线上，避免重沸器管束气蚀泄漏的问题。通过增加换水、增加脱酸树脂、监控萃取水 pH 等措施，减少重沸器腐蚀泄漏，保证装置长周期运行。

关键词　醚化，甲醇回收，腐蚀

乌鲁木齐石化公司炼油厂40万吨/年轻汽油醚化装置于2011年11月建成投产。工艺生产技术采用美国 CDTECH 公司催化蒸馏技术，整个工艺过程由轻重汽油分离、选择性加氢、临氢异构化、轻汽油醚化、甲醇萃取和回收、异构化反应等工序组成，经过轻汽油醚化装置加工后轻汽油硫含量降低、烯烃含量下降、辛烷值上升，同时甲醇得到综合利用。

轻汽油醚化装置甲醇萃取塔是将醚化蒸馏塔塔顶混合碳五和甲醇混合液经过甲醇萃取塔与水逆流萃取，塔顶分离出不含甲醇的碳五，塔底甲醇水送往甲醇回收塔。甲醇回收塔是将萃取水和甲醇进行分离，导热油作为甲醇回收塔重沸器的热源，塔顶分离出99%甲醇作为醚化反应原料循环使用；甲醇回收塔底的萃取水经塔底泵循环送至甲醇萃取塔循环使用。甲醇回收塔重沸器作为甲醇分离中重要的设备，其完好性关系轻汽油醚化装置长周期运行；自2014以来甲醇回收塔重沸器出现四次异常泄漏，严重影响到装置长周期运行。

1　甲醇回收塔流程

甲醇回收塔（C-204）是将萃取水和甲醇进行分离，导热油作为甲醇回收塔塔底重沸器（E-209）的热源，萃取水从 C-204 塔底抽出，经 C-204 塔底泵（P-203A/B）循环送至甲醇萃取塔（C-203）（图1）。

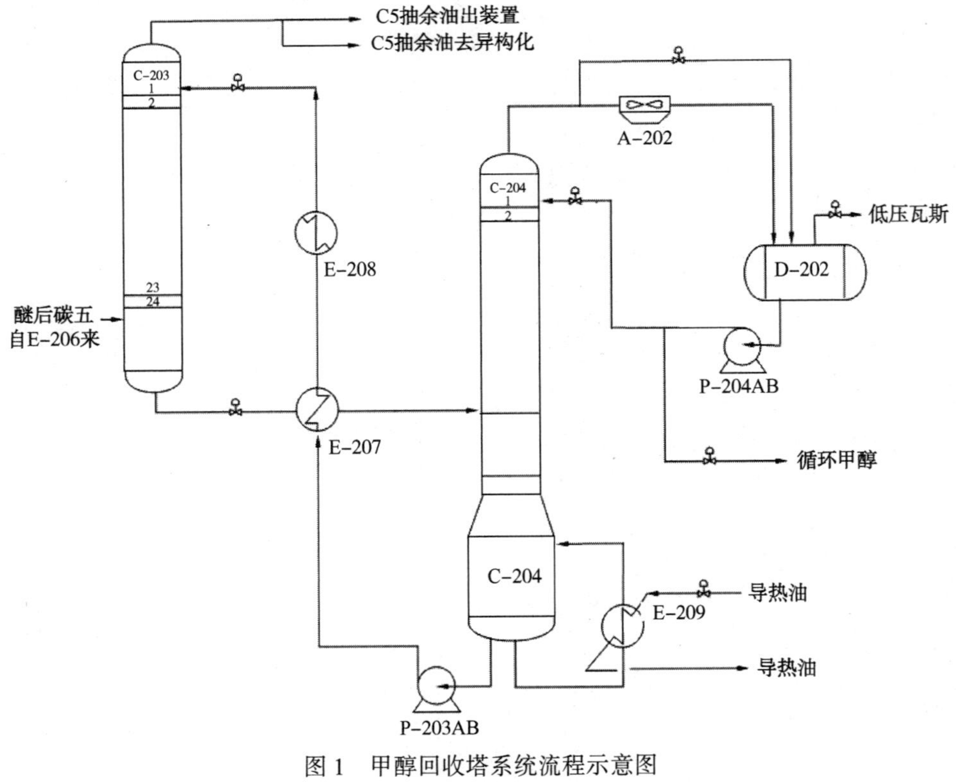

图1　甲醇回收塔系统流程示意图

2　甲醇回收塔重沸器泄漏原因分析题

2.1　甲醇回收塔塔底重沸器简介

甲醇回收塔塔底重沸器型号：LBJS1500－1.69/1.9－605－6/25－4 I，重沸器属于浮头式换热器，折流板为螺旋折流板，管束为螺纹管。具体参数如表1所示。

表1

	介质	设计温度/℃	设计压力/MPa	入口操作温度/℃	出口操作温度/℃	入口操作压力/MPa
管程	导热油	245	1.9	225	156	0.31
壳程	甲醇水溶液	180	1.69	105	140	0.15

2.2　重沸器管束气蚀泄漏分析

2014年8月出现首次泄漏，检修管束堵漏1根、胀口处堵漏共计9处，泄漏位置主要集中在顶部第1和2层管束(图2)；同时将螺纹管束切割检查，管束内壁光滑，外表面清理干净后管束未见腐蚀减薄情况。对重沸器气相返塔管进行测厚，发现有4个弯头均严重减薄。

图2

分析泄漏原因为：甲醇回收塔重沸器管束上方壳程的空间较小，甲醇水溶液在壳程中由129℃升温至133℃，部分水溶液受热后气化，体积急速膨胀，分子运动速率加快，最终形成气蚀，对管束形成一定的冲击。由于管束上方壳程没有足够大的空间，当重沸器出口端处于高速流动时，会对出口处及其后续管线产生剧烈的冲刷，直接对设备及管线产生冲刷腐蚀。由于重沸器上部热源温度最高，甲醇水溶液在上部汽化最明显，对重沸器上部管束及出口管线的气蚀作用也最大，所以重沸器泄漏点多出现在上部，同时重沸器出口管线弯头减薄最为严重。

2.3　重沸器管束腐蚀泄漏分析

2016年7月更换新管束，2018年5月和2020年8月甲醇回收塔重沸器再次发生泄漏。管束发生腐蚀泄漏的部位主要集中在管束上半部，2019年大修时对E－209管束顶部两排管束进行预堵管，2020年8月再次出现泄漏，检修发现预堵管的部分管束表面已经出现穿孔。2020年8月检修管束顶部又预堵两排管束(合计堵管四排管束)(图3)，经过试压堵漏共计堵管170根，堵管率12.14%。新堵管主要集中在管束底部，管子外表面减薄泄漏部位集中在管束中间位置，即壳程入口处。说明通过操作优化气蚀原因已不是造成泄漏主要原因，而腐蚀泄漏已成为甲醇回收塔重沸器泄漏的主要原因。

图3

2.4　重沸器管束腐蚀机理

在甲醇回收系统的设备中，与甲醇水溶液有接触的部位，都不同程度的发生腐蚀现象；那么设备的金属(碳钢)表面在与工艺介质甲醇水溶液接触时发生腐蚀，腐蚀过程是怎样进行的呢？

金属表面与导电杂质构成原电池：

阳极(金属表面)：$Fe-2e \rightarrow Fe^{2+}$

阴极(导电杂质)：$2H^{+}+2e \rightarrow H_2\uparrow$

阴极(导电杂质)：$O_2+2H_2O+4e \rightarrow 4OH^{-}$

在阴极存在2种可能，相应的会形成两种原电池，即：

$$Fe+2H^{+}=Fe^{2+}+H_2 \quad (1)$$

$$2Fe+O_2+2H_2O=2Fe(OH)_2 \quad (2)$$

Fe (OH)$_2$ 进一步被 O_2 所氧化形成 Fe (OH)$_3$ 并部分脱水形成铁锈：

$$4Fe(OH)_2+O_2+2H_2O=$$

$$4Fe(OH)_3 \xrightarrow{\text{部分脱水}} Fe_2O_3 \cdot XH_2O$$

腐蚀环境的形成原因：大孔强酸性树脂(轻汽油醚化催化剂)在使用中，会产生磺酸基脱落现象，温度越高脱落速度越快，醚化主反应器的床层温度一般在 50~80℃之间，在这个温度区间磺酸基脱落速度一般在 $9\sim20\times10^{-8}$ mmol/g. h。脱落的磺酸基团与水作用生成 H_2SO_4见 G. R. 霍尔的热分解方程式。

$$R\sim SO_3H \xrightarrow{H_2O} R\sim H+H_2SO_4$$

通过实际测量萃取水的 pH 在 6.5 左右，其呈现弱酸性的主要来源是反应器中树脂磺酸基脱落，而磺酸基的脱落速率与温度和含水量成正比。

3　重沸器泄漏解决

3.1　重沸器泄漏解决

2014 年通过检修分析泄漏减薄的部位主要为集中在顶部第 1 和 2 层管束，通过工艺调整提高塔底液位，就能将水的气化位置提高到重沸器返塔管线上，这样就可以避免重沸器因水汽相变而造成的气蚀冲刷。通过将塔底液位由原来的 30%提高到 70%，有效的解决重沸器气蚀泄漏问题。但重沸器返塔管线冲刷腐蚀问题变得异常严重，多次发生泄漏；通过对返塔线弯头进行检测，弯头减薄超过 50%；只能采用打卡子和包壳子的方式消除漏点维持生产(图 4、图 5)。2019 年检修期间通过将甲醇回收塔重沸器返塔管线更换为 316L 材质，提高管线的硬度及耐酸腐蚀能力，解决重沸器返塔管线气蚀冲刷腐蚀问题。经过一年多的运行，该部位未出现泄漏问题。

图 4　返塔线弯头出现沙眼打卡子消漏情况

图 5　返塔线弯头多出泄漏包盒子消漏情况

3.2　腐蚀泄漏防护

2015 年轻汽油醚化装置主反应器(R-201)开始试用国产醚化催化剂，国产醚化催化剂以其极高性价比逐渐替代进口醚化催化剂，但国产与进口醚化催化剂生产工艺存在差异，相比国产催化剂磺酸基脱落量偏高，直观表现为萃取水 pH 持续降低，萃取水呈酸性。使得甲醇回收塔重沸器泄漏原因由气蚀冲刷转为酸性腐蚀。为了减少因磺酸基脱落而引起的酸性腐蚀，最简单的方法就是增加萃取水的换水量，用以控制甲醇回收系统 pH 不低于 6.5，但这会增加除盐水消耗，增加排污水量；同时水洗水的 pH 变化较大，经常小于 6.5，对设备防腐蚀的控制不利。

国内 MTBE 装置在萃取水进入甲醇回收塔之前增加脱酸树脂技术已广泛应用，该技术目的是将从催化剂中脱落的磺酸剂与阴离子树脂反应，吸附中和脱落的磺酸基，达到萃取水脱酸目的，避免甲醇萃取系统弱酸性腐蚀，延长设备的使用寿命，避免设备异常泄漏。脱酸树脂是一种具有同时脱除阳阴离子的两性树脂，它具有很高的阴离子吸附容量和抗污染性，可以允许在 80℃的温度下长期使用。当甲醇萃取工艺水通过脱酸剂树脂时，工艺水中的 SO_4^{2-}、Cl^- 等阴离子及 Na^+、Fe^{3+} 等阳离子会被吸附，脱酸剂每吸附 1mol 的阴离子即同时释放出 1mol 的 OH^-，而每吸附 1mol 的阳离子即同时释放出 1mol 的 H^+，OH^-与 H^+随即结合成 H_2O，从而达到脱酸的目的，使生产装置上的萃取循环水 pH 值能够长期保持在 6.5 以上。MTBE 装置与轻汽油醚化装置催化剂相同，均为磺酸基催化剂。脱酸树脂技术可解决甲醇萃取回收系统酸性腐蚀问题，可以保证重沸器长周期的运行，同时还会减少因甲醇取回收系统大量换水造成水耗及排污增加的问题。

4　结论

通过对轻汽油醚化装置甲醇回收塔重沸器泄漏原因的分析，通过采用提高塔底液位，提高相变点减缓重沸器气蚀冲刷问题；通过对返塔管线材质升级解决管线气蚀冲刷泄漏的问题；通过加大换水及增加脱酸罐改善因醚化催化剂磺酸基所引起的酸性腐蚀问题；以及计划通过升级重沸器管束材质的方式，确保重沸器在运行期间不发生异常泄漏问题。

参　考　文　献

[1] 张向东 . MTBE 生产中的设备腐蚀问题分析 . 腐蚀科学与防护技术 . 2001. 9. 300-301

大型滑阀阀板拆安困难的解决办法

王继琛　徐先富　张　伟　任立伟　门曰生

(中国石油大连石化公司)

摘　要　随着催化装置的大型化，滑阀也趋向大型化。在阀板拆安施工中，由于重量大、无吊点、部分存在倾角，需要多个导链频繁交替施工。费时费力且危险系数大增。应用 TRIZ 创新方法，辅助 SolidWorks 三维建模，设计可调式滑阀阀板拆安工具。结构经过力学计算验证，满足现有最大重量、角度阀板的拆安。材料成本低廉，结构简单，便于制造、安装、使用。从根本上解决滑阀阀板拆安施工难度大、风险高的问题。根据实际使用经验，大大节约人力成本。安全生所带来的效益更是无法估量的。

关键词　大型滑阀，吊装困难，TRIZ 创新方法，可调式，科学验证，便于推广，解决施工难题

1　概述

催化裂化装置滑阀，用于催化裂化两器之间的催化剂循环管线上的一个滑动板的滑阀。正常操作时用以调节催化剂的循环量。开、停工或发生事故时，用于快速切断催化剂循环和两器间的连通。是催化装置最重要的设备之一。

随着催化装置的大型化，滑阀也趋向大型化。如大连石化四催化装置循环滑阀，规格 *DN*1700 为亚洲最大的单动滑阀，阀板重量达到 1.5 吨。在阀板拆安过程中，由于阀板重量大、无吊点，且部分滑阀阀板存在倾角。每次拆安阀板时，需要多个导链频繁交替施工。费时费力不说，使得吊装施工难度与危险系数大大增加(图 1)。因此急需设计制造一套专用工装，辅助拆安阀板。

图 1

此外设计应满足表 1 所列要求。

表 1　功能需求分析表

序号	性能需求	功能需求	实现效果
1	可承受阀板重力	为阀板提供支撑	避免导链多次交替更换，大大降低吊装难度与危险
2	可以推广使用	可供所有滑阀使用	自身可调节，满足所有规格、角度滑阀使用
3	加工要求	便于制造	工装制造成本低，材料简单，加工方便，利于推广
4	设计要求	可承受阀板重量	最大阀板重量 2.19 吨，倾斜角度 30°

2　设计方法

通过 TRIZ 理论的分析，设计最佳解决方案。

2.1　运用物质–场分析法

问题模型：

在当前系统中，阀板在重力场的作用下，阀板会对操作人员存在有害作用，危及操作人员安全。应用物质–场模型标准解 S1.2.1，引入 S3 消除有害作用。(图 2)

2.2　运用技术矛盾解决问题

运用技术矛盾解决阀板进入大盖后，阀板没有任何吊装点的问题(表 2)。

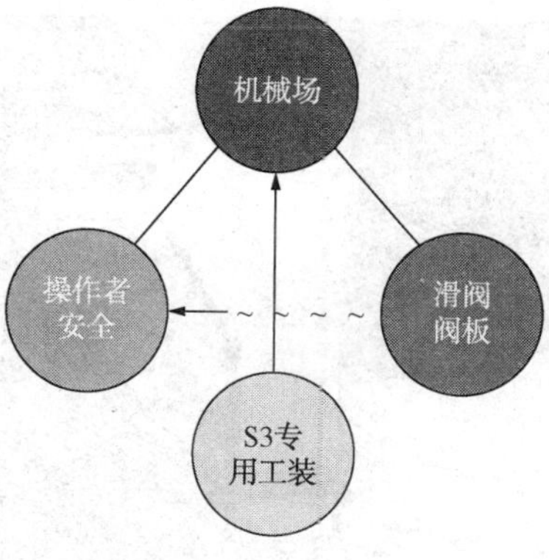

图 2

表 2　技术矛盾分析表

	TC1	TC2
要求	如果 A+：延长导轨长度	如果 A-：不延长导轨长度
改善	那么 B+：提高安装效率	那么 C+：导轨强度提高
恶化	但是 C-：导轨强度降低	但是 B-：降低安装效率

确定解决的技术矛盾为 TC1，发生在“安装效率”与“导轨强度”之间；发生在阀板回装的时候。问题模型对应的 39 个通用工程参数：

恶化的参数：14 强度

改善的参数：9 速度

解决方案模型：对应查看阿奇舒勒矛盾矩阵表得到参考原理如表 3 所示。

表 3　阿奇舒勒矩阵表(截取)

恶化参数 / 改善参数	14 强度
9 速度	8，3，26，14

8：重量补偿原理

3：局部质量原理

26：复制原理

14：曲面化原理

采用 8 重量补偿原理，利用原滑阀本体结构，为导轨增加两个支撑点，使导轨更具稳定性(图 3)。

图 3

采用方案 26 复制原理，设计一个简化的导轨，使其在拆安过程中起到与原导轨相同作用、如图所示，采用廉价的角钢代替原导轨(图 4)。

图 4

采用 14 曲面化原理，在制作的导轨中增加滚柱，将阀板与导轨的摩擦由滑动摩擦，改为滚动摩擦，使阀板更容易在导轨上移动，如图所示(图 5)。

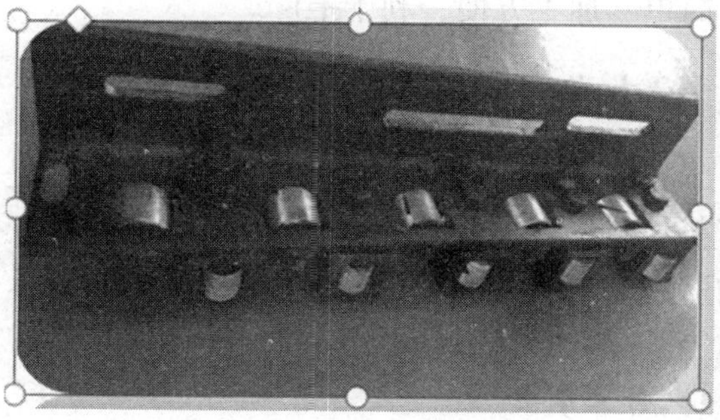

图 5

最终方案：将上述方案进行优化评价，整合成为最终方案，如图所示，将支撑架通过螺栓固定在大盖法兰面与座圈螺栓孔上，将导轨固定在支撑架上。将阀板吊装至导轨后，即可以将阀板轻松推入阀体内(图 6)。

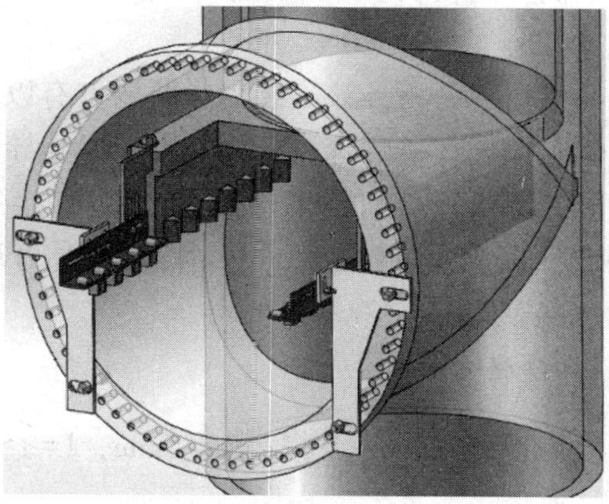

图 6

3 方案的创新性与优势

3.1 该设计方案的创新性

(1) 延长滑阀导轨，补偿受限空间没有支撑的缺陷，解决倾斜滑阀阀板空间位置不能固定的难题；

(2) 利用滑阀本体结构，寻找两个支撑点，固定延长导轨；

(3) 在延长导轨上设计滚轮，以减小延长导轨增加的摩擦功，并为倾斜阀板提供支撑；

(4) 在支撑件上分别设计三个槽孔结构，用以调整自由度，可以在不同规格滑阀上使用。

3.2 该方案的优势

(1) 可以避免导链多次交替更换，大大降低吊装难度与危险；

(2) 自身可调节，满足所有规格、角度滑阀使用；

(3) 工装体积小、重量低，制造成本低，材料简单，加工方便，利于推广。

4 设力学分析与验证

有了初步的设计方案，需要验证该方案是否可行。通过力学分析，验证该设计是否可以安全的适用于最大重量、最大角度滑阀阀板的拆安施工。

4.1 计算参数

支撑架材质选用 45#，紧固螺栓材质 45#，角钢材质 Q235；σ 拉 = 355MPa，σ 剪 = 1/2σ 拉 = 178MPa

小螺栓 M20，S 小 = 244.79mm^2，大螺栓 M30，S 大 = 560.6mm^2，焊接面：120×15(焊脚 5mm)

举例：阀板长 A = 1010mm，宽 B = 1040mm，m = 2200kg，G = 21560N

经过受力分析，该工装力学薄弱点有以下四处：侧支撑处焊接焊缝(图 7)、侧支撑与导轨连接螺栓(图 8)、侧支撑与大盖法兰连接螺栓(图 9)，以及角钢强度。分别进行受力验证计算。

4.2 焊缝强度计算

力矩：$M=\frac{G}{2}\times\frac{B}{2}$ 焊高 h = 5mm，l = 15mm，δ = 120mm

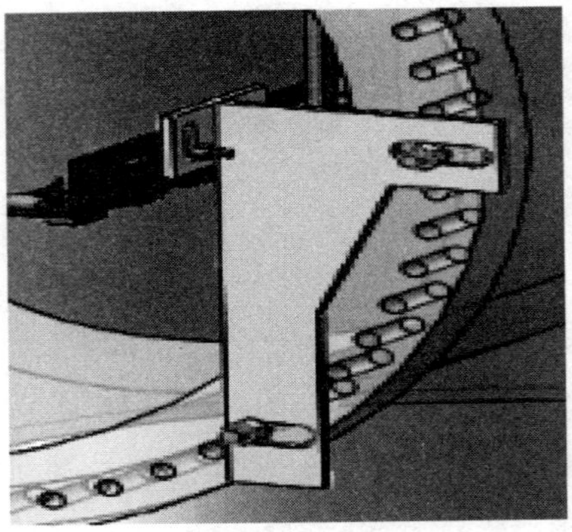

图 7

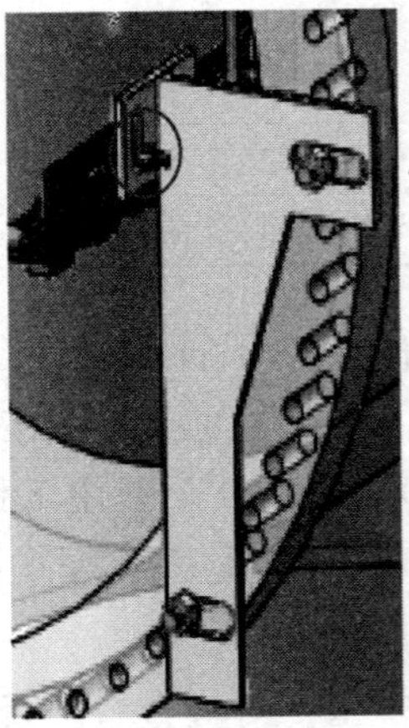

图 8

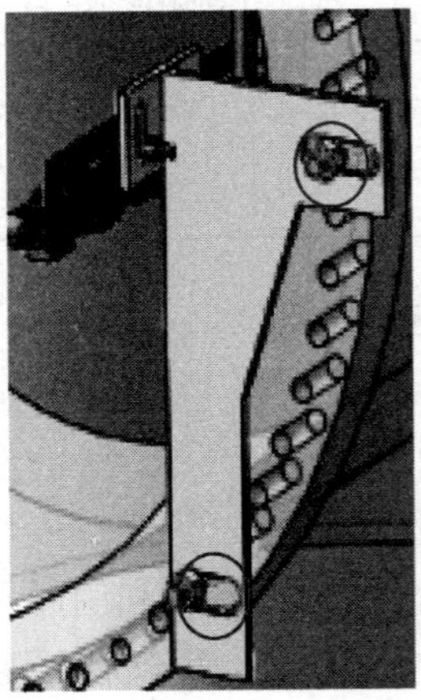

图 9

拉应力：$\sigma=\frac{4.24M}{h[\delta^2+3l(\delta+h)]}\approx 1.04\times 10-5GB=158.25\text{MPa}<\sigma$ 拉 = 355MPa

剪切力：$\tau=\frac{\frac{1}{2}G}{(2h+l)(2h+\delta)}=1.5\times 10-4G=2.25\ \text{MPa}<\sigma$ 剪 = 178MPa

4.3 螺栓剪切强度(M20)

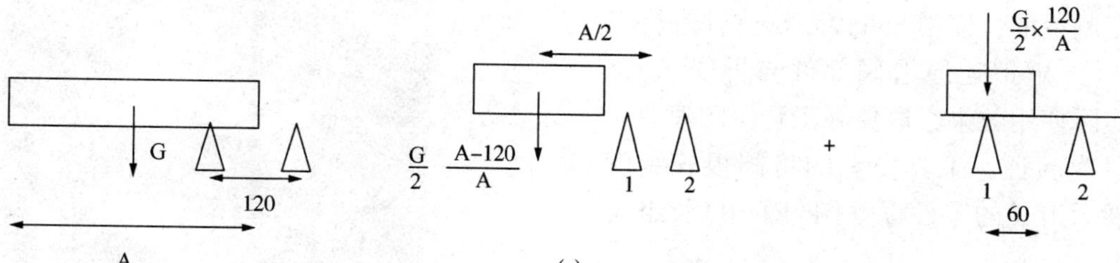

(a) (b)

(a)图中，以 1 号螺栓为支点 M1=0，则$\frac{G}{2}\left(\frac{A-120}{A}\right)\frac{A}{2}=F_2\times120$，$F_2=\frac{GA(A-120)}{480A}$

以 2 号螺栓为支点 M2=0，则

$$F_1'\times120=\frac{G}{2}\times\left(\frac{A-120}{A}\right)\times(\frac{A}{2}+120)$$

$$F_1'=\frac{G(A-120)(A+240)}{480A}$$

(b)图中，$F_1''=\frac{G}{2}\times\frac{120}{A}=55\frac{G}{A}$

$$F_1=F_1'+F_1''=55\frac{G}{A}+\frac{G(A-120)(A+240)}{480A}$$

剪切力：$\tau_1=\frac{F_1}{S}$，$\tau_2=\frac{F_2}{S}$，代入示例得

$\tau_1=140.75MPa<\sigma_{剪}=178MPa$ $\tau_2=111.47MPa<\sigma_{剪}=178MPa$

4.4 螺栓剪切强度(M30)

按照极限状态考虑，只有下方两个 M30 螺栓承受全部作用力

$$F=\frac{G}{2},\ \tau=\frac{F}{S}$$

代入得 $\tau=13.05MPa<\sigma_{剪}=178MPa$

4.5 角钢强度计算

采用的角钢边长 110mm，厚 10mm，查表得：

角钢惯性矩 IX=1881546.7；

中性轴至边缘最大距离 $y=68.8$mm

抗弯截面系数 $W=\frac{I_X}{y}=27348.1$，S 角钢 $=2100mm^2$

$$M=\frac{G}{2}\times\frac{A-60}{A}\times\frac{A-60}{2}$$

$$\sigma_x=\frac{M}{W}$$

$$\sigma_y=\frac{M}{W}+\frac{\frac{G}{2}\times\frac{A-60}{A}}{S_{角钢}}$$

$$\tau_{xy}=\frac{\frac{G}{2}\times\frac{A-60}{A}}{S_{角钢}}$$

代入示例：$M=2189236.7Nmm^2$

$\sigma_x=80.1MPa$，$\tau_{xy}=2.2MPa$，$\sigma_y=82.3MPa$

采用第四强度理论计算：$\begin{cases}\sigma_1\\\sigma_2\end{cases}=\frac{\sigma_x+\sigma_y}{2}\pm\sqrt{(\frac{\sigma_x-\sigma_y}{2})^2+\tau_{xy}^2}$

$$\sigma_4=\sqrt{\frac{1}{2}(\sigma_1-\sigma_2)^2}\approx3.5MPa<\sigma_{拉}=235MPa$$

4.6 当滑阀存在倾角时，按最大倾角 30°进行计算

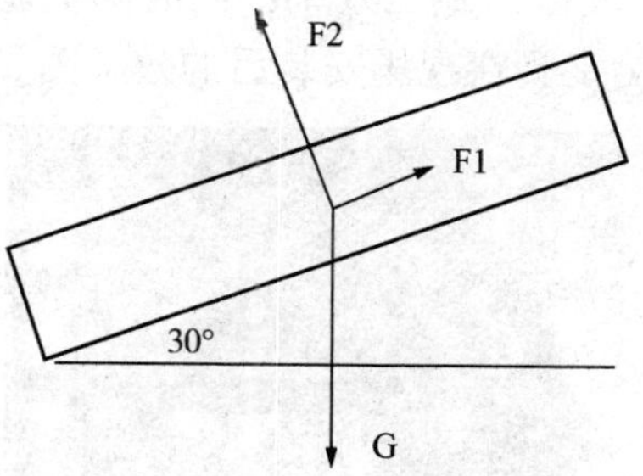

$$F_1=\frac{1}{2}G,\ F_2=\frac{\sqrt{3}}{2}G$$

下方角铁受到合力 $F=F_1\cdot\sin30°+F_2\cdot\cos30°\times\frac{1}{2}=\frac{5}{8}G$

因此当滑阀存在 30°倾角时，下方导轨各受力点交原计算量增加 1/8

带入前 4 项验证均符合要求。

综上：通过上述计算，验证该设计方案可行。

5　使用 SolidWorks 三维建模验证使用效果

在加工制造前，使用 SolidWorks 软件进行三维建模，1：1 虚拟还原滑阀部件与拆安工具。用以验证实际使用效果，避免施工资源的浪费。

通过建模验证，工具便利的将阀板安装就位。此处展示工具的零件爆炸图(图 10)及组装效果图(图 11)。

图 10

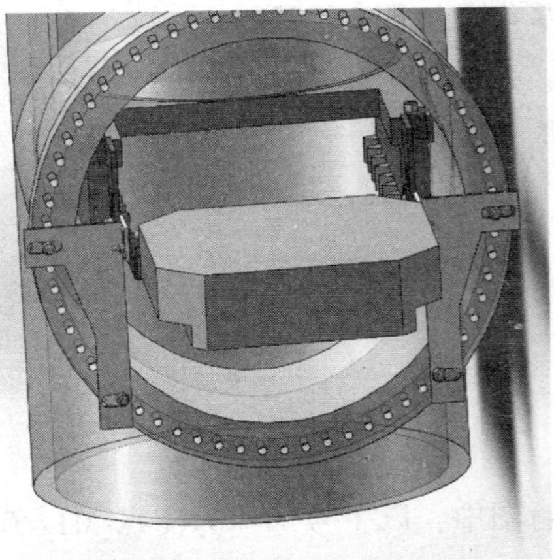

图 11

6　现场实际使用情况

2020 年停检回装阶段，使用该阀板拆安工具对四催化双动滑阀阀板进行回装，验证使用效果。

现场实际使用情况如表 4 所示。

表 4　滑阀阀板拆安工具使用前后对比表

	滑阀规格	阀板数量	施工人数	施工时间
使用工具	LB2000—DN2000	2	4	1h
不使用工具			8	10h

根据实际使用情况对比可知，该阀板拆安工具可以大大提高施工效率，同时降低施工风险。(图 12)为工具在现场安装后的效果图。

图 12

7　可调式滑阀阀板拆安工具的效益价值

经过实践检验，可调式滑阀阀板拆安工具可节约施工费用、加快施工进度。统计结果如表 5 所示。

但是它最大效益在于降低了多点吊装风险，避免在吊装过程中阀板脱落，发生机械损坏和人身伤害事故，而由安全带来的效益是不可估量的。

8　结语

随着催化裂化装置的大型化，大型滑阀的数量在大连石化公司，乃至整个石油炼化行业越来越多，随之带来的施工风险与日俱增。以往拆安阀板时，需要多个导链频繁交替施工。费时费力不说，吊装施工的难度与危险系数大大增加。因此急需设计一套方案解决这一施工难题。

应用 TRIZ 创新方法，提出最佳解决方案，设计可调式滑阀阀板拆安工具。同时，设计过程经过理论受力分析计算、数字化建模验证与实际应用验证。证明该工具可以解决大型滑阀阀板拆安困难的施工难题。且具有极佳的推广性，能产生可观的经济效益。最重要的是，能够降低低多点吊装风险，避免在吊装过程中阀板脱落，发生机械损坏和人身伤害事故，而由安全带来的效益是不可估量的。

表 5　可调式滑阀阀板拆安工具经济价值统计表

名称	型号	不用工具施工人数	不用工具施工时间	吊车	用工具施工人数	用工具施工时间	拆安节约费用
双动滑阀	DN2000	8	10h	150t	4	1h	2 万元
循环滑阀	DN1700	8	6h	150t	4	1h	2 万元
待生滑阀	DN1500	8	6h	75t	4	1h	1 万元
再生滑阀	DN1500	8	6h	75t	4	1h	1 万元

装配式建筑在工业建筑中的应用——以某天然气管道分输站综合值班室建筑设计为例

李　妍　隋岳钊

（中石油华东设计院有限公司）

摘　要　本文通过新建某天然气管道分输站综合值班室建筑项目，从项目的具体装配式设计和 BIM 技术的设计应用，分析了装配式建筑设计的综合优势，探讨了装配式建筑在工业建筑中的应用优点。

关键词　装配式建筑，工业建筑，BIM，应用

1　装配式建筑工程

1.1　项目概况

本项目为新建某天然气管道分输站综合值班室建筑（见图 1），位于北京市平谷区马坊镇，建筑为一层小型装配式建筑，主要功能为办公室、会议室、控制室和设备用房等。

图 1　综合值班室效果图

1.1.1　设计理念

本次建筑的设计理念来源于对建筑有机生长的思考，单一的预制构件在三维向度上生长，生成一个有机的生命体。每个细胞相当于一个子模块。（见图 2）所有功能房间均由 3.9×7.2×3.9m 和 3.9×2.4×3.9m 两个子模块组合而成，每个子模块可根据使用功能的不同变为不同的使用房间，两种子模块也可以在三维向度上延伸生成需求更高的、面积更大的其他功能房间。各类功能房间按照人员、设备的使用情况组合形成不同的功能分区，如办公区、设备区及公用设施区。各个功能分区由交通模块联系生成整个建筑有机体。

1.1.2　建筑平面布局

根据标准化、装配化及模块化设置柱网。整栋建筑分为办公区，设备区及公共辅助区，走廊联系各个独立分区，流线顺畅。设备区为机柜室、配电室和发电机房。公共辅助区为消防泵房、空调机房、工具间和卫生间等。办公区域为办公室、仪表控制室、会议室、活动室等（见图 3）。

设备区布置在北侧西部区域，公共辅助区的消防泵房用水房间布置布置在南侧东部区域，避免用水房间对配电室造成影响。办公室布置在南侧区域，使办公室在北方地区得到更充足的日照（见图 4）。

1.1.3　立面分析

采用现代的建筑风格，以折板为主要元素概念。正立面采用折板框体分割体块，削弱整个东西向过长的视觉观感，增加轻盈感，形成丰富的光影关系及虚实关系。入口采用单独体块，入口侧面以及边框采用深褐色木纹理饰面更强调凸出了入口。其余部分做玻璃幕外加铝合金竖向线条，通过玻璃与金属的材质对比凸显现代建筑轻盈、时尚、现代的建筑特性。

为了让工人在厂区中不再单调乏味，可以在工作的压力下获得精神上的疏解与放松，避免装备式建筑冰冷呆板的“方盒子”形象，根据色彩心理学原理，在建筑外立面和室内公共空间进行了一系列色彩设计。采用舒服的线条图案和丰富的色彩，传递正能量，体现对工人和厂区的人文关怀。主要颜色选用 CBCC 中国建筑色卡中的浅灰和深灰、浅褐色和深褐色，创造出稳重、大气、素雅、和谐的建筑（图 5）。

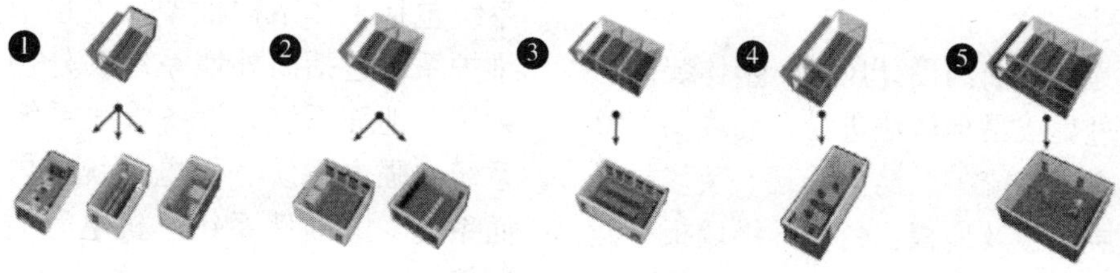

图 2　房间子模块组合图

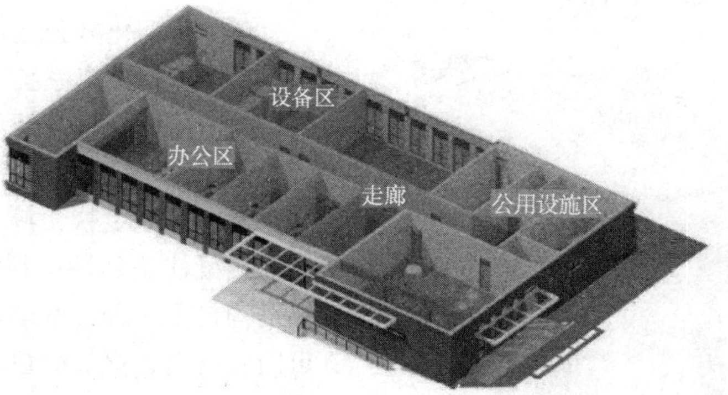

图 3　区域布置图

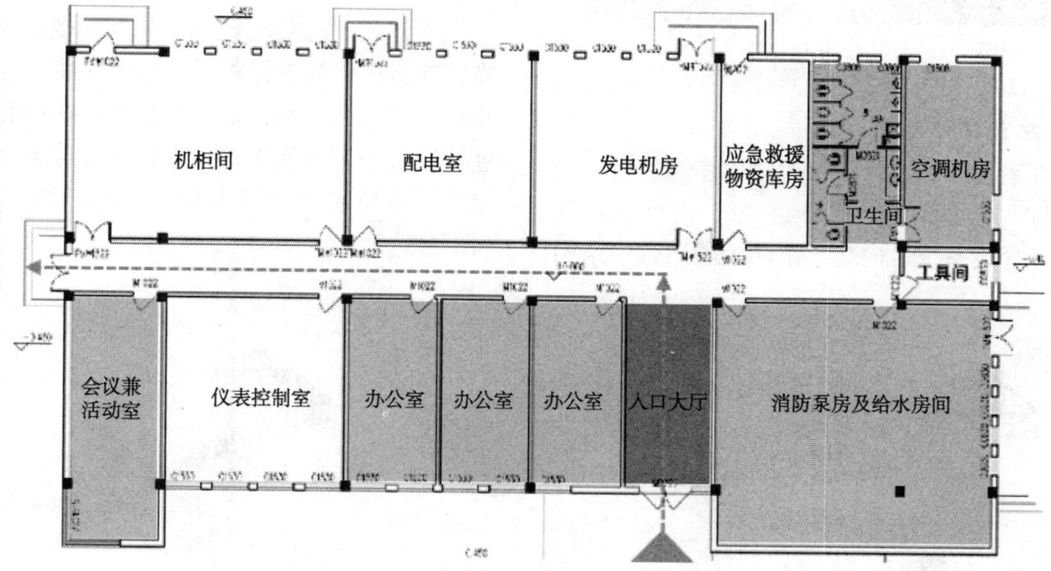

图 4　建筑平面图

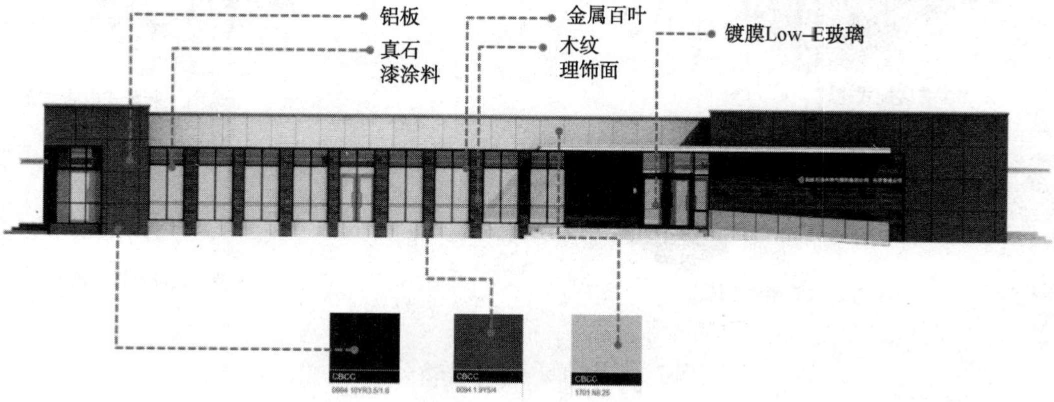

图 5　建筑立面分析图

1.1.4　室内设计

整体设计为现代简约设计风格，整体装修为干式做法，通过集成吊顶做法进行全局或局部整体及隐藏，使之规整统一、简洁美观。装修材料采用装配式基层墙板及地板：竹木纤维墙板、硅酸钙板、地面架空地板等标准产品，优点是可快速安装、高效回收、方便改造(图 6)。

图 6　办公室室内效果图

1.2　装配式设计分析

本方案装配式设计时将对整体建筑进行拆分设计(见图 7、8)，分为结构系统、内外围护系统、设备管线系统、内装系统四大类。其中结构系统包括主体结构框架、连接节点系统。内外维护系统包括内外墙系统、外门窗系统、屋面系统、地面系统。设备管线系统包括暖通空调系统、强电系统、弱电系统。内装系统包括墙面系统、隔断墙系统、机电管线接口、吊顶系统等。

1.2.1　结构系统

预制装配化办公建筑的结构系统包括主体结构框架、连接节点系统。

(1) 主体结构框架

该建筑为钢框架结构。钢框架梁柱无需现浇，安装速度更快，施工质量更容易得到保证；钢框架梁柱是延性材料，具有更好的抗震性能；钢结构自重更轻，基础造价更低；钢框架梁柱是可回收材料，更加绿色环保；梁柱截面更小，可获得更多的使用面积。

(2) 主连接节点

本建筑预制装配式结构节点连接方式主要有螺栓连接、焊接连接等。螺栓连接将柱与柱、梁与柱、梁与梁等部件通过螺栓连接在一起。焊接连接则是采用现代焊接技术将梁柱等节点进行连接，可避免现场浇筑混凝土，对环境污染较小(图 9)。

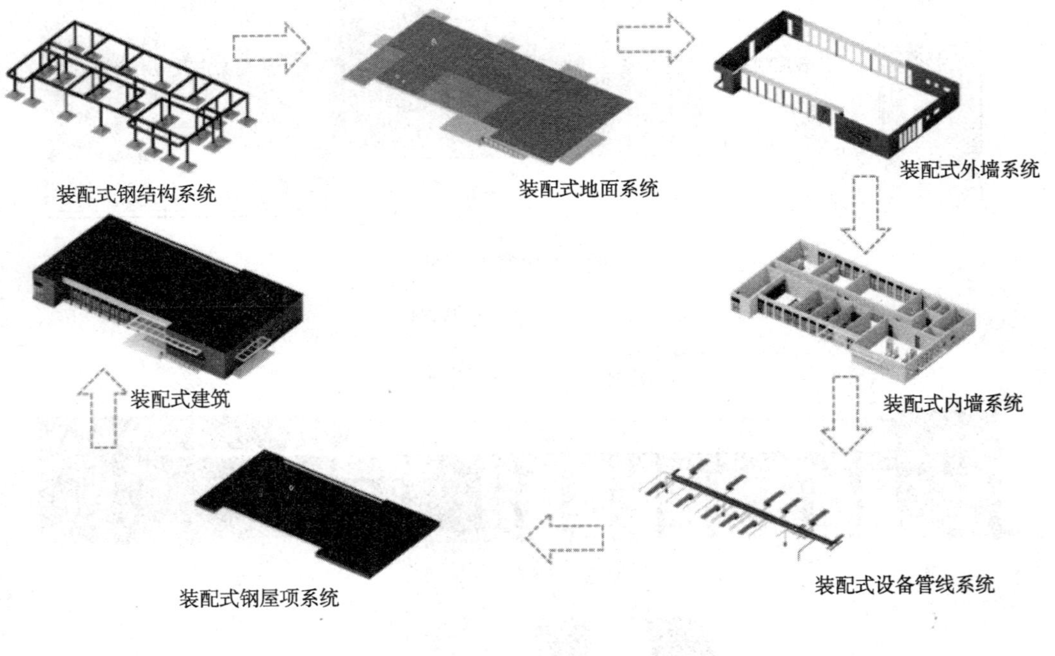

图 7　综合值班室装配系统分析图

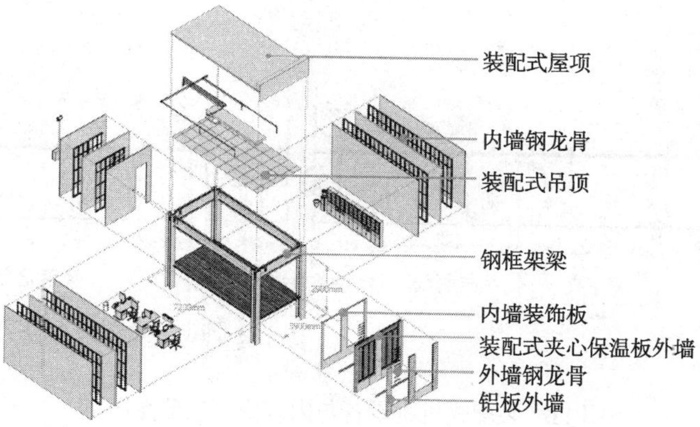

图 8　装配拆分图

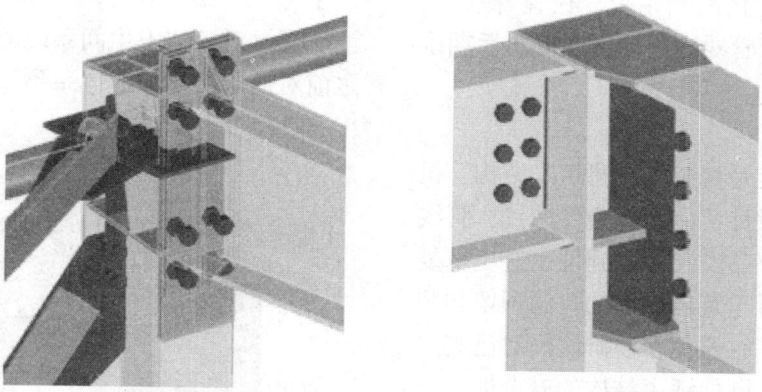

图 9　结构节点连接示意图

1.2.2　内外围护系统

该项目的内外围护系统主要由内外墙系统、外门窗系统、屋面系统、地面系统组成。包含幕墙、外墙挂板等多种样式。

（1）外墙系统为装配式三合一夹心保温外墙板。三合一夹心保温外墙板是将外装饰铝板、无机塑化微孔保温板和内装饰板预制在一起，既能兼顾建筑的内外立面艺术效果，又能满足建筑的保温节能要求。

（2）内墙系统采用 ALC 预制板（图 10）。ALC 预制板工业化生成，现场拼装，施工效率是传统砖砌体的 4～5 倍，无需现场砌筑和抹灰工序。ALC 预制板自重轻，对结构整体刚度影响小，还具有很好的隔音性能和防火性能；成品板材无放射性，无有害气体逸出，非常绿色环保。

（3）外门窗系统：本建筑采用预装窗框装配，在工厂预先装设窗口，并打密封胶处理。做好成品保护运输至工地后，统一安装窗扇和玻璃。预装窗框节点采用内高外低的企口做法，上部设置滴水槽，下部设置斜坡泄水平台。可以有效控制质量，避免现场安装密封作业，防止渗漏，保证质量。

图 10　内隔墙 ALC 板现场图

（4）屋面系统：该建筑屋面为装配式金属屋面，系统的主要组成构件有底板、内支撑体系、隔热保温材料、吸声材料、防水防潮材料、金属面板、附件，这些材料在现场组装完成即可。

1.2.3　机电设备系统

装配化建筑的机电设备系统包含了集成吊顶系统、干式地暖系统等。

（1）集成吊顶系统：运用轻质吊顶空腔用来

敷设管线、设备等(图 11)。

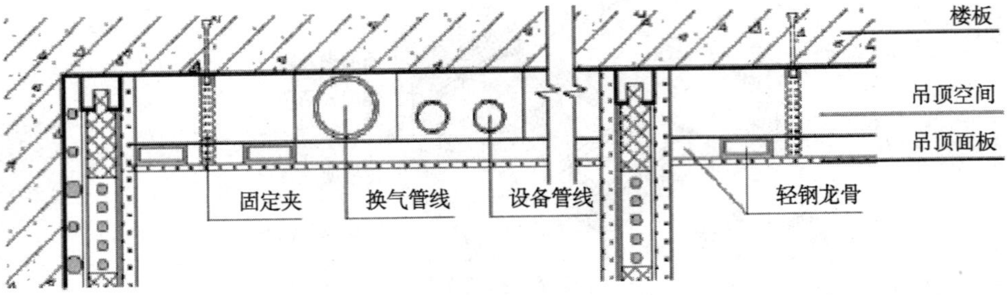

图 11　装配式机电设备与内装修吊顶节点图

(2) 干式地暖系统：热效应快，施工简洁，维修方便。结合装配化内装系统，在叠合板内、装修空腔内暗敷设，管线走向清晰明确，后期维护检修方便。

1.2.4　内装系统

装配式内装系统是将装修与建筑、结构、机电设备一体化同步设计，将功能条件前置，管线安装、墙面装饰、部品安装一步到位，避免重复浪费，事先统一进行建筑构件上的孔洞预留和装修层面固定件的预埋，避免在装修阶段对已有建筑构件打凿、穿孔，既保证了结构的安全性，又减少了噪声和建筑垃圾。通过内装一体化设计、配套化部品、专业化施工、系统化管理，实现功能、安全、美观和经济的协调统一。

本项目内装系统包括卫生间系统、夹层管线系统、轻质隔墙系统、快速地面系统、集成顶面系统、软装系统等。

(1) 卫生间系统

整体卫生间系统采用一体成型的防水底盘，具有防水反沿和流水坡度设计。吊顶采用集成一体化铝扣板吊顶，工厂生产，现场高效干作业，便于施工安装；防水工厂加工时成型，抗菌清洁。通过对整体卫生间系统的设计，在工厂生产之前对使用功能形成体系预制，在现场装配安装(图 12)。

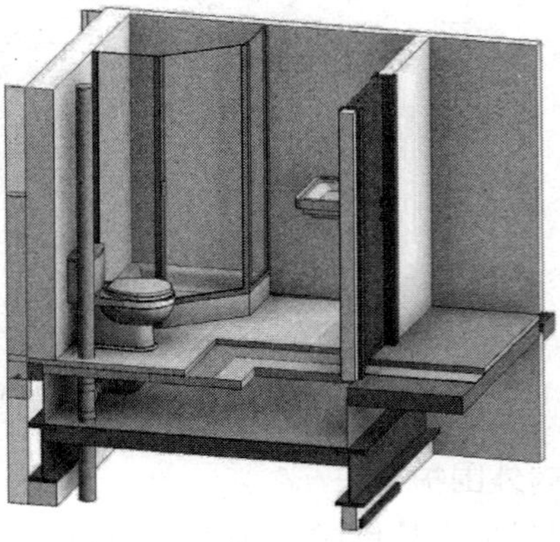

图 12　装配式卫生间

(2) 轻质隔墙系统采用架空竹木纤维装配板和硅酸钙板等标准产品。可快速安装、高效回收、方便改造、电力布线免开槽(图 13)。

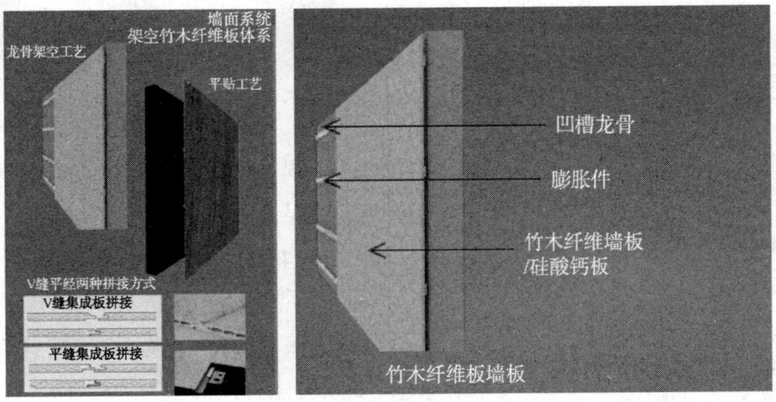

图 13　轻质隔墙示意

(3) 快速地面系统：地面采用 SPC 集成石材纹理架空块材(图 14)。SPC 集成石材纹理架空块材是一种新型环保型复合材料产品，具有防火阻燃、硬度高、稳定性好、易安装、噪音小的优点。采用该地板可以有效与管线结合，做到管线分离，干法施工；施工工期短，环保、二次改造简单、可回收利用。

（4）集成顶面系统：有吊顶的房间，通过吊顶对机电走线进行了遮挡，对机电末端、灯具进行安装。排布按照国家规范且美观统一。门厅、走廊、开敞办公区、会议室采用 600＊1200 铝板吊顶配合专用龙骨；中控室吊顶（图 15）采用 600＊1200 冲孔铝扣板。灯具、喷淋、烟感、消防广播等末端安装在吊顶 300MM 宽集成带中，规则分部灯具和末端点位，可以实现每块可开启的检修模式。无吊顶的区域通过 BIM 技术对管线进行规则排布，提高空间净高，涂刷统一颜色，增强整体性。

图 14　SPC 集成石材纹理架空示意

图 15　集成吊顶示意

2　BIM 技术该装配式建筑中的应用

BIM 技术贯穿于装配式建筑的全寿命周期，集装配式建筑的设计、生产、施工安装、运行维护于一体。而 BIM 技术在装配式建筑设计阶段的应用尤为重要，装配式建筑最大的特点就是工作前置，生产、安装单位需要提前参与到设计的过程中来。通过 BIM 在装配式建筑设计阶段的实施，可以有效控制建筑成本，提高装配式构件工厂生产的质量，确保构件施工安装的精细化程度。

2.1　规划阶段

（1）日照采光分析

使用 BIM 建模和分析软件，可以创建模拟区域的三维模型，然后在建筑模拟仿真等领域的阳光和分析气象数据和其他信息的输入模拟区域，从而提供规划参考和设计。

（2）建筑微环境的空气流动分析

通过结合使用的 BIM 和 CFD 技术，可以方便，快捷地对建筑，环境空气流体仿真领域之外进行，可将图像在视觉上分析和评价内部和建筑外部的空气流动的液体环境环境中形成，并及时调整方案。有助于规划师，建筑师全面，直观的因素对环境的影响是在方案设计确定。同时，采取综合运用不同的技术优势，使规划更加科学合理。

（3）城市规划可视度分析

通过 BIM 分析模拟技术从分析结果可以清楚地看到标志性的可见性城市道路分布。统计软件不同类型的可视度面积，并在显示区域的道路网的区域中的颜色变化可以看到园林建筑的变化。

(4) 城市建筑群热工分析

分析建筑空间的形成，实现太阳的热量在自然状态下的自然分布，通过这个热的分布式计算之后，可以清楚地看到，热量集中在建筑物内。获得这个结果，深化规划设计过程后，可以通过各种措施，如增加绿色，水或引入自然通风走廊减少高温区等进行调节。

2.2 方案阶段

(1) 各种平面及三维效果图，协助规划布置，室内外透视图，显示各种技术参数，参数化协助空间及材质设计(图 16)。

(2) 虚拟现实效果，三维场景视觉漫游，直接体验效果，全方位观察设计效果，三维效果动画(图 17)。

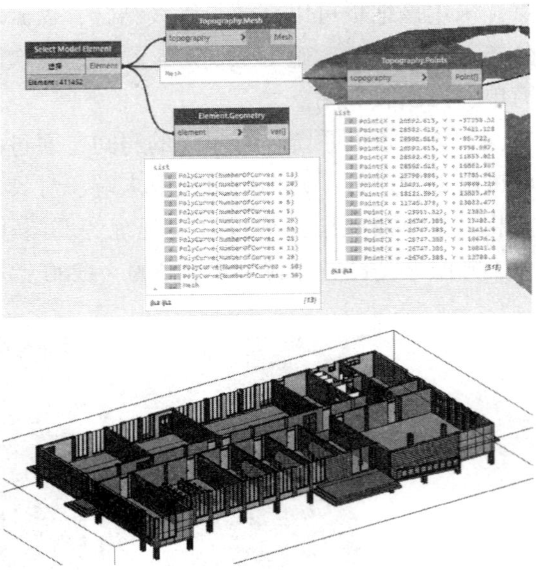

图 16 BIM 软件建模和技术参数示意

图 17 BIM 软件三维场景示意

2.3 深化设计阶段

BIM 正向设计，2D 图纸与 3D 模型准确、便捷切换；自动生成平立剖，信息准确；各视图具有关联性；更利于设计师表现设计意图(图 18)。

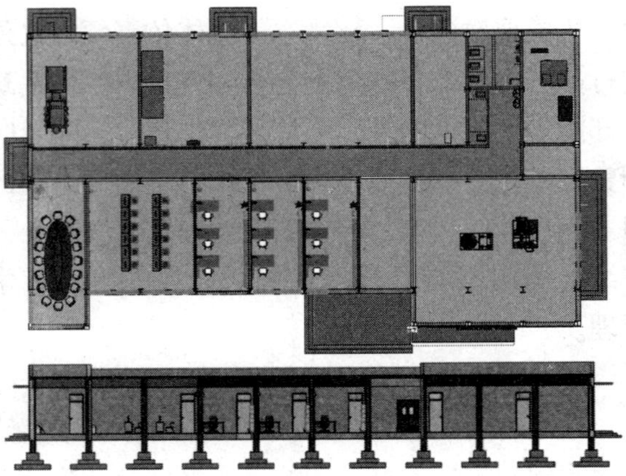

图 18 BIM 软件生成的平面和剖面图纸

2.4 建造阶段

(1) 工程量计算与辅助材料管理

快速准确提取工程量，可根据设计变更动态更新。

(2) 场区规划模拟

创建工程场地模型，模拟建筑、设备及资源模型的现场布置，通过场地漫游，及时发现场地中布置不合理区域，避免因布置不当造成的二次搬运等浪费。充分考虑现场项目与环境的合理关系，做好室外亮化和相变布置。

(3) 辅助图纸会审

在 BIM 模型碰撞分析和三维可视化表达的帮助下，事前发现图纸问题，合理会审施工图纸。

(4) 可视化方案交底

利用 BIM 可视化等特点，辅助施工交底和图纸深化，如 BIM 辅助管线安装交底，导出施工二维图纸。

（5）碰撞检查

本项目对各专业模型进行整合，发现主碰撞问题 100 多个，优化设计后利用虚拟人物漫游，提前查看各种错漏碰缺问题(图 19)。

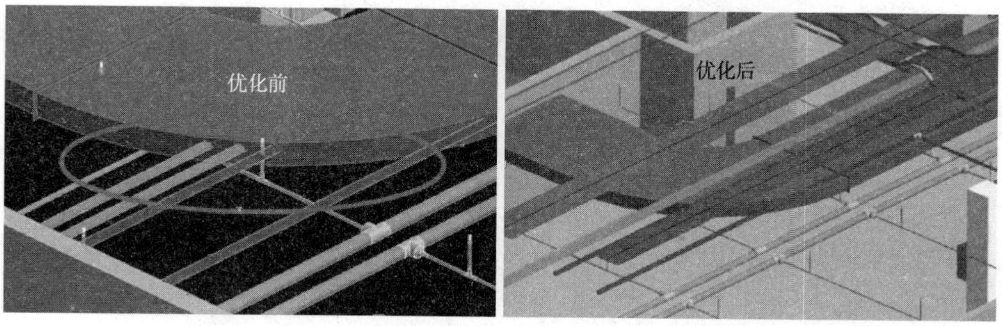

图 19　BIM 软件碰撞检查优化前后对比图

（6）管线优化

依据《管线综合避让原则》，解决水、暖、电、通风与空调系统等各专业间管线、设备的碰撞，实现机电综合排布。

（7）净高分析

所有优化完成后，生成优化方案，合理减少使用空间，最大限度提升了室内净高。

（8）物料管理

通过内置的材料采购计划表，进行工程报量。周密安排材料采购计划，能保证工期与施工的连续性，减少资金占用、降低库存、减少材料二次搬运，辅助材料管理。

（9）施工进度模拟与实时跟踪

将 Project 进度计划与施工现场 3D 模型集成一体，配以时间维度，实现对主体工程结构施工 4D 模拟，在施工过程中根据实际情况调整进度信息，对工程进度实时跟踪，实现流水施工、缩短工期、降低成本、提高工程质量。

（10）质量与安全管理

将工程中出现的问题及时记录在模型中，通过模型与现场跟踪挂接，参与方可及时交换意见、留存记录，且各方可实时关注问题状态，跟踪问题进展，完善安全隐患检查，在基于 BIM 技术的工程例会中提前解决问题，实现现场问题缺陷管理协同。

（11）动态成本管理

将编制的计价清单与模型关联，实现量价一体。在 4D 的基础上加上成本，形成资金曲线图，构成 5D 的成本管理，进行多维度成本分析，根据实际情况实时调整模型与成本信息，实时跟踪成本，达到对项目成本进行动态控制的目的。

（12）钢结构和预制构件深化

利用 BIM 模型对钢结构细部进行深化。对于管线密集区域，施工前确定钢梁开洞和加固位置，确保开洞在工厂完成，保证施工质量。

（13）精装深化

利用 BIM 技术将复杂的二维精装图转换为直观清晰的三维模型，深化精装设计和施工管理，形成基于 BIM 技术的电子样板，提高施工效率，节约施工工期、减少施工浪费。

2.5　运维阶段

基于 BIM 的竣工验收，各参与方根据施工现场的实际情况将工程信息实时输入到 BIM 模型中，并且信息输入人员对自己输入的数据进行检查并负责。在施工过程中，分部、分项工程的质量验收资料、设计变更单、工程洽商等都以数据的形式存储并关联到 BIM 模型中，并根据交付规定对工程信息进行过滤筛选，不包含冗余的信息。

3　装配式建筑设计在工业建筑中的应用优点

装配式建筑设计有利于大幅降低建造过程中的能源浪费和消耗。比传统的现浇建造方式，可节水约 25%，节材 60%，降低施工耗能约 20%。可以减少施工过程造成的环境污染影响。降低施工粉尘和噪声污染，减少建筑垃圾 70% 以上。也可以显著提高工程质量和安全。以工业化代替传统手工作业，即确保部品部件质量，又能提高施工精度，减少事故隐患，提高施工安全性。有利于提高劳动生产率，缩短施工周期，提高施工生产效率。装配式建筑设计是未来工业建筑设计的发展趋势，应加强装配化建筑技术的深入和广泛应用，将装配式在工业建筑中的优势充分发挥出来。

参 考 文 献

[1] 潘丽．装配式建筑在工业建筑中的应用[J]．住宅与房地产，2019，10：15.
[2] 龙玉峰．BIM 技术在住宅建筑工业化中的应用[J]．住宅产业，2012，09：79-82.

附墙燃烧梯形加热炉的开发与应用

董　罡　魏学军　李　月

（中石油华东设计院有限公司）

摘　要　中石油华东设计院有限公司在吸收了国内外延迟焦化装置加热炉的先进技术的基础上，自主研发了底烧梯形加热炉，本文详细介绍了底烧梯形加热炉在延迟焦化装置加热炉的技术开发和应用案例，重点介绍了国内首次应用的对流段及辐射段均为独立管程模式的多管程梯形焦化炉，该焦化炉在处理炉管结焦时的操作更方便灵活，适应较宽范围加工量的变化。底烧梯形加热炉技术已经应用在了多个新建项目上，可实现装置安全高效、长周期运行。

关键词　附墙燃烧，单管程单室结构，梯形炉，CFD 数值模拟

1　国内焦化加热炉技术发展简述

1.1　概述

延迟焦化装置的加热炉（以下简称焦化炉）是影响装置长周期运行和效益的重要设备，伴随着我国延迟焦化装置的大型化的发展和技术进步，延迟焦化装置的焦化炉也经历了单面辐射箱式炉、双面辐射箱式炉和梯形炉的三个发展时期。

• 国内外梯形焦化炉介绍：

2008 年，随着中海油惠州炼化公司引进的美国福斯特惠勒公司六辐射室六管程双面辐射卧管梯形炉的建成，国内工程公司也相继开始进行梯形炉的技术开发和工程设计，单管程加工能力达到 0.40Mt/a。2010 年以后，中石化、中石油新建的延迟焦化装置多数已采用国内工程公司设计的梯形焦化炉（图 1）。

图 1　美国福斯特惠勒公司梯形焦化炉

1.2　梯形焦化炉技术要点

1.2.1　焦化炉主要技术要点

（1）双面辐射卧管梯形炉，一个辐射室只有一路炉管；

图 2　山东某炼化企业梯形焦化炉（SEI 专利）

（2）较高冷油流速：线速度>2m/s；采用多点注汽技术适时增大介质流速，使其处于高湍流状态，提高管壁焦垢脱离速度，降低管壁生焦速度；

（3）油品在管内>426℃（800F）停留时间≯35s；

（4）更高的焦化反应温度，炉出口温度达 505~515℃；

（5）具有炉管在线清焦手段，延长装置运行周期；

（6）炉膛设置密闭看火孔，无空气泄露，采用 CO 控制燃烧技术，节能减排。

双面辐射卧管梯形炉技术使炉管保持更为均匀和更高的平均表面热强度，可以提高加热炉出口温度，增加给热量，提高了焦炭塔内的反应温度和深度，有利于提高液体产品收率，降低焦炭产率。配套的在线清焦手段则可延长加热炉的运行周期，能保证装置运行时间延长到 4 年以上，降低了操作费用。焦化温度每提高 5℃，液体产品收率将增加 1%，还可把焦炭“熬”得更干，最大程度地降低石油焦挥发分的含量，经济效益更佳，且有利于本质环保。采用提高炉出口温度的

方法增加生焦反应给热量，要比延长管内停留时间更安全可靠，炉管更不易结焦。以规模为 100 万吨/年的装置为例，液收提高 2%，每年可增效约 2000 万人民币。

表 1　国内典型梯形炉焦化炉主要设计参数

焦化炉所属公司	炉管规格	冷油流速/(kg/m^2·s)	线速度/(m/s)	单管程最大进料量/(t/h)	炉出口温度/℃
中海油惠州炼化	Φ127x12.7	2028	2.06	59.2	513
中石油广东石化	Φ120.7x14.1	2396	2.3	57.97	504
中石油云南石化	Φ114.3x11.13	2047	1.98	47.6	510
中石油锦州石化	Φ127x10	1918	1.96	62.1	500

2　底烧式附墙燃烧梯形焦化炉技术的开发

2.1　底烧梯形焦化炉技术

针对双面辐射箱式焦化炉的不足，中石油华东设计院有限公司(以下简称华东院)自主研发了一种底烧式附墙燃烧梯形焦化炉，焦化炉辐射室的截面形状呈下大上小的梯形结构，火焰呈扇形贴着炉侧墙斜向上燃烧，从而有效地提高辐射室炉膛上、下部烟气温度场和热强度场的均匀性，使得辐射室上、下部的炉管表面热强度周向不均匀系数小，火焰对炉管的加热均匀，使炉管内介质有稳定的温升梯度，减缓了原料油在炉管内的结焦。本实用新型还提供了多种辐射室-对流室组合形式，以增强加热炉应对延迟焦化装置加工量变化的调节灵活性，并且适应各种在线炉管除焦手段，用以实现装置的安全平稳、长周期运行，提高延迟焦化装置的经济效益。

2.1.1　梯形焦化炉炉墙倾斜角度的确定

在梯形焦化炉设计开发过程中，我们利用 CFD 数值模拟方法，将侧墙垂直的箱式焦化炉作为基准工况，再将侧墙调整成三个倾斜角度(相对炉底平面分别倾斜 87°、84°、80°)的工况作为另三种对比工况，对辐射室内的燃烧和传热进行数值模拟，比较这几种工况炉膛内烟气流动状态与温度场情况，来得出最有利于炉膛燃烧传热的结构(图 3~5)。

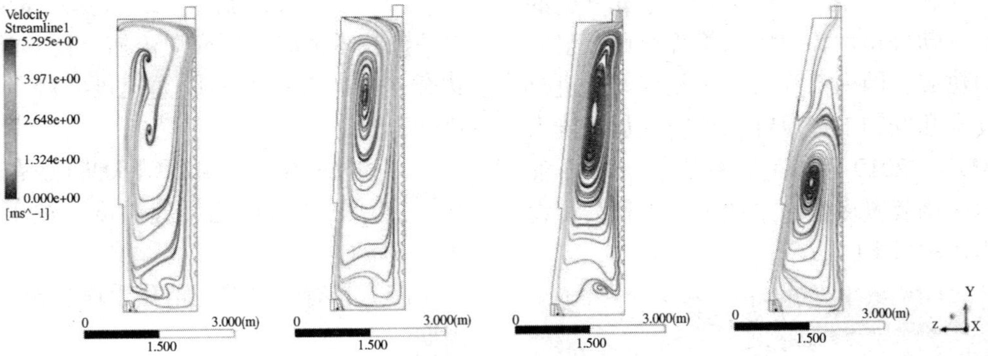

图 3　典型截面烟气流动场

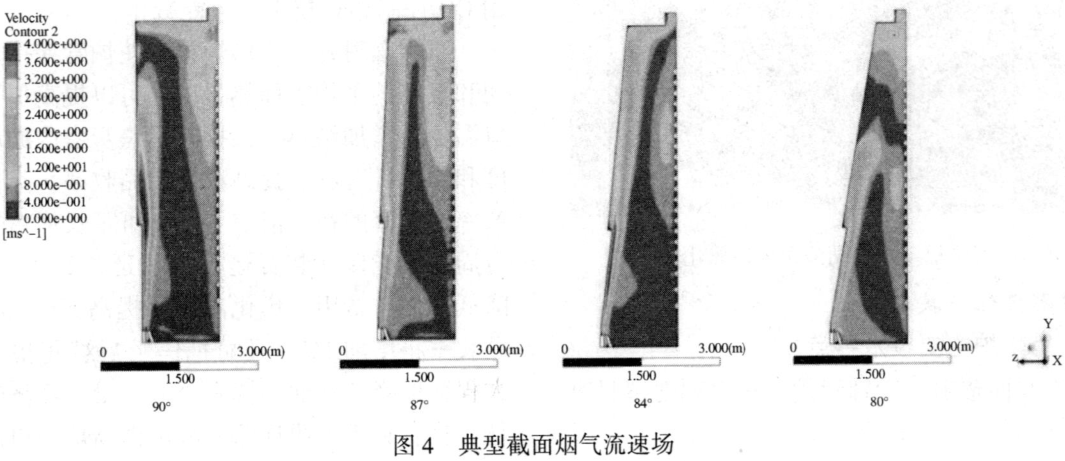

图 4　典型截面烟气流速场

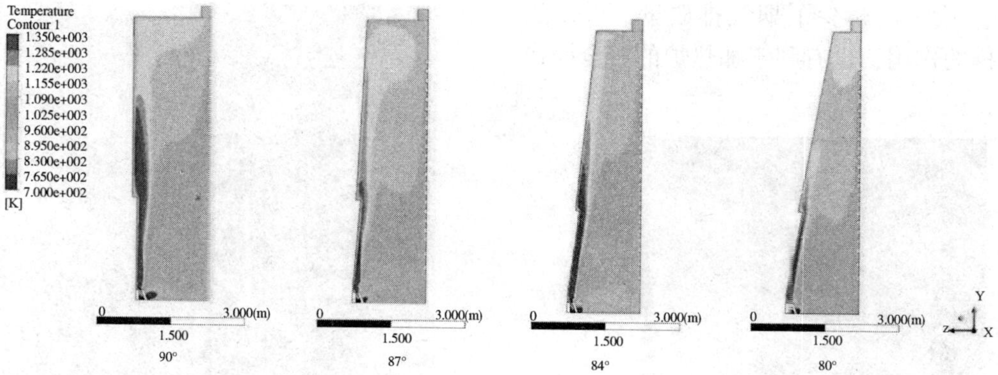

图 5　典型截面温度场

对于附墙燃烧，梯形焦化炉的炉膛烟气流动、温度分布比普通侧墙垂直的焦化炉效果好很多，能够更大限度地突出附墙燃烧器的优势，从而提高炉膛传热效率，改善炉管受热不均，减少和延缓炉管结焦。对于附墙燃烧梯形焦化炉，侧墙的倾斜程度会影响炉膛内的烟气流动、温度分布。通过模拟分析我们得出 87°~85°的侧墙倾斜角度是最为理想，倾斜程度过大反而不利于炉膛内热量的传递。

2.1.2　辐射炉管支撑架的设计

下支撑式炉管支撑架的主体管柱是两根外径 Φ219mm 的竖直钢管，采用的是离心铸造高合金钢钢管，制造难度大、成本高、支撑架整体质量大，前期安装和后期维护拆卸也比较困难。炉管管排在炉膛中受热随支撑管架向上膨胀，加热炉对流室至辐射室的转油线需要设计较长的结构以吸收炉管膨胀量，转油线上还需增设管线支吊架。

吊挂式炉管支撑架的炉管吊架为炉管上悬吊结构，上部吊架耳板的换向设计巧妙解决了辐射室顶部空间狭窄及仅有横梁悬挂结构限制的问题，管架均为静态铸造件。由于吊架与炉管管排受热后一同向下膨胀，故无需考虑炉管的膨胀支撑问题，能够缩短对流室至辐射室的转油线的长度设计，从而减少支撑投入，降低造价，提高梯形加热炉的经济性，上吊式比下支撑式造价低约 60%以上。炉管吊架的安装、维护和拆卸也更加简单易行。

具体如图 6 所示。

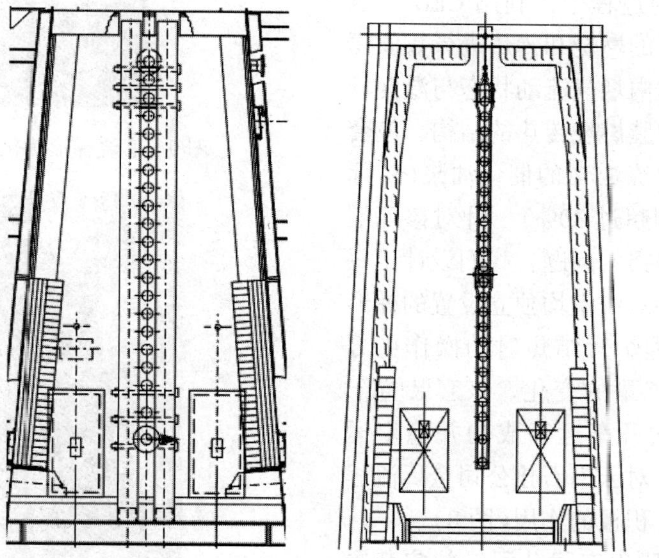

图 6　下支撑式和吊挂式辐射炉管支撑架对比图

2.1.3　CO 燃烧控制技术及密闭看火门

底烧梯形加热炉辐射室看火门均为密闭看火门的设计，这是采用 CO 燃烧控制技术的保证，在辐射室增设了 CO 检测仪表，将 CO 检测数值作为鼓风机的控制变量，可以更精确地控制炉膛供风量，使实际燃烧接近理论配风比，既可以抑制 NOx 的生成，又减少了烟气排放量，可以达到节能减排的作用，也有利于加热炉的安全操作(图 7)。

图 7　密闭式看火门

2.2　应用案例

2.2.1　中石油云南石化公司 120 万吨/年延迟焦化装置加热炉

由中石油华东设计院有限公司(以下简称华东院)总承包建设中的云南石化 120 万吨/年延迟焦化装置焦化炉是国内第一套对流段及辐射段均为独立管程模式的多管程梯形焦化炉，并且采用了“底烧式梯形加热炉”、“宽火焰扁平附墙低氮氧化物节能型气体燃烧器”和新型“辐射室炉管吊架”三项华东院自主专利技术。华东院工业炉专业在开发新炉型的过程中，利用 CFD 数值模拟方法，对辐射室内的燃烧和传热进行数值模拟，比较多种工况炉膛内烟气流动状态与温度场情况，得出最有利于炉膛燃烧传热的结构。该套装置设计难点是要求掺炼 25%的催化油浆(实际运行掺炼催化油浆比例超过 30%)，针对掺炼催化油浆炉管易结焦和磨损的问题，我们设计了每一管程炉管的辐射室和对流室均独立设置的梯形炉，使得焦化炉在处理炉管结焦时的操作更方便，灵活适应各种加工量的变化。该套装置于 2018 年 1 月 15 日一次开车运行成功并稳定运行，生产出合格产品，对云南石化公司全厂流程调整、物料优化起到了积极的作用(图 8)。

图 8　云南石化延迟焦化装置-底烧梯形焦化炉

2.2.2　山东京阳科技股份有限公司针状焦装置加热炉

山东京阳科技股份有限公司一期 10 万吨/年针状焦延迟焦化装置为华东院院首次设计的针状焦焦化装置，于 2017 年 11 月 11 日投产成功，生产出品质优良的针状焦产品。二期 10 万吨/年针状焦延迟焦化装置与 2019 年 12 月 28 日投产成功，顺利出焦并生产出合格的高端接头用针状焦。一、二期装置均采用了底烧梯形加热炉成套专利技术(图 9、图 10)。

图 9　底烧梯形焦化炉炉膛附墙燃烧火焰

图 10　山东京阳针状焦装置底烧梯形焦化炉

2.2.3 渣油加氢装置加热炉应用案例

由华东院(CEI)总承包的中石油锦州石化和锦西石化两套150万吨/年渣油加氢装置反应进料加热炉的设计方案选用了底烧梯形加热炉成套技术，目前已完成了详细设计，正在建设中。

3 总结

延迟焦化装置和渣油加氢装置等加工劣质重油炼油工艺装置的加热炉已经进入双面辐射卧管梯形炉伴以附墙燃烧先进技术阶段，中石油华东设计院有限公司(CEI)在附墙燃烧梯形炉技术的研发方面也取得了长足的进步，在借鉴和总结了国内外附墙燃烧技术的基础上，自主研发的底烧式附墙燃烧梯形加热炉有了多个非常成功的应用案例，已建成投产的装置开工以来，运行十分稳定，各个管程的炉出口介质温度近乎一致，炉膛火焰燃烧状况良好，烟气中 NO_x 含量低于 $50mg/m^3$，炉体外壁温度≤60℃，加热炉热效率>92%，加热炉的调节控制灵活方便，满足了装置安全高效、长周期运行的要求。

水冷器管束泄露原因分析与防护对策

朱新航　钱义刚　樊　斌　陶武军　高中科

（中国石油庆阳石化公司）

摘　要　常压蒸馏装置及重油催化裂化装置水冷器在运行过程中出现冷却效果降低、管束泄露等问题，针对管束堵塞及泄露的原因进行了细致分析。提出了管束材质升级、防腐涂层保护、水质监测、加注缓蚀剂等减少冷却水结垢降低垢下腐蚀的措施，为解决此类冷却器堵塞及泄露问题提供了参考依据。

关键词　冷却器，结垢，点蚀，垢下腐蚀

1　引言

水冷器是石油化工行业广泛应用的主要工艺换热设备之一，冷却器的运行质量直接影响工艺操作及产品的质量。而大部分水冷器在运行过程中都会出现结垢、堵塞、腐蚀，这些结垢腐蚀物沉积在管子内、外表面，会降低传热效率并增大流体通过冷却器的压力降，进而影响生产装置安、稳、长、满、优平稳运行。常压置 201-E122C 常二线冷却器、201-E122A 混合柴油冷却器及催化 202-E212 催化顶循油冷却器于 2015 年 9 月装置大修后投用运行至 2017 年 9 月，期间冷却效果变差并最终出现管束泄露现象。

2　情况简介

常压装置 201-E122C 常二线冷却器（型号 BES700-2.5-125-6.0/25-2II，制造厂家为张家口科雷传热设备有限公司）介质：壳/管，常二线油/循环水；操作温度：壳/管，60℃/25℃；操作压力：壳/管，0.8Mpa/0.3Mpa。

常压装置 201-E122A 混合柴油冷却器（型号 BES800-2.5-170-6.0/25-2II，制造厂家为武汉盛泰华隆换热器有限责任公司）介质：壳/管，常二线油/循环水；操作温度：壳/管，115℃/25℃；操作压力：壳/管，1.0Mpa/0.3Mpa。

催化装置 202-E212 催化顶循油冷却器（型号 BES1400-2.5-561-6.0/25-2ILb，制造厂家为焦作三泰机械制造安装有限公司）介质：壳/管，顶循环回流油/循环水；操作温度：壳/管，130℃/42℃；操作压力：壳/管，0.85Mpa/0.48Mpa。

设备打开检查及检修情况显示，循环水上水侧杂质多，主要是凉水塔填料、石块及泥土等，见图 5；冷却器管程循环水结垢严重，见图 1，图 3；E122A 管束防腐喷涂材料起皮，见图 2；其中 E212 换热器管束清洗困难、管内有大量盐垢（高压水清洗近 11h），泄漏管束主要集中在上水侧。

图 1　常压 E122C 管板结垢

图 2　常压 E122A 管束防腐喷涂起皮

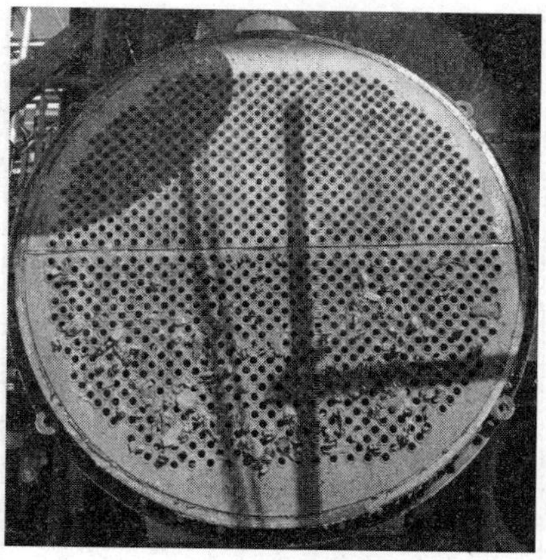

图 3　催化 E212 清洗管板前

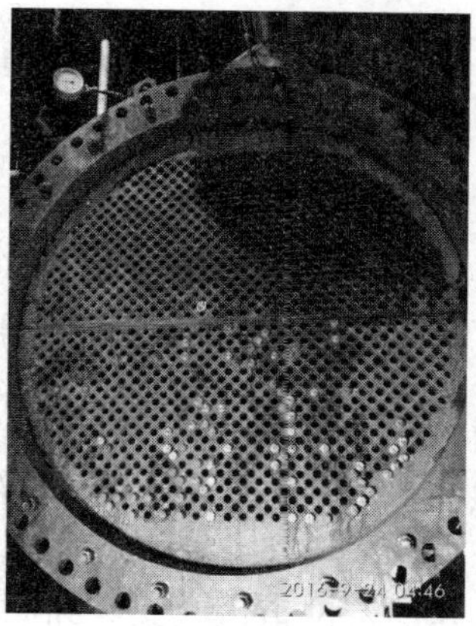

图 4　催化 E212 检修后(堵管消漏)

图 5　催化 E212 冷却水管箱侧有饮料瓶、循环水冷却塔填料等

循环水质分析数据见数据表 1。

3　水冷器腐蚀原因分析

3.1　腐蚀因素分析

水质分析结果表明，循环水含油超标，管束已有泄露现象。根据分析数据计算，该循环水稳定系数为 7.4，属于腐蚀性水，且工业普通循环水中含有较多杂质，易在流速较低部位沉积结垢，造成垢下腐蚀环境。当冷却器管束腐蚀穿孔，致使油品进入循环水，循环水水质受污染，循环水腐蚀加剧。尤其回用水用于循环水系统之后，循环水系统细菌、生物黏泥繁殖，造成细菌腐蚀和黏泥堵塞，水质指标不稳定，循环水浓缩倍数及水质控制困难。同时循环水温差控制大于 7~10℃ 和循环水流速控制大于 1m/s 矛盾，为控制温差，造成循环水流速降低，垢下腐蚀加剧，水冷器泄漏较频繁。

3.2　换热管内结垢类型及换热效率降低分析

冷却器换热管在操作中不断地被污垢所覆盖，对传热和流动阻力都有很大影响，在介质一侧易发生沉积物的堆积，在水的一侧易积水垢。换热器管内结垢类型包括：

(1) 流体中悬浮颗粒沉积引起的沉降结垢。

(2) 流体与传热表面间的结晶推动力引起的沉降结垢。

(3) 在高温表面上发生诱导反应产物的反应结垢。

(4) 在适宜温度下微生物或水生物的生长引起的生物结垢。

(5) 结构材料在化学腐蚀、电化学腐蚀作用下发生腐蚀产物堆积的腐蚀结垢。

工业用普通循环水因杂质含量较多易因上述(1)、(4)、(5)项因素结垢，换热管束内结垢甚至堵塞是造成换热器表面结构热阻增大，换热效率降低的主要原因。换热管表面上沉积物的形成与液体物质的温度无关，而取决于管壁表面的液膜温度。试验表明防止生成沉积物的主要因素不在于物流的温度，而在于物流的速度，当物流速度超过 3m/s 时，结垢热阻趋于 0，而由于装置工艺需求，循环水温差控制指标和循环水流速控制指标相矛盾，为控制温差，经常会造成循环水流速过低，结垢情况持续恶化，水冷器换热效率降低。

3.3　冷却器管束腐蚀泄漏原因分析

设备打开检查情况表明，冷却器管束结垢堵塞情况严重，且腐蚀大部分出现在生物黏泥或其它结垢部位。清洗管束后发现表面有大量点蚀麻坑，并有部分已点蚀穿孔。

3.3.1　点蚀发生的特征及条件

(1) 点蚀多发生于表面生成钝化膜的金属材料上(如不锈钢、铝等)或表面有阴极性镀层的金属上(如碳钢表面镀锡、铜和镍)。

表 1　循环水质分析数据

2017-09-22 00：00 至 2017-09-22 08：00 普通循环水 质量数据统计				
CL-	COD	PH	电导率(25℃)	磷酸根
mg/L	mg/L	-	μs/cm	mg/L
GB/T15453	HJ/T399	GB6920	GB6908	GB6913
结果<=1000	结果<=100	7.0<=结果<=9.2	结果<=6000	3<=结果<=6
364	153	7.4	2580	3.42
油	浊度	总碱度	总硬度	溶解性固体含量
mg/L	NTU	mg/L	mmol/L	mg/L
HJ 637-2012	GB/T 15893	GB/T15451	GB/T6909	GB/T 15893.4
结果<=10.0	结果<=30	结果<=600	结果<=1800	
10.2	7.01	170.5	567.2	684.8182

（2）点蚀发生在有特殊离子的介质中，即有氧化剂，（空气中的氧）和同时有活性阴离子存在的钝化液中。如不锈钢对含中卤素离子的腐蚀介质特别敏感，其作用顺序是 Cl->Br->I-。

（3）在某一阳极临界电位以上，电流密度突然增大，点蚀发生。

3.3.2　冷却器管束点蚀主要有几种原因

（1）金属材质与水中氧气作用而引起的电化学腐蚀，其反应如下：

$Fe \rightarrow Fe2++2e$　　$2H_2O+O_2+4e \rightarrow 4OH-$

这些反应，促使微电池中阳极区的金属不断溶解而被腐蚀。

（2）有害离子引起的腐蚀对于不锈钢制造的换热器，Cl-引起应力腐蚀的主要原因，因此冷却水中 Cl-的含量过高，常使设备上应力集中的部分，如换热器花板上胀管的边缘迅速受到腐蚀破坏。循环冷却水系统中如有不锈钢制的换热器时，一般要求 Cl-的含量不超过 300mg/L。

（3）微生物腐蚀

微生物的滋生也会使金属发生腐蚀。这是由于微生物排出的黏液与无机垢和泥沙杂物等形成的沉积物附着在金属表面，形成氧的浓差电池，促使金属腐蚀。此外，在金属表面和沉积物之间缺乏氧，因此一些厌氧茵（主要是硫酸盐还原茵）得以繁殖，当温度为 25～30℃时，繁殖更快，它分解水中的硫酸盐，产生 H_2S，引起碳钢腐蚀。

3.3.3　冷却器被拆开后，发现冷却器壳程（水程）内沉积大量的生物黏泥。冷却器处在整个循环水系统的最远端，安装位置也相对处于低点，在此处，循环水的流速受到影响，流速降低，加之折流板的作用，使大量杂物与生物黏泥沉淀。而生物黏泥的形成是由于由于大量微生物分泌的黏液与水中的灰尘与杂物黏在一起，最终沉积、吸附在了冷却器管束的表面。正是由于这些生物黏泥的覆盖，使冷却器管束表面形成的氧浓差电池，在最终形成了局部的化学与电化学腐蚀。此时，我们可以得出一条冷却器管束点蚀形成链：微生物——生物黏泥——氧浓差电池——电化学腐蚀——垢下腐蚀。

4　腐蚀问题的应对措施

（1）水冷器管束制作严格控制材料的加工、焊缝热处理工艺或者升级管束换热管材质。

（2）加强水冷器管束涡流检测等技术应用，提前预测换热管使用寿命，深度消除管束腐蚀隐患，建立循环水漏油监测预警系统，实现泄漏源快速定位，避免环水系统大面积污染及腐蚀加剧。确保三年运行期间不泄漏污染系统。

（3）加强先进冷却器管束涂料防腐技术应用，防腐蚀涂层筛选应选耐 1.0MPa 蒸汽吹扫（饱和蒸汽温度 184℃）。例如热固化涂料防腐技术，贝尔左纳管板防腐技术等等。

（4）加强冷却器检维修质量管理：涂层破损、腐蚀损伤、机械清洗、停工吹扫、置换处置等。监控停工期间工艺吹扫温度，开停工期间吹扫温度严禁超过换热器涂层耐温指标；确保不因人为方式造成换热器的涂层损坏，蒸汽吹扫管程可通入少量循环水保护。

（5）调整水冷器进出口阀门，定期进行水冷器反冲洗，确保管程循环冷却水流速不宜小于0.9m/s；壳程循环冷却水流速不宜小于0.3m/s；减少冷却水流速过低的现象；进行循环水系统标定和优化，监测控制温度与流速。

（6）加强药剂管理，在质量检验的基础之上建立循环水药剂效果评价、筛选体系；优化循环水水质监测和加剂过程，加注缓蚀剂采取杀菌措施控制水中微生物。

（7）进一步完善循环水监控指标，改进水质，降低冷却水中钙离子、镁离子、氯离子浓度，以减少产生垢下腐蚀环境。

5 小结

（1）冷却器管束点蚀的形成，由其所在环境、介质等条件关系密切。电化学腐蚀、有害离子腐蚀、微生物腐蚀、垢下腐蚀是造成冷却器管束点蚀的主要原因。

（2）要防止冷却器管束的点蚀，冷却水系统的水处理是关键，要严格控制循环水的PH值、钙离子、镁离子、氯离子、微生物的生长与生物黏泥的生成、结垢。

石化企业关键临氢装置腐蚀危害与对策

魏建涛　顾万淮　李　霜　宋良德　李伟玮　庄　伟

（中国石油庆阳石化公司）

摘　要　在石油炼制过程中，腐蚀是导致设备损坏和管线泄漏的主要因素之一，在历年发生的事故事件中腐蚀原因占比较大，给企业造成巨大的经济损失和不良的社会影响，本文针对连续重整装置预处理和柴油加氢装置腐蚀问题进行研究和探讨腐蚀的成因、机理，并从工艺和设备两个方向指出防护方法，保证装置的安全平稳运行。

关键词　连续重整，柴油加氢，腐蚀，防护

1　概述

近年来，随着国家对环境保护的重视程度不断升级，市场对油品要求也越来越高，连续重整装置和柴油加氢装置必须生产出高标号无铅汽油和高质量柴油来满足市场需求，同时装置加工高硫高氮原油的比例逐渐增大，使得连续重整装置和柴油加氢装置原料中的硫、氮、氯等杂质含量越来越高，使得腐蚀与防腐问题日趋严峻。某公司(以下简称庆化)60 万吨/年连续重整装置和 120 万吨/年柴油加氢装置分别由中国石油工程建设公司(华东设计分院)设计和抚顺石油化工研究院设计，2010 年 9 月首次开车成功投产运行，已经运行将近 10 年；连续重整预处理单元采用先加氢后分馏，即全馏分加氢工艺，柴油加氢装置采用抚顺石油化工研究院开发的 FHI 柴油加氢改质异构降凝技术。

预处理单元的作用是为重整反应部分提供馏程和杂质含量都满足要求的原料。即在催化剂的作用下，混合石脑油中的硫、氮化合物及不饱和烃与氢反应生成硫化氢、氨及水，金属杂质吸附在催化剂上，从而降低后续工艺中杂质含量。

柴油加氢装置主要是以常压油和催化油为原料在一定的温度、压力和催化剂的作用下使 S、N、O 及微量的 Cl_2形成 H_2S、NH_3、水和 HCl，杂质吸附在催化剂表面，不饱和烃与氢反应生成饱和烃，后续工艺中将 H_2S 等气体在汽提塔中脱除，并在分馏塔中完成馏程切割从而生产出符合标准的产品。

将连续重整预处理单元(属于 203 单元)与柴油加氢装置(属于 204 单元)在一起研究的原因是二者大部分工艺相似，而且原料中所含有害元素相近所以适合一起研究。

通过几次检修发现 2 套装置设备和工艺管线都在反应进料换热器、反应产物空冷器、预处理分馏塔、柴油加氢汽提塔、加热炉空气预热器等部位存在不同程度的腐蚀，由此可见研究腐蚀的发生机理和腐蚀性元素的来源，制定相应的防腐措施刻不容缓。

2　腐蚀机理

腐蚀可分为高温部位的腐蚀和低温部位的腐蚀。高温部位的腐蚀是原料中的活性硫直接与金属发生反应，表现为均匀腐蚀，其中以硫化氢的腐蚀最为严重。低温部位的腐蚀主要是在反应流出物后冷系统，有相变的部位，所以说低温腐蚀对装置的影响尤为严重。

连续重整装置和柴油加氢装置腐蚀主要由 S、CL 引起，而 S 对 CL 腐蚀又起到了一定的促进作用；气态 HCl 和 H_2O 冷凝后形成了腐蚀性很强的盐酸，H_2S 在低温下又会形成 H_2S-H_2O 体系的腐蚀。此外，H_2S、HCl、和 NH3 会生成 NH4Cl 和 NH4HS 结晶，堵塞管线并造成垢下腐蚀，形成 $HCL-H_2S-H_2O$ 腐蚀体系，对碳钢设备会产生非均匀全面腐蚀、坑蚀、垢下腐蚀，不锈钢设备会产生点蚀及应力腐蚀破裂等。

2.1　高温 H_2/H_2S 腐蚀

(1) 易腐蚀部位

加热炉、反应器以及反应物出口的高温管线、反应进料换热器(203-E-101ABCDEF 和柴油加氢装置 204-E101、204-E102、204-E103)的高温部分(高温指大于 240℃)。

（2）损伤描述及机理

氢气环境中碳钢或低合金钢等与硫化物反应发生的腐蚀

损伤形态

通常表现为均匀减薄，同时生成 FeS 保护膜，保护膜有灰色光泽，容易误认为是没有发生腐蚀。高温环境下，氢渗入金属表面 FeS 保护膜，使其而失去保护作用。FeS 保护膜反复剥离、生成，加快腐蚀。

（4）主要影响因素

① 温度：铁基合金的硫化物腐蚀通常在金属温度超过 260℃发生，温度越高，腐蚀越快。

② 合金元素：一般而言，Cr 含量越高，合金耐硫化物腐蚀能力越强。

③ 氢分压：临氢条件下硫化物腐蚀产生的保护性膜的稳定性被破坏，钝化能力下降，腐蚀加快。

2.2　低温 HCL 腐蚀

（1）易腐蚀部位

低温部位易形成 HCL-H_2S-H_2O 体系腐蚀腐蚀主要是在反应产物后冷系统，即反应进料换热器的低温部分和从 203-E101C 到预加氢分离罐 203-D102 之间的部分；柴油加氢装置 204-E103 低温部分和反应产物出 E103 管程经过 A101、D102 至低压分离器 204-D103 之间的部分。

（2）损伤描述及机理

金属与盐酸接触时发生的全面或局部的腐蚀。

$$Fe+2HCl \rightarrow FeCl_2+H_2$$

（3）损伤形态

碳钢和低合金钢：均匀减薄，介质局部浓缩或露点腐蚀时表现为局部腐蚀或沉积物下腐蚀。

奥氏体不锈钢和铁素体不锈钢：点状腐蚀，直径为毫米级的蚀坑，甚至可发展为穿透性蚀孔。

（4）主要影响因素

① 盐酸浓度：腐蚀随盐酸浓度升高，速率增大。水溶液的 pH 值低于 4.5 时对碳钢和低合金钢的腐蚀性较强；

② 温度：随温度升高，腐蚀速率增大；

③ 合金成分：奥氏体不锈钢和铁素体不锈钢<钛及钛合金、镍及镍合金。

2.3　氯化铵腐蚀

（1）易腐蚀部位

氯化铵腐蚀主要是在反应产物后冷系统。

（2）损伤描述及机理

氯化铵是油品中的 NH_4^+ 和来源于重整 H_2 中的 CL^- 结合后生成的白色晶体 NH_4Cl，在一定温度下结晶成垢，垢层吸湿潮解或垢下水解均可能形成酸值环境，对空冷管束形成电化学腐蚀。

$$NH_4Cl+H_2O \rightarrow HCl+NH_3 \cdot H_2O$$

（3）损伤形态

腐蚀部位多存在白色、绿色或灰色盐状沉积物，可进行水洗或吹扫，除去这些沉积物；垢层下腐蚀通常为局部腐蚀，易形成蚀坑或蚀孔。

（4）主要影响因素

① 材质：按耐蚀性能由低到高为碳钢、低合金钢、奥氏体不锈钢、双相不锈钢、镍基合金、钛；

② 成垢（结晶）程度：高温物料冷却时氯化铵盐会析出成垢（结晶），其程度取决于氯化铵浓度和温度，当温度处于水露点温度（约 149℃）时会腐蚀管线和设备；

③ 水分：氯化铵盐易吸湿潮解，并形成局部酸性环境，存在少量水时可造成严重腐蚀，最大腐蚀速率可达 2.5 毫米/年。大量注水则可溶解氯化铵盐，降低物料浓度，稀释酸性成分，降低腐蚀速率；

④ 温度：腐蚀速率随温度的升高而增大，超过水露点后随温度的升高而降低。

2.4　氢腐蚀

连续重整预处理单元和柴油加氢装置的反应都是在氢气环境中进行的，所以他们还存在着严重的氢腐蚀

（1）易腐蚀部位

氢腐蚀主要发生在反应器。

（2）损伤描述及机理

氢腐蚀是指钢暴露在高温、高压的氢气环境中，氢原子在设备表面或渗入钢内部与不稳定的碳化物发生反应生成甲烷，使钢脱碳，机械强度受到永久性的破坏。在钢内部生成的甲烷无法外溢而集聚在钢内部形戍巨大的局部压力，从而发展为严重的鼓包开裂。

（3）损伤形态

氢腐蚀表现为氢鼓包、氢脆、氢蚀。

（4）主要影响因素

① 临氢反应器超温、超压

② 停用反应器后未充分析氢

③ 反应器选材不正确：加氢反应器应选用

空穴少的镇静钢，也可采用对氢渗透低的奥氏体不锈钢，或者采用镍衬里、衬橡胶衬里、塑料保护层、玻璃钢衬里等，也就是说要使用抗氢钢。

2.5 连多硫酸腐蚀

该腐蚀主要发生在装置停工期间。

（1）易腐蚀部位

反应器和汽提塔和分馏塔。

（2）损伤描述及机理

连多硫酸腐蚀主要发生在装置停工检修期间，在停工过程中形成的连多硫酸沉积在设备的内表面，形成了腐蚀环境，使设备内壁发生腐蚀。从微观角度来讲晶界是杂质偏聚、碳化物沉淀产生点蚀的敏感位置，当晶粒周围被腐蚀后，晶粒或沉淀相就会一个个的脱落产生点蚀，在逐步扩大到肉眼可见的蚀孔。这些蚀孔本身就会引起应力集中而萌生裂纹，成为断裂源。加之设备内壁加工制作造成不连续性及接管成直角连接，而非圆滑过渡，必然加大应力集中的程度，使这些部位的蚀孔成为优先断裂源。其实介质中含有的 H_2S 和活性硫，他们化学性质活泼，在高温无水情况下，与设备表面金属铁发生化学反应。过程如下：

$$H_2S+Fe \rightarrow FeS+H_2$$

$$S+Fe \rightarrow FeS$$

FeS 在设备表面会形成致密的保护膜，对设备会起到一定的保护作用，阻止了进一步的腐蚀，但是在装置停车、降温并打开设备的时候，空气中含有大量的 O_2 和水分与设备表面的 FeS 反应会生成大量的连多硫酸（$H_2S_xO_6$，x=3，4，5……），反应如下所示：

$$FeS+O_2+H_2O \rightarrow Fe_2O_3+H_2S_xO_6$$

连多硫酸的生成形成了一个应力，就有可能出现腐蚀开裂，破坏设备。

（3）损伤形态

奥氏体不锈钢设备出现蚀孔、裂纹或者直接开裂。

（4）主要影响因素

① 环境影响：设备停运后应隔绝空气，避免空气进入特别要注意阴雨天气

② 设备材质：在设备加工过程中形成的焊接热影响区、材料硬度越高越容易发生腐蚀，所以应该改善加工工艺尽量减少焊缝，选用抗连多硫酸腐蚀的主材如渗铝钢、B-315 钢。

3 腐蚀的根源

（1）原料中富含 S、N、Cl 类腐蚀性元素

通过分析发现预处理原料（混合石脑油）中含有 H_2O、S、N、CL；虽说柴油加氢所用常压和催化油中 Cl^- 含量极少但柴油加氢装置所用连续重整装置 H_2 中含有 Cl，因为重整装置特别是重整催化剂再生过程中，为了保证再生催化剂良好的酸性功能需要保证 H_2O-Cl 平衡，因而专门注氯，虽然循环烟气在 203-D308 中进行碱洗但催化剂会吸附一部分 Cl^-，最终随着反应产物进入后续流程从而造成 H2 中含有一定量的氯，给用氢装置造成 Cl^- 腐蚀（新氢压缩机入口分液罐破沫网在 2018 年检修的时发现腐蚀严重）。

（2）操作不合理

加热炉空气预热器的腐蚀是操作原因造成腐蚀的典型代表，空气预热器主要是 H_2S-H_2O 腐蚀，庆化燃料气主要来源是预处理分馏塔、蒸发塔顶气体和加氢装置排废气和重整装置供应其他装置后剩余 H_2 及部分丙烷，它们中大部分是 C_1-C_4 类轻烃还有少量 H_2 和 H_2S 气体，在加热炉中燃烧后形成 CO、CO_2、H_2O、SO_x、$N0_X$ 等气态物质进入随烟气空气预热器，若排烟温度小于露点时就会形成酸性物质造成腐蚀。2018 年装置大检修时，发现热管的烟气端翅片有不同程度的脱落，个别热管泄漏，管板也有一定程度腐蚀，并在管箱内发现有黄色和黑褐色的腐蚀产物。

（3）设备选材不合理

设备选材必须要全面考虑工艺生产环境，如加氢反应器要选择抗氢钢，汽提塔、拔头油汽提塔要选择抗连多硫酸腐蚀开裂的钢种

4 防腐措施

通过对 2 套装置腐蚀问题的分析，本文主要从工艺和设备两个方面来考虑防腐。

（1）工艺防腐

工艺防腐是根据腐蚀部位及腐蚀因子的来源考虑腐蚀问题，也就是通过改进工艺流程、调整工艺指标进行防腐。

① 在预加氢反应器后增加脱氯罐

自预加氢反应器后的油气中的氯含有有机氯和无机氯，而引起腐蚀的是无机氯，即以 HCL 的形式存在于生成油中。我公司在设计阶段，在

预加氢反应器(R101)后增加了脱氯反应器(R102)，是防止预加氢低温部位氯腐蚀最有效的方法，基本能解决氯腐蚀的问题，同时由于没有了氯也就不会有铵盐堵塞，基本杜绝了结盐后引起的垢下腐蚀。

② 注水和注缓蚀剂

铵盐结晶易造成管路堵塞和系统压力降增大，例如：预处理循环氢压缩机气阀铵盐结晶无法达到长周期运行(严重时每周需切换一次)，柴油加氢装置 204-A101 铵盐结晶后有可能堵塞空冷管束，所以在重整预处理系统和柴油加氢装置流程设计中，在进料换热器管程进口、反应产物空冷入口分别增设注水点，其目的是冲洗管线和设备中生成的铵盐。

在预处理蒸发塔(203-C101)和拔头油汽提塔(203-C102)、柴油加氢汽提塔(204-C201)顶分别注入缓蚀剂，可以有效防止塔顶空冷、分离罐等低温部位的腐蚀。

③ 定期分析

为了便于掌握原料性质，达到生产受控的目的，每周分别对预加氢脱氯罐前后氯含量和柴油加氢混合原料和循环氢进行分析，每周不少于两次对塔顶回流罐分水包含硫污水中铁离子进行分析，根据铁离子浓度调整缓蚀剂加注量。

④ 优化工艺，降低氢分压

预处理原设计氢气压力为 4.0MPa，通过优化工艺，降低氢分压为 2.2MPa，减缓设备腐蚀。

⑤ 在源头脱除有害杂质

柴油加氢装置原料来源于运行一部催化和常压装置如果运行一部原油电脱盐控制出现问题就会使大量有害物质进入柴油加氢装置，而柴油加氢生产的加氢石脑油是预处理的部分原料来源，若柴油加氢原料中所含的有害杂质未能经过反应、分馏脱除进入石脑油就会影响重整装置，所以开好原油电脱盐是很关键的一步。

⑥ 停工检修要编制合理的工艺方案防止腐蚀

停工检修时用合理的工艺方法消除氢腐蚀和连多硫酸腐蚀，例如：2018 年大检修期间加氢反应器充分析氢并充氮气保护，对于拔头油汽提塔和柴油加氢汽提塔和分馏塔要采用碱洗的方法中和设备表面连读硫酸或者抑制连多硫酸的产生。

(2) 设备防腐

设备防腐就是根据生产工况选择抗相应腐蚀性强的材料，

① 材质升级

材质防腐根据不同的设备，采用不同的材质。预加氢反应器、脱氯反应器、柴油加氢反应器一般采用 0Cr18Ni10Ti+15CrMoR 复合板，高温部位换热器管束用 0Cr18Ni10Ti 以抵抗高温硫腐蚀。低温部位换热器管束大多用 10#，以防止氯离子引起的晶间腐蚀开裂，但由于在露点温度以下，酸性、垢下、冲刷腐蚀严重。在腐蚀比较严重的部位(发生相变)预加氢空冷管束采用抗氯腐蚀能力强的 09Cr2MoAlRe 等。

② 腐蚀在线检测

利用格鲁森 GR6000 腐蚀在线监测系统对存有 H_2S 腐蚀进行监测，基本可以做到上班时间登录系统进行浏览、监测腐蚀变化及系统运行情况，发现测厚探针运行存有问题及时通知技术维护单位在第一时间进行检查、处理、更换，确保系统运行可靠。预加氢系统安装监测点 4 个，全部为精密电阻监测点，根据在线腐蚀监测图掌握实时数据。

③ 定期测厚

技术人员每月进行测厚，关键部位如机泵进出口弯头、空冷进出口弯头等半个月测厚一次，并作好记录台帐，定期进行分析、判断。

④ 改造注水器

将原有直插式注水器，即注水口与进料管线垂直布置，此布置使注入的除盐水积聚在管线底部，不能有效清洗管壁集聚的氯化氨，加之原料含杂质较多，垢下易形成 HCL、H_2S，加剧垢下腐蚀。在有氧存在的情况下，使得腐蚀产物复杂化，造成点腐蚀穿孔，甚至酿成火灾。针对现有注水器存在安全风险，对注水器进行改造。改造后的注水器喷水口方向与介质流动方向一致，喷射口为“花洒”型，使水与介质充分混合，溶解形成的铵盐，降低管线的腐蚀速率。

5　结论

重整预处理单元和柴油加氢装置腐蚀机理具有多样性，如果防腐不到位不仅会引起装置的非计划停工、生产设备的损坏，还能导致许多恶性事故的发生。因此，防腐工作显得尤为重要。重整预处理单元和柴油加氢装置通过工艺优化、设备改造等措施，达到了设备腐蚀可控，从而保证了装置长周期安全平稳运行。

石脑油储罐腐蚀原因分析及对策

周　健　李虎全　巩　莹　席瑾茹　周玉强　段文学

（中国石油庆阳石化公司）

摘　要　常压石脑油储罐腐蚀问题较严重，尤其以储罐顶板、罐壁、储罐安全附件腐蚀成为重大的安全隐患之一。问题主要集中在来自油品中严整的腐蚀性杂质随油品挥发，使罐顶涂层处于恶劣的气相腐蚀环境中，加速了防腐涂层失效，进而引起罐顶金属严重腐蚀。通过腐蚀调查，结果表明储罐腐蚀主要是由CL-、H_2S、O_2 共同作用引起的。因导静电涂料中增加了导电填料后，增加了涂层的孔隙率，降低了涂层的保护作用，使涂层的防腐蚀性能大大降低；同时现有储油罐所使用的导静电涂料的电极电位均高于铁，容易形成大阴极小阳极的电化学腐蚀，加速了金属的腐蚀；H_2S 分子直径与水分子相当，容易随水渗透到涂层内部，并与涂层中的各种填料和树脂反应，破坏涂层内部结构，加速涂层失效。

关键词　石脑油储罐，涂层，失效机理，防护措施

1　基本情况

储运部重整原料储罐储存介质为常压石脑油、加氢石脑油，存储容量分别为两台 $3000m^3$、两台 $5000m^3$，均为全接液双密封内浮盘常压储罐。作为重整原料的存储和供应罐，顶部分别设有两个阻火呼吸阀、一台 ACE95 型储罐氮封调阀、一个紧急释放人孔、罐顶压力远传系统。

2　石脑油储罐的腐蚀现状

现有运行工况下，罐顶气相空间压力高，呼吸阀、紧急泄放孔频繁动作，油气易挥发至大气，呼吸阀阀盘、法兰、阻火器阻火网极易腐蚀、呼吸阀通气口防护网亦有硫结晶体，罐顶巡检通道、踏步、围栏扶手腐蚀严重。

3　腐蚀原因分析

石脑油储罐罐顶板及附件腐蚀主要分为：物理性和化学性腐蚀；物理性即为涂料的选用和涂刷工艺；化学性腐蚀即是硫、碳、氮、氯等酸性物质和杂质冷凝或遇水，形成电解液，使金属表面发生电化学腐蚀。

图 1　石脑油罐顶腐蚀情况图样

3.1 储罐防腐涂料的选用

石脑油A、B储罐为2012年装置升级改造新扩项目，石脑油C、D储罐为2010为新厂开工建设项目(表1)。

表1　石脑油储罐的涂层结构及材质要求

防腐部位	涂层结构	涂料名称	涂装道数	每道干膜厚度/μm	涂层总厚度/μm
罐底板下表面	板四周100mm	水性无机富锌漆	2	30	60，最大70
	板面中间	环氧煤沥青漆	4	40	160
罐体内表面	底层	热喷锌		150	210
	封闭层	水性无机富锌漆	2	30	
罐顶内表面	底层	改性环氧类非碳系导静电漆	2	40	280
	中间层		2	40	
	面层		3	40	
加热盘管外表面	底层	酚醛环氧漆	3	40	120
罐体非保温部位	底层	环氧富锌漆	2	40	280
	中间层	环氧云铁漆	3	40	
	面层	丙烯酸聚氨酯漆	2	40	
罐体保温部位	底层	环氧云铁防锈漆	3	40	120

从目前运行情况来看，存储同样的介质，C、D储罐罐顶、罐壁腐蚀情况轻微，而A、B为新建储罐，相对而言储罐腐蚀比较严重。

2017年对C、D储罐采用凉凉胶隔热防腐漆，其是以改性丙烯酸为主要成膜物质，配以特种高分子材料和隔热材料而成的防腐产品，在满足各类储罐防腐要求的同时，可减少原降温措施所带来的喷淋设施及能源消耗，降低各类储罐的呼吸损耗，可以有效减少被涂敷储罐对阳光的吸收的专业防腐涂料。

3.2 储罐防腐施工问题

(1) 罐体金属表面清理是储罐防腐施工的最重要环节之一，直接影响到涂层表面的附着力；涂层失效源于涂层缺陷处，当涂层附着力强时，主要以局部起泡，当涂层附着力弱时，以大面积起泡为主。

(2) 罐顶涂层随储罐收油、付油操作，气温变化，产生较大的内应力，降低了涂层的涂层的附着力，加速了涂层的脱落。

(3) 导静电涂料中的导电填料分散度差，导致导静电涂层抗水、氧及离子渗透能力差，使涂层的防腐蚀性能大大降低。

(4) 导静电涂料的电极电位均高于铁，容易形成大阴极小阳极的电化学腐蚀，加速了金属的腐蚀。

(5) 储罐清理时，使用高温蒸汽进行48小时蒸罐，加速涂层老化。

3.3 气相空间压力超标

气相空间分析见表2。

表2　石脑油罐顶气相空间分析

储罐	氢气/%(v)	氮气/%(v)	氧气/%(v)	甲烷/%(v)	碳二/%(v)	碳三/%(v)	碳四/%(v)	碳五/%(v)	二氧化碳/%(v)
303-105A	0.0	46.4	0.5	0.5	5.3	22.3	17.2	7.1	0.6
303-105B	0.0	48.9	1.4	0.7	5.6	20.9	16.0	7.2	0.1
303-105C	0.0	45.6	0.9	0.9	5.0	21.2	17.8	8.5	0.1
303-105D	0.0	47.3	0.5	0.7	5.2	21.2	16.9	8.0	0.4

大量的轻烃组分呼出，加速了油品的挥发，油品在罐顶挥发后，就会余留部分的硫、碳、氮

等化合物，加速腐蚀。H_2S 分子直径与水分子相当，容易随水渗透到涂层内部，并与涂层中的各种填料和树脂反应，破坏涂层内部结构，加速涂层失效。

3.4 油气中硫含量高

图 2 为石脑油罐顶阻火呼吸阀及附件腐蚀情况，可见呼吸阀阀盖密封处有单质硫结晶，法兰、螺栓、罐顶板腐蚀严重。

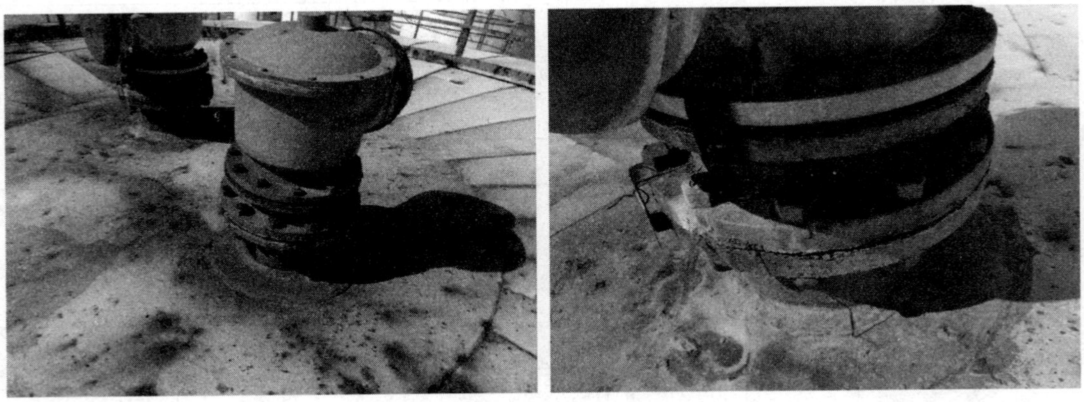

图 2　罐顶呼吸阀腐蚀情况

罐顶发生腐蚀的因素：直馏石脑油中存在硫、硫化氢和氯化氢等腐蚀介质，腐蚀介质随气相通过呼吸阀等部位主大气，与大气中的水、氧发生反应，导致罐顶涂层损坏、罐顶板腐蚀。

$H_2S \rightarrow H^+ + HS^-$

$Fe + 2H^+ \rightarrow Fe^{2+} + H2\uparrow$

$Fe \rightarrow Fe^{2+} + 2e$

$O_2 + 2H_2O + 4e \rightarrow 4OH^-$

$Fe^{2+} + S^{2-} \rightarrow FeS$

$2H^+ + 2e \rightarrow 2H$

$Fe + 1/2O_2 + H_2O \rightarrow Fe(OH)_2 \rightarrow Fe(OH)_3 \rightarrow Fe_2O_3 + H_2O$

从上式反应看出，电化学腐蚀是储罐腐蚀的主要腐蚀，冷凝水和硫化氢、硫化物互溶，使水呈酸性，使腐蚀加剧。且其中的产物 FeS 是一种极不稳定产物，会与空气的氧气发生放热反应，当放出的热量足以引燃油品时，就会发生着火事故，给安全生产带来巨大的安全隐患。

4　整改措施

4.1　浮盘及密封形式改造

GB31570-2015《石油炼制工业污染物排放标准》5.2.3a）采用内浮顶罐：内浮顶罐的浮盘与罐壁之间应采用双封密封，且初级密封采用液体镶嵌式、机械式鞋形、双封等高效密封方式。

4 台常压石脑油储罐经 2017 年统一改造，全部使用全浸液式铝合金箱式浮盘，周边密封采用双封型式（囊式+舌型）。浮盘及密封改造后大大降低储罐内油气挥发，为 VOCs 治理项目达标排放独创了条件。

4.2　安全附件检查维护

（1）根据运行部设备设施运行相关规定，定期组织对储罐罐顶安全附件（呼吸阀、阻火器、氮封、空气泡沫发生器、检尺口、罐顶压力远传、紧急泄放孔等）进行检查维护，及时清理呼吸孔、紧急泄放孔上的结晶物，确保安全附件的完好性，保障储罐的安全平稳运行。

（2）将呼吸阀、阻火器、检尺口等安全附件的材质变为铝合金，呼吸阀呼吸孔防护网改为不锈钢网，抵制 FeS 化合物的生成，减少 FeS 自燃及火灾事故的发生。

（3）加强安全附件静电跨接检查与检测，确保保护接地良好，阻值≤4Ω。

4.3　储罐罐壁、罐顶涂层

（1）综合利用各种防腐蚀措施，优化防腐效果；开展防腐蚀研究及涂层防护效果的快速评价方法。日本通过 3042 台油罐防腐蚀调查，大部分采用环氧涂料、环氧煤焦油涂料、玻璃鳞片涂料、锌粉涂料用于油罐防腐蚀，使用寿命 7～10 年，涂层厚度一般为 0.4～0.7mm。其中玻璃鳞片涂料占 66.5%，环氧涂料占 27.1%，其他涂料占 6.4%。

（2）加强涂料质量及施工管理。防腐涂料的选择应从厂家的引进、造型、检验、施工、验收到施工质量的全过程管理。石脑油罐的防腐应严格执行 GB50393—2008《钢制石油储罐防腐蚀工程技术规范》。

4.4 工艺优化

（1）从工艺上控制储罐中腐蚀介质的含量，如对进料的硫化氢含量等作限定，防止呼吸孔、紧急泄放孔等处积聚大量的硫化亚铁。

（2）优化工艺，对常压、加氢装置的原料进行定期分析，对含有轻组分的油品进行闪蒸排压，降低油品中的轻烃组分；减少或杜绝轻组分挥发量。

（3）设置惰性气体保护装置。如：对储罐气相空间进行氮封保护，降低氮含量，避免 FeS 的氧化，同时对腐蚀起到抵制作用。

（4）对储罐实行收付混合的操作方式，使浮盘在较小的范围内上下浮动，以减少浮盘以下空间的 FeS 外露的机会。

（5）采用高液位操作措施减少油罐气相空间，减少腐蚀范围。

（6）在工艺无法满足条件下，可通过增设油气回收装置，将原有储罐改造为全封闭式储罐，杜绝了罐顶压力高，呼吸阀起跳后油气直排大气现象。油气进入回收装置后，冷凝成凝液后，进入污油罐进行回炼；或增设罐顶气相空间直排至火炬系统的设施，将罐顶呼吸油气直接引入火炬系统，既保护了环境又达到了增效的效果。

4.5 加强腐蚀监检测

（1）定期分析罐内腐蚀介质含量，如 CL-、H_2S、PH 值等，发现异常及时采取防护措施。

（2）建立定期检测制度，做好储罐的例行检查、在线检测和开罐检测工作，缩短储罐检查和清罐周期。

（3）加强腐蚀监检测技术的应用，如漏磁检测、代频涡流检测等。

4.6 加强各项规范与制度的执行力度

（1）加强防腐蚀施工管理和施工质量抽检。

（2）规范操作，如：饱和蒸气压管控、H_2S 含量管控、氮封管控、安全附件检查维护等。

（3）严格执行储罐相关管理制度。

5 结论

直馏石脑油中含有一定量的 H_2S、CL-离子，这些腐蚀性介质随油品的挥发，形成 H_2S-H_2O-O_2-CL-的腐蚀环境，在 H_2S 液膜中 O_2、CL-对涂层、碳钢腐蚀都具有促进作用，罐顶腐蚀首先是 H_2S 引起的去极化反应，由于 CL-具有增加溶液的导电性，促进了 H+活度，从而促进氢去极化反应，使罐顶金属保持较高的腐蚀速率。

导静电涂层中添加了导静电填料，一方面造成涂层表面为生较多的缺陷，降低了涂层的屏障作用及防腐性能；另一方面，由于导静电填料的电极电位比罐顶金属铁高，形成电偶腐蚀，加速了罐顶板金属腐蚀，而腐蚀又促进涂层失效。所以，导静电涂料中添加导电填料是石脑油储罐涂层失效的主要内因。

涂层处于较高的 H_2S 浓度环境中，H_2S 分子容易随水在涂层中渗透，与涂料中成分发生反应，从而破坏了涂层结构，降低了涂层对介质的屏障作用，当渗透抵达涂层、罐顶金属界面形成液层时，即开始对罐顶金属腐蚀。所以，石脑油中含有 H_2S，是防腐涂层失效的主要外因。

蒸汽蒸煮对储罐防腐层的性能造成较大损伤，使涂层硬度提高，涂层与金属结合力下降，脆性增加，致使涂层防腐性能下降，促使涂层失效。

6 结束语

石脑油含有 H_2S、CL-是造成储罐顶部防腐涂层失效、储罐顶部金属腐蚀的主要原因，根据腐蚀状况采取相应的修复对策，从选材、施工、检测、操作、维保等方面加强监管，可有效延长储罐使用寿命，确保诸罐安全运行。

60 万重整催化剂再生单元优化攻关

胡云峰

（中国石油大连石化公司）

摘　要　60 万连续重整装置催化剂再生单元在 2020 年停检前处于带病运行状态，主要存在五方面问题，严重制约了装置的稳定运行。针对这些问题，装置在停检期进行了长周期运行技术攻关。目前催化剂再生单元运行状态良好，催化剂的活性明显提高，保证了重整单元满负荷生产，操作员劳动强度降低，实现了技术改造的预期目标。

关键词　催化剂再生单元，技术攻关，重整催化剂

1　60 万重整装置停检前再生运行情况

60 万连续重整装置催化剂再生单元采用的是 UOP 公司的第三代 Cyclemax 再生工艺，设计能力 454 公斤/时（1000 磅/小时）。2020 年停检前，催化剂再生单元长期处于带“病”运行状态，主要存在五方面问题：

（1）再生器内网堵塞严重，部分破损区域进行过补焊，影响烧焦烟气的流通面积，造成烧焦峰温偏高，最高可达 560℃，限制了催化剂循环速率只能保持在 50%～60%。

（2）催化剂氯化更新区温度偏低，只有 430℃～440℃，再生催化剂氯化更新效果不好，再生催化剂活性低，铂分散不完全，氢铂比只有 0.69。

（3）再生注氯加热夹套加热能力偏低，全氯乙烯无法完全气化，影响了氯化更新的效果。

（4）催化剂循环速率控制在 50%～60%，波动幅度±20%，循环速率无法继续稳定提高，闭锁料斗无法投用斜坡模式，催化剂烧焦不均匀不稳定。

（5）部分高温管线/设备散热损失严重，恶劣天气条件下，烧焦温度低。

以上五方面问题造成装置催化剂再生单元处于低水平运行状态，重整催化剂活性偏低，降低了重整反应芳烃转化率和氢气产率，再生运行自控率低，操作员劳动大。

2　技术攻关方向

针对以上五方面的问题，在公司主管职能部门的支持下，进行了五项技术攻关：

（1）更换再生器内网；

（2）再生器再加热区增上电加热器，将氯化区温度由 430℃～440℃提高至 460℃～470℃，新电加热器安装位置见图 1。

（3）设置双注氯加热夹套，在原有的注氯夹套基础上，增上一套加热夹套，注入空气加热器入口，两个加热夹套互为备用，注氯夹套安装位置见图 2。

（4）针对闭锁料斗无法投用斜坡模式的问题，请 UOP 仪表专家协助解决。

（5）对再生单元再生器、还原段及再生催化剂提升线等部位重新包保温。

3　技术攻关效果分析

3.1　再生器内网更换

再生器内网更换后，在催化剂循环速率 100%的情况下，九个热电偶温度曲线如图 3 所示，无明显过热点，烧焦峰温集中在第二和第三点，显示出内网通过率良好。

3.2　再生注氯夹套和电加热器效果分析

自装置 2020 年 7 月装置开工以来，再生催化剂氯含量呈现逐渐升高的趋势，说明再生注氯夹套和电加热器这两项措施的应用，提高了再生氯化更新效率，重整催化剂的氢铂比由 0.69 提高至 0.92，催化剂的颜色和外观较停检前有了很大的提高。再生催化剂氯含量变化趋势见图 4，催化剂颜色外观见图 5。

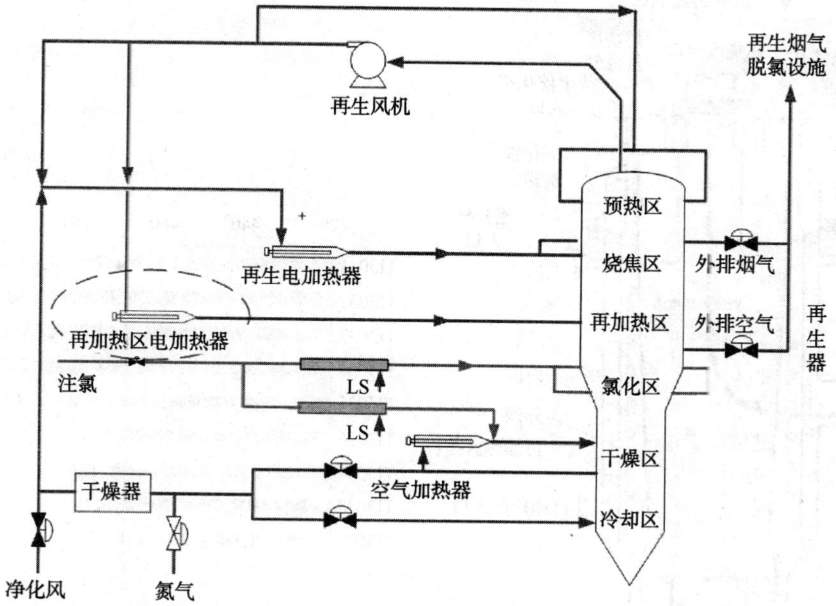

图 1 再生器烟气/空气简要流程--再加热区增设电加热器

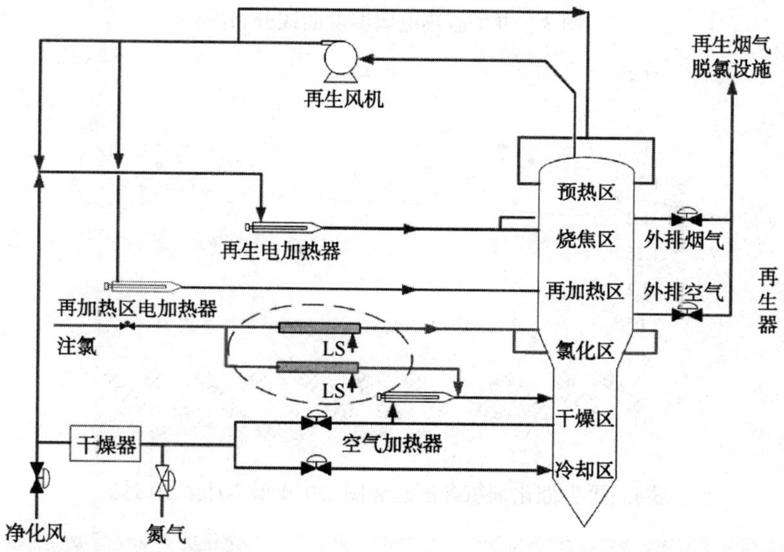

图 2 再生器烟气/空气简要流程--注氯加热夹套

3.3 UOP 仪表专家调整优化

2020 年 9 月 25 日至 9 月 29 日，UOP 仪表专家对催化剂再生仪表控制系统(CRCS)进行了系统排查和标定，具体过程如下：

3.3.1 检查再生催化剂提升线倾斜角度

经实地测量，一重整再生催化剂提升线倾斜角度是 20.9°，属于正常的倾斜范围，不影响催化剂稳定提升。

3.3.2 检查补偿气控制阀 Cv 值

UOP 仪表专家根据闭锁料斗补偿气和再生二次提升气差压 PDIC3035 的波动幅度，判定两路补偿气控制阀 PDV3055 和 XV3030 的 C_v 值(表征阀门的流通能力)偏大，造成控制阀 OP 值长期在 12% 以下，控制精度较低。经测算，将 XV3030 的 C_v 值由 2.3 降至 1.5，PDV3055 的 C_v 值由 0.6 降至 0.4，将补偿气和提升气差压 SP 值由 $-50mmH_2O$ 调整为 $-20mmH_2O$，经过以上优化，PDIC3035 的波动范围明显缩小。

3.3.3 检查缓冲区料位计 LSL3008 响应速度

闭锁料斗循环起始值是 80%(即触发缓冲区料位 LSL3008)，这个起始值是用来保证缓冲区催化剂密封效果的。UOP 仪表专家将该料位计 LSL3008 的阻尼值由 20 秒改为 15 秒，提高了料位仪的响应速度。

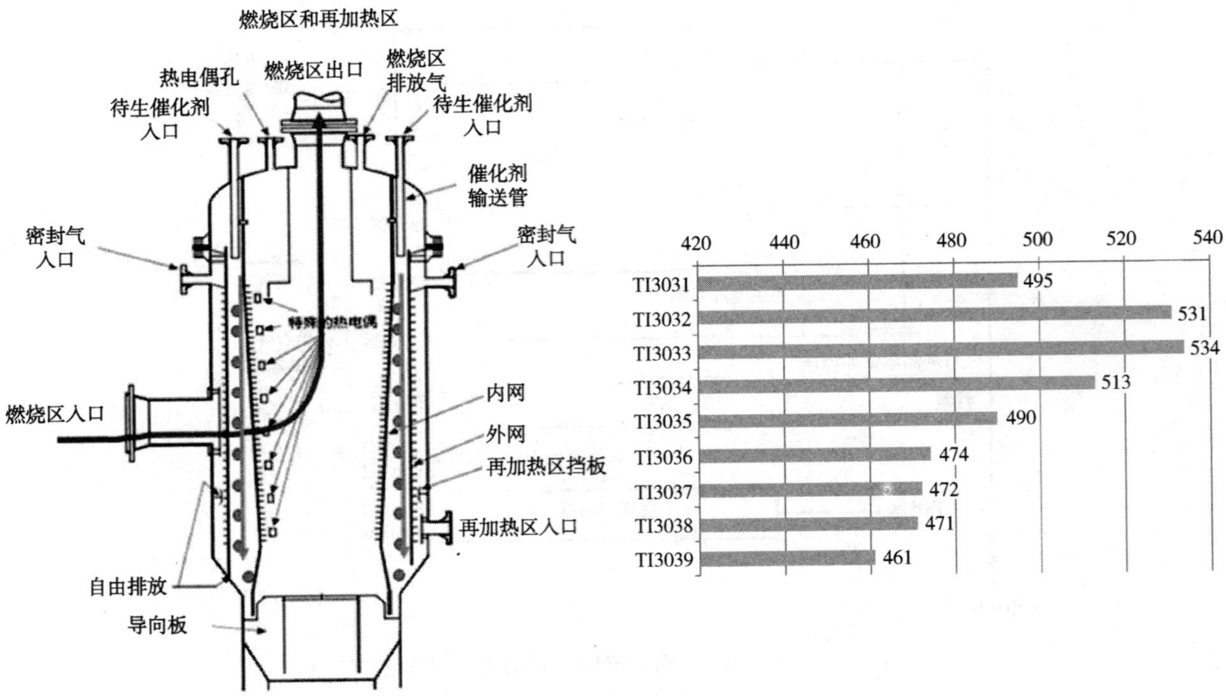

图3　再生器热电偶温度曲线分布图

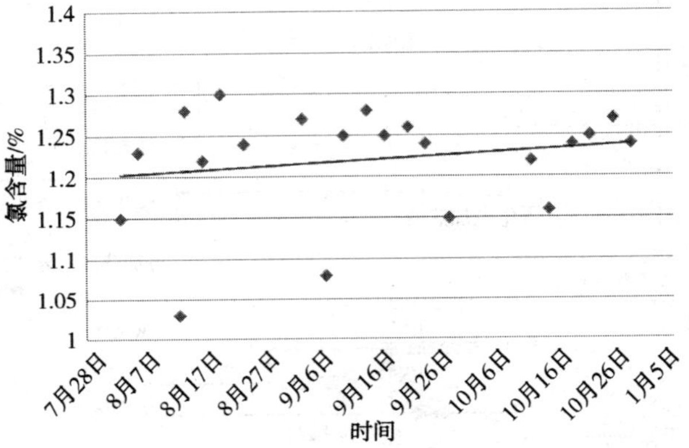

图4　再生催化剂氯含量趋势图(2020年7月至10月)

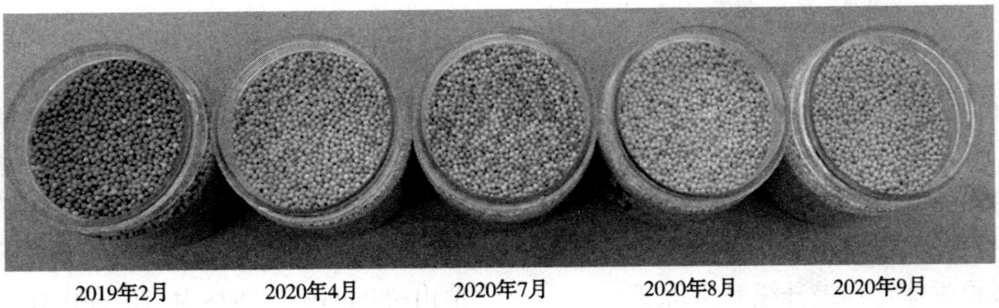

图5　再生催化剂颜色外观变化

3.3.4　检查再生提升压降

UOP仪表专家排查发现再生提升差压PDIC3039的DCS组态量程是0～100kPa，而现场表量程是0～50kPa，内外量程不一致导致差压显示偏大，间歇满量程。仪表维护将PDIC3039现场表量程改为与DCS组态一致后，该情况明显好转。

3.3.5　检查闭锁料斗上下平衡阀回讯

UOP仪表专家检查发现闭锁料斗上下平衡阀在开关中存在回讯不正常现象。仪表维护参考220万重整再生平衡阀回讯调整经验，将回讯凸轮调整到位，该问题得以解决。

3.3.6　闭锁料斗在线标定

（1）闭锁料斗缓冲区催化剂称重

根据闭锁料斗制造图纸，计算闭锁料斗缓冲区体积 0.483m^3，按重整催化剂堆积密度 561kg/m^3计算，闭锁料斗缓冲区催化剂装填重量是 270.8kg。

（2）计算闭锁料斗设计单次循环下料量

60 万重整装置催化剂再生单元设计循环速率是 453.7kg/小时或 1000 磅/小时，100%循环速率循环时，一个闭锁料斗完整循环的时间是 180 秒或 3 分钟，即闭锁料斗每小时会循环运行 20 圈，计算得出：60 万重整装置闭锁料斗的催化剂设计最大卸载量是 453.7kg/小时÷20 圈/小时=22.7kg/圈（闭锁料斗闭锁区每次下料量）。

装满闭锁料斗缓冲区需要闭锁区循环次数是：270.8kg÷22.7kg/圈=11.9 圈，意味着闭锁料斗需要循环 11.9 圈，催化剂才能将缓冲区装满。

（3）闭锁料斗单圈催化剂下料量标定

第一次标定试验计算的结果是 36.1kg/圈，比设计值 22.7 圈大了 59.1%，此时 LSL 设定值是 30%；将 LSL 设定值调大至 57.5%。

第二次标定试验计算的结果是 29.9 kg/圈，比设计值 22.7 圈大了 31.9%，此时 LSL 设定值是 57.5%；将 LSL 设定值调大至 70%。

第三次标定试验计算的结果是 23.5 kg/圈，比设计值 22.7 圈大了 3.78%，满足实际值和设计值偏差 0～5%的范围，此时 LSL 设定值是 70%，满足要求，标定完成。UOP 仪表专家认为 23.5 kg/圈的设置参数更为准确，将其输入至 CRCS 系统。

4　攻关情况总结

经过技术攻关，目前催化剂再生单元运行状态良好，催化剂的活性明显提高，保证了重整单元满负荷生产，芳烃转化率和氢气产率稳步提高，操作员劳动强度降低，实现了技术攻关的预期目标。再生运行情况如下：

（1）闭锁料斗投用斜坡模式，催化剂循环速率达到 100%且运行偏差小于 5%。

（2）催化剂再生单元实现自控率 100%。

（3）再生器内网运行良好，再生烧焦峰温集中在第二、三点，无过热点。

（4）再生氯化更新效果良好，催化剂氯含量及颜色外观得到有效恢复。

参考文献

[1] 方坤．连续重整催化剂性能影响因素分析与优化控制[J]．化工管理，2020，12：26-27.

连续重整装置提升管减薄泄漏原因分析及对策

吴宗祥　许　佳　柳建军　李立茂　顾万淮　庄　伟

（中国石油庆阳石化公司）

摘　要　连续重整装置催化剂提升采用气力输送技术，催化剂通过气体输送循环，在运行过程中，催化剂会对提升管内壁造成磨损，极端情况下造成穿孔，给装置的长周期运行造成安全隐患和不利影响；本文针对某公司 60 万吨/年连续重整装置催化剂提升管线出现磨损减薄泄漏导致装置非计划停工事件，进行分析，认为引起管线减薄的主要原因为催化剂在提升管内弹跳，形成折射流，造成管壁磨损减薄，通过从日常管理、操作优化等方面提出优化措施，取得了较好的效果，目前催化剂循环系统运行稳定。

关键词　连续重整，提升管，磨损，减薄

1　装置基本情况

某公司 60 万吨/年连续重整装置于 2010 年 6 月建成中交，2010 年 9 月投产运行。该装置采用法国 AXENS 公司连续重整工艺包，分为石脑油预加氢、重整反应和催化剂再生、苯抽提三个单元，其中催化剂再生部分采用法国 AXENS 公司的 REGENC 2 技术。

在连续重整装置中，催化剂主要通过提升管、上部料斗、提升器来实现反应器、再生器之间的循环再生。各反应器下部均设有下部料斗和提升器，顶上设有上部料斗。再生器上部设有上部缓冲罐和闭锁料斗，下部也设有 1 号下部料斗和 1 号提升器。催化剂依次从重整第一反应器到重整第二反应器、重整第三反应器、重整第四反应器都是通过含氢气体输送的，从重整第四反应器底部至再生器顶部以及从再生器底部至重整第一反应器顶部的催化剂是通过氮气输送的。在各反应器和再生器内，催化剂的流动是通过重力进行的。

待生催化剂从重整第四反应器底部经氮气提升进入上部缓冲罐，通过重力由上部缓冲罐进入闭锁料斗，然后进入再生器进行再生；再生后的新鲜催化剂从再生器底部用氮气提升至重整第一反应器上部的 1 号上部料斗，催化剂通过重力流经重整第一反应器顶部的还原罐，用高纯度的氢气在一定温度下对催化剂进行还原；还原后的催化剂通过重力流至重整第一反应器，从而完成催化剂待生、再生、还原的全过程，工艺流程简图如图 1 所示。

2　提升管减薄问题的出现

2.1　第三提升线减薄穿孔

重整装置自 2010 年投产以来，截止 2019 年底累计运行近 10 年，催化剂循环再生系统运行稳定，提升线为装置建设时安装配制，设计壁厚为 10mm，材质为 1.25Cr0.5Mo，运行期间未发生异常情况；2019 年 11 月 1 日，岗位巡检发现第三提升线出现泄漏，装置紧急退守，反应系统泄压进行堵漏处理。停工发现催化剂提升管靠近法兰部位管壁母材出现贯穿性孔洞（ϕ 1mm），缺陷是由内壁向外逐渐形成，对缺陷周围母材进行测厚发现：由缺陷孔洞边缘向外管壁的厚度是逐渐增加的。

2.2　举一反三排查情况

为评估提升线运行情况，针对重整装置五条提升线采用脉冲涡流检测技术进行检测，检测数据见表 1。经检查发现第二、三、四提升线明显减薄部位 4 处；第一、五提升线基本正常。

第二、三、四提升线 3 处减薄部位均位于上部料斗入口第一段弯管处，如图 2 所示，另外 1 处处位于第二提升线三层平台弯管处。以上明显减薄部位详细情况如下：

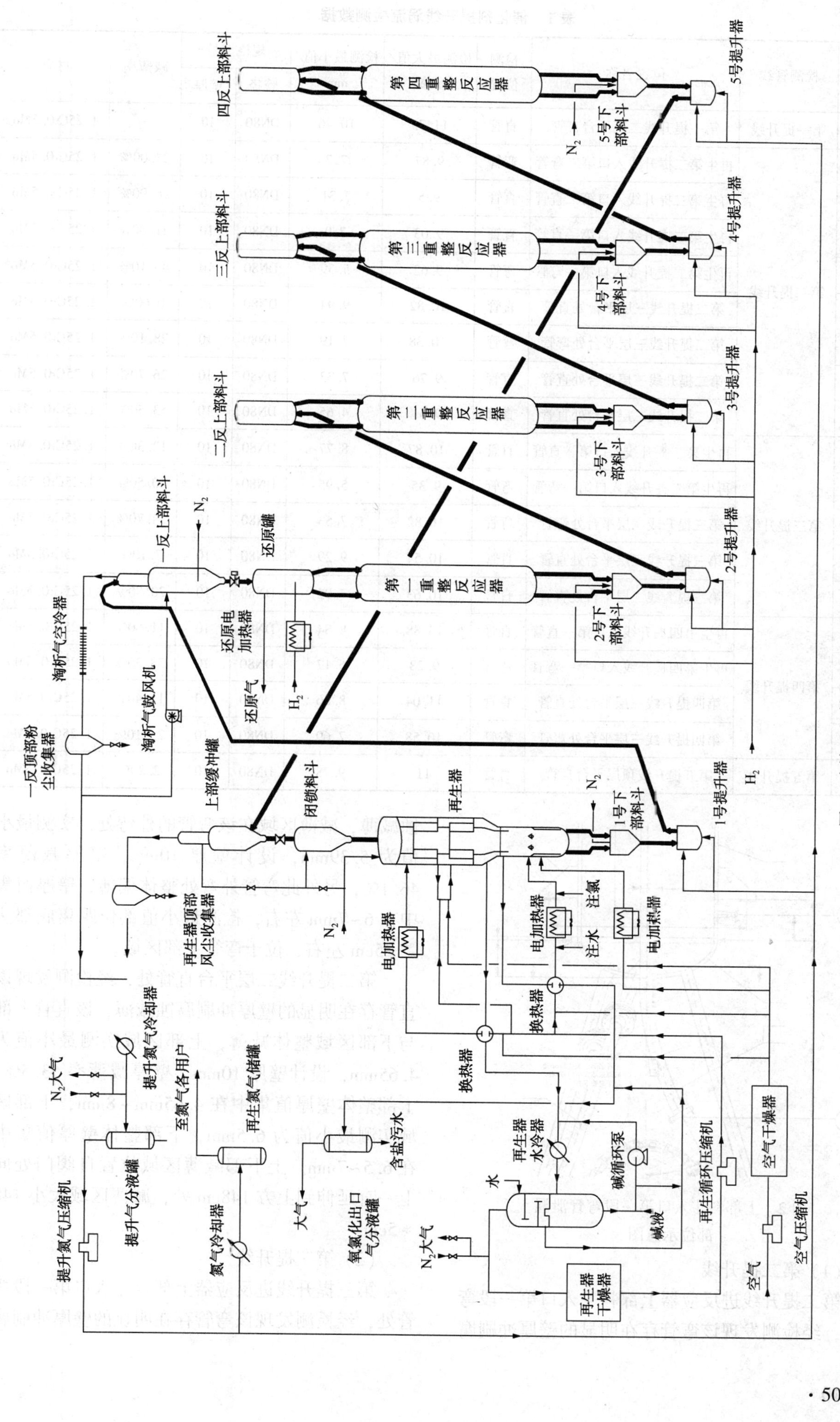

图1　连续重整催化剂循环再生系统

表1　催化剂提升线涡流检测数据

序号	检测管线	位置名称	检测位置	检测最大值/mm	检测最小值/mm	规格型号		减薄率	材质
						管径	壁厚		
1	第一提升线	第一提升线二层平台直管	直管	11.75	10.46	DN80	10	—	1.25Cr0.5Mo
2	第二提升线	再生第二提升线入口第二弯管	弯管	9.87	7.7	DN80	10	23.00%	1.25Cr0.5Mo
3		再生第二提升线入口第二直管	直管	9.5	7.31	DN80	10	26.90%	1.25Cr0.5Mo
4		再生第二提升线入口第一直管	直管	9.03	7.9	DN80	10	21.00%	1.25Cr0.5Mo
5		再生第二提升线入口第一弯管	弯管	9.62	5.39	DN80	10	46.10%	1.25Cr0.5Mo
6		第二提升线三层平台处直管	直管	10.82	9.94	DN80	10	0.60%	1.25Cr0.5Mo
7		第二提升线三层平台处弯管	弯管	10.38	7.19	DN80	10	28.10%	1.25Cr0.5Mo
8		第二提升线三层平台处直管	直管	9.76	7.33	DN80	10	26.70%	1.25Cr0.5Mo
9		第二提升线二层平台处直管	直管	9.61	4.65	DN80	10	53.50%	1.25Cr0.5Mo
10	第三提升线	再生第三提升线入口第一直管	直管	10.87	8.77	DN80	10	12.30%	1.25Cr0.5Mo
11		再生第三提升线入口第一弯管	弯管	9.35	5.95	DN80	10	40.50%	1.25Cr0.5Mo
12		第三提升线三层平台处弯管	弯管	10.82	7.53	DN80	10	24.70%	1.25Cr0.5Mo
13		第三提升线三层平台处直管	直管	10.54	9.29	DN80	10	7.10%	1.25Cr0.5Mo
14		第三提升线二层平台处直管	直管	10.63	7.92	DN80	10	20.80%	1.25Cr0.5Mo
15	第四提升线	再生第四提升线入口第一直管	直管	10.88	8.84	DN80	10	11.60%	1.25Cr0.5Mo
16		再生第四提升线入口第一弯管	弯管	9.28	6.17	DN80	10	38.30%	1.25Cr0.5Mo
17		第四提升线三层平台处直管	直管	11.04	8.86	DN80	10	11.40%	1.25Cr0.5Mo
18		第四提升线三层平台处弯管	弯管	10.58	7.69	DN80	10	23.10%	1.25Cr0.5Mo
19	第五提升线	第五提升线顶层平台直管	直管	11	9.78	DN80	10	2.20%	1.25Cr0.5Mo

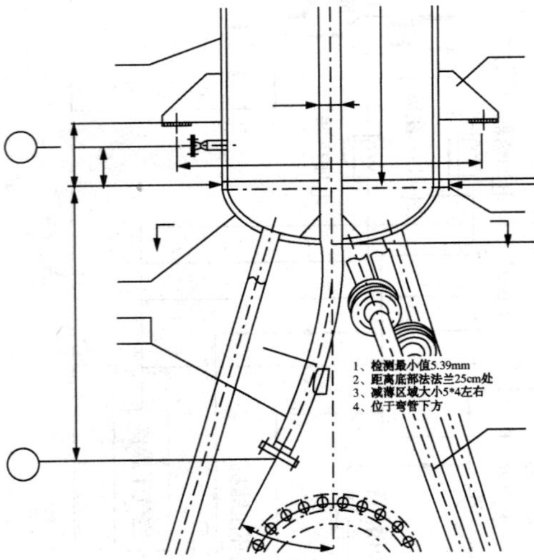

图2　上部料斗入口第一段弯管泄漏部位示意图

(1) 第二提升线

第二提升线进反应器上部料斗入口第一段弯管处，经检测发现该弯管存在明显的壁厚冲刷腐蚀减薄，减薄区域在该弯管的外弯处，实测最小值为5.39mm，设计壁厚10mm，壁厚减薄率46.1%，另外此弯管外弯处整体偏薄，壁厚值集中在6~7mm左右，检测最小值部位距离底部法兰25cm左右，位于弯管下部区域。

第二提升线二层平台直管处，经检测发现该直管存在明显的壁厚冲刷腐蚀减薄，该直管上部与下部区域整体减薄，上部区域实测最小值为4.65mm，设计壁厚10mm，壁厚减薄率53.5%，上部整体壁厚值集中在4.65mm~8mm，下部区域实测最小值为6.5mm，下部整体壁厚值集中在6.5~7mm。上下部减薄区域位置自阀门处向上一直延伸到上方148cm处，减薄区域大小148*5cm。

(2) 第三提升线

第三提升线进反应器上部料斗入口第一段弯管处，经检测发现该弯管存在明显的壁厚冲刷腐蚀蚀减薄，减薄位置在该弯管的内弯靠近补强区域处，距离下部打卡处 2cm 处，减薄部位位于弯管上方，实测最小值为 5.95mm，设计壁厚 10mm，壁厚减薄率 40.5%。

（3）第四提升线

第四提升线进反应器上部料斗入口第一段弯管处，经检测发现该弯管存在明显的壁厚冲刷腐蚀减薄，减薄区域在该弯管上部靠近焊缝区域，距离下部法兰 2cm 处，减薄部位位于弯管上方，实测最小值为 6.17mm，设计壁厚 10mm，壁厚减薄率 38.3%。

3 原因分析

连续重整装置催化剂提升采用气力输送技术，在气力输送管道中，混合介质是输送气体和粉粒物料，因而属于气固两相流，在正常运行过程中，催化剂颗粒在提升过程中对管材的磨损不是一种单纯的机械损伤，而是流动、腐蚀、冲击、材料性能等多种因素相互作用的结果；高温气、固两相流磨损失效还具有局部性，突发性；颗粒在管道内发生团聚和速率发生急剧变化的区域是磨损最严重的的地方。针对本装置存在问题进行原因分析如下：

（1）从减薄穿孔部位、后续涡流检测发现三处减薄点来看，减薄点位置基本相似，认为提升管磨损减薄的主要原因是催化剂颗粒在该部位产生团聚及速率变化，对管道壁面特定区域的多次塑性冲击引起的。冲击点越多，磨损越严重，容易造成穿孔。

（2）从涡流检测结果来看，第二、三、四提升线磨损相对严重，内部介质为氢气和催化剂。其中第二提升线催化剂提升速率 6m/s，磨损最为严重，其余四条提升线催化剂提升速率为 2m/s，磨损量与提升速率成正比。

（3）重整装置自 2010 年开工至今，催化剂提升线使用达 10 年，管线长时间使用导致磨损减薄。

（4）近年来，为提高生产效益，重整装置常年处于满负荷加工状态，催化剂积炭含量处于较高水平，为保证催化剂活性，满足产品质量，催化剂循环量由 300kg/h 逐渐提高至 350～400kg/h，催化剂循环速率加快，也可导致提升管线磨损加剧。

（5）涡流检测发现的 4 处减薄点均在 3 条氢气提升线上，第一、五两条氮气提升线仅为轻微磨损，可以推断氢气致使缺陷加剧，可能伴随氢鼓泡、氢腐蚀等氢致缺陷，需停工后对缺陷部位进行检查分析确定。

4 改进措施

（1）根据检测结果，对减薄面积较小、壁厚小于 8mm 的管线、部位，由带压堵漏单位制作带压堵漏卡具并注胶（卡具内衬 10mm 不锈钢板材）；对于减薄范围较大，剩余壁厚在 7～8mm 之间，采用碳纤维加固（图 3）。

图 3 减薄部位使用带压堵漏卡具

（2）加强岗位巡检检查，按计划实施闭灯试验，及时发现存在隐患；完善定期测厚方案，将提升管纳入定点测厚检查内容，每月定期实施。

（3）优化操作，合理安排重整装置加工量，控制适宜的反应苛刻度，在保证催化剂积炭含量满足烧焦及反应需求时，尽量采取较低的循环速率，减少对提升管的磨损；优化一、二次提升气比例，在不影响催化剂提升的前提下，尽可能降低催化剂提升速率，有利于降低提升管的磨损。

（4）经长时间磨损，提升线内壁光洁度、平整性已无法满足长周期要求，且提升线已运行10年，依据检测结果无法满足下一周期运行要求，利用检修期将提升线进行整体更换。

参考文献

[1] 徐承恩．催化重整工程与工艺[M]．北京：中国石化出版社，2014.

[2] 偶国富等．连续重整催化剂提升管磨损失效分析[J]．浙江理工大学学报，2010，27(1)：89-93.

重整再生碱洗系统腐蚀影响及防护措施

顾万淮 孙 坚 魏建涛 李天明 庄 伟

（中国石油庆阳石化公司）

摘 要 连续重整装置在石油炼制企业中具有举足轻重的地位，重整催化剂再生效果直接影响重整反应效果，而催化剂再生烟气碱洗和干燥是极为重要的部分，但是碱洗系统腐蚀成为重整装置催化剂再生最大的瓶颈，因为碱洗所用的是强碱 NaOH 稀释溶液，对管线具有较强的腐蚀性，而且再生碱洗过程中产生的铵盐极易对冷却器等低温管线结晶铵盐及碱渣，长时间导致杜塞管线严重时会形成垢下腐蚀。所以说研究重整再生系统腐蚀问题具有十分重要的现实意义，本文将对连续重整装置再生碱洗系统的流程、现状、腐蚀机理方面进行分析并给出防护措施。

关键词 再生碱洗系统，腐蚀，防护

1 概述

某石化公司60万吨/年连续重整装置采用法国石油研究院(IFP)的连续重整工艺第三代催化剂批量再生技术，在使用过程中出现再生碱洗系统碱洗效果差、管线设备腐蚀渗漏、开裂现象，再生碱洗过程中产生的铵盐极易对冷却器等低温管线结晶铵盐及碱渣，长时间导致管线堵塞严重并形成垢下腐蚀。而且由于再生烟气中有相当的氯离子及硫化氢在碱洗过程中会形成湿盐酸及湿硫化氢，其对碳钢材质的腐蚀变现为全面腐蚀和抗蚀，对316L表现为氯化物应力腐蚀开裂。其中尤为突出的有：I：干燥系统 DN800 分离器Ⅰ(203-D376D)，自2016年9月至今多次出现腐蚀泄漏，泄漏部位主要集中于底部封头，经判定为氯离子腐蚀及保温层下腐蚀；Ⅱ：碱洗系统水侧、碱测排放管线以及其附属法兰，自2016年初至今发生多次渗漏、泄露。每次管线、设备腐蚀泄露、开裂，都需要联系定制卡具带压堵漏，严重时还需要暂停催化剂再生单元进行预制管线、设备更换处置，极大的影响了装置“长、满、优”运行目标，而且处置过程中对重整反应催化剂的再生造成影响。

2 碱洗系统中干燥器的腐蚀现状及影响因素

2.1 干燥器的腐蚀现状

运行二部重整反再干燥系统 DN800 分离器Ⅰ，由某空气净化设备公司生产(¢800×1510×6，材质：316L)，其中分离器Ⅰ(203-D376D)自2016年9月至今多次出现腐蚀泄漏，且泄漏部位主要集中于底部封头，经判定为氯离子腐蚀及保温层下腐蚀。其次，碱洗系统水洗侧排水弯头、管线等部位经常发生腐蚀渗漏。常规处置方案为铺焊消漏、管线预制更换，工作频繁，复发性高。

2.2 腐蚀影响因素

2.2.1 设备制造方面

通过腐蚀情况以及查阅文献分析发现焊接部位是腐蚀的易发点，由于焊缝金属的成分通常不同于母体材料，而且焊缝的冶金情况也不同于母体材料。因此，常见的机械性质不同，并且大多品质不行。在含碳和低合金钢的情况下，通过加入少量的镍、钒、铜、铝的金属在焊条中，可以使焊缝部分的强度达到和母体近似的条件。但是加入合金有副作用，生成的材料会相对母体形成阴极，从而产生双金属接触电池作用腐蚀。焊接母体材料通常是通过锻轧制成，而金属材料通常是铸造而成。由于焊接时是高温区域，所以对焊缝周边的母体材料会产生影响。由于焊接过程中热输出引起金属结构上的变化，这种结构变化造成焊缝的衰变。在低碳不锈钢中，除了厚断面外，焊缝衰变是少见的。但是，如果焊接时间延长，以及热影响区长时间保持在600℃以上，也会发生焊缝衰变。当存在屈服点张力时，会由于晶间开裂导致焊缝迅速破坏，这种形式的破坏叫晶间应力腐蚀开裂。焊接构件的腐蚀由多种因素而形成的，其中焊缝缺陷所引起的局部腐蚀这一

点不容忽视。特别是在高级的合金和铝材中，焊缝缺陷引起的局部腐蚀破坏是最主要的因素。

在很多情况下，焊带是受压的，会产生焊接缺陷，如熔化不完全，多孔和夹渣。在这些部位，都是容易发生腐蚀的位置，如缝隙腐蚀及点蚀，进而诱发出应力腐蚀开裂。

2.2.2 工艺腐蚀方面

由于催化重整催化剂是具有以铂为主的金属功能和氯为主的酸性功能的双功能催化剂。在重整反应和再生过程中，其酸性组份 Cl-1 会部分流失，需要在再生的氧氯化过程中进行充足的补充(以 CCl4 形式进入)。在补 Cl-1 过程中，有60%左右的 Cl-1 被催化剂吸收，其余则随再生气流失，使再生废气含有较多的酸性气组分(如 HCl、H_2S 等)。气体在碱洗系统冷凝冷却过程中形成典型的低温 H_2S-HCl-H_2O 腐蚀，在低温有水的情况下，HCl、H_2S 和水就会形成湿 H_2S-HCl-H_2O 腐蚀环境。在此环境下，HCl 与铁基体反应生成可溶的 FeCl2，造成基体的均匀腐蚀，H_2S 与铁基体反基体反应生成不溶的 FeS 产物膜，也造成基体的均匀腐蚀。同时，HCl 还会与不溶的 FeS 产物膜反应生成可溶的 FeCl2，如此可造成设备管道严重的均匀腐蚀。此外，由于氯离子半径小、腐蚀性强，形成应力腐蚀裂纹。因此，对水冷器等设备的腐蚀就在所难免，这是碱洗系统腐蚀的主要原因，对碳钢材质腐蚀表现为全面腐蚀和抗蚀，对 316L 奥氏体不锈钢腐蚀表现为氯化物应力腐蚀开裂。此外，设备也易在高速再生循环气气流的冲击下造成冲刷腐蚀。

3 腐蚀处置方法

3.1 设备防腐处置方案

对再生干燥系统 DN800 分离罐及相关工艺管线进行整体更换。更换的分离罐为碳钢材质内衬玻璃钢，破沫网为 PP 材质，西安航空发动机公司金属结构厂制造再生碱洗系统中的洗涤罐和干燥系统中的分离罐以及附属管线改造为带环氧内部涂层的碳钢。并对焊缝进行热处理，热处理要求如下：

(1) 热处理设备和仪表的配备应能满足工艺要求，记录仪表应达到规定的精度，所使用的计量器具(热电偶、记录仪)应进行周期检定，使其工作性能和精度满足使用要求。此热处理工作包括焊前预热和来不及热处理时须做的焊接后热。

(2) 每道焊缝至少一条热处理曲线(预热和焊接后热不要曲线图)，焊接后热和热处理加热范围为焊缝两边各向外至少三倍于焊缝宽度且不小于 100mm。焊前预热时，加热器应在坡口两侧，以不妨碍焊接为原则，尽可能靠近坡口。

(3) 进行水平管道的焊口热处理时，焊口两侧各 500~1000mm 处应垫支撑加固；进行垂直管道的焊口热处理时，先在焊口下面 500~1000mm 处上好管卡，然后用倒链挂起。以免在长时间的高温作用下，管道负荷使焊口处的管道变形。

正确使用焊条和母体材料的化学特性互相匹配。也可通过对原始母体钢的组分进行预组合，使配制的焊条与之相适合。提高焊接质量，尽量减少焊缝质量因素引起的破坏。控制工艺条件，以降低在焊缝区域上发生新的破坏。由于本次研究对象所使用的管线工作环境为10%的 NaOH 浓度，采用伴热。从温度方面控制工艺条件。当夏季来临时应关闭伴热，冬季采用伴热时，应尽量控制管线工作温度在 76℃以下，从而达到通过控制伴热量来控制伴热温度的目的。对焊接后的区域进行打磨处理，避免表面不光洁造成杂质堆积而引起腐蚀破坏。在管线打磨后进行热处理，减少因焊接时高温作业对母体材料的结构影响。

3.2 工艺防腐处置方案

(1) 减少氯流失、降低注氯量，控制好水氯平衡。同时还要及时化验分析再剂及待剂中的氯含量，根据氯含量高低调整适宜的注氯量，确保氯化效果，再生剂中氯含量要在 1.1~1.3 wt%。减少氯流失、降低注氯量，控制好水氯平衡，使再生循环气中 Cl-1 含量尽量少，以减缓碱洗系统和干燥系统酸性腐蚀。

(2) 在催化剂正常烧焦再生过程中，要保证好干燥器的干燥效果使再生循环气水含量维持在 15~25ppm 为宜，一般要在 50ppm 以下。

4 处理后运行效果

通过更换分离罐为碳钢材质内衬玻璃钢，并对焊缝进行热处理破沫网为 PP 材质，经过近 5 个月的监控运行，碱洗系统分离罐底部封头设计厚度 8mm 实测 8mm，焊缝处未出现渗漏或开裂，干燥效果良好。

对再生碱洗系统中的洗涤罐和干燥系统中的

分离罐以及附属管线改造为带环氧内部涂层的碳钢材质，至今未发现管线渗漏、开裂情况。

工艺上通过重新标定注氯以及碱洗系统注碱、注水量后，烟气水含量稳定，再生后催化剂氯含量稳定，对于催化剂的长周期稳定使用和装置的长周期运行作用明显。

5 防腐处置后的成果

5.1 经济效益

改造前干燥系统分离罐平均每月都需要带压堵漏，平均每周都需要对碱洗系统管线进行消漏，一次带压注胶堵漏就需要 2000 元，预制一付卡具需要 1500 元，严重时则需要再生停工进行预制管线更换，经此次改造大大减少了对碱洗系统与干燥系统的消漏作业，也大大减少了检修费用。

5.2 安全环保效益

由于再生烟气属于带压高温气体(成分主要为氮气、二氧化碳)，设备、管线长期处于易腐蚀状态极易发生人员的不安全事件；另外，每一次动火、检修作业都是有风险的，此次改造极大地减少了碱洗系统、干燥系统的消漏作业，保证装置安全平稳长周期运行。

解析塔重沸器腐蚀根原因分析及防护对策

李松泰　赵文锋

(中国石化北京燕山分公司炼油部)

摘　要　针对燕山石化140万吨/年延迟焦化装置解析塔重沸器运行过程中严重腐蚀减薄问题，本文从腐蚀机理、垢样、原料、腐蚀检测、操作工况，重沸器结构产生的流动影响区等六个方面进行根原因分析，得出E2203筒体严重腐蚀根本原因为解析塔原料含水，客观上提供了腐蚀产生的环境，重沸器壳程结构形成的筒体底部流动影响区、装置运行期间原料硫含量长期偏高促进了腐蚀加速。通过设备材质升级、严格保证检修施工质量、优化工艺操作、定期原料分析与调整、加强腐蚀状态监测的实施，重沸器筒体腐蚀状况得到了有效控制。

关键词　重沸器，延迟焦化，腐蚀根原因，防护对策

中国石化股份有限公司燕山分公司140万吨/年延迟焦化装置于2007年7月投产，2013年节能改造期间，将稳定塔底重沸器变更为解析塔底重沸器，重沸器管程介质由中压蒸汽相应变为焦化柴油。在随后几年运行中重沸器筒体多次出现了严重减薄、泄漏等腐蚀问题，极大缩短设备使用寿命，已经严重影响装置安全生产。

焦化装置是炼油系统重油二次加工装置，是炼油系统中腐蚀重点装置之一。防腐是一项系统工程，腐蚀类型、机理、形态与原料性质、工艺操作条件、设备材质、结构及流体流动情况具有密切关系。针对焦化装置解析塔重沸器反复腐蚀减薄、泄漏问题，本文从多种因素进行腐蚀根原因分析，并提出行之有效的防护对策，解决影响装置长周期安全平稳生产的瓶颈问题。

1　工艺流程及重沸器腐蚀概况

140万吨/年延迟焦化装置主体部分由中国石化工程建设公司(SEI)设计，焦化液化气脱硫醇(纤维膜脱硫醇)部分由美国Merichem设计制造，外围由燕山石化设计院设计，原料主要来自蒸馏的减压渣油、催化装置的催化油浆和丙烷脱沥青装置的沥青，2007年7月投产。2013年改造焦炭塔部分由SEI设计、加热炉部分由武汉设计院设计、分馏及吸收稳定系统由中京设计院设计。吸收稳定系统工艺流程如图1所示，解析塔重沸器E2203位于解析塔C2202底部，利用柴油为解吸塔底凝缩油提供热源。

2013年节能改造期间，将稳定塔底重沸器E2208变更为解析塔底重沸器解吸塔底重沸器E-2203，该重沸器为四管程无隔板分流的浮头式换热器，型号为BJS1100-6.4-325-6/25-4I。表1为变更前后设备参数对比。壳程介质脱乙烷油从下部入口进入壳体，从上部分两路流出。

2015年重沸器筒体发生2次泄漏；2016年检修期间发现筒体存在严重减薄进行筒体更换，筒体底部和管束下方存在较多黑色垢物，重沸器壳程出口正下方筒体底部主要有9处腐蚀凹坑，坑深约8~10mm，坑蚀范围ϕ5mm，如图2(a)；2017年3月腐蚀检测过程中发现筒体腐蚀减薄，同年6月利用清焦消缺机会再次进行筒体更换，检修发现筒体大面积严重减薄，减薄最严重区域集中在筒体底部，腐蚀区域为100×100mm，壁厚由22cm减薄至8.0cm，如图2(b)；2018年9月对该筒体进行材质升级，重沸器出口下方筒体底部存在12处严重腐蚀，坑蚀深度14mm~21mm，如图2(c)，筒体底部存在黑色垢物。材质升级后至今运行情况较好，未见产生明显腐蚀减薄，不同时期腐蚀情况如图2所示。腐蚀类型为局部腐蚀，底部及两侧存在明显腐蚀坑，多集中于两侧出口下方筒体底部。

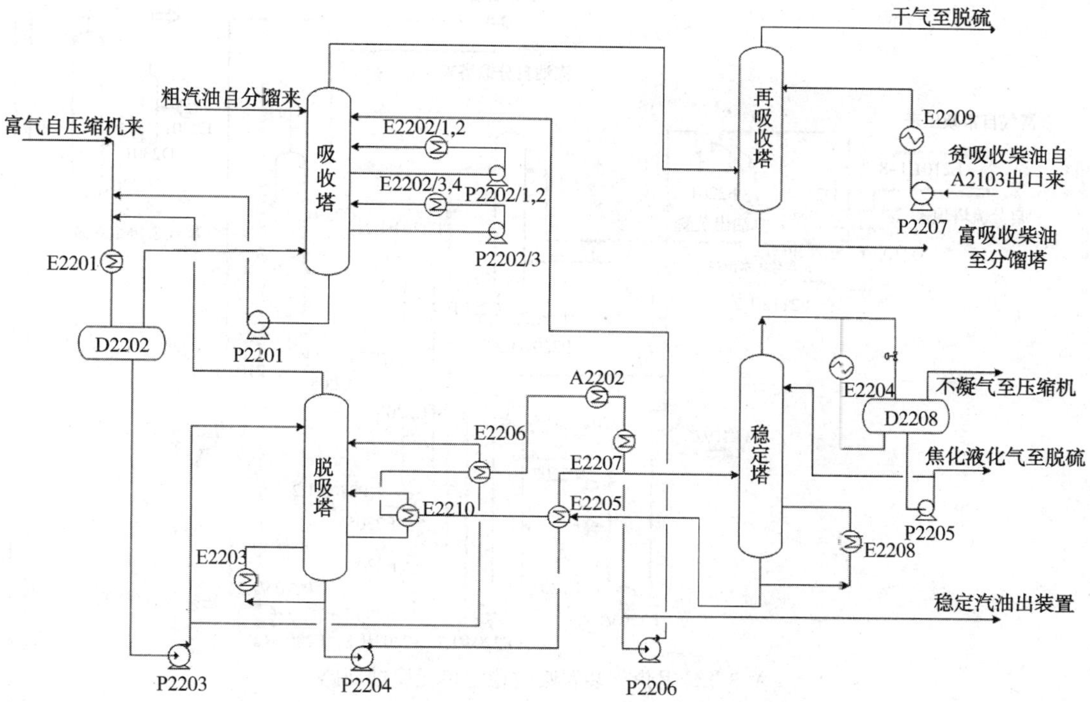

图 1　延迟焦化吸收稳定系统流程

表 1　重沸器设备参数

设备位号	操作介质		操作温度/℃		工作压力/MPa		主体材质		备注
	管程	壳程	管程	壳程	管程	壳程	管束	筒体	
E2208	蒸汽	脱乙烷油	420	165-196	3.9	1.68	Cr18Ni9Ti	16MnR 复合 0Cr13Al	2018 年 9 月对筒体材质升级(316L)
E2203	柴油	脱乙烷油	230	165-196	3.8	1.38	Cr18Ni9Ti	16MnR 复合 0Cr13Al	

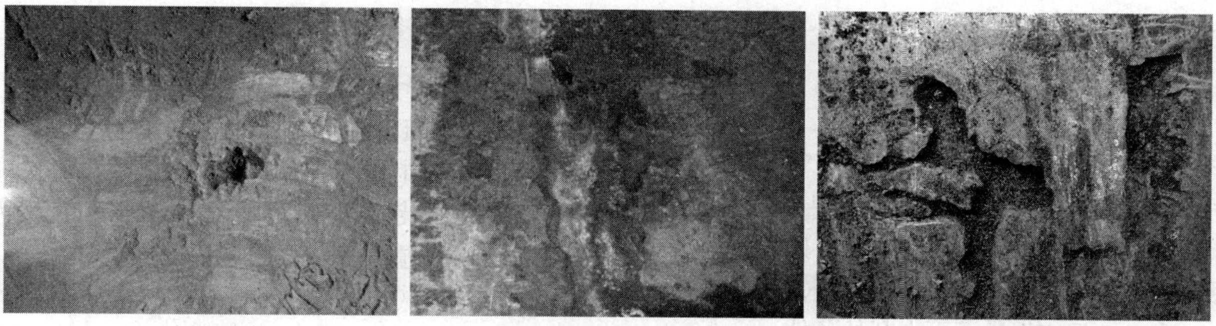

(a)2016年6月检修　(b)2017年6月检修　(c)2018年9月检修

图 2　不同时期重沸器筒体坑蚀情况

2　腐蚀机理分析

2.1　腐蚀回路

通过划分腐蚀回路过程中分析物料回路可能腐蚀类型，确定腐蚀类型在物流前后设备之间变化，用于评估腐蚀失效的可能性以及失效导致的后果。延迟焦化吸收稳定单元腐蚀回路如图 3 所示，吸收稳定单元解析塔底部腐蚀介质主要有有硫化氢、氯化氢，存在 H_2S+HCl+H_2O 腐蚀，易产生点蚀、坑蚀等局部腐蚀。在分馏塔区冷换部位，根据介质流速的高低，存在冲蚀或垢下腐蚀。

2.2　H_2S+HCl+H_2O 型电化学腐蚀

减压渣油在焦炭塔内深度裂解过程中，产生 H_2S 及少量的 HCN，渣油中所含盐分中氯化物水解产生 HCl。HCl 遇水后形成腐蚀性极强的盐酸的腐蚀性环境，在金属表面产生点蚀。硫化氢在无水可使金属表面形成 FeS 保护膜，当有水存在的环境下，H_2S 和铁发生如下的反应：

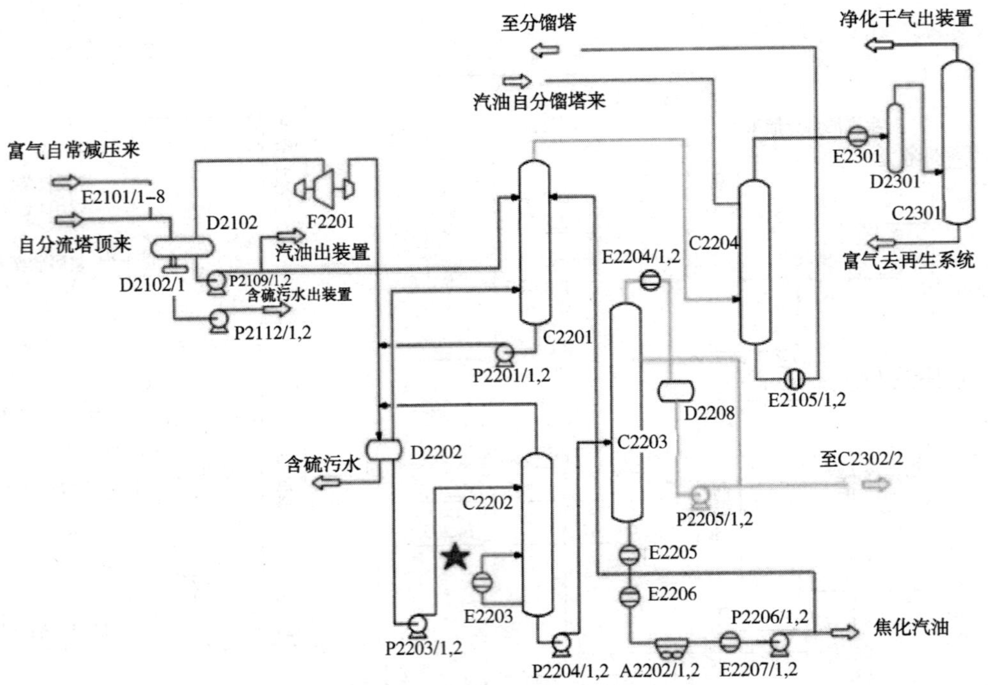

图 3　延迟焦化装置吸收稳定单元腐蚀回路

H_2S 在水中的离解：

$$H_2S \longleftrightarrow H^+ + HS^-$$

$$HS^- \longleftrightarrow H^+ + S^{2-}$$

钢在 H_2S 水溶液中发生电化学反应：

阴极反应：

$$H^+ + 2e \longrightarrow 2H \longrightarrow H_2$$

阳极反应：

$$Fe \longrightarrow Fe^{2+} + 2e$$

其他过程：

$$Fe^{2+} + S^{2-} \longrightarrow FeS \qquad Fe^{2+} + HS^- \longrightarrow FeS\downarrow + H^+$$

如果介质中含有 CN^-，则使 FeS 溶解生成络合离子 $[Fe(CN)_6]^{4-}$，加速了腐蚀。硫化氨能使 H_2S 在水中的溶解度大大增加，提高了 HS^- 浓度，另外，氨溶解在水中提高了水的 pH 值，为 CN^- 和 FeS 反应提供了更有利的条件。

2.3　冲刷腐蚀

冲刷腐蚀是流动腐蚀的一种重要的表现形式。指溶液和金属材料及较高的速率做相对运动时，冲刷和腐蚀共同引起的材料表面损伤现象。这种损伤比冲刷或腐蚀单独作用造成的损伤加和要大得多，这是因为冲刷与腐蚀相互促进的缘故。广义的冲刷腐蚀包括湍流腐蚀、汽蚀、微动腐蚀等。在炼油化工设备中，管线弯头、三通等产生湍流、涡流部位易发生冲刷腐蚀。

2.4　垢下腐蚀

在水垢、粘泥等腐蚀性沉积物下发生的严重局部腐蚀称之为垢下腐蚀，其机理是由于受设备几何形状和腐蚀产物、沉积物影响，介质在金属表面的流动和电介质的扩散受到限制，形成阻塞电池腐蚀。可分为酸性腐蚀和碱性腐蚀两种，垢下腐蚀程度一般沉积物浓度、流动状态、微生物、氧浓度等因素有关。炼油化工装置中循环冷却系统易产生垢下腐蚀。

3　重沸器腐蚀根原因分析

3.1　原料分析

3.1.1　原料硫含量分析

近几年原料油总体呈现密度大、硫含量和酸值上升较快的趋势，油品种类、调和比例变动等对二次加工装置防腐蚀提出了更高的要求，对装置设防能力产生极大挑战[3]。2016 年 7 月至今延迟焦化原料硫含量趋势如图 3，平均值为 4.16%(绿色线)，最高值为 5.0%，2017 年 1 月至 2018 年 10 月原料硫含量总体偏高，2019 年原料硫含量略有下降。

2016 年青岛安工院对延迟焦化装置进行设防值再评估，建议长期运行的设防指标为硫含量为 3.5%、酸值 0.15mgKOH/g。以安全运行四年进行设防值计算，指标定为硫含量 4.81%、酸值 0.28mgKOH/g。如图 4 所示，红色虚线为硫含量 4.81%，可看出在三年的运行周期内，原料硫含量多次超过或逼近设防值，原料性质加剧了设备腐蚀风险。

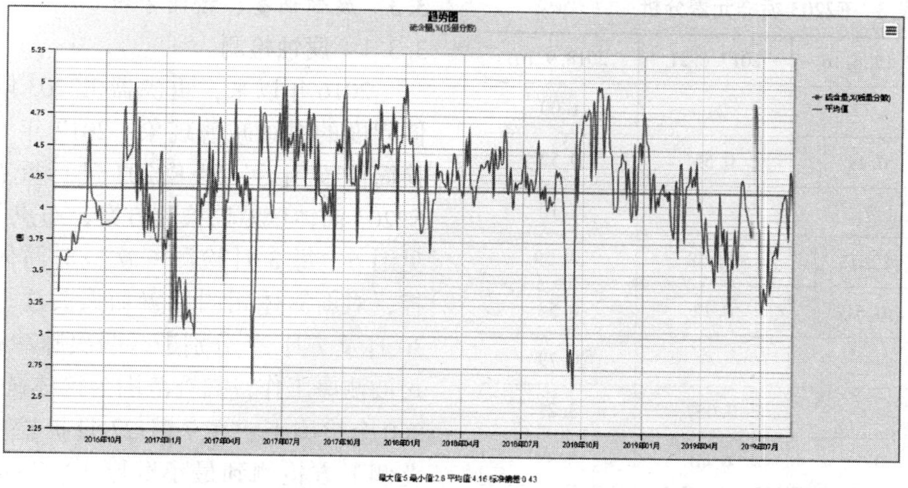

图4 延迟焦化原料硫含量

3.1.2 焦化汽油油品性质分析

2018年6月对E2203壳程介质进行油品分析，结果见表2。结果显示汽油带水且含有氯化物组分，客观上形成了湿硫化氢、氯化氢的稀酸腐蚀环境，不断加剧设备腐蚀。由图1延迟焦化吸收稳定系统流程可知，解析塔C2203原料来自富气分液罐D2202，D2202的界位及含硫污水中的硫含量均会对重沸器筒体腐蚀造成影响，控制D2202界位，可避免过多明水进入解析塔。

表2 E2203汽油分析

装置	采样点	采样日期	氯含量/(mg/L)	水含量/(mg/kg)
延迟焦化	E2203汽油	2018.6.28	2.59	90

3.1.3 D2202含硫污水硫含量分析

分析2017年4月至今D2202含硫污水硫化物含量见图5，硫化物含量平均值为5203mg/L，因此在操作方面要尽可能避免含硫污水进入解析塔，含硫污水中铁离子、pH值指标控制较好。

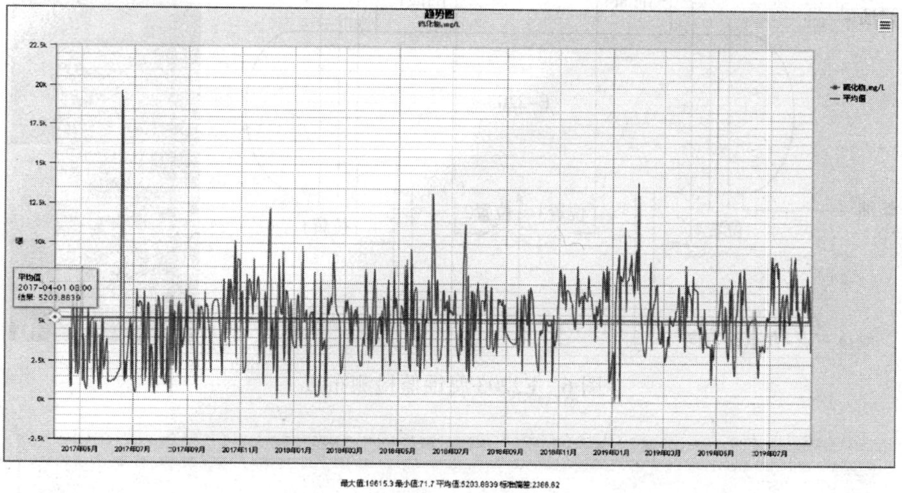

图5 D2202含硫污水硫化物含量

3.2 垢样分析

检修发现重沸器筒体底部黑色垢物沉积，黑色垢物也存在下方管束间隙，2017年6月、2018年9月分别选取重沸器筒体底部垢样进行成分分析，见表3。2016年垢样呈黑灰色块状或片状，2018年9月垢样为黑色煤状物。从三次分析可看出，垢样中S、Fe元素较高，尤其在2018年9月份S、Fe含量已达到39.39%和51.28%，并有少量的Cl、P。硫、氯、磷等元素的存在对设备腐蚀危害较大，易产生低温湿H_2S腐蚀，构成$H_2S+HCl+H_2O$腐蚀环境。从垢物位置来看，存在于重沸器下方(底部和管束下方)易产生垢下腐蚀，同时不利于壳程介质流动和重沸器热量交换。

表3　E2203垢样元素分析　　　w%

元素	2017.6.16	2017.6.21	2018.9.10
Al	/	/	1.00
Si	0.14	0.55	0.52
P	/	/	1.10
S	19.52	20.38	39.39
Cl	0.51	0.12	0.54
Ca	/	/	0.79
Cr	/	0.057	3.21
Mn	0.34	0.40	0.37
Fe	34.94	36.71	51.28
Cu	/	/	0.02
Zn	/	/	0.064
As	/	/	0.035
Br	0.29	0.23	1.53
Se	/	/	0.14
Mo	/	/	0.02

3.3　腐蚀调查、检测分析

3.3.1　腐蚀检测

2016年以来，重沸器E2203陆续出现了不同程度的腐蚀减薄现象。2017年6月E2203更换筒体投用后，对E2203进行重点监测，制定E2203筒体壁厚监检测方案，布点及监检测情况见图6。每3月检测一次，对筒体厚度进行监控，对新筒体相同位置加强关注。2017年6月30日及7月27分别进行两次脉冲涡流扫查及超声波测厚工作，扫查范围为筒体圆周1/3，设置260个检测点。在7月27日扩检中，发现筒体北侧下方检测到最小壁厚18.60mm。筒体南侧检测到最小壁厚17.98mm(原始壁厚近22mm)。

以重沸器E-2203筒体南侧靠近封头底部2点为例，绘制壁厚最小值变化趋势曲线见图7，同时计算相同部位最大减薄率变化趋势见图8。2017年8月开始持续减薄至2018年1月减薄至11.9mm(腐蚀减薄率达到45.73%)，进行外部贴板处理后筒体壁厚趋于稳定。2018年9月进行材质升级后至今运行情况良好，未见明显腐蚀减薄现象。

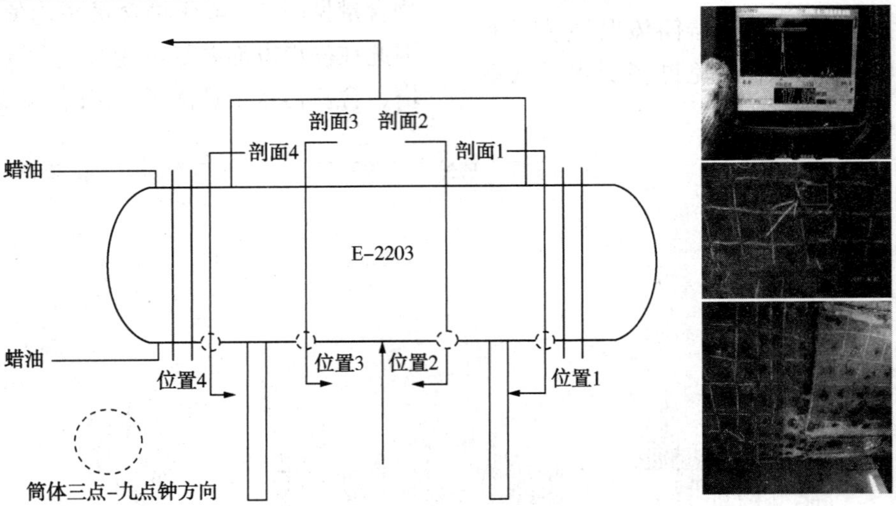

图6　E2203腐蚀监检测布点

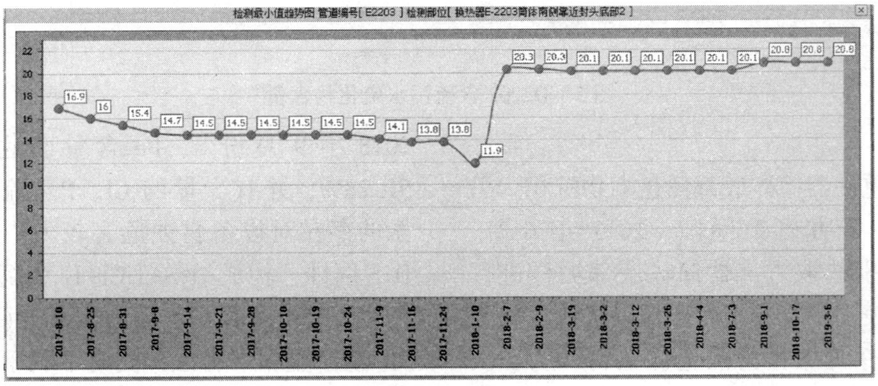

图7　E-2203筒体南侧靠近封头底部2点最小壁厚

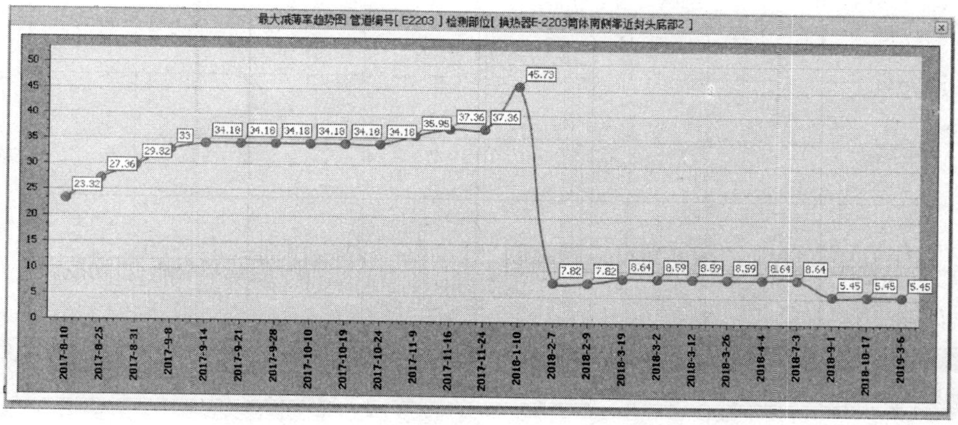

图 8　E-2203 筒体南侧靠近封头底部 2 点减薄率

3.3.2　腐蚀调查分析

对 2016 年 6 月、2017 年 6 月，2018 年 9 月 E2203 筒体三次检修腐蚀原因调查分析（腐蚀情况如图 2 所示）。

（1）从腐蚀形态分析，E2203 筒体为局部腐蚀。壳程介质乙烷油在重沸器存在相变产生局部汽蚀，越靠近出口处温度越高汽蚀作用越明显，由于重沸器结构特点在底部入口处附近易产生涡流，汽蚀作用和涡流冲刷造成局部坑蚀，随着坑蚀结构的形成进一步对流体产生诱导作用，加深了冲刷腐蚀的程度。重沸器下进上出的结构也易产生流动死区形成浓缩油加速腐蚀，重沸器结构及流动对腐蚀影响见本文 4.5。

（2）从腐蚀环境分析，原料加工过程中液态、气态过程产品中均含有硫、氯等有害元素，虽然焦化汽油中存在极少的水分，但 HCl 和硫化氢极易溶于水，产生极强的酸性腐蚀环境，难以控制的 $H_2S+HCl+H_2O$ 腐蚀类型，加快腐蚀金属表面。含硫污水中和壳程介质脱乙烷油中的腐蚀性元素硫、氯等均来源于原料，因此控制好原料性质是炼油装置防腐蚀的源头，同时原料硫含量长期居高不下也促进了腐蚀加速。

3.4　操作工况分析

3.4.1　E2203 压力、温度分析

选取 2017 年 7 月至 2019 年 5 月 E2203 壳程出口温度和 C2202 底部压力趋势见图 9。运行期间压力整体平稳，E2203 壳程出口温度一直存在 150~165℃波动，特别是 2018 年 5 月存在两次较大波动，换热情况不稳定，也是加剧壳体腐蚀因素之一。

3.4.2　D2202 液位分析

选取 2017 年 10 月至今富气分液罐 D2202 液位趋势见图 10。液位控制在 5%~15%，2018 年液位波动幅度较大。界位过高，加大了 C2202 原料带水的风险，客观上提供了腐蚀产生的环境加速腐蚀，在后续操作中应降低控制界位，减少波动。

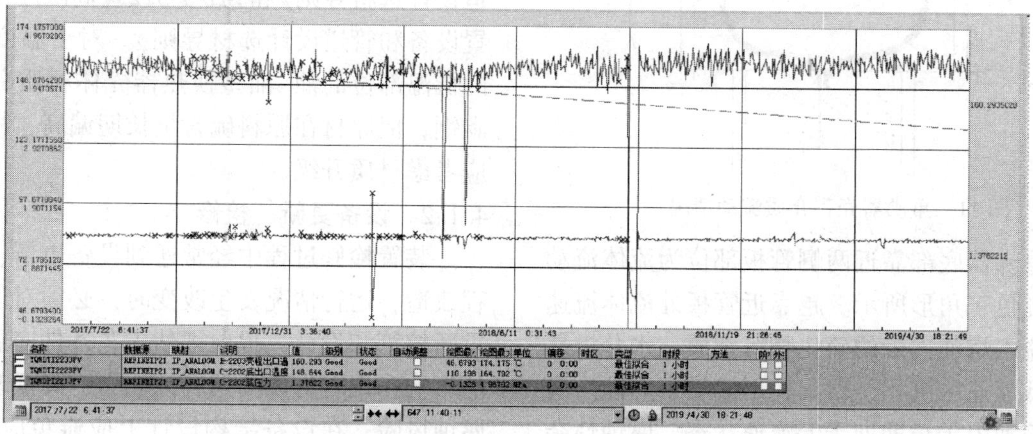

图 9　E2203 操作温度、压力趋势

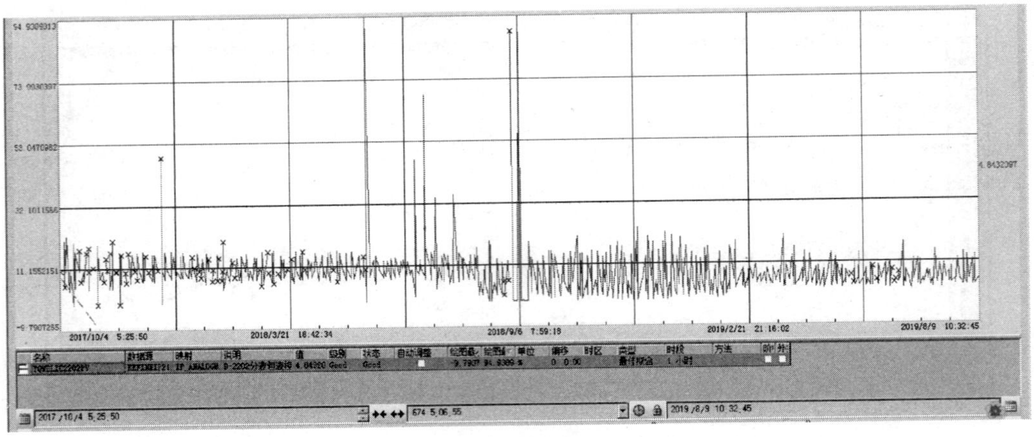

图10 D2202界位趋势

3.5 重沸器结构及流动情况分析

E2203结构形式采取壳程下进上出，介质脱乙烷油从下部中间入口进入壳体，从上部两端的两路出口流出。如图11所示，蓝色箭头所示为壳程介质主要湍流流动路径(考虑折流板影响后简化)。在入口处初始流线向上，由于路径的扩大作用产生左右方向横流，在两侧出口处迅速上升。由于壳程入口和出口流体流经路径不光滑过渡，在重沸器出口下方筒体底部形成的回流及涡流(橙色箭头所示)。重沸器壳程脱乙烷油在150℃条件下为气液两相，既对筒体底部产生汽蚀影响，也对涡流形成有促进作用，因此筒体底板由于汽蚀和涡流冲刷造成局部坑蚀。图2所示重沸器底部管束间隙存在黑色垢物，使介质不能自由流动，增加了形成涡流的复杂性。

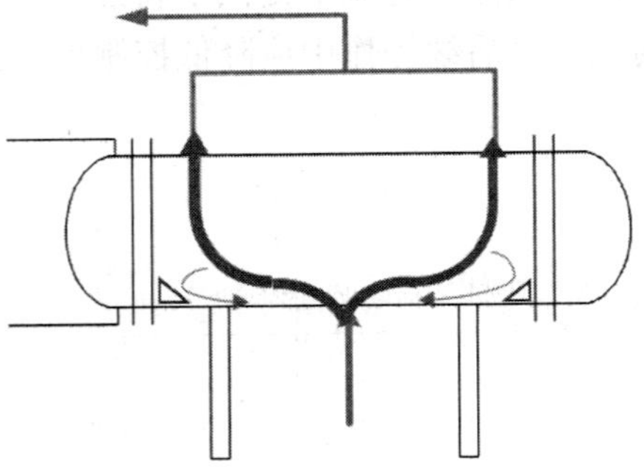

图11 重沸器壳程介质流动情况

在重沸器底部靠近两侧管板部位为流体流动死区，红色三角形所示。越靠近管板处流体流速越低，脱乙烷油携带的硫化物等杂质、水分极易在筒体低流速区沉积、聚集，形成垢下腐蚀。腐蚀性浓缩油由于长期处于低流速状态，腐蚀性杂质进一步产生浓缩，恶性循环不断加剧筒体腐蚀。

3.6 小结

经上述分析，重沸器筒体腐蚀原因为低温H_2S+HCl+H_2O产生的电化学腐蚀、底部浓缩油产生的垢下腐蚀，以汽蚀为诱因的涡流冲刷局部腐蚀共同作用。其中腐蚀根本原因为解析塔原料含水，提供了腐蚀产生的环境。重沸器壳程结构形成的筒体底部流动影响区(汽蚀和涡流冲刷造成的局部腐蚀和低流速部位腐蚀性杂质浓缩形成的垢下腐蚀)、装置运行期间原料硫含量长期偏高促进了腐蚀加速。

4 防护对策

4.1 设备设计制造

4.1.1 选材

管道材料的选用除了考虑不同部位腐蚀机理外也要综合考虑实际使用条件、耐腐蚀能力、腐蚀后评估、经济性、材料加工及焊接性能。为保证延迟焦化装置长周期安全运行，在材料选用时需参照SH/T 3096《高硫原油加工装置设备和管道设计选材导则》和SH/T 3129《高酸原油加工装置设备和管道设计选材导则》。对于温度<240℃的低温部位的油-油型换热器壳体材质一般选用碳钢，但原材在原料硫含量长期偏高、特殊部位应考虑材质升级。

4.1.2 设备更新、检修

装置检修过程中经常遇到设备更新、工艺流程改造，运行情况发生改变时，必须对设备进行重新核算和设计，提前评估工艺条件变更对设备的影响和现有材质的抗腐蚀能力，降低改造后的腐蚀风险。在设备结构设计上应避免应力集中，在检修过程中严格保证检修质量，避免在设备拆装过程中出现表面划伤、损坏。为减小重沸器壳体结构流动影响区产生冲刷腐蚀和垢下腐蚀的影响，可采用两路进一路出或两路进两路出的结构形式，也可以考虑螺旋式折流板改变筒体底部流体流动状态。

2017年7月检修期间在E2203壳程出入口分别增设切断阀，以便将E2203单独切出处理。2018年9月检修期间将E2203筒体材质升级为16MnR复合316L。

4.1.3 制造工艺

新设备制造时，应对一次加工、二次加工制造材料、工艺进行严格监督，采用正确的热处理方式，消除局部应力。焊接材料应保证焊材与母体一致性，对焊缝及周边进行100% PT/UT检测，检测结果符合NB/T 47002.1—2009《压力容器用爆炸焊接复合板》B1级要求。制造成型后进行二次材质复核及超声波厚度检测。

4.2 工艺操作控制

装置应连续平稳操作，处理量应控制在设计范围内，超出该范围应请设计单位核算。在运行过程中，由于物料变化或者操作不当而引起的超温，超负荷运行都有可能引起局部腐蚀破坏，应严格控制E2203出入口温度，尽可能减少波动，避免温差应力对腐蚀影响。考虑降低D2202控制液位，避免明水带入解析塔。降低C2202塔顶压力，以降低E2203壳程介质水含量。换热器停开车过程中应遵循先升温再升压、先冷后热的原则，停车过程中遵循先降温再降压的原则。定期分析监测原料、产品指标，及时进行操作调整。

4.3 腐蚀监检测

延迟焦化装置目前采用多种腐蚀监检测方式对重点部位进行腐蚀隐患识别和监控，如定点测厚、脉冲涡流扫查、非嵌入式在线测厚探针、循环水水中油泄漏实时监测，在线pH监测仪等保证设备在服役期内的完整性和安全可靠性。腐蚀状态监测也可以及时调整工艺防腐措施，避免发生严重腐蚀。

腐蚀回路分析对设备在线监测探针、定点测厚的布点方式、数量、监测周期提供有力指导，使设备腐蚀状态监控具有准确性、合理性、经济型，延迟焦化装置基于腐蚀回路设置253处，759个定点测厚检测点，定点测厚每半年一次。装置运行期间E2203筒体作为重点监控部位，根据实际腐蚀速率调整监测频次，涡流扫查定点测厚频率为一次/周至一次/三月。

4.4 实施效果

延迟焦化解析塔底重沸器E2203自2013年变更后，陆续出现了严重的腐蚀问题。在装置的运行过程中不断寻找方法应对腐蚀带来的影响。图12为E2203在运行期间进行的主要修理、改造。此外通过优化工艺操作、定期原料分析与调整、加强腐蚀状态监测等对策的实施，E2203筒体腐蚀状况得到了有效控制。计算2017年8月至2019年3月E2203筒体南侧靠近封头底部1点腐蚀速率，变化趋势如图13所示。自2018年9月进行材质升级后，腐蚀速率得到了大幅降低，测厚未见明显腐蚀现象。

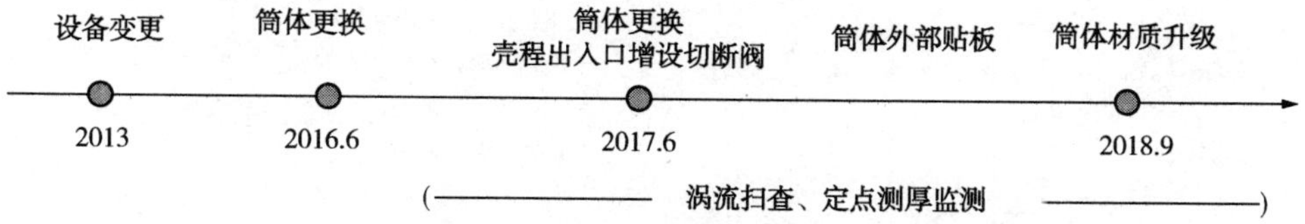

图12 E2203运行期间主要修理、改造

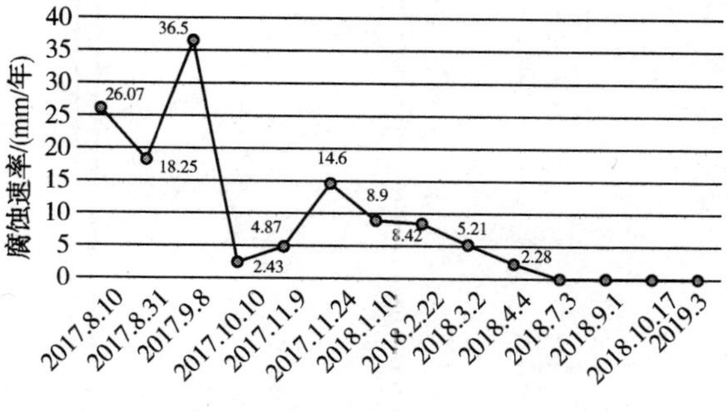

图13 E2203筒体南侧靠近封头底部1点腐蚀速率

5 结论

（1）E2203筒体严重腐蚀根本原因为解析塔原料含水，客观上提供了腐蚀产生的环境。

（2）重沸器壳程结构形成的筒体底部流动影响区（汽蚀和涡流冲刷造成的局部腐蚀和低流速部位腐蚀性杂质浓缩形成的垢下腐蚀）、装置运行期间原料硫含量长期偏高促进了腐蚀加速。

（3）通过设备材质升级、严格保证检修施工质量、优化工艺操作、定期原料分析与调整、加强腐蚀状态监测等对策的实施，E2203 筒体腐蚀状况得到了有效控制。此外，通过改变壳体结构形式，也可减缓流动影响区产生的冲刷腐蚀和垢下腐蚀程度。

参 考 文 献

[1] 江寿林. 解吸塔底重沸器腐蚀分析[J]. 石油化工腐蚀与防护，2013，30(3)：51-53.

[2] 林世雄主编. 石油炼制工程[M]. 北京：石油工业出版社，2000.

[3] 晁可绳. 延迟焦化工艺技术及其进展(1)[J]. 炼油技术与工程，2001(10).

[4] 谭勇，陈旺，丁书林. 解析塔重沸器腐蚀原因及对策[J]. 安全、健康和环境，2011，11(10)：17-20.

[5] 汤海涛，凌珑，王龙延. 含硫原油加工过程中的硫转化规律[J]. 炼油技术与工程，1999，29(8)：9-15.

[6] 顾锦鸿. 延迟焦化装置腐蚀机理分析及管道选材探讨[J]. 化工设备与管道，2011，48(1)：67-70.

三级冷凝冷却器管板开裂原因分析及应对措施

程前进

（中国石油化工股份有限公司洛阳分公司）

摘 要 本文对某公司二套硫黄回收联合装置三级冷凝冷却器E2604管板开裂原因进行了分析，通过修复保证了装置正常运行，并提出了修复建议与改进措施，实施后效果良好，希望对解决同类问题有借鉴意义。

关键词 冷凝冷却器，管板开裂，露点腐蚀，温差应力，修复，改进

某公司二套硫黄回收联合装置，设计规模为 4×10^4t/a，采用二级转化Claus制硫工艺，尾气处理采用斯科特还原-吸收工艺。该装置于2012年8月建成投用。2014年9月初因上游装置停工检修，酸性气负荷严重不足，该装置经处理后改瓦斯热备用工况。2014年9月28日19：00硫黄Ⅱ期系统引酸性气开工，29日凌晨5：10三级冷凝冷却器E2604出口温度急剧下降，判断该冷凝冷却器发生泄漏。为了维持生产，经紧急修复后，平稳运行到2015年9月停工检修更换未见异常。通过检查，发现过程气进口端管板表面开裂导致泄漏，通过分析管板表面开裂产生原因，提出了修复措施及改进建议，实施后效果较好，希望对解决同类问题有借鉴意义。

1 开裂部位及形态

1.1 三级硫冷凝器E2604简介

三级硫冷凝器E2604是硫黄回收装置的重要设备，其结构为上部带有气相空间的固定管板式热交换器，规格尺寸为 ϕ1600×10836×16，管板与换热管的连接形式为强度焊+贴胀，管程焊后要求消除应力热处理，主要技术参数见表1。其主要作用为将温度为234℃的过程气中的气态硫黄在管程中冷凝下来，形成液硫经过硫封器进入硫池。过程气中的气态硫黄在冷凝过程中放出的热量，加热壳程中凝结水，产生压力0.12MPa的蒸汽经乏汽空冷器冷凝后，返回三级冷凝冷却器循环使用。过程气中除了单质硫外，还有 H_2S、SO_2、CO及少量的水蒸汽。

1.2 开裂部位及形态

打开检查发现，开裂部位主要在高温端管板管口焊缝、热影响区及个别管桥，低温端未发现明显裂纹；三级冷凝冷却器E2604前后管板均有腐蚀发生，特别是低温端管板上有大量的腐蚀产物，管子外伸部分腐蚀成了锐边但未发现明显漏点；检测冷凝器内部积存溶液PH值接近于3。具体腐蚀开裂情况如图1、图2所示。

表1 三级硫冷凝器E2604主要技术参数

项目	介质	设计温度/℃	工作温度/℃	设计压力/MPa	工作压力/MPa	材质
管程	过程气	400	234/150	0.35	0.034	16Mn/10
壳程	蒸汽	143	123/105	0.3/-0.1	0.12	20R

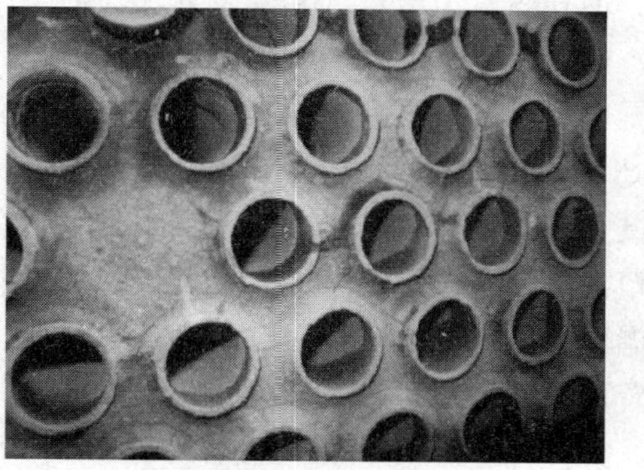

图1 高温端管板裂纹情况

图2 低温端管板腐蚀情况

2　管板开裂原因分析

2.1　烧瓦斯热备期间发生露点腐蚀

此次硫黄Ⅱ期烧瓦斯热备，主要是因为 2014 年 9 月上游装置检修，酸性气负荷严重不足但为保证应急状态而实施。由于第一次实施热备，系统在经过处理后直接改瓦斯燃烧热保持，在热保持期间，一、二级冷凝器出口温度在 150℃左右，而三级冷凝冷却器出口在 125℃左右。根据专利商提供的经验值，硫黄装置烧酸性气时露点温度在 70℃，而烧瓦斯露点温度则在 130～150℃。从此次打开情况看，系统并未彻底置换处理干净且温度较低，从而为发生露点腐蚀创造了条件。

露点腐蚀机理：

在正常操作过程中，酸性气和助燃空气入硫磺装置主燃烧炉，H_2S（O_2 与 H_2S 的摩尔比为 0.5）在主燃烧炉内进行部分燃烧使进入尾气处理部分的尾气中 H_2S 与 SO_2 的摩尔比值为 2∶1。由于当量燃烧，实际属于缺氧工况，SO_2 极少转化为 SO_3。根据专利商提供的经验值，正常工况的露点温度为 70℃左右，硫冷凝器的（水侧 105℃、过程气侧 150℃）壁温高于过程气露点，能够避免形成露点。

但在装置由酸性气工况改为瓦斯热备用工况时，由于系统内有硫存在，在采用过氧燃烧时，烟气中的游离氧就会与装置内的硫发生反应，产生 SO_2 与 SO_3。而烧瓦斯气属于过氧工况时露点温度为 130℃～150℃，而热备期间三级硫冷凝器出口温度在 125℃左右，管束壁温低于硫酸露点的温度，则会发生露点腐蚀，即当氧过剩，同时装置内存在硫时，氧和硫发生以下反应：

$$S+O_2 \longrightarrow SO_2$$

$$2SO_2+O_2 \longrightarrow 2SO_3$$

$$SO_3+H_2O = H_2SO_4$$

而从打开检查情况来看，三级冷凝冷却器 E2604 前后管板均有腐蚀发生，特别是低温端管板上有大量的腐蚀产物，管子外伸部分腐蚀成了锐边，证明两侧管板确实发生了露点腐蚀。从检测冷凝器内部积存溶液 PH 值接近于 3 来看，腐蚀部位是酸性环境。

故认为，硫黄装置三级硫冷凝器 E2604 由于操作工况改变时，露点温度升高导致管束管程部分部位发生露点腐蚀。由于本设备安装时要求设备壳体主轴中心线向液硫出口方向倾斜 2%，加上出口端温度较低，有凝液时易在位置较低部位聚集，故整体表现出低温端腐蚀较高温端严重。而露点腐蚀造成管板管口焊缝堆焊层减薄，强度下降。

2.2　应力作用

2.2.1　制造加工产生的应力

通过查阅该设备制造的技术资料，发现外购的管板用的 16Mn（Ⅲ）锻件料坯，出厂前并没有经过金相组织的非金属夹杂和晶粒度检查，也没有进行磁粉探伤和超声波检查，管板精加工前仅对 16Mn 低合金钢锻件进行了正火热处理。虽然锻造工艺能够较好地消除材料内部的空隙缺陷，但出厂检测报告显示，锻件硬度为 HB147、HB150、HB151，接近规范要求 HB116～179 的中间偏上。表明正火热处理（即空气自然冷却）速度较快，锻件内部仍有内应力存在。另外换热管与管板连接型式为焊接+贴胀，在管束与管板的焊接过程中，在焊缝及热影区也会产生应力，在该设备制造的技术资料中未查到管程焊后消除应力热处理的记录。但从安装投用运行两年未出现任何问题来看，制造加工应力不是造成管板开裂的主要原因。

2.2.2　温差应力

从开工工艺操作上来看，一般情况下，先引冷流再引热流。在开工中，当凝结水引入冷凝器后，壳体侧蒸汽凝结水温度在 105℃左右，而管程过程气侧入口气体温度高达 234℃，在引过程气过程中，管板管程侧温度上升，但由于管板（δ=110mm）较厚，升温较慢，管板两侧存在温度差，造成管板的管程温度高而膨胀，而其壳程侧未能达到同时膨胀温度，从而使管板的热端因不能顺利的膨胀而产生压应力，而冷端受热端膨胀的影响产生巨大的拉应力，因而在管板两侧产生温差应力，并且，管程升温越快，管板上产生的温差应力越大，当温差应力达到某一极限值时，在管板的最薄弱环节先产生塑性变形，如果温差应力继续增大，便会导致管板的最薄弱环节产生开裂。

由于过程气在管束中的流动，到达出口端后，管程侧降至 150℃左右，而壳程侧则在 123℃左右，温差较小，即使出口端管板腐蚀较重，但应力开裂也仅仅发生在热端。可以看出，温差应力在管板开裂过程中起到了关键作用。

2.2.3　硫化物的影响

（1）湿硫化氢环境腐蚀

根据SH/T 3193—2017《石油化工湿硫化氢环境设备设计导则》定义：硫化物应力开裂（SSC）是指在有水和硫化氢共存的情况下，与腐蚀环境和拉应力〔残留的和（或）外加的〕有关的一种金属开裂。

硫化物应力开裂与金属表面的因酸性介质腐蚀所产生的原子氢引起的金属脆性有关。在硫化物存在时硫化物会促进氢的吸收。原子氢能扩散进入金属内部，降低金属的韧性，增加裂纹敏感性。

进入冷凝器内的工艺物料过程气除了单质硫外，还有H_2S、SO_2、CO及少量的水蒸汽。

在开、停工升降温过程中120℃以下，均存在湿硫化氢环境腐蚀，不能排除发生存在湿硫化氢腐蚀的可能性。一旦发生湿硫化氢腐蚀，就会产生氢原子渗入金属内部的发生。但从开工引过程气升至120℃速度极快，发生概率较低。而停工过程较为复杂，与介质处理干净程度、放置时间停因素有关。据查证，该设备从2012年8月建成投用，中间并未进行过停工处理，2014年9月热保持期间，三级冷凝冷却器出口保持在125℃左右，发生湿硫化氢腐蚀可能性也不大。

（2）高温硫化物腐蚀

高温硫化物的腐蚀环境是指240℃以上的重油部位硫、硫化氢和硫醇形成的腐蚀环境。其腐蚀机理为：

在高温条件下，活性硫与金属直接反应，它出现在与物流接触的各个部位，表现为均匀腐蚀，其中硫化氢的腐蚀性很强，化学反应如下：

$$H_2S+Fe \longrightarrow FeS+H$$

$$S+Fe \longrightarrow FeS$$

$$RSH+Fe \longrightarrow FeS+\text{不饱和烃}$$

高温硫腐蚀速度的大小，取决于原料中活性硫的多少。但其腐蚀性受温度及环烷酸等影响较大。温度在240～340℃之间时，硫化物开始分解，生成硫化氢，对设备开始产生腐蚀，并且随着温度的升高腐蚀加剧。

进入冷凝器内的工艺物料过程气除了单质硫外，还有H_2S、SO_2、CO及少量的水蒸汽。

从操作条件看，过程气进口正常操作温度在234℃左右，不具备发生高温硫腐蚀的条件，但从2012年8月开始建成投用至2014年9月热备用期间，并不排外短时间超温发生高温硫腐蚀的可能性，一旦发生高温硫腐蚀，就会发生氢原子渗透至金属内部聚集。

从以上分析可知，无论是开工阶段、热备用期间或是正常生产阶段，均无发生大面积腐蚀的可能性。但从管板修复角度，如果存在氢原子渗入金属内部形成聚集，焊接修复过程中，热开裂倾向性风险会加大，甚至芯子报废，因此在修复过程中必须考虑消氢措施。

综上所述，三级硫冷凝器E2604高温端管板裂纹产生的主要原因是温差应力及制造应力与管板受露点腐蚀强度降低叠加造成的，其中温差应力起到了关键作用，而热备期间工况改变，过氧燃烧使露点温度升高发生露点腐蚀强度降低是内在因素。硫化物腐蚀对管板产生裂纹的影响不大，但存在氢脆风险对后续补焊修复的影响不容忽视。

3　管板缺陷修复与处理

经验告诉我们，在存在应力及可能引起氢脆的设备上施焊修复作业风险极大，方法不当，有可能造成裂纹扩大，甚至芯子报废。因此，为确保修复成功，表面处理、焊前消氢、焊后消除焊接应力及制定有针对性的焊接工艺是关键。

3.1　表面处理

管板表面积聚了大量的硫磺、锈渣及其他杂质，在焊前热处理前必须处理干净，而缺陷部位必须用施工机械彻底清除。

3.2　焊前消氢热处理及焊前预热

焊前消氢热处理确定加热温度非常重要。根据经验加热到350℃恒温1.5小时几乎能将扩散氢全部散去。因此，为了保险起见，制定了如图3所示焊前消氢热处理工艺。

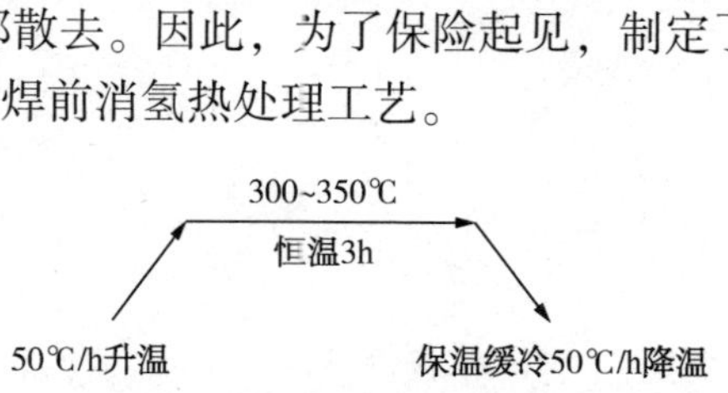

图3　管板焊前消氢热处理升降温曲线

3.3　焊接工艺选择

经多次焊接实验，发现J427焊条比其他焊条具有更好的抗裂性，因此我们选择了ϕ2.5mm的J427焊条采用小电流多层施焊的方法进行补焊，其焊接工艺参数见表2。

表 2 焊接主要工艺参数

电流/A	电压/V	焊速/(cm/min)
60~70	20~22	8~10

同时要求焊前预热 100℃以上，焊后按焊前热处理方法保温缓冷。经过消氢处理，焊接过程中没有发现再裂的现象。

3.4 无损检测

焊缝补焊完毕，100%PT 着色检查，JB730 标准 I 级合格。

3.5 换热管封堵

在试漏过程中发现，许多泄漏发生在高温端管口周围焊缝处而换热管不漏的现象，为了保险起见，仅对高温端泄漏管口先封堵后补焊处理，而对低温端仅用堵头进行了封堵而未进行补焊。最终，高温端堵管 38 处，低温端堵管 25 根，试压合格。

2014 年 10 月 5 日经紧急修复后投用，该设备平稳运行到 2015 年 9 月停工检修设备未见异常，修复效果良好。

4 改进措施及建议

为了保证三级冷凝冷却器不发生露点腐蚀及减少温差应力，对变工况操作提出了如下改进措施：

（1）加强 CLAUS 系统开、停工阶段操作管理。尽量缩短装置停工过程气吹硫时间，过程气吹硫时严格控制化学当量燃烧，要控制过程气中 O_2 和 CO 的体积分数都小于 0.4%。

（2）严格开停工操作纪律，特别是开工阶段冷凝器投用过程中，严格控制升温速度小于 50℃/h，减少管板温差应力。

（3）改进装置热备用方案，采用燃料气热备用工况时，仅酸性气燃烧炉 F2601 补燃部分天然气燃烧，控制炉温 550℃左右，产生的尾气由 E2601 后紧急放空线直接进烟囱，尾气进 Claus 系统阀门关闭。Claus 反应器及后续硫冷器 E2602/E2603/E2604 由 R2601 入口充氮气系统保护。

上述改进措施实施后，该系统经历多次变工况操作，均实现平稳运行，效果良好。

5 结论

（1）三级冷凝冷却器 E2604 高温端管板裂纹是温差应力及制造应力与管板局部受露点腐蚀强度降低三者叠加造成的，其中温差应力起到了关键作用，而热备期间工况改变，过氧燃烧致露点温度升高发生露点腐蚀使强度降低是内在因素。

（2）针对存在应力及可能引起“氢脆”的设备上进行修复作业，制定的应对措施得当，修复是成功的。

（3）改进措施针对性强，从源头上进行了预防治理，确保了设备长周期平稳运行。

参 考 文 献

[1] 姜伟. 硫磺装置一级硫冷凝器泄漏原因分析[J]. 石油化工设备，2012，41(8).

[2] 张康达，洪启超. 压力容器手册[M]. 北京：劳动人事出版社，1988：129.

高分子涂层在工艺容器中的运用

杨福昌

（中海油石化工程有限公司）

摘　要　本文介绍了各种高分子工艺内涂层的性能对比，高分子涂层在工艺容器中的应用现状，对实际应用中涂层失效原因进行分析，就工艺涂层的选型提出一些建议，并结合实际案例，分析工艺容器涂层未来的发展趋势。

关键词　高分子涂层，工艺容器，内涂层，防腐

1　概述

工艺容器是化工生产中常用的重要设备，在油气行业更为常见。在实际的运用中，工艺容器会受到储存或运输的介质、温度、压力等影响，会产生如全面腐蚀、应力腐蚀、氢损伤、缝隙腐蚀、磨损腐蚀等各种腐蚀，导致设备出现故障，介质泄漏，对安全生产造成威胁。工艺容器的防腐策略包括合理选材、添加缓蚀剂、改善焊接质量、电化学防护、使用防腐涂剂、应用防护衬里和加强管理维护等多种方法。其中使用防腐涂剂即涂层技术是一种广泛应用且经济有效的防腐方法，国外石油公司也将工艺容器内应用的高分子涂层定义为衬里（Coating）。近年来，涂层技术在工艺容器等设备关键腐蚀区域得到了很好的应用，替代复合板，大大降低了项目的投资成本。但是人们对涂层的性能和使用缺乏认知，将工艺容器内涂层和外油漆等同，或将工艺容器内涂层和储罐内涂层等同，对涂层的性能选择不够重视，往往导致涂层选型错误，且对施工过程质量控制不当，导致实际生产过程中涂层提前失效，造成对涂层技术的不信任与否定。

2　涂层技术应用现状

目前国内没有专门针对工艺容器内防腐的标准，可参考的标准有 SY/T 0611—2048《高含硫化氢气田技术系统内腐蚀控制规范》，GB/T 50393—2017《钢质石油储罐防腐蚀工程技术标准》，SY/T 0319—2012《钢质储罐液体涂料内防腐层技术标准》等。

工艺容器内防腐常用的内涂层可分为有机防腐涂层、无机防腐涂层和有机无机复合防腐涂层。有机涂层是目前工艺容器内防腐的主要选择，主要包括丙烯酸脂，硅树脂，聚氨酯，乙烯基脂，聚脲，衬胶，氟橡胶，环氧树脂，酚醛环氧树脂，改性酚醛环氧树脂等，具有良好粘接性能、机械强度、耐化学品性能、耐磨抗冲击等特点。其性能对比如表 1 所示。

表 1　不同类型涂层性能对比表

粘接性能（由高到低）	机械性能（由高到低）	耐化性能（由高到低）	耐磨性能（由高到低）
环氧树脂 酚醛环氧树脂	环氧树脂 酚醛环氧树脂	环氧树脂 酚醛环氧树脂	聚氨酯 聚脲
聚氨酯 聚脲 多硫化物、硅树脂	聚氨酯 聚脲	乙烯基酯 聚氨酯 聚脲	环氧树脂 酚醛环氧树脂 多硫化物 乙烯基酯
丙烯酸甲酯 丙烯酸醇酸 丙烯酸 乙烯基酯	乙烯基酯 丙烯酸甲酯 丙烯酸醇酸 多硫化物、硅树脂	丙烯酸甲酯 丙烯酸醇酸 多硫化物、硅树脂	硅树脂 丙烯酸 丙烯酸甲酯 丙烯酸醇酸

国内工艺容器的设计寿命一般为 15~20 年，涂层的应用收到了较好的效果，但也有部分应用 1 年或几个月时间就出现鼓泡、脱落、开裂等现象的。涂层提前失效的原因主要包括两个方面，一是涂层选型不当，不能适应工况；二是涂层施工质量控制不到位，导致涂层在生产过程中失效，部分涂层甚至在还未投入使用前就开始失效(图 1、图 2)。

图 1　国内某石油公司分离器内涂层鼓泡

图 2　国内某石油公司分离器内涂层大面积脱落

导致工艺容器涂层失效，主要原因有如下几种：

• 涂层内部空隙

含溶剂涂层，在涂层固化过程中，溶剂挥发会在涂层内留下毛细孔，如涂层的恢复速度无法及时填充溶剂挥发时候产生的毛细孔，则会在涂层内留下孔隙，介质会通过涂层内的毛细孔，与基材接触，导致腐蚀。涂层填料调和不均匀，或者多孔填料，同样会在涂层内留下毛细孔。

• 渗透作用

基材表面处理时候，基材表面油污或者渗透进基材的污染物没有清理达标，或者涂层内含有亲水性溶剂，在渗透作用下，尤其是有冷墙效应加持下，会加速液体向涂层内渗透，导致涂层鼓包(图 3~图 5)。

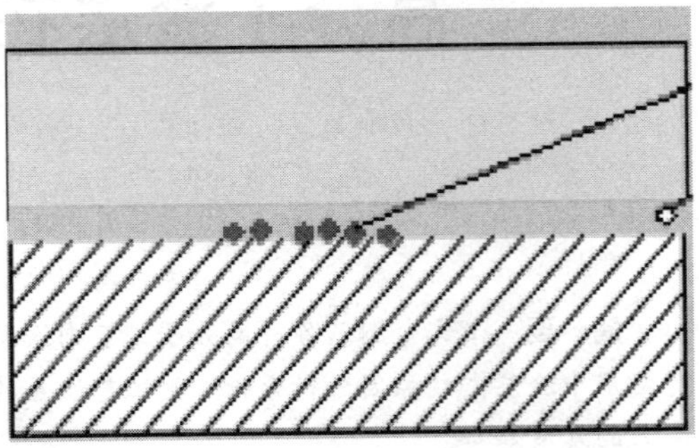

图 3　基材表面盐分污染

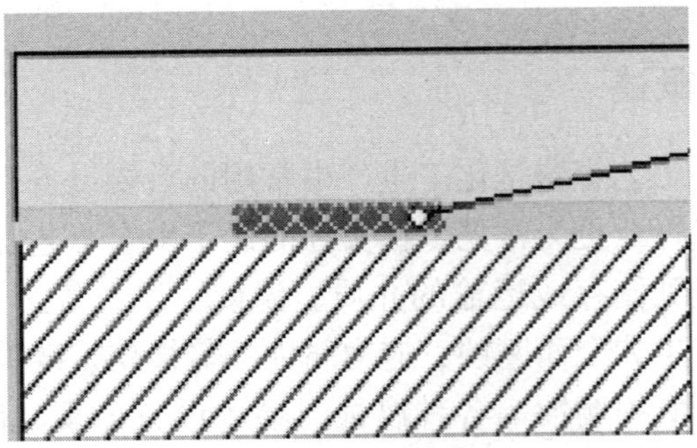

图 4　盐分溶解

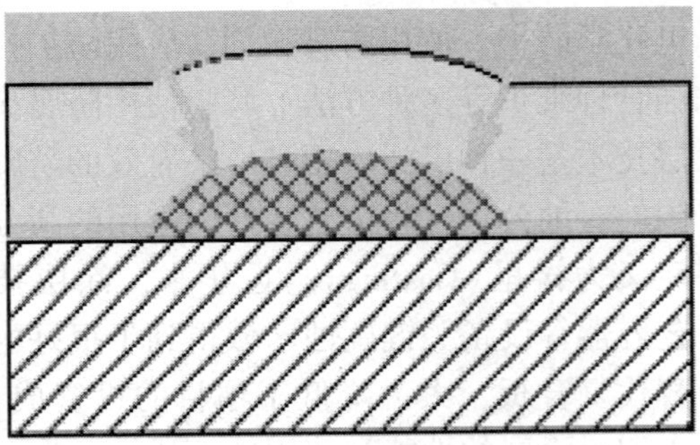

图 5　涂层鼓包

• 耐温性能不满足要求，涂层无法耐操作工况的浸泡温度，或者在大修期间，蒸汽吹扫破坏涂层。

• 耐化性能不满足要求，涂层与工艺容器内的介质化学性不相容，导致涂层本体化学腐蚀。

• 涂层施工质量控制问题，涂层施工涉及表面处理、混合材料、喷涂或刷涂材料、控制涂层间的施工间隔、最终的检测，以及整个施工过程的温湿度检测等多个阶段。目前涂层施工的质量控制文件已经非常严格有序，但是部分指标无法量化，依据目测评估，主观因素影响大，与施工团队和监理的专业程度有关，甚至存在部分承包商施工队将工艺容器内涂层视作外油漆进行施工。

3 工艺容器内涂层选择

对于工艺容器内高分子涂层的选用，应依据不同的介质、温度和压力进行选择。涂料的种类应根据所要达到的性能进行调整，没有一种涂料可以适用于所有的工况。对于新型涂料，不能确定其性能时，应要求厂家出具独立测试报告和第三方检验机构报告，结合以往实际使用效果和业绩，或者先进行试片测试。

工艺容器在使用过程中会遇到气、气液相、液相三相不同浸泡环境浸泡和腐蚀、以及高温、高压、急减压、腐蚀磨损，冷墙等多种苛刻的工况。

气、气液相、液相三种不同相位，分别对应干热，湿热和浸泡三种工况，腐蚀工况不同，一般涂层失效，大部分出现在气液相界面，因此需要综合考虑三种液相情况下。图6为国内某石油公司，工艺容器内涂涂层失效案例，在气液相涂层失效，其他区域涂层完好。

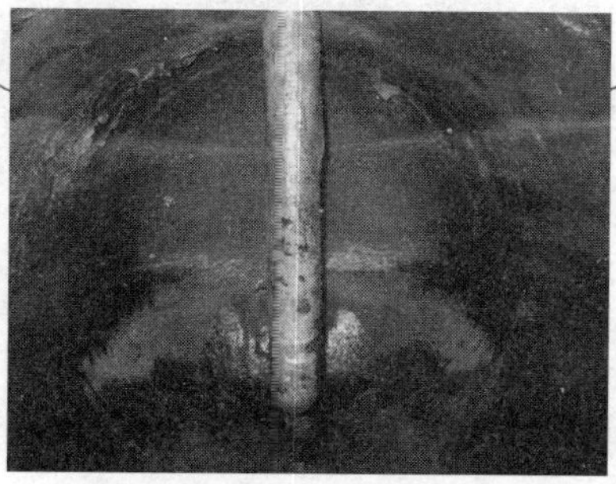

图6 原油分离某工艺容器内部图

国际石油公司常用的测试方法为按照NACE TM0174-2002标准，使用不同的介质在不同的温度不同的压力下进行浸泡测试，以检验涂层在各种相位下的耐腐蚀性能及耐冷墙效应。图7为挪威国家石油公司测试的不同涂层浸泡效果。

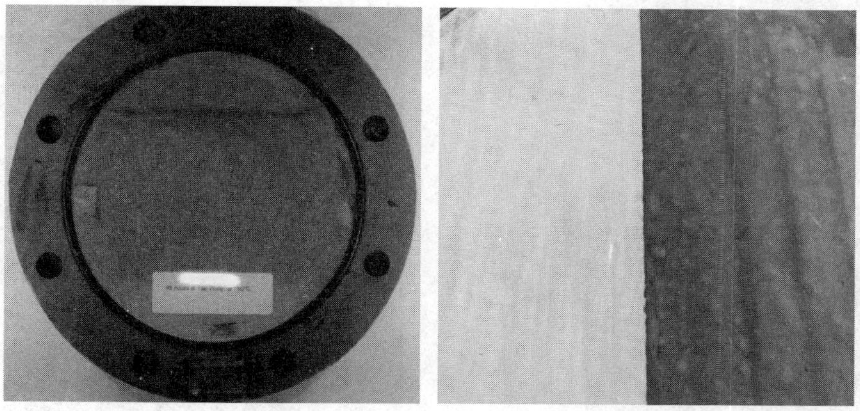

图7 涂层浸泡测试失效图(左侧为溶剂类涂料毛细挥发，右侧为涂料鼓泡)

一些特殊的工艺容器，如放空分离器，火炬分液罐等，在生产过程中需要介入放空操作，导致工艺容器内的温度和压力急剧大幅降低，出现负压和零下低温工况。由于工艺容器内的液体，在温度和压力的作用下，小分子量介质以及离子会有部分穿透涂层，尤其是溶剂型涂层，由于溶剂挥发后会在涂层内留下毛细孔，更容易导致工艺容器内介质渗透涂层，如容器没有保温，在冷墙的作用下，会加速渗透的速度，并且最终和工艺容器内的压力平衡。如果出现放空操作，容器内的压力急剧降低，而残留在涂层内的介质压力不能瞬间释放，导致出现压差，如涂层粘接力不够，涂层会由于压差的作用，大面积脱落，图8为国内某放空分离器，由于放空操作，涂层大面积脱落。

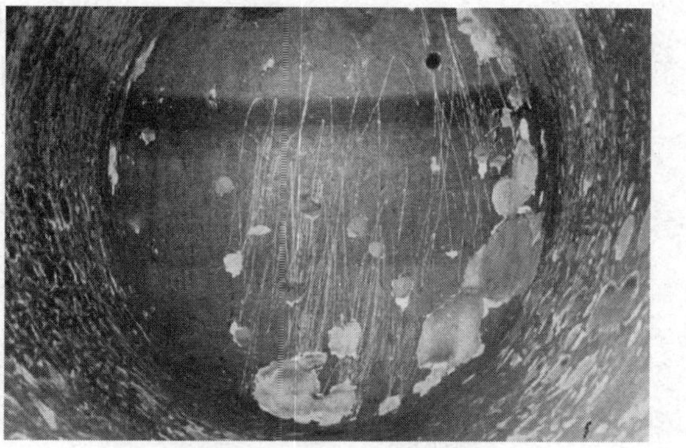

图8 某放空设备涂层脱落

针对放空工况的工艺容器，国际石油公司常用的测试方法为NACE TM0185，涂层在不同的温度和压力浸泡环境下，进行极速和慢速减压测试，图9~11为挪威国家石油公司，测试不同涂层的结果。

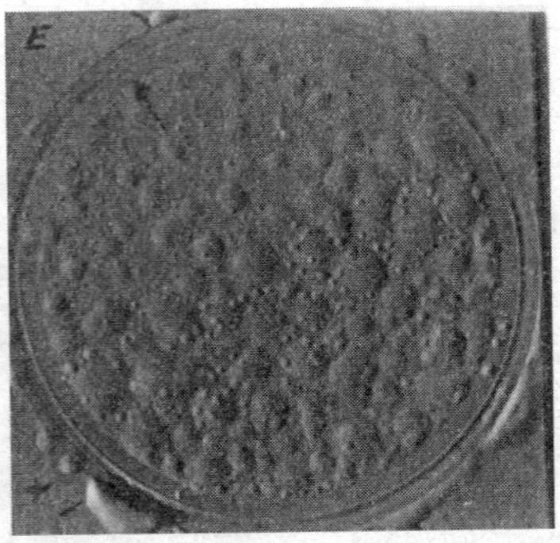

图 9　玻璃鳞片，70 度 8kg 工况下中等速度解压一次

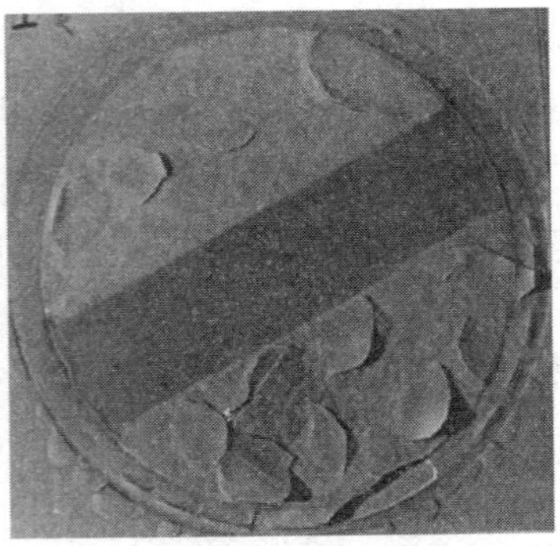

图 10　溶剂型环氧，70 度 8kg 工况下中等速度解压一次

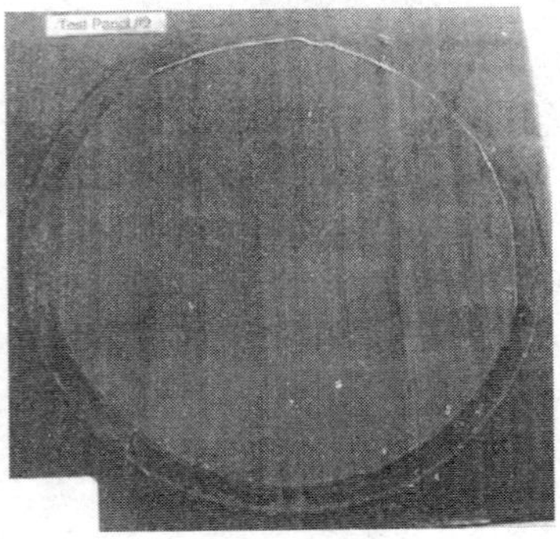

图 11　无溶剂环氧，85 度 8kg 极速解压一次

从上述测试结果可见，不同类型涂层，在相同工况下，测试结果大相径庭，因此在有放空操作的工艺容器内涂层选择时，要重点考虑涂层的粘接性能，涂层是否含有挥发性溶剂，涂层是否有类似工况的急减压测试或类似的成功业绩。

工艺容器内的颗粒介质磨损，工艺流体夹带颗粒，在高压作用下，高速冲击涂层，对涂层是一种严峻的考研，如涂层耐磨性能达不到要求，涂层很快就会被磨损消耗，失去对工艺容器的保护作用。国际常规的测试标准为泰伯测试，但泰伯测试不能完全模拟实际工艺容器生产过程中的冲击磨损，仅能作为工艺容器内涂层选型的参考数据。国际石油公司通常采用高压水夹带颗粒冲击涂层，模拟工艺容器内的工况，测试涂层的实际耐磨性能。

英国北海油田为测试平台上分离器内涂层耐磨性能，将涂层测试板浸泡在 85 度的盐水中，表面堆积满砂砾，采用 1500psi 高压水冲击涂层，56 小时连续冲击模拟现场分离器 2 年工况（图 12）。

图 12　英国北海油田涂层耐磨性测试

挪威石油公司，采用高压水夹杂砂砾，冲击涂层，模拟现场工况，测试流程如图 13 所示。

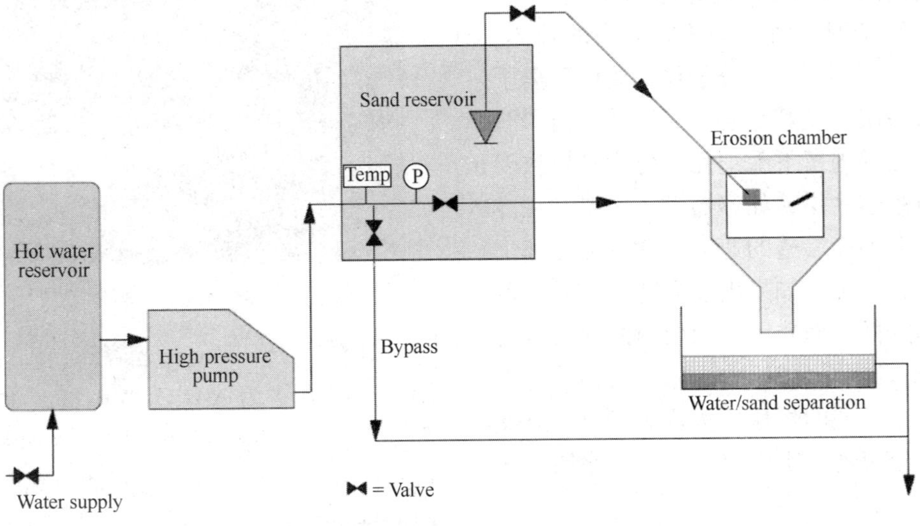

图 13　挪威石油公司涂层耐磨性测试流程图

因此，磨损工况的工艺容器内涂层选型，应重视涂层的实际耐磨性能，要求涂层具有模拟现场的实际工况磨损测试报告，或类似工况成功应用案例，泰伯测试仅能作为参考。

4 实际应用

国内开始使用高分子涂层应用于酸性油气田开始研究于川渝区块，因为含硫量高，对于涂层的工况选择严苛，同时具有较强的涵盖性。同时也为我国在其他国家和区块针对高含硫项目的材料选择提供了借鉴。石油开采的过程包括油水的分离，分离器设备运行的工况条件苛刻，不仅操作温度高、压力高，而且腐蚀性 H_2S 和 CO_2 酸性介质含量高，传统的抗化学腐蚀涂层不能满足分离器所承受的腐蚀、管口夹带的固体颗粒磨蚀以及高温高压的工况。采用抗高温的耐腐蚀高分子涂层产品进行保护，可应对腐蚀工况，延长设备使用寿命。海外油田整装项目，如鲁迈拉油田脱气、脱水、电脱盐设备、米桑油田的分离器、分液罐、闭排罐等均采用碳钢加高分子涂层技术，适应采油生产工况，保护工艺容器，大大低投资成本，尤其是总包项目，具有明显的优势，表 2 为国内某石油公司总包的伊拉克酸性天然气项目，使用碳钢板材做内防腐，与复合板才的价格对比。

表 2 伊拉克某项目重点设备采用碳钢+Belzona 涂层和复合板的价格对比

序号	设备名称	碳钢加涂层价格/元	镍基复合板价格/元
1	一、二级分离器	2000000	5000000
2	火炬分液罐	100000	300000
3	闭排罐	100000	300000
4	聚结除油器	20000	500000
5	斜板除油器	20000	500000

在含有硫化氢的工况中，工艺容器罐壁容易发生氢脆，具体与操作温度、氢的分压、作用时间和钢的化学成分有关。温度越高、氢分压越高、碳钢的氢脆层就越深。如合成氨生产过程中的脱硫塔，近几年石化厂面对脱硫塔的腐蚀修复尝试了多种方法，更换内衬、焊接不锈钢板等均不能提供长期解决方案。2017 年湖南某石化工厂应用耐腐蚀高分子涂层进行脱硫塔防腐，使用一年后运行良好，打开检修发现涂层整体完好。案例分享后，各地多家化工厂脱硫塔和综合塔选择通过改进脱硫塔工艺结合应用高分子涂层的长期解决方案进行保护，延长设备的使用寿命，减少维修次数和成本，提高了化工生产的安全性。

国内安岳气田磨溪区块龙王庙组气藏天然气处理厂的设备含 H_2S、Cl^- 和 CO_2 等腐蚀性介质，温度高，工况环境恶劣，选用陶瓷金属涂料对工艺容器内部进行防腐，该陶瓷金属涂料是一种高分子聚合涂料，采用先进技术将不同金属、非金属填料以及改性环氧树脂进行聚合而成，耐磨、耐高温，抗急减压，产品不含挥发性有机化合物（VOC），施工安全环保。

海洋石油平台的设备应用环境湿度大，Cl^- 含量高，平台上分离器、闭排罐、开排罐腐蚀严重，高分子涂层可用于应对此类腐蚀。海上平台湿度高，施工时应格外注意，可利用除湿机控制湿度。

5 小结

高分子涂层在工艺容器上所能发挥的作用非常大，在应对高含 H_2S、高含 CO_2 等恶劣工况时，高分子涂层表现出优异的性能，可提供长期解决方案，大大节省项目前期投资。但是涂层的选型和施工对工艺容器的保护至关重要。涂料厂家应具有长周期的实际成功应用业绩证明，各项独立测试报告以及第三方机构检测报告。涂层的施工质量是保证腐蚀控制的重要因素，需高度重视施工的质量控制。

参 考 文 献

[1] 丛日升. 浅谈工艺容器的腐蚀[J]. 皮革化工，2004，21(3).

[2] 沈书乾，郭福平，李海三，等. 化工工艺容器腐蚀影响因素及防腐策略[J]. 石油化工设备，2017(02)：63-67.

[3] 吴荫顺，曹备. 阴极保护和阳极保护：原理、技术及工程应用[M]. 中国石化出版社，2007.

[4] 牙亚萌，张胜利，李唯，等. 高温、含 H_2S 环境的设备内壁陶瓷金属涂层防腐技术[J]. 天然气与石油，2016，v. 34(C2)：10+84-89.

[5] 赵志强. 内浮顶储罐内壁腐蚀及防护[J]. 石油化工腐蚀与防护，2009，26(1)：31-33.

[6] 刘威. 钢制储罐的腐蚀及防腐蚀措施[J]. 齐齐哈尔大学学报，2009，25(3)：96-98.

[7] 曹学文，董培林. 钢制管道及储罐内防腐涂料应用

研究[J]. 管道技术与设备，1996，(2)：15-16.
[8] 孙铭毅. 储罐防腐及涂料的选择[J]. 石化技术，2015，22(7)：13-15.
[9] 张鑫，许乃迪，于楠. 储罐防腐工程中防腐涂料的选择与应用[J]. 广东化工，2012，39(11)：165-166.
[10] 邓桂芳. 防腐涂料发展趋势分析[J]. 化学工业，2015，33(2)：10-12.
[11] 程家辉，郭建，付公伟等. 陶瓷涂料研究进展[J]. 浙江化工，2014，45(1)：29-31.
[12] 刘超峰，林茹，孟庆乐等. 金属基体陶瓷涂料的研究与应用[J]. 涂料工业，2007，37(9)：61-64.
[13] 陆刚. 概述陶瓷防腐涂料在机械设备上的运用[J]. 现代技术陶瓷，2015，36(4)：32-38.
[14] 闫绍峰，张桂华. 陶瓷金属化涂料的研制[J]. 贵州化工，1999，(3)：9-10.
[15] 翟兰兰，凌国平等. 金属/高分子涂层附着机理的研究方法[J]. 材料导报，2006，20(增刊2)：274-277.
[16] 杨洪所，刘佳福，洪常军等. 高分子复合材料在石油天然气工业中的应用[J]. 科技创新与生产力，2012，(6)：61-63.
[17] 侯开红. 贝尔佐纳高分子修补材料在天然气净化厂的应用[J]. 石油与天然气化工，2004，33(4)：307-308.
[18] 马红杰，豆伟红，黄粱柱等. 储罐内防腐蚀涂层鼓泡分析[J]. 石油化工腐蚀与防护，2009，26(5)：55-56.
[19] 王勇，彭绪武，徐绍方. 大型储罐防腐蚀质量控制[J]. 石油化工腐蚀与防护，2013，30(4)：41-44.
[20] 殷悦，赵龙. 涂料防腐蚀施工质量控制及检验[J]. 全面腐蚀控制，2015，29(3)：33-36.

临氢异构化催化剂生产过程中的保护措施

郭 辉 王菊香

(中国石化塔河炼化有限责任公司)

摘 要 某公司 C_5/C_6 临氢异构化生产汽油工艺采用低温异构化技术，应用异构化反应+脱异己烷塔、低辛烷值组分循环工艺流程，以国产连续重整预加氢部分的轻石脑油为原料，以I-82氯化氧化铝型催化剂，生产研究法辛烷值85以上的清洁汽油。I-82催化剂对原料油及补充氢的有害物质要求严格，主要是对含氧化合物异常敏感。要达到I-82指标要求，设计初期采取了一些重要的保护措施，开工过程中还要将含氧化合物除去。要保证催化剂生产过程中的活性，需要连续不断地补充氯。本文介绍了开工及生产过程中采取的保护I-82催化剂重要举措，为同类装置催化剂的保护提供了经验。

关键词 临氢异构化，I-82催化剂，含氧化合物，保护举措

C_5/C_6 临氢异构化汽油具有密度低，硫含量低，无烯烃、苯和芳烃，研究法辛烷值(RON)和马达发辛烷值(MON)相差近1.6个单位，与高辛烷值的重整生成油调合可改善成品汽油前端辛烷值的特点，是很好的清洁汽油调合组分。很多国家应用表明，C_5/C_6 异构化技术是应对汽油质量升级的重要措施之一。国内异构化技术还没有对车用汽油质量升级起到应有的作用。某公司3.5Mt/a重油改质配套完善项目中，设置了0.3Mt/a C_5/C_6 临氢异构化生产工艺。该工艺是UOP公司成熟的低温异构化技术，以国产连续重整预加氢部分的轻石脑油为原料，生产RON不低于85的 C_5/C_6 异构化汽油。其核心是催化剂，催化剂运行的好坏影响着装置产品质量和长周期运行。下文介绍了 C_5/C_6 临氢异构化置开工及生产过程中I-82催化剂的重点保护举措。

1 临氢异构化简介

1.1 临氢异构化技术特点

某公司的 C_5/C_6 临氢异构化装置由原料预处理、反应、产品分离3个单元组成。其工艺特点包括以下5点，(1)中等压力、较低的温度操作，高的反应空速，较低的氢分压操作条件；(2)设有两台反应器，可以串联或并联使用，在线可切除一套反应器更换催化剂，不影响正常的装置生产；(3)采用3.5MPa蒸汽做热源，不设置加热炉，无排放烟气，对环境友好；(4)采用低温双功能催化剂，不易积碳，活性高，液体收率高；(5)低辛烷值的正己烷($n-C_6$)、甲基戊烷(MP)组分循环循环回反应器入口流程，产品RON不低于85。

1.2 I-82催化剂的适应性

UOP的Penex-DIH临氢异构化工艺采用其自主研发的I-82型催化剂，该催化剂属于低温双功能催化剂，含贵金属Pt为活性组分，以 $\gamma-Al_2O_3$ 为载体，经氯化剂 $AlCl_3$ 溶液处理后制成。I-82上的卤元素在生产过程中容易流失，要不断补入高纯度四氯乙烯来保持催化剂的酸性功能。I-82催化剂对原料中硫、氮、氟、氧化物等杂志要求严格限制。原料中的硫会降低催化剂的活性；氮会在生产过程中与氯化物反应生成氯化铵盐，覆盖在催化剂的活性部位，使催化剂永久性失活；氟化物是一种永久性的催化剂毒物，1g氟化物会使约100g I-82系列催化剂永久性失活；在反应过程中，氧化物都会转化成水，水与催化剂上的活性氯化物发生化学反应，氧通过化学键与 $AlCl_3$ 结合，会置换掉活性氯化物中心上的“Cl”。通常1.6g的水会使大约100g的I-82系列催化剂失活。这种失活现象要求催化剂装填与运行期间严格控制水进入催化剂及相关容器。I-82催化剂对原料油及氢气进料的杂质要求见表1。

表1 原料油、补充氢进反应器前杂质要求

原料油			补充氢		
杂质	μg/g	分析方法	杂质	μL/L	分析方法
总硫	0.1	UOP 987	总硫	1	UOP 987
总氮	0.1	UOP 981	总氮	1	UOP 981

续表

原料油			补充氢		
总氧化物	0.1	UOP 960	总氧化物	10	UOP 603
水	0.05	UOP 481	氯化氢	5	UOP 910
氟化物	0.5	ASTM D 7359	/	/	/
总氯化物	0.5	UOP 395	/	/	/

2　C_5/C_6临氢异构化催化剂的重点保护举措

为保证 I-82 催化剂具有良好的运行周期，在设计时就采取了很多的保护措施。根据原料油、补充氢的性质，原料油部分设置了脱氮、脱硫反应器和干燥器，补充氢设置了脱氯、脱硫、甲烷化反应器和干燥器。为维持催化剂酸性功能，生产过程中连续注入高纯度的四氯乙烯来补氯。具体流程见图 1。

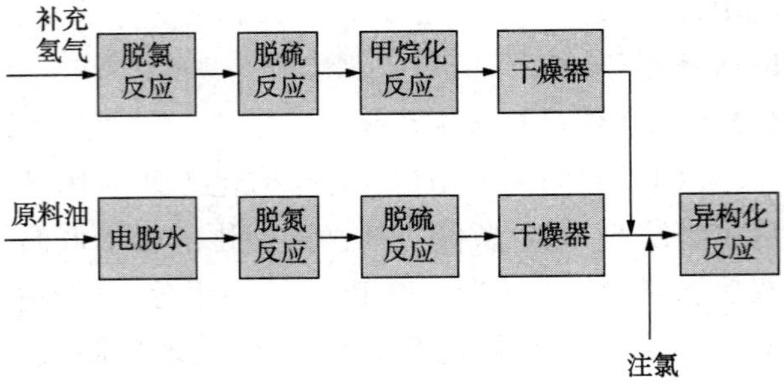

图 1　原料油和补充氢精制处理工艺流程图

2.1　氢气精制

补充氢为上游连续重整产氢，进装置后依次通过脱氯反应器、脱硫反应器和甲烷化反应器，脱除其中微量的 Cl、S 和碳氧化合物，得到精制补充氢气，精制后的补充氢经升压后进入干燥器，脱水达标后与原料油混合，加热到反应温度后进入异构化反应器。

补充氢中的氯化物和硫化物对甲烷化催化剂非常灵敏，会对含镍的甲烷化催化剂的活性有一定的影响，降低甲烷化催化剂的活性。甲烷化反应是将微量的 CO 和 CO_2转化为甲烷和水，再经补充氢干燥器除去甲烷化反应生成的微量水分，精制后的补充氢与原料油混合经加热后进入异构化反应系统。干燥器出口设置了高精度在线水分析仪，实时监控补充氢气中的水含量，当水分含量超过设防值时，可以提醒操作人员对补充氢干燥剂进行再生。甲烷化的机理见化学方程式(1)、(2)。

$$CO+3H_2 \longrightarrow CH_4+H_2O \tag{1}$$

$$CO_2+4H_2 \longrightarrow CH_4+2H_2O \tag{2}$$

2.2　原料油精制

原料油为上游 0.6Mt/a 连续重整预加氢部分拔头油，进入异构化反应系统前先进入脱氮脱硫反应器，经原料油泵升压后再进入异构化工艺自带的脱硫反应器，脱硫后的原料油进入原料油干燥器，除去微量水分，与精制后的补充氢混合加热至反应温度，进入异构化反应系统。

原料油中的 N 与催化剂中的氯化物生成氯化铵盐，会覆盖在 I-82 催化剂活性位，积盐会导致催化剂补氯时分布不匀，使 I-82 催化剂永久性失活。原料油中的 S 会降低催化剂的活性，硫产生的活性下降是暂时的，可经过再生后会恢复，但不能完全恢复到催化剂初期的活性，一般来说催化剂经再生后活性都会有损耗。UOP C_5/C_6异构化工艺中设置了硫汽提流程，当催化剂硫中毒时，可通过提高温度来补偿 I-82 催化剂活性。如提高反应器温度，还达不到产品性能要求，可以进行硫汽提操作。硫汽提操作是提高油品温度经硫汽提流程进行的，可以对 I-82 催化剂硫中毒进行再生，对催化剂因其他杂质引起的永久性中毒毫无意义。干燥器出口同样设置了在线水分析仪，可实时监控原料油经干燥后的水含量，当水含量超过设防值时，可以提醒操作人员对干燥剂进行再生。生产过程中 2 台补充氢干燥器和 2 台原料油干燥器每周都会对干燥剂再生一次，以保护干燥剂性能。

2.3　注氯保护

为维持 I-82 催化剂的酸性功能，正常生产过程要向工艺物料中注入四氯乙烯(C_2Cl_4)以弥补催化剂上的氯损失。在氢气存的条件下当反应温度达到 105℃或更高时，有机氯化物(C_2Cl_4)会分解成乙烷和氯化氢，分解的 HCl 会补充反应过程中损失的氯。反应化学方程式见式(3)。四氯乙烯性质见表 2。

$$C_2Cl_4+5H_2 \longrightarrow 4HCl+C_2H_6 \tag{3}$$

表 2　四氯乙烯性质

名　称	四氯乙烯
分子式	C_2Cl_4
分子量	165.8
沸点/℃	121
熔点/℃	-23
比重(20/20℃)	1.62
氯化物含量/w%	85.5

3 开工过程中保护措施

3.1 设备除锈

在装置主体设备落成，施工接近尾声的时候，专业队伍按照装置流程对四氯乙烯注入点后的反应器及流程上的容器进行人工除锈。主要就是反应器内部喷砂处理，达到容器内壁露出金属本色。喷砂结束后在器壁涂一层矿物油，涂完矿物油后用塑料纸扎紧容器进出口避免器壁与空气接触发生氧化。不做喷砂处理，会延长装置开工过程的酸化和干燥时间，也可能为后续 I-82 催化剂的长寿命运行埋下隐患。矿物油选用不宜挥发且硫含量低(总硫小于 400μg/g 或硫醇含量小于 30μg/g)且在后续系统干燥过程中较易去除的航空煤油。

3.2 系统干燥

为避免系统进水导致塔盘、管线生锈和存水对催化剂的伤害，系统不做水联运处理。在气密合格的条件下，直接进油进行油冲洗，最大限度地除去管线、设备内的存水和铁锈，保证系统无杂质和水。按照设计荷的 60%进料，系统平稳后投用塔底重沸器及后冷却器，每小时检查现场各低点及塔顶回流罐一次。冲洗 8 小时后在脱异己烷塔底部采样分析水含量，油中水含量小于 10μg/g，联入异构化反应器进行油冲洗。当油中水含量小于 10μg/g，视为油冲洗结束。冲洗结束后，缓慢投用反应系统加热器及后路的冷却设施，进行热油运，缓慢对系统进行干燥。干燥过程投用原料油、补充氢气干燥器，进一步减少系统的水含量。当 2 台反应器入口温度维持在 160℃后，检查稳定塔和脱异己烷塔部分的脱水情况。当反应流出物中水含量小于 10μg/g 时，注无水 HCl 进入酸化阶段。

3.4 酸化

酸化的目的是进一步除去反应系统管线和容器器壁表面上的氧化物，是开工过程保护 I-82 催化剂的重要措施之一，是必不可少的重要步骤。铁锈会以各种形式的氧化铁形式存在，资料显示约 21kg 的铁锈会使 100kg 的催化剂永久性失活。主反应器装填催化剂之前，通过注入无水 HCl 对反应系统内部进行酸化处理。使氧化铁在无水 HCl 的作用下转化成氯化铁和水，将系统内的氧化铁得以彻底处理。酸化的反应机理见式(4)。酸化过程随着无水 HCl 的注入，系统中的水量会出现图 2 所示的先升高，达到峰值后逐渐下降，最后趋于平稳。酸化过程中的水通过干燥器进行干燥，酸化干燥过程一般会持续 7-11 天，直到系统中含水量趋于 1ppm 时结束。酸化干燥过程系统中水含量趋势图见图 3。

$$6HCl+Fe_2O_3 \longrightarrow 2FeCl_3+3H_2O \quad (4)$$

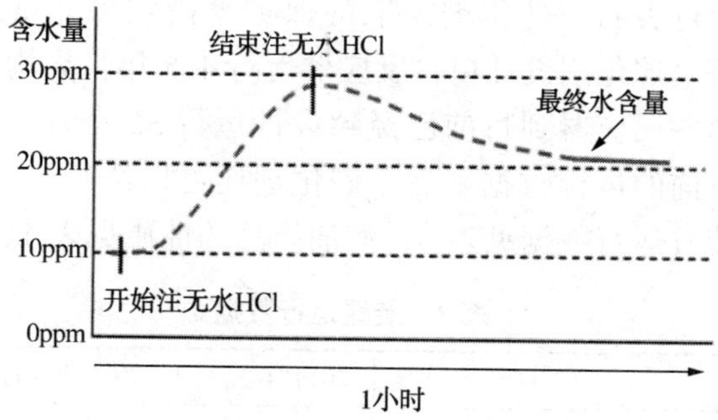

图 2 注无水 HCl 后油中水含量趋势图

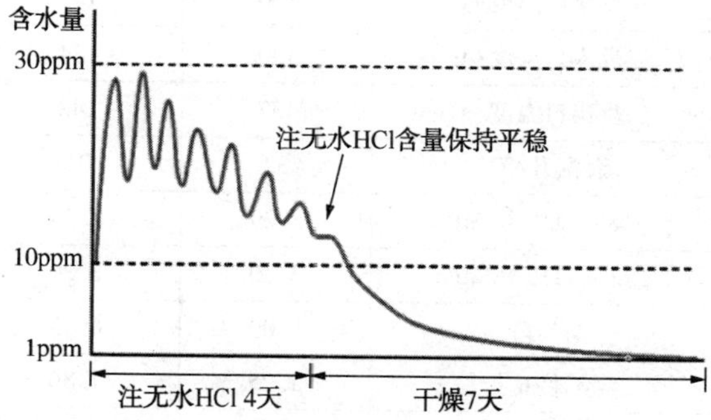

图 3 酸化干燥过程系统中水含量趋势图

3.4 催化剂装填

I-82 催化剂宜在晴朗的天气和无氧作业环境下装填。I-82 催化剂与氧接触失活后由灰色变为白色，直接影响催化剂的活性及寿命。整个装填过程都要求在无氧环境下作业，最常见的是在氮气环境下进行装填。从反应器底部引入氮气，控制氮气压力不小于 0.03MPa，反应器顶部有小量氮气溢出。从反应器顶部引氮气插入反应器，随着催化剂装填高度的上升，氮气排放口逐渐上移。两个反应器的催化剂使用年限大于 9 年，催化剂需要进行密相装填。反应器内构建和催化剂装填完毕检查无误后，立即封闭反应器头盖，确保无氧气进入反应器内部。

4 生产运行情况

催化剂经过开工及生产过程中的一系列保护措施后，对 I-82 的长周期运行起到了积极的作用。自 2014 年 7 月开工以来，I-82 催化剂已经运行 6 年 8 个月(期间 2018 年检修 45 天)，催化剂初温由 135℃提高至 152℃，提温 17℃，提温速率缓慢。从总温升及总压降来看，与开工初期对比变化不大。从 I-82 的活性来看，在保证产品质量的前提下，提温速率快，证明催化剂活性下降速度快；床层温升变化小，证明催化剂运行稳定；床层压降随装置运行时间的加长变化不大，说明该催化剂抗积炭能力好。I-82 的良好运行表明对催化剂采取的保护举措效果非常显著。催化剂设计单台反应器运行 4.5 年，异构化第一反应器到目前已经超设计运行 32 个月。从目前的运行数据来看，催化剂还可以继续运行。装置运行数据见表 3、汽油产品的性质见表 4。

表 3　装置运行数据

项　目	2014 年 7 月	2021 年 4 月
一反入口温度/℃	135	152
一反出口温度/℃	160	175
二反入口温度/℃	130	134
二反出口温度/℃	137	142
总温升/℃	32	31
一反入口压力/MPa	3.29	3.33
二反入口压力/MPa	3.20	3.20
总压降	0.09	0.13
空速/h^{-1}	1.25	1.36
汽油摩尔比	0.05	0.05
能耗/(kgEo/t)	60.1	57.2
干气收率/%	1.07	1.23
液化气收率/%	5.93	5.71
液体收率/%	93.00	93.11

表 4　汽油产品主要性质

项　目	数　据
族组成(ψ),%	
正构烷烃	12.62
异构烷烃	76.09
环烷烃	9.50
芳烃	≤0.1
C_7以上组分	1.87
密度(20℃)/kg·m^{-3}	672
馏程/℃	
初馏点	36.1
50%	44.2
90%	64.7
终馏点	79.1
RON	85.1

5　结论

临氢异构化工艺 I-82 催化剂从原始设计和开工过程中均采取了重要的保护措施，减少反应系统杂质和水的存在，也保证了反应系统氧化物得以有效地去除，为 UOP C_5/C_6异构化工艺 I-82 催化剂的长周期运行打下了良好的基础，该装置第一反应器已经超设计周期运行 32 个月，而且能够生产出合格的轻质异构化汽油，与有效的催化剂保护措施是分不开的。

参　考　文　献

[1] 高步良. 高辛烷值汽油组分生产技术[M]. 北京：中国石化出版社，2006：304.

[2] 李天明. Par-Isom C5/C6 异构化技术及其工业应用[J]. 石油炼制与化工，2021，52(3)：56-60.

[3] 张永铭. 引进轻石脑油异构化装置的工艺设计[J]. 石油炼制与化工，2012，43(8)：17.

[4] 马爱增，于中伟，张秋平. 从石脑油和轻烃资源增产汽油的技术及措施[J]. 石油炼制与化工，2009，40(11)：1.

[5] 韩忠祥，孙昱东，等. 清洁汽油组分生产技术[J]. 辽宁化工，2008，37(5)：514.

[6] 李永林. 增产汽油技术及措施[J]. 石油炼制与化工，2017，48(5)：60.

[7] 郭辉，王菊香，景晓锋，等. UOPC_5/C_6低温异构化技术及工业应用[J]. 炼油技术与工程，2018，48(10)：9.

[8] 高步良. 高辛烷值汽油组分生产技术[M]. 北京：中国石化出版社，2006：351.

[9] 张鸿，任宁，徐亦请，等. 石油裂解馏分中C_5烷烃的利用现状分析[J]. 现代化工，2021，41(1)：9.

[10] 张东，冯万年. 异构化反应器催化剂无氧装填技术[J]. 石油工程建设，2018，44(5)：69.

焦化装置焦炭塔油气隔断阀卡涩原因分析

张海亮

（中国石化塔河炼化有限责任公司）

摘　要　中国石化西部南疆某地区炼化企业，延迟焦化装置焦炭塔在预热、放空过程当中，需要动作油气隔断阀时，经常会出现卡涩现象，随着生产时间的累积，卡涩现象愈发严重，最终导致执行机构断裂，阀门打不开，通过对该油气隔断阀进行拆检维修，发现阀门球体结焦是导致阀门开过程中出现卡涩的主要原因，而在预热和放空阶段回炼污油直接导致了阀门球体的结焦。

关键词　油气隔断阀，卡涩，回炼污油，结焦

1　引言

为了在生产中能彻底解决焦炭塔油气隔断阀出现卡涩现象这个问题，我们通过对该炼化企业焦化装置卡涩现象严重的油气隔断阀进行拆解，从多个能影响到阀门开关的因素逐一排查，最终发现并确定导致该焦化装置焦炭塔油气隔断阀卡涩原因与回炼污油有直接关系，随后采取一定的措施，实际效果达到预期。

该炼化企业焦化装置在实际的生产中，T301C 油气隔断阀在放空和预热阶段，需要动作的时候，经常出现卡涩现象，特别是阀位在 13%～15%时最为严重，出现该现象的初期，通常通过调节阀门电动头的力矩来解决，调节完力矩后，卡涩现象消失，但在一段时间后，卡涩现象又会重新出现，并且越来越严重。最终该油气隔断阀出现打不开的现象，现场确认打不开的原因为电动头与执行机构连接杆断裂，更换新的执行机构后，操作该油气隔断阀，仍然打不开。随后，焦化炉停炉，将该油气隔断阀拆检维修。拆检维修的阀门为加拿大威兰进口球阀，阀门规格：DN600，PN5.0。

通过对该卡涩的油气隔断阀进行拆检维修，拆检情况如下：首先将油气隔断阀解体后，发现阀体球面有结焦现象，并伴随有轻微腐蚀，焊层脱落，球面产生腐蚀后导致表面不再光滑平整，致使阀门密封效果下降，在球体转动过程中，导致了球体表面的刮伤，由于球体表面刮痕的存在，加剧了焦粉在球面的沉积，并且结焦面也有刮伤痕迹（图 1）。其次检查油气隔断阀的填料汽封线、球体表面汽封线、波纹管内波与外波汽封冲洗线，经过蒸汽贯通，发现汽封线全部畅通（图 2）。检查波纹管结焦情况（图 3、4），波纹管外波之间、外波与阀座之间结焦严重，内波之间、内波与导向套之间较为干净。

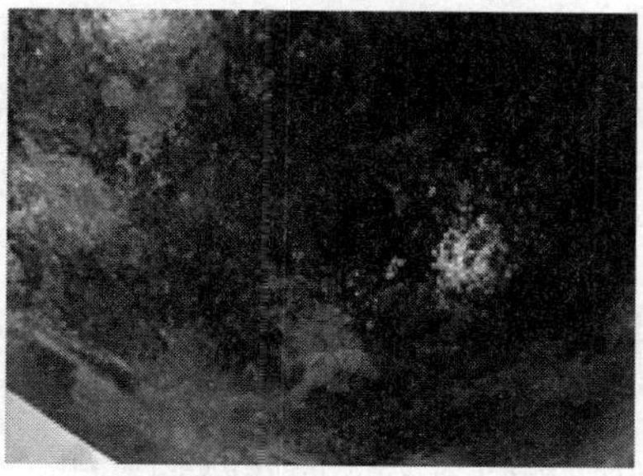

图 1

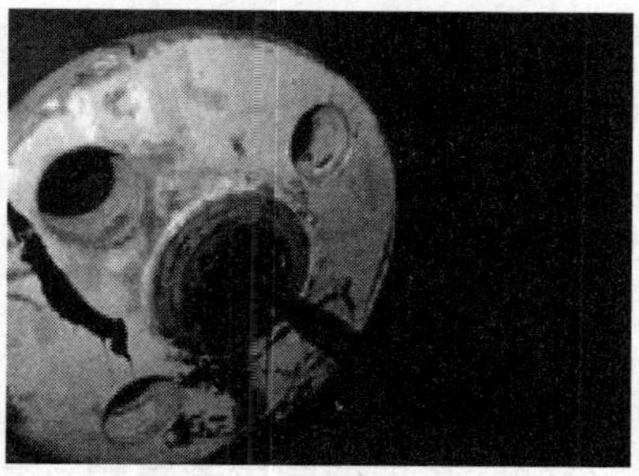

图 2

图 3

图 4

2 油气隔断阀结焦原理分析

2.1 油气隔断阀汽封蒸汽分析

在油气隔断阀操作有卡涩现象时，对油气隔断阀汽封线进行检查，阀杆填料汽封管线的温度在 120℃左右，波纹管两侧汽封和球面汽封管线的温度在 155℃左右，阀门填料汽封环上下填料正常的情况下漏气量非常小，所以填料汽封管线温度比其他汽封线偏低。汽封蒸汽压力是 0.75MPa，日常操作时，焦炭塔由预热到生产是过程中塔的压力由 0.08 到 0.17MPa，在升压的过程中，油气介质应该可以将阀体内的介质吹扫干净，但是油气隔断阀在运行时波纹管汽封蒸汽和球面汽封蒸汽在阀内不一定能进行均匀的吹扫，介质和焦粉无法被彻底吹扫干净，必然会在阀体空腔和波纹管内外壁发生沉积产生结焦。一旦结焦开始，这些小的焦核就会成为生焦的诱导因素，导致结焦速度加快，最终可能会使球体被迫抬升，波纹管及阀座变形或损坏，阀门开关力矩急剧增大最终无法开关。

2.2 油气隔断阀结构分析

理论上当阀门完全打开的时候，工艺介质从阀门中流过波纹管推动阀座紧密贴合在球体上，球体受理后紧贴在固定阀座，这样就形成了闭合的腔室。汽封吹扫蒸汽注入空腔后不产生流动，且蒸汽压力大于介质压力，蒸汽也形成了保护，防止任何杂质进入阀内的空腔，阀门完全关闭时也是同样的道理。因此无论阀门是全开还是全关状态，都不会有大量的蒸汽注入。只有阀门在打开和关闭过程中才会有蒸汽注入及杂质进入阀腔的可能，波纹管的汽封吹扫也是这样。因此密封划伤和阀门长期在高低温，温变载荷的作用下波纹管和阀座会发生形变，为杂质进入阀腔结焦提供了条件。而结焦又加剧了波纹管和阀座的变形形成恶性循环最终阀门不能正常开关。

焦炭塔在预热操作时，油气隔断阀由全关位用时 40 分钟左右缓慢到全开位，预热油气经过瓦斯大阀进入预热塔，在缓慢全开的过程中波纹管和球面的汽封蒸汽可能会泄漏到工艺管线内，防止介质倒窜入波纹管和阀腔的作用会降低，而引起介质倒窜运行时间久了引起结焦。

2.3 油气隔断阀阀门保温分析

阀门保温效果差，导致阀门各部位温度偏差大，热胀冷缩不均匀，到从拆卸阀门现场状况，阀门保温完好。

2.4 油气隔断阀执行机构分析

涡轮蜗杆齿面接触不好，蜗杆弯曲变形，卡涩异物均会造成执行机构负荷加大，最终导致执行机构故障，阀门开关不好，根据现场拆检结果，蜗轮蜗杆完好。

3 油气隔断阀结焦工艺原因分析

3.1 通过油气隔断阀的介质分析

（1）焦炭塔内通过焦化反应生成的油气（焦化蜡油、柴油、汽油、气体）。

（2）急冷油（焦化蜡油，减二线、减三线蜡油、焦炭塔预热甩油、电脱盐污油，储运外送污油）。

分析上述物料：

焦化反应生产的油气中最重的组分是焦化蜡油，因焦化蜡油组分不含沥青质，在 420℃不会引起瓦斯大阀结焦。

在急冷油种类中焦化蜡油、减二线、减三线都属于蜡油组分，不会引起瓦斯大阀结焦。

焦炭塔预热甩油时焦化反应生成的油气，主要成分为焦化蜡油，加热脱水后回炼焦炭塔不会引起瓦斯大阀结焦。

污油组分比蜡油重含胶质沥青质和悬浮杂物多，在放空塔升温脱水回炼后有可能引起瓦斯大阀结焦。

3.2 F301ABC 炉工艺运行对比及污油回炼分析

根据停炉前一段时间 T301CD、T301AB、T301EF 各塔生产工况，见表 1。

2018 年该炼厂全年加工污油 37020t，2019 年 1 月至 11 月焦化部分加工污油 17459.17t，全部污油都是通过放空塔升温脱水回炼至 T301CD。

表 1

塔号	加工负荷	塔顶温度	反应压力	污油回炼
T301AB	95.2%	407~411	0.185	减压蜡油回炼 1~2t/h
T301CD	98.2%	407~411	0.192	电脱盐污油 4.7t/h，焦炭塔预热甩油 70t/d，系统污油
T301EF	101.2%	407~410	0.185	不回炼污油

污油其主要成分主要是沥青质还有悬浮杂物等，根据塔河原油 2019 年原油评价，含量达 14.4%，本应通过焦化炉加热至 490℃后从焦炭塔底部进焦炭塔生焦，但现场实际是从焦炭塔顶部作为急冷油注入焦炭塔与油气接触后会随油气通过油气隔断阀去分馏塔，污油和高温油气在大油气线内发生不完全反应可能会有胶质沥青质和悬浮杂质残留在管道内壁，在焦炭塔反复预热生产切换过程中这些胶质沥青质和悬浮杂质有可能瓦斯阀内聚集，运时间久了慢慢开始结焦影响油气隔断阀的运行。

3.3 工艺操作原因分析

3.3.1 汽封蒸汽操作原因

汽封蒸汽人为操作误关闭或蒸汽中断，阀腔内失去了保护蒸汽后就会有介质进入阀体空腔结焦，即使是及时恢复蒸汽吹扫也很难将介质吹扫干净，如果是焦炭塔在生产条件下后果会更加严重。

3.3.2 生产过程中阀门操作原因

焦炭塔在预热操作时，油气隔断阀是缓慢的全开，用时较长，实际阀门由全开位到全关位只需要 1 分钟左右。预热油气经过瓦斯大阀进入预热塔，在缓慢全开的过程中阀门旋转到一定的角度时阀球与底座上产生一道开口，此时空腔内聚集的蒸汽泄漏到工艺管线内，瞬间将残存的介质吹出去，同时也防止介质倒窜入波纹管和空腔。但是生产预热时操作阀门是缓慢打开用 40 分钟左右，在开关过程不能快速通过阀球与底座上产生这道开口，就有可能有介质窜入空腔，运行时间久了引起结焦。

3.3.3 焦炭塔泡沫层及焦炭塔气速影响

焦炭塔在生产时，焦炭塔空塔气速的高低和泡沫层的高低直接影响到了焦粉携带至后续大油气线内量的多少。目前该厂六个焦炭塔平均生焦高度在 16~18 米，焦炭塔泡沫层高度在 3 米左右，可计算出焦炭塔的安全空高在 2~3m。焦炭塔安全空高在 3 米以下时，极易发生焦粉携带至大油气线及分馏塔，导致大油气线和油气隔断阀结焦，以及分馏塔底结焦，焦炭塔安全空高在 3 米以上时，则不容易发生焦粉携带。

焦炭塔空塔气速的影响，根据焦炭塔允许空塔气速计算公式：v 允许=0.048×C×[（ρ 泡沫-ρ 油气）/ρ 油气]0.5(式中：v 允许-塔内的允许气速 m/s；ρ 泡沫-泡沫层的密度($40 \sim 110kg/m^3$)；ρ 油气-油气的密度($5 \sim 6kg/m^3$)；C-系数(0.8~1.0)。由此可以计算出塔内气速在 0.102~0.199m/s 之间，基于国内的设计和油气管道的清焦措施，空塔气速控制在 0.15m/s 为宜，尽量避免油气管道和分馏塔底结焦。在生产条件一定的情况下，回炼污油如果含水，因为污油是直接回炼至塔顶的，所以，水在塔顶汽化成蒸汽，增加了了塔顶的空塔气速，会加剧焦粉携带至后续的大油气管线以及油气隔断阀的阀腔中，因此，因严格控制污油回炼的温度，确保污油回炼不含水，不会影响到焦炭塔的空塔气速。

3.3.4 焦化炉出口温度的影响

焦化加热炉出口温度与泡沫层高度有直接关系，炉出口温度高，泡沫层高度降低；反之泡沫层高度增加。泡沫层高度与焦化原料性质也有一定关系。该厂原油的性质本来就很差，由于渣油中含有较高的 S，N，O 等元素，也易造成其在焦炭塔内发泡。由于泡沫层升高，大量的焦粉将被携带进入到油气管线。

3.3.5 焦炭塔顶温度和压力的影响

焦炭塔顶温度越高，在大油气线上产物越易发生二次反应结焦，部分焦粉进入分馏塔。尤其在换塔后，老塔小吹汽时塔顶温度会反弹到高于 430℃。焦炭塔通过注急冷油降低塔顶油气温度，洗涤油气中的焦粉。气相产物体积随压力的降低而增大，导致流速增加，焦粉携带量也随之增加。新塔的预热及换塔容易造成压力大幅波动，也是产生焦炭塔焦粉携带的原因之一。尤其是焦炭塔的压力突然降低，使塔内油气的体积膨胀，使油气线速突然增加，引起油气携带泡沫焦的“冲塔”事故。

3.3.6 焦炭塔小吹汽的影响

焦炭塔老塔在处理初期，塔顶上部还有一层软焦和泡沫层，如果小吹汽量过大，也会导致将一部分焦粉吹至后续的大油气线中，因此，在小吹汽阶段，严格控制小吹汽量在 2.5t/h。

4 结论及优化措施

4.1 结论

焦炭塔通过急冷油大量回炼污油引起油气隔断阀结焦，导致开关过程中卡涩。焦炭塔预热操作时油气隔断阀开关时间40分钟太长，特阀汽封不能起到阻止污油和悬浮杂物进入阀腔引起瓦斯大阀结焦导致开关过程中卡涩。

4.2 优化措施

停止电脱盐污油和系统污油通过急冷油进入焦炭塔回炼，考虑到全厂污油平衡，电脱盐切水产生的污油和系统污油参入系统原油后进行回炼。

焦炭塔在预热之前分馏系统提前做好操作调整，在开瓦斯大阀操作引瓦斯时可将瓦斯大阀一次全部开到位。

在放空和预热阶段，特阀在动作时应当停止回炼防空塔污油，减少重组分随介质的携带。

特阀严格按照操作规程进行操作。

严格控制焦炭塔污油回炼温度，确保污油回炼不含水。

严格控制好焦化炉出口温度，降低泡沫层高度，大负荷生产的情况下及时注入消泡剂。

控制好焦炭塔顶温度和压力，防止焦炭塔冲塔。

控制好焦炭塔老塔小吹汽阶段的吹汽量。

参考文献

[1] 李萌阳，姜伟，焦华民. 延迟焦化装置用高温球阀的使用与检修[J]. 阀门，2011(02)：41-43.
[2] 黄志慧，王关涛. 高温球阀阀座密封结构分析[J]. 阀门，2014(02)：6-19.
[3] 刘扬，刘汇源. 高温硬密封球阀密封结构研究[J]. 阀门，2009(04)：31-33.
[4] 赵积智，赵积明. 关于延迟焦化装置污油做急冷油回炼技术探讨[J]. 化工管理，2020(08)：114-115.
[5] 李金云，张海莹. 减少延迟焦化焦粉携带的技术探索[J]. 炼油技术与工程，2014，44(08)：29-31.

液态烃高速泵密封失效及其处理办法

孙　楠

（中国石油化工股份有限公司镇海炼化分公司）

摘　要　镇海炼化45万吨1#聚乙烯装置内有多台液态烃高速泵，多输送高危介质，此类高危泵在日常生产中要被格外重视，液态烃高速泵的稳定运行对于装置的平稳生产有着关键性的作用。然而，在实际生产中，高速泵在长期运行过程中会出现很多问题，其中机械密封泄露是最常见且最主要的故障，本文旨在研究高速泵机械密封泄露原因以及有针对性的探讨高速泵机械密封失效的处理办法。

关键词　高速泵，泄露，机械密封，处理办法

1　高速泵机械密封

在化工企业生产实际中，高速泵主要用于输送小流量高扬程的液体，且多为高危介质，对装置的稳定运行有着相当重要的作用。不过由于高速泵长时间的运行，加上密封的失效，不可避免地会在现场生产中会发生泄漏。

镇海炼化45万吨1#聚乙烯装置中的液态烃高速泵均为一级增速立式泵，主要的密封副有三道，分别为介质密封，密封油罐密封，增速箱密封，其润滑油和介质的密封形式是机械密封，润滑油侧一道密封+介质侧串联密封（密封冲洗PLAN11+PLAN52）。在这三道密封中，日常生产中最常见的泄漏点主要包括动环与静环之间的密封，动环与轴套之间的密封，轴套与轴的密封。这些泄漏点也是我们日常生产实际中巡检巡屏的主要关注点，泄漏一经发现，必须马上采取措施（图1、图2）。

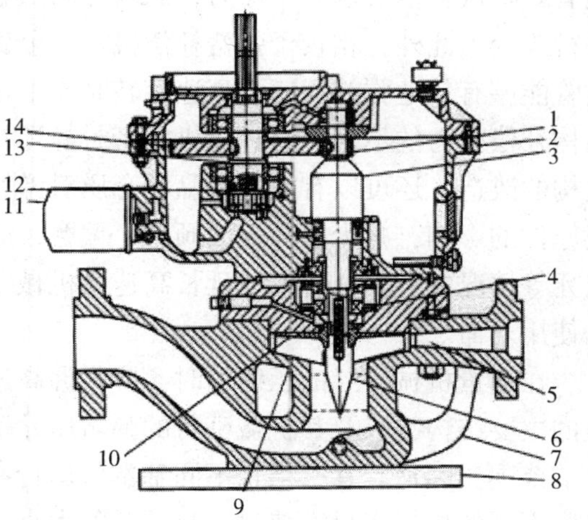

图1　立式高速泵结构

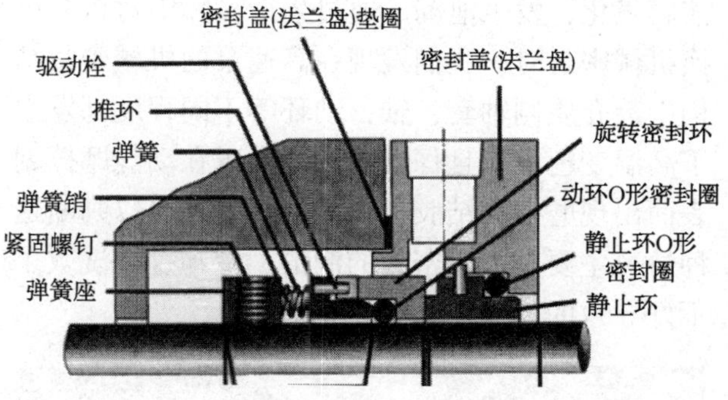

图2　机械密封结构图纸

如图1、图2所示，在高速泵的结构中，有专门用于收集机械密封泄露介质的空腔，这些空腔里面的泄露介质又通入密封罐，使得密封罐液位上涨，在现场巡检时可通过密封罐液位是否上涨以及密封罐顶部压力大小来判断高速泵机械密封是否泄漏。了解高速泵的机械密封结构，我们从而可以通过观察出密封油罐液位上升且带色，判断是高速泵变速箱润滑油泄漏，那如果密封油罐内带气泡，甚至冒汗、结霜、压力上升等，则说明是介质端机械密封泄露。

2　高速泵机械密封泄露原因分析

2.1　轴套磨损

轴套和轴之间发生相对移动。通常情况下，高速泵经过长时间的运转，机械密封难免会出现密封泄露的现象，这些泄露的介质会导致密封罐的压力升高，甚至会导致轴套磨损严重发生损坏。O型圈主要作用于轴套与机械密封的动环之间，轴套的磨损其实也说明了动环与轴套之间发生的相对运动，导致机械密封发生泄漏（图3）。

图3　O型圈

2.2　摩擦副泄露

动静环之间密封冲洗不好、高温等原因导致液膜气化，发生泄漏。通过生产实际中对机泵更换机械密封时，我们发现在高速泵的机械密封结构中，介质侧轴套，轴，动环等不同程度都发生了高温变色，而且仔细观察时发现在动静摩擦副表面出现磨损，结胶，发黑等情况。可以判断这种情况主要是由于密封的润滑、冷却、冲洗效果不好导致的(图4)。

图4　失效的机械密封

1#聚乙烯装置中的几台高速泵都具有相当高的转速，在上万的转速下，会导致端面发生较大的相对滑动，造成磨损。另一方面，高速转动还将产生大量的摩擦热，使得介质中的一些成分发生气化，产生汽蚀现象。两者相互作用下，较高的温度会加速这种汽蚀现象的发生，导致密封端面造成较快的损坏甚至失效，也就是我们常说的密封泄漏。密封面上的液体膜是承载泄露负荷的主要载体，在高速泵高速运转中，密封面的承载能力未能承载施加于密封面上的载荷，使动环和静环之间产生直接接触而引发严重磨损，最终发生泄漏。

3　高速泵密封性能的分析及改造措施

通过对高速泵机械密封失效的原因进行分析，结合高速泵具体图纸、装配情况、密封结构、密封材料等，可以总结出高速泵的机械密封性能，主要在于密封面所承载的载荷是否可以被密封面承受。

3.1　O型圈

要保证密封性能，首先要保证O型圈有足够的弹性，基于现场作业中发现的密封圈失效分析，更换密封圈材料以保证密封圈性能是主要的改进手段。我们可以采用丁晴橡胶的O型圈，此外O型密封圈采用轴向浮动安装，这样的结构带来的是保证补偿环的补偿作用还有O型圈的密封作用，提高了密封的可靠性。由于橡胶圈的摩擦力大，也可增大补偿环在非正常操作时的缓冲作用，保护摩擦端面。

3.2　补偿原件

另一方面，从改造静环补偿原件的角度分析，在现场的高速机泵中，泵腔的轴向尺寸一般是无法进行调整的，常做的是增大弹簧的直径，改用大弹簧等措施，从而增加静环补偿原件的寿命。不过在现场机泵实际运行时，我们也发现在采用这些措施时，回弹补偿力也会大大增加，并且对机械密封的安装也会有较大的挑战。还有就是高速泵由于其本身性能的原因，运转时也会产生高速的震动，降低机械密封的寿命。鉴于此，我们可以采取措施对静环的密封性进行改造，从而达到改善高速泵机械密封泄露的情况。

在对高速泵机械密封进行改造时，可以在不同的轴向尺寸进行调整的前提下，调整改变静环弹性元件的材质、结构，亦或者采用金属焊接波纹管代替补偿机构多弹簧，由于金属焊接波纹管其结构的性质，不仅能发挥较好的密封效果，还能有效降低补偿机构的摩擦力，对静环的随意性进行改变。此外，相较于弹簧补偿机构，金属波纹管能够有效地弥补高速泵高速旋转时原本密封结构补偿能力的不足。通过对机械密封静环补偿机构的改造，还可以有效避免黏稠介质对弹簧补偿原件的影响，减少静环端面倾斜、偏磨、静环卡死等情况的发生，有效地延长高速泵机械密封的使用寿命。

在测量机械密封的压缩量时，应掌握高速机泵的主要结构，以及其机械密封的弹簧压缩量的标准范围，因地制宜，结合不同基本的运行参数对应不同的机械密封安装时密封压量的大小，并综合考虑O型圈、轴窜量、轴套结构等因素的影响。了解其工作参数，以便能调整合适的密封压量，保证机械密封的安装质量，在合理的密封端面比压情况下尽可能提升高速泵机械密封的使用寿命。

4 日常检修及运维措施

在镇海炼化1#聚乙烯装置中，几台运行的高速泵介质分别为丁烯、异戊烷、尾气凝液等高危介质，这几台高速泵也属于高危泵行列，要求工作人员对其机械密封的泄露要有格外的关注。对高速泵进行机械密封检修时，必须对高速泵的设备资料和使用说明书进行仔细阅读，制定合理，周密的检修方案。维修人员在对机械密封进行装配时，要确认泵盖和增速箱表面清洁，没有异物的情况之下方可进行装配。此外，还要保证密封垫片的密封性能，不存在偏差问题，在安装静环座时，要保证结合面的表面光滑性和洁净性，且静环座和泵体结合面的平行度也应得到一定的保证。

另一方面，高速泵的机械密封泄露是高速泵常见的故障之一，装置平稳运行时，要定期对高速泵的机械密封进行更换。另外还应定期对高速机泵进行切换，保证高速泵入口过滤器的正常投用，有效避免杂质对高速泵机械密封性能造成影响。还应周期性的对机械密封冲洗油和冷却系统进行清洗，保证其机械密封正常投用。

5 结语

液态烃是镇海炼化1#聚乙烯装置内高速泵的主要输送介质，在高速泵运行过程中，机械密封的泄露如若不能及时发现则会产生介质的泄露，严重时还可能发生人员伤亡事故。

高速泵机械密封泄露的频繁发生，一方面增加了生产装置的检修费用，另一方面也会对正常生产产生重大影响。分析高速泵机械密封失效原因，探讨高速泵机械密封的改造方法，提高高速泵机械密封性能。企业也必须加大对装置内高速泵的机械密封的重视程度，寻找有效地处理办法，从而提升企业经济效益，降低运行成本，避免事故发生。

参 考 文 献

[1] 甘一凡. 机泵机械密封失效的分析与解决措施[J]. 化工管理，2021(01)：153-155.

[2] 葛亮，王涛，孙治国. 某型高速泵机械密封失效原因分析[J]. 内蒙古石油化工，2015，41(17)：76-78.

聚丙烯粉料干燥效果差的影响因素与解决措施

魏海江

（中国石化镇海炼化分公司）

摘　要　粉料干燥系统是聚丙烯生产中的重要组成部分，影响粉料干燥效果的因素众多，本文从工艺和设备两方面进行分析，对干燥器料位低、汽蒸罐出料水含量高、循环热氮流量低、洗涤水流量低与分布板积料等影响因素做了详细分析，并针对本公司装置干燥系统曾经出现的问题，联系实际提出了一些解决措施，对国内同类型装置干燥系统具有一定的借鉴作用。

关键词　聚丙烯，干燥系统，循环热氮，洗涤水流量，分布板

中石化镇海炼化分公司 1#聚丙烯装置采用国产化的 Spheripol 第二代环管聚丙烯工艺技术，生产工艺是液相本体聚合法，投用初期主要是生产普通均聚料，后经过对给电子体系统、氢气调节系统的改造，逐步转向 BOPP 薄膜料，进行产品优化，并于 2012 年 6 月成功生产乙烯丙烯无规共聚料产品，使装置产品结构得到进一步优化。在聚丙烯的生产工艺上，干燥系统是造粒前的最后一道工序，主要是将汽蒸后的水分去除，干燥后，聚合物的水含量大约从 3%减少到低于 0.02%，若是干燥效果差使得聚丙烯粉料带水进入后工段，不仅会导致产品出现发白、带气泡等问题，还可能引起挤压机筒体压力波动。干燥系统优良运行不仅能保证后工段的平稳运行，避免发生质量问题，对于装置的长周期运行有一定帮助，所以分析聚丙烯干燥系统影响因素与解决措施具有重要的实际意义。

本文结合本公司聚丙烯装置干燥系统曾经出现的一些问题，从工艺与设备两方面进行分析，并联系实际提出了一些解决措施。

1　干燥系统工艺简介

1.1　工艺流程

如图 1 所示，聚丙烯粉料经过汽蒸罐 D501 除去粉料中的丙烯与丙烷等轻烃，同时将催化剂失活，然后进入干燥器 D502 中脱除水分，干燥后的聚合物送到气流输送料斗 D800 中，氮气从 D502 顶部进入到 S502 中，T502 为干燥器的洗涤塔，P502 提供动力，把水从 T502 底部抽出经 E502 冷却后返回到 T502 洗涤，T502 顶部氮气经 D508 过滤、C502 加压、E503 加热重新投入到 D502 中重复使用。

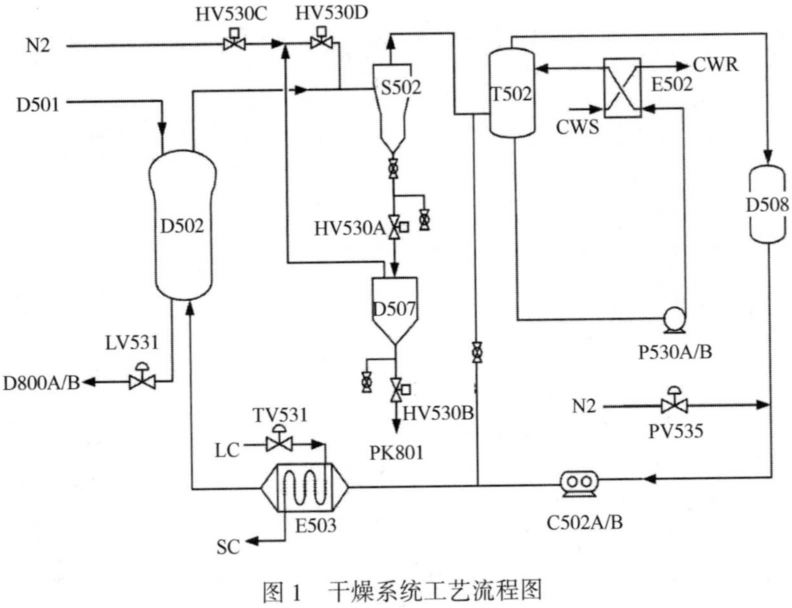

图 1　干燥系统工艺流程图

1.2 工艺原理

聚合物干燥采用的是热氮气循环干燥法，内部为流化床结构，当聚合物通过干燥器的螺旋通道时，热氮气使聚合物产生流化，传递热量，并将聚合物中的水份带走，离开干燥系统的氮气，几乎可以完全带走伴随聚合物而来的水份。聚合物干燥所需要的能量来自两方面，大多数为聚合物本身从100℃～105℃（汽蒸罐D501底部出口温度）冷却到75℃～80℃（干燥器D502出口温度）所释放的热量，少部分热是由干燥器底部的热氮气提供的，热氮气与聚合物粉料对流接触，将聚合物携带的水分与少量细粉经S502分离后，进入到洗涤塔T502中，通过不间断的循环冷却水去除氮气中的水分与细粉，粉末通过溢流管排到溢流槽中。洗涤后的氮气通过D508的过滤后，再经C502的增压与E503的加热可被循环使用，节省能耗。

2 干燥系统带水现象

（1）现场最直观为D502取样口AC25处粉料有明水或有粘连结块。

（2）装置后工段粉料输送线各导淋口有明水，包括换热器和过滤器。

（3）熔指AI831异常走高，挤压机主电机电流下降，现场D805取样口AC26处粒子膨化，颜色变白等，当带水粉料进入到挤压机中，由于筒体内水的汽化会导致齿轮泵进口压力波动，齿轮泵转速明显上升，主机电流略有下降。

3 工艺方面故障及应对措施

3.1 D502料位控制太低

在装置负荷、干燥氮气流量与温度一定的情况下，料位控制不能太低，以确保干燥效果。当D502料位较低，说明粉料在D502中的停留时间短，与热氮气接触时间不够，干燥效果会变差，同时还会造成D502出去的循环氮气温度高，解决措施是将D502料位提至正常值，但料位也不能控制太高，因为会增加C502负荷，D502料位只适宜在一定的范围内调节，本公司将D502料位一般控制在40%～60%，报警值设在20%。

3.2 循环干燥氮气流量偏低

循环氮气量的大小直接影响着D502内的流化状态，D502内的圆筒形内构件，使得聚丙烯粉末在干燥器内的移动具有一定的方向性，能够增加粉料在干燥器内的停留时间。循环氮气量太高容易使流化床出现“腾涌”，粉料进入D502后不能沿特定方向流动，使得停留时间变短，干燥效果变差，同时出去的氮气会夹带更多的细粉，会增加S502与T502洗涤系统的负荷。氮气量太低则容易使流化床出现“沟流”，热氮气从粉料间的间隙通过，无法保证与粉料的充分接触，使得传热面积变小，干燥效果差，进而出口粉料中水含量偏高，影响造粒机运行及产品质量。当循环氮气流量低时，需要检查氮气系统是否有漏点及补氮系统是否正常工作，若是无漏点及补氮系统正常运行，可通过将C502出口旁通阀关小的方式将氮气流量提至正常值，负荷高时还可适当提高循环氮气流量。

3.3 循环氮气加热器E503控温偏低

E503为翅片式换热器，作用是给氮气提供热量，保证进D502氮气温度在100℃以上，若是TIC531温度偏低，则会造成进D502内蒸汽冷凝为液相，起不到应有的干燥效果，可检查E503蒸汽管线是否泄露及阀门是否故障，切至备用换热器后进行相应处理。但同样不能将E503温度设太高，会影响E503蒸汽消耗，同时T502负荷也将变大。

3.4 汽蒸罐D501出料中湿含量偏高

粉料在D501中汽蒸的效果不好，下料湿含量超出正常值，超出D502的最大干燥能力，若是D501出料湿含量偏高，D501底部温度就会偏低，D501底部温度必须控制在100℃以上，以防蒸汽凝结成水。

具体原因及应对措施有：

（1）汽蒸蒸汽温度、流量偏低，中控先将其调至正常值，观察粉料带水有无变好，若负荷高时，可适当提高流量和温度，同时联系现场查看AC25粉料有无发潮现象。

（2）汽蒸蒸汽排凝管堵塞，蒸汽凝液倒流进入到D501中，造成D501出料湿含量增大，现场可去查看蒸汽排凝管是否畅通，看看阀门是否开度过小有积水存在。

（3）D501夹套蒸汽压力过小，使得D501温度低于100℃，造成蒸汽凝结，中控可适当提高夹套蒸汽压力，保证温度高于100℃即可。

（4）松动蒸汽阀门开大，松动蒸汽为最靠近D501出料口的一路，若是这里异常增大，就会直接增大 D501 出料湿含量，平时仔细巡屏，及时发现阀门开度过大，防止出料带水。

4 设备方面故障及应对措施

4.1 E502 堵或 P502 入口滤网堵

E502 是 T502 洗涤水系统重要的冷凝器，主要是将洗涤水温度降下来，P502 提供 T502 循环洗涤水的动力，保证其持续洗涤，洗涤水与氮气对流接触，一方面可将循环氮气中的粉末洗下来，通过 T502 的溢流管将粉排出去，防止循环氮气线上的鼓风机及换热器被粉堵塞，另一方面可使 T502 中循环氮气夹带的蒸汽冷凝下来，降低氮气湿含量，若是 P502 入口滤网或 E502 板换堵，造成洗涤量不足，无法将氮气中的粉末彻底脱除，可能会使 C502 与 E503 故障，若是洗涤水流量长时间不足，氮气温度就会持续走高，导致氮气湿含量高，会造成 D502 出料带水，影响造粒机的正常运行，切粒机切粒效果变差，易出现膨大粒，气泡粒、颜色发白等异常。

可通过以下措施应对：

（1）首先切换 P502，清理在用 P502 入口滤网，交回后若是流量恢复可暂不清理 E502。

（2）若是清 P502 流量恢复不明显，则切换 E502 并交出清理。

（3）若是备泵及备用换热器切进系统后，发现洗涤水流量 FI532 只是恢复了一下就迅速走低，可以判断出新切进来的泵入口滤网及换热器已经堵掉，这时可通过稍开一点换热器旁路来维持洗涤量在最低值 40t/h 即可，旁路开大固然能够使 FI532 流量马上恢复，但会使 E502 冷却效果大大降低，循环氮气温度 TI534 温度迅速上升，相比之下，还是 TI534 更为重要，可通过全开 P502 补水阀来降低 TI534(图 2)。

4.2 E503 内漏

E503 为管壳式换热器，管程介质为低压蒸汽，壳程介质为干燥氮气，可通过现场检查 E503 底部壳程侧导淋看是否有明显水汽来判断有无内漏，若是内漏则切换至备用换热器并交出检修。

4.3 旋风分离器 S502 堵

S502 作用是将 D502 出来的氮气与粉末分离，氮气循环使用，细粉进入后系统挤压造粒，正常情况下 I508 会间歇性的反吹，防止堵塞。

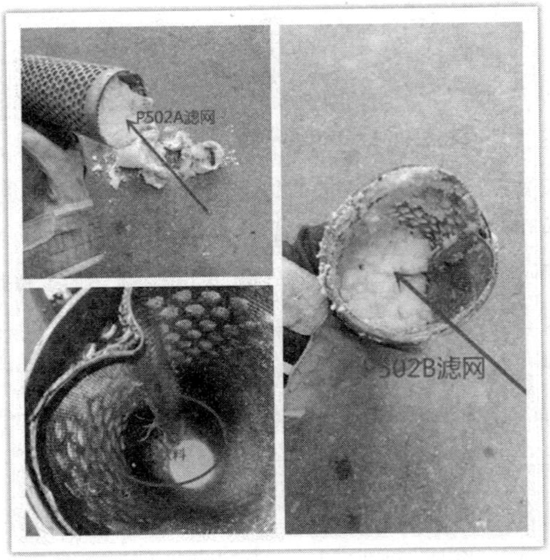

图 2 P502 入口滤网堵

判断 S502 堵现象是：

（1）中控 D502 压力 PI531 及 S502 出口温度 TI533 明显升高。

（2）现场观察 T502 溢流槽细粉增多。

（3）现场敲击 S502 到 D507 下料管线外壁，声音发闷。

（4）PK801 输送系统压力不会间隙上升，表明 D507 不会间隙下料。

应对措施是中控对 S502 进行反吹，首先等 I508 下料程序运行至第 7 步，然后停运 I508，再将 I508 切至手动，确认 HV530A/B/C/D 全部处于关闭状态，打开 HV530C 充压，再打开 HV530A，待 D502 压力 PI531 高报后迅速关闭 HV530A、HV530C，反吹时注意关注 D501 料位，防止 D501 与 D502 压差低导致 D501 满料，反吹结束投用 I508 程控后关注 D507 高保开关 LAH533 是否动作，若动作及时将 LV531 切至手动关小，防止 PI802A 压力高导致 PK801 跳机，最好等 I508 走完一次程序 LAH533 正常再将 D502 出料阀 LV531 投自控。

4.4 鼓风机入口分离罐 D508 堵

D508 可除去循环氮中的粉末与少许水含量，若是循环氮气中粉末较多，使得 D508 堵塞，就会造成循环氮流量减少，进而影响干燥效果，应对措施是可通过稍开 D508 旁路来维持循环氮气流量，必要时切至旁路，关闭 D508 进出口阀，将 D508 交出清理。

4.5 D502 分布板积料

分布板为 D502 核心部件，D501 下来的粉料肯定有一定的水分，若是超过 D502 的干燥能力，使得聚丙烯粉料未完全流化，慢慢堆积在分布板上，如图3所示。当分布板上有积料时，热氮没有与D501下来的料充分接触，会形成短路，一方面使得出去的粉末与热氮气增多，会造成S502出口温度TI533温度的升高与T502洗涤流量FI532的走低，另一方面使得D502的出料水含量增多，进入后系统影响最终产品质量。

应对措施是将D502料位慢慢拉空，拉空后保持边进边出，通过热氮气不停地吹，看看是否能将分布板积料给吹下来。

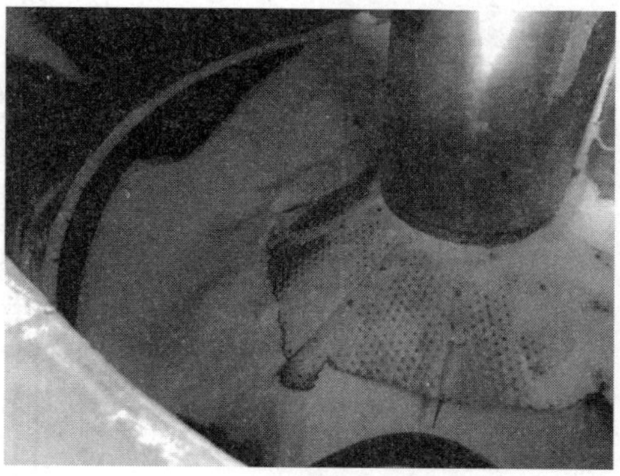

图3 分布板积料

4.6 D502分布板塌陷

若是分布板上长时间的积料，且没有采取应对措施，分布板达到疲劳极限，就会出现局部裂纹并延伸最终造成断裂失效，如图4所示，粉料被D502干燥氮气大量带入S502、T502中堵塞相关管线和设备，会造成C502进口压力低跳机，还会使D501料无法正常下料，D501、F301会慢慢积料上去，HV311被迫切排，装置只能做紧急停车处理，且易产生次生事故。解决措施只能是停车检修，所以最好是将其遏制在分布板微堵这个环节，不让隐患扩大。

图4 分布板断裂塌陷

5 干燥系统平稳运行的措施

5.1 操作细致，及时发现问题

巡屏时若是发现干燥系统某些参数有异常，比如循环氮气流量偏低、T502洗涤水流量走低、D502底部温度偏低等，应准确判断出相应的原因并及时处理掉，平时仔细多频次巡屏，现场也要认真巡检，做到每个设备每根管线心中有数，若发现干燥器底部取样潮湿或汽蒸蒸汽阀门开度异常及时汇报，将苗头扼杀在摇篮中。当装置生产负荷不同或生产牌号不同时，干燥系统工艺参数控制也不同，能耗也会有差别，生产中不仅要保证干燥效果，还要注意节能降耗。

5.2 加强设备管理，消除隐患

干燥系统相关设备较多，这些设备的不良状况均会对干燥过程造成很大的影响，设备保养得当，运行正常，不仅可保证干燥系统平稳运行，同时可以减少一些生产上的隐患，降低质量风险，对装置节能降耗、人员减负均有帮助。P502、E502均有备机，切换过程对装置影响不大，波动小，日常中发现洗涤水流量变低就可以切换到备机恢复洗涤水流量，同时联系清理并尽快交回作为备机。C502通常是因负荷过高，振动或电流高切换，切换有一定风险，但可控，E503、T502故障率低。D502分布板是干燥系统的重中之重，一旦出问题须尽早扼杀在苗头，否则装置要紧急停工或前工段切排放，这个主要是要在检修期间做好维护工作。

6 结论

（1）影响干燥系统平稳运行的因素众多，主要有干燥器料位低、汽蒸罐出料水含量高、循环热氮流量低、洗涤水流量低与分布板积料等，实际生产中一旦发现D502粉料带水就要引起重视，梳理各个相关点，尽早找出原因，并采取相应措施来及时处理解决，以保证聚丙烯粉料的干燥效果，尽快恢复装置平稳。

（2）加强设备管理，及时消除隐患，设备运行良好是干燥效果好的前提，D501、D502在装置平稳运行期间无法做到检修，通常是在装置大修期间对分布板检查并处理，P502、E502、C502、E503均有备机，每次切换后要及时处理故障机，恢复其至备用状态，确保能正常备用，这样当出现问题能够及时切换，防止事态扩大，确保装置能长周期平稳运行。

参 考 文 献

[1] 赵金豹，苏成武. 影响聚丙烯粉料干燥效果的因素[J]. 上海塑料，2019，000(002)：38-41.

[2] 郑志云，李敏. 聚丙烯粉料干燥效果差的原因与措施[J]. 当代化工，2014，000(012)：2640-2642.

[3] 张翔、俞春奇、张荣民等. Ⅰ聚丙烯装置工艺技术规程[M]. 中国石油化工股份有限公司镇海炼化分公司，2020.12.25.

[4] 王科峰. 聚丙烯装置T502喷料的原因分析[D]. 西安工业大学，2013.

管道内检测技术在镇海炼化厂际管道中的实际应用

郭权雷

（中国石油化工股份有限公司镇海炼化分公司）

摘　要　镇海炼化在用厂际管道大多数铺设于上世纪八十年代，随着管道的使用年限越来越久，管线本体的腐蚀会越来越严重，定期对管道进行全面检测就显得十分重要。目前炼油厂内大部分管道都采用外检测的手段，通过对管线的宏观检查以及测厚就可以对管线运行情况做出评估。但镇海炼化厂际管线绝大多数处于埋地，管道内检测可以在不开挖的前提下获得管道本体的实时数据，最有效的获得管道内外的缺陷信息，后续进行风险评价和隐患处理，可以保证厂际管道的长周期安全平稳运行。

关键词　厂际管线，内检测，超声波，漏磁，实际应用

1　管道内检测的现状

管线发生腐蚀后，主要体现为壁厚减薄、点蚀、焊缝裂纹等。目前，国内外各油气管道管理公司在管线内腐蚀方面做了大量的工作，提出了多种检测技术，并且取得了良好的效果，其中最主要的两种检测技术为漏磁内检测和超声波内检测（图1）。

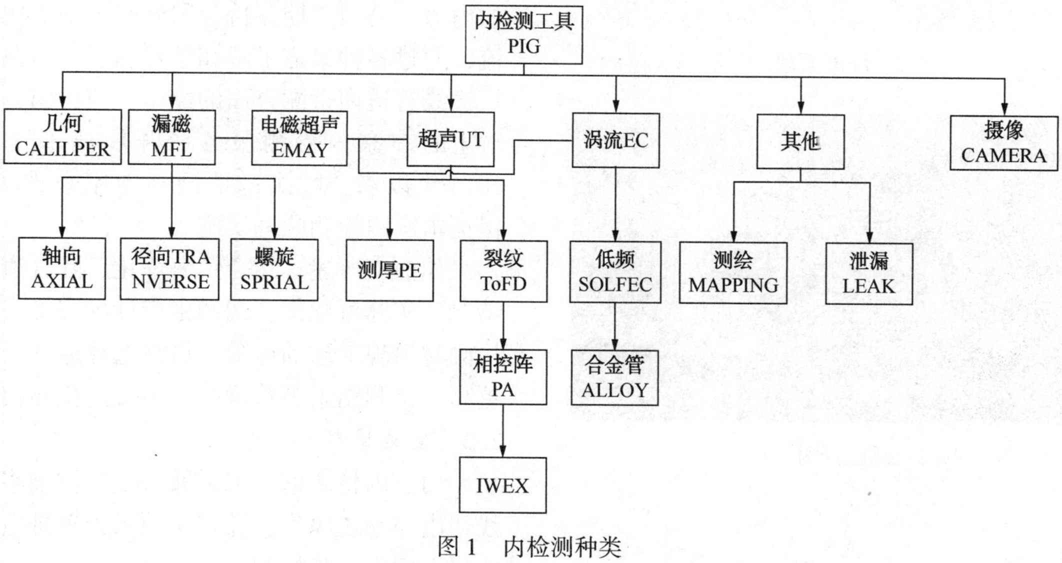

图1　内检测种类

1.1　漏磁内检测

漏磁检测技术利用了钢管等磁性材料的高磁导率特点。钢管中因为腐蚀产生缺陷，缺陷处的磁导率远小于钢管本身的磁导率；钢管在外加磁场的作用下被磁化，当经过缺陷点时，磁力线发生弯曲，并且有一部分磁力线泄露出钢管表面，检测探头通过钢管表面益处的磁通量损失，就可以检测处缺陷（图2、图3）。

1.2　超声波内检测

超声波是利用超声波的脉冲反射原理来测量管线管壁的厚度，检测时将探头垂直向管道内壁发射超声脉冲，探头首先接受到由管壁内表面的反射脉冲，然后超声探头又会接受到来自管壁外表面的反射脉冲，通过计算这两个反射脉冲之间的时间差就可以得出精确的管壁厚度（图4）。

1.3　两种检测技术的对比

检测技术从原理上来比较，漏磁需要对待测管线本体材质、壁厚一致的管段上制作人工缺陷，然后进行牵引实验，在取得空白样数据后和

实际检测数据进行对比，从而估计管道金属损失比例。考虑到实际缺陷与人工缺陷的形状、大小、深度和技术方法，漏磁检测结果与实际金属损失有10%~15%的误差。显而易见，超声波检测获得的是直接结果，测量精度高，缺陷定位准确且无需校验，误差基本在5%范围内。

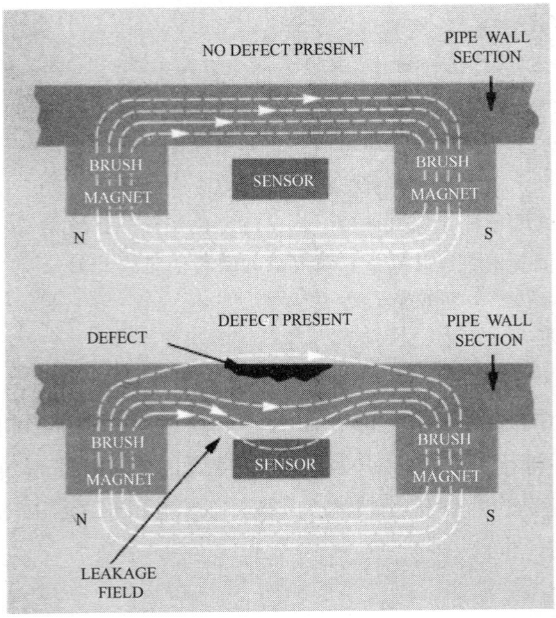

图2 漏磁原理

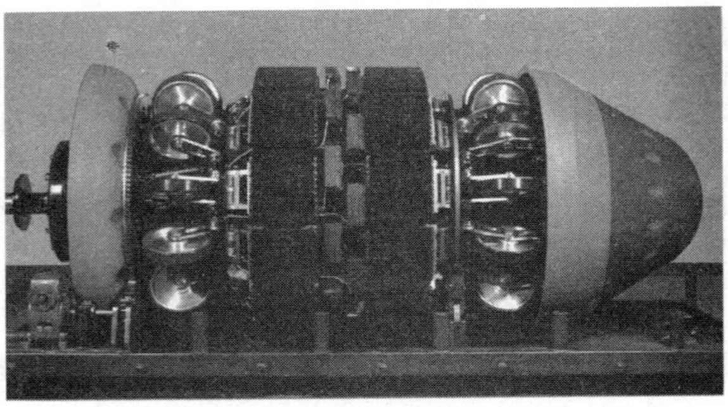

图3 漏磁检测工具

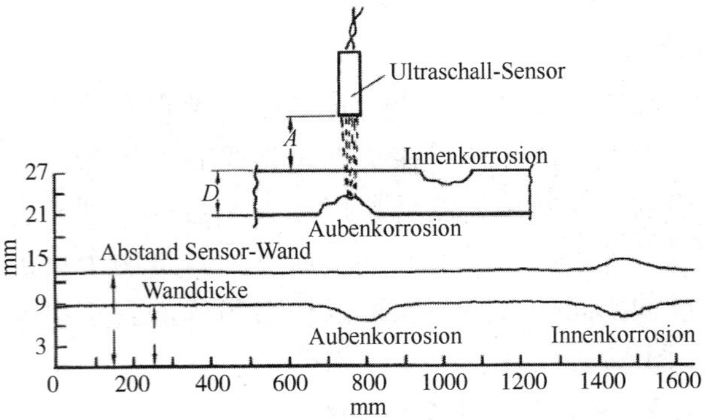

图4 超声波内检测原理

同时，由于工具上携带固定磁块，造成工具自身过重，对于管线有龙门等较大落差的管线通过性很差，同时弯头小于1.5D的管线基本无法通过。而与漏磁工具相比，超声波工具功能模块间距更大，柔性更强，可以通过管道弯头小于1.5D，甚至1.0D部位。

另外，漏磁工具上携带的磁块需要对管线进行磁化至饱和状态，所以磁块本身不能过小，否则在不饱和磁化的情况下进行内检测会造成数据偏差较大，这也是制约漏磁工具发展到DN100级别的一个主要原因。

2 管道内检测在镇海炼化厂际管线的实际应用

2.1 前期准备

目前，镇海炼化在用埋地厂际管线共有18根，本次检测共分为几个阶段进行，从2016年12月开始至2019年10月陆续完成37#、393#、56#B、92#B、浙太线、663#、80#、1042#线共8根管线的内检测，这其中6根管线管径都为DN150以下的小口径管线。针对目前国内相关检验机构还不具备为小口径厂际管道进行内检测的内力，公司长期保持和国外同类型炼化企业交流，通过各种渠道了解和学习国外公司在小口径厂输线管道内检测方面的经验，与德国、荷兰和瑞士的多家内检测服务商开展技术交流。自2015年以来，数次邀请国外专家来现场勘查，保证本次内检测顺利实施。

如前文所述，结合镇海炼化厂际管道的实际情况、实际可操作空间和生产计划安排，避免内检测时出现卡球的风险，最终选择通球安全系数更高，检测结果更精确的超声波内检测技术。

2.2 实施过程

（1）内检测前，工艺通过生产调整将整个管线切出与系统隔离，并安排顶水处理排空管内介质，方便下一步检测。

（2）内检测通球顺序依次为海绵球、钢丝球清洗球和检测球。海绵球的目的在于对管线进行初步清理，加上其材质柔软，可以通过收球端海绵球外观情况判断管线是否存在大的变径。钢丝清洗球可以进一步清理管道还可以有效清洗对管壁上残留的垃圾(图5)。

通过海绵球和钢刷球通球清理，发现管道内存在大量铺设时的施工垃圾，这些说明管道铺设完工时并未进行有效吹扫清洗，为最后通检测球做好准备(图6)。

图 5 海绵球和钢丝清洗球

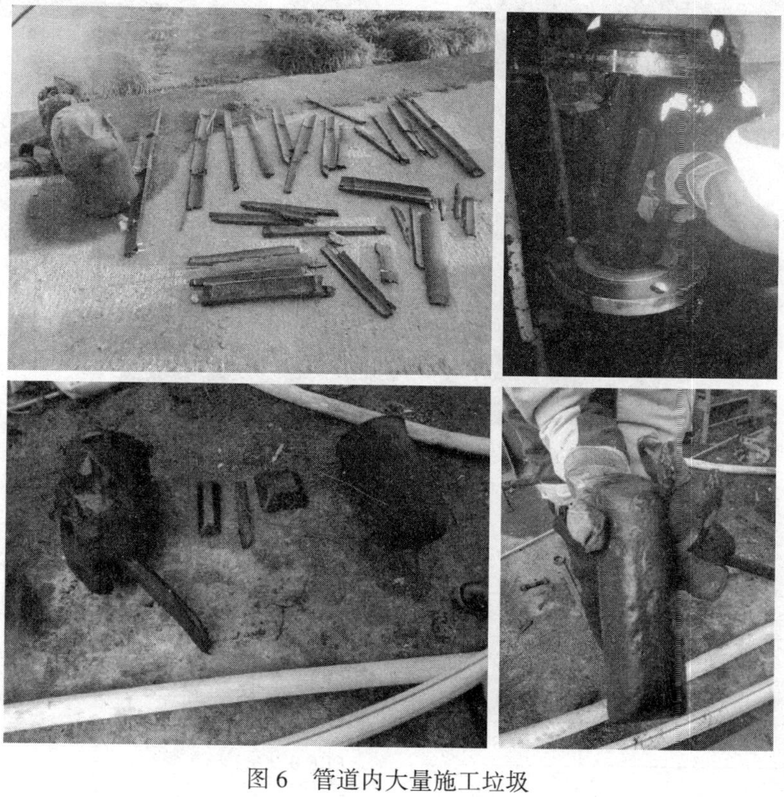

图 6 管道内大量施工垃圾

通检测球，如图 7 所示。

图 7 超声波内检测工具展示

2.3 检测结果分析

以 1042#线检测为例，检测期间所有的检测结果可以现场实时通过分析系统展示出来，如果出现异常情况，现场配合人员可以第一时间赶到现场处理(图 8)。

检测管线总长度为 21369m，检测工作在大约 27 小时左右顺利完成。检测时平均速度为 781m/h。成功检测的平均百分比为 99%。报告包含了所有壁厚损失等于或超过公称壁厚 20% 的异常。管线的公称壁厚为 5.6mm、6.4mm、7.1mm、7.9mm、8.4mm、9.5mm、10.3mm 和 11.1mm，因此，报告阈值分别为 4.5mm、5.1mm、5.7mm、6.3mm、6.7mm、7.6mm、8.2mm 和 8.9mm。此外，所有在管线中 6mm 或以上的凹陷(内径的 2%)都将被记录在报告中，如果管线的椭圆度(内径最大值-内径最小值)/(内径最大值+内径最小值)大于 0.05，也将被记录在报告内。

图 8　现场照片及实时电脑跟踪

本次记录的金属损失异常分类见表 1。

表 1

金属损失异常汇总	
异常合计	29
内壁异常合计	4
外壁异常合计	6
其他位置异常合计 (生产制造过程中壁厚常规变薄)	19
普通异常合计	25
坑蚀数量	1
针孔腐蚀数量	0
轴向沟槽和周向沟槽的数量	2
轴向和周向开槽数	1
深度为 0-<10%壁厚的异常数	0
深度为 10-<20%壁厚的异常数	14
深度为 20-<30%壁厚的异常数	14
深度为 30-<40%壁厚的异常数	1
深度为 40-<50%壁厚的异常数	0
深度为 50-<60%壁厚的异常数	0
深度为 60-<70%壁厚的异常数	0
深度为 70-<80%壁厚的异常数	0

续表

金属损失异常汇总	
深度为 80-<90%壁厚的异常数	0
深度为 90-<100%壁厚的异常数	0
ERF 0.6-<0.8 异常数	0
ERF 0.8-<0.9 异常数	0
ERF 0.9-<1 异常数	0
ERF≥1 异常数	0

报告使用 ASME B31G 方法对腐蚀异常进行了详细的缺陷评估。计算了每个异常产生的安全使用工作压力(Psafe)和预估管线修复系数(ERF)。缺陷评估表明，所有报告内记录的腐蚀异常都可以接受目前规定的最大工作压力 3700kPa。

在报告的金属损失异常中，有 6 个属于外腐蚀，主要位于距离算山码头检测起点 14593.10m 至 14598.90m 之间。4 处内腐蚀，位于 12424.23m 和 13086.72m 之间。其余 19 处金属损失异常，即生产缺陷(管轧机造成异常)，最有可能是在制管过程中造成的。

本次记录的几何异常分类见表 2。

表 2

几何异常汇总表	
几何异常总数	43
凹陷总数	43
椭圆度变形总数	0
凹陷的深度<2%数量	6
凹陷的深度 2~6%数量	35
凹陷的深度≥6%数量	2
椭圆的椭圆度比率<0.05 数量	0
椭圆的椭圆度比率 0.05~0.1	0
椭圆的椭圆度比率≥0.1	0

最严重的凹陷深度为 21mm，为平均内径 7.2%，位于距离算山码头检测起点 13169.00m 处。分析这个凹陷与管线椭圆度有关。距离算山码头检测起点 17259.38m 至 17510.22m 处，在距离内壁 2.4mm 至 3.2mm 深的位置，共发现 4 处分层。

后续对个别缺陷点进行了开挖验证，均与报告内容相符。

2.4 持续改进措施

（1）成立项目小组，由专人负责协调，做到出现问题第一时间解决，不拖延。

（2）利用可返输工具进行两头对检。

内检测中，对于影响检测设备通过的管段如变形或焊瘤过高等问题，应更换管段，考虑到政策协调难度和生产调度安排实际情况，可以利用可返输工具从管线一端通球检测，工具运行至问题管段后返输取出工具，从管线另一端通球，从而完成整个管线检测（图 9）。

图 9 现场增加返输泵，提高清理和返输效率

3 结语

通过内检测技术在公司厂际管道的实际应用，可以行之有效的发现并解决管道隐患和缺陷。从长远考虑，还可以通过下一次内检测对比 2 次的数据从而对管线未来运行趋势进行观测。

公司厂际管道内检测还有很长的路要走，有了本次的检测经验，可以为后续的厂际管道管理积累宝贵的经验，真正做到从细节着手，从实际安全管理需要入手，扎实基础，结合实际，保障厂际管道的长周期运行。

S Zorb 装置原料换热器结焦问题分析研究

于晓玲　刘　松　张　遥

（中国石化上海高桥石油化工有限公司）

摘　要　随着环保标准的日益提高，S Zorb 反应吸附脱硫技术用于生产超低硫清洁汽油是减少环境污染的重要途径。S Zorb 装置中原料换热器作为原料汽油与反应产物进行热量交换回收热能的重要设备，以三台一组、两组并联的方式换热。管束结焦容易导致并联换热器换热效果下降、管程偏流的问题，严重影响装置长周期运行。本文通过对生产过程中多个运行周期的数据进行分析，对比两组换热器的换热系数、热阻比值，结果表明热阻值大的单组换热器换热效果差，结垢严重，且流量较低，管程出口温度较高；换热器管程出口总管温度降低表明整体换热器效果降低，偏流情况较严重。因此总结经验规律可以直观清晰判断原料换热器结焦偏流的情况，为检修计划提供理论规律参考。

关键词　S Zorb，原料换热器，结焦，并联偏流

随着环保标准的日益提高，国民对环境保护愈加重视，生产超低硫清洁汽油是减少环境污染的重要途径。S Zorb 反应吸附脱硫技术，由美国康菲公司技术开发，中石化收购专利并进行改造国产化，主要用于脱除催化汽油中的硫，以生产超低硫清洁汽油。S Zorb 装置中原料换热器作为原料汽油与反应产物进行热量交换回收热能的重要设备，在生产运行过程中，原料换热器以三台一组、两组并联的方式分别换热后，再混合进入后续的流程中。管束结焦容易导致并联换热器换热效果下降、管程偏流的问题，是严重影响装置长周期运行的关键因素之一。因此本文对生产过程中多个运行周期的数据进行分析，并通过理论计算两组换热器的换热系数，来判断换热器结焦偏流的情况，总结经验规律可以更加简单清晰判断未来生产中换热器结焦情况，为检修计划提供理论规律参考。

1　原料换热器介绍

某炼油厂 S Zorb 装置投入生产以来，原料换热器采用两组并联、一组三台的方式以反应汽油加热原料汽油来回收反应热能，原料汽油换热后进入加热炉加热去反应器。流程如图 1 所示。其中 A 组中 ABC 换热器与 D 组 DEF 换热器一一对应一致。在生产过程中原料换热管束容易结焦，主要由于汽油中夹带的重组份沉积。换热器结焦严重时，会存在以下不良影响。(1) 原料处理量受限制，管内壁结焦，流量增大，偏流会更严重；(2) 原料换热器偏流加剧，管程结垢严重，封头出现泄漏；(3) 加热炉负荷上升，瓦斯消耗高，能耗大。对并联换热器两组结焦严重程度依托换热效果计算更加清晰的对比却鲜见报道。因此本文分析装置各周期历史数据，比较分析两组并联换热器的换热效果、结焦、偏流情况。

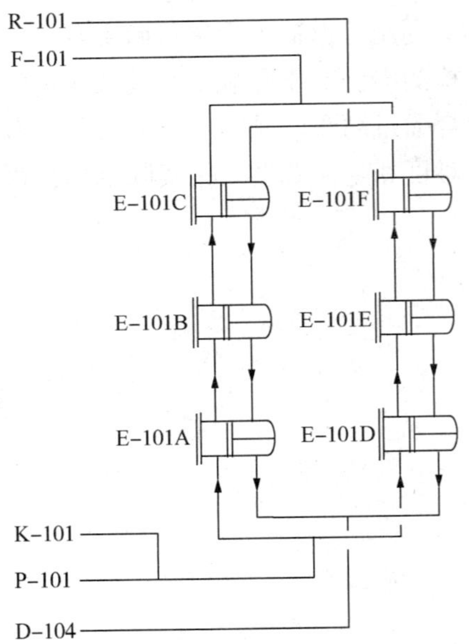

图 1　原料换热器 E101 流程示意图

2　理论计算依据

原料换热器 E101 由 ABC 为一组，DEF 为一组，A/D 型号相同，B/E 型号相同，C/F 型号相同，且两组物料均为汽油和氢气混合物，两组并联形式物料组成相同。故在计算过程中通过计

算两组传热效果和流量对比情况，可以避免因估算与环境传热造成的热量损失、物料比热容、相变等造成的偏差，以实际生产为主进行换热器理想换热计算。

(1) 流量比值

根据两股物料相同且无相变 $Q=q\cdot H$，故热量和为混合后总热量，根据温度变化计算换热器两组质量流量之比 $\frac{q_A}{q_D}=\frac{H_D-H}{H-H_A}$，即为并联换热器偏流情况。

(2) 管壳程换热量

由于换热过程油品存在相变，根据焓值计算 $Q=q_{oil}\cdot\Delta H+q_{H_2}\cdot C_p\cdot\Delta t$，且壳程两组流量比值为 $\frac{q_{Ah}}{q_{Dh}}=\frac{H_{out}-H_D}{H_A-H_{out}}$ 计算两组换热量比值 $\frac{Q_{Ah}}{Q_{Dh}}$；同理，管程计算，$\frac{q_{Ac}}{q_{Dc}}$ 和 $\frac{Q_{Ac}}{Q_{Dc}}$。其中 h 表示热流，为壳程产品汽油，c 表示冷流，为管程原料汽油。

(3) 传热系数

根据单组换热器的换热量 $Q=q\cdot\Delta H=K\cdot A\cdot\Delta t_m$，计算该组换热器传热系数。传热系数越大表示该组换热器换热效果好、阻力小、结焦少。

$$\Delta t_m=\frac{(t_h'-t_c'')-(t_h''-t_c')}{\ln\frac{(t_h'-t_c'')}{(t_h''-t_c')}}$$

$$K_A=\frac{Q_A}{A\cdot(\Delta t_m)_A}$$

3　换热器结焦及偏流情况分析

对原料换热器 E101 从 2014 年至 2018 年的生产数据进行分析，将 2014 年换热器检修管束抽芯清洗后投用作为第一分析周期，该周期运行后期对换热器清洗前后数据作为一周期后期和第二周期初期，进料量相同时，管程出口温升越高说明换热器越清洁，管束清洗效果较好。

表 1　原料换热器管壳程各周期数据表

日期	原料进装置流量/(t/h)	E-101 壳程温度/℃				E-101 管程温度/℃				备注
		入口总管	E-101ABC 出口	E-101DEF 出口	出口总管	总管进口	E-101ABC 出口	E-101DEF 出口	加热炉进口	
2014/11/22	130.5	430.6	119.9	138.2	129.1	63.6	358	380.3	368.9	一周期初始
2017/2/20	130.1	431.6	160.7	124.3	141.2	62.7	373.6	356.8	364.5	一周期后期
2017/2/28	133.6	423.6	135.5	115.2	124.9	57.7	357.7	367.9	365.1	二周期初始
2018/3/13	132.6	426.7	166.9	117.5	141.3	69.4	375.3	355.8	364.9	二周期后期
2018/6/5	130.7	422.1	151.8	109.9	130.6	57.9	363.7	355.4	357.6	三周期初始
2018/8/18	130	420.2	171	110.9	140.2	66.7	373.4	341.8	355.6	三周期中期
2018/12/11	130	423.9	180.6	109.1	142.3	60.8	381.6	337.8	354.8	三周期后期

表 2　原料换热器管壳程各周期传热分析表

日期	管程温升/℃	壳程流量比值	壳程热量比值	A 组管程流量/(t/h)	D 组管程流量/(t/h)	A 组管程取热量/(kJ/s)	D 组管程取热量/(kJ/s)	A 组传热系数/[W/(m²·℃)]	D 组传热系数/[W/(m²·℃)]
2014/11/22	305.3	1.00	1.05	67.14	63.36	19512.0	19587.0	217	214
2017/2/20	301.8	0.84	0.76	59.31	70.79	18039.4	20549.3	149	219
2017/2/28	307.4	0.90	0.85	36.84	96.76	10832.4	29268.3	176	261
2018/3/13	295.5	0.89	0.78	61.50	71.10	18500.8	20243.4	161	252
2018/6/5	299.7	0.94	0.85	34.52	96.18	10324.4	28114.2	162	242
2018/8/18	288.9	0.90	0.77	56.16	73.84	16921.9	20335.1	154	241
2018/12/11	294	0.82	0.67	49.42	80.58	15428.4	22255.3	138	234

如表 1~表 2 所示，从 2014 年 11 月至 2018 年 12 月这三次运行周期的数据绘制管程总管换热温升的变化趋势图(图 2)，每个周期初始时管程温升明显高于运行末期，主要通过管束清焦，

减少换热期间热垢换热损失，提高换热效果。但随着多个周期运行时间的增加，换热效果整体呈现下降趋势，表明难于清洗的胶质逐渐累积在管束中难于清除，造成每次抽芯清洗后换热效果虽然提升但提升幅度较小，换热效果整体下降。

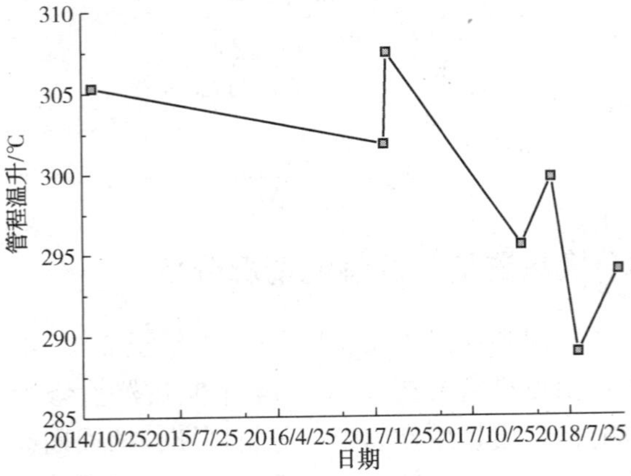

图2　2014年-2018年管程总管换热温升的变化趋势图

分析并联两组换热器的管壳程进出口温度，发现2014年一周期初始，管程温升较高达305.3℃，且根据并联两组换热器传热系数的变化趋势图(图3)，换热器两组传热系数近似为1时，说明换热器抽芯清洗后换热效果较好，两组换热效果一致，无明显偏流现象。运行27个月至一周期末期，换热效果变差出口温升下降3.5℃，管程原料汽油取热量降低。分析单组换热器运行情况，A组换热器管程出口温度增加，计算发现A组管程流量较D组小，取热量小，传热系数小，说明A组热阻较高换热效果变差，结焦造成明显偏流，管程出口温度增加并不是换热效果好而是结焦偏流综合造成，这与结焦导致管束阻力增加、压降增加、流量下降的规律一致。

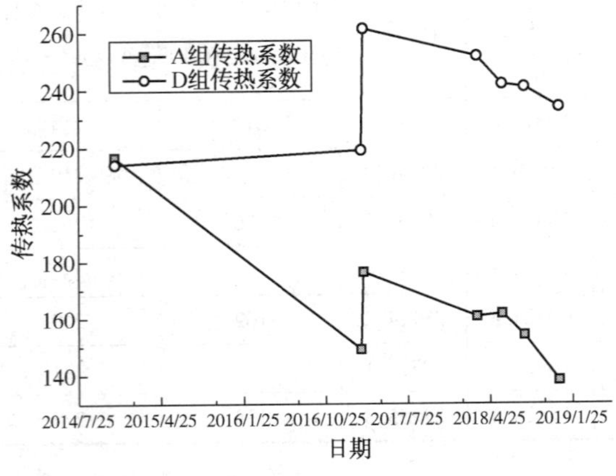

图3　并联两组换热器传热系数的变化趋势图

第二周期初，E-101E/F更新，整体换热效果明显提高，但是A组未洗下的胶质残留较D组结焦情况多，内部流动阻力差异大，产生了管程汽油明显偏流，造成A组流量下降，A组传热系数小于D组，因此管程出口温升仅提升至307.4℃。运行近一年后，管程总取热量、出口温升及传热系数均发生较大下降，表明换热器E101整体的换热效果显著下降，结焦较上周期严重。两组换热器对比，A组换热器传热系数、管程流量、热量均小于D组，A组结焦严重且管程流量偏小、出口温度偏高。分析当初期流量相差较大时，D组管程流量大因携带重组分较多结焦较快，流量因结焦再分布但A组流量仍较小，到运行后期A组因流量流速较低导致进料中胶质等重组分快速沉积成为主要影响因素，A组管程出口温度较高两组温差达20℃。因此，本周期运行期间两组偏流情况持续存在，导致了两组在运行过程中均较快结焦，导致换热效果下降较快，运行周期仅12个月管程出口温升下降了11.9℃。

第三周期初装置抽芯高压水枪清洗管束，投用后管程温升仅提高4.2℃，换热效果提升但未达上周期初始值，表明结焦难于清洗仍残存在管束中影响换热，同时发现A组阻力较大，偏流严重，导致换热器管程出口温升快速下降，仅3个月管程出口温升下降10.8℃，换热效果下降较快，运行周期进一步缩短，数据定为三周期中期。装置立即采取措施，E-101ABC壳程阀门卡2/3，降低A组壳程流量，减少偏流的不良影响，温升提高，换热效果提升，维持运行至2018年末抽芯清洗。

总结规律，管程温升高说明换热器抽芯清洗后换热效果较好，但由于胶质随时间增加更难于清洗，换热效果呈整体下降趋势。运行后期A组管程结焦较D组严重，表现出流量降低，出口温度较高，取热量下降。表明换热器偏流严重，流量降低导致流速降低，造成重组分沉积，进一步增加了管束结焦，结焦继续造成偏流加重，形成恶性循环，导致换热效果快速下降，运行周期缩短。

4　近期生产现状问题分析

根据实际生产数据进行理论计算判断出换热器结焦偏流的作用规律，以此方法反过来指导实际生产中遇到的问题。因此利用上述计算方法和规律对目前生产现状进行分析，探寻两组换热器的结焦情况。

由于换热器清洗后，管壳程较清洁，两组比较得管程和壳程出口温差均明显降低，温差低仅6℃则不能忽略仪表测量误差所造成的热量计算误差。故根据单组投用时出口温度进行校正，如表3所示，根据数据显示壳程出口与换热器总管出口差距小，而管程出口温度相较于出口总管温度低约1.8℃，并对数据进行校正。

表3　原料换热器管程温度校正表

日期	E-101 壳程温度/℃				E-101 管程温度/℃				差值
	入口总管	E-101ABC 出口	E-101DEF 出口	出口总管	总管进口	E-101ABC 出口	E-101DEF 出口	加热炉进口	
2018/12/16	428.1	46.6	120.0	118.6	50.0	83.7	364.5	366.2	1.67
2018/12/17	428.1	14.1	120.7	118.8	50.4	16.2	364.5	366.3	1.78
2018/12/18	425.5	10.0	119.8	118.0	48.4	12.1	361.0	362.4	1.45
2018/12/20	427.3	119.2	59.5	119.7	51.3	362.3	79.4	364.1	1.84
2018/12/21	427.3	118.3	21.7	119.1	52.2	362.6	19.7	364.6	1.93
2018/12/22	426.4	119.6	20.2	120.4	53.1	361.6	17.7	363.7	2.14

4.1　管程偏流情况分析

2018年底换热器抽芯清洗，由于A组管束结焦严重，部分管束难于疏通，更换换热器E101A/C管束，管程温升达315.1℃，换热效果明显提升。通过数据分析绘制并联两组换热器流量、取热量及传热系数的变化趋势图(图4~6)，发现D组流量高、取热量高、出口温度低，A组结焦较D组高，与上部分总结的规律一致，换热器存在偏流情况。由于2018年底检修清洗更换了E101A/C管束，E101B管束利旧清洗，且现场发现结焦物质较难清洗，推测A组中换热器E101B仍存在较严重的结焦，短板效应成为该组换热效果差的主要影响因素。

自2019年1月3日起，卡E101D管程入口第二道阀门至剩10圈，降低了D组管程流量，使两组流量趋于相同。随着运行时间的增加，由于A组结焦多、传热系数较小，管程流量逐渐下降，在装置进料处理量为135t/h时，偏流越来越严重。当处理量下降时，两组流量偏差变小，可以看出处理量在120t/h时，偏流情况较低，传热系数升高，传热效果提升。管内壁结焦，处理量量增大，偏流会更严重。

由于偏流导致流量、流速降低，加剧管束内壁结焦/垢，换热效果下降。本周期装置采取措施为卡D组管程进口流量，降低了偏流造成的影响，在一定程度上减缓了换热器结焦。近一年运行下来，换热器总管压降无明显上升，在0.16MPa左右。综合发现A组流量稍低于D组，与换热分析规律一致，但目前偏流程度较小，并联换热器管壳程温差较小，生产状况稳定。

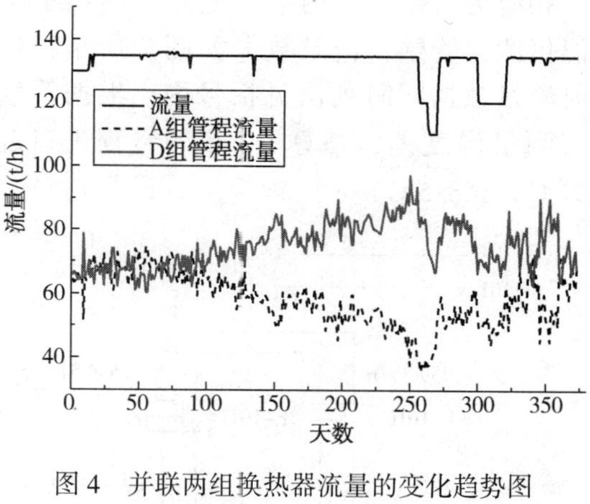

图4　并联两组换热器流量的变化趋势图
(2018.12.25-2019.12.31)

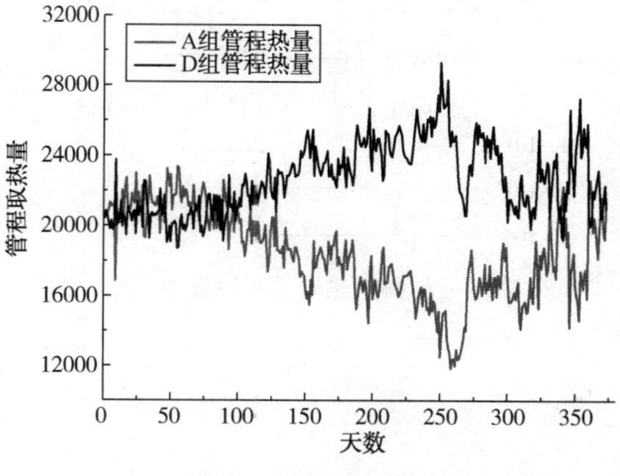

图5　并联两组换热器取热量的变化趋势图
(2018.12.25-2019.12.31)

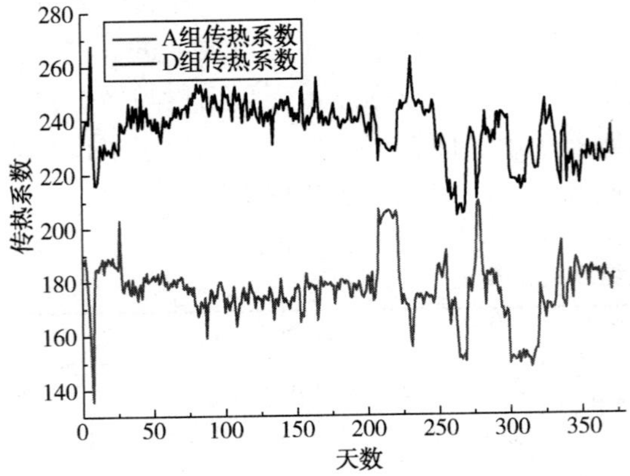

图 6　并联两组换热器传热系数的变化趋势图
（2018.12.25-2019.12.31）

4.2　相变过程及腐蚀减薄

设计 E101C/F 为相变的主要换热器，管程进料物料 70%为气相，出口 100%为气相。2014 年 9 月检修发现 E 管束减薄，为“相变活跃区”，结焦物质分析主要为 FeS 及焦炭，因此在相变点结焦造成高温硫腐蚀导致腐蚀减薄。故研究装置目前换热器的相变过程，确定管程物料气化点，相应为管程结焦的最严重点。利用手持式测温仪测量管壁，记录数据如图 7 所示，仪表实时测量数据同时列出见括号内，根据管壁温度与测量温度差，估算 B、E 的管程进口温度（171℃、168.5℃）。

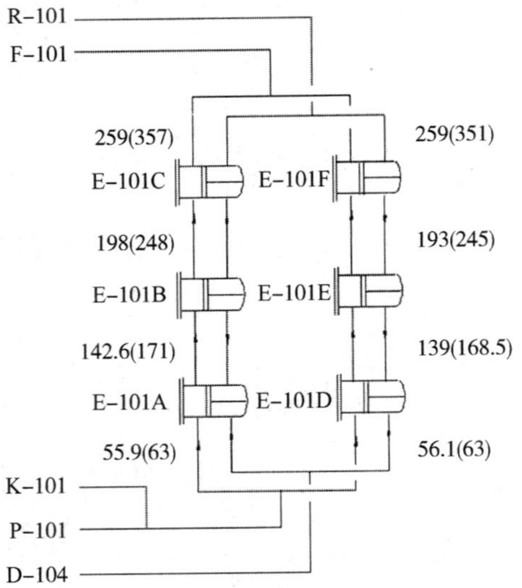

图 7　原料换热器管程冷流温度图

根据产品采样馏程数据分析，计算出管程 B/E 的进口温度对应的蒸发量 B 为 87.2%，E 为 85.7%，且出口 B/E 均达 100%，与设计值管程 B/E 气相含量进口 14%，出口 70%有较大差别。表明管程物料的汽化点在中间换热器，与设计相比下移，因此干点结焦主要集中产生在 B/E 管束中，与检修时管束的状态一致。回顾本周期初更换了 A/C 管束，B 管束结焦情况会逐渐增加，成为制约 A 组换热效果的关键换热器，需要加强观察和监控。

5　结论

S Zorb 装置原料换热器 E101 是影响长周期生产运行的关键设备，并联两组换热器生产运行过程中温度、压降变化均需要关注。通过对近几年换热器运行数据的分析得到，换热器整体结焦表现为管程温升下降，处理量相同的情况下，温升下降越快，结焦情况越严重。通过分析前期可能认为，管程进出口温差小的一组为结焦较大，换热效果较差的换热器。通过深入分析发现，前几个周期随着运行时间的增加，单组管束结焦较另一组管束严重时，表现为流量降低，进出口温差增大，出口温度较另一组明显升高，传热系数较小。经过本周期运行数据验证，发现目前运行两组换热器仍存在偏流现象，A 组结焦多集中在 E101B 管束中，运行情况稳定，处理量降低时偏流程度降低。汽化点下移至 E101B 管程中，容易加剧结焦，因此需要加强监控。通过计算可以很好检测原料换热器 E101 并联两组的结垢情况，直观判断并联换热器的结焦偏流情况，为检修提供一些建议。

参 考 文 献

[1] 胡跃梁，孙启明. S Zorb 吸附脱硫装置运行过程中存在的问题分析及应对措施[J]，石油炼制与化工，2013，44(7)：69-72.

[2] 郭良，齐万松，张建兵. S Zorb 装置进料换热器结焦原因分析及解决措施[J]，炼油技术与工程，2015，45(11)：47-49.

催化裂化装置沉降器旋风分离器故障分析及对策

王盛洁

（中国石化上海高桥石油化工有限公司）

摘　要　旋风分离器是催化裂化装置两器系统的关键设备，沉降器中旋风分离器要完成催化剂与反应油气的分离，故其分离效果不但直接影响到反再系统的正常运转和催化剂的跑损，而且对分馏塔底油浆固体含量亦有很大影响。旋风分离器的操作条件比较苛刻，其运行温度高、所要分离的催化剂浓度大，在长期运行过程中承受各种机械载荷、高温和压力载荷，尤其是高线速度的催化剂颗粒的冲蚀和摩擦等作用，各零部件不可避免会逐渐失效，发生各类故障，而这些故障是制约催化裂化装置长周期运行的主要因素之一。

关键词　沉降器，旋风分离器，磨损，料腿，翼阀

1　旋风分离器故障案例

沉降器旋风分离器包括：粗级旋风分离器（以下称粗旋）和单级旋风分离器（以下称单旋）。其主要部件包括：筒体、锥体、灰斗、升气管、料腿、防倒锥、翼阀等。在苛刻的运行工况下，粗旋和单旋会出现器壁冲蚀、磨损、穿孔，料腿和拉杆的断裂，结焦造成料腿堵塞、吊架支撑部件变形和断裂等故障（表1）。

表1　某石化0.6MT催化裂化装置近十五年沉降器旋风分离器使用情况

日期	停车原因	沉降器旋分器鉴定情况
2003年6月	反应油气管线压降高	旋分器耐磨衬里挡板冲蚀较严重，粗旋出口至单旋进口方形接管焊缝仍旧出现开裂，裂纹几乎贯穿方形接口四周，东侧单旋灰斗直段上部焊缝开裂，裂纹几乎贯穿一周。
2004年1月	大修	两组旋分离器整体更新，材质由15CrMo升级为CCr18Ni9。
2004年11月	两器互窜，压力很难控制	旋分器整体情况良好，单旋翼阀阀板冲蚀严重，阀板密封面有明显冲蚀沟槽。
2006年8月	大修	旋分器外部检查情况良好；单旋翼阀内结焦严重，阀板被焦块粘，估计停工过程中结焦所致，单旋灰斗及料腿口部结焦，经人进入旋分内部清焦，东组单旋料退上口往下20cm处焦清不掉，后将料退割开进行清焦。
2007年2月	油浆系统结焦，造成油浆管线堵塞	沉降器单旋翼阀阀板冲蚀严重，阀板密封面有明显冲蚀沟槽。
2009年2月	大修	粗旋出口方形管道内侧板、顶板呈弧形隆起，侧板及顶板割焊更新；东侧单旋喇叭口入口处衬里开裂，敲除更新；单旋入口上、下边衬里挡板焊缝开裂。
2009年7月	油浆固体含量较高，油浆管线磨损严重	西侧粗旋方形出口顶板变形严重，内侧板衬里整体鼓起严重，顶板割除更换，衬里更新；内部衬里情况较好。
2011年4月	沉降器内催化剂架桥	粗旋内积满催化剂和水，内部衬里情况尚可，但泡水时间长达一周之久；东侧单旋料腿从灰斗下部断开；西侧单旋内衬里错层、开裂1.5米^2，敲除更新。
2012年3月	停工清焦	南侧粗旋升气管放方形出口变形严重，北侧粗旋蜗壳侧板单层衬里鼓泡，敲除修补1.5米^2，升气管放方形出口板脱焊，整形补焊； 东侧单旋入口锥形板碳化磨损严重，旋风锥体底部本体磨穿，穿孔15cm左右，贴焊修补、衬里修补；西侧单旋旋风锥体底部本体磨损严重，衬里脱落2米^2，贴焊修补。
2013年9月	沉降器内催化剂架桥	粗旋内部衬里大面积表面脱落，南侧粗旋内催化剂填塞料腿，催化剂堆至旋风器升气管，二只防倒锥割除疏通；西侧单旋灰斗及料腿内催化剂和堵塞单旋灰斗翼阀磨损严重，更新。

续表

日期	停车原因	沉降器旋分器鉴定情况
2014 年 3 月	陪停清焦，汽提段锥段有穿孔	南粗旋入口衬里档圈脱焊；提升管出口与粗旋入口方型接口上部出现磨穿现象，使用不锈钢板进行贴补； 西面单旋入口测板鼓包 0.5 米^2，本体锥段约 0.5 米^{2}龟甲网脱落；本体锥段衬里挡板脱焊；东面单旋进气口靠东侧衬里鼓起 0.5 米^2。
2014 年 9 月	大修	粗旋防倒锥内部存在焦块，内部衬里损坏严重，旋分器整体更换； 东侧单旋筒体锥段龟甲网出现较大面积脱落，器壁磨损严重且穿孔；西侧单旋分离段筒体龟甲网局部翘曲变形，锥段龟甲网同样出现脱落且穿孔，旋分器整体更新。
2015 年 10 月	清焦维修	单旋 2 台翼阀阀板上部都存在冲刷沟槽，局部深度约 5mm，经过检修指挥部鉴定组讨论，该两台翼阀本次检修不做更换。
2016 年 7 月	清焦维修	单旋 2 台翼阀阀板磨穿，本次更新。
2018 年 4 月	大修	粗旋、单旋旋分器外部、升气管外及沉降器内壁结焦，翼阀卡死更换 2 套。

2 故障分析

2.1 器壁冲蚀和磨损

冲蚀和磨损是旋风分离器失效的重要故障原因之一，表现为器壁衬里鼓包或脱落，致使器壁壳体金属磨穿形成穿孔，最终导致旋风分离器分离效率下降、催化剂跑损。分析沉降器内催化剂分布规律可以看出，在粗旋内，由于固体颗粒的粒径较大，大多数粗颗粒催化剂进入蜗壳后，在离心力和惯性力的作用下穿过气体流线冲击器壁并沿器壁向下旋转，颗粒越大，越易在粗旋中进行分离。因此，粗旋磨损最严重的是蜗壳的切线部位。颗粒较小的催化剂，往往需要旋转 4～5 圈才能达到器壁，所以单旋的锥体部位捕集的催化剂量最大，此处的衬里磨损也将最严重，衬里脱落和筒体穿孔大多出现在锥体部位。

某石化 0.6MT 催化裂化装置近十五年沉降器旋风分离器主要损坏部位有：单旋锥段磨损穿孔、单旋升气管与集气室磨穿、旋风分离器内部龟甲网衬里损坏，见图 1。

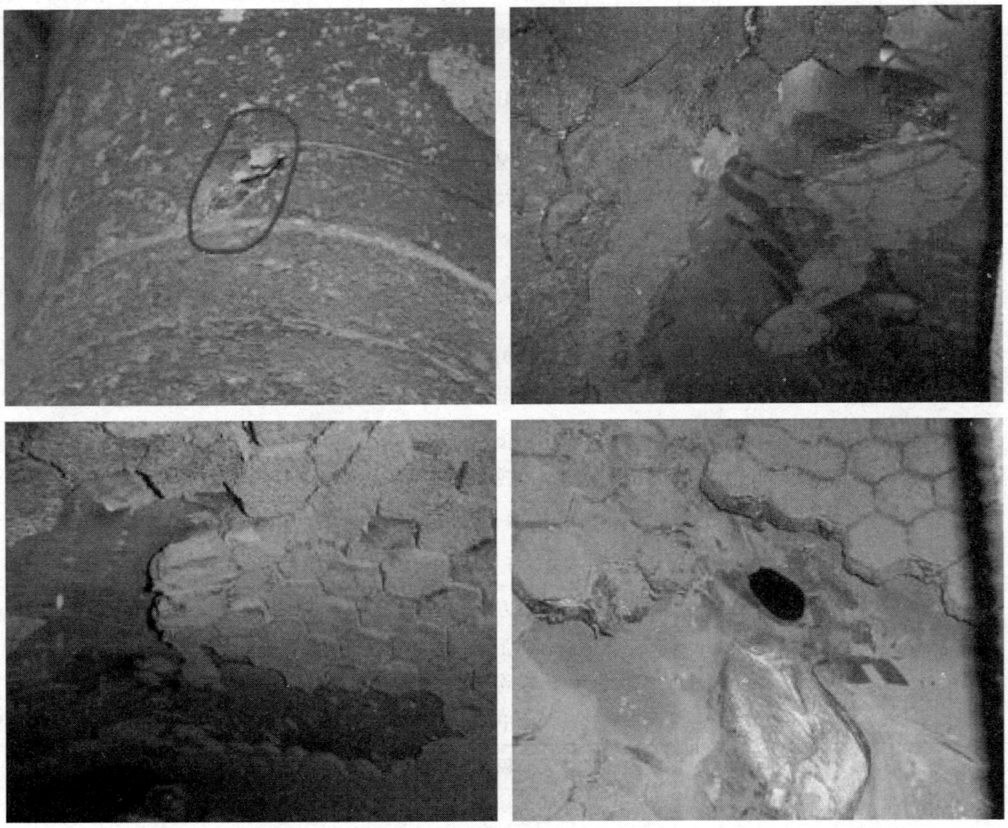

图 1　单旋锥体磨损及内部龟甲网衬里脱落情况

2.2 料腿堵塞

沉降器旋风分离器升气管外壁由于有重油油滴和催化剂的沉积形成结焦，并逐渐增长成焦块，见图2，当操作波动时可能致使该处焦块脱落堵塞下面的料腿。

除了旋风分离器内部升气管外壁、蜗壳部位等结焦外，往往忽视的结焦位置是旋风分离器锥段与灰斗连接处环形空间处的结焦，此处的焦块一旦掉落，就会堵塞料腿，造成跑剂，见图3、4。

料腿堵塞后，催化剂准堵在料腿和旋风分离器的分离空间内，气流没有了旋转空间，形成一个短路通道直接流出升气管，导致旋风分离器丧失了分离催化剂的功能，进出口的催化剂颗粒粒度分布一致，造成催化剂大量跑损。

图2 单旋升气管外侧结焦情况

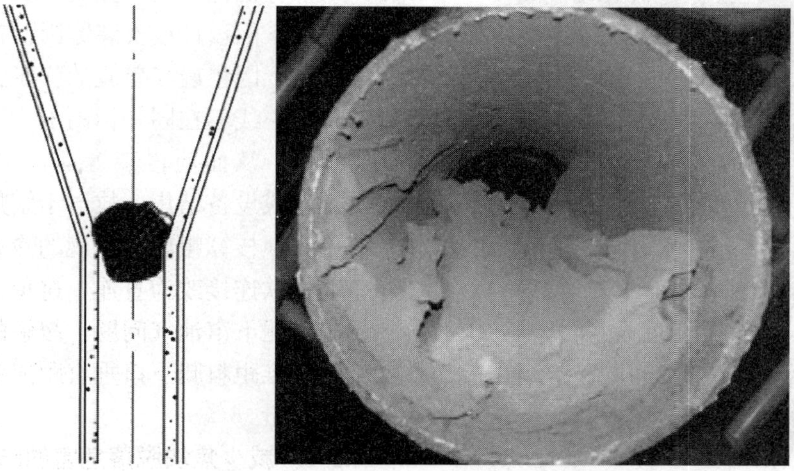

图3 焦块堵塞在料腿上口

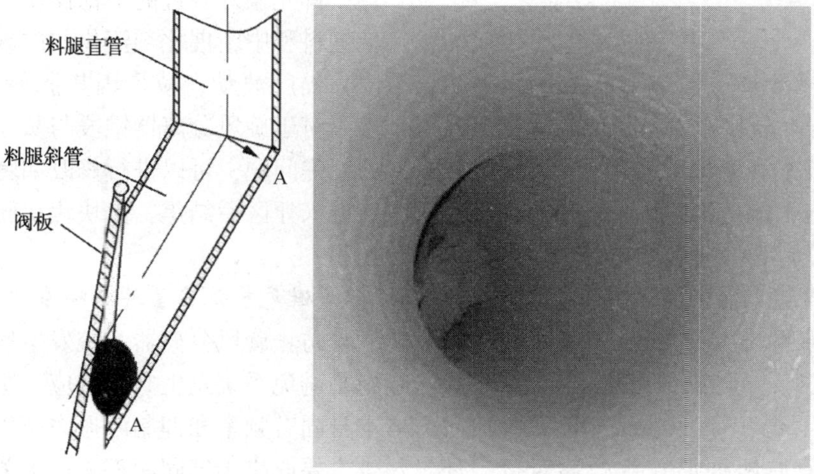

图4 焦块堵塞在翼阀阀板处

2.3 料腿断裂

沉降器旋风分离器料腿发生断裂通常是比较细长的单旋料腿，断裂部位主要发生在应力集中的部位，如焊接焊缝处、变径段、料腿与拉杆的连接位置等。料腿断裂的原因是比较复杂的，是由于振动形成的交变应力产生的疲劳断裂。一旦料腿断裂，大量气体倒窜进旋风分离器，造成催化剂跑损增加。

2.4 翼阀磨损

根据中石化系统34套催化裂化装置近三周

期 67 次检维修记录，单旋翼阀更换总计 56 次，其更换周期与检修周期基本一致。在检修鉴定中发现，翼阀磨损部位主要发生在阀板的椭圆接触密封上，是逐渐形成的。其形成的原因为：由于料腿是一个负压差立管，外部的压力高于内部的压力，在翼阀开启排料过程中，外部气体可能夹带悬浮催化剂反窜进入料腿，造成阀板表面的冲蚀磨损，见图 5，甚至磨损穿孔。当翼阀阀板被磨损穿孔后外部的油气上窜进入料腿后，夹带着悬浮催化剂直接进入旋风分离器内部，使旋风分离器分离效率降低。

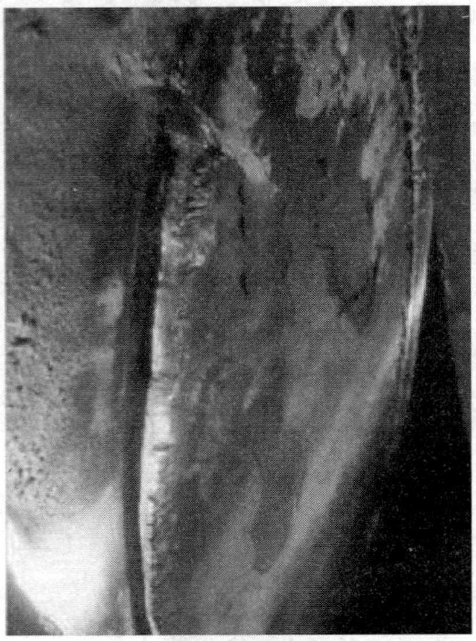

图 5　翼阀阀板磨损形貌

3　对策

3.1　加强衬里质量管理

衬里质量的好坏直接影响装置的长周期运行及旋风分离器的效率和寿命，必须严格按《隔热耐磨混凝土衬里施工规范》进行施工和验收。对于旋风分器内衬里施工的关键要抓好龟甲网的敷设质量，龟甲网直接与器壁上焊接时，应与器壁贴紧，局部间隙不得大于 1mm，龟甲网端头应全部与设备焊牢，每排网孔均需与器壁焊接，其焊缝长度不得小于 20mm；龟甲网轴向接缝采用搭接、倚肩两种形式，严禁对接。环向接缝采用平行接形式。接合处网格不得小于基本网孔的 1/3，不得大于基本网孔的 4/3，龟甲网相邻拼接纵缝应错开 300mm 以上。龟甲网的材质必须与旋分器筒体匹配，线膨胀系数也应一致。

耐磨衬里的施工应注意每次填入龟甲网内的材料面积不宜过大，并一次填满逐孔捣实。衬里表面压至与龟甲网表面平齐并显露龟甲网网格。衬里施工完后应按规范进行养护和烘干。烘衬里时绘制好烘炉曲线图并做好记录，降温时严禁强制冷却。

3.2　减缓结焦，减少焦块堵塞

自从催化装置掺炼渣油以来，结焦问题越来越成为制约装置长周期运行的瓶颈，结焦又与原料油、催化剂、操作条件等因素有关，涉及到石油化学、催化化学以及催化裂化工艺、工程等诸多方面，现从设备结构调整上适当减缓结焦，减少脱焦堵塞危害。

3.2.1　减少粗旋的油气窜出量

部分催化裂化装置沉降器粗旋与单旋间采用软连接，因设计或安装原因，在操作工况的热态条件下，因粗旋与单旋的膨胀，粗旋出口与单旋进口中心线不在同一标高上，导致软连接处有错边现象，从而使得装置运行中软连接处油气窜出，造成设备结焦。故对于结焦严重的装置，检修中必须核算粗旋和单旋的冷态安装尺寸。部分企业将软连接改为直连，避免了油气窜出。对于粗旋料腿下窜油气问题，缓解的方法之一是将粗旋防倒锥距料腿下口垂直距离缩短，减少料腿油气窜出量。

3.2.2　减少焦块脱落危害的防范措施

为了减少脱落焦块对装置安全运行造成的危害，首先搞好装置的平稳操作，尽量减少切断反应进料和中断催化剂流化的次数，避免沉降器温度大幅度波动，减少因热胀冷缩造成的焦块脱落。对于旋风分离器锥段与灰斗连接处环形空间处结焦问题，可以进行修改如图 6 所示，防止油气进入死区后结焦，大块焦块脱落进入料腿堵塞翼阀。

3.3　避免系统发生共振响应

防止旋风分离器系统发生疲劳断裂失效的措施是避免系统发生共振响应，主要方法是从系统本身固有频率和抑制激振力产生。而激振力的产生主要取决于气固两相流的工艺参数和操作，一般难以改变。因此改变料腿的振动特性(即增加支撑、减小料腿长度)，提高其固有频率，避免与激振力频率接近而导致共振的发生，减小管道的振动响应，是防止料腿发生断裂的有效方法。

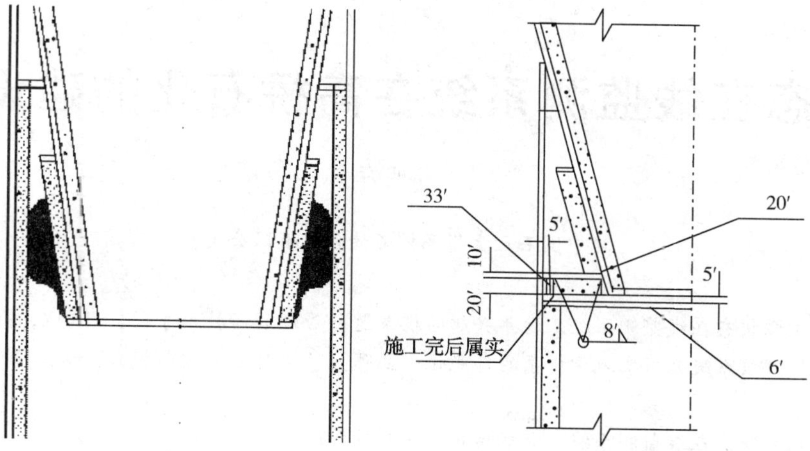

图6 旋风锥段与灰斗连接处改造前后对比

3.4 提高翼阀制造及安装要求

通过对阀板和阀座密封面堆焊硬质合金，提高密封面耐磨性，减少翼阀磨损。某石化通过编制《堆焊性翼阀技术条件》，规定了堆焊性全覆盖翼阀的制造、硬质合金堆焊、检验、静态试验等方面的基本要求。对翼阀的制造和安装进行全过程管理，从源头确保翼阀在下个运行周期内安全可靠运行。

4 结论

由于旋风分离系统长期在高温下操作，又承受高速气流和固体颗粒的冲刷和磨损，工作条件十分苛刻，很容易造成局部或大部损坏。中石化系统内沉降器旋风分离器寿命一般为10年，10年以后分离效率明显下降，即使筒体部分完好，但衬里损伤也影响旋分器的分离效果。经过较长时间使用的衬里，修理起来十分困难，修复后其质量也不易保证。单旋翼阀随检修同步更新。

重视催化装置衬里施工，衬里好坏决定着催化长周期运行的成败，衬里起皮或脱落是由于衬里的热震稳定性下降和温差应力的共同作用影响，应重视衬里热震稳定性的测定，根据旋分器的运行和衬里的磨损情况，结合衬里的热震稳定性，预测旋分器的使用寿命，以备及时更新。

参考文献

[1] 杨智勇，王菁，赵建章，施玉茜，魏耀东. 催化裂化装置旋风分离器机械故障的原因分析. 炼油技术与工程，2019，49(2).

[2] 刘家海，袁红斌. 旋风分离器磨损失效分析与对策[J]. 石油化工设备技术. 2000，21(3)：12.

机泵状态在线监测系统在高桥石化的建设与运用

郭明晖

（中国石化上海高桥石油化工有限公司）

摘　要　机泵状态在线监测系统是近年兴起的机泵运行管理的新技术手段，目前在高桥石化公司得到良好的运用，通过该系统公司实现了机泵的智能化、立体化、实时化管理新模式，保障了机泵的平稳完好运行。

关键词　机泵状态在线监测系统，智能监控，完整性管理

1　机泵状态在线状态检测系统介绍

1.1　机泵运行与监控管理的现状

机泵是炼化企业生产装置的重要设备，一但发生故障停机将直接影响装置平稳生产，而其输送介质常有高温高压、易燃易爆属性，易因泄露引发火灾、爆炸甚至人生伤亡等重大事故。同时炼化企业的机泵又有着台数多、型号杂、连续运行时间长、受工艺操作影响大等特点，以上诸多问题都对机泵的运行管理带来很大挑战。

传统的机泵运行管理采用人工定期巡检、离线监测、定期维护修理等手段。存在着设备状态无法实时监控、巡检质量无法完全保障、设备缺陷预判困难等问题。导致机泵日常运行维护期间，虽然耗费大量人力物力，但突发故障率仍居高不下的现象。

而随着技术的不断进步，近年来机泵在线监测系统的逐步推广，给原来机泵运行管理的老大难问题带来新的答案，通过对机泵进行全天候实时状态监控、及运行隐患预判，降低机泵的运行风险，开启了机泵智能化、立体化、实时化管理的新模式，最终保障了企业的安全生产。

1.2　机泵状态在线监测系统概况

机泵状态在线监测系统是通过在机泵上布置传感器，对设备运行状态进行实时监测，并将离散的运行状态信息集成到信息管理平台，实现设备运行状态的监控、诊断和管理。

监测系统一般由分散处理单元、数据通讯系统和应用软件系统等组成。分散处理单元包括传感器、信号电缆、接线盒、安全栅、监测模块、电源电缆等。数据通讯系统包括网络交换机、工业以太网络、服务器等。应用软件系统包括系统配置及数据显示软件、系统数据库管理分析软件、智能诊断软件等。

监测系统的核心在于两点，一是机泵运行期间振动温度等数据的实时监控，二是设备异常状态的诊断分析。

通过安装在各台设备轴承外侧的振动温度一体传感器，间隔性的采集设备各项测量数值并通过通讯系统汇入后台应用软件，生成各项测量数值、时域波形、FFT 频谱等数据的实时在线显示，当设备运行状态发生突变时，系统能够及时密集采集数据并进行报警提醒。同时系统具备多种数据分析工具，能够对实时数据和历史数据的图谱进行分析，并通过互联网与专业服务团队联接，以提供设备状态详细诊断及故障预判等服务。最终实现机泵设备的主动性保护与预知性维修。

2　高桥石化机泵在线监测系统的建设运行及管理

2.1　监测系统的建设情况

我公司机泵状态在线监测系统的建立是全面推进设备完整性管理体系工作的重要组成部分。2019 年初本着进一步加强高危机泵管理的理念，开展了公司第一批在线监测项目的建设工作，并确定以无线技术为主的机泵在线监测系统模式。最终选取了公司炼油一至四部的 179 台高温、液态烃及关键机泵开展项目，并于 2019 年 12 月底完成建设并投用，使用效果良好。

2020 年初，公司继续开展了第二批机泵在线监测项目的建设工作，范围扩展到炼油一至四

部及储运部的368台机泵，项目于2020年6月正式投用，并并入第一批系统进行统一管理。

截至到2020年底，公司机泵在线监测系统共包括578台机泵，基本做到了对炼油区域的A类机泵、高温机泵、液态烃泵及生产关机机泵的全覆盖实时监控工作。

2.2 监测系统的软硬件架构

项目本着“全面监控、效益最优”的原则进行监测传感器的布点工作，即在机泵的每个轴承箱上及电机轴承外侧均安装一个传感器，这样即保障了对机泵的全方位监控，又确保发挥了每台传感器的最大效用，杜绝传感器过度安装情况。

安装在机泵上的传感器选用的是无线振动温度一体式传感器，为保证监测精度，振动采用单向采集模式，可采集加速度、速度、位移波形数据，量程达±50g，频响范围2～20KHz(±3dB)，通讯协议为Zigbee，采样频率可达51.2KHz。

传感器的数据采集分为两种模式，第一种为每五分钟采集一组的采样值数据，包括机泵的振动速度、加速度、温度等常规数据，用于对设备进行实时状态监控；第二种为每两小时采集一组的波形频谱数据，用于详细分析设备的运行状态，并在运行状态发生突变时能够及时密集采集并存储。

传感器通过无线信号将采集到的数据传送到就近安装的的防爆通讯站内，通讯站对传感器的覆盖半径在100m左右，并可同时接收20台左右的机泵数据。通讯站具备多样化通讯传输方案，即集成4G模块并自带RS-485接口。

在通讯站处数据分两路传输，一路通过RS-485接口MODBUS-RTU通讯协议引入DCS系统，供操作人员实时监控；另一路通过4G无线方式将数据传至厂区状态监测服务器。在服务器中安装设备状态监测系统，厂区局域网内任意一台电脑均可访问该系统，实现设备故障诊断分析。同时专业服务公司通过互联网对监控设备提供远程监控及智能诊断工作。(图1)

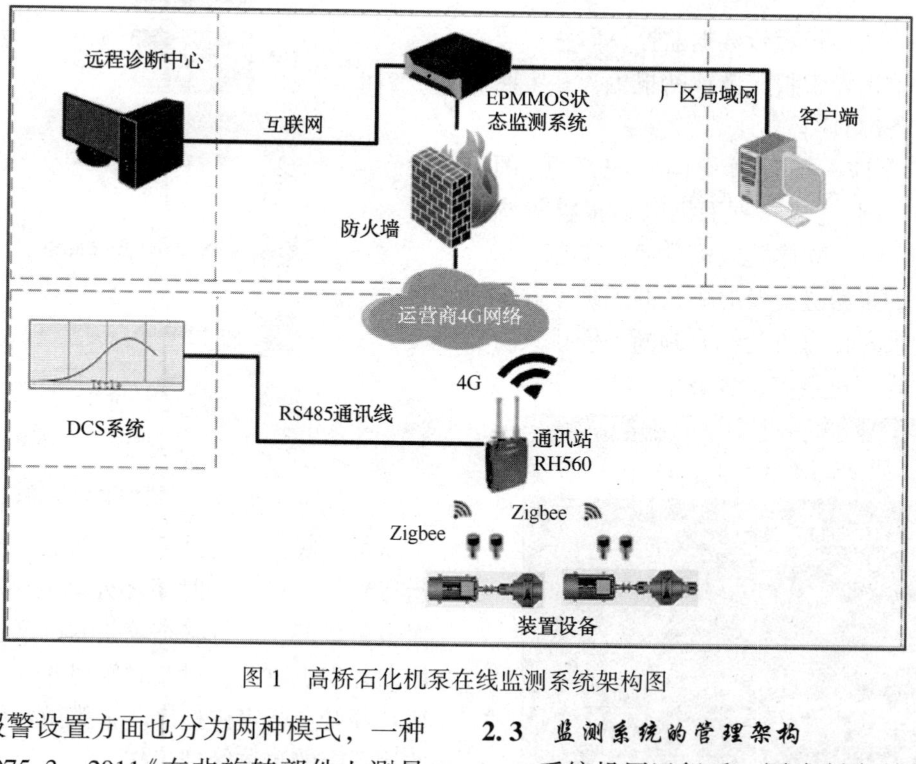

图1 高桥石化机泵在线监测系统架构图

系统的报警设置方面也分为两种模式，一种为基于GB 6075.3—2011《在非旋转部件上测量评价机器的振动》设置的固定门限值报警，该类报警用于日常机泵运行的统一管理，保障机泵的安全运行。另一种则为根据每台机泵历史运行状态数据计算得到的智能报警，用于提前预警及协助预判机泵运行的早期故障隐患，治病于未然，优化机泵的运行管理。

2.3 监测系统的管理架构

系统投用运行后，同步制定并颁布了《机泵状态在线监测系统管理细则(试行)》，通过明确责任和具体工作内容，开展分层次、多维度、智能化的监控管理，保障了机泵在线监测系统的良好运行。

作业部操作人员通过DCS内机泵状态监测画面(部分装置为专用客户端软件)，监控机泵运行状(图 2)。当出现高报警信号时，立即通知装置设备管理人员及运保单位专业人员现场会诊；出现高高报警信号时，立即停泵或切泵运行，并告知设备管理人员安排后续检查工作。

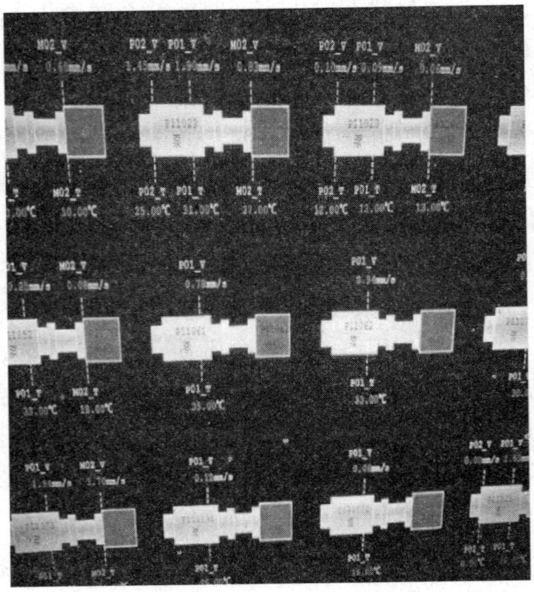

图 2　DCS 监控画面图

系统服务公司通过后台数据监控，向我公司管理人员及时推送异常报警及诊断报告，并定期对全部运行设备出具“体检报告”。

公司设备管理人员通过访问系统网页(图 3)、移动 APP(图 4)、接收手机电话报警等沟通交流方式(图 5)，立体掌握机泵运行状态，每日对系统提示的报警进行及时确认并处理，并结合服务公司的推送信息进行综合判断，安排预防性维护工作，降低机泵突发故障率。

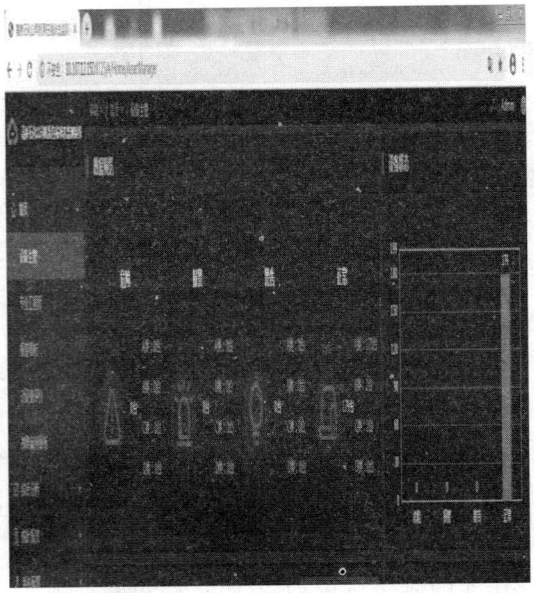

图 3　系统软件监控图

图 4　手机 APP 软件图

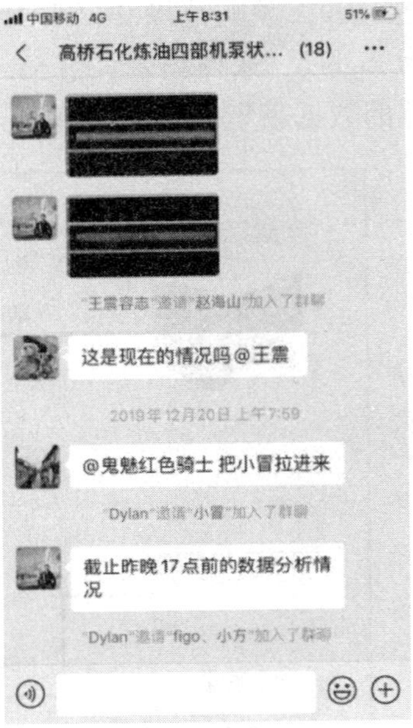

图 5　手机沟通讨论群

每月底，公司设备动力部汇总统计当月系统运行情况，对未及时闭环处理的情况进行考核，对报警最多、运行状态较差的机泵进行牵头分析原因并组织攻关，对及时发现并处理故障隐患的成功经验进行宣讲推广。牵头做好机泵状态在线监测系统的总体管理工作。

2.4　监测系统的使用效果

机泵状态监测系统投用后，成功预警设备突发故障、准确判断设备异常运行隐患、协助公司设备管理人员建立机泵的完整性管理体系，最终大大降低机泵故障率，全年安全及经济效益明显。

统计包括179台机泵的第一批监测系统运行情况，发现2020全年对比2019全年，修理费用减少近90万元，同比下降43.5%；工单数减少27张，下降28%(表1)。2020年7月，包括368台机泵的第二批在线监测系统上线，运行至2020年底的半年时间，同比2019年同期机泵修理费减少60余万元，同比下降50%。

表1 年度工单数及费用对比

	工单数	工单费用
2019年	96张	2067383元
2020年	69张	1167636元
同比下降数	27张	近90万元
同比下降比例	28%	43.5%

特别在2020年1月底的疫情期间，系统充分发挥了其功能优势，管理人员通过远程监控管理，及时处理预警并安排调整、维护，减少了疫情期间机泵修理造成的人员集聚，为公司疫情防控提供了支撑，确保了特殊时间段的机泵设备平稳运行。

3 机泵在线监测系统实际案例分析

3.1 炼油四部2#催化P902轴瓦磨损诊断

2#催化装置气压机组润滑油站透平P902为保障气压机平稳运行的关键机泵。2020年1月22日监测系统发现透平端1H加速度值及速度均小幅上升，且转频谐波能量增加，加速度时域波形中存在间隔冲击(图6)。通过系统计算分析，认为透平前后端出现动静摩碰特征，系统立即提醒关注轴瓦温度变化、择机检查轴瓦是否存在磨损。作业部组织专业人员进行现场确认后，立即安排备件准备工作，因疫情等原因现场继续监控使用，并最终于3月初开展预修理工作，解体后发现透平端轴瓦存在较明显磨损现象(图7)，与此前系统诊断结论一致，更换轴瓦等备件后再次开机正常，成功避免了一期因透平故障引起气压机运行波动的隐患。

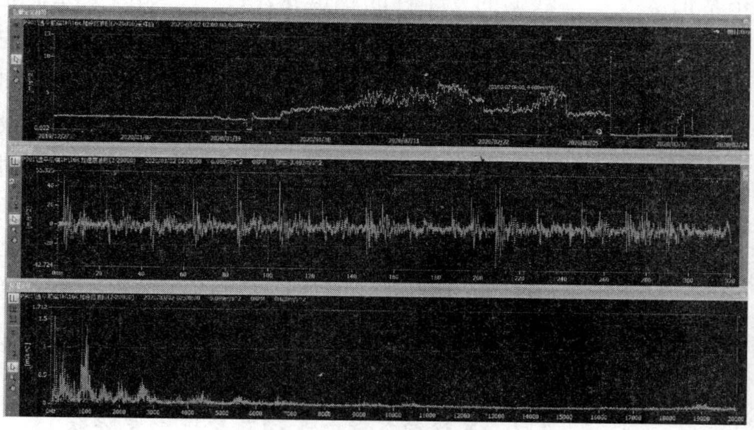

图6 P902运行状态分析图

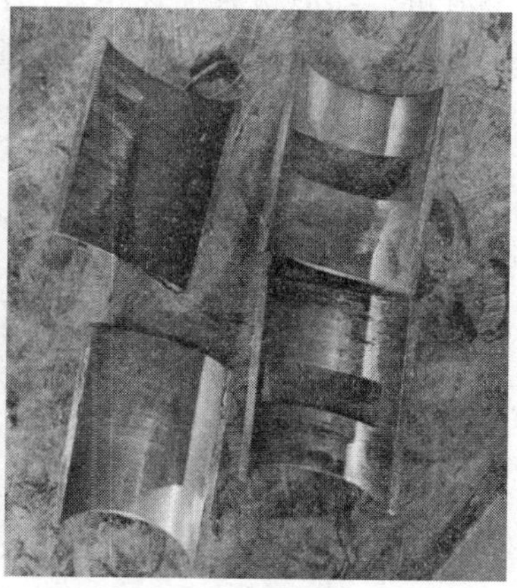

图7 P902轴瓦磨损情况图

3.2 炼油三部3#催化P1308联轴器故障诊断

2020年3月11日，监测系统推送3#催化液态烃泵P1308异常报警。该泵为变频机泵，系统监测到机泵在不同工况下联轴器两端振动效应不一致。35Hz运行时旋转性松动特征在泵端表现明显，电机端无变化；而在27Hz运行时泵端振动回落，电机端振动上升且2X频率显著，表现为对中不良特征。综合上述分析，系统建议加强监控机泵振动趋势变化，并择机检查联轴器磨损及间隙变化情况。作业部管理人员接到推送后及时安排停泵排查，发现机泵联轴器膜片部分开裂，修复后立即良好投用，消除了一起潜在设备隐患(图8、图9)。

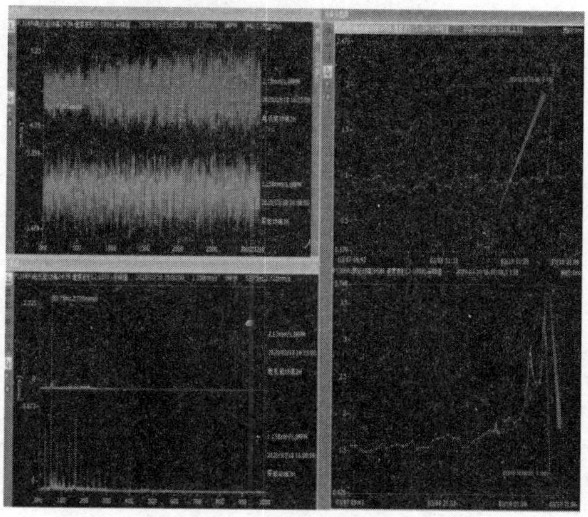

图8 P1308运行状态分析图

图 9　P1308 联轴器膜片开裂情况图

3.3　炼油三部 2#气分 P2003B 操作波动预警

2020 年 6 月 24 日 2#气分装置开工过程中，液态烃高速泵 P2003B 振速突升至 6.9mm/s，监测系统及时报警（图 10、11、12）。设备管理人员检查分析后，判断为装置开工期间机泵实际流量偏小导致振动，及时安排操作调整开大返回线调整流量，随后机泵振速迅速回落至正常值。成功避免了因生产波动引起机泵故障停机甚至导致液化气泄漏的安全隐患。

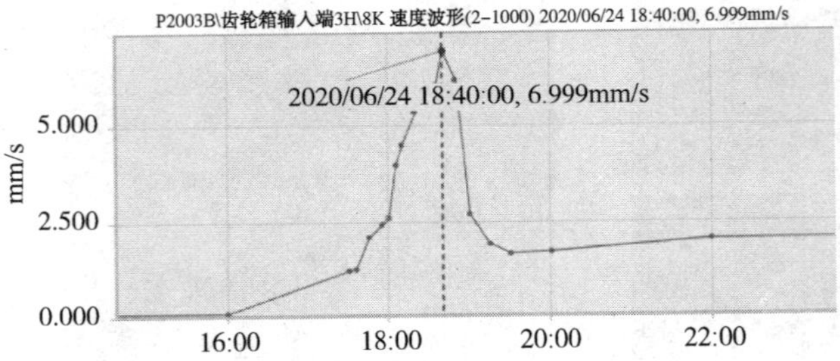

图 10　P2003 振动趋势图

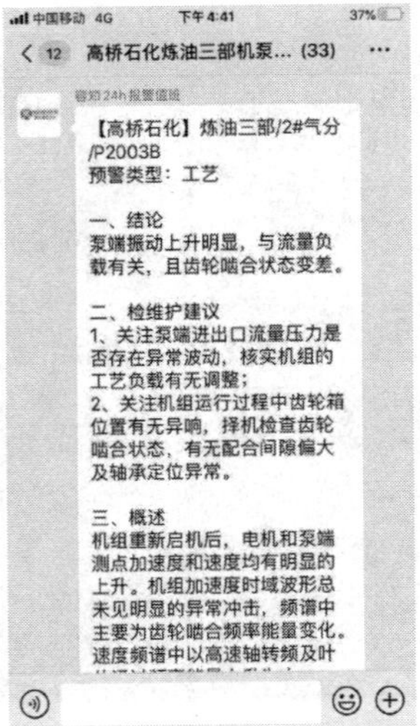

图 11　P2003 后台报警推送图

图 12　P2003 系统自动报警图

4　机泵在线监测系统目前存的在问题和改进方向

4.1　系统网络及数据安全问题

在享受监测系统带来的大数据红利的同时，数据的安全性问题也相伴产生。如何保障企业数据在传输及使用过程中的保密性及保护企业的互联网运行安全，成为下一个需重点研究的方向。

高桥石化机泵在线监测系统运行初期曾投用的旧版手机 APP 软件可方便管理人员随时随地监控处理公司机泵运行情况，在疫情及假日期间曾发挥重要作用。但该软件存在违规安装 FRP 内网穿透软件问题，如被不法分子利用可突破防御直接进入公司内网，故被要求责令整改，目前符合要求的新版本 APP 仍在测试使用中。

4.2　系统的智能预警功能待进一步加强

监测系统目前通过现场数据采集，到服务器计算分析，再到后台确认推送，整体环节较长，存在突发变化延迟响应的可能。对此问题目前正在研发边缘计算模式，即将数据的计算分析功能前置到泵端的传感器内，所有的应用程序在边缘侧发起，将更快的满足现场服务响应要求，同时系统实时智能及安全隐私方面效果将得到更大提升。

另外，目前机泵在线监测系统在机泵轴承、对中等机械故障隐患的提前预警效果明显。但也有部分结构复杂设备的突发故障未能及时捕捉到前期隐患特征的情况，虽能在故障中后期因振动等数据突升提示报警，避免设备严重故障，但此时安排修理已造成部分设备损坏。后续系统需进一步增加各类设备故障数据的收集、分析与学习，从而提高系统对故障隐患的智能识别能力，达到更早期更准确的识别设备潜在故障的效果。

5 总结

机泵状态在线监测系统通过对离散的设备运行信息的集成采集、计算分析，构建起了一张对机泵设备全天候、全方位、智能化监控的安全网，大大降低了机泵设备的突发故障率，优化了机泵设备的运行状态。后续将努力提高系统智能化程度，利用系统进一步做好机泵设备的完整性管理工作，最终保障机泵设备的安全完好运行。

炼油酸性水管线开裂分析与措施

沈红杰

（中国石化上海高桥石化有限公司）

摘　要　针对酸性水汽提装置酸性水管线发生焊接接头开裂泄漏，通过对失效管线腐蚀产物成分分析、硬度检测、微观组织等分析，结合 20 号钢管选用不同焊条焊接在硫化氢介质中应力腐蚀开裂的敏感性评定，确认在酸性水工况下，20#钢焊接选用高匹配的 J507 焊条是出现应力腐蚀开裂主要因素，并提出解决措施。

关键词　酸性水，焊接接头，高匹配，硫化物应力腐蚀开裂

1　概况

某公司酸性水汽提装置采用双塔汽提装置工艺流程，分别回收 H_2S、NH_3 和净化水。酸性水管道的材质为 20#钢无缝钢管，管道安装时采用 J507（E5015）焊条，焊接接头焊后没有进行消应力热处理。

该装置投产运行一年左右，酸性水管线发生多次开裂泄漏，裂纹主要位于酸性水原料管线的焊接接头，裂纹长度较短，一般小于 5mm。装置在停工检修期间，对部分酸性水管道焊接接头进行射线检测，管线检测近 500 米，未发现明显裂纹。同时对 DN80 以上管线部分焊接接头进行消应力热处理。从运行情况来看，效果并不明显，检修后开工半年左右，又发现 20 多处焊接接头开裂泄漏，其中 6 处曾在停工检修时做过消应力热处理。为进一步分析原因，对开裂管线的焊接接头进行取样分析，确定腐蚀机理。

2　介质成分和裂纹宏观形貌

2.1　酸性水水质成分

酸性水管道的操作压力为 1.4MPa，酸性水水质成分如表 1 所示，PH 值为碱性，温度为 40℃左右。

2.2　裂纹宏观形貌

本次从酸性水原料罐到汽提塔管线的泄漏弯头取样，如图 1 所示，规格为φ60×5mm。裂纹在弯头上部焊缝处，如图 2 所示，图 1 弯头上部接图 2 环焊缝的下端。裂纹位于焊缝边缘和热影响区，长约 5mm，呈弧形，一端与环焊缝中心线成 30 度，另一端与中心线成 60 度，详见图 3 裂纹局部放大部分。

表 1　酸性水水质成分分析

水质成分	H_2S/(mg/L)	NH_3/(mg/L)	pH	油/(mg/L)	COD_{cr}/(mg/L)	Cl^-/(mg/L)	挥发酚/(mg/L)
1	2300	5400	10.23	660	35450	20400	278
2	2400	5300	10.45	635	34800	12400	271
3	2600	5500	10.06	1396	26650	12160	275
4	3400	8400	10.08	685	34650	12230	273
5	3100	6200	10.08	994	56600	12711	289
6	3100	5800	10.07	934	43550	12530	229

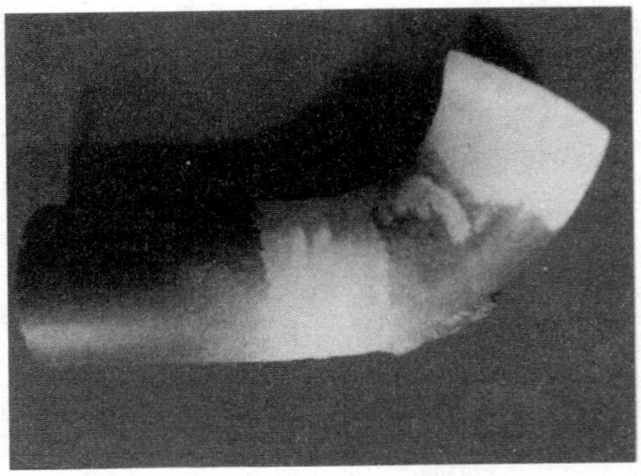

图 1　取样的弯头

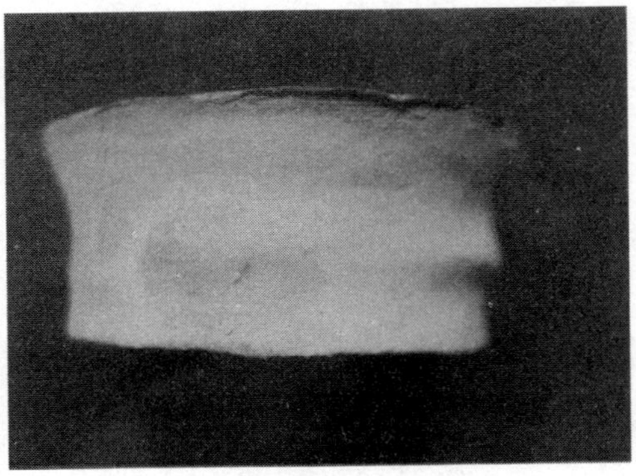

图 2　环焊缝处裂纹

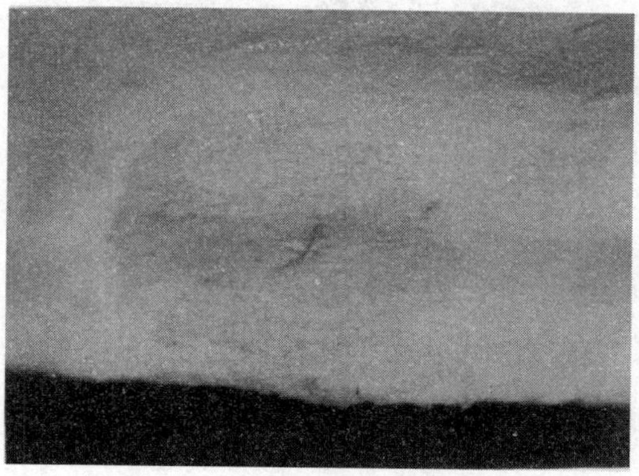

图3　裂纹局部放大

3　检测与试验

3.1　腐蚀产物成分分析

将管线内壁腐蚀产物进行元素分析和物相分析。元素分析结果如表2所示。腐蚀产物用X射线衍射仪进行物相分析，腐蚀产物中含有较多的氧化物(如FeO)、硫化物(如MnS、FeS_2)。

表2　腐蚀产物的元素分析检测结果

元素	Ca	Fe	B	Mg	Mn	Na	S
结果/wt%	23.49	7.718	0.436	0.459	0.657	0.799	0.945

3.2　硬度检测

对泄漏焊接接头部位的焊缝、热影响区和母材进行布氏硬度检测，结果如表3所示，焊接接头的硬度基本在200HB以下，但部分焊缝和热影响区偏高，接近200HB。

表3　硬度数据值

位置	硬度值/HB					
	1	2	3	4	5	AVG
焊缝	173	171	174	183	192	178.6
热影响区	184	177	153	184	196	178.8
母材	133	130	158	128	129	135.6

3.3　金相分析

对出现裂纹的焊接接头取样进行金相分析，通过金相观察可以发现材料的显微结构具有以下特点：

(1)所有的裂纹都起源于管道的内壁，也就是与腐蚀介质接触的地方。裂纹在初始形成的地方(即管线内壁)张口较大，在扩展过程中逐渐变细，如图4所示。裂纹在扩展过程中具有明显的分叉，绝大部分是穿晶扩展，尖且细，如图5所示。

图4　焊缝内壁的显微组织(50×)

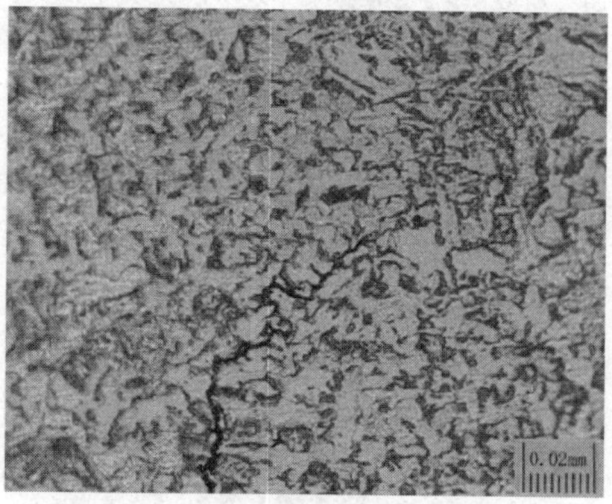

图5　焊缝裂纹穿晶扩展(500×)

(2)从金相上可以看到裂纹主要出现在焊缝、熔合线附近，如图6、7所示。

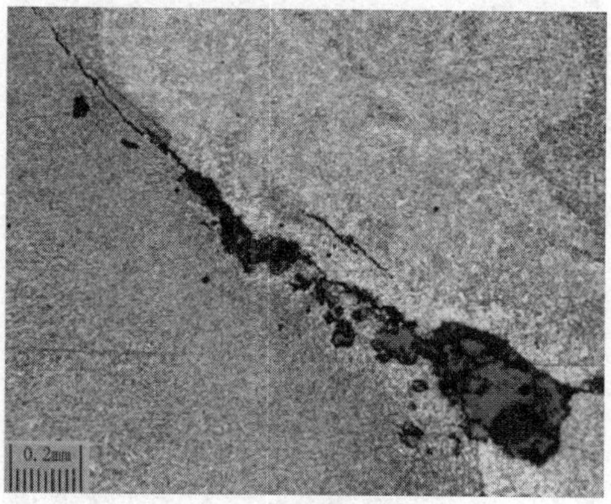

图6　熔合线裂纹(50×)

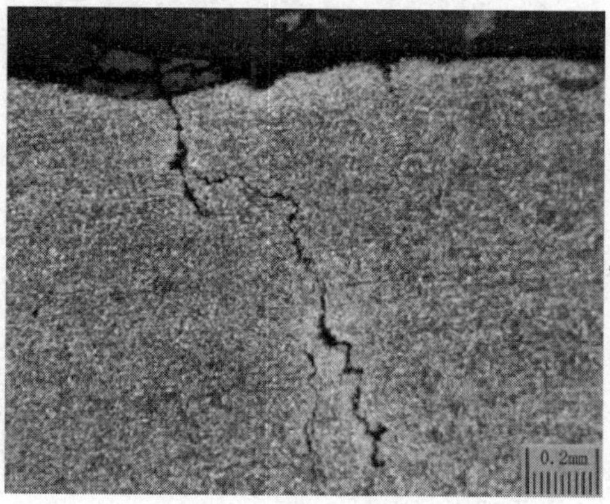

图7　焊缝内壁裂纹(50×)

(3) 母材的显微组织为铁素体和少量的珠光体。相对于母材来说，焊缝含有较多的珠光体。焊缝和母材的晶粒较细，而热影响区和熔合区的组织较为粗大，局部焊缝和熔合线还含有较多的魏氏组织。母材、焊缝、熔合线和热影响区的显微组织分别如图 8、9、10 和 11 所示。

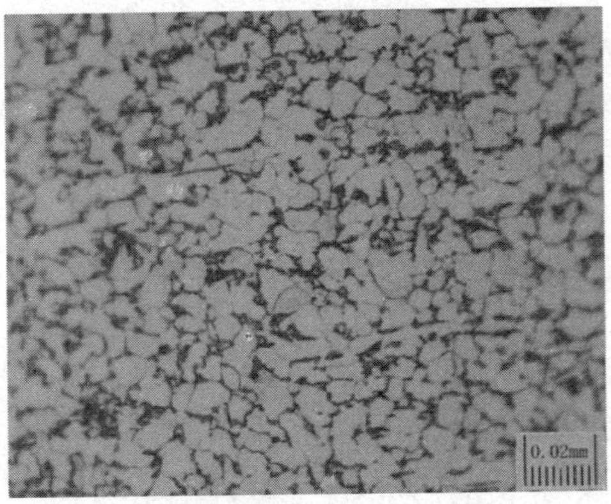

图 8　母材组织(500×)

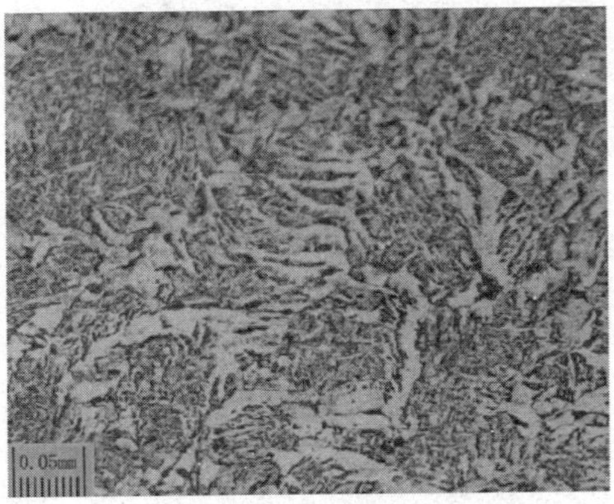

图 9　焊缝组织(200×)

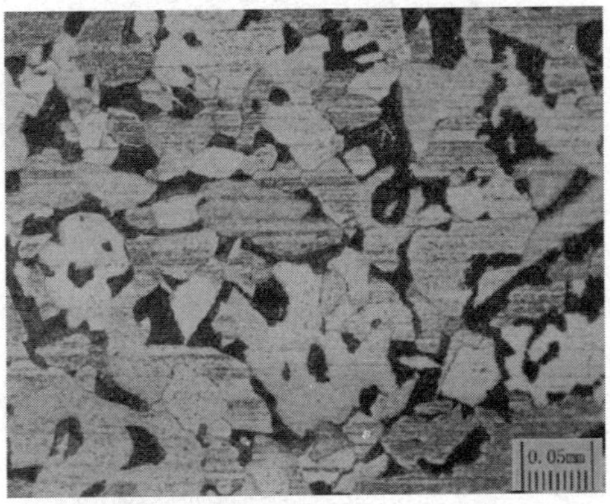

图 10　热影响区组织(200×)

从金相组织分析中看到，热影响区和熔合区的组织较为粗大，局部焊缝和熔合线还含有较多的魏氏组织。说明焊接施工中工艺操作存在不规范，部分线能量输入偏大，局部存在过热，并焊后冷却速度较大。这和硬度检测中部分焊缝和热影响区接近 200HB 是一致。

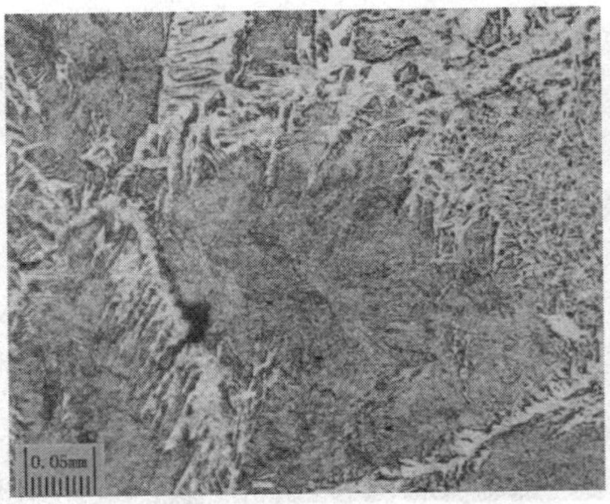

图 11　熔合区组织有魏氏组织(200×)

4　SSCC 敏感性试验

一般 20#管线焊接施工后在湿硫化氢工况下较少出现 SSCC 应力腐蚀开裂，气体脱硫装置富气压缩机二段出口管线也发生类似失效开裂，介质为湿硫化氢工况，管线材料为 20#钢，焊接选用 J507 焊条，在运行中多次焊接接头开裂。因此需对酸性水等湿硫化氢工况下 20#钢不同焊接材料焊接接头进行 SSCC 敏感性试验分析。

焊接材料的选择一般是焊缝金属的性能高于或等于母材。20#钢焊接一般选用 J427(或 J422)焊条，有时也选用 J507 焊条。20#钢抗拉强度 Rm 为≥410MPa，J422 和 J427 焊条熔敷金属抗拉强度 Rm 为≥430MPa，J507 焊条熔敷金属抗拉强度 Rm 为≥490MPa，因此 20#钢选用 J427(J422)焊条为等匹配，选用 J507 焊条为高匹配。

为了分析 20#钢采用不同焊条焊接和焊后热处理对硫化物应力腐蚀开裂(SSCC)敏感性的影响，采用 NACE TM0177 标准中的 C 法 C 型环试验方法，对 20#钢不同状态的焊接接头进行了 SSCC 敏感性试验比较。分别采用 J422 焊条和 J507 焊条焊接，每种焊条焊接的焊接接头分别进行焊后热处理和不做焊后热处理，得到四种不同状态的焊接接头，每种状态都准备两个试样，试验结果见表 4 所示。

结果显示 3 号试样在硫化氢腐蚀环境中开裂最严重，4 号试样次之，裂纹微观形貌的脆性特征明显，无明显塑性变形，以穿晶为主。20#钢选用 J422 焊条焊接的接头不管是否采用焊后消应力热处理，都没有焊接接头开裂，而选用高匹配 J507 焊条焊接的接头不管是否采用焊后消应力热处理，都出现焊接接头开裂，这和装置酸性水管道增加焊后消应力热处理后，部分焊缝接头仍出现开裂泄漏情况一致。

表 4 不同状态的焊接接头 SSCC 敏感性试验结果

试样编号	不同状态的焊接接头	抗硫化物应力腐蚀 C 型环试验结果
1-1#、1-2#	J422 焊接，未焊后热处理	无裂纹
2-1#、2-2#	J422 焊接，640℃焊后热处理	无裂纹
3-1#、3-2#	J507 焊接，未焊后热处理	3-1#有 2 条长裂纹和多条微裂纹；3-2#多条微裂纹
4-1#、4-2#	J507 焊接，640℃焊后热处理	4-1#有 2 条长裂纹；4-2#微裂纹

5 原因分析

由裂纹宏观分析、腐蚀产物成分分析、硬度检测、金相分析结果，酸性水管道焊缝接头开裂有以下特点：裂纹起始于内壁，裂纹为穿晶扩展，无明显塑性变形，显微组织中裂纹具有明显的分叉和穿晶扩展特征，裂纹起裂端开口略宽，尾端尖且细，具有应力腐蚀的特征。酸性水管道内的介质含有较高浓度的 H_2S，腐蚀产物中含有较多的硫和铁的化合物，具有湿 H_2S 腐蚀环境。因此酸性水管线焊缝接头泄漏是硫化物应力腐蚀开裂(SSCC)。

试验结果表明选用等匹配 J422 焊接的接头比高匹配 J507 焊接的接头更能抵抗湿硫化氢应力腐蚀开裂。同时从现场使用情况和试验结果显示，20#钢选用高匹配 J507 焊条焊接的接头不管是否采用焊后消应力热处理，都出现焊接接头开裂，说明在湿硫化氢工况下，选用高匹配的 J507 焊条焊接 20#钢是不合适。据资料报道，选用等强或接近等强匹配的焊接材料，焊接接头最容易获得最优异的抗脆断性能。

从焊条熔敷金属化学成分看，J507 焊条的 Mn 含量明显比 J427 高，详见表 6。Mn 在碳钢抗湿硫化氢应力腐蚀开裂方面是极其有害的，特别是 Mn 含量大于 1.3%时，其危害急剧增加。Mn 是一种易偏析的元素，它具有降低钢的马氏体转变温度的作用，当偏析区 Mn、C 含量达到一定比例时，极易在焊后冷却过程中，产生对 SSCC 极为敏感的马氏体、贝氏体组织，而成为 SSCC 的起源。虽然其宏观硬度值可能较低，在具有高硬度值的显微组织部位仍然能引发 SSCC。因此从提高钢材抗湿硫化氢应力腐蚀开裂的角度出发，焊材中的锰含量应该降低到尽可能低的水平。SH/T 3193《湿硫化氢环境下设备设计导则》中对处于湿硫化氢腐蚀环境设备焊接时焊接材料明确规定：焊接材料中锰应尽可能低，焊条电弧焊(SMAW)使用焊接材料中锰含量宜小于等于 1.0%。

表 6 焊条熔敷金属化学成分 %

牌号	型号	C	Mn	Si	S	P	Ni	Cr	Mo	V
J422	E4303	0.20	1.20	1.00	0.035	0.040	0.30	0.20	0.30	0.08
J427	E4315	0.20	1.20	1.00	0.035	0.040	0.30	0.20	0.30	0.08
J507	E5015	0.15	1.60	0.90	0.035	0.035	0.30	0.20	0.30	0.08

6 结论与措施

(1) 酸性水管线焊缝接头泄漏是硫化物应力腐蚀开裂(SSCC)。

(2) 主要原因是 20#钢焊接选用焊条不当，选用高匹配的 J507 焊条。焊后没有进行热处理加剧了应力腐蚀开裂。

(3) 为了降低或避免碳钢管线 SSCC，目前方法是对焊接接头进行焊后热处理，并限制硬度值，如 NACE RP0472 中规定：焊缝硬度不高于 200HB，HAZ 硬度不高于 248HV。但现场使用和试验表明，碳钢管线选用高匹配 J507 焊接材料，虽焊接接头硬度满足规范要求，但仍可能出现 SSCC。因此需对母材和焊接材料的强度匹配提出具体要求，在硫化物应力腐蚀开裂工况下，碳钢管线设备应选择与母材等强度的焊接材料更为合适。

参 考 文 献

[1] 刘小春，陈进，毛荷芳. 焦化脱硫装置富气压缩机出口管线开裂分析[J]. 石油化工腐蚀与防护，2007. 24(5)：45-48.

[2] 毛荷芳，陈进. 20 号钢管焊接接头硫化物应力腐蚀敏感性试验[J]. 石油化工腐蚀与防护，2007. 24(1)：19-21.

[3] 李少华，尹士科，刘奇凡. 焊接接头强度匹配和焊缝韧性指标综述[J]. 焊接，2008. 第 1 期：25-27.

[4] 王正则. 炼油设备中的湿硫化氢腐蚀(2)[J]. 炼油设计，1995. 25(1)：36-39.

[5] 柴祥东，张国信，黎国磊. 湿 H_2S 环境中容器壳体开裂问题的探讨[J]. 石油化工设备技术，2004. 25(5)：54-60.

[6] 中华人民共和国工业和信息化部. 湿硫化氢环境下设备设计导则：SH/T 3193—2017[S]. 北京：中华人民共和国石油化工行业标准，2017：6.

润滑油加氢机封冷却器失效分析及对策

徐　聪

（中国石化上海高桥石油化工股份有限公司）

摘　要　针对润滑油加氢装置5年内两次出现冷却器泄漏失效的情况，为了查明机封冷却器泄漏失效原因，防止类似事故发生，本文对连续两次失效的P104A冷却器进行了失效分析，并提出了相应的防腐对策。

关键词　冷却器，泄漏，防腐

1　装置概况

高桥石化润滑油加氢装置于2004年11月建成投产，设计规模为加氢裂化单元处理量300kt/a，异构脱蜡/后精制单元处理量为400kt/a，年加工时间8400h，主要加工原料为1号常减压装置的减二线、减三线、减四线和掺炼部分加氢裂化尾油为原料，生产出符合API Ⅱ类，部分达到API Ⅲ类油的润滑油基础油。装置主要由加氢裂化、异构脱蜡、加氢后精制三段工艺流程及相关辅助设施等部分组成。

2　机泵机封冷却器情况

装置共有一般离心泵44台，密封冲洗全部采用自冲洗，其中有自冲洗冷却器的共30台。冷却器采用的是冷却水在壳程下进上出，换热盘管内部走冲洗热油的工作模式。自2015年年初发现大面积泄漏，装置内部紧急排查后，购买备品进行更换。更换新冷却器后使用至2020年7月再次发现冷却器出现大面积泄漏（表1、表2）。

表1　2015年4月出油冷器泄漏情况

位号	介质	设计温度/℃	操作温度/℃	水冷器现场投用情况
P106A	航煤	188~200	160~180	内漏
P106B	航煤	188~200	160~180	内漏
P104A	航煤	232~243	150~180	内漏
P104B	航煤	232~243	150~180	内漏
P213A	航煤	243~257	200~255	内漏
P213B	航煤	243~257	200~255	内漏
P205A	柴油	147~157	145~155	内漏
P205B	柴油	147~157	145~155	内漏
P215A	轻质润滑油	214~230	190~220	内漏
P215B	轻质润滑油	214~230	190~220	内漏
P202A	塔底油	306~316	285~305	内漏
P202B	塔底油	306~316	285~305	内漏
P208A	重质润滑油	315~325	255~280	内漏
P208B	重质润滑油	315~325	255~280	内漏

表2　2020年7月出油冷器泄漏情况

位号	介质	设计温度/℃	操作温度/℃	水冷器现场投用情况
P104A	航煤	232~243	150~180	内漏
P109B	分馏塔底油	326~336	285~300	内漏
P206A	轻质润滑油	180.8~191	180.8~191	内漏
P206B	轻质润滑油	180.8~191	180.8~191	内漏
P207A	中质润滑油	237~250	237~250	内漏
P207B	中质润滑油	237~250	237~250	内漏
P208B	重质润滑油	315~325	255~280	内漏
P213A	航煤	243~257	200~255	外部破裂
P214A	中质润滑油	248.8~257	248.8~257	内漏
P215A	轻质润滑油	214~230	190~220	内漏
P215B	轻质润滑油	214~230	190~220	内漏

比较表1，表2可以发现，两次出现泄漏的冷却器基本涵盖了所有冷却器的机泵，且第二次发生泄漏的冷却器，部分在第一次时已进行过更新，使用5年后再次出现泄漏。

3　失效原因分析

为了查明机封冷却器泄漏失效原因，防止类似事故发生，我们对连续两次失效的 P104A 冷却器进行了失效分析。

冷却器换热管与法兰材料均为 304 不锈钢，换热管内部介质为航煤，使用温度 200～300℃，外部介质为冷却水，常温。

失效分析从以下几点进行：(1)泄漏检测；(2)宏观腐蚀形貌分析；(3)微观腐蚀形貌分析；(4)换热管和法兰材料化学成分测定；(5)循环水水质化验。

3.1　泄漏检测

检测管束试样如图 1 所示，由换热管和法兰组成，换热管进出口端穿过法兰，在法兰外侧与法兰焊接。

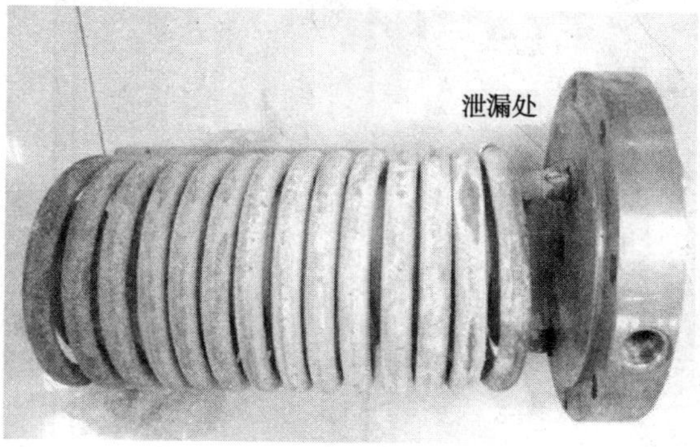

A

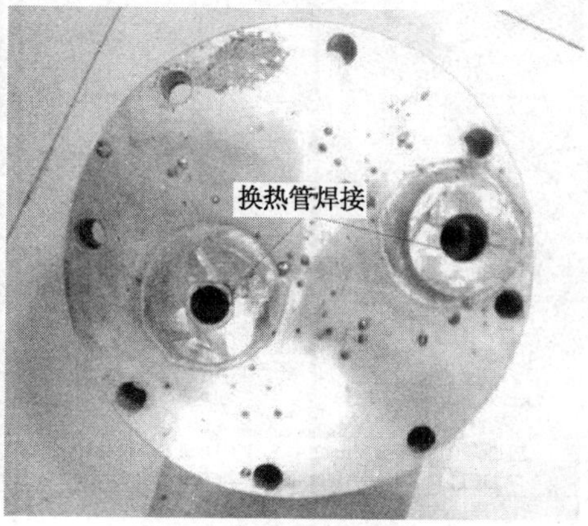

B

图 1　换热管束试样

为了确定管束泄漏点，首先对管束进行了密封性能检测。密封检测采用水压检测法，将管束安装在试压台上，打入 0.5MPa 水压，观察泄漏，确定漏点。

经反复观察确认泄漏点处于进口管和法兰连接处，如图 1 所示。

根据泄漏发生的位置，判断可能引起泄漏的原因主要有：

(1) 换热管发生腐蚀穿孔或裂纹；

(2) 焊接质量差或发生腐蚀，换热管与法兰连接不严密；

(3) 接管处法兰发生腐蚀，产生贯穿性裂纹。

3.2　宏观腐蚀形貌分析

3.2.1　换热管宏观形貌分析

观察换热管束水压试验，可初步判断换热管有穿透的腐蚀裂纹或腐蚀孔(图 2)。法兰内的接管部分表面较光洁，而裸露在法兰外的换热管外表面则较粗糙，结垢较严重(图 3)。

为了确定冷却器工作介质(热油和冷却水)对换热管的腐蚀情况，对换热管进行取样分析，换热管取样部分如图 5 所示。取样点位于进口管靠近法兰处，是管子弯曲变形最大的一部分。从外观看，这一段也是最有可能发生腐蚀穿孔或发生裂纹的部分。

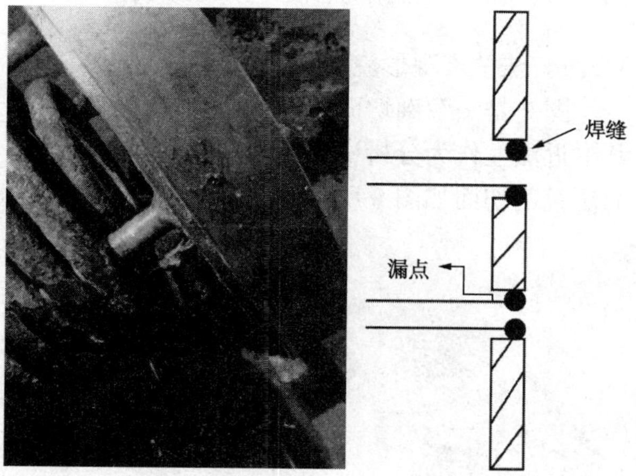

图 2　换热管束漏点示意图

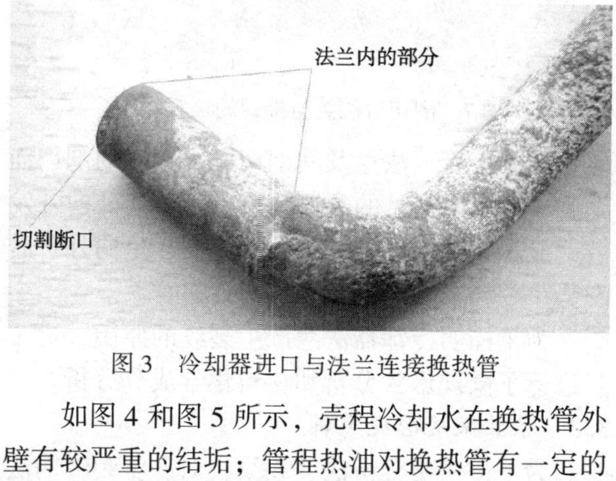

图 3　冷却器进口与法兰连接换热管

如图 4 和图 5 所示，壳程冷却水在换热管外壁有较严重的结垢；管程热油对换热管有一定的腐蚀作用，经仔细观察，发现确有裂纹。

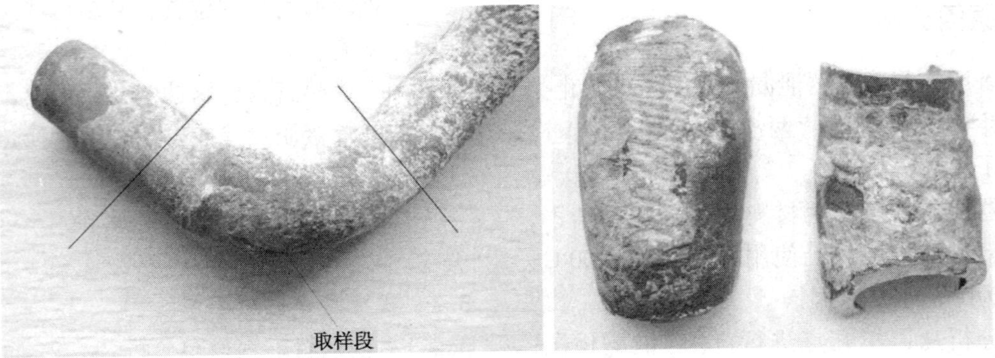

图 4　换热管弯管外壁表面宏观形貌

图 5　换热管弯管段内壁宏观形貌

3.2.2　法兰宏观形貌分析

图 7 是法兰剖切面的宏观形貌。割取接管及其附近法兰作为分析试样，并进行清洗，清洗后的法兰剖切面如图 8 所示。

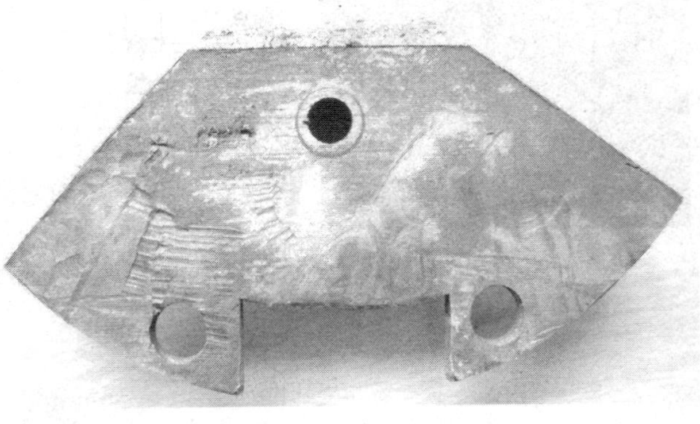

图 7　剖切后法兰与接管的宏观形貌

观察接管、法兰及其剖切面，法兰的剖切面上有 3 条肉眼可见的裂纹，由接管开孔处向外发散，显示裂纹均由接管开孔处起裂，呈向外扩展态势。

为了探明冷却器法兰产生裂纹的原因，进一步进行了微观形貌分析和材料化学成分分析。

3.3　法兰微观形貌分析

为了进一步分析法兰裂纹，对产生裂纹的法兰作扫描电镜分析，结果如图 9 所示。

图 8　法兰剖切面的宏观形貌

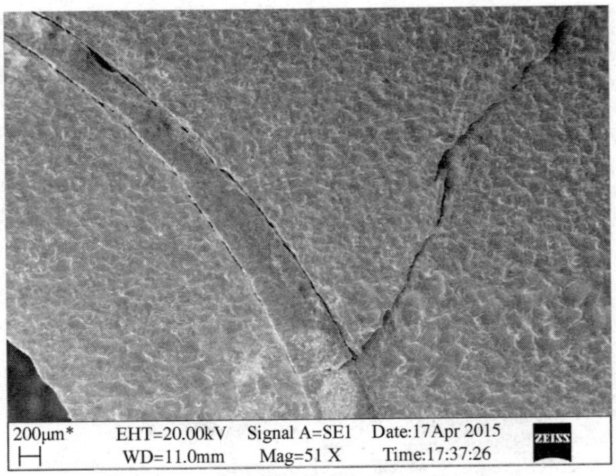

图 9　法兰裂纹微观形貌

从图 9 可以看出，法兰接管开孔周边出现了多条裂纹，且开孔处的裂纹较宽，显示裂纹均由接管开孔处起裂，呈向外扩展态势，裂纹均扩展到焊缝表面，形成单向贯穿，由此印证了前面对法兰宏观分析结果。

根据上述观察，可见进口管靠近法兰处及法兰在进口管连接处沿厚度方向产生了裂纹，裂纹贯穿换热管与法兰的焊缝，导致换热管与法兰连接不严密，介质经裂纹沿换热管与法兰之间的缝隙发生泄漏，因此冷却器失效。

3.4 化学成分测定

为了评估换热管材料和法兰材料是否存在问题，对换热管材料和法兰材料分别进行了化学成分测定。测定结果见表3。

据厂方提供，法兰材料和换热管材料均为304不锈钢。如表4所示，给出了技术标准规定的304不锈钢的化学成分。

表3　换热管与法兰材料的化学成分

元素部件	C/%	Si/%	Mn/%	S/%	P/%	Cr/%	Ni/%
换热管	0.042	0.35	0.63	0.023	0.032	17.28	8.67
法　兰	0.040	0.34	1.15	0.001	0.039	17.24	8.11

表4　规定的304不锈钢化学成分

牌号	技术条件	C/%	Si/%	Mn/%	S/%	P/%	Cr/%	Ni/%
S30408(06Cr19Ni10)	GB 13926—2013	≤0.08	≤1.0	≤2.0	≤0.03	≤0.035	18.00~20.00	8.00~11.00
S30408	NB/T 47010—2012	≤0.08	≤1.0	≤2.0	≤0.02	≤0.035	18.00~20.00	8.00~10.50

对照表3、表4可以看出，换热管材料测得的化学成分中C、Si、Mn、S、P、Ni等化学元素的含量符合技术标准的规定，但Cr元素含量稍偏低，未达到标准值。对换热管材料而言，Cr元素含量偏低预示材料的耐腐蚀性降低。

对照表3、表4，法兰材料测得的C、Si、Mn、S、Ni等化学元素的含量符合技术标准的规定，但P元素含量超标，Cr元素含量稍偏低，未达到标准值。这说明法兰材料存在化学成分上的问题。Cr元素含量偏低将使法兰材料耐腐蚀性能下降，P元素超标极易在焊接热影响区产生焊接裂纹，对法兰产生裂纹具有促进作用。

3.5 循环水水质化验

由于换热管和法兰材质为304不锈钢，而304不锈钢材料对氯离子(Cl^-)最为敏感，在此环境下极易发生腐蚀，故而对壳程循环水水质进行了化验检查，部分结果见表5。

表5　2号循环水水质化验成绩

采样日期	样品名称	PH (>=7)	氯化物的含量/(mg·L^{-1})
2020-07-20 8：00：00	循环水	7.47	655
2020-08-07 8：00：00	循环水	7.13	715
2020-08-25 8：00：00	循环水	7.42	460
2020-09-02 8：00：00	循环水	8.34	955
2020-09-27 8：00：00	循环水	8.06	690
2020-10-09 8：00：00	循环水	8.48	700
2020-10-29 8：00：00	循环水	8.52	440
2020-11-08 9：00：00	循环水	8.58	404

由表5可知，虽然循环水PH值接近中性，但是循环水中含有大量的氯离子(Cl^-)，而冷却器中换热管与法兰的连接方式极易使得循环水中的氯离子(Cl^-)在换热管与法兰间隙间聚集，导致Cl^-含量增高，产生腐蚀裂纹。另外，由于换热管的进口温度高于出口温度，进口处法兰及换热管温差应力较大，加速了腐蚀速度和裂纹扩展速度。

4 结论

通过对本次换热器换热管的失效分析，得到以下结论：

(1) 冷却器失效是由于进口管靠近法兰处及法兰上开孔部位发生腐蚀萌生腐蚀裂纹造成；

(2) 换热管与法兰腐蚀属于间隙腐蚀，是由于冷却水中氯离子(Cl^-)在换热管与法兰孔间隙中富集引起的；

(3) 冷却器换热管与法兰材料P元素含量超标，Cr元素含量偏低，造成换热管与法兰耐腐蚀性能下降，裂纹扩展加速，进一步促进了缝隙腐蚀的发生和发展，加速了冷却器泄漏失效。

5 防腐对策

综上所述，冷却器失效的原因是由于法兰接管处发生缝隙腐蚀产生裂纹，腐蚀裂纹扩展贯穿法兰与换热管的焊缝，造成换热管与法兰连接密封不严而导致泄漏。

针对上述原因，为了防止冷却器法兰或换热管再次发生腐蚀失效，保证系统能够长期安全地运行，建议采取下列必要的预防措施：

（1）改变冷却器生产工艺，管束与法兰连接处内外侧全部进行焊接，避免缝隙的存在。

（2）严格控制冷却水中氯离子的含量，最好使用去离子水。

（3）选用质量合格的冷却器换热管与法兰材料，保证其化学元素含量在标准规定的范围内。

（4）选用新型的冷却器，该新型冷却器由于冷却水采用双进双排、以及壳程采用锥形螺旋结构，可大幅提高冷却水的流速不易堵塞，从而防止各类有害离子的积聚，产生各类腐蚀。

水环真空泵腐蚀原因分析及改进措施

胡振海

（中国石化上海高桥石油化工股份有限公司）

摘　要　高桥石化润滑油加氢机械抽真空系统水环真空泵 P219 叶轮发生严重腐蚀和断裂，最终导致泵壳破碎。本文针对水环真空泵内部腐蚀的现象，深入从各方面分析了腐蚀产生的主要原因及影响因素。根据分析结论，进行了相应的技术改造和材质升级，并对实际操作提出了有效的防范措施，一年多来真空泵基本平稳运行，整体受控。

关键词　水环真空泵，腐蚀，汽蚀，防护

1　基本状况

高桥石化润滑油加氢装置于 2004 年 11 月建成投产，设计规模为加氢裂化单元处理量 30 万吨/年，异构脱蜡/后精制单元处理量为 40 万吨/年，年加工时间 8400h，主要加工原料为 1 号常减压装置的减二线、减三线、减四线和掺炼部分加氢裂化尾油为原料，生产出符合 API Ⅱ类，部分达到 API Ⅲ类油的润滑油基础油。装置主要由加氢裂化、异构脱蜡、加氢后精制三段工艺流程及相关辅助设施等部分组成。2014 年 10 月份通过技改项目将原有的三级蒸汽抽真空改为一级利旧蒸汽抽真空，二三级改用机械抽真空，并于 2014 年 11 月正式投用。

2　水环真空泵工作原理

在泵体中装有适量的液体作为工作液，如图 1 所示，当叶轮按图中顺时针方向旋转时，液体被叶轮抛向四周，由于离心力的作用，液体形成了一个决定于泵腔形状的近似于等厚度的封闭圆环。水环的下部分内表面恰好与叶轮轮毂相切，水环的上部内表面刚好与叶片顶端接触(实际上叶片在水环内有一定的插入深度)。此时叶轮轮毂与水环之间形成一个月牙形空间，而这一空间又被叶轮分成和叶片数目相等的若干个小腔。如果以叶轮的上部 0°为起点，那么叶轮在旋转前 180°时小腔的容积由小变大，且与端面上的吸气口相通，此时气体被吸入，当吸气终了时小腔则与吸气口隔绝；当叶轮继续旋转时，小腔由大变小，使气体被压缩；当小腔与排气口相通时，气体便被排出泵外。

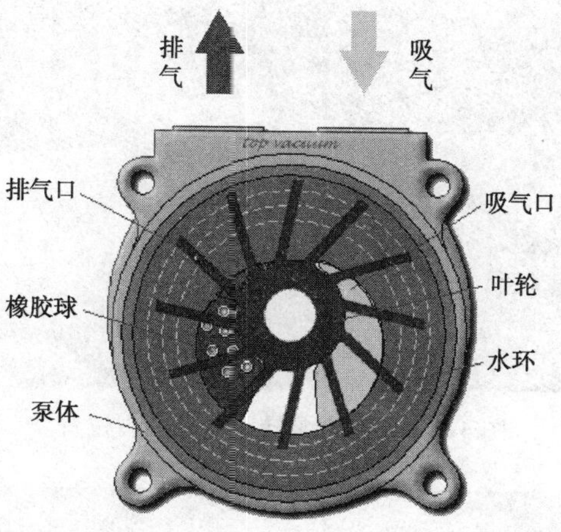

图 1　水环真空泵工作原理示意图

3　水环真空泵失效情况介绍

2017 年 10 月 16 日 4 点 38 分润加水环真空泵 P219 壳体出现裂缝，装置紧急进行处理后将 P219 切出系统，然后对 P219 进行解体发现转子腐蚀严重，转子部分叶片出现断裂，圆盘出口处也有不同程度的腐蚀，壳体内发现大量小碎片。详见图 2、图 3、图 4、图 5。

图 2　水环真空泵壳体破裂位置

图 3　水环真空泵转子腐蚀情况

图 4　水环真空泵转子叶片断裂位置

图 5　水环真空圆盘出口处腐蚀情况

4　抽真空系统工艺流程

C202 抽真空系统工艺流程图如图 6 所示。

为保证 C202 真空度 PC432，一共分两次进行抽真空，首先通过蒸汽利用 M201A 进行一次抽真空，随后通过减顶空冷 A209ABCD 进行冷却，冷却下来的液体自流入 D205 中；然后通过水环真空泵系统进行第二次抽真空，确保 C202 的真空度。

真空泵启动后，通过调节真空罐出口管线至泵入口的管线上的阀门调节负荷，以便获得需要的真空度。在该泵运行时，若发现真空罐液位低时，则补充除盐水至正常液位，确保泵内液环厚度，保证 C202 真空度稳定。

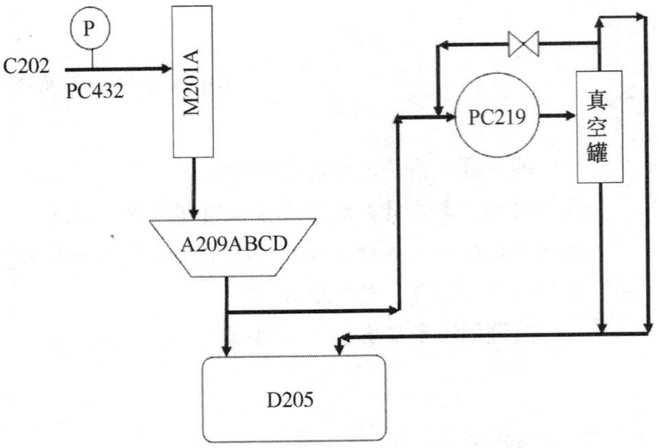

图 6　抽真空系统工艺流程图

5　可能存在的腐蚀原因

为找出真空泵腐蚀的真正原因，通过查阅随机资料、现场情况和 DCS 运行参数，得知与该泵相关的数据，详见表 1。

表 1　真空泵相关数据和运行参数

名　称	描　述
型号	JSKA403J-420
壳体材质	HT200
转子材质	QT400-15
端板材质	Q235B
组份	不凝油气、可凝油气、水蒸气
入口压力	≤8. 2kPa
入口温度	38℃
出口压力	112kPa
出口温度	≯50℃
工作液	除盐水
系统真空度	98kPa

5.1　工作液的腐蚀

根据该设备的特点，在设备运行稳定后，工作液是循环使用的，只有当工作液液位低时才补液，大部分工作液一直在循环使用，是与转子直接接触的部分，由表一可知转子材质是球墨铸铁，壳体材质为灰铸铁，两者在酸性环境中会被腐蚀，对泵内工作液进行 PH 测定，测定值为 9~10，呈碱性，故排除工作液对转子直接产生腐蚀的情况。

5.2 真空泵汽蚀的影响

水环真空泵的汽蚀现象：水环真空泵在工作时，在一定温度下，当低压处(泵吸入区域)的压力低于在该温度下的水环工作介质汽化压力(即饱和蒸汽压)时，液体开始汽化而产生汽泡，当含有大量气泡的液体向前经叶轮内的高压区(出口区域)时，气泡液化为水滴，汽泡破裂，在原来汽泡的位置形成局部真空，此时周围液体迅速填充原汽泡空穴，瞬间产生很强烈的水击作用，并以很高的冲击频率打击金属表面。这种汽泡的产生、发展和破裂现象就称为汽蚀，其原理和普通离心泵的气蚀原理是相同的。

在水环真空泵的工作过程中，吸入区域的压力与被抽系统的压力是一致的。当吸入区域的绝对压力越接近液体的饱和蒸汽压时，液体越接近沸腾状态。泵发生汽蚀时，汽泡在高压区连续发生突然破裂，以及伴随的强烈水击，而产生噪声和振动音。水环真空泵发生汽蚀腐蚀的部位主要是真空泵的叶轮，特别是叶轮的根部，在叶轮表面出现点蚀现象，严重的会出现蜂窝状损坏，一般不会腐蚀泵壳的内壁。由转子的腐蚀情况来看，初步符合汽蚀现象，具体还需进一步分析

按照操作情况，吸入区域的压力与系统压力PC432(图6)一致，通过查阅最近3个月的压力值，情况详见图7。

图7 PC432压力值数据表(表压)

知P(绝)=P(表)+P(大气压)，故泵吸入区域P(绝)在4kPa-10kPa之间。

查文献可知工作液除盐水的温度与对应的饱和蒸汽压关系分别是，详见表2。

表2 水在不同温度下的饱和蒸气压

温度/℃	20	25	30	35	40	47
对应饱和蒸汽压绝压/kPa	2.3388	3.1690	4.2455	5.6267	7.3814	10.620

正常使用中工作液定时补充，随后工作液通过水冷器(壳程：循环水)冷却后补充进入泵体内，经查实时数据库可知近三个月除盐水和循环水的温度情况如下，详见图8和图9。

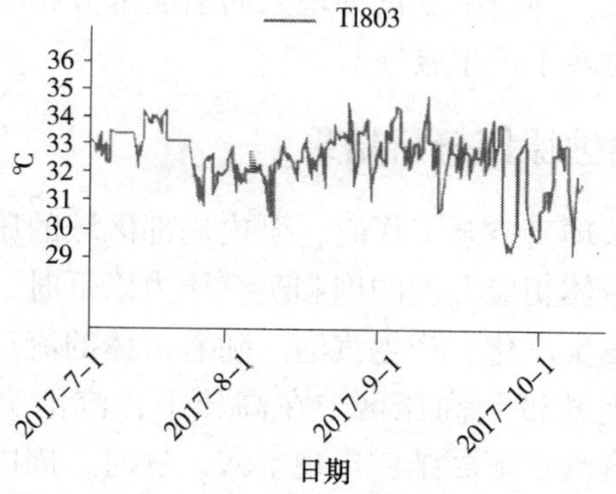

图8 循环水温度情况

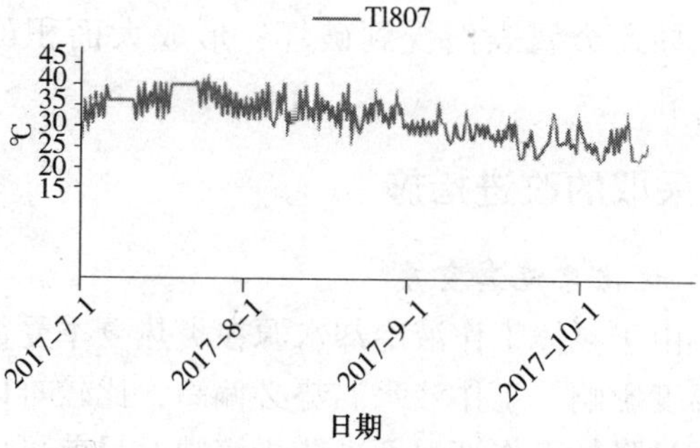

图9 除盐水温度情况

由图8可知用于冷却工作液的循环水最高温度为35℃，由图9可知用于补充工作液除盐水最高温度达到43℃。由此可知，通过换热器换热后的工作液温度在40℃左右。因此，综合图7、表2、图8、图9可知，实际操作中系统吸入区域的绝对压力P(绝)与该温度下水的饱和蒸汽压相近甚至低于水的饱和蒸汽压，见图10，非常容易产生汽蚀现象。再结合泵内件蜂窝状腐蚀形貌情况，汽蚀是造成泵内构件腐蚀的原因。

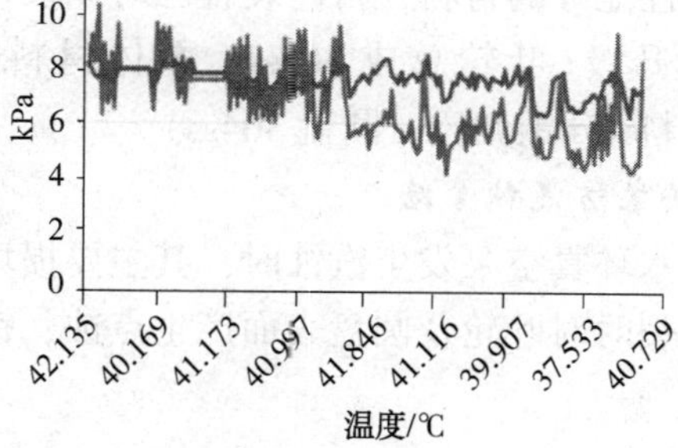

图10 泵吸入区压力与饱和蒸汽压对比

5.3 塔顶介质的腐蚀影响

根据装置工艺流程情况，C202 属于异构脱蜡分馏部分，具有腐蚀性的介质在加氢裂化部分大部分已经被脱干净，塔顶产物中并不具备腐蚀性物质，即使由于汽蚀现象而引起部分相变，也不会对转子产生腐蚀。

6 腐蚀原因分析结果

水环真空泵工作时，泵内局部区域的压力降低到液体相应温度的饱和蒸汽压力以下时，则液体将发生汽化，产生汽泡。随着液体的流动，这些汽泡被带到高压区。在高压下，汽泡突然破裂，蒸汽重新凝结，出现空穴。这时，周围的除盐水高速流向空穴，形成局部高频水锤。其频率可高达每秒上万次，局部压力可以高达几千兆帕，导致金属表面受到破坏，形成大面积的蜂窝、麻点。

7 采取的改进措施

7.1 优化系统真空度

由于泵体工作液冷却水源在炎热夏季受循环水温度影响，工作液水温势必偏高，比较难以实现通过降低工作液温度来防止汽蚀。目前可以通过工艺生产条件，在生产不同品牌油品时需要不同的真空度，装置内部勤调节，尽量采用卡边操作，在满足生产要求的情况下，适当降低真空度，间接提高泵入口绝压，减少汽蚀情况。

7.2 采用防汽蚀能力较强的材质

实践证明，如果真空泵运行在汽蚀区域，即使工作液和被抽气体没有腐蚀性，采用铸铁制造的叶轮其运行寿命也会远低于选用抗汽蚀能力较强的不锈钢材质如 304SS 等的叶轮。原泵叶轮采用的是球墨铸铁，由于石墨的存在，铸铁抗汽蚀性能差。对于目前装置工况来说，泵的使用条件受到限制，不可能完全避免发生汽蚀，故应采用抗汽蚀性能好的材料，目前装置已对该泵材质进行全面升级（叶轮总成 304ss；泵体材料碳钢；泵轴材料 45#钢调质；圆盘 304ss）。

7.3 安装防汽蚀管路

当水环真空泵发生汽蚀时，其主要损坏是汽泡在破裂时对叶轮及圆盘表面产生点蚀，针对这一特点，可以在压缩过渡区域内引入微正压气体。具体方法是在圆盘出口端附件钻一小孔，而后用管路将出口真空罐内的气体引入这一区域，这套管路称为防汽蚀管路。当气泡在压缩过程中破裂时，从外部引入压力较高气体能及时补充因气泡破裂而出现的“空间”。这样可以大大减轻汽蚀对泵的损坏。

8 结论

（1）针对本次出现的汽蚀问题，在日常检查中需吸取教训，汽蚀的存在本身会造成泵体的振动和噪声，在前期的运行中虽然振动监测数值一直正常，但现在细细回想起来，由于该泵安装在框架顶层，考虑到并非水泥基础，故按要求采取了防振措施。由于该防振措施的存在，泵体本身振动正常，但是整个水环泵系统框架的振动实际是有所增加的。因此，在今后的巡检中要重点监测整个系统的振动和振幅情况，如果有持续上升的情况，则应停泵检查，以免产生严重的后果（图 11）。

（2）每天检查工作液温度，特别是在夏天的时候对工作液进出温度进行严格控制，确保温度不超过 40℃。如若超过 40℃，必须采取有效的防护措施，比如外部冷却、加大工作液的置换量、安装防阳光直射措施等等。

图 11　水环真空泵防振措施图

油浆固液分离设施在催化裂化装置的应用

刘　哲

（中国石化上海高桥石油化工有限公司）

摘　要　本文简述了上海高桥石油化工有限公司60万吨/年催化裂化装置增设的油浆固液分离系统，阐述了油浆固液分离系统的原理，通过分析运行期间的各项参数，解决了遇到的系统一、二级过滤器滤膜压降高的问题，并对后续油浆脱固系统长周期运行的优化提出了想法与建议。

关键词　催化裂化，油浆固液分离，低硫船燃

1　前言

重油催化裂化装置是炼油厂的关键工艺装置，而目前催化裂化装置产出的产品中，催化油浆的附加价值不高。2020年全球实行的船用燃料油含硫量不得大于0.5%的新规，造就了低硫船燃这个潜力巨大的市场。催化油浆中的成分可以用于低硫船燃的调和，但需要将油浆中的固体成分剔除。故油浆经过固液分离后在低硫船燃的调和上具有光明的应用前景。

2　装置简介

中石化上海高桥石油化工有限公司2#催化裂化装置于1988年建成并正式投入生产，设计处理能力为100万吨/年，掺20%大庆减渣的催化裂化装置，采用快速床和湍流床两段主风串联烧焦的再生技术，由于工艺技术先进，用能优化，装置整体技术水平当时位与国内先进行列。为满足公司整体原料平衡及丙烯需求大大增大的要求，1999年装置进行ARGG工艺改造，处理量改为60万吨/年，同时对原DCS系统进行了更新。2006年由于原料含硫量进一步上升，为了提高脱臭汽油硫醇性硫及博士试验的合格率，将抽提塔改造为汽油脱硫醇塔，与原脱臭反应串联使用。同年将主风机控制系统更新为霍尼韦尔公司的FSC(FALLSAFECONTROL)控制系统，同时将原ESD系统并入FSC控制系统，由FSC控制系统实现原ESD系统装置联锁功能。2014年装置新建规模为102000Nm^3/h(湿基)的脱硫脱硝单元设施，配套处理60万吨/年催化裂化装置余热锅炉排放烟气，新建一套脱硫废水处理系统，处理催化脱硫废水，使装置污染物排放达到环保要求。

2.1　催化裂化工艺流程简介

催化裂化是以蜡油和减压渣油为原料油，在一定的温度与压力条件下，与催化剂接触，在催化剂表面进行催化裂化反应，转化为反应油气及焦炭。其中反应油气经过分馏、吸收解吸与稳定系统后，分离得到汽油、柴油、液态烃、油浆等产品。参与反应的催化剂经再生系统完全富氧烧焦再生后继续返回反应提升管进行催化裂化反应。烧焦后的再生烟气经三级旋分分离器，进入烟机膨胀做功，带动主风机及发电机运转，做功后烟气再经过余热锅炉取热后到达洗涤塔进行烟气的脱硫处理，最后由烟囱排出。

方块流程简图如图1所示。

2.2　油浆脱固系统工艺简介

2#催化装置新增4万吨/年油浆固液分离设施(下称“油浆脱固系统”)，催化油浆进入油浆脱固系统，油浆在压差的作用下透过膜面流走，而固体颗粒物以及悬浮物被膜面截留并大部分被管道内介质带走，并经泵升压后进行系统循环，部分浓缩液输送至催化反应提升管以保持系统平衡，从而实现油浆与固体颗粒以及大分子的分离。

2.2.1　油浆脱固工艺

油浆脱固系统的原料由油浆蒸汽发生器E206/1、2出口总管引出，油浆进入油浆过滤系统循环罐V2101，在循环泵P2101的驱动下通过膜过滤器组件，被截留的浓缩油浆部分循环回过滤系统循环罐V2101，滤清油浆返回至循环油浆

控制阀(FC216)阀前原有产品油浆流程管线处，通过该管线经冷却槽 E213 后送至 4#罐区；浓缩后的催化油浆少量并入装置进料管线一并进入提升管反应器，油浆脱固系统流程图如图 2。

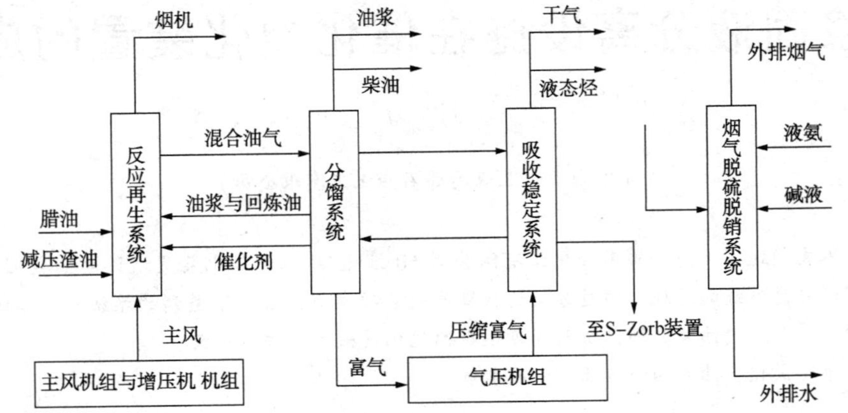

图 1　装置方块流程简图

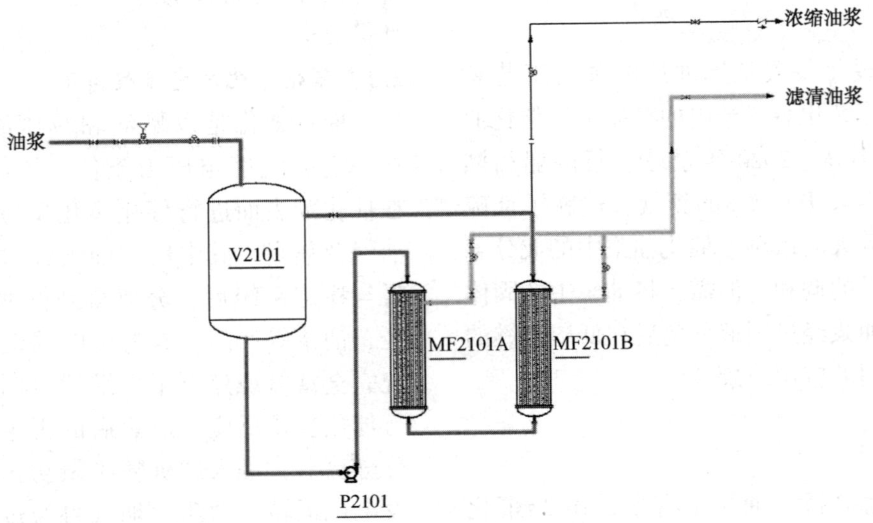

图 2　油浆脱固系统流程图

3　油浆脱固系统的投用

3.1　投用过程

油浆脱固系统于 2020 年 5 月份开始进行土建，7 月份进行项目现场施工，于 8 月 4 日完成建设工作。建设完成后装置进行了原料油浆、浓缩油浆、滤清油浆、高温柴油、低温柴油等管线吹扫贯通，完成后整个设施使用低压氮气密试压。试压结束后系统进低温柴油联运，滤清油浆流程走柴油至事故油浆线进入事故油浆罐。柴油联运结束后，用低压氮气将柴油退至灌区后泄压。泄压后油浆脱固系统过滤器拆卸并安装过滤膜管。

过滤膜管安装完毕后，整个设施再次使用低压氮气密试压。试压完成后再次引低温柴油进入系统油联运；然后系统引高温柴油进入系统置换低温柴油，滤清油浆流程走柴油至事故油浆线进入事故油浆罐，高温柴油以≯50℃/h 的速率对系统进行升温，当系统升温至 200℃以上时，原料油浆由 E206/1 出口改入系统，后将滤清油浆改回产品油浆流程，事故油浆线停用扫线，原料油浆进料 4t/h，一级滤清油浆出料 2t/h，二级滤清油浆出料 1t/h，浓缩油浆出料 1t/h。

3.2　产品质量分析

油浆脱固系统投用后，装置联系分析中心开始连续采样滤清油浆，成绩分析合格，灰分为 0.007%，0.0059%。达到了滤清油浆灰分≯0.01%的指标要求。

合格后装置安排 1 次/班的采样分析频率，及时跟踪滤清油浆灰分成绩，保证滤清油浆的灰分符合指标。滤清油浆分析成绩如表 1 所示。

同时油浆脱固系统的原料油浆需保证油浆自组分中沥青质≤15%，故装置定期对油浆进行四组分分析，如表 2 所示，可以看出装置油浆四组分中沥青质符合要求。

表1　滤清油浆灰分分析成绩表

采样日期	采样点	灰分/%（质量分数）≤0.01	采样日期	采样点	灰分/%（质量分数）≤0.01
2020/9/1 8：00	滤清油浆	0.0059	2020/9/16 20：00	滤清油浆	0.0091
2020/9/1 20：00	滤清油浆	0.005	2020/9/17 8：00	滤清油浆	0.005
2020/9/2 8：00	滤清油浆	0.005	2020/9/17 20：00	滤清油浆	0.0049
2020/9/2 20：00	滤清油浆	0.0059	2020/9/18 8：00	滤清油浆	0.0039
2020/9/3 8：00	滤清油浆	0.004	2020/9/18 20：00	滤清油浆	0.004
2020/9/3 20：00	滤清油浆	0.007	2020/9/19 8：00	滤清油浆	0.0072
2020/9/4 8：00	滤清油浆	0.0061	2020/9/19 20：00	滤清油浆	0.0039
2020/9/4 20：00	滤清油浆	0.007	2020/9/20 8：00	滤清油浆	0.004
2020/9/5 20：00	滤清油浆	0.008	2020/9/20 20：00	滤清油浆	0.0061
2020/9/6 8：00	滤清油浆	0.004	2020/9/21 8：00	滤清油浆	0.0048
2020/9/6 20：00	滤清油浆	0.004	2020/9/21 20：00	滤清油浆	0.0048
2020/9/7 8：00	滤清油浆	0.0051	2020/9/22 8：00	滤清油浆	0.004
2020/9/7 20：00	滤清油浆	0.004	2020/9/22 20：00	滤清油浆	0.0059
2020/9/8 8：00	滤清油浆	0.008	2020/9/23 8：00	滤清油浆	0.0057
2020/9/8 20：00	滤清油浆	0.01	2020/9/23 20：00	滤清油浆	0.0039
2020/9/9 8：00	滤清油浆	0.0078	2020/9/24 8：00	滤清油浆	0.0059
2020/9/9 20：00	滤清油浆	0.0059	2020/9/24 20：00	滤清油浆	0.0068
2020/9/10 8：00	滤清油浆	0.0049	2020/9/25 8：00	滤清油浆	0.006
2020/9/10 20：00	滤清油浆	0.005	2020/9/25 20：00	滤清油浆	0.005
2020/9/11 8：00	滤清油浆	0.007	2020/9/26 8：00	滤清油浆	0.005
2020/9/11 20：00	滤清油浆	0.004	2020/9/26 20：00	滤清油浆	0.006
2020/9/12 8：00	滤清油浆	0.0039	2020/9/27 8：00	滤清油浆	0.0069
2020/9/12 20：00	滤清油浆	0.0062	2020/9/27 20：00	滤清油浆	0.0049
2020/9/13 8：00	滤清油浆	0.004	2020/9/28 8：00	滤清油浆	0.0039
2020/9/13 20：00	滤清油浆	0.0049	2020/9/28 20：00	滤清油浆	0.0069
2020/9/14 8：00	滤清油浆	0.004	2020/9/29 8：00	滤清油浆	0.006
2020/9/14 20：00	滤清油浆	0.0039	2020/9/29 20：00	滤清油浆	0.0051
2020/9/15 8：00	滤清油浆	0.006	2020/9/30 8：00	滤清油浆	0.0049
2020/9/15 20：00	滤清油浆	0.004	2020/9/30 20：00	滤清油浆	0.0059
2020/9/16 8：00	滤清油浆	0.0041	2020/10/1 8：00	滤清油浆	0.0059

表2　原料油浆四组分分析

采样日期	装置名称	样品名称	饱和烃/%（质量分数）	芳烃/%（质量分数）	胶质/%（质量分数）	沥青质/%（质量分数）
2020/9/1	#2 催化	油浆	13.18	76.43	8.69	1.71
2020/9/3	#2 催化	油浆	12.40	79.93	6.80	0.88
2020/9/8	#2 催化	油浆	9.96	75.80	13.47	0.77
2020/9/10	#2 催化	油浆	7.76	84.63	6.83	0.79
2020/9/15	#2 催化	油浆	9.74	81.63	7.58	1.05
2020/9/17	#2 催化	油浆	9.01	82.92	6.37	1.70
2020/9/22	#2 催化	油浆	12.99	77.09	8.60	1.33

续表

采样日期	装置名称	样品名称	饱和烃/%（质量分数）	芳烃/%（质量分数）	胶质/%（质量分数）	沥青质/%（质量分数）
2020/9/24	#2 催化	油浆	10. 28	83. 68	5. 34	0. 69
2020/9/29	#2 催化	油浆	11. 07	79. 33	8. 30	1. 30
2020/10/8	#2 催化	油浆	10. 31	80. 60	7. 09	2. 00
2020/10/13	#2 催化	油浆	11. 78	75. 30	11. 23	1. 69
2020/10/15	#2 催化	油浆	12. 28	77. 74	9. 14	0. 84
2020/10/20	#2 催化	油浆	15. 26	73. 82	9. 82	1. 09
2020/10/22	#2 催化	油浆	13. 49	76. 32	9. 13	1. 06
2020/10/27	#2 催化	油浆	16. 33	77. 94	4. 78	0. 95
2020/10/29	#2 催化	油浆	13. 71	76. 20	9. 18	0. 93
2020/11/3	#2 催化	油浆	14. 65	72. 78	10. 92	1. 66
2020/11/5	#2 催化	油浆	13. 57	69. 96	14. 56	1. 92
2020/11/10	#2 催化	油浆	23. 58	59. 12	16. 55	0. 75
2020/11/17	#2 催化	油浆	15. 99	73. 60	9. 26	1. 14
2020/11/18	#2 催化	油浆	14. 82	73. 86	10. 27	1. 04
2020/11/24	#2 催化	油浆	13. 10	75. 70	9. 85	1. 36
2020/11/26	#2 催化	油浆	13. 77	74. 72	10. 43	1. 07
2020/12/1	#2 催化	油浆	13. 98	73. 45	11. 63	0. 95
2020/12/3	#2 催化	油浆	15. 17	69. 84	13. 95	1. 04
2020/12/8	#2 催化	油浆	12. 92	71. 50	14. 40	1. 18
2020/12/10	#2 催化	油浆	15. 16	72. 26	11. 30	1. 29
2020/12/15	#2 催化	油浆	15. 24	74. 65	8. 71	1. 40
2020/12/17	#2 催化	油浆	15. 94	75. 98	6. 53	1. 56
2020/12/22	#2 催化	油浆	13. 61	78. 84	6. 93	0. 62
2020/12/24	#2 催化	油浆	12. 55	75. 94	10. 85	0. 65
2020/12/29	#2 催化	油浆	15. 29	74. 47	8. 68	1. 57
2020/12/31	#2 催化	油浆	15. 79	74. 74	7. 81	1. 66
2021/1/4	#2 催化	油浆	12. 82	71. 25	14. 29	1. 64
2021/1/5	#2 催化	油浆	16. 17	70. 41	12. 04	1. 38
2021/1/7	#2 催化	油浆	16. 18	73. 79	8. 39	1. 63
2021/1/12	#2 催化	油浆	18. 20	71. 49	8. 49	1. 83
2021/1/14	#2 催化	油浆	18. 51	71. 38	7. 99	2. 12
2021/1/19	#2 催化	油浆	16. 19	71. 08	10. 85	1. 88
2021/1/21	#2 催化	油浆	14. 71	71. 20	12. 95	1. 14
2021/1/26	#2 催化	油浆	14. 47	72. 11	12. 12	1. 31
2021/1/28	#2 催化	油浆	14. 93	73. 48	10. 24	1. 35
2021/2/2	#2 催化	油浆	15. 51	76. 48	6. 88	1. 12
2021/2/4	#2 催化	油浆	15. 43	73. 53	9. 75	1. 29
2021/2/9	#2 催化	油浆	16. 82	73. 43	8. 41	1. 35
2021/2/16	#2 催化	油浆	14. 11	74. 02	10. 48	1. 40
2021/2/18	#2 催化	油浆	11. 61	69. 82	17. 20	1. 37
2021/2/23	#2 催化	油浆	13. 55	73. 73	11. 31	1. 41
2021/3/1	#2 催化	油浆	11. 16	81. 01	6. 62	1. 20

续表

采样日期	装置名称	样品名称	饱和烃/%（质量分数）	芳烃/%（质量分数）	胶质/%（质量分数）	沥青质/%（质量分数）
2021/3/8	#2 催化	油浆	11.89	78.42	8.87	0.83
2021/3/15	#2 催化	油浆	10.13	77.70	11.13	1.04
2021/3/22	#2 催化	油浆	11.88	74.73	12.17	1.23
2021/3/29	#2 催化	油浆	8.45	84.26	6.39	0.90
2021/4/5	#2 催化	油浆	11.68	79.30	7.59	1.43
2021/4/12	#2 催化	油浆	7.40	79.38	9.81	3.42

3.3 产品收率及操作调整

原料油浆进料处理量保持在 4.5t/h～5t/h，达到油浆固液分离设施设计所要求的的处理能力。油浆脱固系统投用后，滤清油浆收率如图 3 所示，虽然该系统设计的滤清油浆收率为>85%，但滤清油浆的收率在 9 月初刚投用时未达到收率>85%的要求，故装置关小浓缩油浆流量控制阀 FC2103 以提高外输量。经过调整后，滤清油浆收率有所提高，达到 84%左右，但一、二级过滤器滤膜压降 PD2106、PD2107 均出现缓慢上升的迹象，最高接近至 0.3MPa，影响系统长周期运行，故通过降低浓缩油浆流量的方法来提高滤清油浆收率并不可行。

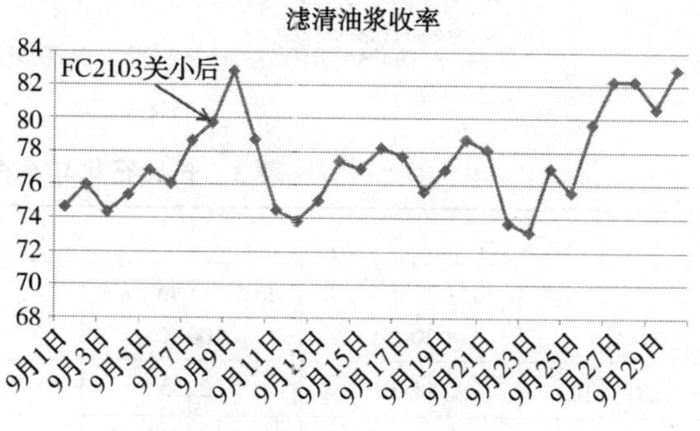

图 3　滤清油浆收率曲线

所以为保证油浆脱固系统的长周期运行，装置控制滤清油浆产品收率在 75%～80%之间。如图 4 所示。

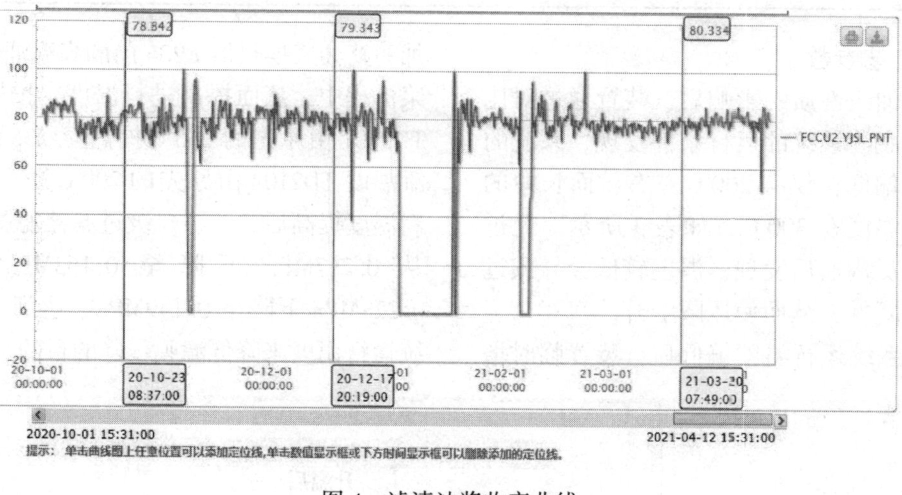

图 4　滤清油浆收率曲线

4　油浆脱固运行期间遇到的问题及解决方法

4.1 油浆脱固系统滤膜压降高

在油浆脱固系统开工后的运行中，装置遇到系统过滤器一、二级滤膜压降升高的情况，PD2106、PD2107 均达到了 0.25MPa～0.30MPa，如图 5 所示。

滤膜压降的快速上升由以下几个方面的因素造成：原料油浆性质、温度以及浓缩油浆量。

4.1.1　原料油浆性质

原料油浆四组分中，需保证沥青质≤15%，根据表 2 可以看出装置原料油浆符合要求，沥青质含量在 2%以下。

同时装置与长岭石化的油浆做了性质上的对比，如表 3，可以分析得出一、二级过滤器滤膜压降的上升并不是由原料油浆性质造成的。

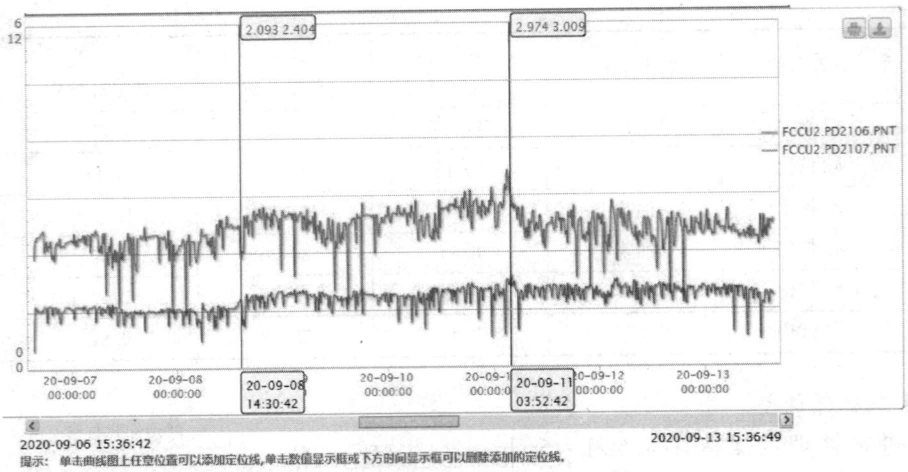

图 5　一、二级过滤器滤膜压降曲线

表 3　长岭石化与高桥石化油浆性质及运行情况对比

原料性质							
	密度/(kg/m³)(20℃)	黏度/(mm²/s)(100℃)	灰分/%	饱和烃/%	芳烃/%	胶质/%	沥青质/%
长岭石化	1140	32.55	0.256	5.48	57.77	20.85	12.63
高桥石化	1071	19.88	0.34	12.31	73.85	11.81	2.03

运行情况					
	运行温度/℃	运行压力/MPa	处理量/(t/h)	跨膜压差/MPa	滤后油浆灰分/ppm
长岭石化	290~300	0.6~0.7	5	0.06~0.1	20~50
高桥石化	190~202	0.8~0.9	4	0.15~0.25	40~60

4.1.2　运行工艺参数

排除原料油浆性质的影响后，装置通过对比长岭石化油浆脱固系统的运行条件发现，系统的运行温度整体偏低，仅有 200℃左右，而长岭的脱固系统运行温度在 300℃，如表 3 所示，经过与厂家技术人员沟通后发现，温度较低会导致过滤膜的膜通量降低，从而使压降上升。

分析考虑系统运行温度偏低后，装置临时增加一路油浆换热器 E206 前的高温油浆并入原料油浆流程中，从而提高进料温度，投用后进料温度 TD2101 由原先的 205℃提高至 238℃，油浆缓冲罐温度 TD2102 由原先的 200℃提高至 227℃。进料温度提高后，一、二级过滤器滤膜压降 PD2106 从 0.267MPa 下降至 0.163MPa、PD2107 从 0.228MPa 下降至 0.149MPa。达到了通过提高系统运行温度来降低滤膜压降的目的。如图 6 所示。

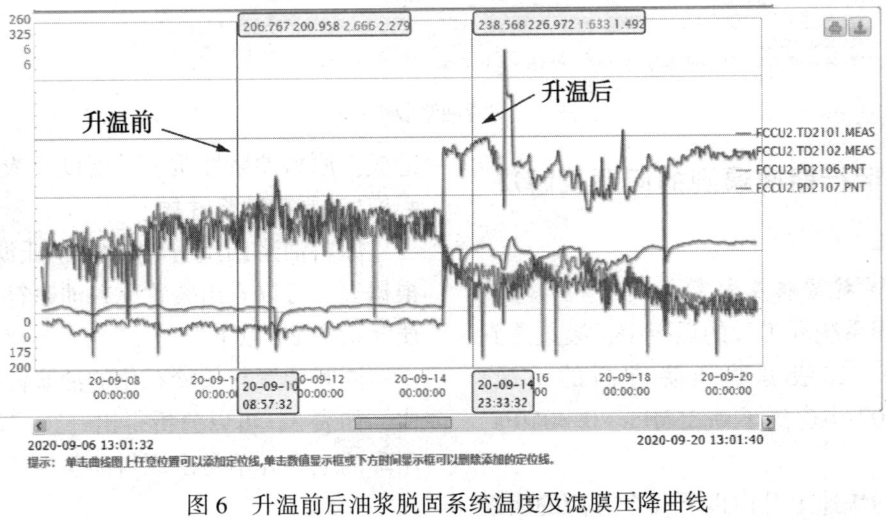

图 6　升温前后油浆脱固系统温度及滤膜压降曲线

同时装置还通过在 DCS 中设置自冲洗小程序来定期冲洗滤膜，达到降低滤膜压降、提高系统长周期运行的目的。

4.1.3　浓缩油浆返提升管流量

系统运行初期，在为提高滤清油浆收率时，进行过降低浓缩油浆返提升管流量 FC2103 的操作，但降低 FC2103 后，一、二级滤膜压降快速上升，PD2106、PD2107 分别由最初的 0.234MPa 和 0.209MPa 上升至 0.269MPa 和 0.260MPa 左右，压降最高达到 0.3MPa，如图 7 所示，故为了保证油浆脱固系统的长周期运行，装置调整了浓缩油浆至提升管的流量，保证滤膜压降处于 0.2MPa 以下且不会大幅上升。

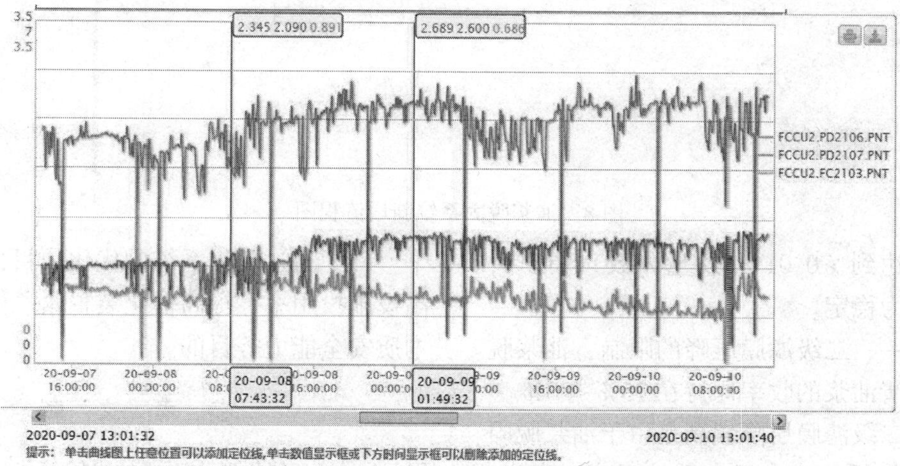

图 7　一、二级过滤器滤膜压降及浓缩油浆返塔量

4.2　油浆脱固系统的紧急停工

原料油浆在经过油浆脱固系统后，滤清油浆经装置产品油浆线出装置至罐区，而由于油浆脱固系统设计进料量≯4.75t/h，故在装置发生主风自保等紧急停工状况下，无法第一时间提高油浆外甩量，分馏塔容易满塔，故在紧急状况下将油浆脱固系统第一时间切出停运就显得尤为重要。装置根据现有流程，编制《油浆脱固系统应急处理预案》，并结合桌面推演、应急演练等手段进行培训，确保操作人员在发生紧急情况的第一时间，可将该系统平稳切出并进行置换，保证系统滤膜不受损的同时确保装置本质安全。

5　油浆脱固系统未来的改进方向

5.1　油浆脱固系统滤清油浆至罐区单独流程

由于油浆脱固系统借用装置产品油浆流程出装置至罐区，目前存在以下问题：

（1）紧急停工情况下，影响分馏塔油浆外排，分馏塔易满塔，影响装置本质安全；

（2）由于脱固系统进料量设计值≯4.75t/h，故装置正常生产时无法按需求提高油浆外甩量，分馏塔底液面存在长期高位运行情况，装置操作弹性差。

（3）油浆脱固系统滤膜压降高时，无法通过调整进料量来保证正常运行，只能切出系统后进行热柴油清洗置换，无法最大限度提高系统利用率。

所以考虑到目前遇到的这些问题，装置计划单独增设一根直接至罐区低硫船燃调和罐的流程，不再占用装置产品油浆线，同时在流程管线上增设远程控制阀门。新流程的设立，不仅有利于装置正常生产时分馏塔的相关操作、提高油浆脱固系统投用率，同时可以在紧急情况下不影响分馏塔的操作，提高装置的本质安全。如图 8 中所示，粗线为计划新增流程。

装置目前已提交相关流程增设申请，预计本年度检修期间完成该项目。

5.2　油浆脱固系统运行温度的提升

油浆脱固系统在增加一路高温油浆后，系统运行温度提高至 230℃ 左右，但由于高温油浆流程为在线增加，管径仅 DN15 对系统运行的温度提高效果有限，故装置计划在检修时重新增加高温油浆流程，管径 DN40，进一步提高系统运行温度，降低一、二级滤膜压降。如图 8 所示，粗线为计划新增流程。

6　结论

（1）油浆脱固系统在投用后，产品滤清油浆

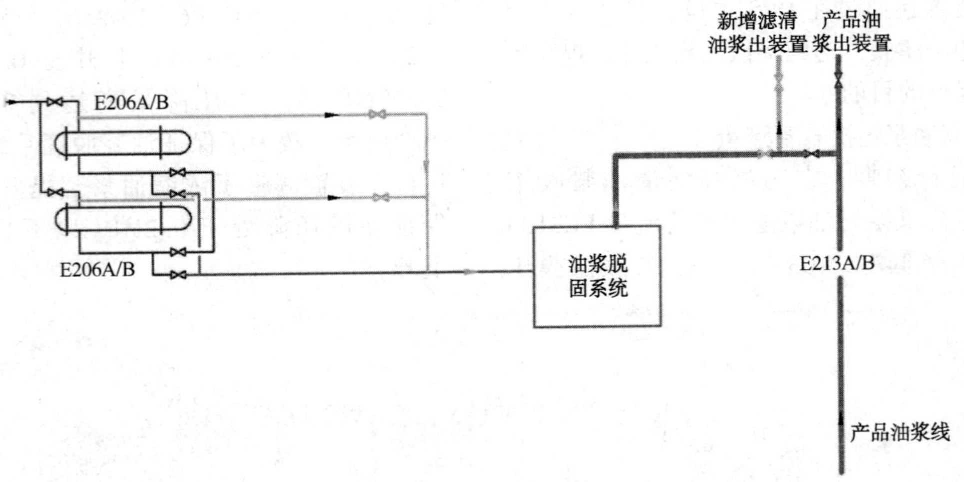

图 8　油浆脱固系统新增流程图

中的灰分可以达到≯0.01%(质量分数)的指标，且产品质量较为稳定。

(2) 由于一、二级滤膜压降的限制，油浆脱固系统产品滤清油浆的收率保持在 75%~80%。

(3) 一、二级滤膜压降偏高是由于油浆脱固系统运行温度偏低造成。提高系统温度 TD2101 和 TD2102 后，一、二级过滤器滤膜压降明显降低。

(4) 油浆脱固系统在后续的运行中，存在一定的优化空间，如增加高温油浆进料流程、滤清油浆至罐区单独流程等。

(5) 通过脱固系统的优化项目，可以达到提高设施投用率、提高催化装置紧急停工状态下的本质安全能力等目的。

参 考 文 献

[1] 马伯文. 催化裂化装置技术问答[M]. 北京：中国石化出版社，2003.

[2] 仲理科，孙治谦，任相军. 催化裂化油浆脱固方法研究进展[J]. 石油化工，2017，46(9).

[3] 邱洪卫，任万忠，曾涛. 催化裂化油浆液固体系分离技术探讨[J]. 山东化工，2015，44(10).

FCC 立管输送状态及对反应温度的影响

彭 威 张 强 张 浩

(中石油克拉玛依石化有限责任公司)

摘 要 在1.0Mt/a的FCC装置上，测量不同加工量时再生立管内的压力分布和松动风量，记录再生斜管内催化剂密度和反应温度的变化，分析再生立管不同区域内气泡和乳化相的运动状态，及其对提升管反应温度的影响。结果表明：再生立管的上斜管和下斜管内催化剂流态为密相流化态，轴向压力梯度增高；中部垂直管内催化剂堆积密实，催化剂流态为过渡填充流态，轴向压力梯度降低。再生立管内气泡的运动状态取决于松动风流量、催化剂密度和催化剂循环流量。再生立管底部滑阀前气泡的运动状态直接影响反应温度的稳定性，尤其是当松动风量超过催化剂携带能力时，形成的大气泡直接影响催化剂循环量，造成反应温度发生波动。根据生产数据，建立了一种新的FCC装置立管组合流态模型，可指导立管流态判断和操作调整。

关键词 催化裂化，再生立管，松动风，气泡，反应温度

在费托合成、烃类的催化裂化、渣油灵活焦化和甲醇制烯烃等流化床反应装置的立管中一直存在气-固两相流，但是科技人员对工业立管的设计和操作往往依据经验法则，而对其内部气-固两相流流态的设计准则和判据还缺乏了解。因此，在实际生产过程中仍存在大量的立管流化输送不畅问题，如发生在立管输送过程中的架桥、窜气、压力逆转和颗粒质量流率波动等，已成为制约工业装置高负荷、安全生产的瓶颈。目前，分析立管内气-固相相对速度的文献较少，尤其是对工业FCC装置立管的操作问题还缺乏模型分析和定量计算。笔者根据某石化公司FCC装置(1.0Mt/a)再生立管现场测量的数据及其不同操作条件，分析立管内气泡和乳化相的运动状态对反应温度的影响，以期指导工业FCC装置立管输送催化剂操作参数的调整。

1 FCC装置和立管数据测量

1.1 FCC装置

图1为某石化公司1.0Mt/a FCC装置反应-再生系统示意图。其反应器和再生器为高低并列式结构，反应器采用内置提升管，提升管终端为三叶快分；再生器采用烧焦罐和密相床层再生技术，稀相管终端为粗旋，烧焦罐无外取热器。

表1为FCC装置操作参数。烧焦罐温度低，为了降低再生催化剂含炭量，外排烟气过剩氧含量较高为4%。工况Ⅰ时，加工量为120t/h，催化剂循环质量流量(F_s)为8.4×10^5kg/h，滑阀前催化剂密度为620kg/m³；工况Ⅱ时，加工量为80t/h，F_s为4.8×10^5kg/h，滑阀前催化剂密度为420kg/m³。剂油比按两器热平衡计算。

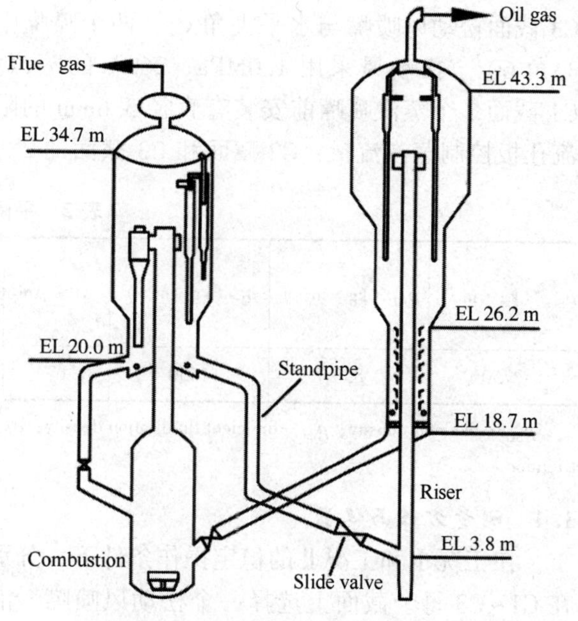

图1 FCC装置反应再生系统示意图

表1 装置操作参数

新鲜料加工量/(t·h⁻¹)	125
反应压力/kPa	167
再生压力/kPa	162
反应温度/℃	480~500

续表

烧焦罐温度/℃	660~675
二密相温度/℃	690~700
烧焦罐密度/$(kg \cdot m^{-3})$	140~150
二密相密度/$(kg \cdot m^{-3})$	280~350
再生立管密度/$(kg \cdot m^{-3})$	0~450
剂油比	6.5~7
再生滑阀压降/kPa	0~40
烟气氧含量/φ%	4~6

1.2 再生立管

图 2 为再生立管结构，再生立管入口为淹流式。由图 2 可知，再生立管内径为 0.7m，由三部分组成：其中上斜管与水平夹角 63°，长度 3.9m；直管段长度 5.7m；下斜管与水平夹角 60°，长度 3.4m。C0~C5 为立管轴向 5 个截面，标高分别为 20m、17.1m、11.5m、8.4m、7m 和 5.5m；在 C1、C2 和 C3 截面设置 3 组松动风，每组 2 个松动风喷嘴；C1 截面松动风喷嘴与水平夹角 0°，2 个喷嘴的中心角 60°；C2 截面松动风喷嘴与水平夹角 30°，两个喷嘴中心角 180°；C3 截面松动风喷嘴与水平夹角 0°，两个喷嘴中心角 60°。松动风采用 1.0MPa、260℃ 的蒸汽。C1 截面 2 个蒸汽喷嘴前安装有直径 3.6mm 的限流孔板控制蒸汽流量；C2 截面和 C3 截面的 2 支喷嘴前分别安装直径 3.6mm 和 10mm 的孔板。再生立管滑阀前 DI106 为再生斜管内催化剂密度测量仪表，取压点分别位于再生滑阀前 1.5m 和 3m 处。

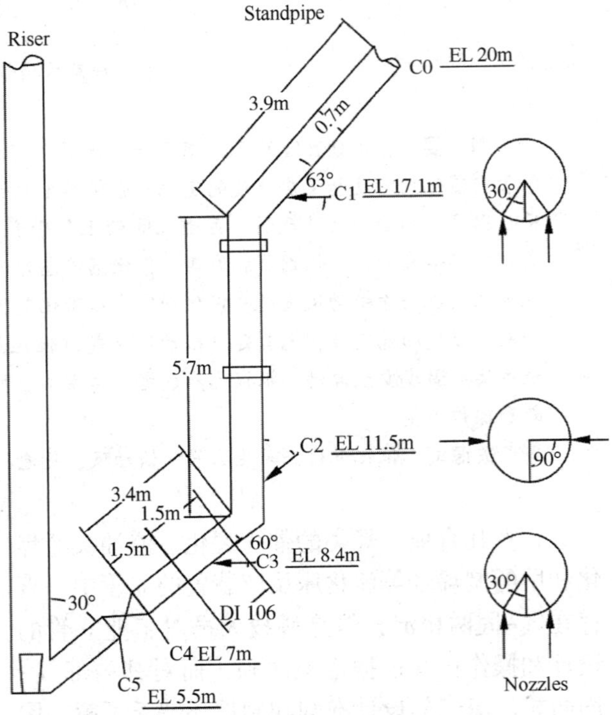

图 2　再生立管结构示意图

EL—Elevation；C0—C5—Cross sections of standpipe

1.3 催化剂性质

催化剂为兰州催化剂厂生产的 LZR-30 型催化剂。表 2 为平衡剂特性。

表 2　平衡催化剂特性分析

$\rho_{Ske}/(kg \cdot m^{-3})$	$\rho_{mf}/(kg \cdot m^{-3})$	$\rho_P/(kg \cdot m^{-3})$	APS/μm	φ/%				
				0-20μm	20-40μm	40-80μm	80-110μm	>110μm
2750	850	1550	67	0.26	13.6	59.3	16.3	10.6

ρ_{Ske}—Skeletal density；ρ_{mf}—Incipient fluidization density；ρ_P—Particle density；APS—Average particle size；φ—Particle size volume distribution。

1.4 测量方法与仪器

在工况 Ⅰ 和工况 Ⅱ 的稳定操作条件下，分别在 C1~C3 每个截面上选择一个松动风喷嘴，沿再生立管轴向逐个进行压力测量；同时记录 C0、C4、C5 点(图 2)压力值、DI106 仪表的压力差值和反应温度。压力采用北京康斯特仪表科技公司生产的 ConST211 数字压力表测量，量程 0~400kPa，测量频率 1Hz，测量时间 120min。现场测量压力数值均为表压。

2 结果和讨论

2.1 测量数据

图 3 为不同工况时再生立管轴向压力分布。沿立管从上至下，轴向压力呈增长趋势。工况 Ⅰ 时，C0 至 C4 截面压力由 185kPa 增大至 235.7kPa，滑阀后 C5 点压力为 190kPa；工况 Ⅱ 时，再生立管轴向压力分布与工况 Ⅰ 时相似，但各截面压力略有降低，这是由于立管静压随催化

剂循环量降低而减小的结果。另外，两种工况条件下 C1 至 C2 截面间压力梯度都小于 C0 至 C1 和 C2 至 C4 的，说明立管中部催化剂流态不同与立管上部和下部的，这可能是由于立管中部长达 5.6m 范围内未设置松动风造成的。

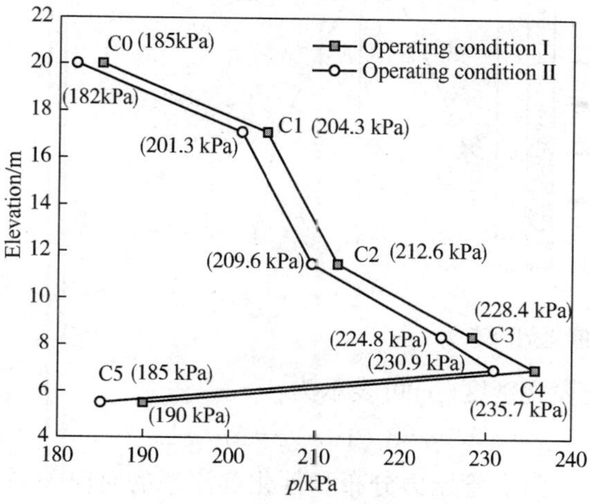

图 3　不同工况时立管轴向压力分布

图 4 为不同工况下提升管反应温度曲线。整体来看反应温度存在较大的波动变化，工况 I 的反应温度波动幅度和波动频次高于工况 Ⅱ。在工况 I 时，反应温度时均值和波动范围分别为 483℃和 466℃～487℃，在测量时间段内，反应温度出现 5 次较大的波动，每次波动的反应温度在 1～2min 内快速下降至 465℃～470℃，然后恢复到正常的波动范围内。在工况 Ⅱ 时，反应温度时均值和波动范围分别为 475℃ 和 468℃～478℃，反应温度仅出现 2 次小幅度波动。

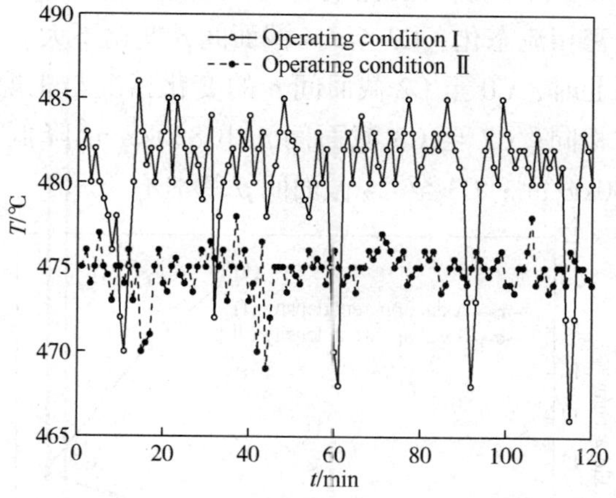

图 4　不同工况时反应温度曲线

图 5 为依据 DI106 仪表测量的滑阀前再生斜管催化剂表观密度变化曲线。工况 I 的催化剂密度波动范围和波动频次大于工况 Ⅱ。工况 I 时，斜管内催化剂密度时均值约 620kg/m³，波动范围为 0～650kg/m³，测量时间段内出现 5 次波动，波动时间点与反应温度相对应，说明立管内催化剂输送的流态直接影响到提升管的反应温度；工况 Ⅱ 时，斜管内催化剂密度时均值约 410kg/m³，波动范围为 200～430kg/m³，测量时间内仅出现两次小幅度波动。

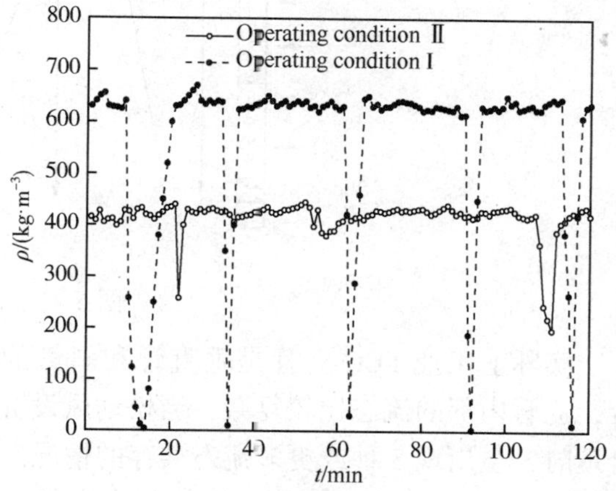

图 5　再生立管内催化剂密度曲线

2.2　立管内催化剂流态判断

气体随催化剂在立管内向下流动的过程中，伴随着气体的脱除和被压缩，轴向压力逐渐升高，流化气体量不断减小。若立管足够长且无松动风，则催化剂空隙率(ε)会不断减少，最终接近填充流空隙率(ε_0)而形成填充流态，因此，立管需要设置间距合适的松动风弥补流化气体量的减小。依据文献[7,9]对立管流态的分析，图 6 为立管中可能出现的 2 种输送操作工况。一般在立管入口和上部气固两相滑落速度大，催化剂流动为密相流化。若此时通入的松动风量约等于立管内流化气体减小的体积。沿立管向下轴向压力逐渐增大，压力梯度线性分布，空隙率虽然减小，但始终大于初始流化空隙率(ε_{mf})，见图 6(a)。此时，滑阀压降和滑阀开度合适，反应温度稳定，是理想的操作工况。

若催化剂脱气速度过快或立管下部通入的松动风体积小于立管内减小的流化气体体积，立管压力梯度呈上大、下小的变化。立管上部催化剂输送为密相流化态，空隙率逐渐减小，轴向压力不断增大；立管中下部的空隙率小于 ε_{mf} 时，催化剂流态转变为过度填充流态或填充流态，轴向压力成凸型分布，见图 6(b)。在过渡填充流态时，沿立管向下空隙率继续减小直至等于填充流空隙率 ε_0，轴向压力继续增大，如图 6(b)中①线，此工况立管压力梯度小于密相流化态的；当为填充流态时，空隙率不再变化，气体穿过催化剂间隙下行，轴向压力逐渐减小，此时压力梯度为正压差，如图 6(b)中②线。此时，滑阀压降小、立管推动力不足，催化剂输送量受限，一般发生在滑阀突然关小的时候，这时需要快速对滑阀前堆积的催化剂进行松动，防止反应温度大幅度降低。

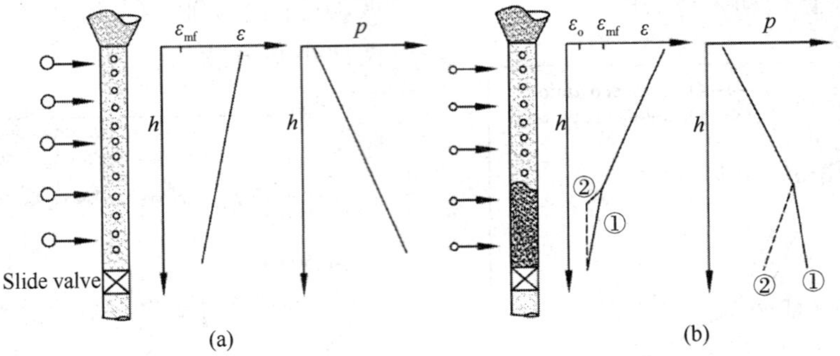

图 6　立管内不同的催化剂流态

实际上工业 FCC 立管是垂直管和斜管的组合，立管内部的流态比较复杂，当松动风设置不合理时，会出现 3 种或更多流态共存的情况。根据图 3 的轴向压力分布，立管上部为密相流化态；立管中部由于脱气和气体压缩效应形成过渡填充流，压力梯度降低；而立管下部通入的松动风量大于立管内气体减小的体积时，空隙率增大，催化剂流态由过渡填充流转变为密相流化，压力梯度升高，见图 7。此时，反应温度、滑阀压降和开度波动较大，操作不平稳，一般发生在采用低剂油比操作、滑阀前松动风过量时。

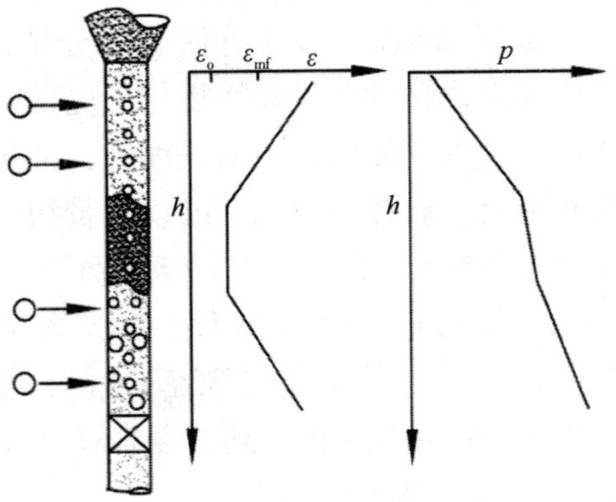

图 7　工业 FCC 立管内的组合流态

依据图 3 中再生立管的压力分布以及立管内催化剂流态对压力分布的影响，可以判断该装置再生立管内的催化剂流态是多种组合。立管轴向任意两截面间的压差公式为：

$$\Delta p=\rho_p(1-\varepsilon)g\Delta h-\Delta p_f \qquad (1)$$

式(1)中：ρ_p为催化剂颗粒密度，kg/m^3；$\rho_p(1-\varepsilon)g\Delta h$ 表示势能压差，kPa；Δp_f表示摩擦损失压降，kPa。催化剂流态为流化态时，势能压差远大于摩擦损失压降，Δp_f可忽略不计，催化剂的表观密度(ρ)可表示为：

$$\rho=\rho_p(1-\varepsilon)g=\Delta p/g\Delta h \qquad (2)$$

由立管压力分布和催化剂流态的对应关系可知，立管 C0 至 C1 截面和 C2 至 C4 截面间催化剂流态为流化态，密度计算符合公式(2)；C1 至 C2 截面间催化剂流态为过渡填充流，Δp_f比较大不可忽略，催化剂密度约为初始流化密度ρ_{mf}。

图 8 为再生立管轴向密度分布。工况 I 时，C0 至 C1 截面 ρ 由 550kg/m^{3}增大至 680kg/m^3，表明催化剂流动状态为密相流化态，气泡上行，催化剂下行，称为脱气区；C1 至 C2 截面间催化剂密度由 680kg/m^{3}增至 850kg/m^3，说明催化剂产生堆积，催化剂流态逐渐转变为过渡填充流态；C2 至 C3 截面间 ρ 由 850kg/m^3 降低至 520kg/m^3，说明催化剂流态由过渡填充流态转变密相流态化；C3 至 C4 截面间ρ 变化不大。工况Ⅱ时，C0 至 C2 截面间ρ 的变化情况与工况 I 时相同；C2 至 C3 截面间ρ 由 850kg/m^{3}降低至 480kg/m^3；C3 至 C4 截面间ρ 基本不变。

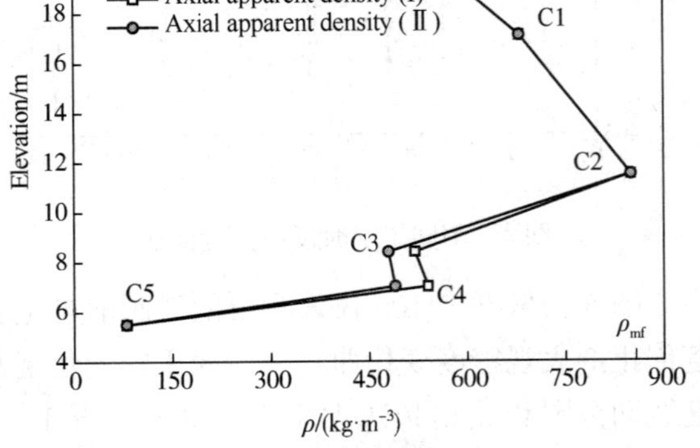

图 8　立管内催化剂密度曲线

2.3 气固两相运动状态及对反应温度的影响

对于 FCC 催化剂颗粒，当床层表观速度(u_f)大于初始鼓泡速度(u_{mb})时在床层内出现气泡，除u_{mb}的气体使床层呈现散式流化外，超过的(u_f-u_{mb})气量在床层内以气泡相存在，气泡相以外为散式流化的颗粒乳化相。立管内气泡的运动方向取决于气泡和乳化相的相对速度，当气泡上升速度大于乳化相下行速度时，气泡穿过乳化相上行，否则，气泡相下运行。但立管与斜管内气泡的流动方式不同。当催化剂循环强度比较低时，在斜管内受重力的影响气固两相流容易产生分层流：气泡沿斜管上部上行，催化剂贴近斜管下部下行。当催化剂循环强度比较高时，催化剂夹带气体快速下行[10-11]。

图 9 为再生立管气泡运行状态示意图。依据流态将立管划分为 A、B 和 C 区。A 区为密相流化区，气泡在负压差作用下沿斜管上部上行，气泡来源为脱除的催化剂夹带的烟气和 C1 截面通入的松动风。B 区为过渡填充流区，乳化相密度接近ρ_{mf}，无气泡。C 区为密相流化区，由于其上方为高密度催化剂过渡填充流区，气泡只能被催化剂携带下行。若气泡被携带量小于 C2 和 C3 点通入的松动风量，剩余的松动风就会在下斜管上部形成大气泡；根据颗粒质量连续性方程：$F_s=\rho_p(1-\varepsilon)u_sA$ 和催化剂表观密度公式：$\rho=\rho_p(1-\varepsilon)g$，$F_s$和$\rho$随$\varepsilon$增大而减小；当$\varepsilon$增大时，反应温度降低，滑阀通过增大开度提高$F_s$，大气泡随催化剂排出立管后，$F_s$和$\rho$增大，反应温度恢复，滑阀关小后，斜管内再次形成大气泡，如此往复，操作产生较大的波动。当斜管上部气泡较小时，反应温度和ρ波动较小；当气泡较多时，气泡连通在一起形成分层流，气泡通过 DI106 时形成连通压差回零，仪表记录催化剂密度显示值回零，见图 9，但实际上斜管下部催化剂是连续输送的。

在 A 区，催化剂密度由 550kg/m^3 增大至 850kg/m^3，脱除气体体积流量(Q_d，m^3/h)公式为：

$$Q_d=F_s(1/\rho_{dense}-1/\rho_{mf}) \quad (3)$$

式(3)中ρ_{dense}为 700℃时再生器密相床层密度，kg/m^3。

1.0MPa 蒸汽流经限流孔板的质量流量公式[6]为：

$$W=63.7d_r^2p/(T)^{0.5} \quad (4)$$

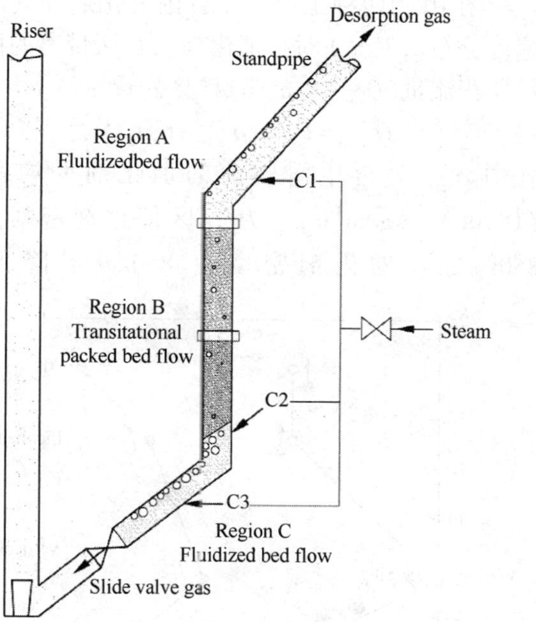

图 9 立内气泡流动状态管

W为蒸汽质量流量，kg/h；d_r为孔板直径，m；p为蒸汽压力，Pa；T为蒸汽温度，K。蒸汽体积流量(Q_{Ci}，m^3/s)计算公式为：

$$Q_{Ci}=22.4W/18/3600 \quad (5)$$

由式(3)、(4)和(5)可计算得到立管不同区域气泡体积流量。由此可计算不同区域气泡表观速率(u_{Ci}，m/s)，计算公式为：

$$u_{Ci}=Q_{Ci}/A \quad (6)$$

立管不同区域催化剂表观速率公式为：

$$u_{s(ci)}=F_s/(3.6\rho A) \quad (7)$$

A为立管横截面积，m^2。表 3 为不同工况时立管各个松动风截面的催化剂速率。

表 3 立管内催化剂速度

Position	$u_{s(CC)}$/(m·s^{-1})	$u_{s(C1)}$/(m·s^{-1})	$u_{s(C2)}$/(m·s^{-1})	$u_{s(C3)}$/(m·s^{-1})
Operating condition Ⅰ	1.10	0.89	0.72	1.01
Operating condition Ⅱ	0.63	0.51	0.41	0.62

表 4 为 2 种工况下立管不同区域气泡流量和速度。2 种工况下立管各区域气泡运动速度相同。

表 4 立管内的气泡参数

Region A		RegionB	Region C	
Q_d/(m^3·h^{-1})	Q_{C1}/(m^3·h^{-1})	Q_B/(m^3·h^{-1})	Q_{C2}/(m^3·h^{-1})	Q_{C3}/(m^3·h^{-1})
539	89	0	340.5	340.5
u_A/(m·s^{-1})		u_B/(m·s^{-1})	u_C/(m·s^{-1})	
0.45		0	0.50	

图 10 为两种工况时立管内催化剂和气泡的速度分布。工况 I 时，催化剂从 C 区带离的松动风体积流量（Q_{valve}，m^3/h）计算公式为：

$$Q_{valve}=F_s(1/\rho_{valve}-1/\rho_{mf}) \quad (8)$$

式中 ρ_{valve} 为再生滑阀前的催化剂平均密度（DI106），kg/m^3；ρ_{mf} 为 B 区催化剂密度，约 $850kg/m^3$。催化剂密度由 $850kg/m^3$ 降低至 $620kg/m^3$ 时，携带离开的气泡体积流量为 $366.6m^3/h$，远小于 C 区通入的松动风总量 $681m^3/h$，剩余的松动风聚集成为段塞气泡（Slug），如图 10（a）。大气泡影响空隙率和催化剂循环量，造成反应温度和斜管内催化剂密度大幅度波动。

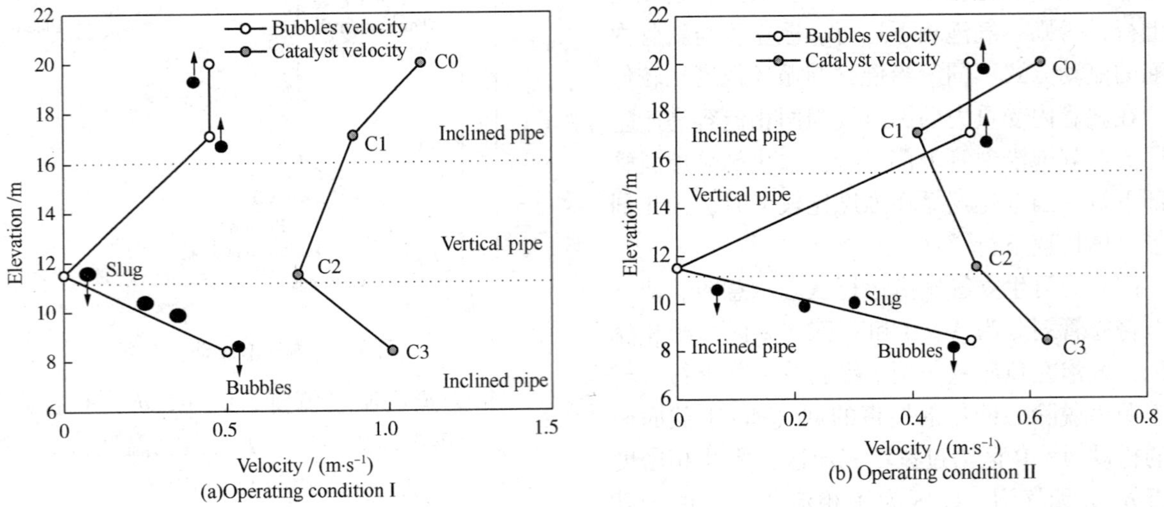

图 10　立管内气泡和催化剂的速度分布

对于工况Ⅱ，催化剂密度由 $850kg/m^3$ 降低至 $410kg/m^3$ 时，携带离开的气泡体积流量为 $606m^3/h$，接近 C 区通入的松动风流量，剩余松动风形成的段塞气泡较小，如图 10（b），反应温度和催化剂表观密度波动较小。

因此，立管下部气泡聚集影响催化剂空隙率和催化剂循环量的波动，是导致反应温度波动的主要原因。立管下部松动风流量控制原则应保证立管下部气泡相速度低于乳化相下流速度，气泡相尽量被催化剂全部带离再生立管进入提升管。操作调整时应注意：若反应温度大幅度波动，说明立管下部催化剂被过度流化，应根据催化剂循环量和斜管催化剂密度，定量计算和减小多余的松动风量；若反应温度稳定，但立管压力梯度降低，或滑阀开度增大，说明立管下部催化剂形成了填充流，应适当增大立管下部松动风量，防止滑阀开度过大。

3　结论

在 1.0Mt/a FCC 装置上，通过测量再生立管轴向压力分布，分析立管内催化剂密度和反应温度的变化，得出以下结论：

（1）立管轴向压力分布是立管内催化剂流动状态的宏观反映。该装置立管内出现了不同的催化剂流态组合，其中，上斜管和下斜管内催化剂流态为密相流化态，中部直管段催化剂流态为过渡填充流态。

（2）该装置再生立管 I 区为脱气区；Ⅱ区由于松动风量不足形成过渡填充流；Ⅲ区通入了过量的松动风，大气泡的形成改变了空隙率和催化剂循环量，是反应温度和斜管内催化剂密度产生波动的根本原因。

（3）立管轴向气泡的运动状态取决于松动风流量和催化剂循环量，在操作调整时，应核算气泡相和乳化相的运动速度，避免松动风量过度。

（4）根据工业生产数据，建立了一种 FCC 装置立管组合流态判断方法，可以用于工业 FCC 装置立管流化问题的判断和操作调整。

参　考　文　献

[1] 金涌，祝京旭，汪展文，等. 流态化工程原理[M]. 北京：清华大学出版社，2001.

[2] 陈俊武. 催化裂化工艺与工程[M]. 北京：中国石化出版社，2005.

[3] 邢颖春，卢春喜. 某催化裂化装置催化剂循环管线松动点的改造[J]. 石化技术与应用，2008，26(1)：49-54.

[4] 彭威，王进，齐宏伟，等. FCC 再生立管输送催化剂不畅的原因分析[J]. 石油炼制与化工，2018，49(5)：22-26.
[5] 李玉飞，王明东，侯玉宝. R2R 型催化裂化装置流化问题探究[J]. 炼油技术与工程，2019，49(12)：31-32.
[6] 曹汉昌，郝希仁，张韩. 催化裂化工艺计算与技术分析[M]. 北京：石油工业出版社，2000：222-223.
[7] 卢春喜，王祝安. 催化裂化流态化技术[M]. 北京：中国石化出版社，2002：120-121.
[8] LUDLOW J C，PANDAY R，SHADLE L J. Standpipe models for diagnostics and control of a circulating fluidized bed[J]. Powder Technology，2013，242：51-54.
[9] LEUNG L S，JONES P J. An analysis of moving-bed flow of solids down standpipe and slide valves[J]. Powder Technology，1978，19：7-10.
[10] GRACE J R，AVIDAN A A，KNOWLTON T M. Circulating fluidized beds-Standpipes and return systems[M]. New York：Blackie Academic and professional，1997，214-216.

胺液再生系统设备腐蚀现状分析及防护对策

马　驰　王维斌　黄　敏

（中石油克拉玛依石化有限责任公司）

摘　要　某石化公司干气液化气脱硫装置胺液管道突发多处焊缝开裂泄漏及管件腐蚀减薄失效，本文通过工艺介质检测、DR 检测、定点侧厚等技术手段进行分析，针对性提出预防及解决对策，有效地消除胺液异常腐蚀的隐患，保障了装置安全运行。

关键词　胺液，胺腐蚀，腐蚀监控，控制措施

干气液化气脱硫装置是石化公司重要的环保装置，直接关系着全厂干气系统的脱硫质量，影响加热炉尾气达标。2020 年该装置再生系统胺液线腐蚀泄漏频发，腐蚀部位主要集中在贫富胺液高温管段，表现为焊缝热影响区开裂以及弯头冲刷腐蚀泄漏。此次频发的腐蚀泄漏是该装置 2012 年至 2018 平稳运行周期后的突发问题，给装置的安全平稳生产造成了较大的影响。

1　胺液再生系统流程描述

1.1　胺液再生系统简介

液化气、干气、低分氢脱硫塔的富胺液汇合后进贫富液换热器（E－101/A. B）管程，与壳程 122℃贫液换热至 95℃，进富液闪蒸罐（V－102）闪蒸。闪蒸罐（V－102）闪蒸后的富液经自压进入溶剂再生塔（C－102）上部，再生塔热源由重沸器（E－104/A. B）提供，富液在再生塔内与重沸器产生的水蒸气进行交换传质，解析出富液中携带的 H_2S 于水蒸气中，富含 H_2S 的水蒸气经塔顶冷凝冷却器（E－103/A. B）冷却至 40℃，进塔顶回流罐（V－103），经分液后酸性气体送去硫磺装置回收处理。塔底贫液经贫富液换热器（E－101/A. B）及贫液冷却器（E－102/A. B）冷却至 40℃进溶剂储罐（V－104）。

1.2　胺液再生系统设备腐蚀现状

干气液化气脱硫装置腐蚀失效多发生在胺液再生系统富胺液高温管段，其腐蚀泄漏情况汇总见表 1。

表 1　贫富胺液高温管段泄漏情况汇总表

序号	泄漏故障管段	泄漏情况汇总	腐蚀泄漏特征
1	贫富液换热器 E101 出口→闪蒸罐 V102→再生塔 C102 的富液管段	该流程管件 8 处焊缝应力腐蚀开裂泄漏包焊处理，其他焊缝部位 69 处进行了预防性包焊	管件焊缝宏观可见裂纹；管段管件存在局部减薄
2	重沸器 E104AB 出口管线	E104AB 出口管线发生减薄泄漏 3 处，进行包焊处理，同时对 10 处严重减薄部位进行了包焊处理	管件首先检测出坑蚀点，腐蚀面积逐步扩大，腐蚀速度增加，局部腐蚀加重减薄失效
3	重沸器 E104AB	E104AB 出口接管 3 处接管焊缝泄漏从加强圈检漏孔漏出，均对检漏孔进行丝堵堵漏处理	接管加强圈检查孔泄漏，出口接管短接存在减薄

2　胺液再生设备腐蚀原因分析

2.1　胺液化验分析

委托专业防腐机构对胺液系统原料、胺液、热稳定盐含量及有害离子进行分析。其分析结果见表 2，贫胺液浓度化验分析见图 1。

从以上数据可以看出，原料硫化氢含量偏高、腐蚀性阴离子浓度高、贫胺液中热稳盐含量偏高，化验分析富胺液浓度 5g/L～7g/L，2019 年富胺液硫化氢平均含量 5. 8g/L。2019 年 10 月～2020 年 2 月贫胺液浓度化验分析，贫胺液浓度在 15%～20%之间波动，平均胺液浓度 18. 51%，贫胺液浓度偏低。

表 2　腐蚀介质分析数据表

项目	原料干气硫化氢/(mg/m³)	原料液化气硫化氢/(mg/m³)	富胺液硫化氢/(g/L)	氯离子/(mg/L)	氟离子/(mg/L)	硫酸根离子/(mg/L)	热稳定盐/(g/L)	富胺液流速(m/s)
指标	测	≯1500	测	≯500	测	测	≯20	≯1
实测	5680~7100	5000~7100	5~7	520	2036	2036	20~55	0.6

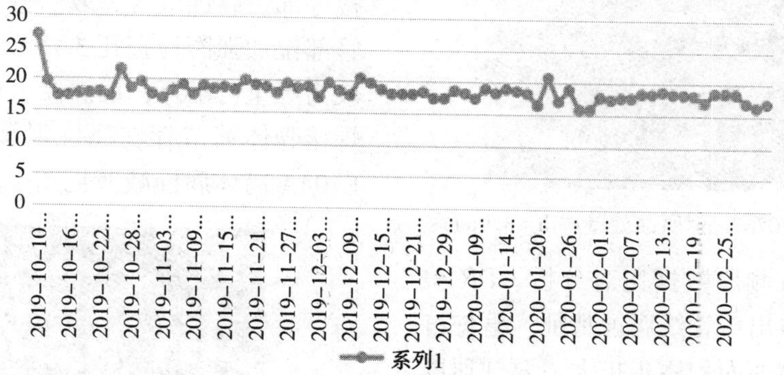

图 1　贫胺液浓度分析

2.2　腐蚀原因分析

2.2.1　富胺液高温管线腐蚀分析

富胺液高温段管线腐蚀集中发生在贫富液换热器 E101 出口→闪蒸罐 V102→再生塔 C102 的富液管道流程，腐蚀形态表现为管件焊缝部位裂纹泄漏，宏观可见焊缝裂纹；经测厚检测该流程部分管件及直管段存在均匀腐蚀减薄及局部减薄问题，但腐蚀减薄可控(图 2)。

图 2　V102 出口调节阀副线三通焊缝裂纹

通过对该流程富胺液 H_2S 含量(5g/L~7g/L)、操作参数(温度：95℃、压力：0.12MPa)等进行分析，结合管件腐蚀形态判断，此管段腐蚀主要由胺应力腐蚀开裂造成：胺应力腐蚀开裂大多与湿 H_2S 环境有关，胺应力腐蚀开裂在常温环境下就可以发生；随着升高的温度和应力水平增加了开裂的可能性和严重性；富胺液含有大量的水相，在高温下解析出的 H_2S 形成湿硫化氢应力腐蚀开裂环境，在残余应力下管道焊缝发生宏观可见的开裂裂纹(图 3)。

图 3　V102 出口调节阀 3 处管件焊缝应力腐蚀开裂

2.2.2　再生塔重沸器出口胺液管线腐蚀分析

2020 年 1 月 1 日，胺液再生塔重沸器出口管线进塔弯头冲刷腐蚀泄漏，车间对该流程全部弯头、三通等管件进行测厚排查，各管件均存在冲刷减薄问题，且腐蚀情况严重，共 15 处管件因泄漏及腐蚀减薄包焊 13 处。腐蚀泄漏见图 4、DR 检测见图 5。

图 4　E104A 出口进 C102 弯头失效泄漏

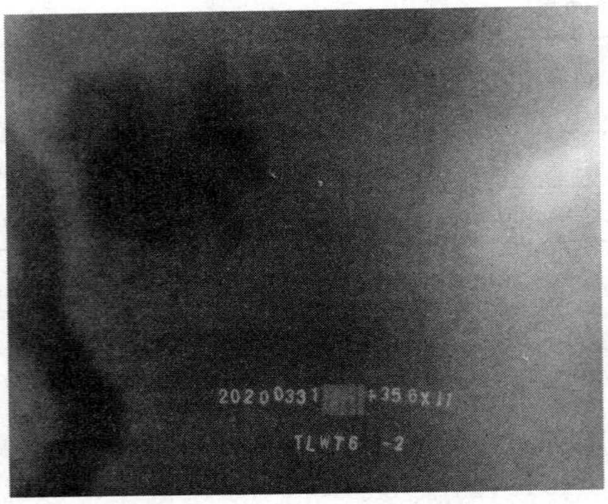

图 5　弯头腐蚀面积 20767mm²腐蚀处壁厚 h=3.9mm

根据胺液线定点测厚数据比对分析、DR 检测结果，结合重沸器出口管线腐蚀特征：管件首先检测出坑蚀点，腐蚀面积逐步扩大，腐蚀速度增加，局部腐蚀加重减薄失效。由此分析此流程管段腐蚀由胺腐蚀、热稳定盐腐蚀、冲刷腐蚀相互作用，冲刷腐蚀致设备表面碳酸亚铁和碳酸氢亚铁等腐蚀产物保护膜脱落，加速了管件腐蚀减薄失效。其主要腐蚀机理如下：

（1）胺腐蚀：胺腐蚀是由胺液中溶解的酸性气体（H_2S 和 CO_2）、氨降解产物、热稳定胺盐（HSAS）和其他杂质引起的。在富胺液系统且随温度增加，腐蚀速度增加，工艺介质流速会影响胺腐蚀速度和侵蚀的本质。

（2）热稳定盐腐蚀：胺法脱硫存在的热稳定盐（HSS）包括氯化物、硫酸盐、硫代硫酸钠等，在高温下不离解，导致在胺液内逐步积累，若热稳定盐含量>20g/L 除本身会造成均匀腐蚀和冲刷腐蚀，还改变了金属表面的电极电位，促进了 H_2S 和 CO_2对设备的胺腐蚀。从表 1 中的数据可以看出，胺液系统中热稳定盐浓度达到了 25g/L~55g/L，热稳定盐都是由泥浆状不溶性固体颗粒组成，这些固体颗粒对管线存在很大的冲蚀作用，导致设备及管线冲蚀问题。

（3）冲刷腐蚀：塔底半贫胺液经重沸器加热半贫液中含有少量的硫化氢在再生过程中析出，溶于弯头表面中的液滴引起腐蚀；重沸器出口管线介质气液两相流动，携带热稳定盐等固体颗粒对管件部位形成冲蚀，导致设备表面碳酸亚铁和碳酸氢亚铁等腐蚀产物保护膜脱落，硫化氢表面腐蚀在冲刷腐蚀的相互作用下，加速了管件腐蚀减薄速率。

2.2.3　再生塔重沸器设备腐蚀分析

重沸器设备腐蚀机理与出口管线腐蚀机理基本相同。现使用再生塔重沸器结构管束上方壳体无大的蒸发空间，由于受热汽化体积会急速增加，分子运动速率会加快，受气液两相流和热稳定盐等固体颗粒影响，会对壳体出口及其周围产生强烈地冲刷腐蚀，造成接管部位壳体、出口短接等部位腐蚀减薄失效。重沸器 E104AB 出口接管部位加强圈检查孔 3 处已发生泄漏，腐蚀情况较为严重（图 6），重沸器出口接管及与接管部位焊接壳体筒节存在腐蚀泄漏风险。2012 年检修 E104A 筒体腐蚀减薄见图 7。

图 6　胺液再生重沸器接管加强圈检查孔泄漏

图 7　2012 年检修 E104A 出口接管筒节冲刷减薄

3　现阶段腐蚀防护对策

3.1　工艺防腐措施

3.1.1　降低热稳定盐

将胺液在线净化系统运行周期 1 次/天调整到 8 次/天，增加胺液在线运行周期，加强对贫胺液热稳盐含量的分析检测，根据贫胺液热稳盐含量的情况及时调整胺液在线运行周期，保证贫胺液热稳盐含量在 20g/L 以下。

3.1.2　防止胺液氧化降解

改进胺液加剂方式，用胺液加剂隔膜泵 P103 直接抽大桶内的新胺液进胺液罐 V104，避免新胺液倒入非密闭地下胺液罐 V106 储存期间新胺液接触空气氧化降解。

3.1.3 提高胺液浓度

控制胺液浓度不低于 20%，提高胺液循环量，控制富胺液中 H_2S 和 CO_2浓度含量；车间通过提高胺液浓度，将胺液浓度由 2019 年全年平均 18.51%提高到 2020 年平均浓度 26.2%，减少富胺液在高温管段部位 H_2S 和 CO_2析出，有效降低胺腐蚀及胺应力腐蚀开裂腐蚀，减缓腐蚀速率。

3.2 胺液系统设备及管线检测监控

车间通过对高温胺液管线管件定点测厚监控（频次 1 次/月），及时检测发现管件减薄部位，并进行预知性包焊处理，有效避免了因腐蚀失效泄漏造成安全隐患。从目前持续监控情况看，腐蚀情况有所控制，但未能完全消除隐患，重沸器出口管线仍存在持续减薄，高温管段仍存在焊缝泄漏风险，需继续加强监控。

3.3 高温管线焊缝预防性包焊

为了防止高温管线频繁泄漏带来装置运行安全隐患，车间对贫富液换热器 E101 出口→闪蒸罐 V102→再生塔 C102 的富液管道流程 69 处管件焊缝进行了预防性包焊；经定点测厚检测，E104AB 出口管线发现严重腐蚀减薄部位 10 处进行包焊处理。车间将持续做好高温胺液管线管件定点测厚监控，及时检测发现管件减薄部位，及时进行预知性包焊处理，避免了因腐蚀失效泄漏造成安全隐患。

4 后续改进措施

4.1 管线材质选型

4.1.1 管线原材质更新

装置 2004 年底建成投产，再生系统贫富胺液的管道材质为 20#钢，富液管线和重沸器进出管线于 2012 年大修期间进行了更新，施焊后执行焊后热处理解决应力腐蚀开裂问题，装置运行至 2018 年均未出现明显的腐蚀泄漏问题。2020 年 1 月起脱硫装置泄漏突发，并且主要集中在 90℃以上的富液线及重沸器顶部到再生塔返塔胺液管线。根据现有材质腐蚀泄漏情况，20#钢在做好焊接质量把控及热处理情况下，可满足一个检修周期的使用；若管线同材质更新，应在每个检修周期都将富胺液线和重沸器进出口胺液线、贫胺液高温部位管线进行更换。

4.1.1 管线材质升级

对于再生系统，如果胺液杂质、热稳定盐及有害离子含量较低可采用碳钢材质，若腐蚀性较强应考虑优选选用 300 系列奥氏体不锈钢材质，可有效缓解胺液系统设备管线的腐蚀。现设计考虑到富胺液温度大于 60℃ 就可以发生 H_2S 和 CO_2析出，加速管线腐蚀，一般设计时将 60℃以上高温富胺液线材质选用耐腐蚀性更好的 300 系列奥氏体不锈钢。

4.2 合理设置再生塔重沸器结构

4.2.1 再沸器壳体及接管维修

2012 年大检修重沸器 E104/A 因腐蚀严重，对 E104A 壳体腐蚀部位更换筒节，E104AB 出口接管进行了更换；结合现腐蚀泄漏情况，大检修期间需对换热器接管及接管部位壳体筒节进行更换，并做好焊后热处理。根据现换热器结构型式和材质腐蚀泄漏情况，换热器维修可满足一个检修周期的安全运行，若不进行结构改变 E104AB 无法满足二个检修周期运行，需每个检修周期对重沸器出口筒节及接管进行更换。

4.2.2 选型带有蒸发空间重沸器

对重沸器进行结构优化，合理增大壳体出口汽液转化蒸发空间，对虹吸式重沸器进行改造，增大上部蒸发空间，或选用釜式塔底重沸器，可在一定程度缓解腐蚀。

4.3 腐蚀监控

做好胺液系统腐蚀监控，采用定点测厚、腐蚀挂片探针、电阻探针分析等在线监测措施，对管线腐蚀情况进行监控。定点测厚和探针监测位置优先考虑腐蚀部位，包括高温富胺液流程、重沸器出口管线。

5 结论

由于装置富胺液中 H_2S 和 CO_2析出引起胺腐蚀，在热稳定盐含量超标、冲刷腐蚀的相互作用下，导致装置出现大面积焊缝应力开裂及腐蚀减薄失效。但是通过工艺调整与设备预防性包焊与补强，已经有效控制了腐蚀泄漏风险。

（1）现阶段车间通过提高胺液净化频次，降低胺液中热稳定盐等腐蚀介质含量；通过提高胺液浓度，将胺液浓度由 2019 年全年平均 18.51%提高到 2020 年平均浓度 26.2%等措施，减少富胺液在高温管段 H_2S 和 CO_2析出，降低胺腐蚀、胺应力腐蚀开裂及冲刷腐蚀危害，有效减缓腐蚀速率。

（2）持续开展腐蚀监控，通过跟踪测厚数据排查出管线腐蚀部位，在未发生腐蚀泄漏前进行预防性包焊，有效防止了冲刷腐蚀泄漏故障。

（3）管道材质升级 300 系列奥氏体不锈钢，重沸器增加气相蒸发空间，冲刷管段 6 年进行整体更新，均可有效控制再生系统的腐蚀问题。利用检修窗口针对性处理问题，可以确保装置在生产周期内安全平稳运行。

参 考 文 献

[1] 胡洋. 胺液脱硫系统的腐蚀与防护. 腐蚀与防护[J]. 2009，30(8)：574-576.

[2] 刘祥春. 再生塔底重沸器出口弯头的腐蚀失效分析[J]. 石油化工腐蚀与防护，2017，34(5)：39-41.

[3] 李宪华. 胺液再生装置的腐蚀与防护[J].. 河南化工，2011，28(4)：5-8.

新型汽轮机轴瓦油封结构设计及应用

余志刚　牛葆怀　阿卜杜艾尼·图尔贡

（中石油克拉玛依石化有限责任公司）

摘　要　针对石化公司新建Ⅲ套高压加氢装置高压进料泵驱动汽轮机在试车运行过程中出现的轴承箱油封油气泄漏超标原因进行分析，提出并实施了油封结构优化与改造方案，实施后情况良好，彻底杜绝了可能由油封的油气泄漏导致着火爆炸事故，取得了良好的效果。

关键词　汽轮机，油封，泄漏，轴承

汽轮机的结构比较复杂、运行环境特殊，由于其相对电机而言能节省可观的经济效益，所以出于一个长周期运行设备，它运行的过程是一个长期的、持续的过程，在这个过程中会产生非常多的影响其稳定运行的因素，这些因素会造成一些运行故障，更甚者会发生生产或安全事故，如果汽轮机频繁的出现故障，轻者机组停运，重者装置停工停产，进而对企业造成巨大的经济损失。

公司润滑油高压加氢装置内驱动异构脱蜡反应进料泵的汽轮机 P3201－ST 是 2019 年 0BYRHH PG(PL)Ⅲ型背压式汽轮机(嘉利特)。2019 年该装置试运行期间生产车间员工巡检时发现驱动异构脱蜡反应进料泵汽轮机机泵侧有大量呈现烟雾状油气，与钳工车间技术人员反复检查后确认是机泵侧轴承箱润滑油油气自油封处泄漏，被转子高速旋转所产生的气流携带至汽轮机高温处所致，并及时采取控制措施，拆除部分罩壳和保温棉防止油气凝结后附着在保温棉上发生着火事故，制作接油槽将漏油引流，接氮气吹除稀释油气浓度聚集防止着火爆炸事故。后续观察，油气泄漏量持续，且有进一步扩大的趋势，存在引发重大事故的风险。生产车间对汽轮机采取停机检查，钳工车间拆检后发现问题出现在轴承箱油封结构，针对该机组轴封油气泄漏的在装置试运生产的重要阶段并存在设备安全隐患，急需对油封结构进行改造解决该问题。

1　设备概述

公司Ⅲ套高压加氢反应进料泵透平 P3201－ST 是 2019 年 0BYRHH PG(PL)Ⅲ型背压式汽轮机，汽轮机蒸汽进气压力为 3.1MPa，进气温度为 370℃，排气压力为 1.112MPa，排气温度为 287℃，额定功率为 724.4kW，额定转速为 6000r/min，电子跳车转速为 6930r/min。该汽轮机两端蒸汽梳齿密封为碳环结构，防止汽轮机内高压蒸汽外漏及蒸汽泄漏至轴承内凝结降低润滑油润滑效果，蒸汽梳齿密封设有真空冷凝系统；汽轮机径向支撑轴承为薄壁滑动轴承，轴向推力轴承采用金斯伯雷镀层的滑动推力轴承，全部轴承均采用主动润滑系统保证润滑效果。汽轮机整体结构如图 1 所示，其高压蒸汽入口设有 PG－PL 型调速系统，入口端与联轴节端轴承箱油封均为迷宫式密封。

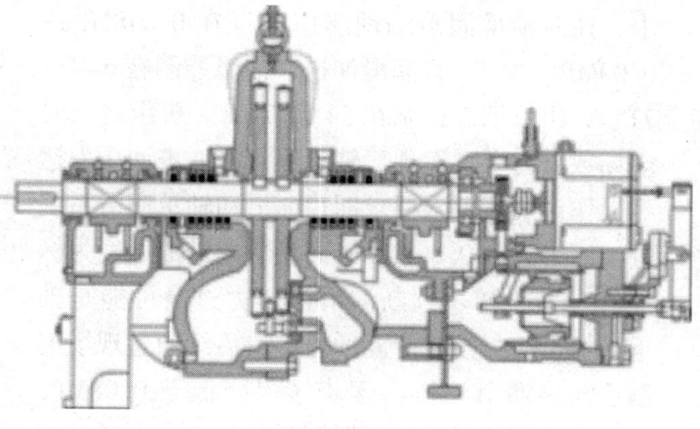

图 1　汽轮机结构

2　油封失效原因分析

2.1　油封间隙复查

原有汽轮机组轴承箱迷宫式油封梳齿齿尖与轴承箱壳体间隙标准为 0.20mm～0.30mm，检修时用压铅法等测量方法，估算间隙为 0.24mm～0.25mm，各个梳齿密封间隙均符合标准，且没有在转子部位以及梳齿密封齿尖部位发现磨损痕迹，因此排除了油封间隙超标以及磨损失效的原

因造成油封泄漏。

2.2 轴承箱油位检查

汽轮机组轴承箱实物图如图 2 所示，机组联轴节端径向轴承主动润滑系统进油管线外径为 22mm，回油管线外径为 34mm，设备运行时，轴承箱回油管线的视镜可以清楚观察到润滑油流动，钳工车间配合生产车间对查整个润滑系统管路与汽轮机轴承箱全面检查，确认管线无堵塞、轴承箱内无杂质，因此可以确定轴承箱润滑油进、回油通畅，排除轴承箱油封油气泄漏是因轴承箱内油位过高引起。

图 2　径向轴承结构

2.3 润滑油压、油温影响

根据汽轮机随机操作说明书中的相关技术要求，径向轴承润滑油油压应保证在 0.048MPa-0.09MPa 之间，且润滑油进口油温控制在 54℃-71℃，出口油温控制在 54℃-77℃。机组运行时现场数据复合时发现，轴承箱润滑油进油压力达到操作说明书上限要求即径向滑动轴承润滑系统进油压力达到 0.09MPa，而润滑油进油温度为标准值 54℃，初步判断润滑油压力过高可能是轴承箱梳齿密封发生泄漏的原因，后续通过现场控制手阀将润滑油压力逐步缓慢降低至 0.08MPa 时，轴承箱油封处油气泄漏量有所减少，通过这一现象可以确定，现场运行润滑油压力偏高是造成油封泄漏的重要原因。

2.4 油封结构不合理

迷宫密封是一种由一系列节流齿隙和膨胀空腔构成的非接触密封形式，迷宫密封的转子和壳体间存在间隙，无固体直接接触，允许有热膨胀差存在，适应高温、高压、高转速场合，并且结构简单，性能稳定可靠，广泛用于大机组轴封。

迷宫密封的实际结构将导致气体流动为湍流。一个节流齿隙和一个膨胀空腔构成了一级迷宫，多级迷宫组成了实际应用的密封。齿隙的作用是把气体的势能(压力能)转换成动能，迷宫空腔的作用是通过气体的湍流混合作用尽可能地把气体经齿隙转换的动能转化为热能。气体流进入一个齿隙和一个膨胀空腔的过程如图 3 所示。

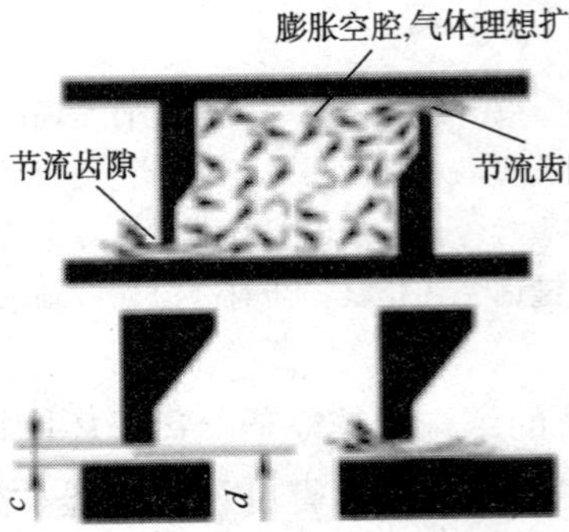

图 3　迷宫密封原理

在压差推动下，气体有高压侧向低压侧流动，当气流经过宽为 c 的间隙时，由于流道变窄，流速增高，压力降低，即压力能转变为速度能，同时温度降低(热焓值减少)，当气体以高速进入两齿之间的环形腔室时，体积突然膨胀产生剧烈旋涡，涡流摩擦的结果使气流的绝大部分动能转化为热能，被腔室中的气流所吸收而升高温度，热焓又恢复到接近进入间隙前的值，如此不断重复上述过程，迷宫式梳齿密封起到密封作用。

该汽轮机轴承箱油封漏油主要是油汽产生。汽轮机联轴节端原油封如图 4 所示，油封靠近轴承端设有挡盘，防止润滑油从径向轴承侧面流出后喷溅在油封上导致漏油。根据现场对机组轴承箱油封结构的检查，我们发现其结构设计存在不合理的地方。具体如下：

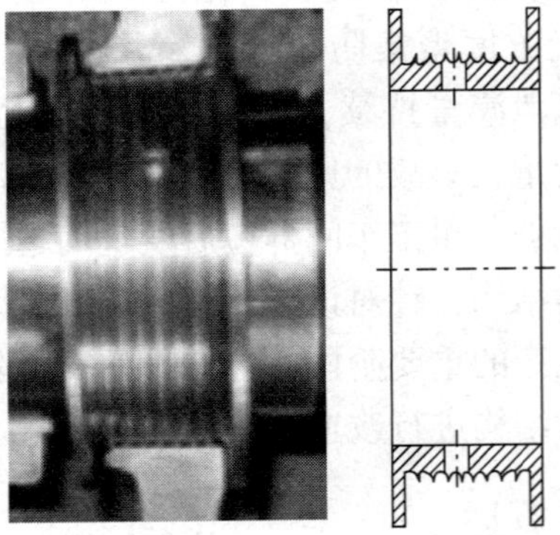

图 4　原油封实物及结构

(1) 汽轮机在 6000r/min 的高速旋转下，油封中油汽在转子离心力作用下，产生一定的动能，现场油封梳齿齿尖与轴承箱的密封部位是远离轴中心的，密封部位的油汽在离心力作用下，此处的动能是较大的，将油封中的油汽甩出，油封中形成微小负压，破坏了迷宫密封的作用，导致油汽从油封中渗出，产生泄漏。

（2）由于此油封的设计是在轴上安装梳齿密封底套，梳齿与轴承箱之间进行间隙密封。就是说密封间隙在靠近轴承箱底部的位置，意味着润滑油的油位相对于在轴承箱体安装梳齿密封，梳齿齿尖与轴之间的间隙进行密封的结构设计来说，存在油位偏高的情况，造成油封失效泄漏。

3　解决措施

（1）对汽轮机前后端轴承箱油封进行结构优化，把梳齿安装在轴上，密封间隙在轴承箱大盖的方式改造为梳齿安装在轴承箱大盖，梳齿密封间隙在轴部位的形式。在此油封结构设计下，密封部位的油汽动能明显降低，且密封部位靠近轴部位，油封密封位置提高，意味着油位降低。从而不会破坏油封梳齿密封的密封原理，且降低了轴承箱油位，有效解决了油封泄漏故障（图 5、图 6）。

图 5　改造后油封

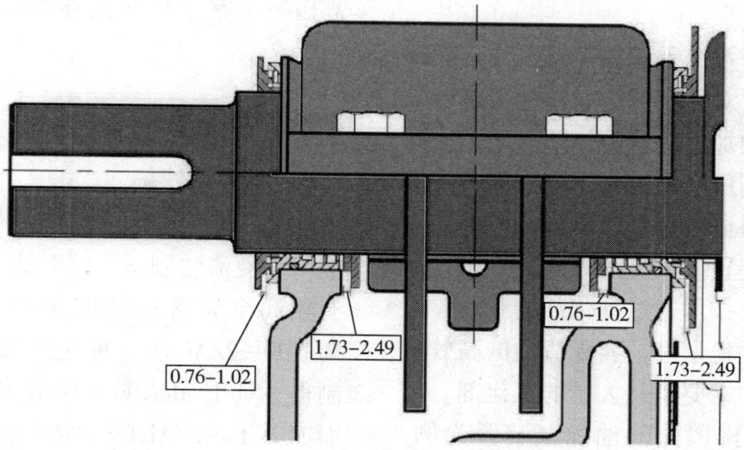

图 6　改造后油封结构

（2）对机组轴承箱润滑油压力进行调整，现场进油压力由原来的的 0.09MPa 降低为 0.08MPa。通过降低润滑油压力的方式，可以有效减少油汽压力能的释放，从而减少油封泄漏。

5　结论

采取机组轴承箱油封梳齿密封结构的优化以及降低轴承箱进油压力，这两项改进方案措施后，起到了良好的效果，机组安全稳定运行至今已 1 年有余，这一问题的快速解决，无疑为今后类似问题的处理积累了有益的经验，提供了一种新的思路和方法。确保了维修的可靠性和高效性。改造后的透平运行稳定，为公司新建重点润滑油装置创造更大的经济效益提供了有力保障。

参 考 文 献

[1] 张磊. 汽轮机运行技术问答[M]. 第 1 版. 北京：中国电力出版社，1997.
[2] 袁明，杨小刚. 汽轮机设备安装与检修问答[M]. 第 1 版. 北京：化学工业出版社，2015.
[3] 张克舫，沈惠坊. 汽轮机技术问答[M]. 第 2 版. 北京：中国石化出版社，2006.

制备条件对 $MoNiFe/Al_2O_3$ 催化剂性质和性能的影响

金　浩　朱慧红　杨　光　刘　璐　杨　涛

（中国石油化工股份有限公司大连石油化工研究院）

摘　要　本文采用一步浸渍法和两步浸渍法制备了三种 $MoNiFe/Al_2O_3$ 催化剂。通过 XRD、Raman、H_2-TPR、NH_3-TPD、CO 吸附原位红外和吡啶吸附红外技术对催化剂的结构和性质进行了表征。以减压渣油为反应物，考察了制备条件对催化剂性能的影响。采用 MoNiFe 有机酸浸渍液一步浸渍法制备的催化剂 $MoNiFe/Al_2O_3$ 具有较高的加氢脱硫、加氢脱残炭和加氢脱金属活性，明显优于采用两步浸渍法制备的 $MoNiFe/Al_2O_3$ 催化剂。

关键词　制备条件，催化剂，性质，性能

1　前言

近年来，原油日益变重，如何将原油有效转化生产高质量产品，对各大炼厂变得越来越有吸引力。而沸腾床渣油加氢技术是加工劣质重质原油、提高石油资源利用率的有效手段，沸腾床渣油加氢技术具有原料适应性广，反应器内温度均匀，运转周期长，装置操作灵活等优点。

沸腾床渣油加氢技术通过催化剂的在线置换可以保持较高的活性稳定性，实现渣油的高效转化，因此运转过程中需要消耗大量的催化剂。以一套 300 万吨/年的沸腾床渣油加氢装置为例，每年大约消耗 3000 吨催化剂。因此，沸腾床渣油加氢催化剂的价格直接影响到沸腾床装置的运行成本，引起炼厂的广泛关注。

沸腾床渣油加氢催化剂主要是以 MoNi 或 MoCo 为活性金属组分，氧化铝为载体。目前沸腾床渣油加氢催化剂在保持活性相当的情况下，如何降低催化剂成本是其研究的一个主要方向。Fe 作为一种廉价活性金属，广泛应用于各种催化反应中。有文献报道，Fe 用于硫化态的 Mo 或 W 的体相催化剂中，在加氢处理反应中具有积极的协同作用。在渣油加氢领域，与传统 Mo-Ni 催化剂相比，Mo-Ni-Fe 催化剂却很少报道。

Fe 的加入，改变了催化剂的性质和加氢活性，本文主要研究不同的制备条件对 $MoNiFe/Al_2O_3$ 催化剂性质和性能的影响，通过 XRD、Raman、H_2-TPR、NH_3-TPD、和 CO 吸附原位红外等技术对催化剂的结构和性质进行了表征，采用高压釜考察了催化剂在渣油加氢反应中的加氢活性。

2　实验部分

2.1　催化剂制备

$MoNiFe/Al_2O_3$ 催化剂采用 MoNiFe 有机酸溶液一步浸渍法制备。同时改变制备条件，制得含有相同金属含量的催化剂 MoNiFe-1/Al_2O_3 和 MoNiFe-2/Al_2O_3。催化剂都是采用两步浸渍法制得，其中 MoNiFe-1/Al_2O_3 催化剂焙烧一次，而 MoNiFe-2/Al_2O_3 催化剂焙烧两次。由于催化剂所使用载体均为 Al_2O_3，因此催化剂简称为 MoNiFe，MoNiFe-1 和 MoNiFe-2。

2.2　催化剂分析

催化剂表面酸性采用吡啶吸附红外光谱法测定，所用仪器为美国热电公司的 Nicolet 550 型红外光谱仪。催化剂 XRD 表征在荷兰 Panalytical 公司的 X' Pert Pro 型 X-射线粉末衍射仪上进行。催化剂 Raman 表征在法国 HORIBA Jobin Yvon 公司的 LabRAM HR-800 型激光共焦拉曼光谱仪上进行。催化剂程序升温还原（H_2-TPR）和程序升温脱附（NH_3-TPD）表征在美国麦克公司的 Auto chem 2920 型化学吸附仪上进行。催化剂 CO 吸附原位红外表征在美国热电公司的 Nicolet 6700 傅立叶红外光谱仪上进行。

2.3　催化剂评价

采用减压渣油作为原料油，在间歇式高压釜

上进行活性评价，原料油性质如表1所示，间歇式高压釜评价条件如表2所示。

表1　原料性质

项　目	原料油
w(CCR)/%	17.81
w(S)/%	3.31
w(Ni+V)/μg·g^{-1}	230
>500℃渣油收率/%	92.8

表2　高压釜评价条件

项　目	催化剂
工艺条件	
反应温度/℃	430
反应压力/MPa	15
反应时间/min	60
油剂体积比/v/v	13 : 1

3　结果与讨论

3.1　催化剂表征

3.1.1　催化剂的 XRD 表征

图1为三种催化剂的 XRD 谱图，从图中可以看出三种催化剂上都只出现了属于 γ-Al_2O_3 的特征衍射峰（2θ=37.5°，46.0°，67.0°），都没有发现金属组分的特征衍射峰，说明采用不同制备条件制备的三种催化剂，金属组分在载体 Al_2O_3 上分散较好，没有发生明显聚集。

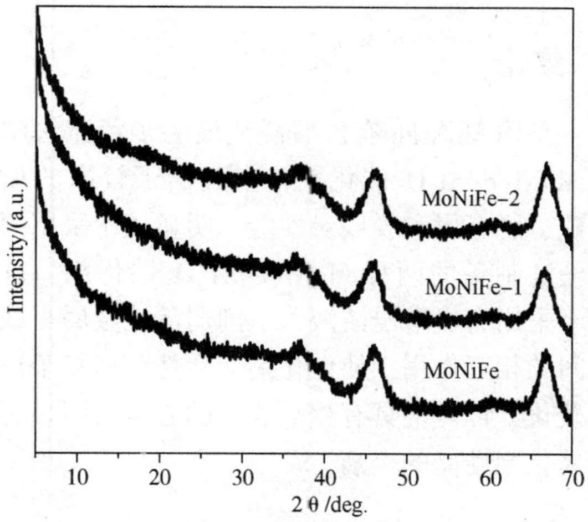

图1　催化剂 XRD 谱图

3.1.2　催化剂的 Raman 表征

图2为三种催化剂的 Raman 谱图，从图中可以看出三种催化剂的 Raman 谱图非常相似，都出现了四个主要特征峰，分别位于 950cm^{-1}、860cm^{-1}、320cm^{-1} 和 210cm^{-1}。位于 950cm^{-1} 和 320cm^{-1} 处的特征峰归属于八面体配位的 Mo=O 伸缩振动峰；位于 860cm^{-1} 处的特征峰归属于四面体配位的 Mo=O 伸缩振动峰；位于 210cm^{-1} 处的特征峰归属于八面体配位的 Mo-O-Al 伸缩振动峰。其中八面体配位的 Mo 为反应的活性相，而催化剂 MoNiFe 具有最大的八面体配位的 Mo=O 伸缩振动峰，也就是说其具有最多的反应活性相。

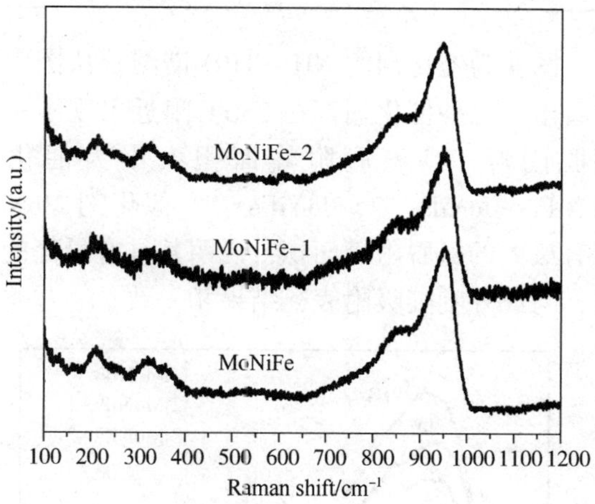

图2　催化剂 Raman 谱图

3.1.3　催化剂的 H_2-TPR 表征

通过 H_2-TPR 对三种催化剂的还原性质进行了研究，结果如图3所示。从图中可以看出，三种催化剂的还原峰位置基本一致，在380℃附近出现了催化剂的 MoO_3 还原峰，其还原峰面积为催化剂 MoNiFe>MoNiFe-2>MoNiFe-1，说明在三种催化剂中，催化剂 MoNiFe 上的 MoO_3 最易还原，MoNiFe 浸渍液中有机酸的加入，削弱了 MoO_3 与载体氧化铝之间的相互作用，有助于 MoO_3 的还原。

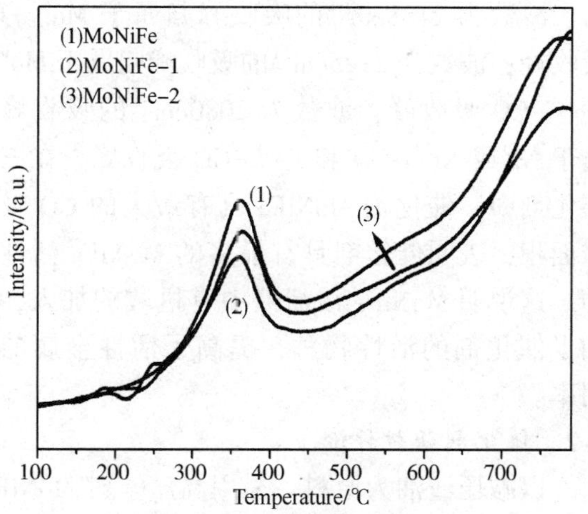

图3　催化剂 H_2-TPR 谱图

3.1.4　催化剂的酸性研究

通过红外吡啶吸附和 NH_3-TPD 对三种催化剂的酸性进行了研究，如表 3 和图 4 所示。催化剂的红外酸数据见表 3。从表中催化剂的相对红外酸量可以看出，催化剂 MoNiFe 具有最大的红外酸量。

表 3　催化剂的红外酸数据

催化剂	MoNiFe	MoNiFe-1	MoNiFe-2
相对红外酸量	129	100	121

图 4 为催化剂的 NH_3-TPD 谱图，从图中可以看出，三种催化剂都在 230℃附近出现了一个氨脱附峰，其氨脱附峰面积大小为催化剂 MoNiFe>MoNiFe-2>MoNiFe-1。催化剂 MoNiFe 具有最大的氨脱附峰面积，说明其具有最高的酸量，与红外吡啶吸附表征结果相一致。

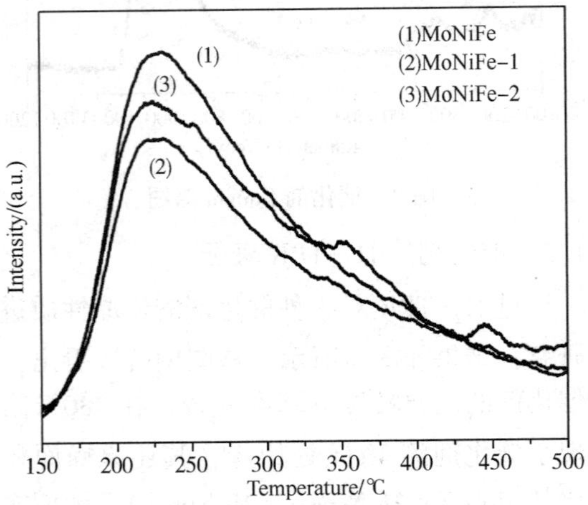

图 4　催化剂 NH_3-TPD 谱图

3.1.5　还原态催化剂的 CO 吸附原位红外表征

三种催化剂在 500℃还原后进行 CO 吸附原位红外表征，结果如图 5 所示。从图中可以看出，波数为 2188cm^{-1}的吸收峰归属于 Mo^{4+}-CO 吸收峰；波数为 2125cm^{-1}的吸收峰归属于 Mo^0或 Mo^{2+}-CO 吸收峰；波数为 2080cm^{-1}的吸收峰归属于 Ni^0或 Ni^{2+}-CO 和 Fe^{2+}-CO 吸收峰。在三种催化剂中，催化剂 MoNiFe 具有最大的 CO 吸收峰面积，表明催化剂具有最多的 MoNiFe 活性物种。这说明 MoNiFe 浸渍液中有机酸的加入，增加了催化剂的活性物种，提高了活性金属的利用率。

3.2　催化剂活性评价

以减压渣油为原料，采用高压釜对 MoNiFe、MoNiFe-1 和 MoNiFe-2 三种催化剂进行活性评价，评价结果见表 4。从表中数据可以看出：采用 MoNiFe 有机酸溶液一步浸渍法制备的催化剂 MoNiFe 具有最高的加氢脱硫、加氢脱残炭和加氢脱金属活性，明显高于采用两步法制备的 MoNiFe-1 和 MoNiFe-2 催化剂。这是由于 MoNiFe 浸渍液中有机酸的加入，削弱了金属组分与载体的相互作用，增加了催化剂的酸量和活性物种，明显有助于催化剂性能的提高。

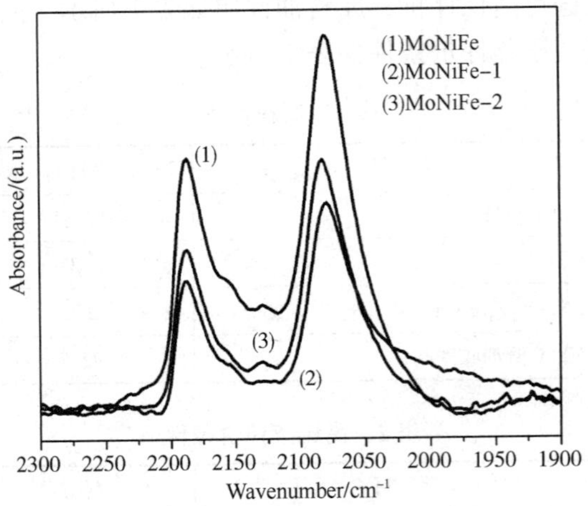

图 5　还原态催化剂的 CO 吸附原位红外谱图

表 4　催化剂评价结果

项　目	MoNiFe	MoNiFe-1	MoNiFe-2
相对杂质脱除率			
HDS	100	89	92
HDCCR	100	84	89
HD(Ni+V)	100	96	98

4　结论

采用 MoNiFe 有机酸浸渍液一步浸渍法制备的 MoNiFe/Al_2O_3催化剂，表现出了较高的加氢脱硫、脱金属和脱残炭性能，明显优于采用两步浸渍法制备的两种 MoNiFe/Al_2O_3催化剂。这是由于采用有机酸浸渍液可以削弱活性金属与载体之间的相互作用，使催化剂上活性金属易于还原和硫化，催化剂具有相对较高的酸量，明显有助于催化剂性能的提高。

参　考　文　献

[1] Jean-Marc Schweitze, Stéphane Kressmann. Ebullated bed reactor modeling for residue conversion [J]. Chemical Engineering Science, 2004 (59): 5637 - 5645.

[2] Rana M S, Súmano Vicente, Ancheyta Jorge, et al. A

review of recent advances on process technologies for upgrading of heavy oils and residua[J]. Fuel, 2007, 86(9): 1216-1231.

[3] 姚国欣. 渣油沸腾床加氢裂化技术在超重原油改质厂的应用[J]. 当代石油石化, 2008, 16(1): 23-29.

[4] 方向晨. 国内外渣油加氢处理技术发展现状及分析[J]. 化工进展, 2011, 30(1): 95-104.

[5] 李大东. 加氢处理工艺与工程[M]. 北京, 中国石化出版社, 2004.

[6] 方向晨. 加氢精制[M]. 北京, 中国石化出版社, 2006.

[7] Hubaut R, Rives A, Luis M, Scott C. Surface characterization of bulk Fe-Mo mixed sulphide catalysts[J]. Catalysis Communications, 2003, 4(3): 134-139.

[8] 吕振辉, 彭绍忠, 张学辉, 高玉兰, 佟佳. 不同官能团有机物对 MoNiP/Al_2O_3催化剂的组成、结构和性能的影响[J]. 石油化工, 2017, 46(1): 27-35.

[9] 许灵瑞, 王继锋, 杨占林, 唐兆吉, 姜虹. 载体焙烧温度对 MoNiP/γ-Al_2O_3加氢催化剂活性的影响[J]. 石油化工, 2014, 43(8): 908-913.

[10] Vakrosa J, Lycourghiotisa A, Voyiatzisb G A, Siokoub A, Kordulis C. CoMo/Al_2O_3-SiO_2 catalysts prepared by co-equilibrium deposition filtration: Characterization and catalytic behavior for the hydrodesulphurization of thiophene[J]. Appl. Catal. B: Environ., 2010, 96(3-4): 496-507.

[11] 赵国利, 王少军, 凌凤香, 吴洪新, 崔晓莉, 张玉涵. 磷对 CoMoP 浸渍液及催化剂活性组分结构影响的激光拉曼光谱法研究[J]. 分析测试学报, 2012, 31(10): 1298-1302.

[12] 徐斌, 朱崇业, 李全芝. 相镍负载催化剂表面组份及其活性的研究[J]. 物理化学学报, 1994, 10(6): 543-548.

[13] López Cordero R, López Agudo A. Effect of water extraction on the surface properties of Mo/Al_2O_3 and Ni-Mo/Al_2O_3 hydrotreating catalysts[J]. Appl. Catal. A: Gen., 2000, 202: 23-35.

[14] Qu Lianghong, Zhang Weiping, Kooyman P J, et al. MAS NMR, TPR and TEM studies of the interaction of NiMo with alumina and silica-alumina supports[J]. J. Catal., 2003, 215(1): 7-13.

[15] Konstantin I. Hadjiivanov, Georgi N. Vayssilov. Oxide Surfaces and Zeolites by Carbon Monoxide as an IR Probe Molecule [J]. Adv. Catal., 2002, 47: 307-511.

纤维增强复合材料用树脂基体性能研究

刘文凤

（中国石化巴陵石化公司）

摘　要　通过数字粘度计和差示量热扫描仪研究了 CYDAD-1 环氧树脂体系的工艺操作性及固化反应特性；分析了环氧树脂体系制备浇铸体的力学性能和耐温性；以玻璃纤维为增强材料，采用真空灌注工艺制备复合材料，研究了复合材料的含胶量、力学性能和界面性能。结果表明，CYDAD-1 环氧树脂基体黏度低、适用期长，适合于真空灌注工艺；体系其制备浇铸体具有优异的力学性能和耐热性；制备复合材料树脂含量为 26.1%，力学性能满足指标要求，树脂基体与玻璃纤维具有很好的粘结性，复合材料界面性能优良。

关键词　环氧树脂，固化剂，玻璃纤维，复合材料

环氧树脂泛指含有两个或两个以上环氧基，以脂肪族、脂环族或芳香族链段为主链的高分子预聚物，其固化物具有优良的化学稳定性、机械性能、电绝缘性和耐腐蚀性能，因其粘接性能好，机械强度高，是复合材料最重要的基体材料之一。复合材料一般由基体树脂和增强材料两部分组成，通过适当的匹配及协同作用，复合材料能够充分发挥各组分的特点，呈现出单一材料所不具备的优异性能。玻纤增强环氧树脂复合材料由环氧树脂基体和玻璃纤维通过成型工艺复合而成，在复合材料中纤维增强材料构成不连续相，是复合材料中主要的承力结构，赋予材料优异的力学性能；环氧树脂固化形成交联网络结构，构成复合材料的连续相。玻璃纤维增强环氧树脂基复合材料具有密度小、比强度和比模量高、疲劳强度高、耐腐蚀性能、耐热性及综合性能好等特点，被广泛应用于化工、水利、电子电器、轨道交通以及航空航天领域。

1　实验部分

1.1　实验原料

环氧树脂 CYDAD-1A：巴陵石化分公司树脂部

固化剂 CYDAD-1B：巴陵石化分公司树脂部

玻璃纤维布：泰山 EUL1200(0)-TCR

1.2　实验仪器

SNB-1 数字式黏度计：深圳市路创顺电子科技有限公司

INSTRON-5567A 微机控制电子万能试验机：美国英斯特朗

IMPactor 塑料摆锤冲击实验机：意大利

Inspekt100KN 万能材料试验机：德国 H&P

Q2000 差示量热扫描仪测试：美国 TA 公司

TGA-1 热重分析仪：美国梅特勒托利多

JSM-6700F 扫描电镜：日本电子公司

DZF-6020 型真空干燥箱：上海高致精密仪器有限公司

恒温水浴槽：南京安奈试验设备有限公司

自制不锈钢模具：巴陵石化树脂部

1.3　实验方法

1.3.1　胶液黏度及适用期测试

称取 120g 环氧树脂 CYDAD-1A 及 36g 固化剂 CYDAD-1B，置于恒温水浴中放置 1.5h，然后将胶液混合均匀，放于恒温水浴中，采用旋转黏度计跟踪胶液黏度，胶液黏度倍增时间即为适用期。

1.3.2　浇铸体制备

将环氧树脂 CYDAD-1A 与固化剂 CYDAD-1B 按照质量比 100：30 混合，混合均匀后倒入不锈钢模具中，将模具放入真空干燥箱脱泡 15min 后放至电热恒温鼓风干燥箱中 50℃/2h+80℃/5h 固化，自然冷却至室温后取出样条。

1.3.3　复合材料制备

清洁模具，铺好玻璃纤维布，然后在玻璃纤维布上铺设脱模布、导流网、真空袋膜，抽真空保压 15min 后，采用真空灌注的工艺将配好的胶液吸入到体系中，环氧树脂胶液浸透所有玻璃纤

维布后停止灌注，50℃/2h+80℃/5h 固化，自然冷却至室温。从模具上剥除复合材料板材，按照相关标准切割成测试用样条。

1.4 分析与检测

采用 SNB-1 数字式黏度计测试不同温度下环氧树脂胶液黏度的变化；采用 SNB-1 数字式黏度计测试环氧树脂胶液的混合黏度和适用期；采用 Q2000 差示量热扫描仪测试浇注体的玻璃化转变温度，升温速率为 10℃/min；在 INSTRON-5567A 微机控制电子万能试验机上按照 GB/T2568-1995 和 GB/T2570-1995 测试浇注体的拉伸性能和弯曲性能；在意大利 IMPactor 塑料摆锤冲击实验机上按照 GB/T2571-1995 测试浇注体的冲击性能；在 Inspekt100KN 万能材料试验机上按照 GB/T1447-2005 和 GB/T28889-2012 测试复合材料的拉伸和剪切性能；复合材料树脂含量采用 TGA 热重分析仪进行分析；采用 JSM-6700F 型扫描电镜观察复合材料的表面形貌和断口形貌。浇铸体及复合材料力学性能检测均制备六根样品，实验结果取平均值。

2 结果与讨论

2.1 胶液工艺操作性能

2.1.1 胶液黏度及适用期

由表 1 可以看出随着温度的上升，胶液的混合黏度下降，适用期随之降低。CYDAD-1 体系 25℃胶液黏度为 260.5MPa·s，可以满足真空灌注工艺要求的 25℃初始黏度低于 300MPa·s。25℃条件下 CYDAD-1 体系适用期为 162min，能够有效保证现场施工时间。

表 1 CYDAD-1 体系胶液黏度及适用期

测试温度/℃	CYDAD-1 体系混合黏度/mPa·s	CYDAD-1 体系适用期/min
25	260.5	162
30	183.4	109
35	133.7	88

2.1.2 黏时曲线

由图 1 可知，在 35℃以下，CYDAD-1 体系固化反应缓慢，能够在较长的时间内保持低黏度，为复合材料制备提供长可操作时间，保证制备过程中环氧树脂体系充分浸润纤维和流动充模；当胶液温度为 35℃时，体系黏度迅速增大，固化反应速率明显加快，固化反应放热有利于反应后期快速实现固化，提高制件性能，还能够有效提高生产效率。

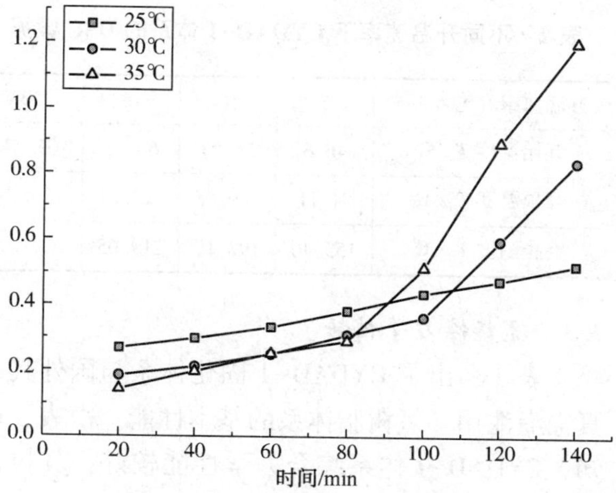

图 1 不同温度下 CYDAD-1 体系的黏时曲线

2.2 固化过程的热分析

目前分析热固性聚合物化学反应动力学的普遍方法是通过反应所放出的热量来推测固化反应过程中的化学变化]。实验采用 DSC 法研究了 CYDAD-1 环氧树脂固化体系在不同升温速率时的放热曲线，具体如图 2 所示。

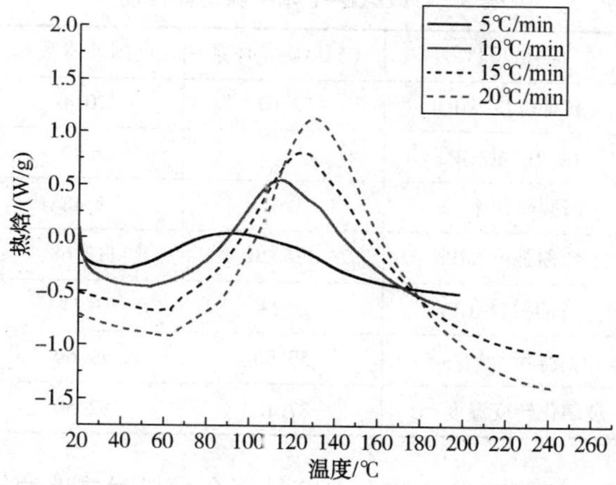

图 2 不同升温速率下 CYDAD-1 体系的 DSC 曲线

由图 2 可以看出，由于热滞后现象，体系的固化放热峰的峰顶温度随着 DSC 升温速率的增加向高温方向移动。DSC 升温速率不同，峰顶温度不同，由图 2 可以得出不同升温速率下 CYDAD-1 体系固化反应的起始温度 T_i、峰顶温度 T_p、峰终温度 T_o，具体如表 2 所示。

在测定材料的固化温度时，由于升温速率不同导致得到的固化温度不同，在实际工程应用中，环氧树脂体系一般在恒温或者阶段式升温的状态下完成固化，采用 T-β(温度—升温速率)

外推法可求得升温速率为0℃/min时，CYDAD-1体系的 T_i = 40.97℃，T_p = 80.86℃，T_o = 132.95℃。

表2　不同升温速率下CYDAD-1体系的DSC数据

升温速率/(℃/min)	5	10	15	20
起始温度 T_i/℃	46.6	54.49	63.15	65.27
峰顶温度 T_p/℃	91.11	109.48	123.61	129.98
终止温度 T_o/℃	155.46	192.10	219.65	237.12

2.3　浇铸体力学性能

表3列出了CYDAD-1固化体系与国外其他真空灌注用环氧树脂体系的基本性能。由表3可知，CYDAD-1体系综合力学性能较好；其拉伸强度和拉伸模量分别较国外体系提高了3.65%和6.75%；弯曲强度和弯曲模量较国外体系提高了10.1%和2.43%；体系固化剂添加有柔性聚醚胺成分，柔性链穿插在固化物的交联网络中，在材料受到冲击能量的时候，起到应力分散和承受应力的作用，因而固化体系断裂伸长率和冲击强度均有明显提升。

表3　CYDAD-1体系浇铸体性能

测试项目	CYDAD-1体系	国外体系
拉伸强度/MPa	73.07	70.4
拉伸模量/GPa	3.11	2.90
断裂延伸率/%	3.67	2.48
弯曲强度/MPa	125.20	112.68
弯曲模量/GPa	3.29	3.21
冲击强度/(kJ/m^2)	50.90	49.60
玻璃化转变温度/℃	87.10	82.50

树脂玻璃化转变温度是复合材料耐热性的重要影响因素，热固性树脂产品一般长期耐热温度为 T_g-20℃，CYDAD-1体系制备浇注体的 T_g 为87.1℃，完全能够满足一般室外使用要求。

2.4　复合材料性能

2.4.1　复合材料含胶量

复合材料树脂含量对其综合性能有重要影响，树脂含量偏低，致使树脂含量低于极限，纤维无法被树脂充分浸润，导致复合材料性能下降；树脂含量偏高，致使局部树脂含量高于极限，从微观来看玻璃纤维丝之间树脂变多，造成复合材料受力时发生树脂基体破坏，而非界面破坏，也会导致复合材料性能降低。

对于真空灌注工艺一般要求树脂含量大于25%，研究表明，单轴玻璃纤维增强体系树脂含量在26%~28%时，复合材料强度和模量均趋于稳定，由表4可以看出CYDAD-1体系制备复合材料树脂含量为26.1%。

表4　CYDAD-1体系制备复合材料树脂含量

	试样1	试样2	试样3	试样4	试样5	平均值
树脂含量/%	26.2	26.0	26.0	26.2	26.1	26.1

2.4.2　复合材料力学性能

CYDAD-1体系制备复合材料的力学性能及真空灌注复合材料指标要求如表5所示。

表5　CYDAD-1体系制备玻璃纤维层合板性能

测试项目	CYDAD-1体系	真空灌注要求
平行拉伸强度/MPa	1120	925
平行拉伸模量/GPa	43.9	42.5
垂直拉伸强度/MPa	69.1	46.0
垂直拉伸模量/GPa	14.1	13.0
平行压缩强度/MPa	672	630
平行压缩模量/GPa	44.7	42.3
垂直压缩强度/MPa	202	182
垂直压缩模量/GPa	15.2	14.5
剪切强度/MPa	44.7	42.2
剪切模量/GPa	3.82	3.60

由表5可以看出，玻璃纤维增强CYDAD-1体系制备的复合材料具有很好的综合力学性能。平行拉伸强度为1120MPa，垂直拉伸强度为69.1MPa，平行压缩强度672 MPa，平行压缩强度202 MPa，剪切强度为44.7MPa，满足真空灌注指标要求。由于CYDAD-1体系具有较低的黏度，表现出对纤维优异的浸润性，另外，CYDAD-1体系采用的是活性稀释剂降低体系黏度，能够直接参与固化反应，没有添加挥发性溶剂，固化时无小分子析出，从而保证环氧树脂与玻璃纤维的界面粘接性能良好，实现复合材料优异的力学性能。

2.4.3　复合材料界面性能

复合材料的界面是指复合材料中增强材料与基体树脂接触所构成的界面，界面黏结强度对材料的综合性能有重要影响。一般而言，复合材料界面的形成需要经历两个阶段：首先是基体树脂与纤维的接触和浸润，然后是基体树脂的固化阶段，通过化学反应交联固化，形成固定的界面层。

图3为制备复合材料层间剪切断口的形貌图。由图可以看出，断裂时每根玻璃纤维上都黏附了基体树脂，这说明基体树脂和玻璃纤维具有很强的界面黏结强度，在受到剪切力作用时，复合材料不仅界面发生破坏，基体本身也被破坏。环氧树脂体系和玻璃纤维粘结性能好，这是由于体系中添加了一定量的硅烷偶联剂，形成基体树脂-硅烷偶联剂-玻璃纤维的结合层，从而提高了环氧树脂基体与玻璃纤维的附着力。

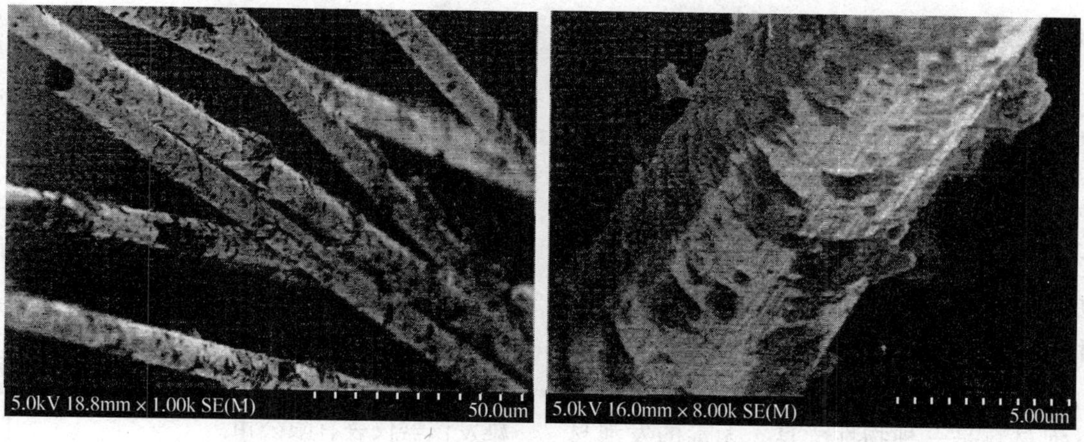

图3　复合材料层间剪切断口的SEM图

3　结论

CYDAD-1体系环氧树脂体系的黏度低、适用期长，25℃条件下CYDAD-1体系黏度为260.5MPa·s，适用期为162min，适用于真空灌注成型工艺。

CYDAD-1体系固化物具有良好的力学性能，其拉伸强度为73.07MPa，拉伸模量为3.11GPa，断裂伸长率为3.67%，弯曲强度为125.2MPa，弯曲模量为3.29GPa，冲击强度为50.90kJ/m^2，均达到较好水平。

CYDAD-1体系固化物具有优异的耐热性能，50℃/2h+80℃/5h固化条件下，浇铸体玻璃化转变温度为87.1℃，适用于一般室外复合材料的应用。

CYDAD-1/玻璃纤维增强复合材料的各项力学性能优异。平行拉伸强度为1120MPa，平行拉伸模量为43.9GPa，剪切强度为44.7MPa，垂直拉伸强度为69.1MPa；制备复合材料含胶量为26.1%；另外，在基体树脂添加硅烷偶联剂，能够在复合材料内形成环氧树脂基体-硅烷偶联剂-玻璃纤维基体的结合层，有效提高复合材料综合性能，以及基体树脂与玻璃纤维的匹配性。

参　考　文　献

[1] 孙曼灵．环氧树脂应用与原理技术[M]．北京：机械工业出版社，2002：1-3.
[2] 张硕，姚宁，吴继平，等．玻璃纤维增强环氧树脂复合材料的力学性能[J]．电工材料，2016，22(1)：11-14.
[3] 吴良义．环氧树脂在复合材料中的应用[J]．网络聚合物材料通讯，2007，6(2)：8-16.
[4] 马明明，张彦．玻璃纤维及其复合材料的应用进展[J]．化工新型材料，2016，44(2)：38-40.
[5] 杨小华，夏建陵，张燕．EP/改性DDM体系的固化反应动力学及性能研究[J]．中国胶黏剂，2011，20(12)：1-4.
[6] 吴人洁．现代分析技术在高聚物中的应用[M]．上海：上海科学技术出版社，1987.
[7] 高建勋．浅析玻璃纤维缠绕增强塑料树脂含量的影响因素[C]．第十七届玻璃钢/复合材料学术年会，2008.
[8] 吴海亮．树脂含量对玻璃纤维增强环氧树脂复合材料力学性能的影响[J]天津科技，2017，44(7)，21-26.
[9] 刘政，翟哲，刘东杰，等．纤维树脂基复合材料微观界面性能表征方法的进展[J]．纤维复合材料，2014，36(2)：36-40.
[10] 刘亚兰，申士杰，李龙，等．偶联剂处理玻璃纤维表面的研究进展[J]．绝缘材料，2010，43(4)：34-39.
[11] 袁毅．纤维增强聚合物复合材料界面结构的研究进展[J]．合成材料老化与应用，2016，45(1)：91-94.

EVA/SEBS 共混材料的发泡工艺及性能研究

刘朝周　龙　锦

（中国石化巴陵石化公司）

摘　要　通过无转子硫化发泡仪测定了不同温度下 EVA/SEBS 共混材料的发泡硫化特性，得到适宜的发泡温度，并通过优化发泡助剂的加入量使得共混材料的发泡速度与硫化速度进行良好匹配，经模压发泡得到制品的较佳性能，其中密度为 0.18g/cm^3，硬度 35 邵 C，回弹性达 63%。

关键词　无转子硫化发泡仪，EVA SEBS，发泡性能

乙烯-醋酸乙烯共聚物 EVA 是类似橡胶的热塑性塑料，与聚乙烯相比具有优异的柔韧性、低温挠曲性、弹性、耐应力开裂性，以及良好的可塑性、可加工性，因此得到广泛的应用。EVA 交联发泡材料是一种物性优良、无毒的发泡材料，由于气相的存在，其具有密度低、比强度高、能吸收载荷等优点。但 EVA 发泡材料变形大，耐磨性不够，以及存在打滑、低温变硬的缺点，从而限制了它的应用。

近年来，国内外对 EVA 交联发泡材料的研究较多，主要对配方和加工工艺进行设计，其中加入改性剂是配方设计的一条重要途径，提高其回弹性，降低压缩变形，密度以及耐低温性能。其中，配方组成，工艺条件及发泡硫化的匹配是获得优异性能的关键。本文通过固定比例的 SEBS 对 EVA 进行改性，研究不同温度下共混材料的发泡及硫化特性，以及发泡助剂 ZnO/ZnSt 对发泡速度的影响，并优化配方使得发泡与硫化速度较好匹配，得到共混材料的最佳发泡工艺，并对发泡制品的性能进行了测试。

1　实验

1.1　主要原材料

EVA：5871，扬子石化－巴斯夫生产；SEBS：YH-530，巴陵石化生产；氧化锌：大连金石氧化锌有限公司；硬脂酸锌：江西宏远化工有限公司；发泡剂 AC：1000，福建省锦浪精细化工有限公司；过氧化二异丙苯（DCP）：工业级，市售。

1.2　主要仪器及设备

橡胶开放式炼胶机：SK－160，上海塑料机械有限公司；万能橡胶拉力机：AG-20KNG，日本岛津 SH1MADU；邵氏橡胶硬度计：LX－C，上海六菱仪器厂；无转子硫化发泡仪：MD－3000A，高铁检测仪器公司；电子密度计：厦门雄发仪器仪表有限公司。

1.3　样品制备

开放式炼胶机辊温为 120℃，设置辊距 0.2mm，将 EVA，SEBS 在炼胶机包辊混匀后，依次加入硬脂酸锌，氧化锌及 AC 发泡剂，最后加入 DCP，打三角包，混炼薄通 10～15 次，再将辊距设置为 1.2mm，混料薄通 6～8 次出片，放置 24h，采用模压发泡制样，进行其它性能测试。

1.4　基本配方

EVA：50；SEBS：50；硬脂酸锌：待定；氧化锌：待定；DCP：0.7；AC：4。

1.5　分析测试

密度：按照 ISO845—1988 测定；

力学性能：按 GB/T 528—1998 测定；

邵尔 C 硬度：按照 GB/T-531.1—2008 进行测定；

回弹性：通过摆锤弹性仪测定。

发泡及硫化特性测试：称取一定量的试样，在试样两边包上聚酯膜放入无转子硫化发泡仪上的模腔合模测试，转动角度为 0.5℃。

2　结果与讨论

2.1　填胶量对发泡曲线的影响

制备橡胶发泡材料的关键在于发泡与硫化的匹配。胶料硫化特性可以从硫化仪测试的硫化曲线来表征，而发泡特性的测试一直没有一个通用

简便的方法。目前，很多无转子硫化仪都配备了压力传感器，可以在测量硫化曲线的同时记录胶料压力曲线，这对于测量橡胶的发泡特性提供了方便快捷的方法。试验前用不含发泡胶料测定了模腔的体积 3.2cm³。在不含发泡剂的胶料中，填充量达到 80%以上时，压力曲线在很短时间内就快速升高，然后一直持平，这是由于固体自身的体积对模腔的压力作用，加之热膨胀作用使得胶料模腔内膨胀使得在不含发泡剂时就使压力升高，不符合实际发泡情形。因此，合适的填胶量才能得到有指导意义的发泡曲线。

如图 1，图 2 所示，采用含发泡剂的基础配方分别填充模腔的 30%~100%测试其发泡曲线的变化。从图中可以看出，只有当填胶量在 30%~60%时，发泡曲线显示发泡前期及中期正常。在 60%时，发泡曲线各阶段特征最为明显，因此优选 60%的填胶量。

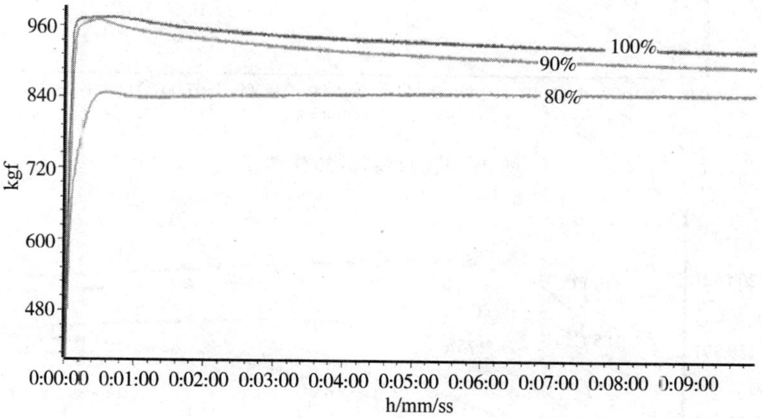

图 1　填胶量(80%-100%)对发泡曲线的影响

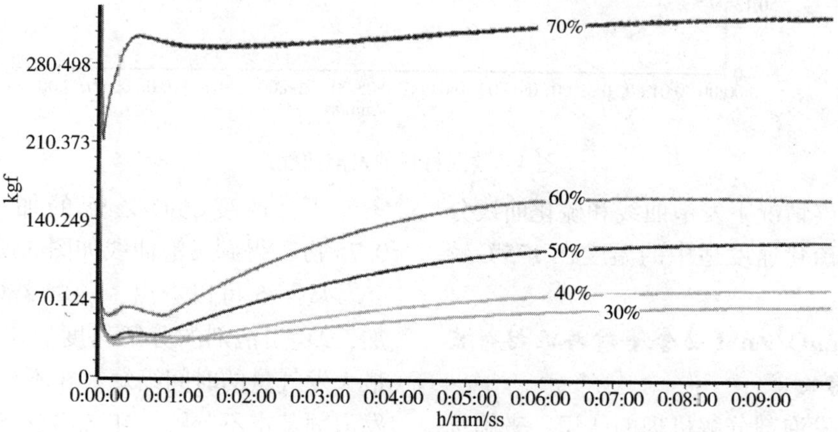

图 2　填胶量(30%~70%)对发泡曲线的影响

2.2　EVA/SEBS 共混材料的硫化与发泡

对所选用硫化剂的硫化特性和发泡剂的发泡特性进行分析考察，以了解共混材料的硫化特征。添加硫化剂的共混胶料在不同温度下的硫化曲线如图 3 所示：从图 3 可以看出，随着温度的升高，硫化速度增加，到达硫化平坦期的时间缩短。在 160~170℃时，硫化速度缓慢，可能会存在硫化不足的现象发生，进而影响强度且硫化时间长，10 分钟不能到达平坦期，生产效率低；在 175~180℃时，硫化速度适中，在 6~7min 内即可到达硫化平坦期，硫化前期及中期各阶段可明显区分，扭矩达到最大值时曲线趋于平稳，这有利于胶料获得良好的性能；当温度在 185℃时，硫化速度急剧加快，在短时间内扭矩达到最大值并保持平衡；当温度在 190℃时，硫化曲线在达到最大扭矩后会有所下降，这是胶料在过度硫化阶段分子链裂解所致，性能会显著下降。

添加发泡剂的共混胶料在不同温度下的发泡曲线如图 4 所示：从图中可以看出，随着温度的升高，发泡剂分解速度增加，发气量增大，发泡压力增大。在 160~165℃，因温度较低，发泡剂分解速度缓慢，在 10min 内，不能达到最大发气量，生产效率低；在 170~175℃，发泡速度适中，在 5~7min 即可达到最大发气量；在 180~190℃，因温度过高，发泡速度过快，在生产过程中工艺不易控制。

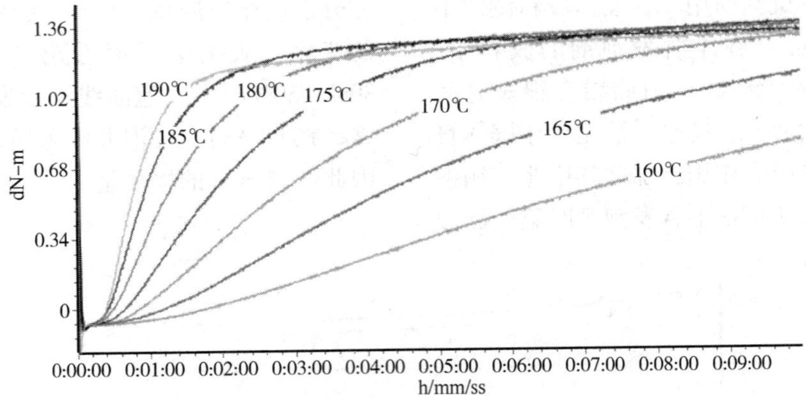

图 3　共混材料的硫化曲线

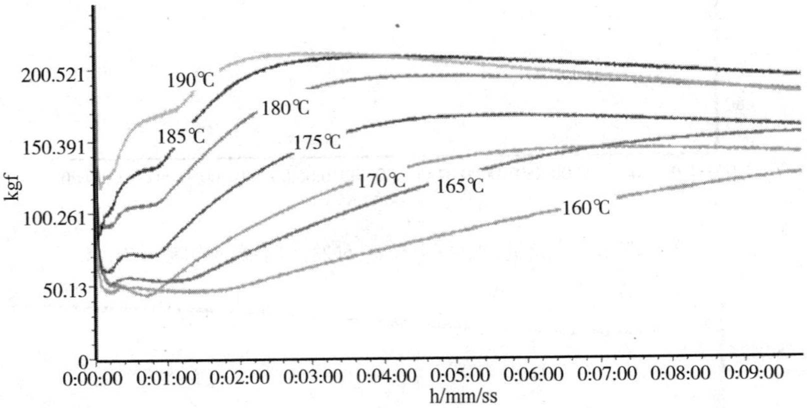

图 4　共混材料的发泡曲线

通过不同温度情况下发泡曲线和硫化曲线分析对比，发泡与硫化速度适中的温度在 175℃较为合适。

2.3　发泡助剂 ZnO/ZnSt 的含量对共混材料发泡速度的影响

前人通过对发泡剂分解机理的认识，来筛选合适的催化剂，以改变发泡剂的分解过程、提高发泡剂的利用效率来满足具体加工过程的需要[6]。氧化锌或硬脂酸锌就是典型的催化剂，催化机理是锌化合物中的锌离子外围电子排布为 $4S^2 4P^2$ 具有空轨道，而发泡剂 AC 结构中 N、O 上皆有孤对电子，根据路易斯酸-碱配位原理，二者进行结合时，AC 上的 N、O 原子上的孤对电子进入 ZnO 或/ZnSt 的空轨道，同时-N-C-的 π 键上电子云流动，使-N-C-电子云浓度流向两边，中间重叠度减小，因导致-N-C-键容易断裂，导致 AC 活化其分解温度降低。

在固定 AC 发泡剂 4 份，发泡温度 175℃的条件下，改变 ZnO/ZnSt 的加入量，从 0 份~0.75 份，得到发泡曲线如图 5 所示：

从图 5 可以看出，随着 ZnO/ZnSt 份数的增加，AC 发泡剂的分解速度加快，共混材料达到最大发气量的时间缩短。在不添加 ZnO/ZnSt 时，发泡剂基本不分解；在 ZnO/ZnSt 添加量 0.25 份时，在 10min 仍不能达到最大发气量；在 ZnO/ZnSt 添加量为 0.5-0.75 份时，发泡剂分解速度适中，在 5~7min 可达到最大发气量。

2.4　EVA/SEBS 共混材料的的硫化与发泡匹配

共混材料的发泡和硫化匹配性与发泡硫化曲线中的正硫化时间(扭矩最大值的 90%所对应的时间)与发泡时间(最大发气量 90%时所对应的时间)的差值 Δt 有关。Δt 值越小，正硫化时间与发泡时间越接近，则匹配性更好。

在固定 AC 发泡剂 4 份，DCP0.7 份，改变 ZnO/ZnSt 的用量份数，发泡与硫化曲线如图 6~图 8 所示。

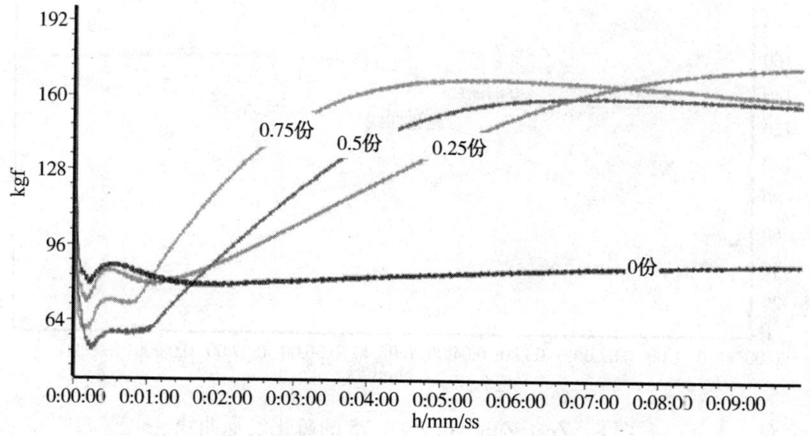

图 5　不同 ZnO/ZnSt 份数共混材料的发泡曲线(175℃)

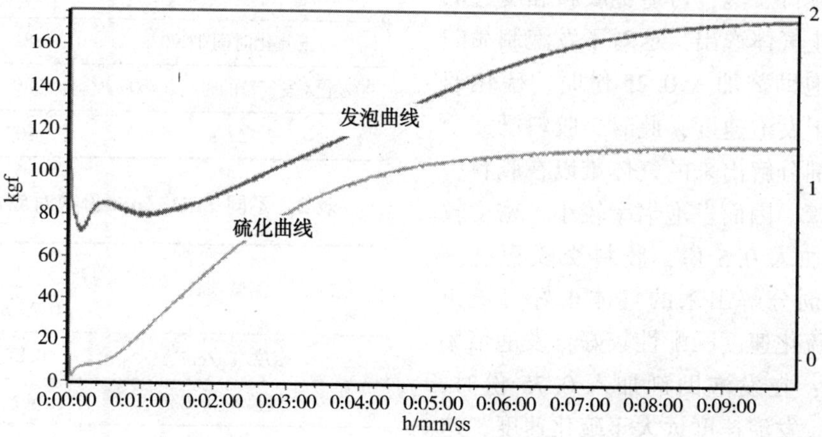

图 6　ZnO/ZnSt = 0. 25/0. 25 的硫化发泡曲线

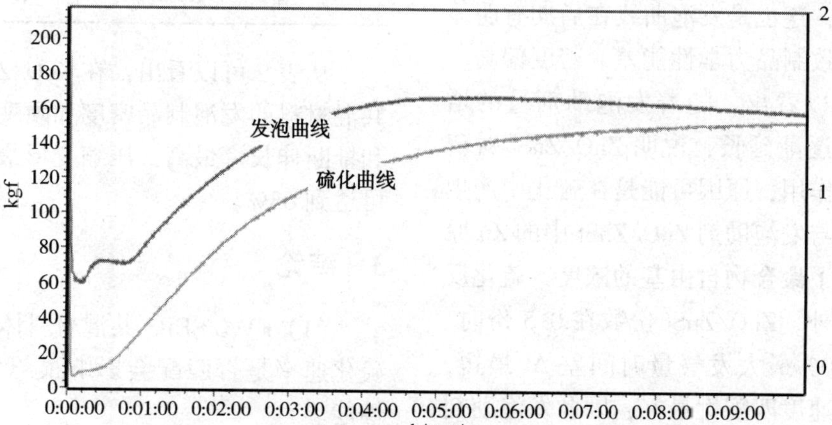

图 7　ZnO/ZnSt = 0. 5/0. 5 的硫化发泡曲线

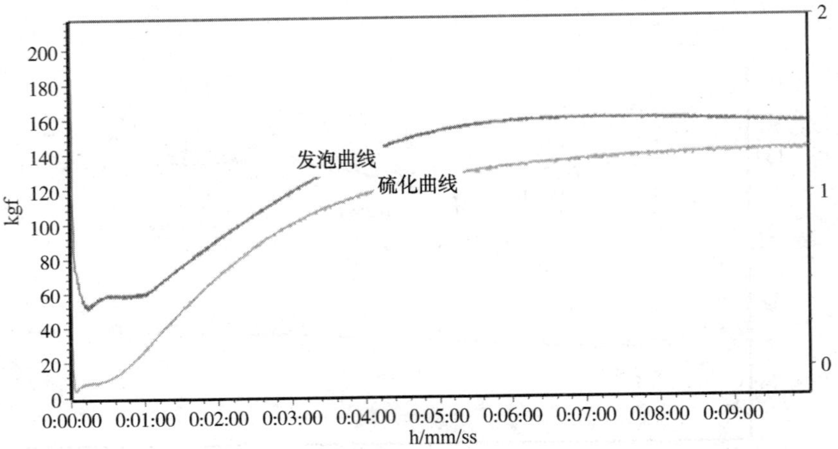

图8　ZnO/ZnSt=0.75/0.75的硫化发泡曲线

从图中可以看出，三者刚开始硫化发泡时，均是硫化速度略大于发泡速度，共混物料在一定交联的程度下再进行发泡，可避免胶料黏度过低包不住气体，防止气体逸出，这对于发泡制品的性能有利；在发泡助剂加入0.25份时，硫化速度在中后期远大于发泡速度，此时，胶料已完全交联，导致发泡剂分解出来的气体难以在胶料中膨胀扩散撑起泡壁，因而发泡倍率较小，密度较大；在发泡助剂加入0.5份，胶料交联程度一般，可使得发泡剂分解出来的气体正好可被束缚，发泡速度与硫化速度匹配性较好，发泡倍率较大，密度较低；在发泡助剂加入0.75份时，在硫化发泡前期，发泡速度远大于硫化速度，这就使得发泡剂分解出来的气体在胶料尚未交联时，就扩散膨胀，泡壁强度不够，则很容易出现撑破泡壁的情况，形成贯穿拉长的气泡孔，并且气体会溢出表面，这也是发泡曲线在后期有明显下降的原因，导致制品力学性能差，密度偏高。

从表1也可以看出，随着发泡助剂量的增加，正硫化时间逐渐延长，说明ZnO/ZnSt对硫化有一定的钝化作用，原因可能是在硫化中产生的聚合物自由基与发泡助剂ZnO/ZnSt中的Zn原子所结合，降低了聚合物自由基的浓度，硫化反应速度偏慢。另外，ZnO/ZnSt份数在0.5份时，正硫化时间与90%最大发气量时间差Δt最短，发泡速度与硫化速度匹配性最好，因此发泡助剂的优选份数为0.5份。

表1　不同ZnO/ZnSt份数对应的Δt

测试时间	ZnO/ZnSt份数		
	0.25份	0.5份	0.75份
正硫化时间TC90/s	282	316	416
90%最大发气量的时间t@90%P/s	389	255	188
Δt/s	-107	61	282

2.5　EVA/SEBS共混材料的发泡性能

在配方其它条件不变的情况下，改变ZnO/ZnSt份数，经过175℃×10min的模压发泡，得到最终发泡制品的性能如表2所示：

表2　不同ZnO/ZnSt份数对应发泡制品的性能

测试项目	ZnO/ZnSt份数		
	0.25份	0.5份	0.75份
密度/(g/cm^3)	0.25	0.18	0.23
硬度/(邵C)	40	35	38
拉伸强度/MPa	4.1	4.5	3.9
扯断伸长率/%	521	577	535
回弹性/%	55	63	60
压缩变形/%	35	31	37

从表2可以看出，在ZnO/ZnSt为0.5份时，共混材料的发泡制品密度和硬度最低，拉伸强度和扯断伸长率最高，压缩变形最小，回弹性最佳可达到63%。

3　结论

（1）EVA/SEBS共混材料体系的发泡速率与硫化速率是否匹配会影响最终发泡制品的物理性能。

（2）通过无转子硫化发泡仪得到该共混材料体系的发泡曲线和硫化曲线，优选了较为适宜的发泡温度；另外，发现发泡助剂对发泡速度和硫化速度均有不同程度的影响，发泡助剂的增加会使发泡速度加快，硫化速度反而减慢。

（3）在EVA50份，SEBS50份，AC发泡剂4份，DCP交联剂0.7份的条件下，当填胶量60%，发泡温度175℃以及发泡助剂0.5份时，共混材料的发泡速度和硫化速度匹配性良好，经模压发泡得到的发泡制品具有较佳的物理性能。

参 考 文 献

[1] 张敬，王醴均等．天然橡胶/EVA发泡复合材料发泡质量及力学性能的分析[J]．高分子材料科学与工程，2014，30(3)：53-57.

[2] 徐琼楠，杨郑，刘仿军等．EVA边角料/NR/胶粉复合发泡材料的制备及其性能[J]．武汉工程大学学报，2018，40(2)：169-175.

[3] 张丽，郭文博等．EVA/SBR发泡材料的研究[J]．广东化工，2010，37(3)：87-88.

[4] 黄向阳，陈松岩．一种LDPE/EVA/SBR复合发泡材料及其制备方法：中国，201210452909.1[P]，2013-05-08.

[5] 吴其晔，张振华等．EPDM发泡过程中硫化及发泡速度的匹配[J]．合成橡胶工业，2000，23(4)：(226-229).

HPPO 法制 PO 反应过程醇溶剂加氢精制催化剂开发及工业应用

王　慧　向明林　易　娇　王　伟　余喜春

（湖南长岭石化科技开发有限公司）

摘　要　针对目前中石化长岭分公司 10 万吨/年环氧丙烷装置面临的长周期运转及产品质量问题，本文开展了循环甲醇水溶液催化剂加氢脱杂研究，包含催化剂的开发及催化剂稳定性考察，试验结果表明，优选的 EH-11 催化剂，在反应温度 90℃，体积空速 5.0h^{-1}，压力 2.0MPa，氢油体积比 50-100：1 条件下，H_2O_2脱除率 100%，乙醛脱除率>99%，乙醛残余量<15ug.g^{-1}，稳定运行约 2800h，活性及稳定性良好。10 万吨/年环氧丙烷装置工业应用结果表明，EH-11 催化剂活性高，稳定性好，循环甲醇溶液中 $H_2O_2$100%脱除，乙醛近 100%脱除，加氢出口物料中乙醛残余量<10ug.g^{-1}，PO 产品纯度>99.97%，最高可达 99.99%，环氧丙烷产品质量持续稳定达到优级品，首次实现环氧丙烷装置连续稳定运行 1 年以上，解决了制约产品质量的瓶颈问题，为 HPPO 法制环氧丙烷项目的推广应用起到重要作用。

关键词　循环甲醇加氢，EH-11 催化剂，乙醛，H_2O_2，环氧丙烷

1　前言

环氧丙烷主要用于生产聚醚、丙二醇、丙二醇醚等，也是第四代洗涤剂非离子表面活性剂、油田破乳剂、农药乳化剂等的重要原料[1]。现有环氧丙烷生产工艺主要有氯醇法、共氧化法及直接氧化法，其中直接氧化法是在钛硅分子筛催化剂的作用下，使用双氧水直接氧化丙烯合成环氧丙烷的方法（HPPO 法），该方法具有条件温和、环境友好、产品选择性好等特点，是国际公认的“绿色”环保生产技术，也是环氧丙烷合成技术发展的趋势[2-4]。

由中国石化长岭分公司、石油化工科学研究院和湖南长岭石化科技开发有限公司合作开发的 10 万吨/年 HPPO 法制环氧丙烷工业装置于 2014 年年底一次开车成功，得到了合格的环氧丙烷产品。其中甲醇作为循环溶剂使用，反应残余的少量过氧化氢随甲醇进入精馏塔中，在高温下氧化甲醇生成甲醛，甲醛进而与甲醇缩合产生二甲氧基甲烷，而二甲氧基甲烷因沸点与 PO 接近，难以通过精馏从产品中分离出来，最终影响了 PO 纯度，此外环氧化过程中产生的少量甲醛，在精馏塔中同样会生成二甲氧基甲烷；且反应伴生的与甲醇沸点相近的醛（酮）、缩醛（酮）、硝基化合物等杂质亦难于与甲醇通过精馏完全分离，导致杂质随溶剂循环不断累积，既影响循环甲醇的再循环纯度，也影响环氧化催化剂的活性及寿命[5]。

为保证环氧丙烷产品质量，循环甲醇溶液的加氢精制至关重要，其被加氢的杂质除 H_2O_2外，主要包括醛（酮）、缩醛（酮）等物质。本研究采用固定床加氢工艺，进行新一代循环甲醇加氢催化剂开发。从催化剂不同制备方法、金属上量及助剂添加量等方面进行考察研究，开发了 EH-11 催化剂，该催化剂具有加氢活性高，抗氧化性能强，有一定的耐水性能且强度高的特点。

2　实验部分

2.1　*反应原理*

循环甲醇溶液中少量的 H_2O_2通过加氢生成水；甲醛、乙醛等醛类物质加氢生成相应的醇；同时部分脱除其它杂质，主要相关反应如下：

$$H_2O_2 + H_2 \longrightarrow 2H_2O$$

$$R-\overset{\overset{\displaystyle O}{\|}}{C}-R' \xrightarrow{H_2} R-\overset{\overset{\displaystyle OH}{|}}{CH}-R'$$

2.2　*原料及规格*

本研究所用原料取自 10 万吨/年 HPPO 装置 T2201 塔底，为环氧化反应产物分离丙烯和环氧丙烷后的甲醇水溶液。其较典型的组成见表 1，为提高试验的苛刻度，将 HPPO 装置循环甲醇

水溶中过氧化氢含量调高至 0.4%，乙醛含量添加至 1500~2000ug.g^{-1}作为试验原料。

表 1 循环甲醇水溶液原料主要组成

项目		原料 1	原料 2
采样日期		2018.4.18	2019.8.16
甲醇/%		97.913	94.931
丙二醇单甲醚/%		0.133	0.1462
丙二醇/%		0.095	0.0214
乙醇/%		0.928	4.176
缩醚/%		0.017	0.015
二甲氧基甲烷/%		0	0
甲酸甲酯/%		0.0486	0.0014
可加氢组分/%	H_2O_2	0.4	0.4
	乙醛	0.1541	0.205
	二甲氧基乙烷	0.1164	0.0513
	二甲氧基丙烷	0.0133	0.0043
	丙酮	0.003.	0.0013
	乙腈	0.0022	0.0036

注：剩余为水和不可检出组分。

2.3 试验方法

2.3.1 小试评价

规模：10mL 微反评价装置，反应器直径 8mm。

方法：取 10mL 催化剂装填于反应器加热炉恒温段，上下均用石英砂填充，氢源为电解氢，催化剂还原后备用；采用滴流床加氢工艺，将循环甲醇水溶液原料自泵进入反应器上端与氢气混合后进入反应器，在一定的反应条件下进行加氢反应，装置简易流程见图 1。

2.3.2 工业装置

规模：反应器直径 1.5m，催化剂装填量 $19m^3$。

方法：反应器分上下两个床层，装填量各 $9.5m^3$，催化剂床层上下均用瓷球填充，氢源为巴陵氢，催化剂经预还原后投用；采用滴流床工艺，循环甲醇水溶液至 T2201 底与氢气混合后进入加氢反应器，在一定反应条件下进行加氢反应。

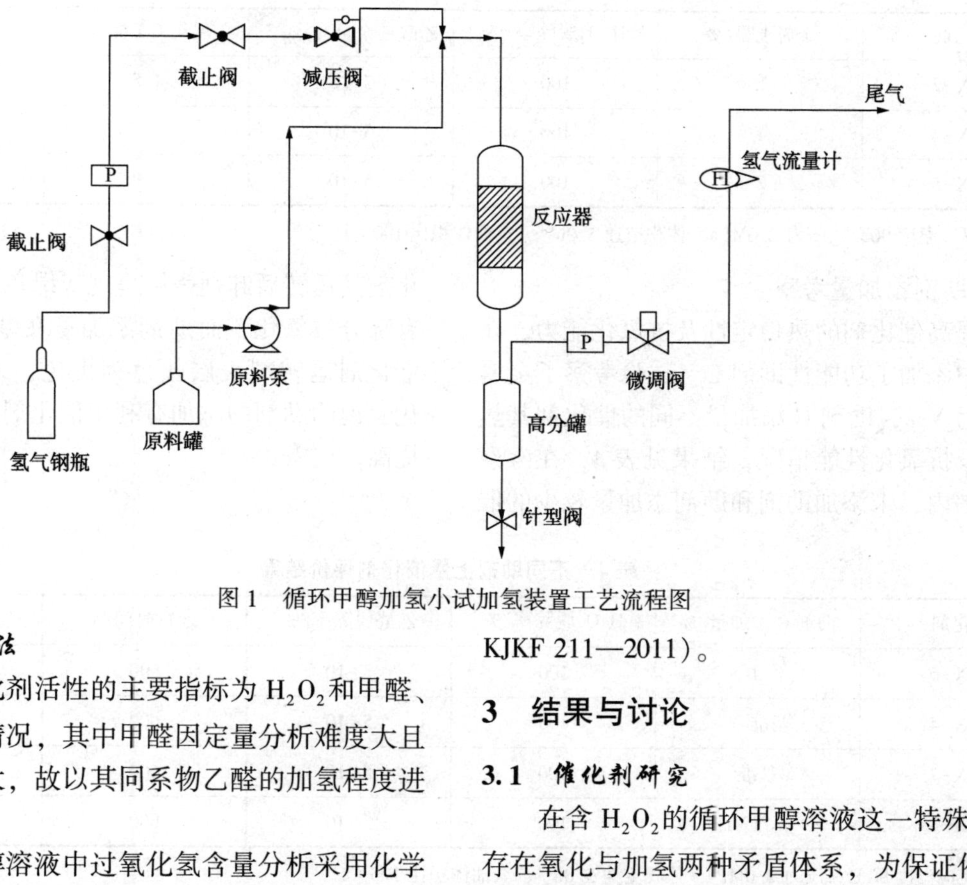

图 1 循环甲醇加氢小试加氢装置工艺流程图

2.4 分析方法

评价催化剂活性的主要指标为 H_2O_2和甲醛、乙醛的加氢情况，其中甲醛因定量分析难度大且偏差相对较大，故以其同系物乙醛的加氢程度进行衡量。

循环甲醇溶液中过氧化氢含量分析采用化学滴定(Q/KJKF 141—2009)，乙醛等组成成分采用 GC/MS 和 GC 法进行定性和定量分析(Q/KJKF 211—2011)。

3 结果与讨论

3.1 催化剂研究

在含 H_2O_2的循环甲醇溶液这一特殊体系中，存在氧化与加氢两种矛盾体系，为保证催化剂在循环甲醇体系中具有较高的加氢活性及稳定性，其中 H_2O_2的快速有效加氢尤为关键，要求催化剂必须具有较高的活性组分含量及一定的抗氧化行性能。本研究以原料 1 为评价试验进料，对催化剂不同制备方法、金属上量及助剂添加量方面进行了考察研究，以期获得高活性且具有一定抗氧化性能的催化剂。

3.1.1 制备方法考察

采用 A 制备方法和 B 制备方法分别制备金属上量一致的催化剂 EHX-1 和 EHX-2，并进行活性评价，结果见表 2，从表中数据可知，在相同运转时间内，采用 B 方法制备的催化剂，其活性稳定性更佳，加氢产物中乙醛残余量在 10 ug. g^{-1}以内，尾气中产生的 CO 量相对较少。

表 2　不同制备方法镍催化剂评价结果

催化剂	制备方法	H_2O_2脱除率/%	乙醛残余量/ug. g^{-1}	尾气 CO 量/%	运行时间/h
EHX-1	A	100-99	15-58	3.2	96
EHX-2	B	100	7-10	1.5	96

注：反应温度 90℃，压力 2.0MPa，体积空速 5.0h-1，氢油体积比 100∶1。

3.1.2 金属上量考察

采用 B 制备方法分别制备了活性金属含量为 X%、Y%和 Z%(金属上量逐渐增加)的催化剂 EHX-3、EHX-4 和 EHX-5，并进行活性评价，考察不同金属上量对催化剂活性的影响，表 3 数据显示，当金属上量为 Y%和 Z%时，其催化剂活性相当，加氢后物料中乙醛残余量基本保持在 10 ug. g^{-1}以内，反应尾气中 CO 产生量较少，相对 X%金属上量催化剂活性更高，从兼顾活性及经济成本角度考虑，金属上量以 Y%为佳。

表 3　不同金属上量催化剂活性评价结果

催化剂	金属上量/%	H_2O_2脱除率/%	乙醛残余量/ug. g^{-1}	尾气 CO 量/%	运行时间/h
EHX-2	X	100	7-15	1.5	192
EHX-4	Y	100	5-10	1.3	192
EHX-5	Z	100	5-10	1.2	192

注：反应温度 90℃，压力 2.0MPa，体积空速 5.0h^{-1}，氢油体积比 100∶1。

3.1.3 助剂添加量考察

为提高催化剂的热稳定性及抗氧化能力，在催化剂中添加了功能性助剂 C。试验考察了金属上量均为 Y%，助剂 C 添加量不同的催化剂其热稳定性及抗氧化性能情况，结果见表 4，在考察条件范围内，未添加助剂和助剂添加量较少的催化剂其运转后卸剂表层呈现灰绿色，说明催化剂有部分被氧化，而助剂添加量在基准及以上时，催化剂运转剂表层颜色为黑色，未发生明显氧化，说明助剂的添加有利于催化剂抗氧化能力的提高。

表 4　不同助剂上量催化剂评价结果

催化剂	助剂 C 添加量/%	H_2O_2脱除率/%	乙醛脱除率/%	运行时间/h	卸剂表层颜色
EHX-6	0	100	5~10	600	部分灰绿色
EHX-4	基准-1	100	5~10	600	微量灰绿色
EHX-7	基准	100	5~10	600	黑色
EHX-8	基准+1	100	5~10	600	黑色

注：反应温度 90℃，压力 2.0MPa，体积空速 5.0h^{-1}，氢油体积比 100∶1。

3.1.4 催化剂定型

经上述催化剂研究考察，根据催化剂活性及抗氧化性能评价结果，优选催化剂为 B 制备方法、金属上量 Y%，助剂添加量为基准量，催化剂型号为 EH-11，其物化性质见表 5。

表 5 EH-11 催化剂规格

项目	分析数据
金属含量/wt %	Y
外观	黑色柱状
颗粒直径/mm	4
颗粒长度/mm	4
比表面积/$m^2.g^{-1}$	182
孔容，mL/g	0.28
压碎强度，N/cm	268
堆密度/$g.mL^{-1}$	1.05

3.2 EH-11 催化剂稳定性试验考察

3.2.1 EH-11 催化剂稳定性评价

为提高反应苛刻度，以外加了 H_2O_2 至 0.4%、乙醛量至 1500~2000 $ug.g^{-1}$的原料 1 和原料 2 为评价进料，在反应温度 90℃，压力 2.0MPa，体积空速 5.0h^{-1}，氢油体积比 100：1 条件下对催化剂 EH-11 进行稳定性试验考察，评价时间约 2800h，结果见图 3，在考察范围内，催化剂活性及稳定性良好，H_2O_2脱除率 100%，乙醛脱除率>99%，乙醛残余量<15 $ug.g^{-1}$。

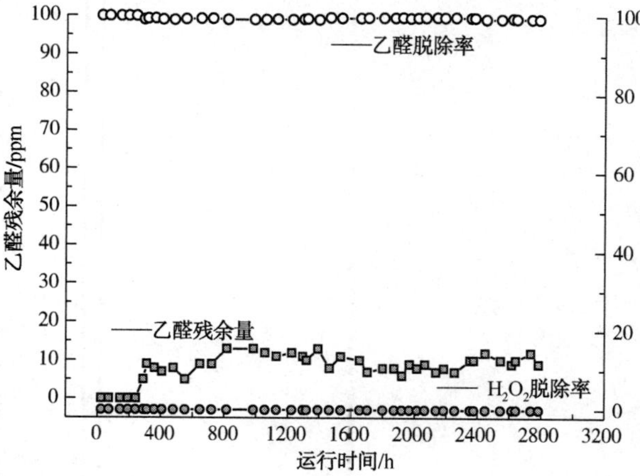

图 2 EH-11 催化剂稳定性试验结果

3.2.2 尾气分析

对 EH-11 催化剂加氢尾气(一次通过)进行了分析，其典型数据见表 6，反应过程中产生了微量 CO，约 2 $ug.g^{-1}$，此外，还产生了少量的 CO_2及 CH_4，其中 CO 单程产生量对催化剂活性无明显影响，工业装置配套甲烷化处理系统，可避免循环氢中 CO 累积。

表 6 EH-11 催化剂加氢尾气典型数据

名称	CO/$ug.g^{-1}$	CO/$ug.g^{-1}$	CH_4/$ug.g^{-1}$
原料 1-加氢尾气	1.2	60.6	69.6
原料 2-加氢尾气	1.8	47.9	74.9

3.2.3 EH-11 运转剂分析

对运转了约 2800h 的 EH-11 催化剂卸剂进行分析，由表 7 中数据可知，与新剂对比，运转剂金属含量为新剂金属含量的 99.1%，基本未流失，颜色仍为黑色，无明显氧化现象，运转后催化剂强度无明显下降，比表面孔容因催化剂吸附了循环甲醇溶液中的少量大分子杂质(如醚类、聚醚类化合物)略有下降，其中比表面积由 182m^2/g 降至 162m^2/g，孔容由 0.28mL/g 降至 0.22mL/g，但在考察范围内未对催化剂活性造成不良影响。

表 7 EH-11 新剂与卸剂对比

项目	EH-11 新剂	EH-11 卸剂
金属含量/wt %	Y	99.1% * Y
外观	黑色柱状	黑色
比表面积/$m^2.g^{-1}$	182	162
孔容/$mL.g^{-1}$	0.28	0.22
强度/$N.cm^{-1}$	268	260

3.3 EH-11 催化剂工业应用

3.3.1 EH-11 催化剂工业应用情况

2019 年 11 月，EH-11 催化剂于长岭石化 10 万吨环氧丙烷装置投用，已连续运行 13 个月，反应器床层压降正常(0.1MPa 左右)，催化剂活性及稳定性好，加氢进料乙醛含量 300~1000$ug.g^{-1}$，H_2O_2含量约 0.3%。图 4、图 5 数据表明，加氢出口物料中 H_2O_2残余量为 0 $ug.g^{-1}$，乙醛残余量<10 $ug.g^{-1}$，乙醛及 H_2O_2脱除率近 100%，PO 产品纯度>99.95%(优级品)，最高达 99.99%。首次实现环氧丙烷装置连续稳定运行 1 年以上，解决了制约产品质量的瓶颈问题，为 HPPO 法制环氧丙烷项目的推广应用起到重要作用。

4 结论

(1) 开发了循环甲醇加氢催化剂 EH-11，

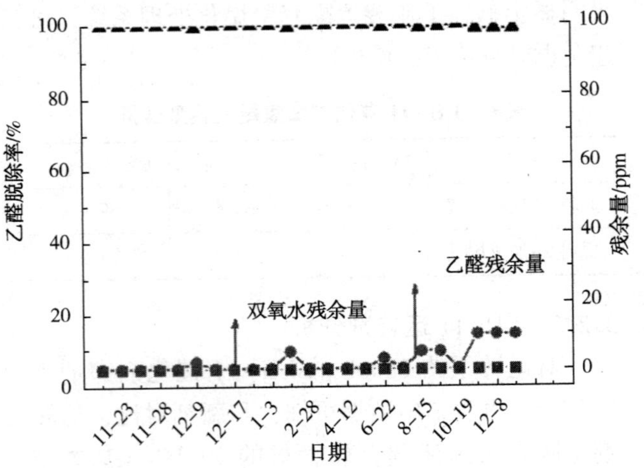

图 3　加氢出口数据

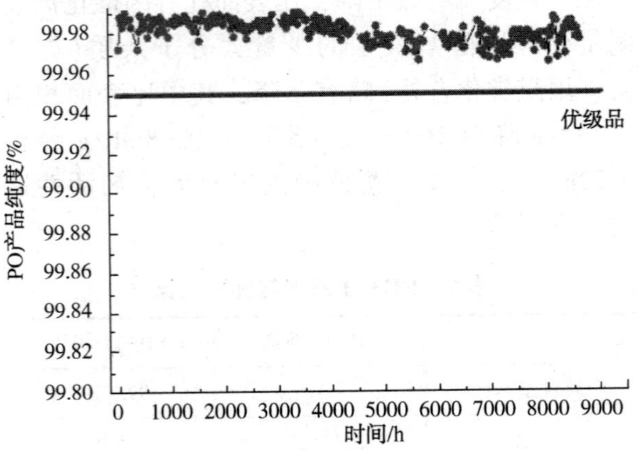

图 4　PO 产品质量

并通过了 2800h 活性稳定性评价。以长岭石化 10 万吨环氧丙烷装置循环甲醇溶液为原料，可 100%脱除其中 H_2O_2，乙醛脱除率>99%，乙醛残余量<15 ug. g^{-1}，且气相单程 CO 产生量可控。

(2) EH-11 催化剂于环氧丙烷装置进行工业应用，已连续稳定运行 1 年以上，加氢活性与小试结果一致，循环甲醇水溶液经加氢精制后，PO 产品纯度可提升至 99.97%以上(优级品≥99.5%)，最高可达 99.99%，加氢效果满足产品质量需求。

(3) EH-11 催化剂的工业应用解决了制约环氧丙烷装置产品质量的瓶颈问题，PO 产品质量得到提升，并持续保持在优级品以上，实现了环氧丙烷装置长周期稳定运行，对 HPPO 法制环氧丙烷成套技术的推广应用起到重要作用。

参 考 文 献

[1] T. A. Nijhuis, M Makkee, J. A. Moulijn, et al. The production of propene oxide: catalytic processes and recent developments[J]. Ind Eng Chem Res, 2006, 45: 3447-3459.

[2]张俊宏，刘婧，王祥生等．环氧丙烷绿色合成技术进展[J]. 河南化工，2003，(1)：1-4.

[3]钱伯章．环氧丙烷的生产技术进展[J]. 化学推进剂与高分子材料，2006，4(2)：14-18.

[4]薛祖源．环氧丙烷生产工艺评书及发展设想[J]. 化工设计，2009，19(5)：3-6.

[5]德古萨股份公司．环氧化烯烃的方法[P]. CN 1649858，2003.

低锂浓度锂系橡胶合成废水的锂吸附工艺

夏 栋 蒋晓云 杨兴海 刘雅倩

（长沙华时捷环保科技发展股份有限公司）

摘 要 针对 SBS、SIS、SEBS 等锂系橡胶在生产过程中，产生的高温低浓度含锂废水，采用了一种锂吸附材料进行吸附回收。通过小试震荡试验，可知通过两级吸附，锂吸附率可达 99%以上。通过中试试验，验证了锂吸附材料的工业侧线连续性运行的效果，通过一级吸附可达近 97%的锂吸附率。同时，也表明本工艺具有较好的重复性和稳定性。洗脱再生所得富锂洗脱液，可将锂富集 100~200 倍。此工艺也无需改变原液温度，流程简单，实现了锂的资源化与节能减排的目的。

关键词 锂系橡胶，废水，吸附，锂，回收

在锂系橡胶的生产过程中，需要金属锂或者锂的化合物作为引发剂，如溶聚丁苯橡胶(S-SBR)、低顺式聚丁二烯橡胶(PB)、嵌段丁苯热塑性弹性体(SBS)、苯乙烯/异戊二烯/苯乙烯三嵌段共聚物(SIS)等。在后续产品合成与清洗工艺过程中，会产生大量低浓度的含锂废水。对该部分锂进行回收，不仅可以资源化，还可产生经济效益。

目前，针对锂的回收研究，主要集中在含较高锂浓度的卤水、电池材料和含锂矿物等领域。针对溶液中的锂回收工艺，主要有沉淀法、萃取法、吸附剂法等工艺。但对于橡胶合成过程中产生的高温低浓度含锂废水的锂回收，一般锂浓度在 10~50mg/L，没有合适的技术方法。

对此，本文提出了一种新的吸附回收工艺，可在此类高温低浓度的含锂废水中进行吸附回收；后续可再对该废水进行综合回用利用，达到节能减排的目的。

1 实验部分

1.1 工艺流程

具体如图 1 所示。

（1）将含锂废水用精密过滤器过滤后，泵入装有长沙华时捷锂吸附材料的吸附柱进行锂吸附。吸附后液，可返回系统进行后处理回用。

（2）锂吸附饱和后，用洗脱液进行洗脱再生。再生后吸附材料返回循环使用，洗脱所得富含锂洗脱液，则可通过加入碳酸盐进行沉淀回收碳酸锂。

（3）依次重复吸附和洗脱过程。

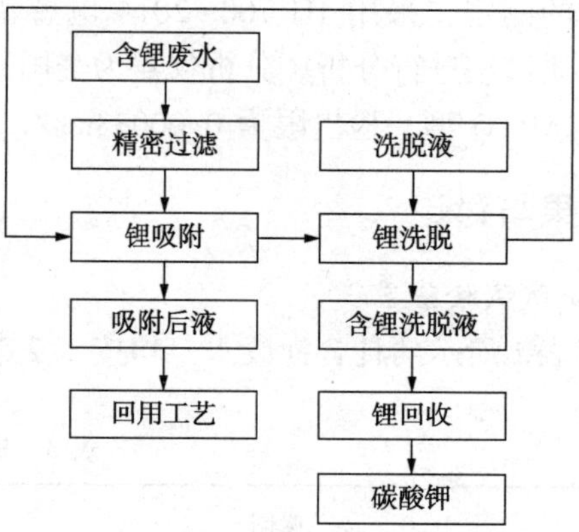

图 1 工艺流程示意图

1.2 小试试验过程

小试原液为某石化企业 SIS 生产过程中产生的含锂废水，两种原液成分如表 1 所示。

表 1 含锂废水原液组成

成分	pH	Li(mg/L)
原液 1	10.55	15.81
原液 2	5.86	41.60

小试主要采用震荡吸附的方式，进行二级吸附实验。

一级震荡吸附：取上述 50mL 含锂废水原液，加入新的 0.5g 长沙华时捷锂吸附材料，放于瓶中进行震荡 3h 后，分离出吸附材料，得一级吸附后液。然后，

二级震荡吸附：将上述一级吸附后液，加入新的 5g 长沙华时捷锂吸附材料，放于瓶中进行震荡 3h 后，分离出吸附材料，得二级吸附后液。

1.3 中试试验过程

中试试验采用长沙华时捷的 HSJ-金属吸附撬装设备，在 SBS 生产车间进行侧线中试试验。

先将含锂废水原液通入设备内，进行吸附，吸附速度为 $1m^3/h$。并每隔一段时间取吸附进液样和吸附出液样。

当吸附饱和后，则先进洗脱液进行洗脱再生，当洗脱液用完后，再继续进水进行清洗，洗脱速度为 $0.4m^3/h$。同时连续收集出口溶液样品。每收集一定体积则混合取样，为洗脱样。此过程中，首先出来的溶液是吸附柱中残留的废水溶液，随后则出来洗脱液溶液。

按上述吸附和洗脱过程，重复多次。

1.4 分析方法

锂的测定，采用 HJ 700-2014 电感耦合等离子体质谱法进行分析。分析仪器为美国赛默飞世尔 ICAP-Q 型，检出限为 0.00033mg/L。

2 结果与讨论

2.1 小试试验结果

将表 1 所示两种含锂废水，均按 1.2 节所述过程，进行两级震荡吸附，所得实验结果表 2。

表 2 小试试验结果表

原液	阶段	吸附后液 Li 浓度(mg/L)	吸附率
原液 1	一级吸附	1.57	96.2%
	二级吸附	0.17	99.6%
原液 2	一级吸附	0.48	97.0%
	二级吸附	0.034	99.8%

从表 2 所述结果，可以看出，进行两级震荡吸附，长沙华时捷锂吸附材料对该类低浓度含锂废水中锂的总吸附率均可达 99%。该类锂吸附材料对锂具有很好的吸附效果。

2.2 探索性中试试验结果

按 1.3 节所述过程，进行吸附和洗脱试验。

吸附阶段为过量吸附试验，每隔表中所述吸附溶液体积，取进出液样，进行分析。吸附阶段试验结果如下表 3 所示。

其中，吸附率为出液样锂浓度与进液样锂浓度之比，下同。吸附锂量为溶液体积与进出液锂浓度差之积，下同。

表 3 探索性中试试验吸附结果表

组数		吸附溶液体积	溶液 pH	溶液锂浓度(mg/L)	吸附锂量(g)	吸附率
1	进液样	$1m^3$	10.79	39.75	37.5	94.40%
	出液样		3.64	2.211		
2	进液样	$8m^3$	10.83	38.21	294.6	96.40%
	出液样		3.63	1.389		
3	进液样	$12m^3$	11.3	36.04	408.6	94.50%
	出液样		10.76	1.981		
4	进液样	$12m^3$	10.71	37.93	314	69.00%
	出液样		10.84	11.76		
合计		$33m^3$			1054.7	

洗脱阶段，先进 200L 洗脱液进行洗脱，再进水进行清洗。同时，每隔表中所述洗脱溶液体积收集洗脱溶液，混合取样，进行分析。洗脱阶段试验结果如下表 4 所示。

其中，洗脱锂量为洗脱溶液体积与溶液锂浓度之积，下同。

(1) 因进行探索性试验前，有一段调试过程所进行的吸附试验，未计入表 3 所述吸附溶液体积内。因此，导致表 3 所述的吸附锂量偏低，低于表 4 中的洗脱锂量。

(2) 从表 3 可知，在第 4 组样时，吸附量已经降至 69%，已经趋于饱和。此时的锂金属吸附总量为 1054.7g，考虑未计算的调试过程锂金属吸附量，此中试设备的吸附总量应为 1000g 左右。所得锂吸附材料的吸附容量约 10g/L。

(3) 原液平均锂浓度约 37.5mg/L，洗脱液平均锂浓度约 7.155g/L，富集倍数为 191 倍。

表 4　探索性中试试验洗脱结果表

组数	洗脱溶液体积	溶液锂浓度（mg/L）	洗脱锂量（g）
1	150L	—	—
2	50 L	5815.7	290.8
3	50 L	8791.4	439.6
4	50 L	7901.3	395.1
5	10 L	6114.6	61.1
合计			1186.6

2.3　重复性中试试验结果

结合 2.1 节试验结果，按 1.3 节所述过程，重复进行 3 个周期的吸附和洗脱试验。通过重复性试验来验证吸附试验的稳定性。

第一周期吸附阶段试验结果如下表 5 所示。

表 5　重复性中试试验第一周期吸附结果表

组数		吸附溶液体积	溶液锂浓度（mg/L）	吸附锂量（g）	吸附率
1	进液样	$1m^3$	34.27	32.2	94.00%
	出液样		2.059		
2	进液样	$4m^3$	37.47	144.3	96.30%
	出液样		1.401		
3	进液样	$4m^3$	31.31	120.5	96.20%
	出液样		1.193		
4	进液样	$5m^3$	36.11	171	94.70%
	出液样		1.911		
5	进液样	$7.7m^3$	31.98	245.1	99.90%
	出液样		0.017		
6	进液样	$5.8m^3$	31.84	185.7	~100.0%
	出液样		0.009		
合计		$27.5m^3$		898.7	

第一周期洗脱阶段试验结果如下表 6 所示。

表 6　重复性中试试验第一周期洗脱结果表

组数	洗脱溶液体积	溶液锂浓度（mg/L）	洗脱锂量（g）
1	50 L	1.92	0.1
2	50 L	3.57	0.2
3	50 L	57.27	2.9
4	50 L	981.5	49.1
5	50 L	2472.7	123.6
6	50 L	4366.9	218.3
7	50 L	4621	231.1
8	50 L	3891.6	194.6
9	50 L	1722	86.1
10	50 L	1177.7	58.9
合计	500 L		964.8

第一周期吸附阶段的平均吸附率为 96.8%。吸附阶段的锂吸附总金属量约 898.7g。

洗脱阶段时，因先流出的是吸附柱中残留废水，洗脱液后流出。工业化时，取第 200~450L 之间的 250L 溶液作为富锂洗脱液进行后续锂回收；其余锂浓度较高的溶液，可用于下周期配制洗脱液。所得富锂洗脱液，锂浓度约 3.414g/L 左右。

第二周期吸附阶段试验结果如下表 7 所示。

表 7　重复性中试试验第二周期吸附结果表

组数		吸附溶液体积	溶液锂浓度（mg/L）	吸附锂量（g）	吸附率
1	进液样	$1.0m^3$	42.82	42	98.00%
	出液样		0.856		
2	进液样	$5.2m^3$	28.44	142.6	97.00%
	出液样		0.846		
3	进液样	$2.5m^3$	29.89	72.2	96.70%
	出液样		1.000		
4	进液样	$1.6m^3$	28.16	43.5	97.60%
	出液样		0.686		
5	进液样	$9.4m^3$	27.04	245.4	96.40%
	出液样		0.976		
6	进液样	$4.3m^3$	31.49	133.3	97.70%
	出液样		0.717		
7	进液样	$7.9m^3$	29.26	231.6	~100.0%
	出液样		0.0002		
8	进液样	$4.8m^3$	27.62	127.4	97.10%
	出液样		0.793		
9	进液样	$2.5m^3$	31.43	77.1	98.10%
	出液样		0.587		
合计		$39.2m^3$		1115.2	

第二周期洗脱阶段试验结果如下表 8 所示。

表 8　重复性中试试验第二周期洗脱结果表

组数	洗脱溶液体积	溶液锂浓度（mg/L）	洗脱锂量（g）
1	100 L	314. 48	31. 4
2	50 L	1738. 7	86. 9
3	50 L	1781. 6	89. 1
4	50 L	2119. 8	106
5	50 L	2933. 8	146. 7
6	50 L	4320. 5	216
7	50 L	3998. 7	199. 9
8	50 L	2428. 2	121. 4
9	50 L	1222. 4	61. 1
10	50 L	1108. 7	55. 4
11	50 L	1105. 3	55. 3
合计	600 L1169. 3		

第二周期吸附阶段的平均吸附率为 97. 6%。吸附阶段的锂吸附总金属量约 1115. 2g。

洗脱阶段时，取第 200～450L 之间的 250L 溶液作为富锂洗脱液，锂浓度约 3. 160g/L 左右。

第三周期吸附阶段试验结果如下表 9 所示。

表 9　重复性中试试验第三周期吸附结果表

组数		吸附溶液体积	溶液锂浓度（mg/L）	吸附锂量（g）	吸附率
1	进液样	$1.3m^3$	34. 46	43. 5	94. 70%
	出液样		1. 834		
2	进液样	$4.6m^3$	39. 13	174. 2	97. 10%
	出液样		1. 122		
3	进液样	$7.7m^3$	33. 21	245. 4	96. 40%
	出液样		1. 195		
4	进液样	$5.3m^3$	35. 64	180. 1	96. 30%
	出液样		1. 329		
5	进液样	$4.7m^3$	26. 54	116. 5	94. 00%
	出液样		1. 585		
6	进液样	$4.4m^3$	31. 84	134. 5	95. 60%
	出液样		1. 393		
7	进液样	$7.6m^3$	30. 5	223. 9	96. 80%
	出液样		0. 978		
8	进液样	$2.3m^3$	31. 05	67. 8	97. 10%
	出液样		0. 912		
合计		$37.8m^3$		1185. 9	

第三周期洗脱阶段试验结果如下表 10 所示。

表 10　重复性中试试验第三周期洗脱结果表

组数	洗脱溶液体积	溶液锂浓度（mg/L）	洗脱锂量（g）
1	100 L	120. 9	12. 1
2	50 L	2578. 6	128. 9
3	50 L	3037. 8	151. 9
4	50 L	2201. 8	110. 1
5	50 L	3322. 2	166. 1
6	50 L	4376. 4	218. 8
7	50 L	3148. 1	157. 4
8	50 L	2063. 8	103. 2
9	50 L	1301. 9	65. 1
10	50 L	736. 5	36. 8
11	50 L	330. 8	16. 5
合计	600 L		1167

第三周期吸附阶段的平均吸附率为 96. 0%。吸附阶段的锂吸附总金属量约 1185. 9g。

洗脱阶段时，取第 200～450L 之间的 250L 溶液作为富锂洗脱液，锂浓度约 3. 217g/L 左右。

2. 4　小结

通过上述试验可知：

（1）通过一级吸附，锂吸附率在 97%左右，吸附后平均锂浓度可降至约 0. 97mg/L，多周期重复试验也均能保持较高的吸附率；若进行多级吸附，可达 99% 以上。

（2）锂的洗脱效果很好，洗脱率均在 100%左右。

（3）所得富锂洗脱液的锂含量，跟原液浓度和吸附总量有关系。在第 2. 2 节的过量吸附试验中，富锂洗脱液锂浓度约 7～7. 5g/L；而在第 2. 3 节所述试验中，只有 3～3. 5g/L。若工业化时，可用多级串联的方式，富锂洗脱液锂浓度应该可达约 6～7g/L，富集比约 150 倍左右。

3　结论

对于锂系橡胶生产过程中，产生的此类高温低浓度的含锂废水。通过上述试验结果可知，采用本文的锂吸附回收工艺，在只对废水进行过滤和吸附而无需进行降温处理的情况下，通过一级吸附可达近 97%的锂吸附率。吸附饱和后，再通过洗脱再生所得富锂洗脱液，可将锂富集 100~200 倍。

该工艺不仅回收了该类废水中的锂，所得富锂洗脱液再沉淀为碳酸锂进行资源化[11]。而且，可不改变溶液温度，吸附后液再通过简单处理可进行回用，节约了热能，减少了废水排放量。工艺简单，处理成本低，且实现了锂的资源化与节能减排的目的。

参 考 文 献

[1] 王钊越．金属锂的应用及其市场[J]．新疆有色金属，2018，41(S1)：56-58.

[2] [张海涛．锂系橡胶 S-SBR、PB 和 SBS 的加工利用[J]．广东化工，1996(03)：35-37.

[3] 刘勇，陈海龙，陈韶文，易严德．引发剂正丁基锂品质改进及其在 SBS 生产中的应用[J]．弹性体，2004(03)：23-26.

[4] 袁协尧，王继铭，单东，郑安呐．反应挤出阴离子本体聚合制备苯乙烯类合成橡胶[J]．高分子材料科学与工程，2014，30(08)：1-6.

[5] 代梦雅，张亚茹，张可，赵云斌．用溶剂萃取—沉淀法从废锂离子电池正极材料中回收钴镍锂[J]．湿法冶金，2019，38(04)：276-282.

[6] 陈若葵，王杜，谭群英，唐红辉，李长东．磷酸盐沉淀法从低浓度含锂溶液中回收锂的研究[J]．矿冶工程，2016，36(05)：97-99. [7] 孙继红，王丽娟，黄承．锂低硅铝比(Li-LSX)沸石交换母液中锂离子的回收(Ⅱ)——反萃取及萃取剂循环利用工艺研究[J]．北京工业大学学报，2010，36(11)：1537-1540.

[8] 吴志坚，郭敏，李权，刘忠．氢氧化铝基锂吸附剂从卤水中吸附锂的机理[J]．盐湖研究，2018，26(03)：1-6.

[9] 王禄，马伟，韩梅，孟长功．高效锂离子筛吸附剂 MnO_ 2 · 0. 5H_ 2O 的软化学合成及吸附性能研究[J]．化学学报，2007(12)：1135-1139.

[10] 李征征，赵君风，刘明星，王强，田吉平．一种提取废水中锂的吸附剂及其制备方法[P]．CN107011447B，2019-07-05.

[11] 韩芳．碳酸锂沉锂工序操作和常见问题的处理方法[J]．新疆有色金属，2009，32(05)：46+48.

甲醇制烯烃(MTO)装置在线色谱分析仪取样系统改进

徐国平

(岳阳长炼机电工程技术有限公司)

摘　要　本文针对在线色谱分析仪在甲醇制烯烃装置(MTO)中的实际应用，通过日常维护中的出现具体问题，通过分析和实验对原有预处理进行改造，改造后得到了很好的使用效果。

关键词　在线色谱分析仪，预处理系统，甲醇制烯烃(MTO)

国内某180万吨/年甲醇制烯烃(MTO)项目，在近两年的运行中，由于工艺工况的变化，导致在线色谱分析样品中携带有油状和蜡状物质，造成取样管线堵塞，测量值波动，给仪表的日常维护增加了很多工作量，且无法给予工艺准确参考。为了优化生产，提高仪表的准确性和稳定性，笔者通过分析实验，对取样系统做了建造，改造后仪表测量稳定，大大减小了维护工作量。

1　甲醇制烯烃(MTO)装置介绍

1.1　装置简介

甲醇制烯烃(MTO)包括反应再生区、急冷汽提区、热量回收区。

反应再生区主要包括进料系统、反应再生系统和主风系统。进料系统采用气相进料的方式，从界区外来的MTO级液相甲醇经加热汽化和过热后进入反应器进行反应；反应产物经三级 旋风分离器回收夹带的少量催化剂细粉并送至急冷塔，反应再生系统采用循环流化床和不完全再生工艺；主风系统设置两台电动离心式主风机提供足够的再生烧焦用风，两台主风 机一开一备。

急冷汽提区主要包括急冷塔、水洗塔和污水汽提塔。反应系统来的反应气，经急冷塔、水洗塔脱过热和洗涤夹带的催化剂细粉并将其中大部分水冷凝后，送烯烃分离装置供分离精制；急冷水洗系统冷凝下来的水经污水汽提塔回收少量甲醇、二甲醚等有机物后外排，回收的有机物送进料系统进行回炼。

热量回收区主要包括再生器内外取热器、CO焚烧炉和余热锅炉，主要作用是回收催化剂再生烧焦过程中产生的热量并发生蒸汽。

1.2　反应机理

在酸性分子筛催化剂上，甲氧基通过与分子筛内预先形成的“碳池”(CARBON POOL)中间物作用，可以同时形成乙烯、丙烯、丁烯等烯烃，“碳池”具有芳烃的特征，反应是并行的。如下图1所示。

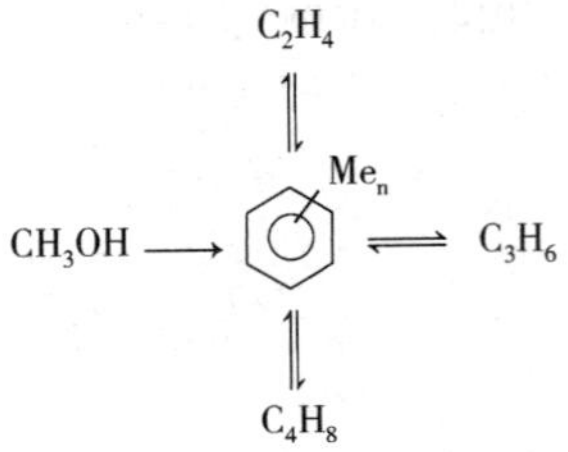

图1　碳池结构示意图

根据某研究所的研究结果，在专用催化剂的作用下，主要的反应途径如图1.1.2.1-2所示。

(1) 甲醇在催化剂中形成“碳池”引发反应，甲醇与“碳池”作用并行地产生乙烯、丙烯、丁烯等小分子烯烃；反应过程中“碳池”逐渐转化为结炭；

(2) 所生成的小分子烯烃在酸性催化剂的作用下可以发生聚合反应形成较大的烯烃，而较大的烯烃在合适的反应条件下也可以发生裂解反应，转化为小分子产物；

(3) 小分子烯烃也可以通过与甲醇的烷基化反应，转化为多一个C原子的烯烃；

(4) 上述反应同时存在，与反应条件密切相关。

1.3　甲醇制取低碳烯烃的主要化学反应

$2CH_3OH \rightarrow CH_3OCH_3+H_2O$

$CH_3OH \rightarrow C_2H_4+C_3H_6+C_4H_8$

$CH_3OCH_3 \rightarrow C_2H_4+C_3H_6+C_4H_8$

2　在线色谱分析仪在 MTO 装置中的作用

MTO 装置水洗塔出口设置一台在线色谱分析仪，用于检测反应气中重要组分的含量，测量组份有甲烷、乙烯、乙烷、丙烯、丙烷、甲醇、二甲醚、C4+。

MTO 装置的反应气质量是影响下游装置大部分产品质量的重要因素。一般而言，转化率和选择性(乙烯加丙烯)在一定范围内成反比，即甲醇转换率接近 100%但没有达到 100%时选择性达到最好，往往产品气中带有少量甲醇、二甲醚，对低碳烯烃的选择性是最好的，如果一味地追求乙烯加丙烯的高收率将造成催化剂的活性变差，甲醇不能完全转化，这时产品气中丙酮，丁酮等含氧化合物含量上升，氧化物过量，如果精馏系统分离不及时，会造成下游聚合级乙烯和丙烯中氧化物超标，从而引起聚乙烯和聚丙烯装置中催化剂中毒，催化剂耗量增加。

所以水洗塔出口设置的在线色谱分析的分析数据对工艺操作有着很重要的指导意义，尤其是甲醇和二甲醚的含量是工艺操作的重要依据。

3　在线色谱分析仪在该处应用存在的问题

3.1　在线色谱分析仪配置：

生产厂家：SIEMENS

检测器：TCD+FID

柱箱：恒温型，空气浴柱箱

色谱柱：填充柱

进样阀：MODEL 50VAPOR INJECT

测量组分数：8

模拟输出数：8，4-20MA

测量周期：10 MINUTES/STREM

载气：H2(99.999%)

3.2　样品传输及预处理设计图简图(图 2)

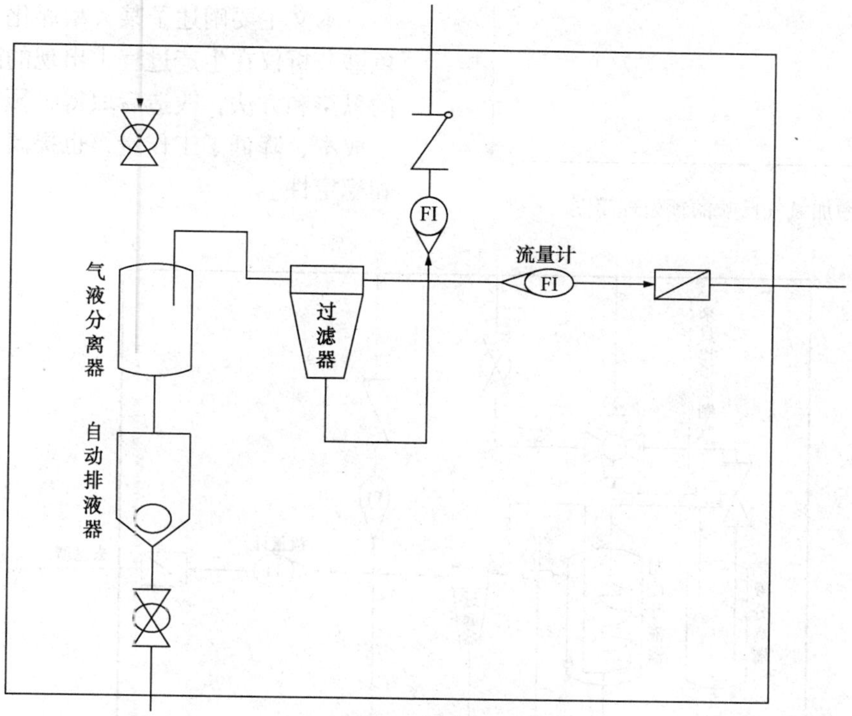

图 2　原设计预处理设计简图

样品传输管线采用一体化电伴热取样管，安装温控器，设置温度 60℃。

3.3　存在的问题

近两年来，因为工艺工况的变化，反应气中时常含有液相(油状)和固体(蜡状)物质，预处理气液分离器如果不能完全脱除液体，液相组分就会加速后级聚结式过滤器滤芯的失效，甚至进入到色谱分析仪，造成色谱柱污染，蜡状固体会造成取样管堵塞。尤其进入冬季气温下降后，此现象更加严重，维护人员基本每天需要对预处理进行维护，增加人工成本和备件成本。

3.4　处理方法

3.4.1　调整伴热温度

通过多次实验，将取样管缆伴热温度由原来的 60℃调整到 80℃时，蜡状组分会融化，但随着样品温度的提高，很多较轻组分会气化，预处理气液分离器无法脱除，会在下级凝结或进入色谱仪内，大大缩短过滤器滤芯寿命，和色谱柱污染。同时这种气化的组分含量不固定，进入色谱内会造成 C4+测量值波动。

3.4.2　增加氮气反吹

在原有预处理中增加一条氮气反吹线，定期对取样管线进行反吹，带走管壁聚积的液相物质，改进后的预处理图简图如下图 3 所示：

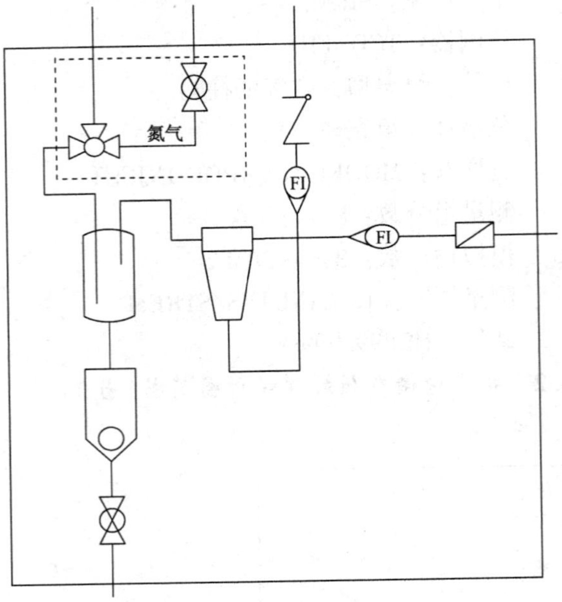

图 3　增加氮气反吹的预处理简图

3.4.3　增加自动反吹和二级除液系统

定期反吹能减轻气液分离器的负荷，一定范围内延长过滤芯寿命，但还是不能解决根本问题，且定期反吹增加维护技术人员的工作量，所以进一步改进，增加自动定时反吹，同时增加二级冷却除液系统，对气液分离器未完全的样品进一步除去液相，保证了进入色谱分析仪的样品满足要求，进一步改造后的预处理如图 4 所示：

3.5　改进后的效果

改造后，通过两级除液，预处理完全可以分离出样品中的液相成分，运行一个多月后，检查滤芯依然非常干净，大大延长了滤芯寿命。C4+测量值波动的问题也得到解决，测量结果稳定。因此，本次改造取得了预期效果，不仅大大减少了工作量，还节约了成本，更保证了仪表运行的稳定性和准确性。

4　结束语

本文主要阐述了某大型煤化工 MTO 装置中，色谱分析仪在生产过程中出现的问题，解决问题的思路和方法，改造后取得了预期的效果，节约了成本，降低了工作量，也提高了仪表的准确性和稳定性。

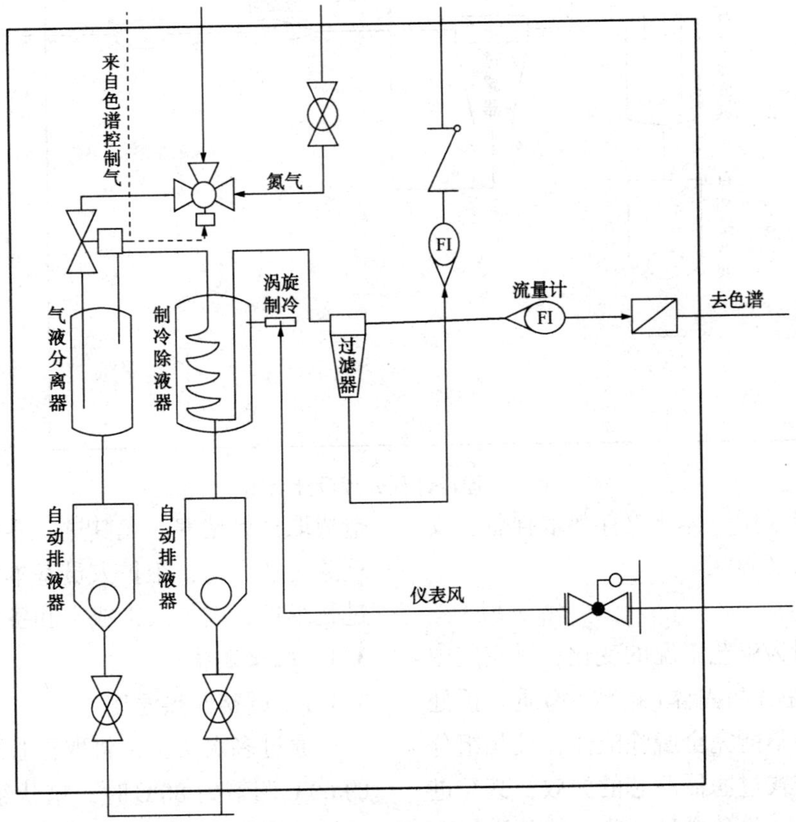

图 4　增加自动反吹和二级除液系统的预处理简图

NiFe-MOFs 促进 Ov-$BiVO_4$ 光阳极水氧化的活性和稳定性

潘金波　申　升　周　威　郭君康　谢庭亮　陈　浪　尹双凤*

（湖南大学化学化工学院，化学生物传感与化学计量学国家重点实验室，先进催化教育部工程研究中心）

摘　要　通过咖啡酸（CA）中临位酚羟基与 Ov-$BiVO_4$的强配位作用，构筑了核壳结构 Ov-$BiVO_4$@NiFe-MOFs 光阳极来促进 Ov-$BiVO_4$光阳极 OER 的活性和稳定性。Ov-$BiVO_4$@NiFe-MOFs 在 1.23 V vs RHE 的光电流密度达到 5.3 ± 0.15mA cm^{-2}并且具有明显提高的稳定性。由于水的氧化位点从 Ov-$BiVO_4$转移到 NiFe-MOFs，避免了 Ov-$BiVO_4$与 O_2的直接接触，进而增强了稳定性。另外，与块体 MOF 相比，Ov-$BiVO_4$@NiFe-MOFs 中的 Ni，Fe 具有更高的氧化态和更低的配位数，更有利于水氧化过程。本研究表明，可以将助催化剂均匀包覆在富含氧空位的光阳极表面，一方面可以促进水氧化反应，另一方面可以提高氧空位的稳定性。

关键词　NiFe-MOFs，Ov-$BiVO_4$光阳极，水氧化，活性，稳定性

氢气作为一种清洁能源受到了广泛研究。相比于传统的制氢过程，光/电催化水分解制氢被认为是一种具有前景的方式。与光催化相比，光电催化水分解表现出更高的制氢效率。水分解过程中，水氧化（OER）伴随着复杂的四电子反应成为制氢的速控步骤。因此，高效稳定的光阳极材料设计和制备成为研究的焦点。光阳极材料中引入氧空位可有效提高其光电催化 OER 活性。但是在富氧的环境中，氧空位的稳定性较差。目前，氧空位在 OER 中的稳定性研究较少。本研究基于氧空位在 OER 中不稳定的缺陷，通过咖啡酸（CA）中临位酚羟基与 Ov-$BiVO_4$的强配位作用，构筑了核壳结构 Ov-$BiVO_4$@NiFe-MOFs 光阳极来促进 Ov-$BiVO_4$光阳极 OER 的活性和稳定性。

1　实验部分

首先采用电沉积制备了 $BiVO_4$纳米阵列，进一步采用氢气热处理法得到 Ov-$BiVO_4$。将上述 Ov-$BiVO_4$浸泡在咖啡酸的乙醇溶液中，使咖啡酸中临位酚羟基与 Ov-$BiVO_4$配位；然后将表面处理的 Ov-$BiVO_4$置于 NiFe-MOFs 的前驱体中晶化，得到核壳结构 Ov-$BiVO_4$@NiFe-MOFs 光阳极。

2　结果与讨论

如图 1 所示，基于咖啡酸的表面配位，厚度为 15 nm 的 NiFe-MOFs 均匀地包覆在 Ov-$BiVO_4$表面。X 射线光电子能谱（XPS）表明，CA 与 Ov-$BiVO_4$具有明显的配位作用。NiFe-MOFs 的表面包覆使 Ov-$BiVO_4$中 Bi、O、V 的结合能降低，说明电子由 NiFe-MOFs 向 Ov-$BiVO_4$转移（图 2 a-e 所示）。与块状 NiFe-MOFs 相比，Ov-$BiVO_4$@NiFe-MOFs 中的 Ni/Fe 表现出更高的价态和更小的配位数，这更有利于水氧化反应（图 2 f-h 所示）。

活性评价结果显示，与 Ov-$BiVO_4$相比，Ov-$BiVO_4$@NiFe-MOFs 的电流密度、光电转化效率（IPCE）和应用偏置光子对电流的效率（ABPE）有明显提升，其中电流密度达 5.3mA cm^{-2}（图 3 所示）。经过 10 h 水氧化反应后，Ov-$BiVO_4$的电流密度显著下降，而 Ov-$BiVO_4$@NiFe-MOFs 的电流密度无明显变化。因此，这种新型结构材料同时具有高活性和高稳定性。黑暗-光照开路电压测试表明 NiFe-MOFs 的表面包覆没有明显改变 Ov-$BiVO_4$的光电压，说明 NiFe-MOFs 的主要作用是增强水氧化过程。电子顺磁共振（ESR）表明，NiFe-MOFs 的表面包覆有利于维持 Ov-$BiVO_4$中的氧空位浓度。准原位拉曼表明，NiFe-MOFs 壳层原位产生的 NiOOH 作为产氧助催化剂显著降低了水氧化的过电势，从而加速了 OER 动力学过程（图 4b 和图 5 所示）。

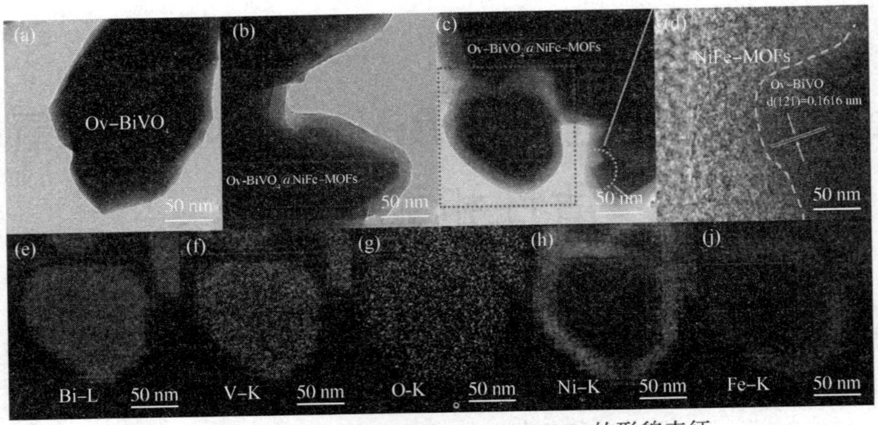

图 1　核壳结构 Ov-BiVO$_4$@ NiFe-MOFs 的形貌表征

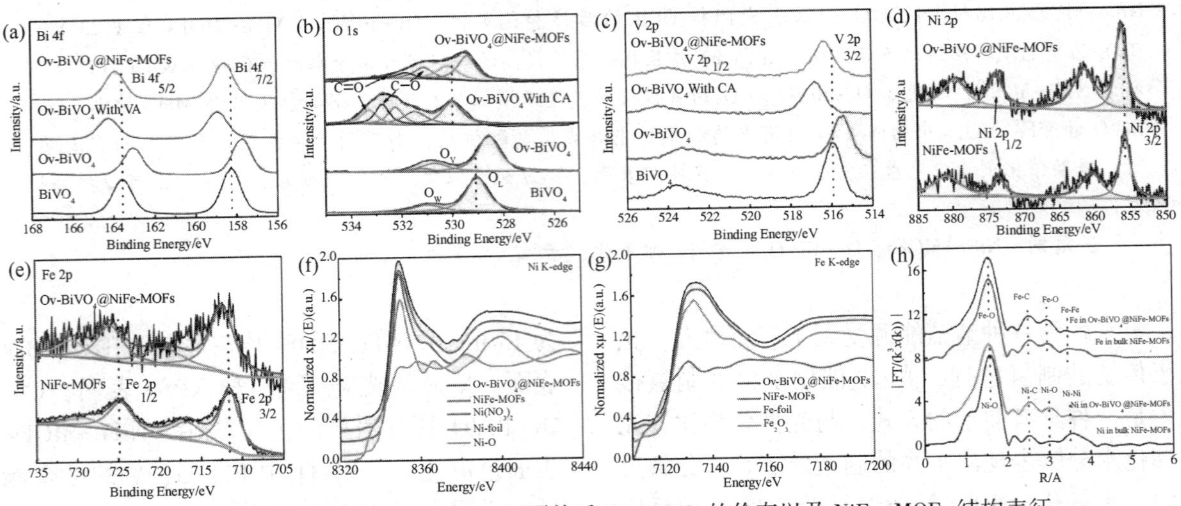

图 2　咖啡酸配位以及 NiFe-MOFs 包覆前后 Ov-BiVO$_4$的价态以及 NiFe-MOFs 结构表征

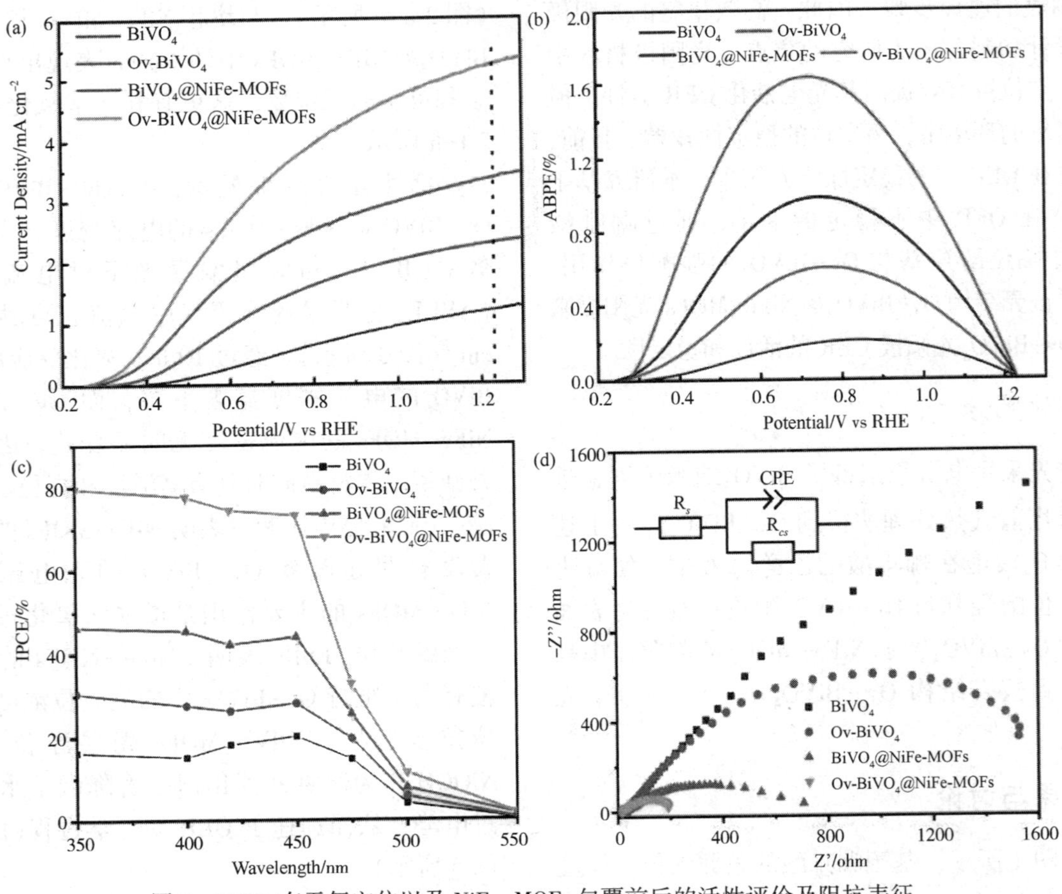

图 3　BiVO$_4$有无氧空位以及 NiFe-MOFs 包覆前后的活性评价及阻抗表征

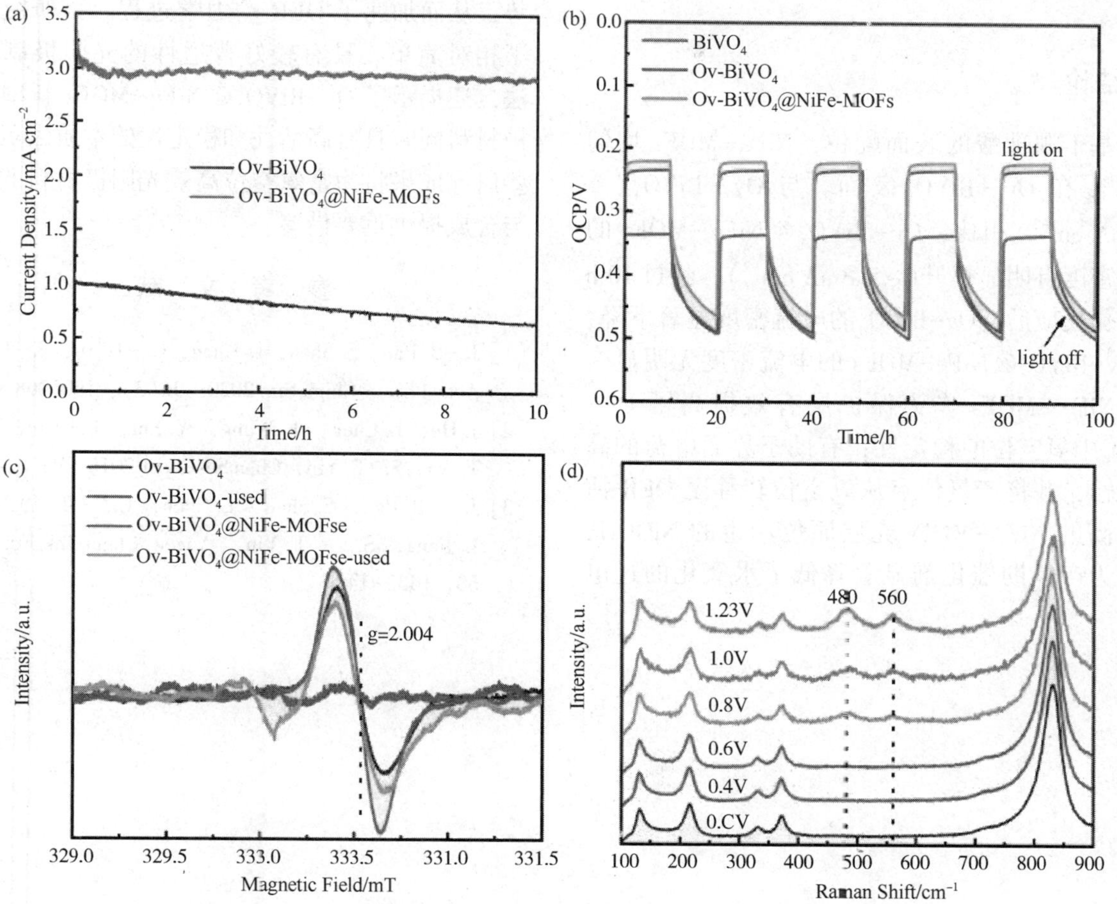

图 4　NiFe-MOFs 包覆前后 Ov-BiVO$_4$的稳定性，光电压，氧空位浓度评价及 Ov-BiVO$_4$@ NiFe-MOFs 准原位拉曼测试

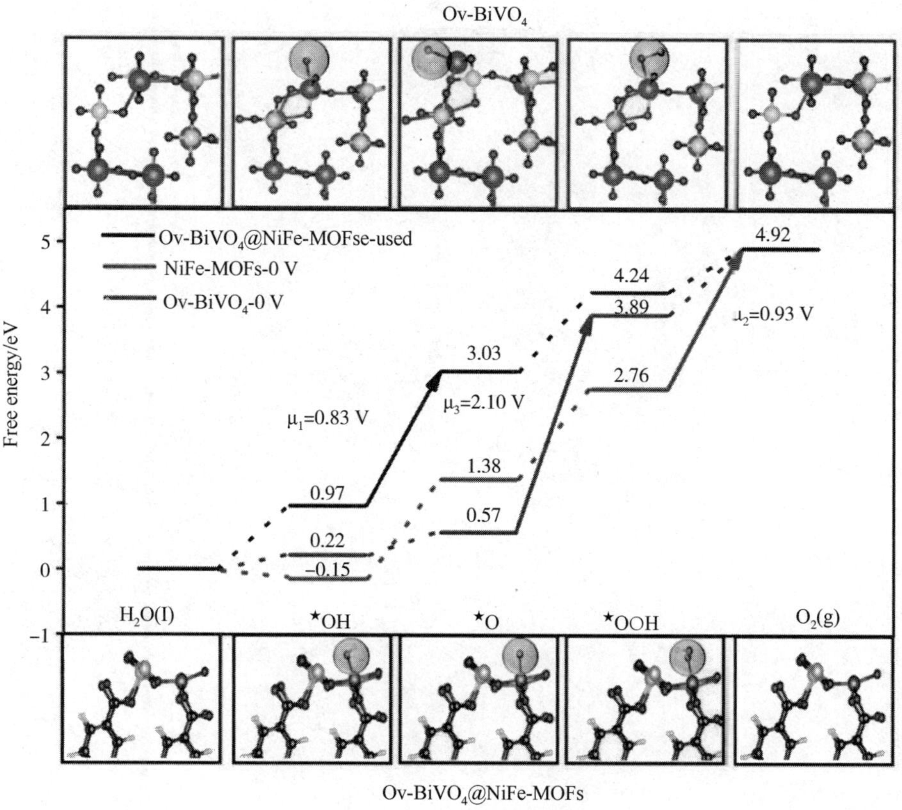

图 5　NiFe-MOFs 包覆前后 Ov-BiVO$_4$水氧化过程

3 结论

基于咖啡酸的表面配位，NiFe-MOFs 均匀地包覆在 Ov-$BiVO_4$ 表面。与 Ov-$BiVO_4$（~2.3mA cm^{-2}）相比，Ov-$BiVO_4$@NiFe-MOFs 的电流密度有明显提升（~5.3mA cm^{-2}）；经过 10 h 水氧化反应后，Ov-$BiVO_4$的电流密度显著下降，而 Ov-$BiVO_4$@NiFe-MOFs 的电流密度无明显变化。NiFe-MOFs 作为保护层有效提高了 Ov-$BiVO_4$中氧空位的稳定性；有助于界面电荷的高效传输，并将产氧位点从氧空位转移至 OER 活性更高的 NiFe-MOFs 壳层原位产生的 NiOOH，还作为产氧助催化剂显著降低了水氧化的过电势，从而加速了 OER 动力学过程。该研究发明了相对简单、具有较好普适性的光阳极制备方法，还揭示了 Ov-$BiVO_4$@NiFe-MOFs 新型光阳极材料同时具有高活性和稳定性的本质因素。这些研究成果将为富氧空位高效光阳极材料的设计与合成提供重要借鉴。

参 考 文 献

[1] J.-B. Pan, S. Shen, L. Chen, C.-T. Au, S.-F. Yin, Acta Phys.-Chim. Sin. 2020, 36(3), 1905068

[2] J. He, L. Chen, F. Wang, Y. Liu, P. Chen, C.-T. Au, S.-F. Yin, ChemSusChem 2016, 9, 624-630

[3] J.-B. Pan, S. Shen, L. Chen, C.-T. Au, L.-L. Jiang, S.-F. Yin, Angew. Chem. Int. Ed. 2021, 60, 1433-1440.

脱硫加氢精制催化剂生产中高产节能型网带窑的研究

伍欣华[1]　梁维军[1]　王绍北[1]　周　翔[1]　梁　琼[1]　文　彬[2]　尹笃林[2]

(1. 中国石化催化剂有限公司长岭分公司；2. 湖南师范大学，石化新材料与资源精细利用国家地方联合工程实验室)

摘　要　针对脱硫加氢精制催化剂生产中节能降耗增效研发的热风循环回用网带窑由单元式双箱体、热风内循环结构、热风回用系统等结构组成，采用对流传热的加热方式。一台焙烧炉由若干个单元式双箱体组成，一个箱体运载物料，另一个箱体加热循环风，形成闭合式的独立热风加热系统，循环热风百分之百地多次参与焙烧物料氧化分解。整台焙烧炉采取单点进风，大幅度提高气剂比；且采用循环风和物料逆流接触的方式，保证传质传热效果。因此，在保证焙烧质量的前提下，该网带窑具有焙烧供热方式合理、气剂比高、焙烧气氛好的优点，极大地提高了生产能力。工业装置采用该网带窑进行了脱硫加氢精制催化剂浸渍条的活化焙烧。结果表明，所得产品物化性能稳定，产能提高2倍，吨产品焙烧电耗与传统的网带窑相比下降60.1%，形成3600吨/年的工业生产能力。所生产的脱硫加氢精制催化剂实验室活性评价良好；工业装置标定结果表明，可以满足国V柴油硫质量分数低于10μg/g的超低硫柴油生产规格要求。

关键词　热风循环回用；网带窑；催化剂；活化焙烧；加氢脱硫

1　前言

随着世界范围内石油资源重质化、劣质化程度日趋加深，且对清洁、超清洁车用燃料及化工原料需求的日益增加，加氢处理工艺已成为生产清洁油品和改善炼厂二次加工装置原料的关键技术。其推动炼油加氢催化剂的研制向活性高、稳定性好、综合性能优良的方向快速发展，以满足清洁和超清洁燃料油的需求。国外催化剂公司如Criterion Catalysts & Technologies等6大催化剂制造商开发出了石脑油、中间馏分油轻度和深度脱硫剂、脱氮及烯烃饱和、渣油加氢处理、加氢裂化等系列加氢催化剂，以满足清洁和超清洁燃料油的需求，并且一直在进行催化剂新材料、催化剂制备新工艺的开发，期望通过技术革新以满足石油炼制对加氢催化剂的市场需求[6]。而我国的催化剂制备公司面临着巨大的压力：一是随着雾霾天气的加剧，国家治理雾霾决心加大，汽柴油标准的升级加速，国Ⅴ、国Ⅵ标准柴油分别于2017年、2021年在全国范围内全面实行，均要求油品S含量小于10μg/g。因此对加氢精制催化剂的性能提出更为苛刻的要求，需要生产出S含量小于10μg/g、符合国Ⅴ、国Ⅵ标准的脱硫加氢精制催化剂。二是随着国内炼油催化剂市场的逐步对外开放，加氢催化剂市场竞争日趋激烈，价格持续走低，因此加氢催化剂成本在企业竞争力中占有至关重要的地位。如何在提高加氢催化剂性能的前体下，降低其生产成本是各生产企业面临的一个主要课题[7]。为了应对这两项课题，催化剂制备公司一方面进行加氢催化剂工程制备技术优化，生产装置向集成化、规模化、自动化等方向不断发展；另一方面进行加氢催化剂新工艺研发与催化剂制备工程技术优化相结合，提高质量，高产节能、降低生产成本，从而满足石油炼制对脱硫加氢精制催化剂的市场需求。热风循环回用双箱体网带窑就是针对此课题设计的一种高产节能型网带窑，现应用于脱硫加氢精制催化剂金属盐浸渍干燥条的焙烧。

负载型加氢催化剂制备过程主要分为规整载体制备和金属盐溶液浸渍两个部分[8]，金属盐浸渍后的浸渍条须经焙烧工序，其目的是提高金属氧化物的分散度，增加活性中心的数目，并降低残留物的含量，防止其影响活性中心的可接近性[9-10]。在实际工业生产中加氢催化剂焙烧设备有网带窑、回转式焙烧炉、辊道窑等[11-12]，其中最常用的是网带窑。其主要优点为可实现大规模连续化生产，且焙烧过程中物料静止铺设在网带上，出粉率低、损耗小；在焙烧过程中可连续通入热风，有利于浸渍残留物的去除。但采用网带窑焙烧，焙烧过程中单程流过的热风存在温度梯度，虽然高温焙烧可缩短催化剂活性稳定的诱导期，但过高的焙烧温度导致催化剂稳定性下降[13]，造成浸渍条焙烧质量下降。本文研发了热风循环回用双箱体网带窑代替直通式单箱体结构的网带窑进行金属盐浸渍条的焙烧。实验和生产结果表明，热风循环回用双箱体网带窑具有提高催化性能和高产节能的双重促进作用。

2　热风循环回用双箱体网带窑的设计

金属浸渍条在网带窑焙烧过程中需要新鲜风持续通入并加热，和物料接触；在高温下和物料中的残留物 C 发生氧化分解反应，生成物 CO_2 随热风带走，以去除残留物。焙烧气氛即是新鲜风在焙烧过程中运行情况，包括新鲜风的供风方式和加热方式、气剂比[14]（即通过物料的风量（m^3）与物料的重量（t）之比）等，其决定着物料的焙烧效果。

2.1　直通式单箱体结构的网带窑

一般的直通式单箱体结构网带窑的结构示意图如图 1 所示。其工作机制为：采用炉体整长及上下范围内均为直通形式，物料在网带上平铺且有一定厚度，即物料平铺的厚度决定了焙烧炉的处理能力。网带的正上方设置电加热器，加热的是物料上部的空气；外排风机按一定间距设置于炉体顶部，并和尾气抽风口相连，其作用为搅动焙烧炉箱体内环境空气，改善炉内气氛，达到焙烧效果。炉体底部定距离设置进风孔，焙烧炉的供风方式是：新鲜风从物料底部进入焙烧炉，穿过网带和物料层，才与上部热风接触，即和物料接触的是未加热的冷风。因此该焙烧炉主要的加热方式为热辐射，而不是对流加热。

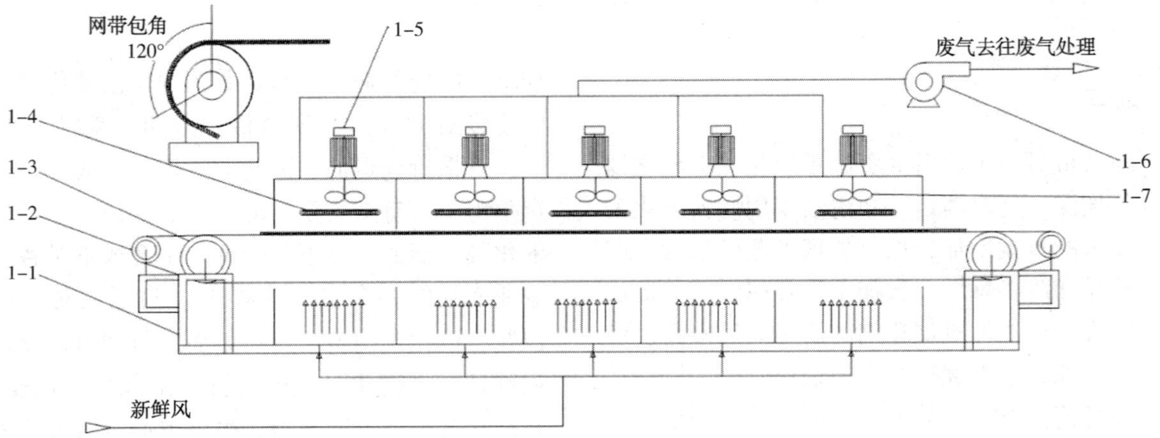

图 1　直通式单箱体结构的网带窑结构简图

备注：1-1 框架，1-2 网带，1-3 辊轮，1-4 电阻丝，1-5 循环风机，1-6 尾气风机，1-7 风扇

直通式单箱体结构网带窑存在四个主要问题：①单点抽风、多点进风造成气剂比偏低，约为 800~1000m^3/t。整台网带窑靠一台废气风机提供抽力，但每一个箱体单独设计一个进风口、并对应设计一台循环风机将进入风与物料进行扰动接触，故多点入风形成的每一个入风口负压小，风量小，气剂比偏低（气剂比为 1000m^3/t 是该网带窑在最大风量、最低铺料厚度下的最大气剂比）。②供风方式不合理，新鲜风未加热直接与物料接触，影响和残留物的氧化分解反应，进而影响残留物的去除；而热风未有效穿过床层而在物料上部形成层流，残留物分解不完全。表现为物料上、中、下层颜色易出现不一致，焙烧产品质量难控制。③加热方式不合理，主要为辐射热，热量呈几何性衰减；尾气带走热能较多，浪费能耗。风机搅动风绝大比例未参与物料氧化分解反应，但为改善炉内气氛，多点尾气抽风口大量抽出尾气，造成能源浪费，增加能耗；热效率低，仅为 50%~55%。④为了保证质量，只有降低网带上平铺物料的厚度，而铺料厚度为 3cm 是网带窑的最小平铺厚度（铺料厚度再减薄会导致物料无法满铺，使热风从网带空料处抽走形成短路），因此生产能力小，日产量仅为 4~5 吨。

可见直通式单箱体结构的网带窑由于供风方

式和加热方式不合理、气剂比偏低，造成影响催化剂的性能；且产能低、能耗高，无法满足大规模工业生产的质量和产量的要求。因此设计开发合适的焙烧设备，改善焙烧气氛成为金属浸渍条焙烧工艺的重点。

2.2 热风循环回用双箱体网带窑

焙烧气氛成为影响焙烧质量的关键因素之一，为保证催化剂活性，高产节能，要选择供风方式和加热方式合理、气剂比高的焙烧炉。热风循环回用双箱体网带窑采用单元式双箱体、热风箱体内循环结构、热风回用系统设计等结构组成，采用此焙烧炉进行焙烧，改善了焙烧气氛，保证了焙烧质量、高产节能。

2.2.1 单元式双箱体的结构特征

单元式双箱体结构如图2所示。其工作机制变为：采用对流传热的加热方式，一个箱体采用网带铺设物料，另一个箱体加热循环风，电加热器在循环热风箱体一侧。循环风通过循环风机带动，并穿过电加热器获得能量成为热风；热风流动由导风装置控制，导风装置设置在物料和网带上方，其组成为导风板、筛板、挡风板。共设两道热风导分板，初步把风均布到箱体顶部各角落；在网带正上方设置一层筛板，筛板按一定的孔径设置一定的开孔率，二次把循环风分布均匀；网带两端设置挡风板，防止热风短路从网带两边的间歇溜走。循环热风通过导风装置至上而下均匀分布并穿透加热物料，促进金属氧化物的分散、并和残留物C发生氧化分解反应，生成物CO_2随热风通过尾气风机带走；热风穿过物料和网带回至加热箱体重新加热，形成热风内部循环系统。

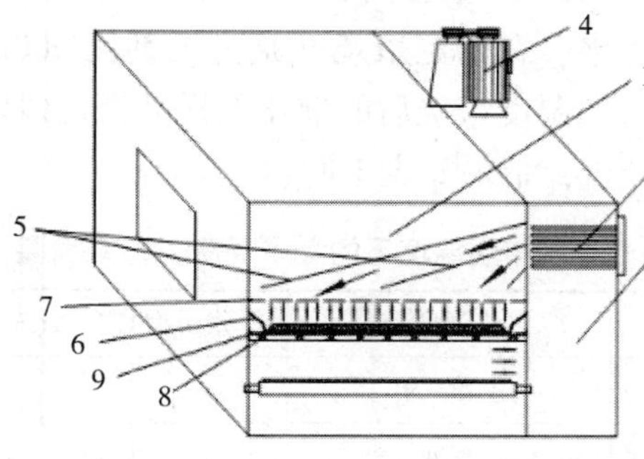

图2 网带窑双箱体结构示意图

1—物料箱体；2—循环热风箱体；3—电加热器；4—循环风机；5—热风导分板；6—挡风板；7—筛板；8—鱼骨架支撑；9—石板

2.2.2 热风循环回用双箱体网带窑整体结构

热风循环回用双箱体网带窑内部整体结构示意图如图3所示。网带窑由若干焙烧单元式双箱体组成，整个焙烧炉从炉头到炉尾(从左至右)依次分为三段：升温段、恒温段、降温段。物料随网带由进料端进入，均匀铺在网带上，并依次穿过这三段到达炉尾出料端。三个温度段各配有一台尾气风机，新鲜风从网带窑炉尾进入降温段，一方面对物料进行降温，另一方面借助料温将新鲜风自身温度逐渐升高，随后经过降温段尾气风机抽至恒温段；新鲜风进入恒温段后，温度升高到指定值并对物料进行相应的加热分解，分解物CO_2与高温热风随恒温段尾气风机进入到网带窑升温段；在升温段逐步对物料进行预热，直到循环至最炉头，被升温段尾气风机抽出，外排至废气处理系统。

为了尽最大可能利用风量采取了以下措施：①增大气剂比：整台焙烧炉采取新鲜风炉头单点进风、炉尾单点抽风，和原直通式单箱体结构网带窑相比，在整机功率增加3.15%的情况下，气剂比可达到30000m^3/t催化剂左右，为原网带窑的30倍，以保证物料上残留物随尾气带走。②热风在走向和物料逆流接触，保证了传质传热的效果；③所有箱体为密闭式设计，相邻箱体炉膛界面设置上下两块隔离板，以确保相邻加热单元不窜风，实现了单元式双箱体焙烧。④设计了热风回用系统，即解决了各段环境气氛，又能把末端产品的热量取回并利用，有效利用了各段尾气热能，达到了节能降耗的目的。

3 实验部分

3.1 实验原料

以脱S加氢精制催化剂为例，所用原料为中国石化催化剂长岭分公司生产的加氢精制催化剂硅铝载体浸渍干燥条。浸渍采用的双金属为：三氧化钼(MoO_3)，锦州新华龙钼液有限公司公司生产；碱式碳酸钴($2CoCO_3 \cdot 3Co(OH)_2 \cdot H_2O$)，宜兴徐驰化工有限公司生产。载体采用三氧化钼和碱式碳酸钴的饱和浸渍；浸渍后采用恒温温度：50~100℃、恒温时间：2h工艺条件进行干燥。

3.2 实验方法

小试焙烧实验：以S型脱硫加氢精制催化剂为例，浸渍干燥条经过焙烧后的残留物C含量低于 0.04%。在实验设计中将载体浸渍干燥条采用焙烧方式与直通式单箱体网带窑类似的实验室直管炉在同一气剂比下进行不同温度的焙烧，分析焙烧后的残留物 C 含量，探究焙烧温度对该催化剂的性能影响，并采用 XRD 全图分析活性金属氧化物聚集程度探究温度对结构的影响，以确定最佳焙烧温度范围。

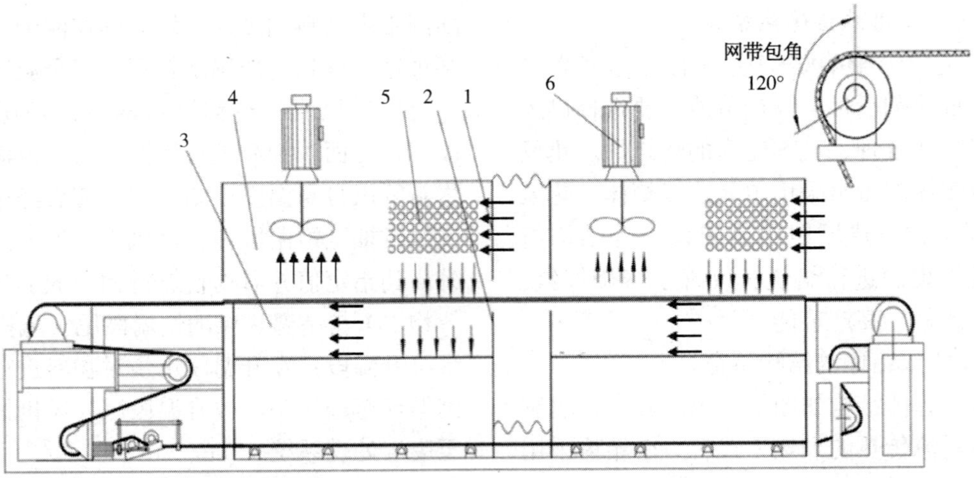

图 3　热风循环回用双箱体网带窑整体结构示意图

1—上隔板；2—下隔板；3—循环热风箱体；4—物料箱体；5—电阻丝；6—尾气风机

工业中试以及放大实验：在中国石化催化剂长岭分公司加氢催化剂生产装置进行，分别运用热风循环双箱体网带窑与直通式单箱体结构网带窑在不同温度、不同气剂比、不同铺料厚度下进行浸渍干燥的条焙烧实验，选取典型样品进行残留物 C 的含量分析和 XRD 全图分析，运用评价装置进行相应的活性评价。

3.3　物化表征

采用美国 LECO 公司 CS844 型红外碳硫分析仪进行残留物 C 含量分析，通过高频炉在 1700℃进行燃烧，使催化剂中残留物 C 与 O_2 结合转化成 CO_2, 分析标准为 GB/T 20123/ISO15350：2000 标准方法。

采用德国布鲁克公司 FOCUS D8 型 X 射线衍射仪进行 XRD 全图分析活性金属聚集程度。实验条件为：Cu Kα，40kV，40mA。分析标准为 Q/SH 361 711-2017 标准方法。

采用实验室 100mL 加氢催化剂活性评价装置，6.4MPa，LHSV1.5h^{-1}，氢油体积比 500 条件下对催化剂进行性能评价。活性评价用原料油为掺混 15% 催化柴油的中东直馏柴油：硫 12000μg/g，氮 220μg/g，密度 0.8588kg/m^3，馏程(ASTM D-86)210~383℃。

采用苏州埃兰 Elab5500 硫氮分析仪分析评价前后和工业装置标定前后柴油中的 S 含量，分析条件：氧气在入口段、裂解炉、臭氧发生器的速度分别为：30mL/min、400mL/min、200mL/min；氩气在入口段的速度为 120mL/min，高温裂解温度为 850℃～1000℃。分析标准为 SHT 0689-2000 轻质烃及发动机燃料和其他油品的总硫含量测定法(紫外荧光法)。

电耗数据直接采用中国石化催化剂长岭分公司加氢催化剂生产装置现有电表进行计量，单位为 kW·h。

4　结果与讨论

4.1　直管炉中焙烧温度的影响

运用实验室直管炉为工业网带窑的焙烧温度进行了考察。在固定焙烧气氛为气剂比 900m^3/t 下，对不同温度焙烧后的催化剂样品进行残留物 C 含量分析，结果如表 1 所示。

表 1　不同焙烧温度下的金属浸渍条的 C 含量

序号	焙烧温度/℃	残留物 C 含量(%)
S1	基准-50	2.09
S2	基准	1.20
S3	基准+50	0.54
S4	基准+100	0.31

从表 1 可知，随着焙烧温度的增加，浸渍条上的残留物 C 的含量逐渐降低；即残留物 C 和

焙烧温度强正相关。但只有达到基准+100℃才能满足质量要求；基准+50℃时，质量仍未达到要求。

为了进一步确认焙烧温度参数，采用不同焙烧温度所制备的催化剂样品分别进行了实验室油品的活性评价。评价采用实验室 100mL 加氢装置，6.4MPa，LHSV1.5h^{-1}，氢油体积比 500 条件下，催化柴油催速失活后，分别在 345℃、355℃、365℃下采用含 15%催化柴油评价其脱 S 活性，所得结果如图 4 所示。

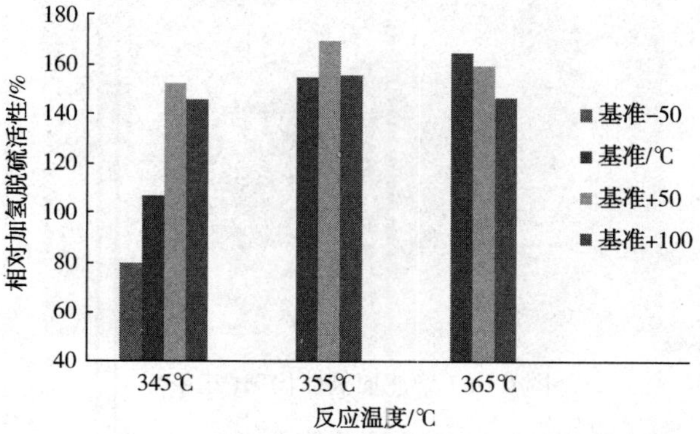

图 4　不同焙烧温度催化剂的活性

从图 4 可知：在三个反应温度下，不同焙烧温度焙烧加氢浸渍条生产出的加氢催化剂表现出了基本相似的反应性质，即随着焙烧温度的升高，催化剂的相对加氢脱硫活性将会提高，达到基准+50℃时，其相对加氢脱硫活性达到最高值；但继续提高焙烧温度，催化剂相对加氢脱硫活性将会下降；在 355℃高温反应条件下，基准+50℃温度焙烧催化剂表现出最优的反应性能。为了进一步分析温度升高活性下降的原因，将这四个样品进行了 5-70°XRD 分析，金属氧化物物相谱峰如图 5 所示。

依据文献报道[15]，金属氧化物出现晶形聚积时，在 20~30°会出现明显的特征峰，从图 5 可知，随着焙烧温度的增加，特征衍射峰面积逐渐增加，当焙烧温度为基准+100℃时，特征峰最为明显。这表明催化剂上聚合态金属氧化物逐渐增加；从催化剂整体表面来看，相当于降低了金属分散性。结合表 1、图 4 结果综合分析可知，①过高焙烧温度虽然会降低焙烧残留物，但却造成催化剂中活性金属氧化物的聚集，降低了活性中心的分散，从而降低反应活性。因此一味提高焙烧温度是不可取的。②焙烧步骤中催化剂需要选择合适的温度为：既尽可能烧除残留物 C 含量，也要保证金属氧化物不聚集。③对于该催化剂，浸渍干燥条的最优焙烧温度为基准+50℃。④单纯靠提高焙烧温度单一手段无法保证焙烧质量，需要结合辅助其他焙烧因素，如焙烧气氛等。

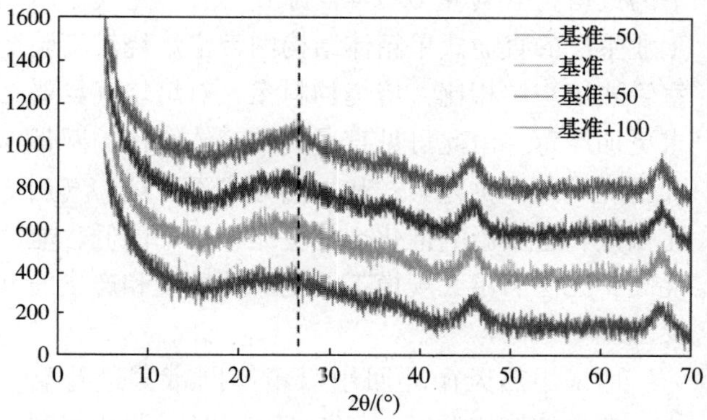

图 5　金属浸渍条不同焙烧温度下的 XRD 衍射全图

4.2　网带炉中的焙烧效果

4.2.1　催化剂残碳、外观

设计的热风循环回用双箱体网带窑与直通式单箱体结构网带窑的最大区别在于催化剂焙烧气氛上形成较大的差异。因此，为进一步探究两种焙烧炉的焙烧气氛对催化剂的影响，在最佳焙烧温度范围(基准+50℃左右)内进行了两种焙烧炉的浸渍条焙烧实验。试验数据如表 2 所示。

表 2　采用两种网带窑在不同条件下焙烧试验数据

序号	网带窑类型	气剂比 /m^3/t	焙烧温度 /℃	进料厚度 /cm	焙烧条颜色	残留物 C 含量(%)	日产量/t/d
S5	直通式单箱体结构	800	基准+50	6	花条	0.321	8
S6		800	基准+50	3	花条	0.157	4
S7		1000	基准+50	3	花条	0.108	4
S8		1000	基准+85	3	花条	0.092	4

续表

序号	网带窑类型	气剂比 /m^3/t	焙烧温度 /℃	进料厚度 /cm	焙烧条颜色	残留物C含量(%)	日产量/t/d
S9	热风循环回用双箱体	10402	基准+50	4	花条	0.075	8
S10		21650	基准+85	6	均匀	0.056	12
S11		31205	基准+50	6	均匀	0.037	12
S12		31205	基准+85	8	花条	0.072	15

从表2可知：在焙烧温度为基准+50℃左右的情况下，采用不同气剂比和铺料厚度的焙烧实验，直通式单箱体结构网带窑残留物C含量均大于0.04%，实验效果不好。其中S7为最佳温度下，该焙烧炉的最大气剂比(即风量最大、铺料厚度最薄)的焙烧，C含量为0.108%，仍未达到质量要求；且比实验室管式炉在相同焙烧温度下的残留物C含量0.054%高出一倍。究其原因工业生产的直通式单箱体结构网带窑焙烧较实验室管式焙烧炉相比，焙烧物料多，对焙烧气氛要求更加严苛。由此可见直通式单箱体结构的网带式焙烧炉由于供风方式和加热方式不合理、气剂比偏低，造成影响催化剂的性能，且产能低、能耗高，无法满足大规模工业生产的质量和产量的要求。

而采用热风循环回用双箱体网带窑进行焙烧，在最佳焙烧温度(基准+50℃)时，调节气剂比达到最大(即31205m^3/t)、进料厚度为6cm(即S11工艺条件)下进行焙烧，焙烧后样品能达到残留物C含量≤0.04%的指标要求，且日产量达到12t/d，为最优操作条件。进一步提高进料厚度，因温度和气剂比均无法调整，未实现残留物C含量合格，无法实现焙烧质量的合格。

将两种形式网带窑焙烧实验最具代表性的柴油加氢催化剂的物料(直通式单箱体结构网带窑焙烧的S7和热风循环回用双箱体网带窑焙烧S11)进行了颜色对比，如图6和图7所示。

图6 S7柴油加氢催化剂(花条)

图7 S11柴油加氢催化剂(均匀条)

从图6和图7对比可知：采用直通式单箱体结构网带窑进行焙烧实验的催化剂S7由于焙烧气氛达不到要求，焙烧后的催化剂颜色不一，为花条；而采用热风循环回用网带窑进行焙烧实验的S11催化剂由于焙烧气氛更加合理，焙烧后的催化剂颜色均一，远远好于S7。从表观上看S7的金属分散性强于S11。

4.2.2 催化剂XRD表征

进一步将S7和S11的物料进行XRD全图分析，金属物相谱峰如图8所示。从图8可见S7在20°~30°出现了明显的特征峰，表明金属氧化物出现了晶形聚积，催化剂上聚合态金属氧化物逐渐增加；从催化剂整体表面来看，相当于降低了金属分散性。而S11较S7在20°~30°特征峰要弱一些，从催化剂整体表面来看，金属分散性要好于S7。究其原因认为：S7的C含量为0.108%，约为S11的C含量0.037%的3倍。C聚集在催化剂的表面，阻碍了金属的分散性。

4.2.3 催化性能实验室评价结果

将两种形式网带窑实验生产的柴油加氢催化剂S7和S11在实验室进行了活性评价，活性评价用原料油为掺混15%催化柴油的中东直馏柴油：硫 12000μg/g，氮 220μg/g，密度

0.8588kg/m³，馏程（ASTM D-86）210~383℃。评价结果如表3所示。

由表3可知，S7催化剂脱硫性能虽然在较高温度下可以满足10ppm硫含量要求的超低硫产品质量要求，但未达到参比剂水平；而S11催化剂的脱硫性能不仅生产出满足10ppm硫含量要求的超低硫产品质量要求，并且和参比剂脱硫水平持平，其脱硫性能远远高于S7催化剂脱硫性能。可见热风循环回用双箱体网带窑较直通式单箱体结构网带窑在提高催化剂的活性上有着较强的优势。

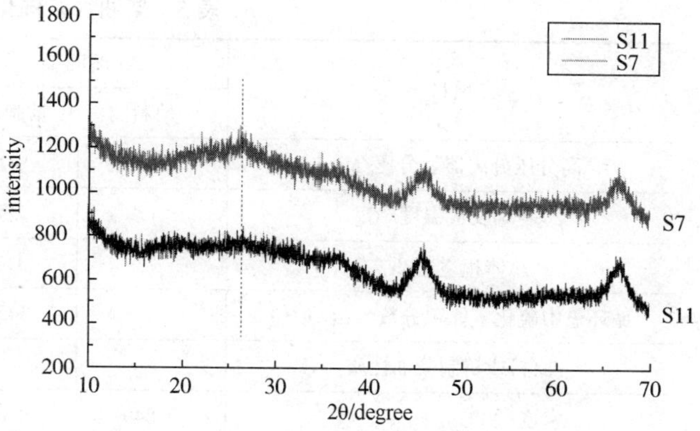

图8　S7、S11的XRD衍射全图

表3　催化剂活性评价结果

氢分压/MPa	6.4	6.4	6.4
反应温度/℃	基准+5	基准+15	基准+25
体积空速/h^{-1}	基准	基准	基准
标准状态下氢油体积比	基准	基准	基准
产品性质			
硫含量/(μg/g)			
国内参比剂	13.2	5.9	3.6
S7催化剂（直通式单箱体结构网带窑焙烧）	31	12	6
S11催化剂（热风循环回用双箱体网带窑焙烧）	18.0	7.0	2.9

4.2.4　催化剂工业生产中能耗情况

采用热风循环回用双箱体网带窑和直通式单箱体结构网带窑进行工业生产，其产量、电耗数值对比如表4所示。

表4　不同网带窑焙烧产量、电耗测算

网带窑类型	加热器及循环风机等总装机功率/kW	主传动电机功率/kW	铺料厚度/cm	日产量/t.d^{-1}	催化剂焙烧停留时间/h	吨产品能耗/(kW·h·t^{-1})
传统直通式	1760	15	4~5	4	7	3106
热风循环回用	1820	11	6~8	12	8	1221
改变幅度	↑3.15%		↑2倍			↓60.1%

备注：数据来源于中石化催化剂长岭分公司云溪加氢装置。

由表4的对比数据可知：热风循环回用双箱体网带窑和直通式单箱体结构网带窑进行焙烧情况比较比较，焙烧方式更加合理。整台网带窑在装机功率仅增加3.15%的基础上，在网带宽度为原宽度1.5倍，铺料厚度增加1倍的基础上，达到催化剂日产量增加2倍的效果。而且由于采用热风循环回用，能耗上吨产品焙烧电耗下降60.1%，实现了高产节能的目的。

4.2.5　热风循环催化剂工业运行中标定数据

采用热风循环回用式网带窑进行焙烧生产的柴油加氢催化剂首次工业应用装置为以加工直馏柴油为主，主要生产国Ⅴ车柴。运行结果如表5所示。

由表5数据可知：该加氢催化剂进行的工业应用结果表明，采用该催化剂加工硫质量分数0.3%~0.4%的直馏柴油，在反应器入口压力4.6MPa、总体积空速1.8h-1左右、床层平均反应温度360℃左右的条件下，柴油产品硫质量分数低于10μg/g，满足国Ⅴ排放标准。

表 5 柴油加氢催化剂的工业运行结果

项目	时间 1		时间 2		时间 3	
	原料	精制柴油	原料	精制柴油油	原料	精制柴油
高分压分离器氢分压/MPa		4.6		4.6		4.6
平均反应温度/℃		359		363		359
总体积空速/h^{-1}		1.74		1.75		1.85
循环氢中硫化氢体积分数(/μL. L^{-1})		34500		41900		28116
原料或精制柴油性质						
密度(20℃)/(g. cm^{-3})	0.849	0.838	0.841	0.835	0.831	0.826
ш(硫)/(μg. g^{-1})	3960.0	5.3	3260.0	4.0	3100.0	6.0
ш(氮)/(μg. g^{-1})	83.0	8.9	64.0	8.0	76.0	2.3

5 结论

对加氢催化剂金属浸渍条网带窑焙烧温度进行了研究，在保证残留物较低且金属聚集程度小的条件下，需要选择合适的焙烧温度。通过对直通式单箱体结构网带窑进行工程技术的优化，设计了热风循环回用双箱体网带窑。该焙烧炉包括单元式双箱体、热风内循环结构、热风循环回用系统设计等结构组成。通过热风循环对流传热的加热方式，循环风百分之百地多次参与物料氧化分解。整台焙烧炉采取单点进风大幅度提高气剂比；且采用和物料逆流接触，保证传质传热效果。使用结果表明，采用该焙烧炉进行柴油加氢催化剂的金属浸渍条的焙烧，具有焙烧方式合理、气剂比高、焙烧气氛好等特点。应用后加氢催化剂产能提高 2 倍，吨产品焙烧电耗下降 60.1%，生产的加氢催化剂通过了实验室活性评价和工业应用标定，能满足国 V 硫质量分数低于 10μg/g 的超低硫柴油生产规格要求。

参 考 文 献

[1] 朱庆云，任文波等．全球炼油加氢技术进展[J]. 石化技术与应用，2018，36(4)：217-219.

[2] 宋倩倩，李雪静，师晓玉等．美国炼油业的发展动向对我国的启示[J]. 化工进展，2019，38(05)：2065-2073.

[3] 刘丽，郭蓉，孙进，丁莉，杨成敏，段为宇，姚运海．柴油加氢脱硫催化剂的研究进展[J]. 化工进展，2016，35(11)：3503-3510.

[4] Hernandezmaldonado A J, Yang R T. Desulfurization of Transportation Fuels by Adsorption[J]. Catalysis Reviews - science and Engineering, 2004, 46(2): 111-150.

[5] 蒋宗轩，刘欣毅．石油炼制催化作用[J]. 工业催化，2016，24(1)：84-112.

[6] Tanimu A, Alhooshani K. Advanced Hydrodesu lfurization Catalysts: A Review of Design and Synthesis[J]. Energy & Fuels, 2019.

[7] Stanislaus A, Marafi A, Rana M S. Recent advances in the science and technology of ultra low sulfur diesel (ULSD) production[J]. Catalysis Today, 2010, 153(1-2): 1-68.

[8] 郭蓉．柴油深度脱硫新型催化剂及其级配技术开发研究[D]. 上海：华东理工大学，2014.

[9] 苑丹丹，张永江，李锋，宋华．焙烧及还原条件对 $Ni_2P/TiO_2-Al_2O_3$ 催化剂加氢脱硫性能的影响[J]. 化工进展，2015，34(06)：1656-1660+1689.

[10] 张乐，李明丰，丁石，李会峰．原料性质对柴油超深度加氢脱硫 NiMoW/Al2O3 催化剂活性稳定性的影响[J]. 石油学报(石油加工)，2017，5(23)：834-841.

[11] 王磊，钱文超，贾敏，安亚中．催化剂用高温焙烧炉系统的设计开发[J]. 工业催化，2019，27(03)：47-49.

[12] 史建公，谈文芳，李沂濛．工业催化剂及其载体焙烧设备进展[J]. 中外能源，2014，11(6)：67-75.

[13] 方向晨，杨占林，王继锋，郭蓉．油品精制催化剂技术进展[J]. 化工进展，2016，6：1748-1757

[14] 李俊辉．加氢精制催化剂制备工程技术的研究[D]. 北京：北京化工大学，2018.

[15] 张乐，李明丰，聂红等．高性能柴油加氢脱硫催化剂 RS-2100 和 RS-2200 的开发和工业应用[J]. 石油炼制，2017，48(6)：1-6.

影响拟薄水铝石比表面积的生产因素探析

蔡　赞

（湖南长炼兴长集团有限责任公司兴浩公司）

摘　要　分析研究生产过程中影响拟薄水铝石比表面积的生产因素，发现铝厂 $NaAlO_2$ 溶液浓度，成胶 $NaAlO_2$ 溶液浓度、老化时间和产品比表面积都有关系，它们之间互有联系，互相影响，控制好这几个指标，才能控制好拟薄水铝石比表面积。

关键词　$NaAlO_2$ 溶液浓度；老化时间；比表面积

在 FCC 催化剂的制备过程中，拟薄水铝石品质差异、胶溶性能、胶溶深度等直接影响着催化剂的粒度、磨损指数、孔径分布、孔体积、活性等物理化学性质[1]。拟薄水铝石的比表面积在一定程度上也影响着 FCC 催化剂的比表面积，尤其在某些特定用途的催化剂生产中，对拟薄水铝石的比表面积要求更为严格。

制备拟薄水铝石有多种方法，如硫酸铝法、碳分法、醇铝法等，其中碳分法可以结合铝厂实际，利用中间产物 $NaAlO_2$ 及 CO_2 废气作为反应原料，是成本最低的工艺路线[2]。兴浩公司借助对面氧化铝厂资源，建有一套碳分法拟薄水铝石装置，生产过程主要包括成胶、老化、洗涤、干燥等。为更好地指导生产，服务客户，为客户提供符合比表面积要求的产品，探析影响拟薄水铝石比表面积的生产因素显得十分必要。

1　成胶过程的影响

1.1　成胶 AO 的影响

成胶过程各参量对水合氧化铝晶型有决定性影响。日常生产中，成胶温度、终点 PH 等会严格控制，成胶 $NaAlO_2$ 溶液浓度根据实际情况会有调整。考察不同成胶 $NaAlO_2$ 溶液浓度对比表面积的影响。$NaAlO_2$ 溶液浓度以 Al_2O_3 计，用 AO 表示。

表 1　不同成胶 AO 浓度对比表面积的影响

批次	成胶 AO/g. L^{-1}	比表面积/$m^2 \cdot g^{-1}$
20200222005	39	253
20200223007	40	257
20200224008	40	257

续表

批次	成胶 AO/g. L^{-1}	比表面积/$m^2 \cdot g^{-1}$
20200302004	40	259
20200306011	39	255
20200306012	40	259
20200108013	42	279
20200108014	43	281
20200109015	43	283
20200109016	43	281
20200113024	43	287
20200114025	43	287

分别选取了在不同成胶 $NaAlO_2$ 浓度下生产的产品，在成胶 AO 为 40±1g/L 时，产品比表面积在 250~260m^2/g，在 AO 为 43±1g/L 时，产品比表面积在 280~290m^2/g。

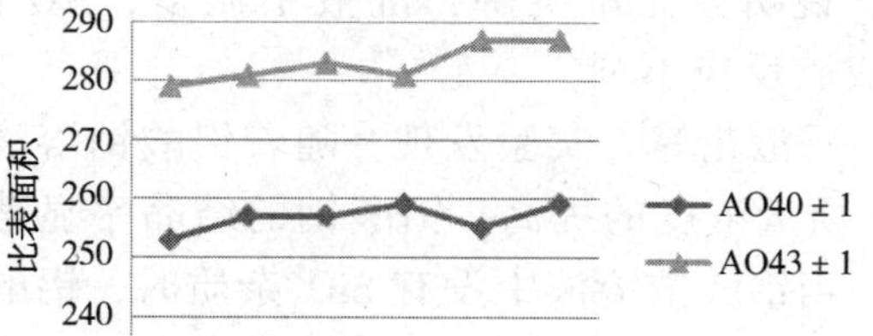

图 1　不同成胶 AO 浓度下比表面积的变化情况

从图 1 可以看出，随着成胶 AO 浓度的提高，产品比表面积相应提高，说明提高成胶 AO 对于提高拟薄水铝石比表面积有好处，但成胶 AO 也不是越高越好，过高的 AO 在反应时容易生成三水氧化铝，导致产品不合格。

1.2　铝厂 AO 的影响

在分析成胶 AO 为 43±1g/L 生成产品的比表面积时，发现有些批次的比表面积并不理想，只有 260 m^2/g 左右，比正常偏低。进一步分析发现，与氧化铝厂过来的 $NaAlO_2$ 溶液浓度有关，以下以铝厂 AO 表示。

表 2　铝厂 AO 浓度对比表面积的影响

批次	成胶 AO/ $g \cdot L^{-1}$	铝厂 AO/ $g \cdot L^{-1}$	比表面积/ $m^2 \cdot g^{-1}$
20200108013	42	63	279
20200108014	43	66	281
20200109015	43	65	283
20200109016	43	66	281
20200113024	43	71	287
20200114025	43	72	287
20200312024	43	54	262
20200313025	43	53	260
20200313026	43	52	262
20200314028	42	49	259
20200330057	43	52	258
20200331059	42	52	258

从表 2 可以看出，铝厂不同 AO 浓度的原料过来，冲稀调配成同样成胶 AO 浓度进行成胶反应，最后生成产品的比表面积不同。铝厂 AO 高，比表面积相对高，铝厂 AO 低，比表面积也会相应降低，这可能跟铝厂 $NaAlO_2$ 溶液的铝硅比有关。铝厂过来的 $NaAlO_2$ 溶液是赤泥洗液，洗液中的铝硅比跟铝厂的生产工况有关，铝硅比高，说明赤泥好洗，洗液中杂质少，AO 高，有利于成胶反应；铝硅比低，说明赤泥难沉降，洗液中泥多，AO 低，对成胶反应不利。

马淑花等[3] 实验发现，随着铝酸钠溶液中 SiO_2 质量浓度的提高，铝酸钠的结晶率显著下降，当铝酸钠溶液中没有 SiO_2 杂质时，铝酸钠结晶率可以达到 94.0%，当溶液中 SiO_2 浓度为 20g/L 时，铝酸钠的结晶率下降到 60.4%，SiO_2 的存在对铝酸钠的结晶有极为不利的影响。由此可见，铝厂 $NaAlO_2$ 溶液中杂质越少，铝硅比越高，对成胶反应越有利。有些拟薄水铝石厂家生产工艺中要求原料 $NaAlO_2$ 溶液中铝硅比大于 600[4]，对兴浩公司来说，这方面只能加强和铝厂的沟通，发现铝厂 AO 过低时，及时通知铝厂调整。

2　老化过程的影响

2.1　老化时间的影响

老化过程是使成胶过程中生成的松散絮状凝胶进一步结晶，并使晶粒长大的过程。正常生产中，老化温度会严格控制，老化时间一般是 3 小时，但有时候受系统水平衡的影响，老化时间会有变化。考察同样成胶 AO 浓度下不同老化时间对比表面积的影响。

表 3　老化时间对比表面积的影响 1

批次	成胶 AO/ $g.L^{-1}$	老化时间/h	比表面积/ $m^2.g^{-1}$
20200104006	42	4-5	283
20200105007	42	4-5	283
20200113024	43	4-5	287
20200114025	43	4-5	287
20200310020	43	4-5	280
20200329056	43	4-5	295
20200322042	42	5-6	263
20200323043	43	5-6	258
20200331059	42	7-8	258
20200331060	43	7-8	254
20200410019	42	6-7	255
20200412023	43	7-9	252

老化后过滤分离出的滤液以及滤饼洗涤后的洗液需要返回铝厂，如果返回受阻，就会造成老化压料，被动延长老化时间。今年上半年，铝厂生产不稳定，1 月份还好，只比正常延缓了 1~2 小时，老化时间延长到 4~5 小时，比表面积正常。2 月份疫情过后，铝厂 3 月、4 月接连出现设备故障，接收滤液和洗液量减少，造成老化压料最长达 9 个小时，老化时间基本在 5~9 小时之间，比表面积出现下降。

一般来说，随着老化时间的增加，拟薄水铝石结晶度及晶粒大小都增加，但当老化时间达到一定值再进一步增加时，拟薄水铝石性质变化不大，基本趋于平缓[5]。分析我们老化时间进一步增加时，拟薄水铝石性质变化的原因，可能是时间延长到 5、6 小时以后，没有及时往老化槽补蒸汽，老化温度下降，生成了部分丝钠铝石，导致比表面积下降。曾丰等[6] 实验发现，当老化温度由 90℃ 降至 60℃ 时，生成的丝钠铝石会显著增加，缩短老化时间可以减少丝钠铝石的生成。

考察同样成胶 AO 浓度下正常 3 小时老化时间的比表面积情况，详见表 4。

表 4　老化时间对比表面积的影响 2

批次	成胶 AO/ $g \cdot L^{-1}$	老化时间/h	比表面积/ $m^2 \cdot g^{-1}$
20200925049	42	3	262
20200925050	43	3	283
20200926051	43	3	285
20200926052	43	3	266
20200929057	43	3	270
20200929058	43	3	274

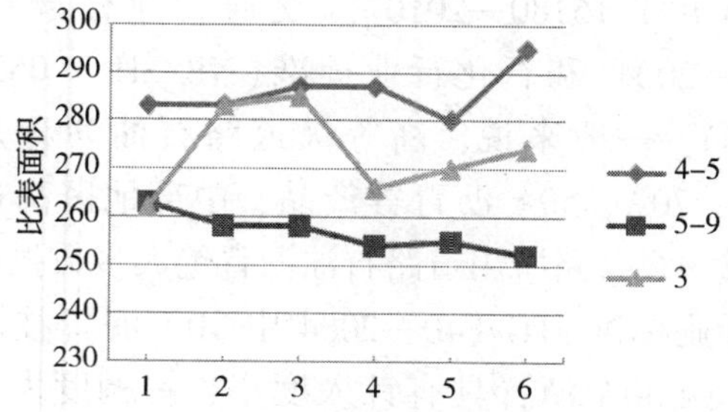

图 2　不同老化时间比表面积的变化情况

从图 2 可以看出，老化 4～5 小时的比表面积最高，且比较稳定；正常生产的 3 小时老化时间，比表面积波动范围较大，虽然能符合产品质量要求，但在给特定客户生产时，会出现产品质量波动的现象。因此，在某些特定客户对比表面积有要求时，为保证产品质量，同时结合产能和能耗综合考虑，老化时间以 4 小时为宜。

3　结论

（1）铝厂 $NaAlO_2$ 溶液浓度，成胶 $NaAlO_2$ 溶液浓度、老化时间与产品比表面积有关，这几个指标的控制好坏，影响产品比表面积高低。

（2）在为某些特定客户生产时，以铝厂 AO 浓度>60g/L，成胶 AO 浓度 43±1g/L，老化时间 4h 为宜。

（3）铝厂 AO 浓度、成胶 AO 浓度、老化时间不是孤立的变量，它们之间互有联系，互相影响，生产中必须及时和铝厂沟通 AO 浓度，严格控制好成胶 AO 浓度、老化时间以及其他相关参数，才能保证产品质量的合格稳定。

参考文献

[1] 李雪礼，娄来银，谭争国，等．拟薄水铝石的性质及其在催化裂化催化剂中的应用[J]．石油技术与应用，2014，32(1)：9-13.

[2] 杨清河，李大东，庄福成，等．$NaAlO_2-CO_2$ 法制备拟薄水铝石规律的研究[J]．石油炼制与化工，1999，30(4)：59-63.

[3] 马淑花，郑诗礼，张懿．硅铁杂质对铝酸钠结晶的影响[J]．材料与冶金学报，2008，7(1)：21-25.

[4] 孙成才，任先廷．拟薄水铝石生产的优化设计[J]．轻金属，2005，8：18-20.

[5] 杨清河，李大东，庄福成，等．$NaAlO_2-CO_2$ 法制备拟薄水铝石老化过程的研究[J]．石油学报(石油加工)，1998，14(4)：24-29.

[6] 曾丰，杨清河，曾双亲．采用 $NaAlO_2-CO_2$ 连续中和法制备拟薄水铝石[J]．石油学报(石油加工)，2015，31(5)：1069-1074.

渣油制备高等级道路石油沥青的试验研究

陈忠正　王朝晖　廖述波　冯　军　杜　英　易　橡

（中国石化长岭炼化公司）

摘　要　跟踪加工原油、渣油性质，筛选性质合适的渣油，先与硬质沥青母粒调合，只能制备出70B沥青；采用多种热固性树脂浅度化改性渣油，未能制备出70A沥青；采用粉末SBR浅度化改性渣油，成功制备出70A、50A沥青，且指标富裕量较大，并分别考察了SBR与渣油、SBR与芳烃油在不同温度、不同配比情况下的互溶效果，以指导今后工业化生产应用。

关键词　渣油，硬质沥青母粒，SBR，芳烃油，沥青

1　前言

如何将宝贵的石油资料蕴含的价值充分挖掘出来，是石化行业十分关注的问题。同时，长岭炼化公司港口部作为中南地区道路石油沥青仓储中转和改性沥青加工生产基地，沥青产业发展一直受制于不能自主生产高等级道路石油沥青。因此，将炼油生产过程中的重质油品加工成高等级道路石油沥青，既能提高低附加值重油的综合利用率，又能为炼油加工量提升拓展空间，也有利于长岭沥青产业发展壮大。

2　技术指标

目前，国内道路石油沥青标准规范有国家标准（GB/T 15180—2010）、交通行业标准（JTG F40—2004）和石化行业标准（NB/SH/T 0522—2010）。一般来说，高等级道路石油沥青是指90A、70A、50A沥青等产品，中部地区高速公路或一级公路所用道路石油沥青绝大多数执行交通行业标准JTG F40—2004中70A沥青技术要求。因50A沥青具有针入度小、粘稠度大、软化点高等特点，其温度敏感性、高温性能均优于70A沥青，但是50A沥青生产技术难度大，目前很少有企业能生产，限制了50A沥青大规模应用。本文将采用渣油作为主要原料，研究制备70A、50A沥青的可行性，为今后工业生产应用提供技术指导。

表1　JTG F40—2004中部分沥青产品技术指标要求

项目		单位	技术指标要求			试验方法
			70B	70A	50A	
针入度（25℃，5s，100g）		0.1mm	60~80	60~80	40~60	T0604
针入度指数PI		/	-1.8-1	-1.5-1	-1.5-1	T0604
软化点（R&B）	不小于	℃	44	46	49	T0606
60℃动力黏度	不小于	Pa·s	—	180	200	T0620
10℃延度	不小于	cm	10	15	15	
15℃延度	不小于	cm	100	80	T0605	
蜡含量（蒸馏法）	不大于	%	3	2.2	T0615	
闪点	不小于	℃	260	T0611		
溶解度	不小于	%	99.5	T0607		
质量损失		%	-0.8-0.8	T0610		
残留针入度比	不小于	%	58	60	63	T0604
残留延度（10℃）	不小于	cm	4	6	4	T0605

注：执行1-4气候分区。

3 试验与结果讨论

3.1 长岭石化加工原油、馏出口渣油性质分析

渣油性质取决于原油性质，环烷基原油和低蜡中间基原油最适合生产高等级道路石油沥青。长岭石化加工仪长管输原油，该原油由多种原油混合而成。因长岭石化不具备蜡含量分析，2020年5月委托检测渣油蜡含量，结果在1.7%至2.5%范围内。同时，炼厂加工方案变化及加工条件变化也将造成渣油组成和性质的变化。根据跟踪长岭石化加工原油评价数据、常减压装置馏出口渣油性质，表明：原油胶质和沥青质含量越高（之和大于13%）、相对密度越大（大于0.885），生产出的渣油越适合生产高等级道路石油沥青。

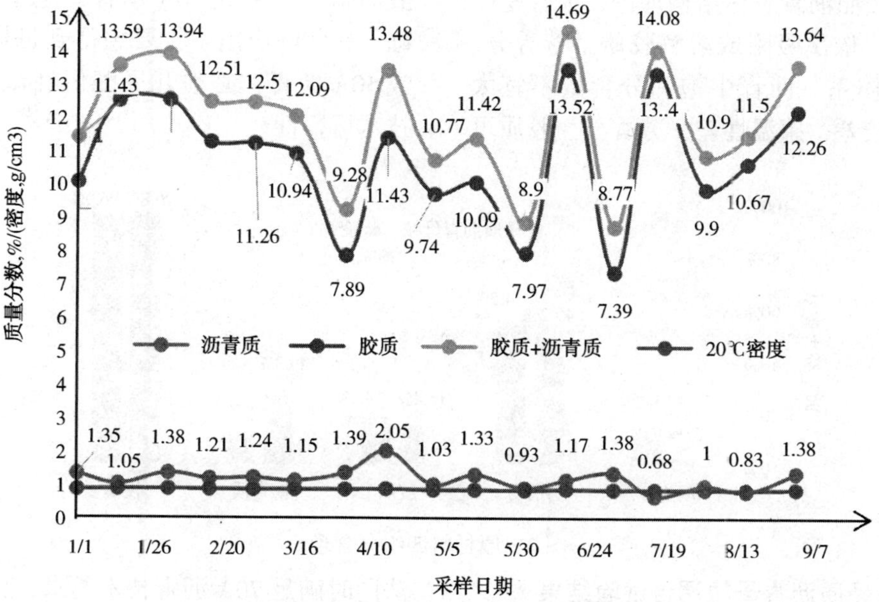

图1 2020年1月-9月长岭加工原油性质

表2 常减压装置馏出口渣油性质

编号	采样日期	25℃针入度，0.1mm	软化点，℃	10℃延度，cm	60℃动力粘度，Pa·s	溶解度	闪点，℃	质量变化	针入度比	10℃膜后延度，cm
ZY-1	2019.12.4	67	46.5	18	130	99.68%	>300	0.1%	62.5	5
ZY-2	2020.3.16	144	43.5	>60	62	99.67%	>300	0.05%	59	32
ZY-3	2020.3.20	98	44	—	—	—	—	—	—	—
ZY-4	2020.4.13	71	46	22	147	合格	合格	0.04%	62	6
ZY-5	2020.4.27	53	49	14	—	—	—	0.1%	—	—
ZY-6	2020.4.10	62	48	12	156	—	—	0.01%	—	4.5
ZY-7	2020.7.6	122	43	>100	—	—	—	0.06%	—	—
ZY-8	2020.7.16	70	46.5	24	—	—	—	0.04%	—	—
ZY-9	2020.7.17	83	46	31	—	—	—	0.05%	—	—
ZY-10	2020.7.25	50	50.5	8	—	—	—	0.03%	—	—
ZY-11	2020.7.26	46	51.5	6	—	—	—	0.02%	—	—

从表2可知：(1)渣油的60℃动力粘度偏小，无法满足70A沥青技术指标要求；(2)ZY-1、ZY-4、ZY-6、ZY-8批次渣油满足70B沥青技术指标要求，其余批次渣油的针入度、软化点或延度不符合70B沥青技术指标要求。

3.2 调合法制备沥青试验研究

3.2.1 原料

以ZY-2、ZY-3批次渣油作主要原料，尝试采用硬质沥青母粒作添加剂，调合法制备70A或50A沥青。其中硬质沥青母粒：软化点

117℃，190℃粘度为 4. 8 Pa. s。

3. 2. 2 制备方法

采用调合法制备沥青，主要将一定比例的硬质沥青母粒加入到一定温度的渣油中，经搅拌发育制备成混合均匀、性质稳定的产品，关键为控制好工艺温度，避免沥青老化。

3. 2. 3 原料四组分结构要合理

沥青的四组分及其对沥青性质的贡献是调合的理论依据。按照沥青胶体结构理论，沥青是以沥青质为核心，依次吸附或溶解胶质、芳香分、饱和分的分散体系。沥青中饱和分含量不宜太多，否则塑性较差，感温性差；芳香分、胶质可使塑性得到改善，尤其是低温延度提高；沥青质可使沥青的粘度增大，对感温性有利，提高高温性能；蜡的存在干扰沥青的胶体结构，对沥青质量有不利的影响[1]。高等级道路石油沥青，这四个组分之间要合理匹配，且要限制蜡含量。因此，组分结构合理的渣油才可能与硬质沥青母粒等调合出合格的 70A 或 50A 沥青。

从图 2 可知，渣油四组分分布比较合理，为渣油制备 70A 或 50A 沥青奠定了一定的理论基础。在实际应用中，要想得到目标产物——70A 或 50A 沥青，必须开展配伍性试验，才能确定技术可行性。

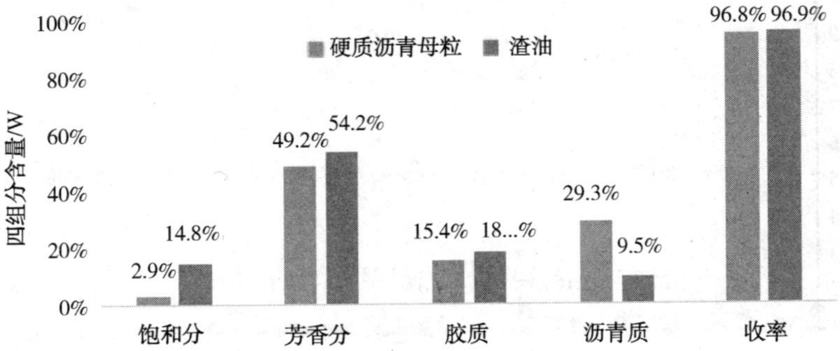

图 2 原材料四组分含量

3. 2. 4 渣油与硬质沥青母粒调合试验结果

采用 ZY-2 批次渣油与硬质沥青母粒调合制沥青，试验结果见表 3。从表 3 可知：(1) 无法调合出合格的 70A 沥青，主要技术瓶颈为 10℃延度和膜后延度与 60℃动力粘度相互矛盾，无法同时满足 70A 沥青技术要求；(2) 硬质沥青母粒外掺 8% 至 10% 时能调合出合格的 70B 沥青；(3) 随着硬质沥青母粒掺量增加，调合沥青针入度减小、软化点增大、延度减小、粘度增大，见图 3。

表 3 ZY-2 渣油与硬质沥青母粒调合试验结果

样品编号	硬质沥青母粒外掺量	25℃针入度，0. 1mm	软化点，℃	10℃延度，cm	10℃膜后延度，cm	60℃动力粘度，Pa · s
ZY-2 渣油	0	144	43. 5	>60	32	62
TH-1	5%	92	44. 5	>60	10. 5	113
TH-2	8%	77	46. 5	19	6	146
TH-3	10%	67	47. 5	15	5. 4	159
TH-4	14%	52	49. 5	6	——	268
TH-5	18%	41	51. 5	—	—	—

3. 3 浅度化改性法制备沥青试验研究

为了解决渣油制备 70A 沥青技术瓶颈：10℃延度、膜后延度与 60℃动力粘度相互矛盾的难题，考虑选用改性剂进行浅度化改性渣油，以期制备出 70A 或 50A 沥青。

3. 3. 1 改性剂原料

用于沥青的改性剂种类很多，按照改性剂性能不同，一般可分为四类[2]：

(1) 热塑性树脂，如 PE、APP、PVC 等；

(2) 热固性树脂，如 EP、C9、C5、萜烯树脂等；

(3) 热塑性弹性体，如 SBS、SIS 等；

(4) 橡胶类，如 SBR、NR、CR 等。

热塑性弹性体、热塑性树脂与沥青不能形成稳定的体系，需要添加稳定剂等使之发生交联、接枝等化学反应，且需剪切研磨才能形成稳定的体系；热固性树脂、橡胶类与沥青可能完全互溶，形成稳定的体系。因此，通过技术调研筛选出 C5/C9 树脂、801 树脂、萜烯－1 树脂以及 SBR，开展浅度化改性渣油制备沥青试验研究。

3.3.2 热固性树脂浅度化改性渣油制备沥青试验结果

采用 ZY－3、ZY－4 批次渣油，分别与 C5/C9 树脂、801 树脂、萜烯－1 树脂在一定温度条件下浅度化改性试验，结果见表 4。

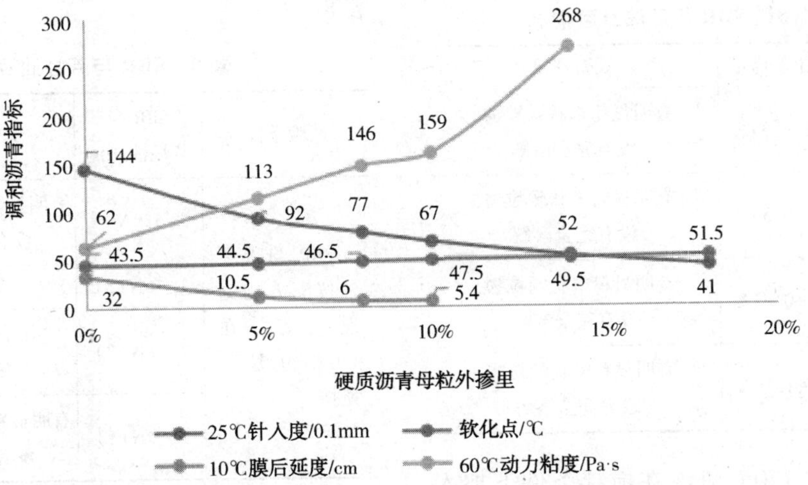

图 3 调合沥青指标随硬质沥青母粒外掺量变化曲线

表 4 热固性树脂浅度化改性渣油试验结果

样品编号	配方	试验现象	25℃针入度，0.1mm	软化点，℃	10℃延度，cm	10℃膜后延度，cm	60℃动力粘度，Pa·s
TH-6	ZY-4：(C5/C9)树脂=100：M	完全溶解	58	48.5	8	—	165
TH-7	ZY-4：801 树脂=100：(M-0.4)		61	48	14	—	193
TH-8	ZY-4：801 树脂=100：M		54	49	7	—	221
TH-9	ZY-4：萜烯-1 树脂=100：(M-0.3)		62	47	16	6	184
TH-10	ZY-4：萜烯-1 树脂=100：M		56	47.5	11	—	209
TH-11	ZY-3：801 树脂=100：(M+1.9)		67	47	11	—	120
TH-12	ZY-3：萜烯-1 树脂=100：(M+2.2)		66	46.5	14	5.4	143

注：M 为一常数。

从表 4 可知：C5/C9 树脂、801 树脂、萜烯-1 树脂均能使渣油针入度减小、延度减小、软化点升高、粘度增大，但是仍无法制备出合格的 70A 沥青，主要技术瓶颈仍是延度与动力粘度相互矛盾。

3.3.3 SBR 浅度化改性渣油制备沥青试验

SBR 是丁二烯与苯乙烯单体无规则共聚的产物丁苯橡胶，相对分子质量高达(10-30)*10^4，玻璃化温度低(小于-70℃)，其改性特点为显著提高沥青的低温性能，但对高温性能没有明显改善作用[3]。根据市场调研，目前国内生产固体状 SBR 的企业较少，生产乳液状 SBR 的企业较多。结合实际，高温浅度化改性只能选用固体状 SBR，采用某厂生产的粉末型 SBR，指标见表 5。

表 5 粉末型 SBR 指标

项目	单位	实测结果	技术要求
粒度	目	20	20
水分	%	1.5	≤1.5
结合苯乙烯	%	24.6	22.5-24.5
皂	%	0.2	≤0.5
拉断伸长率	%	341	≥330
门尼粘度	—	56	45-56

3.3.3.1　工艺条件试验

SBR 加入沥青后，根据能量最低原理，体系有自动降低表面能的趋势，可通过两种途径实现：一是通过缩小表面积而降低表面自由能；二是吸附某些结构相近的物质来降低表面能[4]。据此开展渣油溶解 SBR 的工艺条件试验，见表 6。

表 6　不同掺量 SBR 与渣油互溶情况

试验条件	SBR 外掺量	观察现象
170℃渣油在搅拌条件下加入 SBR，恒温搅拌 1.5 小时	(M-0.3)%	有明显粉末颗粒物，没有完全溶解
	(M-0.5)%	有明显粉末颗粒物，没有完全溶解
	(M-0.8)%	有明显粉末状颗粒物，没有完全溶解
	(M-1.1)%	有明显粉末状颗粒物，没有完全溶解

从表 6 可知，170℃渣油在搅拌条件下加入不同掺量的 SBR，均有明显粉末状颗粒物，没有完全溶解。

表 7　不同温度下 SBR 与渣油互溶情况

试验条件	试验温度	观察现象
不同温度下渣油在搅拌条件下外掺(M-0.8)% SBR，搅拌 1.5 小时	170℃	有明显粉末状颗粒物，没有完全溶解
	175℃	有明显粉末状颗粒物，没有完全溶解
	180℃	有明显粉末状颗粒物，没有完全溶解
	185℃	有明显粉末状颗粒物，没有完全溶解

从表 7 可知，外掺(M-0.8)% SBR 的渣油，在不同温度下搅拌 1.5 小时，均有明显粉末状颗粒物，没有完全溶解。

根据缩小表面积而降低表面自由能原理，170℃渣油外掺(M-0.8)% SBR，采用胶体磨剪切研磨 SBR，以减小表面积，提高溶解性能，结果仍有明显粉末状颗粒物，没有完全溶解。

根据吸附某些结构相近的物质来降低表面能原理，采用芳烃油作溶剂来溶解 SBR，结果见表 8。

表 8　SBR 与芳烃油互溶情况

试验条件	SBR 与芳烃油比例	观察现象	溶解时间
SBR 与芳烃油按配方比例混合后，在 170℃ 恒温下搅拌	1：N	有明显粉末状颗粒物，没有完全溶解	90min
	1：(N+3)	完全溶解	50min
	1：(N+2)	几乎完全溶解，粘度较大	70min
	1：(N+1)	有明显粉末状颗粒物，没有完全溶解	90min

注：N 为一常数。

SBR 与芳烃油按 1：(N+3)比例混合，继续考察不同温度的溶解效果，发现 165℃时能溶解，160℃时不能完全溶解。

将 SBR 与芳烃油分别按 1：(N+3)或 1：(N+2)比例溶解后再添加到渣油中，发现三种物质能完全混合均匀，且在 130℃至 160℃烘箱里静置 24 小时，无分层现象，检测上下部指标一致，说明形成了均匀稳定的体系。

3.3.3.2　SBR 浅度化改性渣油制备沥青试验结果

考察不同 SBR 掺量对 ZY-6 渣油进行浅度化改性试验的效果，因添加了部分芳烃油，会导致产品针入度超标，通过添加部分硬质沥青母粒调合，以消除芳烃油的影响，结果见表 9。

表 9　SBR 浅度化改性渣油制备沥青试验结果

样品编号	25℃针入度，0.1mm	软化点，℃	10℃延度，cm	10℃膜后延度，cm	60℃动力粘度，Pa.s	针入度比，%	质量损失，%
TH-13	60	48.5	27	7	225	76.9	-0.03
TH-14	66	47.5	>60	11	183	71	-0.01
TH-15	65	48.5	>60	10	203	69	-0.04
TH-16	62	47.5	>60	7	201	—	—

从表 9 可知：(1)四组样品均满足 70A 沥青技术要求，且指标富裕量很大，表明该 70A 沥

青产品性能很好；(2)样品指标富裕量很大，预判能制备出合格的50A沥青。

表10 SBR浅度化改性渣油制备50A沥青试验结果

样品编号	25℃针入度，0.1mm	软化点，℃	10℃延度，cm	10℃膜后延度，cm	60℃动力粘度，Pa·s
TH-17	51	49.5	21	5	216

表11 SBR浅度化改性渣油制备50A沥青试验结果

样品编号	25℃针入度，0.1mm	软化点，℃	10℃延度，cm	10℃膜后延度，cm	60℃动力粘度，Pa·s
TH-18	53	49.5	24	5	235

从表10、表11可知，两批次渣油均能制备出合格的50A沥青，且指标有富裕量。

为了降低配方成本，尝试选用性质较好的70A沥青取代芳烃油，按SBR与70A沥青为1:19的比例在较优工艺条件下溶解，结果仍有明显粉末状颗粒物，没有完全溶解，后期将筛选环烷基原油生产的芳香分含量高的沥青来试验，考察是否能取代芳烃油。

4 路用性能评价

JZ-1渣油符合70B沥青技术要求，2020年5月委托长沙理工大学进行JZ-1渣油路用性能评价，检测报告结果：按沥青混合料中面层AC-20F进行目标配合比设计，其水稳性能、高温稳定性、低温抗裂性均符合JTG F40—2004《公路沥青路面施工技术规范》中的技术要求，且与70A沥青路用性能试验结果相差较小。由此可推断：SBR浅度化改性渣油制备的70A、50A沥青路用性能也会较好。

5 结论与建议

(1) 长岭石化加工原油的胶质和沥青质含量越高(之和大于13%)、相对密度越大(大于0.885)，生产出的渣油越适合生产高等级道路石油沥青，部分批次渣油直接符合70B沥青技术要求。

(2) 跟踪长岭石化2020年1月至9月的渣油性质，多种不同批次渣油与硬质沥青母粒调合，均能制备出合格的70B沥青。

(3) C5/C9树脂、801树脂、萜烯-1树脂分别浅度化改性渣油，未能制备出合格的70A沥青。

(4) 渣油直接与粉末型SBR不能完全互溶；粉末型SBR与芳烃油按1:(N+2)及以下比例混合，能完全互溶。

(5) 粉末型SBR浅度化改性渣油，能制备出合格的70A、50A沥青，且指标富裕量较大，可工业放大试生产。

参 考 文 献

[1] 张德勤．石油沥青的生产与应用[M]．北京：中国石化出版社，2001.
[2] 杨军等．聚合物改性沥青[M]．北京：化学工业出版社，2007.
[3] 凌逸群．沥青生产与应用技术手册[M]．北京：中国石化出版社，2010.
[4] 凌逸群．沥青生产与应用技术手册[M]．北京：中国石化出版社，2010.

长岭炼化公司汽油质量升级问题的思考

高　鹏

（中国石化长岭炼化公司）

摘　要　长岭炼化公司汽油调合组分以催化汽油为主，烯烃、芳烃及苯含量较高，其他优质汽油调合组分不足，汽油质量升级难度较大，未来汽油质量升级，需要结合公司优化重油加工流程，调整产品结构，增加炼油流程的灵活性，增产化工原料的发展战略，按照近期和远期分阶段实施。

关键词　汽油　质量升级　方案　建议

1　前言

按照国家及中国石化总部汽油质量升级要求，2018年10月1日，长岭炼化公司汽油按照国ⅥA阶段质量标准要求出厂，2022年10月1日，长岭炼化公司汽油将按照国ⅥB阶段质量标准要求出厂，由于公司催化汽油产量大、比例高，且有效汽油质量升级手段不足，满足国ⅥB阶段质量标准难度较大，需要结合公司装置实际、生产运行、汽油组分来源、组分性质、成本控制等方面，综合考虑公司未来汽油质量升级方案。

2　汽油生产及质量现状

2.1　汽油生产情况

长岭炼化公司2019年原料油加工总量885.07万吨，其中原油743.91万吨，外购巴陵石化公司催化汽油45.31万吨，混合柴油50.04万吨，外购汽油调合组分MTBE13.14万吨，烷基化油2.92万吨。生产汽油280.12万吨，其中95#以上汽油比例30.60%。

公司汽油调合组分主要是催化汽油，2019年经过Szorb精制后催化汽油合计218.95万吨，占全部汽油比例为78.16%，比2018年的81.98%下降3.82%。其余包括100万吨/年FD2G装置汽油、重整重芳烃、甲苯、戊烷油、非芳烃，以及外购MTBE和烷基化油等。

2.2　催化汽油主要性质

长岭炼化公司催化汽油包括1#催化混合汽油、3#催化汽油和巴陵催化汽油。1#催化装置由于汽油提升管回炼FD2G转化柴油和自产轻汽油，其混合汽油性质与3#催化汽油以及巴陵汽油性质存在较大差别。催化汽油主要性质见表1。

表1　催化汽油主要性质表

序号	项目名称	1#催化汽油	3#催化汽油	巴陵催化汽油
1	烯烃含量V%	15.80~31.80	18.80~37.70	23.30~31.80
	平均值	19.93	26.01	28.09
2	苯含量V%	0.66~1.23	0.48~0.96	0.61~0.88
	平均值	0.95	0.56	0.72
3	芳烃含量V%	25.4~40.0	18.30~28.60	13.90~24.50
	平均值	34.76	24.43	20.88
4	50%馏出温度℃	84.20~119.10	79.90~107.90	65.20~80.30
	平均值	109.76	94.34	73.19
5	RON	90.60~93.20	92.00~93.91	92.10~93.70
	平均值	93.18	91.8	93.04

2.3　主要汽油调合组分性质

长岭炼化公司汽油调合组分包括2套Szorb装置精制催化汽油、FD2G重汽油、重芳烃、甲苯、重整非芳烃、戊烷油，以及外购MTBE和烷基化油。由于重整重芳烃大部分进入100万吨/年FD2G装置分馏塔脱除重组分，因此，FD2G重汽油性质与实际装置重汽油相比发生较大变化。主要汽油调合组分及全部汽油主要性质见表2。

表 2　主要汽油调合组分性质

序号	项目名称	1#Szrob 汽油	2#Szrob 汽油	FD2G 重汽油
1	烯烃含量 V%	12.20~27.10	11.40~24.80	0
	平均值	19.24	19.57	0
2	苯含量 V%	0.54~0.99	0.64~1.02	033~3.28
	平均值	0.66	0.85	0.86
3	芳烃含量 V%	17.00~32.20	21.00~46.20	55.90~76.80
	平均值	24.88	27.79	65.91
4	50%馏出温度 ℃	81.90~105.70	77.40~117.60	146.70~173.50
	平均值	94.81	92.65	161.46
5	RON	86.20~92.70	89.80~93.30	78.50~99.30
	平均值	90.56	91.87	96.1

3　汽油质量升级存在的主要问题

2019 年长岭炼化公司全部汽油总产量 280.12 万吨，高标号汽油比例 30.60%，平均汽油烯烃含量 15%（V%）左右，芳烃含量 30%（V%）左右，苯含量 0.7%（V%）左右，外购汽油调合组分 16.06 万吨，汽油质量升级存在以下主要问题。

（1）催化汽油比例大

催化总加工能力达到一次加工能力的 50%，2019 年催化汽油占全部汽油的比例达到 78.16%，汽油烯烃含量是质量升级的关键因素之一，实际运行时，为了满足烯烃含量标准要求，Szorb 装置精制催化汽油时辛烷值损失平均达到 1.0 个单位左右，造成整体汽油辛烷值不足。同时，不含烯烃的优质汽油调合组分产量不足，汽油调合难度大，成本高，汽油产品结构优化难度大。

（2）催化汽油中主要汽油质量指标数据波动大

受原料性质、氢气供应、生产调整等因素影响，催化汽油中烯烃、芳烃、苯、50%点馏出温度、辛烷值等主要质量指标波动范围大，稳定性不足。即使经过 Szorb 装置精制，汽油主要质量指标数据波动范围依然很大。

（3）高芳烃含量组分多

高芳烃含量汽油组分除重整重芳烃、甲苯等组分外，还包括 100 万吨/年 FD2G 装置转化汽油，以及 1#催化汽油是升管回炼 FD2G 转化柴油产生的汽油，这两部分汽油总量达到 45 万吨/年左右，芳烃含量达到 55%（V）左右，苯含量达到 2.0%（V）左右，导致全部汽油芳烃和苯含量高，50%点馏出温度上升较多。同时 100 万吨/年 FD2G 装置汽油辛烷值偏低，除烯烃外，辛烷值、苯及芳烃含量、馏程等指标在汽油调合时均为负贡献。

2019 年全部汽油平均芳烃含量达到 30%左右，与 33%的内控指标富余量较小，进一步调入甲苯等高辛烷值组分的余地较小，需要外购的 MTBE、烷基化油总量上升。

（4）生产运行难度大

由于有效的汽油升级手段不足，只能靠生产运行进行调整，需要控制和调整的装置多，参数多，主要汽油质量指标富余度较小，使得生产运行调整和汽油调合的难度较大。并且运行调整对催化产品分布、丙烯产量及效益等均带来一定的影响。

4　汽油质量升级方案要求

长岭炼化公司汽油质量升级方案，需要结合总加工流程、装置特点、运行实际、汽油组分性质、质量标准、企业未来转型发展等因素进行综合考虑。

4.1　适应成品油市场变化

随着近年来国内炼油和石油化工产业的快速发展，国内原油一次加工能力已经达到 9 亿多吨，成品油供应能力迅速增加，市场已经趋于饱和甚至供应过剩状态，炼厂开工率持续下降。汽柴油消费结构持续调整，消费柴汽比降低至 1.3 左右。同时随着新能源汽车的不断发展，国内汽柴油消费总量的拐点即将到来，汽油质量升级方案，需要控制汽油产量的增长，并具有进一步削减汽油产量的潜力。

4.2　企业未来转型发展的需要

公司“灵活炼油，特色化工”的发展战略，要求增加炼油流程适应市场变化的能力，增加产品结构调整的灵活性，增加公司及区域化工原料供应总量，汽油质量升级方案，需要与公司的发展战略相适应。

4.3　适应未来进一步质量升级

2023 年 1 月 1 日，全国实施汽油国ⅥB 阶段质量标准，北京等部分地区，正在制订京标Ⅶ汽油质量标准，主要质量指标烯烃、芳烃、苯、馏程等可能进一步严格，公司汽油质量升级方案，需要考虑适应未来汽油质量的进一步升级。

4.4 考虑生产运行的适应性

目前的国ⅥA 阶段质量升级，由于没有有效的质量升级措施，需要对两套催化、两套 Szorb、FD2G 装置，以及汽油调合等多环节进行调整和控制，生产运行存在较大的难度，困难较多，未来汽油质量升级，需要配套有效的措施，并且，不能以生产调整作为主要的质量升级手段。

4.5 综合考虑成本和效益

汽柴油质量的每一次升级，都导致炼厂投资、能耗、调合等方面的成本增加，质量升级措施，在满足质量标准要求的同时，需要在产品结构调整等方面，带来效益的贡献，降低质量升级带来效益损失。

5 升级技术及其影响

5.1 增加优质汽油调合组分

（1）扩大重整装置能力

扩大重整装置生产能力，可以增加甲苯、重芳烃等高辛烷值调合组分，增产拔头油、戊烷油、抽余油等不含烯烃、芳烃的轻质汽油调合组分，芳烃组分可以提高整体汽油池辛烷值，拔头油、戊烷油、抽余油，可以改善汽油馏程。同时重整装置副产的廉价氢气，可提高总加工流程氢气保障能力，降低氢气成本，提高轻油组分的效益贡献。

（2）扩大烷基化装置能力

烷基化油不含烯烃和芳烃，辛烷值和抗爆指数较高，汽油调合性能较好，是十分优质的汽油调合组分，符合未来配方汽油生产的发展趋势，并且可以消化炼厂增产丙烯时增加的液化气，具有较好综合效益。烷基化装置需要控制好原料碳四中的异丁烯含量，提高烷基化油辛烷值，控制烷基化油干点。

（3）扩大 MTBE 生产能力

MTBE 具有很高的辛烷值，密度较小和馏程很轻，在提高汽油池整体辛烷值的同时，可以改善汽油馏程，并且可以消化增产丙烯时，液化气中难以消化的异丁烯组分，保障烷基化装置的原料性质。

5.2 改善现有汽油调合组分性质

（1）改善催化汽油性质

催化汽油是主要的汽油调合组分，长岭炼化公司更是如此，催化汽油主要是控制汽油的烯烃含量。一是通过改善催化原料性质、提高催化剂活性、降低反应温度，来降低催化汽油烯烃含量；二是提高催化汽油精制装置的烯烃饱和率，降低烯烃含量；三是采用 FDFCC、OCC 等技术，通过裂解催化汽油中的烯烃，特别是轻烯烃，降低催化汽油烯烃含量。控制汽油烯烃含量技术，将可能降低催化汽油和整个汽油池辛烷值，降低催化或全厂轻油收率，减少丙烯产量。或者会增加催化汽油芳烃含量和密度，减少汽油调合时重整芳烃的可调入量。或者使催化汽油馏程变重，影响汽油 50%点馏出温度。

另外，可以考虑 Szorb 装置深度饱和烯烃后，再配套建设精制汽油异构化单元，通过将汽油组分中的轻质直链烷烃异构化，来补充饱和烯烃时的辛烷值损失。

（2）改善戊烷油组分性质

重整或加氢裂化等装置戊烷油拔头油，为正构和异构混合组分，正戊烷辛烷值只有 70 左右，混合戊烷油辛烷值在 80 左右，可以通过戊烷油正异构分离，甚至配套正戊烷异构化单元，分离出异戊烷作为汽油调合组分，将戊烷油调合汽油的辛烷值提高到 85~90。

（3）改善 FD2G 等汽油组分性质

FD2G 汽油，以及 LTAG、FDFCC-Ⅲ工艺回炼加氢转化和加氢精制催化柴油产生的汽油，DCC 工艺裂化汽油等，苯含量达到 2.0%左右，对汽油苯含量指标带来较大影响，可以将这些汽油的富含苯馏分分离出来，作为重整原料，降低富含苯汽油调合组分对汽油质量影响。

5.3 控制催化汽油产量

汽油质量升级，基本是围绕催化或催化汽油进行，采用催化多产气，或者改造为 DCC 等工艺，将催化汽油转化为液化气、丙烯、芳烃等化工原料，大幅度减少催化汽油产量，可以减少总体汽油质量升级的压力，适应未来压减汽油产量的发展趋势。

6 汽油质量升级方案

长岭炼化公司汽油质量升级方案，结合近期生产实际及长远发展战略，现有汽油质量标准和未来发展趋势，分步进行考虑。

6.1 近期汽油质量升级方案

近期汽油质量升级方案，主要是适应 2022

年10月1日起，出厂汽油需要满足ⅥB阶段质量标准要求，并与长远的汽油质量升级相适应。

(1)加快100万吨/年重整装置建设

100万吨/年重整装置，是公司汽油质量升级，调整产品结构，提高氢气保障能力，降低氢气成本的关键措施，需要加快重整装置建设，力争在2022年底以前建成投产。并且考虑到整体芳烃平衡，结合航煤生产，控制好直馏石脑油干点，控制好重整重芳烃产量和干点。

(2)富苯汽油组分分离

依托现有重整装置，增设富苯汽油组分分离措施，将FD2G汽油，甚至1#催化汽油提升管汽油中富含苯的组分，分离出来，作为重整原料，提高区域苯生产能力，降低汽油中的苯含量。

(3)运行好1#催化轻汽油回炼措施

充分利用1#催化汽油提升管回炼能力，优化FD2G汽油回炼量与1#催化轻汽油回炼量，控制1#催化出装置混合汽油的烯烃含量在20%(V)左右。

(4)提高Szorb装置降烯烃效果

结合1#催化、3#催化以及巴陵催化汽油性质，合理安排两套Szorb装置原料，通过优化操作，使用新一代催化剂，配套补充降烯烃等措施，提高Szorb装置降烯烃效果。并且，部分措施可以与Szorb装置原料烯烃进行自动控制和调节，在满足烯烃含量要求的同时，保持Szorb装置精制汽油烯烃含量相对稳定，为汽油调合提供更好条件。

6.2 远期汽油质量升级措施

远期汽油质量升级措施，需要充分考虑调整炼油整体产品结构，提高炼油灵活性，大幅度降低汽油产量，显著增加丙烯及液化气产量的发展要求，按照汽油国Ⅶ质量标准考虑汽油升级措施。

6.2.1 优化重油加工流程

结合沥青及低硫重质船用原料生产，优化重油特别是减压渣油流向，改善催化原料性质，为改善催化汽油性质和催化大产气，降低催化汽油总量创造条件。

(1)建设80万吨/年溶剂脱沥青装置，为沥青生产准备原料的同时，降低渣油加氢的减压渣油掺炼比例，延长运行周期，改善催化原料性质。

(2)积极开发和工业化渣油加氢原料预处理技术，提高渣油加氢对催化原料的改质效果，进一步改善催化原料性质。

(3)优化好催化一中油进渣油加氢措施，在渣油加氢分馏塔增加重柴油抽出流程，1#催化全部加工加氢重油，以查油加氢重柴油、1#催化过滤后油浆、直馏减压渣油，以及部分FD2G转化柴油为原料，生产低硫重质船用燃料油，保持低硫重质船用燃料油长期和稳定生产。

(4)适当降低直馏柴油干点，将部分重柴油馏分，压减到催化原料中。

通过重油加工流程优化，催化原料中芳烃及重质组分含量下降，烷烃含量上升，密度下降，氢含量提高，催化汽油馏程变轻、密度下降、芳烃含量降低，为催化大产气和降低催化汽油总产量提供条件。

6.2.2 实施催化大产气

(1)建设大型DCC装置，停运现有三套催化中的一套，新建200万吨/年甚至更大规模的DCC装置，同时适当降低其余两套催化加工量，催化全部实施大产气方案运行，大幅度降低催化汽油总量。

(2)如果不能建设大型DCC装置，则三套催化均实施大产气方案运行，1#催化轻汽油部分或全部进汽油提升管回炼，巴陵催化汽油和部分3#催化汽油进行轻重分离后，建设40万吨/年OCC装置，利用催化轻汽油中的轻烯烃裂解增产丙烯，降低汽油烯烃含量。由于催化原料性质的改善，与现状相比，催化汽油的密度、馏程和芳烃含量有较好改善，从而为建设OCC装置创造了较好的条件。

6.2.3 优化重整原料

100万吨/年新重整建成投产后，停运现有70万吨/年重整装置，并优化重整原料。利旧现有重整预分馏部分塔和设备，改造为富苯汽油汽油脱苯组分单元，将FD2G汽油、1#催化汽油提升管汽油、OCC裂解后轻汽油的全部或部分，进行富含苯组分分离，分离出富苯组分作为重整原料。并考虑进一步降低直馏石脑油干点，减少重整重芳烃及二甲苯产量，保障总加工流程芳烃平衡，优化整体汽油馏程指标，未来重整汽油调合组分将以现有的重芳烃为主，调整为以辛烷值更高、沸点更低的甲苯为主。

6.2.4 提高和改善其他汽油调合组分

(1)建设30万吨/年戊烷油正异构分馏设

施，以重整戊烷油、拔头油，未来建设加氢裂化装置碳五组分为原料，建设戊烷油正异构分离设施，异戊烷作汽油调合组分，正戊烷主要作乙烯裂解原料，提高戊烷油调合汽油的辛烷值。

(2)提高烷基化油和MTBE产量

结合催化大产气后碳四液化气组分的大幅度增加，使烷基化和MTBE满负荷甚至超负荷运行，严格控制烷基化原料碳四中异丁烯含量，改善烷基化油馏程和辛烷值，提高烷基化油和MTBE产量，使整体汽油生产进一步接近配方汽油的要求。

(3)保留Szorb装置汽油补充降烯烃措施，作为调节和控制催化汽油烯烃含量的手段。

7 总结

(1)长岭炼化公司催化汽油组分占总汽油组分的78.16%，汽油的烯烃含量是质量升级的关键，并且芳烃、苯、馏程等关键指标没有多少富余，未来汽油质量升级时，需要综合考虑。

(2)汽油质量升级按照近期和远期两个阶段实施，近期满足国ⅥB阶段标准，远期需要按照Ⅶ标准要求配套升级措施，并考虑两个阶段措施的连续性。

(3)未来汽油质量升级，需要与优化重油加工流程，降低汽油产量，增产化工原料，增加炼油流程的灵活性的发展战略相结合。

(4)未来汽油质量升级，需要进一步优化装置间物料流向，优化催化原料性质，整体考虑产品结构，保障质量升级措施和汽油调合的有效运行。

真空气液分离模型设计与应用

罗金莲

（长岭炼化岳阳工程设计有限公司）

摘　要　本文介绍了过滤及真空气液分离的基本原理、水平带式真空过滤机的结构形式及优点，进行了零位排液及高位排液两种模型设计，并为实际生产应用提供了指导意见。

关键词　水平带式真空过滤机；真空；气液分离；模型设计

1　前言

过滤是催化剂制备过程中常见的固液分离技术，也是使用频率较高的单元操作，该单元设备选择的合理与否，不但影响着装置的平稳运行、而且决定着装置的收率高低、产品质量及能耗水平。因此，在过滤单元设备的选型上，各大催化剂制备企业与单元设备供应商都在不断的进行持续改进与技术创新。

过滤的分类方式有很多种，按工作方式分有间歇过滤、连续过滤，按过滤压力分有常压过滤、加压过滤、真空过滤，按过滤设备的形状分有转鼓过滤、圆盘过滤、板框过滤、厢式过滤、带式过滤等等，本文重点对水平带式真空过滤机的真空气液分离方式进行研究、并提出其设计模型，给生产应用提供指导作用。

2　基本原理

过滤基本原理是过滤介质(悬浮液)在外力作用下通过多孔介质截留住固体颗粒而让液体通过，从而实现固液分离。实现过滤的外力可以是重力、离心力、机械压力及真空抽力。

真空气液分离的基本原理是气液两相混合介质利用其密度差而进行自然分离。

3　水平带式真空过滤机的优点

相对于其它形式的过滤设备，水平带式真空过滤机具有一系列优点：

(1) 集过滤、离子交换、洗涤、滤布再生于一体且可同时进行。

(2) 实现连续生产，生产效率高。

(3) 滤饼厚度可调，操作灵活。

(4) 实现多次离子交换与洗涤，产品质量好。

(5) 真空度可调，可有效控制下料滤饼湿度。

(6) 滤布可正反两面同时清洗再生，操作简单、维护容易。

4　结构形式

水平带式真空过滤机结构示意见图1。

悬浮液通过进料装置均布于水平带式真空过滤机的滤带上，随滤带向下料端移动，在真空抽力的作用下，滤液透过滤带进入真空受液罐进行气液分离、固体颗粒则被截留于滤带上送入下一过滤区。

本文研究的对象就是真空气液分离模型的构成、关键部件的设计选型及相应的特点。下面分真空零位排液及高位排液两种情况进行模型设计。

5　模型设计与应用

5.1　模型设计的前提

已知：过滤机的处理能力为 $Q=30m^3/h$，过滤浆料密度 ρ_1 为 $1100kg/m^3$，固含量 X_1 为15%(m)，过滤真空度 P 为-0.06MPa(表压)，过滤后滤饼固含量 X_2 为50%(m)、滤液密度 ρ_2 为 $1005kg/m^3$，过滤面积 A 为30 m^2、过滤机有效总长度 L 为15m，共分过滤、离子交换及净水洗涤三段，每段长5m，滤带移动速度 u 为1m/min，真空抽吸切换周期为10S，项目所在地大气压力为0.1 MPa(绝压)。忽略固形物随滤液跑损量。

5.2　真空零位排液模型

零位排液模型见图1。

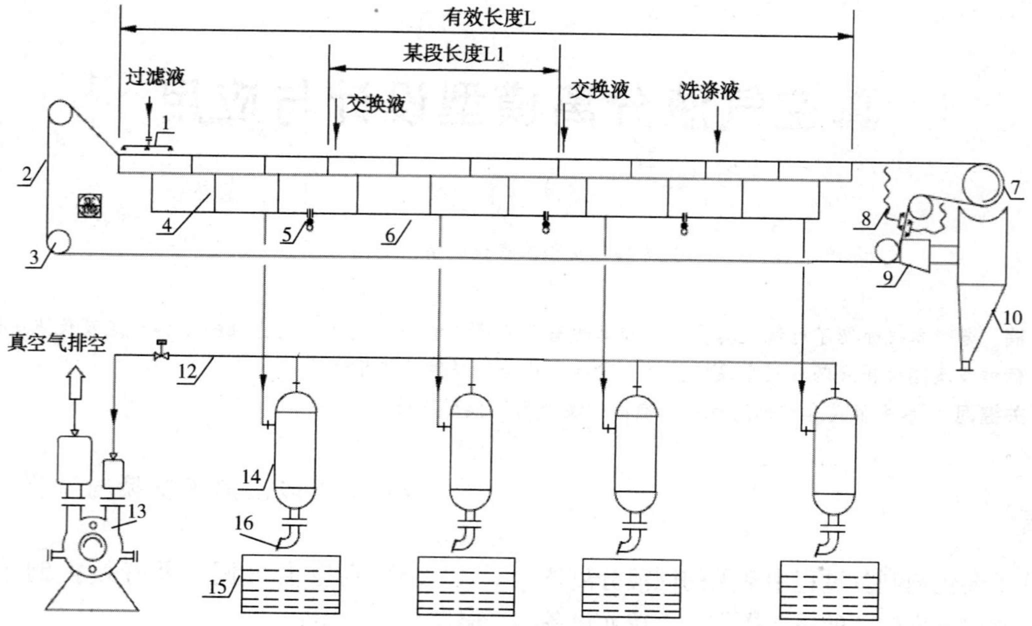

图 1　水平带式真空过滤机结构示意见图(零位排液)

1—料液分布器；2—过滤带；3—滤带导向器；4—滤液支管；5—分段盲板；6—滤液集合管；7—驱动辊；8—滤布冲洗水管；9—洗布水收集槽；10—滤饼下料斗；11—真空切换阀；12—真空总管；13—真空泵；14—真空分液罐；15—受液池；16—翼阀

过滤滤液的排放方式不受真空分液罐及滤液接收罐相对高度的影响，只需考虑系统自身匹配合理即可，这种过滤排液方式叫做零位排液。

当真空抽吸时，真空切换阀 11 打开、真空分液罐底部翼阀 16 因真空吸力关闭，过滤机处于过滤工作状态、滤液不断被吸出；当真空释放时，真空切换阀 11 关闭、真空泄压、真空分液罐底部翼阀 16 因重力作用而打开、滤液排出。

(1)过滤滤液量确定

过滤前：浆液总质量 $W=Q\times\rho=33000\text{kg/h}$

其中 固形物：$W_1=W\times X_1=4950\text{kg/h}$

水：$W_2=W - W=28050$

过滤后：干基含量不变，仍为 $W_1=4950\text{kg/h}$

滤饼总质量：$W_3=W1/X_2=9900\text{kg/h}$

故：滤液质量 $G=W - W_3=23100\text{kg/h}$

滤液体积 $V=G/\rho_2=22.99\text{m}^3/\text{h}$

对上述计算过程进行公式叠代和简化整理，可得出滤液体积计算数学模型为：

$$V=\frac{W}{\rho_2}\times\left(1-\frac{X_1}{X_2}\right)\qquad(1)$$

(式中各符号含义同前，下文同此)

(2)滤液集合管管径确定

当过滤机的某功能段较长时，为了方便滤液收集与排液顺畅，该功能段内部又会分为若干小段，每小段均通过滤液支管汇合入滤液集合管，滤液集合管的流通面积需大于各支管截面积之和的 1.2 倍。

上例中，如过滤段分二小段，每小段的排液负荷为 $0.5V=11.495\text{m}^3/\text{h}$，选用滤液支管为 $DN80$、气液两相流，考虑填充系数 0.5，其管内流速 $U=1.26\ \text{m/s}$，这个流速很合适。

其集合管直径 $DN\geqslant 2\times(1.2\times2\times0.04^2)^{0.5}=0.124\ \text{m}$

设计时，一般往上圆整取值，因 $DN125$ 为不常用管径，所以，实际上取值为 $DN150$。

设滤液支管根数为 n，支管直径为 ϕ (mm)，对上述计算过程进行归纳整理，可得出滤液集合管直径 φ(mm)计算数学模型为：

$$\varphi\geqslant 1.1\times\phi\sqrt{n}\qquad(2)$$

实际取值时，按(2)式计算结果圆整后向上套用常用工程口径。

(3)真空分液罐罐容 V_1 确定

真空分液罐的有效罐容为真空气液入口以下的部分，液体一旦超过入口高度就会形成液封，阻碍真空抽吸的正常进行。

仍以上例过滤段为例，其滤液量为 $22.99\text{m}^3/\text{h}$，真空操作切换频率 τ 为 10S，真空分液罐的最小有效罐容 $V_{\min}$ 必须满足一个真空周期的滤液量。

$V_{min} \geqslant 22.99 \times 10/3600 = 0.064m^3$

真空气液混合流从中部进入真空分液罐，则 $V_1 = 2V_{min} = 0.128m^3$

最终确定该真空分液罐大小为 $\Phi600 \times 1000$（直筒高）罐容 $0.3m^3$

设真空操作切换频率为 τ，真空分液罐的有效容积率为 η，对上述计算过程进行归纳整理，可得出相应数学模型为：

最小有效罐容 V_{min}

$$V_{min} = \frac{W}{\rho_2} \times \left(1 - \frac{X_1}{X_2}\right) \times \frac{\tau}{3600} \tag{3}$$

真空分液罐罐容 V_1

$$V_1 \geqslant \frac{W}{\rho_2} \times \left(1 - \frac{X_1}{X_2}\right) \times \frac{\tau}{3600} \times \frac{1}{\eta} \tag{4}$$

最终确定真空分液罐尺寸时，在满足(4)式的前提下，选取常用工程尺寸。

真空分液罐一般采用椭顶椭底立式圆筒形结构。

(4)受液池容积 V_2 确定

受液池一般为真空分出液体中转站，池中滤液为随进随出，理论上，V_2 不小于 V_1 即可，为防止真空泄放时滤液外溅，常将受液池设置为方形立式敞口，$V_2 \geqslant 5V_1$，本案例中取大小为 600×800×800。

5.3 真空高位排液模型

真空高位排液模型见图 2。

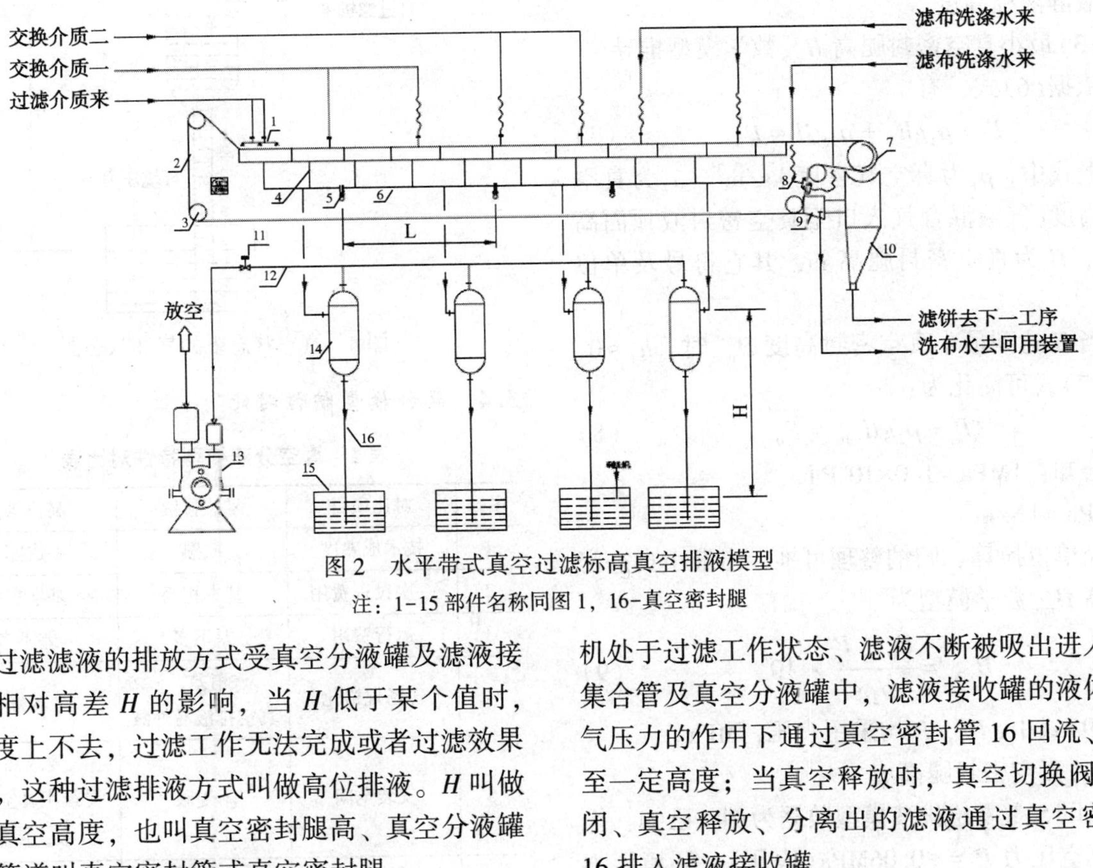

图 2　水平带式真空过滤标高真空排液模型

注：1-15 部件名称同图 1，16-真空密封腿

过滤滤液的排放方式受真空分液罐及滤液接收罐相对高差 *H* 的影响，当 *H* 低于某个值时，真空度上不去，过滤工作无法完成或者过滤效果极差，这种过滤排液方式叫做高位排液。*H* 叫做最小真空高度，也叫真空密封腿高、真空分液罐出口管道叫真空密封管或真空密封腿。

高位排液与零位排液模型主体结构基本相同，不同之处在于零位排液的真空分液罐出口设有翼阀，由翼阀的开关来配合完成真空过滤过程。而高位排液的真空分液罐出口没有阀门，由管道连接直接插入滤液接收罐液面以下，滤液可兼作真空密封液，形成密闭排放。

当真空抽吸时，真空切换阀 11 打开、过滤机处于过滤工作状态、滤液不断被吸出进入滤液集合管及真空分液罐中，滤液接收罐的液体在大气压力的作用下通过真空密封管 16 回流、上升至一定高度；当真空释放时，真空切换阀 11 关闭、真空释放、分离出的滤液通过真空密封管 16 排入滤液接收罐。

(1)过滤滤液量 *G*、滤液集合管管径 *DN*、真空分液罐罐容 V_1 确定方法同零位排液模型。

(2)"*U*"形测压计原理

当真空工作进行时，其系统压力与环境压力之间的关系遵循"*U*"形测压计原理，其工作原理见图 3，不论正压状态还是负压状态，图中 1、2 二处压力相等。

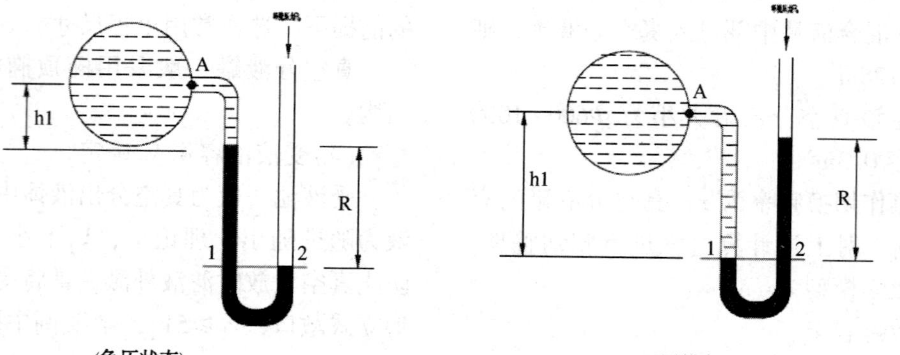

图3　U型测压计工作原理图

正压时：$P_a + \rho_1 g h_1 = P_0 + \rho g R$　　(5)

负压时：$P_a + \rho_1 g h_1 + \rho g R = P_0$　　(6)

(5)、(6)式中ρ_1为A处工作液密度、h_1为工作液静液柱高度。

(3)最小真空密封腿高H_{min}数学模型推导

依据(6)式，有

$$P + \rho_1 g h_1 + \rho_2 g H = P_0 \quad (7)$$

上式中，ρ_1为真空气密度kg/m^3，h_1为真空气体高度(气液混合气入口至真空密封液顶面高差)m，H为真空密封腿高m，其它符号及单位同前。

当H达到最小真空密封高度H_{min}时，$h_1=0$，此时(7)式可简化为：

$$P + \rho_2 g H_{min} = P_0 \quad (8)$$

公知：1MPa=1.0×10^{6}Pa、

1Pa=1N/m^2

经单位换算、归纳整理可推导出最小真空密封腿高H_{min}数学模型为：

$$H_{min} = \frac{P_0 - P}{\rho_2 g} \times 10^6 \quad (9)$$

(9)式中，P_0、P均采用表压，MPa。

(4)真空密封腿高H

仍以5.1零位排液模型数据为例，已知：操作时真空压力P=-0.06MPa(表压)、环境压力P_0=0.1MPa(绝压)=0MPa(表压)、滤液密度ρ_2为1005kg/m^3、g=9.81N/kg。真空工作时气液介质状态见图4：

依据(9)式，有$P + \rho_2 g H_{min} = P_0$可求得$H_{min}$=6.09m

当实际选取$H \geqslant H_{min}$时，均可满足生产要求。

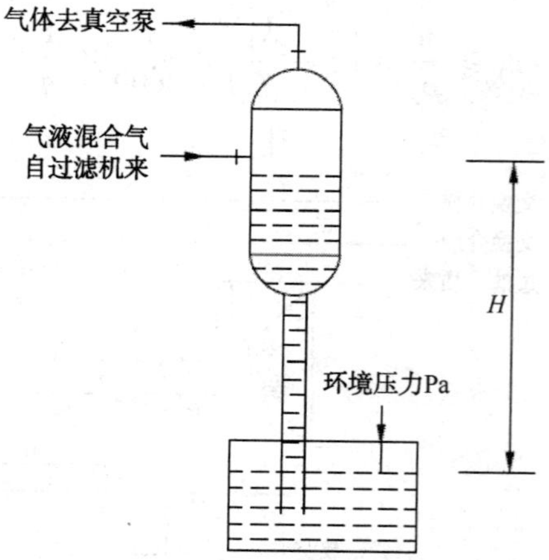

图4　真空状态下的气液状态图

5.4　两种模型特性对比

表1　真空分液模型特性对比表

序号	对比项目	零位排液	高位排液
1	技术成熟度	成熟	成熟
2	一次投资费用	基本相当	基本相当
3	运行费用	差不多	差不多
4	现场规格化	稍差，真空排液易外溅	较好
5	安装空间	不受限	要求高，受最小真空腿高H_{min}限制
6	操作性能	好	好
7	适用情况	环境友好型	不允许直接敞开排放时
8	检维修	翼阀为易损部件	无需检修

5.5　模型应用实例

某企业对老装置进行技改过程中，因交换介质中含有机胺(严重异味且有毒)，滤液只能密闭排放，因此采用高位排放的真空气液分离方式，因受老厂房层高限制，真空密封腿高 H = 4m。改造完成后，装置投产试车，发现滤饼吸不干、且真空度怎么也上不去，装置技术人员怀疑是真空泵抽力不够。后经过设计人员分析后，认为是真空密封腿高 H 未能满足 $H \geq H_{min}$ 的要求所致。仍以前述工艺参数作为背景，真空度复核计算如下，已知：

真空密封腿高 $H = H_{min} = 4m$

环境压力 $P_0 = 0.1MPa$(绝压) = 0MPa(表压)

滤液密度 $\rho_2 = 1005kg/m^3$

$g = 9.81N/kg$

依据（9）式，有 $P = P_0 - \rho_2 gH \times 10^6 = -0.039MPa$(表压)

依据计算结果可知，当真空度达到 -0.039 MPa(表压)时，就再也升不上去了，与生产操作实际情况相吻合。

依据设计指导意见，将滤液接收罐由地面安装改为埋地安装，H 由 4m 扩大到 7m，真空度可达到 -0.06 MPa(表压)以上，过滤效果非常好。

6 结论

对于真空气液分离排放方式的选择，首先依据物料特性(如有无易挥发组份)、操作条件(过滤温度、压力)确定，其次结合现场条件、业主使用意愿等进行。毫无疑问，应优先选用零位排放方式；但当过滤滤液中含有有损职业安全卫生与健康的组份如有毒、有刺激性气味等不允许直接泄放于空气中时，高位排液模型将是唯一选择。